中，全省有22个县（市）进入全国前200名，居全国第2位。

六是财政存量资金进一步盘活。对16个州市、97个部门进行专项检查，全省共清理收回可统筹使用的存量资金127.1亿元，存量资金规模较2014年末下降87%。全省的有效做法得到了财政部的充分肯定，中央电视台对此作了专题报道。

七是预算执行进度进一步加快。明确分月、分季度预算执行的目标任务，要求省本级项目支出11月底前必须全部拨付完毕。制定支出考核办法并开展定期督查，建立预算执行约谈机制，支出进度创历史最好水平，年终突击花钱现象得到根本改观。

八是财政投融资方式进一步创新。筹集20亿元资本金，组建了省信用再担保公司。筹措63.4亿元，组建省扶贫投资公司。推广运用政府和社会资本合作（PPP）模式，发起规模不低于50亿元的PPP融资支持基金，吸引社会资本参与基础设施投资和运营。有18个项目列入全国第二批PPP试点项目，排名全国第二。

九是政府购买服务进一步精细。加快推进政府购买服务制度建设。对政府购买服务事项进行清理，分为5大类307项，制定了省本级政府购买服务指导目录。省级24个部门首次编制了政府购买服务预算。

十是地方政府性债务管理进一步规范。加快建立“借、用、还”相统一的政府性债务管理体制，对各地政府债务实行限额管理。首次开展政府信用评级工作。

十一是国库集中支付管理效率进一步提升。预算执行动态监控体系建设继续推进。国库集中支付电子化管理改革实现省级预算单位全覆盖。

十二是预决算信息进一步公开。除涉密部门外，所有财政拨款的部门均按要求公开了本部门预决算。全面推进“三公经费”公开。首次公开新增地方政府债券调整方案。

十三是税制改革政策进一步落实。组织开展了税收优惠政策专项清理。认真实施营改增扩围，减轻试点企业负担7.5亿元。率先完成煤炭资源税从价计征改革。启动商业健康保险个人所得税试点。

十四是非税收入管理基础进一步夯实。健全完善非税收入预算审核机制，积极推行票据电子化管理改革，加大非税收入监督稽查力度。

十五是中期财政规划管理进一步推行。切实做好2016年至2018年中期财政规划编制工作，将财政预算安排与经济社会发展中长期规划有机衔接，实施跨年度预算平衡。

十六是理顺省与州（市）间事权进一步探索。围绕促进事权与支出责任相适应，逐步理顺省与各地共同事权，将部分事权下放各地，研究调整省与州（市）间财政收入划分。

省财政厅与德宏州委州政府进行工作座谈

陈建国厅长率队深入马龙县开展“省县直通、双联互促”活动

陈建国厅长到省财政厅挂钩扶贫点西畴县西洒镇岩头村看望贫困农户。

2016

云南经济年鉴

YUNAN ECONOMY YEARBOOK

图书在版编目（CIP）数据

云南经济年鉴. 第25卷 / 云南经济年鉴编辑委员会，云南省人民政府研究室编. -- 昆明：云南人民出版社，2016.12

ISBN 978-7-222-14409-5

Ⅰ. ①云… Ⅱ. ①云… ②云… Ⅲ. ①区域经济—云南—2016—年鉴 Ⅳ. ①F127.74-54

中国版本图书馆CIP数据核字(2016)第308709号

责任编辑：赵红　范可
装帧设计：昆明五华凌雯装订工作室
责任校对：陶汝昌
责任印制：杨立

云南经济年鉴（第25卷）

云南省人民政府研究室
云南经济年鉴编辑委员会　编

出版　云南出版集团　云南人民出版社
发行　云南人民出版社
社址　昆明市环城西路609号
邮编　650034
网址　www.ynpph.com.cn
E-mail　ynrms@sina.com
开本　889mm×1194mm1/16
印张　35
字数　1100千
版次　2016年12月第1版第1次印刷
印刷　昆明天泰彩印包装有限公司
书号　ISBN 978-7-222-14409-5
定价　480.00元

如有图书质量及相关问题请与我社联系
审校部电话：0871-64164626　印制科电话：0871-64191534

云南人民出版社公众微信号

编 辑 说 明

1.《云南经济年鉴》是由云南省人民政府研究室主管，云南经济年鉴编辑委员会主办，云南省各有关部门共同参与编纂的一部全面反映云南省经济和社会发展全貌的大型资料性工具书，创办于 1992 年，每年出版一卷，国内外公开发行。本书全面、系统、准确、翔实地反映云南省经济和社会各项事业的基本情况，到 2016 年已连续出版 25 卷。

2.《云南经济年鉴》采用分类编辑法。内容按篇目—类目—分目—条目四级结构层次编辑，分设 16 个篇目。篇目由辑封导入，下设若干类目、分目，以条目为表现内容的基本形式。在少数分目中，增加了子分目的层次。全书条目标题统一用黑体加【】表示，内容较多的条目另加黑体字插题，便于进一步细分资料。与条目有关的图表直接插于文中；为减少某些部类所占篇幅的比重，一些大型图表集中放置在文中，有利于读者专门查阅相关资料。

3.《云南经济年鉴》以出版年号为卷次名称，2016 年卷主要载录云南省 2015 年经济社会发展的基本资料，全书设 16 个篇目：(1) 特载；(2) 云南概况；(3) 经济大事记；(4) 国民经济和社会发展；(5) 各行业发展概况；(6) 地区经济；(7) 市县区经济选介；(8) 专题报告；(9) 经济研究；(10) 法规 · 文件；(11) 公报；(12) 国民经济统计资料；(13) 表彰 · 奖励；(14) 人物；(15) 大中型企业选介；(16) 附录。

4.《云南经济年鉴》2016 年卷在保持基本框架相对稳定的前提下，对部分内容进行调整、充实，主要目的是记录云南 2015 年的大事、要事，反映云南的历史发展风貌。

5.《云南经济年鉴》2016 年卷收录内容以 2015 年 12 月末为限。

6. 全书所载录的内容和数据，分别由云南省各有关行政管理机构和业务单位的工作人员撰写，部分内容组织专家编辑、整理，并经领导和有关方面审核。由于行业和地区统计口径的原因，个别数据不一致的地方，以云南省统计局提供的资料数据为准。

7. 本年鉴的编辑出版工作得到全省各级党委、政府的大力支持和各有关单位的通力合作，谨此致谢。由于时间仓促，加之水平有限，不足之处在所难免，本书疏漏之处，敬请广大读者提出宝贵意见。

云南经济年鉴编辑委员会

云南经济年鉴编辑部

地　址：昆明市五华山省政府大楼 7 楼

邮　编：650021

电　话：（0871）63628948　63648425

传　真：（0871）63648425

电子邮箱（E-mail）：ynjjnj@163.com

《云南经济年鉴》各编写组主要撰稿人

国民经济和社会发展

王远杰 省发展改革委
刘高伍 省发展改革委
杨晓燕 省发展改革委
孙　诚 省发展改革委
李越玫 省财政厅
李　峰 人行昆明中心支行
朱俊波 云南证监局
奎　伟 省发展改革委
周昌华 省国资委
廖关林 省国资委
何植敏 省工业和信息化委
陇　玉 省工业和信息化委
张云江 省工业和信息化委
唐　芸 省工业和信息化委
陈　欣 省发展改革委
寸文娟 省发展改革委
王潇苒 省发展改革委
田　书 省物价局

各行业发展概况

冯稚进 省农业厅
秦洪锦 省林业厅
闵　磊 省水利厅
张国荣 省农垦总局
肖义贵 省扶贫办
杨海林 云南省烟草专卖局
谭枚春 省工业和信息化委
张　弋 云南电网公司
苏燕妮 省工业和信息化委
汤云富 省工业和信息化委
李　莉 省工业和信息化委
杞耀光 省工业和信息化委
徐秀华 省工业和信息化委
张　凤 省工业和信息化委
吴立群 昆明铁路局
刘云建 省交通运输厅
陇　玉 省工业和信息化委
谭桂蓉 省建材工业行业协会
刘志英 省机械工业行业协会
何永盛 省煤炭工业管理局
马　钫 云南机场集团有限责任公司
甘　静 省邮政公司
钟　刚 省旅游发展委员会
丁晓荧 省商务厅
田　洁 昆明海关
许　楠 云南出入境检验检疫局
张礼孔 省住房和城乡建设厅
关世敏 省住房和城乡建设厅
舒春艳 省住房和城乡建设厅
高　兴 省住房和城乡建设厅
孙凤智 省环保厅
纳　梅 省教育厅
奎燕飞 省科技厅
毛　睿 省卫生和计划生育委员会
李贵春 省新闻出版广电局
陈旭东 省人力资源和社会保障厅
诸文勋 审计厅
刘子渐 省民政厅
冯　颖 省气象局
彭丽红 省测绘地理信息局
邹睿佳 省质监局
程　波 省国土资源厅
刘　洋 省安全生产监督管理局
张海云 省国税局
李东梅 省地税局
贺素歌 省地震局
张睿媛 省工商行政管理局

地区经济

方玉红 昆明市地方志办公室

马　敏　曲靖市委政策研究室
杞兆昌　玉溪市政府研究室
韩　斌　保山市政府研究室
邹　蓉　昭通市统计局
关晓刚　丽江市政府研究室
李满田　普洱市政府研究室
左映莲　临沧市政府研究室
张云徽　楚雄州发展改革委
李　雁　红河州政府研究室
杨若尘　文山州政府研究室
李　星　西双版纳州政府研究室
刘丹霞　大理州地方志办公室
多志强　德宏州统计局
何云伟　怒江州政府研究室
和　淇　迪庆州政府研究室

市县区经济选介

杨连国　五华区地方志办公室
吴焰红　盘龙区地方志办公室
加三益　官渡区史志办
刀培凤　西山区地方志办公室
唐荣华　呈贡区史志办
聂东丽　东川区史志办
俞学云　安宁市史志办
李　筠　麒麟区史志办
余俊柏　宣威市地方志办公室
王德莉　红塔区史志办
蒋　睿　昭阳区地方志办公室
奎中凌　思茅区地方志办公室
胡荣莉　临翔区地方志办公室
王　熹　蒙自市地方志办公室
何少华　个旧市政府办公室
李学慧　文山市委党史研究室
杨　艳　广南县政府研究室
赵　明　芒市委党史研究室
何春城　泸水县地方志办公室
和丽莉　香格里拉县史志办

经济研究

何晓晖　省社科联
马建宇　省社科院经济研究所

法规·文件

胡江天　省法制办

国民经济统计资料

李朝阳　省统计局

表彰·奖励

葛　琪　省妇联
张刘波　共青团云南省委

大中型企业选介

孙　剑　云铜集团
范瑶瑶　云南冶金集团股份有限公司
刘　松　云南物流产业集团有限公司
李　京　富滇银行
黄　彪　中国工商银行云南省分行

云南省行政区划表

（资料截止时间：2015 年 12 月 31 日）

市、州	市、区、县	区、县、县级市数
昆明市	呈贡区 盘龙区 五华区 官渡区 西山区 东川区 安宁市 晋宁县 富民县 宜良县 嵩明县 石林县 禄劝县 寻甸县	6 区 7 县 1 市
曲靖市	麒麟区 宣威市 马龙县 陆良县 师宗县 罗平县 富源县 会泽县 沾益县	1 区 7 县 1 市
玉溪市	红塔区 江川县 澄江县 通海县 华宁县 易门县 峨山县 新平县 元江县	2 区 7 县
保山市	隆阳区 施甸县 腾冲县 龙陵县 昌宁县	1 区 3 县 1 市
昭通市	昭阳区 鲁甸县 巧家县 盐津县 大关县 永善县 绥江县 镇雄县 彝良县 威信县 水富县	1 区 10 县
丽江市	古城区 永胜县 华坪县 玉龙县 宁蒗县	1 区 4 县
普洱市	思茅区 宁洱县 墨江县 景东县 景谷县 镇沅县 江城县 孟连县 澜沧县 西盟县	1 区 9 县
临沧市	临翔区 凤庆县 云　县 永德县 镇康县 双江县 耿马县 沧源县	1 区 7 县
楚雄州	楚雄市 双柏县 牟定县 南华县 姚安县 大姚县 永仁县 元谋县 武定县 禄丰县	1 市 9 县
红河州	蒙自市 个旧市 开远市 弥勒市 建水县 石屏县 泸西县 元阳县 红河县 绿春县 屏边县 金平县 河口县	4 市 9 县
文山州	文山市 砚山县 西畴县 麻栗坡县 马关县 丘北县 广南县 富宁县	1 市 7 县
西双版纳州	景洪市 勐海县 勐腊县	1 市 2 县
大理州	大理市 祥云县 宾川县 永平县 云龙县 洱源县 剑川县 鹤庆县 漾濞县 南涧县 巍山县	1 市 11 县
德宏州	芒市 瑞丽市 梁河县 盈江县 陇川县	2 市 3 县
怒江州	泸水县 福贡县 贡山县 兰坪县	4 县
迪庆州	香格里拉市 德钦县 维西县	1 市 2 县

鸣谢单位

（排名不分先后）

云南省财政厅

滇中产业集聚区（新区）管理委员会

云南省人民政府扶贫开发办公室

云南省人民政府机关事务管理局

昆明市人民政府

西双版纳州人民政府

瑞丽国家重点开发开放实验区管理委员会

玉溪高新技术产业开发区管理委员会

云南电网有限责任公司

云南铜业（集团）有限公司

中国农业银行股份有限公司云南省分行

文山州人民政府

富滇银行股份有限公司

云南路桥股份有限公司

总 目

目　　录

Contents

各行业发展概况

The Overview Of Industry Development

• 第一产业 •

Primary Industry

• 第二产业 •
Secondary Industry

• 第三产业 •

Tertiary Industry

交通运输和邮政业

Transportation and Postal Service Industry

旅游业和批发零售业

Tourism Industry & Wholesale and Retail Industry

城市建设和房地产业
City Construction and Real Estate

人力资源和社会保障
Human Resources & Social Security

社会管理
Social Management

地区经济

Regional Economy

8 个省辖市

8 Cities Administered by Provifice

8 个民族自治州
8 Nationality Autonomous Prefectures

市县区经济选介

Introdutction of Economy in Selective Cities (Districts and Counties)

昆明市县区经济选介

Economic Situation of Selective Cities (Districts and Counties) of Kunming City

曲靖市县区经济选介

Economic Situation of Selective City (County) of Qujing City

玉溪市县区经济选介

Economic Situation of Selective County (District) of Yuxi City

昭通市县区经济选介

Economic Situation of Selective County (District) of Zhaotong City

普洱市县区经济选介

Economic Situation of Selective County (District) of pu' er City

临沧市县区经济选介

Economic Situation of Selective County (District) of Lincang prerecttlre

红河州市县区经济选介
Economic Situation of Selective City County（District）of Honghe Prefecture

文山州市县区经济选介
Economic Situation of Selective City County（District）of Wenshan Prefecture

大理州市县区经济选介
Economic Situation of Selective City Country（District）of Dali Prefecture

德宏州市县区经济选介
Economymic Situation of Selective City County（District）of Dehong Prefecture

怒江州市县区经济选介
Economic Situation of Selective County of Nujiang Prefecture

迪庆州市县区经济选介
Economic Situation of Selective County of Diqing Prefecture

专题报告
Special Report

经济研究
Economic Research

重要学术活动
Important Academic Activities

研究机构选介
Introduction of Selective Research Institutions

法规·文件
Laws and Regulations, Documents

法规
Regulations & Laws

文件
Ducoments

公　报
Bulletin

国民经济统计资料
National Economy Statistics

表彰·奖励
Honor & Rewards

人 物
Figures

大中型企业选介
Brief Introduction of Selective Large and Medium-sized Enterprises

附 录
The Appendix

主题索引
Subject Index

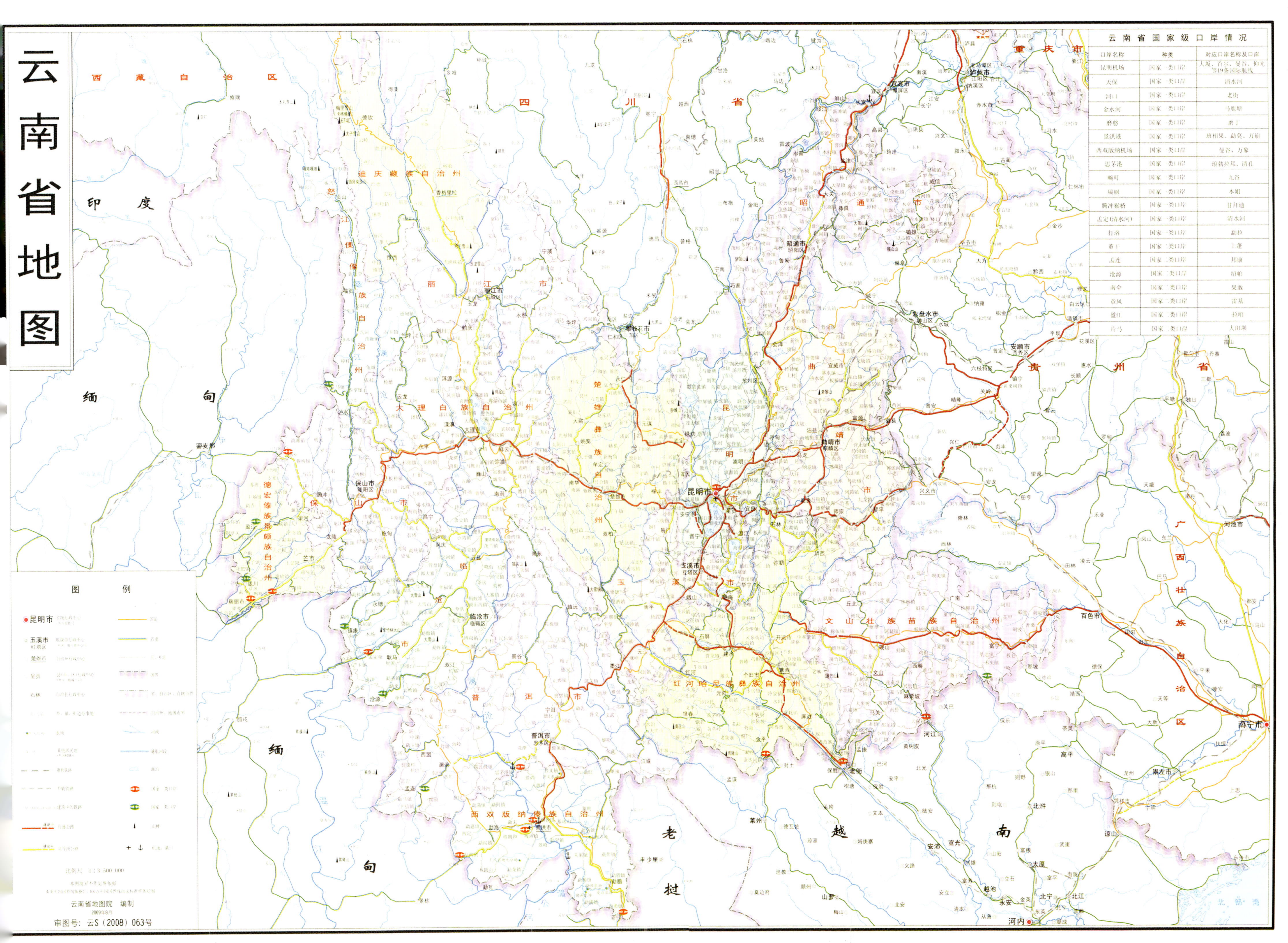

云南省国家级口岸情况

口岸名称	种类	对应口岸名称及口岸
昆明机场	国家一类口岸	大坂、首尔、曼谷、仰光等19条国际航线
天保	国家一类口岸	清水河
河口	国家一类口岸	老街
金水河	国家一类口岸	马鹿塘
磨憨	国家一类口岸	磨丁
景洪港	国家一类口岸	班相果、勐莫、万崩
西双版纳机场	国家一类口岸	曼谷、万象
思茅港	国家一类口岸	琅勃拉邦、清孔
畹町	国家一类口岸	九谷
瑞丽	国家一类口岸	木姐
腾冲猴桥	国家一类口岸	甘拜迪
孟定(清水河)	国家一类口岸	清水河
打洛	国家一类口岸	勐拉
董干	国家二类口岸	上蓬
孟连	国家二类口岸	邦康
沧源	国家二类口岸	绍帕
南伞	国家二类口岸	果敢
章凤	国家二类口岸	雷基
盈江	国家二类口岸	拉咱
片马	国家二类口岸	大田坝

今日云南
Yunnan Today

滇中产业新区

省委书记李纪恒调研新区建设发展情况

2015年9月7日，国务院批复同意设立国家级云南滇中新区，打造我国面向南亚东南亚辐射中心的重要支点、云南桥头堡建设重要经济增长极、西部地区新型城镇化综合试验区和改革创新先行区。

云南滇中新区地处《全国主体功能区规划》明确的国家重点开发区域，位于昆明市主城区东西两侧，是滇中产业聚集区的核心区域，初期规划范围包括安宁市、嵩明县和官渡区部分区域，面积约482平方公里。新区区域条件优越，区内综合交通体系和现代物流体系发达，沪昆高铁、成昆铁路以及京昆、沪昆、渝昆、杭瑞等国家高速公路和多条国道纵横交错，坐拥国家门户枢纽机场—昆明长水国际机场，与珠三角、长三角、京津冀等地区以及南亚东南亚国家人员货物往来便利。产业发展优势明显，下辖国家级杨林经开区、省级昆明空港经济区、省级安宁工业园区等多个国家级、省级重点园区和安宁国家级重点石油化工基地，形成了装备制造、汽车、石油化工、电子信息、保税物流等一批优势产业，产业支撑和带动作用明显。城镇化基础较好，人居环境优美，森林覆盖率达60%以上，是昆明中心城区空间拓展的主要区域，具有推进新型城镇化建设、进一步集聚产业和人口的良好基础。科教创新实力较强，新区及周边拥有43所高等院校、8个国家重点实验室和工程中心以及中国科学院昆明分院等一批高水平科研院所，具备较好的科技创新环境和区域创新体系。对外开放合作基础良好，随着中国—东盟自由贸易区升级版建设稳步推进，大湄公河次区域经济合作不断深化，孟中印缅经济走廊建设取得积极进展，中国—南亚博览会影响力显著提升，云南省在“一带一路”战略推进中的作用日益凸显，为新区依托现有开放合作基础，主动融入长江经济带，承接国际国内产业转移，辐射带动滇中区域产业发展，打造与南亚东南亚交流合作的重要平台提供了有力支撑。

省委书记李纪恒在滇中新区领导干部会议上讲话

滇中新区正式揭牌

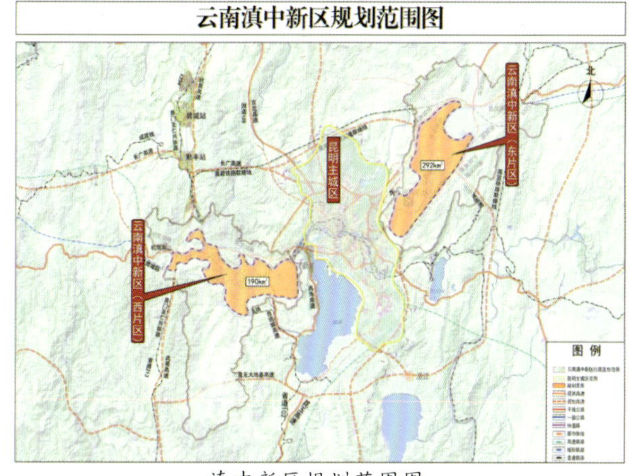

滇中新区规划范围图

2015年，在党中央、国务院的亲切关怀和省委、省政府的正确领导下，新区党工委、管委会团结带领全区干部群众，牢牢把握发展大势，解放思想、开拓创新，攻坚克难、真抓实干，科学编制各类规划、积极构建体制机制、扎实推进项目建设、有序开展招商引资、全力拓展融资渠道、全面加强党的建设，稳步推进新区开发建设各项工作。完成地区生产总值522亿元，同比增长6.5%；规模以上固定资产投资540.5亿元，增长15.7%；一般公共预算收入43.4亿元，增长11.7%；规模以上工业增加值122.3亿元；社会消费品零售总额124.7亿元，增长11.1%。2016年，是国家级滇中新区开发建设的起步之年，也是新区“十三五”发展的开局之年。为确保新区开发建设开好头、起好步，在新的起点上把不可能变为可能、把可能变为现实，新区“十三五”发展愿景为：主动服务和融入国家战略，围绕“一年打基础、三年见成效、五年大跨越”目标要求，2016年，紧盯固定资产投资超千亿目标，大力实施“321工程”（30个重大基础设施、20个重点产业、10个片区土地收储和综合开发项目），骨干交通路网格局初步形成，综合保税区等龙头项目稳步推进，东风汽车等重大项目入驻新区，中关村等区域性品牌化园区启动建设，体制机制高效运转，发展环境明显改善。新区地区生产总值增速不低于12%；固定资产投资增速不低于30%；一般公共预算收入增速不低于10%；规上工业增加值增速不低于13%；社会消费品零售总额增速不低于13%；招商引资实际到位资金增速不低于30%。到2018年，以石油炼化、汽车及现代装备制造、电子信息、通用航空、生物医药、新材料、商贸服务为重点的产业培育初见成效，优势产业集群初步显现，科技创新能力、产业竞争力和综合实力稳步增强，以产聚人、以产促城、组团发展的新型城镇化发展格局初步形成，融合联动、辐射带动滇中城市经济圈一体化发展的作用日渐显现。到2020年，基础设施成网成型，现代产业体系基本形成，对外开放合作水平显著提升，创新驱动能力明显增强，地区生产总值翻两番、突破2000亿元，实现超常规、跨越式发展，功能现代、产城一体、宜居宜业、融合发展的国际化高新产业新城初步建成，成为我国面向南亚东南亚辐射中心的重要支点、云南桥头堡建设重要经济增长极、西部地区新型城镇化建设综合试验区和改革创新先行区。

2016年，新区将重点抓好5个方面的工作。

坚持基础优先，着力推进道路成网。把基础设施建设摆在新区开发建设首要位置，大力推进以道路交通为重点的基础设施建设，尽快构建新区各片区与昆明主城区之间多方式、多方向、多路径的联系通道格局。到2020年，实施综合交通基础设施项目81个，总投资1400亿元以上，空港—嵩明片区构建形成“二横三纵”5条高速公路网、“十横六纵”16条快速和城市主干道路网，安宁片区形成“三横三纵”6条高速公路网、“六横八纵三放射”17条快速和城市主干道路网。同时，加快推进空港李其、复兴片区和商贸区等重点片区人工海绵体和地下综合管廊建设。加快中石油管道成品油首站及天然气支线管道、压缩天然气母站、液化天然气应急储备中心和输变电等能源项目建设。支持机场集团加快长水机场配套设施建设，建成新增机位39个，旅客吞吐量达3900万人次。

坚持连片开发，着力推进错位发展。紧紧围绕新区各片区功能定位，优化产业发展布局，走以人为本、四化同步、生态文明、文化传承的新型城镇化道路，将新区打造成为产城一体、宜居宜业、融合发展的西部地区新型城镇化建设综合试验区。空港片区抓提速，重点发展航空枢纽服务、商贸会展、综合保税、现代物流、电子商务、临空高端制造、旅游等产业，着力打造“港产城一体”的区域性国际航空新城。安宁片区抓提升，大力推动钢铁、盐磷化工等产业调整转型，重点发展石油炼化和装备制造业，着力打造新型工业基地。嵩明片区抓拓展，大力发展汽车特别是新能源汽车及零部件配套、先进制造业，着力打造新兴产业基地。

坚持产业为本，着力推进集群发展。进一步理清产业发展思路，找准产业发展方向，在二产方面，重点聚焦石油炼化、汽车及现代装备制造、电子信息、通用航空、生物医药、新材料等六大产业；在三产方面，大力发展航空枢纽服务、商贸会展、综合保税、现代物流、电子商务、旅游等服务业。到2020年，力争六大产业工业总产值达5000亿元以上，服务业营业总收入超5000亿元。

坚持扩大开放，着力推进区域联动。按照对接一个发达地区、建设一个产业聚集园区的工作思路，不断深化新区与环渤海、长三角、珠三角的园区联动、产业联动和企业合作，积极拓展与南亚东南亚地区的交流合作，加快构建优势互补、互利共赢、联动发展的开放型经济发展新机制，推动新区发展联动周边、融入国内、接轨国际。在招商引资方面，构建“县区主体、部门协调、新区决策”的招商工作机制，重点引进一批产业链长、带动力强、影响力大、辐射面广的龙头型企业，致力提升招商质效。在市区融合发展方面，坚持规划共绘、基础共联、产业共兴、环境共建，加快推动新区与昆明主城区互促并进、融合发展，辐射带动滇中城市经济圈优势互补、要素联动、一体发展。

坚持改革创新，着力强化内生动力。深入实施创新驱动战略，在土地、金融、产业、招商引资、人才引进培养等领域大胆尝试，创新完善管理体制、运行机制和政策体系，大力发展众创、众包、众扶、众筹等新型创业服务平台，全力打造政策洼地、人才高地，推动大众创业、万众创新。创新投融资体制，大力推广PPP模式在基础设施建设和公共服务领域的运用，鼓励引导更多社会资本参与新区建设运营。全面落实从严治党责任，切实增强政治意识、大局意识、核心意识、看齐意识，全面加强党的建设，以开明开放的思想观念、务实进取的精神状态、担当有为的工作作风，立足新起点、奋战新征程、开创新局面，推动新区实现超常规、跨越式发展。

滇中新区第一批项目集中开工仪式暨昆明综合保税区启动仪式

全国第四大门户枢纽机场——长水国际机场

中石油云南安宁炼油项目

富滇银行
FUDIAN BANK

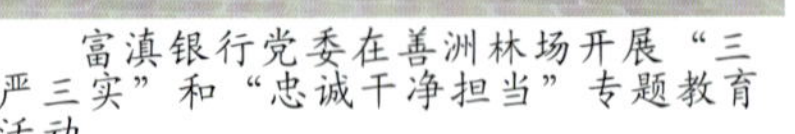
富滇银行党委在善洲林场开展“三严三实”和“忠诚干净担当”专题教育活动

富滇银行与海南银行签约全面合作协议

富滇银行“金旅贷”产品启动会现场

2015年，富滇银行（以下简称“我行”）在云南省委、省政府的领导下，积极适应经济金融发展新常态，深化转型发展、实施创新驱动、提升服务水平、强化风险防控，较好地完成了各项主要目标任务，为全省经济社会发展做出了积极贡献。

【主要经营目标情况】

截至2015年末，全行本外币资产总额1523亿元，负债总额1385亿元，所有者权益138亿元；本外币全口径存款余额1174亿元，各项贷款余额783亿元，实现净利润15.2亿元。

【贯彻执行决策部署，发挥金融支撑、保障和服务作用】

一是努力适应经济金融发展新常态，为全省稳增长促发展做出贡献。累计投放信贷资金889亿元；积极支持五大基础网络建设，着力推进18个重点项目建设；坚持服务州市及园区经济发展，同大理、普洱、昭通、西双版纳等州市政府签订战略合作协议；着力支持省属重点企业发展，不盲目抽贷、断贷、压贷，帮助煤化工、冶金、云锡等企业渡过难关；积极支持高原特色农业发展，涉农贷款余额达144.13亿元。**二是积极助力小微企业，支持实体经济发展。**积极运用富滇微贷、园资贷、置业贷、银保融、助保融、以诚相贷等创新产品支持实体经济和广大小微企业发展。截至年末，全行小企业贷款余额达244.11亿元，同比增长14.96%，实现“三个不低于”目标，荣获中国银监会“全国银行业金融机构小微企业金融服务先进单位”称号。**三是以大局为重，积极参与政府债券投资。**配合完成政府债定向置换工作，共投资55.86亿元云南省地方政府债券，投资额居一般承销商和地方法人金融机构之首。

【主动服务和融入国家战略，积极推动人民币国际化进程】

一是持续提升网点覆盖密度，切实加强深度参与能力。设立玉溪分行和富民、勐腊、磨憨等支行，省内分支机构达116家，对瑞丽、河口、磨憨三大国家级陆路口岸实现金融服务覆盖；设立重庆投行业务中心和重庆涪陵、渝中支行，发挥总分行协同效应，撬动战略客户潜在价值；筹建老中银行磨丁分行，提升老中银行网点覆盖密度，争取成为当地主流金融机构。**二是以口岸支行边贸结算业务为支点，持续推进人民币跨境结算业务发展。**积极参与沿边金融综合改革试验区建设，加强出口退税账户质押贷款管理，支持省属大型进出口龙头企业发展，全年跨境人民币结算量达20.73亿元，在全省跨境人民币业务考核中名列前茅。**三是加强毗邻国家货币特色金融服务，推动人民币国际化进程。**实现人民币兑越南盾汇率挂牌，可提供中老、中泰、中越三国本币跨境结算服务；丰富外币现钞服务内容，可提供9个币种的外币现钞服务，其中泰铢现钞业务连续两年占据云南一半以上市场份额，累计完成兑换4.19亿铢，荣获《银行家》杂志“2015年十佳金融产品创新奖”。**四是不断提升对外开放合作的层次和水平。**积极参与泛亚金融合作发展研究，加强对外交流合作，先后与泰京银行、南洋商业银行、越南农村和农业发展银行、缅甸全球财富银行、老挝联合发展银行、合资银行和开发银行建立业务合作关系，首次向境外法人银行提供同业授信。

【提升互联网金融服务能力，拓展普惠金融服务广度深度】

一是积极运用新兴信息技术，打造互联网金融服务平台。成立网络金融部，启用新版网银系统，荣获第十一届中国电子银行年会“2015年区域性商业银行最佳网上银行业务创新奖”；积极整合交易平台、拓展支付渠道、增强服务功能、降低交易成本。**二是频推创新理财产品，多样化满足客户需求。**共发售理财产品650.2亿元，收益率处于同业领先水平，进入普益财富全国区域性银行理财产品丰富性及综合理财能力排名前十、产品“富聚财富”被评为昆滇2015年度最受欢迎银行理财产品。**三是完善小企业金融服务体系，提升小微金融服务能力。**积极探索建立小微授信业务信贷工厂业务模式，组建小企业专营行和教育、公路金融服务特色行；完成70亿元小微债发行工作，运用小微债募集资金投放小企业贷款53.84亿元，惠及小微企业4,617户。**四是积极推进网点转型，全面提升服务品质。**在14个网点开展转型工作，推进零售业务发展，个人日均存款增幅排名全省第2位；成立消保与服务管理部，全面加强文明规范服务，1个网点荣获“2015年度中国银行业文明规范服务百佳示范网点”称号，8个网点获“中国银行业文明规范服务星级营业网点”命名，3名员工荣获“2015年度中国银行业文明规范服务明星大堂经理”称号。此外，我行还荣获“2015年度中国银行业消费者权益保护知识网络竞赛先进集体奖”，全国仅两家城市商业银行获此殊荣；荣获云南省银行业金融暨消费者权益保护知识竞赛“团队三等奖”；荣获“昆滇2015年度银行服务观察暨职业技能大赛”的“团体第一名”和“优质服务银行”称号；荣获第八届“云南金融百姓口碑网榜”评选中的“昆滇2015年度最佳零售服务银行”、“2015年度昆滇最受中小企业欢迎银行”和“昆滇2015年度延边金改活力银行”等多个奖项;被云南省银行业协会授予“云南省银行业2015年文明规范服务工作先进单位”称号。

【实施创新驱动，推进体制机制改革，提高精细化管理水平】

一是积极推进产品和业务创新，拓展更多资金来源。在“金果贷”成功经验基础上，推出“金蔬贷”、“金旅贷”等创新型金融产品，荣获中国社科院金融研究所和《银行家》杂志“2015中国十佳金融产品创新奖”；推出信贷资产支持证券产品，发行金额22.14亿元；推出单位和个人大额存单业务，发行金额27.98亿元；扩大同业存单规模，发行金额140亿元；扩大同业交易规模，承销各类债券134.64亿元。**二是获批多项重要业务资质，为综合化经营奠定基础。**获批设立消费金融公司，获批2015年度定向债务融资工具专项机构投资人资格、开办证券公司本金保障型收益凭证投资业务资格、开办对外担保业务资格、银监会理财直接融资工具试点资格、2015年至2017年储蓄国债承销资格、信用卡业务资格、助农取款服务收单业务资格。**三是深化体制机制改革，提升精细化管理水平。**启动“二五”战略规划中期调整，出台IT和人才战略发展规划，深化战略引领；加强定价管理、财务管理、成本管理，搭建了利率定价制度框架；加强IT管理、数据管理、流程管理，提高数据报送质量；完成个人账户真实性核查工作，共核实账户411万户；强调考核评价、员工培训工作，更加注重效益、规模和风险的平衡，加大财务维度考核权重，加强培训力度。

【应对经济下行压力，多举措防范化解金融风险】

一是着重加强信用风险管理，切实防范系统性风险。认真贯彻省委、省政府的部署和要求，积极帮助部分企业应对暂时性、阶段性还款困难，采取多种手段防范新增不良；认真研判经济形势和市场情况，坚持区别对待、分类施策原则，合理配置信贷资源；加强监测预警和风险排查，按“一户一策”原则确定风险化解对策，累计清收不良贷款2.71亿元。**二是多措并举加强全面风险管理，保障各项业务健康、持续发展。**加强公司治理的有效性建设，健全公司治理机制；加强市场风险管理，强化限额监测；积极构建业务连续性管理体系，初步形成业务连续性管理的运行和报告机制；提升流动性风险管理水平，强化资金运营计划缺口管理、初步形成业务连续性管理的运行和报告机制；提升流动性风险管理水平，强化资金运营计划缺口管理、流动性储备管理，制订《富滇银行附属银行流动性支持管理办法》；积极防范操作风险，加大信息科技风险的防控力度，加强舆情监测，为各项业务健康、持续发展提供了保障。**三是切实加强案件防控，积极消除各类风险隐患。**制订案件防控实施意见，从22个方面对案防工作做出安排部署；强化风险排查，完善监控中心功能，开发案防监管系统，提升技防、物防、消防水平；加强审计监督工作。

【强化以人为本、科学管理，打造过硬人才队伍】

一是不断完善以价值为导向的薪酬体系。在进一步规范绩效考核工作的基础上，重点强调效益、规模和风险的平衡，突出了客户类指标、战略类指标的考核，针对零售和小企业专营支行设计单行考核方案。**二是坚持正确的选人用人导向。**严格选人用人标准、程序、纪律，认真做好“一报告两评议”工作，组织开展了干部选拔任用和监督管理自查工作。**三是坚持从严教育、从严管理、从严监督。**结合现代金融企业实际，认真落实干部轮岗、交流、回避、考核等管理要求，制订了中层管理人员改任非领导岗位管理办法和能上能下有关规定，推动形成能者上、庸者下、劣者汰的用人导向。**四是进一步加大人才引进力度，吸收储备各类专业和关键人才。**采用校园招聘、社会招聘、劳务派遣招聘和转正等方式广开人才引进渠道，全年引进人员共计455人。**五是积极培养后备干部。**完成人才管理成熟度报告和人才发展规划的编制工作，提出后备管理人才培养计划，启动了旨在培养选拔年轻干部的“锐计划”，为优秀年轻人才的成长打造快车道。

【积极履行社会责任，加强精神文明建设和企业文化建设】

一是深入开展群众性精神文明创建活动。在全行开展以“优质服务”为主题的文明单位创建活动，结合服务型党组织建设，引导员工立足岗位，服务发展，5家分支机构被评为省级文明单位，多家基层单位荣获市区级文明单位荣誉称号；**二是积极推进企业文化建设。**编制完成品牌规划，启用新的企业形象宣传片，围绕银行经营管理中心工作，把企业文化建设融入企业管理、思想政治工作和精神文明建设的全过程，开设“文化富滇”、“青春富滇”微信公众平台，用员工喜闻乐见的形式，传递“好声音”，传播正能量。**三是勇于承担社会责任，积极开展扶贫济困“挂包帮、转走访”工作。**组织77名干部赴大理市太邑村走访207户贫困户，组建4人驻村扶贫工作队，积极探索金融扶贫新模式新方法；积极支持“鞍　乃　”驯建设、沧源地震灾区重建等项目，捐赠各类资金700万元，荣获云南省“2015年度最具社会责任金融机构”称号。四是充分发挥工会、共青团的作用。坚持“党群共建”，切实发挥政治引领作用，积极支持工会、共青团依照法律和各自章程开展工作，企业文化活动为载体促进群团工作的活跃，满足干部职工的精神文化需求，充分发挥好群团组织作为党联系群众的桥梁纽带作用，动员、引导广大干部职工凝聚合力，服务企业改革发展，6家分支机构荣获云南省巾帼文明岗、三八红旗集体、红旗团委等荣誉称号，3名员工荣获云南省巾帼建功标兵、三八红旗手、全国优秀共青团干部等荣誉称号。

昆明市人民政府

中共昆明市委十届七次全体（扩大）会议

昆明位于云南省中部地区，是云南省的省会，西南地区的中心城市之一，国家实施“一带一路”和长江经济带战略的重要支点，我国面向西南开放区域性国际城市和重要桥头堡城市。昆明市国土面积21012平方公里，辖6个区、1个县级市、7个县（含3个民族自治县），设有昆明经济技术开发区、昆明高新技术开发区、滇池旅游度假区、阳宗海风景名胜区、倘甸产业园区和轿子雪山旅游开发区等5个开发区。2015年末，常住人口为667.7万人，城镇化率70.05%。

“十二五”期间，昆明市面对错综复杂的国内外形势和艰巨繁重的改革发展稳定任务，积极适应新常态，全力以赴稳增长、调结构、促改革、惠民生、防风险，实现经济社会平稳发展。“十二五”末，全市地区生产总值为3970亿元，年均增长11.4%，人均生产总值达到59686元，年均增长10.2%。一般公共预算收入502.22亿元，年均增长14.6%。规模以上固定资产投资3497.88亿元，年均增长21.0%。社会消费品零售总额2061.66亿元，年均增长14.2%。三次产业结构由2010年的5.7∶45.3∶49调整为4.7∶40.0∶55.3。城镇、农村常住居民人均可支配收入分别达33955元、11444元，分别增长8.5%、10.4%。

“十三五”时期，昆明将坚持“五位一体”总体布局和“四个全面”战略布局，贯彻创新、协调、绿色、开放、共享五大发展理念，主动服务和融入国家战略，着力当龙头、促跨越、上水平、惠民生、奔小康，加快建设立足西南、面向全国、辐射南亚东南亚的区域性国际中心城市，当好云南经济社会发展的排头兵和火车头，在全省率先全面建成小康社会，为谱写好中国梦云南篇章作出应有的贡献。

滇池会展中心

文化中心翠湖

建设中的沪昆高铁

中欧班列

“十三五”时期，昆明市经济社会发展主要目标是：到2018年，实现现行标准下全市贫困人口全部脱贫，贫困县全部摘帽，区域性整体贫困得到解决，在全省率先全面建成小康社会；到2020年，在巩固全面建成小康社会基础上，全市经济社会发展迈上更高水平，区域性国际中心城市建设取得重大进展，与滇中新区的融合发展成效明显，全省最具活力的增长核心基本形成，昆明的发展更科学、社会更和谐、文化更繁荣、生态更文明、人民更幸福，为开启社会主义现代化建设新征程奠定坚实基础。主要预期目标为：地区生产总值年均增长9%左右，一般公共预算收入年均增长6%，规模以上固定资产投资年均增长13%，规模以上工业增加值年均增长9%，社会消费品零售总额年均增长10%，城镇常住居民人均可支配收入年均增长9%，农村常住居民人均可支配收入年均增长10%。

滇池、西山美景

瑞丽重点开发开放试验区

2015年1月9日，德宏州委副书记、州长龚敬政共同为德宏州贸易商会驻缅甸密支那商务代表处隆重揭牌

瑞丽试验区按照实施方案和建设总体规划，围绕“沿边特区、开放前沿”的总目标，紧扣开发、开放两大主题，突出通道枢纽、产业基地、交流平台三大功能定位，在先行先试、基础设施建设、产业建设、对外交流合作四个方面取得了新的突破。

2015年全区预计实现生产总值125.07亿元；完成规模以上固定资产投资总额115.58亿元；完成社会消费品零售总额44.09亿元；完成公共财政预算收入19.23亿元；城镇居民和农村居民人均可支配收入达22862元、8910元。完成口岸进出口贸易总额52亿美元、进出口货运量458万吨、出入境人流量2073万人次、出入境车流量449万辆次，边境口岸“四项指标”综合排名列全省第一、全国前列。

互联互通基础设施显著改善

全州有12条公路与缅甸互联互通，瑞丽综合客运枢纽站建成使用，杭瑞高速最后一段龙陵至瑞丽段全线贯通。2015年12月1日大瑞铁路保山至瑞丽段控制性工程全面开工建设,标志着泛亚铁路西线国内段建设全面提速。有效配合国家部委积极稳妥推进瑞丽至缅甸皎漂公路、铁路建设前期工作，中缅陆水联运大通道陇川章凤至缅甸八莫二级公路建设得到缅甸中央政府的支持，目前正在实施条件成熟的4.2公里。芒市机场年旅客吞吐量突破百万大关，进入全国中型机场行列。瑞丽直升机起降点建成，瑞丽航空、德宏南亚通用航空投入运营，陇川通用机场选址获得核准，2016年2月24日已开工建设试验段，民营航空产业走在全省前列。云南电子口岸瑞丽平台建设加快推进，瑞丽、畹町成为全国沿边首批进境粮食指定口岸，章凤成为云南第4个进境水果指定口岸。创建了芒市国家级、瑞丽省级园林城市，城镇化率突破40%。与内地同步推进4G通信、“数字德宏”、“智慧城市”建设，GMS信息高速公路中缅通道及其缅甸干线网建成启用。建成陇川麻栗坝水库、瑞丽市芒林水库等一批骨干水源工程，新成立南方电网瑞丽公司。

产业基地和项目建设取得重大突破

持续加大园区建设和招商引资力度，一批大企业落地投产。瑞丽工业园区确定为省50个百亿元园

2015年3月31日，瑞丽中缅货币兑换中心开业

德宏州与缅甸商务部建立定期会晤机制。王俊强书记与缅甸商务部吴温敏部长会晤并向缅方赠送礼品

区，芒市工业园区确定为省级工业园区，陇川工业园区被省政府确定为全省“十二五”期间重点培育的工业园区之一，2015年入园企业达到119户，预计完成主营业务收入47.53亿元。2015年试验区招商引资实际到位资金162.83亿元，其中省外到位资金147.94亿元。中石油、北京汽车、银翔摩托车、安琪酵母等一批央企和知名民企落户试验区，一批新兴加工装配项目先后建成投产，“瑞丽制造”崭露头角。

对外合作交流向深层次、宽领域、高水平发展

2015年6月，成功举办中缅瑞丽—木姐跨境经济合作区国际研讨会并签署会议纪要。8月，成功举办了首届跨喜马拉雅地区发展论坛，并将会址永久落户德宏、定期举办。建立了与缅甸商务部、旅游部定期会晤会务机制，设立驻缅甸曼德勒、密支那、腊戌三个商务代表处，与缅甸曼德勒工商总会缔结为友好商会，对外交流互访更加密集、联系沟通更加便利。联合成立中缅民生项目基金，缅中友谊广场、105码卫生院等援助项目顺利推进。木姐瑞丽妇女儿童发展中心成为中国在缅甸设立的第一个NGO组织。

杭瑞高速遮放立交

外籍人员服务管理中心

游客在国门等待验证过关

瑞丽口岸目前是中缅边境口岸中人员、车辆出入境流量最大的口岸

2015年6月14日，中缅瑞丽—木姐跨境经济合作区国际研讨会在昆明举行

2015年7月26日，“瑞丽制造”第一辆北瑞汽车下线

2015年8月24日，首届跨喜马拉雅发展论坛在芒市举行

先行先试多领域突破

总体规划稳步实施。围绕瑞丽试验区总规编制的6个专项规划得到省级批复。《云南瑞丽重点开发开放试验区建设总体规划环境影响评价报告书》正式通过环保部审查并正式实施。开展了孟中印缅经济走廊、昆–瑞经济带、云南（瑞丽）沿边自贸园区课题研究，为融入“一带一路”建设做了积极准备。

优惠政策逐步落实。“五免五减半”税收优惠政策率先突破，

2015年试验区新增入驻企业621户，累计减免企业所得税地方分享部分7893万元。投融资、土地、公共服务等政策逐步落实，部分省级审批权限已经下放。

创新边境管理体制。瑞丽市建立了“一馆二站三中心”外籍人员服务管理体系，陇川建立了外籍人员服务管理中心，中缅边境外籍人员管理和服务更加规范化、人性化。2015年12月1日起全面实现“一次申报、一次查验、一次放行”通关模式，同时实现了关检执法资源“信息互换、监管互认、执法互助”的整合，探索建设了“单一窗口”管理模式。

金融创新亮点纷呈。瑞丽市成为全国首个允许

芒市机场

个人本外币兑换特许机构办理全部经常项目项下人民币与缅币兑换业务的试点城市，创立了瑞丽中缅货币兑换中心，创建引导中缅货币兑换汇率的“瑞丽指数”。设立了我国境外首个对缅非现金跨境结算服务点，填补了我国在缅甸边境地区无跨境结算服务点的空白。开创了欧元直汇缅甸等试点改革开创全国先河。跨境贸易人民币结算、银行间跨境结算和本外币特许兑换业务量连年居云南省之首。在云南省率先成立了农村商业银行混合制资本管理公司。建立了外籍人员金融消费权益保护投诉站。保险领域成功开展试验区出境200公里以内车辆和入境外籍人员的跨境保险试点，跨境保险产品研发、再保险和机构合作等稳步推进。

人才建设领先起步。实施带编招考公务员和带编招聘（选优）事业单位专业技术人员等措施引进急需的高层次人才，积极开展聘任制公务员试点工作，吸引各类优秀人才为试验区发展服务。

科技创新环境不断优化。成功创建省级“可持续发展实验区”；制定《瑞丽试验区科技创新管理办法》（草案），实施大众创业、万众创新工程；成功举办了“科技入德宏”活动；推动在缅甸曼德勒成立“中缅科技合作咨询服务中心”并已派人到曼德勒开展工作。

2015年10月4日，“瑞丽制造”第一批银翔摩托车产品下线

2015年12月15日，第15届中缅边交会开幕

文山州人民政府

依托优势谋发展 凝心聚力建小康

最高人民检察院检察长曹建明、省委书记李纪恒在文山与贫困户交谈

陈豪省长在文山调研产业发展

文山壮族苗族自治州位于云南省东南部，素有滇桂走廊之称，是云南省既沿边又紧邻沿海地区的唯一州市,是一个集“老、少、边、山、穷、战”为一体的自治州。近年来，文山经济社会发展拾级而上，逆势上扬，主要经济指标实现翻番，经济增速走在了全省前列，实现了速度与质量齐飞、发展与生态共存，成为了一块充满生机与活力的热土，到处洋溢着激情与希望，散发着魄力与气魄。

——以清晰思路引领发展。“十三五”期间，文山州将进一步贯彻落实习近平总书记系列重要讲话和考察云南重要讲话精神，树立创新、协调、绿色、开放、共享五大发展理念，积极适应和引领经济发展新常态，努力打造成为国家实施“一带一路”战略和云南面向南亚东南亚辐射中心的重要支点、边疆民族团结进步示范区、石漠化地区生态文明建设示范区、滇桂黔石漠化片区精准扶贫和左右江革命老区振兴整州推进示范区，加快构建“一圈一带三廊”经济社会发展空间，着力推进供给侧结构性改革，奋力闯出一条跨越发展的新路子，确保与全国全省同步全面建成小康社会。

——以优化布局科学发展。围绕“一圈一带三廊”区域协调发展空间布局，重点突破、以点带面、联动廊带，引导生产要素向优势区域聚集，着力培育发展4个新的经济增长极。着力打造“文砚平半小时经济圈”，推进“文砚同城化”发展，形成全州经济核心增长极；依托规划建设的沿边高等级公路和边境经济合作区，着力打造边境经济增长极；依托云南丰盈水电，着力打造以百色—文山跨省经济合作园区为平台的生态铝产业增长极；依托丘北普者黑和广南坝美，着力打造以普者黑为核心的旅游经济增长极。

——以五网建设夯实发展。交通网方面，加快云桂铁路和蒙文砚、平文高速公路建设，2016年开工建设珠街至广南、文山至马关、文山至麻栗坡3条高速公路、西畴至兴街快速通道、国道219线沿边高等级公路等项目。航空网方面，2017年开工建设丘北民用机场，争取2019年建成投入使用，完成文山机场改扩建，争取开工建设广南、文山通用机场。水网方面，完成德厚大型水库和32件中小型水库建设任务，争取开工清水河大型水库和30件以上中小型水源工程，抓好大中小型灌区、高效节水灌溉、“五小水利工程”、中小河流治理等水利设施建设。能源网方面，有序推进风能、太阳能光伏发电、生物质能等新能源和可再生能源发展。力争“十三五”末电力装机达到260万千瓦。信息网方面，大力发展物联网、大数据、云计算等互联网产业，加强农村电商基础设施建设。力争到2020年，实现所有行政村通光纤、4G网络和光缆覆盖全州。

文山产业园区

——以产业集群支撑发展。今后文山将重点抓好七大产业，为经济发展引入“源头活水”、装上“飞翔之翼”。生物医药产业。完善文山三七产业园区建设，引进大型制药企业参与三七为主的生物资源开发，抓好三七药品、保健品、日化用品等领域的深度开发，加快健康产品的研发，做精做深三七系列药品加工，延长产业链，提高附加值，力争在2020年实现三七产业1000亿目标。文化旅游产业。把握住交通网络改善的机遇，瞄准国际化、高端化、特色化目标，加快把普者黑和坝美打造成为云南旅游文化产业新高地、全省旅游文化产业转型升级示范区和国际著名旅游目的地。新型冶金化工和新材料产业。大力发展铝精深加工，到“十三五”末，力争形成320万吨氧化铝、160万吨电解铝、50万吨铝型材生产规模，形成较为完整的铝加工产业体系。推进锌锡铟锑钨等稀贵金属综合开发利用，加快推进锰硅资源整合重组，发展高品质新材料。装备制造业。依托三一重工、砚山海螺公司、文山壮山公司等企业，大力发展破碎机、非标件制作和混泥土预制构件、新型建筑材料等产品，把文山打造成国内制造业面向东南亚的出口制造基地。外向型加工业。抓住东部沿海地区产业升级的重大机遇，发挥区位优势、资源优势和交通优势，主动承接东部地区电子电器、服装、玩具、日用品等产业进驻发展。高原特色农业。着力培育发展烤烟、辣椒、蔗糖、木本油料、畜牧等优势产业，大力培育扶持农业龙头企业和新型农业经营主体，力争到2020年培育250户以上农业龙头企业。边境贸易和物流业。加快推进边境经济合作区、边境贸易加工区、出口贸易加工区建设。依托交通枢纽、边境口岸、中心城市规划建设一批物流中心，将文山建设成为滇东南重要物流枢纽。

——以城镇化撬动发展。实行全州“一盘棋”统筹规划，推进“多规合一”。做大“文砚平”城镇群，做强文山中心城市，启动“文砚同城”建设，做精县城，做特重点镇、特色小镇和边境口岸集镇，做美乡村。坚持走以人为中心的新型城镇化发展道路，强化城镇公共设施建设，增强承载能力，提升城市品位和管理水平。积极推进海绵城市、智慧城市建设，完善城市功能。把城镇开发与园区建设结合起来，促进产城融合发展。力争到2020年使城镇化率提高到45%。

——以改革开放激活发展。积极融入和服务国家、省的发展战略，主动参与长江经济带、珠三角、北部湾、滇中经济圈等区域合作，推进昆明—文山—北部湾经济走廊和滇桂粤经济走廊、滇越经济走廊建设，加强开放型经济建设，积极承接产业转移，努力建设云南外向型产业基地。

——以精准扶贫共享发展。未来三年，文山州将全力做好保基本、兜底线、促公平三件事，让人民群众共享发展成果。抓实“六个精准”和“五个一批”脱贫攻坚工程，扎实推进兴边富民、易地搬迁三年行动计划。到2018年，实现37万人，8个贫困县（市）全部脱贫摘帽，努力建成滇桂黔石漠化片区精准扶贫和左右江革命老区振兴整州推进示范区。

——以生态建设保障发展。解决好发展与保护的关系，坚守生态底线，推进绿色发展，大力实施好天然林保护、退耕还林、石漠化综合治理、植树造林等林业生态工程建设，深入实施大气、水、土壤污染防治，加大农业面源污染防治力度，严厉打击各类破坏环境违法行为，严格控制主要污染物排放总量，促进生态环境质量持续改善。抓好重点河流、湖泊综合治理，扎实推进生态县市、生态乡镇、生态村创建工作，把生态优势转化为产业发展优势，努力打造成为石漠化地区生态文明建设示范区。

梦里水乡——普者黑

文山矿冶经济——文山铝业、华联锌铟公司及主产矿

世外桃源——坝美

西双版纳州人民政府

2015年，全州上下深入贯彻落实习近平总书记系列重要讲话和考察云南重要讲话精神，紧紧团结和依靠全州各族人民，主动适应新常态，沉着应对新挑战，着力破解新难题，保持了经济社会持续健康发展。全州实现生产总值335.91亿元，同比增长10%；固定资产投资完成360.8亿元，增长29.5%；社会消费品零售总额103.98亿元，增长9.3%；进出口贸易总额21.34亿美元，增长7.9%；一般公共预算收入30.8亿元，增长7%；城镇常住居民人均可支配收入23304元，增长8.5%；农村常住居民人均可支配收入10080元，增长10.1%。

经济发展方式进一步转变

大力扶持企业，减免各类企业税费3亿元以上，实施“两个10万元微型企业培育工程”，培育微型企业500户；投入培育规模以上工业企业等扶持资金4000万元，新注册企业3763户，新增规上企业8户；制定和落实促进民营经济发展的政策措施，全州民营经济实现增加值155.4亿元，同比增长11.5%，占全州生产总值的比重为46%。着力推进高原热区生态特色农业现代化，全州粮食播种面积130.95万亩，总产量47.8万吨，注册地理标志证明商标1件，获得云南省著名商标3件，培育云南省名牌2个，新增农业龙头企业14户。着力培育壮大特色生物、文化旅游、加工制造、健康养生、现代服务“五大生态经济产业”，热带水果和工艺美术品制造业迅猛增长，成为新的经济增长点；勐海县被列为“中国茶叶十大转型升级示范县”，田野橡胶公司被认定为“国家级高新技术企业”，全州生物产业总产值191.7亿元、增长9.7%，规模以上工业增加值46.25亿元、增长12%；着力促进文化旅游行业加快跨界融合、集团化经营，万达、金孔雀等成为综合性旅行社集团，西双版纳旅游度假区成功创建为“国家级旅游度假区”；互联网经济加快发展，邮政快递日均进出港件7万单，同比增长50%，出港件总量居全省第二位。喜来登、冠超市、长江村镇银行等一批现代服务企业开业运营，现代信息、金融、物流、养老、商贸等服务业加快发展。

基础设施建设得到加强

玉磨铁路西双版纳段启动征地工作，“铁路梦”正在变为现实；小磨高速公路改扩建、国道213线普文至磨憨公路改造等项目开工建设，景宽二级公路、国道214线景洪过境公路南环段等项目顺利推进，景洪至打洛高速公路、勐腊至勐满口岸高速公路前期工作加快进度，澜沧江湄公河航道疏浚进展顺利，新开通航线4条，西双版纳机场旅客吞吐量415.1万人次，同比增长23.5%，完成综合交通投资52.7亿元。勐满水库、曼点水库等重点水源工程建设和移民安置进展顺利，完成病险水库除险加固工程26座，新增防渗干支渠34公里，新增有效灌溉面积1.21万亩，完成水利建设投资7.06亿元。回龙山电站、勐宋电站等建设进展顺利，勐海光伏农业发电项目开始发电；管道天然气工程和城乡电网改造工程加快推进，完成能源建设投资12亿元。光纤宽带和移动4G基础设施建设在全省领先，全面覆盖城镇和行政村。启动“四规合一”工作，强化规划引领作用，傣乡水城项目进度加快，景洪澜沧江老大桥拼宽、北环路等一批重要城市基础设施和一批新学校、新医院、新休闲娱乐设施建成投入使用，景洪城“精细化”管理工作取得实效，完成城镇基础设施建设投资15.3亿元，全州城镇化率提高1个百分点、达43.4%。

11月10日，农业部、云南省、西双版纳州与老挝自然资源和环保部、老挝南塔省在关累码头，共同开展联合渔政执法行动暨渔业资源增殖放流活动

12月24日，全州高原热区生态特色农业现代化建设暨水利改革发展工作推进现场会在景洪市勐龙镇召开。州党政领导罗红江、杨光波、杨建明、陈启忠、柴娟、玉香伦出席会议

一心一意谋跨越 聚精会神抓落实 昂首阔步奔小康

改革开放不断深化

继续深化农村各项改革，全州农地有序流转面积200万亩，林权抵押贷款余额29.89亿元，保持全省领先水平。沿边金融综合改革试验区建设成效明显。加快推进政府职能转变和机构改革，完成29个州级部门168项行政审批项目的审核和入库。实施商事登记制度改革，278项前置审批改为后置。加快创新投融资体制机制，启动PPP项目库建设工作。完成机关事业单位养老保险制度改革，在县以下机关实行职务与职级并行制度。农垦改革继续深化。财税、科技、教育、文化、卫生、供销社和公务用车等改革稳步实施。勐腊（磨憨）获批为国家级重点开发开放试验区，中老磨憨—磨丁经济合作区建设进入国家层面加速推进轨道。磨憨口岸获批为进境植物种苗、粮食指定口岸，22条政策深入落实；打洛口岸出入境人员突破110万人次。澜沧江湄公河合作首次外长会议和中国国际旅游交易会"旅游+互联网"高峰论坛在我州举办。"四国八方"合作机制不断深化，务实推进科技、教育、卫生、农业、商务、旅游等方面的合作，促进通关便利化。引进省外到位资金125.24亿元，同比增长15.1%；引进外资到位资金3508万美元，增长6.3%。

生态建设成果丰硕

全国主体功能区试点示范建设、"4185"自然保护区建设工程、天然林保护、退耕还林工程扎实推进，中老跨边境生物多样性保护项目升格为国家层面实施，易武州级自然保护区筹建工作加快推进。广泛开展城乡植树造林活动，新种植珍贵用材林16.39万亩。加快环境友好型胶园和生态茶园建设，分别新建10万亩和16万亩。加强环境监测，定期监测并公布景洪城区空气质量状况和三县市城区集中饮用水源的水质状况。完善3座污水处理厂和3个垃圾处理配套建设及运营管理。治理水土流失面积43.65平方公里。大力推广农村清洁能源，实施农村生活垃圾整治行动，开展农村环境连片整治。三县市被命名为"省级生态文明县市"，通过环保部国家生态县市技术评估，勐海被列入首批国家级生态保护与建设示范区、省可持续发展试验区。

人民生活持续改善

全州一般公共预算支出79.3%用于民生领域。州人民政府10件实事全部落实到位。大力推进脱贫攻坚，扎实开展建档立卡动态更新管理和"挂包帮、转走访"工作，有效提高脱贫攻坚的精准度，减少贫困人口1.06万人。新（扩）建公办幼儿园10所，义务教育加快均衡发展，景洪市义务教育基本均衡发展通过国检，高中教育水平有新提高，积极筹建滇西应用技术大学傣医药学院。全民动员防控登革热疫情，确保无死亡病例；医疗资源有所增加，医疗水平有新提高。群众性文化体育活动广泛开展。全州城镇新增就业8613人，扶持创业1969人。全州各项社会保险参保总人数113.4万人，净增1.51万人，新农合参合率为97.2%。落实援企稳岗政策，降低了失业保险、工伤保险、生育保险费率。城乡低保补助水平有新提高。继续实施保障性安居工程，开工建设城镇保障性住房141套、农村危房改造及抗震安居工程5409户。

潮平岸阔催人进，风劲扬帆正当时。今天的西双版纳，正以团结奋进、求实创新的精神，在与全省全国同步全面建成小康社会的征程中，昂首阔步、奋勇向前。

10月19日，省、州政府在昆明召开"云南勐腊(磨憨)重点开发开放试验区获国务院批准设立新闻发布会"。州委副书记、州长罗红江出席发布会

思小高速公路

玉溪高新技术产业开发区

玉溪高新区经济工作会议

玉溪高新区2015年经济工作会议受表彰部分企业

玉溪高新技术产业开发区地处玉溪市中心城区，是经国务院批准设立的国家级高新技术产业开发区，距省会昆明88公里，距长水国际机场约一小时车程，昆玉城际列车开通后半小时可达昆明，是距南亚、东南亚国家和地区最近的国家高新技术产业开发区。玉溪高新区发展经历了三大阶段：1992年8月建立玉溪经济技术开发区，1998年9月列为省级高新技术产业开发区，2012年8月晋升为国家高新技术产业开发区。目前，玉溪高新区已经形成了一园三片区的发展空间，总面积43.79平方公里，其中：南片区6.08平方公里、九龙片区7.04平方公里，与江川县合作开发的龙泉园区，面积30.67平方公里。南片区已形成以发展卷烟及“两烟”配套、生物制药为主的现代化园区，低层次开发的土地将实施“退二进三”，提升产业形态，大力发展总部经济、金融保险和研发交易中心；九龙片区着眼于园区建设与美丽乡村建设和谐发展，大力发展电子信息、生物产业，构建生物医药产业功能区、电子信息产业功能区、新能源新材料产业功能区、农产品精深加工产业功能区和现代服务产业功能区；龙泉园区按照“绿色产业、发展引擎、产城融合、宜居家园”的发展定位，重点发展高端装备制造、电子信息、生物医药、新能源新材料、现代服务五大产业，努力将园区建设成为以绿色产业为主导，以科技研发为支撑，集产、学、研、居为一体，环境优美的多功能复合型生态新城。2015年底，园区共有企业1825户，其中：外资企业6户、高新技术企业19户、私营企业1745户；个体工商户4555户，民营经济从业人员3.9万人。园区拥有12个国家级、省级科研单位和技术中心，先后承担了252个国家级和省级科技研发项目。2012年，玉溪高新区被授予云南省第一批省级生物产业示范基地，2014年，被授予云南省高层次人才创新创业示范基地。目前正积极申报国家新型工业化生物产业示范基地。

科技创业园，孵化器

玉溪高新区坚持“扩张规模、做大总量、创新驱动、转型发展”的战略思维，以科技创新为动力，以提升产业水平为根本，以招商引资和项目建设为抓手，以推动园区企业与百强企业合作发展为基础，着力“破瓶颈、夯基础、铸优势、求提升”，园区经济呈现快速发展的态势，产业转型升级初见成效。2015年园区实现地区生产总值471.6亿元（含玉溪卷烟厂），同比增长9.1%；完成工业总产值613.5亿元，同比增长4.6%，其中规模以上工业增加值完成447.5亿元，同比增长5.0%；固定资产投资总额完成35.1亿元，同比增长45.0%；招商

省科技厅厅长龙江参观高新区展馆区。夏立洪、吴伯平陪同

国务委员王勇(左三)到猫哆哩调研

省科技厅厅长龙江参观沃森生物。吴伯平陪同

高新区公租房

云南省原省委书记秦光荣(左一)调研玉溪沃森公司

引资到位资金50.3亿元，同比增长39.8%，其中：省外资金25.05亿元，同比增长27.4%；到位外资904万美元，同比增长12.2%。

发展战略目标

500亿元以上产业2个、100亿元以上产业3个，实现生产总值1000亿元，年均增长15%以上；园区技工贸总收入1000亿元，年均增长30%以上；五年力争完成固定资产投资1000亿元，年均增长35%以上。园区产业布局和发展环境优化升级，技术创新和持续发展能力明显增强，形成特色鲜明、结构优化、技术先进、清洁安全、竞争力强的创新型特色园区。

重点产业规划

“十三五”期间，我们将以“创新、协调、绿色、开放、共享”的发展理念引领新发展，深入实施科技创新驱动发展战略，着力打造五大特色产业，重点引进“高、大、新”项目，把高新区发展成为支柱产业高端化、新兴产业规模化、传统产业品牌化的创新型特色园区。

巩固提升卷烟及配套产业

抓住国家烟草行业资源整合的机遇，加快发展烟草育种、烟叶化工及香精香料、降焦减害技术、包装材料及印刷技术、防伪技术等重点产业，打造国内具有重要影响力的卷烟及配套产业基地，形成以红塔集团为核心的卷烟配套产业集聚区。力争到2020年，卷烟及配套产业实现销售收入760亿元以上。

发展壮大大健康产业

立足省内生物资源，以市场为导向，以科技为先导，以优势企业为依托，以延伸产业链为玉溪高

省科技厅厅长龙江参观中烟。施伟策、黄宪庭陪同

新区“十三五”规划：至2020年，培育产值达主线，紧紧围绕天然药物加工、保健食品、新型疫苗、重组蛋白质药物、生物分离装置及相关检测试剂、现代中药创新药、医药中间体等重点领域，促进生物医药产业健康、稳定、快速发展，努力建成国内一流、国际先进的疫苗、血液制品、治疗性单抗药物产业基地；建成全国重要的三七提取物及衍生系列产品产业基地；建成全国最大的黄腐酸药用原料提取生产线及配套的黄腐酸新药生产基地；建成全国著名的辅酶Q10系列产品产业基地，力争打造全国知名的高技术生物医药谷。借助达利、褚橙、猫哆哩等企业品牌，重点发展农产品精深加工、绿色食品、健康食品、特色食品等产业。通过完善基础设施、服务体系和融资机制，建设特色鲜明、优势突出、基础扎实、影响力强的现代食品加工产业基地。力争到2020年，大健康产业实现销售收入300亿元以上。

省科技厅厅长龙江参观电子科技产业园区。夏立洪陪同

大力培育互联网及信息技术产业

抓住全球信息技术创新、应用模式变革、竞争格局调整和云南省建设面向南亚、东南亚辐射中心等发展机遇，依托华为，积极引进腾讯、阿里巴巴等互联网龙头企业。九龙片区建成以华为云计算数

瑞丽市长参观。孙会强陪同

科技部原部长陈小娅(主席台右三)到园区召开座谈会

据中心为代表的电子信息产业园，南片区建成互联网产业园，龙泉园区建成电子产品及通讯设备制造基地。力争到2020年，互联网及信息技术产业实现销售收入200亿元以上。

加快发展现代装备制造业

抓住工业转型升级和战略性新兴产业发展的机遇，以推动现代装备规模化发展为目标，注重标准制定、市场应用等产业发展环节，加大科技投入，加强校企合作，以发展民用通用航空、汽车制造、智能装备制造、绿色装备制造和服务型装备制造为重点，大力推动和发展现代装备制造业，在龙泉园区打造现代装备制造业基地，使其成为玉溪高新区新的经济增长点。力争到2020年，现代装备制造业实现销售收入120亿元以上。

做大做强现代服务业

积极提升园区传统服务业，大力发展总部经济、信息服务、技术服务、法律服务、金融、保险、物流仓储、文化传播等现代服务业，优先发展生产性服务业，完善配套生活性服务业，着力培育新兴服务业，加快服务业集聚区建设，全面提高园区服务业发展水平，构筑特色鲜明、结构优化、便利完善、功能合理、布局科学的服务业体系，提高服务业在园区经济结构中的比重。力争到2020年，现代服务业实现销售收入500亿元以上。抓住工业

转型升级和战略性新兴产业发展的机遇，以推动现代装备规模化发展为目标，注重标准制定、市场应用等产业发展环节，加大科技投入，加强校企合作，以发展民用通用航空、汽车制造、智能装备制造、绿色装备制造和服务型装备制造为重点，大力推动和发展现代装备制造业，在龙泉园区打造现代装备制造业基地，使其成为玉溪高新区新的经济增长点。力争到2020年，现代装备制造业实现销售收入120亿元以上。做大做强现代服务业

积极提升园区传统服务业，大力发展总部经济、信息服务、技术服务、法律服务、金融、保险、物流仓储、文化传播等现代服务业，优先发展生产性服务业，完善配套生活性服务业，着力培育新兴服务业，加快服务业集聚区建设，全面提高园区服务业发展水平，构筑特色鲜明、结构优化、便利完善、功能合理、布局科学的服务业体系，提高服务业在园区经济结构中的比重。力争到2020年，现代服务业实现销售收入500亿元以上。

云南电网有限责任公司

2月11日，云南省副省长刘慧晏到云南电网公司调研，了解春节期间全省电力供应、保障情况，并向公司广大干部员工拜年

4月10日，越共中央委员、副总理兼外交部长、越中双边合作指导委员会主席范平明一行到云南电网有限责任公司参观访问，与南方电网公司副总经理王久玲等人就双方加强合作交流、推动共同发展等进行了会谈

云南电网有限责任公司是云南省域电网运营和交易的主体，是云南省实施“西电东送”“云电外送”和培育电力支柱产业的企业。2015年底，公司拥有110千伏及以上电压等级变电站587座，110千伏及以上输电线路4.7万千米。本部设21个职能部门，下设33个地市级单位（含18个地市级供电单位）、124个县区级单位（含县级供电企业114个）。员工总数70043人。2015年完成售电量1817.7亿千瓦时，省内售电量1067.8亿千瓦时，西电东送电量945.8亿千瓦时（送广东681.1亿千瓦时，送广西50亿千瓦时；溪洛渡电站送广东214.7亿千瓦时）。

全面创先取得积极成效。按照“1+N+1”创先工作体系要求，制定《“做强供电局、做精县公司、做实供电所”总体方案》，各项指标得到提升。全省816个供电所达到“1+2+1”规范化要求。全口径用户平均停电时间降至4.06小时。玉溪供电局2014年用户平均停电时间仅为1.38小时，在全国地市级企业供电可靠率排名中位列第九。全口径线损率6.6%，全部县级供电企业线损率降至10%以下。公司在云南省十大公共服务行业公众满意度调查中连续7年排名第一。

安全生产保持稳定。完善电网运行风险分析和预警防控机制，杜绝了电网稳定破坏和大面积停电事故。实现所有二级供电单位带电作业全覆盖。首次在怒江、迪庆等海拔超过4000米的地区开展直升机巡检作业。成功应对了“3．01”临沧沧源5.5级等7次4级以上地震的应急处置工作。联合开展了昆明市处置电网大面积停电事件和地震灾害应急演练。完成了习近平总书记考察云南、纪念抗战胜利

6月12日，泰国泰中文化经济协会会长颇欣·蓬拉军一行到云南电网有限责任公司参观访问

6月25日，由昆明市人民政府和云南电网有限责任公司主办，市应急办、市工信委和昆明供电局具体承办的昆明市2015年处置电网大面积停电应急演练成功举行

9月3日，云南送变电公司承建的老挝230千伏北蒙变电站

9月3日，万家灯火，中老情深

70周年、南博会等重大活动保供电任务。

电力供应平稳有序。全年西电东送电量增加62亿千瓦时，省内电力市场化交易电量320亿千瓦时，弃水电量比年初预计减少213亿千瓦时。配合省政府制定的《2015年云南电力市场化工作方案》被国家发改委刊发各省区学习借鉴。营配信息系统户变关系、接线图和用户表计信息准确率均达100%。关键性节能减排指标继续保持全国前列。"3C"绿色电网项目110千伏华晨、上河输变电工程竣工投产。

电网规划建设稳步推进。完成了"十三五"固定资产投资规划和电网规划编制。梳理制定了2016～2018年稳增长投资规划项目库。优化配网规划投资策略，重点加强州市政府所在地、县城、旅游点、对外关口、经济开发区电网和通信信息网建设。投产了110千伏及以上项目60项。建成标准台架变4713个。500千伏建塘变工程荣获中国建筑工程鲁班奖、中国电力优质工程奖、南方电网优质工程第一名，500千伏建黄线工程荣获国家优质工程奖。

企业内部管理不断夯实。配合省政府有关部门研究制定云南电力体制改革相关政策，参与输配电成本监审、电价调整方案测算等工作。加强审计整改闭环管控和总结，一项审计案例入选2015年中国内审协会百佳案例。举办了大湄公河次区域电网及联网规划建设专业培训班，向老挝提供电网稳定运行技术支持。

科技和信息化水平不断提高。新增一个省级重点工程实验室，全年共获省部级奖励40项，新增专利400余项。"输变电设备物联网"和"多特性小水电群消纳"两项"863计划"项目通过国家验收。完成了CSGⅡ推广应用，开展了SOA服务迁移和GIS系统性能优化，完善了ITSM系统及信息安全审计系统。

人力资源管理不断优化。选优配强公司系统各级领导班子，以技术专家队伍带动人才队伍发展。理顺了县级供电企业劳动用工关系。落实高技能人才培养计划，高技能人才同比提升8%。9名员工获选"云岭首席技师"，获选人数名列云南各企业之首。

党建和反腐倡廉建设不断强化。落实"三严三实"各阶段专题教育，严肃"三会一课"、党员先进性测评，坚持党支部（小组）每周五政治学习。完成了中央巡视组专项巡视反馈的38项意见整改工作。投入5.45亿元开展鲁甸、景谷、盈江、沧源4个地震灾区电网灾后重建，向维西、西盟、东川等地区投入997万元扶贫资金。

8月28日，在抗战胜利70周年来临之际，云南电网有限责任公司总经理薛武，代表公司领导看望、慰问南方电网公司101岁高龄、唯一健在的老红军王培金，并送上节日的祝福和问候

云南省粮食局

把握机遇 改革创新 推进粮食流通事业科学发展

2014年10月17～18日，云南省粮食局党组书记、局长马红跃到昭阳区洒渔镇开展“挂包帮”“转走访”工作

2014年12月1～4日，云南省粮食局党组书记、局长马红跃陪同国家粮食局党组成员、副局长卢景波调研我省秋粮收购、军粮供应、学生营养餐粮油供应、粮食应急体系建设等工作

近年来,在省委、省政府的坚强领导下，全省粮食部门深入贯彻落实全面贯彻落实党的十八大和十八届三中、四中、五中全会，中央经济工作会议、中央农村工作会议精神，深入贯彻习近平总书记系列重要讲话精神，认真贯彻国家粮食安全战略，进一步做好“广积粮、积好粮、好积粮”三篇文章，紧紧围绕“抓改革、强产业，扩开放、促发展，守底线、建体系，造工程、保粮安，抓收购、保供应，抓调控、稳粮价”的工作重心，牢固树立“六种意识”（进取意识、机遇意识、担当意识、使命意识、首要意识和守责意识），健全“六大体系”（现代粮油加工体系、粮食现代物流体系、粮食宏观调控体系、现代粮食市场体系、粮食流通市场监管体系、粮食安全分级负责体系），打造“三大工程”（粮安工程、放心粮油工程、主食产业化工程），加快构建“三大园区”（金马、晋宁、黄龙山），切实守住“四条底线”（粮食收购底线、粮食销售底线、粮食储备底线、粮食质量底线），实现“四个确保”（确保种粮卖得出、确保吃粮买得到、确保调控用得上、确保舌尖上的安全），把饭碗牢牢端在自己手上，守住管好云南粮仓，切实保障全省粮食安全。

粮食行政首长负责制效果明显。认真组织粮食行政首长分级负责制考核，将发展粮食生产，搞活粮食流通，保障市场供应，稳定市场价格等硬指标落实到各级政府和部门。粮食行政首长负责制的实施，强化了各级各部门重农、抓粮、保供应的责任意识，在确保全省粮食安全中起到了重要的作用。

促农增收取得新成效。我省粮食连年丰收，特别是2015年在粮价下行压力加大、境外低价粮食冲击、企业经营困难的情况下，认真贯彻落实国家粮食收购政策，出台中晚籼稻和粳稻最低收购价格，组织最低收购价粮食收购，引导多元收购主体积极入市收购，着力强化市场监管，切实规范收购秩序，有效防止了农民“卖粮难”。“十二五”以来，累计收购粮食131.4亿公斤，其中国有企业收购42.2亿公斤。特别是通过严格执行“五要五不准”的收购守则，确保了国家和我省涉粮惠农政策落实到农民身上，帮助农民增产增收，有效保护了种粮农民利益，调动了政府抓粮积极性。

保供稳价取得新成绩。积极应对粮食价格波动的冲击和地震等自然灾害多发、频发的困难挑战，调整优化储备粮区域布局和品种结构，强化省级储备粮行政管理和监管，大幅增加地方储备规模，粮食宏观调控的物质基础进一步增强。加强粮食产销合作，完善粮食应急供应体系，粮食市场保持了总体稳定。“十二五”期间，我省地方储备规模增幅达125%，组织动态储备产销对接6亿公斤。2015年各类粮食企业销售粮食66.1亿公斤，从省外调入原粮44.4亿公斤，全省542个平价销售点销售粮油2.1亿公斤，省级动态储备产销对接1.5亿公斤，保证了我省粮食市场充足的流动性，为控制我省物价涨幅、稳定通胀预期发挥了重要作用。

深化改革取得新进展。积极稳妥推进粮食流通领域各项改革。推动粮油加工升级，发展粮油精深加工，延伸产业链条，夯实粮食收储供应安全保障基础。推进省级储备粮集中管理、军粮供应省级统筹等改革工作。强化落实粮食安全行政首长责任制，2015年，出台了《云南省人民政府关于进一步落实粮食安全行政首长责任制的实施意见》（云政发〔2015〕89号），进一步形成各级政府和相关部门重农抓粮强流通的工作合力，切实把粮食安全各项责任落到实处。转变粮食行政管理职能，提升服务宏观调控和保障粮食安全的能力，构建了符合我省实际的粮食安全保障体系。同时，多元粮食经营主体进一步发展壮大，对搞活粮食流通、繁荣粮食市场发挥了重要作用。

产业发展迈上新台阶。近年来，各级粮食部门以加快发展主食产业化为突破口，努力推进粮油工业结构调整和产业转型升级，居民口粮和军粮供应保障能力进一步增强。2014年，出台了《云南省人民政府关于加快发展现代粮食流通产业的意见》（云政发〔2014〕30号），提出要加快构建现代粮食流通产业体系。“北粮南运”西南粮食物流通道加快建设，粮食质量检验监测能力显著提高，昆明国家粮食交易中心挂牌运行。晋宁青山粮食物流园区、昆明金马粮食物流园区、红河粮食产业园区等项目正积极推进。昆明、昭通、红河等积极推进资源整合，组建粮食龙头企业或企业集团。“粮安工程”建设取得积极进展。“十二五”期间，中央和省补助粮油仓储、物流、市场、质检设施建设和仓房维修投资4.97亿元，带动各级财政及企业投入约40多亿元。实施农户科学储粮70万户，总投资3.15亿元，实施数量连续3年名列全国第一，惠及覆盖全省8%的农户，超过了全国平均水平。

2014年9月11～13日，云南省粮食局党组书记、局长马红跃到昭通巧家县、鲁甸县粮食部门调研指导灾区过渡性安置阶段灾民口粮供应和灾后恢复重建工作，检查灾区农户科学储粮小粮仓生产发放工作，看望慰问了抗震救灾一线的广大粮食职工

“十三五”时期是我国、我省全面建成小康社会的决胜阶段，也是粮食行业落实“四个全面”战略布局、保障国家粮食安全、推进粮食经济持续健康发展大有作为的重要机遇期。全省粮食部门将把握机遇、改革创新，围绕全面建成小康社会的战略目标，高举中国特色社会主义伟大旗帜，全面贯彻党的十八大和十八届三中、四中、五中全会精神，以马克思列宁主义、毛泽东思想、邓小平理论、“三个代表”重要思想、科学发展观为指导，认真贯彻落实习近平总书记视察云南时的重要讲话精神特别是粮食生产和粮食安全方面的重要指示，按照“五位一体”总体布局和“四个全面”战略布局，牢固树立和贯彻落实创新、协调、绿色、开放、共享的发展理念，适应经济发展新常态，推进供给侧结构性改革，坚持发展是第一要务，以提高发展质量和效益为中心，以国家实施“一带一路”长江经济带、孟中印缅经济走廊和粮食安全战略的机遇，牢固树立粮食工作“九个思维”（行政管理上的法治思维，谋篇布局上的前瞻思维，规划目标上的战略思维，行业发展上的互联网＋思维，粮食经济运行上的辩证思维，企业发展上的改革创新思维，粮安保障上的底线思维，工作落实上的责任思维，队伍建设上的优化思维），实施云南粮食“11366”跨越发展战略，即建设“一个基地”（西南粮食安全基地），发展“一个产业”（发展现代粮食流通千亿产业）、筑牢云南粮食安全屏障；全面推进“三项工程”（依法管粮、粮安工程、放心粮油工程），提升粮食安全保障能力；建设“六大体系”（现代粮油加工体系、粮食现代物流体系、粮食宏观调控体系、现代粮食市场体系、粮食流通市场监管体系、粮食安全分级负责体系），建立粮食安全支撑骨架；打造“六个粮食”（法治粮食、智慧粮食、科技粮食、责任粮食、有为粮食、廉洁粮食），建设6个云南粮食安全保障圈，即滇中保障圈（含昆明、红河的两个县、曲靖、楚雄、玉溪、普洱的一个县）、滇东北保障圈（含昭通、楚雄的一个县）、滇东南保障圈（红河、文山）、滇西北保障圈（大理、迪庆、丽江、保山的一个县）、滇西保障圈（含保山、怒江、临沧的一个县、德宏）和滇西南保障圈（含普洱、西双版纳、临沧）。布局“六线”，即以昆明——昭通——成渝铁路、公路流通线和水路对接长江的流通线，昆明——楚雄——成都铁路公路流通线，昆明——曲靖——贵州——广西铁路公路流通线，打造西南粮食物流大通道；以昆明——瑞丽——缅甸流通线、昆明——景洪——泰国流通线、昆明——河口——越南流通线，建设我国西部国际战略大通道。建设九节点”（昆明、楚雄、曲靖、昭通、大理、保山、芒市、普洱、红河节点），建立粮食安全保障平台，努力闯出一条具有时代特征和云南粮食特色的跨越发展之路，实现全省粮食流通产业总产值突破1000亿元。

中国农业银行
AGRICULTURAL BANK OF CHINA
云南省分行

文化引领 创新驱动 合规护航

农行总行袁长清监事长在红河烟厂调研

农行总行王玮副行长在大理下关茶厂调研

2015年，农行云南省分行积极应对宏观经济形势变化和激烈的市场竞争，坚持稳中求进的工作总基调，聚精会神谋发展，一心一意办银行，以“比学赶超”的精神和真抓实干的态度，积极适应和服务经济发展新常态，主动融入国家和区域战略，深入实施改革推动创新驱动，切实加快业务经营转型，坚定担当“服务三农主力军”，有力推动各项业务经营稳中提质、稳中向好、稳中创优。截至年末，本外币各项存款余额3355亿元，各项贷款余额2382亿元，存贷款存量市场份额在四大行中均排名首位，有效巩固和提升了省内主流银行地位。

【业务发展情况】

一、适应新常态，负债业务市场份额保持领先

农行云南省分行主动适应新常态。一是重建城市业务营销体系，优化组织架构，盘活管理链条；二是建立市场份额约束机制，完善考核办法；三是组建重大项目营销团队，抓实抓细存款拓展；四是实施服务制胜战略，打造金融服务标杆，不断巩固并提升负债业务竞争力。截至年末，本外币各项存款净增177亿元，同比多增86亿元；各项存款存量四大行份额为32.52%，其中个人存款存量、增量四行份额分别为40.4%和44.7%，均排名首位。

二、融入新发展，资产业务持续稳健发展

一是积极结合区域资源禀赋，融入“一带一路”、长江经济带建设，深化银政合作，强化“五网”营销；二是积极响应国家“双创”号召，支持小微业主发展，圆满完成“三个不低于”监管目标，小微贷款净增22亿元。截至年末，各项贷款净增87亿元，贷款存量份额为30.6%，其中，公司贷款余额1630亿元，存量四行份额为31.7%，均排名第一。

三、主动新作为，中间业务稳步均衡增长

一是以“春天行动”、“激情仲夏”、“赢在金秋”三大活动为主线，开展“新春赢头彩”、“小小银行家”、“久久长相伴”、“百县千镇宣讲”等活动，营造良好营销氛围；二是在14个州市设立财富管理中心，客户服务体系建设初见成效；三是拓宽代理渠道，兼顾协调发展，代理保险收入代理金融机构业务收入、代收代付收入及第三方存管新增有效户指标等占据同业市场绝对份额，排名第一；全年实现中间业务收入22.04亿元（含委托处置手续费收入）。

四、谋求新突破，金融领先优势稳步增强

一是加强新产品研发，完成烟草公司资金监管、ETC信用卡发行、戒毒人员账户创新等新产品立项12项，专业铸就大行品牌；二是加快新业务推广，年内“黄金租赁+套保”、“内保内贷”、债券承销、票据池等业务均实现历史性突破；三是加快自助渠道建设，全年共新投产自助设备869台，台日均交易328笔，均居全国农行前列，电子渠道交易量占比达88%，较上年提高6.65个百分点，渠道分流作用显著；四是鼓励全员创新，开创“现金管理漫画营销”先河，获得全国农行及金融同业的赞许和借鉴；五是接轨国际，在全国农行系统及云南金融同业中首家成立“泛亚业务中心”，积极推进与周边国家银行同业的深度合作，是目前全国首家并且是唯一一家办理越南盾、老挝基普和缅甸元现钞兑换业务的商业银行。

【金融服务和创新情况】

一、担重任履使命，服务“三农”扎实有效

坚持“面向三农、服务城乡”。一是积极支持全省春耕备耕生产，累计发放贷款57亿元；二是以12类高原特色优势产业为支持对象，累计发放高原特色农业贷款93亿元；三是响应省委农办“双百行动”，加大农业产业化龙头企业及其产业链上的金融服务工作，累计发放贷款53亿元，对国家级和省级农业产业化龙头企业的服务覆盖率提升至88.5%和59.4%；四是开展“规模农业·万户千社”活动，加大培训及服务力度，到全省14个州市举办36期新型农业经营主体培训班，参训人员达2644人，同时加大信贷支持力度，累计发放农民专业合作社及社员贷款3亿元；五是以国家级林业龙头企业和地方区域经济特色产业为带动，开办林权抵押贷款2585户，贷款余额17.2亿元；六是积极支持云南水利建设，与省水利厅签订《战略合作框架协议》，承诺三年内提供180亿元支持省内重点水利目建设，年末水利贷款余额280.6亿元，比年初增加24.2亿元。截至年末，全行三农贷款净增52亿，占全行贷款增量的62.6%，存量排名全国农行第7位。

二、重落实强推进，金融扶贫精准有效

2015年是“十二五”的收官之年。在“十二五”期间，农行云南省分行将金融扶贫作为服务“三农”和普惠金融的重要抓手，围绕“区域发展带动扶贫开发，扶贫开发促进区域发展”新思路，树立“大扶贫”理念，通过信贷支撑、产业扶持、渠道拓展建立全方位的金融扶贫体系，扎实稳步推进金融扶贫开发工作。一是坚定金融扶贫决心，“十二五”期间，对四个集中连片地区1个贫困县共发放贷款2270亿元，增幅为72.8%，高于全行贷款增幅20个百分点。二是搭建金融扶贫模式，形成了农业产业化带动、基础设施辐射、到户贷款扶助等多种形式并存的信贷扶贫格局。三是培育金融扶贫产品和信贷政策体系。制定四个片区综合金融服务方案和藏区旅游、滇西小水电、昭通苹果、文山三七等产业金融服务方案，明确扶贫工作发展目标。四是深入推进普惠金融服务。在国家扶贫重点县累计发放惠农卡284.4万张，设立“金穗惠农通”工程服务点12289个，布放电子机具1839台，行政村覆盖率达66.9%，对具备固话通讯条件的行政村覆盖率达88.1%。五是健全金融扶贫机制。成立集中连片特困地区金融扶贫工作领导小组，逐片区制定综合金融服务方案和产业金融服务方案，加大对贫困地区的资源倾斜力度，确保了贫困地区金融服务能力不断提升。六是认真开展脱贫攻坚“挂包帮、转走访”工作，努力搭建融资与融智相结合的脱困平台，推动精准扶贫，派出工作组驻村开展入户访谈、建档立卡工作，制定《对口帮扶方案》，稳步推进脱贫攻坚工作。

三、强改革优结构，经营活力有效激发

农行云南省分行始终将优质服务作为永恒的主题，牢固树立“服务立行”的观念，以客户为中心，实施服务制胜战略，将文明规范服务的要求和标准嵌入到经营管理的各个方面，融入到农行的各个业务领域。一是优化网点硬件建设，优化营业环境，完成人工网点硬转型23个，占全行网点总数的94.11%，使网点“统一标准、统一规划、统一形象”，奠定优质服务良好基础；二是加快网点服务软转型，于2015年全面完成全省662个网点的软转导入全覆盖，以“服务一流、管理一流、业绩一流、文化一流”为目标，打造服务文化的典型和标杆；三是将网点标准化导入与银行业协会星级网点创建相互结合，相互推进，成功创建4个五星级网点、4个四星级网点和3个三星级网点，在2015年银行业协会星级网点创建活动中获数量和质量双第一。

四、抗压力求发展，竞争能力不断提升

在抓好风险管控的同时，积极结合区域经济资源禀赋，融入国家和区域经济发展战略，加大市场营销力度，着力提升市场竞争力。一是银政合作成效显著。紧密围绕系统性、源头性客户，年内先后与文山、怒江、普洱、版纳等4个州市政府及省水利厅、环保厅、交通运输管理局等多家政府机构签署了全面战略合作协议，共提供意向性信贷额度1350亿元，增强区域市场影响力；承销省政府地方债228亿元，居同业前列；中标省级社保基金财政专户开户银行，彻底扭转云南分行历史上无省社保基金财政专户的被动局面；年内发放社保IC卡33.6万张，四大行占比达86%，领先优势突出。二是源头营销强势推进。积极融入“一带一路”，目标锁定“三大两优”客户，全面介入“大交通”建设及滇中引水等区域战略项目，“五网”建设以及北汽、北控、北京城建等入滇客户营销成效明显，年内对省内重点高速公路、铁路建设项目授信140亿元、累计投放15.8亿元，昆明城市轨道交通项目110亿元贷款正分步投放，对云南电网公司农网、城网改造和苗尾等水电项目发放贷款84.7亿元，有力支撑云南经济发展。

【风险管理和内控制度建设情况】

一、抓党建带队伍，发展转型保障有力

一是认真落实“两个责任”。确保各级行把党委主体责任和纪委监督责任履行到位，全面消除了营业网点党员空白点，在288个二级支行中建立221个独立党支部，占比达76.7%。二是加强党风廉政建设。将警示教育与抓好巡视整改相结合、与落实“两个责任”相结合、与加强风险管控相结合、与企业文化建设相结合，通过以案肃纪、以案说法，切实把“从严治党、从严治行”落到实处，切实规范行为，营造风清气正的良好环境。三是强化各级行班子建设。按照“政治有灵魂、发展有谋略、竞争有本事、服务有水准、干部有担当、员工有品德、集体有凝聚力”的七有标准，进一步优化干部队伍结构，提升班子整体战斗力；四是加强新型企业文化培育，在全行范围内开展《致加西亚的信》学习交流活动，将“罗文精神”与“三严三实”专题教育有机结合，并贯穿于经营管理的各个领域、各个环节，为全行改革发展注入强大精神动力，提供作风保障

二、控风险重管理，经营基础有效夯实

一是紧盯重点领域，着力化解风险。充分运用行政、法律、信贷等手段，统筹借助内外部各方力量，着力化解“风险”，一方面，坚持“不注水、不放水”，在做实业务指标的前提下，主体业务稳步发展，竞争能力不断增强，为今后有效发展赢得了空间；另一方面，着力“稳人心、聚人心”，在保持队伍稳定的基础上，管理基础逐步夯实，经营活力有效激发，为长远稳健发展打牢了根基。二是加强源头治理，突出整章建制。先后制定了“两个责任”落实、加强党建工作、规范财务开支、加强员工行为管理、强化信贷管理等40个制度办法和指导意见，进一步夯实了管长远、治根本的长效机制。三是加强基础管理，推进合规文化建设。“三化三铁”创建优良率达82.2%；深入开展普法教育活动，梳理各类违规违法案例，组织宣讲，使全行干部员工认知合规文化、接受合规约束、养成合规习惯、实现合规经营。

战略合作框架协议签字仪式

云南省人民政府扶贫开发办公室

推超常规举措 保精准扶贫效果

习近平总书记在云南考察工作

2015年是全省扶贫开发历程上具有里程碑意义的重要一年，也是扶贫开发历史上极不平凡的一年。省委、省政府和省扶贫开发领导小组全面贯彻习近平总书记系列重要讲话和考察云南重要指示精神，深入落实党的十八大和十八届三中、四中、五中全会精神以及党中央、国务院精准扶贫精准脱贫决策部署，把脱贫攻坚作为发展的头等大事和第一民生工程，切实加大组织力度、工作力度和推进力度，推动扶贫开发工作全面转入精准扶贫、精准脱贫的新阶段，全面进入提档加速、攻坚拔寨的冲刺期，扶贫开发工作呈现新局面，全面完成2015年度各项目标任务，全年减少贫困人口103万人，贫困地区农村常住居民人均可支配收入达7070元，比2014年增加756元，增幅高于全省平均水平1.5个百分点。（一）加强组织领导，形成高位强势推进扶贫开发新态势。省委、省政府坚持以习近平总书记系列重要讲话，特别是考察云南重要讲话精神为科学指南和根本遵循，深刻认识扶贫开发工作的极端重要性，把扶贫攻坚作为最大的民生工程、重大的政治责任和战略性任务，密集调研、全面部署、高位推动，省委召开8次常委会议，省政府召开10次常务会议，省委、省政府召开2次高规格扶贫开发工作会议和中央定点扶贫工作、“挂包帮、转走访”工作动员、易地扶贫搬迁电视电话和现场推进、乌蒙山云南片区暨“镇彝威”革命老区、怒江州脱贫攻坚、“挂包帮”定点扶贫等系列工作会议，专门就全省脱贫攻坚作出重大部署。（二）强化顶层设计，创新构建精准扶贫精准脱贫政策体系。坚持问题导向、改革方向，全面建立和完善“3+X”精准扶贫精准脱贫政策体系。颁布实施《云南省农村扶贫开发条例》的基础上，先后制定了《关于举全省之力打赢扶贫开发攻坚战的意见》和《关于深入贯彻落实党中央国务院脱贫攻坚系列重大战略部署的决定》，明确了脱贫攻坚的时间表、路线图。建立扶贫攻坚“领导挂点、部门包村、干部帮户”长效机制扎实开展“转作风走基层遍访贫困村贫困户”工作、贫困县党政领导班子和领导干部经济社会发展实绩考核办法、进一步动员社会力量参与扶贫开发的实施意见等脱贫攻坚政策性文件。启动了“63686”行动计划。用6年时间，紧扣脱贫、摘帽、增收3个主要目标，推动产业扶持、安居建设、基础设施、基本公共服务社会保障、能力素质提升、金融支持6个到村到户，实施基础设施改善、特色产业培育、劳动力培训转移就业、移民新村建设、社会保障和社会事业发展、整乡整村整体推进、人口较少民族整族帮扶、生态建设8大工程，健全投入增长、项目资金整合使用管理、“三位一体”大扶贫、考核退出激励约束、“挂包帮”驻村帮扶、信息化动态管理6项体制机制保障。（三）抓实建档立卡，扶贫对象精准识别精准管理全面开展。把扶贫对象精准作为实施精准扶贫精准脱贫的重要前提和基础，切实抓紧抓实抓好。全面实施建档立卡和动态管理。组织发动广大基层干部，全面完成贫困户、贫困村、贫困乡和贫困县的数据采集和录入工作。全面核实建档立卡信息。全面建立精准管理数据平台。搭建了覆盖省、州（市）、县（市、区）、乡（镇）、村5级扶贫信息网络平台，建成一个中心（精准扶贫数据共享及交换中心）、两个平台（电子政务服务平台和互联网公共服务平台）、三个数据库（帮扶对象数据库、扶贫资源数据库、扶贫项目数据库）和一套远程视频监管系统，实现扶贫开发数据的无障碍交换。（四）聚焦重点难点，一批重大示范项目取得新成绩。聚焦最困难的地区、最困难的群体和贫困群众最迫切需要解决的问题，突出民族地区、边境地区、革命老区，全力抓好省委、省政府确定的脱贫攻坚重大示范项目建设，集中力量解决贫中之贫、困中之困、难中之难。一是持续推动4个重大项目。怒江州扶贫攻坚累计投入资金36.19亿元，完成3年计划的122%，占5年总投资的75%；宁蒗大会战累计投资4.4亿元，占规划总投资的122%，计划2016年5月前完成项目建设任务；澜沧县拉祜族综合扶贫开发累计投入各类资金14.25亿元，基本解决了356个深度贫困自然村6.32万人拉祜族群众的贫困问题；红河南部山区综合开发累计完成投资52.51亿元，占总投资的53%。启动实施3项精准扶贫示范工程。施甸县布朗族整乡推进整族帮扶完成投资5528.56万元；德宏州阿昌族整乡推进整族帮扶已到位2015年度2亿元帮扶资金；西盟孟连两县边境民族特困地区农村安居工程建设开工率达到100%，其中主体工程竣工13822户、占总户数的55.4%。三是扎实推进专项扶贫工作。完成2014年度整乡推进60个，启动实施2015年整乡推进72个，完成自然村整村推进4000个、劳动力转移培训12万人、扶贫安居工程建设3万户、易地扶贫搬迁3万人，实施一批产业扶贫项目，基本完成溜索改桥148座，扶贫开发试点项目有序推进。（五）用好国家支持政策，易地扶贫搬迁全面规划启动实施。把易地扶贫搬迁脱贫作为“五个一批”的揭幕战，全力以赴做好各项工作。及时部署全面启动。制定《云南省易地扶贫搬迁三年行动计划》，2016—2018年用3年时间，投入605.6亿元，其中：地方专项债券63.4亿元、整合有关项目资金52.2亿元（省扶贫办5.4亿元、省发展改

“10·17”扶贫日晚会现场

革委10.8亿元、省住房建设厅36亿元）、申请银行专项贷款400亿元（农户建房贷款180亿元、新村基础设施贷款150亿元、其他贷款70亿元）、农户自筹90亿元，完成易地扶贫搬迁30万户100万人，建设3000个安置新村的“36313”目标任务。明确搬迁对象。主要针对居住在生存环境恶劣、生态环境脆弱、受地质灾害威胁、发展条件严重制约地方的4类贫困人口，做到搬迁区域应搬尽搬、能搬尽搬，整体解决自然村搬迁户需求。科学制定搬迁规划。认真组织编制“十三五”易地扶贫搬迁规划。抓好搬迁安置点选址和村寨布局规划，安置点选址避开地震断裂带、地质灾害隐患点和行洪通道，确保安全；向旅游交通环线、产业聚集区、工贸旅游园区、县城规划区、乡集镇、中心村“六靠拢”，为搬迁后的发展创造条件。细化政策。对搬迁贫困户提供不低于4万元的补助、非贫困户提供不低于1.2万元的补助；对有贷款意愿的搬迁农户提供不低于6万元的住房建设转贷资金；对新村基础设施和公共服务设施建设提供户均5万元的贷款资金。筹措资金。各地按照统一部署，抓紧搭建项目承贷公司，及时衔接农发行取得贷款。组建成立省级融资平台公司，120个县（市、区）建立承贷公司，全年省农发行已审批贷款金额736.94亿元，投放贷款218.55亿元、占全国农发行系统专项贷款投放总额的27.22%。在试点示范基础上全面推进。全省16个州（市）启动304个搬迁村寨示范点建设，规划投资61.2亿元，惠及2.6万户10万人，为全面推开探了路子、提供了经验。（六）实施精准帮扶，“挂包帮、转走访”长效机制全面建立。全面建立扶贫攻坚“领导挂点、部门包村、干部帮户”长效机制，扎实开展“转作风走基层遍访贫困村贫困户”工作，编织起全面覆盖建档立卡扶贫对象的精准滴灌网络，实现了“3个全覆盖”。“挂包帮”全覆盖。38名省级领导挂联4个片区、43个贫困县；300家省级、2087家州（市）级、10948家县（市、区）级部门（单位）挂包88个贫困县、476个贫困乡（镇）、4277个贫困村；组织57万名干部职工帮扶159万户贫困户，不脱贫不脱钩。驻村工作队全覆

省委书记、省人大常委会主任李纪恒到会泽调研精准扶贫工作

省长陈豪到昭通调研精准扶贫

红河金平县扶持民族刺绣

红河金平县群众喜迁新居

盖。全面加强驻村扶贫工作力量，全年组建驻村扶贫工作队6081支、派驻队员20324名，其中在建档立卡贫困村全部组建工作队4277支、派驻队员14372名，驻村扶贫工作队长全部兼任第一书记。“转走访”全覆盖。首轮遍访于2015年8月21日启动，10月31日全面完成，全省62万人次深入挂包点走访调研，做到遍访贫困村贫困户全覆盖。各挂联单位认真制定“挂包帮”工作规划和年度计划，扎实开展到村到户精准“滴灌”帮扶。（七）培育多元主体，社会扶贫迈上新台阶。积极动员全社会力量“向贫困宣战”。加强定点扶贫工作。筹备召开中央定点扶贫云南座谈会，组织各州市积极加强向中央定点扶贫单位、片区联系部委请示汇报，教育部把人力资源开发作为帮扶的重要内容之一，批准筹建滇西应用技术大学，成为我国西部地区第一所零起点新建的应用技术类型本科高校，国土资源部、水利部和国家林业局在片区建设用地、水利项目和林业工程等方面给予重点倾斜支持，各定点扶贫云南单位派出干部挂职支持脱贫攻坚，直接投入中央定点帮扶资金1.16亿元。推进沪滇对口帮扶合作。加强对口帮扶，成功举行沪滇两省市座谈交流会，签订《关于加强沪滇对口帮扶与重点领域合作框架协议》，落实援滇资金5.4亿元，同比增长84.5%，实施帮扶项目310项；深化经济合作，实施“沪企入滇”“云品入沪”“云菜入沪”，开展经济合作项目191个，到位资金168.1亿元，同比增长20.3%；加强民间交流，成立了云南省沪滇合作促进会。动员社会力量参与。组织开展“9个1”扶贫日系列活动，共收到社会各界捐款6.36亿元。继续做好“爱心包裹”“圆梦680”“圆梦832”“医疗器械捐赠”等。四是加强扶贫开发国际交流合作，累计投入资金4153.91万元，推动世界银行“中国经济改革和能力建设”（TCC6）“云南贫困农村发展的合作组织模式及其能力发展”子项目取得实质性进展。（八）加大投入力度，扶贫开发资金总量创历史新高。多渠道筹措资金，保障脱贫攻坚工作需要。加大行业部门投入力度。各片区牵头单位和参与单位以4个片区规划为引领，加大对贫困地区投入力度，推进实施片区区域发展与扶贫攻坚，全年投入各类项目资金3230.25亿元，占规划2726.07亿元的118.49%，建成了一批贫困地区急需的基础设施、产业发展、社会事业、生态保护等项目。加大财政专项扶贫资金投入力度。发挥政府投入在扶贫开发中的主体和主导作用，投入省级以上财政专项扶贫资金61.12亿元，比2014年增3.34亿元，州县各级安排专项扶贫资金10.51亿元。继续做好农村贫困人口最低生活保障工作。做好455.26万人农村低保对象生活保障工作，发放低保金77.8亿元，其中建档立卡贫困人口29亿元。加大金融扶贫投入力度。鼓励金融机构加大对脱贫攻坚的支持，出台金融支持易地扶贫搬迁扶持政策，抢抓农发行大力支持易地扶贫搬迁的机遇，金融扶贫投入385亿元（含易地），为“十二五”前4年总和的1.6倍。积极动员社会扶贫力量参与扶贫。中央和省州（市）县各级定点扶贫单位、沪滇对口帮扶、国际非政府组织等全年共投入援助扶贫项目资金35.28亿元。（九）压实攻坚责任，精准脱贫工作全面推进。认真落实省委、省政府向中央作出的脱贫承诺，层层压实责任，级级传导压力，形成五级书记抓扶贫、全党动员促攻坚的局面。明确脱贫时间表。层层签订《脱贫攻坚责任书》，明确574万贫困人口脱贫、88个贫困县摘帽的时间表和责任人，确保到2019年全部完成任务，2020年全面巩固提升。落实五级书记抓扶贫的要求。建立和实行“省负总责，州（市）、县（市、区）、乡（镇）抓落实”的脱贫攻坚工作机制，全面夯实各级“一把手”责任。省、州（市）、县（市、区）扶贫开发领导小组全部由党政主要领导任“双组长”；所有贫困村全部下派第一书记和驻村扶贫工作队。强化县级抓落实的主体责任。对贫困县全面实行以脱贫实绩为主的分类考核，切实把党政领导班子和领导干部的主要精力聚焦到脱贫攻坚上来。同时，在省负总责、加强领导的基础上，在52个县启动实施扶贫目标、任务、资金、权责“四到县”制度，为全面实施积累了经验。

精准扶贫精准脱贫基本方略的确定，是扶贫开发从思路到路径、方法、措施的一场全面变革。通过各级各部门的艰苦努力，我省扶贫开发工作实现了从“大水漫灌”向精准扶贫、精准脱贫，从“单兵突击”向全省动员、全力推进，从普惠扶持向超常施策、精准施策等重大转变，全面完成年度扶贫开发目标任务，确保了“十二五”圆满收官。

全省易地扶贫搬迁现场会在保山召开

云南省红十字会

2015年10月9～10日，省红十字会党组书记、常务副会长董和春与乐红镇官寨社区干部交谈

2015年10月，昆明市石林县长湖镇救援队演练现场，中国红十字会总会副会长王海京作演练点评

云南省红十字会始建于1914年，迄今已有100多年的历史，是中国红十字会中成立较早的省级分会之一。1996年7月，《云南省红十字会条例》正式施行，标志着云南省红十字会工作步入了法制化轨道。至2015年12月，全省16个州（市）红十字会、129个县级红十字会已全部理顺管理体制，理顺率100%；基层组织1052个，团体会员3444个，成人会员16.92万人，青少年会员23.69万人，志愿者4.3万人，社区公益服务站191个，覆盖全省城乡的红十字会组织网络基本形成。自1985年以来的30年间，全省红十字会系统接收中国红十字会总会下拨和募集社会捐赠款物130861.53万元用于省内外救灾、救助和灾后恢复重建，使600多万灾民和困难群众受益。省红十字会工作得到中央和省委、省政府的高度评价，先后被评为“全国红十字会系统救灾工作先进集体”“‘5.12’抗震救灾最佳组织奖”“全省抗灾救灾先进集体”“2008-2010年防治艾滋病人民战争先进集体”“2012年度社会扶贫先进集体”；省红十字会大众卫生应急救援队被党中央、国务院、中央军委授予“全国抗震救灾英雄集体”荣誉称号；被联合国艾滋病规划署授予“防治艾滋病特殊贡献奖”……省红十字会为推动云南红十字事业发展，协助党和政府保民生、兜底线、补短板，实现经济社会协调发展，交出了一份合格的答卷。

2015年，红十字会主动参与突发事件和自然灾害应急救援，基本形成了省、州（市）、县（市、区）三级红十字会分级管理的应急救灾体系。2015年10月21日，中国红十字供水和大众卫生救援队（云南）演练在昆明市石林县成功举行。总会和省红十字会领导，国务院应急办、云南省应急办、地震局等相关部门以及昆明市、石林县的领导到演练现场观摩指导，来自红十字会与红新月会国际联合会、西班牙红红十字会、印度尼西亚红十字会供水和大众卫生救援队专家，香港、湖北、湖南、广西、贵州红十字会的相关人员，以及省红十字会供水和大众卫生救援队队员参加了演练。

2015年，全年累计培训（复训）救护师资640名，培训初级救护员42.7万名。累计宣传普及应急救护和防病知识118.3万人次，与中国红十字会事业发展中心共同举办“曜阳关爱行动—云南乡村医生培训班”，来自全省特别是边疆少数民族地区的102名乡村医生参加了培训。

2015年，春节前夕，省红十字会筹集了价值766万元的物资慰问困难群众。省人民政府副省长、省红十字会会长高峰参加昆明地区慰问活动，省红十字会领导、秘书长分别率慰问组，前往昆明、怒江、大理、楚雄、曲靖等州（市）开展慰问活动；全省16个州（市）、129个县（市、区）红十字会同步开展了慰问活动。开办了省红十字老年护理院，争取财政支持，进一步改善老年公寓入住条件，提升了入住老人满意率；争取中国红十字会事业发展中心支持在云南21家养老机构实施失能老人养老服务项目，资助物资价值420万元。全年累计完成造血干细胞捐献者资料入库7000人份，13名志愿者成功捐献了造血干细胞。积极稳妥推进人体器官捐献工作。全年累计实现人体器官捐献44例，捐献大器官139个，眼角膜72枚。全年累计救助先心病、白血病等重症患儿111 名，拨付救助资金254万元。继续做好艾滋病预防与关怀工作。争取总会艾防经费支持，在开远、施甸实施感染者生产自救项目；指导水富、泸水、河口、沧源4个县红十字会开展社区防艾宣传和感染者关爱活动；指导“爱咨家”深入云南财经大大学、云南经贸外事职业学院等11所高校以及昆明市的8个社区开展艾滋病预防宣传，完成了中国红十字会与云南省人民政府签署《关于援助鲁甸地震灾后恢复重建备忘录》的相关工作，红十字会系统向鲁甸地震灾区投入重建资金近3亿元，实施的重建项目188个，涉及中小学校、卫生院（室）、民房重建，以及备灾减灾基础设施建设等。启动并组织实施了红十字国际委员会第二期博爱家园生计项目。

2015年，通过云南人民广播电台滚动播放红十字运动知识信息2400条次，在全省44个汽车客运站数字联播网上播放视频新闻90万条次；协调《云南经济日报》《云南电视台》和《云南日报》等媒体记者专题采访报道红十字会工作，播出和刊载新闻98篇（条）；通过红十字会网站进行宣传，刊载新闻资讯170余篇（条）；截至2015年12月底，省级红十字会接受中国红十字会总会、红十字基金会以及募集社会捐赠款物价值4927.52万元，促进了救灾救助工作的广泛开展。

2015年底，怒江州贡山县、丽江市古城区编办下发了县区红十字会机构独立设置的文件，最后两个“堡垒”的攻破，使我省理顺县级红十字会管理体制工作划上了圆满的句号，129个县（市、区）红十字会全部理顺管理体制，召开了红十字“五进”试点工作总结会和经验交流会，现场观摩了昆明市五华区翠湖社区、开远市旧寨、星光社区、蒙自双河社区、开远乐白道镇和蒙自文澜镇中心校红十字“五进”工作成果展，产生了良好的示范效应。

2015年，为推进精准扶贫工作落到实处，省红十字会党组、执委会领导分三批率机关干部职工深入昭昭通市鲁甸县乐红镇官寨社区开展工作调研，进村入户实地查看农户生产生活情况，与镇、村领导和农户座谈交流，与贫困农户结成帮扶对子，完成了建建档立卡工作，并结合贫困群众的意愿，初步研究制定了扶贫计划，为下步实施精准扶贫工作打下了坚实基础。

2015年，全年引进香港、澳门重（援）建项目27个、项目资金4539万元，支持开展灾后重建和备灾减灾项目建设。在总会指导下，积极参与国际红十字运动和民间外交活动，办理因公出国（境）团组3个22人，赴台湾、香港和澳门交流访问；接待红十字国际委员会等境外组织来访共计9起31人；受理国（境）外寻人请求25起，成功建立家庭联系13起。成功承办中国--缅甸红十字会社区卫生项目培训班。来自缅甸红十字会的14名代表和云南相关州市红十字会的13名代表参加了培训。

2015年，开展“三严三实”和“忠诚干净担当”专题教育，采取省内培训与省外培训相结合，普及培训与重点培训相结合的方法，对各级各类干部、专业人员进行了业务培训，落实从严治党主体责任和纪律监督责任“两个责任”，严格执行中央“八项规定”和省委实施办法，持之以恒反对“四风”，确保了红十字会风清气正，党员领导干部廉洁自律；着力加强了对捐赠款物、物资设备采购、重（援）建项目和重点工作领域的监督检查，有效防止了违纪违法问题的发生。

2015年12月11日，红十字国际委员会/云南省红十字会救助肢体残疾者合作项目2015年理事会会议在昆明召开

2015年1月16日，省红十字会救护培训中心王建基老师（右一）指导学员进行心脏复苏训练

云南铜业（集团）有限公司

老挝人民革命党总书记、国家主席朱马里视察云铜老挝琅勃拉邦酒店项目

老挝人民革命党中央政治局委员、国家副总理本邦•布达纳翁视察云铜老挝琅勃拉邦酒店项目

云南省省长陈豪调研云铜集团

云南省副省长刘慧晏调研云铜集团

中铝公司董事长、党组书记葛红林调研云铜集团

云铜集团召开2015年工作会

云铜集团拉拉铜矿露天采场

云铜集团生产一线员工

云铜集团荣获2015云南企业100强称号

云南铜业（集团）有限公司（以下简称“云铜集团”）是经云南省政府和原中国有色金属工业总公司批准，于1996年由原云南冶炼厂、东川矿务局、易门矿务局、大姚铜矿和牟定铜矿组建而成。经过十多年的努力，现已发展成为集铜金属探、采、选、冶、加为主，涉及锌、钛、钼、磷等资源开发以及金、银和多种稀贵稀散金属综合回收的多金属矿业公司

2015年，云铜集团以“改革创新、加快发展、转型升级、全面扭亏”为主题，明确措施，落实责任，克难攻坚，顽强拼搏，取得了整体实现盈利的经营业绩。与此同时，扎实开展“三严三实”专题教育，接受中央巡视组延伸巡视和国家审计组延伸专项审计，并立行立改、深入整改，着力解决存在的问题，着力提高管理水平，着力营造良好政治生着力营造良好政治生态，整改取得了阶段性成效。

一、经营业绩好于预期

全年实现整体盈利，经营活动现金实现净流入，完成考核目标的127.79%；资产负债率控制在考核目标值63.3%的范围内；两金占用较基准日下降10.92%。

二、降本增盈成效明显

精矿含铜完成年计划的108.7%；电解铜完成年计划的103.33%；黄金完成年计划的171%；白银完成年计划的102%；锌锭完成年计划的111%；硫酸完成年计划的109%。铜精矿含铜不含税单位成本同比下降13.70%；电铜不含税单位加工成本同比下降1.33%；扣除汇兑净损失影响，三项费用同比下降25.97%。

三、转型升级卓有成效

一是深入实施脱困方案，6项处置项目已完成相关工作，7户企业破产清算已获得法院受理。

二是全力推进结构调整。调整优化冶炼布局，形成“着力打造南方冶炼基地、北方冶炼基地和海外非洲基地”的冶炼布局思路；延伸优化产业链，形成了“着力打造全国铜冶炼综合回收示范基地、铜深加工基地和铜文化产业基地”的思路；按照“以铜为主、相关多元”的思路，稳妥发展相关产业。

三是加快推进项目建设。普朗铜矿建设全面提速，超额完成计划；铜厂沟铜钼矿和牛苦头采选工程全面开工建设；赤峰云铜退城入园项目和非洲湿法铜冶炼项目已经立项；大红山西部矿段采矿工程、牟定郝家河铜矿深部采矿技改工程、拉拉铜矿落凼矿区深部矿段采矿工程、老挝琅勃拉邦国际度假酒店等项目建设进展顺利；王家桥铜锌产业园搬迁项目正在深入论证。

四是深入实施资源战略。加快推进金沙新老区整合、镇康芦子园资源收购项目，开展中铝资源、思茅山水等资源整合前期工作；深入实施矿山周边和深部资源接替工程；拉拉铜矿外围勘探进程加快，铜厂沟钼矿勘查成果明显。全年新增当量铜完成考核目标的130.4%。

集团转型升级的思路和所开展的工作，得到了云南省的充分肯定，陈豪省长、刘慧晏副省长分别进行专题调研。2015年4月27日，省政府在集团召开省属企业转型升级现场办公会，对集团转型升级的经验和做法进行了总结推广。

四、深化改革释放活力

一是深化体制机制改革。开展集团机关和所属单位定岗定编定员，严控干部员工职数，集团中层干部职数同比减少24.7%。稳妥推进人员分流安置工作，进一步提升了劳动生产率。

二是调整优化管控模式。3家单位实行内部托管，提升了2家单位的管理层级。授权股份公司管理集团内的营销和产供销业务。在集团成立审计部，加强了审计力量。

三是着力推动科技创新。加快建设具有云铜特色的科技创新体系，着力提高科技贡献率。

五、发展基础得到夯实

一是狠抓整改落实工作。根据延伸巡视和审计所揭示的问题，在健全完善制度、落实八项规定、转变工作作风、加强审计机构建设以及开展财务、营销、选人用人专项工作等方面立行立改，深入整改，并举一反三，深入查找专业管理存在的问题以及制约发展的重大问题。

二是狠抓遗留问题解决。通过与金沙新区三家冶金公司协商，首次实现股权分红；通过积极清收，应收账款较年初大幅压缩。

三是狠抓安全环保工作。坚持安全第一、预防为主、综合治理的方针，努力扭掉习惯性动作、习惯性麻痹、习惯性侥幸、习惯性无所谓和习惯性凭经验干事。

四是狠抓人才队伍建设。16人被选聘为云铜集团第一届首席工程师；以云铜高级技工学校为基础申报建立省级公共技能实训基地；举办全脱产英语、西班牙语培训班，培养适应海外资源开发需要的专业人才。

五是狠抓队伍作风建设。以巡视整改为契机，切实加强作风建设，唤醒党章党纪党规意识，引导干部员工讲忠诚、讲尽责、讲拼搏、讲实效，筑牢小节、规矩、纪律和法制“四道防线”，自觉把纪律和规矩挺起来。

六、党建工作有声有色

2015年，云铜集团党委在中铝公司党组和云南省委、省国资委党委的正确领导下，坚持把全面落实从严治党要求贯穿于全年党建工作之中，坚决打起“两个责任”，将“三严三实”专题教育和中央巡视整改作为管党治党的两个重要抓手，为集团全面打响控亏增盈攻坚战提供了坚强的政治保证。一是强化学习教育，切实提升领导干部政治素养；二是强化管党治党，扎实开展巡视整改工作；三是强化基础管理，提升党建工作科学化水平；四是强化正风肃纪，深入推进党风和反腐倡廉建设；五是强化正面引导，凝聚建设幸福云铜的正能量。

七、其他工作成效明显

云铜集团成为全国有色行业、云南省和中铝公司首家通过国家两化融合管理体系评定并获得评定证书的企业，建成中铝公司首批全景视频会议系统；社会责任工作荣获多项中铝公司表彰，成为中铝公司实体企业的一面旗帜；深入开展“五型班组”创建达标活动，有181个班组通过验收；质量管理深入推进，集团荣获云南省诚信100强企业和诚信品牌100强企业授牌，云铜股份公司、玉溪矿业、云铜锌业荣获云南省质量效益型先进企业称号，冶炼加工总厂被授予2015年省级质量标杆单位；企业文化建设纵深推进，内宣刊发稿件近3000篇，外宣报道稿件100多篇。

云南省有色地质局

李纪恒到印尼公司考察调研

云南省有色地质局成立于1953年7月，曾隶属冶金工业部、中国有色金属工业总公司等中央部门，2001年实行属地化管理，成为云南省人民政府直管的正厅级事业单位。

全局下设15个正处级地勘单位，共有职工8400余人，各类专业技术人员4700余人，其中具有高级专业职称530余人，中级职称1500余人，大专以上学历2000余人，博士4人；截止2013年底，净资产为11.8亿元。目前，全局拥有地质勘查、物化探、钻探、坑探、采矿、选矿、化验测试、水工环评价、地质灾害治理、测绘遥感、工程勘察、设计、岩土施工、环境治理、水土保持方案编制等20余种专业资质，是一支门类齐全、装备精良、专业技术力量雄厚的综合性地质勘查队伍。

2007年以来，局制定了“地质找矿立局，矿业开发强局，工勘三产稳局，科技人才兴局”的发展战略，确立了矿产资源发现权转化为经济发展权的工作思路，提出了精细化管理和依法治局、依法治企的工作理念。通过多年的工作实践，逐步形成了地质找矿开发为主业，工勘岩土、酒店经营管理和房地产开发共同发展的产业格局，地质勘查主产业的比较优势得到充分体现，全局经济实现平稳较快增长，发展速度、效益、规模跃上新台阶，综合经济实力得到显著提高，职工队伍保持和谐稳定。

建局60多年来，在“以献身地质事业为荣、以找矿立功为荣、以艰苦奋斗为荣”的“三光荣”精神感召下，经过全局几代有色地质工作者的辛勤努力，地质找矿成果丰硕。在云南境内发现矿点千余个，发现矿种44种，累计完成钻探工作量600万米、坑探20多万米，提交地质勘查报告千余份，探明有色金属储量2500余万吨、贵金属6000余吨、黑色金属3.6亿吨、非金属21亿吨，提交可供开发的矿产地300多处，探明矿产资源储量的潜在价值约2万亿元。近几年，全局共有地质找矿、工勘岩土产业的近100个项目和成果获得了优秀找矿成果、国家优秀工程奖、科学技术进步奖、质量管理成果奖等省部级以上奖励。

近年来，全局稳步推进“走出去”发展战略，与国内外一些知名企业携手合作，在东南亚、非洲和澳大利亚开展风险找矿勘查与矿业开发，取得了积极的找矿成果和明显的经济效益，探明1个特大型、3个大型、3个中型红土型镍矿床、1个中型金矿床和1个小型铁矿床，其中印度尼西亚和缅甸境内累计探获镍金属资源量780多万吨。境外地质勘查项目先后荣获“2010年度中国矿业国际合作最佳勘查奖”“2010年度中国有色金属工业协会地质找矿成果一等奖”“2013年度中国有色金属工业协会科技进步一等奖”和“2013年度中国工程勘察金砖奖”等大奖。此外，还与国内外企业合作，对印度尼西亚苏巴印、马布里、北科纳威镍矿进行开发。目前，一家合资公司正在印尼北科纳威县新建火力发电厂和年产镍金属量4万吨的大型镍铁冶炼厂。

今后，云南省有色地质局将充分发挥自身的找矿找水、岩土勘察与施工、地质灾害防治和环境治理等技术比较优势，不断开拓进取，为服务云南经济社会发展作出新的贡献。

地质工作者在国外野外查看岩心场景

局领导与澳大利亚地调局专家共商矿业合作事宜

莫宣学院士到云南省有色地质局指导地质找矿

国外钻探搬运钻探设备场景

云南路桥股份有限公司

云南路桥集团总裁、云南路桥股份有限公司董事长鲁仕泽先生

公司承建的云南龙陵至瑞丽高速公路

公司承建的浙江诸永高速公路

云南路桥股份有限公司是经云南省人民政府批准，由云南省第四公路桥梁工程有限责任公司整体变更成立。公司注册资本35000万元，具有对外经营许可权、对外援助成套项目实施企业A级资格、公路工程施工总承包壹级资质及路基、路面、桥梁、隧道专业承包壹级资质、市政公用工程总承包壹级资质、机场道路工程专业承包贰级资质和公路养护二类甲级资质，是云南省交通系统骨干施工企业，也是云南省人民政府重点培育的拟上市股份制企业。2014年6月6日，公司在全国中小企业股份转让系统成功挂牌，证券简称：云南路桥，证券代码：830796。

公司现有员工 1593 人，大专以上学历656人,其中研究生8人；各类专业技术人563人；取得全国一级建造师执业资格57人，二级建造师执业资格31人。拥有国内外著名厂家生产的桥梁、隧道、路面、路基等成套的专业施工及检测设备共1000余台/套，总功率10万余千瓦。具有年完成产值 40亿元以上的生产能力。

公司的经营范围：公路、桥梁、隧道、水利、市政、铁路、港口等工程建筑，土石方工程、公路养护与管理以及工程测绘、新材料的研制与应用、道路监控系统的研制与开发；对生物工程、房地产、电力、旅游、环保、信息产业的投资；承包境外公路工程和境内国际招标工程以及上述境外工程所需的设备、材料出口；对外派遣实施上述境外工程所需的劳务人员。

公司成立以来，逢山开路，遇水架桥，共修建各种等级公路 4600 余公里，其中高速公路 700 余公里，完成土石方 2.3亿余立方米，高等级路面 1760 多万平方米，各类大中型桥梁 600 余座，计长约 18万米，隧道约 6 万米。

公司视质量为企业的生命，按照通过认证的质量、环境、职业安全健康综合管理体系，严格执行全员质量管理。承建的工程项目质量优良品率达91%以上，合格率为100%；多项工程获得省部级优质工程奖和国家优质工程“金质奖”“银质奖”。其中由公司主承建的昆明至玉溪高速公路荣获2002年度中国建筑工程“鲁班奖”；云南思茅至小勐养高速公路荣获“第十届中国土木工程詹天佑奖”；国道213线云南小勐养至磨憨公路荣获“公路交通优质工程奖一等奖（李春奖）”。公司代表中华人民共和国援建的昆曼公路老挝境内磨丁至楠伦桥段工程被国家商务部评为优良工程，被老挝交通运输建设邮电部评价为老挝境内最好的公路，并被老挝政府授予“友谊勋章”。

公司省级技术中心通过认证后，起草编写国家行业标准1项，取得国家发明专利1项、国家实用新型专利30项、国家级工法3项、国家交通运输部工法13项、省级工法37项极大地提升了公司的科技水平，公司被国家科技部等四部委联合评为“高新技术企业”。公司被云南省科学技术厅认定为云南省科技小巨人企业。

公司曾荣获全国五·一劳动奖状、全国模范职工之家、全国优秀施工企业、全国优秀建筑业企业、中国优秀诚信企业等光荣称号；2015年度全国交通行业质量管理小组活动先进企业、进入全国交通系统综合实力100强、中国建筑业500强、云南省著名商标、云南省诚信品牌100强、云南省诚信100强企业、云南省建筑施工企业综合实力100强和云南百强企业行列；公司董事长鲁仕泽同志荣获交通部标兵、全国五·一劳动奖章、全国优秀企业家、全国建筑业优秀企业家、全面建设小康社会模范人物等光荣称号。

为了保持企业的可持续性发展，公司又确立了“以上市为中心，以科技为导向，大项目促进大发展，不断做大做强云南路桥”的发展目标。在稳定和发展主业的同时，公司还以BT、总承包、强强联合等方式，积极参与公路和其它行业的投资建设。先后投资建设了个旧至大屯一级公路隧道、国道323线景谷至永平二级公路、景谷威远江水电站、普洱磨思高速公路等项目，总投资达85亿元。这些项目的建成，树立了“云南路桥”这一良好的品牌形象，标志着云南路桥走上了产业资本和金融资本相结合的跨越式发展道路。“云南路桥”这一品牌正在云岭大地上崛起腾飞。

公司承建的云南省首座矮塔斜拉桥——锁蒙高速公路南盘江特大桥

公司承建的云南昆明长水国际机场跑道

公司代表中华人民共和国援建的昆曼公路老挝境内磨丁至楠伦桥段公路

公司承建的云南个旧至大屯一级公路锡都隧道

公司施工总承包的云南磨黑至思茅高速公路

公司投资建设的云南景谷威远江水电站

公司购买的目前云南省最大的沥青搅拌设备—DG5000混凝土搅拌设备

云南省人民政府机关事务管理局

李记臣局长在全省机关事务管理工作会议上

2015年，在省政府办公厅党组的坚强领导下，省政府机关事务管理局（以下简称管理局）高举中国特色社会主义伟大旗帜，深入学习贯彻党的十八大、十八届三中、四中、五中全会，习近平总书记系列重要讲话和考察云南重要讲话，以及省委九届十次、十一次全会精神，坚持“四个全面”战略布局，认真落实“创新、协调、绿色、开放、共享”五大发展理念，按照省委、省政府重大决策和工作部署，紧紧围绕中心，服从服务大局，凝心聚力、真抓实干，解放思想、改革创新，认真履行机关事务管理职能职责，扎实做好后勤服务保障，较好地完成了全年各项工作任务。

管理局的主要职责概括起来就是6个字“管理、保障、服务”，虽看似简单，但压力大、担子重，既要带头贯彻落实好中央和省委、省政府关于机关事务管理工作的决策部署，又要指导各级各部门机关事务改革及管理工作；既要服务保障省政府和办公厅正常运转，又要服务保障五华山片区11个厅局级单位；既承担着全省公务用车编制管理、公共机构节能、省级机关住房制度改革、省政府系统办公用房管理、省政府办公厅经费管理和公务接待等任务，还要抓好服务中心、机关食堂、车队、卫生所、幼儿园、修缮队，以及18个职工住宅小区的管理服务等一系列事关干部职工切身利益的工作，可

李记臣局长在扶贫点军备村走访

李记臣局长到军备村视察蚕茧储运情况

楚雄州管理局节能工作推进会

李记臣局长为全局作“三严三实”和“忠诚干净担当”专题教育讲座

在全省机关事务管理工作会议上，参会人员认真学习《云南省机关事务管理办法》

以说，服务范围广泛、服务对象众多，工作任务十分繁重而艰巨。2015年，管理局紧紧围绕省委省政府中心工作，以提升管理、保障、服务质量为核心，以“围绕贯彻一条主线、积极稳妥推进两项改革、强化三项建设、抓好四项管理”的年度计划为重点，全面提升机关事务各项工作实效，并取得了较好的成绩。

（一）法规意识得到进一步增强，机关事务工作法治化进程加快

《云南省机关事务管理办法》是十八届四中全会后云南省颁布的第一个行政规章，它标志着全省贯彻《机关事务管理条例》进入了全面落实阶段，也标志着全省机关事务工作纳入了法治化轨道。

（二）责任意识得到进一步增强，机关事务工作改革稳妥推进

公务用车制度改革有关工作进展总体顺利。一是按照省公车改革办职责分工，认真做好全省公车改革有关工作。参与《云南省公务用车制度改革总体方案》的起草工作，制定《云南省党政机关公务用车制度改革车辆处置办法》《云南省党政机关定向化保障车辆管理办法》《云南省省级党政机关公务用车制度改革车辆处置实施方案》等配套方案，积极稳妥推进公车改革有关工作。二是认真做好省政府办公厅公车改革有关工作。会同有关处室、单位，起草《云南省人民政府办公厅公务用车制度改革实施方案》并按程序报省公车改革办批准，按时完成了《云南省公务用车制度改革总体方案》的要求；起草《云南省人民政府办公厅关于做好厅机关公务用车制度改革后用车保障工作的通知》并按程序报批后印发，规范了省政府办公厅机关保障车辆的使用范围和使用方式，切实加强了公车改革后机关车辆的日常管理。三是认真参与研究搭建省级公务用车综合服务保障平台。草拟了《搭建云南省省级公务用车综合服务保障平台方案》及其说明，会同省发展改革委、财政厅联合行文，报请省政府审定方案并明确平台承建单位。

认真贯彻中央关于落实省部级干部生活待遇文件的精神。根据《中共中央办公厅 国务院办公厅印发〈关于省部级干部生活待遇若干规定〉的通知》（中办发〔2014〕57号）等有关文件精神，起草了

《云南省省级干部住房集中清理工作情况的报告》《云南省省级干部用车集中清理工作情况的报告》，以省委办公厅和省政府办公厅名义，报经省委和省政府主要领导审批后，上报中央有关部委，圆满完成了省级干部住房和用车集中清理工作。

（三）“三项建设”得到进一步加强，机关事务工作健康运行

开展专题教育活动为重点，党员干部队伍建设得到了进一步加强。通过专题教育，管理局党建工作科学化水平得到提升，有力地促进了机关事务工作的健康发展，为机关事务工作适应新常态、取得新成绩奠定了坚实的思想和组织基础。

规范采购和工程管理为重点，廉政建设取得了明显成效。规范政府采购和工程管理既是机关事务部门的工作职责，研究拟订管理局《购买社会组织公共服务项目合同示范文本》《采购合同示范文本》《绿化养护合同示范文本》《食堂供货合同示范文本》《建设工程施工合同示范文本》《技术咨询合同示范文本》《租赁合同示范文本》等。加强建设工程的统一管理，是对各级领导班子及其主要负责人实行“零容忍”，从严监督管理；与局属各级党组织签订《党风廉政责任书》，真正把党风廉政建设工作落到实处。

建设和谐后勤机关为重点，文化建设形成了良好的氛围。召开了管理局工会第一次代表大会和妇女委员会第一代表大会，成立了管理局工会和妇女会，积极推动机关办公自动化和管理局门户网站建设；撰写完成《机关事务工作志》（初稿），进一步丰富了机关精神文化内容。

（四）进一步加强标准意识，加强资产经费6项工作任务落实

1.加强资产管理。按照中央和省委省政府要求，做好办公用房使用标准调增后的清理、整改工作。按新标准对省政府系统各单位办公用房使用情况进行核算，形成送审稿报批。力求在不新建新购的前提下尽量解决房源，业务用房等项目。

2.加强经费管理。加强“三公”经费支出管

楚雄州管理局文明单位考核

楚雄州管理局文明单位考核

楚雄州管理为节能示范单位授牌

公车私用。经努力，“三公”经费支出比上年下降15.39%。发挥财务主管部门作用，严格执行预算。严格控制各类行政成本，有效提升了财务管理水平。

3.加强公共机构节能管理。表彰了云南省第一批全国节约型公共机构示范单位，部署了第二批示范单位创建工作。开展了全省公共机构自查自评工作，配合省发展改革委、工业和信息化委完成了国家对云南省节能目标责任评价考核。组织了节能宣传周活动，引导和带动全社会积极参与节能。对申报的35家省级节水型单位开展实地验收，对未达标的单位提出整改要求。全省第二批30个节约型公共机构示范单位顺利通过了国家考核组评价验收。

4.加强房地产管理。建立健全了电力、供水中断应急处置机制，保证正常办公秩序和应急指挥系统不间断。加强工程管理。努力做好办公用房的调配和日常维修、抢修和急修保障工作，全年共完成维修任务2722次，完成各项零修任务2000余次，夜间紧急抢修900余次；共审结各类工程结算872.98万元；按程序完成办公家具采购34.62万元及家具维修、养护管理等工作。

5.加强住房资金管理。共计归集房改政策性资金余额3.41亿元。其中，国有住房出售收入余额3.15亿元，住宅维修基金余额2563.28万元。

6.加强文档管理。对收发文、分文环节进行了流程优化。对收件、办件、阅件、保密件严格按公文处理规范进行分类登记、运转、保管、存档，截至2015年12月31日，处理收文510件、办文625件、阅件约3800件、保密件约800件，做到了零失误和零差错。加强了信息管理。

（五）服务意识得到进一步增强，综合服务保障能力明显提升

按照纪恒书记做好“5个表率”、陈豪省长“5个始终走在前列”的指示精神和厅党组的要求，我们积极提高综合服务水平。全年新安装电话44部，移机36次。购买办公耗材1200件，采购金额675800元。配送桶装水9918桶。完成五华山办公区

省政府《云南省机关事务管理办法》新闻发布会

31338.25平方米和职工宿舍区16716平方米的草坪花卉绿化养护工作，清理化粪池53次，确保绿化美化水平。加强办公大楼服务。完成省政府办公大楼省厅领导、公共会议室及五华山7个厅局级单位领导办公室卫生清洁及会务服务工作。全年完成各类会议服务1845次，接待参会人员58882人。顺利保障完成34次省政府常务会议，以及在五华山东礼堂（新常务会议室）召开的其他会议。加强设备管理，全年完成办公大楼内各类维修任务2722次，其中水电维修1470次，其它维修1252次。加强生活服务。对机关食堂就餐人员进行清理和规范，对售饭区进行了科学合理的调整，改善了就餐环境。做好金江、金安两个小区物业管理工作。顺利完成金牛展厅招租相关事宜。厅机关车队以安全、及时为核心，认真做好应急、抢险救灾及日常行车保障任务，全年安全行驶241万公里。卫生所组织开展疾病防控、干部职工体检及日常医疗诊治工作。幼教单位按市场化方式实现教育品牌等无形资产增值。

（六）安全意识得到进一步增强，安全防线不断筑牢

认真排除设备设施等安全隐患。坚持定期巡查制度，加强对办公大楼电梯等重要设备、特种设备的检查维护，坚持文明、安全施工。加强房屋修

缮、改造项目的施工安全管理，消除施工安全隐患。确保小区安全防范措施到位。预防为主，保证交通安全。加强驾驶员安全教育，定期进行车辆维修保养，加强车辆外出情况报告反馈制度和修理厂的安全管理工作。

云南冶金集团

积极依靠科技　创新推动产业转型升级

云南冶金国家技术中心

云南冶金集团是一家长期致力于铝、铅锌、锰、钛、硅基础产品制造的大型重化产业集团，同时形成并积极发展生产配套服务业和生活消费服务业。截至2015年末，集团资产总额达860亿元，年销售收入超过400亿元，拥有包括云铝股份、驰宏锌锗两家A股上市公司在内的下属企业118户，在职职工3万余人，是中国企业500强、中国制造业企业500强及云南省属重点骨干企业。

云南冶金集团始终坚持科技强企战略，至2015年，累计申请专利1057项，获授权专利799项，其中发明专利224项、美国专利2项，拥有了一批具有自主知识产权的核心技术，为提升产业市场可持续竞争力提供了重要支撑。当前，为适应和引领经济发展新常态，集团立足供给侧结构性改革，积极推动科技创新从“优化生产工艺的现场指标型”向“优化产品结构的市场效益型”转型，着力通过科技创新，优化产品结构，推动产业转型升级，取得积极进展。

一、电子级多晶硅实现批量稳定生产。集团控股的昆明冶研新材料股份有限公司3000吨/年多晶硅产业化项目已稳定生产出电子级产品，经国内外权威机构分析检测和客户使用，全面满足“电子级多晶硅”一级品和半导体行业使用要求，成功进入一直由国外垄断的半导体和集成电路市场。目前，该项目综合利用节能降耗技改工程即将建成投产，多晶硅产能将达到6000吨/年。“十三五”时期，公司将坚持走高端产品、进口替代路子，努力成为电子级多晶硅、单晶硅、太阳能光伏产业领军企业。

二、氯化法钛白粉打破国际封锁格局。氯化钛白粉是目前世界上公认的最好的白色颜料，广泛应用于涂料、塑料、油墨、纸张、陶瓷等领域。集团控股的云南冶金新立钛业有限公司是我国唯一从原料到高钛渣、海绵钛、钛白粉的全产业链企业。公司6万吨/年钛白粉项目于2013年成功产出全流程氯化法产品，其中YR-803型号产品是采用国际先进的硅、铝、钛、锆无机包膜和有机表面处理的产品，改变了我国高端钛白粉只能依靠进口的历史。下一步，公司将对标世界顶级钛业，力争进入氯化钛白粉质量第一层面。

三、超薄铝箔“世界首创、国内领先”。集团控股的云南浩鑫铝箔有限公司突破国际上只能用热轧坯料生产0.005毫米以下铝箔的传统工艺路线，以铸轧坯料成功生产出 0.0045/0.005毫米超薄铝箔，成为美国通用电气公司首家在华电子铝箔供应商，改变了国内超薄铝箔全部依赖进口的局面，被中国有色金属工业协会鉴定为“世界首创、国内领先”，该产品被列入2013年度国家重点新产品。目前公司正在开展0.004毫米极薄铝箔、电池级铝箔、液态软包装锂离子电池铝箔等产品技术开发。

四、铝-空气电池研发取得突破性进展。集团新建创能铝空气电池股份有限公司集中开展对铝-空气电池产品的研发及产业化。目前关键技术取得突破性进展，申请10余项专利，制备出高性能的空气电极、铝合金阳极及电解液，单体电池、电池组组装技术指标达国内外先进水平，已开发出个性化民用盐水铝-空气电池、通讯基站、边防哨所备用电源等产品，性能、成本、环保等指标均优于市场同类产品。下一步公司将进一步以标准化与个性化为导向，实现随身电源、大中型备用电源、动力电源等的产业化推广应用。

云南冶金国家技术中心

铝空气电池矿灯

超薄铝箔

钛白粉后处理车间

多晶硅棒

铝空气电池手提盐水灯

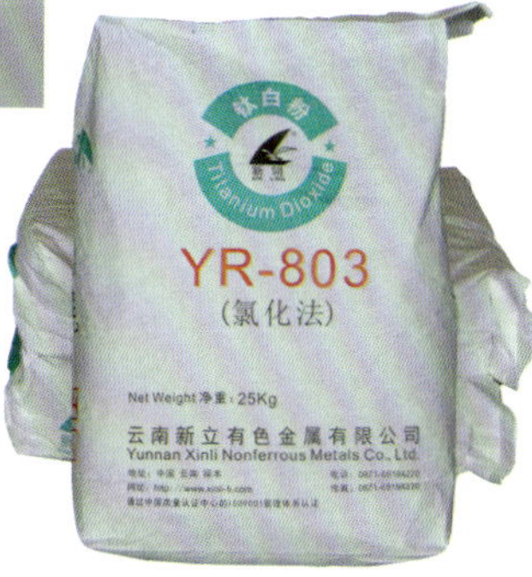

氯化法钛白粉

特　　载

Special Editing

落实全面从严治党要求
建设忠诚干净担当高素质干部队伍

——在省委九届十一次全会第一次全体会议上的讲话

（2015年8月22日）

李纪恒

同志们：

今天，我们召开中国共产党云南省第九届委员会第十一次全体会议。主要任务是：全面贯彻落实党的十八大和十八届三中、四中全会精神，高举中国特色社会主义伟大旗帜，以邓小平理论、“三个代表”重要思想和科学发展观为指导，深入学习贯彻落实习近平总书记系列重要讲话和考察云南重要讲话精神，协调推进全面建成小康社会、全面深化改革、全面依法治国、全面从严治党战略布局，全面反思过去一段时期我省领导班子思想政治建设和从严治党方面存在的问题，深刻汲取严重违纪违法案件给我省造成严重危害的教训，彻底肃清其负面影响；全面总结党的十八大以来特别是中纪委查处白恩培、仇和、张田欣、沈培平等严重违纪违法案件以来，省委坚决贯彻中央部署，从严治党、正风肃纪，重构风清气正政治生态所做的主要工作和取得的初步成效，进一步增强信心；从思想上组织上作风上落实全面从严治党要求，对建设忠诚干净担当的高素质干部队伍做出全面部署，明确方向和任务，为我省闯出一条跨越式发展的路子来、与全国同步全面建成小康社会提供坚强保证。

这次全会主题很明确，就是研究全面从严治党和干部队伍建设问题，审议通过《中共云南省委关于落实全面从严治党要求建设忠诚干净担当高素质干部队伍的决定》（以下简称《决定》）。为了开好这次全会，省委做了精心准备，各方面作了积极努力，大家要高度重视，切实把思想和行动统一到全会的主题和任务上来。

受省委常委会委托，我讲几点意见。

一、深刻认识省委九届十一次全会专题研究全面从严治党和干部队伍建设的重大意义

召开九届十一次全会，专题研究全面从严治党和干部队伍建设问题，是省委立足云南党的建设和政治生态的现实状况，立足云南事业发展的长远需要，经过认真研究、深思熟虑后做出的重大决定，承载着特殊的历史使命，意义重大、责任重大。

第一，召开这次全会，是协调推进“四个全面”战略布局的重要一环。党的十八大以来，以习近平同志为总书记的党中央从坚持和发展中国特色社会主义全局出发，提出并形成了全面建成小康社会、全面深化改革、全面依法治国、全面从严治党的战略布局。“四个全面”是我们党治国理政的新方略，确立了新形势下党和国家各项工作的战略目标和战略举措，勾绘出了社会主义中国的未来图景，也为富民强滇、与全国同步全面建成小康社会、谱写好中国梦的云南篇章，提供了根本遵循和战略指引。“四个全面”既有目标又有举措，既有全局又有重点，每一个“全面”都具有重大战略意义。全面建成小康社会是战略目标，全面深化改革是动力保障，全面依法治国是法治保障，全面从严治党是政治保障。着眼于协调推进“四个全面”战略布局，省委相继召开几次全会专题研究全面建成小康社会、全面深化改革和全面依法治省工作。省委召开这次全会，就是专题研究全面从严治党，既为协调推进“四个全面”提供方向指引、组织保证和力量源泉，又对“四个全面”战略思想和战略布局在云南的实践做出全面部署和系统安排，实现“一盘棋”布局，必将引领我省改革开放和现代化建设不断向前推进。

第二，召开这次全会，是把学习贯彻落实习近平总书记对云南工作重要指示精神引向深入的重大举措。2014年10月，习近平总书记对云南工作作出重要指示，特别嘱托党的干部要“对党忠诚、个人干净、敢于担当”。今年1月19日至21日，习近平总书记到云南考察指导工作时，要求我们深刻吸取白恩培、高严、李嘉廷等严重腐败案件的沉痛教训，着力发挥党组织作用，从组织上落实从严治党，特别强调要加强对领导干部的管理。党要管党，才能管好党；从严治党，才能治好党。从严治党，关键在治、要害在严。省委召开这次全会，就

是遵照习近平总书记的重要指示精神，从组织上落实从严治党要求，省委带头做起，领导机关、领导干部带头抓起，把管党治党的政治责任牢牢扛在肩上，把全面从严治党具体地而不是抽象地、认真地而不是敷衍地落实到位。

第三，召开这次全会，是重构云南风清气正政治生态的关键之举。过去一段时期，我省少数领导干部发生严重违纪违法行为，重创了云南的政治生态和从政环境，对云南发展造成了难以估量的损失。这些问题如不认真解决，就会严重败坏党和政府的形象，严重影响党的领导水平和执政能力，进而影响我省改革开放和社会主义现代化建设事业。这里，我引用邓小平同志在改革开放初期讲的一段话："在目前的历史转变时期，问题堆积成山，工作百端待举，加强党的领导，端正党的作风，具有决定的意义。"问题是时代的声音，问题是工作的导向。省委召开这次全会，就是要全面反思问题，深刻汲取教训，从思想上政治上组织上作风上彻底肃清白恩培、仇和、张田欣、沈培平等严重违纪违法案件造成的恶劣影响，正本清源、匡正风气、净化环境，推动形成风清气正的政治生态，重塑云南的良好形象。这是省委落实管党治党责任的当务之急，也是全省党员干部和各族群众的共同期盼。

第四，召开这次全会，是锻造坚强领导核心、推动云南实现跨越式发展的重要保证。今年年初，习近平总书记在云南考察指导工作时，殷切期望我们主动服务和融入国家发展战略，闯出一条跨越式发展的路子来，努力成为我国民族团结进步示范区、生态文明建设排头兵、面向南亚东南亚辐射中心，谱写好中国梦的云南篇章。闯出一条跨越式发展的路子来，关键在党，关键在人，关键在于有一支思想上、政治上、作风上全面过硬的执政骨干队伍。省委召开这次全会，就是要进一步加强领导班子思想政治建设，深化"三严三实"和"忠诚干净担当"专题教育，努力建设一支忠诚干净担当的高素质干部队伍；就是要全面、历史、辩证地看待队伍、对待干部，把少数腐败分子与广大党员干部区分开来，把班子个别成员腐败与领导班子集体区分开来，把严重违纪违法案件造成的恶劣影响与广大党员干部共同奋斗取得的成绩区分开来，让广大党员干部坚定信心、振奋精神，把心思和精力更好地凝聚到干事创业上来，锻造坚强领导核心，带领全省上下团结一致向前看、万众一心谋发展，把习近平总书记为云南勾画的美好蓝图变为现实。

二、全面反思管党治党存在的问题，深刻汲取严重违纪违法案件的沉痛教训

云南历史悠久、文化厚重、人杰地灵，云南人民身上流淌着中华民族优秀文化的血液。新中国成立以来，在党中央、国务院的正确领导下，历届省委、省政府团结带领各族人民励精图治、自强不息，逐步摆脱贫困、走向富裕，摆脱封闭、走向开放，摆脱落后、走向进步。上个世纪五十年代初，省委全面准确贯彻落实党中央、毛主席的指示，使翻身解放的云南各族人民满怀信心地走上社会主义道路，为民族团结进步、边疆繁荣稳定奠定了坚实的基础。党的十一届三中全会以来，云南的改革开放和社会主义现代化建设事业取得了巨大进步。新中国成立以来波澜壮阔的社会主义革命和建设实践中，特别是改革开放以来，党的领导在云南始终是坚强有力的，各级党组织和党员干部队伍主流始终是好的，大多数干部对党忠诚、理想信念坚定，以对党和人民高度负责的精神，敬业尽职、敢于担当、辛勤付出、廉洁从政，团结带领各族群众干事创业，起到中流砥柱的作用。回顾新中国成立以来云南的发展历程，正是有了杨善洲、高德荣和受到中央表彰的优秀县委书记等一批又一批优秀共产党员的示范带动，有了一批又一批优秀干部的典型引领，党才凝聚起人民群众的强大力量，不断攻克艰难险阻，促进云岭大地实现了一次次自我超越，描绘出一幅幅气象万千的历史画卷，这值得我们骄傲和自豪。

但是，我们也清醒地看到，从上个世纪90年代的高严、李嘉廷，再到近年来的白恩培、仇和、张田欣、沈培平，多个云南省级领导干部被中纪委查处。这充分说明，过去一段时期我省领导班子思想政治建设和从严治党方面存在着不容忽视的突出问题，新的历史条件下，"四大考验""四大危险"更加尖锐地摆在我们面前。各级党组织和党员干部特别是领导干部必须保持高度警惕，全面反思这些严重违纪违法案件暴露出的问题、造成的严重影响，深刻剖析原因，汲取沉痛教训。提交全会审议的《决定》第一部分第一条概括了这些严重违纪违法案件暴露出的我省管党治党方面存在的几个突出问题：有的领导干部思想蜕化、道德败坏、腐化堕落；有的领导干部跑官要官、买官卖官、任人唯亲；

有的领导干部官商勾结、利益输送、权钱交易；有的领导干部任性用权、不守纪律、不讲规矩；有的领导干部言行不一、阳奉阴违、做“两面人”；有的领导干部贪图享乐、懒政怠政、不担当不作为。这些突出问题，特别是严重违纪违法者的所作所为，对云南发展造成的影响是严重的、恶劣的。

一是严重损害了党和政府的形象。党员干部特别是领导干部是党和国家各项建设事业的顶梁柱，是全心全意为人民服务宗旨的践行者，是良好社会风气的引领者。严重违纪违法者政治上变质、经济上贪婪、道德上堕落、生活上腐化，他们的所作所为，严重损害了党和政府在人民群众中的良好形象，严重损害了党群干群关系。

二是严重败坏了党风政风社风民风。党风政风与社风民风紧密相连、相互影响、相互作用。党风决定民风，民风影响党风。在我省，收送红包、收送礼品礼金、违规打高尔夫球等风气一度盛行，潜规则一度泛滥；严重违纪违法者查处一人、倒下一片、牵出一串；一些干部玩风日盛，心思和精力没有放到为民办事、改革发展上，严重挫伤了广大干部干事创业的积极性。

三是严重扭曲了用人导向。一些干部千方百计进圈子、上山头，抱大树、攀高枝，接天线、织网络，跑官要官、买官卖官，导致用干部“三超两乱”、带病提拔等情况一度盛行。有的原本靠工作实绩就能正常提拔的干部，也加入买官行列，出现“劣币驱逐良币”的逆淘汰苗头。

四是严重破坏了市场经济秩序。在政治生态和从政环境受到严重破坏的情况下，严重违纪违法者一句话、一个批示、一个条子，一块国有或集体的土地就出去了，一个资源就拿走了，一个项目就搞定了，严重践踏市场经济的公平正义规则，并导致国有资产大量流失。

五是严重贻误了云南经济社会发展。白恩培在云南贪了 10 年，玩了 10 年，耽误了云南发展 10 年，其影响又何止 10 年。白恩培任职期间，云南经济总量从全国第 19 位下滑到第 24 位。

“善治病者，必医其受病之处；善救弊者，必塞其起弊之源。”上述这些问题的出现，原因是多方面的，但根子还是在管党不严、治吏不严上。概括起来，原因主要有以下几个方面：一是管党治党责任缺失。党建责任履行不到位，管党治党一度失之于宽、失之于软。白恩培作为原省委书记丧失党性原则、自身严重腐败，放弃职守、不履行党风廉政建设主体责任，更谈不上管党治党，由此导致云南政治生态严重恶化，对此负有不可推卸的责任。有的党委（党组）长期不履行党建责任，除了研究人事，基本不开党委（党组）会。有的党组织书记，只抓业务、不管党建。一些领导干部违纪违法犯罪，单位的党组织和领导同志是有责任的。二是没有拧紧“总开关”。理想信念动摇是最危险的动摇，理想信念滑坡是最危险的滑坡。少数干部严重违纪违法问题的总根源，就在于他们完全丧失了理想信念，心中完全没有党的事业，党性观念荡然无存。正如习近平总书记指出的，“管灵魂的出卖灵魂，管反腐的带头腐败，管干部的带头卖官鬻爵，讲艰苦奋斗的带头贪图享乐，还说什么理想信念！”三是主要领导干部其身不正。上梁不正下梁歪，中梁不正倒下来。在白恩培、仇和等人大肆贪腐的恶劣示范下，一些干部认为“大马过得河，小马就过得江”，上行下效，大胆疯狂地搞腐败。四是监督体系功能没有得到有效发挥。“上级监督远、同级监督软、下级监督难、群众监督空”的现象仍然存在，一些位高权重的领导干部特别是“一把手”缺乏监督，权力成了“脱缰的野马”。权力是需要监督的，没有监督的权力就会异化，绝对权力导致绝对腐败。省委在听取意见时，有的老同志讲，“白恩培担任云南主官 10 年，谁来监督他？谁敢监督他？”这确实是值得我们深思的问题。五是体制机制存在漏洞。权力运行体制机制、财经管理制度、选人用人制度还存在漏洞，预防和惩治腐败体系方面还不健全，为腐败创造了条件、提供了滋生蔓延的土壤和空间。

习近平总书记反复强调，“打铁还需自身硬”。全省各级党组织和党员干部特别是领导干部要深刻汲取严重违纪违法案件的沉痛教训，采取更加坚决、更加有力的措施，彻底肃清其负面影响，扎实落实全面从严治党要求，努力建设忠诚干净担当的高素质干部队伍。

三、着力营造新风正气，全省管党治党工作明显加强

党的十八大以来，省委坚决贯彻落实以习近平同志为总书记的党中央的部署要求，坚持问题导向，以“关键少数”为重点，以标本兼治为目标，推出“组合拳”，科学谋划、扎实

推进全面从严治党，着力营造新风正气。

第一，坚持加强学习，进一步坚定理想信念。省委和全省各级党组织把学习贯彻习近平总书记系列重要讲话和考察云南重要讲话精神作为首要政治任务，通过召开全会、常委会议、全省领导干部大会、专题会议、党委理论学习中心组学习会和宣讲团巡回宣讲等形式，经常学、反复学、持续学，读原著、学原文、悟原理，突出抓好各级领导干部的学习教育，加强面向基层和群众的学习宣传，坚持不懈地用习近平总书记系列重要讲话精神武装头脑、指导实践、推动工作，促进真学真懂、真信真用、真知真行，进一步坚定马克思主义信仰，进一步坚定中国特色社会主义的道路自信、理论自信和制度自信，确保习近平总书记考察云南重要讲话精神落地生根、开花结果。

第二，坚持硬化约束，努力营造守纪律、讲规矩的氛围。省委把纪律和规矩挺在前面，要求领导干部必须牢固树立纪律和规矩意识，严守党的政治纪律和政治规矩，严守组织纪律、财经纪律、工作纪律和生活纪律。率先部署开展“三严三实”和“忠诚干净担当”专题教育，抓好正反两方面“活教材”的学习对照，着力强化党员干部的政治自觉、规矩意识、纪律观念、责任担当。省委常委带头开好班子民主生活会、带头落实民主集中制、带头严明规矩，完善省级领导干部外出报备、办公用房、住房、用车、警卫、公务接待、秘书配备等制度，带动各级干部把纪律和规矩立起来、严起来。

第三，坚持好干部标准，树立正确选人用人导向。省委坚持按照“信念坚定、为民服务、勤政务实、敢于担当、清正廉洁”的好干部标准和“三严三实”要求，旗帜鲜明地突出忠诚干净担当、不让老实人吃亏、从基层一线培养选拔干部的选人用人导向，严把选人用人群众关、廉政关、程序关、纪律关、任职关“五道关”，严防选人用人不正之风，以选贤任能凝聚干事创业的强大正能量。从严从实管理党员和干部，深入整治“三超两乱”“为官不为”等突出问题，着力破解重选拔、轻管理，重使用、轻监督，失之于宽、失之于软，带病提拔、带病上岗等问题，对25名“带病提拔”党政领导干部的选拔任用过程进行集中倒查。从严加强干部日常管理监督，严格执行干部选拔任用工作有关事项报告制度，严格执行州（市）、县（市、区）党委书记履行干部选拔任用工作职责离任检查制度。

第四，坚持正风肃纪，保持惩治腐败高压态势不放松。省委坚决实施“六个严禁”，刹风整纪寸步不让，着力整治为官不为，推进落实“铁八条”、反“四风”常态化、长效化，坚决反对和严肃查处破坏法纪、践踏规则、败坏风气、损害群众利益等腐败行为和歪风邪气，拔烂树、治病树、扶歪树，切实解决影响政治生态的突出问题。今年1月至7月，全省共接受信访举报19901件，初核4596件，立案查处2996件，其中厅级干部32件、县处级干部170件，给予党政纪处分2546人，移送司法机关371人。全省查处违反中央八项规定精神的问题1938起，处理2873人，给予政纪处分622人。

第五，坚持完善体系，把权力关进制度的笼子里。省委围绕规范权力运行、树立正确用人导向、落实管党治党责任等关键问题，针对行政权力集中、容易发生腐败的行业和领域，注重制度建设、源头治理，统筹研究出台系列配套文件。以省委名义出台了落实党风廉政建设主体责任、落实党风廉政建设监督责任、进一步加强和改进巡视工作、从严从实管理干部、从严从实管理党员等5个制度性文件。根据省委要求，省政府党组研究制定并以省政府名义出台了进一步加强财政资金管理、进一步加强土地出让管理、进一步加强矿产资源开发管理、进一步规范国家投资工程建设项目招投标加强政府投资项目管理工作、进一步规范公共资源交易加强监督管理等5个制度性文件，从源头上铲除腐败滋生的土壤和条件。这次全会闭幕后，还将以省委名义出台落实全面从严治党责任的规定、进一步加强和改进干部选拔任用工作的意见及7个配套办法。

第六，坚持履行职责，全面落实从严管党治党政治责任。省委采取有力措施，促使各级党组织认真履行党风廉政建设领导者、组织者、主抓者的重大政治责任，做到守土有责、守土负责、守土尽责。抓牢做实党委主体责任，层层落实责任，牵住“牛鼻子”。推动各级纪委转职能、转方式、转作风，落实纪委监督责任，强化“责任田”。实现巡视、派驻全面“扫描”，严格追责问责，用好“撒手锏”。

通过这段时间的努力，全省管党治党工作明显加强，党员干部队伍出现积极可喜变化，风清气正的政治生态正在逐步形成，人心开始回暖。但是，少数干部的严重违纪违法案件，对党和政府的形象、公信力造成的破坏不可低估，对云南经济社会发展造成的危害不可低估，对全省干部队伍建设造成的恶劣影响不可低估。“病来如山倒，病去如抽丝”。云南党风廉政建设和反腐败斗争形势依然严峻复杂，解决云南管党治党和干部队伍建设的深层次问题还需艰苦努力，实现政治生态风清气正的任务依然艰巨繁重。省委决定召开这次全会，就是要乘势而上，把我们已经开展的工作巩固好，把以往实践中形成的好经验、好做法继承好，研究科学构建管长远的制度机制，探索新路子，展示新气象。

四、重构风清气正的政治生态，营造干事创业的从政环境

政治生态是党风、政风、社会风气的综合反映，影响党员干部的价值取向和为政行为。政治生态污浊，从政环境就恶劣；政治生态清明，从政环境就优良。面对云南党的建设形势，摆在我们面前一项严肃而紧迫的政治任务是，着力重构风清气正的政治生态，努力营造广大干部干事创业的从政环境。全省各级党组织和广大党员干部，要坚持思想建党和制度治党相结合，坚持治标和治本统筹兼顾，坚持继承传统和改革创新有机统一，坚持自上而下和自下而上双向互动，推动全面从严治党迈上新台阶，使云南的政治生态风清气正、从政环境清明干净。

第一，要把好“总开关”，以坚定的理想信念培育政治生态。习近平总书记反复强调，干部的党性修养、思想觉悟、道德水平不会随着党龄的积累而自然提高，也不会随着职务的升迁而自然提高，而需要终生努力；忠诚不是自然而然产生的，对党要有朴素的感情，更要有理性的自觉。各级党组织必须毫不放松抓好思想政治建设，在固本培元、凝魂聚气上下功夫，引导党员干部认真学习党的基本理论，深入学习习近平总书记系列重要讲话和考察云南重要讲话精神，深入开展理想信念和宗旨教育，加强党性和道德教育，增强对中国特色社会主义的道路自信、理论自信、制度自信，增强思想认同、理论认同、情感认同，解决好世界观、人生观、价值观这个“总开关”问题。要突出抓好正反两方面“活教材”的学习教育，引导党员干部以杨善洲、高德荣等先进典型为标杆，深学细照笃行；继续以严重违纪违法案件为镜鉴，深刻汲取教训。要大力弘扬社会主义核心价值观，教育引导党员干部明大德、守公德、严私德，自觉从中华优秀传统文化中汲取营养，始终保持健康生活情趣和高尚道德情操，做社会主义道德的示范者引领者。

第二，要树好“风向标”，以正确的用人导向涵养政治生态。用人导向是从政环境的风向标、政治生态的晴雨表，是这次会议大家讨论最为集中的问题，也是社会普遍关注的问题。各级党组织必须以最坚决的态度、最果断的措施整顿吏治、匡正风气，严格按原则、按政策、按规矩、按程序办事，坚决遏制形形色色的潜规则，坚决杜绝“劣币驱逐良币”的逆淘汰，着力营造风清气正的用人环境。要按照好干部标准和“三严三实”要求，旗帜鲜明地突出忠诚干净担当、不让老实人吃亏、从基层一线培养选拔干部“三个用人导向”，坚持“七个大力选拔和重用、七个坚决调整和不用”，及时把那些忠诚干净担当的干部，想干事能干事干成事的干部用起来，把那些政治上不守规矩、廉洁上不干净、工作上不作为不担当或能力不够、作风上不实在的领导干部调整下来。要加大对“慵懒散软”的整治力度，着力解决为官不为、为官不勤、为官不正、为官乱为等问题，力扫敷衍了事、拖拖沓沓、庸碌无为的痼疾，让不自在、不容易成为领导干部的履职常态。要认真贯彻中央推进领导干部能上能下的若干规定，切实疏通领导干部“能下”的渠道，形成能者上、庸者下、劣者汰的机制。要把“严管”与“厚爱”结合起来，旗帜鲜明地支持改革者、保护干事者、褒奖担当者，为改革者撑腰，让有为者有位，充分调动广大干部干事创业的积极性。

第三，要念好“紧箍咒”，以铁的纪律和规矩维护政治生态。习近平总书记强调，“党要管党，从严治党，即体现着治本之策。依规治党，首先是把纪律和规矩立起来、严起来，执行到位。”“在所有党的纪律和规矩中，第一位的是政治纪律和政治规矩。”各级党组织必须把严守纪律、严明规矩放在重要位置来抓，十分明确地强调、十分坚定地执行，严肃处理不守纪律和规矩的行为，努力在全省营造守纪律、讲规矩的良好氛围。要坚持“纪”在“法”前，用纪律和规矩管住大多数，“木鱼”天天敲、“紧箍咒”天天念，加强对干部队伍的日常监督，真正使纪律和规矩成为带电的“高压线”。要严格执行民主集中制，严格按照党内政治生活准则和党的各项规定办事，坚决维护党的集中统一。要严肃党内政治生活，使之成为党员干部进行党性锻炼的有效平台。要坚持和完善民主生活会制度，开展积极健康的思想斗争，形成团结和谐的党内同志关系。

第四，要筑牢“防火墙”，以科学严密的制度强化政治生态。少数领导干部严重违纪违法，一个重要教训就是没有把“权力关进制度的笼子里”。实践证明，加强制度建设，是最可靠、最有效、最持久的治党方式。各级党委（党组）要坚持于法周延、于事简便，运用法治思维和法治方式推进管党治党，以党章为根本，以民主集中制为核心，抓紧健全管党治党制度体系。要坚持用制度管权管事管人，抓好权力规范和约束这个核心环节，深化重点领域建章立制，严扎制度笼子。要强化对“一把手”权力运行的监督，科学界定“一把手”权力边界并切实形成有效监督。在加强党内监督的同时，要充分发挥人民监督作用，畅通建言献策和批评监督渠道，加强人大法律监督、政协民主监督、司法监督、审计监督、群众监督、舆论监督，扩大监督管理实效。要坚持制度面前人人平等、执行制度没有例外，铁面问责、刚性约束、严格执纪，不搞“情有可原”“下不为例”“法不责众”，决不能让制度、规定变成“纸老虎”“稻草人”。对违规违纪、破坏法规制度，踩“红线”、越“底线”、闯“雷区”的，要坚决严肃查处，决不能留“暗门”、开“天窗”，防止“破窗效应”。

第五，要用好“手术刀”，以正风反腐的高压态势净化政治生态。习近平总书记指出，党风廉政建设和反腐败斗争是一场攻坚战、持久战，也是一场输不起、不能输的斗争。各级党组织要时刻保持从严治党、正风反腐的政治清醒，始终高悬反腐利剑，持续保持高压态势，坚持反腐败无禁区、全覆盖、零容忍，坚持猛药去疴、除恶务尽，让那些搞腐败的人如坐针毡、如芒在背，让那些想搞腐败的人断了念头、悬崖勒马，坚决打赢党风廉政建设和反腐败斗争这场攻坚战、持久战，赢得人民群众的信任和拥护。要把正面教育与反面警示、增强党性与正风肃纪、解决问题与完善制度结合起来，努力形成不敢腐、不能腐、不想腐的有效机制。要把全面从严治党与全面依法治省结合起来，通过全面深化改革、强化法治建设、严格依纪管党，从根本上预防和减少腐败。要注意抓早抓小，重视对干部的经常性“体检”，对苗头性倾向性问题早打“预防针”，及时“咬耳朵”“扯袖子”，着力发现和解决“两面人”“小官大贪”“大罪不犯小错不断”“生活腐化”等群众反映强烈的问题。要坚持抓常、抓细、抓长，既着力解决当前突出问题，又注重建立长效机制，巩固和拓展教育实践活动成果，推进正风肃纪常态化，严防“四风”反弹回潮。对那些顽固地变着花样违反中央八项规定和省委实施办法、“六个严禁”的行为，必须高度警惕、寸步不让；对那些对抗“四风”整治、违反“三严三实”和“忠诚干净担当”要求的人，必须从严惩处、决不手软。

第六，要牵住“牛鼻子”，以严格的责任落实保障风清气正的政治生态。全面从严治党能不能落实到位，党风廉政建设责任能不能担当起来，关键在主体责任这个“牛鼻子”抓没抓住。要紧紧抓住党组织领导班子特别是一把手这个“关键少数”，紧紧扭住主体责任这个“牛鼻子”、监督责任这个关键抓手，通过以上率下、落实责任，层层传导压力、级级强化问责，真正实现管住“关键少数”、震慑大多数。各级党委（党组）书记要牢固树立“抓好党建是最大政绩”的理念，把党建工作第一责任人的担子扛稳、抓牢、做实。要逐步推行管党治党“责任清单”制度，逐一明确、细化不同层次、不同领域党建工作的责任主体，量化责任到岗，做到责任全覆盖。对于主要领导不抓党建、抓不好党建，班子成员连续出现或集体出现腐败问题的，要追究主要领导的第一责任人责任；对于纪检监察机关没有及时发现、有效遏制、严肃查处腐败问题的，要追究其监督责任。要牢固树立抓基层强基础的鲜明导向，健全州（市）、县（市、区）、乡（镇）党委书记抓基层党建述职制度，全力加强基层党组织和基层政权建设，让党的旗帜在每一个基层阵地高高飘扬。

开好这次全会，全省党员干部和各族群众充满期待、社会各界高度关切，全体参会同志要发扬整风精神，认真践行“三严三实”要求，紧密联系实际，谈思想、谈认识、谈体会，修改好《决定》，严格遵守会议各项纪律，真正把会议开成继往开来、务实团结、催人奋进的大会。

政府工作报告

——2016年1月24日在云南省第十二届人民代表大会第四次会议上

陈 豪

各位代表：

现在，我代表省人民政府，向大会报告工作，请各位代表连同《云南省国民经济和社会发展第十三个五年规划纲要（草案）》一并审议，并请省政协委员和列席人员提出意见。

一、2015年和“十二五”时期经济社会发展回顾

2015年，面对错综复杂的国际形势和艰巨繁重的改革发展稳定任务，省人民政府在中共云南省委领导下，深入贯彻落实习近平总书记系列重要讲话和对云南工作重要指示精神，全面贯彻落实党的十八大和十八届三中、四中、五中全会精神以及党中央、国务院的各项决策部署，贯彻落实省委九届十次、十一次、十二次全会精神，主动服务和融入国家发展战略，努力适应经济发展新常态，坚持稳中求进工作总基调，攻坚克难、保持定力，统筹推进改革开放、经济发展、社会稳定各方面工作，完成了省人代会确定的主要目标任务。

（一）稳增长促发展取得新成绩

强化经济形势研判，及时出台稳增长27条政策措施，召开季度经济形势分析会，持续加强稳增长督查。全力实施“四个一百”重点建设项目，加快预算内基本建设投资进度，盘活财政存量资金，不断创新投融资体制机制，积极推进政府与社会资本合作，多渠道筹措建设资金，加大金融服务实体经济力度，推动投资持续回升。发行地方政府债券1567亿元，有效置换存量债务，减轻各级政府偿债负担。认真实施六大领域消费工程，现代服务业发展加快。加强市场调控，房地产市场保持平稳。经国家统计局审定，全省生产总值增长8.7%，固定资产投资增长18%，地方一般公共预算收入增长6.5%，城乡常住居民人均可支配收入分别增长8.5%和10.5%，城镇登记失业率控制在4%以内。

（二）转方式调结构取得新成效

推动产业结构向开放型、创新型和高端化、信息化、绿色化转变，聚焦主导产业发展，推进重大项目建设，巩固提升烟草、电力等优势产业，大力培育新兴产业。启动“云上云”行动计划，积极推进“互联网+”、云计算、大数据、信息消费等为主的信息化和信息产业发展。加强产业园区建设，促进产业集聚发展。全部工业增加值3925亿元，增长6.7%。单位GDP能耗下降7.8%左右。加快发展生活性、生产性服务业。大力整治旅游市场秩序，提升旅游服务质量。第三产业增加值6169亿元，增长9.6%。着力推进众创空间、孵化基地建设，大众创业、万众创新呈现新气象。

（三）基础设施建设取得新突破

基础设施建设取得重大进展，综合交通三年攻坚战圆满收官，“五网”建设五年大会战全面启动。玉磨、大临、弥蒙铁路开工建设。保泸、玉临等高速公路开工建设，富宁至水富南北大通道全线通车，新改建农村公路2.19万公里，181座“溜索改桥”项目基本完成。泸沽湖机场建成通航，沧源、澜沧机场等在建项目快速推进。澜沧江—湄公河国际四级航道二期工程、金沙江中游库区航运设施等项目进展顺利。加强省内骨干电网、石油天然气管道和城市燃气管网建设。滇中引水工程获批，勘察试验性工程开工。新开工建设43件重点水源工程，建成50万件“五小水利”工程。推进昆明区域性国际通信出入口、呈贡信息产业园等项目建设，保山市、大理市成为国家第二批促进信息消费试点城市。开展城市地下综合管廊和建制镇“一水两污”项目建设。

（四）农业农村面貌发生新变化

惠农政策落实力度加大，高原特色现代农业加快发展，高原粮仓、特色经作、山地牧业等稳步发展，粮食产量达1876.4万吨。农产品品牌创建与市场开拓步伐加快，电商与实体流通有效结合，质量安全水平不断提高。农村土地承包经营权确权登记颁证工作稳步推进。新型农业经营主体快速发展，促进农村一二三产业融合发展，加快培育涉农企业“小巨人”，实施新型职业农民培育工程。农田水利改革发展走在全国前列，新增有效灌溉面积80万亩，

改造中低产田地345万亩。高效林业发展迅速，完成营造林665万亩，实施新一轮退耕还林还草160万亩。农业增加值2098亿元，增长6%。

（五）城乡区域协调发展呈现新态势

成立省城乡规划委员会，加强对城乡规划、建设和管理的指导，促进城乡统筹发展。调整户籍政策，切实保障农业转移人口合法权益，户籍人口城镇化率达31%。推进曲靖市、大理市等国家新型城镇化综合试点和玉溪市、五华区等智慧城市试点。滇中城市经济圈一体化迈出实质步伐，滇中新区获国务院批复，管理体制机制得到理顺。腾冲、江川分别获准设市、改区。建成城镇保障性安居工程28.69万套，建设农村危房改造和抗震安居工程51.43万户，鲁甸地震灾区7.78万户灾民搬进新居，景谷地震灾区民房重建和加固全面完成。推进“新房新村、生态文化、宜居宜业”美丽乡村建设。深入实施兴边富民工程，启动改善沿边群众生产生活条件三年行动计划。开展全省生态保护红线划定，优化国土开发空间格局，加快低碳试点省建设。

（六）民生保障事业得到新改善

坚持把脱贫攻坚作为最大的民生工程，以4个片区区域扶贫攻坚为重点，实施精准扶贫，开展“挂包帮”“转走访”，加快民族、边疆、革命老区脱贫、小康步伐。大力实施就业优先战略，全力解决好高校毕业生、农村转移劳动力等就业问题，城镇新增就业40.9万人。城乡居民大病保险制度全覆盖，最低工资标准、企业退休人员基本养老金、城乡居民基本养老金水平逐步提高，落实社会救助兜底保障。学前教育稳步推进，中小学校舍安全工程年度任务全部完成，加快现代职业教育发展，滇西应用技术大学获批筹建。城乡基层医疗卫生基础条件有效改善，基本药物制度不断健全。公共文化服务体系不断完善，文化遗产保护有力实施，开展全民健身和文化惠民，加快建设城乡养老服务机构、残疾人康复中心。信访工作、法律服务和法律保障得到加强，移民工作有效开展。10件惠民实事全部办结。

（七）改革开放取得新进展

推进国资国企改革，省属企业负责人薪酬制度改革顺利推进，混合所有制经济有序发展。全面实施“三证合一、一照一码”，新登记企业数量增速居全国前列。公务用车制度改革全面实施，电力体制和输配电价改革试点取得进展，机关事业单位养老保险制度改革稳步推进，建立乡镇机关事业单位岗位补贴制度，完成政府定价目录修订，启动不动产统一登记。财税、投融资、科技教育、医药卫生等各项改革步伐加快。勐腊（磨憨）重点开发开放试验区获批，红河综合保税区封关运行。开通云南中欧集装箱货运班列。成功举办第3届南博会暨第23届昆交会、中国国际旅交会。出台参与建设“一带一路”、加快建设我国面向南亚东南亚辐射中心等指导文件。开展多种形式招商活动，加大央企以及长三角、珠三角等地区知名企业引进力度。引进省外到位资金6488亿元，直接利用外资29.9亿美元。与国家部委、央企、金融机构、院校签订了109项合作协议。

（八）政府自身建设迈出新步伐

及时传达学习、贯彻落实中央和省委各项决策部署，扎实开展“三严三实”和“忠诚干净担当”专题教育。切实加强服务政府、责任政府、法治政府、廉洁政府建设。深入推进政务公开，向社会公布60家省级单位权力清单和责任清单。取消和下放投资核准事项31项，全面清理非行政许可审批和前置审批，建设完善网上审批服务平台。清理整顿红顶中介，创设投资审批中介超市。主动接受人大及其常委会法律监督和政协民主监督，认真办理人大代表建议和政协提案，积极听取工会、共青团、妇联等人民团体意见。加强行政监察和审计监督，严肃查处违纪违法案件，干事创业环境得到改善。

各位代表，去年工作取得的成绩，保证了“十二五”圆满收官。“十二五”时期是我省发展最快的时期之一，各方面工作取得显著成就，为“十三五”顺利开局和实现第一个百年奋斗目标奠定了坚实基础。

综合实力持续增强。全省生产总值、固定资产投资跨上万亿元新台阶，年均增长11.1%和24.7%。地方一般公共预算收入由871亿元增加到1808亿元、地方一般公共预算支出由2285亿元增加到4713亿元，社会消费品零售总额由2556亿元增加到5103亿元。结构调整取得新成效，非公经济增加值占GDP比重提高6个百分点，第三产业比重上升为45%。全省铁路营运里程2980公里，高速公路通车里程4005公里，电力装机达到8000万千瓦，新增航道通航里程1090公里、蓄水库容21.7亿立方米，中缅油气管道建成，民用航空能力大为增强。固定互联网宽带接入用户456万户、移动互联网用户2728万户、手机用户3778万户。建立院士专家工作站164个，引进一大批高层次科技创新创业人才。

人民生活水平显著提高。城乡居民收入增速高于经济增速，物价保持基本稳定。城镇新增就业累计达165.9万人，转移农村劳动力1000万人次以上。城乡居民基本养老保险制度全面覆盖，三项医疗保险参保率达到98%。建设城镇保障性安居工程128.84万套，实施农村危房改造和抗震安居工程198万户。九年义务教育巩固率、高中阶段教育毛入学率、高等教育毛入学率分别提高3.3、15.1和10.18个百分点。覆盖城乡的公共卫生、医疗服务体系不断健全，食品药品安全监管持续加强。改扩建一批图书馆、文化馆、博物馆，组织开展文化下乡和进社区活动，民族文化保护利用成效显著。妇女儿童发展规划实施成效突出。

城乡面貌发生深刻变化。区域城镇体系规划不断健全，“多规合一”试点有序推进。山地城镇建设稳步推进，累计开发低丘缓坡土地11万亩，耕地得到有效保护。农民进城工作有序开展，601万农业人口转变为城镇居民。积极改善农村生产生活条件，新建改建农村公路9.15万公里，新增农田有效灌溉面积435万亩，完成中低产田地改造1745万亩，解决1369万农村人口饮水安全问题。构建扶贫攻坚体制机制，走出了整村、整乡、整县、整州和整族扶贫的新路子，年均减少贫困人口100万人以上。历史文化名城、名镇、名村、名街保护得到加强。

生态文明建设扎实有效。深入推进七彩云南保护行动、生物多样性保护行动计划和森林云南建设，森林覆盖率达到55.7%，提高2.8个百分点。九大高原湖泊保护治理得到加强，水质稳定好转。城乡人居环境质量不断提高，县城及以上城市污水集中处理率和生活垃圾无害化处理率达到85%，农业农村面源污染治理力度加大。单位GDP能耗累计下降19.8%，超额完成国家下达的节能减排任务。退耕还林还草、生态修复、水土保持、地质灾害防治持续加强。土地、矿产资源节约利用水平明显提高。

各领域改革全面推进。政府职能转变取得重要进展，行政审批项目大幅精简，非行政许可审批项目全面取消，商事制度改革全面推开，公共资源交易平台全面建立。国资监管水平不断提高，国有企业战略重组和合作不断深化。预算制度改革、“营改增”等财税改革全面推进。农村土地、集体林权、水利、农垦、供销社、粮食流通等改革不断深化。沿边金融综合改革取得有效进展，跨境贸易人民币结算累计突破2500亿元。国有经营性文化单位转企改制有序推进，县级公立医院改革全面推开，教育领域综合改革不断深化。生态文明、户籍制度、资源性产品价格等改革稳步推进。

对内对外开放不断扩大。主动服务和融入国家“一带一路”、长江经济带等重大发展战略，积极建设孟中印缅、中国—中南半岛经济走廊，开展了多层次多边、双边对外交流合作。各类重点开发开放试验区、经济合作区、综合保税区建设不断推进。区域通关一体化改革不断深化。构建与长三角、泛珠三角、京津冀及周边省区市的常态化合作交流机制。积极承接东部产业转移，大力培育外向型企业，累计完成外贸进出口总额1170亿美元。成功举办3届南博会，为推进我国与南亚东南亚国家的合作交流搭建了战略性平台。

民族团结社会和谐更加巩固。持续开展“十县百乡千村万户示范点创建工程”，民族地区主要经济指标和城乡居民收入增速高于全省平均水平，生产生活条件持续改善，民族团结进步边疆繁荣稳定良好局面进一步巩固。加强社会治安综合治理，严厉打击各类违法犯罪活动，反恐和边境维稳处突能力不断加强，平安云南建设向纵深推进。第三轮禁毒防艾人民战争成效显著。公共法律保障水平不断提升，“六五”普法效果明显。安全生产责任进一步落实。积极预防和有效应对各类重特大自然灾害，全力保障人民群众生命财产安全，灾区恢复重建工作扎实有效。

“十二五”期间，我们攻坚克难、砥砺奋进，走过了不平凡的历程。五年的实践使我们深刻认识到，要实现云南边疆繁荣稳定、民族团结进步、经济社会跨越发展，必须坚持科学发展，以提高发展质量和效益为中心，努力保持经济较快发展。必须坚持改革开放，打破制约发展的体制机制障碍，正确处理好政府和市场关系，使发展更有效率、更加公平、更可持续。必须坚持以人为本，把维护好、发展好最广大人民根本利益作为工作的出发点和落脚点，努力让人民过上更加美好幸福的生活。必须坚持生态文明建设，尊重自然、顺应自然、保护自然，推进绿色发展、循环发展、低碳发展，保持和扩大云南的生态优势。必须坚持民族团结进步，坚定不移坚持民族区域自治制度和党的民族政策，加快少数民族地区发展，推动各民族和睦相处、和衷共济、和谐发展。必须坚持依法治省，全面推进法治云南建设，建设职能科学、权责法定、执法严明、公开公正、廉洁高效、守法诚信的法治政府。

各位代表，“十二五”我省经济社会发展取得的成绩和进步，靠的是以习近平同志为总书记的党中央和国务院的坚强领导，靠的是中国特色社会主义制度的优越性，靠的是在中共云南省委领导下，广大干部和全省各族人民的团结奋斗。在此，我代表省人民政府，向全省各族人民，向人大代表、政协委员，向各民主党派、工商联、无党派人士和人民团体，向中央各部门各单位、兄弟省区市和驻滇部队、武警官兵，向关心支持云南发展的港澳同胞、台湾同胞、海外侨胞和国内外朋友，表示衷心的感谢!

在看到成绩的同时，我们也清醒地认识到发展还面临不少困难，工作中也存在不少问题。在经济社会发展方面，长期困扰我们的深层次体制机制和结构性矛盾没有根本解决，发展不充分、不平衡、不协调、不可持续等问题仍然存在，发展方式粗放，质量效益不高，产能过剩，部分企业生产经营困难，创新能力不足，新兴产业支撑力薄弱，财政收支矛盾突出，经济领域潜在风险不容忽视；促进民族团结进步、增进民生福祉任务繁重，脱贫攻坚任务艰巨，就业总量压力和结构性矛盾并存，安全生产和社会治安形势严峻，基本公共服务供给不足，城市基础设施、环境、农村教育、医疗等方面尚有不少薄弱环节；生态环境保护还需不断加强，湖泊河流治理任重道远，农业农村面源污染问题尚未得到有效解决，环境资源约束与加快发展矛盾突出；部分领域改革开放滞后，国企改革和市场化改革进展缓慢，一些地区和行业市场秩序失范，一些开发开放平台作用发挥不够，内外贸体制机制创新不足，对外贸易规模偏小，去年外贸进出口总额未完成年度目标。在政府自身建设方面，各级政府和部门运用改革创新思维、法治思维破解发展难题的能力亟待增强，政府执行力、服务意识和工作效率有待提高；部分干部对改革举措和政策研究贯彻不够主动，乱作为、不作为、不会为的问题在一些地方和部门仍然存在，政风行风建设亟待加强，政府机关和国有企业一些领导干部腐败堕落、顶风违纪，严重影响了党和政府的形象。对此，我们一定要高度重视，下大力气解决好这些困难和问题，努力改进工作，让人民满意。

二、“十三五”时期的目标任务

“十三五”时期是我省与全国同步全面建成小康社会的决胜阶段，我们面临难得的发展机遇；是深入贯彻落实习近平总书记对云南的新定位、加快发展的关键时期，我们要闯出一条跨越式发展的路子来。省人民政府要认真贯彻省委《关于制定国民经济和社会发展第十三个五年规划的建议》提出的指导思想：高举中国特色社会主义伟大旗帜，全面贯彻党的十八大和十八届三中、四中、五中全会精神，以马克思列宁主义、毛泽东思想、邓小平理论、“三个代表”重要思想、科学发展观为指导，深入贯彻习近平总书记系列重要讲话和考察云南重要讲话精神，坚持全面建成小康社会、全面深化改革、全面依法治国、全面从严治党的战略布局，贯彻创新、协调、绿色、开放、共享五大发展理念，坚持发展是第一要务，以提高发展质量和效益为中心，把增进人民福祉、促进人的全面发展作为发展的出发点和落脚点，加快形成引领经济发展新常态的体制机制和发展方式，抢抓发展机遇，主动服务和融入国家发展战略，统筹推进经济建设、政治建设、文化建设、社会建设、生态文明建设和党的建设，闯出一条跨越式发展的路子来，努力推动民族团结进步示范区、生态文明建设排头兵、面向南亚东南亚辐射中心建设取得重大突破，确保与全国同步全面建成小康社会，为谱写好中国梦的云南篇章奠定更加坚实的基础。

“十三五”时期云南经济社会发展，要把适应新常态、把握新常态、引领新常态作为贯穿发展全局和全过程的大逻辑。我们要贯彻发展新理念，更加注重创新驱动调整产业结构，提高发展的质量和效益；更加注重供给侧结构性改革，增强供给能力，引导市场行为和社会预期；更加注重协调人口经济和资源环境空间均衡，促进绿色发展；更加注重以人为本，共建共享，不断增进民生福祉；更加注重市场在资源配置中起决定性作用和更好发挥政府作用，推进高水平开放发展。努力实现以下目标：

经济发展质量和效益全面提升。经济保持8.5%左右的中高速增长，人均GDP从全国平均水平的58%提升到68%左右；基础设施五年大会战任务全面完成，对经济社会发展支撑保障作用持续增强；研发投入占GDP比重达到1.5%以上，力争不低于全国平均水平；产业结构迈向中高端，转型升级取得新成效，战略性新兴产业占GDP比重不断提高。“四化”水平全面提升，工业化和信息化深度融合，三次产业发展全面加强，高原特色农业现代化取得明显进展，户籍人口城镇化率达到40%以上。改革开放水平全面提升，各项改革深入推进，各方面制度更加成熟定型，人民民主更加健全，法治政府基本建成；加快建设面向南亚东南亚辐射中心，双向开放、辐射带动能力进一步增强，开放型、创新型经济新格局基本形成。民生保障水平全面提升，现行标准下农村贫困人口全部脱贫，贫困县全部摘帽；城乡居民收入增幅高于经济增幅，基本公共服务均等化稳步推进，公民素质和社会文明程度显著提高。生态文明建设水平全面提升，森林覆盖率达到60%，主要污染物排放总量达标，生态文明建设、绿色化发展走在全国前列。民族团结进步事业发展水平全面提升，努力实现各民族建设小康同步、公共服务同质、法治保障同权、民族团结同心、社会和谐同创。

为实现“十三五”规划目标，政府工作将牢牢把握以下10个重点：

（一）贯彻发展新理念，努力实现新发展。创新是引领发展的第一动力，要推动科技创新、文化创新和开放创新有机统一和协同发展，将创新贯穿于经济社会发展的全过程。把协调作为发展的内在要求，统筹沿边与滇中、农村与城市、民族地区与其他地区协调发展，坚持物质文明与精神文明并重，不断增强发展的整体性。把绿色作为发展的必要条件，坚持节约优先、保护优先，坚定走生产发展、生态良好、生活富裕、文明发展道路，加快建设资源节约型、环境友好型社会，筑牢我国西南生态安全屏障。把开放作为发展的必由之路，统筹利用国际国内两个市场、两种资源，大力发展开放型经济，形成高水平开放新格局，打造我国对外开放新高地。把共享作为发展的本质要求，坚持人人参与、人人尽力、人人享有，努力让各族人民有更好的教育、更稳定的工作、更满意的收入、更可靠的社会保障、更高水平的医疗卫生服务、更舒适的居住条件，使各族人民在共建共享中有更多的现实获得感。

（二）全面消除贫困，全面建成小康。全力以赴打赢脱贫攻坚战。坚持精准扶贫、精准脱贫，因乡因族制宜、因村因户施策，聚焦4个集中连片特困地区，全面实施“五个一批”脱贫计划，加大资金整合和投入力度，实行更严格的脱贫攻坚责任制，广泛动员社会参与，确保全面小康路上一个贫困地区都不掉队、一个兄弟民族都不落伍、一个贫困群众都不落下。全力以赴奔小康。主动适应新常态，加强供给侧结构性改革，坚持追求质量效益与追求较快发展速度相统一，加快培育经济增长新动力，实现新老动能转换，创造跨越式发展的云南速度，全面提升经济总量和质量效益，持续增强民生保障，努力实现所有人群的全面小康、不分地域的全面小康、所有领域的全面小康、共同富裕的全面小康。

（三）加快“五网”建设，强化基础设施。建设互联互通的交通网。加快建设出省出境的高速公路网、铁路骨架网和水运通道，加快国省干线公路和农村公路建设，实现滇中城市群市市通高铁、县县通高速，力争到2020年，铁路营运里程超过5000公里，高速公路通车里程超过6000公里。建设广覆盖的航空网。优化和完善机场网络，加密拓展国际国内航线航班，力争到2020年，投入运营和在建民用机场20个。建设区域性国际化的能源保障网。构建云电云用、西电东送和云电外送协调体系，加快省内天然气网络及场站建设，建成国家重要的跨区域能源枢纽，力争到2020年，220千伏及以上输电线路达到3.7万公里，油气管道长度达8200公里以上。建设安全可靠的水利网。

加快滇中引水等重大水源工程建设，提升城乡供水保障能力，推进城镇污水处理设施建设，力争到2020年，新增蓄水库容20亿立方米以上，县城和县城以上城市污水集中处理率达到87%。建设共享高效的互联网。构建覆盖城乡、服务便捷、高速畅通、安全可控的新一代互联网，建成面向南亚东南亚的区域性国际信息交汇中心，力争到2020年，实现所有行政村通光纤，城镇、重要场所和行政村4G网络全覆盖，实现光缆全省覆盖。

（四）着力转型升级，构建产业发展新体系。坚持走开放型、创新型和高端化、信息化、绿色化发展的新路子，构建现代产业新体系。推进高原特色农业现代化，促进一二三产业融合发展，提高质量效益和竞争力。大力实施“中国制造2025”云南行动计划，有选择地加快承接东部地区出口加工业转移，探索“共建园区”或“飞地经济”，实行引进产业与本地特色优势产业有机融合、联动发展。引进先进技术和自主创新并举改造提升传统产业，有效化解过剩产能，加快传统产业与信息产业融合步伐，巩固提升烟草、能源等支柱产业，加快推进清洁能源利用和石化产业基地建设。大力培育新兴产业，深入实施“云上云”行动计划，加快“互联网+”步伐，实施军民融合发展，集中力量培育现代生物、新能源、新材料、先进装备制造、电子信息等重点产业，大力培育云计算、大数据、物联网、移动互联网应用产业，发展智能制造和服务制造。推动传统服务业向现代服务业转变，实现优质高效发展，大力发展现代金融、大健康、文化创意和高端旅游业、民族文化生态旅游，积极发展分享经济，加快发展新产业、新业态、新技术、新模式，推动发展方式转变，促进经济行稳致远。

（五）加强城市工作，促进城乡一体化发展。提高新型城镇化水平，坚持以人为中心的发展思想，尊重城市发展规律。统筹空间、规模、产业三大结构，规划、建设、管理三大环节，改革、科技、文化三大动力，生产、生活、生态三大布局，政府、社会、市民三大主体，加快农业转移人口市民化，转变发展方式，完善治理体系，提高治理能力，着力解决城市病等突出问题。不断提升城市环境质量、人民生活质量和城市竞争力，建设和谐宜居、富有活力、各具特色的现代化城市，走出一条中国特色、云南特点的城市发展道路。健全体制机制，促进城乡公共资源均衡配置，推动基础设施向农村延伸、公共服务向农村拓展、资源要素向农村倾斜、现代文明向农村辐射，推动城乡要素平等交换、合理配置。深入实施城乡环境提升行动，提高社会主义新农村建设水平。

（六）优化生产力布局，打造经济新增长极。统筹实施区域发展总体战略，坚持“做强滇中、搞活沿边、联动廊带、多点支撑、双向开放”的发展布局，着力构建“一核一圈两廊三带六群”区域发展新空间。推进昆明市与滇中新区融合发展，加快滇中城市群和经济圈一体化步伐，更好地服务和融入“一带一路”、长江经济带战略以及孟中印缅经济走廊、中国—中南半岛经济走廊建设，加快培育沿边开放、澜沧江开发开放、金沙江对内开放合作经济带，促进城镇群有序发展。进一步优化产业布局，打造一批产业大市、大县、大集团、大园区、大产业基地。推动园区特色化、集群化发展，聚焦重点园区，明确特色功能定位，做强主导产业，推动优势企业、优势产业和生产要素向重点区域、特色园区集聚，增强产业竞争力。力争到2020年，主营业务收入超千亿元园区达到10个、超百亿元园区达到50个。

（七）大力推动开放，拓展发展空间。把扩大开放摆在更加突出的位置。坚持内外需协调、引进来走出去并重、引资引技引智并举，加强国际国内区域合作，推动双向开放，促进要素有序流动、资源高效配置、市场深度融合。加强开放载体建设，发挥国家重点开发开放试验区、边（跨）境经济合作区、综合保税区的功能作用，建设沿边自由贸易试验区。加强开放平台建设，办好各类会展交流载体，鼓励和吸引各种国际经济合作组织和机构来滇设立代表处或办事机构，务实拓展经贸人文交流合作。加强开放型经济建设，加大招商引资力度，建设一批外向型产业基地和进出口商品加工基地。推动企业“走出去”，推进国际产能和装备制造合作。创新外商投资管理体制和模式，形成内外联动、互为支撑的开放合作新格局，加快对外贸易优化升级，发展转口贸易。努力打造区域性国际经济贸易中心、科技创新中心、金融服务中心和人文交流中心。

（八）突出改革创新，增强发展新动力。深化以关键领域和环节为重点的经济体制改革，在适度扩大总需求和调整需求结构的同时，着力加强供给侧结构性改革，解放和发展社会生产力。用改革的办法推进结构调整，减少无效和低端供给，扩大有效和中高端供给，增强供给结构对需求变化的适应性和灵活性，提高全要素生产率。持续推进简政放权、放管结合、优化服务，着力营造干事创业的政务环境和法治化营商环境。深化国有企业改革，大力发展民营经济和工商实体经济，推动财税金融、投融资体制、产品价格、农业农村、教育、生态文明和医药卫生体制等改革取得突破性进展。发挥科技创新引领作用，推动政府管理向创新服务转变，强化企业创新主体地位，积极引进科研机构，着力激发企业、科研院所、高校创新潜力，以及市场转化科技成果潜力。完善创新创业孵化服务体系和政策支撑体系，推动大众创业、万众创新。突出“高精尖缺”导向，加大人力资本投资，大力培养和引进各类人才。完善人才激励和服务保障体系，激发人才活力，促进人才向基层、边远、贫困地区流动。建立终身职业技能培训制度。力争到2020年，劳动年龄人口平均受教育年限达到10.2年，农村进城劳动力普遍得到培训，推动发展从过度依赖自然资源转向更多依靠人力资源和科技创新。

（九）强化生态文明建设，推动绿色发展。坚持绿水青山就是金山银山，着力营造绿色山川、发展绿色经济、建设绿色城镇、倡导绿色生活，建设绿色云南、七彩云南。有度有序利用自然，划定并严守生态保护红线，构建科学合理的城市化格局、农业发展格局和生态安全格局，推进国家生态文明先行示范区和普洱国家绿色经济试验示范区建设。加快建设主体功能区，完善开发政策，控制开发强度，规范开发秩序，逐步形成人口、经济、资源环境相协调的国土空间开发保护新格局。全面节约和高效利用资源，推进全社会节能减排，大力发展循环经济。加大环境治理力度，实行最严格的环境保护制度，推进多污染物综合防治和环境治理，实现联防联控和区域、流域共治，形成政府、企业、公众共治的环境治理体系。推行领导干部自然资源资产离任审计。强化生态安全屏障建设，实施山水林田湖生态系统保护和修复工程，构建生态廊道和生物多样性保护网络，全面提升自然生态系统稳定性和生态服务功能。力争到2020年，以九湖为重点的水环境质量持续好转，大气环境质量保持稳定，全面完成国家下达的节能减排约束性指标和环境质量目标，实现经济发展和生态建设双赢、人与自然和谐共生。

（十）促进民族团结进步，建设幸福云南。切实加强和改进新形势下的民族工作，坚持和完善民族区域自治制度，全面贯彻落实党的民族政策，继续实施兴边富民、扶持人口较少民族发展和示范创建等工程，加大少数民族和贫困地区扶持力度，保护发展繁荣民族文化，依法管理宗教事务，实现各族人民共同团结进步、共同繁荣发展。实施就业引领战略，力争五年城镇新增就业220万人。着力提高基本公共服务均等化水平，加快社保扩面提标，完善职工养老保险个人账户制度，推进城乡医保统筹，健全社会保险和社会救助体系，大力发展社会福利事业，加快完善覆盖城乡的社会保障和公共法律服务体系。大力发展各级各类教育，着力提高教育质量，促进教育公平。完善医疗卫生服务和保障体系，促进人口均衡发展。大力发展文化、体育事业，丰富各族群众文化生活，提高全民健康水平。加强防灾减灾能力建设，强化食品药品安全监管，完善社会治安综合治理体制机制，健全公共安全体系，保障人民生命财产安全，不断加强和改善民生，使各族群众都过上好日子。

三、2016年的工作安排

今年是我省与全国同步全面建成小康社会决胜阶段的开局之年，也是推进结构性改革的攻坚之年，政府工作使命光荣、责任重大。省人民政府要认真贯彻落实中央和省委的决策部署，坚决按照“五位一体”总体布局和“四个全面”战略布局，牢固树立和贯彻落实创新、协调、绿色、开放、共享的发展理念，积极适应经济发展新常态，坚持改革开放，坚持稳中求进工作总基调，坚持稳增长、调结构、惠民生、防风险，坚持宏观政策要稳、产业政策要准、微观政策要活、改革政策要实、社会政策要托底的总体思路，着力推进结构性改革，在适度扩大总需求的同时，去产能、去库存、去杠杆、降成本、补短板，提高供给体系质量和效率，提高投资有效性，加快培育新的发展动能，改造提升传统比较优势，增强持续增长动力，推动我省社会生产力水平整体改善，努力实现“十三五”时期经济社会发展的良好开局。

今年经济社会发展的主要目标建议为：国内生产总值增长8.5%左右，地方一般公共预算收入增长5%以上，城镇常住居民人均可支配收入增长8.5%，农村常住居民人均可支配收入增长10%，居民消费价格涨幅控制在3%左右，城镇登记失业率控制在4.5%以内，完成国家下达的节能减排指标。实现上述目标，今年要重点做好9个方面的工作。

（一）着力推进结构性改革，保持经济平稳较快增长

扩大有效供给。加强制度和政策创新，转变供给模式，提高供给质量，支持企业技术创新和技术改造，推进传统产业改造升级。实施质量强省战略，着力打造品牌，增加高端产品供给。推动产业重组，有效化解过剩产能，加快培育新兴产业，补齐软硬基础设施短板。促进新动能成长和传统动能提升。开展降低实体经济企业成本行动，实施涉企收费目录清单管理，坚决遏制各种乱收费行为，切实降低企业制度性交易成本、人工成本、税费负担、社会保险费、财务成本、电力价格和物流成本，减轻企业负担，提高企业盈利能力。加强职业教育和培训，加大人力资源投入。

增加有效投资。优化调整投资结构，挖掘投资新需求，提高产业投资比重，增强投资有效性和精准性。强化进度和质量管理，抓好20个重大项目建设，扎实推进“四个一百”重点建设项目。抓紧项目前期准备、申报、储备及建设落地，争取国家相关部门及国开行和农发行更大支持，更多获取国家专项建设基金等政策性资金。落实投资项目网上并联审批核准制和协同监管制，加快预算拨付进度，盘活存量资金，调整分配办法，使投资向想干事、能干事、干得成事的地区倾斜和集聚。继续放宽准入条件，鼓励省内外社会资本参与PPP模式建设项目。支持有条件企业上市，扩大资本市场直接融资。做好地方政府债券发行，有效控制债务风险。积极争取金融机构支持，实现货币信贷和社会融资规模稳步增长。力争固定资产投资增长18%。

释放消费新需求。继续实施重点领域消费工程，落实鼓励消费政策和带薪休假制度，挖掘需求潜力，优化消费环境，发展信用消费，促进消费升级。加快培育商业新业态和消费新热点，大力发展电子商务和跨境电子商务，开展丰富多样的线上线下促销活动，提高本地产品最终消费比重。升级改造大型专业批发市场，扶持发展商贸流通龙头企业。创新农村商业模式，完善农村线上线下商业网点布局，刺激和引导农村消费。完善旅游业发展政策，大力整治市场秩序，提高服务质量，扩大旅游消费。加快农民工市民化进程，发展住房租赁市场，盘活库存商品房，满足新市民住房需求，稳定房地产市场。力争社会消费品零售总额增长11%。

扩大进出口贸易。落实好出口促进政策，培育壮大进出口主体，扩大机电、农产品等传统优势产品出口，创新发展加工贸易，大力发展服务贸易和服务外包，积极扩大先进技术装备、关键零部件和能源原材料进口，推进外贸向优进优出转变。提高贸易便利化水平，大力发展转口贸易和跨境物流业。力争进出口总额增长12%。

加强经济运行调节。加强宏观经济形势分析研判，及时研究推出更具针对性、灵活性、有效性的政策措施。继续开展稳增长督查。强化煤电油气运供应保障，加强云电外送，有序发展清洁能源利用产业，有效化解水电弃水问题。

（二）全力推进基础设施建设，不断破解发展瓶颈

加快综合交通建设。确保沪昆客专、云桂铁路建成通车，实现云南通高铁。加快成昆、广大等铁路扩能改造和玉磨、大临、大瑞、丽香等在建铁路建设，力争新开工南昆铁路扩能、渝昆铁路。确保平远街至文山、黄土坡至马金铺、上关至鹤庆3条高速公路建成通车，加快在建高速公路建设进度，争取昆楚大高速扩容改建、滇中高速及红河南部高速公路项目开工。确保沧源机场通航，加快澜沧机场建设和昆明等机场扩建，推动怒江机场选址立项并早日开工建设，规划建设通用机场。推进金沙江航道和水富港扩能工程。完成综合交通投资1300亿元以上。

加快新一代信息化基础设施建设。启动宽带接入网和骨干网、城域网能力提升工程，加快实施下一代广播电视接入网络、移动宽带网覆盖等重大项目，新建光缆1.8万公里，实现100%行政村通光缆、100%行政村通宽带互联网。抓好面向南亚东南亚的国际通信枢纽中心建设，扩展昆明区域性国际通信出入口业务，加快呈贡等信息产业园建设。抓好政务云、工业云、农业云、商务云等信息平台建设，加强数据整合、开放，破解信息孤岛。力争完成网络通信基础设施投资170亿元。

加快能源保障网建设。确保梨园、观音岩等电站投产发电，推进乌东德等一批大型水电站项目建设。加大电网续建和新建力度，抓紧农村电网改造升级，加快西电东送、云电外送通道和售配电网建设。科学有序开发风能、太阳能、生物质能。全力保障中缅油气管道安全运营，确保中石油炼油项目投产。推进天然气支线管网建设，提高天然气使用量。

加快水利工程建设。争取滇中引水工程年中正式开工，抓好主体和配套工程规划建设。加快堰塞湖治理和德厚水库建设，力争阿岗和车马碧水库开工，加快大型灌区续建改造。加强大中型水电站水资源综合利用，新开工建设40件骨干水源工程，完成50万件“五小水利”。力争完成水利投资350亿元。

（三）大力优化产业结构，加快产业转型升级

促进产业提质增效。推进信息化与工业化深度融合发展，启动“中国制造2025”云南行动计划。加快烟草产业优化结构，提高效益。从实际出发，制定生物医药、新材料、新能源、先进装备制造、信息技术、节能环保等战略性新兴产业发展专项规划，加大推进力度。扶持发展中医药和民族医药。力争工业增加值增长7.5%左右。加快旅游业转型升级，增强其对全省经济带动作用。大力发展生产性和生活性服务业，积极构建高端服务业核心区，促进服务业提质增效。力争第三产业增加值增长9.5%左右。

推动产业集聚发展。集中力量推动重点产业园区发展，明确主导产业定位，发挥园区对各类经济要素的集聚作用，打造一批具有云南特色和竞争优势的产业集群，解决企业分散和土地无序开发等问题，提高园区投入产出效率。加强与长三角、珠三角和京津冀等沿海发达地区合作，创建一批承接产业转移示范园区。加快发展沿边出口加工经济、临空经济、总部经济，推动中国铜业、中铁建等一批央企和民企总部及研发机构、投融资平台落户云南。大胆创新园区开发、建设和管理模式，强化产城融合，促进产业全要素全产业链集聚发展。

推动产业创新发展。认真落实全省信息化、信息产业发展部署，加快推进“云上云”行动计划，落实大数据行动纲要，大力实施“互联网+”行动，重点发展数字技术、智能制造等新一代信息技术产业、电子信息产品制造业和信息服务产业。加快培育生态文化、养生休闲、大健康、文化创意、民族时尚创意等服务业。发挥军工企业优势，推进军民融合发展。创新产业推进机制，强力推动重点产业发展。加快科技、品牌、组织和商业模式创新，推动创新成果转化为新产品、新项目、新产业，增强发展新动能。

推动企业转型发展。加快培育和引进一批大企业大集团，着力提高企业核心竞争力。通过兼并重组、债务重组等方式，积极稳妥处置“僵尸企业”，激发传统优势企业活力。深入推进“两个10万元”微型企业培育工程，实施中小企业成长工程和行业“小巨人”培育工程。落实民营经济扶持政策，破解民营企业发展难题，促进民营经济加快发展，培育和激励全省百强民营企业和百强科技创新企业。

（四）全面实施创新驱动，加快改革开放

强化科技创新。加快实施创新驱动发展战略，推进新一轮“建设创新型云南行动计划”。加强与省内外高校、科研机构合作，促进产学研一体化发展。支持企业建设技术创新战略联盟，引进一批科研机构和科技型企业，实施生物医药与大健康产业、新能源产业与新能源汽车等科技重大专项，开发生物疫苗，有色金属新材料，风光电、工程装备制造和农业机械等重大新产品。落实研发费用加计扣除及后补助政策，加强现代科研院所和重大科研平台建设，进一步向社会开放重大科研设施和大型科研仪器。完善激励机制，加大人才培养和引进力度。加快众创空间孵化基地等服务载体建设，建设一批集生态、文化、旅游、创新为一体的特色小镇，着力营造大众创业、万众创新的环境。加强知识产权保护，加强原产地商标注册，保护和有序开发生物资源。

深化重点领域改革。加速国资国企改革，分类推进省属国企改革试点，加快实施一批重大改革重组项目，改组和组建国有资本投资运营公司，实行经营性国资集中统一监管。完善省对下转移支付制度和县级基本财力保障机制，提高一般性转移支付比重。推进国地税征管体制改革，全面完成“营改增”扩围。深化农信社改革，发展壮大红塔银行。推动县域三级金融改革创新试点与服务便利化，稳妥开展“两权”抵押贷款试点。落实地方融资平台过渡期政策，实施政府融资平台专项改制。推进教育、医疗卫生等领域综合改革。分类实施科研院所、国有文艺院团和机关行政事业单位后勤体制改革。对社会组织实行直接登记，加快行业协会商会与行政机关脱钩。有序放开教育、医疗等服务价格，稳步推进水、成品油、天然气等领域价格改革。加强公共资源交易平台体系建设，建立省级土地储备制度，做好不动产统一登记。深入推进农村土地、农田水利、国有林场、农垦、供销社等综合改革，深化生态文明、司法、电力、流通、商事、住房等领域改革。加强统计调查制度改革，加快新型智库建设，促进科学决策。

扩大对内对外开放。办好第4届南博会暨第24届昆交会、第14届中国国际农产品交易会等各类展会。推动瑞丽重点开发开放试验区、临沧边境经济合作区和红河综合保税区加快发展，促进勐腊（磨憨）重点开发开放试验区与中老经济合作区协同发展，务实推进中越、中缅经济合作区建设，争取昆明综合保税区获批。规划建设好重点口岸和边境城市。支持企业“走出去”参与中老泰铁路等境外项目建设。加快推进“一口岸、多通道”模式创新，加密中欧货运班列，积极开辟跨境多式联运交通走廊。规范和活跃边境贸易和边民互市。拓展跨境人民币结算业务，推进跨境人民币业务创新、人民币跨境融资和跨境使用，加快沿边金融综合改革试验区、昆明区域性国际金融中心、中国—东盟金融信息平台建设。重点争取南亚东南亚国家使领馆和区域性国际组织代表处或办事机构落户云南。进一步加强与长三角、泛珠三角、港澳台等区域合作交流，提升滇沪等省际合作水平，加快文山—百色跨省经济合作园区建设。创新招商引资机制，聚焦产业园区招商、主导产业招商、全产业链招商，继续深入推进“科技入滇、央企入滇、民企入滇”，着力引进对全省经济发展有示范带动作用的大企业、大项目。力争全年引进省外到位资金增长11%以上，利用外资增长5%以上，稳步提高招商合同履约率、项目开工率和资金到位率。

（五）扎实推进脱贫攻坚，切实抓好“三农”工作

全面落实脱贫攻坚任务。年内实现12个贫困县摘帽、120万贫困人口脱贫。以集中连片特困地区和特困群体为重点，继续推进整村、整乡、整县、整州、整族脱贫，确保“五个一批”脱贫攻坚计划落到实处。扎实推进易地扶贫搬迁工程，抓好水利水电移民搬迁安置和后续产业发展。继续推进兴边富民工程，加快镇彝威等革命老区精准脱贫。加大扶贫资金投入和整合力度，提高资金使用效率。全面创新电商、旅游、技能、资产收益等扶贫方式。扎实做好“挂包帮”“转走访”，层层落实脱贫攻坚责任，加大考核监督力度。广泛动员和凝聚全社会力量参与扶贫。完成鲁甸、景谷地震灾区恢复重建年度任务。

加快高原特色农业现代化建设。落实藏粮于地、藏粮于技战略，保障粮食生产、收储、供应安全。切实加强农业生态治理。抓好农田水利改革发展经验推广，新改造中低产田地300万亩以上。抓好粮经饲统筹、农林牧渔结合、种养加一体、产供销衔接，加快农村一二三产业融合发展。建设一批高原特色现代农业重点县，积极发展多样性农业，拓展生态涵养、观光休闲、文化传承等功能，提高农业附加值和综合效益。扶持发展涉农企业“小巨人”，大力培育农民合作社、家庭农场和新型职业农民。实现农村土地确权登记颁证全覆盖，推进土地有序流转和适度规模经营。加快农村信息化建设，启动建设一批“互联网+农业”示范基地。开展好第三次全国农业普查。

加强美丽乡村建设。整合各类资源，全面推进美丽宜居乡村建设，加快改善农村人居环境。抓好以污水、垃圾处理为重点的农村环境综合整治，开展清洁家园、田园、水源等活动，促进农村绿化美化净化。启动农村饮水安全巩固提升工程，统筹实施农村危房改造和抗震安居工程50万户，新建改建农村公路1.6万公里。推进传统村落保护与发展，打造一批“新房新村、生态文化、宜居宜业”的新型村庄、特色村寨和边境村寨。

（六）突出规划引领，加快新型城镇化建设

推进以人为核心的新型城镇化。发挥昆明辐射作用，加快滇中新区和滇中城市群建设，推进滇中城市经济圈一体化发展，积极培育发展区域中心，加快一批中小城市发展。推动县城提质扩容，培育一批特色城镇，建设若干示范性智慧小镇、互联网小镇。落实户籍制度和居住证制度，逐步建立城乡统一的户口登记制度，力争户籍人口城镇化率提高2个百分点。建立省以下转移支付同农业转移人口市民化挂钩机制，促进农业人口就近就地城镇化。维护好进城落户农民各项权益。继续实施新型城镇化综合试点和低丘缓坡土地综合开发利用试点，加强坝区农田保护，因地制宜推进城镇上山。强化城市建设用地集约节约利用，做好批而未用和闲置土地清理处置工作。积极发展绿色节能建筑，增强城市宜居性。

科学编制城乡规划。全面提高城乡规划质量和水平，增强规划的科学性、前瞻性、综合性，强化规划的引领与协同促进作用，维护规划的严肃性。抓好省域空间规划编制，加快编制城市地下空间开发利用综合规划及地下管廊专项规划，扎实推进“多规合一”，促进城乡规划改革创新成果转化应用。实现乡镇总体规划修编全覆盖，抓好村庄规划和示范点建设。坚持开放做规划，发动群众参与编制规划、参与监督规划。

提高城镇建设和管理水平。强化城镇公共设施建设，加快地下综合管廊建设，加强地下空间开发。开展国家水生态文明城市、海绵城市、智慧城市等创建工作。传承城市历史文化遗产，加强古城古镇和文物遗址、名人故居的保护和利用。注重建筑设计，提升城市文化品位。加快建制镇“一水两污”设施建设，提高运营水平，加强城市和公路环卫保洁和公厕管理。优先发展城乡公共交通和城市停车场，推进城市轨道交通建设，多措并举缓解拥堵。加快推进城镇天然气管网、液化气站等设施建设。推进城市执法体制改革，改进城市管理工作。把住安全关、质量关，将安全工作落实到城市管理各个环节各个领域。

（七）创新公共服务，增进民生保障。

全力促进就业创业。继续实施“贷免扶补”，完善创业扶持政策，促进大众创业、万众创新。加强职业技能培训，鼓励专业技术人员创业。推进公共创业实训基地、职工培训中心、创业孵化基地和小企业创业基地等服务平台建设，着力打造“双创”示范基地。实施家庭服务企业“千户百强”工程、高校毕业生就业促进计划和云岭大学生创业引领计划。加强劳动力转移就业和农民工返乡创业工作，做好退役军人安置工作。鼓励支持失业人员再就业，托底帮扶失去就业能力的困难人员。全年城镇新增就业40万人以上。

提高城乡居民收入。加强收入分配调节，完善城乡居民收入稳定增长机制，稳步提高机关事业单位人员收入水平，提高企业退休人员基本养老金。增加农民财产性收入，提高农民工工资性收入和转移性收入，维护好农民工合法劳动、依法取酬权益。

完善社会保障体系。全面实施“全民参保登记计划”，加快构建适应人口老龄化的养老保险政策体系，继续推进机关事业单位养老保险制度改革，逐步建立职业年金制度。整合城乡基本医疗保险制度，实现大病保险全覆盖。推动落实医养结合，规范养老机构管理，加强养老服务设施建设，新建养老机构床位1.6万张。关注城市贫困群体，完善最低生活保障，扩大社会救助覆盖面，做好优抚对象和残疾人解困帮扶工作。加快棚户区改造建设进度，提高货币化安置比例。

全面发展社会事业。促进教育公平，加快发展学前教育，均衡发展义务教育，扩大高中阶段教育，实施乡村教师支持计划，加快发展现代职业教育特别是民族贫困地区职业教育，提升高等教育水平。加快发展创新创业教育，提高劳动者素质和创新能力。办好特殊教育，支持民办教育。扩大城市公立医院综合改革试点，全面推进县级公立医院改革，推动医疗资源下沉，提升基层医疗保障和服务水平，加强乡村医生队伍建设，稳步建立分级诊疗制度，解决群众看病难看病贵问题。加快发展远程教育和远程医疗，以“互联网+”提升农村教育医疗水平。实施全面两孩政策，分类实施无户口人员登记。继续实施文化惠民工程，确保第二批国家公共文化服务体系示范区通过验收。深入开展全民阅读活动。大力开展全民健身活动，发展高原体育产业。支持工会、共青团、妇联等群团组织改革发展，关爱妇女儿童，做好哲学社会科学、科普、文史、方志、档案等工作。

创新社会治理方式。加强社会管理综合治理，推进社会治理信息化、法制化、精细化建设，完善公共安全和社会治安防控体系。推进智慧边境建设，加大边境管控、反恐维稳力度。扎实做好公共卫生防控，强化食品药品安全监管，严格落实安全生产责任，坚决遏制重特大事故发生。打好第四轮禁毒防艾人民战争。做好公共法律服务和法律援助。加强防灾减灾体系建设。做好国家安全、国防动员、拥军优属、民兵预备役和消防、人民防空等工作。继续加强信访工作。

（八）加强环境保护治理，构建绿色生态屏障

推进资源节约循环高效利用。深化国家低碳试点省和循环经济示范试点建设，推进碳排放权交易市场建设，推动全社会节能减排和循环经济发展。实行能源和水资源消耗、建设用地总量和强度双控行动。以城市和园区循环化改造为重点，全面推进再生资源和弃水重复利用。实施工业污染源全面达标排放计划，推进燃煤电厂超低排放和节能改造，加大黄标车和老旧车淘汰力度。

加强生态治理修复。深入实施水、大气、土壤污染防治行动计划，继续推进以滇池、洱海、抚仙湖等为重点的高原湖泊水环境保护与治理，加强重点流域、区域防护林体系建设、水土流失及岩溶地区石漠化治理、湿地保护等生态系统修复工程。科学划定生态保护红线，制定重点生态功能区产业准入负面清单，深入推进国家主体功能区建设试点示范。

加强生态安全屏障建设。加强生物多样性保护，加快“森林云南”建设，抓好天然林保护和城乡绿化造林重大工程建设，完成退耕还林和陡坡地生态治理165万亩。积极推进国家生态保护与建设示范区和国家公园建设。加强生态环境监测，推动环保机构监测监察执法垂直管理。多种形式开展生态文明创建活动，加大生态转移支付和生态补偿力度。加强昆明市等重点城市绿化和生态建设。

（九）推进民族团结进步，弘扬发展民族文化

加快民族地区发展。继续抓好改善沿边群众生产生活条件三年行动计划，逐步提高边境沿线建制村群众守土固边专项补助标准，完成西盟、孟连等边境民族特困地区农村安居工程。继续抓好怒江州脱贫攻坚整州推进，重点加快贫困民族乡整乡推进、人口较少民族和直过民族聚居区整族、整村推进。支持民族贫困地区乡村建设幼儿园，提高民族学校、民族班生均公用经费和贫困生生活补助标准。在迪庆、怒江率先实施14年免费教育。

保护和传承民族文化。实施民族文化“双百”工程，加快建设少数民族文化资源数据库。支持有条件的地区积极申报世界文化遗产，加强历史文化名城、名镇、名村、名街保护，启动地名保护工作。加强民族民俗文化艺术之乡、少数民族传统体育基地、展示中心和传习场所的建设和管理。抓好少数民族典籍整理和翻译出版工作。

加强民族团结进步示范创建。实施第二轮“十县百乡千村万户”示范创建三年行动计划，创建一批民族团结进步示范村、示范乡（镇）和示范社区，加强城市民族工作，大力推进少数民族聚居社区网格化服务管理模式。全面贯彻落实党的宗教方针，依法管理宗教事务，巩固发展宗教和顺的良好局面。

各位代表！“十三五”的光荣使命和新一年的艰巨任务，考验着政府的作风和能力；光荣与梦想、使命和责任，激励着我们奋勇前行。我们要以对党和人民的忠诚，对理想和信念的执着，对“三严三实”和谋事创业的担当，严格要求、锤炼作风，提升能力、认真履职，向党和人民交上一份满意的答卷。

加强依法行政。坚持法治原则，严格依法行政。全面推进政府职能法定化和事权规范化。加强重点领域政府立法。健全重大行政决策程序，确保科学决策、民主决策、依法决策。全面梳理行政执法职权职责，严格控制新设行政许可。加强权责清单运行督查，加快制定和实施市场准入负面清单制度，加大简政放权力度。严格行政审批项目的管理和监督，加强事中事后监管。加强对政府规章和规范性文件的调整和清理，及时提出制定或修改地方性法规的议案。加快政务信息平台建设，加大政务公开力度，注重舆论引导，使政务服务更加公平透明、规范高效。

加强服务职能。强化服务意识，转变政府职能，提高政府效率，确保政府高效运转，把政府职能从过多强调管理转化到提供更多服务上来。拓宽服务领域，创新服务方法，积极回应群众期盼，始终把为人民谋发展增福祉作为最大责任，把群众冷暖忧乐放在心头。主动帮助企业和基层解决困难，为企业减负，支持实体经济发展。鼓励政府购买或者政府与社会资本合作提供公共服务和公共产品，促进社会公平正义。

加强作风建设。进一步巩固“三严三实”专题教育成果，推进落实反“四风”常态化和长效化。加强行政人员培训，提升各级政府和干部队伍深化改革、推动发展、化解矛盾、维护稳定的能力，全面提高驾驭市场经济、领导经济工作和现代化建设的水平。增强各级政府执行力，健全工作责任制度和激励机制，增强责任意识、担当意识、务实意识、创新意识和风险意识，克服畏难情绪和“等、靠、要”思想，坚决杜绝乱作为、懒作为、不作为行为，下决心整治不用心、不专注、做“太平官”等不良作风，以更好发挥主观能动性，更有创造精神地推动发展。

加强监督问责。自觉接受党纪监督，严格执行政治纪律等党的纪律，加强纪律检查和政府行政监察。完善重大事项向人大报告制度，自觉接受人大、政协、司法、社会和舆论监督。保障审计机关依法独立行使审计监督权，对公共资金、国有资产、国有资源和领导干部履行经济责任情况实行审计全覆盖。健全督查问责机制，加大效能问责力度，推进问责制度化、程序化、规范化。对抓工作不力、落实中央和省委省政府工作部署不力的，要严格问责。保持清正廉洁的政治本色，旗帜鲜明地惩治腐败，科学有效地防治腐败，努力做到干部清正、政府清廉、政治清明，营造风清气正、干事创业的从政环境。

各位代表！新目标赋予新任务，新起点开启新航程。让我们更加紧密地团结在以习近平同志为总书记的党中央周围，在中共云南省委的坚强领导下，振奋精神、奋力拼搏，开拓创新、真抓实干，在主动服务和融入国家发展战略中实现云南跨越发展，谱写好中国梦的云南篇章！

关于云南省2015年国民经济和社会发展计划执行情况与2016年国民经济和社会发展计划草案的报告

——2016年1月24日在云南省第十二届人民代表大会第四次会议上

云南省发展和改革委员会

一、2015年云南省国民经济和社会发展计划执行情况

2015年，全省各级各部门全面落实习近平总书记系列重要讲话和考察云南重要讲话精神，认真落实中央宏观调控各项决策，坚持稳中求进的总基调，把改革创新贯穿经济社会发展各个领域，全力以赴做好稳增长、调结构、促改革、惠民生各项工作，基本完成了年初计划目标，总体保持了全省经济平稳增长、社会和谐稳定。初步统计，全年全省地区生产总值增长8.7%，农村常住居民人均可支配收入增长10.5%，分别比计划目标高0.2个、0.5个百分点；固定资产投资（不含农户）增长18%，地方公共财政预算收入增长6.5%，城镇常住居民人均可支配收入增长8.5%，均完成年初计划目标；社会消费品零售总额增长10.2%，外贸进出口总额同比下降17.2%，分别欠计划目标2.3个、30.2个百分点；居民消费价格总水平累计上涨1.9%，城镇登记失业率控制在4%以内，单位生产总值能耗下降7.8%左右，均控制在年度计划目标之内；人口自然增长率为6.4‰，超出控制线0.4个千分点。

（一）经济保持平稳增长。强化经济运行分析研判，及时出台了27条稳增长政策措施，成立8个稳增长工作组深入州、市、县督促协调解决政策落实、项目推进等工作中存在的困难和问题，有效扭转了经济下滑的不利局面。农业保持快速发展的良好态势，全年粮食产量达1876.4万吨左右，比上年增加15.7万吨。工业呈现恢复性增长，工业增加值同比增长6.7%。旅游业迈上新台阶，全年旅游总收入达到3320亿元，增长24.5%。投资体制改革不断深化，民间投资同比增长8.4%，民间投资占比达42.9%。多渠道筹措建设资金，共争取到205.55亿元中央预算内投资，争取到四批国家专项建设基金共计447.86亿元。

（二）产业结构调整加快。咖啡、橡胶、鲜切花产量均为全国第一，野生食用菌成为我省第二大出口创汇农产品。农民组织化程度不断提高，全省省级以上重点龙头企业达705户，登记注册农民合作社33588个，家庭农场总数达到8008个，省级精品农业庄园达到102个。淘汰钢铁、水泥、焦化、铁合金、有色金属等一批落后和过剩产能，提前一年完成国家下达我省的“十二五”淘汰落后产能目标任务。抓好石化、汽车、水电铝三大产业发展规划落实，推进聚丙烯、文山60万吨氧化铝等重大项目建设。生物医药引领战略性新兴产业发展，战略性新兴产业占地区生产总值比重达到8%。第三产业增加值占地区生产总值比重达到45%。深入实施6大消费工程，大力发展电子商务、信息消费等新兴服务业。

（三）关乎长远发展的重大事项顺利实施。滇中引水工程项目建议书获国家批复；滇中新区获国务院正式批复，成为全国第15个国家级新区；国家同意“十三五”期间对我省国家高速公路项目给予建安费50%的补助；进一步加大了对我省农村危房改造和抗震安居工程支持力度，较大幅度增加7度以上抗震设防地区农房抗震改造任务；倾斜支持我省退耕还林还草工程，全年共安排我省160万亩退耕还林还草任务；滇池保护治理列入全国重点流域水污染防治“十三五”规划。

（四）重大基础设施项目扎实推进。车马碧大型水库和柴石滩大型灌区项目建议书获国家发展改革委批复；德厚水库可研报告获国家批复并开工建设。《怒江中下游水电规划报告》上报国家待批，乌东德水电站通过国家核准。电力装机达到8000万千瓦，累计建成石油、天然气管道4337公里，农村电网户表改造率98%。昆明枢纽、昆玉扩能铁路即将建成通车，玉磨、大临、弥蒙、叙毕铁路开工建设；西石、昭会、功待、龙瑞高速芒市至畹町段已建成通车，小磨、保泸等11条高速公路已开工建设，嵩昆、曲宣等30条在建高速公路快速推进；泸沽湖机场建成通航，腾冲机场扩建工程开工建设，沧源机场、澜沧机场等在建项目快速推进，红河蒙自机场前期工作取得突破。牛栏江－滇

池补水工程已建成运行，滇中引水勘察试验性工程正式动工。

（五）改革开放不断深化。向社会公布了60家省级单位权力清单和责任清单，取消和下放投资核准事项31项，清理整顿各类中介服务机构，积极推进政府和社会资本合作模式（PPP）。公务用车制度改革正式启动实施，新修订的《云南省定价目录》（2015年版）于2016年1月1日正式实施。电力体制改革成为国家第一批改革试点，输配电价改革成为国家第二批专项改革试点。桥头堡建设第4次部际联席会议顺利召开，勐腊（磨憨）重点开发开放试验区和红河综合保税区分别获国家批准和验收。成功举办了第3届中国–南亚博览会暨第23届昆交会、2015年中国国际旅游交易会。出台了云南省参与建设丝绸之路经济带和21世纪海上丝绸之路的实施方案、加快建设我国面向南亚东南亚辐射中心的实施意见。深化与泛珠三角、长三角及周边省区的经贸交流合作。全年全省引进省外到位资金6488.5亿元，实际到位外资29.9亿美元。

（六）社会事业协调发展。全省就业形势保持整体稳定，全省城镇新增就业40.9万人。保障性安居工程建设已开工21.40万套，完成农村危房改造和抗震安居工程50万户。积极开展“挂包帮”“转走访”活动，预计全年解决100万人的脱贫问题，解决220.78万农村人口和5.77万农村学校师生饮水安全问题。启动社会保险基金保值增值工作，城乡居民医保年人均财政补助标准提高到380元。10件惠民实事全部办结。

（七）生态文明建设取得新进展。出台了努力成为生态文明建设排头兵的实施意见。扎实推进低碳试点省建设，昆明呈贡新区成为国家8个低碳城镇试点之一。抓好普洱市国家绿色经济试验示范区建设，迪庆州、大理州洱源县、西双版纳勐海县、文山州广南县被国家列入全国生态保护与建设示范区，滇池、洱海、抚仙湖等高原湖泊保护与治理取得积极进展，单位地区生产总值能耗和碳排放下降目标任务顺利完成。

二、2016年全省经济社会发展环境和主要目标

从省外看，世界经济复苏基础仍然薄弱，外部环境不稳定、不确定因素增加。我国经济发展长期向好的基本面没有变，经济韧性好、潜力足、回旋余地大的基本特征没有变，经济持续增长的良好支撑基础和条件没有变，经济结构调整优化的前进态势没有变，新动力正在强化，新业态不断出现，很多地区很多产业都在发生可喜变化。

从省内看，随着习近平总书记考察云南重要讲话精神的深入贯彻落实，国家“一带一路”、长江经济带等重大发展战略和一系列重大政策的实施，我省将逐步从内陆边缘地区成为我国面向南亚东南亚辐射中心，发展空间广阔，面临的机遇前所未有。尤其是国家加大扶贫开发、脱贫攻坚力度，加快推进城镇化步伐等给我省发展带来了较好机遇。同时，我省经济发展正面临速度变化、结构优化、动力转化的多重压力。结构性矛盾进一步凸显，低成本要素优势逐步减弱，资源环境约束趋紧，加之基础设施薄弱、产业发展滞后等瓶颈制约，经济运行潜在风险不断增多。

综合考虑各方面因素，今年全省经济社会发展主要预期目标建议为：地区生产总值增长8.5%左右；固定资产投资（不含农户）增长18%左右；地方公共财政预算收入增长5%以上；社会消费品零售总额增长11%左右；外贸进出口总额增长12%左右；居民消费价格涨幅控制在3%左右；全省城镇常住居民人均可支配收入增长8.5%左右，农村常住居民人均可支配收入增长10%左右；城镇登记失业率控制在4.5%以内；人口自然增长率为7.2‰左右；能耗总量与强度、主要污染物排放量完成国家下达的目标任务，碳强度下降2%左右。

三、2016年全省经济社会发展的主要任务和措施

（一）着力推进供给侧结构性改革。一是有效化解过剩产能，积极稳妥处置“僵尸企业”，推动钢铁、水泥等优势企业开展国际产能合作。二是在降低企业成本上“出实招”，全面梳理和落实中央和我省关于减轻企业负担的各项优惠政策措施，抓紧制定降低实体经济成本的实施方案。三是有效化解商品房库存，认真落实中央和省关于化解商品房库存的措施，继续实施“以购代建”和货币化安置政策，加快农民工市民化，增加住房刚性需求和改善性需求。四是防风险去杠杆，加强对金融市场有效监管，积极防范和有效化解金融风险。规范政府债务管理，健全政府债务风险预警机制。五是加快培育新产业补齐发展短板，积极引导企业延伸产业链，提高产品附加值。积极培育新兴产业和技术含量高、质量效益高、成长速度高的企业，

提高产品市场占有率。

（二）着力保持经济平稳增长。一是增加有效投资。继续落实固定资产投资目标责任制，建立并落实好重大建设项目“领导联系包抓制度”，建立投融资联席会议制度。增加传统产业技术改造和新兴产业投资。推动五大基础设施网络建设，加大新型城镇化、民生领域、生态环保方面的投资。建立专项建设基金3年滚动项目库，加快省预算内资金下达拨付进度，大力推广PPP项目。实施全省2016年“四个一百”重点项目建设计划、五大基础网络2016年建设计划等重大项目投资计划。二是进一步扩大消费需求。加大宽带乡村，中小城市信息基础设施和旅游景区污水、供气、供电等地下管廊基础设施建设。大力发展电子商务，开展线上线下促销活动。升级改造一批大型专业批发市场，完善农村商业网点布局。稳定住房、汽车等大宗消费，抓好旅游市场整治，提升旅游质量，做强旅游产业。深入实施养老健康家政、信息、旅游、住房、绿色、教育文化体育6大领域消费工程。加强价格监管和价格反垄断执法，加大涉企收费等价格检查力度，维护市场竞争秩序。三是支持实体经济健康发展。认真落实好中央结构性减税的各项政策，坚决消除政策“堰塞湖”。保障煤电油气运稳定供给，加大金融支持实体经济力度，严格执行土地利用计划，盘活土地存量，推进土地节约集约利用。

（三）着力推进产业结构优化升级。一是加快传统产业优化升级，启动中国制造2025云南行动计划，继续抓好石化、水电铝、汽车三大产业发展规划的组织实施和重点项目建设。高起点、高标准、高质量规划园区，推动园区经济发展。二是大力培育战略性新兴产业，统筹推进创新驱动发展、大众创业万众创新、“互联网+”等战略举措，加快新兴产业发展，积极争取一批重大项目实施，推进战略性新兴产业集聚发展。三是大力发展现代服务业，着力发展生产性服务业和生活性服务业，推动提升大健康、旅游业等优势产业向高端发展，促进大数据、云计算等先进信息技术在服务领域的广泛应用。

（四）着力推进高原特色农业现代化建设。一是大力发展高原特色现代农业。做优做特云花、云茶、云咖等特色农业经作，加快农村土地确权登记颁证工作，加快推进高标准农田建设，改造中低产田地300万亩以上。力争冬季农业开发面积达2480万亩以上，产值突破390亿元。二是加强农业基础设施建设，建设50万件“五小水利”工程，力争水利投资完成300亿元以上。三是推动农业生产经营方式创新，培育壮大家庭农场、农民专业合作社、农业“小巨人”、新型农民等新型农业经营主体，重点打造一批年销售收入50亿元以上的农业小巨人。加大农民合作示范社创建力度，力争全省新增农民合作社1500个以上。

（五）着力推进五网基础设施建设。一是加快交通基础设施建设。加快在建铁路项目进度，推动云南迈入高铁时代。加快推进滇中高速公路网、玉溪至临沧、保山至泸水高速公路建设。加快澜沧、蒙自机场建设，确保沧源机场建成通航；加快推进元阳、丘北等新建机场项目前期工作。二是加快推进互联互通标志性工程建设，完善部省际协调机制，积极推进孟中印缅经济走廊、中国－中南半岛经济走廊建设，切实加快中越、中老泰、中缅、中缅印通道等一批重大互联互通项目建设。三是加快推进水网建设。确保滇中引水工程年内正式开工建设，加快推进列入国家172项重大水利工程的建设进度。四是加快能源网基础设施建设。继续推进梨园、观音岩等在建大型水电站项目建设，推进中缅油气管道和配套炼油项目建设，加大省内用气规模。五是加快互联网信息设施建设。深入开展“宽带乡村”工程和中小城市通信基础网络完善工程，加快电信股份云南分公司“全光网省”等重大项目建设。认真贯彻落实“云上云”行动计划，深化“互联网+”在各领域的应用。

（六）着力推进新型城镇化建设。一是加强城镇化顶层设计。对接国家新型城镇化发展规划，加快滇中城市经济圈建设和中小城市培育。加快建设区域中心城市、中小城市和沿边特色城镇。二是积极推新型城镇化试点。推进曲靖市、红河州、大理市、隆阳区板桥镇国家新型城镇化综合试点。推动昆明建设区域性国际城市。三是加快农业人口市民化进程。研究制定和落实户籍、土地、资金、住房、公共服务等方面的配套政策，促进城镇非户籍常住人口、农业转移人口以及城郊接合部居民市民化。

（七）着力深化改革扩开放。一是深化重点领域和关键环节改革。进一步取消、下放行政审批事项，继续推行权力清单和责任清单制度。加快国有企业改革步伐，扎实推进国有资本投资和运营公司改革试点。继续推进电力市场化改革，全面推进落实水、电、油、气、运等资源性和基础产品价格改革。完成党政机关公务用车制度改革，适时启动事业单位和国企车改工作。二是进一步提升开放合作水平。抓好辐射中心建设部际联席会议第四次会议研究事项的推进落实。推进重点开发开放试验区、边（跨）境经济合作区、综合保税区、沿边金融改革试验区等开放平台建设。建设实施一批重点国际产能合作项目，打造境外国际产能和装备制造合作试验示范园区。进一步完善通关便利化，助推双边贸易发展。加强国内合作，强化与长江经济带流域、泛珠地区的经济互动。

（八）着力保障和改善民生。一是稳岗增岗。推动“大众创业、万众创新”发展，实施好各项创业、就业、再就业扶持援助政策，确保全省城镇登记失业率控制在4.5%以内。二是完善社会保险制度。实施全民参保计划，继续推进机关事业单位养老保险制度改革，建立职业年金制度，推进城乡基本医保制度整合。全面实行州市级统筹、城乡统筹、商业保险承办的大病保险。三是强化各项惠民政策的落实。积极推动教育、医疗、文化等各项社会事业健康发展，深入推进省级政府教育统筹综合改革、公立医院综合改革、药品供应保障改革，推进分级诊疗试点建设，抓好云南省阜外心血管病医院等高水平医院建设。全力推动棚户区改造、农村危房改造和抗震安居工程、农村居民饮水安全等民生工程的实施。加强价格调控监管，努力保持价格总水平基本平稳。谋划实施10件惠民实事。

（九）着力打好脱贫攻坚战。一是完善建档立卡工作。做好建档立卡“回头看”，摸清贫困人口、贫困状况、致贫原因，抓紧建立精准扶贫大数据库。二是抓好“五个一”工程的实施，通过产业扶持、转移就业、易地搬迁、教育支持、医疗救助等措施，确保全省今年减少贫困人口120万人，12个县（市）脱贫摘帽。三是精准扶贫、重点突破。重点推进4大集中连片特困地区扶贫开发，确保贫困地区的发展速度、贫困地区农民收入增幅高于全省平均水平。

（十）着力推进绿色发展。一是加快推进生态文明建设。贯彻落实好生态文明建设排头兵实施意见，扎实推进国家生态文明先行示范区建设。二是加快推进“森林云南”建设。全力实施生态文明建设林业十大行动计划，加大生态修复与治理力度，加强生物多样性保护，抓好天然林保护、退耕还林还草、湿地保护等林业重点项目工程。三是狠抓节能减排，推进重点领域节能降耗，确保完成国家下达我省年度节能减排目标任务。四是抓好低碳试点省工作。积极推进低碳产品认证试点工作，建立碳排放权交易价格机制，抓好低碳产业园区、低碳社区、低碳城镇等示范项目落实。五是强化环境保护和整治。加大重点流域、重点领域污染防治力度，完善生态环境风险防范和应急管理，提升环境应急预警和监测处置能力。积极开展应对气候变化工作，建立健全温室气体排放统计、核算体系和目标责任考核制度。

关于云南省2015年地方财政预算执行情况和2016年地方财政预算草案的报告

——2016年1月24日在云南省第十二届人民代表大会第四次会议上

云南省财政厅

一、2015年地方财政预算执行情况

（一）落实省人大预算决议情况

省十二届人大三次会议有关决议及省人大财政经济委员会的审查意见提出：要深化财税体制改革，完善预算编审体系；加强财政收入管理，加大资金统筹力度；强化预算支出管理，优化财政支出结构；推行预算绩效管理，发挥资金使用效益；规范政府性债务管理，防范化解债务风险。认真落实上述决议和审查意见，吸纳审计提出的意见建议，着力抓了以下工作：

抓改革、创机制，着力推进现代财政制度建设。一是深入推进预算编审体系改革。创新预算编审程序，改革完善预算编审体系，全面编制四本预算，政府收支全部统一纳入预算管理。二是积极推进预决算公开。除涉密部门和内容外，省本级、州（市）、县（市、区）全部公开本级政府预决算，部门预算公开率分别达95%、100%、100%，“三公”经费预算实现全面公开。三是健全完善预算绩效管理机制。进一步建立健全覆盖所有财政资金的全过程预算绩效管理新机制。全面开展省级部门绩效自评、重点跟踪和财政再评价。四是大力清理整合专项资金。严控新设省对下专项转移支付资金项目，2015年省级项目较上年清理压缩46%。五是不断完善转移支付制度。2015年，省对下一般性转移支付占转移支付总额的比重不断提高。重点加大对革命老区、民族、边境、贫困地区的转移支付支持。六是着力盘活财政存量资金。积极建立统计分析动态报告机制，加大督查和追责力度。2015年末，全省共盘活财政存量资金127.1亿元，用于稳增长、惠民生等重点支出。七是加快预算执行进度。制定预算执行进度考核目标，加快下达省级财政专项资金。建立督查、问责与回收机制。全省财政支出进度创2000年以来最好水平。八是努力创新公共服务供给方式。出台政府购买服务推进方案。对政府购买服务事项进行清理，分为5大类289项，制定省本级政府购买服务指导目录。省级24个部门首次编制政府购买服务预算。九是稳步实施税制改革。完成“营改增”试点改革。完成煤炭资源税从价计征改革，落实稀土、钨矿石、钼矿石资源税从价计征改革，兑现鲁甸地震灾后恢复重建、铁矿石税收减征等优惠政策。十是切实加强政府性债务管理。开展存量债务纳入预算管理清理甄别工作。对地方政府实行债务限额管理。首次开展政府信用评级，积极争取并成功发行地方政府债券1567.4亿元。十一是不断强化非税收入管理。进一步理顺职能职责，强化预算管理和征收管理，加大了非税收入稽查和清收力度。十二是大力创新财政资金投入方式。积极推广运用政府和社会资本合作（PPP）模式，全省PPP项目列入财政部示范项目总投资732.3亿元。积极发起云南省PPP融资支持基金。筹措资金20亿元组建云南省信用再担保公司，获授信额度470亿元，加速破解中小企业融资难问题。

抢机遇、增投资，着力促进经济稳定增长。一是及时构建稳增长的财政政策体系。在省政府稳增长27条政策措施基础上，出台15条稳增长配套措施。重点从筹措资金、争取中央支持、推进PPP项目建设等关键环节精准发力。二是积极支持重大项目建设。安排交通运输建设支出603.9亿元，综合交通建设“三年攻坚战”圆满收官，“五网”建设“五年大会战”提前启动。安排水利建设投资资金120余亿元，支持重点水源工程、城镇“一水两污”治理等项目。下达资金142亿元，支持鲁甸及景谷地震灾后恢复重建。安排住房保障支出213亿元，支持棚户区改造，建成城镇保障性安居工程28.7万套。加快以滇池为重点的九大高原湖泊综合治理。争取到中央经济建设口资金544亿元，保障各类重大项目建设顺利实施。三是着力推动产业转型升级。筹措产业发展类资金23.9亿元，提升产业发展支撑力。支持实施两个“10万元”微型企业培育工程以及民营企业项目1587个，拉动项目建设投资717亿元；支持工业园区标准厂房、基础设施建设等项目102个，拉动投资97.7亿元；支持“3个10千亿元”工程、“两

化融合”等119个项目，拉动投资250亿元；支持战略性新兴产业发展和领军企业项目98个，拉动投资251.7亿元；支持企业技术改造和创新项目191个，拉动投资70亿元等；大力支持中小企业、电子商务、云计算、“互联网+”、大数据产业加快发展。四是全力支持对外开放。积极安排资金2亿元，支持瑞丽重点开发开放试验区建设；安排资金1.5亿元，支持河口、磨憨跨境经济合作区以及临沧边境经济合作区加快发展；下达资金2亿元，支持口岸通关便利化。认真兑现出口退税支持政策。

保重点、惠民生，着力加快幸福云南建设。一是不断加大“三农”投入。2015年全省财政农林水支出641.8亿元，创历年来新高，重点用于高原特色农业发展和农田水利建设等。实施覆盖9000个自然村的“一事一议”财政奖补“普惠制”项目。支持100个美丽乡村建设。二是认真兑现各项民生政策。2015年，全省财政用于教育、科学技术、社会保障与就业、医疗卫生与计划生育、节能环保、城乡社区、农林水、交通运输等8个方面的支出超过3450亿元，占财政支出的比重为73.2%，切实保障重点民生项目支出。三是大力推进脱贫攻坚。省级筹措财政扶贫资金61.1亿元，其中，争取中央资金48亿元，争取总量居全国第一，发行易地扶贫搬迁政府债券63.4亿元，为实施精准扶贫、精准脱贫提供了财力保障。四是积极缓解基层财政困难。筹措均衡性转移支付增量资金76.6亿元，帮助基层有效落实增加工资、实施养老保险制度并轨改革等支出。安排资金10.4亿元，帮助因经济下滑和执行国家税收优惠政策的县域经济骨干县缓解财政困难。

保基本、促和谐，着力提升财政综合保障能力。一是依法组织财政收入。坚持依法征收、应收尽收。依托财税库银横向联网系统，实现非税收入与税收收入同征、同缴、同管，确保税费及时足额入库。二是全力争取中央支持。抓住习总书记考察云南的有利契机，坚持实施“三三制”工作方法，完善目标考核机制，全年争取中央均衡性转移支付增幅居全国第一，争取将澄江县、宁蒗县等4个县新增纳入国家生态功能区转移支付补助，威信县和富宁县首次纳入革命老区转移支付补助。三是有效保障基本支出。积极建立完善公用经费定额标准体系，优先测算安排基本支出预算，着力保障各部门履行职能的正常支出需要。完成全省机关事业单位在职人员和离退休人员的增资工作。积极落实全省乡镇岗位工作补贴、村委会(社区)干部待遇提标等各项政策。四是切实保障“平安云南”建设。全省公共安全支出比上年增长10.4%，有力支持依法治省、司法改革、禁毒及反恐怖等工作开展。及时安排边境地区转移支付24.6亿元，促进边疆繁荣稳定。

建机构、织笼子，着力构建财政监督大格局。一是深入贯彻落实《预算法》。系统开展新《预算法》学习培训，形成了良好的学法、用法、守法的氛围，各级政府财政部门依法理财意识进一步提高。二是着力健全监督组织机构。整合监督职能职责，充实人员力量设立财政监督检查局，构建覆盖所有政府性资金和财政权力运行全过程的大监督格局。三是积极开展重点监督检查。实施盘活财政存量资金、鲁甸地震资金、预算执行进度等系列专项检查和督查，查处违规违纪行为。四是加速创新会计监督检查方式。加强会计信息质量监督检查，规范财务管理和会计核算。五是切实加强内部控制和监督。建立和实施财政部门内部控制制度，完善资金监管程序，强化对财政业务及管理风险的事前防范、事中控制、事后监督和纠正。六是大力推进财政管理信息化。初步建立起安全为本、效率优先的省本级国库集中支付电子化管理体系，完善了国库资金动态监控和预警处置体系，提高了资金运行效率和风险防控能力。七是扎实抓好审计整改意见的落实。针对审计提出的价格调节基金等部分专项收入资金结余较大、往来款清理力度不够、资金管理存在安全风险等各项问题，省政府财政部门认真自查和深刻分析原因，着力督促相关部门深入整改，并在部门预算编制和执行管理中狠抓落实，建立完善有关制度防控类似问题和风险。

（二）2015年预算收支情况

1. 一般公共预算

（1）收支总体情况

全省一般公共预算收入1808.1亿元，为年初预算的100%，比上年决算数增收110.1亿元，增长6.5%。其中：税收收入1210.5亿元，比上年决算数下降1.8%；非税收入597.6亿元，比上年决算数增长28.6%。全省一般公共预算支出4712.9亿元，为年初预算的103.1%，比上年

省本级社会保险基金收入156.8亿元，为年初预算的103%，为上年决算数的113.5%；社会保险基金支出97.2亿元，为年初预算的99.4%，为上年决算数的114.2%。当年收支结余59.6亿元，年末滚存结余376亿元。

决算数增支 274.9 亿元，增长 6.2%。

汇总滇中新区和省本级一般公共预算收支数据，省本级一般公共预算收入 413.3 亿元，支出 829.9 亿元。

剔除滇中新区数据后，省本级一般公共预算收入完成 413.3 亿元，为年初预算的 95.3%，比上年决算数增收 33.3 亿元，增长 8.8%；支出 814 亿元，为年初预算的 97.4%，比上年决算数减支 44.8 亿元，下降 5.2%。

（2）主要支出项目执行情况

安排粮食直补、良种补贴、农资综合补贴和农机购置补贴资金 54.2 亿元，着力支持“高原粮仓”建设。筹集林业资金 72.5 亿元，助推“森林云南”建设。筹集资金 55.8 亿元，重点支持小型农田水利建设。

下达对企业养老保险基金的补助 88.4 亿元，企业职工基本养老保险月人均水平提高到 2170 元左右，实现 11 年连续提标。落实城镇居民基本医疗保险财政补助资金 22.8 亿元，将补助标准提高到 380 元 / 人 • 年。筹措资金 119.5 亿元，支持 3284 万农村居民参保参合，参合率达 98.51%。

全省医疗卫生与计划生育支出 422.7 亿元，完成预算的 114.1%，增长 20%。稳步推进县级公立医院综合改革。落实基层医疗卫生机构综合改革奖补机制。人均基本公共卫生服务经费财政补助标准提高到 40 元 / 年。

下达资金 9.49 亿元，支持学前教育发展。筹集农村义务教育经费保障机制资金 102.5 亿元，用于免除全省 603 万名义务教育阶段学生教科书费等项目支出。筹集资金 43.8 亿元，全省 503 万名农村义务教育学生享受每天 4 元的营养膳食补助。支持职业教育和高等教育加快发展。

全省科学技术支出 48.5 亿元，完成预算的 108.4%，增长 12.3%。下达资金 18.3 亿元，支持实施新一轮建设创新型云南行动计划。省级科普经费标准由人均 1 元提高到 1.5 元。

安排专项资金用于送戏下乡、农村文化宣传等惠民事项，以及广播电视“村村通”、农家书屋书目更新等项目维护。支持 600 个村级文化体育活动广场建设。统筹安排 2.3 亿元资金，保障全省“六馆”免费开放。

下达资金 57.3 亿元，专项用于引导和帮助全省 51.43 万户农村分散供养五保户、低保户、贫困残疾人家庭和其他贫困家庭拆除重建 D 类危房。

全省节能环保支出 133.3 亿元，完成预算的 117.7%，增长 22.4%。加大生态建设和环境保护投入力度，省级环保专项资金以每年 10% 的速度增长。

筹措省重点基本建设资金 463.6 亿元，支持全省综合交通建设“三年攻坚战”收官。安排农村公路建设资金 10.3 亿元，农村公路新改建里程 2.19 万公里。

2. 政府性基金预算

全省政府性基金预算收入 402.2 亿元，为年初预算的 59.8 %，比上年决算数减少 309.6 亿元，下降 43.5%；支出 446.7 亿元，为年初预算的 62%，比上年决算数减少 181 亿元，下降 28.8%。

汇总滇中新区和省本级政府性基金预算收支数据，省本级政府性基金预算收入 62.7 亿元，支出 50.7 亿元。

剔除滇中新区数据后，省本级政府性基金预算收入完成 62.7 亿元，为年初预算的 86.6%，比上年决算数减少 74.2 亿元，下降 54.2%；支出完成 34.5 亿元，为年初预算的 84.7%，比上年决算数增加 4 亿元，增长 13.1%。

3. 国有资本经营预算

全省国有资本经营预算收入 4.2 亿元，为年初预算的 127%，比上年决算数增加 1.1 亿元，增长 34.9%。其中：利润收入 3.2 亿元，股利股息收入 0.7 亿元，产权转让收入 0.2 亿元，其他收入 0.1 亿元；支出 3.6 亿元，为年初预算的 109%，比上年决算数增加 0.6 亿元，增长 17.8%。其中：交通运输支出 0.5 亿元，资源勘探信息支出 0.4 亿元，商业服务业支出 0.6 亿元，其他支出 1.5 亿元，转移性支出 0.6 亿元。

省本级国有资本经营预算收入 3.6 亿元，为年初预算的 116%，比上年决算数增加 0.8 亿元，增长 27.6%。其中：利润收入 3 亿元，股利股息收入 0.5 亿元，其他收入 0.1 亿元；支出完成 3 亿元，比上年决算数增加 0.2 亿元，增长 7.4%。其中：交通运输支出 0.5 亿元，资源勘探信息支出 0.4 亿元，商业服务业支出 0.6 亿元，其他支出 1.4 亿元，转移性支出 0.1 亿元。

4. 社会保险基金预算

全省社会保险基金收入 880.3 亿元，为年初预算的 99.8%，为上年决算数的 113.4%；社会保险基金支出 734.8 亿元，为年初预算的 101.8%，为上年决算数的 115.7%。当年收支结余 145.5 亿元，年末滚存结余 1205.8 亿元。

以上均为快报数，待财政部批复我省2015年财政决算后，部分数据会有所变化，届时再向省人大常委会报告变化情况。

总体看，2015年全省财政运行基本平稳，各项财政改革取得新的进展，但仍面临着许多困难和问题：一是新常态下的财政收支矛盾异常突出。产业结构单一，固定资产投资增幅下降，经济增速放缓，财政收入中低速增长趋势明显，非税收入占比较高。与此同时，落实收入分配制度改革以及改善民生等刚性增支政策增长迅猛。二是财税体制改革任务十分艰巨。随着改革的不断深入，传统思维、习惯做法与改革新要求产生碰撞，改革举措落地难度加大。三是预算管理刚性约束不强。预算编制、审批、执行、监督之间缺乏有效制衡，财政资金“跑冒滴漏”甚至被侵占挪用等问题时有发生。四是地方政府债务风险逐渐显性化。地方政府债务风险总体可控，但区域性风险化解的压力加大。五是预算绩效管理有待进一步加强。覆盖所有财政性资金的全过程绩效管理新机制刚刚建立，各地各部门“重分配、轻管理”现象依然存在，绩效管理结果运用机制仍需强化。六是依法理财约束机制有待加强。对《预算法》规定的各类违法违规行为监督问责仍有不到位现象，“失之于软，失之于宽”。我们将高度重视，采取有力措施，加快破除各方面体制机制弊端。

二、2016年地方财政预算草案

（一）2016年预算编制的原则和措施

为贯彻落实好上述指导思想，根据上年度预算执行情况和本年度全省经济社会发展目标，按照“稳住预期、提振信心、乘势而为、确保重点”的原则，采取“加减乘除”法，安排好各项支出。一是在保障重点支出上做好“加法”。新增财政支出优先向扶贫、教育、社会保障、医疗卫生、科技等社会事业倾斜，向综合交通建设、产业经济发展等方面倾斜。二是在降低行政成本上做好“减法”。统一按10%压缩省级部门公用经费，“三公”经费预算一律实行零增长，扣减或取消使用效益不高的项目资金。三是在撬动社会资本上做好“乘法”。创新财政资金支持产业的投入方式，加快推进PPP模式，发挥财政“四两拨千斤”的杠杆作用。四是在清理财政投入上做好“除法”。厘清政府与市场边界，财政资金逐步从竞争性领域中退出，减轻财政支出压力。主要支出政策包括：

农业方面。按照中央“总量持续增加、比例稳步提高”的要求，优先保障“三农”投入稳定增长。支持高原特色农业及粮食生产发展，有效落实兴农惠农各项补贴政策。整合涉农资金，加大农田水利和农业综合开发投入。

扶贫方面。多渠道筹措扶贫专项资金，确保省级扶贫专项资金比2015年增加1倍。加快实施“五个一批”脱贫攻坚计划，着力支持打赢扶贫开发攻坚战。

基础设施建设方面。全力支持“五网”建设“五年大会战”，积极探索引入社会资本组建基金支持综合交通建设等方式，着力破解云南发展瓶颈。

产业发展方面。创新财政投入方式，促进传统产业和产业园区转型升级，支持中国制造2025云南行动计划。构建政策性融资担保体系，推动生产要素、优势企业和优势产业向重点区域、特色园区聚集。大力培育云计算、大数据、物联网等新兴产业。

区域协调发展方面。支持昆明中心城市与滇中新区融合发展。支持经济合作区、口岸、综合保税区等区域加快发展。促进以人为核心的城镇化。着力推动城乡资源均衡配置。

教育方面。加快学前教育发展。完善现有农村义务教育经费保障机制，落实好学生营养改善计划、义务教育家庭经济困难寄宿生生活费补助等政策。完善职业教育生均拨款制度，高职高专生均补助从0.8万元/年提高到1万元/年。支持高校内涵式发展。

科技方面。支持新一轮创新型云南行动计划。推动实施一批重大科技项目。支持高层次科技人才培养引进、省院省校合作等项目。加快科学技术普及和哲学社会科学创新发展。

文化体育方面。加快构建现代公共文化服务体系，推进重点文化惠民工程。支持传统文化传承保护和文艺精品创作繁荣发展，实施好非物质文化遗产及传承人保护项目、世居少数民族传统文化抢救保护工作。加大对国家和省级重点文物抢救保护。支持群众体育和竞技体育同步发展。

社会保障和就业方面。着力增强州（市）和县级社会保障服务统筹能力。做好企业退休人员基本养老金标准提高、城乡居民基本医疗保险标准提高、城乡居民养老保险待遇落实等工作。落实好就业创业支持政策。有效保障优抚对象和城乡困难群体基本生活。加大农村危房改造和抗震安居工程建设投入。加快棚户区改造建设进度。

医药卫生方面。加大公共卫生服务投入，健全公共卫生服务体系。推进公立医院综合改革，完善医改财政投入机制。改革对基层医疗卫生机构的补偿机制。加大卫生人才培养力度，支持乡村医生队伍建设。

生态环保方面。加大高原湖泊和重点流域水污染治理投入。强化自然生态保护，推进生物多样性和生物物种资源保护。整合生态环保方面资金，加大生态功能区转移支付力度，提高生态脆弱和生态环境保护任务较重地区财力保障水平。

（二）2016年全省及省本级收支预算

1. 一般公共预算

全省一般公共预算收入安排1898亿元，比上年快报数增长5%；支出安排4900亿元，比上年快报数增长4%。

省本级一般公共预算收入安排379.6亿元，较2015年年初预算下降12.5%。支出安排862.6亿元，较2015年年初预算增长3.2%。收入下降的主要原因是政策性减收因素的影响。

2. 政府性基金预算

全省政府性基金预算收入安排380亿元，比上年快报数减少22.2亿元，下降5.5%；支出安排435.7亿元，比上年快报数减少11亿元，下降2.5%。收支预算下降的主要原因是国有土地出让预期收入下降和政策性减收等因素的影响。

省本级政府性基金预算收入安排77.9亿元，比上年年初预算数增加5.4亿元，增长7.5%；支出安排28.4亿元，比上年年初预算数减少12.4亿元，下降30.4%。

3. 国有资本经营预算

全省国有资本经营预算收入安排7.3亿元，比上年快报数增加3.1亿元，增长72.4%。其中：利润收入6.4亿元，股利股息收入0.6亿元，产权转让收入0.3亿元；上年结转收入0.6亿元。支出安排7.9亿元，比上年快报数增加3.7亿元，增长87.1%。其中：解决历史遗留问题及改革成本支出0.2亿元，国有企业资本金注入支出4.7亿元，调入一般公共预算用于保障和改善民生支出2.3亿元，其他支出0.7亿元，收支平衡。

省本级国有资本经营预算收入安排6.5亿元，比上年快报数增加2.9亿元，增长83.5%。其中：利润收入6.2亿元，股利股息收入0.3亿元；上年结转0.6亿元。支出安排7.1亿元，比上年快报数增加3.5亿元，增长99.4%。其中：解决国企改革历史遗留问题及改革成本支出0.2亿元，国有企业资本金注入支出4.7亿元，调入一般公共预算用于保障和改善民生支出1.9亿元，其他支出0.3亿元，收支平衡。

4. 社会保险基金预算

全省社会保险基金预算收入安排1191.9亿元，较上年快报数增长35.4%，其中：保险费收入792.9亿元，增长44.3%；利息收入34.7亿元，增长28.7%；财政补贴收入358.9亿元，增长22.1%。支出安排1019.7亿元，较上年快报数增长38.8%，其中：社会保险待遇支出989.3亿元，增长39.6%。

全省社会保险基金本年收支结余预算172.2亿元，较上年快报数增长18.4%，年末滚存结余预算1378亿元，较上年快报数增长14.3%。

省本级社会保险基金预算收入安排217.8亿元，较上年快报数增长38.9%，其中：保险费收入118.4亿元，增长30.3%；利息收入13.4亿元，增长100.8%；财政补贴收入82.9亿元，增长50.6%。支出安排153.2亿元，较上年快报数增长57.5%，其中：社会保险待遇支出150亿元，增长59.5%。

省本级社会保险基金当年收支结余预算64.6亿元，较上年快报数增长8.5%，年末滚存结余预算440.5亿元，较上年快报数增长17.2%。

以上社会保险基金预算草案，待财政部批复我省2016年社会保险基金预算草案后，再向省人大常委会报告变化情况。

按照《预算法》规定，在2016年预算年度开始后和省人代会批准预算之前，为保障省本级正常运转，省财政已将上年度结转的支出以及必须支付的基本支出提前下达各部门。同时，根据财政部提前下达转移支付的有关要求，部分省对下转移支付也按一定比例提前下达。

三、2016年财政改革发展工作重点

（一）统筹推进，大力加强财源建设

着力长短结合，加快打造我省财源“升级版”。从长期来看，要优化产业类财政资金支持方向，着力推动以“八大工程”为主的支柱财源建设，厚植发展优势。一是战略性新兴产业集聚发展工程，打造一批战略性新兴产业集聚发展基地；二是传统产业改造提升工程，推进传统产业“智能化”、“绿色化”改造，提高产品附加值和市场竞争力；三是服务业加快发展工程，着重推进生产性服务业向专业化和价值链高端延伸，生活性服务业向品质化、精细化发展；四是农业现代化推进工程，推动高原特色农业跨越发展；五是创新驱动发展工程，

加速科技成果转化，提高科技进步对经济发展的贡献；六是民营经济提升工程，推动民营经济规模壮大、素质提升；七是园区转型升级工程，推动开发区发展由数量型向质量型、由同质化竞争向差异化发展转变；八是县域经济振兴工程，大力推进新型工业化、新型城镇化和农业现代化，打造一批工业强县和经济强县。在短期内，要认真贯彻积极的财政政策并加大力度，着力促进传统骨干税源持续健康发展。要以“五网”基础设施建设为投资重点，提高投资有效性，实现以投资拉动经济增长、财政增收。着力创新支持政策和手段，积极开展降本增效专项行动，完善涉企收费目录清单管理，改善企业融资等经营环境。稳步推动烟草、电力、生物资源创新等我省传统优势产业去库存、降成本，提升发展活力。

积极推动矿产、钢铁、水泥等产业的供给侧改革，提高有效供给，加快拓展南亚东南亚市场，扩大有效需求，增强盈利能力。有效释放住房刚性需求和改善性需求，支持房地产业平稳发展。

（二）创新引领，加快推进财税体制改革

着力深化改革，加快建设现代财政。一是继续推进预算管理制度改革。巩固全口径预算管理改革成果。用支出政策引导支出预算，依据绩效管理结果安排项目支出预算。省本级年初预算按省本级支出和省对下专项转移支付分别编制，切实编细、编准、编实预算。二是改革年度预算控制方式。建立跨年度预算平衡机制，建立预算稳定调节基金。在编制 2016 年部门预算时，同步编制 2016–2018 年中期财政规划。强化年度支出预算的约束作用，避免政策的碎片化。三是健全财政资金统筹使用机制。加大各类财政性资金统筹力度，实现财力统筹考虑、项目统筹保障、管理统筹推进。落实政府住房基金、水土保持费等 3 项政府性基金转列一般公共预算，将国有资本经营预算收入按 29% 的比例调入一般公共预算。健全财政存量资金与预算安排统筹结合的机制。四是强化专项资金管理改革。制定省对下专项转移支付资金管理办法，坚持“一个部门一个专项转移支付”，实施因素法分配和资金项目清单管理制度，加快建设基层项目库，建立定期评估、设立和退出机制，提高基层政府统筹安排资金的能力。五是改进转移支付制度。优化转移支付结构，提升省对下一般性转移支付占比。健全县级基本财力保障机制，加大均衡性转移支付补助力度，重点提高民族、边境、贫困、资源枯竭等地区财力水平。六是完善政府购买服务。完善政府购买服务制度。扩大政府采购服务项目范围，将社会关注度高、公益性强的服务项目纳入政府集中采购目录。引入政府采购的竞争机制。建立政府购买服务激励约束机制。七是稳步实施税制改革。全面推开“营改增”改革。推进综合与分类相结合的个人所得税改革。启动商业健康保险个人所得税试点。完善消费税制度。全面实施资源税从价计征改革。八是推动划分事权与支出责任。在中央和地方事权与支出责任划分基础上，推动省以下事权与支出责任划分，建立事权与支出责任相适应的制度。九是深化县乡财政综合改革。推进县、乡镇政府之间财政关系调整，完善乡镇预算管理方式。巩固乡镇一级财政。推动部分经济发达乡镇、特色镇、工业园区所在乡镇恢复一级独立预算。十是创新财政对经济发展的支持方式。积极采取财政贴息、以奖代补、PPP 模式、融资担保、引导基金等方式，广泛吸引社会和金融资本投入经济发展。

（三）突出重点，切实强化财政综合管理

着力强化管理，加快建设高效财政。一是加强收入管理。坚持依法征收、应收尽收，严禁征收过头税、过头费，强化收入质量考核导向，集中精力做大税收规模。充分利用财税库银横向联网平台，确保税款足额征缴入库。加强纳税服务管理。依法依规组织非税收入。贯彻“三三制”工作法，完善目标考核机制，注重资金争取实效。积极争取国际金融组织和外国政府贷款。二是硬化预算执行管理。坚持先有预算，后有支出。强化预算执行约束，减少和规范预算调整事项。继续实施分月、分季度预算执行目标考核制度，强化预算执行动态监控和考核奖惩，推进预算均衡支出。三是强化预算绩效管理。“花钱必问效，无效必问责”。出台涵盖绩效目标、绩效跟踪、绩效评价、结果运用等全过程预算绩效管理配套制度。规范绩效目标管理，逐步建立完善绩效评价个性指标库。积极探索中期绩效评价试点。构建预算绩效管理激励和问责机制。完善地方财政管理绩效综合考评激励机制。四是推进透明预算管理。按照“谁主管、谁公开、谁负责”的原则，由各级各部门按主体原则负责本级、本部门预算公开。逐步推进专项转移支付资金申报、分配、使用、管理等全过程信息向社会公开，提高财政管理透明度，加快建设阳光财政。五是继续加强财政存量资金管理。对一般公共预算结转超过两年的资金一律收回预算，统筹使用。加大对结转规模较大的政府性基金的统筹使用力度。严格规范财政专户管理，加强收入缴库管理，杜绝虚列支出或调节收入行为。六是做好政府性债务管理。做好地方政府性债务规模控制和限额管理工作。将政府债务分类纳入预算管理。建立债务风险预警机制。强化监督机制，完善政府性债务政绩综合考核问责制度。稳步推进地方政府债务信息公开。

（四）控管结合，着力严肃财经纪律

着力创新方法，加快建设法治财政。一是增强依法理财意识。严格贯彻执行《预算法》，坚持以法治思维和法治方式推进财税体制改革。完善财政法规制度体系。依法建立健全财政部门权力清单制度，明确权力清单、责任清单，形成依法理财的保障机制。二是强化财政监督检查。不断健全覆盖所有政府性资金和财政运行全过程的监督检查机制，认真开展重大财税政策执行情况和重点民生资金监督检查，不断创新会计监督检查方式，推进覆盖全省各级各部门的预算执行实时动态监控管理体系建设，确保各项财政政策有效实施和财政资金安全、规范、高效运行。三是加强内部控制。对财政资金分配使用、政府采购等重点岗位和关键环节实行分事行权、分岗设权、分级授权，强化内部流程控制，有效防范各类业务风险和廉政风险。四是加快信息化建设。坚持高标准、高起点规划，建设财政业务省市县乡四级全覆盖、资金流向全覆盖，横向到边、纵向到底的财政管理信息系统，推动财政工作信息化、规范化。五是抓好审计整改。积极配合并认真整改审计提出的问题，对整改问题中涉及的历史遗留问题，下决心研究解决。

云南概况

Overview of Yunan Province

地 理

云南地处中国西南边陲，地理位置特殊，自古以来就是中国通向东南亚、南亚的门户，战略地位十分重要。云南地形地貌复杂，气候多样，地上地下资源十分丰富，是祖国的一块待开发的宝地。

【位置面积】 云南省位于东经97° 31′ 至106°11′，北纬21°8′ 至29°15′ 之间，北回归线横贯本省南部，属低纬度内陆地区。全省东西最大横距864.9千米，南北最大纵距990千米。云南地处中国西南边陲，东部与贵州省、广西壮族自治区为邻，北部与四川省相连，西北部紧依西藏自治区，西部与缅甸接壤，南部和老挝、越南毗邻。云南是全国边境线最长的省份之一，国境线长达4060千米，其中，中缅边界1997千米，中老边界710千米，中越边界1353千米。国境线上有25个边境县。全省国土总面积39.4万平方千米，占全国国土总面积的4.1%，居全国第8位。

【区位优势】 云南是中国通往东南亚、南亚的窗口和门户，地处约中国、东南亚、南亚三大区域结合部。云南拥有国家一类口岸16个、二类口岸7个，与东盟的缅甸、越南、老挝三国接壤，与泰国和柬埔寨通过澜沧江——湄公河相连，并与马来西亚、新加坡、印度、孟加拉等国邻近，云南是我国毗邻周边国家最多、边境线最长的省份之一。早在两千多年前，云南就已成为我国与印度和东南亚友好交往和开展贸易往来的重要通道。这条古道从四川至云南，然后通达缅甸、印度和西方国家。“二战”时期经云南开通了著名的“史迪威公路”和“驼峰航线”，为赢得抗日战争胜利发挥了重要作用，在历史上写下了光辉的篇章。

在积极推进云南“两强一堡”建设中，全省公路、铁路、航空和水运网络日趋完善，云南已经初步形成了通往东南亚、南亚国家的三条便捷的国际大通道：一是西路通道，沿滇缅（昆畹）公路、中印（史迪威）公路和昆明至大理的铁路西进，有多个口岸出境，可分别到达缅甸密支那、八莫、腊戍等地并直达仰光；还可经密支那到印度雷多，与印度铁路网连接后通往孟加拉国达卡港、吉大港和印度的加尔各答港。二是中路通道，由澜沧江—湄公河航运、昆明至打洛公路、昆明至曼谷公路和西双版纳机场构成的通往缅甸、老挝、泰国并延伸至马来西亚和新加坡。昆明至曼谷国际大通道中国路段全线贯通，从昆明到曼谷的行程从40多个小时缩短到20个小时左右。从昆明到中老边境的磨憨仅需要10个小时左右，迅速提升这一国际大通道的通行能力，改善沿路各地的交通运输条件，实现区域的共同繁荣发展。三是东路通道，以现有滇越铁路、昆河公路及待开发的红河水运为基础，通往越南河内、海防及其南部各地。中缅油气管道建成，各条通道设施进一步完备，通行条件逐步改善。随着加快推进“桥头堡”建设和云南工业化、城镇化、信息化和农业现代化进程进一步加快，特别是2012年6月昆明长水国际机场投入运营，成为全国第四大机场，“南亚博览会”会址落户昆明，每年都举办中国—南亚博览会，云南区位优势得到进一步体现，必将为促进中国—东盟自由贸易区建设，为促进中国与东南亚、南亚各国的交流与合作出更大贡献，云南也将进入全面建成小康社会和美丽云南新时代。

历史

云南省简称“滇”或“云”，是人类重要的发祥地之一，生活在距今170万年前的云南元谋猿人，是迄今为止发现的我国和亚洲最早人类。夏、商时期，云南属中国九州之一的梁州。秦朝以前，曾出现古滇王国。秦汉之际，中央王朝在云南推行过郡县制。西晋时期，云南改设为宁州，是全国十九州之一。唐宋时期，曾建立过南诏国、大理国等地方政权。公元1276年，元朝在云南设立行中书省，“云南”正式成为全国省级行政区划名称。1382年，明朝在云南设承宣布政使司、提刑按察使司、都指挥使司，管辖全省府、州、县。清朝沿袭明朝制度，在云南设承宣布政使司，下设道、府、州、县。1911年，全省共设置府15个、厅18个、州32个、县41个、土司区18个。1949年，全省分设1个省辖市、12个行政督察区、112个县、17个设治局、2个对汛督办区。1950年2月24日，云南完全获得解放，云南从此翻开了崭新的历史篇章。

2015年末，全省有16个州（市），分别为：昆明市、曲靖市、玉溪市、保山市、昭通市、丽江市、普洱市、临沧市、楚雄彝族自治州、红河哈尼族彝族自治州、文山壮族苗族自治州、西双版纳傣族自治州、大理白族自治州、德宏傣族景颇族自治州、怒江傈僳族自治州、迪庆藏族自治州；全省有129个县（市、区），其中，13个市辖区、14个县级市、29个民族自治县，73个非民族自治县。

人口·民族

【人口】 2015年末，全省常住人口为4741.8万人，比2014年末增加27.9万人，同比多增加0.6万人。全年人口出生率12.88‰，比2014年上升0.23个千分点；死亡率6.48‰，比2014年上升0.03个千分点；自然增长率6.4‰，比2014年上升0.2个千分点。全年出生人口60.9万人，比2014年增加1.27万人；死亡人口30.4万人，比2014年增加0.2万人。

【民族】 云南是民族种类最多的省份，除汉族以外，人口在6000人以上的世居少数民族有彝族、哈尼族、白族、傣族、壮族、苗族、回族、傈僳族等25个。其中，哈尼族、白族、傣族、傈僳族、佤族、拉祜族、纳西族、景颇族、布朗族、阿昌族、普米族、德昂族、怒族、基诺族、独龙族15个民族是云南特有的。全省少数民族人口数达1534.92万人（“六普”时），占全省人口总数的33.4%，是全国少数民族人口数超过千万的3个省区（广西、云南、贵州）之一。民族自治地方的土地面积为27.67万平方千米，占全省总面积的70.2%。全省少数民族人口数超过100万的有彝族、哈尼族、白族、傣族、壮族、苗族6个；超过10万不到100万的有回族、傈僳族、拉祜族、佤族、纳西族、瑶族、景颇族、藏族、布朗族9个；超过1万不到10万的有布依族、普米族、阿昌族、怒族、基诺族、蒙古族、德昂族、满族8个；超过6000不到1万的有水族、独龙族2个。云南少数民族交错分布，表现为大杂居与小聚居，彝族、回族在全省大多数县均有分布。

云南省是一个多民族的省份，语言文字丰富多彩。云南的汉族语言属北方语系，日益接近普通话。其他各民族的语言分别属于汉藏语系和南亚语系，语言使用主要有：母语型、双语型、多语型和母语转用型四种类型。云南各个民族除回族、满族、水族通用汉语外，其余都有自己的语言。在党和政府的帮助下，改进和创制了彝族、哈尼族、傣族、苗族、壮族、傈僳族、佤族、拉祜族、纳西族、景颇族、白族、瑶族、独龙族13种民族文字，加上藏文等，现在使用的民族文字共22种。其中，傣族文字和语言与泰国有一定的历史渊源。纳西族的东巴文化历史悠久，东巴文字是迄今还在传承的象形文字，别具特色。

自然概貌

【地貌】 云南属山地高原地形，山地高原约占全省国土总面积的94%。地形以元江谷地和云岭山脉南段宽谷为界，分为东西两大地形区。东部为滇东、滇中高原，是云贵高原的组成部分，平均海拔2000米左右，表现为起伏和缓的低山和浑圆丘陵，发育着各种类型的岩溶（喀斯特）地貌；西部高山峡谷相间，地势险峻，山岭和峡谷相对高差超过1000米。5000米以上的高山顶部常年积雪，形成奇异、雄伟的山岳冰川地貌。全省海拔高低相差很大，海拔最高点海拔6740米，在滇藏交界处德钦县境内怒山山脉的梅里雪山主峰卡瓦格博峰；最低点海拔76.4米，在河口县境内南溪河与红河交汇的中越界河处，两地直线距离约900千米，海拔相差6000多米。按地形类别分：山地33.1万平方千米，占84%；高原3.9万平方千米，占9.9%；盆地2.4万平方千米，占6.1%；

【地形】 全省地势呈现西北高、东南低，自北向南呈阶梯状逐级下降，从北到南的每千米距离，海拔平均降低6米。北部是青藏高原南延部分，海拔一般在3000～4000米左右，有高黎贡山、怒山、云岭等巨大山系和怒江、澜沧江、金沙江等大河自北向南相间排列，三江并流，高山峡谷相间，地势险峻；南部为横断山脉，山地海拔不到3000米，主要有哀牢山、无量山、邦马山等，地势向南和西南缓降，河谷逐渐宽广；在南部、西南部边境，地势渐趋和缓，山势较矮、宽谷盆地较多，海拔在800～1 000米左右，个别地区下降至500米以下，主要是热带、亚热带地区。

【水系】 全省河川纵横，湖泊众多。全省境内径流面积在100平方公里以上的河流有889条，分属长江、珠江、红河、澜沧江、怒江、大盈江6大水系。红河和南盘江发源于云南境内，其余为过境河流。除金沙江、南盘江外，均为跨国河流，这些河流分别流入南中国海和印度洋。多数河流具有落差大、水流湍急、水流量变化大的特点。全省有高原湖泊 40 多个，多数为断陷型湖泊，大体分布在元江谷地和东云岭山地以南，多数在高原区内。湖泊水域面积约 1100 平方千米，占全省总面积的 0.28%，总蓄水量约 1480.19 亿立方米。湖泊中数滇池面积最大，为 306.3 平方千米；洱海次之，面积约 250 平方千米；抚仙湖深度全省第一，最深处为 151.5 米；泸沽湖次之，最深处为 73.2 米。

【气候】 云南气候基本属于亚热带高原季风型，立体气候特点显著，类型众多、年温差小、日温差大、干湿季节分明、气温随地势高低垂直变化异常明显。滇西北属寒带型气候，长冬无夏，春秋较短；滇东、滇中属温带型气候，四季如春，遇雨成冬；滇南、滇西南属低热河谷区，有一部分在北回归线以南，进入热带范围，长夏无冬，一雨成秋。在一个省区内，同时具有寒、温、热（包括亚热带）三带气候，一般海拔高度每上升 100 米，温度平均递降 0.6° C ~ 0.7° C，有“一山分四季，十里不同天”之说，景象别具特色。

【气温】 全省平均气温，最热（7 月）月均温在 19°C ~ 22°C 之间，最冷（1 月）月均温在 6°C ~ 8°C 以上，年温差一般只有 10°C ~ 12°C。同日早晚较凉，中午较热，尤其是冬、春两季，日温差可达 12°C ~ 20°C。

【降水】 全省降水在季节上和地域上的分配极不均匀。干湿季节分明，但湿季（雨季）为 5 ~ 10 月的，集中了 85% 的降雨量，干季（旱季）为 11 月至次年 4 月，降水量只占全年的 15%。全省降水的地域分布差异大，；最多的地方年降水量可达 2200 ~ 2700 毫米，最少的仅有 584 毫米，大部分地区年降水量在 1000 毫米以上。

全省无霜期长，南部边境全年无霜，偏南地区无霜期为 300 ~ 330 天，中部地区约为 250 天，比较寒冷的滇西北和滇东北地区也长达 210 ~ 220 天。

资　源

云南具有热带、亚热带、温带、寒带等多种气候类型，植物、动物资源十分丰富，独特的地质构造，形成了具有开采价值的矿产资源，素有“植物王国”“动物王国”“有色金属王国”“香料王国”“药物宝库”“花卉之乡”之称。云南丰富的自然资源，对人类社会物质文化的发展，特别是对我国社会主义现代化建设提供了重要的资源条件。

【土壤资源】 云南因气候、生物、地质、地形等相互作用，形成了多种多样土壤类型，土壤垂直分布特点明显。经初步划分，全省有 16 个土壤类型，占到全国的 1/4。其中，红壤面积占全省土地面积的 50%，是省内分布最广、最重要的土壤资源，故云南有“红土高原”“红土地”之称。云南稻田土壤细分有 50 多种，其中，大的类型有十多种。成土母质多为冲积物和湖积物，部分为红壤性和紫色性水稻土。大部土壤分呈中性和微酸性，有机质在 1.5% ~ 3.0%，氮磷养分含量比旱地高。山区旱地土壤约占全省的 64%，主要为红土和黄土。坝区旱地土壤约占 17%，主要为红土。旱地土壤分布比较分散，施肥水平不高，加之水土流失，土壤有机质普遍较水田低。常用耕地面积 423.01 万公顷。

【植物资源】 云南是全国植物种类最多的省份，被誉为“植物王国”。热带、亚热带、温带、寒温带等植物类型都有分布，古老的、衍生的、外来的植物种类和类群很多。在全国 3 万种高等植物中，云南占 60% 以上，列入国家一、二、三级重点保护和发展的树种有 150 多种。2015 年，云南森林面积为 1992.4 万公顷，居全国第 3 位，森林覆盖率（含灌木林）为 55.7%，比全国高 1 万倍多。全省森林蓄积量为 19.5 亿立方米。云南树种繁多，类型多样，优良、速生、珍贵树种多，药用植物、香料植物、观赏植物等品种在全省范围内均有分布，故云南还有“药物宝库”“香料之乡”“天然花园”之称。

【动物资源】 云南动物种类数为全国之冠，素有“动物王国”之称。脊椎动物达 1737 种，占全国 58.9%；其中，鸟类 793 种，占 63.7%；兽类 300 种，占 51.1%；鱼类 366 种，占 45.7%；爬行类 143 种，占 37.6%；两栖类 102 种，占 46.4%；全国见于名录的 2.5 万种，昆虫类中云南有 1 万余种。云南珍稀保护动物较多，许多动物在国内仅分布在云南。珍禽异兽如蜂猴、滇金丝猴、野象、野牛、长臂猿、印支虎、犀鸟、白尾梢虹雉等46种，均属国家一类保护动物；熊猴、猕猴、灰叶猴、穿山甲、麝、小熊猫、绿孔雀、蟒蛇等154种，属国家二类保护动物；此外，还有大量小型珍稀动物种类。

【矿产资源】 云南地质现象种类繁多，成矿条件优越，矿产资源极为丰富，尤以有色金属及磷矿著称，被誉为“有色金属王国”，是得天独厚的矿产资源宝地。云南矿产资源的特点，一是矿种全，现已发现的矿产有143种，已探明储量的有86种；二是分布广，金属矿遍及108个县(市)，煤矿在116个县(市)发现，其他非金属矿产各县都有；三是共生、伴生矿多，利用价值高，全省共生、伴生矿床约占矿床总量的31%。云南有61个矿种的保有储量居全国前10位，其中，铅、锌、锡、磷、铜、银等25种矿产含量分别居全国前3位。

【能源资源】 云南能源资源得天独厚，尤以水能、煤炭资源储量较大，开发条件优越；地热能、太阳能、风能、生物能也有较好的开发前景。云南河流众多，全省水资源总量2256亿立方米，居全国第3位；水能资源蕴藏量达1.04亿千瓦，居全国第3位，水能资源主要集中于滇西北的金沙江、澜沧江、怒江三大水系；可开发装机容量约0.9亿千瓦，居全国第2位。煤炭资源主要分布在滇东北，全省现已探明储量240亿吨，居全国第9位，煤种也较齐全，烟煤、无烟煤、褐煤都有。地热资源以滇西腾冲地区的分布最为集中，全省有出露地面的天然温热泉约有700处，居全国之冠，年出水量约3.6亿立方米，水温最低的为25^{0}C，高的在100^{0}C以上(腾冲县的温热泉，水温多在60^{0}C以上，高者达105^{0}C)。太阳能资源也较丰富，仅次于西藏、青海、内蒙古等省区，全省年日照时数在1000 ~ 2800小时之间，年太阳总辐射量每平方厘米在90 ~ 150千卡之间。省内多数地区的日照时数为2100 ~ 2300小时，年太阳总辐射量每平方厘米为120 ~ 130千卡。

【旅游资源】 云南以独特的高原风光，热带、亚热带的边疆风物和多彩多姿的民族风情而闻名于海内外。旅游资源十分丰富，已经建成了一批以高山峡谷、现代冰川、高原湖泊、石林、喀斯特洞穴、火山地热、原始森林、花卉、文物古迹、传统园林及少数民族风情等为特色的旅游景区。全省有景区、景点200多个，国家级A级以上景区有134个，其中列为国家级风景名胜区的有石林、大理、西双版纳、三江并流、昆明滇池、丽江玉龙雪山、腾冲地热火山、瑞丽江—大盈江、宜良九乡、建水等12处，列为省级风景名胜区的有陆良彩色沙林、禄劝轿子雪山等53处。有昆明、大理、丽江、建水、巍山等5座国家级历史文化名城，有腾冲、威信、保山、会泽、石屏、广南、漾濞、孟连、香格里拉、剑川、通海等11座省级历史文化名城，有禄丰县黑井镇、会泽县娜姑镇白雾街村、剑川县沙溪镇、腾冲县和顺镇、云龙县诺邓镇诺邓村、石屏县郑营村、巍山县永建镇东莲花村、孟连县娜允镇等8座国家历史文化名镇名村，还有14个省级历史文化名镇、14个省级历史文化名村和1个省级历史文化街区。丽江古城被列入世界文化遗产名录，三江并流、石林被列入世界自然遗产名录。

云南雄奇的山川、旖旎多姿的风光，以其独特的人文风物、民族风情和自然景观著称于世。在云南，你可以看到世界上绝大部分地区的自然景观，也可以探古寻幽，遥想人类走过的漫漫长路，领略先人创造的恢宏文化。在四季如春的历史文化名城——昆明，在南天铜都——东川，在“锁钥南滇，咽喉西蜀”之地——昭通，在珠江源头——曲靖，在“元谋人”的故乡——楚雄，在云烟之乡——玉溪，在锡都所在地——红河，在三七之乡——文山，在“地接三国”的——普洱，在民族风情浓郁、神秘的南疆绿宝石——西双版纳，在山水相映、崇尚“风花雪月”的文献名邦——大理，在滇西要冲、火山之域——保山，在南疆宝地、孔雀之乡——德宏，在有“文化活化石”之称的东巴文化之乡、世界级历史文化名城——丽江，在东方大峡谷——怒江，在有“香格里拉”之称的世外桃源、吉祥如意之地——迪庆，在“滇红茶”的故乡——临沧，纵览全省之域，可谓“一地一景，幽美迷人”。

云南已形成了以昆明为中心的滇中旅游区；以大理、丽江为中心的滇西旅游区和以西双版纳为中心的滇南旅游区等3个各具特色的旅游区。昆明市的石林，是我国重点风景区之一。石林为距今2．7亿年前海底石灰岩沉积区，经沧海桑田的变迁，约在200万年前形成。大自然的鬼斧神工，造就出这“天下第一奇观”，流连其间，奇峰异石，怪山名泉，让人产生无穷的联想。能歌善舞的彝族支系撒尼人更为石林这一自然景观增添了活力与绚丽色彩。丽江玉龙雪山下的玉峰寺，建于公元1756年，为喇嘛寺。寺内有两株植于公元1403~1424年明永乐年间的山茶，现两树主茎合二为一，苍劲虬曲，每年先后开花十余批共上万朵，实为“茶花王”。地处滇西北的“三江并流”，堪称世界奇景，此处金沙江、澜沧江、怒江在青藏高原和横断山脉纵谷区相间并流，三条巨川相间最近处直线距离仅66公里，其中澜沧江与怒江直线距离最近处不足19公里。大理市的苍山，因山上石如玉、林木苍莽又名点苍山，是驰名世界的大理石产地。苍山南北逶迤50公里，19座山峰横列如屏，海拔均在3000米以上，其最高的马龙峰海拔为4122米，终年积雪的山巅恰似银色峨冠；山间18条溪水四季不绝东注洱海；山上飞云变幻，玉局峰飘逸而起的人形白云，恰若少女探身，俯视洱海，人称“望夫云”。云、雪、峰、溪是苍山4大奇观。腾冲火山群，分布于保山地区腾冲县城周围，是我国保存最为完好的新生代火山群之一；火山群中有丰富的地热资源，各种气泉、热泉、沸泉80余处，被称为热海的硫黄塘沸水翻涌，温度在90度以上的还有10余处。有的热泉喷如礼花，雾气缭绕，有的喷泉轰鸣，如雷贯耳。西双版纳的橄榄坝，因地形椭圆、林木葱绿，形似橄榄得名。这里林木茂盛，树绿竹翠，江水清冽，古老的傣族佛封和幢幢别致精巧的傣家竹楼掩映林中，一派热带风光。西双版纳风情别具一格，每年都吸引着大量中外游客到此观光。此外，洱源吊鸟山、永平木莲花山、腾冲云峰山、通海红石林、元谋土林、宜良九乡、陆良彩色沙林、建水燕子洞、中甸白水台、腾冲叠水瀑布、福贡月亮石、昆明滇池、大理洱海、澄江抚仙湖、丽江虎跳峡、宁蒗泸沽湖、玉溪九龙池、安宁温泉、大理蝴蝶泉、宜良阳宗海、中甸碧塔海、保山易罗池、石屏异龙湖等等，也是云南著名的自然胜景。

特色支柱产业

云烟产业是云南最大传统支柱产业。烤烟种植面积和产量居全国第一，约占全国总量的30%以上。2015年，烤烟种植面积达42.79万公顷，产量达90.34万吨；卷烟产量达780.73万箱。“两烟”产量已从20世纪90年代以来一直保持全国第一位。烟草工业创造的增加值占全省规模以上工业增加值的4成左右。“两烟”实现的利税是云南财政收入的重要来源，也是烟叶种植区农民创收的主要渠道。

云糖产业和云茶产业是云南除烟以外两大传统骨干产业。云南蔗糖品质好、糖分含量高。2015年，甘蔗种植面积31.15万公顷，产量1930.05万吨；成品糖产量为249.58万吨；甘蔗和成品糖的产量均居全国第2位，仅次于广西，是全国重点产糖省份之一。

云茶产业闻名于世。云南是世界茶树的原产地，种植和利用茶叶的历史有1700多年，是我国的古老茶区，茶树品种资源极其丰富。在云南茶叶生产上应用最广的是云南大叶种普洱茶，该茶的有效成分含量高，具有显毫、味浓、回甘的特点。云南茶叶的主要品种有绿茶、红茶、普洱茶、紧压茶等类型，云南滇红、沱茶多次在国际、国内评比中获奖，普洱茶在国内外市场上深受欢迎。2015年，云南茶叶种植面积达57.35万公顷. 占全国茶叶种植总面积的19%以上，居全国第1位；茶叶产量已达33.55万吨，居全国第2位。

云胶产业已有相当规模，已建成了仅次于海南的天然橡胶生产基地。云南创造出一套适合云南特点的橡胶树抗寒高产综合技术，使得全省橡胶大面积速生丰产，橡胶的单位面积产量居全国之冠，达到了世界先进水平。云南橡胶种植面积和产量逐年增加，2015年已达57.35万公顷，产量已达43.93万吨，均居全国第2位。

云花产业是云南的新兴产业。云南花卉品种资源十分丰富，有野生花卉约2500多种，在长期的栽培选育中，已推出一批有色有香的奇花异草，其中尤以山茶、杜鹃、报春花、兰花、百合、木兰、龙胆、绿绒蒿等“八大名花”最负盛名。从20世纪90年代开始，云南花卉生产特别是鲜切花生产发展迅猛，近几年来，在新品种研发、扩大出口、带动花农增收等方面取得了突破性进展。花卉生产基地已由昆明市逐步向玉溪、曲靖、红河、大理、迪庆等州市延伸，形成了以温带鲜切花为主体，热带花卉、球根类花卉、盆花和观赏园艺植物共同发展的格局。2015年，全省鲜切花产量已达86.85亿枝，居全国第1位，出口量占全国的近50%，云南已成为亚洲最大的花卉出口基地。

以磷化工和有色金属为主的矿产业，以及以水能为主的电力业，在全国占有较突出地位，从“九五”时期开始已先后列为云南的支柱产业，逐步加大了开发力度。磷矿资源储量居全国第 1 位；十种有色金属产量居全国第 3 位，仅次于河南和湖南，居西部省市第 1 位；发电量居全国第 11 位，西部第 4 位。2015 年，全省十种有色金属产量为 332.83 万吨，比上年增长 3.9%；全省发电量为 2352.4 亿千瓦小时，比上年增长 0.2%。

云南依托丰富独特的旅游资源优势，集中力量加强旅游基础设施建设，制订和实施了一系列旅游发展规划，旅游业已经发展成为云南优势支柱产业。改革开放以来，云南已建成了一批以高山峡谷、现代冰川、高原湖泊、石林、喀斯特洞穴、火山地热、原始森林、花卉、文物古迹、传统园林及少数民族风情等为特色的旅游景区。2015 年，云南接待海外旅游者（包括口岸入境一日游）达 1075.32 万人次；旅游外汇收入达 28.76 亿美元，增长 18.8%；接待国内游客 3.23 亿人次，增长 15.0%；实现国内旅游收入 3104.37 亿元，增长 23.3%；旅游业总收入 3281.79 亿元，增长 23.1%。

金融业崛起成新支柱产业。2015 年，全省金融业实现增加值 981.86 亿元，比上年增长 13.5%，占全省 GDP 的比重达到 7.2%。2015 年末，全省金融机构人民币存款余额达 2.50 万亿元，比上年末增长 11.5%；全省金融机构人民币各项贷款年末余额达 2.08 万亿元，比上年增长 15.9%；全年新增融资总量达 5209 亿元，同比增长 13.6%。全年实现跨境人民币结算 900 亿元，同比增长 30.9%。金融业对经济增长的拉动支持作用日趋明显。

经济大事记

Important Events of Economy

1 月

1 日

●云南文方科技有限公司通过增值税发票系统升级版，顺利开发出云南省第一份增值税专用发票。

●《云南日报》报道：2009 ~ 2014 年底，云南省实施的“文化大篷车 • 千乡万”里行惠民演出活动在云岭大地蓬勃开展。5 年来，由 6 个省直院团组成的艺术团奔赴全省 16 个州、市和滇中产业聚集区 129 个县 1368 个乡镇，演出 1660 场，观众达千万人。创造云南省规模最大的一次文化惠民演出活动。

●昆明海关启动“云关通”通关改革，云企再享海关改革红利。

●云南省医保中心正式在省级 301 家定点医疗机构启用医保智能监控审核信息系统，解决信息不对称等问题，让老百姓就医更放心。

1~7 日

●中国昆明第三届国际赏石展在“中国观赏石展览展示基地”——云南奇石城开展。

3 日

●《云南日报》报道：昆明扶贫攻坚 3 年行动计划成效显著，截至 2014 年 11 月底，减少贫困人口 6.99 万人，实现目标任务 102.8%。

●《云南日报》报道：中科院昆明动物所与美国马里兰大学合作，通过针对第三代测序技术，研发出一种基因组装新算法，将其开发成一套新软件，并取名为“DBG2OLC”。

●大理州巍山县南诏镇的省级文物保护单位拱辰楼发生火灾，历经 600 年的文化古建筑毁于一旦。

4 日

●省委召开常委会议，传达学习习近平总书记关于“三农”工作重要指示、中央农村工作会议、中央 1 号文件精神，研究部署云南省贯彻意见。

●《云南日报》报道：云南连续 4 年推动计划生育系列保险，已覆盖全省 129 个县（市区）464 万户家庭。2014 年 1 月 ~11 月，全省实现计生保险工作推动目标 5457.01 万元，较上年同期增长 29.68%，实现当年推动目标的 136.43%，连续 4 年推动规模名列全国前茅。

●《云南日报》报道：“滇红茶制作技艺”列入第四批国家级非物质文化遗产代表性项目名录扩展项目名录。

6 日

●《云南日报》报道：首届巨灾风险管理学术研讨会暨巨灾风险管理研究中心揭牌仪式在昆明举行。

●中共云南省委做出《关于深入开展向高德荣同志学习的决定》。

7 日

●《云南日报》报道：云南省投入中央、省、市、县级经费 1.1 亿元，支持各地确权登记颁证工作。共调查 20.7 万户农户，确认家庭承包耕地面积 95 万亩；在土地确权明晰产权基础上，引导 652 万亩承包耕地有序流转，占全省承包耕地面积的 15.5%。

●省委副书记、代省长陈豪主持召开会议，专题听取和征求省老领导对省政府工作和 2015 年《政府工作报告（征求意见稿）》意见建议。

8 日

●《云南日报》报道：昆明新机场工程荣获国家优质工程奖金质奖、中国建设工程鲁班奖、中国土木工程詹天佑奖三项大奖。一个工程囊括国家级三项质量大奖在全国尚属首例。

8~9 日

●云南全省范围内出现小到中雨局部大到暴雨，部分地区降雨量已达 50 毫米以上，这是云南省今冬第一场最强降雨，滇东北还迎来了降雪。

9 日

●在国家科学技术奖励大会上，云南省 8 个项目荣获 2014 年度国家科学技术奖励，包括自然科学二等奖 1 项、技术发明二等奖 2 项、科技进步二等奖 5 项。其中，由云南省单位主持完成的获奖项目 3 项，参与完成的获奖项目 5 项。

12 日

●《云南日报》报道：成都军区昆明总医院成为云南省首家取得自体免疫细胞治疗技术资质的医院。

●《云南日报》报道：1 月 9 日以来，文山州大范围出现明显降温降雨降雪天气过程，造成全州 60.93 万人受灾，农作物受灾面积 54 万亩，畜禽死亡 8100 多头（只）等。

13~14 日

●在第四届中国旅游产业发展年会上，昆明滇池国家旅游度假区获得 2014“美丽中国”十佳度假区（综合体）称号。

14 日

●《云南日报》报道：白恩培严重违纪违法被开除党籍和公职。

●《云南日报》报道：省委办公厅、省政府办公厅印发《关于引导和规范农村土地经营权流转发展农业适度规模经营的实施意见》，提出引导规范土地经营权流转发展农业适度规模经营。

●《云南日报》报道：截至 2014 年 12 月 31 日，云南省 1.05 万户微型企业获创业扶持，全面完成省政府确定的 1 万户目标任务。

●《云南日报》报道：2014 年，云茶总产量 33.5 万吨，普洱茶产量首次突破 10 万吨，达 11.4 万吨；毛茶产值 111 亿元，成品茶产值 170 亿元，分别较上年增长 31%、36%，均创历史新高；而普洱茶产值也首破百亿元，达 101 亿元。

15 日

●云南省高级人民法院和省知识产权局在昆明联合召开新闻发布会，并签署《专利民事纠纷司法审判与行政调处衔接机制合作备忘录》，宣布建立专利民事纠纷司法审判与行政调处衔接机制。

●省委理论学习中心组进行 2015 年第 1 次集体学习，省委书记李纪恒主持学习，并强调积极探索云南民族事务治理体系和治理能力现代化新路。

●《云南日报》报道：云南省的“云岭牛”成为全国首个自主培育的三元杂交肉牛品种。

●第十一届中国会展经济国际合作论坛在昆明开幕。

●《云南日报》报道：受 1 月 9 日至 10 日低温雨雪天气影响，云南省部分低洼地区作物出现渍涝，滇东北遭受低温雨雪灾害。截至 1 月 13 日 17 时，全省农作物受灾面积达 231.1 万亩，成灾面积达到 65.79 万亩，绝收 6.19 万亩，农业经济损失 11.49 亿元。

16 日

●《云南日报》报道：杨林国际企业孵化园入选国家级孵化器。

16~25 日

●云南咖啡亮相柏林国际绿色周。

17 日

●《云南日报》报道：2014 年，全省查处违反中央八项规定问题 1248 起，处理 1964 人，给予党政纪处分 310 人。

18 日

●中国当代文人名画家精品展在昆明举行。

19~21 日

●中共中央总书记、国家主席、中央军委主席习近平在云南省委书记李纪恒、代省长陈豪陪同下，来到昭通、大理、昆明等地，看望鲁甸地震灾区干部群众，深入企业、工地、乡村考察，就灾后恢复重建和经济社会发展情况进行调研，并强调要全面贯彻党的十八大和十八届三中、四中全会精神，坚决打好扶贫开发攻坚战，加快贫困地区、民族地区经济社会发展。

21 日

●中共中央总书记、国家主席、中央军委主席习近平在视察驻昆明部队时强调，要坚决贯彻党中央、中央军委决策指示，按照军队基层建设纲要抓好基层建设，推动强军目标在基层落地生根。

22 日

●《云南日报》报道：经过三年建设，全国首家医药先师纪念馆——杏林寺落户石林。

●《云南日报》报道：2014 年全省新批境外投资企业 92 家，对外实际投资 10.31 亿美元，同比增长 25.54%。

23 日

●省委召开常委（扩大）会议，传达学习中共中央总书记、国家主席、中央军委主席习近平考察云南重要讲话精神，研究部署全省贯彻落实意见。

●全省领导干部大会在昆明召开，会议传达学习习近平总书记考察云南重要讲话精神。

24 日

●中国人民政治协商会议云南省第十一届委员会第三次会议在昆明开幕。

26 日

●云南省第十二届人民代表大会第三次会议在昆明开幕

●省委书记李纪恒在昆明会见捷克总统顾问杨•科胡特。

●省委书记李纪恒在昆明会见中国联合网络通信有限公司总经理陆益民一行。

27 日

●省委书记李纪恒在高德荣同志先进事迹报告会上要求，迅速掀起向高德荣同志学习热潮，做让党放心人民满意的好干部，并向高德荣颁发全省“优秀共产党”和“云岭先锋”证书奖章。

29 日

●云南省首个综合保税区——红河综合保税区（一期）正式通过国家10部委联合验收组验收。

●《云南日报》报道：“PAC 优质服务医院”在云南省第一人民医院挂牌。

30 日

●省委书记李纪恒在昆明会见印尼三林印多保利工业集团公司董事长兼总裁、印尼中华总商会副会长林克旭一行。

●《云南日报》报道：2013 年云南省专利电子申请率 93.6%，比上年提高 3 个百分点，在全国 31 个省（区、市）中排名第一；代理机构电子申请率 99.9%。

●《云南日报》报道：中国“2013 年社会组织十件大事”名单向社会发布，云南积极推进社会组织改革创新的相关工作入选。

2 月

1 日

●《云南日报》报道：云南省湿地保护专家委员会成立。

●云南省珠宝玉石首饰行业协会与淘宝网拍卖会合作，筹建全国首个省级线上珠宝馆。

1 月 30 日 ~2 月 1 日

●在第四届摩纳哥蒙特卡洛“新一代”青少年杂技比赛中，省杂技团的创新节目《蹦床爬杆》荣获世界杂技赛事最高奖项“金小丑”奖。

2 日

●国家统计局云南调查总队发布 2014 年云南省城乡居民收入情况统计数字显示，2014 年全省居民人均可支配收入为 1.38 万元，增长 9.5%。

3 日

●省委召开动员会，就深入开展“六个严禁”专项整治工作进行动员部署。

5 日

●《云南日报》报道：2014 年云南省 GDP 完成 1.28 万亿元，比上年增长 8.1%，居全国第 23 位。第一产业完成增加值 1991.17 亿元，增长 6.2%，第二产业完成增加值 5281.82 亿元，增长 9.1%。

●《云南日报》报道：建设银行云南省分行与缅甸合作社银行签署跨境人民币结算合作协议。

6 日

●《云南日报》报道：云南省已建成 115 个院士专家工作站，其中包括院士工作站 85 个、专家工作站 30 个。

●《云南日报》报道：2014 年，云南省进出口总额 296.2 亿美元，同比增长 17.1%，带动全省跨境收支同比增长 36.87%，总规模达 400 亿美元，收支相抵后净流入 15.86 亿美元。

7 日

●昆明高新区管委会与清华科技园启迪控股股份有限公司签订协议，双方在昆明高新区合作建立清华科技园云南分园——昆明启迪孵化器。

8 日

●《云南日报》报道：云南省区域创新能力不断提升，在 2014 年全国综合排名中位列第 23 位，较上年上升了 4 位。

9 日

●省委书记李纪恒，省长陈豪在昆明会见中国华能集团总经理曹培玺。

●《云南日报》报道：曲靖市决定从 2015 年开始全面实施“气化曲靖”三年行动计划。

●文山州职教园区学生活动中心在施工过程中突然发生脚手架坍塌事故，造成 7 人受伤，8 人遇难。

●《云南日报》报道：《云南省自然保护区管

理机构管理办法》由云南省机构编制委员会印发全省实施，理顺了自然保护区管理体制。

●《云南日报》报道：2014 年，云南省深入推进质量兴省战略、标准化发展战略和品牌战略，云南名牌产品数量达 530 个。

●云南省金融支持现代农业“双百”行动集中签约授信仪式在昆明举行，全省 165 家新型农业经营主体与相关金融机构现场签约授信。

11 日

●中国红十字会总会与省政府在昆明举行鲁甸 6.5 级地震灾后援建项目备忘录签字仪式，云南省接受中国红十字会总会再次向鲁甸地震灾区援助 3 亿元恢复重建资金。

12 日

●省委农村工作暨全省第九批新农村建设指导员下派运动员会议在昆明召开。

14 日

●昆明地铁所有车站已全部配备安检机，将对进站乘客及携带物品实施安全检查。

21 日

●《云南日报》报道：2014 年，全省人民币跨境结算连续增大，全年实现跨境人民币结算 775 亿，年度新增保险机构融资 150 亿元，较上年度新增 44 亿元。截至 2014 年 12 月末，全省固定资产贷款余额近 10 亿元，其中 28.1% 投向交通。

23 日

●《云南日报》报道：根据国家统计局发布的“关于 2014 年粮食产量的公告”，云南省粮食总产量达 1860.7 万吨，较上年增产 36.7 万吨，实现全省粮食总产量“十二连增”，粮食总产量首次位居全国第 13 位。

25 日

●《云南日报》报道：2014 年，全省全社会用电量 1530 亿千瓦时，同比增长 4.77%。火电占全省发电量比重下降到 18%；全省可再生能源发电量达到 2146 亿千瓦时，同比增长 25%，占全省发电比例的 84%，各行业提前一年超额完成“十二五”淘汰落后产能目标任务。

27 日

●截至 2015 年 1 月，66 项抚仙湖、星云湖、杞麓湖“三湖”水污染综合防治“十二五”规划项目开工率达 93.9%，完工率 40.9%，以“三湖”为重点的生态环境保护治理取得显著成效。

27~28 日

●省委书记李纪恒，省长陈豪率队赴京，就落实习近平总书记、李克强总理对云南经济社会发展重大事项的重要批示，与国家有关部委举行工作座谈，共商贯彻落实的政策措施。

3 月

1 日

●《云南日报》报道：省政府办公厅印发《云南省清理规范税收等优惠政策实施方案》，减少政府过度干预市场行为，全面清理规范税收等优惠政策。

2 日

●位于昆明长水国际机场的昆明国际快件监管中心启用，标志着云南省国际快件进出境业务正式开通。

●《云南日报》报道：云南省煤炭资源税征收方式由原来的“以量计征”变为“以价计征”，税率确定为 5.5%。

3~5 日

●学习贯彻习近平总书记考察云南重要讲话精神省委宣讲团分别在昆明、曲靖、普洱、玉溪、保山开展宣讲。

4 日

●英国剑桥公爵威廉王子到西双版纳傣族自治州访问。

7 日

●《云南日报》报道：截至 2014 年底，云南省民营经济户数达到 200.3 万户，增长 15%。个私经济从业人员 700.5 万人，比上年底增长 11.2%，新增就业 70.3 万人。

9 日

●《云南日报》报道：云南省首个以自然生态资源为对象的保护与建设规划——《云南省生态保护与建设规划（2014 ~ 2020 年）》在昆

明通过审评，《规划》明确，到2020年，云南省基本构筑形成“三屏两带一区多点”的生态建设与保护格局，森林覆盖率达56%。

●嵩明发生4.5级地震，省委书记李纪恒，省长陈豪要求做好抗震救灾工作。

●《云南日报》报道：云南杂技《傣鼓情》获国际马戏节银奖。

10~11日

●学习贯彻习近平总书记考察云南重要讲话精神省委宣讲团分别在西双版纳州、德宏州、迪庆州、文山州、丽江市、临沧市开展宣讲。

11日

●省政府与中国工商银行在北京签署《“一带一路”金融服务战略合作协议》，共同把云南建设成为“一带一路”连接交汇战略支点。

●中央下拨云南省9000万元中央自然灾害生活补助资金，帮助沧源抗震救灾。

●《云南日报》报道：2014年，云南省规模以上工业增加值完成3545.41亿元，增长7.3%。全部工业增长值完成3898.97亿元，增长7.2%，工业对GDP增长的贡献率为29.7%，拉动2.4个百分点。全年单位GDP能耗下降3.98%，规模以上工业单位增加值能耗下降7%。全年完成工业投资（不含电力）2006.6亿元，非电工业投资比重持续上升。制造业投资完成1529.2亿元，同比增长5.4%。

15日

●第十三届亚洲航线发展大会在昆明开幕。

16日

●《云南日报》报道：在全国政协十二届三次会议上，38位驻滇全国政协委员共提交提案135件，其中经济建设类42件、生态文明建设类13件、文化建设类14件，社会法制类34件、教科文卫体类18件、对外关系类14件，有127件被立案。

●《云南日报》报道：嵩明出土魏晋南北朝时期铜跪俑，前堂横列式墓葬在云南省内属首次发现。

●省委召开常委（扩大）会议，会议通报中央关于仇和涉嫌严重违纪违法问题进行组织调查的决定。

18日

●《云南日报》报道：省人社厅出台《关于国有企业招聘应届毕业生信息公开的通知》，要求不得设置民族、种族、性别等歧视性条件；不得将户籍、婚姻状况等作为限制性条件；不得以是传染病病原携带者为由拒绝录用。

●《云南日报》报道：曲靖成为国家新型城镇化综合试点。

●《云南日报》报道：为打造产业辐射中心，加快重点产业培育，云南省优先发展生物医药、农特食品加工、有色金属及稀贵金属新材料、汽车及先进设备、石油及精细化工、电子信息六大新兴产业。在2015年至2017年期间，围绕六大新兴产业，实施220项重点项目，完成投资1200亿元，新增销售收入2400亿元以上、利税超300亿元。

19日

●《云南日报》报道：《云南省县级公立医院综合改革财政补偿方法》正式执行，根据该《办法》，县级公立医院补偿机制由服务收费、药品加成收入和政府补助3个渠道，改为服务收费和政府补助两个渠道，取消药品加成政策。

20日

●《云南日报》报道：云南省发改委提出《云南省2015年“四个一百”重点建设项目计划》，重点安排综合交通、能源、水利、新型工业化、农业产业化、教育现代化和文化产业化、民生改善、资源节约、环境保护等方面的建设项目。

●沪昆客专云南段“四电”系统集成工程全面开工。

21日

●《云南日报》报道：云南省有104人获全国农技推广研究员职称，人数居全国第一位。

22日

●《云南日报》报道：云南省小额担保贷款累计发放金额达405.06亿元，共扶持创业62.8万人，扶持劳动密集型小企业3173户，带动吸纳184万人次就业。

●《云南日报》报道：云南省自实施一事一议财政奖补政策以来，打通了农村公益事业建设“最后一百米”，惠及全省11.7万个村落。7年来，累计实施项目11.6万个，3630万农民直接受益；项目建不建、建什么，通过村民“一事一议”决定；硬化村道24.8万千米，修建文化活动场所 834.9 万平方米。

23 日

●《云南日报》报道：省工商系统放宽注册资本条件，培育 1.2 万户“两个 10 万元”微型企业。

●《云南日报》报道：2014 年云南省专利申请 1.33 万件，同比增长 15.91%；获得专利授权 8124 件，同比增长 19.40%；发明专利拥有量 6102 件，增长 18.26%。

●中共云南省委在昆明召开副省级以上党员老同志座谈会，就《中共云南省委关于深入贯彻落实习近平总书记考察云南重要讲话精神闯出跨越式发展路子的决定》和推进云南跨越式发展若干重大问题听取老领导、老同志意见和建议。

● 23 日 18 时至 24 日 14 时，两架飞机在全省范围内开展 4 架次增雨作业，主要集中在滇中及以南、以东地区，累计降小雨 1386 站，中雨 411 站、大雨 86 站、暴雨 9 站。

24 日

●中共云南省委在昆明召开党外人士座谈会，就《中共云南省委关于深入贯彻落实习近平总书记考察云南重要讲话精神闯出跨越式发展路子的决定》和推进云南跨越式发展若干重大问题听取各民主党派省委、省工商联、无党派人士代表和部分专家学者的意见和建议。

●龙津药业在深交所中小板挂牌上市，成为云南省第 30 只上市交易的股票。

●《云南日报》报道：昌宁县发展高原特色现代农业，2007 年至 2014 年，昌宁县 GDP 每年保持两位数递增，在全省县域 GDP 排名从第 88 位上升到第 48 位，位进 40 名。与此同时，7 年间全县农民人均纯收入增长 3.15 倍。

25 日

●省委书记李纪恒在昆明会见以色列化工集团董事长尼尔・吉拉德一行。

26 日

●省长陈豪在昆明会见 7 国驻昆总领事时提出，努力拓展云南与周边国家交流合作空间。

●《云南日报》报道：云南欣绿茶花股份公司上市“新三板”，成为全国唯一以单品种花卉登陆资本市场的上市公司。

30 日

●省政府与印尼巴厘省政府代表团在昆明举行工作会谈，双方就进一步深化友好省关系进行积极探讨。

●《云南日报》报道：2014 年云南省共完成政府采购规模 313.58 亿元，较上年增长 8.7%，采购预算与合同金额相比节约资金 38.3 亿元，节约率为 10.88%，采购规模占财政支出的比重为 7.07%。

31 日

●中国共产党云南省第九届委员会第十次全体会议在昆明举行，省委常委会主持会议，省委书记李纪恒作重要讲话。全会审议通过《中共云南省委关于深入贯彻落实习近平总书记考察云南重要讲话精神闯出跨越式发展路子的决定》。

4 月

1 日

●省政府与中国铁塔公司签署战略合作协议，携手提升通讯基础设施建设水平，助推云南经济社会跨越发展。

●《云南日报》报道：昆明市地税局开具首份《中国税收居民身份证明》，填补了云南在该项涉外税收业务上的空白。

3 日

●省长陈豪主持召开省政府第 61 次常务会议。会议审议通过《云南省贯彻落实国家物流业发展中长期规划（2014 ~ 2020 年）实施方案》和《云南省人民政府关于科学开展“四规合一”试点工作的指导意见》。

5 日

●《云南日报》报道：2015 年，云南省年初计划投入 5250 万元支持高技能人才培养，其中安排 4250 万元支持云南省青年技能人才培养工程，另外 1000 万元支持高技能人才振兴计划及云岭首席技师项目。

●中共云南省委九届十次全会召开。

6 日

●《云南日报》报道：云南省创建生态文化产

业园新模式打造的第一个文化农庄——西双版纳傣族自治州景洪市勐养镇曼掌文化农庄已现雏形，于2015年6月试营业。

●楚大高速发生一起交通事故，造成8人遇难，29人受伤，省委书记李纪恒、省长陈豪要求全力救治受伤人员。

7日

●昆明长水国际机场实现双跑道同时降落，标志着昆明长水国际机场成为西南地区首家同一机型飞机能够同时起降的机场。

9日

●省委召开常委会议，听取省政府党组关于全省2015年一季度经济运行情况及二季度经济工作初步考虑的汇报。省委书记李纪恒主持会议。会议强调，要齐心协力抓落实、千方百计稳增长。

●省委书记李纪恒在昆明会见越共中央总书记阮富仲一行。

11日

●《云南日报》报道：全省咖啡种植面积、产量均占全国的99%以上，居全省出口创汇农产品的第3位，云南成为世界咖啡巨头布局中国乃至亚洲市场的重要节点。

●省政府在昆明召开全省一季度经济形势分析会。会议强调要坚定信心、保持定力，勇于担当，齐心合力抓好二季度稳增长重点工作。

12日

●《云南日报》报道：云南省国际贸易学会与2015米兰世博会KIP国际馆运营筹建委员会签署战略合作协议，双方将努力把南博会“植入”米兰世博会，通过世博会这一平台向世界展示云南、推介南博会。

13日

●省长陈豪率云南省政府代表团访问马尔代夫，并在当日拜会总统阿卜杜拉·亚明。

●第十八届西双版纳边境贸易旅游交易会在西双版纳国际会展中心开幕。

●《云南日报》报道：云南省把路网、航空网、能源网、水网、互联网5大基础网络建设视作服务国家开放战略，推动云南发展和开放的基础支撑，2015年力争在基础设施上完成1130亿元以上，大力提升与周边地区和国家的互联互通水平，破除发展瓶颈。

13~15日

●全国人大常委会副委员长、全国妇联主席沈跃跃率全国人大常委会专题调研组，就《中华人民共和国妇女权益保障法》贯彻落实情况在滇开展专题调研。

14日

●滇越铁路集装箱国际联运专列正式开通运营。

15日

●第六届“云南青年创业省长奖”终评会在昆明召开，王云等10人获第六届“云南青年创业省长奖”，木立忠等20人获第六届“云南青年创业省长奖”提名奖。

16日

●罗平（江底）至陆良（召夸）高速公路开工建设。

17日

●《云南日报》报道：2015年省级支持民办教育专项资金增至1亿元，较上年新增8000万元，主要用于扶持全省民办高等教育发展。

19日

●上海云南两省市座谈交流会在昆明举行，中共中央政治局委员、上海市委书记韩正出席会议并讲话。座谈结束后，双方签订《关于加强沪滇对口帮扶与重点领域合作框架协议》，希望共同开启沪滇合作新篇章。

●《云南日报》报道：上海与云南对口帮扶合作19年累计实施项目7527项，投入各类帮扶资金32.6亿元，60余万贫困人口解决基本温饱，受益群众达150余万人。

20日

●《云南日报》报道：云南小勐养至磨憨高速公路扩建工程获批，估算总投资约125亿元。

●《云南日报》报道：云南省首批专家基层科研工作站评选揭晓，弥勒协兴科技有限公司等86个专家基层科研工作站被授牌。

●《云南日报》报道：云南省推行政府部门权力清单制度工作正式启动，将行政权力进一步划分为十类行政职权，首批十家单位5月底晒出权力家底，省级2015年底前完成，州县乡于2016年全面完成。

22日

●《云南日报》报道：昆明长水机场成为全国中转进出境旅客可享“一票到底，行李直达”的第4个国际机场，这是推动口岸通关便利化、加快昆明国家门户枢纽机场建设、构建航空网的重要内容。

24 日

●省政府与阿里巴巴集团签署战略合作框架协议，双方商定将在7大领域开展合作，共同开创“云南互联网+”新局面。

●云南省人民政府网站发布《云南省人民政府办公厅关于贯彻落实国家有关部委文件精神促进房地产业平稳健康发展的通知》，支持鼓励合理的住房消费，促进房地产业平稳健康发展。

25 日

●《云南日报》报道：中共中央批准钟勉任云南省委副书记，张硕辅任省委常委和省纪委书记。

●东川一矿洞发生炮烟中毒事故，事故造成9人遇难，12人在医院接受救治。省委书记李纪恒，省长陈豪要求全力抢救伤员，妥善做好遇难者善后工作，并要求在全省组织一次安全生产大检查。

26 日

●全国政协副主席马飚率全国政协书画室艺术家赴滇考察采风并与省领导座谈时强调，要创作更多无愧于时代的优秀作品。

●《云南日报》报道：昆明市大力推进项目建设，2015年一季度完成重点项目投资143.5亿元。

27 日

●华丽高速公路（华坪至丽江高速公路）项目试验段开工。

●云南省全国劳模赴京参加表彰大会，省委书记、省人大常委会主任李纪恒，省委副书记、省长陈豪为劳模送行。

28 日

●省委书记李纪恒在昆明会见缅甸巩发党主席吴瑞曼一行。

●教育部正式批准大理学院更名为大理大学。

5 月

3 日

●《云南日报》报道：由水电十四局投资建设的宾川干海子光伏电站投产发电，标志着全省首个“风光互补”电源项目建成投产。

6 日

●缅甸总统吴登盛在内比都会见由省长陈豪率领的云南省政府代表团一行。

6~17 日

●驻滇全国政协委员考察团赴江苏专题考察“产业转型升级”。

7 日

●省委副书记钟勉在昆明会见孟加拉国人民联盟中央总书记，地方政府、乡村发展与合作部部长赛义德·阿什拉夫·伊斯拉姆率领的人民联盟干部考察团一行。

●《云南日报》报道：昆明铁路局获评云南省首家5A级综合物流企业。

●《云南日报》报道：截至2014年，全省林草面积增加1252.1万亩，覆盖度增加2.1%。65万户退耕农户新增具有增收潜力的树种368.2万亩，同时带动68万农户发展特色经济林，用材料、原料林等447.5万亩。

8 日

●滇老合作座谈会在老挝万象举行，老挝国家副总理宋沙瓦·凌沙瓦与省长陈豪出席座谈会。

●昆明至太原首开直通旅客列车，列车全程运行40小时左右。

●首批3000多吨货物通过红河综合保税区海关卡口，此举标志着云南省首个综合保税区在蒙自市正式封关运行。

10 日

●国内山区高速公路首座钢箱梁悬索特大桥——普利特大桥主体工程完工。

11 日

●《云南日报》报道：云南省出台《云南省人民政府关于贯彻落实国务院计划<计量发展规划（2013～2020年）>的实施意见》，提出要全面协调推进全省计量事业发展，力争2020年使全省计量综合发展水平迈向西部前列。

●《云南日报》报道：滇中引水工程建设征地移民安置规划正式启动。

●"南方古丝路 辐射新中心"——云南日报报业集团与南亚东南亚主流媒体大型联合采访活动正式启动，首个赴孟加拉国采访组启程。

●越南总理阮晋勇在河内会见省长陈豪一行。

12 日

●全省稳增长政策措施落实推进会议在昆明召开。

14 日

●第 3 届南博会暨第 23 届昆交会全省动员电视电话会议在昆明举行。省长陈豪在会议上强调，要全力冲刺、精心筹备，确保盛会圆满成功。

●全省"十三五"规划编制工作领导小组在昆明召开会议。会议提出，要科学编制规划，推动云南实现跨越式发展。

15 日

●云报集团与腾讯公司签订战略合作协议，打造"互联网 + 微政务"移动平台，曲靖、丽江成为首批项目合作城市。

●中国工程院公布 521 名 2015 年院士增选有效候选人名单，其中云南有 5 人获得提名。

●云南党政新闻"第一端"——"云报"移动客户端正式上线。

●省政府与东方航空集团在昆明签署战略合作协议。

17 日

●《云南日报》报道：由中信集团旗下中证基金联合中信银行发起设立的"昆明棚改城市发展专项基金"，为昆明市巫家坝新中心棚户区改造项目提供首期基金融资 50 亿元，开启了云南省内 PPP 创新融资模式的序幕。

●《云南日报》报道：云南纳入先期输配电价改革试点范围，按"准许成本加合理收益"原则单独核定输配电价。

●省长陈豪率领云南省代表团抵达香港，开始为期一周的"合力打造面向南亚东南亚辐射中心暨深化滇港（澳、粤）产业合作"交流活动。

19 日

●云南锡业集团总经理高文翔代表中国首次出任国际锡协主席。

20 日

●省政府网站发布《云南省人民政府关于加快中药（民族药）产业发展的指导意见》，提出推进"云药之乡"建设，到 2017 年全省中药（民族药）总产值达到 900 亿元。

21 日

●云南省首个"众创空间"——"果林·众创空间"平台启动暨首批项目入驻签约仪式在昆明经济技术开发区举行。

23 日

●以"天赐普洱·世界茶源·传承文化·保护遗产"为主题的第二届两岸四地茶文化高峰论坛暨第十四届中国普洱茶节在普洱市开幕。

●上海市慈善基金会、云南省慈善总会、昭通市政府，在昆明举行"鲁甸地震灾后重建捐赠慈善培训'千人计划'签约"仪式，上海市慈善基金会向鲁甸捐赠恢复重建项目资金 2518 万元，并与昭通市政府签订慈善培训协议，启动沪滇两地慈善培训"千人计划"。

25 日

●省长陈豪在昆明会见缅甸电力部部长吴钦貌梭一行。

●《云南日报》报道：云南省完成现行地方性法规清理，建议废止法规和决议决定 11 件，修改法规 66 件。

26 日

●全省旅游产业发展大会在昆明召开。

●省委书记、省人大常委会主任李纪恒，省委副书记、省长陈豪在昆明会见到云南参观学习并开展佛事活动的班禅额尔德尼·确吉杰布一行。

27 日

●云南城投集团为第一大股东的云南水务投资股份有限公司在 H 股挂牌交易。

28 日

●省委召开常委会，审议并原则通过全省国民经济和社会发展"十三五"规划基本路线。

29 日

●省委召开党内情况通报会，通报 2014 下半年以来中央纪委和云南省查处的重大典型腐败案件情况。

6月

1日

●《云南日报》报道：省政府印发《关于进一步加强食品安全工作的意见》，提出完善监管体制，加强监管能力建设，提升全省食品安全水平。

●国务院第六督查组抵达云南，就国家重大政策措施落实情况进行督查。国家发展改革委主任、国务院第六督查组组长徐绍史主持汇报会。省委书记、省人大常委会主任李纪恒出席汇报会，省委副书记、省长陈豪代表省政府作汇报。

●省委副书记、省长陈豪在昆明会见中国医药集团总经理佘鲁林一行。

2日

●《云南日报》报道：昆明市2015年城市低保标准综合增加55元；农村低保标准综合增加25元和30元；农村五保集中供养标准综合增加80元和65元，分散供养标准综合增加65元和55元。

●省委组织部召开专家服务团工作座谈会，为云南省实现跨越式发展提供人才支持和智力保障。

4日

● 2015年云南环保世纪行活动在昆明启动。

●云南省农村土地承包经营权确权登记颁证工作领导小组会议在昆明召开。会议强调，稳定现有承包关系，依法依规推进确权登记颁证工作。

5日

●国务院督查组督查云南反馈会在昆明召开，反馈会强调，要确保中央政策措施全面落实到位。

●省委全面深化改革领导小组第十次会议召开，会议审议通过《云南省公务用车制度改革总体方案（送审稿）》和相关配套文件。审议通过《关于深化省属企业负责人薪酬制度改革实施方案（送审稿）》。

5~6日

●首届边疆民族地区军民融合深度发展论坛暨云南省军民融合深度发展任务部署会在香格里拉市举行，成都军区副司令员石香元，省委副书记、省长、省军民融合深度发展领导小组组长陈豪出席会议并讲话。

7日

●省政府与中国电信在昆明签署战略合作框架协议，提升云南信息化水平。省委书记李纪恒，省长陈豪会见中国电信集团总经理杨杰，并出席签约仪式。

●省委书记李纪恒与9位新任县委书记进行任职前集体谈话。

●沪昆高铁第一长隧——壁板坡隧道全线贯通。

8日

●新华泛亚金融信息中心在昆明揭牌。省委副书记钟勉，新华社副社长于绍良为中心揭牌，并出席“融入‘一带一路’战略建设面向南亚东南亚金融服务辐射中心”座谈会。

●第八届世界云南同乡联谊大会在“世界茶源”普洱市开幕。

8~9日

●省委书记李纪恒到部分中央驻滇新闻单位、省级媒体调研并主持召开座谈会，李纪恒强调，要当好党的喉舌，反映人民心声，为谱写好中国梦云南篇章凝聚强大正能量。

9日

●省委书记、省人大常委会主任李纪恒，省委副书记、省长陈豪，省委副书记钟勉在昆明会见中共中央台湾工作办公室、国务院台湾事务办公室主任张志军一行。

●省委书记、省人大常委会主任李纪恒，国务院台湾事务办公室主任张志军，省委副书记、省长陈豪，省委副书记钟勉在昆明会见台湾两岸共同市场基金会荣誉董事长萧万长一行。

●莫斯科至昆明的包机航线首航成功。

●《云南日报》报道：省政府出台《关于促进非煤矿山转型升级的实施意见》，促进非煤矿山转型升级。

10日

●第4届云台会在昆明开幕，省委书记李纪恒在开幕式上致辞。

●第七届GMS经济走廊活动周暨GMS经济走廊省长论坛在昆明开幕，省长陈豪和来自GMS

国家的十余位省市长和高官做主题演讲，论坛通过《2015年GMS经济走廊省长论坛共识》。

●第三届中国与大湄公河次区域国家媒体定期互访活动在昆明召开。

●《云南日报》报道：昆明铁路局与德宏后谷咖啡有限公司联合打造的昆明至欧洲咖啡国际货运专列签约仪式在昆明举行，此举结束了云南咖啡无国际铁路货运的历史。

11日

●省委书记李纪恒在昆明会见老挝总理通邢•塔玛冯一行。

●第七届大湄公河次区域（GMS）经济走廊论坛在昆明举行。论坛通过《大湄公河次区域经济走廊论坛部长联合声明》。

●第十三届东盟华商会在昆明开幕。

●国家副主席李源潮在昆明会见来华出席第3届中国—南亚博览会的马尔代夫总统亚明。

●中国—印度经贸旅游合作论坛在昆明开幕。省长陈豪、印度外交国务部长V.K.辛格出席开幕式并讲话。

●以“全面深化区域合作、主动融入国家战略”为主题的第六届川滇黔12市州合作与发展峰会在昆明召开。

12日

●《云南日报》报道：河北与云南经贸合作取得实效。两年来，河北企业与云南有关州市、企业共签署23项在滇合作协议，总投资额超过1000亿元，其中投资亿元以上项目10个。

●以“亲诚惠容、合作共赢”为主题的第3届中国—南亚博览会暨第23届中国昆明进出口商品交易会，在昆明滇池国际会展中心开幕。

●第3届南博会暨第23届昆交会首日外经贸签约69.7亿美元。

●第3届中国—南亚智库论坛在昆明开幕。

●第十届中国—南亚商务论坛在昆明举行。本次论坛以“推进‘一带一路’建设，加快企业合作”为主题。

●首届中国—南亚技术转移与创新合作大会在昆明开幕。

13日

●省委书记李纪恒在昆明会见由主席昂山素季率领的缅甸全国民主联盟代表团。

●第3届南博会暨第23届昆交会经贸合作项目签约仪式在昆明滇池国际会展中心举行。参加集中签约的共有299个项目，总金额3361.33亿元。

●省长陈豪在昆明会见中兴通讯集团董事长侯为贵一行。

●省长陈豪在昆明会见中国港中旅集团总经理姜岩一行。

●大湄公河次区域金融合作论坛在昆明举行。

●云报集团倡议建立“支持南博会媒体联盟”，南亚东南亚11个国家30余家媒体积极响应。

14日

●《云南日报》报道：云南省99%建制村通公路，农村公路里程数达19.78万公里。

15日

●《云南日报》报道：省政府网站发布的《省政府办公厅关于进一步做好2015年政府信息公开重点工作的通知》要求，各地各部门要充分认识政府信息公开工作的重要性和紧迫性，切实保障人民群众对政府工作的知情权、参与权、表达权和监督权。

●省委召开常委会，传达学习全国农村基层党建工作座谈会精神，强调不断推动农村基层党建焕发生机。省委书记李纪恒主持会议。

●省长陈豪主持召开省政府第65次常务会议。会议审议通过《云南省人民政府关于加强重大科研基础设施和大型科研仪器向社会开放的实施意见》。会议审议并原则同意《昆明曲靖玉溪楚雄滇中四州市通信资费调整方案》，审议通过了《云南省人民政府关于进一步动员社会各方面力量参与扶贫开发的实施意见》，审议通过了《云南省探矿权采矿权管理办法》和《云南省矿业权交易办法》。

15~17日

●省委书记、省人大常委会主任李纪恒率队赴贵州省学习考察，他强调，要学习贵州省经济社会发展的成功经验，闯出一条跨越式发展的路子来。

16日

●《云南日报》报道：2015年全省新闻发布工作会议提出，要建立健全新闻发布制度，有效服务改革发展。

●第3届南博会落下帷幕。经贸促进成效显著，累计实现外经贸成交251.9亿美元，同比增长19.8%；签订外来投资项目903个，签约金额

7850 亿元人民币，同比增长 10.8%；入场总人数 74 万人次，创历史新高。

17 日

●第 6 届“云南青年创业省长奖”座谈会在昆明举行，省委副书记、省长陈豪为获奖者颁奖并寄语全省青年，要让青春在创业中闪光，让梦想在奋斗中实现。

●省长陈豪在昆明会见了中国工商银行行长易会满一行。

19 日

●《云南日报》报道：“十二五”期间，共减少农村贫困人口 440 万人，贫困地区农民人均纯收入由 3747 元提高到 6314 元。

●省委召开常委会，传达学习习近平总书记在贵州召开的部分省区市党委主要负责同志座谈会上的重要讲话精神。会议强调，要兑现决不让贫困地区、贫困群众掉队的庄严承诺。

21 日

●《云南日报》报道：中央财政下达云南省 6 亿元专项资金，用于补助农村义务教育特岗教师工资，补助标准由每人每年 2.7 万元提高到 3.1 万元。

●《云南日报》报道：中共云南省委、云南省人民政府、云南省军区出台《关于进一步加强新形势下双拥工作的意见》。《意见》强调，要推进全省双拥工作创新发展，凝聚军心民心。

● 1699 幅唐卡在香格里拉市香巴拉坛城文化博览中心展出，此次展出打破了以往单次展出 1200 幅唐卡的吉尼斯世界纪录。

●首届“中国（昆明）·印度国际瑜伽日”活动举行，云南民大百人“秀”瑜伽。

22 日

●《云南日报》报道：全省城镇居民大病保险实现全覆盖。城镇居民大病保险年度起付线为 1 万元至 1.5 万元；城镇居民大病保险年度最高支付限额为 15 万元。

●《云南日报》报道：今年以来滇越铁路国际联运运量持续攀升。数据显示：3 月至 5 月，滇越铁路国际联运运送出境货物 5.66 万吨，是 2014 年全年运量的 18.8 倍。

23 日

●《云南日报》报道：云南省下发《关于进一步发挥失业保险稳定岗位促进就业作用有关问题的通知》，提出全省失业保险缴费自 3 月 1 日起下调为 2%；失业后创业者给予 3000 元创业补助；对特困失业人员给予实缴社保费 2/3 的补贴和最低工资标准 100% 的公益性岗位补贴。

●云桂铁路特长隧道实现贯通，2016 年全线建成通车，从昆明到南宁只需 5 小时。

●《云南日报》报道：世界首次采用大容量柔性直流与常规直流组合模式的背靠背直流工程——云南电网主网与南方电网主网异步联网工程正式开工建设。

●云南世界恐龙谷旅游股份有限公司成为云南省首家在新三板挂牌上市的旅游企业。

23~24 日

●全省扶贫开发工作会议在会泽县召开。国务院扶贫办党组书记、主任刘永富，省委书记、省人大常委会主任李纪恒出席会议并讲话。会议强调，以钉钉子精神，立下军令状，拿出硬措施，坚决打赢扶贫开发攻坚战。

24 日

●台风“鲸鱼”来袭，云南省东南部迎强降水，省委书记李纪恒、省长陈豪要求做好预案和防范。

●省委书记李纪恒在昆明会见韩国知名学者、韩国淑明女子大学原校长韩荣实博士一行。

25 日

●省委副书记、省长陈豪在省农业厅调研时强调，推动高原特色农业提质增效。

26 日

●由东航执飞的昆明—上海浦东—温哥华航线实现首航，成为云南始发的首条通往北美的洲际远程航线。

27 日

●《云南日报》报道：云南省推行参与式水土流失治理模式，4 年累计投资 7.38 亿元，治理水土流失面积 609 平方公里。

28 日

●《云南日报》报道：当地时间 6 月 26 日至 27 日，省委书记、省人大常委会主任李纪恒率云南省代表团前往捷克奥洛莫茨州考察访问，与奥洛莫茨州州长依日•罗兹博日尔共同签署协议，云南省与奥洛莫茨州正式缔结友好省州关系。

29日

●省纪委在昆明召开“9•10”专案情况通报会，通报云南省第一人民医院原院长王天朝等人违纪违法问题和案件查处情况。

30日

●《云南日报》报道：今年1至5月，全省固定资产投资（不含农户）4010.19亿元，同比增长9.7%。

●首批省政府部门权力清单和责任清单在省政府第66次常务会议审议通过，涉及10个部门和管理机构。

●省政协主席罗正富主持反腐倡廉建设专题辅导时要求，要增强意识，抓好学习，自觉筑牢拒腐防变思想道德防线。

7月

1日

●《云南日报》报道：当地时间6月29日，省委书记、省人大常委会主任李纪恒在特拉维夫会见了以色列著名企业家、慈善家，以色列控股集团控股股东依丹•奥佛尔。

●《云南日报》报道：当地时间6月30日，正在以色列考察访问的省委书记、省人大常委会主任李纪恒在耶路撒冷拜会以色列总统鲁文•瑞夫林。

●云南首趟中欧（昆明至荷兰鹿特丹）国际班列发车。

●云南省4位县委书记在北京参加完全国优秀县委书记表彰会议、并受到习近平总书记接见后，载誉归来。

2日

●深圳市鹏瑞地产开发有限公司向云南省扶贫开发重点县部分乡镇卫生院捐赠价值2000万元的医疗设备。省委副书记、省长陈豪出席捐赠仪式并看望基层医疗工作者。

●金融支持红河州重点项目建设座谈会暨签字仪式在蒙自市举行，共签约融资金额476.18亿元。

●《云南日报》报道：省财政下达76.6亿元，专项用于帮助州（市）、县（市、区）落实工资改革政策和养老保险并轨改革政策的补助。

●《云南日报》报道：陆良县建成全省首个智能水利灌溉系统。

3日

●云南省领导干部时代前沿知识讲座第90讲在昆明举行。交通运输部党组副书记、副部长翁孟勇作题为“三大战略下的交通运输发展”专题讲座。

●《云南日报》报道：云南省制定出台《云南省依法推进建筑业参加工伤保险的工作方案》和《实施建筑业等高风险企业“同舟计划”工作方案》，要求自2015年起，全面依法推进实施为期3年的“同舟计划”。

●省政协主席罗正富在昆明会见由老挝党中央委员、建国阵线常务副主席董叶陶率队的代表团一行。

4日

●《云南日报》报道：盈江地震受损民房拆除重建全部完成，拆除重建补助资金已发放1.9亿余元，占应发放数的91.03%。

5日

●《云南日报》报道：滇越铁路国际联运开启国际物流新模式，首批来自土库曼斯坦的760吨硫黄抵达开远市。

●《云南日报》报道：“云蔗05-51”正式在美获准登记，成为全国首个在《植物登记杂志》登记的甘蔗新品种。

●《云南日报》报道：2014年云南白药全年实现营业收入188.14亿元，同比增长30亿元。云南白药集团销售过亿的产品达11个，有143个品种进入国家医保目录。

5~7日

●副省长丁绍祥率队赴内蒙古自治区衔接烟草工作，双方签署《云南省人民政府内蒙古自治区人民政府深化烟草产业合作框架协议》。

6日

●《云南日报》报道：红河《哈尼古歌》入驻世博会。

●《云南日报》报道：省政府发布《关于规范全省各级政府部门行政审批行为改进行政审批有关工作的通知》，确保行政审批在法治轨道运行。

7 日

●《云南日报》报道：全省已确认家庭承包耕地 358 万亩，农村土地承包经营权确权登记颁证工作的政策和组织体系基本成型。

8 日

●省委召开常委会，传达学习全国优秀县委书记表彰会议精神。会议强调，要以榜样的力量激励广大干部干事创业。

9 日

●省委书记、省人大常委会主任李纪恒在昆明会见韩国国会副议长、中韩议会定期交流机制韩方主席郑甲润一行。

●全省发展中医药大会在昆明召开。

10 日

●省长陈豪主持召开省政府第 67 次常务会议。会议审议并原则通过《云南省人民政府关于全面建立临时救助制度的实施意见》《云南省人民政府办公厅关于进一步加强乡村医生队伍建设的实施方案》《云南省人民政府办公厅关于进一步加快地理信息产业发展的实施意见》和《关于进一步提高用地审批效率为经济社会发展服务的意见》。

● 2015 中国昆明泛亚石博会在昆明国际会展中心开幕。

●省委书记、省人大常委会主任李纪恒在滇中产业新区调研时强调，滇中产业新区要解放思想、真抓实干、敢于担当、不辱使命，齐心协力推进新区跨越发展。

●省委书记李纪恒在昆明与省内 4 位全国优秀县委书记交流座谈，李纪恒希望大家始终做到躬身做官、挺腰做人，为官一任、造福一方。

12 日

●《云南日报》报道：云南在国内率先开展省级电力市场化交易试点。云南电力市场化交易工作得到国家发改委的肯定，并将《2015 年云南电力市场化工作方案》在全国范围内专题刊发，要求各地区结合各自实际，认真研究借鉴。

13 日

●《云南日报》报道：省政府下发《云南省五大基础网络 2015 年建设计划》，明确 2015 年全省五大基础网络建设的规划。路网建设计划完成投资 987 亿元；水网建设计划完成投资 340.8 亿元；航空网建设计划完成投资 31 亿元；能源保障网建设计划完成投资 1000 亿元；互联网建设计划完成投资 90 亿元。

13~15 日

●全省上半年工作汇报暨园区建设会议在保山市召开。会议强调，鼓足干劲抓落实，全力冲刺下半年，确保实现经济社会发展主要目标。

15 日

●省政府打私办在昆明集中销毁查获的近 600 吨走私冻肉。

●《云南日报》报道：1 ~ 4 月，云南机场集团货邮吞吐量 11.53 万吨，同比增长 12.7%；其中昆明机场货邮吞吐量 10.58 万吨，同比增长 10.7%。

●省委书记、省人大常委会主任李纪恒在昆明会见新加坡驻华大使罗家良一行。

16 日

●国务院下发《关于同意设立云南勐腊（磨憨）重点开发开放试验区的批复》，这是云南省继瑞丽之后第二个国家级重点开发开放试验区。

17 日

●第四届中国聂耳音乐（合唱）周在玉溪聂耳大剧院拉开帷幕。

●《云南日报》报道：《云南省人民政府关于推动产业园区转型升级的意见》正式出台。《意见》明确，坚持 5 个原则和定位、实现 7 个目标、开展 10 项重点任务。同时，省政府办公厅配套出台《云南省省级以上工业园区考核办法》，促进园区经济健康发展。

●《云南日报》报道：省公安厅制定实行《群众举报暴力恐怖犯罪线索奖励办法》，举报暴力恐怖犯罪最高奖励 20 万元。

●省统计局召开上半年全省国民经济运行情况通报会。全省生产总值 (GDP) 完成 5417.5 亿元，同比增长 8.0%，其中第一产业增加值 526.26 亿元；第二产业增加值 2396.59 亿元；第三产业增加值 2494.65 亿元。全部工业增加值 1847.87 亿元，增长 6.2%；建筑业增加值 551.92 亿元，增长 15.0%。

●中共中央政治局常委、国务院副总理张高丽在越南考察云南建工集团承建的越中友谊宫项目时提出，要把项目建设成为示范工程、友谊工程。

19 日

●《云南日报》报道：南方电网重点工程 500 千伏滇南外送二回通道输变电工程全面建成投运。

●《云南日报》报道：中国人民银行昆明中心支行发布 2015 年上半年云南省金融运行情况：存款余额 2.39 万亿元，同比增长 6.53%；贷款余额 2.02 万亿元，同比增长 16.25%；新增中长期贷款 832.75 亿元，同比增加 152.91 亿元；个人消费贷款余额 2978.65 亿元，比年初新增 209.16 亿元。

20 日

●省委、省政府与国家交通运输部在京举行工作会谈时强调，希望交通运输部进一步加强对云南的指导，在“十三五”规划中给予云南更大支持，助推云南交通网络实现内畅外联。

●省委、省政府与国家民用航空局在京举行工作会谈时强调，希望国家民航局加大对云南的支持，推动云南从民航大省向民航强省转变。

●《云南日报》报道：澄江使用生态立县、农业稳县、工业强县、旅游富县和开放活县 5 大战略与涉及澄江的 11 个滇中城市经济圈项目来打造旅游休闲胜地。其中 11 个项目总投资共 607.5 亿元，2015 ~ 2016 年计划投资 77 亿元。

21 日

●省委、省政府在北京与国家住房和城乡建设部举行工作座谈。会议强调，要全面加快农村危房改造和抗震安居工程建设，合力推动云南城乡生态和人居环境全面建设。

●省委、省政府在北京与国家发展和改革委员会举行工作会谈时强调，要超前谋划，推动云南实现跨越发展。

●省委、省政府与国家铁路局在北京举行工作座谈，双方就共同构筑面向南亚东南亚铁路运输大通道，更好地服务国家发展战略等工作进行了磋商。

22 日

●省委、省政府与国家开发银行在京签署《支持云南建设面向南亚东南亚辐射中心战略合作备忘录》，并举行工作座谈。

●省人社厅印发《云南省人力资源和社会保障厅关于调整最低工资标准的通知》，将全省一、二、三类地区月最低工资标准分别从 1420 元、1270 元、1070 元调整为：1570 元、1400 元、1180 元。

23 日

●《云南日报》报道：2015 年上半年全省全体居民实现人均可支配收入 7051 元，同比增长 10.1%，高于全国平均 1.1 个百分点。

24 日

●省长陈豪主持召开省政府第 68 次常务会议。会议审议通过《云南省人民政府关于进一步做好新形势下就业创业工作的实施意见》《关于建设全省投资审批中介超市的实施方案（送审稿）》和《云南省投资审批中介超市管理暂行办法（送审稿）》。

25 日

●滇沪商务合作签约仪式在昆明举行。省商务厅与上海市商务委员会，滇中产业新区与上海漕河泾新兴技术开发区，云南农垦集团与光明集团等 20 个合作项目在仪式上签约。

26 日

●北汽云南瑞丽汽车有限公司产品下线仪式在瑞丽畹町举行，首批下线产品车型为小型 MPV 和 SUV。

●《云南日报》报道：2015 年上半年全省完成水利建设投资 170.02 亿元，占全年目标任务的 56.67%，比去年同期增加 2.42 亿元。

27 日

●《云南日报》报道；截至 2015 年 6 月 30 日，云南省注册地理标志证明商标总数达 128 件。

●《云南日报》报道：全省已在滇中产业新区和昆明、曲靖、玉溪、红河、保山、德宏 6 个州市实施“三证合一”“一照一码”登记制度。

28 日

●全省加快民营经济发展工作会议在昆明召开。会议强调，要释放大众创业、万众创新活力，汇聚民资民智民力，推动全省民营经济发展实现新跨越。

●云南省庆祝中国人民解放军建军 88 周年座谈会暨军事日活动在昆明举行。会议指出，要按照“四个全面”战略布局，加快推进国防和军队建设，开创强军兴军和双拥工作新局面。

29 日

●省委决定，程连元任昆明市委委员、常委、书记。

●省委召开常委会议，传达学习习近平总书记等中央领导有关重要讲话精神，听取云南省2015年第一轮巡视情况汇报。会议强调，要坚定不移地把全省反腐败斗争推向深入。省委书记李纪恒主持会议。

30日

●省十二届人大常委会第十九次会议通过《云南省人民代表大会常务委员会关于批准云南省2015年省本级一般公共预算调整方案的决议》，根据调整方案，2015年省本级一般公共预算增加49.3亿元，主要用于经济建设、产业发展及民生保障领域。

●省委、省政府在普洱市西盟佤族自治县召开全省农村危房改造和抗震安居工程启动大会。

31日

●省长陈豪在昆明会见保加利亚、阿尔巴尼亚、捷克、爱沙尼亚、立陶宛、马其顿、黑山、罗马尼亚、塞尔维亚、斯洛伐克等中东欧国家总统总理顾问代表团一行。

●省委副书记钟勉主持召开省扶贫开发领导小组专题会议和省“领导挂点部门包村干部帮户”“转作风走基层遍访贫困村贫困户”工作联席会议第一次会议，会议形成《省级部门责任分工方案》和《省级部门（机关）、企事业单位和中央驻滇单位扶贫攻坚挂联县方案》。

●省政府在昆明召开全省深入实施兴边富民工程改善沿边群众生产生活条件三年行动计划启动工作视频会议。省长陈豪强调，启动实施“三年行动计划”，使沿边群众率先实现小康。

8月

1日

●《云南日报》报道：由云南省旅游发展委员会主办、昆明中国国际旅行社和新加坡国际旅行社共同承办的云南旅游推介会在新加坡费尔蒙酒店成功举办。

●《云南日报》报道：第十八届中央候补委员、云南省委原副书记仇和，因严重违纪违法被开除党籍和公职。

2日

●《云南日报》报道：云南正式开通ETC全国联网，持“云通卡”可在已实现ETC全国联网22个省市通行ETC车道。

●《云南日报》报道：省政府门户网站发布《云南省人民政府关于科学开展“四规合一”试点工作的指导意见》，决定2015年在全省16个州市和滇中产业新区各选择1个县市区试点开展国民经济和社会发展总体规划、城乡规划、土地利用总体规划、生态环境保护规划“四规合一”试点工作。

●《云南日报》报道：1～6月，全省公路水路交通完成投资346.74亿元。

●《云南日报》报道：云南省食品药品监督管理局出台《云南省食品生产监督检查员管理办法》，正式建立食品生产监督检查员制度。

3日

●《云南日报》报道：云南省航空运输增长快，上半年起降架次同比增长12.8%，旅客吞吐量增长21.7%，货邮吞吐量增长15.9%。

●石屏17岁跳水小将杨昊斩获首个世锦赛混双3米板冠军。

●曲靖市委、市政府、云南建工集团和中国农业发展银行云南省分行签署战略合作协议，首创云南省在推进新型城镇化建设过程中，政、企、银三方共同发力，实现三赢的全新模式。

4日

●《云南日报》报道：《云南省国家公园管理条例（草案）》提交云南省十二届人大常会议第十九次会议进行首次审议，标志着全省在建立完善国家公园管理体制的实践中迈开了地方立法步伐。

●省政府与上海浦东发展银行在昆明举行战略合作框架协议签字暨浦发银行昆明离岸业务创新中心揭牌仪式。省委副书记、省长陈豪会见了上海浦发银行董事长吉晓辉一行，并共同出席签字和揭牌仪式。

5日

●《云南日报》报道：2015年1月至6月，全省新批境外投资企业48家，对外实际投资5.69亿美元，同比增长14%。

●《云南日报》报道：中国科学院昆明动物研究所药物安全评价中心获得国家食品药品监督管理总局颁发的药物GLP认证批件。

●腾冲县撤县设市获民政部正式批复，腾冲市将由云南省直辖，保山市代管。

6日

●《云南日报》报道：大理市生活垃圾处置城乡一体化系统工程、北京地铁4号线项目、江西峡江水利枢纽工程项目等13个项目成为示范性PPP项目案例。

7日

●云南省正式启动网上公开巡查执法检查工作，将及时依法查处和教育网上不文明、网络犯罪等行为。

●云南文化顶级盛宴——“创意云南2015文化产业博览会”在昆明国际会展中心开幕。

●《云南日报》报道：玉溪市“互联网+城市服务”正式开通，成为全省首个也是西南地区唯一开通“互联网+城市服务”的州市。

●《云南日报》报道：云南4年累计投入财政专项扶贫资金183.18亿元，让400万农村贫困户人口脱贫。

8日

●《云南日报》报道：红河岩堰塞湖整治工程启动，规划设计整治工程为具有供水、灌溉、防洪、发电等综合效益的大（2）型水利枢纽工程。工程建设征地涉及会泽县、鲁甸县和巧家县共3个县11个乡34个村委会，建设征地1.2万多亩。

●“德宏号”文化旅游列车首发，运营里程2620公里，途径黔、赣、沪等6个省市。

●云南省首家混合所有制企业、注册资金4亿元的昭通金融控股集团有限公司在昭通成立。

●《云南日报》报道：《瑞丽重点开发开放试验区口岸发展规划（2013～2022年）》获省政府批复。

●“中国葫芦丝之乡”——梁河首届葫芦丝全国大赛在梁河县拉开帷幕，来自全国的610名葫芦丝爱好者参加比赛。

8~10日

●2015年中老缅泰第二届“平安航道”联合扫毒行动中期推进会在景洪市召开。

11日

●《云南日报》报道：云南省首台配备齐全的移动体检大巴车开进安宁市温水村，为村内65岁及以上的老年人免费体检。

●《云南日报》报道：玉溪市区域卫生信息平台顺利通过国家医疗健康信息互联互通标准化成熟度测评，成为全国通过测评授牌的10个城市之一。

●全国社会主义学院系统理论研讨会暨中国政党制度研究中心第13届年会在昆明召开。

13日

●西双版纳州农业局与老挝南塔省自然资源与环保厅，在湄公河支流南塔河鱼类资源保护区，进行首次中老边境南塔湄公河渔业资源增殖放流活动。

●国务院、中央军委命令：云南省副省长、省公安厅厅长张太原兼任武警云南总队第一政治委员。

14日

●《云南日报》报道：昆明供电局110千伏华晨输变电工程顺利投产，该变电站是云南省首个3C绿色变电站。

15日

●省政府办公厅向全省印发《关于全面开展安全生产大检查深化“打非治违”和专项整治工作的通知》，要求全面开展安全生产大检查，深化“打非治违”专项整治。

18日

●《云南日报》报道：玉溪市和通海县分获2014年度全省“三农”发展综合考评排名第一，高原特色农业支撑作用显现。

●《云南日报》报道：在中科院昆明植物研究所和中科院北京植物所的努力下，成功繁育出漾濞槭。其中，将有200株漾濞槭从昆明植物园迁回漾濞县种植。

●省长陈豪主持召开省政府第69次常务会议，会议审议通过《云南省人民政府关于加强口岸工作推进大通关建设的实施意见》和《云南省人民政府关于进一步加强财政资金管理的规定》。

19日

●《云南日报》报道：国家科技支撑计划项目“云南天然橡胶产业关键技术研究与集成示范项目”在北京通过科技部验收。

20日

●省政府与中国保监会在昆明就发展现代保险服务业、促进云南面向南亚东南亚辐射中心建设签署战略合作备忘录。

●《云南日报》报道："五味子化学研究"荣获2014年度云南省科学技术奖自然科学特等奖。

21日

●全省扶贫攻坚"挂包帮""转走访"工作动员会在昆明召开，40万名干部转作风走基层，遍访全省贫困村贫困户。

●滇黔桂三省区政协主席联席会议在昆明召开，会议围绕"服务国家'一带一路'战略，加快推进孟中印缅经济走廊建设，提升滇黔桂民族地区交通基础设施建设水平"主题进行交流讨论。

22日

●水利部、国家林业局组织有关部委及云南、广西、贵州三省区，在云南省文山州召开滇桂黔石漠化片区区域发展与扶贫攻坚推进会。

22~23日

●中国共产党云南省第九届委员会第十一次全体会议在昆明举行。全会由省委常委会主持。全会审议通过《中共云南省委关于落实全面从严治党要求建设忠诚干净担当高素质干部队伍的决定》。

23日

●《云南日报》报道：全省特殊教育在校生2.1万人，残疾儿童入学率91.36%，提前实现特殊教育提升目标。

27日

●《云南日报》报道：迪庆州天然林禁伐以来，森林覆盖率从不到50%上升到70%以上，植被覆盖率超过86%。实施退耕还林工程15年，累计完成退耕还林工程建设近40万亩，国家累计投入退耕还林政策补助4.3亿多元。

●省委召开常委（扩大）会议，专题传达学习中央第六次西藏工作座谈会和中央领导重要讲话精神，研究全省贯彻落实意见。

28日

●省委召开常委会议，研究进一步加强巡视工作和干部选拔任用工作。会议强调，要提高巡视工作的科学化、制度化和规范化水平，用制度法规推进干部能上能下。

29日

●首部哈尼族舞剧《诺玛阿美》在蒙自新落成的红河大歌剧院精彩亮相。

30日

●《云南日报》报道：中国企业联合会、中国企业家协会联合发布"2015中国企业500强榜单"，云南共有红塔烟草(140位)、红云红河(159位)、云天化（189位）、云南冶金（270位）、昆明钢铁（301位）、云南建工（305位）、云南能投（349位）7家公司上榜，7家营业收入总额达到4259.56亿元。

31日

●《云南日报》报道：云南省新增23件中国驰名商标。

●中老两国政府正式签署《中国老挝磨憨—磨丁经济合作区建设共同总体方案》，决定在中国云南省和老挝南塔省建设和发展"中国老挝磨憨—磨丁经济合作区"。

●全省五大基础设施网络建设5年大会战暨滇中城市经济圈高速公路网建设动员大会在昆明召开。

9月

1日

●省委书记李纪恒在昆明主持召开部分州市和滇中产业新区"十三五"时期经济社会发展座谈会。会议强调，要强化协同发展，促进转型升级。

●省政府在昆明召开全省城乡规划工作计划会议。省长陈豪在会上强调，要努力提高城乡规划工作水平，促进城镇化建设和城乡一体化发展。

●昆明、曲靖、玉溪、楚雄4州市实现通信一体化，互打电话免长途通话费、漫游费。

2日

●省政府举行"政府与社会资本合作模式（PPP）"专题集体学习，提出要结合实际加快PPP推广运用工作。

●省长陈豪主持召开省政府第70次常务会议。

会议审议通过《云南省人民政府关于加快发展服务贸易的实施意见》《云南省生态保护与建设规划》《关于在公共服务领域加快推进政府和社会资本合作模式的实施意见》《云南省人民政府关于2015年加快推进新型城镇化的实施意见》和《云南省人民政府关于提高政府宏观调控能力的实施意见》。

4日

●省委书记李纪恒在昆明会见缅甸总统吴登盛。

●云南省纪念中国人民抗日战争暨世界反法西斯战争胜利70周年大会在腾冲市举行。

●省委书记李纪恒，省长陈豪在昆明会见老挝人民革命党中央总书记、国家主席朱马里·赛雅颂一行。

7日

●参加纪念中国人民抗日战争暨世界反法西斯战争胜利70周年阅兵式的第14集团军百团大战“白刃格斗英雄连”英模部队方队500余名官兵圆满完成阅兵任务，乘坐Z53次列车回昆。

8日

●省政府在上海举办新闻发布会，发布举办2015云南高原特色农业（上海）推介会相关情况，160家云南省省内农产品生产企业参加展销。

10日

●省纪委召开常委会，专题学习中共中央政治局常委、中央纪委书记王岐山重要讲话，传达中央纪委有关通报。会议要求，切实承担起全面从严治党的政治责任，强化责任追究，把从严治党落到实处。

11日

●云南省发布2015年百强企业名单，红塔集团居百强企业首位，俊发地产位居百强民营企业首位。

●《云南日报》报道：《文山州德厚水库工程可行性研究报告》获国家发改委正式批复。

●省政府主办、为期3天的2015云南高原特色农产品（上海）推介活动在上海市农业展览馆开幕。

12日

●“云南省纪委省监察厅网站手机客户端”开通上线。

13日

●在全国第九届残运会暨第六届特殊奥林匹克运动会开赛首日上，云南代表团在田径和游泳赛场夺得9金6银3铜。泳将邹连康打破世界纪录并夺金。

●云南省湖泊领域第一个院士工作站——孟伟院士工作站在省环境科学研究院举行揭牌仪式。

●《云南日报》报道：国家质检总局发布公告，批准对云南省的富民杨梅、大姚核桃、撒坝火腿、禄丰香醋、广南八宝米、东川面条（东川挂面）、福贡云黄连7个产品实施地理标志产品保护。

●《云南日报》报道：云南省《工业企业能效领跑者制度实施方案》出炉，初选煤炭、火电、黄磷、电石、合成氨、钢铁、焦炭、工业硅、电解铝、铅锌、水泥、白砂糖、卷烟等13种产品实施能效“领跑者”制度。

14日

●省政府在昆明召开命名大会，授予临沧市公安边防支队“缉枪缉毒英雄集体”荣誉称号。

15日

●《云南日报》报道：国家林业局公布全国127家单位为“2014至2015国家林下经济示范基地”，云南省南华县、凤庆县、宜良县、玉龙县和云南富滋农业科技开发有限公司共5家单位榜上有名。

●位于芒市帕底工业园区的高达化工CNG加气母站顺利通气投产，这是云南省第一座通气投产的压缩天然气加气母站。

15~16日

●丽江市华坪县遭遇一起特大暴雨山洪灾害，造成全县4.2万人受灾，5人遇难，8人失踪，2人失联。省委书记李纪恒，省长陈豪要求全力以赴搜救失联群众、救治伤员；及时转移安置受灾群众；全面开展抗洪救灾工作；相关部门密切监测灾情，排查并有效消除地质灾害隐患。

15~17日

●江苏省省委书记、省人大常委会主任罗志军和省委副书记、省长李学勇分别会见由云南省委副书记、省长陈豪率领的云南省学习考察团一行并举行座谈会，就进一步深化苏滇合作，推动区域协同发展进行交流。

17 日

●全省推进旅游厕所革命暨乡村旅游与旅游扶贫推进工作会在石林召开。会议提出，2015 年底，全省旅游厕所将全部对旅游和公众免费开放，并用 3 年时间在全省新建、改建 2045 座旅游厕所。

17~18 日

●浙江省省委书记、省人大常委会主任夏宝龙，省委副书记、省长李强分别会见率团在浙江学习考察的云南省委副书记、省长陈豪一行。

18~19 日

●省委副书记钟勉率云南省代表团出席在广西壮族自治区南宁市举行的第十二届中国—东盟博览会和中国—东盟商务与投资峰会。

19 日

●以“高原特色农业、开放合作发展”为主题的第 11 届昆明泛亚国际农业博览会，在昆明国际会展中心开幕。

20 日

●云南省首批 3 个型号的 3D 打印机在昆明高新区云南增材佳维科技有限公司下线。

21 日

●云南省水利“十二五”规划大型重点项目德厚水库工程在文山州文山市马塘镇正式开工。

●省长陈豪在昆明会见泰国清莱府府尹蓬萨 • 旺萨蒙一行。

24 日

●省委书记李纪恒在昆明会见加拿大驻华大使赵朴及夫人一行。

●省委书记李纪恒在昆明会见缅甸国防军副总司令梭温一行。

●省政府在昆明举行 2015 年云南省外国专家“彩云奖”颁奖典礼，授予 10 位在滇工作的外国专家“彩云奖”。

25 日

●省政府在昆明举行 2014 年度云南省科学技术奖励暨第四届“兴滇人才奖”表彰大会。

26 日

●省政府与大连万达集团战略投资合作框架协议签署仪式、万达西双版纳国际度假区项目运营启动仪式在西双版纳州举行。

28 日

●第三届中国云南—缅甸合作论坛在昆明举行。

●中国（昆明）南亚东南亚研究院在昆明揭牌成立。

29 日

●滇中引水工程勘察试验性工程动工仪式在丽江主会场和楚雄、大理分会场同时举行。该工程位列国家确定的 2020 年前开工建设的 172 项重大水利工程十大标志性工程之首，是云南省五大基础设施网络建设 5 年大会战中水网基础设施建设的关键工程。

●云南省举行“三证合一、一照一码”登记模式全面启动仪式，“一窗受理、一站式审批、一条龙服务”办理营业执照在全省全面实行。

30 日

●省委、省政府和昆明市委、市政府在昆明抗战胜利纪念堂人民英雄纪念碑广场隆重举行 2015 年公祭烈士活动。

31 日

●省委开放型经济体制改革专项小组第一次工作（全体）会议在昆明召开。会议提出构建开放型经济新体制，闯出云南大开放新路子。

●《云南日报》报道：云南省推进工商注册制度便利化 1 个月以来显现投资创业活力，新登记内资企业同比增长 67%。

●亚太经合组织（APEC）第四十七届能源工作组会议中国低碳发展研讨会在昆明召开。2013 年云南省可再生能源在一次能源消费中的比重约占 45%，而我国向国际社会承诺到 2020 年非石化能源消费比重为 15%，云南已成为我国低碳能源消费名列前茅的省份。

●《云南日报》报道：云南省第一人民医院和威高管理学院签署合作协议，中国护理管理人才培养项目院级培训工作在省一院正式启动，这是该项目首次落户云南。

10 月

1 日

●中国石林首届国际阿诗玛文化节在国家 5A

级石林风景名胜区揭幕，来自各地的99对新人、伉俪，以及文化界、演艺界学者、专家参加活动。

●《云南日报》报道：云南省首个国门联合党工委——中国共产党关累港口联合工委，在勐腊县关累港正式揭牌成立。

● 2015 年上海民族民俗民间文化博览会在上海东亚展览馆拉开帷幕，七彩云南主题展亮相上海民博会。

2 日

●《云南日报》报道：云南省重点工程——大渔互通式立交建设项目在昆明滇池国家旅游度假区大渔片区开工。

3 日

●《云南日报》报道：在财政部公布的第二批 PPP 示范项目清单中，云南省共有 18 个项目入选，均为基础建设项目。

4 日

●首批“瑞丽制造”摩托下线。

5 日

●《云南日报》报道：双（柏）新（平）公路举行工程启动仪式。

●《云南日报》报道：在个旧市大屯镇新瓦房村的“超级杂交水稻个旧示范基地”，百亩连片水稻攻关田种植基地以 1067.5 公斤刷新了百亩连片平均亩产水稻的世界纪录。

●《云南日报》报道：弥勒市“红河水乡”旅游项目 4 亿元贷款获得国家开发银行总行贷委会审议通过。该项目作为全省第一个以民营资本为主的 PPP 项目，成为国开行总行在全国范围支持的第一个 PPP 旅游示范项目，也是在云南省支持的第一个 PPP 项目。

●云南冶金集团在有色冶金新材料领域取得 4 项重大科技突破，其分别为批量稳定生产电子级多晶硅、氯化法钛白粉生产工艺、超薄铝箔生产工艺和铝—空气电池研发技术。

●昭通市大山包一级公路开工仪式在昭阳区永丰镇三甲村举行，这标志着云南省首个国省干线改造 PPP 合作项目正式启动。

6 日

●《云南日报》报道：云南省初步形成支撑花卉产业的科技创新链，鲜切花产量占全国 75% 以上份额；花卉品种申请数和授权数占全国 80% 以上；新品种研发和品种种类均居全国第一；玫瑰、康乃馨、菊花等种业占国内 60% 以上市场份额；昆明国际花卉拍卖交易中心日交易能力 900 万枝，日交易量亚洲第一。

8 日

●昆明地铁 1 号线支线白龙潭公园站—白龙潭俊园站盾构区间双线顺利贯通。

●省政协主席罗正富在昆明会见以泰国九属会馆主席蔡汉强为团长的泰国侨领代表团一行。

9 日

●云南省出台研发经费投入补助办法。

●云南省阳宗海旅游度假区和西双版纳度假区创建为首批国家级旅游度假区。

10 日

●以“民族团结进步，创业创新共富”为主题的第十五届全国“村长”论坛在丽江市开幕。

11 日

●省委、省政府在昆明召开全省工业转型升级座谈会。省委书记李纪恒主持会议并讲话。会议强调，要推进全省工业转型发展，努力建设生态工业强省。

●长江经济带覆盖的上海、江苏、浙江、安徽、江西、湖北、湖南、四川、重庆、云南、贵州 11 省市旅游部门领导齐聚上海，共同签署了长江经济带旅游产业合作宣言。

12 日

●由云天化集团与以色列化工集团合资成立的云南磷化集团海口磷业有限公司在昆明揭牌成立。

●省委召开常委（扩大）会议，传达学习习近平总书记等中央领导在中央办公厅报送的《云南实现跨越式发展亟需超常施策——习近平总书记云南考察回访调研报告》上的重要批示精神，研究云南省贯彻落实《回访调研报告》的具体措施和任务分工方案。会议审议并原则同意《关于落实〈回访调研报告〉重点工作任务的分工方案》。

●省关工委工作会议在昆明召开。会议提出，继续弘扬“五老”精神，以实际行动为青少年做好各方面服务工作，把关心下一代工作做深、做细、做实、做好。

13 日

●全国机关党建工作座谈交流会在昆明召开。省委书记李纪恒出席会议并讲话。会议强调，要着力解决机关党建工作中存在的深层次问题，把机关党建从严治党责任落到实处。

14 日

●《云南日报》报道：《云南省公务用车制度改革总体方案》及配套文件出台，标志着云南省公务用车制度改革进入全面实施阶段。

15 日

●滇中新区领导干部会议在昆明召开。省委书记李纪恒在会议上强调，要立足新起点、抢抓新机遇，推进新区建设发展不断取得新突破，全力谱写滇中新区发展新篇章。

●省委书记、省委全面深化改革领导小组组长李纪恒主持召开省委全面深化改革领导小组第十三次会议并讲话，李纪恒强调，改革要更加精准地对接发展所需、基层所盼、民心所向，确保按期完成全年各项改革任务。

●《云南日报》报道：丽江市通过制定和落实《丽江市市级领导扶贫攻坚联县挂乡包村方案》和《丽江市市直机关、企事业单位、省属驻丽单位扶贫攻坚挂乡包村方案》，实现了全市 5 个区县、51 个乡镇、101 个贫困村、12 万贫困群众“挂包帮”全覆盖。

●以“跨界 • 融合 • 分享”为主题的 2015 第二届云南省互联网大会在昆明召开。《2015 年上半年云南省互联网络发展状况报告》在会上发布。《报告》显示，截至 2015 年 6 月，云南省网民规模达 1666.2 万人。

16 日

●省政府在昆明召开全省 2015 年第三季度经济形势分析会，省长陈豪强调，要坚定信心，狠抓落实，确保完成各项目标任务，努力实现“十二五”圆满收官。

●云南红塔集团有限公司发布公告，由云南合和（集团）股份有限公司对云南红塔集团有限公司进行吸收合并，此举标志着云南中烟旗下的非烟产业整合顺利完成。

10~16 日

●全国政协副主席李海峰率全国政协调研组在滇就全国政协重点提案《支持云南发挥先导作用，推进孟中印缅经济走廊建设》开展督办调研。

17 日

●《云南日报》报道：云南远东水泥有限责任公司、华新红塔水泥（景洪）有限公司、曲靖市宣威宇恒水泥有限公司、哈尔滨电机厂（昆明）有限责任公司 4 家企业获得中国质量认证中心颁发的低碳产品认证证书，成为云南省首批通过低碳产品认证的企业。

18 日

●《云南日报》报道：经云南省人民政府与国家民委、教育部协商，决定共建云南民族大学。由此，该校成为云南省唯一一所委、部、省共建大学。

19 日

●《云南日报》报道：省政府办公厅发布《关于鼓励引导社会资本参与农田水利设施建设运营管理的意见》，鼓励社会资本通过独资、合资、联营等途径，采取政府和社会资本合作（PPP）、委托运营、债转股等多种方式，参与农田水利设施建设、运营和管理。

20 日

●纪念中国世界遗产 30 周年、联合国教科文组织 70 周年暨建立国家公园体制专题研讨会在澄江举行，住建部在会上发布《中国世界自然遗产事业发展公报》。

22 日

●《云南日报》报道：前三季度，云南生产总值（GDP）完成 8897.37 亿元，同比增长 8.3%。其中，第一产业增加值完成 1118.49 亿元，同比增长 5.7；第二产业增加值完成 3656.78 亿元，同比增长 7.8%；第三产业增加值完成 4122.1 亿元，同比增加 9.6%。

●中国银行云南省分行在昆明举办“中国银行跨境人民币指数发布暨人民币国际化业务推介会”，会上中国银行总行发布中国银行 2015 年 8 月跨境人民币指数（CRI），这是该指数首次在云南发布。

23 日

●以“加快全省养老服务业发展”为主题的省政协第八届民生论坛在昆明举行。

●云南省公路开发投资有限责任公司 2016 年高速公路项目融资推介会在昆明举行。省公路投资公司与 10 家金融机构签订《项目融资合作协议》，签约金额近 700 亿元。

26 日

●《云南日报》报道："十二五"期间，云南省新增河口公路、丽江机场、勐康、都龙 4 个口岸。至 2015 年 10 月，云南省共有 24 个口岸。其中，由国务院批准开放的国家一类口岸 17 个，省政府批准开发的二类口岸 7 个。全省边境口岸中对越南开放 6 个口岸，对老挝开放 2 个口岸，对缅甸开放 11 个口岸。

28 日

●《云南日报》报道：云南省 2015 年第二轮巡视成效明显，发现各类问题 185 个，领导干部违纪违法问题线索 39 条。

●《云南日报》报道："十二五"期间，全省农业经济总量大幅增加。农业部门数据显示，2014 年，全省农牧渔业总产值达 2958 亿元，居全国第 14 位，全省粮食播种面积 6762.3 万亩，居全国第 11 位。

●《云南日报》报道：2015 年 1 月至 9 月，全省交通运输系统共完成固定资产投资 567.74 亿元，比去年同期增加 33.38%。

●《云南日报》报道：2015 年前三季度，全省共完成水利投资 263 亿元，比去年同期增加 26.36 亿元，增幅 11.14%。

30 日

●昌宁县（北纬 25.1 度，东经 99.5 度）发生 5.1 级地震，省委书记李纪恒，省长陈豪要求迅速组织力量核查灾情，妥善转移安置受灾群众。

31 日

●省委办公厅发出《关于认真学习宣传贯彻党的十八届五中全会精神的通知》，要求切实把学习贯彻党的十八届五中全会精神作为重大政治任务抓紧抓实，深刻理解和准确把握党的十八届五中全会精神实质，迅速兴起学习宣传贯彻党的十八届五中全会精神的热潮。

11 月

1 日

●云南省 2015 年全国 1% 人口抽样调查入户登记正式启动。

●《云南日报》报道：省环保厅与老挝琅勃拉邦省自然资源和环境厅在昆明签署环境保护合作备忘录。

2 日

●《云南日报》报道："十二五"以来，云南省大力推进扶贫攻坚，全省农村贫困人口从 2011 年底的 1014 万人减少到 2014 年的 547 万人，贫困地区农民人均纯收入从 2011 年初的 3190 元增加到 2014 年底的 6314 元。

●《云南日报》报道：昆明市全面完成 2015 年烟叶收购工作，累计收购烟叶 141.06 万担。

●省委书记李纪恒，省长陈豪在昆明会见华润集团总经理乔世波一行。会见结束后，陈豪与乔世波共同为云南水泥建材集团有限公司揭牌，该公司由华润集团向昆钢增资扩股设立。

3 日

●《云南日报》报道：云南省车改进入全面实施阶段，全省 109 家省级机关公务用车封存停驶工作基本完成。

●中越边境云南段扫雷誓师大会在文山州马关县举行。

●省政协企业家论坛恳谈会在昆明举行，会议围绕"主动服务和融入'一带一路'国家战略，加快推进面向南亚东南亚金融中心建设"主题开展议政建言。

●省长陈豪主持召开省政府第 73 次常务会议，研究部署加快推进全省水利工程供水价格改革、省财政对下专项转移支付资金管理改革等工作。

4 日

● 2015 年度何梁何利基金奖项颁奖典礼在北京举行，云南白药集团研发总监、云南省药物研究所所长朱兆云荣获何梁何利基金科学与技术创新奖，成为 2015 年云南省唯一的获奖者。

6 日

●省委书记李纪恒在河内拜会越南总理阮晋勇。

●《云南日报》报道：省政府出台《关于进一步做好新形势下就业创业工作的实施意见》。《实施意见》在贯彻落实国务院有关文件精神的基础上，结合省内情况，细化提出促进创业带动就业的政策措施。

7 日

●第三届亚洲微电影金海棠奖颁奖晚会在临沧市举行。

4~7日

●省委书记李纪恒参加中共中央总书记、国家主席习近平访问越南相关活动，并和越南老街省委书记阮文咏签署《中国共产党云南省委员会与越南共产党老街省委员会开展地方党委友好交往协议》。

8日

●中国法学会与省法学会在昆明举行工作座谈。中国法学会会长王乐泉出席会议并讲话。省长陈豪在会上介绍云南省经济社会发展情况。

9日

●《云南日报》报道：中共云南省委办公厅发出关于认真学习宣传贯彻《中国共产党廉洁自律准则》和《中国共产党纪律处分条例》的通知。

●《云南日报》报道：2016年春季开学，“3D打印集成系统教学课程”正式进入云南省16个州市109个县的5365所乡镇中小学。

10日

●省长陈豪调研省内就业创业和人力资源社会保障工作时强调，要让“双创”在云岭大地形成燎原之势，以就业创业推动云南跨越发展。

●云南省美丽宜居乡村建设工作现场推进会在楚雄州举行。省委副书记钟勉在会上强调，要推进美丽宜居乡村建设，加快农村全面小康进程。

11日

●省委党的群团工作会议在昆明召开。省委书记李纪恒要求，要认清职责使命，主动创新改革，开创新形势下群团工作新局面。

●济南（青岛）—昆明—新德里国际定期客运航线正式开通，至此，云南始发至印度的国际航线增至两条。

●云南省首届信息安全等级保护技术大会在昆明召开。

12日

●中央宣讲团党的十八届五中全会精神宣讲报告会在昆明举行。

●澜沧江—湄公河合作首次外长会在西双版纳州景洪市举行，澜沧合作机制正式建立。

●《云南日报》报道：云南维和药业股份有限公司生产的“维和血塞通”进入美国市场。

13日

● 2015中国国际旅游交易会在昆明滇池国际会展中心开幕。

●中国特色旅游商品评选活动颁奖典礼在昆明滇池国际会展中心举行，共有95个中国特色旅游商品获得金奖。

●中国国际旅游研讨会暨中印旅游合作论坛在昆明举行。

●昆明市纯电动“微公交”项目投入运营启动仪式在呈贡区市级行政中心昆明会堂前广场举行。

14日

●省委书记李纪恒在昆明会见印度旅游文化部部长马赫什·沙玛一行。

●省委书记李纪恒、省长陈豪在昆明会见韩国仁川市长刘正福一行。会见后，陈豪与刘正福签署《中华人民共和国云南省与大韩民国仁川广域市友好交流合作备忘录》。

● 2015中国国际旅游交易会“旅游＋互联网”高峰论坛在西双版纳国际旅游度假区举行。

●《云南日报》报道：全国最大的“云南斑铜”工艺生产基地——云南兴达工艺美术有限公司在富民县建成投产。

15日

● 2015中国国际旅游交易会在昆明圆满闭幕。105个国家和地区的1000多买家共签订合同3250份，合同组团人数500万人次；云南签约旅游重大项目50个，合同签约金额800多亿元。

● 2015中国国际旅游交易会系列活动之“七彩云南·起航古滇”古滇文化旅游名城首期项目开放仪式在晋宁县项目地举行。

●省委书记李纪恒在昆明会见以色列量子太平洋集团负责人伊丹·奥弗尔一行。

16日

●由商务部投资促进事务局、省政府外事办公室、以色列—中国商会联合主办的首届中国云南—以色列创新合作论坛在昆明举行。

●省长陈豪主持召开省政府第74次常务会议，会议审议并原则通过《云南省人民政府关于进一步落实粮食安全行政首长责任制的实施意见》，审议通过《关于加快推进建制村通硬化路工作方案》。

18日

●《云南日报》报道：省文产办认定命名首批10家云南省文化创意产业园区。

●《云南日报》报道：昆明市《滇池分级保护范围划定方案》正式公布。《方案》明确，一级保护区面积为323.97平方公里，占滇池流域的11%，比2002修订的昆明市《滇池保护条例》划定的滇池水体保护区面积增加了9.2平方公里。

20日

●《云南日报》报道：省政府办公厅公布的《关于加快推进生物经济跨越发展的意见》中提出，推进生物经济由依赖资源产品向倚重技术产品转变。

23日

●省委巡视工作领导小组在昆明组织召开巡视省属国有企业情况通报会，严肃指出企业存在的突出问题，严格督促企业落实全面从严治党责任。会议强调，要坚定不移地深化国企改革，促进发展。

●云南省职业教育工作会议在昆明召开，省委书记李纪恒出席会议并讲话。李纪恒强调，要推进现代职业教育发展再上新台阶。

●《云南日报》报道：2014年，全省林下经济经营面积达6500万亩，产值600亿元，农民从林下经济中人均增收超过1000元。

24日

●省委书记、省委全面深化改革领导小组组长李纪恒主持召开省委全面深化改革领导小组第十四次会议。李纪恒强调，要通过全面深化改革，把“十三五”发展蓝图变为现实。

●省长陈豪主持召开省政府第75次常务会议，研究部署促进社会办医加快发展工作，决定加快推进残疾人小康进程。

26日

●昆明—西哈努克港（柬埔寨）国际航线开通。

●《云南日报》报道：截至2015年10月底，全省城镇新增就业37.99万人，完成年度目标的105.53%。

28日

●《云南日报》报道：云南省6件作品荣获“2015住房和城乡建设部第一届田园建筑优秀作品”奖。

●《云南日报》报道：云南省着力打造多样化众创空间，已首批认定省级众创空间36家，另有44家众创空间培育对象进入省科技厅项目库。

28～29日

●楚雄州共有12个重点建设项目在全州十县市主会场举行开工仪式，总投资78.5亿元，年度计划完成投资8.4亿元。仅11月，全州各县市同期开工项目合计达到64个，总投资达119.7亿元，年度计划完成投资29.3亿元。

29日

●《云南日报》报道：2015年以来，金平金水河口岸边民互市贸易不断增长，进口值首次突破10亿元。

●《云南日报》报道：云南农垦集团老挝云橡有限责任公司在万象正式挂牌。

30日

●云南省中欧班列（昆明—成都—罗兹）正式实现双向对开。

●在第二届中国商标金奖颁奖大会上，云南白药集团股份有限公司获得“中国商标金奖”（运用奖），成为本届西南地区唯一获奖企业。

12月

2日

●省委召开副省级以上党员老同志座谈会和党外人士座谈会，就《中共云南省委关于制定国民经济和社会发展第十三个五年规划的建议》征求意见。

3日

●《云南日报》报道：云南省出台《贫困县党政领导班子和领导干部经济社会发展实绩考核办法》，改进考核指标，对贫困县分两类考核；改进考核内容，取消或弱化GDP考核；注重结果运用，与干部选拔任用和扶贫基金项目挂钩。

●《云南日报》报道：昆明市出台《关于促进房地产市场平稳健康发展的若干意见》，对购房人偿清购房贷款，再次申请贷款购房的，按首套房贷款政策执行；上调公积金贷款额度，单职工最高可贷40万元，双职工最高可贷80万元。

●云南省自主研发的全球首个 EV71 灭活疫苗获批生产，将有效降低儿童手足口病发病率。

●云南省正式启动与西南地区及泛珠区域部分省区市医疗保险异地就医联网即时结算。

5 日

●《云南日报》报道：《2014 年云南省林业产业发展统计公报》显示，2014 年全省实现林产业总产值 2525.21 亿元；林业产业实现增加值 976.91 亿元；木本油类种植面积达 4700 万亩，产值 248 亿元；林业企业 1.5 万余户；接待森林旅游者 3314.6 万人次，收入 50.2 亿元。

6 日

●保山至泸水、玉溪至临沧高速公路试验段和大理至临沧铁路 3 个项目，同时在怒江州泸水县上江镇丙贡村、临沧市临翔区忙那村和文伟村 3 地同时开工。

8 日

●以“云南特色·冬农魅力”为主题的 2015 云南高原特色现代农业展示推介会在北京全国农展馆开幕。

●截至 12 月 8 日下午 4 时，从打洛出入境的人员已达 102.21 万人次，同比增长 42.42%。

●《云南日报》报道：省政府出台《关于进一步做好城镇棚户区和城市危房改造及配套基础设施建设有关工作的实施意见》，提出未来 3 年（2015 ~ 2017 年），将改造危房及棚户区住房 42.6 万套。

10 日

●《云南日报》报道：江川县撤县设区获国务院正式批准，玉溪市辖区由八县一区变为七县二区。

10~11 日

●省委扶贫开发工作会议在昆明召开。会议强调，要采取超常规举措，坚决打赢脱贫攻坚战。

11 日

●在福建省福州市举行的 2015 年泛珠三角区域合作行政首长联席会议上，云南省政府分别与广东省和贵州省政府举行会谈，并与广东省政府签署《“十三五”粤滇战略合作框架协议》。

12~13 日

●省委、省政府在陆良县召开全省水利改革发展工作会议暨冬春农田水利建设现场会议。会议强调，要推动治水兴水新跨越，为全面建成小康社会提供水资源支持和水安全保障。

14 日

●《云南日报》报道：省纪委、省监察厅印发《关于 2016 年元旦春节期间加强作风建设监督检查工作的通知》。《通知》强调，以“零容忍”态度坚决遏制“四风”问题反弹。

●省长陈豪主持召开省政府第 76 次常务会议，研究部署科学编制好“十三五”规划纲要工作，决定全面实施昭通市镇彝威革命老区精准扶贫精准脱贫三年行动计划。

15 日

●九大高原湖泊水污染综合防治领导小组暨滇池保护治理工作会在昆明召开。省长陈豪在会上强调，要以绿色发展理念持续推进九湖保护治理。

●省政府与浪潮集团有限公司发展云计算大数据产业战略合作框架签约仪式在昆明举行。

16 日

●云南省在北京分别与中国人民大学和北京航空航天大学举行工作座谈，省委书记李纪恒出席座谈并讲话，省长陈豪代表省政府与两所高校签署战略合作框架协议。

●省委书记李纪恒和省长陈豪在北京与中国民用航空局局长李家祥举行会谈，就云南省“十三五”时期民航事业发展规划等重大问题进行对接交流并取得共识。

17 日

●加快建设面向西南开放重要桥头堡（辐射中心）部际联席会议第四次会议在北京举行。会议强调，进一步发挥部际联席会议机制作用，加大对云南建设面向南亚东南亚辐射中心支持力度，助推云南跨越式发展。

●云南省与清华大学在北京举行工作会谈并签署战略合作协议。

19 日

●云南省与中国铝业公司在北京举行工作会谈并签署战略合作协议，双方优势互补，在有色金属产业方面开展全面深度合作，携手做强做大铜产业。

●《云南日报》报道：海关总署、财政部、税务总局、外汇管理局联合批准6个保税物流中心（B型），昆明高新保税物流中心位列其中，这是云南首个获批的保税物流中心。

20日

●《云南日报》报道：云南省首家外贸综合服务平台在昆明正式启动运行，为中小微外贸进出口企业提供全流程、一站式服务。

●《云南日报》报道：2015年云南省粮食产量1876.4万吨，比2014年增加15.7万吨，增长0.84%。

22日

●云南红土航空股份有限公司首架飞机“傣族号”降落昆明长水国际机场。

23日

●云南日报报业集团与老挝第一大英文报纸《万象时报》合作的《中国•云南》（英文）新闻专刊，在万象首发。

●省长陈豪主持召开省政府第77次常务会议，决定实施云南省乡村教师支持计划。

24日

●省委书记、省委全面深化改革领导小组组长李纪恒主持召开省委全面深化改革领导小组第十五次会议。李纪恒强调，要突出问题导向，突出精准发力，突出完善制度，突出督查落实，不让改革举措“堵”在路上，不让改革红利“截”在途中。

●全国第3座装机超千万千瓦的水电站——乌东德水电站，在禄劝县乌东德镇宣布全面开工建设。

25日

●省长陈豪为省滇中引水工程建设管理领导小组办公室（工程建设管理局）揭牌。陈豪强调，要超前谋划，高标准、严要求加快推进滇中引水工程建设。

●昆明市各族各界隆重集会，纪念护国起义100周年。

●中共云南省委与越共河江省委在昆明举行工作会谈。李纪恒与赵才荣共同签署《中国共产党云南省委员会与越南共产党河江省委员会友好交往协议》。

26日

●麻柳湾至昭通高速公路通车仪式举行，全长1032公里的云南南北大通道实现全线通车。

●《云南日报》报道：截至12月25日，鲁甸、景谷地震灾区民房恢复重建基本完成。昭通市4县区已有近30万人搬入新居；重建民房竣工6.87万户，15.59万户修缮加固全部完成；会泽县地震灾区民房拆除重建总户数为1.18万户，已竣工1.15万户；普洱市民房恢复重建已全部完工，维修加固7.61万户，拆除重建2.21万户。

28日

●全省国有企业党建工作会议在昆明召开。省委副书记、省委党建工作领导小组组长钟勉出席会议并讲话。钟勉强调，要坚持党对国企的领导，加强国企党的建设，为国企改革发展提供有力的政治保证和组织保证。

●富宁至滇桂界（龙留）高速公路建成通车。昆明至钦州8小时即可到达。

●东门河四线特大桥顺利合龙。至此，沪昆客专云南段所有桥隧全部贯通，所有线下工程均已顺利完成。

29日

●省政府与华为技术有限公司在昆明签署战略合作框架协议，共建面向南亚东南亚国家通信枢纽。

●省委经济工作会议在昆明举行。

30日

●省委召开常委（扩大）会议，16名州市委书记和3名工委（党委）书记向党委报告自己抓基层党建工作情况。

国民经济和社会发展

National Economy and Social Development

经济社会发展综述

2015年，是形势极其严峻、困难极其突出、任务极其艰巨的一年。面对错综复杂的国内外经济环境和经济下行压力加大的严峻形势，省委、省政府深入贯彻党的十八大和十八届三中、四中、五中全会精神，全面落实习近平总书记系列重要讲话和考察云南重要讲话精神，按照省十二届人大三次会议审议通过的国民经济和社会发展计划，认真落实中央宏观调控各项决策，坚持稳中求进的总基调，把改革创新贯穿经济社会发展各个领域，全力以赴做好稳增长、调结构、促改革、惠民生各项工作，基本完成了年初计划目标，总体保持了全省经济平稳增长、社会和谐稳定。

【国民经济发展情况】 2015年，全省地区生产总值完成1.37万亿元，增长8.7%。其中，第一产业增加值完成2055.71亿元，增长5.9%；第二产业增加值完成5492.76亿元，增长8.6%；第三产业增加值完成6169.41亿元，增长9.6%。固定资产投资（不含农户）完成1.31万亿元，增长18%。社会消费品零售总额完成5103.15亿元，增长10.2%。外贸进出口总额完成245.3亿美元，同比下降17.2%。地方公共财政预算收入完成1808.14亿元，增长6.5%。金融机构人民币存、贷款余额同比分别增长12.1%和15.9%。城镇常住居民人均可支配收入为2.64万元，增长8.5%。农村常住居民人均可支配收入为8242元，增长10.5%。居民消费价格总水平累计上涨1.9%。城镇登记失业率控制在4%以内。

【全力以赴促进经济保持平稳增长】 2015年，省委、省政府审时度势，强化经济运行分析研判，及时出台了《云南省人民政府关于促进全省经济平稳健康发展的意见》（云政发〔2015〕25号），提出27条针对性强、含金量高的政策措施，迅速成立8个稳增长工作组深入州、市、县督促协调解决政策落实、项目推进等工作中存在的困难和问题，有效扭转了经济下滑的不利局面。全力促进投资增长，投资体制改革不断深化，民间投资同比增长8.4%，民间投资占比达到42.9%。多渠道筹措建设资金，共争取到205.55亿元中央预算内投资，争取到四批国家专项建设基金共计447.86亿元。深入实施6大消费工程，大力发展电子商务、信息消费等新兴服务业，研究出台关于促进我省生产性服务业发展的实施意见等文件。

【大力发展高原特色农业】 2015年，粮食产量达1876.4万吨，比上年增加15.7万吨，保持了“十二五”期间连年增产。咖啡面积、产量分别达185万亩和12万吨，均为全国第一；茶叶面积、产量分别达602万亩和35.4万吨，均为全国第二；橡胶产量达45万吨，居全国第一位；鲜切花产量达89亿支，居全国第一。野生食用菌成为全省第二大出口创汇农产品。农村新型经营主体加快发展，农民组织化程度不断提高，全省省级以上重点龙头企业达705户，新增101户，全省农业龙头企业完成销售收入1350亿元，同比增长12%。全省登记注册农民合作社33588个，较去年增加4800个。全省家庭农场总数达到8008个，同比增加1435个。省级精品农业庄园达到102个，新增29个。启动建设农业“小巨人”，农产品品牌创建与市场开拓步伐加快。

【加快工业转型升级步伐】 积极淘汰钢铁、水泥、焦化、铁合金、有色金属等一批落后和过剩产能，提前一年完成国家下达的“十二五”淘汰落后产能目标任务。抓好石化、汽车、水电铝三大产业发展规划落实，推进聚丙烯、文山60万吨氧化铝等重大项目建设。卷烟产量达780.73万箱，居全国第一；成品糖产量达249.58万吨，居全国第二。战略性新兴产业初具规模，占地区生产总值比重达到8%，生物医药引领战略性新兴产业发展，医药工业总产值达到370亿元，“十二五”年均增长率达18%。出台深化体制机制改革加快实施创新驱动发展战略实施意见、加快中药（民族药）产业发展指导意见、加快推进“互联网+”行动实施意见、促进大数据发展实施意见等重要文件，推进省院合作以及面向养老机构的远程医疗政策试点工作，卫星应用、基因检测、3D打印等新技术、新业态不断涌现，“互联网+”新模式蓬勃发展，云南白药、昆明积大、一心堂等线上线下（O2O）运营平台运行良好。

【着力推动关乎长远发展的重大事项】 以全面贯彻落实习近平总书记考察云南重要讲话精神为重大机遇，省委、省政府积极争取国家对事关云南发展全局的重大事项的帮助支持。经过不懈努力，滇中引水工程项目建议书获国家批复；滇中新区获国务院正式批复，成为全国第15个国家级新区；国家同意“十三五”期间对全省国家高速公路项目给予建安费50%的补助；进一步加大对农村危房改造和抗震安居工程支持力度，较大幅度增加7度以上抗震设防地区农房抗震改造任务；倾斜支持了全省退耕还林还草工程，全年共安排160万亩退耕还林还草任务；滇池保护治理列入全国重点流域水污染防治“十三五”规划。争取国家进一步降低了云南直购电输配电价标准，直接减轻用电企业负担10亿元左右。按照煤电价格联动机制要求，自2015年4月20日起一般工商业用电价格（不满1千伏）每千瓦时降低6.63分，减轻中小企业电费负担9.2亿元。

【加快基础设施建设】 2015年，打响了五网基础设施建设五年大会战，召开了全省五网建设动员大会，出台了加快五网建设的意见，编制五网发展规划（2016—2020）、滇中城市经济圈综合交通发展规划、边境干线公路建设规划。重大项目申报审批成效明显：玉磨、大临、弥蒙、叙毕4个铁路项目可研获国家批复，列入2015年国家60个新开工项目；车马碧大型水库和柴石滩大型灌区项目建议书获国家发展改革委批复；德厚水库可研报告获国家批复并开工建设。《怒江中下游水电规划报告》上报国家，乌东德水电站通过国家核准，风电、太阳能获得国家年度核准计划和新增建设规模居全国前列。电力装机达到8000万千瓦，累计建成石油、天然气管道4337公里，农村电网户表改造率达到98%。重大工程建设加快推进：昆明枢纽、昆玉扩能铁路即将建成通车，玉磨、大临、弥蒙、叙毕铁路开工建设；西石、昭会、功待、龙瑞高速芒市至畹町段已建成通车，小磨、小乌、武易、保泸、玉临等11条高速公路已开工建设，嵩昆、曲宣等30条在建高速公路快速推进，高速公路通车里程达到4005公里；泸沽湖机场建成通航，腾冲机场扩建工程开工建设，沧源机场、澜沧机场等在建项目快速推进，红河蒙自机场前期工作取得突破。牛栏江—滇池补水工程已建成运行，滇中引水勘察试验性工程正式动工。澜沧江上游黄登、苗尾、大华桥等5座大型水电站稳步推进，金沙江中游梨园、观音岩等水电站机组陆续投产发电。风电、太阳能发电项目有序发展。

【着力深化改革激发增长活力】 简政放权、放管结合、优化服务迈出坚实步伐，向社会公布了60家省级单位权力清单和责任清单，取消和下放投资核准事项31项，清理整顿各类中介服务机构，推进“中介超市”建设。全省实有各类市场主体231.91万户，同比增长22.4%，新登记企业数量同比增速排名全国第一。出台深化省属企业负责人薪酬制度改革实施方案，推动云锡控股、农垦集团、能投集团等以发展混合所有制为重点的国企改革试点。积极推进政府和社会资本合作模式（PPP），全省公务用车制度改革正式启动实施，新修订的《云南省定价目录》（2015年版）已获国家发展改革委批复并于2016年1月1日正式实施。电力体制改革成为国家第一批改革试点，输配电价改革成为国家第二批专项改革试点。收入分配、财政金融、户籍制度、商事制度、农村产权流转、医药卫生体制等改革不断深入。

【着力提升对内对外开放水平】 顺利召开桥头堡建设第4次部际联席会议，勐腊（磨憨）重点开发开放试验区和红河综合保税区分别获国家批准和验收。成功举办了第七届大湄公河次区域（GMS）经济走廊论坛、大湄公河次区域铁路联盟第一次全体大会、第3届中国—南亚博览会暨第23届昆交会、2015年中国国际旅游交易会。出台了云南省参与建设丝绸之路经济带和21世纪海上丝绸之路的实施方案、加快建设我国面向南亚东南亚辐射中心的实施意见，启动了辐射中心综合交通规划编制。深化与泛珠三角、长三角及周边省区的经贸交流合作，招商引资成效明显。全年全省引进省外到位资金6488亿元，同比增长21.2%；实际到位外资29.9亿美元，同比增长10.7%，均超额完成年初目标。

【社会事业协调发展】 积极扩大就业。认真实施创业带动就业、加强培训提升就业、扶助帮扶困难群体稳定就业、失业保险支持企业稳定岗位等积极的就业政策措施，全省就业形势保持整体稳定。全省城镇新增就业40.9万人，同比增长12%，城镇登记失业率控制在4%以内。加快保障性安居工程建设。建成城镇保障性安居工程28.69万套，建设农村危房改造和抗震民居工程51.43万户，鲁甸地震灾区7.78万户灾民搬进新居。深入推进扶贫开发。认真谋划和部署新时期扶贫开发工作，召开了全省扶贫工作大会，对全省“十三五”期间实现所有贫困人群脱贫、贫困县“摘帽”进行了安排部署，积极开展“挂包帮”“转走访”活动，大力实施精准扶贫、精准脱贫，全年解决100万人的脱贫问题。实施农村饮水安全工程建设，解决了220.78万农村人口和5.77万农村学校师生饮水安全问题。加强社会事业和社会保障工作。认真落实社会保障扩面提标政策，适时降低社会保险费率，切实减轻企业和个人负担，推进机关事业单位养老保险制度改革，启动社会保险基金保值增值工作，全面推开城乡居民大病保险，城乡居民医保年人均财政补助标准提高到380元。积极推进农村初中校舍改造、中等职业教育基础能力、基层卫生服务体系、重大疾病防控体系、城乡养老服务机构、残疾人康复中心等项目建设。10件惠民实事全部办结。

【加强生态文明建设】 制定出台了努力成为生态文明建设排头兵的实施意见。扎实推进低碳试点省建设，昆明呈贡新区成为国家8个低碳城镇试点之一。扎实抓好普洱市国家绿色经济试验示范区建设，迪庆州、大理州洱源县、西双版纳勐海县、文山州广南县被国家列入全国生态保护与建设示范区，滇池、洱海、抚仙湖等高原湖泊保护与治理取得积极进展，单位地区生产总值能耗和碳排放下降目标任务顺利完成。

（王远杰）

经济体制改革

2015年，按照省委、省政府的决策部署，各级各部门紧紧围绕“闯出一条跨越式发展路子”的新要求，积极主动谋改革、勇于担当抓改革、扎扎实实推改革，全省经济体制改革全面推进，基本按时按质完成了各项改革任务。

研究制订年度工作重点和台账 研究制订《省委经济体制改革专项小组2015年工作重点》及台账，报经李江常务副省长审签后，于5月18日以云经改发〔2015〕1号文下发实施。国家经济体制改革年度意见下发后，及时提出全省贯彻建议，6月30日省政府以云政发〔2015〕46号文下发实施。

完成省委经济体制改革专项小组办公室日常工作 积极参加省委全面深化改革领导小组会议及联络员会议，汇报专项小组的工作推进情况。收集整理专项小组工作推进情况，跟踪了解国家及省外经济体制改革动态，以简报形式予以刊发，共编发15期。多次筹办或参与筹办由省政府领导主持召开的专项小组会议，协调推进经济体制改革各项工作。

组织开展工作督导 根据省委办公厅、省政府办公厅开展全面深化改革相关工作督查的要求，积极牵头做好督导三组、参与督导四组的督导工作，并完成了对文山、红河及部分省级单位全面深化改革工作督查。

行政审批制度改革深入推进 2015年省级共承接国务院下放的行政审批项目12项和3个子项，92%的州市、县市区已全面取消了非行政许可审批事项。省级60个部门分两批全部制定公布了权力清单和责任清单，各州市基本完成权责清单审核工作。昭通市、玉溪市，省财政厅、省环境保护厅、省质监局以及巧家县、易门县启动开展了《云南省行政许可项目目录管理办法》等试点工作。

政府职能加快转变 印发《关于实施云南省人民政府职能转变方案任务分工的通知》（云政办发〔2015〕6号）。积极推进县级工商、质监、食药监管等机构和职责整合，全省129个县市区均实现工商、质监、食药“三合一”，组建了市场监督管理局，所有乡镇（街道）都设置了市场监管所，市场监管领域全面实现综合执法。省委九届十一次全会审议通过《中共云南省委关于落实习近平总书记考察云南重要讲话精神闯出跨越发展路子的决定》，并印发全省贯彻实施。

商事制度改革不断深入 正式启用新版登记监管业务系统，实现全省市场主体数据大集中。全省实有各类市场主体231.91万户，同比增长22.42%，我省新登记企业数量同比增速排名全国第一。滇中新区和8个州市、33个县市区积极开展“一证三号”和“一照一码”改革试点，并成功发放全省首份“一照三号”营业执照。

党政机关车改有序推进 5月27日、6月5日省车改总体方案分别经省政府第64次常务会议、省委深改组第十次会议审议通过，8月11日获得中央批复同意。10月8日，省委办公厅、省政府办公厅下发《关于印发<云南省公务用车制度改革总体方案>及配套文件的通知》（云办发〔2015〕29号）。10月底，省级参改取消车辆全部封存停驶。12月15日，省本级公务交通补贴发放到位。昆明、玉溪、红河、曲靖、昭通、楚雄、西双版纳7个州市正式上报了车改实施方案。

行业协会商会脱钩改革全面启动 10月20日，下发《中共云南省委办公厅 云南省人民政府办公厅关于印发〈云南省行业协会商会与行政机关脱钩工作方案〉的通知》（云办通〔2015〕58号），成立了行业协会脱钩联合工作组，办公室设在省发展改革委，明确成员单位的任务分工。起草形成《云南省行业协会商会与行政机关脱钩总体方案》及7个配套文件征求意见稿，并印发征求意见。

混合所有制经济加快发展 制定了《关于推进国有企业积极发展混合所有制经济的指导意见》等5个深化国有企业改革的配套文件，对深化国有企业改革作了总体设计。在云锡控股公司、农垦集团、能投集团、圣乙公司以发展混合所有制为重点，对国企改革进行试点。

对外合作取得积极进展 云天化与以色列化工集团合资组建的云南磷化集团海口磷业有限公司和磷化工研发中心已正式挂牌。云投与以色列SIMA公司投资成立了云南中以现代农业科技发展有限公司。向社会公开推出了第2批27个招股招商企业项目，涉及资产总额357.79亿元。

国资监管体制进一步完善 以业绩考核、薪酬管理等为重点，编制完成国企改革系列配套文件，建立出资人权力清单和责任清单，提高国资监管科学化水平。各州市结合自身实际不断探索完善国资监管工作，昆明、大理、楚雄等州市进一步探索完善国有资本经营的预算管理；西双版纳州积极推进国有经营型资产集中统一监管；昆明市和临沧市进一步修改完善了对所属企业高管人员的考核管理办法。

财税改革不断推进 制定了中期财政规划管理实施方案，推进专项资金管理改革，2015年安排省级项目较2014年压缩46%。实行全口径预算管理，省级部门预算将政府所有收入和支出全部纳入预算管理。制定跨界河流生态补偿试点方案，组织沘江干流（怒江州与大理州）、南盘江上游（曲靖市与昆明市）开展横向生态价值补偿试点。印发云南省县域生态环境质量考评办法。落实支持鲁甸地震灾后恢复重建的税收政策。

金融改革成效显著 富滇银行推出中越本币跨境结算业务，实现中老、中泰、中越3国本币跨境结算。中国农业银行泛亚业务中心、上海浦东发展银行昆明分行离岸业务创新中心相继成立。人行与老挝央行举办了首次“滇老双边人民币结算会谈”，建立了与老挝央行的日常联络机制。明确并启动首批20家农信社联社改制农商行，瑞丽南屏农村商业银行正式开业，全省已开业村镇银行达44家。马来亚银行昆明分行、中华联合财产保险股份有限公司云南分公司正式开业，在滇外资银行数量已达7家。

投资体制改革不断加快 制定《政府核准的投资项目目录（云南省2014年本）》、《云南省政府核准投资项目实施办法》及《云南省创新重点领域投融资机制鼓励社会投资的实施意见》。印发了《云南省人民政府办公厅关于创新投资管理方式建立协同监管机制的意见》。在重点领域再推出一批示范带动项目，通过PPP模式参与建设营运。

电力体制改革取得重大进展 《云南省进一步深化电力体制改革试点方案》获国家发改委、国家能源局批复同意，云南省与贵州省成为全国第一批综合改革试点省。国家发展改革委将云南省列为输配电价改革试点省。继续推动电力市场化交易，2015年组织5批市场化交易，计划交易电量300亿度。

价格改革持续推进 编制完成《云南省加快推进价格改革方案》，新修订形成《云南省定价目录（2015年版）》，共取消、放开商品和服务价格或收费87项，下放26项定价权限到州市或县人民政府管理。出台提高主要污染物排污费征求标准有关文件，实行排污费差别化征收政策。制定《关于加快推进水利工程供水价格改革的指导意见》。

技术创新进一步加强 印发《云南省关于深化科技体制改革的意见》《云南省加快科技服务业发展实施方案》《云南省人民政府办公厅关于发展众创空间推进大众创新创业的实施意见》等政策文件，全省科技创新政策环境不断优化。召开了首届“中国—南亚技术转移与创新合作大会”。

科技投融资体系进一步完善 以PPP模式设立了规模超过10亿元的云南省科技成果转化与创业投资基金，全省上市挂牌高新技术企业达40家，累计撬动银行贷款等社会资本投入约60亿元，拉动科技保险保额约139亿元。积极引导企业成为技术创新主体，全省高新技术企业达918家，年销售收入达2674亿元。昆明市、曲靖市私募基金、“新三板”挂牌融资实现零突破。

科技人才激励机制进一步健全 深入实施科技创新平台提升工程，遴选中青年学术和技术带头人后备人才、技术创新人才培养对象1540人、创新团队149个，建立院士专家工作站164个，国家级和省级重点实验室超过40个。

城乡一体化改革成效明显 全省16个州市、129个县市区全部完成了不动产登记职责机构整合，并设立了不动产登记管理机构和经办机构。易门、砚山两个试点县颁发了全省第一批不动产权证书。农村集体土地所有权确权登记完成率按面积计为97.4%，按宗地数计为95.6%。大理市宅基地制度改革试点实施方案获得国家批准，同时被国家批准为农民住房财产权抵押贷款试点。国家批准设立滇中新区，编制完成滇中城市经济圈一体化发展“六个一体化”专项规划。经国务院批准，民政部正式批复腾冲县撤县设市和江川县撤县设区。

医改就业等领域改革持续深化 出台省政府《关于印发云南省全面推开县级公立医院综合改革实施方案的通知》（云政办发〔2015〕82号）。印发《云南省艰苦边远地区公务员考试录用实施办法》。在会泽、贡山、维西等10个县区开展技能扶贫专项行动试点工作，同时向25个边境县和3个藏区县全面拓展。《云南省深化收入分配制度改革实施意见》经省委全面深化改革领导小组会议审议通过。

城镇化健康发展综合改革试点 红河州城镇化健康发展综合改革试点以“一个中心、五个示范”为目标，紧紧围绕解决“权、人、业、通、房、地、钱、活”等方面的问题，有序推进各项改革，在行政体制、城乡统筹发展、社会公共服务、户籍制度、土地制度、金融体系等方面改革成效明显，城乡居民收入差距明显缩小。

中小城市综合改革试点 2015年3月，呈贡区、耿马县被国家发展改革委批准列为国家中小城市综合改革试点地区。两地按照全国中小城市综合改革试点的总体要求，成立试点工作领导小组，制定实施方案，明确工作重点和责任分工，结合地方实际，积极开展试点工作。

（刘高伍）

宏观经济管理

2015年，面对错综复杂的国内外经济环境，全省各级各部门深入贯彻党的十八大和十八届三中、四中、五中全会精神，全面落实习近平总书记系列重要讲话和考察云南重要讲话精神，按照省十二届人大三次会议审议通过的国民经济和社会发展计划，认真落实中央宏观调控各项决策，坚持稳中求进的总基调，把改革创新贯穿经济社会发展各个领域，全力以赴做好稳增长、调结构、促改革、惠民生各项工作，基本完成了年初计划目标，总体保持了全省经济平稳增长、社会和谐稳定。

【全力以赴促进经济平稳增长】 2015年，全省经济下行压力明显加大，省委、省政府审时度势，强化经济运行分析研判，及时出台了27条针对性强、含金量高的政策措施，迅速成立8个稳增长工作组深入州、市、县督促协调解决政策落实、项目推进等工作中存在的困难和问题，有效扭转了经济下滑的不利局面，主要经济指标持续回升。农业保持快速发展的良好态势，全年粮食产量达1876.4万吨，比上年增加15.7万吨，保持了“十二五”期间连年增产。工业呈现恢复性增长，工业增加值同比增长6.7%。社会消费品零售总额增长10.2%，金融机构人民币存、贷款余额同比分别增长12.1%和15.9%。旅游业迈上新台阶，全年旅游总收入达到3320亿元，增长24.5%左右。投资体制改革不断深化，民间投资同比增长8.4%，民间投资占比达到42.9%。多渠道筹措建设资金，共争取到205.55亿元中央预算内投资，争取到四批国家专项建设基金共计447.86亿元。

【加快产业建设促进产业转型升级】 认真落实强农富农惠农政策，大力发展高原特色农业，果蔬、茶叶、花卉等特色经作和山地牧业、淡水渔业加快发展。加快农村新型经营主体培育，农民组织化程度不断提高，全省登记注册农民合作社3.35万个，较去年增加4800个；全省家庭农场总数达到8008个，同比增加1435个。大力打造精品农业庄园，启动建设农业“小巨人”，农产品品牌创建与市场开拓步伐加快。多措并举促进重点工业发展。采取有效措施，淘汰钢铁、水泥、焦化、铁合金、有色金属等一批落后和过剩产能，提前一年完成国家下达我省的“十二五”淘汰落后产能目标任务。抓好石化、汽车、水电铝三大产业发展规划落实，推进聚丙烯、文山60万吨氧化铝等重大项目建设。加快发展战略性新兴产业。出台深化体制机制改革加快实施创新驱动发展战略实施意见、加快中药（民族药）产业发展指导意见、加快推进“互联网+”行动实施意见、促进大数据发展实施意见等重要文件，推进省院合作以及面向养老机构的远程医疗政策试点工作，卫星应用、基因检测、3D打印等新技术、新业态不断涌现，“互联网+”新模式蓬勃发展。深入实施6大消费工程，大力发展电子商务、信息消费等新兴服务业，研究出台关于促进全省生产性服务业发展的实施意见等文件。

【推进长远发展增强发展后劲】 以全面贯彻落实习近平总书记考察云南重要讲话精神为重大机遇，省委、省政府积极争取国家对事关云南发展全局的重大事项的帮助支持。经过不懈努力，滇中引水工程项目建议书获国家批复；滇中新区获国务院正式批复，成为全国第15个国家级新区；国家同意“十三五”期间对全省国家高速公路项目给予建安费50%的补助；进一步加大农村危房改造和抗震安居工程支持力度，较大幅度增加7度以上抗震设防地区农房抗震改造任务；倾斜支持退耕还林还草工程，全年共安排160万亩退耕还林还草任务；滇池保护治理列入全国重点流域水污染防治“十三五”规划。争取国家进一步降低了全省直购电输配电价标准，直接减轻用电企业负担10亿元左右。按照煤电价格联动机制要求，自2015年4月20日起一般工商业用电价格（不满1千伏）每千瓦时降低6.63分，减轻中小企业电费负担9.2亿元。

【财税金融投资体制改革深入推进】 召开了全省五网建设动员大会，出台了加快五网建设的意见，编制五网发展规划（2016—2020）、滇中城市经济圈综合交通发展规划、边境干线公路建设规划。玉磨、大临、弥蒙、叙毕4个铁路项目可研获国家批复，列入2015年国家60个新开工项目；车马碧大型水库和柴石滩大型灌区项目建议书获国家发展改革委批复；德厚水库可研报告获国家批复并开工建设。《怒江中下游水电规划报告》上报国家，乌东德水电站通过国家核准，风电、太阳能获得国家年度核准计划和新增建设规模居全国前列。电力装机达到8000万千瓦，累计建成石油、天然气管道4337公里，农村电网户表改造率达到98%。三是重大工程建设加快推进。昆明枢纽、昆玉扩能铁路即将建成通车，玉磨、大临、弥蒙、叙毕铁路开工建设；西石、昭会、功待、龙瑞高速芒市至畹町段已建成通车，小磨、小乌、武易、保泸、玉临等11条高速公路已开工建设，嵩昆、曲宣等30条在建高速公路快速推进，高速公路通车里程达到4005公里；泸沽湖机场建成通航，腾冲机场扩建工程开工建设，沧源机场、澜沧机场等在建项目快速推进，红河蒙自机场前期工作取得突破。牛栏江—滇池补水工程已建成运行，滇中引水勘察试验性工程正式动工。澜沧江上游黄登、苗尾、大华桥等5座大型水电站稳步推进，金沙江中游梨园、观音岩等水电站机组陆续投产发电。风电、太阳能发电项目有序发展。

【培育发展外向型经济】 简政放权、放管结合、优化服务迈出坚实步伐，向社会公布了60家省级单位权力清单和责任清单，取消和下放投资核准事项31项，清理整顿各类中介服务机构，推进“中介超市”建设。出台深化省属企业负责人薪酬制度改革实施方案，推动云锡控股、农垦集团、能投集团等以发展混合所有制为重点的国企改革试点。积极推进政府和社会资本合作模式（PPP），全省公务用车制度改革正式启动实施，新修订的《云南省定价目录》（2015年版）已获国家发展改革委批复并于2016年1月1日正式实施。电力体制改革成为国家第一批改革试点，输配电价改革成为国家第二批专项改革试点。收入分配、财政金融、户籍制度、商事制度、农村产权流转、医药卫生体制等改革不断深入。桥头堡建设第4次部际联席会议顺利召开，勐腊（磨憨）重点开发开放试验区和红河综合保税区分别获国家批准和验收。成功举办了第七届大湄公河次区域（GMS）经济走廊论坛、大湄公河次区域铁路联盟第一次全体大会、第3届中国—南亚博览会暨第23届昆交会、2015年中国国际旅游交易会。出台了云南省参与建设丝绸之路经济带和21世纪海上丝绸之路的实施方案、加快建设我国面向南亚东南亚辐射中心的实施意见，启动了辐射中心综合交通规划编制。深化与泛珠三角、长三角及周边省区的经贸交流合作，招商引资成效明显。全年全省引进省外到位资金6488亿元，同比增长21.2%；实际到位外资29.9亿美元，同比增长10.7%，均超额完成年初目标。

【改善民生促进社会和谐稳定】 认真实施创业带动就业、加强培训提升就业、扶助帮扶困难群体稳定就业、失业保险支持企业稳定岗位等积极的就业政策措施，全省就业形势保持整体稳定。全省城镇新增就业40.9万人，同比增长 12%，城镇登记失业率控制在 4% 以内。加快保障性安居工程建设，建成城镇保障性安居工程 28.69 万套，建设农村危房改造和抗震民居工程 51.43 万户，鲁甸地震灾区 7.78 万户灾民搬进新居。深入推进扶贫开发，认真谋划和部署新时期扶贫开发工作，召开了全省扶贫工作大会，对全省“十三五”期间实现所有贫困人群脱贫、贫困县“摘帽”进行了安排部署，积极开展“挂包帮”“转走访”活动，大力实施精准扶贫、精准脱贫，全年解决 100 万人的脱贫问题。实施农村饮水安全工程建设，解决了 220.78 万农村人口和 5.77 万农村学校师生饮水安全问题。加强社会事业和社会保障工作。认真落实社会保障扩面提标政策，适时降低社会保险费率，切实减轻企业和个人负担，推进机关事业单位养老保险制度改革，启动社会保险基金保值增值工作，全面推开城乡居民大病保险，城乡居民医保年人均财政补助标准提高到 380 元。积极推进农村初中校舍改造、中等职业教育基础能力、基层卫生服务体系、重大疾病防控体系、城乡养老服务机构、残疾人康复中心等项目建设。10 件惠民实事全部办结。

【加强生态环境保护和生态文明建设】 制定出台了努力成为生态文明建设排头兵的实施意见。扎实推进低碳试点省建设，昆明呈贡新区成为国家 8 个低碳城镇试点之一。扎实抓好普洱市国家绿色经济试验示范区建设，迪庆州、大理州洱源县、西双版纳勐海县、文山州广南县被国家列入全国生态保护与建设示范区，滇池、洱海、抚仙湖等高原湖泊保护与治理取得积极进展，单位地区生产总值能耗和碳排放下降目标任务顺利完成。

（王远杰）

产业结构调整

2015 年，面对严峻复杂的国内外经济环境，省委、省政府着力稳增长调结构防风险，创新宏观调控，出台系列举措，年初主要经济指标增速下滑的态势得以有效扭转，工业经济逐步回升，服务业稳步发展，农业发展方式加快转变，全省经济总体保持平稳运行态势。2015 年，全省生产总值完成 1.37 万亿元，同比增长 8.7%，三次产业结构由 2014 年的 15.5 ：41.2 ：43.3 调整为 15.0 ：40.0 ：45.0。其中，第一产业增加值完成 2055.71 亿元，增长 5.9%；第二产业增加值完成 5492.76 亿元，增长 8.6%，其中全部工业增加值完成 3925.18 亿元，增长 6.7%（规模以上工业完成增加值 3623.08 亿元，增长 6.7%）；第三产业增加值完成 6169.41 亿元，增长 9.6%。

【转变发展方式】 坚持走开放型、创新型和高端化、信息化、绿色化的产业发展新路子。提升产业开放水平，出台加快建设我国面向南亚东南亚辐射中心的意见、推进国际产能和装备制造合作的意见等政策，强化区域合作，加快承接产业转移，2015 年全省外来投资总量达到 6682 亿元，同比增长 21%。提高产业创新能力，加快推进大众创业、万众创新，着力推动众创空间、孵化基地建设，强化创新体系建设，2015 年 R&D 经费内部支出占 GDP 的比重比 2014 年提高 0.33 个百分点，达到 1%。坚持高端化发展，突出重点产业，扎实推进“产业建设年”活动，组织实施云南省“产业建设年”2015 年实施方案和云南省重点产业培育 2015 年具体细化措施方案，以新兴产业为重点，积极谋划“十三五”云南产业发展规划和重点产业发展。坚持信息化发展，推动信息化和工业化深度融合，实施“云上云”行动计划，出台“互联网 +”行动的实施意见，加快“互联网 +”步伐。坚持绿色化发展，2015 年全省单位 GDP 能效下降 7.8% 左右，规模以上工业万元增加值能耗下降 12.8%。突出园区产业发展载体作用，召开全省工业园区工作会议，出台推动产业园区转型升级的意见，2015 年工业园区规模以上工业增加值完成 2930.6 亿元，占全省规模以上工业增加值的比重达 81%。加大民营经济培育力度，召开全省加快民营经济发展工作会议，出台促进民营经济发展若干政策措施的意见，深入推进“两个 10 万元”微型企业培育工程和中小企业成长工程，2015 民营经济增加值完成 6389.7 亿元，同比增长 9.3%，占全省 GDP 比重达到 46.6%。强化经济形势研判，及时出台稳增长 27 条政策措施，确保经济运行在合理区间。

【推动高原特色农业发展】 按照稳粮增收、提质增效、创新驱动的总要求，惠农政策落实力度加大，农村土地承包经营权确权登记颁证工作步伐加快，高原特色现代农业加快发展，高原粮仓、特色经作、山地牧业等稳步发展，粮食产量达 1876.4 万吨，实现连续第十三年增产。特色经济作物量效齐升，橡胶、咖啡、花卉及核桃种植面积和产量继续保持全国第一，茶叶、蔬菜、水果等取得较好收益。《云南省糖料蔗主产区生产发展实施规划（2015-2020年）》、《云南省糖料蔗核心基地建设实施方案（2015-2020年）》编制完成，深入实施蔗糖产业振兴3年行动计划，组织实施食糖收储，蔗糖产业逆势实现四连增。农产品品牌创建与市场开拓步伐加快，高原特色农产品远销110多个国家和地区。电商与实体流通有效结合，质量安全水平不断提高。以家庭农场、农民合作社、龙头企业为主的新型农业经营主体快速发展，以现代农业庄园、休闲农业、旅游名镇、旅游特色村、农家乐等为主的农村一二三产业融合发展，涉农企业“小巨人”培育加快，新型职业农民培育工程稳步实施。2015年全省农林牧渔业完成增加值2098.19亿元，同比增长6.0%。

【推动工业转型升级】 学习宣传《中国制造》2025并形成贯彻落实意见，组织实施增强制造业核心竞争力3年行动计划，积极申报国家工业强基、产业振兴和技术改造等专项，争取中央预算内投资和专项建设基金支持全省工业转型升级。开展工业转型升级专项行动，强化降本增效，大力推进电力市场化交易，扩大实施铁路运价下浮，支持工业企业扩销促产，加大达规企业培育力度，有效遏制工业增速惯性下滑。抓好石化、水电铝、汽车三大发展规划落实，加快推动重大项目建设，北汽瑞丽汽车项目和瑞丽银翔摩托产品按时下线，云南康逸5万套板式家具、昆明中药厂整体搬迁等一批消费品、食品医药转型升级项目顺利推进。加大龙头企业培育和重点行业兼并重组力度，云天化引进以色列化工集团发展精细磷化工，昆钢水泥建材集团与华润集团合作组建云南水泥建材集团。

【巩固提升传统产业】 烟草产业着力稳产量、促销量、调结构、控库存、守红线，目标任务顺利完成，2015年全省“两烟”共实现税利1635.6亿元，增长7.1%，烟草工业实现增加值1300.17亿元，增长4.4%，占GDP比重为9.5%。矿业结构调整步伐加快，积极化解产能过剩，加快淘汰落后产能，严禁新增钢铁、水泥产能，严格控制铜、铅、锌、锡、电石、焦炭、黄磷等产品新增产能，出台缓解钢铁行业经营困难的意见，2015年矿业实现增加值910.48亿元，占GDP比重为6.6%，在2014年提前一年超额完成“十二五”淘汰落后产能目标任务基础上，2015年淘汰水泥产能365万吨，炼铁产能117万吨，炼钢产能25万吨，铁合金产能12.6万吨。能源产业稳步发展，云南省电力体制改革试点方案获国家批复，乌东德水电站或的国家批准，在建水电站工程、石油天然气建设顺利推进，加强能源合作，推动9万吨及以上煤矿复产131个、复建59个，2015年能源产业实现增加值671.6亿元，占GDP的比重为4.9%，其中电力工业实现增加值535.76亿元，增长7.9%，电力装机7943万千瓦时，发电量2553.37亿千瓦时，增长1.1%，外送电量1129.26亿千瓦时，增长9%。

【加快发展新兴产业】 大力培育生物医药、新能源、新材料、先进装备制造、电子信息、食品加工等重点产业，六大战略性新兴工业产业增加值完成355.05亿元，增长5%，占全省规模以上工业增加值的比重达到9.8%。出台加快中药（民族药）产业发展的指导意见，启动昆明市现代中药与民族药、新型疫苗和生物技术药物国家战略性新兴产业区域集聚发展试点，2015年医药制造业完成增加值91.29亿元，增长7%。2015年装备行业累计生产发动机1960.78万千瓦，增长33.7%，全年汽车制造业实现增加值34.42亿元，增长3.2%，铁路机械行业实现增加值12.47亿元，增长6.3%。电子信息行业累计完成主营业务收入167.97亿元，增长12.7%。食品工业完成增加值299.56亿元，增长10.5%，主营业务收入突破千亿元。

【推动服务业提质增效】 扎实推进加快服务业发展3年行动计划，放宽市场准入，深化商事制度改革，全面启动“三证合一、一照一码”，深入开展“营改增”推进扩围工作，加快扩大服务业开放，加大政府向社会力量购买服务力度。抓好大理州国家服务业综合改革试点，总结推广试点经验。积极谋划“十三五”时期全省服务业发展，完成省委“十三五”规划建议前期重大课题“十三五”时期云南服务业转型升级研究，将加快发展现代服务业纳入“十三五”规划纲要重要内容，坚持生产性服务业和生活性服务业两手抓、两不误。推动生产性服务业专业化发展，出台促进全省生产性服务业发展的实施意见、对注册成立专门从事生产性服务业的企业给予奖励的指导意见、加快发展电子商务资金安排和实施细则等系列政策文件。推动生活性服务业向精细化转型，研究编制加快发展生活性服务业促进消费结构升级的实施意见，实施6大领域消费工程，加快培育限上商贸企业，对符合条件的现有批发、零售、餐饮、住宿四大类行业内的限上企业以及新增限上商贸流通企业按规定进行奖励，2015年实现社会消费品零售总额5103.15亿元，同比增长10.2%。旅游业发展迈上新台阶，出台加强旅游市场秩序整治全面提升旅游服务质量的意见，旅游环境进一步优化，旅游市场消费持续活跃，旅游市场不断扩大，2015年，全省累计接待海外旅游者570.08万人次，国内旅游者3.28亿人次，旅游业总收入3281.79亿元，增长23.09%，旅游业实现增加值907亿元，占GDP比重达到6.6%。

（杨晓燕）

县域经济

2015年，在认真贯彻落实党的十八大、十八届三中、四中、五中全会和习总书记考察云南重要讲话精神，全面落实党中央、国务院有关稳增长、促改革、调结构、惠民生、防风险的决策部署下，促进全省经济又好又快发展、可持续发展、包容性发展、创新驱动发展，全省县域经济保持和巩固了稳中向好的发展势头。省县域经济发展领导小组办公室（以下简称省县域办）在省委、省政府的坚强领导下，积极协调各州市、省级各部门坚定不移地推进县域经济跨越发展这一重大战略决策的实施。

【县域经济实力显著提升】 2015年，省级各部门坚定不移地推进县域经济跨越发展这一重大战略决策的实施，尽一切努力务实高效地开展工作。总体来看，县域经济发展实力明显提升。在宏观经济环境较为复杂、发展任务十分繁重的情况下，各县（市、区）攻坚克难、奋发有为，2015年县域经济主要经济指标完成如下：

县域经济实力不断壮大 2015年，全省129个县（市、区）中，地区生产总值超过50亿元的由2014年的76个增加至81个，地区生产总值超过100亿元的由32个增加至35个，超过200亿元的由2014年的12个增加至14个。81个县（市、区）生产总值合计1.22万亿元，占全省生产总值的比重为88%。2015年人均GDP达到2.5万元的县（市、区）由2014年的40个增加到47个，达到3万元的由31个增加到33个，达到4万元的由16个增加到了18个。

投资拉动作用进一步发挥 2015年全省规模以上固定资产投资超过50亿元的县（市、区）由2014年的60个增加到85个，超过100亿元的由34个增加到39个，超过200亿元的由10个增加到17个，超过400亿元的由3个增加至4个。

县域民生得到较好改善 2015年全省城镇常住居民可支配收入为2.64万元，增幅8.5%，城镇居民人均可支配收入超过2万元的县（市、区）达到119个，较2014年增加23个；去年全省农民人均纯收入达8242元，比2014年增长10.5%，县域农民人均纯收入超过8000元的县（市、区）达到74个，较2014年增加27个。

县域财政压力凸显 2015年全省财政总收入超过5亿元的县（市、区）由2014年的87个减少到85个，超过10亿元的由42个减少到39个，超过20亿元的由21个减少到20个，超过100亿元的由2个减少至1个。

【推进县域经济考核工作】 一是加强监测，及时了解县域经济相关指标情况。按照“月度通报、季度分析、年度考评”的要求，积极与有关部门加强衔接，按月、按季收集整理各县（市、区）考评主要指标和参考指标数据并进行排序，为各级各部门了解掌握全省县域经济指标完成情况提供参考。二是圆满完成县域经济考核工作。根据《云南省县域经济发展争先进位评价体系及考核办法（试行）》（云办法〔2012〕22号）规定，省县域办完成了云南省129个县（市、区）2014年度的省县域经济考核评价，将2014年度县域经济考评结果在云南网及省发改委网站上进行了公示，并于12月24日以云南省县域经济发展领导小组的名义印发了考评结果的通报。

根据考核结果，2014年度综合评分排前10名的县（市、区）依次为：易门县、隆阳区、永善县、西山区、呈贡区、瑞丽市、勐海县、蒙自市、建水县、弥勒市。2014年度综合评分进位最快的前10名的县（市、区）依次为：陆良县、昭阳区、金平县、禄丰县、凤庆县、开远市、峨山县、红塔区、施甸县、马龙县。从综合评分结果看，综合评分前10名和进位最快的前10名既有昆明、玉溪等滇中地区的县（市、区），也有临沧、版纳等滇西南地区的县（市、区），还有沿边县（市、区），20个县（市、区）分布在10个州（市），真正达到了“争先进位”的目的。

【增强加快县域经济发展共识】 一是加大县域经济发展宣传力度。为了让各级各部门更好地了解省内外县域经济发展的做法及经验，让各县（市、区）及时了解掌握各自在全省县域经济发展中所处的位次，收集整理了部分县（市、区）及省外县域经济发展好的经验及做法、各县（市、区）主要经济指标完成情况等，2015年以来共编写印发了12期县域经济工作简报，为各县（市、区）加快县域经济发展、科学决策、谋划全局提供经验借鉴，同时在云南省发展改革委门户网站开设的“县域经济发展”专栏宣传县域经济发展情况，全省县域经济发展的共识日益增强。二是积极收集整理县域经济学习材料。为促进全省县域经济跨越发展，及时提供县域经济年度发展指标数据，全面分析各县（市、区）经济发展状况，省县域办联合相关成员单位，收集整理了2014年度县域经济发展主要经济指标，形成了《云南县情手册》（2014）印发全省。三是完成调整优化的《云南省县域经济发展综合监测及分类考核评价办法》。根据《中共云南省委关于贯彻落实〈中共中央关于全面深化改革若干重大问题的决定〉的意见》（云发〔2013〕21号）中提出的“调整优化县域经济考核评价办法”，修改完善《云南省县域经济发展争先进位评价体系及考核办法》（以下简称“考评办法”），于2015年5月上旬向省县域办成员单位及相关厅局初步征求了最新调整的考评办法的意见，并于2015年5月14日在德宏州芒市召开的县域经济发展滇西片区会议上征求相关县（市、区）的意见和建议，会后根据各相关厅局以及部分县（市、区）的反馈意见对考核办法进行反复修改、不断完善。

推进县域经济转型发展试点工作 省发改委（省县域办）于2015年7月中旬会同有关部门和研究机构组成调研组赴澄江县就县域经济发展情况进行实地调研，并形成上报《立足资源优势建设生态城市实现县域经济跨越式发展》的调研报告。同时根据8月30日钟勉副书记的批示“澄江县域经济转型发展有一定代表性，目前也处于关键阶段，省县域办可作为联系点或试点，会同玉溪市加强指导和支持”精神。于10月10日拟定了《关于落实澄江县域经济调研报告的工作方案》，10月中下旬昆明市、玉溪市政府及省级有关部门组织了8个调研组，采取座谈交流、实地踏勘等方式深入澄江进行专题调研，各相关部门依据相关政策提出了具体意见建议。并已起草《云南省县域经济发展领导小组关于开展澄江县域经济转型发展试点的指导意见》（征求意见稿），于2016年2月19日在澄江县域经济发展专题会议上进行了研讨，力争尽快出台该指导意见。该《指导意见》是指导和帮助澄江县域经济转型发展的一个具有宏观性和规划性的文件，拟将澄江县作为县域经济转型发展的典型代表试点县进行研究推广，从省级层面加强指导和支持，并最终示范和带动全省县域经济转型升级。

2015年，全省上下、各地各部门按照省委、省政府的总体部署、扎实推进，全省上下对什么是县域经济、为什么发展县域经济、怎样发展县域经济、县域经济怎样跨越发展、转型发展有了更加清晰的认识。实践充分证明，这些发展思路、决策部署和工作举措，符合中央精神、顺应经济规律、切合云南实际，已经成为广大干部群众的普遍共识和自觉行动。县域兴则全省兴，县域经济强则全省强。实现县域经济跨越发展关键在于：通过改革开放激发县域经济发展的驱动力，通过考核评价激发县域经济发展的动力，通过扩权强县激发县域经济发展的活力。

（孙 诚）

财政综述

2015年，面对错综复杂的国内外经济形势、艰巨繁重的改革发展稳定任务，在省委、省政府坚强领导下，各级财政部门坚持稳中求进的工作总基调，以跨越发展为主题，以深化财税体制改革为主线，主动适应新常态，积极引领新常态，攻坚克难、破冰前行，顽强奋战、扎实工作，统筹推进“稳增长、调结构、转方式、促双创、惠民生、防风险”决策部署的落实，取得新的显著成绩。

2015年全省财政工作座谈会

【财政收支目标顺利实现】 2015年，世界经济复苏之路崎岖不平，国内经济下行压力持续加大，云南省经济运行开局艰难。面对严峻形势和艰巨任务，通过各方面共同努力，全省地方一般公共预算收入完成1808.1亿元，比2014年增加110.1亿元，增长6.5%，顺利完成年初人代会确定的目标任务；地方一般公共预算支出完成4712.9亿元，比2014年增加274.9亿元，增长6.2%，超出人代会确定的目标任务3.2个百分点。财政部对云南省均衡性转移支付比2014年增加71.8亿元，增长28.6%，增幅高居全国第一。生态功能区转移支付补助范围首次扩围，将澄江等4个县新增纳入国家生态功能区转移支付补助范围。首次将云南省威信、富宁两个县纳入革命老区补助范围。安排云南省边境地区转移支付增长18.4%，增幅创近年来新高。争取到并成功发行地方政府债券额度1504亿元，其中，新增债券209亿元，置换债券1295亿元，占比均高于全国平均水平。

中央电视台深入报道云南省盘活财政存量资金的经验及成效

【财税体制改革步伐加快】 以“钉钉子”精神，在深化财政体制改革关键环节上精准发力，取得显著成效。一是财税改革制度框架进一步健全。报省委、省政府同意，先后印发了中期财政规划、盘活存量资金、推进政府购买服务、建立预算稳定调节基金、加强预算绩效管理、强化预算执行考核和非税收入管理等一系列制度规定，使云南省的改革始终走在全国前列，受到财政部的充分肯定和高度评价。二是预算编审体系改革进一步深化。全面实行全口径预算管理，将政府所有收入和支出全部纳入预算管理。建立一般公共预算统筹机制，将国有资本经营预算总额的5%调入一般公共预算。首次在省本级建立15.4亿元的预算稳定调节基金。清理规范重点支出同财政收支增幅或生产总值挂钩事项，压减预算2.7亿元。三是专项资金进一步整合。省级专项资金减少581项，支出项目较2014年压缩46%。建立专项资金定期评估和退出机制，创新竞争性领域专项资金管理方式。四是财政转移支付制度进一步完善。在省级财政增收压力持续加大的情况下，全年安排省对下一般性转移支付补助1313.6亿元，比2014年增长28.5%。省对下一般性转移支付占转移支付总额的比重达到54%，比2014年提高7.4个百分点。县级基本财力保障、均衡性、民族地区、生态功能区、边境地区、资源枯竭城市等6项财力性转移支付占比从2014年的16%提高到2015年的18%，基层财政保障能力显著增强。五是预算绩效管理机制进一步健全。对69个省级部门申报的254个项目支出进行了绩效目标审核。选取11家省级部门开展部门年度预算绩效报告发布试点。首次将财政预算绩效管理纳入省人大审议范围。在2015年全国县级财政管理绩效综合考评中，云南省有22个县（市）进入全国前200名，居全国第2位。六是财政存量资金进一步盘活。通过“收、调、减、控”四项举措，把躺在账上“打呼噜”的资金唤醒、盘活使用。对16个州市、97个部门进行专项检查，全省共清理收回可统筹使用的存量资金127.1亿元，存量资金规模较2014年末下降87%。云南省的有效做法得到了财政部的充分肯定，中央电视台对此作了专题报道。七是预算执行进度进一步加快。明确分月、分季度预算执行的目标任务，要求省本级项目支出11月底前必须全部拨付完毕。制定支出考核办法并开展定期督查，建立预算执行约谈机制，支出进度明显加快，年终突击花钱现象得到根本改观。八是财政投融资方式进一步创新。筹集20亿元资本金，组建了省信用再担保公司。筹措63.4亿元，组建省扶贫投资公司。推广运用政府和社会资本合作（PPP）模式，发起规模不低于50亿元的PPP融资支持基金，吸引社会资本参与基础设施投资和运营。有18个项目列入全国第二批PPP试点项目，排名全国第二。九是政府购买服务进一步精细。加快推进政府购买服务制度建设。对政府购买服务事项进行清理，分为5大类307项，制定了省本级政府购买服务指导目录。省级24个部门首次编制了政府购买服务预算。十是地方政府性债务管理进一步规范。加快建立“借、用、还”相统一的政府性债务管理体制，对各地政府债务实行限额管理。首次开展政府信用评级工作。十一是国库集中支付管理效率进一步提升。预算执行动态监控体系建设继续推进。国库集中支付电子化管理改革实现省级预算单位全覆盖。通过“以贷定存”、“以发定存”等方式，稳步推进国库现金管理。十二是预决算信息进一步公开。除涉密部门外，所有财政拨款的部门均按要求公开了本部门预决算。全面推进“三公经费”公开。首次公开新增地方政府债券调整方案。十三是税制改革政策进一步落实。组织开展了税收优惠政策专项清理。认真实施营改增扩围，减轻试点企业负担7.5亿元。率先完成煤炭资源税从价计征改革。启动商业健康保险个人所得税试点。用足用活地方税政管理权限，最大限度争取中央税收政策支持，兑现各项税收优惠280亿元。十四是非税收入管理基础进一步夯实。健全完善非税收入预算审核机制，积极推行票据电子化管理改革，加大非税收入监督稽查力度。十五是中期财政规划管理进一步推行。切实做好2016年至2018年中期财政规划编制工作，将财政预算安排与经济社会发展中长期规划有机衔接，实施跨年度预算平衡。十六是理顺省与州（市）间事权进一步探索。围绕促进事权与支出责任相适应，逐步理顺省与各地共同事权，将部分事权下放各地，研究调整省与州（市）间财政收入划分。

云南省财政厅厅长陈建国到曲靖市宣讲五中全会精神

【财政保障能力显著增强】 2015年，面对前所未有的收支压力，各级财政部门在深化财政体制改革的同时，不断调整和优化支出结构，确保重点支出。一是全力以赴稳增长。研究出台财政部门落实稳增长政策的15条具体措施。筹措资金35.88亿元，保障重大项目前期工作经费、培育达规工业企业、奖励限上商贸企业、打造众创空间、发展电子商务、工业信贷引导和扩产促销等政策落实。二是优化结构推转型。省级安排产业发展专项资金23.88亿元，采取财政贴息、风险补偿、再担保等方式，推动实施“2个10万元”微型企业培育工程、“3个10千亿元”工程重大项目和“两化融合”项目等，推动产业转型升级。三是创新施策扶三农。推进支农资金整合，全省财政农林水支出达到641.8亿元，创历年来新高，重点支持高原特色现代农业发展、农田水利设施和“森林云南”建设。省级筹措扶贫资金61.12亿元，其中，争取中央资金达48.02亿元，居全国第一；发行易地扶贫搬迁政府债券63.4亿元，支持实施精准扶贫、精准脱贫。继续实施一事一议财政奖补“普惠制”项目，加快推进100个美丽乡村建设，组织开展建制镇示范试点。国家级农业综合开发县扩大到91个，省级农业综合开发县基本实现全覆盖。四是夯实基础促跨越。全省共安排各类重点项目支出3500多亿元，大力实施“四个一百”重点项目建设，加快推进鲁甸及景谷地震灾后恢复重建，综合交通建设3年攻坚战顺利完成，“五网”建设5年大会战提前打响。支持加快实施环保与湖泊治理、节能减排、保障房建设、水利基础设施建设、城市基础设施建设、地质灾害防治等重大项目，积极推进新型城镇化建设。五是构建和谐惠民生。全省财政用于社会保障、医疗卫生、城乡社区、教育、科技、文化等方面的支出达到3450亿元，占财政支出的比重达73.2%。稳妥推进机关事业单位养老保险制度改革，增资政策有效落实。支持创业园、众创空间、校园创业平台等政策的落实，促进创业就业工作。积极落实企业退休人员养老金、城乡居民基本养老保险、城镇居民基本医疗保险提标。加强社会救助体系建设,养老服务体系建设持续巩固。全力推进农村危房改造和抗震安居工程建设，启动政策性农房地震保险试点。医药卫生体制改革继续深化，县级公立医院综合改革稳步推开，分级诊疗体系进一步完善，基本公共卫生服务均等化水平显著提升。农村义务教育经费保障机制进一步巩固和完善，支持贫困地区义务教育薄弱学校改善基本办学条件，职业教育和高等教育内涵式发展迈出新步伐。加大对创新型云南行动计划的投入力度，公共文化服务体系建设更加完善。六是协调运转保稳定。支持推进平安云南建设。公务用车制度改革顺利实施。扎实推进民族团结进步边疆繁荣稳定示范区建设，支持实施旅游强省战略，促进藏区经济社会发展和长治久安。稳妥推进司法体制改革试点。

云南省财政厅党组书记、厅长陈建国深入挂钩帮扶村开展遍访工作

【财政管理水平持续提升】 一是国有资产管理和国企改革不断深化。完成162项国有资产处置审批。妥善解决中央下放管理的煤炭、有色金属和军工企业关闭破产后形成的历史遗留问题。及时兑现国有企业中小学校、职教幼教退休教师待遇差补助。积极做好省属文化企业国有资本收益收缴工作。二是政府采购效率进一步提高。建立放管结合的政府采购监管模式，全年政府采购规模较2014年增长近2倍，采购规模占财政支出的比重达到18%，节约率达10%。三是会计管理水平显著提升。继续实施高级会计人才培养“2311”工程。全面推进村级会计委托代理服务工作。会计人员和会计师事务所管理的制度建设更加完善，有效促进了注册会计师行业健康发展。四是法治财政基础更加夯实。“六五”普法通过国家验收。行政审批事项清理改革工作圆满完成，确定了16项权力清单和责任清单。五是涉外财政交流合作的效能凸显。全年共申报和实现外贷提款8亿美元。结合“一带一路”建设规划，就利用“亚投行”“金砖银行”“丝路基金”等多边组织合作机制进行研究，增强对外财经合作软实力。六是财政监督检查力度持续加大。组建监督检查局，充实监督力量。制定出台了一批行之有效的监督制度，将监督审核嵌入资金下达的全过程。切实做好审计配合工作，认真抓好审计发现问题的整改，进一步严肃财经纪律。成立了内部控制委员会，建立健全内部控制体系。七是财政信息化建设稳步推进。“三纵三横”网络体系基本建成，业务应用系统覆盖面进一步拓展，平台一体化建设深入推进。

金融综述

2015年，中国人民银行昆明中心支行（下称“昆明中支”）认真贯彻落实总行和成都分行工作会议精神，紧密结合云南实际，坚持“抓作风、促改革、防风险、求实效”的工作主线，加强作风建设，强化内部管理，推进改革创新，切实提高货币政策执行能力，有效维护金融稳定，大力提升金融服务和管理水平，各项工作取得积极成效。

【全面贯彻落实货币信贷政策，金融支持稳增长成效显著】 昆明中支认真贯彻执行稳健的货币政策和各项信贷政策，着力引导金融机构坚持服务实体经济的本质要求，切实加大信贷投放力度，推动直接融资发展，创新平台，增强合力，金融支持稳增长成效显著。

强化货币信贷政策指导，促进信贷总量合理较快增长 昆明中支印发《2015年云南省信贷指导意见》、参与拟定《云南省人民政府关于促进经济平稳健康发展的意见》，牵头拟定《云南省人民政府办公厅关于进一步缓解企业融资成本高问题的实施意见》，积极采取多项措施，引导金融机构合理安排信贷投放的总量、节奏、投向，及时满足实体经济发展的信贷资金需求。2015年末，全省金融机构本外币各项存款余额2.52万亿元，同比增长11.3%；各项贷款余额2.12万亿元，同比增长15.7%，增速比上年末提高1.8个百分点，比年初增加2598.35亿元，同比多增400.22亿元。其中，人民币各项贷款余额2.09万亿元，同比增长15.9%。信贷保持较快增长，对全省经济社会发展的支持力度明显增强。

稳增长与调结构并重，信贷结构持续优化 一是会同有关部门搭建政银企合作平台，引导信贷资金投向，满足重点项目、重点企业、重点园区投资建设的合理融资需求，涉及银行贷款资金6362.08亿元，相关做法得到省委书记、联系金融副省长的批示表扬。2015年末，全省中长期贷款余额同比增长13.0%，连续18个月两位数增长，比年初增加1549.06亿元，占各项贷款增量的59.6%，支持了省内重大基础设施项目的开工建设。二是多渠道、多手段引导全省各银行业金融机构积极调整和优化信贷结构，加大对民生领域及经济社会发展薄弱环节的信贷支持。提升再贷款、再贴现的引导调控效果，加大对全省“三农”和小微企业信贷投放。全年累计发放支农再贷款69.26亿元、支小再贷款5亿元；累计办理再贴现239.51亿元，同比多投放44.44亿元，再创历史新高。2015年末，全省涉农贷款余额同比增长14.45%，比上年末提高2.91个百分点；全省中小微企业本外币贷款余额同比增长17.8%，高于同期全省各项贷款平均增速2.1个百分点。创新完善合意贷款调控管理机制，推动辖内法人金融机构支农、支小。“两个十万元”微型企业培育工程贷款余额2.07亿元，累计扶持2208人创办微型企业。发放民贸民品贷款40.87亿元，余额同比增长11.2%；发放创业促就业小额担保贷款74.42亿元，带动就业人数超过20万人。三是牵头做好“两权”抵押贷款试点相关工作，与相关部门配合迅速成立工作小组、制定工作规则、按时上报试点县名单。继续推进农村金融产品和服务方式创新。2015年末，纳入重点监测的14类农村金融创新产品贷款余额606.32亿元，同比增长8.3%，受益农户180.55万户、受益企业943户。

结合云南实际，探索金融精准扶贫见成效 以文山州石漠化贫困地区为试点，探索“支农再贷款+农村信用社配套资金贷款+地方财政利差补贴+优惠利率”的“四位一体”扶贫贷款模式。自2015年5月20日启动至12月末，先后4次增加文山支农再贷款限额共10亿元，并搭配合意贷款管理，该模式下投放涉农贷款17.96亿元，为贷款人节约利息支出约8838万元（含财政贴息）。

牵头建立滇西边境片区扶贫开发金融服务联动协调机制，积极参与推动乌蒙山区、迪庆藏区、石漠化地区扶贫开发金融服务工作；进一步优化扶贫贴息贷款流程，提高信贷扶贫精准度，全年累计发放扶贫贴息贷款131.6亿元，贴息资金5.55亿元，较上年增加2.05亿元，建档立卡贫困农户申贷满足率达70%以上。以国家政策性银行重点支持扶贫开发为契机，引导农业发展银行积极发放易地扶贫搬迁贷款累计218亿元。2015年末，全省93个贫困县各项贷款余额同比增长16.4%，比年初增加832.96亿元，信贷资金对片区农业增产、农村繁荣和农民增收起到了有力支撑。

不断拓宽融资渠道，推动直接融资稳步增加 积极采取多项措施支持债务融资发展，一方面推动地方法人机构负债业务创新，筹备组建云南省市场利率定价自律机制，指导4家法人金融机构成为全国市场利率定价自律机制基础成员，并积极督促其发行同业存单和大额存单。截至12月末，地方法人金融机构累计发行大额存单28.06亿元，发行同业存单152.5亿元。另一方面，持续推动全省企业债务融资发行工作，首单20亿元资产支持票据成功发行，全年全省企业在银行间债券市场累计发行非金融企业债务融资工具960.3亿元，同比增长30.2%。富滇银行70亿元小微企业专项金融债发行完毕。

2015年9月10日，省委书记李纪恒到昆明中支调研，对人民银行在金融系统的领军作用给予高度肯定。

【全力推进沿边金融综合改革试验区建设，多项工作取得突破性进展】 主动适应经济发展新常态，围绕沿边金融综合改革试验区建设等重大战略部署，稳中求进，主动作为，推进改革创新，突破发展瓶颈，多项工作取得突破。

跨境人民币业务发展取得实质性进展 一是开通东盟、南亚地区跨境人民币贷款融资渠道，自政策出台以来，全省办理22笔跨境人民币贷款业务，累计合同金额35.24亿元。二是跨境双向人民币资金池业务加速推进，4家跨国集团企业资金池应计所有者权益金额达421.23亿元。三是经常项下个人跨境人民币业务快速发展，累计办理经常项下个人跨境人民币结算21.91亿元，业务覆盖41个国家和地区。四是继云盟、亚源两支国际投贷基金之后，聚信海荣人民币国际投贷基金成功落户云南。

云南区域性货币交易模式逐步完善 一是加快推动人民币对泰铢银行间市场区域交易发展，截至2015年末，参加的商业银行增至9家，累计交易金额达1.2亿元。二是全国首家中缅货币兑换中心在德宏州挂牌成立，发布人民币兑缅币“瑞丽指数”，全国首个非主要国际储备货币挂牌交易平台正式启动，全年人民币与缅币兑换累计2.02亿元。三是开通人民币与非主要国际储备货币银行柜台兑换业务。截至2015年末，人民币对泰铢、越南盾、老挝基普银行柜台兑换业务量累计达1.5亿元。

跨境金融合作取得历史性突破 一是经人总行授权，与老挝央行举办首次正式双边会谈，改写了昆明中支与老挝央行无对话、无交流的历史。二是首次独立组团访问泰国银行北部分行，滇泰央行金融合作开启新航程。三是边境地区跨境金融合作成果显著，与越南河江省规划金融双边合作，促成富滇银行与老挝联合发展银行签订合作备忘录、德宏州金融机构与缅方私人银行首次合作并在中方开立人民币同业往来账户。四是创新建立了“面向公众、走出国门、向外延伸”“制度、平台、宣传、培训、激励”

五位一体的跨境人民币反假合作云南模式，在沿边8个州市跨出国境举办人民币反假宣传等活动。

【严守安全底线，金融风险防范与管理进一步加强】 增强敏感性，切实加强金融风险监测、评估和预警，强化金融管理，牢牢守住不发生系统性、区域性金融风险的底线。

风险评估和预警工作不断加强 健全云南省金融稳定基础数据的搜集和积累，不断提高“金融稳定评估系统”数据的准确性和完整性，定期分析报告云南省金融运行及风险情况。加强对重点领域和重点行业的监测，持续跟踪监测云南省地方法人银行业机构风险指标，组织开展地方法人银行业机构不良贷款和银行储户存款被非法转走案件等排查工作。组织召开云南省金融监管协调联席会议第二次会议，进一步加强金融风险监测与重要风险信息共享协作。牵头起草《云南省人民政府关于地方金融监管职责和风险防范处置责任的实施意见》，经省政府常务会议审议通过。对省内大型企业出现的偿贷困难，及时对商业银行进行窗口指导，研究“一企一策”的帮扶措施，避免“一刀切”式的抽贷、压贷、断贷。密切关注并积极支持做好昆明泛亚有色金属交易所风险事件的相关处置工作。及时向总行报告进展；派人参加风险处置工作小组，协助摸清风险底数。协助处理云南企业银行间债券市场违约问题，积极帮扶经营暂时困难企业，维持云南良好的发债环境。

存款保险制度有序推进 一是做好存款保险制度实施准备工作。周密部署安排存款保险制度出台后的相关工作，拟写存款保险制度报告材料，积极争取地方政府支持。解读《存款保险条例》，印制“存款保险宣传折页”13万份，主动接受云南电视台采访，宣讲《存款保险条例》的主要内容。二是圆满完成投保手续办理及保费交纳工作。制定下发《吸收存款的法人银行业金融机构办理存款保险投保手续和保费缴纳实施细则》，梳理投保材料准备、保费计算缴纳等工作，规范投保手续。采取积极措施，保证保费计算环节报表数据准确，确保保费按时、足额交纳。

金融管理工作扎实有效 一是组织完成了对全省10家银行87个分支机构的综合执法检查，涉及处罚的有9家银行54个分支机构，处罚金额共计169.2万元，进一步增强了人民银行和外汇局制度规定的严肃性，检查效果明显。二是完成了对414家银行业金融机构的综合评价，对被评定为C级的金融机构负责人进行约见谈话，通报评价结果。三是认真落实金融机构重大事项报告制度，坚持“一事一报”的原则，启动银行业金融机构重大事项“零报告”制度。全年共编发《云南省金融机构重大事项报告信息》49期，有效掌握了金融机构的发展动态。

金融消费保护工作初见成效 完善“12363”电话受理机制，加大州市及县域的推广力度，截至2015年第四季度，全省“12363”电话共接到投诉505起，咨询2178件，办结率达99%以上。组织辖内试点州市中支与当地司法部门合作，完成辖区内农村金融维权站乡镇全覆盖工作，填补乡镇金融消费权益保护空白。继续加强“一行三局”金融消费权益保护协调机制，共同推动云南省金融消保工作发展。

【夯实工作基础，金融服务水平和质量全面提高】 进一步转变金融服务工作理念，强化服务意识，创新工作手段，夯实工作基础，全面提升金融服务质量和水平，有力地推动了地方经济社会和谐发展。

调查统计、金融研究和政务信息工作成效显著 一是进一步提升统计监测工作质量，金融统计成为全国12个零差错的省区之一，区域金融统计得到加强，2014年度全省县域法人金融机构考核达标率五年来首次高于全国和西部平均水平。二是建立大监测、大调研机制，调研分析信息展现范围更宽、频度更快，原因分析更为深入，决策支持作用进一步提高。三是进一步完善金融研究制度，认真组织总行及全省重点课题研究，评出2014年度云南省人民银行系统优秀研究报告和理论研究成果11项。完成《强化昆明在沿边金融综合改革试验区建设中的龙头作用研究》《关于金融支持建设面向南亚东南亚辐射中心的实施方案》等文章，得到陈豪省长批示。四是政务信息的支持作用有效发挥。全年上报信息被中办国办采用2条，国务院领导批示2篇次，总行领导批示3篇次，地方政府采用107条，省领导批示6篇次。

支付服务环境全面改善 一是云南省支付系统安全稳定运行。全年共处理业务8,951.09万笔，清算资金41.79万亿元，处理业务同比增长15.38%。二是农村支付环境建设进一步深化。惠农服务点在全面覆盖行政村的基础上向部分自然村延伸，交易量首破百亿大关，清算金额

128.34亿元。新建14条刷卡无障碍示范街，云南省刷卡无障碍示范街（区）达104条。三是积极推进跨境金融支付工具创新。争取人总行支持，实现NRA账户存取现金的突破，跨境金融支付点全省推广，制定非居民个人人民币结算账户开户便利化方案，实施中缅双边银行卡跨境结算。

国库信息化建设水平提升　切实履行国库职责，及时、准确办理各级预算资金的收、支、退、更业务，全年共办理公共预算收入3305.05亿元，同比增长2.52%；完成公共预算支出5009.1亿元，同比增长17.03%。开展跨省异地缴纳交通违法罚款业务，成为全国首批开展跨省异地缴纳交通违法罚款的试点省份之一。稳步推进国库集中支付业务电子化管理系统建设，成为全国第一家实现全业务电子化管理的省份。深入推进国库会计标准化建设，创新制作国库会计标准化电子手册。

科技服务业务能力继续增强　在全省12个城市上线金融IC卡公交应用项目，在全国首次实现了金融IC卡公交应用的开放、共享和通用模式。创新网络监控短信实时报警功能并在全省推广，实现网络风险的快速反应与应对。建立“金融机构编码信息分析模型”，探索金融机构编码信息数据综合利用，相关经验在人总行交流。

社会信用环境进一步优化　一是应收账款融资平台推广运用工作成效显著。2015年，全省共通过平台促成融资737.5亿元，提前完成总行要求的200亿元融资指标，累计促成融资901亿元，排名全国第三。二是农村信用体系建设试点初见成效。西双版纳州试验区共完成11.22万农户信用信息采集，信用农户授信19.36亿元。三是地方社会信用体系建设工作继续推进，与省发改委联合印发了《云南省贯彻落实社会信用体系建设规划纲要（2014~2020年）任务分工》《云南省社会信用体系建设三年重点工作任务（2014~2016）》。

现金管理精细化水平不断提高　科学组织发行基金调拨，完成省外火车调运车皮76个，111580箱，金额561.47亿元；投放发行基金1947.3亿元，回笼1985.6亿元，全年净回笼38.3亿元。认真组织完成2015年版第五套人民币100元纸币及抗战纪念币和纪念钞的发行工作，普通纪念币发行制度实现顺利过渡。进一步提高流通中人民币整洁度，强化对金融机构清分工作的指导，全年清分金额524.33亿元，清分联机销毁391.43亿元。打击整治假币违法犯罪成效显著，全省共建立反假货币工作监测点21个，共计收缴假人民币20.58万张，合计金额1711万余元。

反洗钱支持社会反腐作用突出　开展追逃追赃资金监测及线索排查工作，积极参与打击利用离岸公司和地下钱庄转移赃款专项行动。截至2015年末，向公安机关移交涉嫌非法经营地下钱庄案件线索7条，累计涉及交易金额高达550亿元人民币，协助公安机关破获6起地下钱庄案件。积极支持社会反腐，协助中纪委和云南省纪委开展云南重大涉腐案件的调查工作，中纪委第十一纪检监察室向昆明中支发来感谢信，对成绩突出的同志予以表彰。

金融政策宣传解读正向引导作用突出　坚持按季召开新闻发布会，通报全省金融运行情况，解读总行出台的政策措施；接受媒体采访20余次，协调配合大型活动宣传1次。及时反映了辖区经济金融动态、宣传了稳健货币政策、回应了社会对存款保险和沿边金融改革试点的关切。充分发挥互联网子网站对外宣传功能，拟定了《行政执法信息公示工作规程》，尝试对外发布行政许可及处罚信息，人民银行工作的透明度和公信力得到明显提升，取得了良好的效果。加强内部信息交流平台建设，统筹全省门户网站建设及应用，调整省会门户网站栏目，初步实现了全省州市信息网站互联互通。

【大力推动“五个转变”，外汇管理与服务进一步加强】　扎实抓好外汇管理各项工作，立足支持实体经济发展，在推动贸易及跨境投融资便利化、强化跨境资金流动监测分析、严厉打击外汇领域违法违规行为等方面取得新成效。

加大改革创新力度，打通境外投融资渠道　积极探索构建集风险评估控制、操作实施方案、内控制度建设为一体的外汇资金集中运营管理框架，推动跨国公司外汇资金集中运营管理试点落地云南。本土2家企业云南云天化联合商务有限公司和云南锡业股份有限公司取得试点资格，获批开展境内外汇资金集中管理及外债、对外放款额度集中调配业务及经常项下集中收付。打通企业向境外投融资的新渠道，为破解企业“融资难、融资贵”问题提供了新的途径。

完善监测体系，外汇管理风险预警能力得到增强　进一步推动外汇管理风险预警能力建设，完善区域外汇管理监测分析制度，严防跨境资金流动风险。增设以银行和州市分局为主体的跨境收支项目预警指标，重点监测全省各地区、各银行资金流入流出渠道，有效做好跨境资金双向流动的预判。推进国际收支制度更新，实现数据采集体系全面升级 。

提升便利化水平，支持实体经济发展能力不断增强 围绕贸易便利化，推动跨境电子商务支付机构成功破冰，确定本元集团作为云南开展跨境人民币支付业务的试点企业，拓展对外支付渠道，完善跨境外汇支付业务工作，推动形成有竞争力的本外币一体跨境支付平台。充分利用短期外债指标，支持地方实体经济发展。积极向总局争取，云南省 2015 年短期外债余额指标在 2014 年 1.7 亿美元的基础上增加到 2.7 亿美元，增幅 58.8%，有力地支持了云南省涉外经济发展。

加大检查核查力度，外汇领域违法违规行为得到有效遏制 切实强化现场、非现场监管。2015 年，全省共对违反外汇管理行为立案 37 件，立案金额 6400.98 万美元，结案率为 100%；处罚金额 157 万元人民币，收缴罚没款金额 157 万元人民币，罚没款收缴率为 100%，突出重点，强化核查监管力度，年内分别组织开展对“出口不收汇”和资本项目业务的专项核查，以及对大额购付汇净流出进行重点监控。

（李　峰）

证券期货市场建设和监管综述

2015 年，云南省证券期货业认真贯彻落实中央和中国证监会、云南省委、省政府各项决策部署，以资本市场服务实体经济为主线，紧紧围绕云南省建设发展战略目标，不断深化多层次资本市场改革，扩大直接融资规模，有效发挥资本市场在稳增长、促改革、调结构、惠民生中的积极作用，云南资本市场改革发展工作取得了新进展、新成效。

【多层次资本市场发展成效显著，直接融资规模创历史新高】 2015 年，全省企业通过交易所市场新增直接融资 544.07 亿元，创历史新高。股票融资保持持续扩大的良好态势，龙津药业成功首发上市融资 3.55 亿元，全省 A 股上市公司增至 30 家，保持连续两年有企业成功首发上市；5 家上市公司通过定向增发新增股票融资 106.96 亿元，较 2014 年增长 70.94%。过半数上市公司因重大事项申请股票停牌，其中 10 家公司拟通过并购重组等方式提升资产质量和盈利能力，完善产业链，实现转型升级；3 家上市公司或其关联方参与设立 3 只并购基金，规模 16.5 亿元。债券和资产证券化产品融资规模增长迅速，47 家次企业通过发行公司债、次级债、中小企业私募债、并购重组私募债、资产证券化产品融资 429.6 亿元，较 2014 年增长 2114%。“新三板”挂牌公司数量快速增长，融资方式日益多样化，新增 41 家挂牌公司，“新三板”挂牌公司达到 55 家，较 2014 年增长 193%，数量位居西部 12 省（市、区）第 5 位、全国第 20 位；21 家挂牌公司新增直接融资 10.64 亿元，其中股票融资 3.96 亿元，公司债融资 1.1 亿元，股权质押融资 5.58 亿元。“新三板”平均融资周期约 2 个月，体现了“小额、快速、按需”的特点。拟上市与拟挂牌企业辅导培育效果显著，拟上市企业方面，过会待发企业 1 家，已申报企业 4 家，进入上市辅导阶段 7 家，拟上市企业梯队进一步扩大；“新三板”拟挂牌企业方面，9 家挂牌在审，82 家拟挂牌在培育中，全省 16 个州市中 12 个州市有拟挂牌公司，并已部分深入县域。

【上市公司前三季度总体情况较同期有所好转，但转型升级压力依然较大，经营形势不容乐观】 全省 30 家上市公司 2015 年前三季度实现营业收入 1853.65 亿元，同比增长 3.36%；净利润 17.83 亿元，同比增长 46.63%，盈利水平大幅提高。总体上看，上市公司营业收入增速高于全国平均水平，国有控股上市公司重营业收入、轻净利润的趋势在当前经济形势下有所遏制。盈利大幅增长主要是由于同期盈利基数较低的原因，扣除金融类上市公司太平洋证券主营业务增长和个别公司的非经营性收入影响后，上市公司总体经营性业绩实际增长为负，主营业务盈利能力仍然不佳，经营依然面临较大困难。分行业看，生物医药行业上市公司收入、利润增速较上年同期有所放缓。生物医药板块上市公司总体盈利能力较好，现金流充裕，但存在发展瓶颈、对外扩张等潜在压力；有色金属行业上市公司经营依然困难，2015 年有色金属价格呈单边下行走势，尤其是 11 月后，主要有色大宗商品价格出现断崖式下跌，有色金属类上市公司整体经营面临巨大压力；化工行业上市公司仍处低谷，受结构性和周期性因素影响，全省化工类上市公司主营业务亏损仍然较为严重，化工行业下行压力不减，企业转型升级难度依然很大；房地产行业上市公司收入及利润双降，公司存货及应收账款较2014年同期大幅增加，尽管当前房地产行业政策逐步宽松，但行业发展“拐点论”态势明显，企业增收、去库存和资金回收压力增加；装备制造行业上市公司业绩持续下行，受经济环境影响，装备制造行业主要产品价格持续下跌，市场竞争激烈，整体经营情况不容乐观。

【证券期货市场交投活跃，证券期货经营机构服务实体经济的广度和深度不断拓展】 2015年，全省证券市场累计总成交金额4.28万亿元，同比增长174.92%，新增A股证券账户开户数73.21万户，同比增长33.66%，全省累计A股证券账户开户数达290.76万户。全省新增4家证券分公司、11家证券营业部、3家期货营业部，证券经营机构达到151家（2家证券公司、10家分公司、138家证券营业部、1家证券投资咨询公司）、期货经营机构达到26家（2家期货公司、24家期货营业部）。证券经营机构通过提供上市保荐、“新三板”推荐、债券承销发行等服务以及融资业务帮助我省企业实现融资171.05亿元。红塔证券通过增资扩股增加净资本45.58亿元，太平洋证券通过发行次级债补充净资本30.3亿元，两家公司净资本分别达87.05亿元和66.88亿元，在全国125家证券公司中排名第39位和第47位，2家公司分类评价均为A类A级。自创新发展政策推开以来，两家公司获批16项新的业务牌照或资格，服务功能进一步完善。期货市场服务实体经济的能力进一步提高，优势资源类品种锡、镍期货品种正式上市，为镍、锡产业链企业提供了有效的风险管理工具，增强了定价能力。

【各项风险得到有效化解，证券期货市场保持稳定运行】 2015年，证券期货监管部门深入推进监管转型，扎实做好监管执法工作。落实简政放权并做好行政审批制度改革衔接工作。全面清理取消、调整和下放的行政许可和备案事项，共取消证券期货行政许可事项和管理、统计类备案事项54项，清理约束性规范性文件65项，实现了法律法规和中国证监会规定之外的“零备案、零报告、零验收”。全力落实维护市场稳定的各项工作部署，全省上市公司通过控股股东或董监高增持、启动员工持股计划、延长锁定期等方式，有效稳定了市场预期和股票价格。全面清理整顿证券、期货公司利用信息系统外部接入开展违法证券期货业务活动，全力推进账户规范工作，彻底清除违法违规的配资账户。加大风险公司监管力度，会同相关各方采取有效措施，切实防范、化解和处置上市公司风险。加强稽查执法，严厉打击违法违规行为。深入开展投资者保护工作，提醒投资者尤其是新入市投资者理性投资，督促市场主体履行投诉处理的首要责任，及时依法妥善解决投资者投诉诉求，切实维护投资者合法权益。

云南省证券期货业相关数据表

指标	单位	2015年12月底	
		绝对数	同比增长增减（%）
（1）法人证券机构资产总额	亿元	491.72	103.52
（2）法人证券机构负债总额	亿元	305.46	162.2
（3）法人证券机构净资产	亿元	186.26	48.89
（4）法人证券公司营业收入	万元	440,016.1	85.61
其中：经纪业务手续费收入	万元	186,568.32	175.46
利息收入	万元	65,616.72	74.03
（5）A股投资者账户数	万户	290.76	33.66
（6）基金管理公司当年新发基金数	只	0	0

续表

指标	单位	2015 年 12 月底	
		绝对数	同比增长增减 %
(7) 新发基金首次募集金额	亿元	0	0
(8) 境内证券市场交易额	亿元	42,885.43	174.92
(9) 境内上市公司数量	家	30	0.03
(10) 境内上市公司累计募集资金	亿元	1083.75	29
(11) 境内上市公司总市值	亿元	3875.95	25
(12) 当年境内股票募集资金	亿元	110.51	57
		2015 年 12 月底	
1. 法人证券机构净资本负债率	%	51.39	
2. 法人证券机构资产利润率	%	7.08	
3. 证券业金融机构家数			
(1) 证券法人机构	家	2	
(2) 基金管理公司	家	0	
(3) 期货经纪公司	家	2	

国有企业改革发展与国有资产监管综述

2015 年，面对前所未有的严峻复杂形势和生产经营困难局面，省国资委和省属企业认真贯彻落实省委省政府决策部署，坚定信心、攻坚克难，努力应对困难和挑战，各项工作取得了新成效。

【采取有力措施，努力确保企业生产经营平稳运行】 针对严峻的内外部形势，积极采取有力措施，做了大量艰苦细致的工作，确保了企业生产经营稳定运行。**一是积极争取政策支持。**通过多种渠道，主动争取并用好用活省委省政府稳增长政策措施，在划拨土地作价增加资本金，税费减免、电力市场化交易、金融融资和稳岗补贴等方面得到诸多支持。**二是强化帮扶指导。**加强形势研判，抓好运行分析，强化风险防范，加强分类指导、分别调度。建立省属企业间互助合作机制，各企业顾全大局，敢于担当，在关键时候伸出援手，帮助困难企业摆脱困境。**三是切实落实应对措施。**继续抓好确保市场份额、确保正常生产、确保经营现金流、确保要素供给、确保安全生产、强化挖潜创效的“五确保一强化”具体应对措施，成效明显。昆钢、云天化产品市场占有率稳步提升，云铜三项费用同期下降近 5 亿元，冶金能源成本降低 12 亿元。各州市国资委重点加强和规范投融资公司管理，有效防范化解风险。四是抓项目保增长。加大投资力度，昆明滇池国际会展中心、棚户区改造、保障房建设、泸沽湖机场及一批 PPP 项目等重大项目建成运营。昆明、昭通、玉溪、普洱、西双版纳等州市国资委搭平台、抓融资、促投资，一批重点项目加快推进。五是强化安全生产。严格落实责任，抓实、抓细、抓好安全生产各项工作。全年没有发生重特大安全生产事故，安全生产形势持续好转。

截至 2015 年 12 月 31 日，省属 19 户企业资产总额达到 9702.25 亿元，同比增长 17.2%；净资产 2625.42 亿元，同比增长 12.7%；营业总收到达到 4346.36 亿元，同比下降 4%；利税总达到 61.06 亿元，同比下降 45.13%。

【加强统筹协同，全面深化国资国企改革】 根据省委省政府统一部署，全面加快推进各项改革。**一是营造良好环境。**省委省政府高度重视，在国资国企改革顶层设计、配套政策制定、推进具体改革方面给予了强有力的领导和支持。省国资委主动加强与相关部门沟通协调，形成推进改革的强大合力。**二是政策制定取得重大进展。**根据中央22号文件和省委10号文件，修改完善并分别以省政府和省政府办公厅名义印发了《关于完善国有资产管理体制的实施意见》等6个改革配套文件。目前，基本形成了指导全省国资国企改革的“1+N”文件体系。**三是改革试点稳步推进。**云锡、农垦、能投、圣乙等改革试点企业，按各自改革重点，稳步推进改革工作。其他企业也都制定了改革方案，正在不断完善，并结合自身实际，加快推进治理结构、内部管控、三项制度等改革。**四是重点改革加快推进。**推动组建国资改革发展资金池，成功实施云天化引进以色列化工、能投重组云南盐化、云投引入以色列特色农业企业、昆钢引入华润等一批改革合作重点项目，启动煤炭、医药、建设、贵金属新材料等行业整合重组工作。有序发展混合所有制经济，先后两批发布公开招股招商项目，涉及资产总额和新增投资约1100亿元，部分项目已签约。**五是妥善解决历史遗留问题。**加快推进昆明煤矿机械总厂破产清算工作，向法院申请破产终结；完成了省属特困企业的摸底调查，为清理“僵尸企业”和企业改革脱困奠定了基础；省属破产企业协议托管人员生活费调整顺利完成。

【围绕提质增效，着力推动企业转型升级】 围绕提高国有企业发展质量和效益这个中心任务，积极适应新常态，持续推进转型升级。**一是创新能力进一步提升。**各企业持续加大创新投入和关键技术攻关力度，大力推广先进适用技术，取得了一批创新成果。云南白药研发总监朱兆云荣获何梁何利基金2015年度“科学与技术创新奖”；云天化与以色列化工合作设立磷业研发中心；云锡贵研铂业汽车尾气净化催化剂研究取得进展；冶金80万吨氧化铝提产增效项目建成后将形成160万吨产能。省属企业一批科研成果获得国家和我省表彰。**二是结构调整取得进展。**深入推进内部资源整合，促进优势资源向主业和产业链、价值链高端集中，产业协同能力进一步提升。云铜、云锡加快处置一批低效无效资产，资源配置逐步优化。积极发展战略性新兴产业，昆钢、云天化加快发展新材料产业，云投努力拓展新金融业务，白药电子商务网络营销成绩显著，物流“第四方物流”服务业务进展顺利，能投能源服务业成为新增长点，世博加快5A级景区申报工作，建工、十四冶、西交大力推进PPP经营模式，农垦整合重组天然橡胶板块，新的竞争优势正在加快形成。**三是资本运营成效显著。**坚持产业发展与资本运作互动，省属企业全年累计完成直接融资1000亿元以上。云南水务实现在香港主板上市，8户企业在新三板挂牌交易，建工财务公司挂牌成立，一批企业成功申报发行扩容公司债，驰宏锌锗等4户上市公司完成定向增发及资产注入，募集资金及注入资产120多亿元。针对去年股市状况，相关企业强化市值管理，主动维护股市稳定，择机增减持上市公司股份，既优化了资产配置，又实现了国有资产保值增值。各州市国资委通过资产注入、整合重组等方式，改善资产结构，提高了投融资能力。四是国际化经营步伐加快。积极参与“一带一路”建设和国际产能合作，加快走出去拓展新的发展空间。老挝万象赛色塔综合开发区、万象中心、老挝吉象水泥厂建成运营，老挝色拉龙水电站、中老橡胶有限公司等项目加快推进，世博开通两条跨境旅游专线。昆明机场旅客吞吐量3750.9万人次，全国排名第七，国际旅客吞吐量增长26%，开通国际航线47条，国家门户枢纽机场建设初见成效。

【完善管理体制，不断提高国资监管针对性和有效性】 按照以管资本为主加强国资监管的要求，进一步完善国资监管工作。**一是进一步改进监管方式。**牢牢把握依法履行出资人职责定位，研究形成出资人履职事项清单。完善考核办法，推行分类考核，全面落实董事会对经营层考核职责。稳步推进全省国有企业薪酬制度改革。依法向人大常委会汇报工作，接受审议和监督。**二是加强监管防止国有资产流失。**加强监事会监督，组织开展大额资金运作、合作经营专项检查，进一步强化事前、事中、事后全过程监督。各州市明确监管主体，进一步加强基础管理，红河、文山、大理等州市国资委制定一批制度，基础工作更加夯实。**三是不断完善国有资本经营预算。**国有资本收益上缴比例逐年提高，去年省属企业上缴比例15%，上缴收益中29%调入公共财政预算，用于社会保障和改善民生。保山、楚雄、临沧等州市进一步完善国有资本经营预算管理，充分发挥国有经济服务地方发展的作用。四是推进经营性国有资产集中统一监管。按照省委省政府要求，省国资委牵头起草经营性国有资产集中统一监管方案，已具雏形。曲靖、迪庆等州市推进国有资产集中统一监管取得突破。五是加强国资监管队伍建设。按照人岗相适、结构优化的原则，选拔调整了一批干部，优化干部队伍结构，加大培训力度，国资监管队伍履职能力进一步增强。

【坚持从严管党治党，切实加强和改进企业党的建设】 省国资委和省属企业坚决落实管党治党政治责任，坚持不懈刹风正纪，坚定不移惩治腐败。**一是专题教育深入扎实开展。**深入开展“三严三实”和“忠诚干净担当”专题教育，突出问题导向，贯彻从严要求，持续推进党的思想政治建设和作风建设，广大党员干部遵规守纪、廉洁自律的意识不断增强。**二是党建工作责任制有效落实。**严格落实从严管党治党责任，认真履行“一岗双责”。开展企业党委书记抓基层党建述职评议考核，加强基层党组织书记示范培训，基层党建工作进一步夯实。加大正面宣传和舆论引导力度，着力营造国企改革的良好氛围。**三是领导班子建设持续加强。**健全完善“双向进入、交叉任职”领导体制，实现企业法人治理结构与党组织发挥政治核心作用有机统一。认真落实好干部标准和“忠诚干净担当”要求，适时调整、充实企业领导班子成员，班子结构持续优化。加强日常监督管理和综合考核评价，完善廉洁从业“签字背书”制度。**四是群众工作扎实有效。**落实维护稳定责任制，保障职工合法权益，深化平安建设，依法规范信访秩序，有效化解矛盾纠纷。五是党风廉政建设和反腐败工作不断强化。认真落实党风廉政建设党委主体责任和纪委监督责任。深入学习宣传贯彻《中国共产党廉洁自律准则》、《中国共产党纪律处分条例》，贯彻落实中央八项规定精神和省委实施办法，坚决纠正“四风”。积极配合做好省属企业巡视和专项审计，并切实抓好问题整改。聚焦监督执纪问责主业，加大纪律审查力度，企业领导人员的纪律意识、廉洁从业意识进一步增强。

2015年国资国企改革发展取得的成绩，为“十二五”画上了圆满的句号。五年来，面对极其严峻的内外部形势、极其困难的生产经营局面，省属企业和各州市国资委认真贯彻落实省委省政府各项决策部署，积极有效应对，全力以赴稳增长、抓改革、促转型，不断完善国资监管体系，加强和改进党的建设，开创了国资国企改革发展新局面。

国有企业整体实力显著增强 省属企业资产总额由2010年的4602亿元增长到2015年的9644亿元，年均增长16.0%；营业收入由2311亿元增长到4294亿元，年均增长13.2%。打造了一批在国内外有较强影响力和竞争优势的行业龙头企业，5户省属企业进入全国500强。在全省稳增长促发展中发挥骨干作用。国有企业勇挑重担，不断提升融资能力，主动承担基础设施、棚户区改造、保障房建设等一批重大项目建设任务，拉动了社会投资，有力带动地方经济社会发展。省属企业实施了100多个重大项目，完成固定资产投资2200亿元。国有企业发展质量进一步提高。积极引入战略投资者，加快推进公司制股份制改革，健全法人治理结构，深化内部三项制度改革，妥善处理历史遗留问题，企业发展活力不断增强。产业升级步伐加快，科技创新能力显著提升，白药新区、昆明新机场、昆钢草铺新区、新会展中心等一批重大项目建成投产，新材料、新能源、生物医药、现代服务业等战略性新兴产业培育发展取得阶段性成果。“走出去”取得新成效，境外累计投资180亿元，遍布亚洲、美洲、非洲14个国家和地区。

国资监管的针对性和有效性进一步增强 各级国资委牢牢把握出资人职责定位，不断完善国有资产管理体制，以管资本为主加强国资监管工作，努力提高国资监管法治化水平。切实改进财务监督、业绩考核、薪酬分配、产权管理、监事会建设、国有资本经营预算等工作，完善监管体系，改进监管方式，加大监管力度，加强自身建设，确保了国有资产保值增值。

党的建设不断改进和加强 坚决落实管党治党政治责任，深入开展党的群众路线教育实践活动等系列主题教育实践活动，强化思想理论武装，加强领导班子和基层党组织建设，认真做好群众工作。不断深化反腐倡廉建设，认真落实“两个责任”，坚持惩防并举，持之以恒纠正“四风”，加大纪律审查力度，为国有企业改革发展提供了坚强保障。积极承担社会责任，资助公益事业和救灾捐款超过20亿元，新增就业超20万人。

（宛小东）

固定资产投资

2015年，面对复杂严峻的经济发展形势和经济下行压力不断增大的不利局面，全省上下认真贯彻落实党中央、国务院和省委、省政府促投资稳增长的决策部署，紧紧围绕全年投资增长目标，推进简政放权放管结合优化服务，创新投融资机制，推进重大工程建设，有效发挥投资对稳增长的关键作用，促进全省经济社会平稳健康发展。

【2015年投资完成情况】 年初，针对投资低开的不利局面，省政府召开全省加大固定资产投资工作推进会，省长陈豪出席会议并作重要讲话，省政府与16个州市、滇中产业新区、重点行业主管部门签订投资任务责任书。各地、各部门紧紧围绕投资目标任务，攻坚克难，精准发力，全力促投资、聚焦稳增长。3月投资增速由2月的0.7%增长为9.4%，5月开始，扭转了年初投资低开持续下滑的不利局面，投资逐月平稳回升。5、6、7、8、9、10、11月全省投资分别增长9.7%、12.5%、13.3%、14.5%、15.8%、16.5%、17.6%，投资运行呈现趋稳回升、稳中向好的态势。全年固定资产投资完成1.31万亿元，增长18%，顺利完成人代会审定的投资增长18%目标任务。

【2015年主要工作措施】

（一）积极推进五大投资计划实施。 包括列入国家七大类重大工程包项目（信息电网油气等重大网络工程、健康与养老服务工程、生态环保重大工程、清洁能源重大工程、粮食水利重大工程、交通重大工程、油气与矿产资源保障重大工程）；路网、航空网、能源保障网、水网、互联网五大基础网络建设项目；“四个一百”重点建设项目；长江经济带战略重点建设项目；滇中城市经济圈重大建设项目等投资计划。

（二）简政放权、放管结合、优化服务，积极主动深化审批和核准制度改革，做到“放、管、服”三管齐下，特别在确立企业投资主体地位，落实企业投资自主权方面取得突破性进展。 一是缩减核准投资范围，简化审查内容，减少投资项目前置审批。根据《政府核准的投资项目目录（2014年本）》（国发〔2014〕53号）、《政府核准投资项目管理办法》（国家发展改革委令2014年第11号）精神，省发展改革委起草报省政府审定，印发《政府核准的投资项目目录（云南省2014年本）》和《云南省政府核准投资项目实施办法》（云政发〔2015〕41号）。《政府核准的投资项目目录（云南省2014年本）》较《政府核准的投资项目目录（云南省2013年本）》，取消核准事项13项，下放核准权限事项18项。二是精简审批事项，规范中介服务，加快推进企业投资项目网上并联核准。根据国务院办公厅印发的《关于精简审批事项规范中介服务实行企业投资项目网上并联核准制度工作方案的通知》（国办发〔2014〕59号），省发展改革委起草报省政府审定，印发《云南省人民政府办公厅关于印发精简审批事项规范中介服务实行企业投资项目网上并联核准的意见》（云政办发〔2015〕38号），要求按照“精简审批事项、网上并联办理、强化协同监管”改革目标，进一步简化前置性审批，规范中介服务，积极探索建立纵横联动协管机制，加强事中事后监管。三是创新投资管理方式建立协同监管机制。根据《国务院办公厅关于创新投资管理方式建立协同监管机制的若干意见》（国办发〔2015〕12号）精神，省发展改革委起草报省政府审定，印发《云南省人民政府办公厅关于印发创新投资管理方式建立协同监管机制的实施意见》（云政办发〔2015〕63号）。制定了19条措施。四是加快推进云南省投资项目在线审批监管平台建设。根据国家发展改革委的安排部署，云南省高度重视，9月9日省政府召开了全省投资项目在线审批监管平台暨投资审批中介超市建设工作专题会议。云南省已率先实现与国家在线审批监管平台的双向联通。省级和16个州（市）、129个县（市、区）和9个开发区统一部署应用了投资审批监管平台，实现所辖行政区域和审批、核准、备案业务全覆盖。

（三）进一步创新重点领域投融资机制，在鼓励和吸引社会资本特别是民间资本参与重点领域建设营运方面取得突破性进展。 省发改委起草报省政府审定，印发《云南省创新重点领域投融资机制鼓励社会投资的实施意见》（云政发〔2015〕31号）。针对生态环保、农业水利、市政基础设施、交通、能源设施、信息和民用空间基础设施、社会事业等7个重点领域，提出了创新投融资机制吸引社会投资的政策措施。在公共服务、资源环境、生态保护、基础设施等领域积极推广政府和社会资本合作（PPP）模式，加快建立PPP项目库，共收集项目560项，总投资9930亿元；做好PPP项目推介工作，2015年6月30日，召开云南省PPP项目推介会，向社会公开推介了368个PPP项目，总投资5130亿元。其中，纳入国家发展改革委PPP项目库并对外公布的项目141个，总投资规模4407亿元。

（四）抢抓机遇，积极争取国家专项建设基金缓解我省重大建设项目融资难问题成效显著。云南省委、省政府高度重视专项建设基金争取工作，10月15日省政府召开全省争取专项建设基金工作推进会。四批专项建设基金我省共争取到395个项目、额度447.86亿元、占比5.6%，居全国前位。随着四批专项建设基金陆续投放到具体建设项目，拉动作用和导向作用日益显现，为下半年投资增长注入了强劲动力。一是增强融资能力，有效拉动金融机构投放贷款；二是有利于推广政府和社会资本合作（PPP）模式，鼓励和引导社会资本特别是民间资本参与项目投资建设和营运。

（五）争取中央预算内投资超额完成年初确定的目标。全年共争取中央预算内投资205.55亿元，超额完成年初确定的183.09亿元目标。加快执行中央预算内投资计划，我省铁路、公路、机场、水利等一批重大基础设施建设项目进展顺利，文化、教育、卫生、保障性安居工程、市政公共设施等民生工程建设进一步夯实，为2015年实现投资目标任务奠定坚实基础。

（六）加快省预算内投资计划执行进度，财政资金“四两拨千斤”的引导扶持作用明显。全年共下达投资计划25亿元，其中，交通专项6.5亿元、水利专项2亿元、前期工作经费6亿元、贷款贴息1.5亿元、省委省政府决定的重大事项9亿元。2015年省预算内投资计划的安排进一步优化投资结构，注重以提高经济增长质量和效益为中心，减少一般性项目投资，重点投向省委、省政府决定的重大事项和重点项目。优先安排重大基础设施和民生工程等重点领域，“产业建设年”活动的重点产业建设项目，对于加快推进重大项目前期进度，增加重大项目储备数量、提高项目前期工作质量，积极争取国家支持、银行信贷和社会资本投资，充分发挥财政资金“四两拨千斤”的引导扶持作用，鼓励和引导民间资本投向，激活民间投资，保障民生，促进产业发展等发挥了重要作用。

（七）扎实编制三年滚动投资计划情况，重大项目储备库进一步夯实。根据《国家发展改革委关于加强政府投资项目储备编制三年滚动计划的通知》（发改投资〔2015〕2463号），牵头组织各级发展改革部门，按照国家发展改革委“干着今年、备着明年、看着后年、想着大后年”的要求，积极推进全省政府投资项目储备三年滚动投资计划编制工作。截至12月底，云南全省发展改革系统已全部实现电子政务外网联通，共上报储备项目21120个，金额1.31万亿元。

（八）扎实做好地震灾区恢复重建工作，保障和改善民生工作进一步加强。根据《盈江“5·24”“5·33”地震灾后恢复重建规划》、《鲁甸6.5级地震灾后恢复重建总体规划实施方案》《景谷6.6级地震灾后恢复重建规划》，指导灾区抓好灾后恢复重建工作。指导编制《保山市昌宁县“9.16”山洪泥石流自然灾害灾后恢复重建规划》，并积极争取国家发展改革委资金支持。

（奎　伟）

工业经济和信息化综述

2015年，面对更为复杂严峻的国内外经济形势，云南工业和信息化战线围绕跨越发展的目标，顶住压力，狠抓落实，“3个100”重点项目、10+50个园区建设、民营经济培育等重点工作全面有序推进，全省工业经济和信息化全年实现了平稳发展。

云南省工业园区产业发展空间布局规划征求意见座谈会议在昆明召开

【工业经济实现缓中趋稳、稳中有进】　针对部分行业产能过剩的局面，通过支持工业企业扩销促产，加快了企业去库存进程；加大了监测运行协调力度，开展稳增长调研督查，协调解决了一批融资、环保、土地等突出困难和问题；协调推动了9万吨及以上煤矿复产131个、复建59个；组织实施了食糖收储，蔗糖产业逆势实现四连增；进一步完善了云南电力交易中心交易规则和办法，大力推进电力市场化交易；启动“惠企贷”工作，惠及24户企业4.91亿元贷款；做好节能发电调度，优化外送曲线，清洁能源发电占比提高到89.2%，云电外送电量1129.3亿千瓦时；积极开展了“百千万园区营销活动”，深化路企战略合作，滇越铁路集装箱国际联运、中欧铁路运输班列成功开通。通过以上一系列政策措施，稳定了行业生产，遏制了工业增速惯性下滑态势。2015年，全省全部工业增加值完成3925.2亿元，增长6.7%，规模以上工业增加值完成3623.1亿元，增长6.7%，实现主营业务收入9823亿元，实现利税1750亿元。

工信系统行政执法培训

【工业转型升级成效显著】 部分过剩产能行业引导得以加强，传统优势产业继续巩固提升，生物医药、电子信息等新兴产业进一步发展。公布了原材料工业发展报告、9个高载能行业310户企业资源能源消耗情况，黄牌警告23户超标企业。云天化、新天力公司分别与境外企业展开合作，组织实施100项重点技术创新项目，推荐云内动力等2户企业申报国家级技术创新示范企业，昆明船舶公司被核定为国家工业品牌培育示范企业，新认定省级企业技术中心29家。实施质量品牌和标准化专项行动，树立了云南白药集团等10个省级质量标杆，100家中小企业签署了质量诚信承诺书，新认定省级工业产品质量控制与技术评价实验室6家。推进100项节能示范项目，支持节能技术改造项目79项，强化节能执法监察，省级节能评估11个项目。

【工业投资平稳增长】 采取了加强统计分析、调研督促、协调服务等一系列应对措施。开展工业转型升级专项行动，全省工业转型升级项目库项目充实到590项，总投资2179亿元。组织实施“3个100”重点项目，总投资1396亿元。组织申报国家工业强基、工业转型升级、产业振兴和技术改造专项项目，争取专项建设基金3.2亿元。制定出台《云南省人民政府关于推进国际产能和装备制造合作的意见》。全年完成工业投资（不含电力）2201.5亿元，增长9.7%，企业技术改造投资完成1417.6亿元，增长22.8%。

【园区承载工业聚集发展的基础进一步夯实】 狠抓规划编制工作，推动出台了省政府关于产业园区转型升级的政策意见，全省工业园区空间布局十年规划即将编制完成，进一步完善省级以上工业园区考核办法，并首次按季度对国家级开发区和省级园区开展了考核评价，着力构建云南特色园区投融资体系并完成了相关基础课题研究。园区信息管理服务平台二期即将投入使用，园区专项资金85%以上倾斜安排到“10+50”重点园区及灾区恢复重建园区，上报第三批国家新型工业化产业示范基地复核获得通过。园区对全省工业经济增长贡献日益突出，全年工业园区完成工业总产值9750.4亿元，增长6.4%；规模以上工业完成增加值2930.6亿元，主营业务收入9078.5亿元。

【企业创新能力进一步提高】 开展创新驱动发展专项行动，组织实施100项重点技术创新项目，总投资34.8亿元。推荐云内动力等2户企业申报国家级技术创新示范企业，昆明船舶公司被核定为国家工业品牌培育示范企业，新认定省级企业技术中心29家。实施质量品牌和标准化专项行动，树立了云南白药集团等10个省级质量标杆，100家中小企业签署了质量诚信承诺书，新认定省级工业产品质量控制与技术评价实验室6家。为着力解决园区产业同构、同质问题，加快构建布局科学、优势互补、错位发展、特色突出的工业园区现代产业发展体系，省工信委招标启动《云南省工业园区产业发展空间布局规划》的编制工作。规划编制工作组制定了详细的工作方案和调研方案，在各州（市）和工业园区开展相关调研。《规划》的编制完成以及相应配套政策的出台将进一步促进园区产业集聚、集群，提升云南特色产业规模和产业竞争力。

举办“云南省2015年职业经理人”培训班

【绿色发展成效进一步显现】 2015年，重点推进100项节能示范项目，年新增节能能力106.89万吨标准煤。支持节能技术改造项目79项，节能量66万吨标准煤。强化节能执法监察，省级节能评估11个项目。第一批12家企业实行强制性能源审计，34家企业完成能源管理体系建设并投入运行，11家企业6种产品成为第一批工业能效“领跑者”。全年单位GDP能耗下降7.8%左右，规模以上工业万元增加值能耗下降12.8%，均超额完成目标。清洁生产有效推进，86户企业通过审核评估，6户企业通过清洁生产合格企业验收。全省报废汽车回收拆解企业达到25家。

【民营经济发展活力增强】 制定出台了一批新的政策措施，深入推进行政审批制度改革，激发企业发展活力。牵头推进“两个10万元”微型企业培育工程，扶持微型企业创业3万户。实施中小企业成长工程，新认定省级成长型中小企业200户。组织对外发布了135项吸引民间投资项目，着力抓好涉企收费清理整治，省级帮助150多户企业协调解决一批具体困难问题。开展小微企业创业创新系列服务活动，组织中小企业百日招聘活动提供就业岗位8851个。推进第二批11个州市中小企业公共服务网络平台建设，20个窗口平台与省级平台实现互联互通。取消和下放行政审批事项17项，全面取消非许可行政审批项目，取消和下放的行政审批事项占到全委原全部行政审批事项的46%。推行权力清单和责任清单制度，共梳理出8大类共计181项权力清单，于2015年11月向社会公布。通过一系列政策措施，民营经济发展活力得以激发，全年完成民营经济增加值6389.7亿元，增长9.3%。

【信息化建设迈上新台阶】 编制完成“云上云”计划政策文件体系。全省信息化工作会议成功召开。宽带云南、4G建设、云计算、大数据等基础设施建设取得新进展，一批重点项目开工建设，呈贡信息产业园等一批信息产业园区、基地建设取得新突破。强化产业招商引资，全年签约34项。阿里巴巴、浪潮集团、华为公司、中兴通讯、普天集团等知名企业相继来滇发展。昆船等14家企业成为全国两化融合管理体系贯标试点。全省行政审批网上服务大厅上线运行，投资审批“网上中介超市”、“监管平台”如期建成。省党政机关互联网出口平台终端接入数量超过6000台，省数字证书认证中心发证数超过1.5万张。无线电频谱资源配置、台站设备管理、民航铁路边境藏区无线电安全保障、军地协调等工作有序开展，全年排查无线电干扰58起，圆满完成无线电频率使用情况核查专项活动。

云南省信息化推进及软件与信息技术服务业运行情况

【全省信息化推进情况】 2015年是全省发展任务十分繁重的一年，也是“十二五”规划收官、全面谋划布局“十三五”的承上启下之年。一年来，省委省政府高度重视信息化工作，把握发展形势变化，做出了实施“云上云”行动计划的战略部署，着力推进各项工作。

一是统筹规划，“云上云”政策发展体系构建完成。按照省委、省政府的安排部署，在充分消化国务院、工信部等国家部委相关政策措施精神，系统梳理近3年全省信息化及信息产业发展重大政策研究成果，全面分析发展大势和准确把握全省实际的基础上，形成了“云上云”计划“1+8”政策文件体系。该文件体系以《云南省人民政府关于加快信息化及信息产业发展指导意见》为核心，涵盖基础设施、信息化应用、信息产业、信息安全保障和保障措施等5个方面共计9个文件，涉及通信网络基础设施、云计算、大数据、互联网+、电子商务与跨境电商、电子政务等领域。为未来5年推动全省信息化及信息产业发展指明了努力方向，提出了目标任务，明确了发展重点，理清了工作思路。

二是基础先行，通信基础设施建设加快推进。2015年经工信部批准，中国电信昆明国际通信枢纽的接入国家由原有的中老缅柬越五国增加到印度、斯里兰卡、孟加拉八国，业务范围也从原有的语音业务扩展至数据、互联网转接业务。全省光纤网覆盖省内所有州市县、乡镇，90%以上行政村通光缆，光缆总长度达到76万公里。2016年计划省内所有州市县、乡镇，100%行政村通光缆，实现“全光网省”。并将在2016年实现4G网络覆盖所有乡镇、行政村，实现100%行政村通宽带互联网。

三是突出集聚，产业发展布局初步形成。抓住以云计算、大数据、物联网、智慧城市、移动互联网、北斗导航等产业为代表的新兴业态层出不穷的历史机遇，用好国家支持云南“建设承接产业转移和出口加工基地”政策，按照“做强滇中、搞活沿边、联动廊带”的思路在滇中城市经济圈、对外经济走廊、跨境经济合作区、沿边经济开放带，统筹规划全省信息产业基地布局。以滇中新区为核心，滇中、滇东北、滇西南、滇西及滇西北、滇东南等6大城市（镇）群为依托，围绕新一代信息技术及配套产业，结合自身实际，打造特色产业集群，形成与核心区相互支撑配套的产业发展新格局，依托沿边对外开放经济带，建设信息产品出口加工集散基地，打造电商+体验中心模式的交易市场，构建产业辐射新高地，重点发展外向型信息技术服务产业的“一核、六群、一带”发展布局思路初步形成。

四是高位推动，与国内知名企业合作力度加大。省委、省政府积极组织加大与知名企业开展合作的力度，推动合作项目落地。2015年省政府与之签约的企业有阿里巴巴集团、浪潮集团、华为公司、普天信息产业集团、中国电信集团、中国移动通信集团、中兴通讯等知名企业。与国防科技大学就依托玉溪华为的云计算平台，引进其超算中心项目落户云南进行了谈判，初步达成合作意向，推动国家超算（云南）中心项目建设。围绕跨境电子商务、区域社交平台和呼叫中心、面向“两亚”小语种机器翻译等新兴产业领域和重大项目，与中科院、百度、腾讯的合作协议正在洽谈、拟定中。全年系统内共促成信息化及信息产业合作项目签约34项，合作领域涵盖云计算、大数据、互联网+、跨境电商、两化融合、信息惠民和地理信息应用等。

五是项目主导，启动开工了一批建设项目。在全省信息产业新高地“呈贡信息产业园”启动开工了一批建设项目。包括：云南省信息化中心项目（一期）。建设全省政务信息化中心、省电子政务同城灾备中心、面向社会提供公共服务的云计算中心、面向“两亚”提供服务的卫星导航数据中心等项；中国电信云南公司“光网云南”项目、云南移动大数据中心项目、浪潮昆明云计算产业园（一期）、昆明呈贡科技信息产业创新孵化中心项目等。

六是融合渗透，互联网条件下的产业结构调整转型思路日渐清晰。以互联网为代表的新一轮信息化来势之猛、发展之快、渗透之广、变革之深前所未有，由此带动的技术、运用、商业模式创新积累了经济社会变革的巨大动能。本轮信息化，以云计算、大数据、互联网、物联网为基础，通过持续的技术创新和复合技术运用推动在三次产业的广泛渗透。过去的一年，通过持续组织课题研究，捕捉并追踪信息化新的发展趋势和变化特征，应该说关于信息化或互联网条件下三次产业转型思路日渐清晰，并将在2016年落实到行动中去。具体而言，信息化与农业的融合就是要大胆探索适合云南“多地域、分散化、小批量、多品种”的互联网+高原特色农业的新型生产方式，率先找到一条消费者参与、定制化生产的农业发展新路子。信息化与工业的融合，一条路径是传统产业和企业的信息化改造，目标是智能制造和“互联网+”。另一条路径是产业互联网化，方向是构建专业化产业互联网平台，通过垂直整合产业、横向联通配套，最终将产业互联网平台打造成生产关系的构建者、生产资料的集成者、生产能力的组织者、生产配套的协同者。我们将在新的一年，积极争取各方配合，将思路转化为行动措施，狠抓落实，早促成效。

七是集中集约，强化政务信息化统建统管。为解决电子政务建设存在的分散建设、重复投资、数据离散、协同性差、安全难保、管理不顺等突出问题，实现各部门政务信息系统集约化建设和政务信息资源充分共享，采用政府引导、市场投资的方式，研究形成《云南省政务信息中心建设方案》，并配套辅之相关的管理办法，实现政务信息化集中统一建设管理的模式机制创新。

【全省“云上云”行动计划推进情况】 云南省人民政府为适应新形势发展的需要，加快促进信息化和信息产业发展，利用新一代信息技术改造提升传统产业，提出了"云上云"行动计划。通过实施"互联网+"行动，培育云计算、大数据、物联网等新一代信息技术产业，发展壮大信息经济规模，推动经济社会转型发展等目标任务，从省政府层面制定了一系列促进信息化和信息产业发展的政策，推动一大批信息化和信息产业发展项目建设落地。"云上云"行动计划经省政府常务会和省委常委会审议通过，并与"十三五"信息化和信息产业发展相衔接。

（一）"云上云"计划的主要任务

1、加强信息通信基础设施建设。提升省际、城际高速宽带网络，"全光网络省"以及宽带网覆盖和普及率，构建面向南亚东南亚的国际通信枢纽、区域信息汇集中心，夯实信息通信基础设施。

2、大力发展信息产业。统筹规划布局新一代信息技术产业，集力打造产业核心聚集区，建立和完善云计算、大数据基础设施，加快经济社会信息化运用，发展新一代信息技术产业和现代信息服务业，促进新模式、新方式、新经济业态的发展。

3、积极培育信息经济。大力推动新一代信息技术与工业、农业、服务业的融合发展，促进产业转型升级，培育和探索互联网条件下的转型生产、制造、服务模式，发展适合云南实际的各类产业互联网平台。加快信息化与传统产业融合衍生，积极探索商业模式、服务模式、消费体验模式的创新，做大信息经济规模。

4、提升信息化应用水平。加快推动信息化在政府服务、公用事业、城乡建设、社会保障、文化教育、交通旅游、社区服务等领域全面推广应用，促进形成公平普惠、便捷高效的民生服务体系。打造面向南亚东南亚的区域信息汇集中心，大力培育区域信息服务、信息消费产业，推动信息服务的国际化运用水平。

5、完善信息化发展环境。加强信息化发展政策研究，完善信息化建设的法律法规，加快信息化标准体系建设，做好信息化和信息产业"十三五"发展规划，制定信息资源开放共享制度，构建网络信息安全协作机制，提高网络社会治理能力。

（二）"云上云"行动计划全年完成情况

一是研究出台了一系列"云上云"顶层设计和配套政策。围绕"云上云"行动计划出台了一个顶层设计《云南省人民政府关于加快信息化和信息产业发展的指导意见》，以及《云南省人民政府关于促进云计算创新发展培育信息产业新业态的实施意见》《云南省人民政府关于加快推进互联网+行动计划的实施意见》《云南省人民政府关于加快高速宽带网络建设推进网络提速降费工作的实施意见》《云南省人民政府关于促进大数据发展的实施意见》《云南省人民政府关于促进电子商务及跨境电子商务发展的实施意见》《中共云南省委办公厅云南省人民政府办公厅关于加快推进全省电子政务发展的意见》《云南省人民政府办公厅关于促进电子政务协调发展的实施意见》《云南省人民政府办公厅关于印发云南省贯彻落实运用大数据加强对市场主体服务和监管若干意见实施办法的通知》等8个配套政策文件体系。

二是召开了全省信息化工作会议。2016年1月7日，全省信息化工作会议在昆明召开。会议提出推动全省信息化建设和信息产业发展在五个方面取得新突破：第一，建设下一代信息基础设施，构建基础服务平台，建设安全可控的网络与信息安全体系，在信息基础设施建设上取得新突破；第二，科学规划、完善政策，创新服务、创新技术和产业引进模式，高起点打造一批信息产业集群，集中力量、高水平规划建设呈贡信息产业园区，形成产业发展新高地。第三，抓住国家实施"互联网+"和"中国制造2025"等战略的机遇，坚持全面融合、深度应用、拓展提升，促进信息化与工业化深度融合、与城镇化协同发展、与农业现代化广泛融合，提高公共服务和社会管理信息化水平，在信息化应用上取得新突破；第四，充分利用信息技术加快经济转型升级、生产方式转变与商业模式创新，拓宽电子商务发展空间，丰富信息消费内容，积极拓展新兴信息服务业态，在扩大信息消费上取得新突破；第五，发挥好政府支持引导作用，发挥好市场在资源配置中的决定性作用，发挥好创新驱动作用，在信息化发展体制机制创新上取得新突破。

三是在全省信息产业新高地"呈贡信息产业园"启动开工了一批建设项目。主要包括：

1、云南省信息化中心项目（一期）。建设全省政务信息化中心、省电子政务同城灾备中心、面向社会提供公共服务的云计算中心、面向"两亚"提供服务的卫星导航数据中心等项目。计划投资约15亿元。

2、中国电信云南公司"光网云南"项目。改造全省电信基础网络光纤化，实现全省光纤宽带覆盖率达100%，城乡居民光纤宽带接入能力达到100M，普及率达到45%；农村地区实现所有行政村100%通光缆，农村家庭宽带接入能力达到50M,普及率达到40%，互联网省际出口总带宽达到4.8Tb、省内出口总带宽达到6.4Tb。计划总投资约100亿元。

3、云南移动大数据中心项目。建设中国移动绿色数据中心。含：国际出入口局、云计算中心、灾备中心、南亚东南亚信息汇集中心、政企信息化服务中心。计划投资约11亿元。

4、浪潮昆明云计算产业园（一期）。建设浪潮昆明云计算中心以及浪潮大数据技术与应用研发中心、小语种软件研发平台、软件实训基地、软件测评中心、信息化咨询研究中心、云计算产业孵化平台等。计划投资约6亿元。

5、昆明呈贡科技信息产业创新孵化中心项目。建设技术创新平台、人才培训基地、产业孵化基地及规划与技术成果展示中心。计划投资约3.3亿元。

6、开工一批水、电、汽、路、网等园区基础配套设施建设。计划投资约2.4亿元。

【软件和信息技术服务业运行情况】 2015年全省软件和信息技术服务业主营业务收入62.6亿元，同比增长11.17%，软件业务收入45.4亿元，同比下降3.36%，实现利润9.46亿元，同比下降12.81%。

云南省加强信息化规划及政策体系建设，制定出台了以《加快信息化建设和信息产业发展的指导意见》为核心，覆盖信息基础设施、电子商务、云计算大数据、电子政务、互联网+等领域的“1+8”系列政策文件。云南省被列为全国区域“两化”融合试点省之一，以大通关、大质量、大交通为主题的电子政务和桥头堡基础支撑课题研究取得先期成果。推动电子政务转型服务，推进各领域信息化建设，完善电子服务信息化平台建设，推进政府信息公开。

云南起步较早的金融软件、物流软件等积累了一定的技术经验；阳光基业的节能运用，官房电子的智能化管理系统，东讯科技、新锐合达的政府管理平台都具有了自己的核心产品并已推向市场；金峰软件JReport产品98%以上出口，思普投资研发的操作系统阿拉伯语版已销往中东阿拉伯国家。全省统计内软件企业113户，有111户在省会城市—昆明。但云南的软件和信息技术服务企业总体发展滞后于全国，随着全国软件收入前百家的门槛提高到近10亿，全省原来的全国软件收入前百家仅剩南天信息一家，软件业务收入上15亿元，软件业务收入上亿的有昆船物流、中通网信、云电同方、金隆伟业、邮电工程、盛云科技、能讯科技、爱迪科技8家公司。

序号	单位名称	2010年	2011年	2012年	2013年	2014年
1	云南南天电子信息产业股份有限公司	56	64	52	59	74
2	云南省通信产业服务有限公司	78	52	78	71	
3	昆明昆船物流信息产业有限公司	84	87	99		

1. 南天信息的核心业务是金融电子，IT服务的未来趋势是提供硬件和软件结合的综合解决方案，特别是银行走向智能化、核心业务系统集成化的升级，都需要具备集成能力的IT服务供应商的支持。南天信息在银行业务终端、网络、软件、核心业务系统等方面均有涉及，在解决银行IT综合方案领域具有充分优势。南天信息银行外包服务紧跟客户需求，业务实现良性发展。随着银行IT服务外包逐渐成为趋势，与中国银行、建设银行、农业银行、交通银行等客户保持并开拓了软件外包和数据中心外包服务业务，启动了基于云计算的开放式银行业务系统，为加强我国金融系统安全提供更多选择；南天信息还引进IBM作为咨询顾问，开展了战略目标与业务梳理、组织架构设计等工作，针对业务升级和转型进行了认真规划；在软件方面，加大对新一代银行前端开发平台ABS、面向中小银行主机核心系统等项目的投入。

南天信息还承接了邮政金融国际业务整合项目，受国家邮政局委托承担邮政系统统一版本的运行维护工作，该系统是支撑邮政储蓄全国中心和31个省中心的核心业务系统。随着云计算、大数据、物联网、移动互联网等新技术的推进，南天信息并购大数据公司，伴随着互联网金融、电子商务等载体的快速发展，为银行业提供借助大数据打破数据边界，提升整体服务、战略决策的前瞻性和精准度的信息服务。南天中标四川农信社合同，重点放在核心系统建设上，力争在大数据形式下银行核心业务系统建设领域具备更强的竞争能力。

2. 云南通服全面开展系统集成、网络维护、软件开发、语音增值、声讯服务和IT产品销售等各业务，先后承揽了云南省农村中小学现代远程教育、云南省电子政务一至四期、全省无线电监测网等具有重大影响的大型网络项目实施工作；实施了昆明、大理等地平安城市，招商银行云南省分行视频会议系统、云南省红云集团视频会议系统项目，云南省电子政务 Internet 门户网数据存储备份等项目。承担了云南电信 IT 系统支撑维护和昆明电信通信网络的维护，云南省电子政务网、云南省无线电管理委员会无线监测网等网络系统的维护工作。还实施了昆明、大理等地平安城市，招商银行云南省分行视频会议系统、云南省红云集团视频会议系统项目。原来的云南通服进行业务拆分，经营软件服务业的公司 2014 年更名为中通网信。

3. 电信公众从事通信产业运营服务，还为云南信息港等政府网站提供系统维护；具有云南信息港、电信短信平台、企业呼叫中心、企业集团彩铃、IPTV（互联网电视）等优良的“三屏融合”信息交互通道，运用“三网融合”与“三屏融合”的业务运营支撑能力，以及相关资源的整合能力，依托电信的网络和业务平台进行“新业务和运营服务”业务的开发与合作，“阳光采购网”是一个提供给“阳关采购网”会员企业的商务合作与商务活动的“一站式”信息交互服务平台。

4. 东讯科技开发建设了在国内具有创新性和领先性的“云南省基层网络党建平台”，开发的“中国中小企业云南网”为省内外的中小企业提供了从电子商务、政府服务到企业信息化的全方位服务。“云南省中小企业网上融资服务平台”依托云南省工商局全省企业数据库，有效地解决了省内中小企业融资难的问题，“GMS 企业电子商务平台”是一个立足云南、连接内地、辐射 GMS 及东盟区域的国际企业服务及电子商务贸易平台，开通了英、中、泰、缅、越、老、柬七个语言版本，是 GMS 区域规模最大、信息最全、企业最多的大型国际电子商务平台。

5. 科海电子利用 CRM 项目实施有效的客户资源管理，通过完善的客户信息来支持不同业务角色面向客户的工作，提高面向客户的工作有效性和效率，从而全面提升客户的满意度。公司承建的云南省高等级公路管理中心智能化办公大楼，包括安防系统、综合布线系统、网络系统、服务器及软件系统、会议室系统、信息发布系统、有线电视系统、电视电话会议系统、机房工程等子系统，荣获“云南省 2011 年度优质工程一等奖”。把“B-T”模式成功运用到“平安城市”建设中，取得了较好的社会效应和经济效益。

6. 昆船物流为烟草做配套自动化生产、物流服务，为昆明新建的长水机场建设自动化行李分拣系统；新锐合达为电子政府建设各类运用平台，中小企业网和中小企业投融资平台是典型代表；南天网络服务政府采购，阳光基业用信息化技术服务于节能环保领域，交科所开发交通系统运用软件，为现代交通管理提供技术支撑。启创科技、信龙软件与韩国公司合作，开发东南亚多语种机器翻译软件，官房电子的“智慧社区”管理运用有望推广复制。

（陇　玉）

民营经济

2015 年，面对经济下行压力持续加大的困难和挑战，全省民营经济暨中小企业工作围绕全面深化改革及转变经济发展方式这条主线，坚持改善环境、促小扶微、创新驱动、提质增效，全省民营经济缓中趋稳、稳中有进，中小微企业为主体的民营经济保持适度增长，为全省经济平稳较快发展做出贡献。

【运行态势】 全省民营经济主要指标多数保持增长，全面完成省委年初下达的目标考核任务（见下表）。

2015 年全省民营经济主要指标完成情况表

指标名称	2015 年	2014 年	2015 年增长率（%）	
民营经济户数（万户）	225	200.3	12.1	
其中：私营企业（万户）	39.5	29.3	34.8	
民营经济增加值（亿元）	6389.7	5958.8	可比价	9.3
			现价	7.2
其中：第一产业	658.9	648.9	可比价	6.2
指标名称	2015 年	2014 年	2015 年增长率（%）	
第二产业	2682.3	2588.4	可比价	8.8
民营工业增加值	1835	1824.1	可比价	6.8
第三产业	3048.5	2721.5	可比价	10.5
上缴税金（亿元）	500.5	521.5	-4	
民间投资（亿元）	5612.7	5176.1	8.4	
社会消费品零售额（亿元）	4140.1	3682.6	10.3	

指标名称	2015 年	2014 年	2015 年增长率（%）
外贸进出口总额（亿美元）	192.3	241.2	-42.7
个私从业人员（万人）	672.1	547.4	22.8

【运行特点】

民营经济户数快速增长　到 2015 年底，全省民营经济户数达 225 万户，比上年底增长 12.1%。其中，个体工商户 185.1 万户，比上年底增长 19.1%，私营企业 39.5 万户，新增企业数突破 10 万户，超过去年全年的 6.4 万户，比上年底增长 34.8%，增速比去年提高 6.9 个百分点，同比增速排名全国第一，也是全国唯一实现新增企业数量翻倍增长的省份。全省个私经济从业人员 672.1 万人，其中，个体工商户从业人员 337.7 万人，私营企业从业人员 334.4 万人，全年累计新增就业 124.7 万人。

民营经济增加值增长稳中趋缓　2015 年民营经济完成增加值 6389.7 亿元，可比增长 9.3%，占全省 GDP 的 46.6%，比 2014 年提高 0.1 个百分点，拉动 GDP 增长 4.3 个百分点，对全省经济增长的贡献率达 49.5%。其中，第一产业完成增加值 658.9 亿元，增长 6.2%，占全省第一产业增加值的 32.1%，拉动 GDP 增长 0.2 个百分点，对全省经济增长的贡献率达 2.6%；第二产业完成增加值 2682.3 亿元，增长 8.8%，占全省第二产业增加值的 48.8%，拉动 GDP 增长 2.1 个百分点，对全省经济增长的贡献率达 24.2%，其中工业实现增加值 1835 亿元，增长 6.8%，高于全部工业增速 0.1 个百分点，占全省工业经济增加值的 46.7%，拉动 GDP 增长 1.2 个百分点，对全省经济增长的贡献率达 13.9%；第三产业完成增加值 3048.5 亿元，增长 10.5%，占全省第三产业增加值的 49.4%，拉动 GDP 增长 2.0 个百分点，对全省经济增长的贡献率达 22.7%。

消费需求保持平稳增长　2015 年全省民营经济消费品零售额 4140.1 亿元，比上年增长 10.3 %，增速比去年下降 2.3 个百分点，占全省社会消费品零售额的 81.1%。

民间投资比重萎缩　2015 年全省民间投资 5612.7 亿元，比上年增长 8.4%，比 2014 年提高了 7 个百分点，比全省固定资产投资增速低 9.6 个百分点，占全社会固定资产投资的 42.9 %，比上年减少 3.8 个百分点。

民营企业进出口贸易增速大幅回落　2015 年，全省民营企业共完成进出口总额 192.3 亿美元，比上年减少 22.5%，增速比 2014 年下降 42.7 个百分点，占全省进出口总额的 78.4%，比重比 2014 年下降 3 个百分点。其中，完成进口总额 43.66 亿美元，比上年减少 41.1%，增速比 2014 年下降 46.8 个百分点，占全省进口总额的 55.2%，比重比 2014 年下降 7.1 个百分点；完成出口总额 148.82 亿美元，比上年减少 14.7%，增速比 2014 年下降 101.4 个百分点，占全省出口总额的 89.4 %，比重比 2014 年下降 3 个百分点。

对中小微企业贷款的比重有所增加　2015 年，全省中小微企业贷款余额为 7929.2 亿元，同比增长 17%，增速高于各项贷款增速 1.14 个百分点；较年初增加 1058.4 亿元，占各项新增贷款的 40.8%，比上年增加 2.7 个百分点，同比多增 223.6 亿元。其中，小微企业贷款余额为 3457 亿元，比上年增长 16.73%，较年初增加 442.2 亿元，同比多增 149.6 亿元。

上缴税金呈负增长　2015 年全省民营经济上缴税金 500.6 亿元，比上年减少 4%，降幅比上年收窄 2 个百分点，相当于全省地方财政收入的 27.7%，占全省税收的 18.3%。

民营企业实现利润降幅较大　2015 年，全省纳入财政统计民营企业 3032 户，实现营业收入 1967 亿元，由上年增长 5.23% 转为下降 11.13%，同比降低 20.8 亿元，亏损面 43.4%。企业资产负债率持续攀升，其中：钢铁、纺织、轻工、化工、房地产、商贸、供销资产负债率已分别达 84.5%、94.5%、76%、83.2%、86.7%、75.1%、75.3%，处于较高风险水平。2015 年，纳入统计的全省规模以上中小微工业企业共有 3730 户，资产合计 1.02 万亿元，同比增长 7.1%；主营业务收入 5182.3 万亿元，下降 1.9%；利润总额 252.5 亿元，增长 1.2%；利税总额 462.4 亿元，下降 0.9%；从业人员 63.3 万人，减少 3.9%。

成长型中小企业总体较好　2015 年，上报有效数据的 316 户省级成长型中小企业总体发展态势良好，营业收入达 242.7 亿元，同比增长 9%；完成工业总产值 167 亿元，同比增长 3.5%；利润总额为 16.1 亿元，同比增长 8.4%；固定资产投资额达 6.5 亿元，同比增长 7.6%；完成用电量 15.2 亿千瓦 · 时，同比增长 0.4%；上缴税金 8.3 亿元，同比增长 15.2%；从业人员为 3.1 万人，同比增长 8.9%；亏损面为 15.5%，同比去年，收窄 1 个百分点。

（张云江）

工业园区经济

【园区经济平稳运行】 2015年，全省园区主要经济指标保持平稳增长，纳入统计的131个工业园区全部工业企业实现工业总产值9750.24亿元（现价，下同），增长6.44%，实现主营业务收入9078.43亿元，增长4.96%；规模以上工业增加值2930.56亿元，增长6.18%，占全省规模以上工业增加值的比重为80.88%。全省园区完成固定资产投资2296.95亿元，增长19.62%:其中工业投资1433.51亿元，增长9.44%;基础设施投资391.54亿元，增长11.05%。

【产业园区转型升级】 按照《云南省委 省人民政府关于加快工业产业转型升级的意见》（云发〔2014〕20号）精神，以及省领导加大对重点工业园区进行扶持，加快园区产业转型升级的指示，起草了《云南省人民政府关于推动产业园区转型升级的意见》。《意见》于6月30日通过省政府常务会讨论，并印发执行。2015年，各工业园区通过引进龙头项目、培育新兴产业和承接产业转移等方式，积极推动园区产业转型升级。部分园区的龙头重点项目正加紧建设，为培育新兴产业打下了基础，如海口工业园区投资12.28亿元的滇凯节能电子玻璃项目、晋宁工业园区投资16亿元的百威啤酒项目、大理经开区年产25万辆乘用车制造项目、瑞丽工业园区投资36亿元的北汽汽车工程项目和投资30亿元的银翔摩托制造项目。部分园区在承接产业转移方面，为全省园区树立了标杆、榜样，如承接纺织产业的保山工贸园区，承接玩具、电子信息产业的砚山工业园区，承接产业已初具规模。此外，华为入驻玉溪高新区、浪潮入驻呈贡信息产业园标志着新一代电子信息技术产业已经在园区开花结果，取得突破性进展。

【园区产业格局顶层设计】 为明确园区功能定位及主导产业，发展特色化、专业化园区，形成功能定位互补、主导引领、关联配套、产业延伸、错位发展的产业格局，培育园区产业集群，2015年，通过招投标聘请北京国际工程咨询公司编制《云南省工业园区产业发展空间布局规划（2015~2025）》，现已编制完成并通过专家评审。规划确定了全省工业园区“一核一圈两带五走廊”的空间布局结构，全省各重点园区的主导产业和辅助产业，以及重点培育的9大类41个特色产业集群。

【园区基础设施建设和招商引资】 2015年，全省园区共推进基础设施建设项目426个，其中亿元以上项目120个，共完成基础设施投资391.54亿元。晋宁、富民、倘甸、昭阳、陆良、红塔、弥勒、嵩明、普洱等工业园区基础设施建设力度进一步加大，保山工贸、文山三七等路网框架已基本打通。2015年全省工业园区招商引资工作成效明显，共引进项目1765个，其中工业项目963个。工业项目实际利用外资和省外资金分别为8.63亿美元和714.24亿元，为今后产业培育打下了良好基础。2015年全省工业园区不断优化投资结构，提高投资质量效益，继续发挥投资拉动经济增长的关键作用。全省园区完成固定资产投资2296.95亿元，其中，完成工业投资1433.51亿元。固定资产投资超过50亿元有昆明高新区、昆明经开区、大理经开区、安宁、红塔和临沧工业园区等6个工业园区。

【制定省级园区考核办法】 按照省政府领导的要求，为促进省级园区加快发展和提升发展质量，建立省级园区动态管理和优进劣退机制，2015年初，认真研究制订了《云南省省级以上工业园区考核办法》，并多次进行修改完善和指标测算对比，最后形成定稿上报省政府，7月，省政府办公厅下发执行该《办法》。

【专项资金管理】 为充分发挥省级财政专项资金在工业发展中的引导作用，进一步促进工业园区加快基础设施及标准厂房建设，广泛吸纳各类企业入园，与财政厅联合下发项目申报通知，成立工作小组对申报的516个项目进行了认真筛选及现场核实，并充分征求委内相关处室意见，最终对102个项目安排补助资金3.7亿元。按照省领导的要求，2015年专项资金重点扶持10+50个园区及灾区恢复重建园区的基础设施建设和园区管委会统规统建的标准厂房。2015年，还配合省财政厅对2014年度园区资金使用情况进行了绩效评价，同时按资金预算改革要求，开展了园区2016年资金预算的相关工作。

【搭建全省工业园区信息管理服务平台】 2015年，在推进完成园区信息管理服务平台二期工程的基础上，分两批组织全省工信委和工业园区业务人员共计280多人参加平台使用培训，并正式下发通知要求2016年上半年正式启用该平台，园区工作人员将根据园区规划和建设进展补充完善园区相关情况和内容。

【存在的主要问题】

（一）投入不足与高位负债同时存在

在基础设施和其他配套设施建设上，园区大多依靠政府有限的财政性资金，投融资渠道不宽，融资平台作用发挥不够，担保平台不健全，贷款难度大，社会投资参与度不够，园区基础投入仍显不足。同时部分园区负债过重，信用透支严重，据不完全统计，全省工业园区平均资产负债率为63.42%，省级园区高达81.41%。

（二）产业结构调整主动性不强

部分园区主导产业不突出，产业集聚度不高，各园区之间“同质化”现象普遍，特色不明显，产业改造升级慢，新兴产业引入较少，缺乏大产业、大项目支撑，与建设千亿园区、百亿园区差距较大。

（三）管理体制机制创新不够

“行政化”色彩浓厚，政策不活等问题依然存在。园区管委会作为政府的派出机构设置，行使同级政府园区经济管理职能，但实际工作中无法高效运转，管委会大量的精力耗费在与部门的协调中，承担了过多的社会管理事务，经济管理职能无法全身心履行。

（张　凤）

重点项目建设

2015年，全省“四个一百”重点建设项目快速推进，实际完成投资额增长速度明显加快，较好地完成预期工作目标，为全省固定资产投资目标任务顺利完成提供有力支撑。2015年省“四个一百”重点建设项目年度计划完成投资2584.04亿元，全年实际完成投资2665.17亿元，投资完成率103.14%。其中：基础设施类项目完成投资1166.24亿元，投资完成率111.61%；生态环保类项目完成投资59.09亿元，投资完成率117.22%；社会事业类项目完成投资52.97亿元，投资完成率85.38%；产业发展类项目完成投资1386.87亿元，投资完成率97.21%。

投资完成情况呈现以下特点：一是实际完成投资增幅较大，较上月2202.51亿元增长了462.66亿元，较去年同期2445.94亿元增长了219.23亿元。二是投资完成率增速加快，较上月投资完成率85.24%提高17.90个百分点，较去年同期完成率96.62%高出6.52个百分点，高于上年度同期进度。

【100项竣工投产项目】

（一）投资完成及项目竣工投产情况

2015年100项竣工投产项目计划完成投资587.74亿元，实际完成投资578.87亿元，投资完成率98.49%。其中：基础设施类项目完成投资235.41亿元，投资完成率106.35%；生态环保类项目完成投资9.67亿元，投资完成率105.12%；社会事业类完成投资12.26亿元，2015年12月，省“四个一百”重点建设项目快速推进，实际完成投资额增长速度明显加快，较好地完成预期工作目标，为全省固定资产投资目标任务顺利完成提供有力支撑。2015年省“四个一百”重点建设项目年度计划完成投资2584.04亿元，实际完成投资2665.17亿元，投资完成率为103.14%。其中：基础设施类项目完成投资1166.24亿元，投资完成率111.61%；生态环保类项目完成投资59.09亿元，投资完成率117.22%；社会事业类项目完成投资52.97亿元，投资完成率85.38%；产业发展类项目完成投资1386.87亿元，投资完成率97.21%。

投资完成情况呈现以下特点：一是实际完成投资增幅较大，较上月2202.51亿元增长了462.66亿元，较去年同期2445.94亿元增长了219.23亿元。二是投资完成率增速加快，较上月投资完成率85.24%提高17.90个百分点，较去年同期完成率96.62%高出6.52个百分点，高于上年度同期进度。

【100项在建项目】

2015年100项在建项目计划完成投资1197.65亿元，实际完成投资1279.58亿元，投资完成率106.84%。其中：基础设施类项目完成投资572.97亿元，投资完成率114.39%；生态环保类项目完成投资16.44亿元，投资完成率122.71%；社会事业类项目完成投资26.47亿元，投资完成率90.89%；产业发展类项目完成投资663.70亿元，投资完成率101.44%。

【100项新开工项目】

（一）开（动）工情况

2015年，100项新开工重点建设项目（161个子项）和100项重点前期工作项目共有148

个子项开（动）工建设（含已动工建设的 17 个重点前期工作项目），其中：104 个子项开工建设、44 个子项动工建设，新开工项目开（动）工率 91.9%。

（二）投资完成情况

2015 年 100 项新开工项目计划完成投资 798.64 亿元，1~12 月，实际完成投资 806.71 亿元（含重点前期工作项目完成投资 57.30 亿元），投资完成率 101.01%。其中，基础设施类项目完成投资 357.86 亿元，投资完成率 110.88%；生态环保类项目完成投资 32.98 亿元，投资完成率 118.58%；社会事业类项目完成投资 14.24 亿元，投资完成率 78.71%；产业发展类项目完成投资 401.63 亿元，投资完成率 93.40%。

【100 项重点前期工作项目】

2015 年 100 项重点前期工作项目估算总投资 5523.43 亿元。重点前期工作项目推进顺利，90% 以上的项目将转入 2016 开工建设，前期工作项目成熟率达 90% 以上。已有 17 项子项动工建设，实际完成投资 57.30 亿元，其中：基础设施类项目 24.17 亿元，生态环保类项目 11.15 亿元，产业发展类项目 21.98 亿元。

（陈　欣）

节能工作、资源节约循环经济发展综述

2015 年，为深入贯彻落实习近平总书记考察云南重要讲话精神，按照省委、省政府《关于努力成为生态文明建设排头兵的实施意见》，我省资源节约工作以优化产业结构为根本，深入推进全社会节能减排，推进水、土地、矿产等资源集约利用，大力发展循环经济，加强生产、流通、消费全过程资源节约，推动资源利用方式向集约高效转变，全省经济社会与资源环境进一步协调发展。

【加强政策引领，强化目标责任】 认真贯彻落实《2014~2015 年节能减排低碳发展行动方案》《2015 年循环经济推进计划》以及《关于进一步加大节能工作力度确保完成“十二五”节能目标任务的通知》等政策纲领，研究制定了《云南省工业企业能效“领跑者”制度实施方案》《云南省土地利用总体规划调整完善工作方案》《云南省人民政府关于加强节水型社会建设的意见》等政策文件。为切实做好 2015 年节能工作，确保完成年度目标任务，省政府与各州市政府签订 2015 年度节能减排目标责任书，强化各级政府和重点耗能企业节能目标责任，形成一级抓一级，层层抓落实的工作机制。2015 年，全省单位 GDP 能耗较 2014 年下降 8.83%，超额完成国家下达目标任务。

【加强能源生产消费监控，确保节能降耗工作持续推进】

（一）电力生产稳步增长，清洁一次电力占发电量比重继续提高。2015 年，全省共完成发电量 2553.37 亿千瓦时，比 2014 年（下同）增长 1.07%，其中水力发电 2177.56 亿千瓦时，增长 5.77%，火力发电 266.47 亿千瓦时，下降 31.99%，风力发电 92.28 亿千瓦时，增长 49.30%；水电所占比重达 85.28%，比 2014 年提高 3.7 个百分点，风电所占比重为 3.61%，比 2014 年提高 1.3 个百分点，火电所占比重为 10.43%，比 2014 年降低 5.08 个百分点。全省以水电为主的清洁一次电力达 2275.52 亿千瓦时，占全省发电量的 89.12%，所占比重较 2014 年提高 4.95 个百分点。

（二）重化工业生产疲软，能源消费结构不断优化。2015 年，受总体经济下行、市场需求不足以及工业生产放缓等影响，全社会用电量 1438.61 亿千瓦时，比 2014 年下降 5.94%。规模以上工业企业电力累计消费 950.13 亿千瓦时，比 2014 年（下同）下降 4.46%，其中：轻工业电力消费 39.73 亿千瓦时，增长 5.44%，重工业电力消费 910.4 亿千瓦时，下降 4.85%；规模以上工业企业原煤累计消费 7512.95 万吨，比 2014 年（下同）下降 9.13%，其中：轻工业消费 216.56 万吨，重工业消费 7296.39 万吨，下降 9.51%。电力消费大幅下降，而原煤消费则较上年有小幅度收窄，电和煤的用量趋势与全省规上工业能耗趋势的匹配性，充分体现出重化工业生产对电的依赖增加，工业能源消费结构在不断优化。

（三）严格监管预警，遏制高耗能、高排放行业过快增长。面对 2015 年全省工业生产低速增长的情况，避免因为经济发展压力较大而盲目新建高耗能项目。一是严格执行节能评估审查制度，从源头上控制能耗过快增长。同时，加强能评意见实施情况检查和竣工验收，遏制高耗能产业盲目发展。二是加强节能指标预警预测，预防能耗爆发式增长。为防止能耗随经

济政策及市场行情出现爆发式增长，加强能耗统计和监测，每月发布能耗统计监测信息、节能专报和晴雨表；每季度做好节能形势分析和预测预警，及时发现倾向性、苗头性问题，并采取针对性措施，找准工作切入点，制定实施节能预警调控方案，明确调控目标、调控对象、调控措施和调控力度等；定期召开节能工作协调会议，对阶段工作进行分析，及时研究提出应对措施。

【推进国土资源节约集约利用，提高耕地保护与建设水平】 积极推进保护坝区农田、建设山地城镇工作，坚决推进闲置土地处置，不断推进矿产资源综合利用示范基地建设。全面落实基本农田保护责任，全省共划定基本农田7892万亩。不断加大土地整治工作力度，优先安排资金开展土地整治、坡改梯、旱改水等工程。2015年审查通过124个土地整治项目。切实加强土地复垦监管，从土地复垦方案审查、费用预存、工程实施等方面全面加强监管，实现土地复垦费用监管信息化，土地复垦工作走在全国前列。

【深化水资源管理体制改革，严格水资源管理】 全面贯彻落实“节水优先、空间均衡、系统治理、两手发力”的新思路，以最严格水资源管理制度为核心，以取用水管理为重点，以行政许可为载体，以监控能力建设为基础，以试点示范为引领，全面统筹制度建设，深化水资源管理体制改革，创新工作体制，各项工作任务取得阶段性成效。一是最严格水资源管理制度考核取得良好成绩，国务院考核工作组对我省现场考核结果为优秀；二是水资源统一调度和能力建设增强；三是水生态文明、节水型社会建设加速推进。全省新增高效节水灌溉面积120万亩，工业万元产值取用水力下降到46立方米。

【加大矿山整顿整合力度，促进矿山集约化建设】 扎实开展非煤矿山整顿关闭工作，整顿整合现有矿山，坚决淘汰落后生产工艺、技术和装备，坚决关闭、取缔非法开采、不具备基本安全生产条件以及破坏生态、污染环境等各类矿山，强力促进矿山转型升级，切实调整产业结构，推进绿色矿山建设，提高开采回采率、选矿回收率和综合回收率，积极推进矿产资源深加工，延长产品链。

【大力发展循环经济，形成具有云南特色的循环经济发展模式】

（一）按照减量化、再利用、资源化的原则，加快构建循环型工业、农业、服务业体系，提高全社会资源产出率。按照“两证一库一评估”的清洁生产管理机制组织清洁生产审核，组织95户企业开展清洁生产审核，对21家清洁生产咨询服务机构开展年检工作。加强再生资源回收利用体系建设，开发利用“城市矿产”，推进秸秆、畜禽粪便等农林废弃物以及建筑垃圾、餐厨废弃物资源化利用，推广再制造和再生利用产品，鼓励纺织品、汽车轮胎等废旧物品回收利用，推进尾矿、有色冶炼渣及工业石膏等大宗固废综合利用。2015年重点行业资源综合利用水平明显提升，其中：发生炉煤气/炉渣、黄磷炉渣利用率分别达到45%和80%左右，煤矸石利用量已占全国50%以上，粉煤灰利用量占全国30%以上，矿山资源采选综合利用率已超过90%以上，制糖行业蔗渣、糖泥综合利用率基本达到100%，废醪液、非蜜综合利用率分别达90%和80%，全省秸秆综合利用率已达60%以上。

（二）深化循环经济示范试点建设。2015年，曲靖市、祥云县列入国家第二批循环经济示范试点。昆明市、丽江市国家餐厨废弃物资源化利用和无害化处理试点、昆明高新技术产业开发区园区循环化改造示范试点完成中期评估工作，个旧市、云锡集团、云南铜业集团国家“双百工程”（资源综合利用示范基地和骨干企业）完成自评估工作。昆明“城市矿产”、东川资源综合利用示范基地积极申报在国家层面的试点示范，昆明静脉产业园、丽江废弃物再生产业园等再生资源加工园区建设稳步推进。

【强化科技支撑，培育壮大节能环保产业和服务业】 充分发挥高新技术在节能降耗、提高资源利用效率等方面的积极作用，加大关键技术研发和推广，加快节能环保技术咨询、评估、监测等节能环保服务业的发展，用先进技术实现节能环保和循环利用，发展精深加工，延伸产业链。充分利用现有产业基础，引进先进技术和合作伙伴，支持节能环保设备生产骨干企业发展壮大，利用市场化手段，培育发展专业化节能环保服务公司，技术支撑能力稳步增强。

【加大财政支持力度，保障资源节约工作实效】 通过节能改造重点工程、循环经济试点项目建设等形式，积极争取国家、省资金支持，推进资源节约工作取得实效。2015年，中央预算内投资节能项目8项，总投资3.27亿元，其中：中央预算内投资3911万元。全省安排节能降耗专项资金9000万元支持节能技术改造项目。中央预算内投资循环经济示范项目5项，总投资3.12亿元，其中：中央预算内投资3389万元。中央预算内投资“双百工程”示范项目2项，总投资1.32亿元，其中：中央预算内投资1580万元。中央预算内投资清洁生产示范项目1项，总投资2.87亿元，其中：中央预算内投资3000万元。

（但艾穗）

物价管理工作

【物价管理】 2015年，云南省物价局进一步强化价格调控，深化价格改革，健全收费管理，加强价格监督检查与反垄断执法，切实做好价格服务改革、服务发展、服务民生各项工作，为促进全省经济平稳健康发展创造了良好的价格环境。

【价格调控】 **一是**抓好省会昆明市等重点地区、节假日以及地震等自然灾害突发重要时段、猪肉、蔬菜等重点品种的价格调控。**二是**运用价格调节基金强力扶持平价商店发展，切实发挥平价商店惠民稳价作用。**三是**健全价格监测体系，完善应急价格监测制度，坚持和完善重大节假日期间价格监测预警值班制度，建立了重点工业行业价格监测制度，修订了全省重要商品价格监测报告制度、价格监测质量考核办法和实施方案。做好应急价格监测，确保了受灾地区市场价格基本稳定。

全年价格总水平涨幅为1.9%，圆满完成了3.0%左右的调控目标。

【收费管理】 开展收费清理工作，建立完善收费目录清单制度。制定公布了《云南省涉企省级政府定价经营服务性收费目录》《云南省进出口环节省级政府定价的涉企经营性服务收费目录清单》《涉企行政审批前置服务收费目录清单》《云南省地方批准的行政事业性收费项目目录》（含涉企收费目录）等收费目录清单。按照《国家发展改革委财政部关于取消收费许可证制度加强事中事后监管的通知》（发改价格〔2015〕36号）要求，完成《云南省行政事业性收费管理条例》修订和《云南省行政事业性收费许可证管理规定》废止工作。

【市场价格监管】 组织开展涉农、涉企行政事业性收费专项检查，以及药品价格、医疗服务收费、教育收费、商业银行收费和涉及民生的水、电、油、气价格专项检查。首次查处的云南电信行业达成并执行价格垄断协议、涉嫌价格垄断的案件顺利结案，实施的罚款1318万元已顺利收缴入库，实现查处价格垄断案件“零的突破”。加强市场价格行为监管，开展日常或节日市场检查、巡查，重点对旅游景区景点门票价格、旅游市场明码标价进行监督检查。切实抓好12358价格举报系统平台建设，畅通群众价格权益诉求渠道。

2015年，全省共查处价格违法案件863件，实施经济制裁总金额6866万元，其中退还用户金额2796万元，没收违法所得金额2016万元，罚款金额2054万元。

【价格服务】

（一）修订完成《云南省定价目录》

制定《云南省加快推进价格改革方案》，并按相关要求修订完成《云南省定价目录》2015年版），于2016年1月1日起实施。共取消、放开87项商品和服务价格，下放26项定价权限到州（市）、县（市、区）人民政府管理，移交调整4项定价权限到行业主管部门管理。定价项目从原来管理的15个种（类），压缩归并为11个种（类），种类缩减27%。定价内容从116个压缩为34个，缩减幅度为71%。

（二）建立部门权力和责任清单制度

认真梳理提出云南省物价局部门权力和责任清单，经省人民政府审定后于7月31日在“云南省各级政府部门权力清单和责任清单专题网站”上公布。

（三）积极运用价格政策促进经济平稳健康发展

1. 采取多种措施降低电价。争取国家发展改革委进一步降低了我省直购电输配电价标准，云南省输配电价水平在2014年核定水平基础上平均每千瓦时降低3.1分，直接减轻用电企业负担10亿左右。按照煤电价格联动机制要求，一般工商业用电降低6.6分，减轻企业负担9.2亿元。对省内重点工业企业实施了延长两个半月丰水期电价政策，减少企业电费支出8.7亿元。继续实施硅电价格联动、电石与电价联动政策，有效提高工业企业开工率，减少水电弃水，促进水电资源的有效利用。出台居民生活用电参与丰水期富余电量消纳政策。

2. 两次降低非居民用天然气价格。2015 年 4 月降低非居民用天然气配气门站价格每立方米 0.44 元。11 月 20 日起，将云南省非居民用天然气最高门站价格由 2.41 元 / 立方米调整为 1.71 元 / 立方米，并同步、同向调整下游天然气销售价格。

3. 降低公共资源交易收费标准。降低省公共资源交易中心交易服务费收费标准达 40%。停止执行“政府采购招标中标服务费”和“政府采购招投标标书文件费”两项收费。

4. 落实高速公路定价机制。一是对在建的蒙文砚、曲宣等 4 条高速公路出具了收费标准预审预核意见，为项目提供了 200 余亿元的融资条件。二是测算核定了普宣、龙瑞等 9 条已建成高速公路的收费标准。三是调整部分高速公路收费标准，改善了高速公路经营状况，促进高速公路建设可持续发展。

5. 调整主要污染物排污费征收标准。从 2015 年 7 月 1 日，将废气中二氧化硫和氮氧化物排污费征收标准调整为每污染当量 1.2 元；将污水中的化学需氧量、氨氮和五项主要重金属（铅、汞、铬、镉、类金属砷）污染物排放标准调整至每污染当量 1.4 元，并实行排污费差别化征收政策。

（四）深入推进重点领域价格改革

1. 完善电价形成机制。一是提出设立滇中引水电价附加实施方案和销售电价疏导方案，2015 年 8 月经省人民政府正式审核同意后向国家报送了请示。二是争取国家将云南列为先期输配电价改革试点范围，《云南省输配电价改革试点方案》获国家发展改革委批复同意，根据成本交叉监审结果测算了云南电网输配电价标准，经省人民政府同意，报国家发展改革委审批。三是出台新投产水电分类标杆上网电价改革政策，进一步完善水电价格形成机制。

2. 推进水价综合改革。报经省人民政府同意，出台了《关于加快推进水利工程供水价格改革的指导意见》。围绕深化农业水价改革，与省水利厅、财政厅、农业厅联合对陆良县、元谋县、泸西县、砚山县、宾川县 5 个 2014 年国家农业水价综合改革试点县农业水价综合改革试点工作进行了验收。

3. 研究出台天然气临时销售价格方案。按照既有利于促进管网建设，同时又充分考虑消费者承受能力的原则，提出了全省统一的管输价格和临时销售价格方案，经省政府常务会议审议通过后公布实施。

4. 推进居民生活用水、用气阶梯价格制度。建立各州、市居民生活用水、用气阶梯制度推进情况月报制度。截至 2015 年底，全省共有 67 个县（市、区）实施了阶梯水价制度，推广率约 52.8%。昆明、玉溪、昭通、保山、曲靖、德宏均已按要求完成居民生活用气阶梯价格制度听证会工作。

5. 推进药品价格改革。梳理公布云南省废止药品价格文件，从 2015 年 6 月 1 日起取消除麻醉和第一类精神药品外的药品政府定价，建立以市场为主导的药品价格形成机制。

6. 推进医疗服务价格改革。一是规范和调整医疗服务价格。提出医疗服务价格结构性调整意见。配合医院等级评定工作，进一步完善医疗服务价格分类定价办法。与财政部门研究拟定公立医院取消药品加成后需通过提高医疗服务价格进行补偿的合理比例和总量。二是放开非公立医疗机构医疗服务价格，对非公立医疗机构医疗服务价格实行市场调节。

7. 改革民办教育收费管理方式。报经省人民政府同意，出台了民办高校本科学费标准管理改革方案，由“一校一费”转变为分学科制定统一的政府指导价最高学费标准，学校具体执行的学费标准实行与教学评估挂钩的动态管理机制。

（五）加强民生价费管理

一是严格落实重大节假日小型客车免收通行费政策，春节、清明、五一、国庆 4 个节假日免收 7 座及以下小型客车共计 20 天，免费 2467.16 万辆次。二是严格执行鲜活农产品绿色通道政策，有效降低农产品运输物流成本，促进农产品生产流通。三是贯彻落实景区门票降价制度，全年共优惠游客约 9000 万元。四是制定出台养老机构减免有关电视入网费、安装费、电信资费等优惠收费政策。

（田　书）

实施西部大开发战略

2015 年，云南省深入贯彻习近平总书记系列重要讲话和对云南工作重要指示精神，认真落实党中央、国务院关于西部大开发工作的决策部署，全力抢抓深入实施西部大开发的战略机遇，主动服务和融入国家发展战略，努力适应经济发展新常态，坚持稳中求进工作总基调，攻坚克难、保持定力，统筹推进改革开放、经济发展、社会稳定各方面工作，保持了经济平稳发展、社会和谐稳定。全省生产总值增长8.7%，固定资产投资增长18%，一般公共预算收入增长6.5%，社会消费品零售总额增长10.2%，城乡常住居民人均可支配收入分别增长8.5%和10.5%。2015年，云南省实施西部大开发战略，主要取得了以下实效。

【稳增长促发展取得新成绩】 强化经济形势研判，及时出台稳增长27条政策措施，召开季度经济形势分析会，持续加强稳增长督查。全力实施“四个一百”重点建设项目，加快预算内基本建设投资进度，盘活财政存量资金，不断创新投融资体制机制，积极推进政府与社会资本合作，多渠道筹措建设资金，加大金融服务实体经济力度，推动投资持续回升。发行地方政府债券1567亿元，有效置换存量债务，减轻各级政府偿债负担。认真实施六大领域消费工程，现代服务业发展加快。加强市场调控，房地产市场保持平稳。

【转方式调结构取得新成效】 推动产业结构向开放型、创新型和高端化、信息化、绿色化转变，聚焦主导产业发展，推进重大项目建设，巩固提升烟草、电力等优势产业，大力培育新兴产业。启动“云上云”行动计划，积极推进“互联网+”等信息化和信息产业发展。加强产业园区建设，促进产业集聚发展。全部工业增加值3925亿元，增长6.7%。单位GDP能耗下降7.8%左右。加快发展生活性、生产性服务业。大力整治旅游市场秩序，提升旅游服务质量。第三产业增加值6169亿元，增长9.6%。着力推进众创空间、孵化基地建设，大众创业、万众创新呈现新气象。

【基础设施建设取得新突破】 基础设施建设取得重大进展，综合交通三年攻坚战圆满收官，“五网”建设五年大会战全面启动。玉磨、大临、弥蒙铁路开工建设。保泸、玉临等高速公路开工建设，富宁至水富南北大通道全线通车，新改建农村公路2.19万公里，181座“溜索改桥”项目基本完成。泸沽湖机场建成通航，沧源、澜沧机场等在建项目快速推进。澜沧江—湄公河国际四级航道二期工程、金沙江中游库区航运设施等项目进展顺利。加强省内骨干电网、石油天然气管道和城市燃气管网建设。滇中引水工程获批，勘察试验性工程开工。新开工建设43件重点水源工程，建成50万件“五小水利”工程。推进昆明区域性国际通信出入口、呈贡信息产业园等项目建设，保山市、大理市成为国家第二批促进信息消费试点城市。开展城市地下综合管廊和建制镇“一水两污”项目建设。

【农业农村面貌发生新变化】 惠农政策落实力度加大，高原特色现代农业加快发展，高原粮仓、特色经作、山地牧业等稳步发展，粮食产量达1876.4万吨。农产品品牌创建与市场开拓步伐加快，电商与实体流通有效结合，质量安全水平不断提高。农村土地承包经营权确权登记颁证工作稳步推进。新型农业经营主体快速发展，促进农村一二三产业融合发展，加快培育涉农企业“小巨人”，实施新型职业农民培育工程。农田水利改革发展走在全国前列，新增有效灌溉面积80万亩，改造中低产田地345万亩。高效林业发展迅速，完成营造林665万亩，实施新一轮退耕还林还草160万亩。农业增加值2098亿元，增长6%。

【城乡区域协调发展呈现新态势】 成立省城乡规划委员会，加强对城乡规划、建设和管理的指导，促进城乡统筹发展。调整户籍政策，切实保障农业转移人口合法权益，户籍人口城镇化率达31%。推进曲靖市、大理市等国家新型城镇化综合试点和玉溪市、五华区等智慧城市试点。滇中城市经济圈一体化迈出实质步伐，滇中新区获国务院批复，管理体制机制得到理顺。腾冲、江川分别获准设市、改区。建成城镇保障性安居工程28.69万套，建设农村危房改造和抗震安居工程51.43万户，鲁甸地震灾区7.78万户灾民搬进新居，景谷地震灾区民房重建和加固全面完成。推进“新房新村、生态文化、宜居宜业”美丽乡村建设。深入实施兴边富民工程，启动改善沿边群众生产生活条件三年行动计划。开展全省生态保护红线划定，优化国土开发空间格局，加快低碳试点省建设。

【民生保障事业得到新改善】 坚持把脱贫攻坚作为最大的民生工程，以4个片区区域扶贫攻坚为重点，实施精准扶贫，开展“挂包帮”“转走访”，加快民族、边疆、革命老区脱贫、小康步伐。大力实施就业优先战略，全力解决好高校毕业生、农村转移劳动力等就业问题，城镇新增就业40.9万人。城乡居民大病保险制度全覆盖，最低工资标准、企业退休人员基本养老金、城乡居民基本养老金水平逐步提高，落实社会救助兜底保障。学前教育稳步推进，中小学校舍安全工程年度任务全部完成，加快现代职业教育发展，滇西应用技术大学获批筹建。城乡基层医疗卫生基础条件有效改善，基本药物制度不断健全。公共文化服务体系不断完善，文化遗产保护有力实施，开展全民健身和文化惠民，加快建设城乡养老服务机构、残疾人康复中心。信访工作、法律服务和法律保障得到加强，移民工作有效开展。10件惠民实事全部办结。

【改革开放取得新进展】 推进国资国企改革，省属企业负责人薪酬制度改革顺利推进，混合所有制经济有序发展。全面实施“三证合一、一照一码”，新登记企业数量增速居全国前列。公务用车制度改革全面实施，电力体制和输配电价改革试点取得进展，机关事业单位养老保险制度改革稳步推进，建立乡镇机关事业单位岗位补贴制度，完成政府定价目录修订，启动不动产统一登记。财税、投融资、科技教育、医药卫生等各项改革步伐加快。勐腊（磨憨）重点开发开放试验区获批，红河综合保税区封关运行。开通云南中欧集装箱货运班列。成功举办第3届南博会暨第23届昆交会、中国国际旅交会。出台参与建设“一带一路”、加快建设我国面向南亚东南亚辐射中心等指导文件。开展多种形式招商活动，加大央企以及长三角、珠三角等地区知名企业引进力度。引进省外到位资金6488亿元，直接利用外资29.9亿美元。与国家部委、央企、金融机构、院校签订了109项合作协议。

【政府自身建设迈出新步伐】 及时传达学习、贯彻落实中央和省委各项决策部署，扎实开展“三严三实”和“忠诚干净担当”专题教育。切实加强服务政府、责任政府、法治政府、廉洁政府建设。深入推进政务公开，向社会公布60家省级单位权力清单和责任清单。取消和下放投资核准事项31项，全面清理非行政许可审批和前置审批，建设完善网上审批服务平台。清理整顿红顶中介，创设投资审批中介超市。主动接受人大及其常委会法律监督和政协民主监督，认真办理人大代表建议和政协提案，积极听取工会、共青团、妇联等人民团体意见。加强行政监察和审计监督，严肃查处违纪违法案件，干事创业环境得到改善。

（王潇苒）

各行业发展概况

The Overview Of the IndustryDevelopment

·第一产业·

种植业

【综 述】 2015年，全省粮食、油料、蔬菜、甘蔗、水果、蚕桑等种植业产业发展稳定，总产值达1711.31亿元，同比增长7.1%，增幅与2014年持平。其中：油菜产值23.75亿元，比上年减少3.72亿元，降低13.5%；蔬菜产值462.08亿元，比上年增加114.97亿元，增长33.1%；甘蔗产值82.82亿元，比上年减少7.29亿元，降低8.1%；水果产值174.63亿元，比上年增加7.37亿元，增长4.4%；蚕桑鲜茧产值22.62亿元，比上年减少0.04亿元，降低0.2%。

【粮食生产】 2015年，全省粮食播种面积达6730.9万亩，连续5年稳定在6500万亩以上。粮食总产达1876.4万吨（375.3亿斤），连续5年保持增产，比2010年增加226.4万吨，增幅达13.7%，连续跨越350、360、370亿斤台阶。粮食亩产278.8公斤，比5年前提高了48.8公斤，增幅达21.2%。

【油 料】 2015年，全省种植油菜面积447.1万亩，同比增6.25万亩，增1.4%；产量57.92万吨，同比增加3.87万吨，增7.1%；产值26.06亿元，增1.46%。全省油菜生产主导品种为花油3、6、8号、绵油33、云油杂10号等。主要技术有轻简化节本增效技术，稻田免耕油菜直播栽培技术，油菜育苗免耕移栽技术等。全省完成油菜高产创建万亩示范62片，示范面积66.62万亩，平均亩产180.17千克，示范区与上年相比平均亩增产20.74千克，增13%。

【经济作物生产】 2015年，全省蔬菜、水果、茶叶、咖啡、甘蔗、油料、马铃薯、橡胶、蚕桑、花卉10类特色经作面积达6088.7万亩，比2010年增加1218.8万亩，同比增25%；花卉外9类特色经作产量达6548.3万吨，增加2294.2万吨、增53%；鲜切花产量达86.9亿枝、增43.6%。产值过百亿元产业达到4个：茶叶产值达623亿元、增390%，蔬菜产值达462亿元、增117%，花卉产值达400亿元、增72%，水果产值达到156亿元、增87%。甘蔗、马铃薯产值接近百亿元，分别为90亿元、85亿元，分别增75%、118%。

【冬季农业开发】 2015年，以冬早蔬菜、冬马铃薯、冬玉米种植为主的冬季农业开发实现了种植面积、产量、产值的同步增长，项目区农民实现了增产增收。全省冬季农业开发面积总计2500万亩，同比增加34万亩，增长1.4%；冬季农业开发总产值达到390亿元，同比增加3亿元，增长0.8%。项目区冬农开发农民人均收入超过1050元，人均增收达到170元。

【科技增粮措施】 2015年，全省继续以高产创建为平台，以绿色增产模式攻关为突破，全力实施科技增粮措施。完成高产创建示范1049片，辐射带动面积1097万亩；覆膜种植1570万亩，解决了低温干旱问题；完成作物间套种技术推广示范面积1319万亩，辐射带动面积2726万亩；完成水稻精确定量栽培示范推广面积322万亩，增加经济效益7.9亿元；完成粮食机耕机耙面积4375万亩，全程机械化示范面积90万亩；完成配方肥施用面积1607万亩，总增产节支20.9万元；组织开展综合防治面积1930万亩，挽回粮食270万吨。

【耕地保护】 2015年继续开展“秸秆还田、绿肥种植、土壤改良培肥”等技术模式的示范推广工作，全省30个县（市、区）共实施264.79万亩，超出计划任务34.79万亩，完成计划的115%。其中，秸秆还田176.91万亩、绿肥种植67.06万亩、土壤改良培肥20.82万亩。共建立17个秸秆还田万亩连片示范区、11个绿肥种植千亩连片示范区、178个效果监测点，开展产品筛选及应用效果试验78组，试验示范面积达34.09万亩。

【种子生产管理】 2015年，全省杂交玉米制种面积为23.04万亩，产量为4808.49万公斤；杂交水稻制种面积为1.19万亩，产量为234.6万公斤；制种品种主要是滇杂系列和云光系列。审查办结了种子生产许可证44件，种子经营许可证11份；持种子经营许可证企业有89家。全年共审核了1774批次的申请进口单，进口花卉种子共计3.75亿株（粒），金额共计8741

万美元。组织稻谷、大豆、马铃薯、蚕豆等农作物品种试验，试验点次194个，试验组别27个，参试品种246个。审定通过稻谷、玉米、小麦、油菜、马铃薯、蚕豆和甘蔗等主要农作物品种72个。监督抽查共检查各类种子生产经营企业及经销户737家，共扦取种子样品1413份，合格率98.2%；种子发芽率合格样品1394个，合格率97.4%；净度合格样品1407个，合格率99.6%；水分合格样品1412个，合格率99.9%。

【植物检疫】 全省开展植物产地检疫180余万亩次，植物调运检疫2.15万批次，苗木近320多万株。国外引进种子143批639.94千克；引进苗木632批183万株，超限量审批200多批1.9亿株。建立稻水象甲监测点5个，香蕉枯萎病8个，红火蚁12个，柑橘黄龙病15个。建立红火蚁防控示范区两个，示范面积各300亩；建立香蕉枯萎病防控示范区1个，示范面积200亩；建立柑橘黄龙病防控示范区1个，面积1200亩。

【农药监督管理】 2015年完成农药登记田间药效试验40个；受理农药正式登记初审6份，农药续展登记10份，田间药效试验初审30份，农药登记田间药效试验封样20份；开展了农药使用安全风险监测，共报送药害投诉事件25件，涉及受害面积1479.5亩，经济损失3008.1万元；抽查农药样品460个，质量合格376个，合格率为81.7%，标签合格338个，合格率为73.5%；全省农业部门共出动执法人员1.18万人次，检查农药销售门市和零售摊点1.69万个次，立案查处经销假冒农药案件53起，涉案金额14.55万元，查获、没收不合格农药2.04吨，抽查标签1.13万个，查处不合格标签716个。全省全年农药使用量（折百）1.86万吨，比2014年减少1300吨；专业化统防统治组织673个，防治面积达2658.25万亩，统防统治覆盖率达30.49%；建立了100个省级绿色防控技术示范区，示范面积50万亩，辐射带动200万亩，农作物病虫害绿色防控覆盖率达22.65%；核心示范区关键技术到位率达到90%，综合防治效果达到92.3%，每亩减少化学农药2.24次，减少化学农药使用量31.23%，亩防治成本平均降低10%。

【农作物病虫害监测与防控】 2015年，云南省列入《全国植物检疫性有害生物名单》的有害生物有12种，其中虫6种、细菌3种、真菌2种、杂草1种。全省农作物病虫害呈中等发生态势，全省农作物病虫草鼠害发生1.39亿亩次。全省356个系统监测点开展系统监测，监测面积占发生面积80%以上，发布病虫简报2500余期，手机短信发布信息6000多条，电视预报70期，病虫监测信息交流3000多条，使长期预报准确率达85%，短期预报准确率达92%。全省开展综合防治面积1.93亿亩次，挽回的粮食总量达到269.87万吨，比上年多挽回14.39万吨，实际损失55.29万吨。

【农业自然灾害】 2015年，全省农作物受灾达1809.8万亩次，比上年同期减少了916.5万亩次；成灾达878.6万亩次，比上年同期减少了275.5万亩次；绝收达150.4万亩次，比上年同期减少了32.8万亩次。其中：粮食作物受灾面积达到1191.5万亩次，比上年同期减少370.9万亩次，成灾面积达578.2万亩次，比上年同期减少了124.0万亩次，绝收面积达103.3万亩次，比上年同期减少了14.6万亩次。灾害造成农业直接经济损失52.5亿元，较上年少损失了18.9亿元。全年灾后农业恢复生产中，因灾需补种改种的农作物面积达到262.1万亩，补种改种挽回粮食产量达到38.4万吨。

林 业

【概 述】 2015年，云南省累计投入国家和省级林业资金76.4亿元，同比增长7%。全省林地面积2500万公顷，森林覆盖率达到55.7%，森林蓄积量17.68亿立方米。

2015年4月14日，冷华（右二）接待国际竹藤组织总干事费汉斯博士（左二）

林业改革创新 紧紧围绕生态文明建设和全面深化改革的总体部署，大力推进集体林权制度、国家公园和自然保护区管理建设、国有林场和国有林区等各项改革，创新林木权证登记管理、林地使用管理、林业社会化服务体系建设等，有利于林业科学发展的体制机制不断完善，进一步激活了林业发展活力。截至2015年底，全省集体林确权1800万公顷，确权率98.9%、发证率99.3%，发放《云南省林木权证》4.6万本，配发林业惠农云服务IC卡4.58万张，近840万户林农获得了林地、林木承包经营权。资金投入 在经济下行压力较大的严峻形势下，全省累计投入林业资金76.4亿元，同比增长7%；争取国家林业贴息贷款计划24.6亿元，同比增加146%，带动林产业投入35亿元以上；林业招商引资签约金额8.8亿元；落实野生动物肇事公众责任保险资金5200万元和森林火灾保险财政保费补贴资金1.35亿元；全省林权抵押贷款166.7亿元，较2014年新增10.9亿元，涉及921家林业企业和2.27万户农户。

生态治理 完成营造林44.37万公顷，森林管护1320万公顷，义务植树1.01亿株；实施新一轮退耕还林5.67万公顷，陡坡地生态治理1.33万公顷；完成森林抚育16.93万公顷，低效林改造10万公顷；实施农村户用沼气病旧池改造5000户、农村节柴改灶10万户、太阳能热水器12万台，林业生态治理成效日益显现，局部地区生态恶化的趋势得到有效遏制。

产业发展 坚持绿色发展、惠民发展原则，深入实施林业产业转型升级和提质增效工程，建设木本油料基地13.67万公顷，核桃提质增效3.33万公顷，云南木本油料种植面积目前已达到326.67万公顷，年产量90万吨、总产值超290亿元，成为全国重要的木本油料基地；林区群众来自林业的人均年收入突破2000元，民生林业建设取得显著成效。

生物多样性保护 组织开展了野生动植物资源调查，完成了怒江、保山、大理、昆明、迪庆、玉溪、临沧等7个州市的野生动物资源调查外业和质量检查；启动了昆明、玉溪、怒江、德宏、西双版纳等5州市的重点保护野生植物资源调查，完成了昭通、曲靖、楚雄、文山、红河、普洱、大理、保山、丽江、迪庆等10个州市的野生植物资源调查外业和外业质量检查。元江国家级自然保护区总体规划获得国家林业局批准，拉市海、纳帕海、观音山、阿姆山4个省级自然保护区总体规划获得省人民政府批准，为自然保护区基本建设提供指导。开展21个极小种群物种拯救保护项目，对10种动物和10种植物极小种群物种实施保护。筹集5990万元专项资金，完成了野生动物肇事公众责任保险续保工作，保持了全省全覆盖的良好态势。

湿地保护 组织开展了湿地资源调查，扩大了湿地保护与恢复项目实施范围，沾益海峰、洱源茈碧湖、洱源西湖、剑川剑湖、腾冲北海、丽江老君山九十九龙潭、丘北普者黑等7处湿地被认定为第一批省级重要湿地，新增了玉溪抚仙湖、弥勒湖泉和泸西黄草洲等3处国家湿地公园试点。积极争取国家湿地保护与恢复项目的支持，加强项目建设的指导和监管，共争取到中央财政湿地补贴项目10个，总投资4900万元。

资源管理 开展了全省森林资源二类调查和林地年度变更调查、清理排查非法侵占林地、森林火灾案件预防查处等专项行动，查处案件5364件，有效保护了森林资源。进一步强化“以防为主、防范第一”的工作思路，集中人力、物力、财力严格管控野外火源和重点人群，深入开展森林防火大宣传大排查大整治专项行动，最大限度减少森林火灾发生及损失，全年处置森林火灾130起、受害森林面积805.7公顷，同比分别下降64%和81%，没有发生重大森林火灾和扑火伤亡事故。发生林业有害生物46.24万公顷，成灾面积5.78万公顷，成灾率2.66‰；防治总面积43.23万公顷，防治率93.49%，有效保护了林业资源。

服务经济社会发展 组织制定了促进全省经济平稳健康发展10条林业政策措施，积极争取国家支持林地定额5300公顷，研究制定了多项涉林建设项目畅通落地措施，全年审核审批各类工程建设项目使用林地申请1305件、林地面积1.46万公顷，涉林重点项目建设限时办结率100%。同时，认真开展林业扶贫攻坚和地震灾区林业恢复重建工作，整合下达鲁甸地震灾区恢复重建林业资金5376.5万元（占计划总投资130%）、景谷地震灾区恢复重建林业资金625.5万元（占计划总投资57%），最大限度地支持了全省经济社会发展。

【林地需求保障】 2015年5月，为认真贯彻落实《云南省人民政府关于促进全省经济平稳健康发展的意见》，结合林业部门职能职责实际，省林业厅全力保障重点项目林地需求，促进我省经济平稳健康发展。一是科学调配重点项目林地定额。在国家林业局下达0.67万公顷年度林地定额的基础上，全力争取国家备用定额，缓解全省林地定额严重不足的巨大压力。创新“五采”项目、风电建设项目林地使用方式，集约、节约、高效使用林地。国家重点基础设施和重大民生工程建设项目前期控制性单体工程和配套工程，经批准允许先行使用林地；公路、铁路、水利水电、航道等重点工程临时用地，经批准允许延期使用；国家和省级重点、基础和民生项目，允许分期、分段或滚动式使用林地。二是简化建设项目使用林地审批要件。简化项目使用林地查验工作，由林业行政主管部门委托有相应资质的林勘单位进行现场查验简化为县级林业行政主管部门指派工作人员进行用地现场查验。实行林地及其林木采伐“双审合一”，省林业厅一次性对建设项目使用林地和林木采伐限额同时作出行政许可决定和批复，建设项目使用林地林木采伐不再单独申请办理。三是严格落实限时办结制度。优化审批流程，减化审批环节，提升审批实效，全面清理已上报到省林业厅的涉林建设项目，严格限时办结，做到林地和林木采伐报件的“零库存”，确保办结时限内清零。四是下放临时占用林地审批权限。将省级临时占用林地审批权限全部下放到州（市）和滇中产业新区林业主管部门审批；州市临时占用林地审批权限全部下放到县级林业行政主管部门审批。省林业厅仅保留国家林业局下放的临时占用防护林林地或者特种用途林林地面积5公顷以上以及其他林地20公顷以上的审批权限。

2015年7月3日，省林业厅党组书记冷华参加省林业职业技术学院“八老树”植树活动

【自然保护区管理体制】 2015年12月，云南省机构编制委员会批准了16个州市的自然保护区管理机构方案。全省共建立国家级和省级自然保护区管护机构56个（其中国家级管护机构21个，省级管护机构34个），核定编制2504人，国家级自然保护区管护机构统一设置为州市林业局下属正处级事业单位，省级自然保护区管护机构统一设置为副处级事业单位。

通过改革，一是明确各级政府间主体责任，省政府统一领导全省自然保护区管理工作，国家级、省级自然保护区由所在地州（市）政府直接管理，州级、县级自然保护区由所在地县（市、区）政府直接管理。省林业行政主管部门负责全省林业行政主管部门主管的自然保护区的业务指导和监督管理。州（市）、县（市、区）林业行政主管部门加挂自然保护区管理局牌子，具体负责辖区内自然保护区的管理和保护。二是明确行政隶属关系和机构职责，解决林业行政主管部门与自然保护区管护机构隶属关系不顺，行政执法主体不明问题，将国家级、省级自然保护区管护局设置为州（市）林业行政主管部门下属事业单位。三是规范自然保护区管护机构设置，统一自然保护区管护机构设置要求，提升机构级别。国家级、省级自然保护区管护局机构规格分别设置为正处级、副处级。跨州（市）的国家级自然保护区，其业务指导、项目申报和统筹协调等工作由省林业行政主管部门负责。保护区所在州（市）单独设立管护机构，为州（市）林业行政主管部门下属的独立事业单位。四是科学合理核定自然保护区机构人员编制，主要根据自然保护区的级别、管护面积、管护站数量、跨行政区域情况、所在地人口密度、自然保护区完整性、国际影响力等因素，由机构编制管理部门计算并综合平衡后核定。五是经费纳入各级政府财政预算，完善财政保障制度，按照机构编制部门核定的编制，自然保护区管理机构人员经费、工作经费由同级财政部门按照编制部门核定的编制数核拨。切实履行省政府对国家级、省级自然保护区的管理责任，为保护区管理提供有力保障，人员经费、工作经费纳入省级财政预算。六是机构设置体现保护优先原则，积极纠正各地存在的重开发、轻保护的现象，建立资源开发与生态保护协调的管理模式。按照“自然保护区的自然环境和自然资源，由自然保护区管理机构统一管理”的法规规定，依托自然保护区，建立资源管理责权利统一的管理机构，解决一地多牌，开发与保护分离的体制问题。依托自然保护区设置的其他保护、开发机构，原则上只能在自然保护区管护局加挂牌子，实行“几块牌子、一套班子”的管理模式。

【云南省国家公园管理条例】 2015年11月26日，云南省人大常委会第二十二次会议审议通过了《云南省国家公园管理条例》，并确定于2016年1月1日起正式施行。作为全国第一部国家公园立法，《云南省国家公园管理条例》的出台，将为云南省依法加大国家公园保护管理力度，妥善解决国家公园资源保护与利用中的问题奠定法制基础。《条例》明晰了国家公园管理工作中各有关部门的职责，且进一步明确了各个国家公园管理机构的职责。为国家公园管理设置了长效机制，如资源监测、管理评估、利用许可、特许经营制度等，并细化了法律责任，设定了具体的处罚标准，为依法保护管理国家公园资源提供了有力的保障。

【权力清单和责任清单】 2015年7月31日，云南省政府行政审批制度改革办公室向社会公布了包括林业厅在内10个部门的权力清单和责任清单。其中林业厅行政权力共计261项，涉及行政许可35项（含7个子项）、行政处罚136项、行政强制18项、行政征收3项、行政给付5项、行政检查22项、行政确认10项、行政奖励1项、行政裁决1项、其他行政职权30项。

2015年7月17日，省林业厅党组书记冷华（左）与独龙族“老县长”高德荣（右）就独龙江乡生态保护交换意见

【国家森林公园专用标志使用授权】 2015年6月，国家林业局公布了第六批获得中国国家森林公园专用标志使用授权的国家森林公园名单，云南省的龙泉、十八连山、珠江源、五峰山、双江古茶山5处国家森林公园名列其中。自2006年开展第一批中国国家森林公园专用标志使用授权申请工作以来，云南省共有25处国家级森林公园获得中国国家森林公园专用标志使用授权。

【云南省新一轮退耕还林还草实施方案】 2015年1月，《云南省新一轮退耕还林还草实施方案》正式出台，确定了云南省新一轮退耕还林还草工程补助标准与国家补助标准一致，即：退耕还林补助每亩1500元（其中，种苗造林费300元），还草800元（其中，种苗种草费120元）；突出了云南的治理重点，即以乌蒙山区、藏区、边疆民族地区、九湖治理、灾区、石漠化严重地区、重点流域沿岸等重要生态脆弱地区为重点。

2015年10月17日，省林业厅党组书记冷华到砚山县维摩乡长岭街村开展扶贫攻坚转走访工作

【云南省调整完善陡坡地生态治理相关政策】 一是调整实施范围。按照突出重点、先急后缓的原则，优先安排江河两岸、城镇面山、公路沿线、湖库周围等生态区位重要、生态状况脆弱、集中连片特殊困难地区15～25度以及第二次全国土地调查成果范围外25度以上的陡坡地进行退耕还林。二是调整补助标准。省级陡坡地生态治理补助标准、补助方式及补助年限调整为与国家新一轮退耕还林还草政策一致，每亩省财政补助1500元。

【林下经济示范基地】 2015年6月，国家林业局公布全国127家单位为“2014～2015年国家林下经济示范基地”，其中，云南省南华县、凤庆县、宜良县、玉龙县和云南福滋农业科技开发有限公司共5家单位榜上有名。南华县的野生菌、凤庆县林下种植的魔芋、宜良县林下种植的观赏苗木、玉龙县林下种植的中药材和云南福滋农业科技开发有限公司在双江自治县林下种植的茯苓产业均已成为当地农民增收的特色产业。

2015年11月26日，省林业厅党组书记冷华率队做客“金色热线”。图为冷华为“金色热线”栏目题字

【干热河谷实验性造林】 2015年7月31日，云南省杨善洲绿化基金会在玉溪市元江哈尼族彝族傣族自治县澧江街道办事处面山种下42.27公顷“元江县杨善洲纪念林”，除了7000多株凤凰木、木棉、甜角等乡土树种以外，还种植了1000株印度紫檀和1000株海南黄花梨，旨在探索云南干热河谷大乔木规模化造林树种选择，希望在城市面山造林中实现生态和经济效益双赢。

【平安林区】 2015年2月，云南省林业厅、云南省社会管理综合治理委员会办公室授予西双版纳傣族自治州景洪市、德宏傣族自治州芒市、昭通市绥江县、丽江市永胜县、普洱市景东彝族自治县、曲靖市师宗县、大理白族自治州漾濞彝族自治县、临沧市沧源自治县、保山市腾冲县、怒江傈僳族自治州贡山独龙族自治县林业局10个单位“2014年度云南省平安林区创建活动先进集体”荣誉称号。

【昆明集体林业综合改革试验示范区】 2015年2月，国家林业局正式批准昆明市作为全国唯一一个省会城市列入国家林业局集体林业综合改革试验示范区。昆明市集体林业综合改革试验示范区将重点在“坚持家庭承包经营权不变的基础上，开展集体林地所有权、承包权、经营权三权分离”“建立健全林业社会化服务体系”“建立公益林管理经验机制”以及“建立林权流转机制和制度”四个方面开展试点。

【林业龙头企业】 2015年2月6日，省林业厅在昆明为新认定的第10批107家林业产业龙头企业代表授牌。此次认定的龙头企业，涵盖了特色经济林种植及加工、木材加工及人造板、林下非木材资源、林产化工及生物能源、野生动物驯养繁殖、林（竹）浆纸一体化、森林旅游及竹藤等九大林业产业。

畜牧业

【概况】 2015年，全省肉类总产量730万吨，同比增长4.11%。其中猪肉产量585.55万吨，牛肉产量57.31万吨，羊肉产量20.54万吨，禽肉产量63.82万吨，同比分别增长3.86%、8.19%、7.71%、5.78%；禽蛋产量66.12万吨，同比增长8.52%。奶类产量达72.41万吨，同比降低7.50%。生猪出栏6957.22万头，家禽出栏3.56亿羽，同比分别增长4.27%和7.31%；牛存栏1185.73万头，增长1.46%，出栏479.66万头，同比增长7.85%；羊存栏1481.14万只，同比增长6.72%，出栏1006.55万只，同比增长8.49%；奶牛存栏22.08万头，同比减少2.00%。

【畜禽资源保护与开发】 2015年全省畜禽制种能力明显增强。云南惠嘉、西南天佑原种猪场进入国家生猪核心育种场名单；文山牛原种场成为全省第四个国家肉牛核心育种场，育种数量居全国第一；玉溪新广公司作为全国最大铁脚麻种鸡场进入全国首批“育（引）繁推一体化”行列；茶花鸡、镇沅瓢鸡、龙陵黄山羊、槟榔江水牛通过国家级畜禽资源保种场验收，全省累计建成9个国家级保护品种保种场（区），创历史最高；“云岭牛”顺利通过国家畜禽品种委员会验收，成为全国第四个肉牛新品种，南方第一个自主培育的肉牛新品种；“丽江猪”通过国家畜禽遗传资源委员会认定，成为云南省第71个认定的畜禽遗传资源；全省有50余个畜禽遗传资源已经有企业参与开发利用，其中：大河猪、滇南小耳猪、撒坝猪、茶花鸡、瓢鸡、无量山乌骨鸡等品种已实现了产业化开发，年产值近10亿元，带动全省特色养殖产值达30亿元以上。

【畜禽品种改良】 2015年，全省43个生猪良种补贴县、14个荷斯坦奶牛良种补贴县、22个奶水牛良种补贴县、20个肉牛良种补贴县和

30个羊良种补贴县，完成生猪良种补贴78万头、荷斯坦奶牛良种补贴14万头、奶水牛良种补贴11万头、肉牛良种补贴10万头、种公羊良种补贴4500只；更新引进良种公猪1312头，母猪配种101.43万头，提供精液411.24万份，受胎母猪87.83万头，受胎率86.43%；完成奶牛改良11.46万头，受胎9.21万头；奶水牛改良8.71万头，受胎4.48万头；肉牛改良37.44万头，受胎27.75万头；开展云岭牛生产配套技术示范与推广，生产云岭牛冻精10.5万剂，向社会供云岭牛种公牛42头，向肉牛养殖企业提供10月龄左右的云岭牛母犊157头。通过良种工作的推广，2015年末，全省生猪、蛋鸡、肉鸡、奶牛、肉牛、肉羊良种化率分别为91%、95%、85%、98%、41%、32%，分别比2014年提高1～2个百分点。

【标准化规模养殖场建设】 2015年，全省生猪、蛋鸡、肉鸡、奶牛、肉牛、肉羊规模化比重分别为42%、85%、68%、40%、16%、31%，分别比2014年提高0.5～1.0个百分点。利用生猪大县奖励资金引导社会投资生猪规模化养殖场建设，总投资3.45亿元，新建、改建标准化规模生猪养殖场651个，项目县生猪规模化比重达43%、出栏率149%，同比分别提高1.5%、1.8%；利用标准化规模养殖项目扶优扶强，总投资6500万元扶持建设65个标准化养殖场；利用省级畜牧专项资金大力推进畜牧科技推广体系建设、主推品种及主推技术的示范推广；进一步扩大了基础母畜扶持的覆盖面，在33个县和27个大型养殖场继续实施基础母牛扩繁增量项目，带动全省基础母牛存栏同比增18万头，新增犊牛16万头；进一步推进能繁母猪保险政策的落实，降低能繁母猪养殖风险。2015年，全省能繁母猪存栏495万头，同比增2.0%，能繁母猪参保396.5万头，同比增3.2%。

【草食畜牧业发展】 2015年，草食畜牧业的基础明显改善，新建牛羊、奶牛标准化圈舍250万平方米，青贮氨化窖90万立方米；重点建设30个肉牛基地，20个肉羊基地，15个奶源基地，三个基地生产能力明显提高，30个肉牛基地县出栏肉牛148.64万头，占全省肉牛出栏的33.49%，20个肉羊基地县出栏肉羊279.72万只，占全省肉羊出栏的30.15%，15个奶源基地县奶类产量达66.5万吨，占全省奶类产量的91.5%。中央投资1370万元、企业自有投资2789万元建成13个奶牛养殖小区（场）。

【草原保护建设】 2015年，全省综合植被盖度为93.92%、高度35.17厘米，鲜草产量9579.03万吨，可食牧草（鲜草）总产量8242.3万吨，分别比2014年提高1.13%、6.09%、5.22%、5.27%；争取到中央草原保护建设各类项目到位资金达10.73亿元，同比增20.92%，重点用于建设100个万亩高原生态牧场；划定基本草原1.78亿亩，向村民委员会或村民小组颁发《草原所有权证》；划定禁牧面积2731万亩、草畜平衡面积1.50亿亩；共查处草原违法案件116件，发放宣传材料31万余份，设立永久性宣传牌500多块，印制草原司法解释挂图2万余份。

【饲料产业发展】 2015年，全省饲料行业管理水平全面提升。组织审查并发证39家，审查标准270份，标签1900个；验收的饲料质量安全管理规范企业达10家，抽检饲料产品1486批，产品合格率为95.5%；全省共出动饲料执法检查1.6万人（次），检查饲料生产经营企业1.06万户，规模养殖场6570个；发放新《饲料和饲料添加剂管理条例》《饲料添加剂安全使用规范》《饲料原料使用目录》《饲料药物添加剂使用规范》《食品动物禁用的兽药及其他化合物清单》《禁止在饲料和动物饮用水中使用的药物品种目录》等宣传资料2.73万份；组织开展部、省级《饲料质量安全管理规范》示范企业创建活动，10家饲料企业获得省级示范验收；1家获农业部示范验收；全年种植一年生牧草248万亩，新增多年生人工草地32万亩，多年生人工草地保留面积达1815万亩，推广青贮氨化饲料1200万吨，农作物秸秆饲料化率达36%，比2014年提高6个百分点。

【动物防疫】 2015年，全省落实中央基层动物防疫经费3360万元，争取省级财政动物防疫预算6415万元，主要用于强化免疫基础、预警监测、应急管理等。全省有1300个乡镇开展了动物防疫整村推进工作，覆盖面达90.3%；免疫高致病性禽流感2.77亿羽，高致病性猪蓝耳病6579.78万头，猪瘟6579.78万头，口蹄疫1.04亿头，小反刍兽疫650.27万只，新城疫2.54亿羽，各病种应免密度均达到100%，免疫抗体合格率均达到70%以上；完成病原学监测7.88万份。储备高效消毒药品25吨、消毒机125台、防护服1000套、扑杀器10台和一批诊断试剂。对规模场（区）及鲜场（点）进行了消毒灭源，面积达6600万平方米，排查家禽2723.45万羽，规模养殖场（区）3897户（个），未发现高致病性禽流感疫情。启动跨境动物疫病区域化管理试点。

【动物卫生监督管理】 2015年全省出动动物卫生监督执法人员2.55万人次，开展检查执法1.11万次，出动车辆8002台次，检查屠宰场（点）2425家次，查处违法案件16件；全省产地检疫畜禽1.08亿头（只），屠宰检疫畜禽4692.35万头（只）；审批跨省引进种用乳用动物28批，累计引进种畜禽7.60万头（只）。全省无害化处理病死畜禽3.50万头（只）。

【兽药生产及监管】 2015年全省共有6家兽药GMP生产企业，产值达1.7亿元。共抽检兽药产品1271批，进入检验环节1041批，合格率80.5%，比去年下降了0.5个百分点；全年完成兽药残留抽检602批，合格率99.8%；全省违法线索及案件查处率达到100%，举报受理率达到100%，案件信息公开率达到100%；全年检查兽药生产企业5个、兽药经营企业3068个、兽药使用单位1.02万个，出动执法人员6670人，销毁标签和说明书0.36万个，查处处方药未标注“兽用处方药”字样、夸大疗效等标签和说明书不符合规定的兽药经营企业72个，立案查处兽药违法案件21起，货值金额1.32万元，罚款1.99万元；组织完成了14家兽用生物制品经营企业的GSP达标验收和审批发证，逐步规范了非强制免疫兽用生物制品的经营行为。审核上报20个兽药产品，审批兽药广告2个。

农产品加工和农业产业化经营

【农业产业化】 2015年，全省农业产业化工作取得明显成效。各级党委、政府把推进农业产业化发展作为农业农村经济工作中带有全局性、方向性的大事来抓，列入重要议事日程，统筹安排部署。在全省各级各部门的共同努力下，各地、各部门根据工作职责，结合实际，加强领导，明确任务，完善措施，认真贯彻落实扶持龙头企业发展的文件精神，形成合力，全面促进了农业产业化发展。2015年，云南省扶持农业产业化项目61个，扶持资金4070万元。

【农产品加工】 2015年，农业部和财政部安排云南省农产品产地初加工补助项目资金3500万元，用于改善全省农产品产地初加工设施条件，减少产后损失，增加有效供给，促进农民增收；省级财政扶持农产品加工项目317个，扶持资金1.98亿元。全省农产品加工业总产值2189亿元，同比增长12%以上，比2010年的875元增加1314亿元，增长了1.5倍。全省规划建设各类农产品加工园区共48个，园区规划面积1022.91平方公里，已建成面积309.35平方公里，已投入建设资金497.7亿元，已入驻加工企业1450户，企业固定资产总额达453.5亿元，企业年实现总产值1018.7亿元，上缴税金49.8亿元，园区企业从业人员达15.6万人。“十二五”期间共建成马铃薯贮藏窖2458座，冷库1632座，烘干设施75座，新增单次果蔬贮藏保鲜能力16.8万吨，果蔬干燥能力达到294吨/天。

【产地初加工惠民工程】 该项目由农业部和财政部安排，省农业厅，财政厅高度重视，认真组织实施。紧紧围绕云南高原特色农业发展规划，本着集中连片的要求，选择全省十六个特色果蔬大县布局项目，重点以苹果、葡萄、石榴、芒果、蔬菜等农产品贮藏保鲜的组装式冷库设施为主；制定了项目实施方案和技术指导方案，对项目负责人、管理人员、技术人员和实施项目的专业合作社及农户进行集中专题培训，累计培训人数1910人；项目严格按照规定的程序进行，明确项目部署培训阶段、施工建设阶段、验收总结阶段的具体要求，确保项目当年建成，当年使用，当年见效；实行目标责任制加强项目管理。通过签订目标责任书，层层考核，明确各级农业、财政部门的工作职责，加强项目申报、审批、公示、验收、资金兑现的监督和管理，做到阳光操作和补助资金专款专用。通过项目实施，全省新建果蔬组装式冷藏库395座，新增贮藏保鲜容量16.8万立方，新增单次果蔬贮藏保鲜能力3.8万吨，比去年增加5000余吨贮藏能力，共涉及受益农户138户、受益合作社72家。已经建成并验收395座。

【新型经营主体】 2015年全省新认定101户省级农业龙头企业，淘汰8户省级农业龙头企业。截至2015年年底，云南农业龙头企业达3279户，占全国的2.6%，其中省级以上重点龙头企业达到697户；已登记注册的农民合作社37382个，占全国的2.5%，其中2015年新增8822个；合作社注册资金549.96亿元，农民成员68.87万户；创建国家、省、州市三级农民合作社示范社1810个。经农业部门认定的家庭农场2891个，其中2015年认定的家庭农场共2455个。销售收入亿元以上的龙头企业仅占全国的1%，规模以上农产品加工企业仅占全省总数的18%，农产品加工产值与农业总产值之比为0.64 ∶ 1，明显低于全国2.5 ∶ 1的水平；农民专业合作社统一销售农产品总值仅占全国总量的1.68%，入社成员不足50户的专业合作社占86.78%，家庭农场经营土地面积在50亩以下占76%，年销售农产品10万元以下的家庭农场占总数的58%。

渔业

【概述】 2015年，全省水产养殖面积、水产品总产量、渔业经济总产值、渔业产值分别达213万亩、93万吨、210亿元、132亿元，同比分别增加6万亩、6万吨、16亿元、9亿元，增幅为2.8%、6.4%、7.6%、6.8%；建成万吨级水产品基地县39个，各类水产品加工企业发展到40余家，年加工能力达到30万吨以上，加工品种为罗非鱼、鲟鱼、银鱼、小型鱼、虾等，产品远销欧美、日本及中东等国家和地区，带动渔用饲料加工、水产仓储流通、休闲观光渔业等相关产业的发展；水产品产地抽检合格率达100%，水产品质量安全事件0起。另外，没有发生危及水生生态安全事件；创建了一批垂钓、观赏、餐饮、游乐、度假、美食等不同类型的休闲渔业，增强渔业经济发展延伸功能，为旅游业增添新亮点。

【渔业生产】 2015年，全省池塘养殖55万亩、湖泊21万亩、水库133万亩、河沟3.9万亩、稻田养鱼167万亩；产量分别为45万吨、1万吨、32万吨、0.6万吨、6.5万吨。其中罗非鱼产量23万吨，成为养殖产量第一大的养殖品种，鳟鱼、鲟鱼产量分别为8101吨、1.32万吨。通过实施现代产业技术体系研发示范工程、渔业科技入户示范工程、新型渔民科技培训工程，承担和启动了大宗淡水鱼、罗非鱼、土著鱼三个产业技术体系，创建国家级健康养殖示范场31家，省级27家，向农业部申报了6个全国休闲渔业示范基地，攻克了40多种土著鱼的人工驯养繁殖技术。建成库区网箱近3150亩、冷流水池塘2500亩、改造中低产池塘16万亩。万吨级基地县达39个，基地县水产品产量和渔业经济总产值分别占全省总量的68.4%、62.6%。

2015年11月10日上午，农业部、云南省、西双版纳州与老挝自然资源和环保部、老挝南塔省，在关累码头开展中国·老挝(澜沧江·湄公河)联合渔政执法行动暨渔业资源增殖放流活动

【水生动物灾害及防控】 2015年，水产养殖平均发病率为20%~30%，病害造成的损失占养殖总产值的10%~12%，间接和直接损失达10多亿元。受病害侵袭的水产养殖品种为鱼类、甲壳类、两栖类和爬行类水生动物等。主要采取的防控措施有加强病害预测预报、综合防治、药政管理、新技术开发等，还通过引进新技术和养殖新品种，加强苗种检疫，研究和总结水产养殖病害发生的规律，探索新的防治手段和措施。全省共设测报点48个，测报面积53075亩。已建成13个县级水生动物疫病防治站，拥有持证上岗的水生动物检疫员393名，监督员1名。

【渔业科研】 2015年，投入5300多万元在5个方面开展了23项课题研究并取得明显成果。灰裂腹鱼和秀丽高原鳅实现国内外首次人工繁殖成功；长薄鳅实现省内首次人工繁殖成功；繁育并向金沙江和澜沧江投放珍稀濒危土著鱼31万尾，其中巨魾1万尾、叉尾鲇1万尾、光唇裂腹鱼9万尾、灰裂腹鱼6万尾、短须裂腹鱼6万尾、细鳞裂腹鱼3万尾、岩原鲤3万尾、鲈鲤2万尾。成立了“云南省高原淡水渔业产业技术创新战略联盟”，有42家单位参与。申报立项“云南高原特色淡水鱼产业化关键技术研究与应用示范”，项目投入900万元，计划3年完成。完成国家罗非鱼产业技术体系昆明综合试验站各项研究任务，建设1600余平方米钢架塑料大棚，引入“新吉富”17代罗非鱼亲本5万尾建立扩繁种群。开展实施罗非鱼池塘养殖“鱼菜共生”试验研究、网箱养殖“鱼菜共生”试验和以短肽作为饲料添加剂养殖罗非鱼试验研究。引入“新吉富”16代罗非鱼亲本5万尾培育罗非鱼苗种700余万尾，在省内外100个养殖场养殖应用。

【水生生物资源养护】 2015年，全省积极争取各级财政和社会资金3833.5万元开展水生生物增殖放流，同比增28.3%，其中：中央增殖放流资金710万元，与2014年持平；地方财政资金2116万元，同比增49%；社会筹资1007.5万元，同比增14.5%。累计举办各级水生生物资源增殖放流活动144次，在省内六大水系及九大高原湖泊共投放鲢、鳙、鲤、鲫、鲽浪白鱼、滇池金线鲃、云南倒刺鲃、抚仙四须鲃、杞麓鲤、华南鲤、大头鲤、滇池高背鲫、小裂腹鱼、短须裂腹鱼、齐口裂腹鱼、胡子鲇、叉尾鲇、丝尾鳠等18个品种的鱼类和山瑞鳖共8688多万尾。

2015年11月9日，农业部组织的黄河流域以南内陆渔政管理工作座谈会在昆明市召开。

【渔业种质资源保护】 2015年，我省以长江、珠江禁渔为抓手，继续做好渔业种质资源保护工作。在“两江”禁渔期间，全省出动禁渔宣传检查车辆1637台次，通过广播、电视、报刊宣传禁渔期制度和禁渔工作800多次，张贴禁渔通告2000多份，刷写禁渔标语3000多条，发放禁渔宣传资料4.60万份；统一组织禁渔检查行动120次，接受禁渔举报200多起，查处禁渔举报案约200起，收缴电捕鱼器具160多台套，没收非法渔获物200多公斤，查获违法捕捞和“三无”船只33艘次，有效地保护了渔业种质资源。进一步建立健全涉渔工程生态补偿机制，严格工程专题报告审查制度，审查评价涉渔工程专题报告9个，争取生态补偿资金4290多万元。有效地保护了水生生物保护区主要保护对象及其生存环境，实现了人与自然和谐发展。

【渔政执法】 2015年，全省纳入渔业部门经检验的渔船6331艘，检验率达到86.38%以上，完成渔船标准化改造103艘；清理认定渔船7886艘，其中非机动渔船7030艘、机动渔船856艘；排查出存在安全隐患的渔船370艘；开展“三无”和假冒伪劣船用产品专项检查65次，检查产品经销企业45家，查出假冒伪劣产品95件，检查救生设备2.46万件、消防设备7886件。全省渔船安全生产管理成效显著，全年没有发生严重的安全事故，罗平县被评为全国平安渔业示范县。通过组织开展长江、珠江禁渔、渔业安全生产执法大检查和违禁违规网具专项整治等行动进一步确保渔业安全生产。全省全年共开展渔业资源与环境保护渔政执法行动4200多次，出动执法车船7000多辆(艘)次，出动人员2.6万余人次，查处违法船只、筏子980余艘次，清理违规网具渔具约26万套/张，查处违法捕捞案件690多起，其中11起移送司法机关。

生物资源产业

2015年，全省花卉、茶叶、咖啡、甘蔗、橡胶等特色经作面积达6088.7万亩，比2010年增加1218.8万亩，同比增25%；花卉外9类特色经作产量达6548.3万吨，增加2294.2万吨、增53%；鲜切花产量达86.9亿枝、增43.6%。茶叶产值达623亿元、增390%；花卉产值达400亿元、增72%；甘蔗产值为90亿元、增75%。

花卉产业

【概 况】 2015年全省花卉种植总面积达112.7万亩，同比增长7.3%；花卉总产值399.5亿元，同比增长2.8%；花卉出口总额2亿美元，同比减少20%；鲜切花总产量达86.85亿支，同比增长5.5%，鲜切花产业发展连续22年保持全国第一。在册花卉企业数量达到1953家，同比增长10.3%；从业人员80余万人；全省花农收入95亿元，同比增长5.5%。较“十二五”初相比，种植面积、产值和花农收入分别增长60.9%、49.7%、35.7%。

【产业格局】　鲜切花种植面积18.6万亩、产量86.9亿支、产值52.3亿元，同比增长7.8%、1.8%和17.3%，产量连续22年保持全国第一，占全国70%以上市场份额；盆花种植面积8.5万亩、产量2.3亿盆、产值76.4亿元，产量和产值同比增长8.0%和14.7%，其中，大花蕙兰上市总量460万盆，占全国总产量的83.6%。盆栽玫瑰、石斛、彩马、长寿花等小盆花产业兴起，生产规模和产量迅速扩大；加工花卉种植面积59.6万亩、产量62.9万吨 、产值91.2亿元，同比基本保持平稳，其中，食用玫瑰、灯盏花、万寿菊、保鲜花等生产规模全国第一，精深加工类产品日益丰富；绿化观赏苗木种植面积20.6万亩、产量12.8亿株、产值102.6亿元，同比增长13.8%、1.6%和6.5%，乡土树种开发、小型灌木和地被、花坛植物等发展较快；地方特色花卉种植面积4.3万亩，产量达2.5亿株，产值53.9亿元，同比增长21.1%、29.4%和12.4%，产业化发展步伐加快。

【科技创新】　建立起国家观赏园艺工程技术研究中心、云南省花卉育种重点实验室、云南省花卉工程技术研究中心、农业部花卉产品质检中心（昆明）、全国花卉标准化委员会鲜切花分技术委员会、中（国）荷（兰）花卉实践培训中心等一批研发创新服务平台引进、驯化花卉新品种600余个，获国家植物新品种授权103个，授权数量创历年之最，全省累计获授权的花卉新品种达262个，授权数量占全国的半数以上；制定和颁布国家行业标准1项，地方标准6项，正在制定过程中的地方标准7项，全省累计制定的各类国家、行业和地方标准70项。全省首个食用花卉地方标准《食用玫瑰生产技术规程》于3月15日颁布实施，申报和授权各类技术发明和应用新型专利20余项；建立了“统一生产、统一品牌、统一销售、统一技术指导、统一采后处理、统一农资采购”的花农经济合作组织管理模式。

【市场供需】　鲜切花国内花卉消费量每年保持20%~30%的增速，消费结构更趋多元化，高中低消费层次更加明显，高端消费引领作用加快，出口增速放缓，进口鲜切花大幅增长；食用玫瑰目前原材料供过于求，产业面临由粗放式的规模扩张向以质量和市场取胜的结构调整阶段；以食用和香精花卉和为主的花卉旅游业迅速兴起，并带动庄园经济、花卉体验类项目的发展，深加工花卉产品消费群体也随产业领域的延伸不断扩大；大花蕙兰、蝴蝶兰等大宗盆花整体行情走低，广州、北京、上海一线市场需求趋于饱和，销量维持稳定，二三线城市、沿海发达地区的县市区城镇消费需求增加，销量开始快速回升；新型小盆栽如多肉植物、大丽花、彩色马蹄莲、朱顶红、盆栽玫瑰、盆栽洋桔梗等深受家庭和大众消费喜爱，产销两旺；地方特色花卉逐步步入产业化发展轨道，行情趋于稳定；国兰、茶花、杜鹃等传统名花的部分品种开始实现规模化生产和批量上市，一些精品、名品逐步走出高价炒作圈子，进入大众消费视野；绿化观赏苗木总体行情走低，特别是胸径20厘米以上的大规格绿化苗木需求量大幅减少，价格相应下滑；精品乔木、新特优品种苗木需求量增大，行情平稳；冬樱花、滇朴、滇丁香、高山杜鹃等乡土品种已开始小规模生产，并开始批量用于园林绿化、庭院美化。

【交易体系】　全省花卉销售渠道日趋多元化，已逐步建立起批发、零售、拍卖、直销和电商销售五种贸易模式。全年全省通过网店和微店进行交易的花卉电商销售额达10亿元，较2014年销量实现成倍增长。其中，昆明国际花卉拍卖交易中心和斗南花卉批发市场两个现代与传统并存的花卉交易体系日均交易鲜花量2000万支，已成为国内及亚洲鲜切花价格风向标；电商销售迅速发展，自有网上批发（B2B）平台——昆明国际花卉拍卖交易中心有限公司的“花拍在线”、云南丰岛花卉的“花集网”、缤纷园艺有限公司的“缤纷鲜花网”等网络直销平台运营良好，会员数量和交易量稳步增加；淘宝、阿里巴巴等平台的开店商家不断增加；借助移动互联网的微营销也迅速发展，越来越多的花卉企业开始尝试微营销和微店销售。

【种苗（球）繁育及输出】　国内及周边国家花卉产业的兴起，对种源、种苗、种球和技术的需求日益增长，为我省技术密集型产品的输出带来良好的发展机遇。依靠厚实的产业基础和长期的技术积累，云南逐步成为我国花卉种苗（球）产销中心，种苗（球）迈入规模化、标准化和工厂化生产轨道，涌现出单一品种种苗年产量2000万株以上的企业近10家，全省鲜切花种苗年产10亿株以上，国产化种球近3000万粒，优质玫瑰、菊花、康乃馨、非洲菊种苗和国产化百合种球除了供应本省外，还销往全国各地，部分出口至越南、日本等国家和地区，主要鲜切花种苗国内市场占有率达60%以上。全年全省出口日本的菊花种苗近2亿株，占日本菊花总进口量的40%。

【展会宣传】 2015年1月成功举办了“第十六届中国昆明国际花卉展”，217个展位，展出面积3200平方米，集中展示了我省鲜切花、盆花、特色花卉和花卉深加工等优势产品；吸引了来自荷兰、韩国、日本、以色列等9个国家和北京、福建、天津、重庆、四川、山东、广东等国内花卉主产区的大批专业客商前来观展和经贸洽谈，签订了一批合作协议和采购合同，现场成交额超百万元的达10余项；11月，“2016大花蕙兰订货会暨全国盆花产业发展交流会”在昆明举办，来自云南、四川、贵州、福建、广东等地的大花蕙兰、米尔特兰、兜兰、盆栽玫瑰成品及种苗生产商，与全国各地的盆花经销商、资材供货商，在达成供销合作的同时，通过专题讲座、技术交流、种植能手评选、新品和新包装展示等活动共谋中国盆花产业的发展。

茶叶产业

【概 况】 2015年，全省茶园面积602万亩，较上年增加7万亩，增1.18%，采摘面积550万亩，同比增加12万亩，增2.23%；干茶总产量达35.99万吨，增加2.47万吨，增长7.37%；实现茶叶综合产值623.05亿元，其中：毛茶产值114.72亿元，加工产值230.42亿元，分别较上年增长3.26%、35.58%；茶农来自茶产业人均纯收入达2600多元，同比增加200元，增长8.2%。

【基地建设】 2015年，完成农业部标准茶园创建15个，比2014年增加3个，创建面积达1.8万多亩；建设省级现代农业优势农产品茶叶示范基地23个、面积2.49万亩。高优生态茶园规模不断扩大，无公害茶园达530万亩，占茶园总面积88.04%，有机茶园达39.5万亩，通过“三品一标”认证面积达450万亩，改造中低产茶园58.71万亩。经中国茶叶流通协会评选，我省有12个县入围2015年全国重点产茶县百强，其中入选排名前50的全国重点产茶县有9个，勐海县获“2015年全国重点产茶县十强”称号，景谷县被评为2015年“全国十大生态产茶县”。

【加工水平】 2015年，全省成品茶产量达26.5万吨，增加3.6万吨，增15.8%；茶叶精制率首次突破70%，达到73.7%，提高了5个百分点，创历史新高。全省产值千万元以上茶企达170多家，产量200吨以上企业达150多家。其中产值亿元以上企达业24家、与2014年持平，5000万元~1亿元企业达39家、增加9家；产量5000吨以上企业8家、增加2家；产量3000吨以上企业23家，增加4家；1000吨以上企业达75家，增加21家。产量千吨以上企业总产量达19.7万吨，占全省茶叶总产量54.74%，较上年提高了2.8个百分点，产业集成度和龙头企业带动力显著提升。

【产业结构】 2015年，普洱茶、滇红茶二大类茶产品占全省茶叶总产量的53.8%，较上年提高了近4个百分点，占全省成品茶总量的72%，提高了1个百分点，作为全省茶叶代表性骨干产品的优势进一步提升。普洱茶、绿茶、红茶产量分别为13万吨、6万吨、7万吨，比例基本达到2 ：1 ：1，产品结构符合云南茶产业发展实际和市场实际需求。同时，“云南古树茶”已成为我省茶产业一张闪亮名片，乌龙茶、白茶及普洱茶膏、茶粉等精深加工茶品产量达0.5万吨、增64.5%，丰富了云茶产品结构。此外，产业内部结构进一步优化，全省茶产业一二三产产值规模持续稳定扩大，产值比例达1 ：2 ：2，尤其加工产值明显提升，一二三产融合发展成效明显。

【市场拓展】 2015年，继续以省茶博会为依托实施“云南展团 · 云茶巡展”活动，以统一抱团的方式，加大云茶市场开拓力度，重点选择了太原、上海、济南、深圳四个不同区域大中城市开展云茶巡展活动，取得了明显实效。第十届省茶博会展览面积达2万平方米，较去年增加 1/3，参展企业 400 余家，增加了近 100 家，实现交易额达 12.75 亿元；四场巡展活动实现交易额近 5 亿元左右，新增代理商、经销商千余户，并在太原市设立普洱茶展销超市，进一步扩大了云茶的市场影响力。据海关统计，2015 年全省茶叶出口 7281 吨、金额 3047 万美元，出口量和出口额较 2014 年分别增长 14.6% 和 1.2%。

【品牌打造】 2015 年全国茶叶公共品牌评选中，普洱茶品牌价值 55.66 亿元，较上年增长 3.56 亿元，增 6.83%，获最具带动力品牌，滇红茶品牌价值 13.41 亿元，增长 1.8 亿元、增 15.5%。目前，全省茶叶企业获“国家农业产业化重点龙头企业”4 家，“中国驰名商标”11 个，“省级龙头企业”60 余家，州市级龙头企业达 150 多家，2015 年新申请认定“省著名商标”17 个，续展申请认定“省著名商标”32 个。此外，各州市打造区域品牌成效明显，如凤庆县 2015 年获国家质检总局同意筹建“全国滇红茶产业知名品牌创建示范区”；西双版纳州勐海县在深入打造“全国普洱茶产业知名品牌创建示范区”和“中国普洱茶第一县”的基础上，2015 年被评为“中国普洱茶文化之乡”；保山市昌宁县“昌宁红”、德宏梁河县“梁河回龙茶”等区域品牌获得社会各界的普遍认可。

【标准化建设】 制定宣传并深入执行《云南省有机茶生产技术规范》，切实提升有机茶生产的标准化水平。按照《全国标准茶园创建活动工作方案》《农业部茶叶标准园创建规范》的要求，在 30 个县（市、区）组织开展茶叶标准化创建，起到良好的示范带动作用。切实加强技术培训，全面提高从业人员技能水平，共举办各类培训班、现场会 400 场(次),茶农受训人数达 8 万人。

【第十届中国云南普洱茶国际博览交易会】 2015 年 5 月 15~18 日在昆明国际会展中心举办。本届“茶博会”由云南省人民政府主办，中国优质农产品开发服务协会、中国农产品市场协会、中国茶叶流通协会支持，云南省农业厅等承办，主题为“展高原特色神韵·享彩云之南香茗”。展览总面积达 2 万平方米，参展企业 400 余家，展示产品数千个，展示内容涵盖了云茶产业的主要方面。开展了由农业部优农中心、省农业厅、山西省茶叶学会共同举办的“产销洽谈会”“2015 云茶杯名优茶展示品鉴”、下关沱茶集团主办的“下关沱茶之夜”茶晚会、弘益茶道美学展演、省沉香协会香道表演等一系列活动，同时，临沧、德宏、大理等州市及茶企还举办了产业推介活动，充分展示了云南各地的茶历史、茶文化内涵。据统计，本届茶博会总交易额约 12.75 亿元，其中，现场交易 1500 多万元，签订合同协议约 3.4 亿元，达成意向性合作协议约 9.2 亿元，新增协议代理商、经销商 1200 余人，观众达 8 万多人次，充分展示和宣传了云茶产品，扩大了云茶的市场影响力。

甘 蔗

【概 述】 2015 年，全省甘蔗种植面积 505.60 万亩，同比减少 3.98 万亩，减 0.8%；甘蔗总产量 2050 万吨，同比减少 60.4 万吨，减 2.9%；甘蔗农业产值 82.82 亿元，同比减少 7.29 亿元，减 8.1%。甘蔗良种率 86.78%，建设吨糖田 21 万亩，新植甘蔗地膜覆盖率 90%，推广旱地深沟深种 148.4 万亩。宿根蔗“深铲兜 + 地膜覆盖”管理技术推广 36.87 万亩。蔗园间套种推广 15 万亩，甘蔗配方肥施用 320 万亩。年内，国家农业部加大甘蔗高产创建项目的投入，投入云南省专项资金 560 万元，择优在德宏、临沧、保山、红河、玉溪、文山、普洱和西双版纳等州市 12 县区，创建甘蔗高产创建万亩示范片 20 万亩。

【甘蔗收入】 全省 8 个主要产糖州市中 6 各州市种植面积不同幅度下降，其中保山市由 44.60 万亩下降到 44.00 万亩，下降 1.35%；西双版纳州从 33.06 下降到 31.75 万亩，下降 3.96%；临沧市由 179.06 万亩下降到 167.12 万亩，下降 6.67%；文山州由 76.28 万亩下降到 69.44 万亩，下降 8.97%；红河州由 41.24 万亩，下降到 31.24 万亩，下降 24.25%；玉溪市由 18.72 万亩下降到 16.61 万亩，下降 11.27%。

【甘蔗产业发展面临的主要压力】

一是甘蔗生产科技成果少，转化率低。2015 年，全省主要种植甘蔗品种有新台糖 16 号、新台糖 20 号、新台糖 22 号、粤糖 86-368、粤糖 93-159、闽糖 69-421 等。新台糖 16 号、新台糖22号在滇西南蔗区虫害严重，闽糖69-421在滇南蔗区黑穗病严重，粤糖93-159宿根矮化病、黄叶病毒病频发，生产上已迫切需要推广新一代的高产高糖新品种；二是蔗区生产条件差，抵御灾害能力低。63.96%至70.35%甘蔗种植在旱坡地，75%以上的甘蔗种植在无灌溉条件的旱坡地上，冬春干旱严重影响甘蔗种植和苗期生长，甘蔗单产较低；三是人工成本高，机械化水平低。据行业统计，8个主产县甘蔗机耕面积10.74万亩，仅占甘蔗总种植面积的20.08%，机械化收获水平几乎为零，蔗区砍工成本一般都在100~150元/工。蔗区大量劳动力向城市转移，导致蔗区劳动力资源短缺，增加了蔗农生产成本。2015年，甘蔗每亩生产总成本为1489.33元，净产值为1506.20元，同比下降6.64%；每亩甘蔗净利润仅为296.87元，同比下降19.42%；利润成本率为19.93%，远低于30%的合理指数。

天然橡胶

【良种补贴项目】 项目主要在西双版纳、红河、临沧、德宏、普洱、文山等7个州（市）的16个县（市）及相关农场实施。2015年，全省补贴面积4.591万亩，补贴苗木数量151.503万株，补贴资金501.81万元。民营橡胶计划补贴面积2.04万亩，补贴资金201.96万元，补贴实现现金直接补贴，补贴标准为籽苗（小苗）芽接苗每株补贴5元，袋装芽接苗每株补贴3元，裸根苗每株补贴1元；每亩补贴33株。补贴胶园100%应用优良品种，品种纯度100%；优先推广应用籽苗和小苗芽接苗；配套绿肥覆盖、抗旱定植等标准化生产抚育技术，加快良种良法配套应用步伐，种植成活率95%以上，提高良种覆盖率。

【林业补贴项目】 2015年，国家首次启动实施天然橡胶林业补贴项目，中央财政安排我省2000万元的试点补贴资金，其中造林补贴660万元，抚育补贴1340万元。先期开展造林补贴（植胶补贴）和抚育补贴试点，主要在西双版纳、普洱、红河、临沧、德宏等州（市）范围内的植胶县（市）实施，实施面积16.7万亩，造林补贴面积3.3万亩，抚育面积13.4万亩。补贴范围包括国有农场、企业、专业合作社、个人（含农民，农场和企业职工）等植胶者。以现金方式对植胶者进行直接补贴，造林补贴200元/亩，抚育补贴100元/亩。通过补贴政策试点，引导植胶者加大天然橡胶定植和胶园抚育的投入，应用标准化生产技术，提高关键环节先进技术应用普及率，提升胶园建设和抚育水平，缩短非生产期，提高单产，有力促进天然橡胶抚育及栽培生产技术水平的提升，增强胶农发展天然橡胶的信心。

【标准化抚育技术补助】 开展实施了第三批农业部天然橡胶标准化抚育技术补助项目工作，建设了5个农业部天然橡胶标准化抚育技术示范片，完成示范面积5000亩，其中核心示范面积1000亩。经过一年的抚管，苗木新良种化率100%，保苗率98%，平均叶蓬数4–5蓬。胶树生长良好，林相整齐，预计投产阶段可以提早半年投产，单产比同区域同类型胶园提高10%以上。

【基地建设】 围绕全省800万亩橡胶基地，省级安排300万元，在全省建设一批标准化橡胶生产示范基地，实施了低产低质胶园改造、老胶园更新、胶园抚育管理、病虫害综合防治、新割胶技术推广、配方施肥等措施，通过基地示范作用，带动全省橡胶产业的健康稳定发展。

咖啡产业

【概 况】 2015年，全省咖啡种植面积185万亩，比去年增1.0%；产量在2013年跨2014年冬春雪灾造成大面积减产的情况下，实现恢复性增长，预计超过12万吨，比去年增1.7%；受全球经济整体下滑的影响，国际咖啡市场低迷，消费需求减少，价格持续在低谷徘徊，咖啡农业产值19.2亿元，比去年减10.7%；咖啡出口4.33万吨，金额1.53亿美元，出口数量较去年同比减少10.4%，出口金额较去年同比增长5%，但仍居全省传统大类出口农产品的第三位。

【品牌宣传推广】 2015年，启动云南咖啡宣传工作，制定了《云南咖啡宣传总体方案》，并开展了相关的“云咖”品牌推介活动。一是由省委宣传部主办的“魅力彩云南 特色云系列”新闻发布会，以“品质云咖篇”为系列活动的首场秀，全方位介绍了云南咖啡产业取得的成绩和成就，提升了云咖品牌的整体形象；二是组织了《云南咖啡杯·2015 中国冲煮大赛》系列比赛，全年在全国 10 个省会城市举行分区赛，冠亚军选手参加在昆明的总决赛。通过全国咖啡主销区和潜在销区的巡回系列赛活动，向广大咖啡爱好者推介推广云南咖啡，提高“云咖”品牌的市场占有率，取得明显成效；三是由省农业厅赞助、昆明电视台承担的《咖啡时光》专栏节目已于 2015 年 10 月 1 日开播，期限一年，每周一期。作为全国唯一的咖啡节目，该栏目在宣传云南咖啡方面发挥了较好的作用。

中药材

【概 况】 2015 年，全省中药材产业总产值达 547 亿元，比 2010 年增加 340.4 亿元，年均增长 21.9%；中药材种植面积达 544.9 万亩，比 2010 年增 401.5 万亩，年均增幅达 30.6%。优势品种三七农业产值超过 103.3 亿元，天麻农业产值超过 29.6 亿元，并涌现了石斛、滇龙胆等一批产值超过或接近 10 亿元，在全国具有影响力、产业规模较大的优势中药材大品种；县域中药材产业产值过亿元的重点县（市、区）有 40 余个。

【种植（养殖）基地建设初具规模】 截至 2015 年年底，全省认定和培育“云药之乡”56 家，中药材良种繁育基地 103 家，中药材种植（养殖）科技示范园 144 家。初步建立了三七、天麻、灯盏花、石斛、滇重楼、云木香、滇龙胆、滇黄精、水蛭、美洲大蠊等大宗药材原料种养基地；三七、灯盏花、云木香、铁皮石斛、滇重楼、螺旋藻、当归、美洲大蠊等 8 个品种 14 个基地通过了国家 GAP 认证；文山三七、昭通天麻、红河灯盏花、广南铁皮石斛、龙陵紫皮石斛、芒市石斛、程海螺旋藻等一批品种获准实施国家地理标志产品保护；一批野生珍稀濒危中药材实现了人工栽培。

【种养企业和专业合作组织快速发展】 2015 年，全省有中药材原料生产企业和专业合作组织等 2000 多户，其中，中药材种植（养殖）业中型以上企业有 143 户，中药材专业合作组织 1791 个，参加农户 10 万余户，中药材种（养）环节组织化程度逐步提高。涌现了云南白药、昆明制药、三七科技、苗乡三七、云南永孜堂、博浩生物、光明石斛等一批产业龙头企业；以三七药材及提取物、天麻及提取物、铁皮石斛、灯盏花素等中药材产品为带动的产业基地不断扩大，中药材原料品牌知名度不断提高；通过“云药之乡”、中药材产业园、科技示范园和中药材良种繁育基地认定和建设，云南中药材产业影响力显著提升，产业持续发展势头强劲。

【中药材加工生产快速发展】 2015 年，全省中药材初加工产值 271.3 亿元，比 2010 年的 168.2 亿元增 103.1 亿元，年均增长 10.0%，占全国中药加工产值的 3.7%。涌现出云南白药、昆药股份、生物谷灯盏花、龙津药业、腾药制药、鸿翔药业、特安呐制药、云南永孜堂、一心堂等一批集种植、加工、流通为一体的龙头企业，培育了云南白药、血塞通、天麻醒脑胶囊、灯盏花等一批知名药品，全省药品单品种销售超 1 亿元的品种有 34 个；醒脑静注射液、云南白药膏、云南白药牙膏、云南白药气雾剂 4 个医药健康产品实现年销售额 10 亿元以上。

【科技创新和支撑能力日益增强】 已基本建立由中科院昆明植物所、昆明动物所，中国医科院医学生物学所等国家驻滇科研机构，云南大学、昆明理工大学、昆明医科大学、云南中医学院、云南农业大学、省农科院、省药物研究所等地方高校、科研院所、企业、医疗机构等组成的较为完善的中药材产业科技创新体系；种植养殖技术推广体系不断加强，各级农技、农业科研及其他相关部门，在总结推广中药材传统栽培技术的基础上，开展了中药材配方施肥、间作套种、标准化集中育苗移栽、新品种引进培育、药材病虫害综合防治，以及珍稀濒危中药材野生变家种等一大批关键技术的研究和推广；形成了文山三七、昭通天麻、楚雄民族药道地药材、滇西北高山药材、西双版纳南药为主的五大中药材种植片区。

【中药材质量标准体系逐步完善】 全省已制定和修订了彝药、傣药和地方中药材标准 370 个，民族药、中药材和中药饮片标准体系正不断完善，建立了全国最大的植物化合物库；建立了文山三七、昭通天麻、红河灯盏花、芒市石斛、龙陵紫皮石斛、广南铁皮石斛、程海螺旋藻、洱源梅子、福贡银黄连等一批地理标志产品质量标准，文山三七、铁皮石斛、昭通天麻等一批国家标准、地方标准，三七和三七种子种苗两个标准获得国际化标准组织（ISO）立项；制定了三七、灯盏花、万寿菊等天然药物原料 DUS 标准，天然药物原料品种制度建立进程加快，中药材质量标准体系逐步形成。

农 垦

【概况】 2015 年，云南农垦改革不断深化，经济平稳发展，社会和谐稳定。实现生产总值（现价，下同）52.1 亿元，增长 24.0%。其中第一产业 28.1 亿元，增长 6.2%；第二产业 5.3 亿元，增长 40.6%；第三产业 18.7 亿元，增长 58.8%。产业结构从 2014 年的 62.9 ∶ 9.0 ∶ 28.1 调整为 54.0 ∶ 10.1 ∶ 35.9。天然橡胶、茶叶、水果等面积稳定，产量增长，二、三产业效益增加。生产、加工干胶 29.54 万吨，增长 15.2%（其中：自产胶 14.57 万吨，增长 1.2%；收购加工干胶 14.97 万吨，增长 33.7%）。生产茶叶 1.1 万吨，增长 4.3%；咖啡豆 1520 吨，增长 3.3%；食糖 6.86 万吨，增长 23.9%；水果 21.5 万吨，增长 10.5%。垦区人均年收入 1.46 万元，增长 15%；垦区劳动者年均收入 1.75 万元，增长 18.8%。

2015 年 1 月 19~21 日，习近平总书记在云南大理考察

【中央出台深化农垦改革发展意见】 2015 年 11 月 27 日，《中共中央国务院关于进一步推进农垦发展的意见》（以下简称《意见》）正式印发，这是近 24 年来中央首次出台全面指导农垦改革发展的专门文件，充分表明了新形势下全面深化农垦改革对推进我国农业现代化建设和经济社会发展的重大意义。《意见》共分五个部分，一是深刻认识新时期农垦的特殊地位和重要作用，二是明确新时期农垦改革发展的总体要求，三是深化农垦管理体制和经营机制改革，四是加快推进农垦现代农业发展，五是加强对农垦改革发展的领导。

《意见》出台后，省农垦总局及时下发通知抓好中央文件和全国农垦改革发展电视电话会议精神的学习，选派垦区 37 名领导干部参加了农业部农垦局举办的 7 期培训班学习。同时，在前期反复征求各州市农垦局、农场等意见的基础上，按照农业部农垦局的指导意见，向省政府上报了《关于深化农垦改革发展实施意见》。

2015 年全省农垦环境友好型生态胶园暨特色热作示范园建设推进现场会

【特色热作示范园建设成效明显】 2015 年，制定了《环境友好型生态胶园建设指导意见》。积极配合农业部做好全国天然橡胶生产能力建设规划启动实施工作。对接落实好国家良种补贴、标准化抚育技术补助试点、天然橡胶基地建设和天然橡胶补贴等政策项目。下达天然橡胶基地建设项目 8 个，完成补贴试点任务 12.7 万亩，完成 10 个环境友好型生态胶园示范区和 3 个科技示范园的建设，示范总面积 1.35 万亩，带动发展 2.68 万亩，土地利用率提高 50% 以上，平均亩产值增加 2100 余元。制定《关于加快垦区农业结构调整的指导意见》，召开环境友好型生态胶园暨特色热作示范园建设推进现场会。全垦区新植柑橘、柠檬、柚子等各类水果 3.2 万亩，澳洲坚果 40 多万株，辣木 1.2 万亩，新增蔬菜面积 6800 亩，兴办了一批畜禽良种养殖示范基地。全垦区共举办各类示范样板 47 个，总面积 3.13 万亩。组织科研单位开展特色热作种苗繁育技术、标准化生产技术、病虫害绿色防控、生态胶园建设、农产品质量追溯等先进适用技术培训和技能培训，全年举办培训 117 期、培训人员 7472 人次，制

作、发放各类热作生产技术光碟2500张，技术资料5000份，开展专题技术咨询服务2080人次。开展了精制茶、咖啡、香蕉、葡萄、土豆片等农产品质量追溯，完成了对垦区主要农产品从田间到餐桌的质量追溯体系建设的基础性布局。

环境友好型生态胶园建设——橡胶间种咖啡

【“云南天然橡胶产业关键技术研究与集成示范”入选“2015年云南十大科技进展”】 该项目由省农垦总局直属省热带作物科学研究所为主完成。针对植胶土地资源有限、可供选择的适宜云南植胶环境的优良品种较少、单位面积产量增长乏力、产品结构不合理、综合利用水平不高，以及全国橡胶自给率下滑至低于国际战略安全警戒线等问题，2011年科技部立项支持云南省实施“云南天然橡胶产业关键技术研究与集成示范”项目。经过5年努力，项目顺利完成。项目筛选出“热垦523”和“热垦525”两个胶木兼优品种，并被农业部遴选为主导品种；收集、创制了一批特异种质资源；繁育优质种苗64.97万株，推广良种28.15万亩。建立了云南山地主要种植模式的经济学和生态学综合评价指标体系，以及植胶区胶乳生理参数数据库和安全采胶评价指标、橡胶树主要病虫害监测体系；研发出橡胶树专用肥配方4个，并应用“3S”技术建立了10万亩橡胶树施肥信息管理系统；筛选出针对橡胶树不同病虫害的防治药剂14种；建立栽培技术集成示范基地10.83万亩，增产22.5%；推广129.13万亩，增产9.74%；辐射带动262.91万亩。完成了2万吨子午线轮胎专用胶生产工艺及配套设施改建；建成了年产500吨低蛋白浓缩胶乳示范生产线；完成了以橡胶木屑废菌包和橡胶籽油粕为主要原料的2万吨有机肥料生产线的改建和10万吨有机无机复混肥生产线的改建；建成以橡胶木屑为原料的年产800万袋食用菌栽培示范基地；研发出白坚木皮醇分离提取工艺。申请发明专利11件；编制技术标准和规程15项；软件著作权授权1项；肥料正式登记1项，临时登记3项；农药正式登记1项。培训各类相关技术骨干和农民5346人次。项目的实施，较好地解决了制约云南天然橡胶品种、种植模式、施肥、病虫害防治、安全采胶、加工、副产物综合利用等方面的问题。

【对外交流合作深入发展】 继续执行中—古辣木科技合作行动计划，完成中古辣木科技合作试验示范基地、古中农业示范园区、资源圃、太空育种基地等400亩建设任务，与古巴开展辣木种植技术及病虫害防控技术等交流合作5次。研究编制了6个地方和行业标准。同时，加强与印度、尼日利亚、老挝等国合作，引进辣木种质23份。执行农业部国际交流与合作项目，赴老挝和缅甸开展天然橡胶、甘蔗等技术培训和技术服务3万人次。积极推动农垦总局与老挝国家农林部签订老—中（云南）橡胶合作协议，促进双方合作深入开展。

省热作所科技人员指导培训胶农

【垦区基础设施和民生工程建设持续加强】 全年下达垦区各类基本建设项目187个，投资总额4.5亿元。安排18个项目单位危房改造及配套基础设施建设计划1176户，总投资1.02亿元，已全部开工建设，完成投资率61.31%。与交通部门共同下达垦区公路建设项目136个、500公里，总投资2.24亿元。以解决贫困农场道路、安全饮水、农田水利等基础设施建设和扶持产业发展为重点，下达扶贫开发项目11个，总投资2866万元。下达文山、红河垦区战后恢复遗留问题建设资金190万元。制定下发《云南农垦财政资金项目运行管理暂行办法》，召开垦区基本建设管理暨扶贫开发工作会议。加大了项目实施现场监督检查工作力度，组织人员10次深入版纳、普洱、临沧、德宏垦区15个农场项目施工现场开展项目监督检查，及时发现和纠正项目实施过程中出现的问题，垦区项目管理工作逐步走向规范化、制度化。

农业现代化

【概 述】 2015年是“十二五”规划的收官之年。全省农业总产值达3065.6亿元，比2010年增加1439.3亿元，增幅达86%，年均递增17.7%。农业增加值达1882.1亿元，比2010年增加902.7亿元，增幅达92.2%，年均递增18.4%；全年粮食总产量1876.4万吨，比2010年增加226.4万吨，增幅达13.7%；农民人均纯收入达7526元，比2010年3952元增加3574元，增幅达90.4%，年均增长13.7%，连续5年高于城镇居民收入。全省农机总动力达3333万千瓦，耕种收综合机械化水平达到47%，比2015年提高1个百分点，培育农机专业合作社57个。

2015年9月24日在红河召开的全省高原特色农业现代化建设推进会议上，省委书记李纪恒、省长陈豪等领导参观“九红”系列产品

【农业农村经济改革】 截至2015年年底，全省确权承包耕地面积553万亩；流转752.26万亩，比2014年增长4.9%，占家庭承包耕地面积17.8%；已登记注册的农民合作社3.73万个、增25.37%；合作社注册资金562.16亿元、增31.5%；农民成员75.04万户、增20.18%，累计创建国家、省、州市三级农民合作社示范社2315个，经农业部门认定的家庭农场2891个；全省1377个乡镇、1.34万个村、11.84万个村民小组实行了村级会计委托代理服务。

高标准化农田

【农产品质量安全监管体系建设】 2015年，农业部农产品质量安全例行监测，综合抽检合格率为97.7%，比全国高1个百分点；通过农产品质量安全流动检测车及县乡农产品检测机构共完成快速检测样品30万个以上，未检出三聚氰胺、瘦肉精等违禁物质；全年全省没有发生重特大农产品质量安全事故，没有发生重特大坑农害农事件。开发完成了云南省省级农产品质量安全追溯信息平台，元谋、风庆、砚山成为国家农产品质量安全创建县；建设45个国家级蔬菜水果茶叶标准园，7个国家级、40个省级畜禽养殖标准示范场，27个省级水产健康养殖场；新认证无公害农产品、绿色食品、有机食品329个，认定基地登记面积累计达5830万亩。

【农业对外交流与合作】 2015年，全省实现农产品出口167.4万吨，金额达40.6亿美元，数量和金额较去年同比分别增长25.9%和40.2%；进口8亿美元的农产品，较去年同比减少44.6%；农产品进出口贸易顺差达32.6亿美元，较去年同期扩大2.3倍。

2015年7月7日，全省加快灌区建设推进高原特色现代农业发展现场会在大理召开。图为宾川葡萄自灌区

【农产品市场监测预警】 2015年，对全省35个物价监测点的49个农产品价格指标半月一收

集，建立全省重点批发市场价格日报制度，开展了包括粮油、蔬菜、畜禽、农资等10个方面的农产品批发市场主要产品当日价格调查，并将每日批发市场价格情况发布在云南农业信息网上。全年共上报农业部9大类73个品种的农产品物价数据5.63万个、320个成本数据，通过云南农业信息网发布价格分析预测信息1000多条次；完成10个蔬菜生产者采集点价格上报工作，累计采集上报农业部28个品种的蔬菜价格104期，上报数据达5600个。

【农产品品牌建设】 在全省范围内组织开展2015年云南名牌农产品认定评选工作，通过企业申报、地州上报、专家评审，评选出79个云南名牌农产品。继续实施农产品品牌创建示范区项目，2015年创建20个农产品品牌示范区。建成“一村一品”专业乡镇106个，专业村777个，专业村中有45个产品获省级以上名牌产品称号，37个主导产品获得地理标志产品保护标志，有2个专业村镇被列入全国一村一品示范村镇品牌建设试点，争取农业部项目资金扶持30万元。曲靖市麒麟区珠街街道中所村、大理州巍山县马鞍山乡三胜村、德宏州梁河县大厂乡回龙寨村、德宏州瑞丽市勐秀乡勐典村、文山州砚山县稼依镇小稼依村、曲靖市富源县大河镇、红河州蒙自市新安所镇、普洱市澜沧县惠民镇等8个村镇被农业部认定为第五批全国一村一品示范村镇。昭通市昭阳区顺顺种植专业合作社“洒渔河”牌苹果、文山市明春他披梨种植农民专业合作社春宁牌他披梨、勐海县勐遮镇曼根优质稻米生产专业合作社曼根傣贡牌稻米、建水县福新果蔬专业合作社美秀福新牌马铃薯、宾川冬梅蔬菜水果专业合作社宾杰牌水果等5个合作社的5个农产品品牌被授予“全国百个农产品品牌公益宣传活动”称号。

【农产品市场开拓】 2015年，先后前往泰国曼谷、土耳其伊斯坦布尔、安塔莉亚、香港、澳门举办云南高原特色现代农业推介活动，在农业生产、贸易、服务等各领域开展国际交流并寻找合作机会，取得了良好成效。中泰企业签订10亿株香根草种苗引进协议，交易金额人民币2.3亿元，在香港达成8000多万元协议金额；在上海和北京成功举办云南高原特色农产品推介活动，累计达成27亿元合作协议；通过举办十二届昆明国际农业博览会和组织参加第十三届中国国际农产品交易会（福州）等活动，进一步拓展国际国内市场、宣传推广云南农产品，实现现场贸易额达到5.61亿元，现场零售额达到516.3万元。

无人机统防统治玉米螟现场

【农业电子商务和招商引资】 淘宝云南馆2015年4月16日正式上线运营，进驻企业1090家，收录云南地理标志产品50余类、绿色产品30余类、云南特色农产品200余大类3100多个单品上线销售。全年销售额达1.58亿元。全年征集储备农业招商引资项目237个，引进资金276.7亿元。

水利建设

【概 述】 2015年是云南水利发展中极不平凡的一年。面对错综复杂的发展形势和艰巨繁重的工作任务，全省水利系统在省委、省政府的正确领导下，在水利部等国家部委的支持帮助下，主动适应新常态，积极抓住新机遇，坚持行稳致远的工作总基调，攻坚克难，锐意进取，一大批事关全局的重点水利工作强力推进，使云南水利在经济下行的压力下逆势上扬，成为全省稳增长的重要基础，促发展的强劲动力，惠民生的重要支撑，推改革的突出标志。全年完成水利投资341亿元，超额完成省政府下达的300亿元投资目标任务；开工建设43件重点水源工程，如期完成小型病险水库除险加固和中小河流治理目标任务；全面完成“十二五”规划内剩余的207万农村人口和农村学校师生及4州（市）新增藏区19.5万人饮水安全建设任务；新增有效灌溉面积90万亩，发展高效节水灌溉面积33.78万亩，完成中低产田地改造345.2万亩；建成50万件以“爱心水窖”为重点的山区“五小水利”工程，新增水土流失治理面积3488平方公里以上，开展干支渠防渗1946公里；对州（市）、县（市、区）最严格水资源管理制度实施情况进行了考核，在国务院2014年度实行最严格水资源管理制度考核结果中，云南位列全国第六名；率先在洱海开展试点，对入湖河道进行系统治理；水利改革总体推进有力有序有效，农田水利改革走在了全国前列；全省库塘蓄水达到85.4亿立方米，再创历史新高。

【水资源管理】 2015年，省水利厅按照水利部和省委、省政府的要求，进一步推进最严格水资源管理制度，以考核为重要抓手促进水资源管理工作。

一是完成了国家对云南省的最严格水资源管理制度现场考核的有关工作。按照最严格水资源管理制度考核要求，省水利厅成立了最严格水资源管理制度考核工作小组，多次召开省级最严格水资源管理制度考核领导小组工作协调会，撰写考核报告，编制技术复核资料，做了大量的精心准备。代省人民政府组织编制了《2014年云南省实行最严格水资源管理制度工作自查报告》，于3月27日由陈豪省长签发上报国务院。2015年5月27日至31日，国务院实行最严格水资源管理制度考核工作组第十一检查组一行5人由水利部财务司司长吴文庆带队，对云南省实行最严格水资源管理制度进行了现场检查和重点抽查。27日下午，省人民政府普建辉副秘书长主持会议，张祖林副省长出席会议并作讲话，向国家现场考核组作了专题汇报。随后，国家考核组到昆明市、保山市、西山区、腾冲县、隆阳区进行了重点抽查，听取了市、县的工作汇报，复核了相关技术资料，抽查了云天化股份有限公司三环分公司、昆明市滇池卫城、云南云天化国际银山化肥有限公司、云南腾冲火山热海投资开发有限公司、北庙水库等5个重点取用水户和螳螂川西山—安宁工业景观用水区，盘龙江景观、农业用水区，槟榔江源头水保护区（猴桥段），怒江保山—龙陵保留区，北庙水库饮用水源区等5个水功能区。5月31日，国家考核工作组反馈了重点抽查和现场检查意见，建议本次重点抽查与现场检查结果为优秀。最后国家考核结果为优良，全国排名第六。

二是完成省政府对州（市）政府最严格水资源管理制度考核。按照省人民政府的授权，省水利厅会同省发改委、工信委、财政厅、国土厅、环保厅、住建厅、农业厅、审计厅、林业厅、统计局等部门组成云南省实行最严格水资源管理制度考核工作组（以下简称“考核工作组”），印发了《关于印发云南省实施最严格水资源管理制度考核工作实施方案的通知》和《云南省水利厅关于印发2014年度实行最严格水资源管理制度考核工作方案的函》。综合各州（市）的自查、核查、重点抽查和现场检查情况，对目标完成情况、制度建设和措施落实情况进行综合评价打分。经考核工作组研究，审核确定了考核结果，16个州（市）考核平均得分为85.36分，其中昆明市考核等级为优秀、丽江市等14个州（市）考核等级为良好、怒江州考核等级为合格。

【水源工程建设】 2015年，省水利厅重点水源工程建设全面推进，多措并举抓好水利工程建设管理，严格控制质量、安全事故，全省214件续建重点水源工程没有出现重大质量安全事故，做到了质量、安全、进度、效益的高度统一。计划完成投资70亿元，实际完成投资70.26亿元。按计划完成了昌宁立觉河等8件中型水库工程竣工验收任务，2014年开工的40件水库工程(中型10件，小型30件)，已有30件在2015年实现截流，进入主体工程施工，重点工作目标任务全面完成。

【防汛抗旱】 2015年，省水利厅做好防汛抗旱各项工作，科学管理洪水，全面主动抗旱，努力降低洪旱灾害给人民群众生命、财产造成的损失。组织抓好国际国界河流、大江大河和中小河流治理，完成治理堤防、护岸长度400公里的建设任务。科学合理调度用水，确保县级以上城市居民生活用水，最大限度地保证农村人畜饮水安全，努力满足生活、生产、生态用水的需求。实现全省年末库塘蓄水76亿立方米。

围绕提高防汛抗旱减灾能力和水利信息化能力“两个目标”，通过整合各类水利信息化项目，以山洪灾害防治非工程措施项目为抓手，督促各地加快骨干网络建设，完善省级与16个州市、129个县专线连网水利信息化骨干网络。积极开展重点水利工程视频系统建设，推动已建成或具备建设条件的视频监控工程点开展联网建设。2015年全省共完成48座水库视频监控项目，完成率为100%。

【农村水利】 2015年，省水利厅认真贯彻落实汪洋副总理考察调研云南水利工作时的重要指示精神，理清思路，全面推进各项农村水利建设管理和改革工作，并取得明显成效。

重点县建设 全面完成上年度结转的70个小型农田水利重点县建设任务，完成投资9.35亿元，实现新增和改善灌溉面积104.15万亩，其中发展高效节水灌溉面积19.1万亩。有序推进续建55个重点县和新立项9个重点县及3个专项县，总投资15.65亿元，截至12月底，完成投资14.65亿元，占年度投资计划的94%，超额完成了国家80%的目标任务。全省符合条件的县（市、区）已实现全覆盖。

大中型灌区建设 全面完成2014年度结转的11个大型灌区节水改造与续建配套项目任务，完成投资3.93亿元，新增和改善灌溉面积24.55万亩；完成2014年度5个中型灌区节水配套改造建设任务，完成投资0.45亿元，新增和改善灌溉面积19.93万亩。2015年国家下达云南省9个大型灌区投资计划7.36亿元，是2014年投资的近两倍。截至12月底，完成投资7.06亿元，占年度投资计划的96%，超额完成了国家90%的目标任务；2015年度5个中型灌区节水配套改造建设，截至12月底，完成投资0.24亿元，占年度投资计划0.28亿元的86%。

高效节水灌溉建设 继续抓好华宁和姚安规模化节水灌溉示范项目。2015年共下达投资计划0.59亿元，其中中央投资0.47亿元，地方投资0.12亿元。截至12月30日，已累计完成投资0.59亿元，占年度投资计划的100%。2015年立项实施高效节水项目10个，总投资2.66亿，发展高效节水灌溉面积9.88万亩。

“五小水利”建设 以“爱心水窖”建设为重点，全面推进山区“五小水利”工程建设，截至12月底，全省累计建成50.33万件山区“五小水利”工程，其中“爱心水窖”40.13万件，占计划数50万件的101%。依托中央财政统筹土地出让收益金，坚持“坝区与山区并重”的思路，积极借鉴推广“碑格模式”，进一步以村为单元整体推进山区“五小水利”工程建设，完成2014年15个整村推进项目，投入资金0.987亿元。

基层水利服务体系建设 筹措资金3750万元，启动实施150个乡镇水利（水务）站（所）建设。组织开展二期基层水利工作人员的业务培训。

中低产田地改造 2015年水利部门主要依托小农水重点县、大中型灌区工程建设，全年累计完成18.9万亩中低产田地改造任务，占计划任务10万亩的189%，累计完成投资3.78亿元。

【农村饮水安全】 2015年，省水利厅解决了226.86万农村人口和农村学校师生的饮水安全问题，超额完成年度目标任务。其中，规划内解决了207.35万农村人口和农村学校师生饮水安全，规划外解决了19.51万藏区农村人口的饮水安全问题。克服资金筹措困难，新增资金建设“爱心水窖”20.01万件。

【水土保持】 2015年，省水利厅重点抓好坡耕地水土流失综合治理试点工程、小流域水土流失重点治理工程、国家农业综合开发水土保持项目、生态清洁型小流域建设项目的实施。加强建设管理，努力提高工程项目建设管理水平。通过全省各级、各有关部门根据各自职能职责通力协作，并积极引导、支持民间资本投入到水土流失治理中来，全省共完成水土流失治理面积3488平方公里，完成任务数的109%，超额完成了年度防治任务。

【农村水电】 2015年，省水利厅强力推进农村水电建设，完成和超额完成农村水电建设的各项任务。

一、2015年底，完成农村水电投资46亿元，占计划30亿元的153%；新增装机52万千瓦，占计划48万千瓦的108%；农村水电发电量527亿千瓦时，占计划525亿千瓦时的100%，全面超额完成了全年目标任务。

二、认真贯彻省委、省政府大中型水电站水资源综合利用的决定，完成了那兰、弄另、苗尾项目的可研报告批复工作；加强对已开工项目的建设管理，毛家村项目累计完成投资6392万元，龙开口一期项目累计完成投资3.98亿元，那兰项目于2015年底开工建设。

三、2015年，国家下达云南省水电新农村电气化投资计划4.24亿元，其中中央预算内投资0.89亿元、省级配套0.44亿元，中央预算内投资较去年的8165万元增加9%。年底，已完成投资7.07亿元。按水利部要求，完成了27个“十二五”水电新农村电气化县验收工作。

四、3月底，101座电站完成改造建设、完工验收和绩效评价工作，完成投资11.92亿元，其中：中央财政补助资金3.89亿元，省级财政配套资金1.94亿元，项目业主自筹6.08亿元。101座电站改造后装机容量达35.86万千瓦，年发电量达19.07亿千瓦时，不仅巩固原有的

23.90万千瓦装机容量和11.13亿千瓦时年发电量，还新增装机容量11.96万千瓦，新增年发电量7.94亿千瓦时，以电量计算的增效潜力达71.3%，年新增发电收入1.86亿元。101座改造电站执行新电新价政策，实际每千瓦时上调了约0.05元，每年企业增收2.41亿元。10月，云南省农村水电增效扩容改造项目绩效评价工作顺利通过水利部、财政部的抽查。

五、2015年小水电代燃料中央投资计划1.17亿元全部完成；完成了永胜县双河、金平县苦竹林坝后、陇川县南宛河3个代燃料项目的省级验收工作。镇康县、红河县小水电代燃料示范县试点建设有序推进，镇康县完成了哈里代燃料项目的建设任务。

【水利改革】 2015年，省水利厅圆满完成全国农田水利改革试点，得到了国务院、水利部和省委、省政府领导的充分肯定。省委、省政府《全面深化农村改革总体方案》和《深化水利改革专项方案》得到有效落实，水价改革、水利投融资、水资源管理体制、参与式水利建设与管理、水利安全发展体制机制改革扎实推进，做到改有所进、改有所成。

农业水价综合改革试点全面完成；推进财政资金在水利发展中的资本化运作；完善公共财政水利投入政策，执行按土地出让收入的5%计提专项水利建设专项资金、重大水利基金等水利投入政策，形成公共财政对水利的持续稳定投入机制。2015年全省高效节水灌溉项目引入社会资本达1.85亿元。完成了对州（市）落实最严格水资源管理制度进行年度考核；积极推进水务改革，2015年，全省已有11个州（市）进行了水务改革。支持农民群众、专业合作组织、专业大户、各类企业等投资农田水利设施建设、运营和管理，形成社会力量多元化参与农田水利设施建设、运营和管理的新格局。健全重大水资源管理工作的群众有序参与、有效监督机制，进一步在各类调水工程、跨界水源工程中结合移民安置、环评等公众参与开展试点工作。

【工程管理】 2015年，省水利厅按照水利部的要求，全面完成水利工程管理的各项任务。

一、2015年，列入《云南省小（2）型病险水库除险加固项目规划》的2208座一般小（2）型项目、2014年新增规划外的562座小型病险水库除险加固项目，主体工程基本完工，面上工作进入扫尾阶段。

二、依据《云南省大中型水库安全监测及水情自动化系统规划设计报告》，与州（市）、县、水库等相关单位同志一道具体研究开展试点工作的步骤措施，分析破解试点工作中可能存在的困难问题，确保试点工作正常开展。2015年，文山州初步设计方案已通过专家评审，临沧市完成招投标工作，普洱市实施方案于12月底编制完成。

三、严格落实公益性、准公益性工程人员经费及维修养护经费，2014年下达实施的360件维修养护项目已基本完成，完成中央补助资金5700万元，省级补助资金5000万元，带动地方自筹及社会投资超过5000万元。下达2015年度中央维修养护资金5756万元，涉及358个公益性水利工程项目。编制完成2015年度省级维修养护项目计划5000万元；提前下达2016年度中央维修养护资金5000万元。

四、组织各州（市）尽快实施2014年度下达的106个水库干支渠防渗联通工程项目；兼顾高效节水灌溉项目，下达2015年度干支渠项目74个，统筹各级各部门多渠道投入资金，共计完成干支渠防渗工程1945.83公里，超额完成2015年省政府工作报告确定的1000公里的干支渠防渗工程建设任务。

五、根据《水库大坝安全鉴定办法》有关规定，对玉溪市易门县大谷厂水库、红河州红河县俄垤水库、临沧市沧源县勐董水库等6座中型水库率先完成的《大坝安全评价报告》进行省级鉴定，并通过了《水库大坝安全鉴定报告书》。经水利部建管司委托大坝中心组织专家进行了现场复核，6座水库均为三类坝。现已按照相关程序开展前期工作。另指导保山市昌宁县河西水库开展灾后大坝安全评价，近期进行省级鉴定。组织开展水库大坝注册登记和复查换证工作，按照水利部要求，全省已完成新增和已注册水库进行注册换证工作。

农业资金

2015年，全省农业投入88.87亿元。其中：中央财政农业投入72.44亿元，省级财政农业投入16.43亿元。农业资金投入主要用于农资综合直补、农作物良种补贴、农机购置补贴、草原生态奖补、农业保险保费补贴、粮食直补、基层农技推广体系改革与建设补助、现代农业生产发展、生猪调出大县奖励、高原特色农业、科技增粮追加、中低产田改造、蚕桑产业扶持、村容村貌整治、农作物病虫害防治、动物疫病防治、农业生产救灾等方面，资金投向涵盖惠农直补、农业公共服务、高原特色现代农业发展、农业产业化、农业科技推广与培训、新农村建设等各个环节。

【支农惠农政策落实情况】 2015年，省农业厅与省财政厅农业处密切配合，及早落实，于春耕生产前下达中央和省级“四补贴一奖励”和农业保险等6项惠农政策资金49亿元，各项补助资金已按既定政策兑付到农民手中，充分发挥了政策的激励效应。同时，协助省财政厅，严格按照财政部、农业部、银监会印发的《关于财政支持农业信贷担保体系的指导意见》，做好省级农业信贷担保公司的组织筹备工作。

农业科技

【农业科技创新与推广】 2015年，全省组织推介发布水稻、玉米、马铃薯、生猪等16个产业91个主导品种和28项主推技术。推广新品种891个（次），推广新技术971项（次）。良种覆盖率98%，良法覆盖率98%，比2014年均提高了一个百分点。全国基层农技推广体系改革与建设补助项目，争取到国家资金1.03亿元，覆盖124个县。遴选了水稻、玉米、小麦、马铃薯、油菜、茶叶、甘蔗、蚕桑、生猪、奶牛等产业的119项主导品种和主推技术进行推介。通过农技人员与培训基地双向选择，培训农技人员1.1万人，选聘技术指导员6214人，培育农业科技示范户6.6万户；建立试验示范基地262个，建设科技示范村114个。全省63个县市（区）开展超级稻示范推广，共推广种植超级稻楚粳27号、楚粳28号402.1万亩，实现平均亩产649.92千克，比同等栽培条件下的非超级稻品种亩增50.7千克，增产8.46%。完成新审（认）定省级农作物新品种数为72个，超额完成80%；加工业产值较上年增长12.7%；推广应用农业新技术、新产品14项，超额完成40%。

【现代农业产业技术体系】 2015年，全省现代农业产业技术体系建设稳步推进。组织水稻、玉米、油菜和奶牛体系联合攻关。玉米体系云瑞88入选2015年农业部主导品种，新品种展示50个，23个核心高产示范区累计带动全省300多万亩杂交玉米新品种、新技术的推广应用，新增总产量15万吨，新增产值3亿元。会泽县者海乡石河村百亩核心高产示范区，平均亩产1132.07公斤，创全国海拔2000米以上玉米种植区高产纪录。油菜体系在临翔区永泉村采用“三精”高产栽培技术进行示范推广，平均单产298.08公斤，创全国早熟油菜千亩连片最高纪录。甘蔗体系通过云南省审定新品种3个、获得国家新品种保护授权6个、国际品种登记1个。版纳勐海镇曼搞村甘蔗高产高效集成示范，最高单产14.54吨，创国内机械化水田蔗最高单产纪录。生猪体系开展了32项专题试验研究。云南惠嘉技术集成创新示范基地的现代种猪选育技术集成示范效果显著，成功入选国家生猪核心育种场，实现了我省国家生猪核心育种场零的突破。奶牛体系注重提升示范场建设，弥渡荷斯坦奶牛示范场奶牛单产突破8吨，槟榔江水牛示范场被认定为国家核心育种场。玉米和奶牛产业技术体系开展青贮饲料科研攻关，产量达到7.7吨。

【农业知识产权工作】 以农业植物新品种保护为内容，推动知识产权战略实施。集中16个州市种植业、种子公司和执法大队的干部及相关涉农企业的代表92人培训。依托农业科技下乡、农民培训、农技人员培训和种子执法等工作平台，培训州市农业局干部300人次，基层农技人员知识更新培训5000多人。开展打击侵犯知识产权和制售假冒伪劣商品专项行动，共出动执法人员1.95万人次，整治市场2.83万个次。全省农业植物新品种申请增加57件，授权保护品种增加46件；全省累计申请农业植物新品种保护612件，累计获得授权保护品种168件，综合排名居全国第10位。

【农业科技成果管理】 组织农业科研单位积极申报国家科技奖，获得2014年度国家科学技术奖2项，中华农业科技奖3项。组织评审农技推广奖，云南省农业科技推广奖表彰100项（一等奖10项、二等奖30项、三等奖60项），表彰单位380个、基层农技人员近1800人，促进科技成果转化和先进实用技术推广。

【农业教育和农民培训】 组织实施新型农

民科技培训，制作了培训课件，培训师资100人，培训农民1.6万人。组织全厅27个处室站所109人到麻栗坡县进行“三下乡”集中示范活动，捐赠物资折合30万元，咨询服务4100人次。新型职业农民培育工程项目覆盖105个县（市、区），培训职业农民2.03万人，其中现代青年农场主163人，生产经营型职业农民9893，专业技能型4230万人和专业服务型职业农民5981人；农业部门培训农村劳动力62万人，转移就业46万人。

【农业转基因生物安全监管】 2015年，省农业厅加大农业转基因生物安全科普宣传培训和监管工作力度，狠抓管理理念向健全科学治理体系转变。指导各地农业局向科研、教学、推广单位和企业送达行政执法告知书2万份。在全省组织执法培训班，培训骨干80人次。抽检玉米、油菜种子40个，玉米、大米产品10个，结果均为阴性。组织召开转基因专家咨询会。依托农技人员培训项目，培训5000人次。全年没有出现转基因问题影响农业生产。

农业资源和环境保护

【农村能源建设】 2015年，国家发展和改革委员会、农业部联合印发了《2015年农村沼气工程转型升级工作方案》，提出中央预算内投资将支持建设日产沼气500立方米以上的规模化大型沼气工程，开展日产生物天然气1万立方米以上的工程试点，同时鼓励各地利用地方资金开展中小型沼气工程、户用沼气、沼气服务体系建设，同时出台了《农村沼气工程建设管理办法（试行）》。全省农村能源主管部门加大了规模化大型沼气工程建设力度，规范小型沼气工程建设标准，积极探索规模化生物天然气工程试点建设，全省农村沼气建设取得了长足进展。2015年中央安排全省14个州（市）建设20个规模化大型沼气工程和1个规模化生物天然气工程试点项目。项目总投资2.20亿元，其中中央预算内投资8978万元，地方投资627万元，企业自有投资1.24亿元。2015年全省共新建农村户用沼气池1.32万口，完成农村太阳能建设8.46万户，完成农村节柴改灶4.83万户，2015年末全省农村户用沼气保有量达到319.8万户。

【生态环境保护】 2015年防控薇甘菊。建立怒江和澜沧江两条防线，阻击薇甘菊向内地入侵。组织德宏、保山两个重点区域围剿，在瑞丽、芒市、梁河县建立薇甘菊防治示范区935亩，防治效果均达90%以上。开展高原湖泊农业源污染防控技术示范和农业面源污染定位监测。开展全生物降解地膜对比试验。在峨山县金牛村和会泽县土城村开展全生物降解地膜对比试验，获得数据1.46万个。开展珍稀野生蔬菜资源调查和原生境保护点动态监测及维护管理。委托云南农大开展珍稀野生蔬菜资源调查。组织玉溪、普洱、西双版纳、临沧、保山、昭通和红河7市州对元江普通野生稻、澜沧疣粒野生稻、宁洱野生古茶树、勐海疣粒野生稻及药用野生稻、绿春野生茶、永善野生猕猴桃、墨江野生金荞麦、屏边三七等12个农业野生植物原生境保护点进行动态监测和维护管理工作。

扶贫开发工作

【概 述】 云南扶贫开发坚决贯彻落实党中央、国务院精准扶贫、精准脱贫的战略部署和要求，奋力推动扶贫开发工作全面进入提档加速、攻坚拔寨的冲刺期。减少贫困人口103万人，贫困地区农村常住居民人均可支配收入达7070元，比2014年增加756元，增幅高于全省平均水平1.5个百分点，实现了“十二五”圆满收官。

一是加强组织领导，形成高位强势推进扶贫开发新态势 2015年习近平总书记国内考察的第一站是云南，年内直接领导、亲自调研，召开一系列重要会议研究部署扶贫开发。省委、省政府召开8次省委常委会，10次省政府常务会，2次高规格扶贫开发工作会议和中央定点扶贫工作、“挂包帮、转走访”工作动员、易地扶贫搬迁电视电话和现场推进、乌蒙山云南片区暨“镇彝威”革命老区、怒江州脱贫攻坚、“挂包帮”定点扶贫暨驻村扶贫工作队等系列工作会议密集部署推动。省委书记李纪恒、省长陈豪挂帅督战、靠前指挥，以强烈的责任担当、超常的思路举措做出系列重大决策部署。各州市县党委、政府狠抓落实，推出了一批精准扶贫精准脱贫重大举措，各部门发挥优势，制定行业精准扶贫行动计划和实施方案。

二是强化顶层设计，创新构建精准扶贫精准脱贫政策体系 在已经颁布实施《云南省农村扶贫开发条例》的基础上，出台《关于举全省之力打赢扶贫开发攻坚战的意见》《关于深入贯彻落实党中央国务院脱贫攻坚系列重大战略部署的决定》3个纲领性文件，印发了《关于建立扶贫攻坚“领导挂点、部门包村、干部帮户”长效机制扎实开展“转作风走基层遍访贫困村贫困户”工作》的通知、《云南省贫困县党政领导班子和领导干部经济社会发展实绩考核办法》《关于进一步动员社会力量参与扶贫开发的实施意见》的通知3个政策性文件，制定了《云南省开展扶贫开发目标、任务、资金、权责到县工作实施方案》《云南省贫困县退出工作实施方案》等15个配套制度，还有《云南省直过民族脱贫攻坚行动计划》等15个重要文件已经形成初稿，建立起精准扶贫精准脱贫“3+X”制度体系，明确了脱贫攻坚的时间表、路线图。

三是抓实建档立卡，扶贫对象精准识别精准管理全面开展 完成2013年底识别出的88个贫困县、476个贫困乡、4277个贫困村，建档立卡贫困户195万户、贫困人口700万人的数据采集和录入工作。及时将2014年126万达到脱贫标准的贫困人口从建档立卡数据库中退出，同时，启动2015年建档立卡贫困人口动态管理；对建档立卡贫困乡、贫困村、贫困户的信息全面开展“回头看”，严格标准、程序、要求和方法步骤，逐乡逐村逐户进行核实；搭建覆盖省、州（市）、县（市、区）、乡（镇）、村5级扶贫信息网络平台，建成一个中心（精准扶贫数据共享及交换中心）、两个平台（电子政务服务平台和互联网公共服务平台）、三个数据库（帮扶对象数据库、扶贫资源数据库、扶贫项目数据库）和一套远程视频监管系统。

四是聚焦重点难点，一批重大示范项目取得新成绩 聚焦最困难地区、最贫困人口最迫切需要解决的问题，持续推动4大片区区域发展与扶贫攻坚，着力实施怒江州扶贫攻坚、宁蒗大会战、澜沧县拉祜族综合扶贫开发、红河南部地区综合开发4个重大项目；启动布朗族、阿昌族整乡推进整族帮扶和西盟孟连两县边境民族特困地区农村安居工程建设3项精准扶贫示范工程；编制了“镇彝威”革命老区、直过民族、怒江州等一批特殊困难地区脱贫攻坚行动计划和专项扶贫规划，专项扶贫完成2014年度60个整乡推进项目，启动2015年72个整乡推进，完成自然村整村推进4000个、劳动力转移培训12万人、扶贫安居工程建设3万户、易地扶贫搬迁3万人，实施一批产业扶贫项目，基本完成溜索改桥148座。

五是用好国家支持政策，易地扶贫搬迁全面规划启动实施 把易地扶贫搬迁脱贫作为“五个一批”的揭幕战，出台《云南省易地扶贫搬迁三年行动计划》，围绕2016–2018年先用3年时间，投入600亿元，完成易地扶贫搬迁30万户、100万人、建设3000个安置新村的“36313”目标任务。明确搬迁对象，科学制定搬迁规划，细化政策，对搬迁贫困户提供不低于4万元的补助、非贫困户提供不低于1.2万元的补助；对有贷款意愿的搬迁农户提供不低于6万元的住房建设转贷资金；对新村基础设施和公共服务设施建设提供户均5万元的贷款资金。同时，各级财政对贷款给予一定期限的贴息。截至2015年底，省级融资平台公司已经组建，有120个县（市、区）已经建立了承贷公司。省农发行已审批贷款金额736.94亿元，投放贷款218.55亿元、占全国农发行系统专项贷款投放总额的27.22%。启动了304个搬迁村寨示范点建设，惠及2.6万户10万人。

六是实施精准帮扶，“挂包帮、转走访”长效机制全面建立 编织全面覆盖建档立卡扶贫对象的精准滴灌网络，建立了扶贫攻坚“领导挂点、部门包村、干部帮户”长效机制，扎实开展“转作风走基层遍访贫困村贫困户”工作，38名省级领导挂联4个片区、43个贫困县，300家省级、2087家州（市）级、10948家县（市、区）级部门（单位）挂包88个贫困县、476个贫困乡（镇）、4277个贫困村；组建驻村扶贫工作队6081支、派驻队员20324名，其中在建档立卡贫困村组建工作队4277支、派驻队员14372名，驻村扶贫工作队长兼任第一书记；首轮遍访于2015年8月21日启动，10月31日完成，有62万人次深入挂包点走访调研。

七是培育多元主体，社会扶贫迈上新台阶 筹备召开中央定点扶贫云南座谈会，组织各州市积极加强向中央定点扶贫单位、片区联系部委请示汇报，教育部批准筹建我国西部地区第一所零起点应用技术类型本科高校（滇西应用技术大学），国土资源部、水利部和国家林业局在片区建设用地、水利项目和林业工程等方面给予重点倾斜支持，中央各定点扶贫云南单位直接投入帮扶资金1.16亿元。成功举行沪滇两省市座谈交流会，签订《关于加强沪滇对口帮扶与重点领域合作框架协议》，落实援滇资金5.4亿元，同比增长84.5%，实施帮扶项目310项。实施“沪企入滇”“云品入沪”“云菜入沪”，开展经济合作项目191个，到位资金168.1亿元，同比增长20.3%，成立了云南省沪滇合作促进会。组织开展“9个1”扶贫日系列活动，共收到社会各界捐款6.36亿元，继续做好“爱心包裹”“圆梦680”“圆梦832”“医疗器械捐赠”等工作。与4家非政府组织开展25个扶贫项目合作，累计投入资金4153.91万元，世界银行“中国经济改革和能力建设”（TCC6）“云南贫困农村发展的合作组织模式及其能力发展”子项目取得实质性进展，完成“东亚乡村减贫合作示范项目”（缅甸）前期可行性研究。

八是加大投入力度，扶贫开发资金总量创历史新高 省级以上财政投入专项扶贫资金61.12亿元、比上年增3.34亿元，州县两级财政专项扶贫资金投入突破10亿元；金融扶贫投入达到385亿元（含易地）、是“十二五”前4年总和的1.6倍；行业部门投入4个集中连片特困地区扶贫攻坚规划项目资金3230.25亿元、占规划年度实施计划的118.49%；投入生活保障工作，发放低保金77.8亿元，惠及农村低保对象455.26万人，其中建档立卡贫困人口29亿元；中央和省州（市）县各级定点扶贫单位、沪滇对口帮扶、国际非政府组织等全年共投入援助扶贫项目资金35.28亿元。

2015年1月21日，张祖林副省长陪同国务院扶贫办主任刘永富到省扶贫办调研

九是压实攻坚责任，精准脱贫工作全面推进 落实省委、省政府向中央做出的脱贫承诺，层层压实责任，级级传导压力，形成了五级书记抓扶贫、全党动员促攻坚的局面逐级签订《脱贫攻坚责任书》，明确574万贫困人口脱贫、88个贫困县摘帽的时间表和责任人，确保到2019年全部完成任务，2020年全面巩固提升；建立和实行“省负总责，州（市）、县（市、区）、乡（镇）抓落实”的脱贫攻坚工作机制，硬化各级“一把手”责任，省、州（市）、县（市、区）扶贫开发领导小组全部由党政主要领导任“双组长”，所有贫困村全部下派第一书记和驻村扶贫工作队；强化县级抓落实的主体责任，对贫困县全面实行以脱贫实绩为主的分类考核，选择52个县启动实施扶贫目标、任务、资金、权责“四到县”制度；建立年度脱贫攻坚旬报制度，实行旬报工作动态、月报项目建设进度、季报目标完成情况及形势分析、半年报工作小结、年终报工作总结。

【“十三五”扶贫规划】 围绕全面建成小康社会的目标，结合云南扶贫发展实际，设定规划指导思路、发展目标和建设任务，推动扶贫规划进入省国民经济和社会发展规划纲要，集中连片特殊困难地区区域发展与扶贫攻坚规划进入省民经济和社会发展重大专项规划，拟定了《云南省扶贫开发十三五规划（2015~2020年）》《云南省集中连片特殊困难地区区域发展与扶贫攻坚十三五规划（2015~2020年）》《云南省滇西边境片区区域发展与扶贫攻坚十三五规划（2015~2020年）》《乌蒙山云南片区区域发展与扶贫攻坚十三五规划（2015~2020年）》《云南迪庆藏区区域发展与扶贫攻坚十三五规划（2015~2020年）》《滇桂黔石漠化云南片区区域发展与扶贫攻坚十三五规划（2015~2020年）》项目表册及文本讨论稿。规划总投资1.54万亿元，其中中央5971.75亿元、省级1971.41亿元、州市县869.79亿元，业主投入415.79亿元，群众自筹1785.96亿元。

2015年1月21日，国务院扶贫办主任刘永富到省扶贫办视察指导工作并看望干部职工

【扶贫资金投入】 投入省级以上财政专项扶贫资金61.12亿元（其中，中央48.02亿元，省级13.1亿元），较上年增加3.34亿元，增长5.8%。中央安排我省财政专项扶贫资金较上年增4.22亿元（含贫困农场资金2万元和贫困林场空港经济区30万元），增长9.6%。投入扶

贫重点村 7.22 亿元，易地扶贫开发项目 0.94 亿元，劳动力转移培训 0.55 亿元，扶贫到户小额贷款风险补偿金 0.3 亿元，产业扶贫项目资金 0.76 亿元，扶贫到户贷款贴息资金 3.34 亿元，整乡推进扶贫开发试点 13.2 亿元，以工代赈和兴边富民资金 5.28 亿元，少数民族发展资金 6.63 亿元，竞争性分配资金 3.96 亿元，扶贫项目管理费 1.01 亿元，扶贫项目贷款贴息资金 1.32 亿元，外资项目配套资金 0.04 亿元，小额信贷工作站经费 0.2 亿元，扶贫安居工程资金 1.56 亿元，革命老区开发专项资金 0.50 亿元，贫困村互助资金 0.31 亿元，扶贫统计监测和建档立卡经费 0.07 亿元，切块到县资金 7.09 亿元，溜索改桥 2.90 亿元，其他追加项目资金 3.93 亿元。国家部署在云南的 4 个集中连片特困地区财政专项扶贫资金投入 53.41 亿元，其中，乌蒙山片区 9.90 亿元，滇西边境片区 34.42 亿元，云南迪庆藏区 2.58 亿元，石漠化片区 6.52 亿元。

【推进扶贫开发四到县】 5 月 29 日，云南省人民政府扶贫开发办公室 云南省财政厅关于印发《云南省开展扶贫开发责任、权力、任务、资金到县试点工作实施方案》的通知，启动扶贫开发责任、权力、任务、资金“四到县”试点工作。推行资金竞争分配，实行资金切块下达，下放项目审批权限到县，建立扶贫开发责任、权力、任务、资金“四到县”机制，完善扶贫工作和减贫任务县级人民政府负责制。选择有扶贫开发工作任务的 52 个县（市、区）先行试点，投入切块到县资金 7.09 亿元，严格资金计划编报及拨付、建立县级项目审批规范程序、推行项目资金备案核查、开展督促检查和考核评价，提高专项资金使用精准度。11 月 10 日，云南省人民政府扶贫开发办公室 云南省财政厅关于印发《云南省开展扶贫开发目标、任务、资金、权责到县工作实施方案（试行）》的通知，全面推开扶贫开发目标、任务、资金、权责“四到县”工作。

【推进片区区域发展与扶贫攻坚】 强化片区统筹协调工作，以片区规划为统领，认真落实“领导小组统筹、省级领导挂片联县、扶贫办和牵头单位协调、行业部门支持、州市全力推进、县抓具体落实”工作机制，主动与教育部、国土资源部、水利部、国家林业局沟通联系，推荐 8 个县作为省主要领导和分管领导的挂钩联系县，印发云南省人民政府扶贫开发领导小组《关于分解 2015 年度 4 个集中连片特殊困难地区区域发展与扶贫攻坚和扶贫开发 10 项重点工程目标任务的通知》，深入 7 个州市 9 个县 18 个乡镇督查，按照《省级单位推进连片特困地区区域发展与扶贫攻坚规划和 10 项重点工程目标任务完成情况考核办法》，考核省直 29 个片区责任部门。截至 2015 年底，4 个片区累计投入各类规划项目资金 1.06 万亿元，规划执行率已达 97.66%。其中，2015 年投入各类资金 3230.25 亿元，占规划 1.06 万亿元的 118.49%。

【整村推进】 省级以上财政投入专项扶贫资金 8.56 亿元，州（市）县（区）财政投入 0.18 万元，部门整合资金 11.94 亿元，其他自筹资金 5.66 亿元，共计 26.34 亿元，实施行政村整村推进 496 个，自然村整村推进 600 个，项目涉及 15 个州市 88 个片区县和重点县 323 个乡镇，覆盖 496 个行政村，3787 个自然村，直接受益人口 94.4 万人，其中贫困人口 31.9 万人。重点实施特色产业培育、人居环境改善、社会服务事业、能力素质提高、生态环境保护 5 大工程。

【整乡推进】 拨付 2014 年 60 个整乡推进补差资金 6 亿元。实施 72 个扶贫开发整乡推进，投入财政扶贫专项资金 14.4 亿元，州市县财政资金投入 5.64 亿元，整合投入各类资金 267.11 亿元。项目覆盖 69 个县 72 乡镇 358 个行政村 7289 个自然村，49.53 万户 180.93 万人，其中，建档立卡 14.22 万户 54.57 万人。重点实施产业发展、基础设施、安居工程、素质提高、社会事业、生态环境保护与建设。

2015 年全省扶贫工作会议考察异地搬迁工作

【产业扶贫】 除“四到县”（各类扶贫项目）切块资金外，41 个“非四到县试点”县投入财政专项资金 7548 万元（含鲁甸县、巧家县、景谷县、澜沧县、思茅区、永平县、洱源县、盈江县地震恢复产业资金），其中在片区县和重点县安排资金6848万元，占计划数的90.7%，非片区县和重点县安排700万元，占计划数的9.3%，资金一次性分配到县，项目为种养业及农产品加工业，立项、审批下放到县。在红河州红河县、怒江州兰坪县实施并完成600户光伏扶贫试点项目建设及并网发电，落实项目资金1800万元，其中省级以上财政专项资金885万元，州县财政资金300万元，群众自筹615万元。会同省旅游发展委实施20个贫困村旅游扶贫试点项目。完成省旅发委对全省1376个乡（镇）、5822个自然村（建档贫困乡257个、贫困村917个、直接受益贫困人口90.73万人、边境沿边村90个）旅游贫困乡村摸底工作。协调相关部门建立电商扶贫平台，探索电商扶贫模式和途径。

【推进人口较少民族扶贫】 借鉴独龙江乡独龙族整乡推进整族帮扶成功经验，启动德宏阿昌族、保山布朗族整乡推进整族帮扶项目；完成中烟公司、云烟专卖局帮扶保山市甸县布朗族、德宏州陇川、梁河县阿昌族扶贫开发整乡推进整族帮扶协调对接、方案编制和申报工作；完成中国保监会帮扶镇雄县以古、果珠2个乡镇初步方案编制和对接协调工作；完成云南15个特有少数民族和8个人口较少民族帮扶工作情摸底和调研，编制了云南省人口较少民族精准扶贫行动计划。

【怒江州扶贫攻坚】 围绕民生改善、基础设施、产业发展、社会事业、生态建设5大工程44类项目，20件实事，编制2015年度实施方案，协调省级20家部门加大政策资金支持，到9月底，实际到位资金30.13亿元，占部门计划的116%，完成投资19.94亿元，占2013–2015年投资计划的66.73%。各类扶贫资金投入5.31亿元，其中，财政专项扶贫资金3.28亿元；项目管理费0.032亿元；信贷扶贫资金1.20亿元，项目贴息贷款0.80亿元。

【宁蒗扶贫攻坚大会战】 今年是实施宁蒗扶贫攻坚大会战最后一年，3年多来，坚持以整村推进、安居工程、易地搬迁、产业发展、素质提高等工程为载体，因村施策，整合资源，示范引领，累计投资4.4亿元，占规划总任务的122%，81个深度贫困村达到“四通七有”目标，实现5540户2.1万深度贫困人口脱贫，贫困人口从大会战前的8.75万人减少到2015年底的3.65万人，农民人均纯收入达到5498元。2015年，24个深度贫困村综合发展项目实施，预计2016年5月前完成，计划总投资8284.57万元，其中省级财政投入5000万元，市级投入230.45万元，县级投入1613.76万元，群众投劳折资1440.36万元。项目建设内容为基础设施工程、安居房建设、产业发展、社会事业工程、素质提高工程、生态环境建设六大类。

【红河南部山区综合扶贫开发】 2013年启动，用5年时间整合投入各类资金100亿元，其中，2014–2017年，每年安排专项扶贫资金5000万元。实施民生改善、产业发展、基础设施建设、生态保护、就业促进5大工程。2015年投入各类专项扶持资金23810万元，其中省级专项扶持资金5000万元，州级财政专项扶持资金10400万元，部门整合资金8410万元，实现农村常住居民人均可支配收入6569元，农民人均经济作物面积2.83亩，义务教育初中三年完学率80.3%，高中毛入学率58.2%，预计减少贫困人口79900人，年内新增造林面积25.25万亩。

2015年4月21日，韩正、李纪恒等在红河州考察时，与泸西县凤午村村完全小学的师生们亲切交谈

【澜沧县拉祜族聚居区综合扶贫开发】 2011年启动实施澜沧县拉祜族聚居区综合扶贫开发3年规划，2014~2015年，中央继续加大扶持力度，截至2015年9月止，累计投入资金14.25亿元，其中：中央专项资金0.5亿元（每年1000万元）、市级专项资金0.25亿元、县级专项资金0.31亿元，整合部门资金10.85亿元，群众投工投劳折资及自筹2.34亿元。实施深度贫困自然村整村推进356个，贫困自然村整村推进11个，易地搬迁914户4173人，改造安居房3647户。通过5年的努力，解决了356个深度贫困自然村6.32万拉祜族群众的贫困问题。

【易地扶贫搬迁】 安排中央专项扶贫资金1.8

亿元，实施3万人易地扶贫搬迁。其中，安排52个“四到县”试点县切块资金8652万元，涉及搬迁1.44万人；安排其余县（市、区）资金9348万元；实施搬迁1.55万人实际安排资金6825.3万元，搬迁1.14万人，比计划少安排1826.7万元，少搬迁3010人。52个试点县中，安排易地扶贫搬迁项目38个县，没有安排易地扶贫搬迁项目有14个县。合计安排资金1.61亿元，搬迁2.69万人，占计划规模的89.85%。

2015年省易地搬迁现场会

2015年竣工的云南省玉溪市通海县易地搬迁安置点高大乡库南新村

【扶贫安居工程】 安排中央扶贫专项资金3亿元，实施3万人扶贫安居工程。其中，52个“四到县试点”县安排切块资金1.44亿元，实施1.44万人扶贫安居工程；其余县（市、区）安排资金1.55亿元，实施1.55万人扶贫安居工程；实际安排资金1.42亿元，实施1.42万人扶贫安居工程。合计安排2.98亿元，实施2.98万人扶贫安居工程，占计划规模的99.47%。

【溜索改桥项目建设】 根据交通运输部、国务院扶贫办《“溜索改桥”建设规划（2013~2015年）》《云南省人民政府办公厅关于加快推进“溜索改桥”建设的通知》《云南省人民政府关于报送云南省“溜索改桥”建设计划的函》，6月底下达50座“溜索改桥”项目第一批资金1.69亿元，约占估算投资2.76亿元的61%，根据国家标准及施工图批复，10月底下达第二批47座“溜索改桥”项目财政专项补助资9965.68万元，其中中央资金8116.68万元、省级资金1849万元。同年下达2014年11座“溜索改桥”项目补差中央财政专项资金2080.67万元。

省长陈豪在鲁甸县龙头山乐镇甘家寨子集中安置点调研并看望群众

2015年4月20日，韩正、杨雄和李纪恒、陈豪等参观迪庆州藏医院

【劳动力转移培训】 投入财政扶贫资金1.06亿元，转移培训12万人，其中，非“四到县”资金5504万元，安排贫困地区劳动力转移培训6.20万人（引导性培训1万人，技能培训5.20万人），项目涉及16个州市62个县（区）。52个“四到县”试点县切块资金5096万元，安排贫困地区劳动力转移培训5.79万人。

【扶贫信贷】 拟定《云南省金融精准扶贫行动计划方案》，印发《关于做好农业政策性金融支持易地扶贫搬迁有关工作的通知》，推进扶贫到户小额贷款风险补偿金试点，发放扶贫贴息贷款和优惠利率扶贫贷款350.15亿元，其中扶贫贴息贷款发放131.6亿元（到户贷款80亿元，比2014年增加25亿元，财政贴息资金4亿元，比2014年增加1.25亿元；项目贷款

51.6亿元，比上年增加26.6亿元，财政贴息资金1.54亿元，比2014年增加0.79亿元），易地扶贫搬迁优惠利率贷款达218.55亿元（省农发行已审批贷款金额736.94亿元），占全国农发行系统专项贷款投放总额的27.22%。

2015年4月21～22日，韩正（左二）、李纪恒（左三）、杨福生（左四）一行到弥勒市西三镇可邑村考察

【沪滇对口帮扶合作】 上海市援助云南帮扶资金5.31亿元（年度计划资金3.11亿元，计划外捐赠资金2.2亿元），同比增长84.5%，实施帮扶项目310项，覆盖滇西边境山区、石漠化地区、迪庆藏区和乌蒙山片区30余个县2.16万户9.36万人。实施精准帮扶，投入基础设施建设资金1.6亿元，投入产业扶贫资金近1.3亿元，追加怒江州帮扶资金1000万元，投入捐赠资金8000万元，上海市和中国扶贫基金会共同出资1500万元在文山州开展小额信贷扶贫。加强经济交流合作，承接东部产业转移，推进“沪企入滇”“云品入沪”“云菜入沪”，实施经济合作项目191个，到位资金168.1亿元，同比增长20.3%，项目涉及基础设施、物流、家居、旅游、生物产业等多个领域，居外省市在滇投资第10位。发展社会事业，投入教育、卫生、科技社会事业帮扶资金1.07亿元，改善受援单位工作条件，创新双方合作新模式。强化智力保障，上海市第9批挂职干部帮助受援地区解决缺人才、缺技术、缺资金、缺信息等突出问题，协调争取计划外资金3260.88万元。

【社会扶贫】 49家中央国家机关和有关单位来访云南团队40余次，600多人次。据不完全统计定点扶贫单位共选派100名干部到扶贫点挂职，组织1333人次（其中部级28人次）到帮扶县考察调研制定帮扶措施，直接投入资金1.16亿元，物资折款784万元，用于扶贫点基础设施建设、产业培植、文化教育、医疗卫生、人才培养等。帮助贫困地区引进资金约13.5亿元，项目89个，举办培训班3540期，培训3.50万人次。省各级定点挂钩扶贫部门建立“领导挂点、部门包村、干部帮户”长效工作机制，扎实开展“转作风走基层遍访贫困村贫困户”工作，57万干部职工参与挂包帮，组建驻村扶贫工作队4277支，选派挂职干部1.42万人次，到扶贫点调研考察6.69万人次，直接投入资金21.7亿元，捐赠物资折款1.09亿元，帮助贫困地区引进资金29.8亿元，项目4848个，举办各类培训班1.03万期，培训68.24万人次，劳务输出39.93万人次。继续加强与中国扶贫基金会、腾讯慈善基金会、中华慈善总会、友成基金会等合作，做好“爱心包裹”“圆满680”“医疗器械捐赠”等各项工作。高位推动第二个扶贫日“9个1”系列活动，协调健康扶贫行动和民营企业包村扶贫行动，收到社会各界捐款6.36亿元，其中中央单位3600万元，省级单位4.28亿元，各州市及以下1.72亿元。

·第二产业·

烟草业

【概 况】 2015 年，云南省烟草专卖局（公司）下辖 16 个地市级烟草专卖局（公司）、128 个县级局分公司、6 个直属企业和 3 个直属事业单位。云南省烟草专卖局（公司）下设 15 个职能处室、8 个专业部门、2 个特设部门。截至年底，公司总资产 983.68 亿元，固定资产（年末净值）71.53 亿元，流动资产 772.68 亿元，资产负债率 16.90%，全系统从业人员 1.80 万人。

【“两烟”效益】 2015 年，全省烟草行业实现税利 431.60 亿元，比 2014 年 381.81 亿元增加 49.79 亿元，增幅 13%。实现利润 249.90 亿元，同比增加 19.37 亿元，增幅 8.4%（含主业及其他多元化经营的税利、利润）。卷烟单箱销售收入 2.88 万元，单箱销售税利 6760 元。三项费用率 7.67%，费用总额 81.65 亿元，同比降 8.40 亿元，降幅 0.09%。

卷烟销售 2015 年，云南省卷烟营销行业实现了销量平稳增长。2015 年全省销售卷烟 882.929 亿支（176.59 万箱），同比减少 1.45 亿支（178.04 万箱），减幅 0.82%，低于全国平均减幅（2.35%）1.53 个百分点，较国家局下达计划 172.5 万箱多销了 4.09 万箱；销售节奏管控水平明显提升，全省卷烟月销售进度始终高于全国平均进度 1 个百分点以上，年末社会库存进一步调控优化。2015 年全省完成卷烟销售收入 510.04 亿元，同比增加 20.62 亿元，增长 4.21%，销售收入首次突破 500 亿大关，实现卷烟税利 121 亿元，同比增长 21 亿元，增幅 21%。卷烟品牌结构持续优化，品类布局持续改善，品牌价值持续提升。

烟叶产销 2015 年，全省种植烟叶 649.42 万亩（含晾晒烟 13.45 万亩），同比减少 104.78 万亩，收购烟叶 90.9 万吨（1818.09 万担），其中：收购烤烟 88.93 万吨（1778.64 万担）、晾晒烟 1.97 万吨（39.45 万担）。国内销售烟叶 81.54 万吨（1630.73 万担），出口烟叶 9.37 万吨（187.35 万担）。种烟农户 95 万户，实现烟农总收入 276.77 亿元，同比减少 20 亿元。2015 年实现烟叶税利 292.38 亿元（含晾晒烟 2.35 亿元），同比增加 23.26 亿元，增长 8.6%，实现利润 179.62 亿元（含晾晒烟 0.49 亿元），同比增加 17.08 亿元，增长 10.5%。

【多元化经营】 截至 2015 年 12 月 31 日，云南省烟草专卖局（公司）系统多元化投资企业（项目）共 41 个，投资总额为 96.94 亿元；其中，全资企业 15 个，投资总额 21.09 亿元，占总投资的 21.77 %；控股企业 4 个，投资总额 8,523.14 万元，占总投资的 0.88%；参股企业（项目）22 个，投资总额 74.98 亿元，占总投资的 77.35%。

19 家全资和控股企业中，有 1 家为股权投资及运营企业、11 家系宾馆酒店类企业、1 家系商业贸易类企业、3 家系物流服务类企业、3 家系生产经营类企业（其中 2 家停业），主要有两大板块业务，烟用化肥经营业务及宾馆酒店经营管理业务。22 个参股企业（项目）中，由云南省烟草工业公司控股的企业有 5 个、金融保险类投资有 8 个、其他类企业有 9 个。

2015 年云南省烟草公司系统新增多元化投资项目共 4 项（以完成付款为准）：华叶投资公司投资 10 亿元入股红塔证券股份有限公司、省局（公司）投资 22 亿元认购中国银行股份有限公司非公开发行优先股、省局（公司）投资 20 亿元认购中国农业银行股份有限公司非公开发行优先股、省局（公司）出资 10 亿元投资云南省铁路建设基金、投资成本合计 62 亿元。

【现代烟草农业】 2015 年，全省共安排基础设施项目 15.01 万件，投入补贴资金 19.54 亿元，重点推进 9.08 万口“彩虹水窖”、1.01 万亩土地整理和 1.1 万台（套）农机配套建设；组建综合服务型烟农专业合作社 620 个、覆盖 70% 种烟乡（镇），入社烟农 70.27 万户、覆盖面积 606.1 万亩、占全省种烟农户的 76.4%。其中，2013 年开始创建满两年的 13 个示范合作社通过国家局评定，并被授予“烟农专业合作社行业示范社”称号；结合烟叶计划调减，全省基地单元调整为 215 个、调拨计划 1051.05 万担，基地化调拨比例达 74%。并对 2011 年 50 个烟叶基地单元开展回头看工作，查找单元建设存在的问题与不足，提升基地单元建设水平，增强原料保障能力；加大烟叶精益生产试点探索，在继续推进楚雄子午、罗平罗雄大明两个国家局试点基础上，每个种烟县（市、区）各选择100亩以上的连片开展试点，通过精益管理，试点亩均用工18.6个，较试点大面烟叶生产亩均用工减少4.75个，亩均节省劳动成本475元；在13个种烟州（市）全面启动职业烟农队伍培育，在22个县试点，优选培育对象5300户，委托云南省农业职业技术教育培训中心开展“第三方”培训认证，提高了烟农素质，强化了身份认知，取得了很好的效果。

【专卖管理】 2015年，云南烟草专卖局（公司）深化打假打私体系建设，统筹协调社会资源、执法力量，发挥职能作用。加强与西南五省以及与福建省的区域联动，积极推动联合打击涉烟违法犯罪工作机制，与省公安厅建立涉烟案件侦办指挥中心，强化案件线索的集中分析和交办；组织召开边境地区打击涉烟违法犯罪工作会议，与公安、海关、检验检疫、部队、边防等成员单位共商边境一线联防联控、缉私打假工作，不断推动“行业打假向政府领导下的全社会打假转变，由单一打击向省际、国际联合打击转变”。

2015年，全省共出动打假打私人员18.44万人次，查办各类涉烟案件1.75万起（同比增加5223起，增幅42.46%）；查获假冒卷烟1.79亿支（增幅187.07%），走私卷烟6410.07万支（增幅30.43%），查获烟叶、烟丝6289.46吨（同比下降24.37%）；破获网络案件46起（增幅31%）；查处五万元以上大要案件1549起（增幅36%）；公安机关刑事拘留729人，逮捕235人，判刑224人，形成了打击涉烟违法犯罪工作的强大合力，给涉烟违法犯罪分子极大的震慑，为全省“两烟”生产经营的顺利进行营造了良好发展环境。

跨区域、跨省、跨国涉烟网络案件侦办取得新突破。各级局以查办大要案件为重要抓手，注重网络案件侦办工作，突出跨国、跨省以及毗邻地区的工作联动和专案联合，进一步提高了侦办涉烟网络案件的水平。普洱市侦破的“5·28”、德宏州侦办的“1·15”跨国、跨省销售假冒卷烟案件是省际、国际警务合作的典范；西双版纳州与老挝北部四省建立起打击跨境经济犯罪协作机制，对共同打击涉烟犯罪达成了深度共识。全省边境地区打假打私工作能力和水平进一步提高，省局与四川省局联动开展毗邻地区卷烟非法流通专项整治行动，强化了毗邻地区间的沟通和协调，加大了对真烟非法流通案件的查处力度；把“背包客”的整治放在更加突出的位置，认真总结重庆铁路公安侦办的“8·23”非法经营卷烟案件的成功经验，严厉打击了“背包客”利用铁路客运非法经营烟草制品的行为，出省铁路沿线卷烟非法经营状况得到全面治理；破获“12·15”利用铁路运输分销假烟网络案件，抓获犯罪嫌疑人21名，涉案价值高达7600余万元，成功打掉一个由福建制假源头向西南运销假烟的网络团伙，获得了公安部、国家局表彰。

非法经营烟叶重点地区整治工作深入推进。全省各州、市、县都确定了非法经营烟叶的重点地区，持续加大了烟叶集散地和重点地区的专项整治工作，始终把源头治理作为重点工作来抓，有效切断制假原辅料供应链。呈贡回回营专项整治工作圆满收官，红河泸西“三元地区”的整治取得阶段性成效，昆明、玉溪、普洱G213线的“三线联动”专项行动有效遏制了非法烟叶走私出境老挝、缅甸的蔓延势头，七个公安警务站在出省通道有力查缉各种涉烟违法犯罪行为，为全国卷烟源头打假做出了积极贡献。

【对外交流与合作】 2015年是中国烟草云南进出口有限公司（以下简称中烟云南进出口公司）“国际GAP示范项目”实施的最后一年。按照GAP年度工作计划，中烟云南进出口公司继续有序推进国际主要卷烟制造商GAP管理模式在云南有关烟区的应用项目的实施。一是根据项目结题工作计划，进一步完善项目实施过程中形成的工作报告、研究报告、农残控制主要方法、GAP指南等专题资料；二是对项目实施过程中取得的理论成果和专利进行梳理，先后在国内核心期刊《北方园艺》《农药》《安徽农业科学》《江西农大学报》发表了4篇文章，包括：《四种植物提取物对烟草赤星病菌抑菌活性研究》《新磷氮霉素A对几种病原菌的室内毒力测定及田间药效》《高黎贡山绿色生态优质烟叶开发实践与探索》《高黎贡山绿色生态优质烟叶生产示范区产地生态环境质量分析与评价》；在国际知名期刊美国农药与食品化学发表SCI论文2篇，已有两项专利获得批准，包括：一种诱导烟草产生对白粉病抗性的植物提取物及其制备方法、异红葱甲素诱导烟草植株产生对赤星病抗性的用途。三是按照省局（公司）对科技项目结题的有关要求，对项目实施过程中发生的科技经费进行经费核算和第三方审计工作，为项目结题提供支持。

【科技创新】 2015年，云南省烟草农业科学研究院共开展科研项目研究57项，连续两年获得国家自然基金项目，学科方向、研究领域更加聚焦绿色生态发展关键，选题立项、攻关布局更加符合“一高一实”创新方向，在功能基因研究、新品种选育、烟叶安全性和绿色烟叶生产技术等方面取得创新突破。

一是烟草生物技术育种持续引领高端创新。在基因克隆方面，抗黑胫病、抗TSWV、抗旱等3个候选基因进入功能验证阶段，烟草腋芽形成、类黄酮合成调控、烟碱合成调控等3个基因克隆有明显进展。在材料创制方面，创制出低镉材料，M4代纯合突变体株系的烟叶镉含量下降1/3以上；创制出低TSNA材料，去甲基尼古丁含量下降20%；创制出高烟碱材料，提升烟碱含量30%以上。在品种改良方面，已选育出遗传背景99%来自红大、100%抗黑胫病0号生理小种的红大改良新品系；利用抗普通花叶病毒基因，获得了抗病亲本的回交三代材料；利用马铃薯Y病毒抗性基因，实现了云烟87品种的抗性改良。在基因敲除方面，攻克了基因组编辑关键技术，获得了关键基因被成功敲除突变的K326、云烟87、红大单株等育种材料；开展基因组编辑新技术攻关，实现2个基因的成功编辑。这些创新处于国内领先、国际同步，部分达到国际先进水平。

二是新品种选育保持领先态势。与美国北卡州立大学合作选育的烤烟品种NC-YATAS6通过全国农业评审，是行业首个国际合作选育的烟草新品种；推荐云烟116参加全国品种审定，推荐云烟210、云烟121参加全国区试，筛选储备了NC-YATAS8等一批优良新品系，创制获得了一批优异育种材料和优良高世代株系。烟草新品种选育呈现出审定品种优良、储备品种丰富、育种材料多样的良性创新格局。

三是绿色烟叶生产技术处于先进水平。大力攻关有益微生物优势种群利用、植烟土壤分类施肥管理、害虫天敌捕食螨人工繁殖等关键技术，提炼集成特色品种烘烤关键工艺，有效解决了高含水量烟叶烘烤难题。

四是清香型特色优质烟叶开发有新进步。完成清香型烟叶5类风格特色的定位和区划，阐明生态基础和代谢基础，集成推广关键技术措施，彰显了清香型烟叶风格特色，在特色烟开发重大专项“三纵三横”的优势地位持续巩固。五是烟叶安全性检测步入国际先进行列。持续提升烟叶有害物质检测分析能力，经国际对比检测认证，农残检测含量准确率达86.11%，超过了全球30个参比实验室平均76.51%的水平；明确全省烟叶农药残留状况，有针对性提出控制意见和措施，为云南绿色烟叶生产提供了支撑。

2015年，云南省烟草农业科学研究院以“两州市两品种两基地”为主体，大力推进绿色生态技术集成，精心组织5个专家服务团，按农时、分地域、分环节开展巡回指导；深入开展特色品种烘烤指导，针对2015年前期干旱、后期阴雨的特殊气候，编印红大、K326等特色品种烘烤技术挂图；全力支撑德宏丽江津巴布韦特色优质烟叶开发。创新服务形式和手段，积极开展手机彩信等“互联网+”生产技术服务，大力推进小册子、挂图等简单实用服务，编印发放膜下小苗移栽、控肥提质增效等6本生产技术手册6.75万册，发放烘烤技术挂图等13.2万张，发布病虫情报等20多期，有力支撑了全省烟叶生产。

（杨海林）

卷烟工业

【行业发展状况】 全省烟草工业重点聚焦“玉溪”“云烟”“红塔山”“红河”四大品牌，加快品牌整合进度，加快卷烟产品结构的调整，通过提高精品烟比重，实现品牌多规格向四大重点骨干品牌集中，走出了一条“速度、质量、规模、效益”型的发展道路，品牌规模突破1000万箱，税利总额突破1000亿元，实现了新的跨越。云产卷烟总产量从2010年的974.99万箱增长到2015年的1077.9万箱，年均增长2.02%，云烟、玉溪、红塔山、红河等四个重点品牌集中度由2010年的75.82%上升至2015年的89.56%，提高13.74%。2015年，烟草制品业实现工业总产值1618.53亿元，增长4.7%，利税1242.43亿元，增长5.8%。

卷烟产、销情况 省内企业内销产量完成770万箱，同比增加11万箱，增幅1.45%。省内企业内销工业销量完成775.41万箱，同比增加4.72

万箱，增幅 0.61%。

省内企业卷烟产、销结构 一、二类烟产量同比分别增长 2.55% 和 32.90%，比重增加 0.33 和 0.47 个百分点；一、二类烟工业销量同比增长 0.52% 和 35.03%，一类烟比重下降 0.04 个百分点，二类烟比重上升 0.49 个百分点。

重点品牌及规格 玉溪、云烟、红塔山、红河品牌省内产量累计完成 686.16 万箱，同比增加 13.47 万箱，增幅为 2%。产量占总产量比重为 87.89%，同比增加 0.48 个百分点。四大品牌省内企业工业销量累计完成 690.46 万箱，同比增加 7.29 万箱，增幅 1.07%。销量占总销量比重为 87.82%，同比上升 0.37 个百分点。

新产品销量情况 2014 年 12 月至 2015 年 12 月，云南中烟上市销售的新产品共 6 个，均为 2015 年上市，累计销售 9056.44 箱。

云南品牌省外合作生产情况 省外企业合作生产云南卷烟品牌 256.13 万箱，含云烟（苁蓉），同比减少 17.03 万箱，减幅为 6.23%。其中，有资产关系企业合作生产 151.31 万箱，同比减少 3.20 万箱，无资产关系企业合作生产 104.82 万箱，同比减少 13.83 万箱。

产品质量情况 云南中烟技术中心组织了云南中烟卷烟物理、烟气指标，烟用材料物理、安全性指标等六类共同实验，确保云南中烟各级检测机构检测数据的一致性和准确性。物资集团组织了 2015 年下半年云南中烟卷烟企业在用烟用材料的内控检测。样品涵盖省内八厂使用的条与盒包装纸、香精香料、烟用双向拉伸聚丙烯薄膜、烟用接装纸、烟用内衬纸、烟用框架纸、烟用滤棒七大类 268 个样品，其中合格产品 267 个，合格率 99.63%。

投资完成情况 国家局年初下达云南中烟 2015 年度投资项目计划 55 亿元，10 月调整增加 6 亿元，最终 2015 年度投资计划 61 亿元。其中，工程投资项目 44.39 亿元，多元化、境外投资等项目 16. 61 亿元。截止到 12 月末，云南中烟已完成投资 54.92 亿元，完成投资进度 90.03%。其中，工程投资完成 42.08 亿元，完成投资进度 94.79%；多元化、境外投资等完成 12.84 亿元，完成投资进度 77.3 %。

经济效益情况 2015 年，云南中烟累计实现税利 1263.30 亿元，同比增加 66.89 亿元，增幅为 5.59%。其中，省内系统实现税利 1205.33 亿元，同比增加 61.79 亿元，增幅为 5.40%。2015 年，行业卷烟产量大于销量，工商库存同比上升。卷烟结构提升放缓，重点品牌发展放缓，细支烟结构持续下降，合作生产同比减少，经济效益稳步增长。

电力工业

2015 年，云南电力工业面对国内外经济下行压力加大和电力总体供大于求的困难和挑战，继续保持了较快发展速度，全省电源装机容量快速增长，电网网架持续加强，电力供应高效有序，电力系统整体安全运行良好，节能减排成效显著，电力市场化交易稳步推进，为全省经济保持平稳较快发展提供了充足的电力要素支撑。

【电源装机】 2015 年，全省新投产发电装机容量 760 万千瓦，其中新投产水电 364 万千瓦，新投产风电 279 万千瓦，新投产太阳能光伏 75 万千瓦。截至 2015 年底，全省发电装机容量达到 7956 万千瓦（含向家坝电站 4 台 80 万共 320 万千瓦机组），同比增长 11%。其中，水电装机 5848 万千瓦，增长 5.7%，占全省发电装机的 73.5%，比 2014 年下降 2.0 个百分点；火电装机 1388 万千瓦，占全省发电装机的 17.4%，比 2014 年下降 2.2 个百分点；风电装机 614 万千瓦，同比增长 49.3%，并网太阳能光伏发电装机 106 万千瓦，同比增长 2.4%，风电和太阳能新能源装机占全省装机的 9%，比 2014 年提高 4.2 个百分点。

截至 2015 年底，云南电网统调发电装机容量 6315.11 万千瓦，新增 543.19 万千瓦，同比增长 9.4%，统调装机占全省装机容量的 79.4%。其中，水电 4585.01 万千瓦，火电 1254.7 万千瓦，风电 412.4 万千瓦，太阳能光伏发电 63 万千瓦。

【电力生产供应和电力运行】 2015 年，全省电力工业累计完成投资 943.7 亿元，同比增长 20.8%，占全社会固定资产投资的 7.2%，比上年上升 0.1 个百分点；占全省工业投资的 30%，比上年下降 1.5 个百分点。规模以上电力工业累计完成增加值 535.76 亿元，增长 7.9%（按可比价），拉动规模以上工业增长 1.1 个百分点；规模以上电力工业主营业务收入 1318.74 亿元，增长 1.6%，实现税金总额 109.10 亿元，增长 4.2%，利润总额 124.87 亿元，增长 9.7%。

电力生产 2015年，全省发电量累计完成2553.4亿千瓦时，同比增长1.07%。其中，水电发电量2177.6亿千瓦时，增长5.77%，占总发电量的85.3%；火电发电量266.5亿千瓦时，下降32%，占总发电量的10.4%；风电发电量92.28亿千瓦时，增长49.3%，占总发电量的3.6%。水电发电量占总发电量比例比上年提高3.4个百分点。

2015年，云南电网统调电厂累计发电1899.26亿千瓦时，同比持平，其中，水电1604.4亿千瓦时，同比增长5.8%，火电194.9亿千瓦时，同比减少39.5%，风电发电93.59亿千瓦时，同比增长47.5%，太阳能6.4亿千瓦时，同比增长1.2倍。云南电网统调发电设备平均利用小时数为3128小时，同比减少360小时；统调水电平均利用小时数为3639小时，减少216小时；统调火电平均利用小时数为1553小时，减少1012小时；统调风电平均利用小时数为2565小时，增加64小时。

省内用电 2015年，全省全社会用电量1438.61亿千瓦时，同比下降5.94%。单位GDP电耗1048.82千瓦时/万元（按GDP当年价计算），比上年下降13.4%（按GDP可比价计算）。全省电力消费中，第一产业用电量14.19亿千瓦时，增长7.28%；第二产业用电量1064.86亿千瓦时，下降9.26%；第三产业用电量142.15亿千瓦时，增长2.49%；城乡居民生活用电量217.41亿千瓦时，增长6.64%。第一产业、第二产业、第三产业和城乡居民生活用电量分别占全省全社会总用电量的0.99%、74%、9.9%和15.11%。全省工业用电量1037.54亿千瓦时，同比下降9.52%，占全省用电量的72.12%；规模以上工业用电量950.13亿千瓦时，下降4.46%，占全省用电量的66%；规模以上工业中六大高耗能行业用电量834.13亿千瓦时，下降4.92%，占全省用电量57.99%，其中，有色金属冶炼及压延加工业用电量293亿千瓦时，增长0.69%；黑色金属冶炼及压延加工业用电量158.69亿千瓦时，下降18.37%；化学原料及化学制品制造业用电量175.53亿千瓦时，下降2.1%；电力、热力的生产和供应业用电量103.16亿千瓦时，下降1.45%；非金属矿物制品业用电量95.5亿千瓦时，下降0.86%；石油加工、炼焦和核燃料加工业用电量8.25亿千瓦时，下降28.54%。

电力外送 2015年，全省累计向外输出电量1129.26亿千瓦时，同比增长9.03%。其中，送广东电量（含溪洛渡电厂和广西送电量）累计945.74亿千瓦时，增长6.68%；送越南电量16.03亿千瓦时，下降19.52%；送老挝电量2.32亿千瓦时，增长4.99%；送缅甸电量0.63亿千瓦时；向家坝电厂（云南侧）送上海电量153.73亿千瓦时。

电力运行 2015年，全省发电装机规模已达7900万千瓦，而省内用电加上外送最大负荷仅4500万千瓦左右，再加上受工业经济增长放缓影响，用电需求不旺，全省电力运行呈现总体供大于求的状况，电力消纳问题突出。针对电力供大于求的形势，电力运行不断加强宏观调控，加强节能发电调度和电力供需平衡管理，积极推进电力市场化交易工作，多渠道、多举措消纳富余水。

【电源投产】 2015年全省新投产水电装机364万千瓦。截至2015年底，澜沧江干流梯级电站已投产装机1572万千瓦，占统调水电装机的24.9%，年发电量568.36亿千瓦时，占统调水电发电量的35.42%。金沙江中下游累计投产240万千瓦。其中，梨园电厂投产1台机组（单机60万千瓦），观音岩电厂投产3台机组（单机60万千瓦、共180万千瓦）。截至年底，金沙江中下游梯级电站已投产发电装机1889万千瓦（不含向家坝320万千瓦），占统调水电装机的41.2%，年发电量627.25亿千瓦时，占统调水电发电量的29.1%。

【电网发展】 2015年，云南电网公司建设投资完成162亿元。截至2015年底，云南电网公司500千伏变电所27座，变电容量4050万千伏安、输电线路1.06万公里；220千伏变电所129座、变电容量4236万千伏安、输电线路1.43万公里；110千伏变电所443座、变电容量3264万千伏安、输电线路2.31万公里。云南省内，电网最高电压为±800千伏楚穗及普桥直流线路，交流500千伏电网已形成围绕滇中和滇东的“品”字形500千伏环网，并辐射延伸至滇南、滇西、滇西南、滇东北、滇西北等区域；220千伏网络主要在昆明、曲靖、红河、玉溪、楚雄等负荷中心形成了颇具规模的骨干网，并覆盖全省十六个市州。西电东送送广东形成“四直六交”主通道：交流通道为鲁布革水电站至马窝换流站的220千伏双回线路，罗平变电所至马窝换流站500千伏单回、罗平变电所至百色500千伏双回线路、砚山变电至广西崇左变电所500千伏单回线路；直流通道为±800千伏楚穗直流外，±800千伏普桥直流、±500千伏牛丛双回直流通道，西电东送电力提高至1950万千瓦。2015年，全省继续加大农网改造升级，全省农村平均户表改造率达到98%，农民用电负担大幅减轻。2015年，全省未发生大面积停电事件，全口径城市用户平均停电时间4.33小时/户，农村用户平均停电时间12.69小时/户，对应的城市供电可靠率为99.95%，农村供电可靠率为99.855%。

【节能发电调度】 2015年，云南电网可再生能源发电量1871.98亿千瓦时（包括水电、风电和太阳能），同比增加139.08亿千瓦时，可再生能源发电量占全网总发电量比例为90.65%，比2014年提高6.31个百分点。发电厂生产厂用电率平均1.51%，同比下降0.66%。云南电网统调火电发电量194.9亿千瓦时，同比下降39.56%，累计耗用原煤1121万吨，同比减少857万吨，累计耗用燃油5222吨，同比减少2570吨。火电厂平均发电煤耗307.53克/千瓦时，下降0.01克/千瓦时，平均供电煤耗330.18克/千瓦时，下降1.2克/千瓦时，单位发电矿物燃料消耗28.97克/千瓦时，下降19.29克/千瓦时。统调火电企业脱硫设施投运率为99.9%，脱硫效率96.8%，减排二氧化硫27.1万吨。单位发电量二氧化硫排放量为0.043克/千瓦时，同比下降0.092克/千瓦时。2015年云南电网节能发电调度同比节约标煤429.98万吨，其中，因水电增发节约标煤305.51万吨，因新能源增发节约标煤122.22万吨。

【电力需求侧管理】 2015年，继续广泛开展电力需求侧管理宣传活动，累计发放宣传资料10余万份，接受节电、用电咨询2万余人次；完成2014年云南电网电力需求侧目标责任考核工作和辽宁电力公司电力需求侧责任目标责任交叉考核工作；加强对电力用户节能诊断和电力需求侧项目管理，稳步推进工业领域电力需求侧管理评价工作。2015年，对我省150户电力用户进行了免费的节能诊断工作，积极推进了大理州鹤庆北衙矿业有限公司进行电机变频和水泵节能改造，曲靖呈钢钢铁有限公司的余热余压进行回收发电项目节电改造，共投资1000多万元，预计年节约电量4500多万千瓦时。

（谭枚春）

云南电网有限责任公司

【概 况】 云南电网有限责任公司是云南省域电网运营和交易的主体，是云南省实施“西电东送”“云电外送”和培育电力支柱产业的企业。2015年底，公司拥有110千伏及以上电压等级变电站587座，110千伏及以上输电线路4.7万千米。本部设21个职能部门，下设33个地市级单位（含18个地市级供单位）、124个县区级单位（含县级供电企业114个）。员工总数7万人。

2015年完成售电量1817.7亿千瓦时，省内售电量1067.8亿千瓦时，西电东送电量945.8亿千瓦时（送广东681.1亿千瓦时，送广西50亿千瓦时；溪洛渡电站送广东214.7亿千瓦时）。完成电网建设投资138.57亿元；实现营业收入732.4亿元；公司资产总额1086亿元。

【全面创先工作】 公司紧扣“1+N+1”创先工作体系，结合实际优化了11个创先专项方案和创先战略地图功能，初步实现了创先工作的全景展示和动态监控。按网公司一体化要求完善了本地化作业标准体系，发布197个B类制度、179个典型业务指导书和458个典型作业指导书。全省816个供电所达到“1+2+1”规范化要求。制定《“做强供电局、做精县公司、做实供电所”总体方案》，优化了供电单位资源配置和管理模式。全口径用户平均停电时间降至4.06小时。玉溪供电局2014年用户平均停电时间仅为1.38小时，在全国地市级企业供电可靠率排名中位列第九。全口径线损率6.6%，全部县级供电企业线损率降至10%以下。公司在云南省十大公共服务行业公众满意度调查中连续7年排名第一。

【安全生产】 完善电网运行风险分析和预警防控机制，制定并落实防范云南电网十大安全风险的81项控制措施，杜绝了电网稳定破坏和大面积停电事故。开展了新《安规》的学习培训、“三种人”调考和“两票”专项治理。设备重大、紧急缺陷的消缺率和消缺及时率保持100%。完成35千伏变电站综自改造135项，变电站无人值班率达60%。实现所有二级供电单位带电作业全覆盖。首次在怒江、迪庆等海拔超过4000米的地区开展直升机巡检作业。成功应对了“3·01”临沧沧源5.5级等7次4级以上地震的应急处置工作。联合开展了昆明市处置电网大面积停电事件和地震灾害应急演练。完成了习近平总书记考察云南、纪念抗战胜利70周年、南博会等重大活动保供电任务。

【电力供应】 全年西电东送电量增加62亿千瓦时，省内电力市场化交易电量320亿千瓦时，弃水电量比年初预计减少213亿千瓦时。配合省政府制定的《2015年云南电力市场化工作方案》被国家发改委刊发各省区学习借鉴。营配信息系统户变关系、接线图和用户表计信息准确率均达100%。关键性节能减排指标继续保持全国前列。“3C”绿色电网项目110千伏华晨、上河输变电工程竣工投产。

【电网规划建设】 完成了“十三五”固定资产投资规划和电网规划编制。梳理制定了2016～2018年稳增长投资规划项目库。优化配网规划投资策略，重点加强州市政府所在地、县城、旅游点、对外关口、经济开发区电网和通信信息网建设。投产了110千伏及以上项目60项。建成标准台架变4713个。500千伏建塘变工程荣获中国建筑工程鲁班奖、中国电力优质工程奖、南方电网优质工程第一名，500千伏建黄线工程荣获国家优质工程奖。

【企业内部管理】 配合省政府有关部门研究制定云南电力体制改革相关政策，参与输配电成本监审、电价调整方案测算等工作。办公费、差旅费实现零增长，会议费、业务招待费和出国经费均同比下降。开展财经纪律、资金安全、财务监督等方面的专项检查和整改，健全长效机制。加强审计整改闭环管控和总结，一项审计案例入选2015年中国内审协会百佳案例。办结法律案件117件，避免和挽回经济损失1亿元。举办了大湄公河次区域电网及联网规划建设专业培训班，向老挝提供电网稳定运行技术支持。公司被网公司授予“信访工作先进集体”，一人获国资委“中央企业优秀信访工作者”称号。综合信息工作连续4年排名网公司第一。

【科技和信息化】 在网公司科技创新指标评价中排名第二，位列五省区第一。新增一个省级重点工程实验室，全年共获省部级奖励40项，新增专利400余项。围绕小水电、高海拔、新能源等云南特色领域开展研究，编制“十三五”科技发展规划。“输变电设备物联网”和“多特性小水电群消纳”两项“863计划”项目通过国家验收。完成了CSG Ⅱ推广应用，开展了SOA服务迁移和GIS系统性能优化，完善了ITSM系统及信息安全审计系统。

【队伍建设】 选优配强公司系统各级领导班子，以技术专家队伍带动人才队伍发展。理顺了县级供电企业劳动用工关系。规范公司本部科级及以下岗位设置，撤销了电力教育中心、电力建设公司，优化调整昆明供电局等13家单位内设机构。制定了解决供电单位冗缺员问题方案并在丽江局试点。落实高技能人才培养计划，高技能人才同比提升8%。9名员工获选“云岭首席技师”，获选人数名列云南各企业之首。

【党建和反腐倡廉建设】 落实“三严三实”各阶段专题教育，抓好《党章》《准则》《条例》学习宣贯，严肃“三会一课”、党员先进性测评，坚持党支部（小组）每周五政治学习。制定了《基层党组织设置的指导意见》，完成了18个基层党委（纪委）换届选举。完成了中央巡视组专项巡视反馈的38项意见整改工作。完成了12家二级单位和68家县级供电企业巡视工作。投入5.45亿元开展鲁甸、景谷、盈江、沧源4个地震灾区电网灾后重建，向维西、西盟、东川等地区投入997万元扶贫资金。

（张 弋）

黑色金属工业

2015年，在政策和市场双重挤压下，全省黑色金属行业大部分企业停产减产，主要产品产量大幅下滑，能效急剧攀升，行业全面亏损，倒逼企业在淘汰落后、技改提升、转型升级和抱团取暖中求生存。

【主要产品产量】 受煤矿大面积停产整顿而导致焦炭采购价格高、进口矿价格不断下跌、自有资源优势丧失等因素影响，省内钢铁企业竞争力整体下降，自产铁钢材产量持续下滑，大量省外钢材涌入云南市场。全年共生产生铁1235.4万吨，同比下降28%，较“十一五”末下降7.6%，较2013年“十二五”期间峰值下降36.2%。生产粗钢1418.1万吨，同比下降16%，较“十一五”末增长9.6%，较2013

年“十二五”期间峰值下降24.8%。生产钢材1695.4万吨，同比下降12%，较“十一五”末增长39.5%，较2013年“十二五”期间峰值下降17.4%。铁、钢、材产量分别占全国总产量1.8%、1.8%和1.5%，所占比重进一步萎缩。

受钢铁等下游产业不景气影响，全年共生产铁合金82.3万吨，同比下降38%，较“十一五”末增长4.5%，较2012年“十二五”期间峰值下降48.4%。

【产品价格及行业经营】 2015年，省内钢材平均出厂价从2700元/吨降至2000元/吨，降幅25.9%。同期铁精矿粉采购价格从780元/吨降至600元/吨，降幅23.1%；焦炭采购价格从1300元/吨降至1100元/吨，降幅15.4%。虽然原燃材料和产品价格都在不断下滑探底，但由于产品价格下跌幅度更大，加之其他要素成本居高不下，导致行业效益急剧下滑。

规模以上黑色金属行业实现工业增加值137.21亿元，同比下降32%（按现价计，下同），较“十一五”末下降7.2%，较2013年“十二五”期间峰值下降43.6%，全行业亏损超过40亿元。其中，规上黑色金属矿采选业实现增加值50.2亿元，同比下降16.6%，较“十一五”末增长45.9%，较2013年“十二五”期间峰值下降29.2%。规上黑色金属冶炼及压延业实现增加值87亿元，同比下降38.6%，较“十一五”末下降23.3%，较2013年“十二五”期间峰值下降49.6%。

【淘汰落后产能】 2015年，全省共淘汰炼铁高炉5座，产能117万吨。炼钢转炉1座，产能25万吨。铁合金矿热电炉16台，产能12.6万吨。“十二五”期间累计淘汰炼铁产能477万吨、粗钢产能175万吨、铁合金产能44万吨，全面完成工业和信息化部下达的目标任务。

全年规模以上黑色金属行业能源消耗总量1346.7万吨标准煤，同比下降23%，较“十一五”末增长1.3%，较2013年“十二五”期间峰值下降29%。其中，规上黑色金属矿采选业耗能77.4万吨标准煤，同比下降23.6%，较“十一五”末下降2.6%，较2012年“十二五”期间峰值下降34.4%。规上黑色金属冶炼及压延业耗能1269.3万吨标准煤，同比下降22.9%，较“十一五”末增长1.6%，较2013年“十二五”期间峰值下降28.7%。

虽然能源消耗总量不断下降，但由于主要产品产量和行业经济效益同步下滑，致使行业单位工业增加值能耗不降反增。2015年，黑色金属行业单位工业增加值能耗由2014年的8.65万吨标准煤/亿元升至9.82万吨标准煤/亿元，增加17%，较“十一五”末增加9.7%，较2013年“十二五”期间低点增加25.9%。

【技改转型】 2015年，全行业完成投资72.4亿元，同比下降22.2%，较“十一五”末下降16.8%，较2012年“十二五”期间峰值下降43.8%。且投资方向重点向技术升级、节能减排和产品结构调整方向转变。重点钢铁企业全部实施了烧结脱硫、高炉余热余压和窑炉尾气利用等节能减排改造，建筑钢材比重已调整到78%，400兆帕及以上高性能抗震钢、耐酸钢、管道钢、易削切钢、特种异型钢、不锈钢及不锈钢复合材、金属锰及合金等黑色金属材料比重逐步提高。部分钢铁企业主动退出钢铁行业，开始向矿业开发、高原特色农牧业、现代物流等产业方向转型。

【深化行业兼并重组】 面对钢铁产业发展的严峻形势，各级政府及行业管理部门会同钢铁企业共谋降本增效求生存之策。一是及时出台支持钢铁产业稳定生产经营的有关优惠措施，最大限度地降低钢铁企业政策性成本支出。二是持续推进兼并联合后的5大钢铁集团“七统一”内部经营管理体制改革，努力降低生产成本。三是依托钢铁行业协会组建钢铁产业联盟，合理优化区域市场要素资源配置，最大限度地降低行业运营成本。

2016年，是全省启动“五网”建设和产业发展年，区域市场对钢材需求预期较大，但我省钢铁企业居高不下的生产经营成本和以建筑钢材为主的品种结构，难以有效抗击入滇钢材的竞争。全省黑色金属行业将全面贯彻“创新、协调、绿色、开放、共享”发展理念，按照《国务院关于钢铁行业化解过剩产能实现脱困发展的意见》要求，加快推进以需求为导向的供给侧调整，着力化解过剩产能，努力提升智能化制造水平，最大限度地降低生产经营成本，全面提高行业整体竞争力，在稳定质量和效益中保障全省经济发展需求。

（李 莉）

黄金行业

“十二五”期间，黄金价格自2011年涨至历史峰值（390.01元/克）后一路下探，最低达216.17元/克。2015年，金价一直在263.15--232.35元/克之间低位震荡。面对价格震荡下滑、要素成本居高的新形势，黄金生产企业及时调整经营思路，创新发展模式，使全省黄金行业延续了“十二五”以来平稳发展的良好势头。

黄金产量创历史新高。2015年，全省生产黄金30.63吨，同比增长5.04%。产金量占全国总产量6.81%，稳居第四位。其中，矿产金产量20.39吨，同比增长3.74%。冶炼副产金10.24吨，同比增长51.19%。“十二五”期间，全省累计产金136.68吨，较“十一五”期间的100.66吨增长35.78%，年均增长4.28%。其中，矿产金100.36吨，较“十一五”期间的54.15吨增长85.34%；冶炼副产金36.32吨，较“十一五”期间的46.51吨下降21.91%。

黄金资源勘探取得重大突破。鹤庆北衙金矿探矿增储成效显著，资源储量已达世界级规模。大理九顶山黄金勘探取得新进展，正在由大型向特大型黄金矿床规模迈进。随着迪庆州铜矿资源储量增加，其伴生黄金资源储量也已累计达到世界级规模。到“十二五”末，全省保有黄金资源储量已超过700吨，为黄金行业持续稳定发展奠定了基础。

大企业龙头带动作用显著增强。云南黄金矿业集团股份有限公司拥有的黄金资源量及产量已跻身全国黄金行业前5强，并已成为我国西南地区最大的黄金提纯精炼中心，年提纯精炼黄金能力将在“十三五”期间达到100吨以上。云南黄金有限责任公司利用中金集团人才、技术、资金、管理等优势，专项开发以镇沅金矿为主的难开采处理的金矿类型。云铜集团已成为全省冶炼副产金精炼中心。祥云县黄金工业有限公司创新工艺路线，并以自主知识产权建成难处理金精矿处理中心，形成了以西南地区为主、兼顾南亚东南亚地区的难处理金精矿综合回收利用和黄金精炼提纯。

全省黄金行业尚存在着矿产开采点多面广规模小、乱采滥挖甚至违法开采等问题，黄金矿产开发集中度亟待进一步提高。2016年乃至“十三五”时期，受国际秩序动荡、经济复苏维艰、黄金需求稳增等因素影响，国际金价预期在震荡中回升，也为保持黄金行业持续稳定发展提供了可能。全省黄金行业将全面贯彻“创新、协调、绿色、开放、共享”发展理念，认真落实非煤矿山转型升级整顿要求，持续推进黄金矿产开采集中度，不断强化数字化绿色矿山建设，促进行业在资源节约、环境友好的可持续发展道路上不断迈进。

有色金属行业

2015年，受国内外多重因素影响，有色金属市场供求失衡，产品价格持续走低，结构性产能过剩矛盾加剧。在此背景下，全省有色金属行业部分产品产能过剩、产品结构不合理、技术瓶颈制约、资源能源约束等矛盾集中凸显，增产不增效、能效攀升、经营困难等问题逐步显现，加快行业结构调整任务更加紧迫。

【主要产品产量】 全年生产十种有色金属333万吨，同比增长3.87%，较“十一五”末增长38.5%。其中，铜54.5万吨，增长6.9%占全国总产量6.8%；原铝120万吨，增长20%，占全国总产量3.8%；锌114万吨，增长2.7%，占全国总产量18.5%；铅34.6万吨，下降23.5%，占全国总量8.96%；锡8.5万吨，下降13%，占全国总产量54%；锑1.14万吨，下降63%，占全国总产量10.1%。“十二五”期间，全省累计生产十种有色金属1512万吨，年均增长6.7%。其中：铜年均增长9.8%，原铝年均增长12.2%，锌年均增长5%，锡年均增长2.4%，铅年均下降1.9%，锑年均下降16.5%。

【产品价格及行业效益】 受下游需求不振和金融市场动荡影响，除个别产品价格相对平稳外，主要有色金属产品价格均呈下行趋势。其中，铜价由年初的4.3万元/吨震荡下跌至3.5万元/吨，铝价由1.3万元/吨跌破1万元/吨，锌价由1.7万元/吨下跌至1.25万元/吨，锡价由13万元/吨震荡下跌至9万元/吨，铅价在1.2万元/吨至1.4万元/吨区间震荡。

全年规模以上有色金属行业实现工业增加值426.8亿元，同比下降1.1%（按现价计，下同），较“十一五”末增长49.2%。其中：有色金属矿采选业完成增加值112.8亿元，同比增长0.5%，较“十一五”末增长81.1%；有色金属冶炼及压延业完成增加值314亿元，同比下降1.7%，较“十一五”末增长40.3%。“十二五”期间，有色金属行业累计实现工业增加值2050

亿元，年均增长 8.3%。其中，有色金属矿采选业年均增长 12.6%，冶炼及压延业年均增长 7%。

2015 年重点监控的 5 户企业中，2 户企业合计盈利不到 2 亿元，其余 3 户企业合计亏损超过 50 亿元，行业整体效益持续下滑。

【节能减排】 2015 年，共淘汰落后炼铜产能 3.11 万吨，炼锌产能 0.15 万吨。“十二五”期间，全省累计淘汰炼铜产能 18.17 万吨、电解铝 1.76 万吨、炼铅 1.4 万吨、炼锌 19.73 万吨，全面完成工业和信息化部下达的目标任务。“十二五”期间，高效节能采选工艺和设备、自热强化熔炼工艺、低温低电压铝电解节能技术、湿法冶金节能等先进工艺在行业内得到广泛应用，污染物产生和排放得到了自源头至全过程的严格控制。重点企业单位产品综合能耗持续下降，粗铜综合能耗 260 千克标煤 / 吨、原铝综合能耗 1710 千克标煤 / 吨、粗铅综合能耗 280 千克标煤 / 吨、锌冶炼综合能耗 1010 千克标煤 / 吨、锡冶炼综合能耗 1414 千克标煤 / 吨，均达到行业先进水平。

全年规模以上有色金属行业消费能源 1275 万吨标准煤，同比增长 0.7%，较“十一五”末增长 52.6%。其中：有色金属矿采选业消费能源 75.2 万吨标准煤，同比下降 13.7%，较“十一五”末增长 42.9%；冶炼及压延业消费能源 1199.8 万吨标准煤，同比增长 1.8%，较“十一五”末增长 53.2%。“十二五”期间，全行业消耗能源总量年均增长 8.8%。其中，有色金属矿采选业年均增长 7.3%，冶炼及压延业年均增长 8.9%。但由于产品价格下跌，行业效益下滑，全行业平均能效持续攀升。2015 年，规模以上有色金属行业单位增加值能耗达到 2.98 万吨标煤 / 亿元，同比上升 1.7%，较“十一五”末上升 2%，较 2013 年“十二五”期间低值上升 16%。

【固定资产投资与产业结构调整】 2015 年，有色金属行业共完成固定资产投资 233.8 亿元，同比增长 8.7%，较“十一五”末增长 31.3%。投资重点由冶炼环节逐步向上游资源保障和下游延伸加工及产业配套体系建设稳步推进，结构调整初见成效。十种有色金属就地压延加工利用率已提高到 21%。铝型材、宽幅铝板带箔生产能力已达到 50 万吨，并正在开展 50 万吨精铝带箔项目前期工作。电解铝就地加工应用蓬勃发展。铜材加工已具备 40 万吨能力，高速铁路用铜银合金、铜锡合金导线，已用于国内多条电气化铁路，产品在全国市场占有率达 50% 以上。锡基材料已形成 10 大类产品系列、500 多个规格品种。

【行业管理】 2015 年，全行业有 1 户铅锌矿山企业、3 户铅锌冶炼企业、1 户铜冶炼企业达到规范条件而获得工业和信息化部公告。至此，全省 80% 的有色金属骨干企业在技术装备、规模布局、质量水平、节能环保、资源综合利用、安全生产等方面达到行业规范要求，行业整体发展水平不断提高。

2016 年，世界经济形势依然复杂多变，经济下行压力仍在加大，经济发展新常态特征愈发明显，预计有色金属产品市场需求难以出现大幅度增长，产品价格仍将维持低位震荡。全省有色金属行业将以提高资源保障能力和发展延伸加工为重点，全面贯彻“创新、协调、绿色、开放、共享”发展理念，着力化解冶炼环节过剩产能，加快推进清洁载能产业基地建设，努力提升产品技术含量、智能制造能力和个性化服务水平，推动企业由生产型向生产服务型转变，促进行业绿色发展，全面提高行业整体竞争力。

（李　莉）

盐业管理

【全省盐业运行情况】 2015 年，全省累计生产原盐 101.58 万吨，其中食用盐 33.77 万吨（未含饲料添加剂氯化钠），下降 16.56%；工业盐 65.37 万吨，下降 22.92%。省内原盐销售达 94.5 万吨，下降 15%，其中食盐累计销售 37.37 万吨，下降 6%；工业盐累计销售 57.13 万吨，下降 21%。省外食盐销售 2.57 万吨，降低 28 %。主要制盐企业盐硝产品销售收入 12.30 亿元，实现利税 1.29 亿元，实现工业增加值 5.56 亿元。

【重点工作】

行政管理 进一步清理规范盐业行政许可，对照相关法律法规，对盐业行政许可开展清理，梳理盐业行政管理权力清单，经省政府公布的盐业行政权责清单共 24 项，其中行政许可 4 项，行政处罚 15 项，行政强制 1 项，行政检查 1 项，行政确认1项，其他权力2项。针对盐业市场受假劣食盐冲击较大的实际，省工信委部署专项执法检查，增强市场检查的针对性、实效性，提高执法水平。各级盐业行政管理部门加强市场的检查、监管，从源头抓起，除日常检查外，还在春节、国庆、中秋等节假日前后开展巡查，有力保障了食盐安全。2015年，全省共查处涉盐违法案件1224件，没收违法盐产品887吨，罚款22.68亿元。办理盐业许可9389份。启动了“云南盐业创新发展”课题研究；云南盐业管理信息化平台建设取得突破。

生产营销 省内主要制盐企业坚持以“优化生产组织，调整产品结构，整顿盐业市场”作为年度工作的核心，围绕“深挖潜、严控制、节费用、少投资，增效益”的工作主线，迎难而上，较好地完成了年度生产经营目标任务。

全面推进改革，适应发展需求按照全省深化改革的工作部署，2015年10月，云南盐化股份有限公司向唯一特定对象非公开发行股票9331.35万股在深圳证券交易所上市，公司股份总数为2.79亿股，云南省能源投资集团有限公司持有公司股份总数的33.43%，成为公司控股股东，省国资委为公司实际控制人和最终控制方，云南盐化股份有限公司板块结构实现了由盐及盐化工向制盐＋能源方向转变。同时，针对公司内部改革积极推进，成立了全面改革领导小组，下设7个专项工作组，重点围绕生产、销售所面临的问题进行研究，完成了《云南盐化股份有限公司食盐品种结构调整方案》和《云南盐化股份有限公司市场营销整合方案》，取得了初步成效。针对公司制盐装置多、产能分散、产能发挥有限、优良资产产能不能得到有效发挥的现状，公司先后启动了制盐产能优化整合工作，制定了《一平浪盐矿转方式、调结构实施方案》，实施人员分流安置，完成了一平浪盐矿整合的基础工作；乔后盐矿产能整合工作已启动。为适应新常态发展，按照走出去的思路，开展以跨区域销售为突破口，积极拓展临近市场；以食品加工用盐和工业盐为敲门砖，探索东南亚地区出口市场的工作取得良好开局。

优化生产组织，实现提质增效 2015年，面对严峻的市场形势，云南盐化股份有限公司根据各生产企业资源供给和资源配置情况，围绕生产装置效益和效率最大化为目标，克服下游需求不足、产品胀库等不利因素的影响，强化产品制造过程关键环节的管理和协调，优化生产组织，最大限度的确保生产装置在有效生产时间内“高负荷、长周期”稳定运行。截至2015年11月，80万吨制盐装置全年有效运行近200天，80万吨制盐蒸汽消耗低于设计值并达到历史最好水平。

提升品牌价值，提升客户服务质量 一是充分利用各种宣传媒介，先后与云南经济日报以及民生周刊等媒体开展合作，加大“白象牌”食盐的宣传和推广，进一步提升“白象牌”食盐在消费者中的知名度。结合开展“三进”活动，深入广大城镇、乡村，针对各消费群体广泛开展宣传，发放宣传资料48万份。二是加大市场管理。针对全省食盐市场私假盐冲销有所抬头的状况，以“强化市场管理”为主线，在全省范围深入开展以“抵制私假食盐，防治碘缺乏病”“科学食用碘盐，享受健康生活”的主题活动，共组织各相关单位、部门出动人员2.46万人次、车辆5546辆次，进村9237个、进店4.54万个、进户4.89万个，查处涉盐违法案件，有效地净化了食盐市场，遏制住了私假盐在全省蔓延的趋势。三是夯实销售基础。对现有渠道进行遴选和优化，积极推进客户经理负责制，通过服务水平的提升，进一步发现和满足客户需求，实现从产品销售到客户服务的逐步转变。四是推进“减盐”行动。根据《中国慢性病防治工作规划（2012~2015年）》和《云南省慢性病防治工作规划（2012~2015年）》的规划，以及《云南省减盐防控高血压行动方案》的要求，积极做好低钠盐的生产供应，充分利用公交、电视、宣传单以及宣传标语等媒介，通过“3·15”“5·15”以及“三进”活动，深入广大城镇乡村以及社区开展“减盐防控高血压”的宣传，引导适宜人群科学使用低钠盐，不断提高居民对科学用盐的认识，全年实现低钠盐销售2.23万吨。

【创新发展】 云南盐化股份有限公司开展了包括调味盐、海藻加碘盐、腌制盐、泡菜盐等多品种盐新产品的研究开发工作，目前新品种盐产品的开发和相关产品标准备案、工艺操作规程制订等产品定型工作均已完成。结合云南井矿盐的历史和独特的资源优势，开展了古滇深井盐系列产品的研发工作，并完成了相关企业标准制定和报备工作。与云南西草资源开发有限公司合作，组织完成了日化盐新产品（果蔬洗涤盐、洗发盐、沐浴盐等）的配方调整和试生产工作，确定了上述新产品的配方和生产工艺，并制定了相应的工艺规程、分析方法和产品标准。

【质量管理】 云南盐化股份有限公司坚持按照“管理抓基础，基础抓制度，制度抓落实，落实抓现场，现场抓执行，执行抓考评”的要求，夯实管理基础，提高管理水平。为进一步夯实管理基础，公司在通过ISO9001质量管理体系、ISO14001环境管理体系、OHSAS18001职业健康安全管理体系认证的基础上，结合能源管理中心的建设，组织实施了测量管理体系以及能源管理体系的认证工作。为进一步提高管理效率，启动了昆明盐矿管理提升工作，委托昆明蓝茂企业管理咨询有限公司对昆明盐矿生产组织管理体系和人力资源管理体系进行诊断，通过诊断，优化昆明盐矿生产组织管理体系和人力资源管理体系。

【节能减排】 加快推进节能项目建设，努力实现节能减排目标。先后完成了昆明盐矿烟气脱硫、脱硝项目建设；普洱制盐烟气脱硫项目建设；昆明盐矿能源管理中心项目建设工作并通过验收。同时，以昆明盐矿为重点，启动了能源管理体系的建设工作。通过技术改造、技术创新，确保节能减排任务达标，截至2015年10月，按可比价产值能耗计算，云南盐化股份有限公司实现节能量5248吨标准煤。在“十二五”期间累计完成节能量8.52万吨标准煤，超额完成“十二五”目标6万吨标准煤责任目标任务。

（汤云富）

化学工业

2015年，受经济下行和自身结构影响，全省化工行业主要产品产量保持增长，但经济效益持续下滑，能源利用效率走低。市场竞争和安全环保压力倒逼行业转型升级和搬迁改造工作加快推进，但投资力度持续减弱，结构调整动力不足，全行业经济下行压力持续加大。

【主要产品产量】 全年生产标准磷矿石2744万吨，同比增长2.9%；标准硫铁矿65.4万吨，增长17.5%；硫酸1417万吨，增长3.3%；黄磷59万吨，增长9.6%；合成橡胶18.8万吨，增长63.7%；合成氨237.5万吨，增长3.2%；磷肥（折纯）218.6万吨，增长0.55%；氮肥114万吨，增长17%；化学农药66吨，增长38.7%；电石56万吨，下降29.5%；聚氯乙烯19.6万吨，下降21.5%；焦炭1150万吨，下降23.3%；原盐101.6万吨，下降18.9%；烧碱21.2万吨，下降11.9%；纯碱9万吨，下降31.4%。“十二五”期间，磷矿石、硫铁矿、黄磷、硫酸、合成氨、化学农药等产品保持增长势头，焦炭、纯碱产品持续走低，其他产品产量呈“∧”形走势。

【经济效益】 全省规模以上化工行业（含焦化）实现工业增加值187.1亿元，下降9.8%（按现价计，下同）。其中，规上化学原料及化学制品业实现工业增加值166.8亿元，下降3.7%。焦化行业实现工业增加值20.3亿元，下降40.6%。以寻甸褐煤洁净化利用为代表的新型煤化工产业，本应成为化工行业新的经济增长点，但因国际原油价格不断下行而严重亏损。以氯碱化工为主的基础化工产业，主要产品产量均呈大幅下滑趋势。“十二五”期间，规模以上化工行业实现工业增加值年均增长5.78%，但自2011年，连续2年保持高速增长后逐年呈现下滑趋势。

【行业投资】 全年化工行业（不含焦化）完成投资76亿元，下降19.2%，连续两年负增长。由于市场倒逼，企业对传统大宗化工产品投资更加谨慎，行业投资主要流向新材料、产品结构调整、节能技改等领域。云天化集团高性能锂离子电池微孔隔膜项目、萃取法磷酸二氢钾产业化项目、高性能电子导热石墨膜项目，煤化集团褐煤洁净化利用项目，南磷集团绿色农化基地等精细磷化工项目等一批项目建成达产。“十二五”期间，全行业固定资产投资年均增长2.56%。

【能源利用效率】 规模以上化学工业消耗能源（含焦化）1517万吨标煤，同比减少0.5%，但单位工业增加值能耗达8.11吨标煤，增长10.3%。其中，化学原料及化学制品业消耗能源1358.5万吨标煤，增长4%，单位工业增加值能耗增长8%。焦化行业能耗158.5万吨标煤，减少27.4%，单位工业增加值能耗增长22.3%。焦化行业因煤炭供应和钢铁行业需求不足减产限产，使全行业能耗总量下降，但化学原料及化学制品业能耗增加同时增加值下降，行业效益下滑进一步拉低了能源利用效率。“十二五”

期间，能源消耗总量年均增长 3.4%，单位工业增加值能耗年均增长 0.42%。

【转型升级及结构调整】 2 云天化集团与以色列化工集团在整合磷化工产业链、共同设立研发中心等领域开展全面战略合作，借助以方化工领域世界领先的研发创新能力，为我省发展精细磷化工产业提供了新的模式。城镇人口密集区高风险危险化学品生产企业搬迁改造工作加快推进，2 个项目列入国家专项建设基金项目，合计拟将获得国家开发银行 2.92 亿元资本金注入支持。“十二五”期间，全省聚甲醛、聚氯乙烯、季戊四醇、锡基化工等基础化工材料规模逐步扩大。高浓度化肥比重达到 85%，高效复合肥、水溶性肥、缓控释肥、生物有机肥等新型肥料产品发展取得进步。高质纯碱和离子膜烧碱比重达到 95%。生物农药研发及产业化、规模化发展成效明显，高毒农药生产全面取缔。淘汰焦炭装置 60 座 590 万吨、电石 8 座 14.95 万吨、黄磷 4 座 2 万吨，落后产能退出市场步伐加快。稳步推进化工企业进园区，全省已规划化工园（片）区 31 个，进驻化工园（片）区企业 95 户，入园率达到 38.4%。

2016 年，全省化工行业将全面贯彻“创新、协调、绿色、开放、共享”发展理念，主动对接《中国制造 2025》，改造提升化工产品制造智能化水平。认真落实化肥行业转型发展，规范化工园（片）区管理和空间发展布局，努力做好危险化学品生产企业搬迁改造和化工行业转型升级工作。积极推进以化工新材料为重点的产业体系建设，延伸产业链，进一步提高全行业发展质量和效益。

（李 莉）

建材工业

【概 况】 2015 年，在经济下行压力加大和建材产品价格下滑等复杂严峻的形势下，云南省建材工业坚持稳中求进的工作总基调，坚持以提高经济发展质量和效益为中心，全面贯彻落实国家和云南省建材工业产业发展政策，全力推动全省建材产业转型升级、提质增效。2015 年，全行业经济运行质量总体平稳，生产总量保持基本稳定，行业效益有所下降。

【生产运行情况】

1. 主要建材产品生产情况

水 泥 累计生产水泥 9305.31 万吨，比 2014 年减少 187.33 万吨，同比下降 2.0%。全年累计生产水泥熟料 6260.45 万吨，同比下降 3.3%。其中，新型干法熟料 5686.93 万吨，占全省水泥熟料产量的 90.84%，同比增加 7.9%。

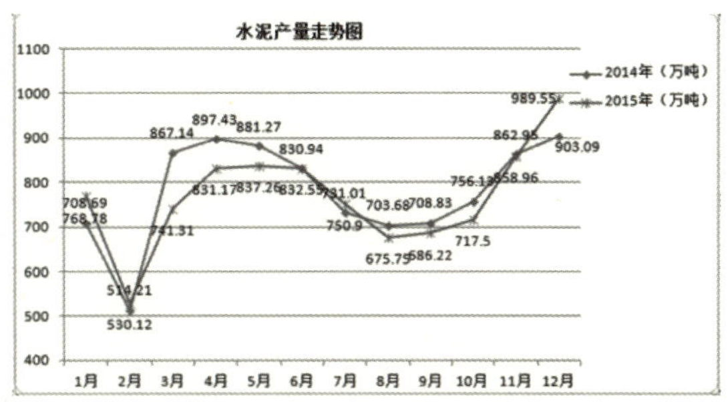

2014 年、2015 年云南省水泥产量

水泥制品 累计生产商品混凝土 2360.20 万立方米，同比增长 4.0%，高于全国 1.86 个百分点；水泥预制管桩 5746.64 千米，同比增长 2.1%；水泥排水管 380.20 千米，同比下降 3.9%；水泥压力管 53.03 千米，同比下降 36.4%。

平板玻璃及技术玻璃：累计生产平板玻璃 6055.73 万重量箱，同比下降 44%，增速较 2014 年下降 52.6 个百分点；钢化玻璃、中空玻璃、夹层玻璃 3 种技术玻璃共计生产 287.28 万平方米。

石材 累计生产大理石板材 935.73 万平方米，同比增长 8.2%；花岗石板材 143.37 万平方米，同比增长 139.4%，主要石材制品产量继续保持高速增长。

墙体材料 累计生产标准砖 23.76 亿块，同比增长 11.0%；石膏板 6299 万平方米，同比增长 39.6%。

建筑卫生陶瓷制品 累计生产瓷质砖 4304.74 万平方米，同比增长 38.3%；陶质砖 451.88 万平方米，同比降低 6.1%。建筑卫生陶瓷制品 26.18 万件，同比下降 10.7%。

2. 水泥价格持续下跌，玻璃价格保持平稳

水 泥 2015 年，全省水泥价格呈持续下跌态势，全年全省通用硅酸盐水泥平均出厂价格（含税，下同）273.32 元 / 吨，同比降低 79.7%。

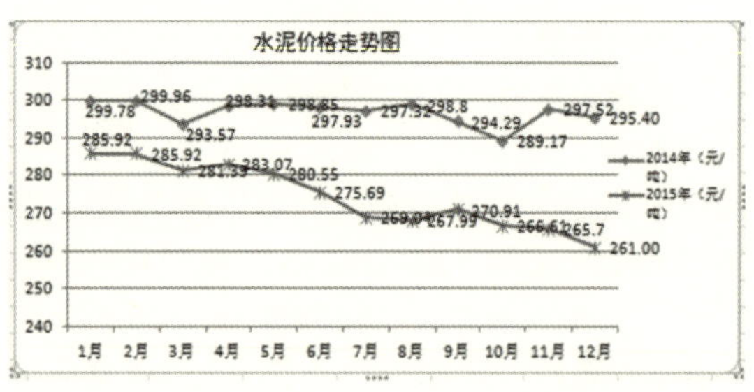

2014/2015 年云南省水泥平均出厂价格

玻璃 2015 年全省平板玻璃价格保持稳定，平均出厂价格（含税）在 71.00 元 / 重量箱上下小范围波动。

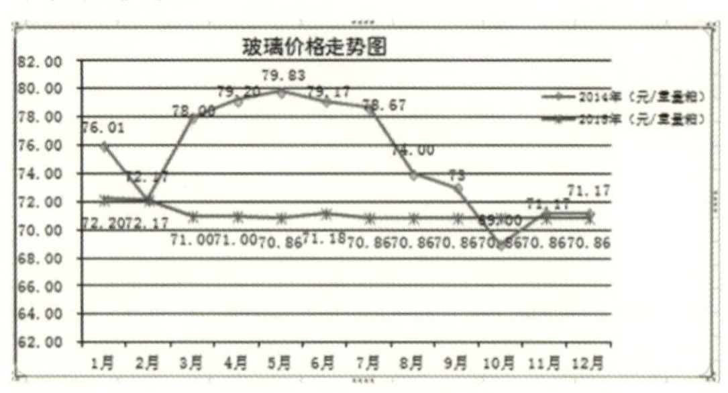

2015 年玻璃价格

3. 效益及投资完成情况

2015 年，云南省全部主营业务收入在 2000 万元以上独立核算（以下简称规模以上）建材企业 403 户，完成工业增加值 131.53 亿元，同比增长 3.4%；实现利润 2.8 亿元，同比下降 79.9%，其中：水泥制造业完成 -4.5 亿元，同比下降 164%；亏损企业 142 户，亏损面达 35.24%，同比增加 3.9%。全行业累计完成总投资 239.35 亿元，同比增长 8.86%，其中水泥制造业完成投资 31.81 亿元，同比下降 22.69 %；隔音隔热材料制造业、水泥制品制造业等行业投资增长率明显上升，成为行业投资新热点。

【结构调整节能减排持续开展】 淘汰落后水泥产能的工作取得了成效。2015 年，淘汰落后水泥产能 365 万吨，新型干法水泥比重持续上升，全年新型干法熟料 5686.93 万吨，占全省水泥熟料产量的 90.84%，同比增加 7.9%。节能减排工作明显加强，能耗总量 1134.3 万吨标准煤，同比下降 2.7%；85% 以上的新型干法熟料生产线采用了低温余热发电和烟气脱硝改造。

行业整合取得实质性进展。2015 年 5 月，华润水泥控股有限公司与昆明钢铁控股有限公司正式签署战略合作意向书；2015 年 9 月，华新水泥股份有限公司与拉法基瑞安云南下属工厂签订《运营支持服务协议》；水泥产业集中度进一步提高，全省水泥熟料生产企业数量减少到 112 户，行业前五位水泥企业集团总熟料产量占全省熟料产量的 53.9%。

【建材协会行业管理取得实效】 省建材工业行业协会全面履行“管理、指导、服务、监督”职责，一手抓行业工作，一手抓自身建设，各方面工作取得较好成效。2015 年，被云南省委、省政府命名为“云南省文明单位”“社会扶贫先进集体”；荣获全国水泥行业化验室验收工作优秀组织单位、全国建材统计工作先进集体、“第十届红土地之歌”演讲比赛优秀组织奖等荣誉称号。

在全省建材企业中树榜样、立典型，着力推进企业向转型升级“看齐”。2015 年，由云南省建材工业行业协会推荐的云南昆钢水泥建材集团有限公司和云南省建筑材料科学研究设计院被中国建材联合会表彰为“全国建材行业升级成效显著企业”，为全省建材企业的转型升级树立榜样。

（谭桂蓉）

煤炭工业

【2015 年主要工作、措施及取得的成效】 2015 年，全省煤炭行业紧紧围绕省委、省政府的决策部署，以煤炭产业转型升级和煤矿安全生产工作为重点，强化措施保障，协调推进问题解决，狠抓目标任务落实，各项工作有效推进。全省共生产原煤 4884.45 万吨，同比增长 10.23%；生产洗精煤 1329.62 万吨，同比增长 18.62%；实现现价工业总产值 358.65 亿元，同比下降 0.96%；实现工业增加值 132.70 亿元，同比下降 3.53%。全省原煤生产百万吨死亡率 0.328，比 2014 年同期下降 76.93%。

（一）着力推进煤炭产业转型升级

省委、省政府将结构调整、转型升级作为保障煤炭产业科学发展、安全发展的重要措施和治本之策，省政府、省煤矿整顿关闭工作联席会议办公室及成员单位先后印发了近 40 个配套文件，支持煤炭产业转型升级发展。省财政安排了 4.63 亿多元专项资金用于支持小煤矿整顿关闭工作，各州（市）、县（市、区）也安排了专项经费。累计印发 48 份转型升级方案审查确认意见，原则确定全省拟保留煤矿 788 个。

（二）煤炭产业布局不断调整优化

小龙潭、老厂、昭通、恩洪、镇雄五个矿区列入国家大型煤炭基地——云贵基地规划范围内，白龙山煤矿一井等重点项目正在有序实施。

（三）坚决实施煤矿整顿关闭

2015 年关闭煤矿 112 个，淘汰产能 447 万吨 / 年。

（四）稳步推进煤矿复产复建

对达到安全生产条件的煤矿，按照复产复建验收标准、程序，加快进度，分类组织逐矿、逐井、逐面、逐个环节进行验收，做到验收合格一个，恢复一个。截至 2015 年 12 月底，全省 9 万吨 / 年及以上恢复生产煤矿共 131 个，占保留煤矿的约 16%，核定生产能力 4104 万吨 / 年；恢复建设煤矿项目共 68 个，占全省保留煤矿约 8%，建设规模 261 扩 2607 万吨 / 年。

（五）不断强化煤矿安全监管

一是持续打好煤矿安全生产重点县攻坚战。组织开展了国家级、省级各 10 个重点县攻坚战，对重点县所有煤矿进行了拉网式、全覆盖排查，查出各类问题及隐患 3216 条，整改率 100%。二是严格煤矿安全行政执法检查。共组织对 9 个产煤州（市）、19 个产煤县（市、区）和省监狱管理局、云南煤化工集团有限公司的 41 个煤矿开展现场监管执法检查，共查处安全隐患 350 条，下达执法文书和反馈意见书 65 份，责令继续停产整顿、立即停止作业煤矿各 1 个。三是集中开展煤矿隐患排查治理行动。按照“一矿一组、一矿一案、一矿一策”的要求，共组织排查组 81 个（次），排查煤矿 82 个，排查出煤矿各类安全隐患 2511 条，已整改 2511 条，整改率 100%。四是加强煤矿安全生产专项督查检查。在重大活动、重要节庆期间，分别对各主要产煤州（市）煤炭管理部门和煤矿企业贯彻落实全国、全省有关会议和文件精神、开展安全大检查工作的情况进行了督查检查。五是深入开展煤矿安全生产大检查、“打非治违”专项整治。分动员部署、煤矿企业自查自纠、地方政府监督检查、省级部门综合督查、组织回头看 5 个阶段对全省所有煤矿矿井各生产系统、采掘工作面、设施设备、现场管理等进行了全面彻底检查。

机械工业

【全省机械工业工作会议】 3 月 10 日，经省政府批准，行协组织召开 2016 年全省机械工业工作会议。孙衍坤会长做了《抓机遇 稳增长 全力做好全省机械装备制造业“十三五”开局工作》工作报告，并组织参会代表参观中国铁建高新装备股份有限公司，印发书面企业经验交流材料。会议由李茂玉副会长主持。

【2015 年行业发展情况】

行业经济运行情况

据省统计局数据，2015 年，全省机械装备制造业规模以上企业 349 家，完成工业增加值 146.17 亿元，比上年增长 12.5%，高于全省规模以上工业 5.8 个百分点，高于全国规模以上机械工业 7 个百分点；完成主营业务收入 589.8 亿元，比上年增长 6%，高于全国规模以上机械工业 2.68 个百分点；完成利税总额 34.68 亿元；实现利润 24.4 亿元。

在统计的主要机械产品中，烟草机械、低速汽车、内燃机、大型铁路养护机械和变压器产品销售实现增长，金属切削机床、物流设备、汽车、发电设备、钢芯铝绞线等产品均出现不同程度的下滑。其中，增长较快的产品为大型铁路养护机械及烟草机械，同比增长分别为 47.88%、45.34%，下降较快的产品为物流设备及机床，同比下降分别为 43.44%、33.75%。

十二五期间，行业规模及骨干企业不断壮大，实现稳步增长。全省规模以上机械企业由“十一五”末的 245 家发展到 349 家。全行业工业增加值和主营业务收入分别由“十一五”末的 110.76 亿元、426.37 亿元提升到 146.17 亿元、589.8 亿元。云南力帆骏马车辆有限公司主营业务收入超过 150 亿元，中国铁建高新装备股份有限公司、昆明云内动力股份有限公司超过 35 亿元。主要产品产量稳定增长。汽车产量由“十一五”末的 10.19 万辆增加到 2015 年的 13.4 万辆；内燃机由 1178.61 万千瓦增加到 1960.78 万千瓦；大型铁路养护机械由 205 台增加到 253 台。创新能力不断提高。全省规模以上装备制造企业科技经费支出从“十一五”末的 24.4 亿元增长到 2015 年的 51.7 亿元。一批新产品研发成功，多家企业承担国家重大专项。

“十二五”期间，行业虽然取得了较大的进步，但也存在一些问题，主要是经济总量偏小；自主创新能力不足，关键核心技术缺乏；缺乏核心零部件，产品本地化协作配套能力不足；行业人才缺乏等。

产品发展情况

结构调整不断推进，产品结构不断优化。力帆骏马使用了3D打印机，对驾驶室仪表盘、内饰等样件进行了打印，成功参与铂骏重卡的研发；云南航天工业有限公司在生产专用车辆的基础上，开发6–12米纯电动商务车等新能源车辆，2015年，全省销售新能源车1156辆，市场拓展势头良好；云南五龙汽车有限公司成功研发12米纯电动公交客车；哈尔滨电机厂（昆明）有限责任公司自主研发新能源汽车电机，实现小批量销售；云南云开电气股份有限公司在农机产品配套等领域积极拓展外协加工业务；云南通变电器有限公司具备220千伏变压器生产能力，并建成西南地区领先的“变压器产品检验中心”；沈机集团昆明机床股份有限公司产品切入了汽车发动机领域、风电领域和汽车模具领域，产品结构从传统业务领域逐步转向新的业务领域。

自主创新稳步推进，行业竞争实力加强。铁建装备公司成功在香港上市，发展了宽轨四种车型、地铁铣轨车等产品，实现了由“线下”产品到“线上”产品转型升级；云内动力YNF40柴油机实现批量生产，排放标准达到国五水平；北汽云南瑞丽汽车有限公司生产的BJ40和V2两款车型正式下线；昆明机床成立航空、汽车等研发团队，研究风电轮毂、发动机缸体缸盖解决方案、五轴加工技术。公司承担的国家科技重大专项THM系列精密卧式加工中心通过了国家工信部验收；昆明电机自主开发完成YE3、YX3超高效全系列电动机，提升电机效率取得突破；昆明克林轻工机械有限责任公司制糖成套设备具备了日产2万吨生产能力；省机械研究设计院牵头，联合CY集团、昆船集团、克林轻工等3家省内骨干企业，共同承担的《云南省数控一代机械产品应用示范》项目获得国家科技部立项支持。

营销网络逐步构筑，国际战略大力推进。铁建装备公司提出国际化战略，通过海外并购等方式在目标市场建立前沿阵地，加速推进国家化战略落地；云内动力专业营销车用和非道路产品，国四柴油机动力市场占有率排名第一，非道路市场开拓了中国龙工、山东临工等一线、二线品牌市场；昆船集团产品覆盖山东、武汉等地区，国外市场拓展至印尼等多个国家地区；力帆骏马在东南亚国家推进市场平台建设，与东南亚、非洲等国建立了良好的贸易往来；云南航天努力开拓国际市场，产品走出国门销往海外市场；昆明电机电动机产品立足云南、辐射全球，国外主要销往比利时、意大利等国家和地区；云南变压器电气股份有限公司油浸式电力变压器销售网络覆盖四川、广东、越南、缅甸等地区，公司H（C）级绝缘干式变压器在钓鱼台国宾馆等重大工程中都有运用，电气化铁道牵引变压器装备武广、贵广等多条铁路干线、高速铁路；克林轻机产品国外市场占比在百分之九十以上。

行业基础建设情况

行业软实力不断增强，基础支撑作用凸显。2015年度，我省机械装备制造业电气化铁道牵引变压器、CY牌普通车床、数显（控）铣镗床、Y2X等系列三相异步电动机、桥式、塔式起重机、一汽通用红塔轻型载货汽车等13家企业14个产品被认定为云南名牌产品。提升了企业知名度，增强了企业核心竞争力。

“D25、D30国4电控柴油机”“XK2850龙门镗铣床”“六辊HC可逆液压轧机”等22项重点新产品通过省科技厅认定，为行业持续发展提供了强有力的保障。

昆明机床“坐标镗床精度检验”、昆明电科所特殊环境条件高原电工电子产品“通用技术要求”“选型和检验规范”等标准获得2015年度省质监局等部门颁发的标准化创新贡献奖，进一步发挥了标准化对行业发展的基础支撑和技术引领作用。

【2015年行协的主要工作】

深入企业开展调研，帮助企业改革发展 2015年4月份以来，行协成立了多个调研组，由行协领导带队，深入全省五十余家重点企业开展调研，现场了解企业“十二五”期间发展情况、“十三五”重点发展方向和目标以及当前企业转型升级中存在的困难和问题，分专题撰写了汽车、机床、电工等行业调研报告；行协向省委、省政府报送《如何实现云南智能制造快速发展的几点建议》《云南省部分汽车制造企业发展中面临的主要问题及发展建议》《云南省农机行业发展存在的主要困难及建议》等多篇材料，其中，《云南省农机行业发展存在的主要困难及建议》获得了省领导的关注和批示。省农业机械研究所在对全省农机行业进行深入调研的基础上，结合全国及云南省周边国家农机行业发展情况，通过行协与省招商局、省内部分重点农机企业进行座谈，完成《云南省农业机械产业调研报告》。

通过收集企业重大科技工作、专利、技术创新、科技奖励、重点新产品、科技创新人才等方面内容，行协完成《云南科技年鉴（2015版）——工业科技机械制造部分》的撰稿；通过深入省内企业调研，完成《中国汽车工业年鉴（2015版）——云南省部分》《中国机械工业年鉴——云南省部分》《云南发展报告——机械工业》《云南年鉴——机械工业》和《云南经济年鉴——机械工业》的撰稿工作；组织系统内技术骨干编写《云南机械装备制造业“十三五”发展规划》（初稿）；对《中共云南省委关于制定国民经济和社会发展第十三个五年规划的建议》（征求意见稿）进行讨论并提出切实可行的修改意见，意见受到采纳。受省国防科工局的委托，组织推荐行业内十五家重点企业召开军民融合产业“十三五”发展规划工作会议，全力做好军民融合产业“十三五”发展编制工作。

完成南博会组展工作，提升对外开放水平 行协圆满完成由中国商务部和云南省人民政府共同主办、南亚各国商务部主管部门联合举办的“第3届中国—南亚博览会暨第23届中国昆明进出口商品交易会”机电展馆的筹备组展工作，打造行业对外开放平台，提升演变开放型经济水平。机电馆共招展206家企业参展，展出496个展位，其中特装展位372个，参展商品涉及机床、食品加工、包装机械、高低压电控设备等多种类别。

组织科技项目申报，筑牢行业科技水平。2015年度，行协完成了昆明机床、云内动力等企业30余个科研项目的申报、审核和推荐工作；推荐云南冶金昆明重工有限公司“1450六辊HC可逆液压轧机成套设备研究及产业化”项目、昆明电科所“企业配用电设备节能监测及管理系统”项目、烟机二机“SQ911薄片滚刀式切丝机研发及产业化”项目参加申报云南省科学技术奖，最终云冶昆重“1450六辊HC可逆液压轧机成套设备研究及产业化”项目、云内“D19TCI欧4、欧5乘用车柴油机开发及应用”项目获得省科技进步三等奖；推荐完成云冶昆重、烟机二机、云南省机电职业技术学院申报的云南省科技成果转化项目5项；推荐完成昆明机床、昆明电科所承担的云南省标准化研究项目4项。

打造行业服务平台，优化行业服务环境 昆明电科所承担的“电工设备高原环境适应性检测平台”项目顺利通过国家能源局的验收，项目实施中，先后取得了“中国合格评定国家认可委员会（CNAS）认可实验室”“国家高原电器产品质量监督检验中心”和“低压电器强制性产品认证指定实验室”资质，填补了国家高原电器产品质量监督检测机构和云南省国家强制性电器产品认证检测机构的空白，为开展对外检测试验服务提供了技术保障。云南省苏宏业专家工作站在昆明电科所成立，对我省冶金、电力等高耗能流程工业能效管控技术水平的提升起到积极的推动作用，将为创新型云南建设做出新的更大的贡献；省机械院机床行业检测CNAS认可实验室，顺利通过了国家有关部门的认证，继续保持机床检验检测、性能试验相关能力的国家水平。作为工信部“两化融合管理体系贯标咨询服务机构”认定的省内唯一机构，省机械院为云内动力、云南白药开展了技术服务。云制造云服务信息平台继续加强建设，牵头组建了32家联盟单位参加的“云南省工业机器人产业技术联盟”；省农机质检站获得省工信委的云南省工业（农机）产品质量控制和技术评价实验室认定。

拓宽人才培养模式，保障行业人才支撑 2015年度，行协组织完成初、中、高级机械工程专业技术职务评审工作，初级57人通过，中级57人通过，副高109人通过；推荐申报正高级工程师5人，教授2人，均通过评审取得资格；组织推荐选拔享受国务院政府特殊津贴1人、省政府特殊津贴1人。机电职业技术学院国家骨干示范院校建设项目通过教育部和财政部两部委验收，验收结果为良好，为西部院校最好成绩。

医药工业

医药工业是关系国计民生的战略性产业，是国民经济的重要组成部分，也是全省六大战略新兴产业之一，具有科技含量高、附加值大、产业链长、带动面广的特点。“十二五”前三年，云南省医药产业保持了年均20%以上的增长速度，高于全省工业平均增速。2014年，受整体经济下行的影响，全省医药工业总体与去年持平略减，2015年有所回升，但增速仍然在3%以下。

【云南省医药工业】 云南素有“植物王国”“动物王国”“药物宝库”等美誉，药用植物有

6559种，占全国药用植物的51%，其中植物药材6157种、动物药材372种、矿物药材32种，药材品种的数量和储量均居全国之首。丰富的中药材资源和深厚的民族传统医药积淀，形成了云南医药工业近80%是中药、天然药、民族药生产企业。

【全省医药工业经济运行情况】 2015年，全省医药工业实现总产值362.57亿元，增长4.22%；工业增加值194.91亿元，同比增长－1.14%；主营业务收入459.75亿元，增长8.40%；利润总额49.67亿元，增长5.90%；销售利润率10.08%，下降0.26个百分点；资产总额527.16亿元，增长12.30%。详见下表：

2015年度云南省医药工业企业
主要经济指标汇总表

单位：亿元

指标名称	本年实际	上年同期	同比增长%
工业总产值	362.57	347.89	4.22
工业增加值	194.91	197.16	－1.14
主营业务收入	459.75	424.02	8.40
出口交货值	6.59	6.71	－1.90
利润总额	49.67	46.89	5.90
资产总额	527.16	469.22	12.30
销售利润率（%）	10.08	11.06	下降0.26个百分点
平均职工人数（人）	37935	36129	5.00

全省纳入医药工业统计企业138户，其中规模以上企业116户，占全部医药工业企业户数的84.06%，分布在除怒江州外的15个州市。初步形成了以国有控股的云南白药集团为龙头，民营中小型企业并存的医药产业分布，重点聚集区包括昆明高新技术产业开发区、昆明经济技术开发区两个综合性园区和玉溪高新技术开发区；以化学药、民族药为重点的大理高新技术产业开发区和楚雄经济技术开发区，以三七相关产业为重点的文山三七产业园区；各园区结合自身资源禀赋条件及产业链特色，量身定制相应政策措施，加强基础设施建设，企业聚集程度不断提高。

截至2015年全省注册药品生产批准文号4331个，自主研发全国独家品种达到220个。sabin株脊髓灰质炎灭活疫苗、手足口病疫苗新获批准注册生产。培育了云南白药、血塞通、蒿甲醚、灯盏花等一批知名药品，超1亿元药品单品种销售39个，醒脑静注射液、云南白药膏、云南白药气雾剂3个品种实现年销售额超过10亿元。全省医药行业拥有国家和省级重点实验室11个、技术研发服务平台12个、国家认定企业技术中心5户、省级认定企业技术中心39户。

【医药产业发展现状】 省政府高度重视云南生物医药产业发展，为充分发挥云南得天独厚的中医药资源优势，进一步做大做强中药（民族药）产业，2015年5月出台《云南省人民政府关于加快中药（民族药）产业发展的指导意见》，按照文件精神，省工业和信息化委提出了《云南省工业和信息化委贯彻落实云南省人民政府关于中加快中药（民族药）产业发展的指导意见的实施意见》引导全省加快中药（民族药）产业发展。2015年7月，省政府召开全省发展中医药大会，陈豪省长作重要讲话。2015年12月，省政府为贯彻落实《国务院办公厅转发工业和信息化部等部门中药材保护和发展规划（2015~2020）的通知》精神，下发《云南省人民政府办公厅关于贯彻落实中药材保护和发展规划（2015~2020）的实施意见》。一系列政策出台，为全省的生物医药产业发展提供了良好的政策环境。

【医药工业技术创新】 云南省工业和信息化委积极发挥行业管理对医药工业发展的引导作用，积极推动全省医药产业发展，编制并组织实施《云南省医药工业“十二五”发展规划》，大力促进产业集聚，积极推进医药工业技术进步和技术改造，以大项目带动大发展，有力推动了医药行业的结构调整。通过扶持云南生物谷灯盏花药业、云南植物药业公司、昆明昊邦制药等一大批重点制药企业新版GMP改造，并通过新版GMP认证，大大提升了全省制药企业的生产水平。将云南生物谷灯盏花药业、昆明中药厂、昆明滇虹药业、昆明昊邦制药等一批搬迁改造建设重点项目列入2015年全省工业转型升级重点项目计划，并安排省级工业跨越发展和技术改造专项资金近2亿元给予支持。同时，积极推进创新平台加快建设，云南普瑞生物制药有限公司、云南楚雄天利药业有限公司、西双版纳佛鑫药业有限公司和文山华信三七股份有限公司等6户企业的创新平台建设获得省级技改专项资金扶持。截至2015年底，全省共44户医药企业技术中心获省级认定，占省级企业技术中心328家的13.4%。其中云南白药、昆明制药等5家企业技术中心获国家级认定。

启动《云南省“十三五”食品医药工业发展规划》的编制工作，将进一步优化我省医药产业布局，提出发展方向、支持重点和政策措施，推动全省医药产业转型升级。

【建设中药材种植基地】 为支持医药工业企业建设主要原料生产基地，2014年上报工业和信息化部的红河千山生物工程有限公司的云南灯盏细辛规范化种植（GAP）基地及初加工建设和丽江华利生物开发药业有限公司1.2万亩云木香规范化种植及产品深加工项目得到国家中药材生产扶持资金的支持。2015年底精选了重楼、三七、穿山甲和金毛狗脊4个品种的6个基地建设项目上报工信部。

【医药储备工作】 根据国家关于建立医疗机构常态短缺药品的有关要求以及《云南省医药储备管理办法》，结合全省医药储备实际，提出并下达《云南省2015年医药储备计划》，储备品种从2014年的238个增加至297个。2015年共发送抗甲流病毒药品和救灾急救商品281次（其中，涉及储备品种100次）、发运手足口病治疗药物注射用人免疫球蛋白共计849次，送达率100%。同时，为救治我省2名肉毒杆菌中毒的危重病人，三次动用了中央储备。

（徐秀华）

食品工业

2015年，云南省全部食品工业（含烟草）实现增加值1601.89亿元，同比增长5.56%。圆满完成了“十二五”规划的1500亿元目标任务，为全省经济平稳增长做出了贡献，为“十三五”可持续发展打下了良好的基础。

【食品工业发展现状】 据国家统计局数据资料，2015年，全国规模以上食品工业企业（含烟草）累计完成主营业务收入113，469.2亿元，增长4.6%；实现利润总额8028.0亿元，增长5.9%；税金总额9643.0亿元，增长4.7%。2015年，农副食品加工业、食品制造业、酒、饮料和精制茶制造业及烟草制品业完成工业增加值（现价）占全国工业增加值的比重分别为4.87%、2.17%、2.20%和2.90%，分别增长5.5%、7.5%、7.7%和3.4%。

2015年云南全省规模以上食品企业完成工业总产值2754.44亿元，主营业务收入2662.81亿元，利税总额1325.58亿元，“十二五”期间年均分别增长17.55%、18.53%、13.16%。其中，非烟食品工业工业总产值突破千亿元大关，达到1006.7亿元。2015年，烟草制品业完成增加值1300.16亿元，增长4.4%。非烟食品工业完成增加值304.63亿元，增长10.63%，增速均高于全国。

全省农副食品加工业、食品制造业、酒、饮料和精制茶制造业及烟草制品业完成工业增加值占全省规模以上工业增加值的比重分别为4.4%、1.6%、3.2%和39.8%。全部规模以上食品行业占全省规模以上工业比重达到49.1%。

非烟食品工业中，农副食品加工业完成增加值143.46亿元，占非烟食品工业增加值47.60%；食品制造业完成增加值54.13亿元，占17.94%；酒、饮料和精制茶制造业完成增加值103.97亿元，占34.46%。代表初级加工水平的农副食品加工业由2010年的54.09%下降到2015年47.6%，产业结构调整初见成效。

【重点产业发展情况】

烟草制品业 烟草是云南省最重要的支柱产业，经过资源品牌的整合等一系列重大改革，我省形成了以红塔、红云红河两大卷烟集团并列发展又适度竞争的格局。2015年，围绕“卷烟上水平”指导方针，面对复杂多变的市场经济环境和艰巨繁重的改革发展任务，我省烟草工业重点聚焦“玉溪”“云烟”“红塔山”“红河”四大品牌，加快品牌整合进度，加快卷烟产品结构的调整，通过提高精品烟比重，实现多品牌规格向四大重点骨干品牌集中，走出了一条“速度、质量、规模、效益”型的发展道路，品牌规模突破1000万箱，税利总额突破1000亿元，实现了新的跨越。2015年，烟草制品业实现工业总产值1618.53亿元，增长4.7%，利税1242.43亿元，增长5.8%。

制糖行业 在云南省蔗糖产业振兴3年行动计划的强势推动下，全省制糖企业进一步通过行业整合，法人进一步整合到16户，成功组建了"英茂""临沧南华""力量生物""凤糖""康丰""永德"等糖业企业集团，优化了资源配置，强化了产业竞争力，巩固了云南作为全国糖料及成品糖第二大生产基地的地位。全省产糖量实现四连增并创历史新高。2014/2015 榨季入榨甘蔗 1855.37 万吨（其中：缅甸、老挝进口甘蔗 155.26 万吨），甘蔗农业单产 4.11 吨 / 亩，产糖 230.68 万吨（其中：白砂糖 228.13 万吨，绵白糖 2919 吨，精制糖 4177 吨，赤砂糖 121 吨，红糖 1.83 万吨）。与上榨季相比，增产 522 吨，增长 0.02%。本榨季产酒精 12.3 万吨。

酿酒工业 2015 年，全省累计生产饮料酒 119.93 万吨，增长 5.66%。其中，白酒（65 度）9.58 万千升，增长 11.01%；啤酒 103.65 万千升，增长 3.25%；葡萄酒 2.48 万千升，增长 0.89%。"十二五"期间在国家禁酒令、严查三公消费、禁止价格垄断等政策和塑化剂、勾兑门等事件的综合影响下，高端白酒、红酒市场持续低迷，销售渠道受阻，销售业绩大幅下滑，酒产业已经到了一个新的调整周期。全省酒产业呈现以下特点：一是白酒产品主要以中低端和省内消费为主，产量呈现缓慢增长；二是在白酒和红酒遭遇调整期，啤酒大众消费呈现异军突起的特点，产量首次突破百万吨大关，大理嘉士伯 100 万吨、百威 20 万吨等一批啤酒项目已经建成投产。

制茶工业 据农业厅统计，2015 年，全省茶叶种植面积达 602 万亩，增加 7 万亩，增长 1.2%，采摘面积达 550 万亩，增加 12 万亩，增长 2.2%，居全国第一位。茶叶总产量达 36 万吨，增加 2.5 万吨，增长 7.4%。其中，普洱茶产量达 12.9 万吨，增加 1.5 万吨，增长 12.8%。茶产业实现综合产值达 623.1 亿元，其中农业产值达 114.7 亿元，增加 3.6 亿元，增长 3.3%。成品茶产量达 26.5 万吨，增加 3.6 万吨、增长 15.8%；茶叶精制率首次突破 70%，达到 73.7%，提高了 5 个百分点，创历史新高。全省产值千万元以上茶企 170 多家，增加 15 家，亿元以上企业达 24 家，产业集中度提升明显，并打造了"红瑞徕""滇红""下关沱茶""大益""昌宁红""庆沣祥""七彩云南""龙润""龙生"等一批知名品牌。全省产值千万元以上茶企达 170 多家，产量 200 吨以上企业达 150 多家。产量千吨以上企业总产量达 19.7 万吨，占全省茶叶总产量 54.74%，增长 2.8 个百分点，产业集成度和龙头企业带动力显著提升。普洱茶、滇红茶两大类茶产品占全省茶叶总产量的 53.8%，占全省成品茶总量的 72%，作为全省茶叶代表性骨干产品的优势进一步提升。

（苏燕妮）

蔗糖产业

蔗糖产业是云南省传统特色优势产业，也是高原特色农业的重要组成部分，全省食糖产量约占全国产量的 20% 左右。全省 16 个州市中有 10 个州市 49 个县产糖，约 150 万多农户、600 多万蔗农种植甘蔗，蔗区多为沿边少数民族地区，其中有 34 个是国家级贫困县，有 21 个是边境县。蔗糖产业在促进边疆地区经济发展、农民增收和地方财政增长中发挥着重要作用。

【2014~2015 榨季蔗糖生产基本情况】 全省 2014~2015 榨季食糖生产从 2014 年 11 月 30 日开始至 2015 年 6 月 24 日结束，历时 207 天。本榨季甘蔗种植面积 536.5 万亩（其中：缅甸、老挝甘蔗种植面积 53.6 万亩），收榨面积 479.64 万亩，入榨甘蔗 1855.37 万吨（其中：缅甸、老挝进口甘蔗 155.26 万吨），甘蔗农业单产 4.11 吨 / 亩，产糖 230.68 万吨（其中：白砂糖 228.13 万吨，绵白糖 2919 吨，精制糖 4177 吨，赤砂糖 121 吨，红糖 1.83 万吨）。与上榨季相比，增产 522 吨，增长 0.02%。本榨季产酒精 12.3 万吨。

全省有制糖企业集团公司 16 户（法人单位），最大的两户糖业公司产糖量占全省食糖总产量的 51~64%，分别是云南英茂糖业集团有限公司产糖 66.96 万吨，云南洋浦南华糖业有限公司产糖 52.18 万吨。

2014~2015 榨季开机糖厂有 72 间（73 条生产线），日加工甘蔗能力 21.65 万吨。全省制糖企业平均日榨甘蔗量 18.69 万吨，设备利用率 86.32%，甘蔗含糖分 14.37 %，生产安全率 99.38 %，白砂糖优一级品率 91.8%，吨糖综合能耗 428kgce/t，吨糖耗新鲜水 12.22t/t；吨糖 COD 排放量 0.563 kg/t。

2014~2015 榨季全省糖料蔗平均收购价格 421.29 元 / 吨。与上榨季基本持平，农民卖蔗收入 78.16 亿元。白砂糖吨糖含税完全成本 5341.39 元 / 吨，全省吨糖平均销售价 4939.49 元，吨糖亏损 401 元。糖产品亏损 9.03 亿元，综合利用产品（主要是酒精）盈利1.78亿元，营业外收入1.2亿元，盈亏相抵后本榨季制糖工业亏损6.05亿元。

【食糖产量再创历史新高】 2014/2015榨季，我国食糖主产区普遍呈现减产态势，全国食糖减产276万吨，云南省面对部分产区自然灾害、缅北地区战事影响，依然保持了食糖产量的稳定增长，全省食糖产量再创新高，达到230.68万吨的产量。云南产糖量占全国比重由2009/2010年榨季的16.5%上升到本榨季的21.9%，提高了5.4个百分点。

【糖农收入保持稳定】 随着全国经济增长放缓，农产品的消费增长受到影响，云南省的一些水果、咖啡、天然橡胶等价格下降，但是由于全省甘蔗实行全行业的订单生产，收购价格事先设定，保护了农民收入的稳定。本榨季，全省入榨甘蔗总量1855.37万吨，甘蔗款达79亿元，农民收入基本保持稳定。

【结构调整和生产调度】 制糖企业注意了种植结构和品种结构的调整，加强了甘蔗砍运过程中的调度与管理，加上多数产区的气候基本正常，甘蔗含糖分从上榨季14.06%上升到14.37%；产糖率从上榨季的12.07%上升到12.43%，有力地提高了竞争力。

【减亏脱困工作】 2014~2015榨季，全省糖产品亏损9.03亿元，比上个榨季的23亿元，减亏14亿元，减亏幅度达60%。全行业综合利用盈利1.78亿元，营业外收入1.20亿元，盈亏相抵以后，全行业亏损6.04亿元，与上榨季亏损21亿元相比减亏14.96亿元，减亏幅度达71.22%，减亏脱困工作取得明显进展。

【税收贡献】 食糖平均价格水平有提高，达4939.49元/吨，与上榨季相比提高573元；吨糖亏损有下降，达402元；全省本榨季上缴税金为5.02亿元，比上榨季的3.16亿元增长58.86%。说明国家对糖业的扶持是值得的，对糖业的扶持政策已经在发挥作用、产生效益。

【全国同业绩效对标活动情况】 2014~2015榨季，云南省制糖企业参与中国糖业协会主办的全国制糖企业（202家）绩效同业对标活动，在糖料生产、制糖生产、节能减排等8项指标考核评价中，评选出甘蔗糖厂综合绩效标杆企业10家，云南省有4家糖厂上榜，分别是英茂糖业集团有限公司的弄璋糖厂第2名、盏西糖厂第5名、景罕糖厂第7名和临沧南华糖业有限公司的勐堆糖厂第9名。评选出甘蔗糖厂单项绩效标杆企业101家，云南省有29家糖厂上榜，其中陇川糖厂获甘蔗单产第一名6.76吨/亩，勐养糖厂获糖分总收回率第一名90.6%，勐堆糖厂获吨糖综合能耗第一名240kgce/t，耿马华侨糖厂获吨糖耗新鲜水第一名0.00t/t。

【云南省蔗糖产业面临的困难与挑战】

国际市场持续冲击 一是国际进口持续增长。2015年进口原糖485万吨，击败两年前触及的纪录高点，较之2014年增加39%，并高于2013年的450万吨。二是食糖走私不断，近3年来，食糖走私开始出现，在省政府打私办的领导下，各级执法部门综合执法，加强了缉私工作，但是食糖走私尚未杜绝。

成本偏高 2014/2015榨季，全省尽管产糖率有提高、中央和省政府有两极财政贴息扶持，但全省完税成本依然达到5341.39元/吨，成本下降幅度不大。其中，财务成本上升是主要因素。成本控制，是全省糖业长远发展、提高我省糖业竞争力的核心工作，实行成本控制方面的突破，是全省糖业能否走出困境的标志性工作。

资金偏紧 由于全省连续三个榨季亏损，因亏损流失资金30亿元左右，客观上增加了省糖业资金的紧张程度；同时，制糖企业还在基地建设、技改、节能环保方面进行投入，资金需求较以往各个榨季增加，而获得银行贷款的资金供应没有明显增加，相反，由于银行政策变化，还加剧了增加供应紧张的局面。

单产偏低 云南省糖业发展已经拥有60年了，由于各种复杂原因，全省甘蔗单产提高速度不快、不明显，全省工业单产持续在4吨左右徘徊，而主产国巴西的平均单产达5.2~5.6吨左右，差距明显。

基地建设推进速度慢，食糖质量不稳定 糖料基地是第一车间，以科技为支撑的基地建设，全省参差不齐，良种良法未能够做到全覆盖。从上个榨季以来，少数企业的产品质量不稳定，商家和终端企业对质量的投诉增加。

（苏燕妮）

• 第三产业 •

交通运输和邮政业

铁路运输业

【概 况】 云南境内铁路交通运输业由昆明铁路局负责。昆明铁路局属国家铁路运输企业，主要负责管辖区域内旅客和货物运输组织工作，线路跨越云南、四川、贵州3省，涉及11个地州市、47个市（区）县，辖沪昆、成昆、南昆、广昆、盘西、昆阳、威红7条准轨（轨距1435mm）电气化铁路，羊场、东川、安宁、东王4条准轨支线，昆河、蒙宝、草官、昆石、昆小5条米轨（轨距1000mm）铁路，广大、大丽、水红、玉蒙、蒙河5条准轨合资铁路，昆玉1条准轨地方铁路。截至2015年末，线路总延展长度4461.46公里（正线3313.41公里），其中，国铁3311.23公里（米轨763.57公里）、合资1076.12公里、地方74.1公里；营业里程2974.72公里，其中国铁2092.22公里（米轨656.03公里）、合资826.59公里、地方55.9公里；电气化铁路1774.83公里，其中国铁1270.73公里、合资504.1公里。管辖车站191个，其中，国铁车站120个、合资及地方铁路车站71个。按等级分，特等站1个、一等站4个、二等站8个、三等站18个、四等站93个、五等站67个。客运营业站46个，日均开行旅客列车67.5对，日均发送旅客10.37万人，最高日发送旅客19.28万人（10月1日）；货运营业站90个，日均装车2564辆，日最高装车3355辆(12月14日)，日均发送货物15.83万吨，最高日发送货物21.13万吨（12月14日），日均卸车3458辆。拥有各种型号机车544台（准轨517台、米轨27台)，其中内燃机车204台(合资公司配属11台）、电力机车340台；配属客车1941辆（准轨1919辆、米轨22辆）。下设基层单位42个，其中，运输站段18个，运输辅助单位2个，直属单位13个，非运输企业9个。运输站段中，车务系统6个、客运系统1个、机务系统1个、供电系统1个、车辆系统2个、工务系统5个、电务系统2个。截至2015年末，全局职工总数3.6万余人。

【铁路运输】 2015年，昆明铁路局完成旅客发送3786.4万人，同比增加371.6万人，增长10.9%；货物发送5778.0万吨，同比减少15.3万吨，下降0.3%；换算周转量483.3亿吨公里，同比减少9.06亿吨公里，下降1.8%；出省物资运输2582.2万吨，同比减少433.1万吨，下降14.4%。

【重要物资运输】 2015年，昆明铁路局完成电煤运输379.0万吨，同比增加55.8万吨，增幅17.3%；云南省电煤运输218.2万吨，同比增加40.4万吨，增幅22.7%；成品油接入726.5万吨，同比增加79.1万吨，增幅12.2%，接入总量创历史最高。其中，汽油接入290.8万吨，同比增加42.2万吨，增幅17.0%；柴油接入342.9万吨，同比增加22.2万吨，增幅6.9%；航空煤油接入91.1万吨，同比增加15.5万吨，增幅20.5%；蔬菜瓜果运输0.1万吨，同比减少1.7万吨，减幅94.4%。

【假日旅客运输】 元旦假日期间，昆明铁路局发送旅客41.1万人，同比增加13.2万人，增长47.7%。其中，直通8.5万人，同比增加0.8万人，增长10.6%；管内32.6万人，同比增加12.5万人，增长60.2%。开行昆明至宣威、河口北等临客13列，重点对管内列车加挂扩编192辆次。

2月4日~3月15日结束，为期40天春运，发送旅客505.57万人，同比增加38.7万人，增长8.3%。其中，直通186.93万人，同比增加11.68万人，增长6.7%；管内318.64万人，同比增加27.0万人，增长9.3%。增开临客251列，加挂扩编客车3255辆次。期间，全局开设售票窗口654个，同比增加99个，314个代售点全面覆盖云南县级城市中心镇及46个乡镇，同步发售车票并办理互联网售票、电话订票换取票业务。

4月3～6日清明小长假期间，发送旅客58.2万人，同比增加11.8万人，增长25.4%。

其中，直通 14.1 万人，同比增加 3.1 万人，增长 27.9%；管内 44.1 万人，同比增加 8.7 万人，增长 24.7%。开行昆明至曲靖、宣威等临客 32 列，重点对管内列车加挂扩编 508 辆次。

4 月 30 日 ~ 5 月 3 日“五一”假日运输期间，发送旅客 59.03 万人，同比增加 12.14 万人，增长 25.9%。其中，直通 13.04 万人，同比增加 1.13 万人，增长 9.5%；管内 45.99 万人，同比增加 11.01 万人，增长 31.5%。开行昆明至曲靖、宣威、大理等临客 39 列，对贵阳及管内列车加挂扩编 482 辆次。

6 月 19 日 ~ 22 日端午节期间，发送旅客 50.95 人，同比增加 6.98 万人，增长 15.9%。其中，直通 10.64 万人，同比减少 0.29 万人，下降 2.7%；管内 40.31 万人，同比增加 7.27 万人，增长 22.0%。开行临客 39 列，加挂扩编客车 156 辆次。

7 月 1 日 ~ 8 月 31 日，暑运 62 天，发送旅客 786.7 万人，同比增加 67.97 万人，增长 9.5%。其中，直通 236.05 万人，同比增加 7.53 万人，增长 3.3%；管内 550.66 万人，同比增加 60.44 万人，增长 12.3%。开行临客 136 列，加挂扩编客车 1511 辆次。期间，日均发送旅客 12.7 万人，单日最高发送 14.37 万人。

9 月 25 日 ~ 10 月 7 日中秋、国庆假日运输期间，发送旅客 174.14 万人，同比增加 21.83 万人，增长 14.3%。其中，直通 39.87 万人，同比减少 1.49 万人，下降 3.6%；管内 134.27 万人，同比增加 23.33 万人，增长 21.0%。增开昆明至曲靖、宣威、蒙自北、大理、丽江临客 83 列，对重庆、成都、桂林方向及管内旅客列车加挂扩编 862 辆次，最大限度满足旅客需求。10 月 1 日，全局旅客发送 19.28 万人，创历史新高。

【昆明至太原列车开行】 5 月 8 日 12 时 51 分，昆明至太原 K506 次直通旅客列车正式开行，5 月 10 日 16 时 00 分，K505 次由太原返回。K506/5 次列车途经云南、贵州、重庆、四川、陕西、山西 5 省 1 市，单程运行 2570 公里，停靠 33 个车站，使用 25G 型 380V 空调车底。其中，昆明站始发 K506 次运行时间 41 小时 02 分，太原站始发 K505 次运行时间 43 小时 11 分。初期，采取开 2 日停 3 日方式开行，11 月 4 日起 K506 次、11 月 6 日起，K505 次改按开 3 日停 2 日方式运行。

【滇中城际列车开行】 根据云南省政府开行滇中城际列车要求，8 月 31 日起，组织开行昆明往返楚雄 Z8602/3 Z8604/1 次、Z8606/7 Z8608/5 次、Z8612/3 Z8614/1 次 3 对管内直达特快城际列车，最高运行时速 140 公里，全程运行时间 88 分钟（原来车程 150 分钟）；调整昆明往返曲靖 T9004/3 次、T9008/7 次、T9012/11 次 3 对城际列车等级，改为管内直达特快，车次分别改为 Z8204/3 次、Z8208/7 次、Z8212/11 次，单程运行时间由 88 分钟缩短为 73 分钟。

11 月 2 日 10 时 45 分，开行曲靖至楚雄首趟 Z8513 次城际列车，从曲靖站始发，途经昆明站、禄丰南站，终到楚雄站，每天开行 1 对，最高运行时速 160 公里，历时 3 小时零 3 分。

至 2015 年末，滇中城际列车开行 12 对，发送旅客 101.9 万人。

【中欧国际货运班列开行】 7 月 1 日 10 时，昆明铁路局首趟中欧集装箱国际货运班列装载 2050 吨咖啡豆由王家营西集装箱中心站发出，贯穿丝绸之路经济带，终抵荷兰鹿特丹，行程 15 天。

11 月 30 日，中欧班列（昆明—成都—荷兰罗兹）首趟返程班列装载 20 个集装箱的欧洲商品抵达王家营西站，云南中欧班列实现双向对开。

该班列以客车化方式组织开行，初期每月开行 2 对，定期发班，由王家营西站出发，到达成都后编入蓉欧班列，经成都、兰州到新疆阿拉山口出境，途经哈萨克斯坦、俄罗斯、白俄罗斯等国直达荷兰，线路全长 1.09 万公里，运行时间 13 ~ 15 天。

开行该班列是云南省融入国家“一带一路”战略的重要举措，运行时间较海运缩短三分之一，物流成本较空运降低五分之一，冬季不停运，可实现快速通关，对完善跨境物流通道体系建设，促进区域物流辐射能力提升具有重要意义；也对提升云南对外开放水平、带动云南对外贸易发展具有十分重要的意义。

【散货入箱】 实施“宜箱则箱”战略，针对煤焦等散货运输需求，将 800 余只老旧集装箱开顶改造成敞顶式集装箱，协调企业自购 500 只敞顶式集装箱，自 1 月起，通过开行集装箱专列形式，在滇东北至滇中、滇南、滇西、越南 4 个方向 28 个站点，组织焦炭、块煤、铁矿石等散装货物入箱重来重去对流运输。敞顶箱兼具敞车和集装箱特点，具有零损耗、装卸快（装车时间从3～5小时缩短至40分钟，卸车时间从40分钟缩短至20分钟）、污染小、运输成本低、便于开展多种方式联运等优势，被客户称之为“万能集装箱”。同时，针对焦炭等轻质货物，新造2000只“高标箱”，比普通箱高出30.5cm，在标记载重不变情况下，有效增加容积量；联合企业新造520只35t宽体箱，相对于普通箱每箱增加载重4.5t，既可匹配70t货车载重，又可降低吨成本，有利于提高铁路产品竞争力。全年，新开集装箱办理站点20个，组织煤焦矿等散货入箱运输5.48万TEU，吸引货源回归134.4万吨，集装箱日均装车461车，同比增长47.7%。

【2.5吨小型集装箱投用】 7月6日，首批100只2.5吨小型集装箱在王家营西快运中心站搭载“云岭货物快运”列车试运成功，并在全局推广运用。2.5吨小型集装箱由于规格和容积较小，具有装载适用面广、运输和装卸便捷等优点，有利于推进零散货物全程集装化运输，有效减少货损货差，实现货运服务质量的提升。至年末，小型集装箱增至500只，累计发运4457箱1.4万吨。

【西南货运城际快线列车开行】 10月17日，与成都铁路局、南宁铁路局联合，启动实施滇川黔桂渝5省区市区域货运联动机制，构建运力配置、运价调整、货运服务联动体系，开启西南地区物流一体化进程。11月11日起，开行昆明至成都、昆明至南宁间西南货运城际快线专列，主要承运零散货物和152个品类百货，按固定时间、固定区段、固定线路的“客车模式”运行，昆明至南宁28小时、昆明至成都47小时左右到达，且全程运费低于公路，实现昆明与成都、南宁之间零散货物快速挂运和中转，与西南5省区市境内循环的零散货物快运列车无缝衔接，打造区域大循环的“西南快运”品牌。截至2015年12月31日，累计发运货物205车5403吨。

【中国铁路95306网站上线运行】 4月10日，中国铁路95306网站（http://www.95306.cn）上线运行。该网站一是提供铁路货运电子商务服务，办理“我要发货”、运费查询、货物追踪等铁路货运业务；二是提供大宗物资交易服务，支持煤炭、矿石、钢铁、粮食、化工、水泥、矿建、焦炭、化肥、木材、饮食品等11个品类物资在线交易并提供配套物流服务；三是提供小商品交易服务，包含商品选购、在线支付、物流配送、网络营销、客户服务等功能。5月18日，网站开办货运“网上提赔”服务，客户在网站下载《赔偿要求书》，填记完成后在网上提交理赔相关资料，可随时查询理赔进度，查看办赔结果，并对理赔服务质量进行满意度评价。

95306网站开通过渡期结束后，由原中国铁路客户服务中心12306网站办理的货运服务功能，客运、货运相关服务业务分别由12306、95306网站办理，两网站互相链接，方便旅客货主办理相关业务。截至2015年12月31日，95306网站昆明铁路局注册客户7259家，店面数1077家；挂单473单，应单479单，成交52单。

【路企战略合作】 2015年，中国经济面临增速放缓和结构调整新常态，经济增速从2014年的7.4%降至6.9%，煤炭、钢铁、化肥等大宗物资产能过剩，运输需求总量不足。昆明铁路局按照互惠互利、合作共赢思路，与昆钢集团、冶金集团、云维集团、云天化集团、黔桂天能等17家大型企业签订路企战略合作协议，并按“一企一案”方式，提供物流解决方案，降低客户物流成本，稳住基础运量。同时，加强价格政策研究和解读，构建铁路比较优势吸引货源，将大客户长期“可走铁路而未走铁路”的公路货源吸引到铁路运输，协议运量达2550万吨，钢材、焦炭、矿石、煤炭等大宗物资运量实现回升。

5月末，与云南省工信委联合开展为期半年的“进百家园区、访千家企业、揽万吨货源”主题营销活动，联合云南省和各州、市工信委召开推介会46场次，对全省137个工业和物流园区5000余家企业开展拉网式营销；7月7日，联合云南省工信委召开昆明地区工业园区货运产品推介会，开展货运产品集中推介活动，昆明地区18家工业园区管委会及园区内70家重点企业参加，与嵩明杨林经济技术开发区、安宁工业园等4家国家级工业园区签订战略合作协议。对煤焦、化肥、烟草等9个板块实施项目制管理，专人负责项目推进，跟踪、分析并协调解决项目推进中出现的问题，优化物流解决方案，打通物流全流程环节，降低企业物流成本；开展物流总包，介入企业供应链管理，承接企业原材料采购、仓储、分拣、包装、搬运、装卸、信息查询、保险理赔等物流外包业务。全年吸引478家从未采用铁路物流的客户到铁路运输，新增啤酒、玻璃、饲料、瓷砖、饮料等产品，完成货物发送111.5万吨。

【火车票改签措施调整】 6月10日起，铁路推出火车票“变更到站”服务措施，旅客购票后，需调整行程、变更新目的地，在车票预售期内、开车前48小时以上的，到车站售票窗口或12306网站变更新到站即可。原来的车票改签规定，旅客购票后仅能变更乘车日期、车次、席位，不能变更到站，需变更到站时，须先退旧票，再买新票。实施此措施后，旅客“变更到站”，无需将原车票退票后再另购新车票，新车票票价高于原车票的，补足车票差价，不需支付原车票退票费；新车票票价低于原车票的，需支付差额部分退票费。

同时，针对部分囤票者利用火车票预售期延长至60天、距开车15天以上退票不收退票费规定，在临近开车前48小时将囤积的未出手车票改签为距开车15天以上的其他列车车票，然后办理退票，既逃避囤票成本，又占用客票资源，影响其他旅客正常购票问题，对开车前48小时至15天内，改签或变更到站为距开车15天以上的其他列车车票，在距开车15天前退票的，核收5%退票费，维护正常购票秩序。

【旅客人身意外伤害保险业务推出】 11月1日起，铁路推出旅客人身意外伤害保险业务，供旅客购票时自愿选择投保，保费3元，最高保障30万元意外身故、伤残和3万元意外医疗保险金。

该业务是指被保险人在保险期间内持有效乘车凭证，乘坐境内旅客列车遭受意外伤害，致使身故、伤残或者受伤治疗的，由中国铁路财产保险自保有限公司按照约定给付保险金的一种保险服务。

2013年1月1日后，火车票价中不再包含旅客意外伤害强制保险费用。此项业务推出，可适应旅客个性化服务需求，为旅客提供人身安全经济保障。

【中央领导考察昆明南站施工现场】 1月20日，习近平总书记在中共中央政治局委员、中央政策研究室主任王沪宁和中共中央政治局委员、中央办公厅主任栗战书，以及云南省委书记李纪恒、代省长陈豪等中央、地方领导陪同下，到昆明南新客站施工现场考察，习总书记对质量安全和关爱农民工工作作出重要指示。4月15日，中共中央政治局委员、中央统战部部长孙春兰，云南省委书记李纪恒到昆明南新客站考察。6月13日，中共中央政治局委员、国家副主席李源潮在云南省委书记李纪恒陪同下，到昆明南新客站考察，希望抓好昆明南站建设质量和工程进度，加快铁路大通道建设，全面助推云南对外开放战略升级。

昆明南站是国家“一带一路”战略规划中辐射东南亚的重要交通基础设施，建筑总面积33.47万平方米，其中站房面积12万平方米（地上3层、地下1层），按16个站台30股道规模建设，总投资31.84亿元，设计年发送旅客4693万人，日均发送12.8万人，是集国铁、地铁、公交、出租车等交通方式为一体的特大型综合交通枢纽站，也是西南地区建设规模最大的一个火车客运站。2013年11月15日动工，计划2016年6月竣工投用。

【铁路建设推进】 2015年，省内15条在建和新开工铁路、昆明南站建设投资301.9亿元，完成投资计划的100%。其中，昆阳至玉溪铁路扩能改造工程完成3.4亿元，11月22日铺架完成全长3878米的大犁铧营特大桥；广通至大理铁路扩能改造工程完成20.0亿元，11月12日全长5690米的广通4号隧道贯通；昆明枢纽扩能改造工程完成3.0亿元，1月10日开通广昆下行线温泉至读书铺、昆阳支线上行线桃花村至读书铺，1月31日开通使用金马村至杨方凹联络线，8月31日、10月26日，控制性工程碧鸡关、长坡隧道扩建工程先后贯通，11月19日昆西双线特大桥（全长1342.5米）架梁施工完成；昆明枢纽东南环线完成4.6亿元，11月21日呈贡隧道贯通；云桂引入昆明枢纽工程完成27.0亿元，7月12日控制性工程头山隧道（全长775米）贯通，10月26日大石坝隧道（全长1860米）贯通，12月4日官山隧道（全长3080米）贯通；长昆引入昆明枢纽工程完成7.6亿元，3月20日开始架梁施工；永仁至广通扩能工程完成25.0亿元，9月13日茂易隧道（全长3006米）贯通；蒙自至河口铁路完成1.6亿元，3月20日，河口至河口北站米轨联络线开通，打通国际联运通道；丽香铁路完成12.0亿元；新建玉溪至磨憨铁路完成24.0亿元，大理至临沧铁路完成6.0亿元，弥勒至蒙自铁路完成5.0亿元；大瑞铁路完成7.6亿元，12月1日，保山至瑞丽段全面开工建设；沪昆铁路客运专线云南段完成投资25.4亿元，3月20日，"四电"（高速铁路电力、牵引供电、通信、信号四个专业）系统集成工程全面开工，7月24日凤凰山隧道全线贯通，12月25日进入铺轨阶段；云桂铁路云南段完成67亿元，6月23日全长12787米的幸福隧道贯通，8月20日全长358.93米的谷拉河大桥合龙，9月16日"四电"系统集成工程全面开工；昆明南站完成6.0亿元，12月31日站房封顶，主体结构施工全部完成，全面转入装饰装修、机电设备安装调试阶段。

【玉磨铁路先期开工段开工建设】 8月31日，玉溪至磨憨铁路（简称玉磨铁路）先期开工段开工仪式在玉溪举行，省委书记李纪恒宣布项目开工，省委副书记、省长陈豪主持开工仪式并讲话。

玉磨铁路为国铁Ⅰ级电气化铁路，自玉溪向南经峨山、元江、墨江、普洱、景洪，终至中老边境国家级口岸磨憨，全长508.53公里，设计行车速度每小时160公里，总投资504.45亿元，建设工期6年。线路北端与昆玉、玉蒙铁路相接，向北通过昆玉铁路进入昆明枢纽，与沪昆客专、云桂铁路、成昆铁路以及规划新建的渝昆铁路相连；向南通过拟建的中老铁路，经琅勃拉邦至万象，继续南下经曼谷至新加坡，是云南省融入国家"一带一路"战略、构建与周边国家互联互通国际大通道的重大建设项目。

此次先期开工段为玉磨铁路与在建昆玉铁路扩能改造工程的并行段，线路全长5.45公里。

【大理至临沧铁路开工建设】 12月6日，大理至临沧铁路（简称大临铁路）开工仪式在临沧市临翔区举行，云南省委书记李纪恒，省委副书记、省长陈豪，省委常委、常务副省长李江等领导参加。

大临铁路为国铁Ⅰ级单线电气化铁路，北起广大铁路大理站，经大理州大理市、巍山县、南涧县，跨澜沧江后进入临沧市凤庆县，经云县到达临沧市临翔区，全长202.09公里，设计行车速度每小时160公里。北端通过广大线、成昆线连接昆明、攀枝花地区，向西南通过规划的临沧至清水河铁路连接孟定清水河口岸，向东南通过规划的临沧至普洱铁路连接玉磨铁路，是国家实施"一带一路"战略，建设孟中缅印经济走廊的国际铁路大通道重要组成部分。该项目横穿哀牢山、无量山、邦马山，跨越西河、澜沧江、黑惠江，桥隧总长176公里，桥隧比87%，初步设计批复总投资150.46亿元，建设工期5.5年。项目建成后，昆明经大理至临沧，乘坐火车时间3.5小时，比汽车缩短4～5个小时。

【弥勒至蒙自铁路开建】 12月28日，弥勒至蒙自铁路（简称弥蒙铁路）开工建设。

弥蒙铁路北起云桂铁路弥勒站，向南经开远，止于蒙自，与玉蒙、蒙河铁路相连，为国家Ⅰ级单线电气化铁路，设计行车速度每小时160公里。新建正线129.5公里，其中新建单线107.66公里、蒙自北（含）至蒙自（含）增建第二线21.87公里，有桥梁65座、隧道23座，桥隧比54.7%。全线设车站11个，其中中间站7个（弥勒、竹园、朋普、开远北、开远南、沙甸、蒙自站）、会让站3个（弥勒南、新河、新江站）、区段站1个（蒙自北站）。项目初步设计投资93.1332亿元，计划建设工期6年，建成后，自昆明至蒙自，经云桂铁路，1个半小时左右即可到达。

【米轨观光小火车开行】 5月1日，在原个碧石铁路开建100周年之际，组织开行建水东至团山间米轨观光小火车。

该项目为昆明铁路局与建水县人民政府联合开发的云南米轨铁路保护与开发利用示范项目，依托个碧石铁路建水段资源，在充分保护前提下，修复建水东至团山段沿线站房，升级改造机车、车辆，打造建水古城至团山米轨游览观光路线。观光火车开行线路全程12.82公里，车身呈橘黄色，由普通车、功能车、花车组成，普通车满足旅客乘坐需求，功能车增加酒水吧台，花车隔出观光平台，供游客观光、摄影。列车以小编组、慢速度方式开行，列车最大编组6辆，定编246人，往返旅行时间约2个小时，开通临安、双龙桥、乡会桥、团山4个站点，初期每天开行2对。

【铁路护路联防费取消征收】 10月1日起，根据《云南省财政厅、云南省发展和改革委员会关于取消铁路护路联防费的通知》，停止核收云南省铁路护路联防费；11月1日起，根据财政部、国家发展改革委《关于取消和暂停征收一批行政事业性收费有关问题的通知》及中国铁路总公司要求，全路铁路护路联防费统一取消。

云南省铁路护路联防费征收范围为全省行政区域内各铁路货运站发送的整车、零担、集装箱货物，对军用、抢险、救灾、捐赠物资及化肥、农药、农用地膜、食盐、路料及不足一吨的零担货物免收。1994年7月，开始收取，每吨0.4元；2011年5月，调整收费标准，整车、零担货物每吨收取0.6元，集装箱20英尺箱每箱15元、40英尺箱每箱25元。

【5A级物流企业资质通过认证】 4月2日，全国A级物流企业暨质押监管企业授牌大会在合肥召开，昆明铁路局被授予“AAAAA级综合型物流企业”牌匾及证书，成为云南省第一家5A级综合型物流企业，也成为全国195家5A级物流企业之一。

5A级物流企业资质申报工作于2014年12月启动，经过网上申报、资料预审、现场审核、专家评审、统一答辩等环节，先后通过云南省物流采购联合会预审、中国物流采购联合会审查，在中国物流与采购联合会物流企业综合评估委员会第十九次会议上审定通过。8月11日，经北京新世纪检验认证有限公司技术委员会审定，路局综合型物流服务质量管理体系通过ISO9001：2008质量管理体系认证，获得质量管理体系认证证书。

5A级物流企业资质是中国目前对国内物流企业评估的最高标准。获评5A级资质，对进一步推进铁路由传统运输企业向现代物流企业转型，提升铁路货运服务品牌效应，增强物流市场竞争力具有重要意义。

道路运输业

【概 况】 2015年，全省完成交通固定资产投资1008亿元，首次突破1000亿元大关，同比增长40%，超额完成省政府下达的700亿元目标任务，创历史最高水平。至2015年底，全省公路总规模达到23.6万公里，超过22.3万公里规划目标。

【道路运输】 2015年，全省道路运输完成客运量4.39亿人，完成旅客周转量328.5亿人公里；完成货运量10.73亿吨，完成货物周转量1094.95亿吨公里。道路运输总周转量增速达9.52%；新增客运站243个、货运站场21个，州市政府所在地一级客运站覆盖率达87.5%，县市区政府所在地二级以上客运站覆盖率82.9%，乡镇建成客运站比例达77.8%，开通农村客运班线4292条，100%的乡镇和85%的建制村通班车。

【公路建设】 2015年，高速公路建设完成投资556亿元，同比增长28%，14段高速公路建成通车，新增高速公路共750公里，高速公路通车总里程达4005公里；国省道路网改造完成207亿元，同比增长82%，一、二级公路通车里程达1.2万公里；农村公路建设完成226亿元，同比增长47%，以交通扶贫为重点，新改建农村公路2.19万公里，实现了县乡通油路、70%建制村通硬化路。车购税补助的95座“溜索改桥”全部开工建设。

【西桥至石林高速公路建成通车】 2015年2月16日，西桥至石林高速公路建成通车。西石高速公路是汕头至昆明高速公路重要组成部分和国道324、326的交汇段，位于曲靖市陆良县及昆明市石林县境内。主线全长39.77公里，为双向6车道设计，其中6.517公里为新建高速公路，其余33.34公里在原一级公路基础改建。概算投资27.77亿元。

2015年2月16日建成通车的西桥至石林高速公路

【龙陵至瑞丽高速公路芒市风平至畹町段建成通车】 2015年5月30日，龙陵至瑞丽高速公路芒市风平至畹町段建成通车。龙瑞高速公路是国高网G56杭瑞高速云南境内昆明至瑞丽的最后一段，主路线全长134.09公里，建成通车的芒市风平至畹町段全长72公里，沿线设置风平、遮放、遮相、畹町4座立交。

【普立至宣威高速公路建成通车】 2015年8月25日，普立至宣威高速公路建成通车。普宣高速公路是国高网G56杭瑞高速进入云南的第一段，起于宣威市普立乡腊龙村，接贵州段毕节至都格高速公路终点北盘江特大桥。全长90.69公里，其中，主线长85.70公里，联络线长4.99公里。全线用双向4车道路标准建设，投资84.94亿元。

【安全生产】 2014年，全面推进企业安全生产标准化创建达标，全省3136户应达标企业中1799户通过考评；开展“六打六治”和“平安交通”建设整治专项行动，对排查出的2186条隐患全部实行整改销号制度，责令停产整顿33户。狠抓安全培训教育，全年培训近9万人。为全省参统运输企业安全标准化达标、安全设施设备购置等补助资金5152万元。

【昭通至会泽待补至功山高速公路建成试通车】 2015年9月25日，昭通至会泽、待补至功山高速公路建成通车。昭会高速公路建设里程104.41公里，投资70.73亿元；待功高速公路建设里程67.17公里，投资77.41亿元。两段路按照双向4车道高速公路标准设计，设计时速均为80公里。

2015年9月25日建成通车的昭通至会泽高速公路

【独龙江公路全线建成通车】 2015年11月13日，随着独龙江隧道通风、照明等机电安装工程的全面完成，独龙江公路全线建成通车。6.68公里长的特长隧道是独龙江公路的“卡脖子”工程，2014年1月3日，习近平总书记曾做出批示，对独龙江隧道的即将贯通表示祝贺。

【麻柳湾至昭通高速公路建成通车】 2015年12月26日，麻柳湾至昭通高速公路建成通车。麻昭高速公路是国高网G85银昆高速在云南的重要路段，起于大关县麻柳湾，与水富至麻柳湾高速公路相连；止于鲁甸县，与昭通至会泽高速公路相连。全长106公里，概算总投资超过145亿元。

2015年12月26日建成通车的麻柳湾至昭通高速公路

【富宁至龙留高速公路建成通车】 2015年12月28日，富宁至龙留高速公路建成通车。富龙高速公路全长22.24公里，起点为富宁县境内罗富高速公路那谢立交，对接广西靖西至那坡高速公路，总投资27.13亿元。

【石屏至红龙厂高速公路建成通车】 2015年12月31日，石屏至红龙厂高速公路建成通车。石红高速公路起于红河州石屏县城南，接已建成的鸡石高速公路，止于玉溪市元江县红龙厂，接已建成的玉元高速公路，线路全长54.8公里，为双向4车道高速公路，概算投资53.05亿元。

【华坪至丽江高速公路项目试验段开工建设】 2015年4月27日，华坪至丽江高速公路项目试验段开工建设。华丽高速公路全长153.3公里，投资估算285.85亿元。开工建设的荣将、拉市试验段为华丽高速公路的一期工程，采用起点和止点各开工10公里的方案进行，两段计划投资27亿元。

【小铺至乌龙高速公路开工建设】 2015年4月30日，小铺至乌龙高速公路举行开工仪式。小龙高速公路全长41.99公里，起于小铺立交桥，接国高网G85银昆高速与国高网G56杭瑞高速交叉处的小铺枢纽西侧，止点位于昆明的乌龙村附近的昆明北收费站。

【小勐养至磨憨高速公路改建工程开工建设】 2015年5月16日，小勐养至磨憨改建高速公路工程开工。小磨高速公路建设总里程167公里，其中143公里在原一、二级公路基础上改扩建，工程估算投资127亿元，建设工期3年。

【上关至鹤庆高速公路开工建设】 2015年6月10日，上关至鹤庆高速公路开工建设。上鹤高速公路是省国道G348武汉至大理线的重要组成部分，项目全长60.91公里，估计投资64.52亿元，设计为双向4车道高速公路标准。

【沾益至会泽段高速公路开工建设】 2015年7月17日，沾益至会泽高速公路开工建设。沾会高速公路是国高网G85渝昆高速与国高网G56杭瑞高速之间的重要连接线。项目主线全长36公里，横穿宣威、沾益、会泽三县，估算投资51.6亿元。

【临沧机场高速公路开工建设】 2015年9月29日，临沧机场高速公路开工建设。该项目起于临沧市临翔区南信桥，止于博尚镇。线路长30.1公里，其中高速公路17公里，一级路13.1公里，估算投资24.2亿元。

【华坪至丽江高速公路大理连接线大理段开工建设】 2015年10月29日，华坪至丽江高速公路大理连接线大理段开工建设。华坪至丽江高速公路大理连接线为国家高速公路网新增纵线5（张掖至打洛高速公路）的一段，北接拟建的华丽高速公路，南接大丽高速公路，全长122.49公里，估算投资179.64亿元。此次开工的大理州境内段起于大理机场一级公路，与大丽高速公路相接，止于大理州和丽江市交界处，全长53.3公里。

【保山至泸水、玉溪至临沧高速公路试验段开工建设】 2015年12月6日，保山至泸水、玉溪至临沧高速公路试验段开工。保泸高速公路是通往怒江的第一条高速公路。全长88公里，按双向4车道高速公路标准建设，估算投资149亿元。开工的试验段全长20公里，估算投资35.9亿元。玉临高速公路起于玉溪市元江县红龙厂，止于临沧市临翔区，新建里程247公里，按双向4车道高速公路标准建设，估算投资364.2亿元。开工的试验段全长17.7公里，估算投资36.7亿元。

2015年11月22日，保山至腾冲高速公路龙江特大桥实现钢箱梁全桥合龙，形成整体连接

水路运输业

【概况】 2015年，全省完成水运建设投资任务8.08亿元，与上年相比增长44.2%。截至2015年底，通航里程达4200公里，其中四级以上航道增加969公里，达到1334公里。至2015年底，全省共有航运企业（个体）417家，拥有运输船舶1035艘、14.93万载重吨、2.26万客位、10.68万千瓦。全年完成客运量达1157万人，客运周转量2.49亿人公里，与上年同期相比分别增长5.28%、5.25%；完成货运量602万吨、货物周转量14.07亿吨公里，同比分别增长7.5%、7.54%。

【中老缅泰澜沧江—湄公河航联委第13次会议召开】 2015年1月27至29日，中老缅泰澜沧江—湄公河航联委第13次会议召开在老挝万象举行。会议听取了老方关于航联委第12次会议执行情况报告，审议并确认签署了《中老缅泰澜沧江—湄公河航运突发事件协调处置应急预案》，讨论了《澜沧江—湄公河水上搜救和沉船打捞管理办法》和《澜沧江—湄公河国际航运发展规划（2015-2025）》草案，确定了统一上湄公河航道英语地名名称方案，同意按照《澜沧江—湄公河商船检验技术规则》继续对在澜沧江—湄公河国际航道航行船舶强制安装甚高频无线电话。中方向会议通报了中方船舶运输成品油情况。会议决定第14次中老缅泰澜沧江－湄公河航联委会议在缅甸召开。

【云南省集装箱水路运输首航】 2015年1月23日，满载47标箱的安吉810货轮驶离水富港，开启了云南省水路集装箱运输的历史。水富港有1000T级综合性泊位3个，集装箱、件、杂散货堆场共2.5万平方米，仓库2700平方米，配有10~40门座起重机3台。此次集装箱首航标志着水富港从过去散货运输为主的单一运输方式向散货、件杂货、集装箱等多种方式运输迈进，从此云南省在长江航道上有了自己的集装箱班轮航线，加快了云南融入长江经济带的步伐，同时开创了长江航道集装箱运输线有史以来运距最长的一条集装箱班轮航线。

【《云南省水上交通安全管理办法》正式施行】 2015年3月1日，《云南省水上交通安全管理办法》正式施行。该《办法》主要对管理职责和责任，船舶、浮动设施和船员，通航保障、渡口管理、事故救助与调查处理、监督检查和法律责任等方面做出了规定。

【翁孟勇副部长考察水富港】 2015年3月13日，交通运输部副部长翁孟勇在云南省政府副省长丁绍祥和云南省交通运输厅厅长刘一平的陪同下，考察了水富港和向家坝水电站升船机建设项目，并乘船考察了水富至宜宾航道。

【澜沧江第一艘高速海事巡逻船建造完成】 2015年4月，澜沧江上首艘高速海事巡逻船建造建造完成。该船长34.08米，型宽5.20米，型深2.00米，主机功率746Kw，设计航速29公里/小时，适用于B级航区和C级航区J1级航段，是澜沧江上最大的高速海事巡逻救助船。

【云南省庆祝“航海日”】 2015年7月10日，云南省庆祝全国第11个航海日活动在云南交通技师学院举办。活动围绕“弘扬郑和航海精神，服务‘一带一路’国家战略”主题，旨在进一步推进云南内河航运事业发展和水运人才培养。云南交通技师学院院长杨经元向大会致辞，云南省郑和研究会会长高发元作主题发言，云南省社会科学院研究员陈利君作《郑和下西洋与“一带一路”》主题报告，云南省航务管理局副局长王德忠作《云南内河航运现状与发展战略》讲座。

【云南省加快推进农村老旧渡船报废更新】 2015年8月27日，省航务局在曲靖市会泽县召开现场会议，对加快推进全省农村老旧渡船报废更新工作进行了全面部署。要求全省各级航务部门认真总结本地区老旧渡船报废更新工作，摸清情况，积极争取多方支持，确保圆满完成老旧渡船报废更新工作任务。

【滇黔桂三省区共管库区水上交通安全管理集中办公】 2015年12月16~18日，经三省区研究决定，针对共管库区水上交通安全存在的问题和2016年重点工作，滇黔桂三省区共管库区水上交通安全管理工作实行集中办公。

【金沙江中游库区航运基础设施综合建设项目开工】 2015年12月23日，金沙江中游库区航运基础设施综合建设项目开工仪式在丽江华坪举行。该项目是全省综合交通建设5年大会战的重点项目，总投资25.4亿元。工程分布在金沙江两家人至观音岩长461公里的河段上，涉及梨园、阿海、金安桥、龙开口、鲁地拉、观音岩共6个电站库区，建设24座码头、123个停靠点、1个航务（海事）救援基地及相应的配套设施。项目分两期实施，一期工程概算投资15.7亿元，划分为4个标段；二期工程概算投资9.7亿元，划分为3个标段，全部工程计划于2017年12月建设完成，成为全省水运建设迄今为止投资最大，第一次采用省地合作方式建设的项目。

民用航空业

云南机场集团有限责任公司是云南省政府直属的国有大型航空运输保障服务企业和省级开发性经营合作融资平台，按照云南省政府的授权，对全省民用机场实行一体化管理，打造以昆明国家门户枢纽机场为旗舰，次区域枢纽、中型机场、小型机场、通勤通用机场等多梯次结构合理布局、互补相辅的机场群。截至2015年，云南省内运营民航机场共13个，在建机场3个，到“十二五”末机场密度将达到每十万平方公里4个，是全国拥有机场数量较多、等级较高、航空资源富集、机场管理一体化的省份。2015年，机场集团旅客吞吐量突破5200万人次，比2010年翻了一番；地州机场旅客吞吐量由2010年的610万增长到2015年的1520万，年均增速达20.0%；省内旅客吞吐量百万以上机场达到5个，成为全国百万级机场最多的省份之一。2015年末，集团合并资产总额360.39

亿元，所有者权益213.09亿元，同比“十一五”末增长54.65%、38.55%；合并营业收入由2010年的17.8亿元增长到2015年的34.42亿元，年均增长15.4%，其中航空主业非航业务收入由2011年不足8000万元，攀升至2015年7.44亿元，年均增长率达165%。2015年，云南机场共开通航线387条，比2010年增加140条，其中国内航线323条，同比增加108条，国际地区航线64条，同比增加24条；开通巴黎、温哥华两条洲际航线和首条国际全货运航线，成功举办第十三届亚洲航线大会，国际市场多点开花。

机场集团正成为服务云南建设民族团结进步示范区、生态文明建设排头兵、面向南亚东南亚辐射中心，推动地方经济社会增长的重要驱动力量。随着国家“一带一路”“桥头堡”战略和云南民航强省战略的实施，云南机场集团将全面加快建设发展步伐，着力打造卓越智慧的机场集团和价值共存的梦想平台，以持续发展推动云南经济社会进步，以优质服务回报国内、国外旅客，为全国民航事业发展做出更大贡献。

2015年，云南机场集团在面临宏观政策变化、国内经济下行压力加大、其他交通方式竞争加剧等多重挑战的形势下，积极融入、主动服务国家和云南省经济社会发展战略，全体员工真抓实干，奋力拼搏，集团实力不断增强，保障能力大幅提高，盈利水平稳步提升，在机场建设运营、管理改革创新、市场营销等方面取得显著成就。

【安全形势持续平稳】 2015年，机场集团坚持持续安全理念，确保安全生命线，各机场生产运营保持了平稳态势，未发生事故征候（含）以上不安全事件，未发生旅客有效投诉，圆满实现了全年各项安全工作目标，完成春运、“两会”“南博会”、暑运期间机场安全运行保障工作。在业务量快速增长以及新建改扩建任务繁重的情况下，云南机场重大事故率为零，连续实现11个安全年，连续8年荣获全国“安康杯”竞赛优胜单位荣誉称号；组织参加国家民航局、机场协会以及地方主管部门的各类安全、安保、消防以及服务、标准化培训班23个，180人次，参训人员均取得了相应的资质证书；组织集团内部安全、服务以及标准培训班4个，600余人次；培训投入40万余元。通过开展不同层面、不同岗位的安全、服务以及标准化培训，管理人员的能力和资质得到提升。

【服务运行质量大幅提升】 2015年，机场集团按照“以优质服务回报国内、国外旅客”的使命，积极构建集团服务质量管理体系，持续改进机场服务，正式启动服务品牌建设。组织服务人员系列培训，强化机场服务人员的礼仪、岗位技能及操作技巧。聘请第三方对各机场的硬件设施设备和旅客服务流程、服务现场等进行监督及评估。开展了“卫生间专项整治”“航班运行正常专项整治”“服务质量月”“候机楼环境卫生专项整治”“标识标牌专项整治”“窗口岗位服务质量专项整治”“服务质量对标”等活动，并积极引导和鼓励各机场大力开展特色服务，提高旅客满意度，提升机场形象。2015年云南机场运行效率大幅提升，昆明机场放行正常率稳居全国十大机场首位，西双版纳、丽江机场航班放行正常率均在同类机场中排列前茅。

【生产运输高速增长】 2015年，机场集团累计保障运输起降42.9万架次，旅客吞吐量5234.6万人次，货邮吞吐量38.6万吨，分别比上年同期增长11.5%、18.3%、13.6%，完成年度目标的102.2%、108.2%和103%。其中，昆明机场保障运输起降29.9万架次，旅客吞吐量3752.3万人次，货邮吞吐量35.5万吨，分别比上年同期增长11%、16.4%、12.2%，完成年度目标的101.8%、105.8%和102.1%。州市机场中，丽江机场旅客吞吐量已突破500万人次，版纳机场旅客吞吐量突破400万人次，大理机场旅客吞吐量已突破100万人次，增速达到68.7%，普洱机场旅客吞吐量增速达到47.4%、腾冲机场旅客吞吐量增速高于30%，芒市、版纳、昭通机场旅客吞吐量增速高于20%。

【经营效益稳步提升】 2015年，机场集团实现营业收入34.42亿元，同比增长9.08%；总成本费用49.75亿元，同比增长4.24%；实现利润总额-13.04亿元，同比上年减亏1.03亿元，亏损仅为年初预算的75.81%。其中，航空主业实现营业收入23.6亿元；利润总额亏损12.52亿元；其他控股企业实现营业收入14亿元，实现利润总额2572万元。

【基础建设进展较快】 新建、迁建机场项目中，泸沽湖机场已于2015年10月12日正式建成通航；沧源、澜沧机场前期工作全部完成。沧源年度累计完成实物工程量5.52亿元，澜沧机场年度累计完成实物工程量3.42亿元；红河蒙自、元阳、怒江通用机场新建，以及昭通、大理机场迁建前期工作有序开展。各运营机场改扩建项目按计划有序推进，昆明机场二期航站楼工程已启动前期工作，配套工程中，Ⅱ类仪表着陆系统已投入运行，Ⅲ类运行分步进入施工阶段,工程年度累计完成实物工程量1564.64万元；机坪扩建及附属工程西区扩建机坪已可投入使用，东区扩建部分工程年度累计完成实物工程量9.04亿元；腾冲机场二期改扩建工程前期工作已全部完成，工程进入实施阶段；德宏芒市机场航空口岸国际旅检通道改扩建工程12月获省发改委批复。保山机场跑道加铺工程已全部完工

【航线网络更加丰富】 2015年，机场集团深化与国际国内机场、航空公司开放合作，健全主动营销、全面营销、带头营销机制，一方面积极“走出去”，赴局方、航空公司总部及其他机场集团总部进行拜访，就航权申请、时刻协调、战略协同、运力引进、航线开辟等诸多市场工作进行沟通协调；另一方面主动“请进来”，紧密跟进2019年世界航线发展大会申办工作，与上海机场深化“双枢纽”合作，为云南开辟更多国际航线创造条件。2015年，云南机场共开通航线387条，其中国内航线323条，同比增加108条，国际地区航线64条，同比增加24条；开通巴黎、温哥华两条洲际航线和首条国际全货运航线。

【枢纽建设初见成效】 2015年，机场集团成功举办第十三届亚洲航线大会，国际市场多点开花。昆明机场相继开通温哥华、莫斯科、新德里、达卡、巴厘岛、西哈努克、釜山、济州、名古屋、静冈、甲米等多个国际通航点，洲际航线取得突破，国际旅客吞吐量比去年同期增长26%，国际化水平大幅提高。截至2015年末，昆明机场基地航空公司增至5家，通航城市145个，其中国内通航城市104个，国际通航城市37个，地区通航城市4个。每周往返东南亚、南亚132个航班，成为中国飞往南亚、东南亚航线最多的机场之一，初步形成以昆明为中心，覆盖全国大部份地区及南亚、东南亚主要国家城市的航线网络。72小时免签政策顺利实施，“通程航班”中转联运业务，以及进境水果口岸获批建立，为枢纽机场建设提供了有力支撑。随着昆明机场容量评估工作正式启动，40个机坪停机位的即将建成，昆明机场枢纽保障能力还将大幅提升。

【深化企业改革成效显著】 突出管控中心职能，提升工作效率；深化人事制度改革，优化人力资源配置，建立并运行综合绩效平台，提升集团本部的运转效率。建立科学规范的后备干部选拔、任用、管理制度，完善干部考核评价机制，严格干部监督管理；深化非航改革，坚持产业协同发展的思路，加强参控股企业治理，通过资源整合、战略联动、整合股权、模式创新等措施促进非航企业发展。

【强化创新体系建设】 2015年，机场集团持续强化科技创新工作，编制了《机场水泥混凝土道面快速换板技术》《SMS民用机场安全管理信息系统》《新沥青混凝土骨料项目》以及《昆明巫家坝国际机场2006~2010年容量评估与研究》等四个重点项目的项目工作报告等材料，组织了《2011年云南机场集团行业科技成果鉴定会》，邀请专家对四个项目进行了行业科技鉴定，四个项目均达到了国内领先水平，依据鉴定结果向国家民航局提交了行业科技成果奖励申请。“十二五”期间云南机场集团共获得科技进步奖5项,其中行业科技进步二等奖1项、三等奖3项，云南省科技进步三等奖1项。

2015年云南机场集团有限责任公司运输生产报表总表

统计单位	统计指标	2015年累计	2014年累计	同比增长
集团公司	起降架次	431365	386769	11.5%
	运输起降架次	429284	385015	11.5%
	旅客吞吐量（人）	52346134	44261420	18.3%
	货邮吞吐量（吨）	386434.6	340265.3	13.6%

续表

统计单位	统计指标	2015年累计	2014年累计	同比增长
昆明机场	起降架次	300408	270529	11.0%
	运输起降架次	299277	269499	11.0%
	其中：　国内航线	273561	247615	10.5%
	国际航线	21979	18227	20.6%
	地区航线	3737	3657	2.2%
	旅客吞吐量（人）	37523220	32230883	16.4%
	其中：　国内航线	34642194	29843699	16.1%
	国际航线	2382746	1923707	23.9%
	地区航线	498280	463477	7.5%
	货邮吞吐量（吨）	355424.7	316672.4	12.2%
	其中：　国内航线	333541.5	299442.5	11.4%
	国际航线	20663.9	15281.1	35.2%
	地区航线	1219.3	1948.9	-37.4%
丽江机场	运输起降架次	45929	42708	7.5%
	其中：　国内航线	45102	41412	8.9%
	国际航线	72	215	-66.5%
	地区航线	755	1081	-30.2%
	旅客吞吐量（人）	5627038	4852284	16.0%
	其中：　国内航线	5546396	4730539	17.2%
	国际航线	5723	23020	-75.1%
	地区航线	74919	98725	-24.1%
	货邮吞吐量（吨）	8291.5	7037.9	17.8%
	其中：　国内航线	8268.6	6999.6	18.1%
	国际航线	0.0	0.0	-
	地区航线	22.9	38.3	-40.3%
西双版纳机场	运输起降架次	34382	30830	11.5%
	其中：　国内航线	33855	30539	10.9%
	国际航线	346	253	36.8%

续表

统计单位	统计指标	2015 年累计	2014 年累计	同比增长
西双版纳机场	地区航线	181	38	376.3%
	旅客吞吐量（人）	4150968	3360802	23.5%
	其中：　国内航线	4116342	3347975	23.0%
	国际航线	14944	8771	70.4%
	地区航线	19682	4056	385.3%
	货邮吞吐量（吨）	7875.4	6123.7	28.6%
	其中：　国内航线	7835.1	6121.1	28.0%
	国际航线	18.2	0.0	-
	地区航线	22.2	2.5	776.3%
芒市机场	运输起降架次	11214	10106	11.0%
	旅客吞吐量（人）	1323465	1060650	24.8%
	货邮吞吐量（吨）	7778.8	5669.4	37.2%
大理机场	运输起降架次	12038	8310	44.9%
	旅客吞吐量（人）	1264753	749913	68.7%
	货邮吞吐量（吨）	2804.4	1202.8	133.2%
腾冲机场	运输起降架次	6930	6044	14.7%
	旅客吞吐量（人）	664448	509635	30.4%
	货邮吞吐量（吨）	1008.6	820.6	22.9%
迪庆机场	运输起降架次	5204	5190	0.3%
	旅客吞吐量（人）	503800	453604	11.1%
	货邮吞吐量（吨）	839.9	788.5	6.5%
普洱思茅机场	运输起降架次	3500	2602	34.5%
	旅客吞吐量（人）	332193	225411	47.4%
	货邮吞吐量（吨）	769.6	469.5	63.9%
临沧机场 临沧机场	运输起降架次	3388	3066	10.5%
	旅客吞吐量（人）	324037	287555	12.7%
	货邮吞吐量（吨）	595.3	768.8	-22.6%

续表

统计单位	统计指标	2015年累计	2014年累计	同比增长
保山机场	运输起降架次	3256	3028	7.5%
	旅客吞吐量（人）	305139	273020	11.8%
	货邮吞吐量（吨）	614.0	420.4	46.0%
昭通机场	运输起降架次	2684	2080	29.0%
	旅客吞吐量（人）	213955	166083	28.8%
	货邮吞吐量（吨）	195.5	175.3	11.5%
文山机场	运输起降架次	1392	1552	-10.3%
	旅客吞吐量（人）	105106	91580	14.8%
	货邮吞吐量（吨）	228.3	116.0	96.9%
泸沽湖机场	运输起降架次	90	-	-
	旅客吞吐量（人）	8012	-	-
	货邮吞吐量（吨）	8.5	-	-

邮政业

【综 述】 2015年，中国邮政集团公司云南省分公司主动适应经济发展新常态，实施“一体两翼”经营发展战略，锐意改革，开拓进取，攻坚克难，圆满完成了全年目标任务。2015年，云南省邮政分公司实现业务收入20.5亿元，比上年同期增长5.81%，增收1.12亿元，完成集团公司下达年度预算的100.54%。代理金融业务实现收入11.26亿元，比上年同期增长13.74%；邮务类业务实现收入5.99亿元，比上年同期负增长4.37%；包裹快递业务实现资费收入2.36亿元，比上年同期增长2.26%。14个州市分公司实现了收入同比正增长，6个州市分公司增幅超过两位数。

【“子改分”工作】 2015年，按照集团公司与所属省公司由母子公司制改为总分公司制即“子改分”工作的总体部署，云南省邮政分公司树立大局意识、全局意识，全力以赴，认真抓紧抓好，确保各项工作按照统一要求，保质保量，按期完成。云南省邮政分公司积极做好全省各级邮政企业分支机构变更、资产划转、相关合同主体变更、办理各类产权过户、税费清缴、原公司注销等改革工作。“子改分”后，云南省邮政公司更名为中国邮政集团公司云南省分公司，成为隶属于中国邮政集团公司，在云南省内注册的非法人分支机构。

【机构调整】 2015年，省邮政分公司强化包裹快递业务管理职能，于5月28日撤销云南省速递物流局，成立云南省包裹业务局，通过组织架构的调整，进一步提升寄递业务市场竞争能力。在省级层面，省速递物流局原经营管理职能、现有的函件局小包业务和市场部普包业务经营管理职能调整划转至省包裹业务局，按照新的包裹快递业务产品整合形成新的包裹快递业务经营管理职能，相关人员按照“人随事走”的原则成建制划转。在州市及县级层面，撤销各州、市分公司原单设或挂靠设立的速递物流局，在省会昆明市分公司单独设立包裹业务局，在15个分公司成立包裹业务中心，在县分公司市场经营部指定1～2人，重点负责包裹快递业务经营管理工作，有效支撑重点市场包裹类业务快速发展。

【业务改革】 2015年，省邮政分公司根据中国邮政集团公司“一体两翼”战略部署，于6月1日全面开展包裹快递业务改革工作，全力打造云南邮政“寄递翼”。根据改革方案，省邮政分公司统一产品体系，明确邮政分公司与速递物流分公司作为两个经营主体按规定分别各自经营调整后的包裹快递业务产品；统一经营政策、客户开发政策及资费标准和经营秩序，按照“谁经营，谁受益”的经营原则和“时间优先、效益优先、有效开发”的客户开发原则，规范经营行为；整合网运资源，强化全网管控能力，充分发挥邮政和速递网络资源优势，加大两网资源共享力度，联手打造时限更快、服务更优的陆运网平台，提升全网运行效率和效益，提升快递包裹的市场竞争力；统一信息系统，构建云南邮政包裹快递业务客户服务体系，确保由11183呼叫中心、11185服务中心和各级邮政客服人员组成的快递包裹业务客服系统平稳运行，打造云南快递行业售后服务品牌形象；调整省、州、县包裹快递业务改革组织机构，强化包裹快递业务专业管理职能，加快市场化步伐；通过专业体制的完善，强化市场拓展能力，依靠整合资源、创新机制全面促进包裹快递业务快速发展，共完成256个揽投站的建设工作，平稳实现包裹快递业务改革管理，扭转了代理时期连续6年负增长局面。

【基础设施】 2015年，省邮政分公司认真履行边疆少数民族地区普遍服务和特殊服务义务，积极做好空白乡镇网点的补建工作，至2015年6月，全省111个邮政空白乡镇补建局所全部开业运营。顺利完成了10个新增代理金融网点的建设工作和36个代理金融网点的装修改造。至2015年末，省邮政分公司代理金融网点达到703个，有电子银行客户78万户，ATM/CRS机具1216台。为支撑农村地区金融业务发展，省邮政分公司自主研发，为县域以下乡镇地区量身定制了助农终端设备，满足各类农电、烟草等农特经济的开发需要，2015年，在全省共计布放129台助农终端，覆盖全省各县。

【提升服务】 省邮政分公司积极响应中央服务“三农”的号召，创新服务，按照中国邮政集团公司“一体两翼”经营发展战略，初步建成了线上线下相结合的邮政综合便民服务平台。线上：推进邮政与互联网融合发展，网上营业厅、网上银行、手机银行等电子渠道功能不断完善。线下：推进实体渠道建设，邮政网点改造和转型升级效果明显。省邮政分公司利用全省1736个营业局所、564个报刊亭、4172个便民服务站、596个“三农”服务站，依托平台，认真做好普遍服务和特殊服务，创新发展函件、报刊、集邮等邮政基础性业务；积极承接政府公共服务，开办各类代理代办代收代缴等便民业务；支撑金融翼、寄递翼发展，大力发展农村电商。全省各级邮政企业紧紧围绕邮政业务与地方经济建设的契合点，大力拓展各类业务市场，深入开展服务中小企业活动，有效提升了邮政品牌形象。

【项目营销】 2015年，省邮政分公司进一步与社会各行各业广泛开展合作，通过强强联手，资源共享，实现邮政、合作伙伴和社会的三方共赢。重点项目营销亮点纷呈，成绩突出，有效拉动了业务增长。不断拓展与中石油、中石化、烟草、电力、旅游、医药等总部营销项目。“两油”项目持续推进，全省累计纳入邮政资金归集项目的“两油”站点数为582个，累计代收资金总量为114.71亿元，实现资金归集、仓储配送收入3622余万元。在第三届南亚博览会期间，全省各级邮政企业共销售南博会门票70.7万张，现场邮政服务点销售南博会系列邮品17.86万元，办理邮政寄递业务200多笔，并首次提供金融服务，邮政ATM实现交易2148笔，交易金额187万元。

【邮票发行】 2015年，省邮政分公司以生肖贺岁季项目为依托，利用岁末年初的营销时点，结合年册上市、《乙未年》邮票和《拜年》邮票的发行，积极开展生肖文化宣传和营销推广，打造集邮文化品牌，深化集邮业务转型发展。借《拜年》邮票的发行，将集邮文化与地方特色文化、民俗文化有机结合，组织了集邮“大拜年”活动。各州市分公司积极创新活动模式，因地制宜开展特色营销。5月13~15日，在昆明、玉溪、曲靖三地举行了《云之南》云南题材邮票册首发仪式，并在全省全面启动。9月3日，在保山腾冲县滇西抗战纪念馆举行《中国人民抗日战争暨世界反法西斯战争胜利七十周年》纪念邮票首发式，为满足广大集邮爱好者的珍藏需求，云南省邮政分公司开发了系列集邮文化品，如《滇西抗战》纪念馆邮折、《滇西抗战》票品一体册、《飞虎风云》邮折等。联合昆明分公司以“方寸舞动七彩云南”为主题首次参加云南文化产业博览会，大力提升了云南邮政的知名度和云南集邮的认知度。以“指尖上的云南民族刺绣文化”为主题，积极参加2015年中国国际集藏博览会，获得最佳展商铜奖。

【企业管理】 2015年，省邮政分公司加强财务和人力资源管理转型，有效支撑企业发展。财务方面依托ERP系统上线带来的信息化手段创新，以省级会计集中核算为切入点，推动财务职能逐步向价值管理型转变。认真做好“营改增”工作，有序推进“子改分”工作。构建以利润为导向的财务管理体系，引入财务对标管理，进一步强化财务管控。同时，强化固定资产实物管理工作，提高了实物使用效率和效益。人力资源方面推进战略人力资源管理转型，强化干部队伍建设，狠抓干部监督管理，提升干部队伍素质。全面贯彻落实人才发展规划，持续推进人力资源优化。加强劳动用工管理，将全省453名考核优秀的劳务工转为合同工。截至2015年末，全省邮政企业从业人员控制在11030人以内。申报了省级就业见习基地，有效缓解用工压力，申请到政府稳岗补贴275万元。加强薪酬分配管理，平稳实施薪酬调整优化。

【队伍建设】 2015年，省邮政分公司切实加强各级领导班子建设，坚持德才兼备、以德为先的原则选拔任用干部，相继出台《领导班子后备人员管理暂行规定》《领导人员管理规定》等若干办法，为各层级各单位后备干部实战锻炼搭建平台，拓宽了干部培养渠道。2015年选拔8名干部参加集团中央党校中青班学习。不断完善教育培训和职业技能鉴定制度，有效提高了管理人员的整体素质和能力水平，全面增强了生产岗位人员的业务素质和操作技能。

【党建工作】 2015年，省邮政分公司认真落实从严治党责任，切实加强行业党建工作领导，加强基层党组织建设，建立党建工作责任机制，认真开展各级党组织书记述职评议考核工作，落实党员干部双联系制度，推动党建工作和经营工作相互融合、相互促进、同步发展。认真开展“三严三实”专题教育，把教育成果转化为推动作风建设的强大动力。2015年组织105名领导干部深入投递站开展体验活动，组织40余名机关干部在“双11”期间深入基层开展邮件处理工作；深入扶贫挂钩联系点大理州宾川县平川镇开展精准扶贫。通过这些工作的开展，机关工作作风进一步增强，“三严三实”专题教育活动取得实效。

【党风廉政建设】 2015年，省邮政分公司严格落实党风廉政建设主体责任和监督责任，对18个单位党委书记、纪委书记开展当面约谈，强化监督执纪问责，强化反腐倡廉教育，持续加强和改进作风建设，认真落实中央八项规定、集团公司和省分公司20条实施意见，设立监督举报投诉信箱、电话，在关键时点开展提醒教育和执纪检查，严肃查处违反中央八项规定和“四风”问题，反腐倡廉建设取得明显成效。

【巡视整改】 2015年，省邮政分公司把巡视整改与全面从严治党、全面加强党建工作、全面深化改革加快转型升级相结合，于10月27日成立了巡视整改工作领导小组和专门工作机构，明确省邮政分公司党组书记为整改工作第一责任人。按照加强领导、全面推进；密切配合、协同作战；实事求是、立行立改；立足治本、标本兼治的原则，结合云南实际，梳理出共性问题和个性问题，列出问题清单，明确整改任务、具体措施、责任分工和整改时限，确保整改工作落实到位。各州市邮政分公司也第一时间成立了巡视整改工作领导小组。省邮政分公司党组把巡视整改工作与企业专项自查整改紧密结合，加强对整改落实的检查监督，做好整改情况公开，自觉接受广大干部群众的监督。把巡视整改与“三严三实”专题教育和民主生活会相结合，持续强化党员干部的作风建设。通过巡视整改，推动企业深化改革加快转型升级，切实做到“两手抓、两促进”。

【精准扶贫】 2015年，省邮政分公司深入学习习近平总书记关于扶贫工作的重要思想和要求，认真贯彻落实省委对扶贫开发工作的决策部署，团结动员全省广大邮政员工参与到扶贫开发工作中，发挥优势，引导扶植，多措并举，深耕涉农，干非常之事，行非常之策，深入推进精准扶贫，提出对宾川县平川镇得底么村有效扶贫的“时间表”和“路线图”：一是开展党建扶贫。在宾川县党委、政府的领导下，积极协助平川镇党委、政府加强对得底么村组基层党组织建设，指导和依靠基层党组织带领群众实现增收致富。二是开展行业扶贫。由云邮政分公司投资建设“村邮站”“农村邮乐店”，逐步实现购物不出村、销售不出村、便民服务不出村、金融服务不出村、农民创业不出村。三是开展产品扶贫。鼓励得底么村增加特色、绿色农副土特产品的种植养殖，实行订单收购运输。四是开展金融扶贫。协调邮储银行加大发放小额信贷力度，对得底么村贫困户在相同条件下，适当放宽条件，给予优惠小额信贷、小微企业优惠贷款、水果种植户水果权证贷款等。五是开展用工扶贫。优先招录得底么村民到邮政企业工作。六是开展教育扶贫。共建帮扶得底么村完小并冠名为“平川镇得底么村邮政完小”，设立教育基金，帮助培养优秀人才，元旦节前给予全体学生每人100元“爱心包裹”资助。七是开展关爱扶贫。捐建1个村小组活动室部分设施，设立帮扶基金，动员员工向得底么村捐资捐物献爱心。八是开展驻村扶贫。选派1名年轻优秀的中共党员到得底么村协助扶贫项目的推进，确保扶贫项目的对接落地，带动当地电子商务发展，助推当地经济“走出去”和“引进来”。九是开展政策扶贫。根据宾川县对得底么村的规划，发挥邮政优势，积极协助政府相关部门给予政策支持，争取项目尽早落地。

【素质提升】 2015年，省邮政分公司按照“三年一个周期、每年一个主题”的原则，紧紧围绕企业改革发展转型的要求，组织了第三届职工素质提升年系列活动。圆满完成了信息技术人员和邮政储蓄业务员岗位技能大赛，这两项技能大赛均纳入了云南省第十二轮职工技术技能大赛工种之一；配合开展了云南省邮政业务员职业技能大赛；全面完成邮政职工法律知识远程培训竞赛等；组织员工参加第四届全国邮政特有职业技能竞赛，获得了现场知识竞答团体三等奖，一个优秀组织奖和两个个人单项奖的佳绩。通过各项竞赛活动的组织，取得了以赛代训、以赛促训的良好效果，在全省范围内形成了比、学、赶、超的新风尚。竞赛活动也为云南省邮政分公司推进“一体两翼”经营发展战略、推进转型发展提供了强大的人才支撑。

【企业文化】 2015年，省邮政分公司持续推进企业民主管理工作，努力构建服务职工工作体系，维护职工合法权益，和谐企业建设稳步推进。完成了48个县级投递员之家和96个职工小家回头看建设工作。创新精神文明工作方式，开展精神文明常态化活动。目前，共有全国道德模范尼玛拉木1人、全国道德模范提名奖施庭荣1人；全国文明单位1个、省级文明单位31个、州市级文明单位47个、县级文明单位24个；全国青年文明号8个、全国交通运输行业文明示范窗口1个，分公司本部建成全省道德讲堂示范点。选树先进典型，昆明邮区中心局全昆岭荣获中国邮政“金方向盘汽车驾驶员”；德宏州分公司段志光荣获“全国禁毒工作先进个人”。

（甘 静）

信息产业

【全省信息化推进情况】 2015年是全省发展任务十分繁重的一年，也是“十二五”规划收官、全面谋划布局“十三五”的承上启下之年。一年来，省委省政府高度重视信息化工作，把握发展形势变化，做出了实施“云上云”行动计划的战略部署，着力推进各项工作。

一是统筹规划，“云上云”政策发展体系构建完成 按照省委、省政府的安排部署，在充分消化国务院、工信部等国家部委相关政策措施精神，系统梳理近3年我省信息化及信息产业发展重大政策研究成果，全面分析发展大势和准确把握我省实际的基础上，形成了“云上云”计划“1+8”政策文件体系。该文件体系以《云南省人民政府关于加快信息化及信息产业发展指导意见》为核心，涵盖基础设施、信息化应用、信息产业、信息安全保障和保障措施等5个方面共计9个文件，涉及通信网络基础设施、云计算、大数据、互联网+、电子商务与跨境电商、电子政务等领域。为未来5年推动全省信息化及信息产业发展指明了努力方向，提出了目标任务，明确了发展重点，理清了工作思路。

二是基础先行，通信基础设施建设加快推进 2015年经工信部批准，中国电信昆明国际通信枢纽的接入国家由原有的中老缅柬越五国增加到印度、斯里兰卡、孟加拉八国，业务范围也从原有的语音业务扩展至数据、互联网转接业务。目前全省光纤网覆盖省内所有州市县、乡镇，90%以上行政村通光缆，光缆总长度达到76万公里。2016年计划省内所有州市县、乡镇，100%行政村通光缆，实现“全光网省”。并将在2016年实现4G网络覆盖所有乡镇、行政村，实现100%行政村通宽带互联网。

三是突出集聚，产业发展布局初步形成 我们抓住以云计算、大数据、物联网、智慧城市、移动互联网、北斗导航等产业为代表的新兴业态层出不穷的历史机遇，用好国家支持云南“建设承接产业转移和出口加工基地”政策，按照“做强滇中、搞活沿边、联动廊带”的思路在滇中城市经济圈、对外经济走廊、跨境经济合作区、沿边经济开放带，统筹规划全省信息产业基地布局。目前，以滇中新区为核心，滇中、滇东北、滇西南、滇西及滇西北、滇东南等6大城市（镇）群为依托，围绕新一代信息技术及配套产业，结合自身实际，打造特色产业集群，形成与核心区相互支撑配套的产业发展新格局，依托沿边对外开放经济带，建设信息产品出口加工集散基地，打造电商＋体验中心模式的交易市场，构建产业辐射新高地，重点发展外向型信息技术服务产业的“一核、六群、一带”发展布局思路初步形成。

四是高位推动，与国内知名企业合作力度加大 省委、省政府积极组织加大与知名企业开展合作的力度，推动合作项目落地。2015年省政府与之签约的企业有阿里巴巴集团、浪潮集团、华为公司、普天信息产业集团、中国电信集团、中国移动通信集团、中兴通讯等知名企业。与国防科技大学就依托玉溪华为的云计算平台，引进其超算中心项目落户云南进行了谈判，初步达成合作意向，推动国家超算（云南）中心项目建设。围绕跨境电子商务、区域社交平台和呼叫中心、面向“两亚”小语种机器翻译等新兴产业领域和重大项目，与中科院、百度、腾讯的合作协议正在洽谈、拟定中。全年系统内共促成信息化及信息产业合作项目签约34项，合作领域涵盖云计算、大数据、互联网＋、跨境电商、两化融合、信息惠民和地理信息应用等。

五是项目主导，启动开工了一批建设项目 在全省信息产业新高地“呈贡信息产业园”启动开工了一批建设项目。包括：云南省信息化中心项目（一期）。建设全省政务信息化中心、省电子政务同城灾备中心、面向社会提供公共服务的云计算中心、面向“两亚”提供服务的卫星导航数据中心等项；中国电信云南公司“光网云南”项目、云南移动大数据中心项目、浪潮昆明云计算产业园（一期）、昆明呈贡科技信息产业创新孵化中心项目等。

六是融合渗透，互联网条件下的产业结构调整转型思路日渐清晰 以互联网为代表的新一轮信息化来势之猛、发展之快、渗透之广、变革之深前所未有，由此带动的技术、运用、商业模式创新积累了经济社会变革的巨大动能。本轮信息化，以云计算、大数据、互联网、物联网为基础，通过持续的技术创新和复合技术运用推动在三次产业的广泛渗透。过去的一年，通过持续组织课题研究，捕捉并追踪信息化新的发展趋势和变化特征，应该说关于信息化或互联网条件下三次产业转型思路日渐清晰，并将在2016年落实到行动中去。具体而言，信息化与农业的融合就是要大胆探索适合云南“多地域、分散化、小批量、多品种”的互联网＋高原特色农业的新型生产方式，率先找到一条消费者参与、定制化生产的农业发展新路子。信息化与工业的融合，一条路径是传统产业和企业的信息化改造，目标是智能制造和“互联网＋”。另一条路径是产业互联网化，方向是构建专业化产业互联网平台，通过垂直整合产业、横向联通配套，最终将产业互联网平台打造成生产关系的构建者、生产资料的集成者、生产能力的组织者、生产配套的协同者。我们将在新的一年，积极争取各方配合，将思路转化为行动措施，狠抓落实，早促成效。

七是集中集约，强化政务信息化统建统管 为解决我省电子政务建设存在的分散建设、重复投资、数据离散、协同性差、安全难保、管理不顺等突出问题，实现各部门政务信息系统集约化建设和政务信息资源充分共享，采用政府引导、市场投资的方式，研究形成《云南省政务信息中心建设方案》，并配套辅之相关的管理办法，实现政务信息化集中统一建设管理的模式机制创新。

【全省“云上云”行动计划推进情况】 云南省人民政府为适应新形势发展的需要，加快促进信息化和信息产业发展，利用新一代信息技术改造提升传统产业，提出了“云上云”行动计划。通过实施“互联网＋”行动，培育云计算、大数据、物联网等新一代信息技术产业，发展壮大信息经济规模，推动经济社会转型发展等目标任务，从省政府层面制定了一系列促进信息化和信息产业发展的政策，推动一大批信息化和信息产业发展项目建设落地。“云上云”行动计划经省政府常务会和省委常委会审议通过，并与“十三五”信息化和信息产业发展相衔接。

（一）“云上云”计划的主要任务

1. 加强信息通信基础设施建设。提升省际、城际高速宽带网络，“全光网络省”以及宽带网覆盖和普及率，构建面向南亚东南亚的国际通信枢纽、区域信息汇集中心，夯实信息通信基础设施。

2. 大力发展信息产业。统筹规划布局新一代信息技术产业，集力打造产业核心聚集区，建立和完善云计算、大数据基础设施，加快经济社会信息化运用，发展新一代信息技术产业和现代信息服务业，促进新模式、新方式、新经济业态的发展。

3. 积极培育信息经济。大力推动新一代信息技术与工业、农业、服务业的融合发展，促进产业转型升级，培育和探索互联网条件下的转型生产、制造、服务模式，发展适合云南实际的各类产业互联网平台。加快信息化与传统产业融合衍生，积极探索商业模式、服务模式、消费体验模式的创新，做大信息经济规模。

4. 提升信息化应用水平。加快推动信息化在政府服务、公用事业、城乡建设、社会保障、文化教育、交通旅游、社区服务等领域全面推广应用，促进形成公平普惠、便捷高效的民生服务体系。打造面向南亚东南亚的区域信息汇集中心，大力培育区域信息服务、信息消费产业，推动信息服务的国际化运用水平。

5. 完善信息化发展环境。加强信息化发展政策研究，完善信息化建设的法律法规，加快信息化标准体系建设，做好信息化和信息产业“十三五”发展规划，制定信息资源开放共享制度，构建网络信息安全协作机制，提高网络社会治理能力。

（二）“云上云”行动计划全年完成情况

一是研究出台了一系列“云上云”顶层设计和配套政策。围绕“云上云”行动计划出台了一个顶层设计《云南省人民政府关于加快信息化和信息产业发展的指导意见》，以及《云南省人民政府关于促进云计算创新发展培育信息产业新业态的实施意见》《云南省人民政府关于加快推进互联网＋行动计划的实施意见》《云南省人民政府关于加快高速宽带网络建设推进网络提速降费工作的实施意见》《云南省人民政府关于促进大数据发展的实施意见》《云南省人民政府关于促进电子商务及跨境电子商务发展的实施意见》《中共云南省委办公厅云南省人民政府办公厅关于加快推进全省电子政务发展的意见》《云南省人民政府办公厅关于促进电子政务协调发展的实施意见》《云南省人民政府办公厅关于印发云南省贯彻落实运用大数据加强对市场主体服务和监管若干意见实施办法的通知》等8个配套政策文件体系。

二是召开了全省信息化工作会议。2016年1月7日，全省信息化工作会议在昆明召开。会议提出推动我省信息化建设和信息产业发展在五个方面取得新突破：第一，建设下一代信息基础设施，构建基础服务平台，建设安全可控的网络与信息安全体系，在信息基础设施建设上取得新突破；第二，科学规划、完善政策，创新服务、创新技术和产业引进模式，高起点打造一批信息产业集群，集中力量、高水平规划建设呈贡信息产业园区，形成产业发展新高地。第三，抓住国家实施“互联网＋”和“中国制造2025”等战略的机遇，坚持全面融合、深度应用、拓展提升，促进信息化与工业化深度融合、与城镇化协同发展、与农业现代化广泛融合，提高公共服务和社会管理信息化水平，在信息化应用上取得新突破；第四，充分利用信息技术加快经济转型升级、生产方式转变与商业模式创新，拓宽电子商务发展空间，丰富信息消费内容，积极拓展新兴信息服务业态，在扩大信息消费上取得新突破；第五，发挥好政府支持引导作用，发挥好市场在资源配置中的决定性作用，发挥好创新驱动作用，在信息化发展体制机制创新上取得新突破。

三是在全省信息产业新高地“呈贡信息产业园”启动开工了一批建设项目。主要包括：

1. 云南省信息化中心项目（一期）。

建设全省政务信息化中心、省电子政务同城灾备中心、面向社会提供公共服务的云计算中心、面向“两亚”提供服务的卫星导航数据中心等项目。计划投资约15亿元。

2. 中国电信云南公司“光网云南”项目。

改造全省电信基础网络光纤化，实现全省光纤宽带覆盖率达100%，城乡居民光纤宽带接入能力达到100M，普及率达到45%；农村地区实现所有行政村100%通光缆，农村家庭宽带接入能力达到50M，普及率达到40%，互联网省际出口总带宽达到4.8Tb、省内出口总带宽达到6.4Tb。计划总投资约100亿元。

3. 云南移动大数据中心项目。

建设中国移动绿色数据中心。含：国际出入口局、云计算中心、灾备中心、南亚东南亚信息汇集中心、政企信息化服务中心。计划投资约11亿元。

4. 浪潮昆明云计算产业园（一期）。

建设浪潮昆明云计算中心以及浪潮大数据技术与应用研发中心、小语种软件研发平台、软件实训基地、软件测评中心、信息化咨询研究中心、云计算产业孵化平台等。计划投资约6亿元。

5. 昆明呈贡科技信息产业创新孵化中心项目。

建设技术创新平台、人才培训基地、产业孵化基地及规划与技术成果展示中心。计划投资约3.3亿元。

6. 开工一批水、电、汽、路、网等园区基础配套设施建设。计划投资约2.4亿元。

【软件和信息技术服务业运行情况】 2015年全省软件和信息技术服务业主营业务收入（2015年12月月报数）62.6亿元，同比增长11.17%，软件业务收入45.4亿元，同下降3.36%，实现利润9.46亿元，同比下降12.81%。

云南省加强信息化规划及政策体系建设，制定出台了以《加快信息化建设和信息产业发展的指导意见》为核心，覆盖信息基础设施、电子商务、云计算大数据、电子政务、互联网+等领域的“1+8”系列政策文件。云南省被列为全国区域“两化”融合试点省之一，以大通关、大质量、大交通为主题的电子政务和桥头堡基础支撑课题研究取得先期成果。推动电子政务转型服务，推进各领域信息化建设，完善电子服务信息化平台建设，推进政府信息公开。

云南起步较早的金融软件、物流软件等科技开发企业积累了一定的技术经验。阳光基业的节能运用，官房电子的智能化管理系统，东讯科技、新锐合达的政府管理平台都具有了自己的核心产品并已推向市场；金峰软件JReport产品98%以上出口，思普投资研发的操作系统阿拉伯语版已销往中东阿拉伯国家。全省统计内软件企业113户，有111户在省会城市—昆明。但云南的软件和信息技术服务企业总体发展滞后于全国，随着全国软件收入前百家的门槛提高到近10亿，我省原来的全国软件收入前百家仅剩南天信息一家，软件业务收入上15亿元，软件业务收入上亿的有昆船物流、中通网信、云电同方、金隆伟业、邮电工程、盛云科技、能讯科技、爱迪科技8家公司。

1. 南天信息的核心业务是金融电子，IT服务的未来趋势是提供硬件和软件结合的综合解决方案，特别是银行走向智能化、核心业务系统集成化的升级，都需要具备集成能力的IT服务供应商的支持。南天信息在银行业务终端、网络、软件、核心业务系统等方面均有涉及，在解决银行IT综合方案领域具有充分优势。南天信息银行外包服务紧跟客户需求，业务实现良性发展。随着银行IT服务外包逐渐成为趋势，与中国银行、建设银行、农业银行、交通银行等客户保持并开拓了软件外包和数据中心外包服务业务，启动了基于云计算的开放式银行业务系统，为加强我国金融系统安全提供更多选择；南天信息还引进IBM作为咨询顾问，开展了战略目标与业务梳理、组织架构设计等工作，针对业务升级和转型进行了认真规划；在软件方面，加大对新一代银行前端开发平台ABS、面向中小银行主机核心系统等项目的投入。

南天信息还承接了邮政金融国际业务整合项目，受国家邮政局委托承担邮政系统统一版本的运行维护工作，该系统是支撑邮政储蓄全国中心和31个省中心的核心业务系统。随着云计算、大数据、物联网、移动互联网等新技术的推进，南天信息并购大数据公司，伴随着互联网金融、电子商务等载体的快速发展，为银行业提供借助大数据打破数据边界，提升整体服务、战略决策的前瞻性和精准度的信息服务。南天中标四川农信社合同，重点放在核心系统建设上，力争在大数据形式下银行核心业务系统建设领域具备更强的竞争能力。

2. 云南通服全面开展系统集成、网络维护、软件开发、语音增值、声讯服务和IT产品销售等各业务，先后承揽了云南省农村中小学现代远程教育、云南省电子政务一至四期、全省无线电监测网等具有重大影响的大型网络项目实施工作；实施了昆明、大理等地平安城市，招商银行云南省分行视频会议系统、云南省红云集团视频会议系统项目，云南省电子政务Internet门户网数据存储备份等项目。承担了云南电信IT系统支撑维护和昆明电信通信网络的维护，云南省电子政务网、云南省无线电管理委员会无线监测网等网络系统的维护工作。还实施了昆明、大理等地平安城市，招商银行云南省分行视频会议系统、云南省红云集团视频会议系统项目。原来的云南通服进行业务拆分，经营软件服务业的公司2014年更名为中通网信。

3. 电信公众从事通信产业运营服务，还为云南信息港等政府网站提供系统维护；具有云南信息港、电信短信平台、企业呼叫中心、企业集团彩铃、IPTV（互联网电视）等优良的“三屏融合”信息交互通道，运用“三网融合”与“三屏融合”的业务运营支撑能力，以及相关资源的整合能力，依托电信的网络和业务平台进行“新业务和运营服务”业务的开发与合作，“阳光采购网”是一个提供给“阳关采购网”会员企业的商务合作与商务活动的“一站式”信息交互服务平台。

4. 东讯科技开发建设了在国内具有创新性和领先性的“云南省基层网络党建平台”，开发的“中国中小企业云南网”为省内外的中小企业提供了从电子商务、政府服务到企业信息化的全方位服务。“云南省中小企业网上融资服务平台”依托云南省工商局全省企业数据库，有效地解决了省内中小企业融资难的问题，“GMS 企业电子商务平台”是一个立足云南、连接内地、辐射 GMS 及东盟区域的国际企业服务及电子商务贸易平台，开通了英、中、泰、缅、越、老、柬七个语言版本，是 GMS 区域规模最大、信息最全、企业最多的大型国际电子商务平台。

5. 科海电子利用 CRM 项目实施有效的客户资源管理，通过完善的客户信息来支持不同业务角色面向客户的工作，提高面向客户的工作有效性和效率，从而全面提升客户的满意度。公司承建的云南省高等级公路管理中心智能化办公大楼，包括安防系统、综合布线系统、网络系统、服务器及软件系统、会议室系统、信息发布系统、有线电视系统、电视电话会议系统、机房工程等子系统，荣获“云南省 2011 年度优质工程一等奖”。把“B-T”模式成功运用到“平安城市”建设中，取得了较好的社会效应和经济效益。

6. 昆船物流为烟草做配套自动化生产、物流服务，为昆明新建的长水机场建设自动化行李分拣系统；新锐合达为电子政府建设各类运用平台，中小企业网和中小企业投融资平台是典型代表；南天网络服务政府采购，阳光基业用信息化技术服务于节能环保领域，交科所开发交通系统运用软件，为现代交通管理提供技术支撑。启创科技、信龙软件与韩国公司合作，开发东南亚多语种机器翻译软件，官房电子的“智慧社区”管理运用有望推广复制。

旅游业和批发零售业

旅游业

2015 年，云南旅游企业在省委、省政府的坚强领导下，在云南省旅游发展委员会和各级旅游行政管理部门的共同努力下，认真贯彻落实《中共云南省委、省人民政府关于建设旅游强省的意见》，严格按《旅游法》及《云南省旅游条例》经营企业，积极参照云南省旅游行业标准诚信经营，努力提升服务质量，构建合法、公平、开放的旅游经营环境，积极开拓客源市场，强化旅游安全生产，加大旅游产品开发，增强旅游营收能力，为全省旅游产业持续、健康发展做出积极贡献。

【旅游企业总体情况】 2015 年，云南省旅游企业总体发展态势良好，旅行社，旅游住宿宾馆、酒店、客栈，旅游景区、旅游交通运营企业、旅游购物企业、旅游餐饮企业、温泉 SPA 等各旅游要素企业持续、健康发展，旅游企业标准化贯标工作成绩显著，行业规模日益壮大，产品内容更加丰富，服务质量不断提升。

旅行社企业 2015 年，全省共有旅行社 738 家，其中经营出境旅游业务的旅行社 42 家。星级旅行社 428 家，其中：5 星级 16 家、4 星级 29 家、3 星级 121 家、2 星级 145 家、1 星级 117 家。

导游人员 2015 年，全省持有导游证（IC）卡的导游 2.79 万名，导游人员中，经常在一线带团导游约 7000 人，大部分归属于导游公司。星级导游员 9172 人，其中：五星级导游员 57 人，四星级导游员 85 人，三星级导游员 1084 人，二星级导游员 4969 人，一星级导游员 2977 人。

旅游住宿企业 2015 年，全省共有星级饭店 826 家，位居全国前列，西部省份第一位。其中五星级饭店 19 家、四星级饭店 83 家、三星级饭店 244 家、二星级饭店 412 家、一星级饭店 68 家。星级特色民居客栈 218 家，其中：五星级特色民居客栈 5 家，四星级特色民居客栈 10 家，三星级特色民居客栈 89 家。

旅游交通企业 云南省共有旅游汽车公司 79 家，旅游汽车 5478 辆。其中星级旅游汽车公司 45 家，在星级旅游汽车公司中，四星级旅游汽车公司 2 家，三星级旅游汽车公司 35 家，二星级旅游汽车公司 2 家，一星级旅游汽车公司 6

家；星级旅游车辆4195辆，其中：四星级旅游汽车4辆，三星级旅游汽车3553辆；星级旅游汽车驾驶员4355人，其中四星级旅游汽车驾驶员4人，三星级旅游汽车驾驶员3695人；截至2015年底全省旅游车辆驾驶员约为7000余人。

旅游景区企业 云南省具有接待条件和能力的景区景点共有600处，其中：A级旅游景区214家，在A级景区中，5A级景区6家、4A级景区65家、3A级景区51家、2A级景区82家、1A级景区10家，从业人员2.7万人。

旅游购物企业 目前，云南省现有接待旅游团队的旅游购物会员单位125家。经营业态主要以珠宝玉石、花卉、茶叶、药材、工艺品、土特产、食品等为主，从业人员近1.5万人。

旅游温泉企业 云南省拥有旅游温泉企业227家，其中星级温泉企业9家。

旅游协会组织 至2015年底，除云南省旅游业协会外，分会有旅游饭店分会、旅行社分会、旅游景区分会、旅游车（船）分会、旅游购物分会、SPA与温泉分会、旅游营销与会展分会、自驾车与露营分会、旅游度假区分会、旅游商品与装备分会、摄影分会、出境旅游组团社自律委员会12个分会。各州市也组建了相应的旅游行业协会，目前省、州市两级共有各类旅游行业协会和分支机构68个，工作人员203人。

入境旅游市场总体保持稳定增长 2015年，全省累计接待海外入境游客1075.32万人次，同比增长7.75%，其中接待海外旅游者（过夜）570.08万人次，增长7.35%，接待口岸入境一日游游客505.24万人次，增长15.65%。在海外旅游者（过夜）中接待外国游客420.0万人次，增长9.81%；香港游客67.32万人次，增长1.82%；澳门游客21.64万人次，下降1.71%；台湾游客61.11万人次，增长1.12%。

主要客源国旅游市场有增有减 亚洲客源市场总体仍保持快速增长，全省累计接待亚洲游客292.84万人次，同比增长13.46%。其中接待泰国游客50.34万人次，同比增长10.37%，接待韩国、马来西亚游客分别达33.66万人次、25.76万人次，与去年基本持平。接待新加坡游客25.18万人次，同比增长4.71%。欧洲客源市场入滇游客为83.09万人次，较去年同期增长8.40%，其中接待英国游客12.54万人次，同比增长7.74%，接待法国游客15.09万人次，下降0.61%，法国客源仍然是欧洲国家主客源。与此同时，北美和大洋洲市场均有不同程度的下滑，其中美洲入滇游客27.82万人次，同比下降6.66%；大洋洲游客11.16万人次，同比下降7.01%，而澳大利亚游客达8.52万人次，增长4.59%，成为2015年新的增长点。

国内旅游市场继续保持快速增长 2015年，全省共接待国内旅游者3.23亿人次，同比增长15.04%，其中过夜游客1.74亿人次，同比增长14.20%；一日游游客1.49亿人次，同比增长16.25%。从各月接待情况看，1至12月全省每个月平均接待国内旅客达2695.33万人次，与去年相比增长15.03%。

国内旅游者客源结构合理 一是省外游客仍是云南省主要的客源市场。2015年，省外游客占全省接待总量的57.57%，与2014年同期相比，增长1.32个百分点。云南周边地区、沿海及东部经济相对发达的省份仍是最大的国内客源市场，其中四川、重庆和贵州居云南国内市场的前三位，接待量分别占所有游客的7.20%、4.05%和3.28%，四川游客增幅最大，增长1.52个百分点。同时，山西、陕西和宁夏等中、西部省（区）入滇游客所占比重均有所提高，说明随着云南省旅游产品结构的不断调整和市场开发力度的不断加强，省外游客的来源地更加趋于多样化，进而推动云南省国内旅游市场结构更加多样化。二是省内客源市场进一步扩大。2015年本省居民占国内游客总量的42.43%，其中经济较发达的昆明游客最多，占所有游客的11.27%。同时，曲靖、红河、玉溪等7个州市占全省国内市场的比重均超过1.7%，进一步增强了云南省国内旅游市场发展的后劲，其中曲靖游客比重达4.84%，居省内客源市场的第二位，红河、玉溪市游客分别占4.57%、4.43%，紧随其后。三是非城镇居民游客比重进一步提高。伴随国家对新农村建设的政策扶持，农民收入的不断增加，越来越多的非城镇居民开始由物质消费向精神层面消费过渡，2015年非城镇居民游客所占比重提升了8.12个百分点，达27.58%。

旅游企业市场分析

节假日旅游继续成为云南省旅游市场发展的强劲增长点

（1）“黄金周”假日旅游带动作用明显。2015年“春节”黄金周全省共接待游客1265.08万人次，同比增长10.38%，占当月接待国内旅客总量的40.27%；“国庆”黄金周，全省共接待游客1163.01万人次，同比增长9.34%，占当月接待国内旅客总量的37.90%。

（2）小长假短线游成为云南旅游市场增长的拉动点。2015年“元旦节”小长假接待旅客 298.47 万人次，占当月接待国内旅客总量的 15.04%；“清明节”小长假，全省共接待游客 323.13 万人次，占当月接待国内旅客总量的 12.25%；“五一”小长假接待旅客 469.32 万人次，占当月接待国内旅客总量的 16.98%。“端午节”小长假接待旅客 322.01 万人次，占当月接待国内旅客总量的 12.10%；

（3）暑期旅游仍然是云南省旅游市场增长的重要力量。依托良好的“品牌效应”和气候优势，2015 年暑期旅游再次形成高峰。7–8 月份，全省共接待国内游客 6481.71 万人次，占全年接待国内游客总量的 20.0 %，同比增长 17.15%，其中过夜旅游人数 3496.7 万人次，同比增长 16.75%，一日游客 2985.0 万人次，同比增长 17.63%，实现国内旅游总收入达 612.25 亿元，同比增长 19.27%。从月均接待量看，暑期月接待量达 3240.86 万人次，高出全年月接待量 545.53 万人次。

消费市场结构进一步优化，消费水平进一步提高

一是中高收入人群仍是云南省旅游市场的主体。调查数据显示，2015 年，到云南旅游的游客中企事业管理人员、专业、文教科技人员和服务销售人员占比均在 10% 以上，分别为 19.82%、16.32% 和 15.04%，占市场总量的 51.18%，比 2014 年上升了 0.17 个百分点，工作稳定型和高收入型游客仍是推动云南省旅游市场增长的主要力量。

二是中青年市场比重提升。调查数据显示，2015 年到云南旅游的游客中以主要从互联网获取旅游信息的 25~44 岁年龄段人群为主的中青年，占市场总量的 62.60%，比 2014 年提升了 1.76 个百分点。与此同时 64 岁及以上和 15–24 岁年龄段游客分别下降了 1 个百分点和 2.84 个百分点，说明形成旅游的客观要素仍在起着决定性作用。

三是游客停留时间进一步延长，散客规模进一步扩大。由于省旅游产品的不断丰富和完善，旅游设施和服务水平的不断提高，游客在云南旅游的平均停留时间进一步延长。2015 年，游客在云南的平均停留时间达 2.43 天，增长了 5.19%。同时随着居民生活水平的不断提高，加之新《旅游法》、节假日高速路对中小型车免费通行等法规、政策的实施，自驾车出游渐渐成为游客首选的出游方式，从而改变了全省旅游市场的发展格局。从出游方式看，2015 年参团赴云南旅游的游客占市场总量的 18.12%，与 2014 年相比下降了 1.56 个百分点。同时散客占比增加到 81.88%，

四是消费水平进一步提高。随着旅游产业结构的调整和产品的转型升级，全省高端消费人群进一步扩大，游客在滇花费不断提高。2015 年以休闲、度假为目的游客占全省国内游客比重达 28.78%，比去年增加了 2 个百分点。全省海外旅游者（过夜）花费水平为 244.97 美元 / 人天，与 2014 年相比增加了 41.92 美元 / 人天。口岸入境一日游游客人均花费为 70.77 美元 / 人，增长 4.27%。国内游客平均花费为 688.23 元 / 人天，增长 14.69%。从花费结构看，旅游交通条件的改善和旅游商品的不断丰富，更具带动本地经济发展作用的消费持续提高。2014 年，购物花费占总花费的比重为 24.16%，平均达 159.07 元 / 人天，比 2014 年提高了 33.38 元 / 人天，综合带动作用明显。

国际旅游市场

全省旅游企业经营情况较好。据不完全统计，2015 年度全省平均床位出租率达 54.77%，同比增长 6.63%，平均房价为 208.15 元；全省旅行社累计接待各类旅游团队 52.78 万团，增长 10.68%，接待游客 856.82 万人，同比增长 19.54%。监测的 10 个 4A 级以上景区累计接待旅客 2318.78 万人次，同比增长 16.90%，实现门票收入 23.70 亿元，同比增长 16.60%。其中，昆明石林、丽江古城、丽江玉龙雪山等景区接待人数超过 380 万人次，石林风景名胜区累计接待游客 404.14 万人次，同比增长 3.09%，实现门票收入 7.07 亿元，同比增长 3.09%；丽江古城风景名胜区累计接待游客 396.48 万人次，同比增长 12.44%，实现收入 4.12 亿元，同比增长高达 42.40%；丽江玉龙雪山累计接待游客 388.67 万人次，同比增长 6.96%，实现门票收入 4.70 亿元，同比增长 6.96%；西双版纳野象谷、保山腾冲火山热海、迪庆普达措国家公园等景区接待量超过 130 万人次，西双版纳野象谷累计接待游客 186.72 万人次，增长 19.05%，实现门票收入 1.03 亿元，同比增长 21.82%；保山腾冲火山热海景区累计接待游客 145.55 万人次，同比增长 32.0%，实现门票收入 0.47 亿元，同比增长 27.23%；迪庆普达措国家公园接待游客 132.96 万人次，同比增长 22.63%，实现门票收入 2.83 亿元，同比增长 25.82%；

旅游业对相关行业带动明显。在旅游业快速发展的推动下，与旅游密切相关的其他行业实现了快速发展。2015 年，全省航空客运量达

5234.5 万人次，同比增长 18.3%，其中昆明机场运送旅客 3752.3 万人次，同比增长 16.4%；铁路运送旅客 3786.11 万人次，同比增长 9.05%，其中运送旅游团队人数达 97.72 万人次，同比增长 25.96%。全省公路运输完成客运量 4.39 亿人，旅客周转量 328.52 亿人公里，同比增长分别为 -1.35% 和 2.32%，水路运输完成客运量 1157 万人，旅客周转量 2.50 亿人公里，分别比去年同期增长 5.28% 和 5.25%。云南省出入境人数达 3439.28 万人次，同比增长 9.06%，其中出入境游客合计 720.34 万人次，同比增长 41.91%。

旅游产业地位进一步凸显。2015 年全省旅游业总收入达 3281.79 亿元，比上年增长 23.09%。根据云南省旅游发展委员会和云南省统计局基于国家统计局的产业分类体系，初步估算 2015 年云南省旅游业增加值将达 907 亿元，比 2014 年的 823.94 亿元增加了 83.06 亿元；占全省 GDP 的 6.6% 左右，比 2014 年的 6.43% 提高了 0.17 个百分点。与此同时，旅游业对财政和就业带动作用突出。2015 年旅游带动就业人数达 698.02 万人，其中旅游直接就业人数 248.94 万人，带动间接就业达 449.08 万人。2015 年旅游业生产税净额达 100.94 亿，占财政总收入比重 3.1%。

旅游业对全省经济发展带动作用进一步增强。基于国家现行投入产出核算方法，经云南旅发委与云南研数统计师事务所按照世界旅游组织和国家旅游局推荐的旅游卫星账户测算，2015 年全省旅游产业综合增加值总量即直接增加值和间接增加值之和达到 1858.6 亿元，占到了整个社会增加值 13.52%。数据结果显示旅游产业尤其对第三产业的贡献作用显著。2015 年旅游业带动的第三产业增加值为 972.02 亿元，占第三产业增加值的 16.35%。其中带动的批发和零售业增加值为 329.92 亿元，占批发和零售业增加值的 24.68%；带动的交通运输、仓储和邮政业增加值为 75.57 亿元，占交通运输、仓储和邮政业增加值的 24.43%；带动的住宿餐饮业增加值为 230.96 亿元，占住宿餐饮业增加值的 52.10%；带动的房地产业增加值为 24.83 亿元，占房地产业增加值的 8.39%；带动的其他性服务业增加值为 296.11 亿元，占其他营利性服务业增加值的 8.32%。

【旅游市场环境分析及 2016 年预测】

2016 年是“十三五”规划的开局之年，也是机遇与挑战并存的一年。总体看，国际经济、政治环境对海外市场发展的压力依然存在。经济层面，国际金融危机对世界经济放缓的深层次影响依然存在，同时，全球经济贸易增长乏力、保护主义抬头，进一步导致作为全省旅游业主要客源国的日本、美国及欧洲市场经济复苏可能继续波动，新兴和发展中经济体经济仍存下行压力，尽管俄罗斯、巴西等国经济衰退程度有望降低，但是大部分国家经济结构调整进展缓慢，美元加息带来的金融市场动荡，以及缺乏新增长动力等因素，使得新兴和发展中经济体经济出现回升的难度较大。政治层面，叙利亚危机的持续，西亚北非局势的错综复杂性，“反恐”形势的严峻性以及东亚政治形势不明朗等一系列问题，在一定程度上均会对海外旅游客源市场带来不同程度的影响。此外，由于人们对旅游品质诉求不断提高，新的需求和新的旅游业态不断涌现，给旅游投资、旅游供给创新以及宏观调控和微观监管带来诸多难题；同时，随着旅游规模的扩大，旅游自身发展的一些负面影响开始显现，如何确保旅游发展的包容性、实现利益共享也面临着挑战。面临上述挑战的同时，我们也清楚地看到旅游行业政策环境正在不断优化和持续完善，旅游行业将面临前所未有的发展机遇。一是旅游产业发展正面临前所未有机遇。党的十八届五中全会通过的《中共中央关于制定国民经济和社会发展第十三个五年规划的建议》明确提出“大力发展旅游业”，国家对发展旅游业的重视程度和旅游业战略地位的不断提高，为旅游业的发展提供了强大的动力；与此同时，继 2014 年国务院出台《国务院关于促进旅游业改革发展的若干意见》文件之后，于 2015 年又出台了《关于进一步促进旅游投资和消费的若干意见》，意见对于推动现代服务业发展，增加就业和居民收入，提升人民生活品质，提出了具体而明确的措施，有利于整个旅游产业的健康快速发展。同时，随着国家“供给侧改革”的实施，旅游产业正好符合国家发展新兴领域、创新领域方向，旅游业必然在这新一轮的经济发展中面临良好机遇。二是云南省委、省政府对旅游产业的高度重视和扶持，为云南旅游产业持续快速发展提供了坚强保障，至今，旅游强省意见已实施三年有余，云南省旅游业不断取得新突破。由此，可预见云南省旅游产业建设和发展将达到一个新的高度。三是依靠《国务院关于支持沿边重点地区开发开放若干政策措施的意见》，“一带一路”战略等国家层面政策的支撑，可充分发挥云南省的区位优势，提升旅游开放水平，促进边境旅游繁荣发展，进一步推动云南成为中国面向西南开放的区域性国际旅游集散地的建设。总体看云南省海外旅游市场增长面临压力较大，但总体发展形势仍然保持良好态势不变。据此，2016 年旅游发展目标为：接待海外旅游者 580 万人次，同比增长 2%；国内旅游者 3.52 亿人次，同比增长 10%；旅游总收入 4000 亿元，同比增长 13%。

国内贸易

2015 年，云南省内贸流通平稳较快发展，社会消费品零售总额 5103.2 亿元，同比增长 10.2%。其中，城镇社会消费品零售总额 4405.8 亿元，同比增长 9.9%，乡村社会消费品零售总额完成 697.3 亿元，同比增长 11.8%。

【行业分类】 从消费形态看，2015 年，云南省商品零售总额实现 4359.1 亿元，同比增长 10.0%，占社消总额的 85.4%。餐饮收入共实现营业额 744.1 亿元，同比增长 10.9%。

2015年云南省社会消费品
零售总额行业分类表

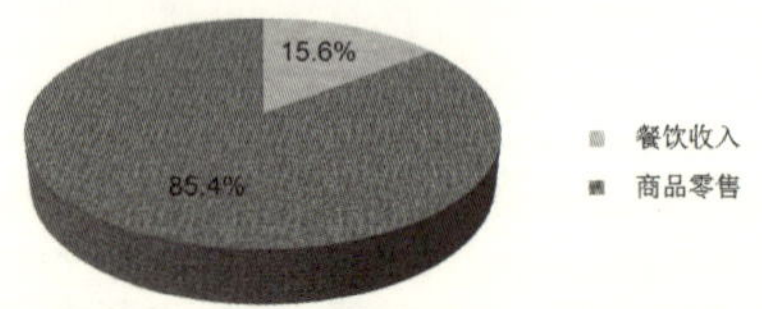

【市场应急保供体系】 截至 2015 年底，云南省省应急保供企业总数达 443 家，其中，省级 76 家，州（市）级 133 家，县级 234 家，初步建立了覆盖全省的生活必需品三级应急调运保供体系，包含昆明、玉溪、保山、曲靖、昭通等五个省级区域应急调运中心，16 个州（市）级应急调运库及全省 129 个县级应急调运点。2015 年 10 月，云南省、湖北省、湖南省、广西壮族自治区、四川省、贵州省、陕西省、重庆市等八省区市的商务主管部门在重庆召开了保供应急协作会议，签订了《八省区市一协会保供应急协作协议》。

【市场监测】 截至 2015 年底，云南省市场运行监测平台样本企业达 1000 余家，市场监测信息通过“云南商务预报”“云南商务手机报”以及报纸、电视、电台、短信、微信等多种媒体方式发布，成为引导生产、扩大消费的重要桥梁。

【重要商品储备】 2015 年，修订了新的云南省省级储备肉管理办法；云南省共安排 1029 万元专项资金用于储备生猪 13.34 万头、冻肉 2400 吨、火腿 1000 吨，在促进养殖业发展、平抑市场价格、保障灾后市场应急供应等方面都发挥了显著的作用。成品油市场管理方面，开展全省油库、加油站安全管理专项检查，强化事故防控，加强行业安全生产管理，确保全省成品油市场安全平稳运行。

【市场体系建设】 2015 年，云南省紧紧围绕“稳增长、促改革、调结构、惠民生”这条主线和促进全省社会消费增长的目标任务，市场体系建设工作稳步推进。一是继续落实建设升级改造 10 个大型批发市场和 100 个乡镇农贸市场。二是推进农产品流通骨干网建设，以设立农产品流通产业发展基金的支持方式向财政部、商务部申报 3 个跨区域农产品流通基础设施建设项目，获得中央财政资金支持 2 亿元。三是大力促进农村消费，在砚山县和富源县开展乡村新型购物中心试点。四是 2015 年，云南省 8 个县（市）被国家批准为 2015 年电子商务进农村综合示范县，获得中央财政资金支持 1.48 亿元。五是认真开展劳动密集型企业消防安全专项治理和典当行业非法集资风险排查。

【商贸服务】 一是抓好 2015 年大型商贸流通企业资金项目申报工作审批工作，完成 8 家企业项目审批，下达资金 600 万元。二是开展商务便民进社区工程，构建便民生活服务体系：在昆明、曲靖建设社区肉菜便民店；在昆明市、曲靖市、蒙自市三个城市社区（小区）建设社区居家养老示范点。三是 2015 年 8 月 1 日，颁布了《云南省餐饮业经营管理办法》，开展餐饮行业主题促销活动，启动“舌尖上的云南行动计划”，并圆满完成丽江站、上海站、昆明站的各项活动。四是推进获得中央财政支持的 22 个云南老字号保护与促进项目建设，组织云南老字号企业参加第十一届杭州中华老字号博览；评定了第三批云南老字号，截至 2015 年，云南省老字号企业总数达到 80 家。五是深入实施“云品出滇”工程，推动与国内各省份和香港、台湾的商务合作与交流，举办“香港云南商品大集”“滇台茗茶咖啡美酒展”，组织企业参加成都、长沙、武汉等各类展会，促进云南品牌走出去、提升云品国内国际影响力。

商品市场流通

2015年，全省商品流通市场总体运行平稳，商品销售额稳中有增，内贸流通平稳较快发展。

【市场运行特点】

消费平稳增长 2015年，云南省社会消费品零售总额为5103.2亿元，同比增长10.2%，增速低于全国0.5个百分点。分季度看，一季度1160.7亿元，同比增长7.4%；二季度1218.6亿元，上半年累计同比增长8.3%；三季度1302.6亿元，1~9月累计同比增长9.2%；四季度1421.3亿元，全年同比增长10.2%。2015年，社会消费品零售总额经历了明显回落向稳步回升再向持续回升发展态势，全年总体增速略低于全国。

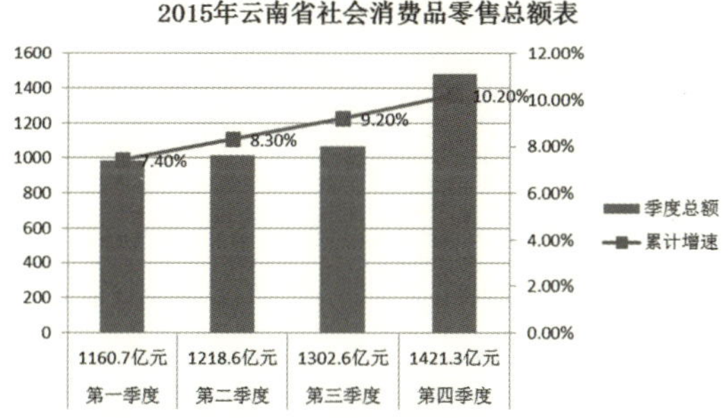

城乡消费发展不均衡 2015年云南省城镇社会消费品零售额4405.8亿元，同比增长9.9%，乡村社会消费品零售额累计完成697.3亿元，同比增长11.8%；乡村消费增速仍保持明显高于城镇消费增速态势，但乡村消费比重占全省仍不足15%，城乡消费发展不均衡。

【促进消费市场增长的主要因素】

实施惠民项目促进消费增长 2015年，云南省实施了电子商务进农村综合示范、农产品流通骨干网两个项目，有8个县被国家列为电子商务进农村综合示范县，两个项目获得中央财政支持资金3.48亿元，将引领电子商务在我省广大农村地区更大范围推广和应用，为工业品下乡、农产品进城搭建双向渠道。农产品流通骨干网的建设，可助推高原特色农产品走出省外、走向国外。云南省政府安排3800万元专项资金用于奖励符合条件的限额以上商贸企业，极大地调动了企业促消费的积极性，全省社会消费品零售总额增速逐步提高。

提高市场监测调控能力 一是全力做好社会消费品零售总额统计促进工作。2015年云南省政府出台了《云南省人民政府关于促进全省经济平稳健康发展的意见》，连续两年每年安排3800万元促消费奖励资金，充分调动商贸企业扩大消费积极性。二是密切开展市场运行监测。截至2015年底，云南省市场运行监测平台样本企业已达1000余家，累计撰写市场运行分析材料480余篇，市场监测信息通过“云南商务预报”、“云南商务手机报”以及报纸、电视、电台、短信、微信等多种媒体方式发布，成为引导生产、扩大消费的重要桥梁。三是认真落实重要商品储备。2015年，云南省共安排1029万元专项资金，储备生猪133400头、冻肉2400吨、火腿1000吨，在促进养殖业发展、平抑市场价格、保障灾后市场应急供应等方面都发挥了显著的作用。成品油市场管理方面，开展全省油库、加油站安全管理专项检查，强化事故防控，加强行业安全生产管理，确保全省成品油市场安全平稳运行。四是建立市场应急保供体系。截至2015年底，全省应急保供企业总数已达443家，其中，省级76家，州（市）级133家，县级234家，初步建立了我省生活必需品三级应急调运保供体系，包含昆明、玉溪、保山、曲靖、昭通等五个省级区域应急调运中心，16个州（市）级应急调运库及覆盖全省的县级应急调运点。2015年10月，云南省、湖北省、湖南省、广西壮族自治区、四川省、贵州省、陕西省、重庆市等八省区市的商务主管部门在重庆召开了保供应急协作会议，签订了《八省区市一协会保供应急协作协议》。

努力营造法治化营商环境 一是深入开展打击假冒侵权专项行动。先后开展了打击互联网领域侵权假冒、打击农村和城乡接合部假冒伪劣产品、打击伪劣汽柴油专项整治、中国制造海外形象维护“清风”行动等专项行动，严厉查处各类侵权假冒伪劣违法犯罪行为，进一步营造了法治化营商环境；2015年9月10日至24日，云南省商务厅会同云南出入境检验检疫局在昆明市工人文化宫联合举办了“云南省打击进出口假冒伪劣商品成果展”。二是进一步建立健全长效机制。抓好《云南省制售假冒伪劣商品和侵犯知识产权行政处罚案件信息公开监督管理办法（试行）》的贯彻落实，推进案件信息公开工作。进一步推进“两法衔接”工作。强化信息通报，按月上报部门查办案件信息。加强对全国打击侵权假冒工作网云南子站的运行维护。三是做好食品安全宣传工作。“2015年全国食品安全宣传周活动”期间，组织开展了“食品安全超市行”“昆明市肉菜流通追溯体系知识普及宣传活动”等系列食品安全宣传活动；加强对新修订的《中华人民共和国食品安全法》的宣传贯彻工作。四是加强流通领域食品安全监管工作。加强部门协调配合，在春节、国庆等重大节日期间多部门联动对本地食品批发市场、集贸市场、超市、宾馆饭店、零售摊点销售食品情况进行安全专项检查，着力整治食品销售中损害消费者合法权益的违法行为。五是继续推动肉类蔬菜流通追溯体系及商务诚信体系建设。截至2015年底，昆明市已在14个县(市)区、开发(度假)园区建成165个追溯体系节点，其中屠宰场4家、批发市场1家、超市67家、菜市场66家、团体单位27家，基本上形成了“来源可溯、去向可追”的肉类蔬菜流通网络架构；对全省“行政执法与刑事司法衔接平台”进行了项目升级改造，进一步拓展现有“两法衔接”平台功能，实现对市场主体及其法人代表的行政处罚和刑事司法信息进行有效提取汇总，逐步建立起对失信市场主体及其法人代表的“黑名单”制度。

进出口贸易

2015年，对外贸易健康发展。全年货物贸易进出口总额货物进出口总额245.3亿美元，同比下降17.2%，出口完成166.3亿美元，同比下降11.5%；进口完成79亿美元，同比下降27%；货物贸易排名全国第20位；服务进出口总额53亿美元，同比增长13.2%。

【贸易方式】 2015年，云南省一般贸易完成206.7亿美元，同比下降2.5%，占全省外贸比重为84.3%。其中出口144.7亿美元，增长0.3%，占全省出口的87.0%；进口62.0亿美元，下降8.4%，占全省进口的78.5%。加工贸易全年完成13.6亿美元，下降71.8%，占全省外贸比重为5.5%。其中出口4.8亿美元，下降78.2%；进口8.8亿美元，下降66.6%。2015年边境小额贸易完成25亿美元，下降30.2%，占全省外贸比重为10.2%。其中出口16.8亿美元，下降23.1%，进口8.2亿美元，同比下降41.9%。

2015年云南省外贸方式比重图

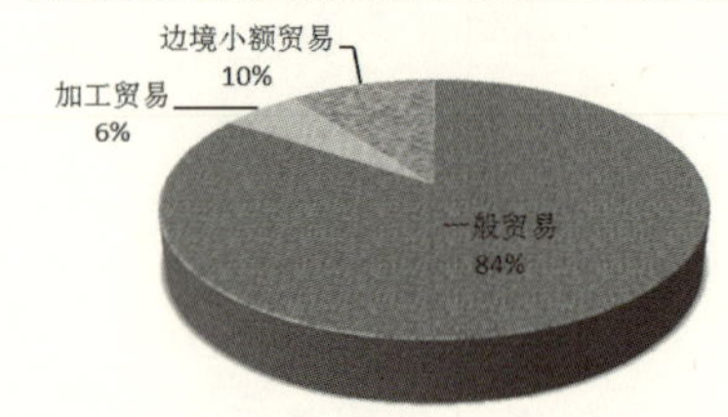

【企业类型】 2015年，省持续推进贸易主体结构调整，进一步激发创造活力。民营企业完成187.3亿美元，同比下降22.5%，占全省外贸比重达76.4%。其中，出口完成145.5亿美元，同比下降14.9%；进口完成41.8亿美元，同比下降41.1%。国有企业完成53亿美元，同比增长10.6%，占全省外贸比重达21.6%。其中，出口完成17.6亿美元，同比增长29.0%，占全省出口的10.6%；进口完成35.4亿美元，同比增长3.4%，占全省进口的44.8%。外商投资企业完成5亿美元，同比下降23.1%，占全省外贸比重2.0%，其中，出口完成3.2亿美元，同比下降5.1%；进口完成1.8亿美元，同比下降41.1%。

2015年云南省外贸各企业类型图

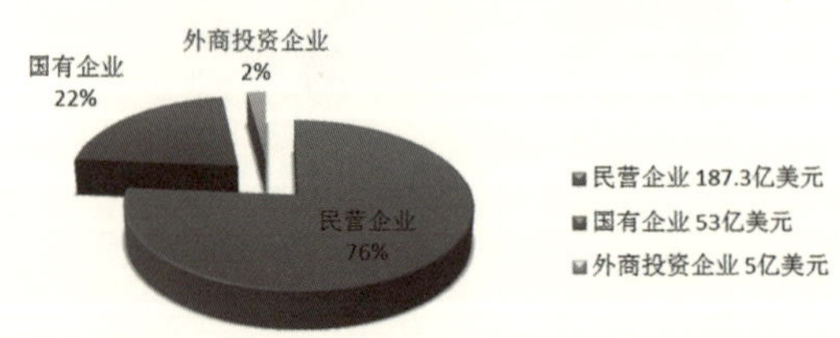

【商品类别】 2015年，进一步优化对外贸易商品结构，不断提高产业可持续国际竞争力，机电、纺织品及服装、和电力出口有所下降，磷化工、农产品及有色金属等传统优势产业出口贸易逆势增长，附加值和技术含量高的机电产品仍为第一大类贸易商品，成为带动全省外贸增长主要力量。出口商品中，机电产品出口44.3亿美元，同比下降28.3%，占全省出口总额的26.7%；以鲜果、水产品、蔬菜等为主的高原优质特色农产品出口继续保持增长，农产品出口40.6亿美元，同比增长40.2%，占全省出口总额的24.4 %，稳居第二大类出口商品；纺织品及服装出口13.0亿美元，同比下

降19.9%，占全省出口总额的7.8%；磷化工、有色金属等传统出口商品增幅较大，分别增长81.6%和57.9%；分别占全省比重的11.5%和1.5%；电力出口1.3亿美元，同比下降15.1%，占全省出口总额的0.8%。资源性产品进口有所萎缩，进口商品中，金属矿砂进口17.6亿美元，同比下降19.1%，占全省进口总额的22.2%；农产品进口8.0亿美元，同比下降44.6%，占全省进口总额的10.2%，同比下降3.2个百分点；机电产品进口9.6亿美元，同比下降42.9%，占全省进口总额的12.2%，同比下降3.3个百分点。

2015年云南省主要出口商品比重图

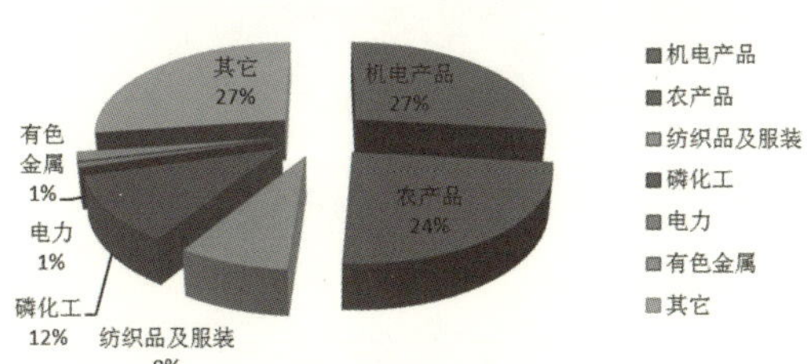

2015年云南省主要进口商品结构图

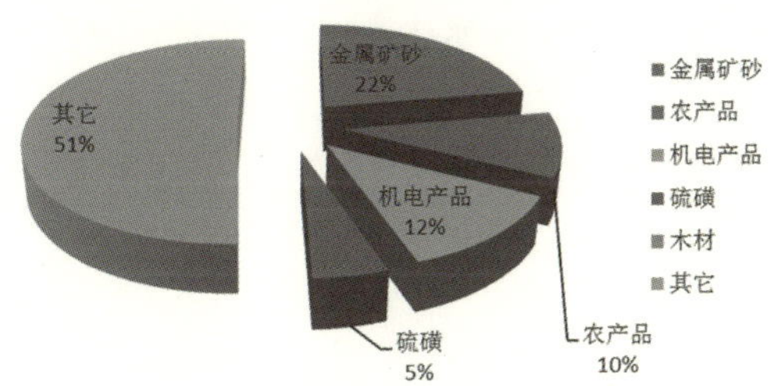

【贸易市场】 2015年，云南省与东盟国家进出口额达到131.7亿美元，同比下降8%，占全省进出口总额的53.7%，继续保持第一大贸易伙伴地位；全省与南亚国家实现进出口7.2亿美元，同比增长40.4%，占全省进出口总额的2.9%，保持较为稳定的增长。

2015年云南省主要贸易市场比重图

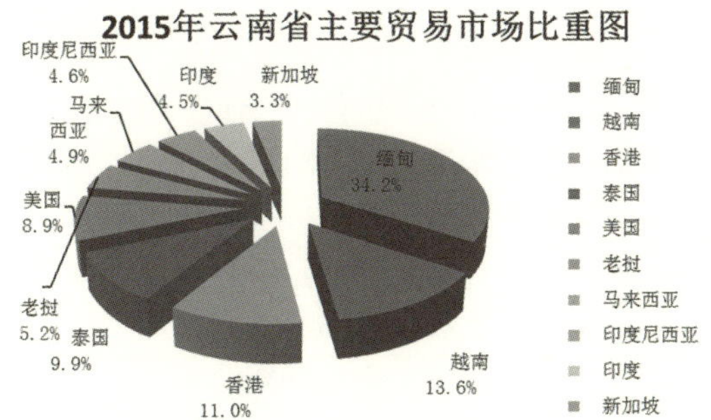

2015年十大贸易伙伴进出口情况表

金额单位：万美元

排序	国家（地区）	进出口	同比%	占全省比重%
	全省合计	2452699	-17.2	100.0%
	十大贸易伙伴小计	1708597	-13.6	69.7%
1	缅甸	584210	-17.1	23.8%
2	越南	232584	49.1	9.5%
3	香港	188570	-42.6	7.7%
4	泰国	168819	57.4	6.9%
5	美国	151643	-16.4	6.2%
6	老挝	88223	-35.8	3.6%
7	马来西亚	83575	-33	3.4%
8	印度尼西亚	78710	-39.5	3.2%
9	印度	76423	46.1	3.1%
10	新加坡	55840	1.5	2.3%

对外经济技术合作

【对外直接投资】 2015年，云南省新批境外投资企业103家，协议投资额28.9亿美元，同比增长46.9%；对外实际投资13.4亿美元，同比增长30.4%。截至2015年底，云南省境外投资企业（机构）已达635家，对外实际投资累计达57.6亿美元。云南境外投资企业加快新市场开拓步伐，在英国、印度、新西兰、加拿大分别设立了投资企业，投资市场取得突破，至此，云南省的投资国别达到45个。对外投资规模不断扩大，在农业、电力行业增长最为显著，分别同比增长173.63%和75.99%。境外投资市场主要集中在亚洲国家，占云南省境外投资额的90.0%，其中在老挝的投资占云南省境外投资额的45.5%。

2015年，云南省对外投资呈现出四个特点：一是传统市场地位稳固，新市场有突破；二是国有企业投资稳健，民营企业表现突出；三是投资行业渐显多元化，投资领域不断拓展；四是绿地投资规模持续增长，跨国并购交易额创新高。

2015年云南省境外投资行业分类

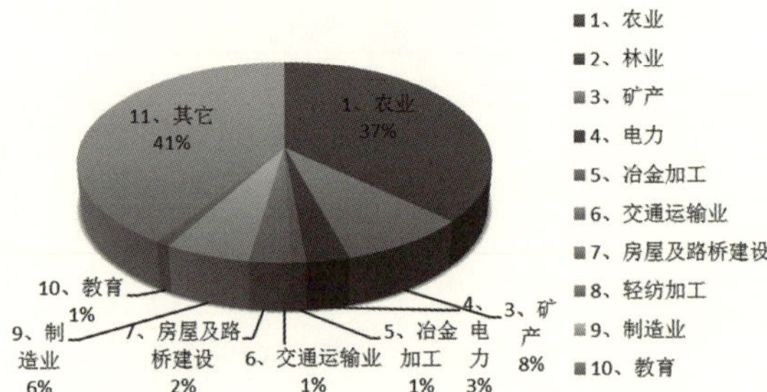

2015年云南省境外投资区域比重

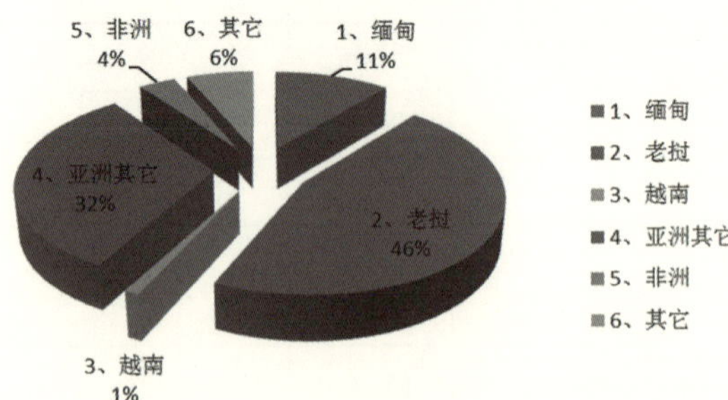

【对外承包工程】 2015年，抓住把云南建设成面向南亚东南亚辐射中心的重大机遇，主动融入和服务国家战略，充分发挥云南省区位和人文优势，把“突出周边、发展非洲、进军南美、探索中东”作为开展外经工作的主要思路，继续抓好提升对外经济合作的水平，大力发展高附加值、高技能含量和综合性的对外承包工程项目，推动国内、省内产能过剩行业向投资旺盛的周边国家转移，拓展产业承载功能，推动重点领域经济合作，加快与周边国家的互联互通。2015年，云南省共新签订对外承包工程合同95份，新增合同额12.9亿美元，同比下降4.29%；对外工程承包、劳务合作和设计咨询营业额23.4亿美元，同比增长13.1%，全国排名第17位。

【对外劳务合作】 推进“走出去”业务风险控制、人才培训和金融服务平台建设，为“走出去”人员提供保障。2015年，云南省累计派出各类劳务人员1.04万人，比去年同期增加12.7%。其中，工程项下累计派出7348人，占70.67%；劳务合作项下775人，占7.45%；境外投资项下派出2275人，占21.88%。中高端劳务人员比例为6.8%。截至2015年末，云南省累计外派各类劳务人员9.36万人，期末在外人数1.04万人，全国排名15位。

2015年云南省对外承包工程各行业比重

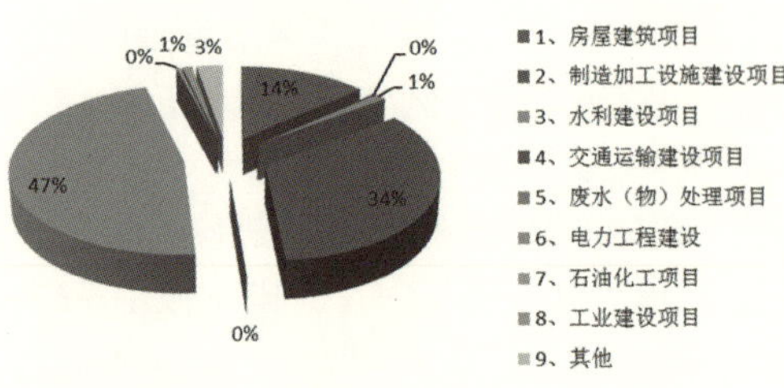

2015年云南省对外承包工程区域比重

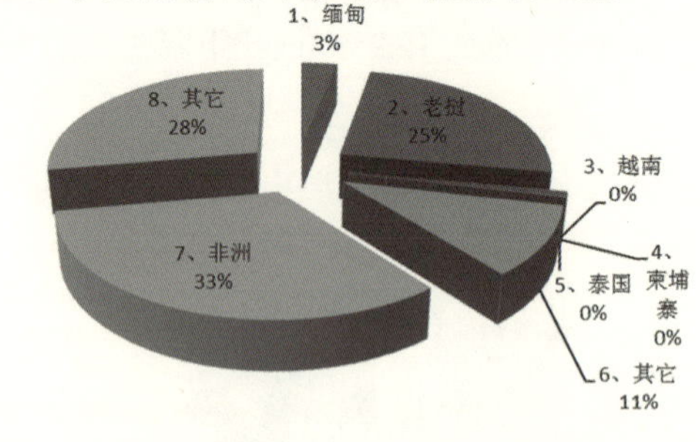

使用外资

【综述】 2015年，云南省批准外商投资项目142个，合同外资22.6亿美元，同比增长108.7%，实际引进外资29.9亿美元，同比增长10.6%。积极引导外资在投向制造、矿产、旅游、制药等传统领域的同时，拓展到高新技术、现代服务、城市建设信息传输、计算机服务和软件业等领域，房地产、电力、燃气及水的生产和供应业、制造业、租赁和商贸服务业、批发和零售业5个行业使用外资均超过亿美元，制造业下降较快，信息传输、计算机服务和软件业使用外资增长较快。在区域上，昆明、曲靖、大理三个州市使用外资均超过亿美元，西双版纳、普洱两个州市使用外资增速均超过100%以上。全省使用外资呈现出增长较快、结构趋优的良好态势。

【主要促进措施】 一是在滇中新区、昆明经开区、昆明高新区试点推广上海自贸区28条改革经验。二是强化对外资项目审批及管理权限下放的事中事后监管，进一步简化审批流程，提高办事效率，便利外资企业办理外商投资业务。三是积极配合商务部、工商总局完成引进外资项目经营者集中审查和安全审查，完成以色列化工下属企业并购云天化下属企业、华润水泥并购昆钢水泥的商务审批。四是加强与中国（云南）—以色列创新中心合作，发掘云南与以色列在现代农业、电子信息、高端装备制造业等行业的合作机会。五是借助中国厦门国际投资贸易洽谈会、中国（重庆）国际投资暨全球采购会展示宣传云南投资环境，吸引外来投资进入相关产业。

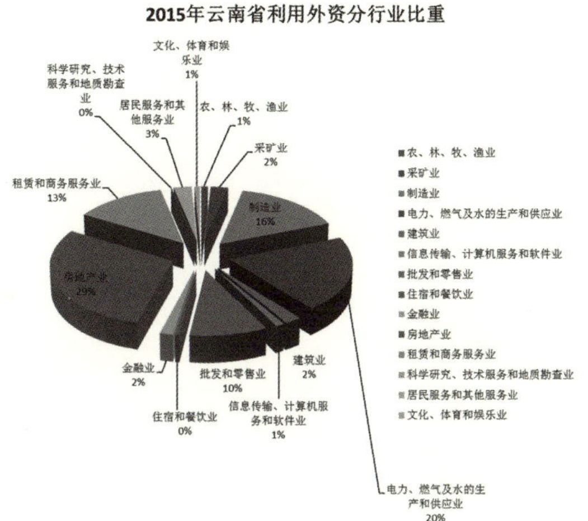

口岸管理

【基本情况】 2015年全省口岸进出口额142.1亿美元，同比下降9.8%，口岸进出口额占全省外贸额比重57.9%。其中出口80.0亿美元，下降13.2%；进口62.1亿美元，下降5.1%。口岸进出口货运量1830.8万吨，同比增长24.1%。其中出口615.5万吨，增长67.3%；进口1215.2万吨，增长9.7%。出入境人员3494.0万人次，同比增长4.1%；出入境交通工具684.0万辆次，同比增长1.0%。

【口岸发展主要措施】 一是启动重点口岸通关综合改革试点工作。由相关州市人民政府牵头组织实施，启动磨憨、瑞丽、河口、昆明机场口岸通关综合改革试点工作。二是组织实施中国河口——越南老街双边口岸收费公示。出台《中越（云南）双边口岸收费公示方案》，积极推动相关州、市、县人民政府牵头加快组织实施，力争为全省和全国陆路口岸收费公示提供可复制的模式和经验。三是积极推进重点口岸一站式作业。多次组织口岸相关单位组成联合工作组，督促磨憨口岸“一站式”通关服务大厅建设，协调促成口岸有关单位统一集中在查验货场“一站式”作业，缓解口岸拥堵难题，提高口岸通关效率。四是积极推进和支持口岸查验单位出台通关便利化具体政策、措施。重点推进区域通关、集报通关、无纸化通关、自助通关等重点通关改革和服务创新模式，为企业、社会、群众和地方真正带来发展和实惠。五是积极创造促进边民参与边境贸易和发展外向型经济的条件和环境。推进沿边开放、探索沿边口岸开放新模式，把创新作为深入实施“一带一路”“兴边富民”战略和“商务为民”的突破口，推进“一口岸多通道”和“指定口岸”建设，提高口岸通关效率。

昆明海关

【综 述】 2015年，昆明海关深入学习贯彻党的十八届四中、五中全会、习近平总书记考察云南重要讲话精神，认真落实海关总署党组和云南省委、省政府重要决策部署，紧紧围绕面向南亚东南亚辐射中心建设目标，着力构建良好的外贸发展环境，在促外贸、稳增长、促转型方面更好地发挥海关作用。为有效应对2015年国内外经济环境趋紧，经济下行压力持续加大的严峻形势，昆明海关制定实施了支持云南经济平稳健康发展的若干措施，主要包括支持口岸开放发展、推进通关便利化、支持海关特殊监管区及其他开放平台建设、支持特色优势产业发展等5方面14项措施，全力促进云南外贸健康稳定增长。2015年，云南省实现进出口外贸额1522.7亿元人民币，其中出口1031亿元；进口491.6亿元。2015年昆明海关共监管进出口货物1359万吨，进出口总值125.7亿美元。监管进出境运输工具425.58万辆\架\艘\节次，进出境人员3324万人次。2015年共征收关税30.93亿元人民币。

【推进通关便利化进程】 紧跟总署党组、省委省政府改革步伐，研究制定昆明海关全面深化改革实施方案，明确关区2015年“8+16”项关级及部门级重点改革项目并抓好落实。积极参与推进海关区域通关一体化改革“区区联动”工作，7月1日起实现与全国5大区域（即京津冀、长江经济带、泛珠地区、丝绸之路、东北地区）跨区域通关，一体化通关更便捷、执法更统一、物流更顺畅。通关作业无纸化实现关区全覆盖，全年无纸化率达到86.22%，惠及省内4000多家进出口企业。启动第二批自贸区海关监管创新制度复制推广，汇总征税、集中申报、“一地注册、多地报关”等改革措施落地云南。落实“三互”推进大通关，深化与公安边防部门执法合作，2015年边防部门向海关移交案件571起，增长3.71倍。与云南出入境检验检疫局签署新一轮合作备忘录，在6个领域加强合作。关检合作“三个一”覆盖关区16个业务现场，关检贸易数据交换在姐告贸易区试点开展。争取海关总署支持中缅边境进出境运输车辆备案工作取得突破，与全国联网后云南运输企业及运输工具实现“一地一次备案，全国有效”，大幅提升云南省物流通行效率。全年，全省海关出口平均通关时间为1.7小时，比全国同期快0.86小时。

【云南开放平台建设】　加大力度推进云南海关特殊监管区发展建设及整合优化，引导加工贸易转型升级，促进海关特殊监管区辐射带动作用的发挥。5月8日红河综保区如期封关运行，2015年，区内注册企业27家，实现进出口总值3.86亿美元。昆明综合保税区请示事项已上报国务院，昆明高新、腾俊国际陆港保税物流中心（B型）正式获批。支持符合条件的边境口岸设立出口监管仓库和保税仓库等保税监管场所，目前全省保税仓库和出口监管仓库达10个。积极支持中老磨憨—磨丁经济合作区、瑞丽重点开发开放试验区等开放平台建设，指导地方及企业用好用活国家优惠政策。

【特色优势产业和重点项目发展】　持续抓好署省合作备忘录落实，为云南重点项目、重点产业提供优质服务。实施12项措施服务好第3届中国——南亚博览会暨第23届中国昆明进出口商品交易会。促成昆明国际快件监管中心于3月2日正式运行。全力服务云南民航强省建设，促成昆明长水机场“通程航班”中转联运业务于5月1日正式开展，成为全国第四个运行该模式的国际机场。全力做好货运包机监管服务工作，支持昆明空港口岸开辟国际航线及开展国际航线国内段业务，助推云南临空经济发展。全力做好滇渝新欧、昆蓉欧铁路快线监管服务工作，监管货运量1166.6吨，货运值4173.48万元。积极支持昆曼大通道、中老泰铁路建设、中缅天然气管道及石油管道工程建设，运用新技术对天然气采取系统联网监管、集中申报，2015年，经中缅油气管道进口天然气288万吨，货值98.8亿元。支持云南生物制药、技术装备、花卉、替代种植等特色优势产业发展，鼓励企业扩大先进技术、成套设备和关键零部件等减免税商品进口，全年审批减免税货值9.29亿美元，减免税款13.27亿元。全面落实“富民兴边”政策，取消边民互市预录入收费，全年云南边民互市贸易额首次破百亿，达到105.1亿元，增长32.9%。

【优化云南外贸发展环境】　大力推进海关监管场所规范化建设，狠抓监管场所危险品清理，确保省内口岸监管场所安全有序运行。严格落实“双随机”制度，优化布控查验，规范自由裁量权，确保海关执法公平、公正。创新政务公开方式，强化一线窗口建设，着力发挥“12360”海关服务热线作用，海关内外沟通渠道进一步畅通。继续“转变职能、简政放权”，优化内部核批，行政审批实行“一个窗口”受理，非行政许可审批全部取消。全面清理进出口环节收费，落实收费项目正面清单制度，进一步减轻进出口企业负担。加强知识产权保护，全年查获侵犯知识产权案件83起，案值299万元。加强反走私专项斗争，举全关之力开展缉私“五大战役”，2015年共办理各类走私违法犯罪案件2591起，案值5.43亿元，涉嫌偷逃税款1.37亿元，打掉团伙30个，案件数达历史之最。缴获毒品345.4千克，查获农产品、固体废物等5.6万吨。

（田　洁）

出入境检验检疫

【概　述】　2015年，云南出入境检验检疫局在国家质检总局和云南省委、省政府的正确领导下，加快改革创新，狠抓工作落实，务实推动检验检疫事业和云南开放型经济取得更大发展。全年共受理货物报检88.68万批次，货值103.75亿美元（其中边民互市77.79万批次，货值12.56亿美元），批次同比增长39.26%，货值同比增长3.47%；签发各类原产地证明书3.7万份，签证金额17.04亿美元，同比分别增长24.42%和1.5%；出入境人员检疫查验2858.07万人次，健康检查7.04万人次，艾滋病监测6.17万人次，预防接种9.28万人次；检疫和消毒处理交通工具219.68万（辆、架、艘）次，从进出境货物中检验检疫出不合格货物6603批次，货值3.86亿美元；有6030批（货值3.09亿美元）进境货物经检验检疫处理合格后放行；从进境植物及植物产品中截获有害生物1.95万种次，截获有害生物种次同比上升23.91%；口岸截获非法入境动物、动物产品499批次，3729头（只），2729.5吨；从出入境人员传染病监测及健康检查中查出传染病2551例（其中检出HIV阳性227例、肺结核12例、性病160例）。

【保障云南进出口食品质量安全】 2015年，云南出入境检验检疫局创新方式，严格把关，充分发挥进出口食品安全信息和风险监测的风险预警作用，积极沟通协调争取地方政府部门的支持，扎实开展外联和宣传活动，推动食品安全社会共治，保障进口食品安全的能力不断增强，服务食品出口贸易的水平不断提升。一是严格准入程序，严把高风险产品准入门槛，抓好大宗或敏感进口食品检验监管，完成昆明地区销售进口婴幼儿食品120份样品、640个项目的专项检测工作，联合地方食药监局等部门强化节假日期间等重点时段和超市、宾馆、饭店等进口食品销售、使用的重点场所的专项监管。二是强化源头管理和过程监管，完成47.76万亩出口茶叶基地、0.54万亩食用菌基地和1.23万亩罐头原料基地的备案监管工作，新增5家1.63万亩茶叶和5家0.34万亩食用菌备案基地；积极推动昌宁县创建云南省首个出口茶叶质量安全示范区；对102家出口食品生产企业进行204次定期监管，提出整改措施300多条；完成40多家出口食品生产企业的备案申请的现场评审；开展云南茶叶中蒽醌来源及成因调查工作，完成全省主要茶叶产区的80个茶叶原料、半成品、成品样品的抽样送检工作，发挥技术职能优势，积极帮扶企业应对国外技术壁垒。三是完成13份大宗出口食品、农产品的质量安全风险分析和评估报告；组织实施进出口食品安全风险监控计划和方案，对18个品种，179个样品实施2341个有毒有害项目的监控工作，9个样品11个项目阳性，样品检出率5.03%；对不同产地的60个鲜松茸样品开展了1020个监测项目的动态监控；加强进出口食品安全风险信息的收集、整理和研判工作，累计向总局报送食品安全信息243条，向省食安委报送食品安全信息40条。四是积极争取地方政府和相关部门的理解和经费支持，2015年，省食安委下拨我局补助经费和奖励经费181.5万元，三年来，已经累计争取地方经费675.5万元，进一步增强了保障进出口食品安全的能力。五是食品安全“宣传周”期间邀请55家企业及相关单位100余人参加实验室开放日活动；举行“进口食品社区行”活动两次，解答现场群众咨询2000余人次，印制和发放宣传资料14000余份；配合总局主办了“进口食品进出口商备案及信息记录视频培训会”，辖区内56家进口企业参加培训。

【提升贸易便利化水平】 2015年，云南出入境检验检疫局认真贯彻国务院《落实“三互”推进大通关建设改革方案》，努力提升贸易便利化水平。一是推进区域检验检疫一体化，在全省推行以“三通、两直、四统一”为核心的通关模式，使企业享受“地点可选择、时间可预期”的个性化服务；推进无纸化申报工作，80余家报检企业和165家原产地签证企业实现无纸化申报；在滇粤两地、西南六省区及长江经济带12个局实施直通放行。二是深化关检合作促进便利通关，与昆明海关签署《全面合作备忘录》，打造升级版关检合作新机制，河口、瑞丽口岸全面施行“三个一”快速通关。三是参与云南电子口岸建设，大通关服务平台项目上线运行；推广通关单无纸化联网核查，为企业缩短通关时间14.7万小时，节省费用1470万元。

【稳增长措施惠及广大企业】 2015年，云南出入境检验检疫局为支持云南外贸稳定增长，主动制定了6方面18项具体工作措施，同时根据边贸发展的新形势和新要求，又出台了支持云南边贸发展的14项措施，加大简政放权力度，依法依规取消和调整行政许可事项，优化工作程序，简化备案、注册手续，试行采信第三方检测结果，推行风险分级和分类管理，科学设置检测项目，强化事中事后监管，落实企业第一责任人责任，严格执行《法检目录》调整和减免检验检疫费政策，规范进出口环节收费行为。2015年，全局共免收出口货物检验检疫费2699万元，共签发33521份原产地证书，为企业减免进口国关税约5547.45万美元，切实降低企业成本，改革红利惠及云南广大企业。

【促进特色产业发展】 2015年，云南出入境检验检疫局立足云南区位优势促进特色产业发展。一是主动服务云南重点规划建设，争取和落实国家质检总局对云南特殊开放区域、南博会及中石油炼油项目等多项优惠政策措施，实施“一站式”“零等待”服务模式，保障重点项目实施；积极争取湄公河水果“双向贸易”政策支持，推动解决昆曼公路“通而不畅”问题，打通与周边国家贸易通道。二是支持特色优势产品扩大出口，2015 年，云南省供港澳活羊 51 批，5610 只，货值 130.3 万美元，较去年同期批次增加 112.5%，数量增加 128.0%，货值增加 272.3%；推动建成 8 个、101.43 万亩出口食品农产品质量安全示范区，面积居西部前列；建成出口动物源性食品养殖基地 98 家，其中，加工用黑山羊备案养殖基地 1 家，1.16 万亩，存栏山羊 10 万只，加工用生猪备案养殖场家 33 家，存栏生猪 8.4 万头，加工用罗非鱼备案养殖场 64 家；帮助香格里拉葡萄酒和楚雄州雨生红球藻粉、虾青素获得国家生态原产地保护；促使墨西哥解除对辣椒进口限制，主动服务昆蓉欧咖啡班列顺利开运，云南食品农产品出口连续多年列西部第一。三是推动扩大周边国家产品进口，建立腾冲、临沧进口矿产品检验监管区，促进周边国家资源性产品进口；推动建成 20 个粮食、水果、种苗、冰鲜水产品进境指定口岸，提升边境口岸功能；开展 8 个输华农产品风险分析，促成老挝、缅甸 6 种农产品获得检疫准入。

【提升进出口质量安全水平】 2015 年，云南出入境检验检疫局深入贯彻中国质量（北京）大会精神，提升进出口质量安全水平，促进云南经济转型升级发展。一是推进大质量工作机制建设，与有关部门联合开展“双打”、边境走私、进口医疗器械执法检查和进口汽车后续监管等活动，提升执法合力；组织开展“质量月”“3·15”、开放检测实验室等活动，推动质量共治。二是帮扶云南产业转型升级，强化分类管理和技术指导，帮扶小微企业提升产品质量；探索推进以机电产品为重点的工业品质量示范区建设，引领产业发展；与省质监局共同促成云南在全国率先出台《关于加强认证认可工作的实施意见》，得到国家认监委肯定；联合有关部门成立云南国际认证联盟，为外贸提供国际质量认证服务。三是严把进出口产品质量安全关，推行边民互市进出口商品电子化管理，实现边贸“全申报、全备案、可追溯”；加强进出口危化品及其包装检验监管，有效防止安全事故发生；开展“清风”行动、目录外商品监督抽查等工作，“抓质量”成效进一步提高。

【保障国门卫生安全】 2015 年，云南出入境检验检疫局研究制订了十三五卫生检疫管理工作规划，创新传染病防控、突发公共卫生事件应对、媒介生物控制、国际旅行健康保健等工作监管手段，建立和落实口岸反恐工作责任制，不断提升口岸公共卫生安全保障能力，落实出入境特殊物品监管新模式，对病原体、血液等高风险特殊物品实施后续监管，切实落实风险分析、分类管理和后续监管等措施，推行“三个清单”管理模式，规范行政权力，加强事中和事后监管。全年共对 6.15 万人次出入境人员进行健康检查，发现病例数 2828 例，发放国际旅行健康证数 5.93 万份，放从业人员健康证数 1307 份，发放预防接种证数 3.63 万份，审批特殊物品 63 批次，口岸放射性监测发现放射性事件 80 例，其中 71 例为放射性诊疗人员，发现的放射性物质为碘—131，碘—133，碘—126，经排查后予以放行；9 例为旅客携带物品放射性超标，发现放射性物质为铀—152，镭—226，钍—232，对携带矿砂的旅客说明放射性危害后给予退回处理。研究制订云南传染病监测目录，提高传染病检出率，切实采取有效措施开展埃博拉、登革热等重点传染病防控工作，为口岸配发疟疾、登革热等热带传染病快速检测试剂，并发放 10 余万份传染病宣传材料，检出输入性登革热病例 144 例，疟疾 53 例，有效防止传染病的跨境传播，云南口岸区域检疫查验、传染病监测、突发疫情与核生化处置等工作取得了显著成效，保障了国门卫生安全。

【推动解决非法入境动物难题】 2015 年，云南出入境检验检疫局针对边境非法入境动物长期屡禁不止、疫病风险突出等困境，历时半年调研，创新提出“疏堵结合、区域管控、跨境合作、境外养殖、双线防堵、加工利用”的解决方案，积极向国务院、云南省政府和国家质检总局建言献策，为云南争取到跨境动物疫病区域化管理试点政策，在重大疫病风险评估和技术方案等方面，为试点工作做了扎实准备，找到了边境疫病防控和促进经济发展共赢之路，发挥了积极示范作用。

【推动解决边境外来有害生物防控难题】 2015 年，云南出入境检验检疫局针对边境外来有害生物防控严峻形势，开展边境植物检验检疫能力调查，提出推动加工使用型指定口岸和监管场所建设，构建人工屏障，促进特殊开放区域发展等建议。在此基础上，开展边境非法入境粮食专项调查，研究提出“边境整治、政策支持、标准引导、区域管控、资源利用”建议，配合国家退耕还林还草政策，推动跨境农业合作，保障粮食安全。2015 年，全局截获有害生物种类同比增长 81.82%，截获种次同比增长 28.08%；截获检疫性有害生物种类同比增长 50.00%，截获种次同比增长 40.00%；截获非检疫性有害生物种类同比增长 85.00%，截获种次同比增长 28.01%。首次从荷兰进境“多肉植物”长生草中检出石蒜弗粉蚧 Vryburgia amaryllidis (Bouche)。

【组织开展“双打”工作】 2015 年，云南出入境检验检疫局按照云南省“双打”办以及质检总局相关要求，认真组织开展 2015 年全局系统“双打”工作，以“清风”行动为抓手，及时制定下发了《云南局开展中国制造海外形象维护“清风”行动方案》，研究提出具体措施 24 条，针对边境进出境食品、边民互市商品、市场采购出口商品等重点产品，加大了执法打假力度。2015 年全局系统出动执法人员 5872 人次，检查企业 1138 家次，立案并办结案件 25 件。此外，按照云南省政府反走私综合治理专项联合行动部署，组织我局下属河口、文山、瑞丽、德宏、西双版纳、勐腊等分支局开展了为期两个月的边境重点地区反走私综合治理专项联合行动，共查获非法走私冻品 431.42 吨，旅客携带物 181 批 1.50 吨，其他货物 32 批 12.70 吨，遏制了边境地区走私高发态势。

城市建设和房地产业

城市规划与建设

【召开全省城乡规划工作会议】 9 月 1 日，省政府在昆明召开全省城乡规划工作会议。陈豪省长做了重要讲话，强调规划在城乡建设和云南发展中的重要性，精准剖析了当前全省城乡规划工作中存在的问题和困难，提出了推动全省城乡规划发展的一系列新部署、新要求，为全面深入推进新型城镇化建设提供强有力的规划支撑。

2015 年度全省建设工程安全监管人员培训考核会议

【城乡规划体系不断完善】 6 月，《云南省城镇体系规划》（2015~2030 年）经国务院批准，由住房城乡建设部批复实施，有力提升了省级层面加大对州（市）新型城镇化建设的规划服务效能。滇中、滇西、滇东北、滇西南、滇东南、滇西北城镇群规划经省人民政府正式批复实施。积极推进《云南省沿边城镇布局规划》《云南省重大基础设施建设综合规划》编制工作。全省城市、县总体规划实现全覆盖，乡镇总体规划编制基本全覆盖，村庄规划初步实现全覆盖。

【提升城乡规划统筹管理效能】 7 月，省人民政府办公厅印发了《关于成立云南省城乡规划委员会的通知》，决定成立云南省城乡规划委员会，由陈豪省长担任主任，丁绍祥副省长担任副主任，下设省城乡规划委员会办公室下设在省住房城乡建设厅，承担省城乡规划委员会日常工作。办公室主任由省住房城乡建设厅主要负责人兼任。省级发展改革、国土资源、环境保护、交通运输、林业等 20 个部门负责人为成员。各成员单位认真落实省城乡规划委员会会议议定事项和确定的工作任务，及时、主动研究和解决城乡规划工作中的问题，做到信息共享、密切配合、相互支持、形成合力，确保全省城乡规划工作科学有序推进。

【建立健全云南省空间规划体系】 按照十八届五中全会精神，启动全省空间规划编制工作。

从更高层面、更长时间、更大范围确定全省发展定位和战略，统一各部门发展目标和指标体系，统筹战略空间布局，对城乡空间、产业发展、基础设施建设、生态环境保护等重大事项做出统筹安排。统筹各类空间规划，把战略规划确定的城镇布局、生态保护红线、产业布局等重大战略落实到空间上，重点解决好“规模控制、底线划定、廊道预留、项目落地”等方面的问题。通过创新机制，建立规划协调、招商引资统筹调整、生态环境补偿、差异化绩效考核、规划监督、联席审查等保障机制，确保空间规划落地；通过搭建平台，启动全省规划管理信息平台建设，纵向到县，横向连通部门，统一建设全省城乡规划业务系统，全面对接政务服务平台，实现各类规划要素在一个平台上联动共享和规划建设全过程动态监控。

2015 年省级建筑施工安全生产标准化工地现场

【“多规合一”试点加快推进】 省住房城乡建设厅会同省发展改革委、省国土资源厅、省环境保护厅联合下发了《关于印发＜云南省“四规合一”试点县市区及指导单位名单＞和＜云南省“四规合一”专家审查委员会名单＞的通知》，由 4 厅委分别负责 5~6 个试点县市区规划编制工作的检查指导。修改完善了《云南省县（市）域“多规合一”试点工作技术导则》，6 月 10 日，在大理召开了全省“四规合一”试点暨城市地下综合管廊规划建设工作现场会议，丁绍祥副省长出席会议并讲话，要求以“闯”和“担当”的精神，以改革创新的勇气和锐意进取的决心，主动作为、狠抓落实，扎实开展“四规合一”试点工作，积极推进全省城市地下综合管廊规划建。全省 23 个试点县市区正科学有序推进“多规合一”工作。

【历史文化名城（镇村街）和传统村落保护工作不断加强】 截至 2015 年底，全省已列级历史文化名城名镇名村名街 83 个，其中：国家级名城 6 个、中国历史文化名镇 7 个、中国历史文化名村 9 个、中国历史文化街区 1 个、省级名城 9 个、省级名镇 18 个、省级历史文化名村 29 个、省级历史文化名街 4 个。编制完成了《云南省历史文化名城名镇名村名街保护体系规划》，为全省历史文化资源的保护提供了整体性的规划支撑依据。加快推进历史文化名城（镇村街）保护规划和保护详细规划的编制和实施，已编制并审批完成保护规划及保护详细规划近 100 个，核心保护区面积共计约 5158 公顷。

文山州“2·09”事故现场安全警示会暨 2015 年度全市建筑工程质量安全监管工作会议

【全省首批城市规划示范试点工作有序推进】 为贯彻落实全省城乡规划工作会议精神，认真总结和推广全省优秀城市规划经验，推动城乡规划管理更加科学，彰显城市品质和内涵，按照省政府主要领导指示要求，省住房城乡建设厅于 2015 年 9 月中旬启动了全省城市规划示范试点申报遴选工作。

【重要文件】 代拟《云南省人民政府关于科学开展“四规合一”试点工作的指导意见》《云南省人民政府关于进一步加强城乡规划工作的意见》《云南省城市地下空间开发利用管理办法》《云南省县（市）域“多规合一”试点工作技术导则》等一系列文件并以省政府或省政府办公厅名义发布，为“十三五”期间城乡规划工作指明了方向、奠定了基础。

【污水处理厂配套管网建设和运营管理顺利推进】 2015 年全省新建污水管网 1273.31 公里，完成年度任务 (1098.2 公里) 的 115%，完成投资 19.09 亿元。累计建成污水处理厂 154

座，进入住房城乡建设部信息系统和环境保护部在线监测系统的144座，投入运行污水处理厂142座，设备调试安装2座，投入运行率98%，污水总处理能力增加到326.77万吨/日，各县城具备污水处理能力；运行负荷率平均达82.52%，COD进水浓度平均达231.07mg/L，全省城镇污水处理率为85%，全省再生水利用率达到26%。

【生活垃圾无害化处理设施建设和运营管理加快推进】 在住房城乡建设部第四季度通报中，云南省排名全国第11名，昆明市排名全国36个大中城市第8名，圆满完成了2015年和“十二五”期间水污染物总量减排任务。截至2015年底，全省累计共建成生活垃圾处理场128座，建成渗滤液处理设施48座；新建餐厨垃圾处理设施1座，新增规模为50吨/日。完成了城市生活垃圾填埋场无害化等级评定和年度复查工作，全省现有Ⅰ级无害化处理填埋场5座、Ⅱ级无害化处理填埋场89座，全省县城生活垃圾无害化处理率为85%，生活垃圾无害化处理达到1.59万吨/日。4月，昆明市被国家五部委确定为全国第一批共26个生活垃圾分类示范城市(区)之一。五华区政府投入资金54.5万元，购置了1490只环保型垃圾箱和12.2万个垃圾袋，在华山街道办事处和五华区行政中心大楼推行垃圾分类试点，让垃圾分类进社区、进家庭、进单位。

【城市地下综合管廊建设成效显著】 省政府先后于6月、10月召开全省“四规合一”试点暨城市地下综合管廊规划建设会、全省城市地下综合管廊和海绵城市建设推进暨投融资接洽会，进一步贯彻落实国家和省关于综合管廊和海绵城市建设要求，加快推进政府和社会资本合作模式，全面推进全省城市地下综合管廊规划建设。截至年底，全省累计建成城市综合管廊100.68公里，完成投资52.7亿元，其中2015年新建综合管廊25.88公里，投资16亿元。

【城镇天然气置换工作进展良好】 截至2015年底，昆明市已完成五华区、西山区、官渡区、呈贡区、经开区、高新区36个置换片区共计403872万余户居民用户、351户商业用户、31户工业用户的天然气置换。全省总用气量为0.35亿立方米，其中：城镇燃气用量为2066万立方米，工业用管道气1422万立方米。中缅天然气干支管道沿线8个州(市)中昆明、曲靖、玉溪、保山4个州(市)已实现城市用气，德宏、大理、楚雄、丽江4个市尚未实现城市用气。全省批准建设加气站111座，正式投入运营32座，正在建设16座，开展前期工作63座，新建城市燃气管网1200公里，6个州(市)开始通气用气，城镇燃气普及率达66%。

【开展城市供水节水工作】 2013年至2015年，全省共完成107个县城出厂水、管网水的水样采集和检测。组织专家拟写《云南省城市(镇)二次供水管理办法(征求意见稿)》，规范二次供水管理，全面保障城市供水安全。截至年底，云南省已经成功创建昆明、安宁、丽江等3座国家节水型城市，并于6月完成对昆明市国家节水型城市复查；玉溪市于10月成功创建云南省节水型城市。

【开展城市园林绿化工作】 对全省范围内的公园私人会所情况进行彻底清查；对设市城市的已建和拟建防灾避险公园进行全面统计。完成香格里拉、元江、腾冲、永仁、双柏、宁洱、洱源、德钦等市县绿地系统规划省级专家技术审查和石林县、弥勒市国家园林县城复查；开展曲靖市、大理市、元江县、腾冲县申报国家园林城市和县城工作。全省建成区绿地面积5.36万公顷，绿地率30.37%，绿化覆盖率34.10%，人均公园绿地面积9.45平方米。新增7家城市园林绿化一级资质企业。继续推进全省园林单位(小区)创建及评选，命名双江县民政局等195家单位为“云南省园林单位”，双江县铁厂廉租住房等68个居住小区为“云南省园林小区”。

【海绵城市建设有效推进】 省住房城乡建设厅会同省财政厅、省水利厅，组织指导昆明、保山、曲靖、玉溪和丽江积极做好“海绵城市”全国试点申报工作。10月30日，省住房城乡建设厅、省财政厅集中各州(市)政府，滇中新区管委会分管领导，住房城乡建设、规划、财政、水利等局局长，邀请中央驻滇和省内相关投融资企业18家单位，召开全省城市地下综合管廊和海绵城市建设投融资接洽会，有效推进了海绵城市建设工作。截至2015年底，全省海绵城市建设建成面积共计53.05平方公里。

【城市人居环境提升行动深入开展】 以创建

全国园林城市、节水城市为抓手，不断完善城市基础设施建设和运营管理、改善城乡人居生态环境。各地深入开展“昆明城市影响力提升行动”“区域中心城市功能优化行动”“中小城市面貌改善行动”“乡镇环境整治行动”“村庄环境美化行动”“国门形象提升行动”“保障性安居工程攻坚行动”“文化传承和居民文明素质提升行动”，全省城乡人居环境提升行动总体目标中治污设施运营、城市园林绿化、城市供水、燃气等各项指标顺利完成，全省城市建设和管理水平不断提升。昆明市保障性住房信息系统平台建设项目、红河州蒙自市空气环境治理项目、红河州弥勒市西三镇可邑村特色民居保护建设项目获得“中国人居环境范例奖”命名。

村镇建设

【农村危房改造和抗震安居工程】 2015年计划统筹完成农村危房改造和抗震安居工程50万户，其中国家下达云南省农村危房改造计划任务46万户；安排中央及省级补助资金57.29亿元，其中中央补助资金38.2亿元、省级补助资金19.09亿元。截至2015年底，全省2015年农村危房改造和抗震安居工程开工51.23万户，占年度总任务的102.66%，竣工49.37万户，占年度总任务的98.74%，拉动投资500亿元。省委、省政府成立了云南省农村危房改造和抗震安居工程建设工作领导小组，省委钟勉副书记担任组长、省政府丁绍祥副省长担任常务副组长、张祖林副省长担任副组长，下设办公室在云南省住房和城乡建设厅；印发了《云南省委云南省人民政府关于加快推进全省农村危房改造和抗震安居工程建设的意见》；7月30日，省委、省政府在普洱市西盟县召开了全省农村危房改造和抗震安居工程启动大会，李纪恒书记、陈豪省长、丁绍祥副省长出席会议并讲话，住房城乡建设部倪虹副部长出席会议并讲话；8月20日，省政府在玉溪市召开了全省城镇保障性安居工程建设现场推进会暨全省农村危房改造和抗震安居工程建设工作座谈会，丁绍祥副省长出席会议并讲话；11月12日，省政府在曲靖市陆良县召开了全省农村危房改造和抗震安居现场推进会，丁绍祥副省长出席会议并讲话；云南省住房和城乡建设厅编制并经省领导小组同意印发了《云南省农村危房改造和抗震安居工程建设规划（2015~2019年）》；启动了农村危房改造和抗震安居工程信贷试点工作，印发了《云南省农村危房改造和抗震安居工程专项贷款实施细则》和《关于做好全省农村危房改造和抗震安居工程建设专项贷款相关工作的通知》，符合农村危房改造条件农户除享受中央、省级和各地补助资金外，每户还可申请5万元3年期的信贷贴息支持，农户只承担2%的利息，其余利息由各级政府贴息补助，全年共争取人民银行总行支农再贷款80亿元额度支持，截至年底，农村信用合作社已向11.89万户实施农村危房改造农户发放53.15亿元贷款。从2015年10月起，省农村危房改造和抗震安居工程建设领导小组成员单位分成8个组每月开展一次对州（市）的农村危房改造和抗震安居工程督查。全省印发农村危房改造和抗震安居工程建房明白卡73万份。

【传统村落保护发展工作有序推进】 2015年，共有817个传统村落申报第四批中国传统村落，截至年底，已有502个传统村落列入中国传统村落名录，占2555个中国传统村落总数的19.6%，数量居全国第一；完成318个中国传统村落的档案建立、保护发展规划编制；206个传统村落争取到中央财政补助资金6.18亿元；成立了云南省村镇规划建设管理专家委员会，会同省委农办、省民族宗教、财政、国土资源、环保、农业、文化、旅游等10厅委厅建立省级联席会议制度；研究制定了《云南省传统村落市政设施项目建设技术导则》；确定了每个村的省、州（市）、县（市、区）、乡（镇）、村的“五级”保护责任人及职责，建立了由规划、民居、市政专家共同组成的片区驻村专家组和规划编制机构的全程负责制，确保以规划为依据，各保护发展项目的稳妥落地。

【全省规划建设示范村寨工作顺利启动】 按照《云南省人民政府关于进一步加强城乡规划工作的意见》，9月全面启动省级规划建设示范村寨工作，确定了2015年全省500个省级规划建设示范村寨名单；制定下发了《云南省省级规划建设示范村村庄规划编制技术要点》，及时组织10家省内外知名规划编制单位完成了示范村寨规划编制及审查；争取到国家开发银行2015~2019年每年提供10亿元贷款，连续5年为云南省提供50亿元贷款支持，用于农村危房改造和抗震安居工程配套基础设施建设，每年补助500个村，每个村补助200万元；各地从各示范村所在行政村的村干部、挂包帮干部、新农村指导员等人员中明确1名村庄规划建设协管员，全面负责示范村（自然村）村庄规划建设示范工作，并从各乡镇规划管理所或有关规划设计机构中明确每个行政村1名的规划专业技术人员，负责做好对示范村的村庄寨规划、农村危房改造及配套基础设施建设等的技术指导工作。

【乡镇市政基础设施建设有序推进】 全面梳理了全省各县域（镇、乡）“一水两污”体系规划，按照“因地制宜、分类推进”工作思路，积极指导各地开展市场化运作，加快搭建地方投融资平台。2015年下达282个建制镇“一水两污”项目，安排省级补助资金3.8亿元。截至年底，开工297个（其中竣工88个，在建209个），累计完成投资20亿元。

【全面推进改善农村人居环境工作】 编制了《云南省改善农村人居环境规划（2015~2020年）》；11月10日，召开全省美丽宜居乡村建设工作现场推进会，总结交流全省新农村建设情况，明确要以点带面，扎实推进，努力把美丽宜居乡村建设提高到一个新水平；石屏、大理、腾冲、澄江4个县（市）被评为国家农村污水治理示范县；会同省委农办、省发改委等9个部门以建立完善各级保洁制度、完善垃圾收运及处理设施、建立多层级考核评价机制为重点，编制了《云南省农村生活垃圾治理实施方案》，力争到2019年前实现全省90%以上农村生活垃圾得到有效治理，2020年实现全面治理。

【重点小城镇示范创建工作】 保山市隆阳区潞江镇被评为国家第三批美丽宜居小镇，大理州漾濞县苍山西镇光明村、丽江市永胜县期纳镇清水村被评为国家第三批美丽宜居村庄；丽江市玉龙纳西族自治县石鼓镇、普洱市镇沅彝族哈尼族拉祜族自治县九甲镇、楚雄彝族自治州大姚县石羊镇、红河哈尼族彝族自治州红河县迤萨镇、普洱市宁洱哈尼族彝族自治县同心镇那柯里村、临沧市沧源佤族自治县勐角傣族彝族拉祜族乡翁丁村、文山壮族苗族自治州广南县坝美镇者歪村委会坝美村小组、大理白族自治州宾川县平川镇朱苦拉村、大理白族自治州鹤庆县草海镇新华村共9个村镇被列入第三批全国特色景观旅游名镇名村示范名单。

房地产开发与住宅建设

【保持房地产开发投资对稳增长的拉动作用】 根据2015年省政府下达的目标任务，结合各州（市）2014年房地产开发投资完成情况，下发了《云南省住房和城乡建设厅关于下达2015年房地产开发投资目标任务的通知》，要求各州（市）按照省委、省政府统一部署和目标任务，保项目、促销售、抓服务，为确保年度房地产开发投资目标任务完成营造了有利氛围。为充分发挥重大房地产开发项目拉动投资、稳定市场预期的作用，保持重大房地产开发项目跟踪服务机制工作的连续性，下发了《云南省住房和城乡建设厅关于确定2015年重大房地产开发项目的通知》，确定公布了89个省、州（市）房地产开发重大项目。同时，要求各级住房和城乡建设（房管）部门落实对重大房地产开发项目的扶持政策，对重大房地产开发项目的开发建设、市场营销等方面的工作要加强指导；对重大房地产开发项目开发建设过程中遇到的问题，要主动协调，积极帮助房地产开发企业排忧解难，确保89个重大项目有序推进。针对年初房地产开发投资增幅下降的问题，为促进房地产开发投资持续增长，9月2日召开了全省房地产开发投资增长工作推进会，邀请各州（市）分管领导、住建局长及房管、住保、公积金管理机构负责人共90余人参加会议。参会人员现场调研了昆明市2个重大房地产开发项目推进情况，听取有关企业关于介绍推进项目建设的经验，并对促进全省下半年投资增长的具体工作进行了部署。

【强化保持房地产市场平稳健康可持续发展】 研究出台了《云南省人民政府办公厅关于贯彻落实国家有关部委文件精神促进房地产业平稳健康发展的通知》《云南省人民政府关于促进房地产业平稳健康可持续发展的指导意见》《云南省人民政府关于进一步做好城镇棚户区和城市危房改造及配套基础设施建设有关工作的实施意见》等一系列文件。指导各地因时、因城施策，部分州（市）、县（市、区）结合当地实际出台了贯彻落实省政府房地产政策的细则。

强化房地产经济运行分析工作，认真做好月度、季度及半年房地产市场运行监测分析，对全省10个重点城市投资情况、市场形势、住房价格等持续跟踪监测分析，及时研判市场情况并报省委省政府，为加强全省房地产市场监管和省领导决策提供依据。认真开展《去库存化政策措施研究》课题研究，梳理分析化解市场分析具体问题，研究制定促进产业发展办法和路径，为全省房地产市场调控提供决策参考。在保持房地产市场调控政策的连续性、稳定性的同时，更加注重分类指导，尤其针对昆明市房地产市场出现的新情况，指导昆明市切实增强调控措施的针对性、灵活性和前瞻性。同时，对商品房库存量较大的城市，强化市场营销指导，实现了商品房价格运行基本平稳。

【房地产开发投资与商品房建设有序推进】 2015年，全省房地产开发投资完成2669.01亿元，同比下降6.2%。房地产开发投资完成额居于全省六大重点行业首位，对全省规模以上固定资产投资的支撑率达20.4%。其中：住宅1670.27亿元，同比下降8.7%；办公楼162.04亿元，同比增长21.1%；商业营业用房508.91亿元，同比下降4.5%；其他327.8亿元，同比下降6.3%。全省3个州（市）房地产开发投资同比增长，分别是：怒江州（35.8%）、普洱市(24.1%)、红河州（19.5%）。13个州（市）房地产开发投资同比下降，导致全省房地产开发投资增长乏力。其中：昆明市投资规模（1451.31万元）占全省的54.4%，同比下降2.8%。其他12个州（市）的具体情况是：迪庆州（-66.4%）、玉溪市（-41.2%）、西双版纳州（-28.7%）、德宏州（-22.4%）、文山州（-19.3%）、昭通市（-16.2%）、丽江市（-12.1%）、临沧市（-11.8%）、曲靖市（-11.6%）、保山市（-7.3%）楚雄州（-5.0%）、大理州（-4.7%）。2015年，全省商品房屋施工面积2.07亿平方米，同比增长3.4%;其中：住宅1.38亿平方米，同比增长1.9%。新开工面积3814.29万平方米，同比下降29.6%；其中：住宅2517.28万平方米，同比下降31.1%。商品房屋竣工面积2546.74万平方米，同比增长42.4%；其中：住宅1896.56万平方米，同比增长51.1%。

房地产交易建设

【商品房销售基本稳定】 2015年，全省商品房销售额1666.85亿元，同比增长4.4%；商品房销售建筑面积3145.13万平方米，同比下降1.5%。其中：商品住宅销售额1236.81亿元，同比增长6.1%；商品住宅销售建筑面积2576.80万平方米，同比下降1.6%。

【商品房价格运行趋稳】 2015年，全省重点城市商品住房价格基本保持稳定，且房价水平基本与城市发展情况相适应。根据1~12月国家统计局调查发布的全国70个大中城市房价指数显示，昆明市和大理市同比下降，降幅逐步缩小；环比在波动调整中趋稳运行。其中，12月份新建商品住宅价格，昆明市环比上涨0.1%、大理市下降0.1%；昆明市和大理市均同比下降2.6%。根据省住房城乡建设厅重点监测的10个城市房地产管理部门的主城区商品住房成交数据显示：我省重点城市商品住房价格基本保持稳定，且房价水平基本与城市发展情况相适应。

【房地产信贷保持增长】 截至2015年末，全省房地产贷款余额3883.41亿元、同比增长20.6%，其中：房产开发贷款余额1166.18亿元、同比增长32.1%；全省个人住房贷款余额2047.16亿元、同比增长17.0%，全年金融机构累计发放了14.21万笔个人住房贷款，发放金额达到553.37亿元，较上年分别增加了2.05万笔和117.94亿元，其中首套房贷款笔数占比达到94.8%。

【房屋买卖合同网签系统建设】 4月29日，省住房城乡建设厅召开全省建立房地产交易信息日报制度推进会，明确了全省网签系统建设工作目标。下发了《云南省住房城乡建设厅关于加快推进全省新建商品房和二手房买卖合同网签系统建设工作的通知》，从工作目标、工作计划、工作要求、工作考核等4个方面提出了具体要求。7月中旬，省住房城乡建设厅组成了4个督导检查组，分赴全省14个州（市）开展了房屋买卖合同网签系统建设督导检查工作。截至2015年底，全省新建商品房网签系统建设有73个县（市、区）完成并投入使用，有40个县（市、区）完成网签系统建设，有15个县（市、区）网签系统建设正在进行中。全省二手房网签系统建设有24个县（市、区）完成并投入使用，有49个县（市、区）完成网签系统建设准备投入使用，有55个县（市、区）网签系统建设正在进行中。

城镇住房制度改革

【城镇保障性安居工程】 2015年，国家下达云南省城镇保障性安居工程建设任务21.04万套，其中棚户区改造17.42万套。在省委、省政府的领导下，继续贯彻落实《云南省人民政府关于大力推进保障性安居工程建设的意见》《关于加快推进棚户区改造工作的实施意见》《关于进一步做好城镇棚户区和城市危房改造及配套基础设施建设有关工作的实施意见》，各部门、各地区加强统筹协调，狠抓项目进度管理、质量安全监管和分配管理，确保项目顺利推进。截至2015年底，云南省城镇保障性安居工程开工21.4万套、开工率101.67%，其中棚户区改造开工17.76万户、开工率为101.92%；全省城镇保障性安居工程基本建成28.69万套（含2014年结转的8.48万套），占国家下达计划数18.52万套的154.82%；完成投资355.6亿元（其中，棚户区改造完成投资244.42亿元）。全省城镇保障性安居工程开工套数和基本建成套数均提前超额完成国家下达的指标。全省各地紧紧抓住国家支持棚户区改造的重大政策机遇，棚户区改造融资工作在建设模式、审批进度、责任分工、管理措施、融资成果方面取得重大进展，争取到国家开发银行棚户区改造贷款额度1141.48亿元（含软贷款103.74亿元），2015年，实际发放256亿元，共争取到国家专项建设基金59.53亿元。各地严格执行基本建设程序和项目法人责任制、工程监理制、合同管理制和竣工验收制，实行质量监管全覆盖和领导负责制、分户验收制度和永久性标牌制度。从全年检查情况看，各地工程质量安全未发现重大问题。及时启动预分配制度，加强对分配入住率较低地区督促指导，有效衔接分配与入住。采取年审、资格重审和不定期抽查、定期检查等方式，健全退出机制，加强配租（售）工作，及时纠正闲置、出租、出借、改变用途等违规使用行为。全年分配公共租赁住房21.82万套。

【保障性安居工程资金筹集】 2015年，共争取中央补助资金62.26亿元，省级财政安排补助资金10.53亿元；获得国家开发银行棚户区改造项目承诺贷款并签订合同1141.48亿元（含软贷款103.74亿元），截至2015年底，累计发放贷款397.35亿元，其中：2015年发放贷款256.35亿元。

【公共租赁住房管理工作】 针对云南省公共租赁住房建设数量大和分配入住难的实际，制定下发了《云南省住房和城乡建设厅关于印发云南省推进公共租赁住房分配管理运营工作试点方案的通知》，从放宽准入条件、完善配套设施、提高分配效率、完善租赁政策、创新运营管理等方面做出了具体规定，简化了原来复杂的申请审核程序，提高了分配效率，降低了准入门槛，将包括农业转移人口在内的更多住房困难群体纳入住房保障范围，有效扩大住房保障覆盖面，充分发挥住房保障的社会效应。

【公共租赁住房分配】 截至2015年底，共建设公共租赁住房96.50万套（其中廉租房38.86万套，公租房57.64万套），已竣工公共租赁住房53.12万套（其中廉租房28.94万套，公租房24.18万套），已分配公共租赁住房47.82万套（其中廉租房27.41万套，公租房20.41万套）。全年发放租赁补贴10.51万户、配租公共租赁住房15.61万套，有效解决了206万住房困难群众的住房问题。

【住房保障档案管理】 从机构建设、库房建设、制度建设、档案归集、使用管理等方面进一步作了规范，指导各地全面开展了住房保障档案管理工作，截至年底，各州（市）政府所在地的县（市、区）均建立了标准化档案室，其余县（市、区）90%以上设立了住房保障档案管理专用库房，档案管理人员到位，归档建档较好，为住房保障管理工作迈上新台阶奠定了坚实基础。

【公共租赁住房小区管理】 将公共租赁住房小区纳入属地社区管理服务范围，社会管理服务职能部门、社会组织积极支持和参与公共租赁住房小区管理服务。积极推进政府基本公共服务、商业便民利民服务和居民支援互助服务等向公共租赁住房小区延伸，提高了公共租赁住房小区物业服务和管理水平。

【住房保障信息公开】 在原有住房保障信息

公开规定的基础上，制定下发了《云南省住房和城乡建设厅关于进一步做好住房保障信息公开工作的通知》，要求各地、各有关部门要高度重视住房保障信息公开工作，切实加强组织领导，建立健全信息公开长效机制，从保障性安居工程的年度建设计划、项目名称、建设地址、建设方案、建设套数、竣工时间到分配政策、分配对象、分配房源、分配程序、分配过程、分配结果、退出情况等信息都要采取各种方式全面公开，认真履行信息公开工作职责，严格落实信息公开工作要求，采取积极有效的措施，确保公共租赁住房建设分配在阳光下运行，主动接受群众监督。

住房公积金管理

【住房公积金目标任务完成】 截至年底，全省公积金个贷率达 72.8%，同比上升 11.59%；个贷总额 1358.4 亿元，同比上升 22.56 %；个贷余额 735.9 亿元，同比上升 22.56 %；结余资金 272 亿元，同比下降 12.74%。文山、版纳、丽江、德宏、楚雄中心的个贷率达到 80% 以上，德宏中心个贷率同比增长 76.21%，保山、省直、曲靖、临沧、昆明、昭通中心个贷率同比增长都在 10% 以上。全省住房公积金缴存职工为 227 万人，住房公积金归集总额达 2109 亿元，同比增长 17.91%，归集余额 1010.83 亿元，同比增长 11.17%。全省共支持 92 万户职工家庭解决了住房困难问题，累计提取增值收益 50.95 亿元用于支持廉租住房建设。

【放宽住房公积金提取使用条件】 省住房城乡建设厅等三部门印发《关于放宽提取住房公积金支付房租条件的通知》和《关于允许住房公积金缴存职工提取住房公积金支付物业管理费的通知》，允许职工提取住房公积金支付房租、物管费。

【降低贷款首付比例】 省住房城乡建设厅等三部门印发了《关于调整住房公积金个人住房贷款购房最低首付款比例的通知》，对拥有一套住房并已结清相应购房贷款的居民家庭，再次申请住房公积金贷款购房的，最低首付比例由 30% 降低至 20%。

【提高最高贷款额度】 据住房城乡建设部要求，云南省公积金贷款额度都有所上浮。单方最高贷款额度：红河提高到 80 万元，大理 60 万元，玉溪 50 万元，昆明、德宏 40 万元，曲靖 35 万元，文山、版纳、保山、迪庆 30 万元，昭通、临沧 25 万元，丽江、怒江 20 万元，楚雄 15 万元。夫妻双方最高贷款额度：玉溪提高到 100 万元，昆明、红河 80 万元，昭通 70 万元，大理、德宏 60 万元，昭通、保山、迪庆、临沧 50 万元，普洱、丽江、怒江 40 万元，楚雄、文山 30 万元。

【稳步推进信息化建设】 省住房城乡建设厅认真开展“双贯标”工作。丽江中心率先启动银行结算数据应用系统接入工作，并于 12 月 10 日开始正式运行。综合服务平台及 12329 短信平台建设稳步推进，7 月，确定昆明市公积金管理中心试点建设 12329 短信平台建设，昆明市中心已逐步开通了部分服务渠道。结合《住房城乡建设部关于加快建设住房公积金综合服务平台的通知》精神，昆明市中心已经开展住房公积金综合服务平台建设前期准备工作，拟将 12329 手机短信平台纳入综合服务平台中统一建设。

【保障房建设工作】 玉溪市住房公积金支持保障房项目建设共发放了贷款 3 亿元。截至 2015 年底，累计实现了贷款利息收入 3483 万元，按计划收回本金 1300 万元，贷款余额 2.87 万元。2015 年按计划收回贷款本金 850 万元，利息 1015 万元。保障房项目工程建设已全部竣工，住户已入住，小区附属设施已交付使用，产生了较好的社会效益。

工程勘察设计咨询业

【勘察设计行业有序发展】 2015 年，云南省工程勘察设计行业保持稳步发展，行业队伍素质、经营规模、经济效益不断提升，为推进云南建设发展奠定了基础。截至年底，全省共有勘察设计单位 654 家，其中甲级资质单位 84 家、乙级资质单位 251、其他为丙、丁级单位。勘察设计行业营业额 209.5 亿元，从业人员 35753 人，行业人均产值 58.6 万元。

【健全完善勘察设计制度】 印发《云南省住房和城乡建设厅关于加快发展钢结构的指导意见》，成为国内第一家专门制定加快发展钢结构建筑指导意见的省份。出台了《云南省住房和城乡建设厅关于有序放开施工图审查市场工作的通知》使全省施工图审查机构从原有的17家增加到36家，施工图审查制度改革后，允许不同地区审图机构交叉承接审图业务，建设单位可自主选择审查机构。

【加强勘察设计资质管理】 向住房城乡建设部上报了20家企业资质升级或增项业务，现公示同意共12家单位（5家建筑工程甲级、1家公路乙级、2家电力甲级，1家勘察甲级、1家装饰甲级、2家消防甲级），2015年，资质升级取得较丰硕的成果。严格执行省外企业入滇从事勘察设计业务管理的相关系列规定，加强市场、质量联动管理，全年共办理省外入滇勘察设计单位365家，完成了项目备案手续696项，签订勘察设计合同额14.53亿。

【加大勘察设计技术支持力度】 组织编制出版《云南省钢框架结构农村民房标准设计图集（昭通分册）》和《云南省农村钢结构民居建筑工程技术导则（试行）》。组织编制完成《云南省民用建筑节能设计系列标准图集》中的“温和地区居住与公共建筑节能构造～外门窗与幕墙”和“温和地区居住与公共建筑节能构造～屋面”图集。组织并编制了“云南省岩土勘察规范”和“云南省地基处理规范”。加快推进全省建设工程施工图数字化审查系统建设，实现施工图审查网上报件、网上选定审图机构、网上审查、网上审图备案；成功试点勘察、设计单位电子出图章，降低行政成本，建立健全企业库、项目库和过程控制库，形成人员、企业、项目、项目运行全程联动管理，进一步提高勘察设计行业管理效率。成立了全省BIM技术联盟，组织开展多层次BIM技术的学习和交流，积极扶持BIM技术应用的示范项目和龙头企业，总结成功经验，以点带面分步骤有序推动BIM技术应用的普及和深化。

【加大勘察设计人才培养力度】 5月，举办第9期注册建筑师、第7期注册结构工程师、第三期注册土木工程师（岩土）及省内工程勘察单位项目负责人（考核）等继续教育培训班，共计1604人接受继续教育。7月31日，组织了全省新增施工图审查人员资格考试，共有669人参加考试，考试分建筑、结构、给排水、电气、暖通、岩土、道路、桥梁、燃气、轨道10个专业进行，从源头上提高对审图人员的素质，规范对审图人员的管理。认真开展工程勘察单位描述员、司钻员培训考核工作，共培训10期，其中描述员4期、司钻员6期，有2153人参加培训。描述员考核通过764人，通过率为82%；司钻员考核通过1078人，通过率为88%。

【加大勘察设计奖励扶持力度】 组织完成2014年度全省优秀工程勘察设计奖评选工作。评出优秀勘察设计一等奖24个、二等奖53个、三等奖72个，其中有2个项目获全国优秀工程勘察设计行业一等奖。

环境保护

水资源节约与保护

【水资源节约】

计划用水，加强管理

一是落实节水优先，突出节水型社会管理机制建设。贯彻落实《全面实施〈云南省节约用水条例〉》和《云南省人民政府关于加强节水型社会建设的意见》，逐步建立省级节水型社会管理机制，建立健全节水型社会管理联席工作制度。二是推进计划用水、定额用水和计量用水管理，全面按照水利部《计划用水管理办法》，按分级负责职责，组织推进年度计划用水下达和用水总结制度，加强区域和重点用水户的计划用水管理。按水利部统一部署，组织推进农业用水取水许可清理工作，建立农业用水计量与统计管理体系。三是配合团省委开展节水护水志愿服务活动，面向全省发起“人人节水、志愿先行”的倡议，大力推进节水型社会建设。四是面向全省广泛开展“节水、爱水、护水”宣传工作，任命省水校黄代宗等4人为“云南省节水宣传形象大使”。五是配合水利部，摸底调研云南省非常规水源开发利用情况，并提交报告。参加全国非常规水源开发利用情况研讨会议。

建立机制，抓好示范

一是将节水型单位纳入文明单位评选条件，将创建节水型单位相关内容纳入文明单位测评体系，作为创建文明单位的考核内容。二是建立健全重点用水户监控和节水型单位考核评定工作机制，加强节水型单位创建活动，联合省政府机关事务管理局制定节水单位评定标准，完成省级第一批35家节水型单位考评工作。对达标单位实行“以奖代补”支持节水工作，建成一批“制度完备、宣传到位、设施完善、用水高效”的节水型单位，带动全省各级各类公共机构加强节水管理和技术改造，引导全社会提高节水意识，推进节水型社会建设。三是发挥昆明市、丽江市等节水型城市的示范带动作用；加强曲靖市、玉溪市国家级节水型社会示范建设；推进安宁等5个省级示范县建设。编制、完善试点实施方案，完成方案评审，推进滇中缺水城市非常规水资源利用试点示范工程建设。四是推进典型行业水平衡测试工作和农业灌溉用水效率利用系数试点监测工作。通过连续3年对比试验研究，提出各类作物建设灌溉制度及其田间灌溉水有效利用系数成果，为提高农业用水效率，全面推行用水定额管理及考核提供科学依据。五是加强组织研究，基本确定了全省2020年用水效率控制指标，并与水利部进行了衔接。

【水资源保护】 完成全省水资源保护规划。组织了昆明市、普洱市、玉溪市、丽江市、保山市、大理市、文山州、红河州、西双版纳州、临沧市等10个州（市）开展全省20个清水城镇、清水乡村、清水湖库、清水河道试点工作。协调推进了普洱、丽江、玉溪3个全国水生态文明城市，腾冲、富宁、盘龙、勐腊、弥勒、临翔6个省级水生态文明城市建设试点，其中，普洱市大中河水库思茅坝区引水工程和丽江市丽江坝区水资源循环利用（再生水）提水工程已获水利部资金支持。丽江和玉溪两市水生态文明城市建设试点实施方案均通过了水利部组织的评审，已上报省人民政府待批。印发了腾冲、富宁、抚仙湖流域片区、弥勒市、临翔区5个省级第一批试点实施方案评审意见。盘龙、勐腊、弥勒、临翔4个省级第二批水生态文明建设试点的实施方案编制基本完成。

针对丽江坝区出现的水危机，启动了化解丽江坝区水危机实施方案、丽江生态水网建设规划的编制，及时向省委、省政府主要领导上报了丽江水危机的报告。启动了洱海入湖河道综合整治试点河流实施方案的编制，已完成工作大纲。完成9个国家级重要饮用水水源地2014年度安全保障达标建设评估，评估报告已上报水利部。编制完成了云南省集中式饮用水水源地安全保障达标建设实施方案。

全面推进国家重要饮用水水源地和部分县级以上城市集中式供水水源地达标建设，完成9个国家级重要饮用水水源地2014年度安全保障达标建设评估，评估报告已上报水利部。编制完成了云南省集中式饮用水水源地安全保障达标建设实施方案，实现了省级（含）国家级水功能区、集中式饮用水水源地全覆盖监测。全省县城以上水库型集中式供水水源地达标建设，纳入了水管单位督查检查考核管理。

环境保护

【污染防治及城乡环境保护工作】

圆满完成主要污染物总量减排目标 省委、省政府印发《“十二五”低碳节能减排综合性工作方案》和《进一步加强“十二五”全省主要污染物总量减排工作的若干意见》，将污染减排作为政府主要领导综合考核评价的重要内容，以目标责任书的形式明确各级政府、各相关部门和重点企业的减排责任。全省上下齐心协力、部门通力配合，通过强化监管、加强指导、实施约谈、区域行业限批及“以奖代补”等综合措施，2个国家级重点减排项目全部完成，890个省级重点减排项目完成870个（完成率98%），国家下达的2015年度任务及“十二五”减排任务圆满完成。

高度重视以九湖为重点的水污染防治 坚持一湖一策、分类施策，以大幅削减入湖污染物为基础，以恢复流域生态系统功能、改善湖泊水环境质量为重点，持续加强九湖水污染防治。九湖“十二五”规划292个项目、涉及投资548.99亿元，完工183项、在建92项，项目开工率94.18%、完工率62.67%，累计完成投资370.66亿元，投资完成率67.52%；九湖水生态得到改善，水质趋稳向好。紧盯六大出境跨界水系流域污染防治不放松，全省河流水质优良率、达标率较“十一五”末分别提升了9.4%、8.8%，主要河流出境跨界断面全面达标。三峡库区及其上游流域、滇池流域顺利通过国家重点流域规划实施考核。

扎实开展大气污染防治行动 省政府建立大气污染防治联席会议制度，省直部门共同推进，通过产业结构调整优化、实施清洁生产、整治燃煤小锅炉、治理工业大气污染、控制城市扬尘污染、防治机动车污染、大力推广使用清洁能源等综合措施，确保了全省环境空气质量持续保持优良，16个州市政府所在地平均优良天数比例达97.3%。

紧盯重金属污染综合防治 认真实施重金属污染综合防治“十二五”规划，全省纳入考核的100个规划项目中，已完成94个。通过强化涉重金属行业（企业）环境监管、开展土壤污染重金属治理等措施，全省重金属污染防治取得良好成效，全省重金属污染物排放总量有所下降，环境质量总体稳中趋好，各流域重金属污染情况均不同程度好转，环境风险得到有效控制。

加强农村环境综合整治试点示范 “十二五”共投入中央农村环境保护资金71843万元、省级环境保护专项资金1.22亿元，实施736个村庄的环境综合整治试点示范（含中国传统村落259个村）。全面评估已实施农村环境综合整治示范项目，开展连片整治整县推进试点，支持沿边建制村开展农村环境综合整治。评估筛选出适合云南农村地区的污水和生活垃圾处理技术模式并予以推广。

环境监测能力建设取得新突破 初步构建了以省站为中心、16个州（市）站为骨架、115个县级站为支撑的环境监测队伍，89个监测站通过计量认证。积极培育第三方社会监测机构，认定机构20家。积极协调，纳入国家生态转移支付县由18个增加到23个。率先在全国建立县域生态环境质量监测评价与考核办法，评价结果已作为财政转移支付分配的重要依据。全省16个州市政府所在地自2015年起全部按照新空气质量标准发布监测信息，提前1年实现国家要求。全省环境空气质量预报于2015年10月1日正式对外公开发布。

环境监管执法走向新阶段 以新《环境保护法》实施为契机，省政府出台《关于加强环境监管执法的实施意见》，省环境保护厅与省高院、检察院、公安厅加强协作配合，形成防范和打击环境违法犯罪的工作合力。实施全省环境监管网格化管理，持续开展年度环保专项行动，扎实开展环境保护大检查，查处问题4011个，立案查处环境违法案件1166件，查处适用按日计罚、限产停产等四个配套办法处罚措施及涉嫌污染环境犯罪的违法典型案例114件，清理了4个影响环境执法的“土政策”。

确保核与辐射环境安全 12个州（市）成立辐射管理科或管理机构，8个州（市）成立辐射监测（监督）站，为全省129个县（市区）配备了辐射监察装备，初步建立了符合实际的核与辐射安全监管体系。开展辐射安全监督检查专项行动和日常监督检查，全省出动检查人员2.15万人次，检查核技术利用单位7260家次。开展危险放射源在线监控试点，实现放射源全过程动态管理。推进放射性污染防治，加强电磁辐射环境管理，完善辐射事故应急响应体系，组织开展了辐射事故应急演习。

妥善处置群众投诉和环境突发事件 “十二五”全省共办理“12369”环保举报热线（微信平台）投诉4.93万件；受理群众来信来访953件、办结936件，办结率98.2%；办结省人大代表建议、省政协委员提案349件。昆明、红河、丽江、玉溪、德宏、临沧等州（市）相继开展环境应急演练，曲靖、保山、昭通、文山成立州（市）级环境应急中心。修订了省环境保护厅《环境突发事件应急响应预案》和《辐射事故应急响应预案》，妥善处置东川“牛奶河”污染及中石油云南炼油项目舆情等社会高度关注的环境事件，积极开展鲁甸、景谷、昌宁地震环境应急。

生态环境保护工作

生态文明体制改革卓有成效 出台《云南省全面深化生态文明体制改革总体实施方案》，细化改革重点，实行时间、任务倒逼，督促改革项目落实。全国《生态文明体制改革总体方案》等“1+6”系列改革方案印发后，全省进一步抓好落实，贯彻《党政领导干部生态环境损害责任追究办法（试行）》实施细则、贯彻落实《开展领导干部自然资源资产离任审计的试点方案》的工作方案、推行环境污染第三方治理的实施意见、限制开发区和生态脆弱区的国家级贫困县考核评价办法（试行）等通过了深改组会议审议。

生物多样性保护取得积极成效 制定实施《云南省生物多样性保护战略与行动计划（2012~2030年）》，召开全省生物多样性保护联席会议，发布生物多样性保护西双版纳约定，成立云南生物多样性研究院，设立省级生物多样性保护专项资金，开展云南省生物多样性保护条例立法工作。积极推动在云南建立中国生物多样性博物馆，并已列入国家生物多样性保护重大工程。组织编制《云南省实施国家生物多样性保护重大工程方案设计》，初步完成生态红线划定工作方案和技术方案。

加强各级自然保护区监管 开展涉及国家级自然保护区开发建设项目实地核查，对全省自然保护区内开发建设活动进行实地督查，初步建立自然保护区监测预警平台，监管手段得到加强。云南轿子山等4个省级自然保护区晋升为国家级，全省已建成各级各类自然保护区161个，总面积286万公顷，占全省国土总面积的7.3%。

推进生态文明建设示范区创建 “十二五”累计建成85个国家生态乡镇、3个国家生态村，430个省级生态文明乡镇和29个省级生态文明村。西山区等8个县（市、区）被命名为第一批云南省生态文明县市区。全省创建省级绿色学校486个、绿色社区208个、环境教育基地54个。

全方位开展环境宣传教育 “十二五”成功举办七彩云南保护行动环境保护奖评选和云南省生物多样性图片展，在云南广播电视台相继开辟《绿色在线》和《环保之声》专栏，编辑出版了《环保词典》。与中央电视台、中国环境报等联合拍摄制作了《共享绿色》等多部云南生态环保宣传片，充分展示云南省生态文明建设成果和环境保护突出成绩。新闻报道在中国环境报上稿1052篇（条）。

对外交流合作能力显著提升 “十二五”抓住“一带一路”建设机遇，重点加强中缅、中老环境保护合作，签署《合作备忘录》，与缅甸掸邦省、老挝南塔省和琅勃拉邦省建立跨境环保合作交流机制。成功举办“中国—东盟”“南南合作”“上海合作组织”等系列研讨和培训，积极推进大湄公河次区域、沪滇、川滇、泛珠及与台湾的环保合作，实施了一批合作项目。

教育事业和科技事业

教育事业

【概述】

2015年，云南教育改革发展取得明显成效，为“十二五”教育发展规划画上圆满句号，为开启“十三五”教育发展新征程奠定坚实基础。学前教育向普及化、优质化方向迈进；义务教育开始由普及发展向均衡发展转变；普通高中正向特色化、多样化转型；以就业为导向的现代职业教育体系基本建立；高等教育从注重外延规模扩张向内涵特色发展转变；重视和支持民族教育发展的政策措施得到有效落实；民办教育发展环境不断优化；特色教育加速发展；推进新型终身教育体系建设初见成效。截至年底，全省在学学生数1351.57万人，其中高等教育在学学生数86.94万人，高中阶段在校生数138.07万人（其中中等职业教育在学学生数59.79万人），义务教育阶段在校生数567.21万人，学前教育在园（班）生数129.40万人；各级职业技术培训教育注册学生423.65万人；在学少数民族学生数427.86万人，占在学学生总数31.95%；学前三年毛入学率63.82%，比上年提高4.58个百分点，学前一年毛入学率92.16%，比上年提高1.24个百分点；小学学龄儿童入学率99.68%，比上年增加0.17个百分点，初中阶段毛入学率106.36%，比上年减少1.45个百分点，九年义务教育巩固率93.30%，比上年增加1.10个百分点；高中阶段毛入学率80.10%，比上年提高4.80个百分点，高等教育毛入学率30.20%，比上年提高1.90个百分点。高考报名人数27.21万人，比上年增长6.30%；完成18个批次录取工作，录取率超过80%。毕业生离校初次就业率87.90%，比上年同期增长0.20个百分点，年终就业率97.40%，比上年同期增长0.3个百分点。各级各类学校专任教师数51.82万人，比上年增长1.39%。完成教育固定资产投资297.19亿元，超额完成省政府2015年考核目标任务210亿元的41.5%。

（纳 梅）

【沪滇签订支持滇西教育改革发展协议】 7月14日，上海市教育卫生委员会与云南省教育厅签订《支持滇西集中连片特殊困难地区教育事业改革和发展合作协议》。2015 ~ 2017年，上海市教育系统将充分发挥资源优势，推进滇西基础教育、职业教育、高等教育等方面的改革和发展。一是借鉴推广上海市教育信息化建设的成功经验，推动滇西基础教育信息化建设；支持滇西基础教育学校参加国际交流活动，支持滇西培养教育国际交流人才；引导上海市属高校在编制安排招生计划时，向云南省倾斜，优先招录符合条件的普通高中毕业生。二是在滇西职业院校与上海职业院校间开展管理人员、教师的互派交流活动；协助滇西职业院校建设一批省级骨干专业和骨干学科；采用联合办学形式，协助滇西职业院校拓展上海就业市场，引导上海市知名企业招录滇西职业学校毕业生。三是鼓励上海高校每年从滇西高校选拔一定数量的优秀学生进行短期学习，对在上海市就读的滇西籍贫困大学生依据相关政策优先给予资助；选派上海相关高校专家到滇西高校，指导开展薄弱学科专业建设，同时提升药学、临床医学、生物学、生态学、民族学等优势学科建设水平；协助引进海内外高层次人才到滇西高校任教，支持滇西高校建成主要面向东南亚、南亚的重要人才培养基地；支持上海高校与滇西高校合作开展多层次、宽领域的各类科研合作；以教师访学、培训挂职等形势，协助提升滇西高校专任教师的学历层次、教学水平和能力。

（纳　梅　晏照华）

【9县（市、区）义务教育发展基本均衡】 11月13日，五华、富民、红塔、水富、古城、思茅、开远、景洪、弥渡等9个县（市、区）通过国家实地检查，实现“义务教育发展基本均衡县（市、区）”目标任务。12月，澄江县等17个县（市、区）通过省级督导检查，经省政府批准，报请国务院教育督导委员会评估认定。

（张婉坡）

【特殊教育资源中心和资源教室建设】 2015年10月20日，省教育厅与省人社厅联合印发《特殊教育资源中心、资源教室建设与管理指导意见》，对特殊教育资源中心、资源教室的基本职能、建设要求、岗位编制、配置标准等进行全面细致的规定。特殊教育资源中心是面向区域内特殊教育机构、师生和家长提供特殊教育专业化服务的教育机构，是集管理、咨询、研究、评估、指导、服务于一体，以“整合资源、搭建平台、提供支持、服务社会”为宗旨的特殊教育专业化服务平台。随班就读资源教室是在普通中小学中设置，专为在普通中小学随班就读的特殊儿童少年提供适合其特殊需要的个别化教育的场所。2015年，云南省共立项建设27个州（市）、县级特殊教育资源中心和95个随班就读资源教室，在昆明学院建设云南省特殊教育资源中心、特殊教育网络信息管理平台和示范性资源教室。

（李云鹏　陈家兰）

【《云南省乡村教师支持计划（2015~2020年）》】 12月31日，省政府办公厅发布《云南省乡村教师支持计划（2015~2020年）》。《计划》立足解决乡村教师“下不去”“留不住”“教不好”等三个核心问题，秉承“统筹设计、资源倾斜、务实求效、建立机制”的基本原则，力求用5年左右的时间，创新乡村教师的培养补充机制，提高乡村教师的地位和待遇，促进乡村教师专业发展。提出师德建设、培养模式、补充渠道、生活待遇、管理改革、能力素质、激励机制、各级责任等八个层面的政策措施。为使《计划》落地生根，文件同时提出明确责任主体、强化督导考核和细化实施办法三大保障措施，要求各级政府要研究细化实施办法，找准支持重点，因地制宜提出符合当地乡村教师队伍建设实际的支持政策和有效措施，将《计划》的要求进一步明确化、具体化。

（冯　霞）

【启动现代学徒制试点工作】 10月9日，省教育厅等五部门共同制定《云南省职业院校现代学徒制试点工作实施方案（试行）》，以深化全省职业教育办学体制机制改革，探索现代职业教育人才培养模式，提高职业教育教学质量，推进职业教育与产业发展深度结合，有效服务云南经济社会发展方式转变和产业转型升级。重点改革培养模式、创新实习内容、加强队伍建设、完善管理制度、改革评价模式。分别以州（市）、行业系统、职业院校、企业为申报单位，承担不同的试点任务。各级相关部门及机构要给予组织保障和资金支持。2015年，昆明工业职业技术学院、云南国土资源职业学院、玉溪工业财贸学校成为全国首批现代学徒制试点单位。

（纳 梅 司慧迎 向 民）

【提高高等职业教育生均拨款标准】 6月5日，省财政厅、省教育厅出台《关于建立完善以改革和绩效为导向的生均拨款制度加快发展现代高等职业教育的意见》，在当前高职生均拨款标准6000元/生·学年的基础上，分三年达到国家规定标准。全省公办高职院校生均拨款标准于2015年达到8000元/生·学年，2016年达到10000元/生·学年，2017年达到12000元/生·学年，其中省属高校所需经费由省级财政承担，州市高校所需经费由州（市）级财政承担，省级财政视各州（市）的努力程度给予一定比例奖补。

（罗蓉蓉）

【签署新一轮省院省校战略合作协议】 2015年，省委、省政府提出在1998年省院省校合作的基础上，进一步与京津沪部分知名高校院所签署战略合作协议，进一步深化省院省校合作，助推全省经济社会跨越发展。10月和11月，省委常委、省委高校工委书记李培和副省长高峰率队分别赴京津，拜访和考察中国工程院、北大、清华、人大、北航、南开，就进一步加强省院省校战略合作，签署新一轮战略合作协议进行对接、达成共识。12月16日下午和12月17日上午，省委书记李纪恒和省委副书记、省长陈豪率队赴京先后与北京航空航天大学、中国人民大学和清华大学举行工作会谈并签署战略合作协议。签约前，李纪恒、陈豪一行先后参观北京航空航天大学国家空管新航行系统技术重点实验室和无人机研究所，中国人民大学公共决策实验室，清华大学创客空间、校史馆和公共安全研究院，对三校的学科建设、科研、人才培养的情况进行深入调研，就共同关心的问题进行深入的交流。陈豪代表省委、省政府分别与清华大学校长邱勇院士、中国人民大学校长刘伟教授、北京航空航天大学校长徐惠彬院士签署战略合作协议。

（白玉兵）

【滇西应用技术大学获准筹建】 4月28日，教育部同意省政府筹建滇西应用技术大学，筹建期1～2年。要求云南省加强对学校的领导，指导学校全面规划并做好筹建期的各项工作。一是指导学校做好五年以上的总体发展规划，规划须明确办学定位、服务面向、专业布局、人才培养模式和“双师型”师资队伍建设的要求；二是从体制和机制上认真规划和设计学校总部与特色学院的关系，确保学校教育教学质量和办学效益；三是明确改革探索的重点内容、实施方案、具体措施以及相关的政策支持和资金保障；四是加快学校特别是总部的建设步伐，使其尽快形成必需的硬件条件和教师队伍；五是进一步落实学校建设和发展经费，加强专业建设和师资队伍建设。该校成为中国西部地区第一所零起点新建的应用技术类型本科高校。

（纳 梅 邱 林）

【少数民族预科基地建设】 4月，云南高等学校少数民族预科教育基地被正式列入教育部少数民族预科培养单位。6月，教育部民族司下发《关于做好2015年普通高等学校少数民族预科生预科阶段培养工作的函》，云南预科基地承担教育部直属4所重点高校华北电力大学、中国石油大学、天津工业大学、华南理工大学140名预科生的培养任务。同时，来自云南、西藏、贵州和甘肃等省（自治区）的35个少数民族、2545名预科学生毕业。9月，省政府、国家民委和教育部联合下发《关于共建云南民族大学的意见》，进一步加大对预科基地的指导和扶持。

（李宇飞）

【民办高等教育发展专项资金】 从2015年起，由省财政安排资金8000万元，设立民办高等教育发展专项资金。该专项资金严格按照《云南省民办高等教育发展专项资金管理暂行办法》使用，支持范围包括教育部和省政府主管部门批准设立的包括独立学院在内的所有云南民办普通本专科高等院校。按照“因素分配、专项支持、绩效优先”的基本原则分配使用，重点关注学校的在校生规模、师资队伍的稳定性和教师的社会保障情况，并将教师的社会保险制度建立情况及执行效果列为重点考虑的因素之一。同时，重视学校教学投入和教学奖励成果、科技创新能力提升情况以及学校的就业质量。资金主要用于支持民办高校学校实验室建设、实训基地建设、教学仪器设备购置和师资队伍建设。2015年8000万专项资金已下拨到20所民办高校。

（纳 梅）

【共建中印瑜伽学院】 5月15日，在中国总理李克强和印度总理莫迪的共同见证下，云南民族大学与印度文化关系委员会在北京签署关于联合共建云南民族大学瑜伽学院的合作备忘录。6月13日，“中印瑜伽学院”在云南民族大学挂牌成立，成为印度在华建立的第1所瑜伽学院。9月下旬，中印瑜伽学院与印度唯一由政府兴办的瑜伽学院——莫拉基·德赛国立瑜伽学院联合办学达成共识。印度方面每年派遣至少两名专业教师来华授课，开设瑜伽国际课程。印度瑜伽部将对学院学员进行测试，并颁发国际认可的瑜伽证书。11月，正式开班。

（纳 梅）

科技事业

2015年，省科技厅领导班子全力贯彻落实中央和省委、省政府的决策部署，紧紧围绕把云南建设成为全国民族团结进步示范区、生态文明建设排头兵、面向南亚东南亚辐射中心、闯出一条跨越式发展的路子等目标要求，结合部门职责职能，以深入实施新一轮建设创新型云南行动计划为核心，加快实施创新驱动发展战略，深化科技体制改革，扎实推进各项科技工作，圆满完成年度目标任务，有力推进创新型云南建设。主要开展了以下工作：

【深入贯彻习近平总书记考察云南重要讲话精神，按照省委省政府部署扎实推进重点工作落实】 组织召开了全省科技工作会议，对全年科技工作进行了部署；制定了科技厅贯彻落实《中共云南省委关于深入贯彻落实习近平总书记考察云南重要讲话精神闯出跨越发展路子的决定》实施方案，对牵头的4项和参与的9项科技工作细化了推进措施；制定了科技厅促进经济平稳健康发展的实施意见，明确了36项重点工作；按照陈豪省长到科技厅调研工作重要指示，围绕深化科技体制改革、提升产业竞争力、增加企业自主创新能力、营造科技创新环境、形成多元化投入保障机制、推进科技创新园建设、扩大科技开放合作等7个重要方面抓好工作部署和落实。全年圆满完成了科技计划项目组织、部省科技工作会商、全面启动科技创新园建设、深化科技体制改革等重大科技工作任务，全省科技创新取得了新成效。目前，我省区域创新能力在全国排第23位，高新技术产业化指数排全国第14位（其中，高新技术产业化效益第10位，高新技术产业化水平第19位）。

【深化科技体制改革，完善创新发展体制机制】 一是加强顶层设计。制定了《中共云南省委 云南省人民政府关于深化科技体制改革的意见》，作为云南省深化科技体制改革的纲领性文件印发实施。二是重构科技计划。强化财政科研项目和资金管理改革，整合省直各部门管理的现有科技计划，合并形成五类科技计划，并从八个方面改革计划管理，制定实施了《云南省人民政府关于改进加强财政科研项目和资金管理的若干意见》《云南省财政科技计划（专项、基金等）管理改革方案》。三是围绕改革配套政策。印发实施了《云南省加快科技服务业发展实施方案》《云南省人民政府关于加强重大科研基础设施和大型科研仪器向社会开放的实施意见》《云南省人民政府办公厅转发省科技厅关于加快建立云南省科技报告制度实施意见的通知》等配套政策，围绕改革的任务、目标作政策配套，营造了良好的科技创新政策环境。四是深化科技金融结合，按照PPP模式设立成果转化和创业投资引导基金9.55亿元。五是组建云南省科学技术院，推进创新服务体系建设，加快科技服务业发展。

【积聚科技资源，促进全省科技创新能力提升】 2015年，我省争取国家科技计划项目支持821项，获国家科技经费支持5.43亿元，有力地促进了云南创新驱动发展战略实施和产业转型升级。全年组织实施省级科技计划项目七批次3255项，安排科技经费14.03亿元，带动投资133.76亿元。科技招商引资19.4亿元。突破核心关键技术近200项。认定省重点新产品126个、高新技术企业136户、科技型中小企业1177户、遴选创新型试点企业54户、产业技术创新战略试点联盟17个。6个项目获国家科学技术奖二等奖，180项（人）获省科学技术奖。登记科技成果1171项。技术合同认定登记成交额52.8亿元，居全国第19位。全省高新技术企业918户，实现销售收入2674亿元，较上年增长19.7%，在经济新常态下为稳增长做出实质性贡献。

【围绕产业转型发展，提供转换动力和科技支撑】 在稀贵金属功能材料、催化材料、锗材料等制备技术、电子级多晶硅生产技术等方面全国先进。车用柴油发动机、氯化法钛白粉量产技术、一步法煤变油技术、大型枢纽机场行李处理系统、大型铁路养护工程机械、长距离固液两相输送技术等方面全国领先。自主研发的23种新能源车型进入工业和信息化部汽车产品公告目录推广应用。建成了年产261台高原型1.5兆瓦及2兆瓦风力发电机组生产线，太阳能及生物质能工业化规模应用持续推进。围绕褐煤气化、甲醇合成汽油等建立了8套试验示范装置，技术水平国内领先，富氧顶吹炼铅工艺综合能耗比行业平均水平低40%以上，处于国际领先水平。

【围绕农业科技创新，大力发展高原特色农业】通过农业领域重大重点项目的实施，突破23项关键核心技术，形成橡胶“热垦523”、橡胶“热垦525”等48个重大新产品。认定省优质种业基地102家、农产品深加工科技型企业106家、农业科技示范园174家、农村经济合作组织136个。杂交水稻、杂交玉米、马铃薯、甘蔗、茶叶、烟草、橡胶、花卉、核桃、咖啡的研发水平保持全国先进。自主培育的我国首个三元杂交肉牛品种“云岭牛”已在云南、贵州、广西、重庆、四川及海南等省区累计扩繁249万头，创造经济效益4.15亿元。具有自主知识产权的月季、满天星等品种成为支撑花卉产业发展的核心产品。

【关注民族贫困地区发展，积极开展科技支持和服务】 2015年，新立项兴边富民科技专项项目29项，支持边境县和藏区县实施特色产业培育科技项目。新选派科技人员1780人到边远贫困山区、边疆民族地区和革命老区的89个县开展科技服务，获中央财政经费支持3688万元。定点挂钩扶贫工作成效明显，制定了《省科技厅脱贫攻坚“挂包帮”“转走访”工作三年行动计划（2016~2018年）》，2016年度计划投入资金1100万元，启动5个方面20项具体扶贫工作。厅领导带领厅机关和直属单位干部职工分15批140人次开展了“转走访”工作，深入挂包村开展脱贫攻坚捐赠活动和建档立卡“回头看”，共计赠送慰问金和扶贫物资200万元，安装价值14万元的太阳能路灯37盏。

【聚焦社会发展领域科技进步，大力促进科技惠民】 围绕资源环境、人口健康、公共安全、城镇化与城市发展、文化旅游等领域，实施重大科技成果转化工程，一批先进、成熟、实用的科技成果实现了转化和产业化，科技服务民生能力得到了提升。在新生儿产前疾病筛查、艾滋病综合防治，以及九大高原湖泊水污染防治、高原退化湿地生态恢复、城市污泥资源化综合利用等领域取得了重大突破并实现应用推广。自主研发的世界首个Sabin株脊髓灰质炎灭活疫苗和EV71手足口病疫苗获新药批准，成果达到国际国内先进水平。醒脑静注射液和注射用血塞通冻干粉针单品种年销售收入突破13亿元、血塞通软胶囊突破8亿元、注射用灯盏花素和云南白药胶囊分别突破6亿元、灯盏生脉胶囊突破4亿元。参麦注射液、蒿甲醚注射液、虎力散胶囊、灯盏细辛注射液、恒古骨伤愈合剂、草乌甲素片、心脉隆注射液等品种产值过亿元。全省国家级可持续发展实验区累计4个，省级可持续发展实验区达16个。全省种植、养殖中药材近百个品种，种植面积达600万亩，销售收入近300亿元，中药材已成为全省农村脱贫增收的重要来源。

【加强科技人才培养引进，弥补云南创新人才缺乏“短板”】 为在滇工作的两院院士安排自由探索经费，鼓励院士自主命题、自主研发。2015年，新遴选培养科技领军人才5人（累计20人）；新引进高端科技人才5人（累计96人）；新遴选省中青年学术和技术带头人后备人才104人（累计912人）、省技术创新人才培养对象55人（累计628人）；新遴选培养创新团队33个（累计149个）；新建立院士专家工作站49个（累计164个），全国100多名院士定期不定期在云南工作；全省R&D人员超过5.29万人，科技人才队伍进一步发展壮大。

【加强科技条件平台建设，持续提升研发能力】2015年，认定省级高新区5个（累计14个）；获批国家农业科技园区2个（累计5个），认定省级农业科技园区17个；新增国家重点实验室1个（累计5个）；新认定省重点实验室5个（累计43个）；新认定省工程技术研究中心8个（累计111个）；新增省级科技企业孵化器4个（累计19个）；新增省级生产力促进中心6个（累计59个）；认定众创空间36个；云南空港国际科技创新园建设有序推进；加快推进11个公共科技服务平台建设；云南省大型科学仪器设备协作共用网络平台建成运营，单台原值在20万元以上的科研设备统一纳入全省网络管理平台，50万元以上的加入国家统一网络管理平台，加快推进资源开放共享。

【大力发展众创空间，推进大众创业万众创新】制定出台了《云南省人民政府办公厅关于发展众创空间推进大众创新创业的实施意见》，明确了云南省众创空间建设发展目标和主要任务、措施等。认定了36个众创空间，并安排2000万元财政专项补助；遴选44家众创空间培育对象，形成云南省第一批100名创业导师名单；组织开展“2015中国科技创业人才投融资集训营（云南·生物产业专场）”“云科众创空间创新创业培训”“首届云南省创新创业大赛暨第四届中国创新创业大赛云南地区赛”、“京滇科技创新驱动区域合作活动”等创新创业系列活动。

【深化科技交流合作，提升面向南亚东南亚科技辐射能力】 组织完成科技部云南省科技工作会商。滇沪、滇京、滇台、泛珠三角区域科技合作不断推进。与意大利、新西兰、以色列等发达国家成功建立科技合作关系。围绕“四个落地”目标（科研平台、科技企业、科技成果、创新创业人才和团队项目落地），持续推进“科技入滇”，3D打印关键技术开发集成设备产业化及应用示范、新型动力电池生产、氮化镓材料产业化等一批重大项目落户云南。成功举办第一届“中国—南亚技术转移与创新合作大会”，启动“中国—南亚科技伙伴计划”，加快中国—南亚技术转移中心、中国—东盟创新中心建设，充分发挥区位优势，建机制、搭平台、抓项目、促交流，深化与南亚东南亚国家的科技交流合作。

（奎燕飞）

卫生和新闻出版广播工作

卫生事业发展

【深化医改，保基本、强基层、建机制取得新成效】 公立医院改革步伐加快。建立委领导联系州市医改和卫生计生重点工作机制，督促改革发展措施落地。云南省116个县市211家医院全面启动县级公立医院综合改革，全部取消药品加成，制定了调整医疗服务价格、完善补偿办法等综合配套措施，服务量实现增长，改革成效初步显现。玉溪市、昆明市城市公立医院综合改革试点取得积极进展。395个乡镇卫生院与县级医院实现医疗服务一体化管理。积极推进分级诊疗试点工作。

新农合和基层综合改革稳步推进。新农合参合人数达3284万人，参合率达98.51%，人均筹资水平提高到470元，住院补偿封顶线提高到不低于12万元，政策范围内住院费用报销比例达到76.49%，实际报销比例达到61.7%。儿童先心病、肺癌等22种重大疾病全面实行即时结报，大病报销比例达到70%以上。深入推进新农合支付方式改革，禄丰、祥云实行按疾病诊断相关组付费（DRGs）效果明显，成为全国先进经验。大病保险实现州市级统筹，全面覆盖城乡居民。出台完善基层医疗卫生机构绩效分配机制等“拴心留人”政策，提高基层医疗卫生机构人员待遇。落实多渠道补助政策，稳定乡村医生队伍，提升了服务水平。继续推进乡村医生签约服务试点工作，签约农户187.87万户，签约农民592.42万人。在武定、绥江等四个县扎实开展全国农村贫困地区预防保健服务体系建设试点。基本医疗和公共卫生服务双重网底功能得到加强。

国家基本药物制度巩固完善。政府办基层医疗卫生机构全部配备使用基本药物，实行零差率销售。二级、三级综合医院分别按照品种数和销售额不低于50%和30%的标准配备使用基本药物。启动公立医院新一轮药品集中采购。坚持以省为单位网上集中采购、统一配送。云南省药品集中采购平台与国家药品供应保障综合管理信息平台实现了对接联通。

基本公共卫生服务成效明显。县级统筹、分类管理和绩效考核机制取得实效，政策创新走在全国前列。盘活各地2013~2014年结余的基本公共卫生服务经费。为3916.89万城乡居民建立了电子健康档案，儿童免疫报告接种率达99.59%，居民高血压、糖尿病、重性精神病患者规范管理率逐年提高。

大力推进社会办医，民营医院机构数、床

位数分别占全省总数的 60.85%、26.38%。

信息化建设积极推进。基层医疗卫生机构管理等信息系统取得新进展，启动信息化标准体系编制工作。

【提升能力，努力满足人民群众的健康服务需求】 全力推进云南省阜外心血管病医院等 12 个省级重大建设项目，昆医附一院呈贡院区、省中医院滇池院区实现开业。狠抓医院评审常态化和临床重点专科建设，提升服务能力。对 6 所三级医院、2 所二级综合医院进行了等级评审；对已经通过评审的 97 所医院进行了追踪检查；评审确定省级临床重点专科建设项目 93 个。省市 36 所三级医院对口支援 131 个县级医院，实现全覆盖。沪滇合作对口支援成效显著，深受欢迎和好评。在全省二级及以上医院开展“进一步改善医疗服务行动计划”，在全国率先规范辅助药物临床应用，全面推进抗菌药物专项整治、优质护理服务活动。推进急救中心（站）标准化建设，规范院前医疗急救行为。加大无偿献血工作力度，实现血液核酸检测全覆盖，确保血液供应和用血安全。加强疾病应急救助工作。深入创建平安医院。

【严防联控，卫生应急、疾病防控、食品安全等工作不断加强】 在景洪市等重点地区开展登革热疫情防控攻坚战，实现了“疫情不扩散、病例无死亡、效果快显现”的防控目标。不断深化大湄公河次区域卫生交流合作，建立边境地区重点传染病联防联控联席会议制度。持续做好果敢“2·09”事件入境边民卫生防疫工作。成功处置人感染 H5N1、H5N6 高致病性禽流感疫情，严密防控中东呼吸综合征输入，突出抓好埃博拉出血热等疫情防控工作。首次承担组建中国政府医疗防疫队，圆满完成赴尼泊尔抗震救灾任务，受到国家、省及尼泊尔各界的高度赞扬和充分肯定。组织实施第三轮防治艾滋病人民战争，防治工作实现“两降一升”，全面完成年度艾滋病防治任务。组织实施扩大国家免疫规划，无脊灰态势继续巩固，消除麻疹、耐多药肺结核防治工作得到加强，血吸虫病、地方病防治及消除疟疾行动按计划推进。爱国卫生工作深入开展。圆满完成第 3 届南博会等重大活动卫生应急和医疗保障任务。扎实开展食品安全风险监测评估，完成国家和地方标准跟踪评价，制定发布 8 个食品安全地方标准，有力支持食品安全监管和食品产业发展。扎实推进简政放权和职能转变工作，取消调整下放行政职权 43 项。创新监管执法手段，积极开展医疗卫生、放射卫生等专项整治和检查，严厉打击卫生计生领域违法行为。在老挝北部 5 省建成启动北大人民医院～西双版纳州医院医疗共同体分站，开展援缅“光明行”公益活动。第 16 批中国援乌干达医疗队圆满完成任务。3 名专家参与援助塞拉利昂抗击埃博拉工作。

【统筹安排，省政府惠民实事、人才队伍建设、科技创新等工作有序推进】

全力实施“关爱妇女儿童健康行动”，孕产妇死亡率、婴儿死亡率均实现年度控制目标；超额完成农村妇女“两癌”筛查、农村夫妇孕前优生检查任务，农村孕产妇住院分娩率、婚前医学检查率等大幅提升；印发《关于优化实施妇幼保健和计划生育技术服务资源整合的指导意见》。进一步规范人类辅助生殖技术服务。完成白内障复明手术 4.35 万例，8609 例城乡贫困尿毒症患者获得透析治疗救助。

机构整合、职能转变、干部队伍建设取得新成效，人才引进、绩效工资和职称评定工作取得新突破。实施住院医师规范化培训制度，累计招收 2647 名，开展“3+2”助理全科医生培训试点，招收 301 名。招录培养 5 年制农村订单定向免费临床医学生 740 名，3 年制 500 名；协调安排首届农村订单定向免费临床医学生就业和规范化培训。实施高层次人才和骨干医师培养、全科医师转岗培训等工程，16 名专家获“云岭名医”称号。全系统获省科技进步奖特等奖 2 项，自然科学（科技进步）奖一等奖 4 项，二等奖 2 项。建立院士（专家）工作站 47 个，125 个内设研究机构立项课题 368 项。

认真做好离退休干部工作，扶贫攻坚、干部保健、保密信访、新闻宣传、综治维稳和安全生产等工作扎实有效。

【中医药工作稳步发展。省委、省政府高规格召开云南省发展中医药大会，推进中医药强省战略建设】 中医医院评审和改革活动深入推进。12 所县级中医院实施标准化建设，支持 406 个乡镇卫生院（社区卫生服务中心）中医科中药房建设，乡村医生能西会中“培根工程”任务超额完成，圆满完成提升工程 4 项重点任务。支持 20 个省级重点专科和 3 所民族医医院能力建设，5 所综合医院通过国家示范单位评审。启动8个基层名中医工作室建设，国家和省级师带徒76名传承人顺利出师，84人通过传统医学师承和确有专长考核。中医药治疗艾滋病任务超额完成，中医药文化建设和科普宣传成效明显。

【落实责任，党风廉政建设和反腐倡廉工作进一步加强】 深入开展“三严三实”和“忠诚干净担当”专题教育，深刻汲取医疗卫生系统严重违纪违法案件的教训，扎实推进党风廉政建设和反腐倡廉工作。强化党风廉政建设责任制落实，全面落实主体责任、监督责任和班子成员“一岗双责”，完善委领导班子成员联系直属单位制度。深入开展“六个严禁”等专项整治，落实行风建设“九不准”，开展大型医院巡查。以零容忍态度严肃查处医药购销、医疗服务和计生工作中损害群众利益的突出问题。

【全面总结“十二五”时期卫生事业取得的成效】“十二五”时期云南省卫生计生事业改革力度大、发展速度快、群众受益多。

2011~2015年，云南省居民健康水平显著提高：人均期望寿命从2010年的68岁提高到2015年的70.5岁；孕产妇死亡率、婴儿死亡率、5岁以下儿童死亡率分别由2010年的37.27/10万、12.24‰和15.31‰下降至2015年的23.63/10万、8.7‰和11.34‰，从远高于全国平均水平降至接近或低于全国平均水平。

2011~2015年，深化医改成效明显：新农合参合率稳定在98%以上，人均筹资水平比“十二五”初期增加了3倍，城乡居民大病保险实现全覆盖，新农合按床日付费、DRGs付费改革为全国提供了有益经验；基本药物制度全面实施；基层运行新机制巩固完善；公立医院综合改革深入推进，破除“以药补医”迈出坚实步伐，各项配套政策措施相继出台，县乡医疗服务一体化管理大幅拓展。全省卫生计生资源总量持续增加：每千人口拥有医疗机构床位数、执业（助理）医师数、注册护士数和每村拥有乡村医生数明显增加；中央和省级财政转移支付卫生计生资金730.97亿元，实现连续五年增长目标；累计投入基本建设资金69.37亿元，支持6879个卫生计生机构项目建设，硬件状况、服务能力明显改善。

2011~2015年，医疗服务能力持续提升：评审命名30所三级医院和127所二级医院，投入3.05亿元建设299个国家、省级临床重点专科项目，建成27个省级医疗质量控制中心，实现远程医疗县县通。投入1.3亿元有力支持民营医院发展，有力促进了多元化办医格局形成。“光明工程”和城乡贫困尿毒症患者治疗救助工程惠及近30万各族群众，基本解决多年积存的白内障患者复明问题，影响大、反响好。

2011~2015年，公共卫生服务的公平性、可及性明显改善，应急处置能力持续增强：基本公共卫生服务人均补助标准提高到40元，国家免疫规划疫苗接种率保持在90%以上，麻疹、百日咳等发病降至历史最低水平，重大自然灾害均实现“大灾之后无大疫”，鼠疫等重大传染病防控成效显著，艾滋病疫情快速蔓延势头得到有效遏制。

2011~2015年，中医药实现长足发展：中医药管理职能得到强化，服务体系加快完善，48所县中医院实施标准化建设，建成三级中医医院11所、二级中医院82所，90%的综合医院成立了中医药科室；服务能力持续提高，建设27个国家级、60个省级重点专科；基层中医药工作成效明显，4项重点指标优于国家平均水平；人才队伍建设有新进展，科研工作取得重大突破。

人口与计划生育工作

【人口发展态势出现新变化】 全省人口发展改变了多年来稳中略降的趋势，出现较为明显的转折性变化趋势：全省年末总人口4741.8万人，比2014年末增加27.9万人，同比多增加0.6万人，实现了“十二五”人口规划的调控目标。全年人口出生率12.88‰，比2014年上升0.23个千分点；死亡率6.48‰，比2014年上升0.03个千分点；自然增长率6.4‰，比2014年上升0.2个千分点。全年出生人口60.9万，比2014年增加1.27万，是2006年以来首次明显上升到60万以上；死亡人口30.4万，比2014年增加0.2万；自然增长人口30.3万，比2014年增加1.07万，为2008年以来首次超过30万人。据计划生育报表统计，2015年全省违法生育、违法多孩（3孩以上）生育数同比增加22.56%和30.85%，节育手术下降9%。

【生育政策调整完善扎实有序】 全省上下认真贯彻落实单独两孩政策，细致做好调整完善生育政策、深入实施单独两孩政策工作，研究解决了政策过渡期衔接、父母离异单方独生子女认定等问题，共审批单独两孩《生育服务证》1.32万份，出生单独两孩6260人。党的十八届五中全会出台全面两孩政策后，省卫生计生委及早谋划，制定了《云南省贯彻落实全面两孩政策方案》，并细化并组织实施了《云南省人口与计划生育条例》及相关配套文件修订方案、宣传方案、信访应急预案、再生育健康指导方案、相关奖励扶助政策调整完善衔接方案、全面两孩政策新增目标人群基线调查方案、云南实施全面两孩政策的中长期人口发展趋势研究方案、出生人口信息预警监测方案等8个子方案。2015年12月27日，全国人大常委会审议通过《关于修改人口与计划生育法的决定》后，省卫生计生委在抓紧起草《云南省人口与计划生育条例》修改草案建议的同时，于2015年12月30日及时下发了《关于贯彻落实〈人口与计划生育法〉的通知》，从生育政策衔接、奖励保障政策衔接、社会制约政策衔接、统计工作衔接等方面全面安排部署，确保了我省与全国同步在2016年1月1日正式实施全面两孩政策。

【认真兑现落实国家计划生育惠民政策】 认真组织实施国家“农村部分计划生育家庭奖励扶助”“计划生育家庭特别扶助”“少生快富”工程和全省计划生育家庭“奖优免补”政策。完成了2015年度各类奖励与扶助对象的资格确认和信息录入工作，共兑现各级财政奖励优待资金4.27亿元（其中，中央财政补助1.6亿元，省级财政补助2.67亿元）。共有11.52万人领到奖励扶助金，0.54万户领到“少生快富”奖励金，0.99万户享受了“奖优免补”一次性奖励金，19.25万名学生领到了独生子女教育奖学金，194万人享受了新农合个人参合费用资助，2.42万名特扶对象领到了特别扶助金，835户特扶家庭领到了一次性抚慰金。

【“关爱妇女儿童健康”惠民实事成效明显】 通过强化政府责任、完善保障措施、加强服务体系和运行机制建设，各项任务全面完成：孕产妇、婴儿和5岁以下儿童死亡率分别为23.63/10万、8.70‰和11.34‰，农村孕产妇住院分娩率提高到99.19%。剖官产率下降到18.84%，低于全国约35%的水平。出生缺陷综合防治深入推进，一级预防全面展开，婚检率在2014年77.53%的基础上进一步提高到83.32%，免费为23.67万对农村计划怀孕夫妇开展了孕前优生检查，完成任务数的107.59%；二级预防不断加强，地中海贫血防控试点项目实施范围增加到20个，全年免费为6433对夫妇提供地中海贫血筛查，为286对夫妇提供了基因检测；三级预防不断提升，全省新生儿遗传代谢性疾病筛查率和新生儿听力筛查率分别由2014年的83.12%和77.81%提高到86.97%和85.01%。免费为41.63万农村妇女开展宫颈癌检查，完成任务数的101.54%；为4.08万农村妇女开展乳腺癌检查，完成任务数的107.47%；继续将宫颈癌、乳腺癌、儿童苯丙酮尿症纳入新农合重大疾病保障；对贫困家庭孕产妇住院分娩给予的一次性生活救助资金提高到每人400元。加强预防艾滋病、梅毒、乙肝母婴传播工作，完成婚前保健人群HIV抗体、梅毒检测人数分别为63.82万人、63.81万人，分别完成全年任务数的143.42%、143.40%；孕产妇HIV抗体、梅毒、乙肝检测人数分别为72.71万人、72.72万人、72.68万人，分别完成全年任务数的111.53%、111.54%、111.49%。共争取妇幼保健建设项目国家资金1.08亿元，省婴儿艾滋病早期诊断检测区域实验室验收为全国7家早诊实验室。

【克服困难稳定基层计划生育工作】 应对潜在生育高峰、政策调整、机构改革叠加多重困难，面对计生基层基础的动摇苗头和削弱倾向，全力以赴努力稳定计生工作大局，努力推进计生服务管理改革。一是2015年9月25日，经云南省第十二届人民代表大会第二十次会议审议通过，完成了历时9年的《云南省人口与计划生育条例》修订工作。二是重点推进改革生育服务证制度工作，在大量调研和组织试点的基础上，2015年8月，印发了《云南省改革生育服务证制度实施方案》,初步建立了一孩生育登记、简化再生育办理、婚育情况承诺等新制度。三是加强人口动态监测，在半年工作研讨班、人口形势分析会、政务信息、向上级汇报中，实事求是不断警示计生工作出现的诸多预警情况，及时向职能部门建议调整人口发展计划。四是以中办督查为契机，积极配合国家督查调研，全面开展了对各州、市的专项督查，并有针对性、重点到13个州、市进行了实地督查调研。五是2015年9月，召开了全省人口形势分析会，冷静客观分析人口形势，引导基层转变观念聚焦主业扎实创新计生管理机制。六是通过目标管理责任制考核督促各地全面落实计生基本国策。七是着力开展了乡村计生队伍、社会抚养费征收管理、全面两孩政策基线等全面调查。

【妇幼计生技术服务各项工作扎实推进】　省编办和省卫生计生委联合下发了《关于优化实施妇幼保健和计划生育技术服务资源整合的指导意见》，有机推进机构整合。“妇幼健康服务年”活动全面展开，411 家机构通过省级爱婴医院复核，其中云南省妇幼保健院、楚雄州妇幼保健院、曲靖市妇幼保健院、临沧市耿马县人民医院被评为全国百家优秀爱婴医院。开展了“妇幼健康优质服务示范工程”创建活动，红河州个旧市、大理州大理市、曲靖市会泽县、昆明市呈贡区被确定为国家“妇幼健康优质服务示范县（市、区）”。2015 年 11 月，启动了为期半年的以“七彩云南，情系妇幼”为主题的“妇幼健康中国行——走进云南”系列活动。积极推行避孕节育知情选择，探索不育症双向转诊服务，完成了 33.2 万例节育手术、37.84 万农村妇女增补叶酸工作。规范人类辅助生殖技术配置，拟定了《云南省人类辅助生殖技术配置规划（初稿）》，批准正式开展人类辅助生殖技术医疗机构 9 家、试运行医疗机构 3 家，批准筹建医疗机构 5 家、筹建人类精子库 1 个；对昆明市妇幼保健院、云南省第一人民医院、昆明医科大学第二附属医院开展的人类辅助生殖技术工作进行了校验。加强免费避孕药具公益性服务，启动国家扩大药具自助发放覆盖试点、新型药具试点。完成了五年 35.9 万对农村夫妇孕前健康与风险监测评估数据分析，95.5% 的对象对免费孕前优生健康检查服务表示非常满意或满意。

【积极推进出生性别比治理、家庭发展、流动人口服务管理工作】　2015 年 5 月至 10 月，省卫生计生委联合省工商管理局、省食品药品监督局、省妇联、省军区后勤部卫生部、武警云南总队后勤部等六部门在全省开展了为期半年的整治“两非”（非医学需要的胎儿性别鉴定、非医学需要的选择性别的人工终止妊娠）专项行动。用查处“两非”和溺弃女婴、拐卖妇女儿童等典型案例，以案说法，增强群众法制意识。加强宣传倡导深入开展关爱女孩行动，推进“两非”案件查处区域协作，出生人口性别比持续下降，由 2010 年第六次人口普查时的 111.77 ∶ 100 下降到 109.8 ∶ 100，优于全国平均水平。开展创建“幸福家庭”和“新家庭计划”项目试点，帮助计划生育家庭提升发展能力，玉溪市创建为全国“幸福家庭”活动示范市，西畴等五县（区、市）开展了计生家庭发展项目试点工作，帮助计划生育家庭提升发展能力。深化流动人口计划生育全国“一盘棋”机制建设，稳步推进流动人口基本公共卫生和计划生育服务均等化，开展了流动人口动态监测调查和相关政策研究。

新闻出版

【图书出版概况】　2015 年，云南省共批复年度选题 10503 种，审核并同意增补 4581 种，审核并同意更名、重印、再版、送审选题 1141 种，重大选题备案 50 种，撤销 462 种；核发书号 4968 个，出版图书 9371 种，出版码洋 22.37 亿元。

【主题出版】　一是围绕重大事件、重大活动及重要时间节点，做好主题出版工作。为纪念中国人民抗日战争暨世界反法西斯战争胜利 70 周年，云南人民出版社策划了《大型抗战纪实文学丛书》（共 10 册，出版 6 册，重大选题备案 4 册年底批复 2016 出版）；云南大学出版社策划了《滇西抗战史料汇编丛书》（共 6 册，重大选题备案年底批复 2016 年出版）《云南抗日战争科普丛书》（共 10 册，重大选题备案年底批复 2016 年出版）；云南美术出版社策划了《飞虎月亮花——美国飞虎队里的中国女护士黄欢笑》《铁血云南—— 二战史连环画丛书》（共四册，2016 年出版）等选题。积极组织出版单位向总局申报“纪念中国人民抗日战争暨反法西斯战争胜利 70 周年”图书选题 13 种；其中：云南大学出版社的《滇西抗战史料汇编丛书》、云南人民出版社的《旌旗万里——中国远征军在缅印》入选。二是围绕国家重大战略部署做好主题出版工作。为落实党的十八大将生态文明融入经济建设、政治建设、文化建设和社会建设中去的要求以及习近平总书记考察云南时的讲话精神，云南晨光出版社以西双版纳原始森林中的望天树为丛书名，策划出版了“青青望天树 · 中国原创儿童生态文学精品书系”，作品倡导追求绿色的生命状态，表达人与自然和谐相处的美好梦想。为贯彻落实国家“一带一路”战略和“把云南建成面向南亚东南亚辐射中心”的要求，云南人民出版社出版了《东南亚历史重大问题研究——东南亚历史和文化：从原始社会到19世纪初》（上下）；云南科技社出版了《云南融入一带一路战略研究》；云大出版社出版了《云南民族文化走出国门系列出版物——怒江之风·兹措瓜图》；为阐释好“中国梦”，云南美术社出版了《中国梦教育读本》（4册）。三是围绕弘扬社会主义核心价值观做好主题出版工作。为唱响主旋律、传播正能量，弘扬社会主义核心价值观，凝聚中国力量，培养少年儿童中国特色社会主义坚定理想信念，云南晨光出版社策划出版了《中国梦原创儿童文学精品书系——追梦的足音》（共6册）；云南民族出版社出版了《时代楷模高德荣》《云南扶贫开发和基层党建整乡“双推进”案例选编》《微党课精选》《七彩云南民族梦》；云南美术出版社出版了《高德荣：一个独龙族老县长的追梦故事》《社会主义核心价值观教育读本》（4册）《爱学习爱劳动 爱祖国教育读本》（4册）《法治教育读本》（4册）等，其中，《高德荣：一个独龙族老县长的追梦故事》被中组部作为“三严三实”专题教育推荐学习图书；云大出版社出版了《24字社会主义核心价值观大众读本（9种）》；云南教育出版社出版了《父亲熊庆来》。

【重点图书出版】 一是完成“十二五”规划执行情况总结及“十三五”规划项目申报。“十二五”期间云南省共承担《“十二五”国家重点图书、音像电子出版物出版规划》项目25个，完成19个，部分完成4个，实现率92%，申请延期5个；承担《国家“十而五”少数民族语言文字出版规划》项目26个，全部完成21个，部分完成4个，实现率96.2%，撤销1个。认真组织出版单位申报《“十三五”国家重点图书、音像电子出版物出版规划》图书项目50个，申报《国家“十三五”少数民族语言文字出版规划》图书项目24个，申报增补《2013~2025年国家辞书编纂出版规划》4个。二是推动获得资助项目及时出版。出版国家出版基金项目27种，分别是云南人民社的《岭南民族源流史》《中国西部民族文化通志》（第一阶段1~10卷）《东南亚历史重大问题研究——东南亚历史和文化：从原始社会到19世纪初》（上下），云南教育出版社的《新时代创新治理研究（7册）》，云南晨光出版社的《中国优秀少年科普作品原创书系——令人惊叹的现代高科技（8册）》。出版国家民族语言文字出版专项资金项目106种，分别是云南民族出版社的《义务教育课程标准实验教科书·语文》（18种文字，上下册，共36种）《小学语文教辅（二年级）》（18种文字，上下册，共36种）《农村法律普及读本·第8辑》和《农村实用知识读本·第8辑》（12个文种共24册）；云南大学出版社的《云南民族文化走出国门系列出版物——怒江之风·兹措瓜图》、《24字社会主义核心价值观大众读本（9种）》。三是积极推进重点出版项目。云南人民出版社继续出版《云南文库·学术名家文丛》《云南百位历史名人传记丛书》《行走中国丛书》《护国运动文献史料汇编》等云南省重点文化工程项目的实施；云南科技出版社继续打造云玉、云茶、云药、科普等特色板块，出版了《元谋人科普读本》《第五届玉满乾杯龙陵黄龙玉雕刻大赛作品》《食物中的天然有毒物质与化学》、《稻水象甲发生识别及防治手册》《2015云南普洱茶（3种）》《滇南红河地区主要造林树种》《澜沧江流域高等真菌彩色图鉴》《看图识翡翠》等选题；云大出版社组织出版了《中国文化产业十家论集》《巴基斯坦研究文库》《云南社科普及系列丛书》等一批具有较高学术价值和在学界具有较大影响的选题；云南民族出版社出版了《查姆译注》《阿基洛奇洛耶与密扎扎斯扎依》《中国作家文学丛书·鲁迅作品选集》（共12种）《迪庆锅庄》《国家级非物质文化遗产关索戏》等重点选题。

【滇版图书获奖】 2015年，云南教育出版社的《云南少数民族叙事长诗全集》（3册）、云南晨光出版社的《叼狼》获得第五届中华优秀出版物奖图书奖提名奖；云南晨光出版社的《小城池》《凤凰的山谷》入选2015年国家新闻出版广电总局向全国青少年推荐百种优秀图书；云南人民出版社的《中国彝族大百科全书》，云南民族出版社的《农村法律普及读本·第7辑》《彝族传统道德教育》，云南科技出版社的《孕产期保健知识画册》，德宏民族出版社的《教子规》入选第三届向全国推荐百种优秀民族图书目录。云南人民出版社出版的《长大后，你想做什么》荣获第23届上海市中小学、幼儿园优秀图书三等奖；云南大学出版社出版的《以杨善洲同志为镜子》获评“第二届全国党员教育培训教材展示交流活动”优秀教材；云南晨光出版社出版的《七彩云南儿童文学精品书系小活佛》荣获第二届关爱成长“上海好童书”奖。云南美术出版社的《云南少数民族绘画典籍集成》（共3卷）获第二十四届优秀美术图书“金牛杯”金奖。云南教育出版社的《新时代创新社会治理研究（7册）》等3种、云南科技出版社的《泌尿系微创实用技术》等7种、云南晨光出版社的《中国优秀少年科普作品最精品书系（共8册）》等5种、云南民族出版社的《农村实用知识读本·第7辑（12种民文）》等4种图书获得第二十三届中国西部地区优秀科技图书奖一等奖。

【图书出版管理】 2015年，基础管理方面，按照《出版管理条例》《图书出版管理规定》《图书出版质量管理规定》及国家新闻出版广电总局的要求，严格实施从业人员注册责任编辑制度、三审制度、重大选题备案制度及书号实名申领制度，对图书出版活动进行有效监管。优化年度出版计划，全省8家图书出版单位2015年年度计划总量比2014年减少1470种，新版选题2250种、比2014年增加80种，再版选题222种、比2014年增加136种，下移选题2009种，比2014年减少480种，重点选题664种，需要履行重大选题备案程序选题35种。导向管理方面，坚持“双为”方向和正确的出版导向，以社会主义核心价值观为引领，把社会效益放在首位，认真做好出版导向管理，在选题审核中做到“五看”：一看选题导向是否符合弘扬社会主义核心价值观的要求，二看选题主旨是否有利于弘扬中华民族优秀传统文化，三看选题立意是否有利于宣传阐释国家的大政方针政策，四看选题内容是否能正确引导读者的世界观人生观价值观，五看选题细节有无违反出版政策法规的地方，杜绝缺乏文化价值的“垃圾选题”出现，以优秀的作品教育人、引导人、感染人。

【开展全民阅读活动】 2015年，省新闻出版广电局制定2015年全民阅读工作方案并下发到各州市新闻出版部门，并与云南出版集团共同组织开展“4·23”全民阅读启动仪式暨云南省“爱读书、读好书、善读书——知书达理、孝敬诚俭”活动。为全省12600多个农家书屋各配齐5本《习近平谈治国理政》。组织遴选第二届全国“书香之家”云南省16个州市的26个家庭上报参与第二届全国“书香之家”评选，并以“书香家庭”评选活动为切入点，大力宣扬典型，增强“书香家庭”的荣誉感和社会认知度。2015年11月，高等教育出版社携手昆明春晓图书联合举办交流会，围绕推进全面阅读和图书出版做了深刻广泛的交流。依托“书香九进”活动，广泛发动各方力量参与到推广全民阅读工作中来，支持各大图书企业推进转型升级，由传统的“做书店”向“做文化”转变。云南省新华书店在省内挑选101所中小学校，开展免费赠阅《课堂内外》杂志的“书香校园”试读及征文活动、指导学校针对教学需要和学生需求开展读书、演讲和征文评选等活动；在全省85%以上的小学班级建立了“图书角”；积极推动“结对子、种文化”活动，组织省内出版单位分别到德宏州三台山德昂族乡勐丹村爱国小学、迪庆州德钦县第二小学、临沧市临翔区圈内乡炭窑完小等3所小学，捐赠图书2000余册，码洋7万余元。

数字部分

【音像电子出版概况】 2015年，云南省共出版音像出版物199种，电子出版物37种。

【音像电子网络出版行政监管】 2015年，云南省新闻出版广电局认真履行行政监管职能，依法行政、科学管理，加强了对全省音像电子网络出版行政监管工作。一是加强网络出版资质和备案管理机制建设，从上推动网络出版单位加强自我约束机制建设，截至2015年底，云南省有12家互联网出版单位获得了网络出版资质许可，30多家非经营性互联网出版单位进行了备案。二是加强网络出版审读工作，及时发现问题及时解决问题，聘请了7名网络出版审读人员，制定了网络出版审读细则。三是从网络出版监管法律法规政策、资质申报程序、网络出版发展现状等方面，加强对网站负责人的培训。四是开展“网络敲诈和有偿删帖”专项整治工作，行政部门依法要求互联网出版单位开展内部自查自纠，完善其制度建设，并向社会公布举报电话。五是投资80万元对云南省网络出版监管系统升级改造。六是完成了对全省

9 家音像出版单位的年度核验，9 家音像出版单位通过了年度核验。

【音像电子出版物获奖情况】 2015 年，云南省《百个爱国主义教育系列故事》有声读物、《中华大典 · 哲学典》（光盘版）分别获得第五届中华优秀出版物音像、电子出版物提名奖。《56 个民族铸辉煌》（CD-ROM）入选 2015 年向全国青少年推荐百种优秀音像电子出版物。

【音像电子出版】 2015 年，云南省音像电子网络出版认真贯彻落实习总书记考察云南时重要讲话精神及在全国民族工作座谈会上的讲话精神，立足于充分发挥云南边疆和民族的出版资源优势，策划了一批加大对少数民族传统文化抢救、保护及传承、服务于民族地区现代农业建设及科普、推进生态环境保护、维护民族团结、国家稳定和社会和谐为主要内容的民族文化类及民族文字（语言）类音像制品。如：《信仰》（傈僳语、瓦语、独龙语、藏语）《记忆 · 1970》《快乐的农民》（彝族）《撒尼山寨，美丽乡村》《云南民族民间手工刺绣系列—苗族刺绣 彝族刺绣 花腰傣族刺绣 白族刺绣 壮族刺绣》（汉语、白语、苗语、彝语、傣语、壮语版）《梅里天籁》《德宏傈僳族民歌集成—傈僳族三弦舞》《声动云南—云南 25 个世居少数民族音乐传承与保护项目》《健康生活预防艾滋——云南 8 个人口较少民族（布朗族、阿昌族、普米族、怒族、基诺族、德昂族、独龙族、景颇族）民族语、汉语双语宣传片》《云南特色经济作物栽培技术》（橡胶、咖啡、玛咖）等。

【数字出版融合发展】 2015 年，云岭先锋杂志社、云南画报社有限责任公司 2 家期刊社被国家新闻出版广电总局评选为全国“第二批”100 家数字出版转型示范单位。

【开展全民数字阅读】 2015 年，云南新华书店集团有限公司与中文在线合作启动了云南全民数字阅读工程。以云南人民出版社有限责任公司的“云南省职工手机书屋”、云南教育出版社有限责任公司的“云南多民族语言基础教育数字资源聚合与投送服务系统及应用示范”平台、香格里拉藏文网站等少数民族文字数字产品投送平台，开展了相应的主题数字阅读活动，丰富了少数民族阅读形式。香格里拉藏文网站入选全国“2015 年全民数字阅读专题活动”项目。

2015 年度云南省网络出版单位名录

单位名称	许可证号	法人代表
云南人民出版社有限责任公司	电出证字第 01 号	刘大伟
云南教育音像电子出版社有限责任公司	电出证字第 02 号	王超超
云南科技出版社有限责任公司	电出证字第 03 号	杨旭恒
云南网	电出证字第 04 号	柴红彪
迪庆日报社	电出证字第 05 号	钱兴
云南美术出版社有限责任公司	电出证字第 06 号	吉彤
云南大学电子音像出版社有限责任公司	电出证字第 07 号	吴云
玉溪新领航文化传媒有限公司	电出证字第 08 号	杨宇峰
曲靖日报社	电出证字第 09 号	王乔富
德宏团结报	电出证字第 10 号	熊艳
云南漫画派对杂志社	电出证字第 11 号	张军
云岭先锋杂志社	电出证字第 12 号	蔡祥荣

2015 年度云南省音像、电子出版单位名录

单位名称	类别	许可证号	法人代表
云南人民电子音像出版社	音像	（滇）音出证字第 03 号	刘大伟
云南教育音像电子出版社有限责任公司	音像	（滇）音出证字第 04 号	王超超
云南科技出版社有限责任公司	音像	（滇）音出证字第 07 号	杨旭恒
晨光音像电子出版社	音像	（滇）音出证字第 06 号	胡平
云南大学电子音像出版社有限责任公司	音像	（滇）音出证字第 05 号	吴云
云南音像出版社	音像	（滇）音出证字第 01 号	段卫克
云南民族文化音像出版社有限责任公司	音像	（滇）音出证字第 02 号	王昆
德宏民族出版社	音像	（滇）音出证字第 08 号	舒生跃
云南美术出版社有限责任公司	音像	（滇）音出证字第 09 号	吉彤
云南人民电子音像出版社	电子	电出证字第 01 号	刘大伟

云南教育音像电子出版社有限责任公司	电子	电出证字第02号	王超超
云南科技出版社有限责任公司	电子	电出证字第04号	杨旭恒
晨光音像电子出版社	电子	电出证字第05号	胡平
云南大学电子音像出版社有限责任公司	电子	电出证字第03号	吴云
云南美术出版社有限责任公司	电子	电出证字第06号	吉彤

新闻报刊

【报刊概况】 2015年，云南新闻报刊工作认真贯彻落实党的十八大和十八届三中、四中、五中全会精神，认真学习贯彻习近平总书记系列重要讲话和考察云南重要讲话精神，围绕全省中心工作，坚持正确舆论导向，弘扬主旋律，传播正能量，强化监管，深化改革，全省报刊业公共服务、产业发展稳步推进。全省报刊出版工作形成了政治坚定，导向正确，形式规范，健康向上的良好态势。一是重大主题宣传报道特色鲜明。全省报刊深入开展宣传阐释习近平总书记系列重要讲话精神及习近平总书记考察云南重要讲话精神，“党的群众路线教育实践”“三严三实”“忠诚干净担当”专题教育活动，“纪念中国人民抗日战争暨世界反法西斯战争胜利70周年”“生态文明建设”“迎接南博会胜利召开”“全民阅读报刊行”“禁毒防艾”“讲文明树新风公益广告”“实施国家‘一带一路’战略”等一系列重大主题宣传活动。为促进全省社会和谐稳定发展发挥了积极作用。二是舆论引导手段不断加强。充分利用《云南网》《云南日报网》《掌上春城》《云岭先锋网》等网站、微信公众账号等形式扩大主题宣传面，引导舆情方向，强化网上宣传主阵地。聘请报刊审读专家，实行目标任务分工，明确报刊审读范围和重点，发挥报刊重点审读、专项审读、日常审读作用，对2种报纸、8种期刊进行了面对面审读，全年编发刊登报刊审读文章152篇，110余万字。2015年，全省共有报刊190种，其中报纸63种、期刊127种。全年报纸平均期印数177.91万份，平均期发行量176.8万份，年总印张153.32万千印张，年总印数4.66亿份，总收入10.03亿元，实现利润6896.74万元，纳税总额5100.3万元；全省直接从事报纸出版3359人，报业总资产58.23亿元。全年期刊平均期印数178.65万册，平均期发行量175.01万册，年总印张数12.73万千印张，年度总印数2922.38万册，总收入2.13亿元，实现利润2978.34万元，纳税总额1294.07万元。全省直接从事期刊出版1162人，期刊业总资产2.12亿元。

【报刊领域公共文化服务】 2015年，边疆民族地区城镇党报阅报栏工程有序推进，2015年新建成阅报栏484个。开展2015年“悦读改变人生、悦读助我成长”主题读书征文活动，倡导爱读书、勤读书、读好书、多读书。持续开展“讲文明、树新风”公益广告宣传活动，全省报纸共刊登公益广告619个版面，期刊共刊登公益广告182页。省内及中央媒体深入国家级贫困县—大理州巍山县开展“走进巍山”大型采风活动。

【报刊出版业改革】 2015年，省新闻出版广电局稳妥推进非时政类报刊出版单位体制改革，继续推进采编与经营两分开，不断强化阵地意识，壮大市场主体。报刊市场体制机制日益完善，传统纸媒、网站、手机报、数字印刷、商业服务、房地产开发等业态融合发展，报刊业呈多元化经营状态。全省有7家报刊出版单位被列为全国“传统出版转型示范单位”。

【报刊行政监管】 2015年，省新闻出版广电局认真履行行政监管职能，规范报刊出版秩序。一是核验全省190种报刊（报纸63种，期刊127种）。其中变更刊名5种，变更主管主办单位6种，变更文种1种，变更刊期1种，变更出版单位1种，注销报纸《昆明边防学校报》，新增《胞波》报纸（国内目前唯一的缅文报）；二是约谈10家报刊出版单位，对5家报刊出版单位下达《整改通知书》，责成有关单位对存在超越业务范围、出版形式不规范、一号多刊等问题限时整改，制止和纠正报刊出版不良行为，规范报刊出版秩序；三是加强对报刊发行工作的监督检查，从源头上治理报刊摊派发行行为，严格禁止报刊摊派发行；四是针对虚假违法广告屡禁不止等问题，会同工商行政管理部门开展报刊广告监管，对主要都市类报纸媒体的广告进行全面监督检查；五是完成60家中央新闻单位驻滇机构重新登记；六是对违规超越业务范围出版的1家杂志社做出警告、责令改正违规行为；七是完成全省6033份“新闻记者证”的核验和换证工作。

【报刊获奖情况】 《云南日报》《春城晚报》荣获全国“百强报纸”称号，《动物学研究》荣获全国“百强期刊”称号。《普洱》杂志荣获2015年度“中国最美期刊”称号。

2015年度云南省期刊名录

期刊名称	国内统一连续出版物号
云南社会科学	CN53-1001/C
思想战线	CN53-1002/c
云南师范大学学报(哲社版)	CN53-1003/C
社会主义论坛	CN53-1005/D
经济问题探索	CN53-1006/F
云南教育	CN53-1011/G4
民族艺术研究	CN53-1019J
滇池	CN53-1020/G1
大理文化	CN53-1021/GO
版纳（傣文）	CN53-1023/I-D
含笑花	CN53-1024/I
勇罕	CN53-1027/I
文蚌	CN53-1028/I
金沙江文艺	CN53-1029/I
云南画报	CN53-1034/z
时代风采	CN53—1036/C
青年与社会	CN53—1037/
云南地质	CN53-1041/p
云南农业科技	CN53-1042/S
云南农业大学学报	CN53-1044/S
云南大学学报(自然科学版)	CN53-1045/N
云南师范大学学报自然科学版	CN53-1046/N
云南中医学院学报	CN53-1048/R
红外技术	CN53-1053/TN
中国食用菌	CN53-1054/Q
云南医药	CN53-1056/R
云南冶金	CN53-1057TF
云南林业	CN53-1058/s
有色金属设计	CN53-1060/TG
蜜蜂杂志	CN53-1061/ S
地震研究	CN53-1062/P
贵金属	CN53-1063/TG
云南建筑	CN53-1065/TU
奥秘	CN53-1068N
云南年鉴	CN53-1072/Z
云南地理环境研究	CN53-1079/P
云南农业	CN53-1080
边疆文学	CN53-1081/I

续表

期刊名称	国内统一连续出版物号
皮肤病与性病	CN53-1082/R
卫生软科学	CN53-1083/R
云南科技管理	CN53-1085/N
云南化工	CN53-1087/TQ
法制与社会	CN53-1095/D
创造	CN53—1097/D
云南畜牧兽医	CN53-1099/S
中国民族民间医药	CN53-1102/R
科海故事博览	CN53-1103/N
云南档案	CN53-1105-G2
女性大世界	CN53-1107/C
风光	CN53-11070/G0
大家	CN53-1108/I
云南水力发电	CN53-1112/TK
林业建设	CN53-1113/s
吉祥	CN53-1115/G2
云南电力技术	CN53-1117/TMISS
云南中医中药杂志	CN53-1120\R
地矿测绘	CN53-1124/TD
民营科技	CN53-1125/N
云南艺术学院学报	CN53-1132/J
云南社会主义学院学报	CN53-1133/D
云南行政学院学报	CN53—1134/D
昆明冶金高等专科学校学报	CN53-1141/TF
致富天地	CN53-1146/F
车与人	CN53-1147/U
学术探索	CN53-1148/C
课程教材教学研究	CN53-1149/G4
大观周刊	CN53 - 1152/GO
中共云南省委党校学报	CN53—1159/C
昆明理工大学学报（社会科学报）	CN53-1160/C
云南人大	CN53-1162/D
云南电业	CN53—1164/TK
曲靖师范学院学报	CN53-1165\G4
玉溪师范学院学报	CN53-1166/G4
今日民族	CN53-1167/D
农村实用技术	cn53-1171/s
林业调查规划	CN53-1172/S
人与自然	CN53-1173/G
楚雄师范学院学报	CN53-1175/Z
云南大学学报（社科版）	CN53-1176/C
湄公河	CN53-1177/G2
现代物业	CN53-1179
大理学院学报	CN53-1180/Z
热带农业科技	CN53-1181/S
香格里拉	CN53-1182/G
云南师范大学学报对外汉语教学与研究版	cn531183/G4
建材发展导向	CN53-1185/TU
少年科普世界	CN53-1186/N
天文研究与技术	CN53-1189/P
云南警官学院学报	CN53-1190/D
云南民族大学学报(哲社版)	CN53-1191/C

续表

云南民族大学学报（自然科学版）	CN53-1192/N
生态经济	CN53-1193/F
西部林业科学	CN53-1194/S
时代金融	CN53-1195/F
红河学院学报	CN53-1196/C
Ecological Economy	CN53-1197/F
影响力	CN53-1198/F
占芭	CN53-1200/D
普洱	CN53—1201/G2
民族音乐	CN53-1202/J
学园	CN53-1203/C
华夏地理	CN53-1204/K
环境科学导刊	CN53-1205/X
漫画派对	CN53-1206/J
东方风情	CN53-1207/G0
纳税	CN53-1208/F
云南财经大学学报	CN53-1209/F
东南亚南亚研究	CN53-1210/C
昆明学院学报	CN53-1211/G4
旅游研究	CN53-1212/k
西双版纳	CN53-1214/I
保山学院学报	CN53-1215/Z
文山学院学报	CN53-1216/Z
植物分类与资源学报	CN53-1217/Q
西南林业大学学报	CN53-1218/S
高棉	CN53-1219/G
壹读	CN53-1220G0
昆明医科大学学报	CN53-1221/R
昆明理工大学学报（自然科学版）	CN53-1223/N
普洱学院学报	CN53-1224/G4
昭通学院学报	CN53-1225/G4
云南开放大学学报	CN53-1226/G4
印度洋经济体研究	CN53-1227/F
云南省人民政府公报	CN53-1228/D
动物学研究	CN53-1229/Q
金桥时代	CN-531230/F
云岭先锋	CN53-1231/D

2015年度云南省报纸名录

续表

报纸名称	国内统一连续出版物号
云南日报	CN53-0001
昆明日报	CN53-0002
昭通日报	CN53-0003
曲靖日报	CN53-0004
楚雄日报	CN53-0005
红河日报	CN53-0006
文山日报	CN53-0007
普洱日报	CN53-0008
西双版纳报	CN53-0009
西双版纳报（傣文报）	CN53-0009/D
大理日报	CN53-0011
保山日报	CN53-0012
德宏团结报	CN53-0013
德宏团结报（傣文报）	CN53-0013/D
德宏团结报（景颇文报）	CN53-0013/J
德宏团结报（傈僳文报）	CN53-0013/L
德宏团结报（载瓦文报）	CN53-0013/Z
怒江报	CN53-0017
怒江报（傈僳文报）	CN53-0017/L
丽江日报	CN53-0019
云南经济日报	CN53-0025
云南信息报	CN53-0026
蜜蜂报	CN53-0027
春城晚报	CN53-0030
环球游报	CN53-0031
云南广播电视报	CN53-0032
文摘周刊	CN53-0034
云南老年报	CN53-0035
临沧日报	CN53-0039
玉溪日报	CN53-0040
迪庆日报	CN53-0042
迪庆日报（藏文报）	CN53-0042/Z
云南政协报	CN53-0043
学生新报	CN53-0044
都市时报	CN53-0045
生活新报	CN53-0046
民族时报	CN53-0047
精品消费报	CN53-0050
云南法制报	CN53-0053
云南电力报	CN53-0055
云南加油报	CN53-0056
滇中新区报	CN53-0057
胞波（缅文报）	CN53-0058
云南大学报	CN53-0801/G
云南师范大学报	CN53-0802/G
昆明理工大学报	CN53-0803/G
云南艺术学院报	CN53-0805/G
西南林业大学报	CN53-0806/G
云南民族大学报	CN53-0807/G
云南农业大学报	CN53-0809/G
云南财经大学报	CN53-0810/G
云南开放大学报	CN53-0811/G
云南警官学院报	CN53-0812/G
昆明学院报	CN53-0813/G
玉溪师范学院报	CN53-0814/G
保山学院报	CN53-0815/G
楚雄师范学院报	CN53-0816/G
红河学院报	CN53-0817/G
云南中医学院报	CN53-0818/G
文山学院报	CN53-0819/G
大理学院报	CN53-0820/G
曲靖师院报	CN53-0823/G
昆明医科大学报	CN53-0824/G

版权部分

【版权宣传工作】 2015年，全省版权宣传工作成效显著。首先，参加了由云南省知识产权局和云南省新闻办公室共同举办的2015年云南省知识产权保护状况新闻发布会暨宣传周活动启动仪式，并发布了云南省版权保护、软件正版化工作所取得的成果。其次，省版权局联合昆明市版权局开展了系列版权宣传活动：一是举办了2015年云南省版权知识演讲大赛，共有19支参赛队伍的38个参赛作品进入了决赛，最终评出版权知识演讲比赛特等奖1名、一等奖3名、二等奖10名、三等奖16名以及优秀组织奖和组织奖各10名。二是开展新闻媒体宣传活动。分别在《云南日报》《昆明信息港》《云南电视台七彩公交频道》等主流媒体开辟专栏，连续宣传软件正版化暨版权相关知识。三是4月24日在昆明市南屏步行街广场开展“4·26”广场宣传活动和“拒绝盗版 从我做起”万人签名活动，现场对2015年云南省版权知识演讲大赛的获奖选手进行颁奖，并选择部分获奖选手的作品进行了表演，活动现场共发放各类版权宣传品2万余份，活动吸引了大批市民参加，取得较好的宣传效果。

【软件正版化工作】 一是认真草拟《2015年云南省软件正版化工作实施方案》，在征求云南省推进使用正版软件工作联席会议14个成员单位意见后报国家推进使用正版软件工作部际联席会议办公室（国家版权局），并逐步建立全省州市县政府机关软件正版化工作责任部门责任人数据库。二是进一步建立健全正版化长效机制，编印了《云南软件正版化工作文件汇编》发送到全省各级政府机关，为做好软件正版化工作提供指导和参考。三是积极做好软件正版化重点项目的督查工作，对16个州市落实《云南省人民政府办公厅关于政府机关使用正版软件的实施意见》等文件精神的情况进行督查，查阅相关台账，对督查中发现的问题要求州市积极整改。四是为推进各部门完善软件正版化工作制度，进一步规范软件使用管理，切实巩固软件正版化工作成果，举办了2015年云南省省级政府机关软件正版化工作培训班，来自全省45家省级政府机关的70多人参加了培训。同时，举办了云南省州市县软件正版化培训班，来自全省16个州市相关部门负责人及129个县（市、区）文体广电旅游（新闻出版）局相关负责人共230多人参加了培训。

【版权执法监管工作】 一是认真总结2014年打击侵权假冒工作，形成《云南省新闻出版广电局关于2015年打击侵权假冒绩效考核工作分项报告》《云南省新闻出版广电局关于2015年打击侵权假冒工作总结》报送省商务厅，并认真做好国家督查组对云南相关工作检查的台账整理准备工作。二是根据国家版权局《关于推荐查处侵权盗版案件有功单位及有功个人的通知》要求，认真开展筛选推荐工作，经过国家版权局评定，云南省共获有功单位一等奖一个，有功单位三等奖一个，有功个人二等奖一个，有功个人三等奖一个，其中“3·28”销售盗版《新华字典》案被评为2014年度打击侵权盗版十大案件。其中，版权处获得有功单位三等奖，版权处相关人员获得有功个人二等奖。三是加强版权执法培训。积极组织全省基层版权执法人员分别参加国家版权局的三期版权执法培训。同时，举办了2015年云南省边境版权执法管理培训班，来自全省16个州市新闻出版局以及25个边境县市版权执法人员共计160余人参加了本次培训。四是认真开展为期半年的“剑网2015”专项行动，并于10月12日至13日举办了“剑网2015”专项行动培训班。来自云南网、云南省信息港、云南广电网络集团有限公司等省内相关大型网站的40余名代表参加了培训。五是加大版权执法力度，据不完全统计，全省共查处侵权盗版案件26起，收缴侵权盗版物品53906件。

【版权公共服务】 2015年，全省共登记作品302件，完成图书引进合同的备案登记109件，避免了图书版权贸易中的纠纷。开展企业软件正版化信息统计工作，目前共备案19份。受云南省出版物鉴定委员会的委托，积极做好侵权盗版出版物鉴定工作，全年共对35件抽样鉴定物做出鉴定。

对外交流与合作部分

贯彻落实国家“一带一路”战略，推动“丝路书香工程”“丝绸之路影视桥工程” 积极参与“一带一路”建设，推动“丝路书香工程”“丝绸之路影视桥工程”，扩大文化对周边国家的辐射力和影响力。根据国家和省《关于编制“一带一路”人文交流实施方案和行动计划》的相关要求，编制了云南省新闻出版业“一带一路”人文交流实施方案。同时，积极推动“丝路书香工程”“丝绸之路影视桥工程”，于2015年1月召开“丝路书香工程”动员大会，2015年3月，组织专家进行“丝绸之路影视桥工程”2015年度申报项目评审，鼓励指导企业积极申报“丝路书香工程”和“丝绸之路影视桥工程”。

云南召开贯彻落实“丝路书香”工程工作会议

云南大学出版社与印度国际大学中国学院在第三届中国—南亚博览会上完成合作出版项目签约仪式 在2015年6月12日至6月15日召开的第三届中国——南亚博览会暨第23届中国昆明进出口商品交易会上，云南大学出版社与印度国际大学中国学院完成合作出版《印度青年眼中的中国》《中国青年眼中的印度》系列丛书签约仪式，该系列丛书被纳入国家新闻出版广电总局“丝路书香工程”重点翻译资助项目并获得资助20万元。

新知首家跨洲华文书局在南非开业

新知首家跨洲华文书局在南非开业 约翰内斯堡当地时间7月18日上午11时，新知集团南非约翰内斯堡华文书局正式开业。这是新知集团在海外开设的第8个国际连锁华文书局，也是该集团第一个跨大洲实施国际连锁的华文书局。作为2015南非中国年系列活动之一，新知集团南非约翰内斯堡华文书局的开业在当地引起广泛重视。中国驻南非大使馆文化参赞郑文、中国驻约翰内斯堡总领事馆副领事孙燕菁、南非约翰内斯堡市政厅官员以及华人华侨代表等数十人出席了开业典礼。

成功举办中国书展暨中缅互译出版论坛 2015年8月22日至8月24日，省新闻出版广电局在缅甸曼德勒举办中国书展暨中缅互译出版论坛。来自中缅的15家出版、发行单位共16个展位，2000余种1.70万多册图书、音像制品参展；开幕式当天读者超过9000余人次，书展期间图书销售达15万元码洋；云南大学出版社与缅甸《金凤凰》报社签署了合作谅解备忘录，德宏民族出版社与缅甸联邦共和国曼德勒市Sandagueain出版社签署了《合作出版框架协议》；云南人民出版社与新知缅甸华文书局签订了《汉缅大词典》发行协议；云南民族音像出版社与缅甸《金凤凰》报社达成音像制品《云南民族民间手工刺绣系列》的网站视频内容合作；云南大学出版社与缅甸合作机构即将启动中缅文化常识读本的互译工程。

成功举办中国书展暨中缅互译出版论坛

实现印刷业实体“走出去”零的突破 云南出版集团下属云南省印刷物资公司与缅甸KY Company Limited合资创建东南亚云南出版产业中心（彩云之南缅甸印务有限公司），承接缅甸国家教材教辅印制任务。2015年8月，国家新闻出版总局规划发展司及省局相关单位到缅甸仰光考察调研了“东南亚云南出版产业中心”项目，目前运作情况良好，并已试行承印缅甸宣传部交付印刷的教材印制任务达36.99万元，该项目是云南省率先走出去的首家出版物印刷企业，实现了云南省印刷业实体“走出去”零的突破。

新知集团华文书局落户印尼雅加达，云南实现“十二五”期间建设10个华文书局目标 2015年12月20日，新知集团印度尼西亚雅加达华文书局隆重开业。自 2011 年，云南已分别在柬埔寨、老挝、马来西亚、斯里兰卡、缅甸、泰国、尼泊尔、南非、印度尼西亚共建立了 9 个华文书局，在新加坡设立了中国云南文化贸易中心。至此，云南实现“十二五”期间建设 10 个华文书局目标。

新知集团华文书局落户印尼雅加达

积极推动版权贸易和实物出口 2015，云南省共引进版权 92 种，输出版权 7 种；自 2010 年至 2015 年，共计引进版权 582 种，输出版权 92 种。全年实物出口图书 56.86 万册，音像制品 1.97 万种，共计码洋 872.78 万元。

序号	播出机构	广播频率数（具体名称）	全年播出时间（小时）	日均播音时间（小时）	播出自制节目时间（小时）	电视频道数（具体名称）	全年播出时间（小时）	日均播音时间（小时）	播出自制节目时间（小时）
1	云南广播电视台	9套（新闻广播、经济广播、香格里拉之声、教育广播、音乐广播、交通之声、民族广播、少儿广播、农村广播）	58122	159.24	50485	8套（综合频道、都市频道、娱乐频道、生活资讯频道、影视频道、公共频道、少儿频道、国际频道）	76000（播出统计数含七彩机场频道、七彩公交频道）	208.22	11733
2	昆明广播电视台	4套（综合广播、文艺旅游广播、城市管理广播、老年广播）	35040	96	25154	6套（新闻综合频道、经济生活频道、科学教育频道、文体娱乐频道、影视综艺频道、公共频道）	52560	144	10457
3	曲靖广播电视台	2套（综合广播、交通旅游）	14923	40.89	10303	3套（新闻综合频道、公共频道、科教频道）	12165	33.33	1722
4	玉溪广播电视台	1套（新闻综合广播）	5886	16.15	4022	2套（新闻综合频道、公共频道）	12720	34.85	833
5	保山广播电视台	1套（综合广播）	7228	19.80	866	3套（新闻综合频道、公共频道、科教频道）	11841	32.45	1666
6	昭通广播电视台	2套（新闻综合广播、交通旅游广播）	11835	32.42	8184	3套（新闻综合频道、公共频道、科教频道）	17592	48.20	2499
7	丽江广播电视台	1套（新闻综合广播）	7251	19.87	4544	2套（新闻综合频道、公共频道）	10310	28.25	2269
8	普洱广播电视台	2套（综合广播、交通广播）	12556	34.4	9611	3套（新闻综合频道、公共频道、科教频道）	14587	39.96	1139
9	临沧广播电视台	1套（综合广播）	6987	19.14	5411	2套（新闻综合频道、科教频道）	11863	32.50	3293
10	楚雄广播电视台	2套（综合广播、音乐广播）	12901	35.35	10308	2套（新闻信息频道、公共频道）	17520	48	920
11	红河广播电视台	2套（综合广播、交通广播）	14417	39.50	6791	2套（新闻综合频道、公共频道）	14765	40.45	956
12	文山广播电视台	2套（综合广播、民语广播）	8000	21.92	4128	2套（新闻综合频道、公共频道）	9520	26.08	1551
13	西双版纳广播电视台	2套（综合广播、民语广播：汉语、傣语、哈尼语）	13140	36	3730	2套（新闻综合频道、公共频道）	11825	32.40	1023

序号	播出机构	广播频率数（具体名称）	全年播出时间（小时）	日均播音时间（小时）	播出自制节目时间（小时）	电视频道数（具体名称）	全年播出时间（小时）	日均播音时间（小时）	播出自制节目时间（小时）
14	大理广播电视台	1套（综合广播）	6387	17.50	2943	3套（新闻综合频道、公共频道、旅游频道）	11973	32.80	2945
15	德宏广播电视台	2套（综合广播、综合广播：民族语）	10889	29.83	5158	2套（新闻综合频道、公共频道）	12600	34.52	2815
16	怒江广播电视台	1套（综合广播）	6547	17.94	1363	1套（新闻综合频道）	6708	18.38	479
17	迪庆广播电视台	1套（综合广播）	6160	16.88	3185	2套（新闻综合频道、藏语频道：康巴藏语）	12961	35.51	3572
合计	共17座	36套				48套			

（李贵春）

广播电视

【概 况】 2015年，全省共有广播电视台136座，其中地级以上17座，县级广播电视台119座。州市以上（含州市）广播电视台分别办有广播节目36套、电视节目48套。全省共有中短波转播发射台61座，调频转播发射台、电视转播发射台共389座。全省广播人口综合覆盖率96.70%，电视综合人口覆盖率97.68%，分别比上年增加0.22 %、0.20%。全省有线广播电视传输网络干线总长10.36万公里，有线电视实际用户442.40万户，其中数字电视用户427.21万户，付费数字电视用户229.25万户，双向电视用户24.64万户，广播电视网络互联网用户38.51万户。云南广播电视台广播有新闻广播、民族广播、经济广播、音乐之声、教育广播、交通之声、香格里拉之声、少儿广播、农村广播共9套节目，全年播音5.81万小时（自制节目5.04万小时），日均播音159.2小时。昆明广播电视台广播有阳光频率、都市调频、汽车广播、幸福频道4套节目，全年播音3.50万小时（自制节目2.51万小时），日均播音96小时。除汉语节目外，全省各级电台开办了藏语、西双版纳傣语、德宏傣语、拉祜语、景颇语、景颇族载瓦语、傈僳语、苗语、壮语、瑶语、哈尼语、彝语、佤语等13种少数民族语言节目及越南语节目。全省各级电台全年播音30.59万小时（自制节目21.86万小时），日均播音838.14小时。云南广播电视台电视有国际、卫视、都市、娱乐、生活资讯、影视、公共、少儿共8套节目，全年播出7.60万小时，自制节目1.17万小时，日均播出208小时（包括七彩机场频道、七彩公交频道）。其中，云南卫视每日24小时播出。昆明广播电视台电视有新闻综合、经济生活、科学教育、文体娱乐、影视综艺、公共6套节目，全年播出5.25万小时（自制节目1.04万小时），日均播出144小时。全省各级电视台全年播出81.17万小时（自制节目26.04万小时），日均播出2224小时。2015年底，全省广电系统共有从业人员1.84万人，其中管理人员2892人，专业技术人员1.06万人。全省广电系统行政事业单位总收入30.99亿元，企业单位总收入25.41亿元。广告总收入10.82亿元，其中广播广告收入1.8亿元，电视广告收入8.98亿元。网络总收入18.85亿元（包含有线广播电视收视费收入、付费数字电视收入、三网融合业务收入）。

【宣传工作】 全省各级广电媒体全面准确宣传阐释习近平总书记系列重要讲话和在云南考察时提出的新定位、新要求、新使命。习近平总书记在云南考察期间，云南广播电视台利用消息、专题、纪录片等形式，多角度、全方位开展深度报道，制作播出3集专题片《总书记和我们在一起》在各频道播出。全省各级广电媒体广泛开展中国梦、社会主义核心价值观、“三严三实”和“忠诚干净担当”专题教育、纪念抗日战争胜利70周年等重大主题宣传活动。在纪念抗日战争胜利70周年宣传报道中，云南广播电视台《云南新闻联播》播出40集大型栏目《烽火云南》，反响强烈。新闻频率制作播出10集广播系列专题片《云南抗战往事》。交通频率策划推出的“穿越滇缅路，激扬爱国情”全媒体主题采访活动，历时10天，行程3200多公里，通过广播、电视、网络广播电视台、报纸等联合集中宣传报道。全省各级广电媒体积极做好“十二五”成就宣传报道，“沧源县5.5级地震、昌宁县5.1级地震”等突发事件的宣传报道等。

云南广播电视台全媒体新闻中心派出强大阵容采访全国两会

【公共服务体系建设】 完成全省“十二五”村村通直播卫星覆盖工程建设省级考核验收。启动全省广播电视直播卫星户户通后续建设，建设目标任务为51.17万套。启动中央广播电视节目无线数字化覆盖工程，全省涉及560座无线发射台站。全面实施高山无线发射台站基础设施建设，75座高山无线台站，进入施工阶段。完成昆明、玉溪、文山等7个州市户户通小规模置换试点任务，共计完成7.56万套。充分利用国家“先补后建”、“先建后补”资金补贴和省级财政补助，支持城市影院建设。

2015年初，云南省129个县市区中还有72个县没有数字影院，截至10月底，72个县中已有10个县建成数字影院并营业，51个县的影院进入竣工阶段，11个县的影院建设方案通过当地政府批复即将动工。全省城市影院总数达205家，银幕700余块，座位8.7万余个，票房收入6.64亿元，同比增长52%，票房收入位居全国22位。全年累计放映农村公益电影16.08万场，译制少数民族语电影362部。

1月25~27日，国家新闻出版广电总局童刚副局长一行4人到云南考察调研电影创作生产和县级影院建设情况

【文化体制改革】 云南省新闻出版广电局配合省委宣传部，妥善办结云南广播电视台管理关系调整，云南广播电视台划转省委宣传部管理。稳步推进原省新闻出版局、原省广电局职责整合和机构合并。完成中央新闻单位驻滇机构和外省及省内媒体驻地方机构清理整顿，经国家新闻出版广电总局审核批复，同意云南省保留中央新闻单位驻滇机构50家，撤销32家，合并3家，整改10家。

12月24日上午，云南省新闻出版广电局正式挂牌。省新闻出版广电局是在原省新闻出版局和省广播电视局完成职能调整及机构整合任务基础上重新整合组建成立的云南省人民政府直属机构，加挂云南省版权局牌子

【评优创优】 完成2014年度广播电视奖评选工作，评出获奖作品425件。推荐广播电视作品参与中国广播影视大奖·广播电视节目奖（第23届“星光奖”）的评选，孟连广播电视台《对峙7小时 人质被解救》获电视消息类大奖。云南广播电视台电视系列报道《“时代楷模”高德荣》和广播系列报道《和谐郑家庄》分别获得第二十五届中国新闻奖二、三等奖。广播节目《小豆丁的大生活》荣获国家新闻出版广电总局优秀广播节目二等奖。

5月12~14日，省新闻出版广电局召开2014年度云南广播电视奖新闻奖复评会，分别对来自全省广电系统报送的广播电视消息、新闻专题、现场直播等8个类别节目的220余件作品进行评选

【云南广播电视台民族语广播】

民语广播 云南人民广播电台民族广播办有德宏傣语、西双版纳傣语、傈僳语、景颇语、拉祜语5种少数民族语言广播和汉语普通话节目。每天分早中晚播出3次，每次240分钟，全天播出时间为720分钟，使用短波7210千赫传播，节目主要覆盖云南省内边疆少数民族地方及缅甸、老挝、泰国、越南等周边国家，覆盖人数550多万人。

2015年，民族广播重点宣传学习贯彻落实习近平总书记视察云南的重要讲话精神、学习贯彻十八届五中全会精神、宣传全省各地举行的中国人民抗日战争暨世界反法西斯战争胜利70周年纪念活动、少数民族和民族地区的扶贫工作等。全年采写、编辑、翻译、制作、播出新闻节目243组、1.60万多条次；全年播出自制广播节目时间3408小时，其中播出新闻资讯类节目时间1004小时，专题服务类节目时间1360小时30分钟，播出民族文艺节目时间1055小时。

2015年，民族广播喜迎民族广播开播60

周年之际，组织开展了全省少数民族语言广播电视联合采访组赴德宏州采访“五用”（用民族干部宣传、用民族语言讲解、用民族文字阐释、用民族节庆展示、用民族文化体现党的创新理念）宣讲经验活动，来自中央和全省各州市县12个少数民族、14种少数民族语言的近40名广播电视记者参加。

党的十八届五中全会召开后，民族广播5个语种采编播人员用5种少数民族语言文字翻译了《中国共产党第十八届中央委员会第五次全体会议公报》，并分期在5种民语专题节目中播出，同时，同步上传到云南广播网的民族广播网页。

（赵学瑛）

气象工作

【气象防灾减灾】 建立了省级国家突发事件预警信息发布系统业务运行与管理相关规范与制度，省气象局与省民政、国土、环保、林业、农业、交通、通信管理局等七个防灾减灾部门建立了信息共享、交换或发布机制。截至2015年底，全省有122个县成立了县级气象灾害防御指挥部或县级气象灾害防御领导小组；50个县气象局将农村气象灾害防御工作运行维持经费纳入公共财政预算；60个县出台加强农村气象灾害防御的专门文件；58个县将气象工作纳入对地方政府的绩效考核，全省100%的州（市）出台了气象灾害应急预案，128个县级出台了气象灾害应急预案；58个县出台县级气象灾害防御规划。全省建设气象信息服务站754个，覆盖了55%的乡镇；建立19448人的气象信息员队伍，覆盖了所有行政村；建设气象综合服务电子显示屏1.8万余块，覆盖所有乡镇。与国土、民政等部门共建信息员4.5万人。

【气象现代化建设】 研发“云南省天气预报业务信息系统”“云南省城镇天气预报制作、订正、检验一体化业务平台”“云南省气候数据分析系统”并投入业务应用；启动“云南省短临预报预警业务体系建设”，规范短时临近预报、强对流天气短时临近预报质量检验、预警信息发布管理和新一代天气雷达监测联防等业务流程。开展基于集约化数据环境下的省市县三级预报实时共享及指导、订正流程试验。

新建临沧、曲靖2部新一代天气雷达，完成省大气探测技术保障中心移动风廓线雷达建设，完成剑川、洱源2部局地警戒雷达建设。全省125个国家级台站全部建成新型自动站，新增能见度等气象观测要素。完成云南省烤烟、咖啡、天然橡胶、茶叶、甘蔗等特色农业气象观测网规划，完成宁洱、景洪、云县、沾益、元谋、瑞丽6个高原特色农业气象观测示范站的建设。全省14个州（市）气象局配备了地市级移动计量校准系统。

建成全省广域网络移动、电信两家运营商两条互为备份的通讯传输链路，资料传输和全省信息共享能力得到提升。新建州（市）县级的高清视频会商系统，实现了省、州（市）、县三级气象部门高清视频会商系统全覆盖和互联互通。完成64个国家级台站北斗应急通信站建设，极大地增强了基础观测业务应对重大灾害的应急通信能力。在大理祥云建成风云三号02批气象卫星地面应用系统云南省级直收站，实现了多源卫星资料的接收。

【气象服务】 2015年，省气象局共发布大风、大雾、道路结冰、霜冻、雷电、暴雨、高温及寒潮等八种预警信号共计107次，全省气象部门累计向公众发送预警信息1.34亿人次。省气象服务中心开通12379腾讯官方微博、微信，统一命名为“云南预警发布”；推出“云南气象”微信公众号。各级气象部门通过手机短信、广播、电视、报纸、网站、微博、微信、手机APP、电子显示屏、农村大喇叭、声讯电话、热线电话、专报、邮件、传真等15种渠道开展公共气象服务。2015年云南省公共气象服务满意度评分86.5分，为2011年来最高年份。

针对初夏干旱、雨季开始期、厄尔尼诺事件、山洪地质灾害防御、低温阴雨寡照等天气气候事件，制作发布服务材料142份，上报《重要气象信息专报》11期，获省委、省政府领导批示19次。受省政府委托，由云南省气象局牵头，组织11个省级部门和单位就厄尔尼诺事件对云南影响进行专题会商，共同分析研判未来天气气候对各行业影响及应对措施，会后形成《云南省气象局关于厄尔尼诺事件影响分析及应对措施建议的报告》报省委省政府。12月22日，云南省人民政府组织13个省级部门召开厄尔尼诺事件影响应对工作会议，研究采取有力措施，积极应对厄尔尼诺事件可能对云南省造成的影响。

农业气象服务全面融入农业生产社会化服务体系，截至2015年底各级气象部门开展面向新型农业经营主体“直通式”服务的数量为6529个。省~州（市）~县三级建立了气象为农服务专家联盟41个，专家634人，切实发挥联盟的指导作用，提高气象信息服务的针对性和实用性。全省各州、市共有农业气象试点田(或示范田)56个，高原特色农业气象服务中心及分中心开展了烤烟、橡胶、甘蔗、咖啡产量预报。

【人工影响天气】 2015年，我省完成36个规范化固定作业点建设，完成2个州市、13个县的人影作业指挥平台建设。根据我省抗旱和蓄水实际需求，分两个时段(3~6月和9~11月)，租用2架飞机实施增雨作业88架次，飞行308小时，航程5.34万公里，受益国土面积17万平方公里；全省16个州(市)1049个地面增雨作业点，累计实施地面人工增雨作业2451点次，作业影响区面积5.32万平方公里。空地结合进行人工增雨作业累计增加降水24.35~32.47亿方，其中增加库塘蓄水4.5亿方，受益农田面积约4484万亩，森林受益面积1.54亿亩，开展森林防火作业27次。全省890个防雹作业点累计实施防雹作业4597次，保护以烤烟为主的农作物1515万亩(其中保护烤烟416万亩)。防区内烤烟受灾2%，防区外受灾10%以上，人工防雹减灾效益突出。

【气象科研】 2015年，省气象局有10项省部级以上科研项目获得立项支持，其中国家自然科学基金资助3项。省气象局组织实施18项科研课题研究。2项科研成果获得云南省科学技术奖，其中《未来10至30天云南省灾害性天气预报应用技术研究及示范》获科学技术进步奖二等奖，《热带海洋温度变化的相互联系及其气候效应》获自然科学奖三等奖。2015年，全省气象科技人员发表科技论文118篇，其中SCI（SCIE）、EI收录3篇，核心期刊38篇。获软件著作权登记3项。

【气象依法行政】 《云南省气象设施与气象探测环境保护办法》列入省政府2015年立法研究项目；《昆明市人工影响天气管理办法》于4月1日正式施行。全省12个州（市）气象局聘请了法律顾问。

成立了“云南省气象局行政审批办公室”，行政审批事项按时办结率保持100%。在2015年云南省投资项目审批服务中心争创红旗、标兵审批窗口评比活动中，省气象窗口获得“标兵窗口”荣誉称号。编制《云南省气象局权力清单和责任清单》并向社会公布。与省安全监督管理局联合开展烟花爆竹企业防雷、防静电设施安全专项检查。建立了全省防雷监管对象名录库、施放气球监管对象名录库和气象执法检查人员名录库。

《农村民居防雷技术规范》《人工影响天气固定作业点建设》等5项地方标准发布实施。《农业气象观测规范烟草》《烤烟气象灾害等级》2项行标通过了全国农气标委会组织的技术审查。

【气候评价】

气温 2015年，全省年平均气温17.5℃，较常年偏高0.8℃，为1961年有气象记录以来仅次于2010年（17.6℃）的第二高年份。全省各站点年平均气温6.8 ~ 24.9℃，与常年平均相比，除腾冲、瑞丽、西盟、勐海、宁洱5站气温偏低0.1 ~ 0.4℃、宾川、丽江、富民等46站偏高1.0 ~ 1.6℃外，其余偏高0 ~ 0.9℃。盐津、剑川、龙陵、河口等25站平或突破年平均气温的历史最高纪录。

降水 2015年，全省平均年降水量1107.0毫米，较常年偏多20.8毫米（1.9%），比2014年偏多124.6毫米（12.3%），为2009年以来降水最多的一年。全省年降水量分布为421.6 ~ 2202.2毫米，降水量最多区域位于昭通、滇西边缘、滇东南到滇西南边缘一带的69站，在1000毫米以上，其中绿春、西盟、江城、金平4个县降水超过2000毫米，最多的是金平，为2202.2毫米；最少区域分布于滇西北的部分地区，为421.6 ~ 600毫米，最少的是香格里拉，只有421.6毫米。与常年相比，中西部地区有33站偏少10% ~ 35.2%，其中香格里拉(35.2%)和德钦（32.0%）偏少幅度最大；滇西南南部和中东部地区有47站为偏多10.6% ~ 48.3%，其中偏多幅度最大的是宜良（48.3%）、富宁（41.7%）、曲靖（30.3%）3站；其余站点为正常。2015年，宜良年降水总量(1275.5毫米)突破历史极大值，香格里拉年降水总量（421.6毫米）突破历史极小值。

日照 全省年平均日照时数2109.9小时，较常年偏多89.3小时（4.4%），比2014年偏少137.6小时（6.1%）。区域分布最多和次多区位于滇西北的鹤庆和滇中的新平一带，最少和次少区位于滇东北的盐津和滇西北的贡山一带。其中盐津、绥江、威信、彝良、永善、大关、镇雄、贡山、福贡9个站小于1500小时，其他各站均高于1500小时。全省年日照时数最少的是盐津，为798.6小时，最多的是鹤庆，为2851.8小时。与常年相比，除保山市北部、昭通市北部、怒江州北部等地偏少外，其余大部地区正常至偏多，其中大理州北部、文山州南部等地偏多逾2成。

【主要天气气候事件】

罕见冬季大暴雨（雪） 云南省2014年12月至2015年2月冬季，全省平均降水量（105.8毫米）打破1961年有气象记录以来的历史最多纪录。2015年1月9日全省出现了范围最广、强度最强的全省性冬季大暴雨天气，有43站出现了25～50毫米的大雨、29站出现了50～100毫米的暴雨，7站出现了大于100毫米的大暴雨天气，历史罕见。最大降水为西盟站，24小时降水137.3毫米，昆明站24小时降水66.1毫米。这次过程创造了1月及1~4月云南大暴雨站次最多的新纪录。

年平均降水量偏多 2015年，云南平均降水量为1107毫米，较常年偏多20.8毫米，是2009年云南持续干旱后近7年来降水最多的一年，特别是滇中以东以南的大部分地区明显多于平均值。昆明站年降水量1171.8毫米，较常年偏多192.5毫米（19.7%），是2000年以来最多的一年。年平均气温显著偏高。2015年，全省年平均气温17.5℃，较常年偏高0.8℃，与2014年持平，同为1961年有气象记录以来的第2高年份，有25站年平均气温平或突破历史同期最高纪录。月平均气温除7月、8月偏低0.2℃外，其余月份均为偏高，其中3月、6月创1961年以来极大值，5月平历史极大值。

春季异常高温突出 春季（3~5月）全省平均气温19.3℃，较常年偏高1.4℃，为1961年以来仅次于2014年的第2高年份。香格里拉、丽江、麻栗坡等15站平均气温破1961年以来的最高纪录。

初夏降水异常偏少，气温异常偏高，均破历史纪录 2015年5~7月，全省平均降水量仅372.6毫米，较常年偏少131.8毫米（-26.1%），打破了历史同期最少记录；同时，全省平均气温（22.5℃）异常偏高，较常年偏高1.1℃，创造了有气象记录以来同期平均气温的历史最高纪录。5~7月全省有25个站破同期降水最少记录，36站破历史同期平均气温最高纪录。

雨季开始偏晚，单点强降水天气突出 雨季开始期大部站点为偏晚至特晚，全省进入雨季的平均日期为6月12日，为近10年最晚。2015年全省共出现暴雨282站次，比常年同期偏多44站次，列1961年以来第5位；出现大暴雨26站次，比常年同期多11站次，列1961年以来第2位。其中雨季（5~10月）全省共出现大雨966站次、暴雨241站次、大暴雨19站次，与历年同期相比，大雨偏少2站次，暴雨偏多20站次，大暴雨偏多4站次。

严重夏季低温阴雨寡照天气 7月下旬~8月，全省大部地区出现了长时间的低温阴雨寡照天气，全省平均气温较常年偏低0.4℃，偏低明显的地区主要分布在滇东北北部和滇中北部，较常年偏低1℃左右。全省平均降水量（335.1毫米）较常年偏多61.4毫米（22.4%），平均雨日偏多3天。全省平均日照时数为130.3小时，较常年偏少55.2小时，为仅次于1993年（112.9小时）的第2偏少年。全省平均寡照日数（日照不足3小时）为24天，较常年偏多7天，为1961年以来寡照日数第2多年。

雨季持续时间短，雨季结束偏早 2015年，全省雨季（5~10月）持续时间（125天）较常年偏少21天；雨季平均雨日90.5天，较常年偏少14天，为历史第2少年。全省大部地区的雨季在10月上旬前后结束，为正常至偏早。

【主要气象灾害】

低温雨雪冰冻灾害 冬季强寒潮造成的雪灾、霜冻灾害突出。1月上旬、12月中旬的两次寒潮过程降温幅度大，并伴有雨雪天气，滇中及以北以东地区的怒江、迪庆、昭通、曲靖、昆明、玉溪、楚雄、丽江、大理、保山、临沧、红河、文山等13个州市65个县市发生低温冷害、雪灾、霜冻等灾害，文山、大理、楚雄、红河、玉溪等州市的灾害损失较重。

灾害共造成204.0万人受灾，农作物受灾面积169700公顷、绝收8.0千公顷，房屋倒塌131间、损坏2212间，直接经济损失20.1亿元，其中农业经济损失18.3亿元。由于灾害持续时间短，灾害损失在近10年中属偏轻的年份。

旱灾 2015年全省春旱偏轻，但滇中西部及滇西地区初夏干旱明显，灾情重。5月1日至7月8日，全省平均降水量较历年同期偏少38%，为1961年以来的同期次少年，特别是大理、迪庆、丽江、怒江、楚雄西部、保山东部、玉溪西部偏少3～9成。同时，全省平均气温为1961年以来同期最高年。高温少雨天气引发区域性严重干旱，局部地区的干旱持续到7月下旬。

干旱造成大理、丽江、玉溪、楚雄、保山、怒江、迪庆、昭通、昆明等9个州市46个县区市522.6万人受灾，125.1万人、100万头大牲畜饮水困难；农作物受灾面积514900公顷，绝收面积47900公顷。直接经济损失23.7亿元。由于初夏干旱影响范围有限，在近7年中损失属次轻的年份。

森林火灾 全省发生森林火灾130起，森林受害面积805.7公顷，与2014年同比分别下降64%和81%。2～5月为森林火灾高发期，其中3月份森林火灾呈现爆发态势。年内灾害主要集中在大理、怒江、文山、西双版纳、德宏、丽江等州市。

大风、冰雹、雷电 大风、冰雹灾害发生时间早、影响范围广。1～10月，全省发生局地冰雹、大风灾害160次，冰雹灾害次数（118次）多于大风灾害次数（42次）。3～8月是全省冰雹灾害的高发期，4月大风灾害次数较多。1月8～11日，滇西南地区发生冰雹、大风灾害，3～4月，保山、德宏、大理、丽江、楚雄、昭通、昆明、曲靖、玉溪、红河、普洱、西双版纳等州市发生冰雹、大风灾害，5～10月，冰雹、大风灾害主要发生在大理、丽江、楚雄、昭通、曲靖、玉溪、红河等州市。

雷电灾害初发期偏晚，造成的灾害偏轻，人员伤亡少于近10年同期平均值。3～10月，西双版纳州、普洱市、文山州、昭通市、丽江市、楚雄州发生雷电灾害并造成9人死亡，其中5月14日，江城县勐烈镇牛洛河茶厂五队发生雷电灾害，造成2名茶农死亡。

大风、冰雹和雷电灾害造成145.3万人受灾，11人死亡（其中雷电灾害9人，大风冰雹2人）；房屋受损19.0万间，倒塌0.02万间；农作物受灾面积112.0千公顷，绝收面积13.8千公顷。直接经济损失16.8亿元，其中农业经济损失12.9亿元。灾害造成的经济损失略低于近10年来的平均值。

暴雨洪涝 洪涝灾害偏重发生，主要表现在冬季暴雨洪涝灾害突出和7月下旬至10月上旬局地洪涝灾害偏重。年内强降水过程多，大雨、暴雨频繁，全省大雨、暴雨站次分别为1152、280站次，较历史同期大雨、暴雨分别偏多94、52站次。全省共发生洪涝灾害296次，其中1月上旬末出现极端暴雨天气过程，引发的洪涝灾害突出，5～6月滇中及以东以南地区发生局地洪涝、地质灾害，但灾情偏轻，7月下旬至10月上旬，共出现了10次全省性强降雨过程，造成大部地区局地洪涝灾害突出，并引发了山洪、地质灾害。

暴雨洪涝灾害导致全省16个州市380.9万人受灾，因灾死亡64人、失踪17人，紧急转移安置2.2万人，农作物受灾面积229900公顷、绝收面积42.0千公顷，房屋倒塌0.7万间、损坏7.7万间，直接经济损失68.5亿元，其中农业经济损失33.0亿元。灾害造成的人员死亡失踪数少于近10年平均值，直接经济损失明显高于近10年平均值。

台风 6月24～25日，受台风“鲸鱼”残余云系影响，位于滇东南的泸西、弥勒、屏边、金平、富宁等县发生局地洪涝灾害，共造成6.0万人受灾，紧急转移安置0.01万人，农作物受灾面积0.8千公顷、绝收面积100公顷，房屋倒塌35间、损坏110间，直接经济损失0.2亿元。

滑坡、泥石流、崩塌 2015年，气象地质灾害偏轻发生。7～10月，怒江、迪庆、保山、昆明、文山、红河等6州市的13县市发生崩塌、滑坡、泥石流等灾害，造成1.8万人受灾，因灾死亡12人，紧急转移安置23人，农作物受灾面积185.3公顷、绝收面积101.3公顷，房屋倒塌354间、损坏404间，直接经济损失2951.4万元，其中农业经济损失1152.8万元。其中8月22日19时，富宁县城至花甲乡公路K32~800米处左侧山体发生滑坡，造成12人死亡。

年景评述 2015年，云南省主要异常天气气候事件为冬季罕见大暴雨、春季气温显著偏高、雨季开始期偏晚、初夏高温干旱、强降水事件频发、夏季阴雨寡照等。气象灾害及其衍生灾害频繁发生，其中暴雨洪涝灾害是2015年最主要的气象灾害，其次是干旱灾害。就农作物生长气候条件而言，2015年，以“水分条件较好，光热充足，低温灾害较轻”为主，总的来看农业气候属中等年景。

测 绘

【概况】 2015年，云南测绘地理信息工作全面贯彻落实国家测绘地理信息局的决策部署，主动服务和融入云南发展战略，各项工作都迈上了新的台阶。《云南省人民政府办公厅关于进一步加快地理信息产业发展的实施意见》印发实施，从全省战略层面进一步强化了对地理信息产业的政策指导；刘慧晏副省长到云南省测绘地理信息局调研，看望慰问测绘一线职工，对测绘地理信息工作提出了更好地服务云南经济发展的新要求。“十二五”规划胜利收官，基础地理信息资源建设取得了历史性突破，云南基本实现1∶1万数字地图的首次全域覆盖，初步建成云南省综合卫星定位服务系统。全力推进地理国情普查工作，落实本年度省级财政配套经费7515万元，充分发挥区域责任制和“包保”责任制的督导作用，使技术指导、监督检查、跟踪督促与质量控制有机结合，促进全省普查工作全面提速，3月31日，完成了129个县（市、区）普查信息采集项目的预验收，于8月15日完成了标准时点核准成果验收工作，9月30日，完成普查成果汇交，成果合格率100%，优良品率达91%。《云南省测绘地理信息事业发展“十三五”规划纲要》和《云南省基础测绘“十三五”规划》编制完成并通过评审，上报云南省人民政府审定。数字红河和数字昆明全面建设完成，开展数字曲靖、数字德宏建设。天地图应用开发逐渐广泛，应用案例《天地图·水电工程灾害应急指挥平台》在全国天地图应用开发大赛中获特等奖，《云南承包地地理信息平台（天地图—承包地）》获三等奖。建成云南省时空信息云平台（一期）工程，成为全国首个正式通过验收的省级时空信息云平台项目。加强科技创新与交流合作，多项科技成果获奖，与老挝国家测绘局签订深化测绘合作备忘录，帮助老挝编制旅游图，构建北斗卫星CORS站。测绘地理信息依法监管成效明显，全省测绘持证单位760家，全年处理测量标志迁建审批4起，涉及拆迁的测量标志点近30个；审核地图29件，审批航摄计划37件，审批测绘地理信息成果资料提供使用443件，累计为全省各行各业提供基础控制资料7867点，基本地形图7378张，地理信息数据15653GB。持续加强国家版图意识宣传教育和法制宣传教育，开展地图市场检查，对互联网地理信息进行在线安全监控，不断规范航摄行为。同时，扎实推进“三严三实”专题教育，不断加强基层党组织建设和党风廉政建设，全省测绘系统呈现出人心齐、风气正、干劲足的良好局面。在全国测绘地理信息系统工作绩效考核中，云南省测绘地理信息局首次获得突出进步单位的光荣称号。

【重点工作推进】

数字城市建设 数字红河和数字昆明全面建设完成，开展数字曲靖、数字德宏建设，应用系统在国土管理、环境保护、城市管理方面取得较好成效，因地制宜，开展基于天地图建设方式的弥渡县、沧源县、洱源县等数字县域经济地理信息系统建设。

“天地图·云南”的建设 为更好地保持天地图数据的现势性和提升天地图平台的服务能力，收集整合国土、民政等部门的专题信息，以丰富天地图数据资源；完成“天地图·云南”3000幅1∶1万框架数据更新；购买影像数据，更新主要城市区域数据。完成访问服务器全托管及环境布设；3万平方公里影像处理，开展省级接点与国家主接点数据融合工作，完成“天地图·云南”建设的年度考核测评。深化天地图示范应用，实现了天地图服务模式与公安部门P-GIS的融合应用，在云南应急救灾、土地行政执法等方面也得到深入推广。应用案例《天地图·水电工程灾害应急指挥平台》在全国天地图应用开发大赛中获特等奖，《云南承包地地理信息平台（天地图—承包地）》获三等奖。

云南地理国情普查工作情况 3月中旬，国家测绘地理信息局副局长李维森一行到云南调研云南省第一次全国地理国情普查工作，听取省普查办关于云南省地理国情普查工作进展情况的汇报，赴武定县抽查地理国情外业和内业工作，指出云南地理国情普查工作中存在的问题并提出整改意见，对云南加快推进、按时保质完成地理国情普查任务提出要求，并亲临地理国情质检部门慰问质检一线的干部职工。国普办质量监督组组长程鹏飞，国普办副主任冯先光陪同调研。

云南省第一次全国地理国情普查办公室召开全省普查工作推进会议，贯彻落实国普办年初召开的全国地理国情普查工作会议精神，省普查办副主任刘继元做了题为“认真落实国家部署，扎实推进普查工作”的报告，全面总结了2014年普查工作，对2015年度工作进行部署，提出细化要求。

全省普查工作不断加强质量控制，健全普查生产质量管理控制体系，严格按照“两级检查，一级验收”要求，对普查任务承担单位开展全覆盖的过程质量检查，规范生产，提高质量。抽调各作业单位技术骨干充实质检队伍，及时完成检查验收任务。开展3个批次的警示约谈工作，对未按要求完成普查工作的10余家项目承担单位进行跟踪督促；充分发挥区域责任制和“包保”责任制的督导作用，使技术指导、监督检查、跟踪督促与质量控制有机结合，促进全省普查工作全面提速；财政资金及时就位，省级财政经费7515万元全部得到落实，积极帮助协调州市配套资金落实工作，为普查工作顺利开展提供了坚实的资金保障。在省、州（市）、县三级普查机构的积极推动下，于3月31日完成了129个县（市、区）普查信息采集项目的预验收，于8月15日完成了标准时点核准成果验收工作，并接受了国普办的抽查，最终普查成果于9月30日（比原计划提前15天）汇交至国务院普查办，成果合格率100%，优良品率达91%。普查数据上交后，省普查办抓紧开展普查信息采集工作验收，此项工作于11月底全部结束，普查转入信息系统建设、统计分析和图件编制集中开展的新阶段。

云南省时空信息云平台建设　10月16日，云南省时空信息云平台项目及应用示范建设项目(一期)通过评审验收，国家测绘地理信息局总工程师李志刚、国家测绘研究院副院长刘纪平等业界专家参与评审。项目由云南省基础地理信息中心、美国乔治梅森大学智能空间计算联合研究中心、Esri中国信息技术有限公司合作实施。项目从2014年初开始启动，历时1年半，通过建设“一个中心、两个平台、三层服务、四大能力”，形成了“1 × 4+n”（即一套标准规范、一套云服务框架体系、一个时空大数据库、一个时空信息云平台，以及面向规划、国土、公安、民政、应急等多行业、多类型的“n”类应用的系列成果，为智慧云南及各行业信息化建设提供了强有力的应用支撑，并成为全国第一个正式通过验收的省级时空信息云平台项目。

地理国情监测工作　大理市海西基本农田保护和海东城市扩展监测项目和抚仙湖流域生态环境动态监测项目通过省级验收。共投入983.85万元新开展三个地理国情监测项目，分别是昭通鲁甸地震灾区恢复重建监测项目、迪庆州德钦县城周边区域地质灾害监测项目和昆明主城区地表沉降与城市空间演进监测项目。

【法制建设与市场监管】　开展《云南省测绘条例》修订前期准备工作，向云南省人大汇报了十年来条例实施情况，建议省人大修订条例并列入立法计划。

开展法制宣传教育，对全省400余名执法人员进行岗位培训。围绕“发展地理信息产业，地图服务大众生活”宣传主题，组织“8.29”测绘法宣传活动，楚雄、德宏、文山、普洱、玉溪、临沧、保山等地大力开展测绘法宣传活动，通过在城区中心地段设置宣传点、发放宣传资料、悬挂横幅、宣传车、宣传短片等方式，向广大群众宣传了测绘相关法律法规、国家版图意识、地理国情普查、地理国情监测等，充分展示了测绘地理信息服务经济社会各个领域的成果，形成了良好的宣传氛围。

市场监管　召开2015年云南省测绘地理信息工作会议，总结回顾2014年工作，对2015年全省地理信息工作作出部署，从抓好地理国情普查工作；促进地理信息产业发展；推进依法行政，进一步简政放权；谋划“十三五”事业发展；完成“十二五”基础测绘任务；推进平台建设；提升测绘地理信息公益性和社会化的服务保障能力；建设作风硬、素质高的测绘地理信息队伍八个方面，对年度重点工作进行细化安排。国家测绘地理信息局副局长李维森、云南省国土资源厅党组书记、厅长黄文武到会作指导讲话。

完成全省测绘资质复审换证工作，2015年初，参加复审换证的测绘资质单位有728家，666家通过换证审查，注销了62家不合格单位，至2015年末全省测绘持证单位有760家（较2014年709家增加了51家，其中甲级14家，乙级142家，丙级327家，丁级277家。）

加强市场监管，对云南互联网地理信息进行在线安全监控，印发《关于加强民用无人飞行器航摄活动管理的通知》，进一步规范航摄行为。加强对重大测绘活动的督导，配合云南省农村土地承包经营权确权登记颁证工作，对参与确权工作的测绘单位资质进行严格审核把关，并强化对参与单位的业务监管。加大检查治理和违法案件查处力度，10~11月，对昆明市、普洱市、西双版纳州的测绘单位和外省在云南承揽地理国情普查项目共18家单位进行测绘地理信息综合执法检查，依法查处某公司未经审批从事以测绘为目的的航空摄影活动。全年，处理测量标志迁建审批4起，涉及拆迁的测量标志点近30个；审批航摄计划37件。

【基础测绘】

规划编制　《云南省测绘地理信息事业发展“十三五”规划纲要》和《云南省基础测绘“十三五”规划》编制完成并通过评审，已上报云南省人民政府审定，并请求安排“十三五”

基础测绘专项经费。积极推进《云南省地理国情监测“十三五”规划》和《云南省地理信息产业发展“十三五”规划》评审准备工作，同时推进“十三五”重点项目可研报告编制工作。

基础测绘重点项目　“万幅测图”项目。完成现有7523幅3D数据成果的转换整合工作，完成1843幅1∶1万3D数字地图测制。

该项目在“十二五”期间共计划测制10031幅1∶1万3D地图，实际测制1:1万3D地图9905幅，测制1∶5000 3D地图1136幅，折合1∶10000 10189幅，超额完成158幅。云南基本实现1∶10000数字地图的首次全域覆盖。

云南省综合卫星定位服务系统（YNCORS）建设。初步完成云南省综合卫星定位服务系统省级数据处理与控制中心建设工作，建成的全省GNSS基准站网已经组网试运行，控制中心控制软件的开发研制加紧实施。开展大理州、曲靖市、丽江市、临沧市、怒江州、西双版纳州综合卫星定位服务系统建设，所有基准站设备和控制中心设备已安装完毕，并开始试运行。新启动昭通和迪庆GNSS基准站建设项目。滇西南和楚雄州GNSS系统区域似大地水准面精化项目已完成验收，普洱GNSS系统精化项目工作完成，等待验收；完成了曲靖GNSS系统精化项目外业工作；完成了迪庆州、大理州GNSS系统精化项目水准联测工作，完成了昭通市、临沧市精化项目高程异常控制点选埋工作，完成了二等羊拉支线、二等丙贡支线选埋、观测工作。

深入推广2000国家大地坐标系，根据《云南省2000国家大地坐标系转换技术方案》，完成了已有各等级大地控制测量的坐标系统转换工作，通过了省级检验，同时指导和大力推进地方各县市采用2000国家大地基准升级改造坐标系统。

组织申报的2015年度云南省边少项目《临沧边境经济合作区基础测绘项目》获批准，积极开展鲁甸震区灾后测绘基础设施恢复重建工作，国家局王春峰副局长赴鲁甸检查指导工作给予了充分肯定。推进实施云南藏区基础测绘项目，开展云南藏区综合卫星定位服务系统和藏区地理信息公共服务平台及应用系统建设，并编制上报云南藏区“十三五”基础测绘需求情况，争取得到中央财政在“十三五”期间对我省藏区的支持。

【地图管理与地图服务】　为省委、省政府提供及时、有效的测绘保障服务，全年提供各类地图服务47次2703幅(张)。结合中央领导视察云南工作的需要，组织局属单位骨干力量、应用新设备实现快速提供地图服务。为配合全省有关部门汇报省重点工作的需要，按照省发展改革委的要求，根据汇报材料的需要制作专题地图，圆满完成各项服务保障工作。

全年审核地图29件。云南省有关测绘地理信息单位编制出版了《数字昆明地理空间框架建设昆明市影像图》《数字红河公众版电子地图及其瓦片数据》等数字地图；编制了《云南省金矿成矿规律及资源潜力》插图（42幅）、《云南省磷矿成矿规律及资源潜力》插图、《云南省典型成矿区带遥感地质研究》插图等地质系列用书的图件；编制了《昆明建设世界知名旅游城市规划发展图》《怒江傈僳族自治州地图》等等，满足了各行各业对地图服务的需求。

开展地图市场检查。5月，云南省测绘地理信息局印发《2015年云南省版图意识宣传教育和地图市场监管重点工作方案》，云南各州市按通知要求对辖区内新华书店、图书城、文化市场、汽车客运站、报刊销售点、流动摊点、广告宣传栏等重点范围进行突击检查，对本地区有影响的、涉及地图和地理信息的大型商业网站、政府信息网站和新闻媒体等网站进行重点检查。没有发现带有政治性问题的地图、涉密地图及地图产品、“三无”地图，地图市场秩序良好。

【测绘地理信息成果管理与应用】　开展云南省测绘地理信息成果保密专项检查，227家测绘单位按要求进行了自查，在自查的基础上云南省测绘行政主管部门抽查测绘单位179家，16家单位存在不符合保密规定的问题，其中涉密地理信息成果违规连接互联网1起，擅自复制、转借、转让1起。对发现问题的16家单位发出整改通知书，并加强跟踪检查，16家单位全部按要求完成整改。

成立“全国地理信息应用成果和地图网上展览云南展馆建设项目领导小组”和“全国地理信息应用成果和地图网上展览云南展馆建设项目实施小组”，积极开展全国地理信息应用成果和地图网上展览云南分馆建设，向各有关测绘单位征集“十二五”期间的应用成果和地图产品，通过大量的收集、整理、筛选、设计、制作宣传片等工作，建成云南首个测绘地理信息应用成果和地图网络展馆，于10月正式面向公众开放。展馆设有综合厅和四个分展厅，分别为三大平台建设成果展厅、应急保障服务展厅、地图成果展厅和地理信息服务展厅，全部展品近百件，其中十余件优秀展品入选国家测绘地理信息局举办的全国测绘地理信息应用成果和地图展览。

测绘成果服务量不断攀升，全年审批测绘地理信息成果资料提供使用443件，累计为全省各行各业提供基础控制资料7867点，基本地形图7378张，地理信息数据15653GB。测绘成果广泛应用于土地利用、矿产勘查、城乡规划、公路铁路建设、环境治理、自然灾害评估和政府决策等工作，有力支撑了我省经济社会发展各行各业对基础测绘成果的需求。

积极推进应急测绘保障能力建设。向省减灾委申请专项资金，建设云南省16个州、市三维地理信息应急指挥平台。不断丰富应急测绘数据资源储备，完善全天候新型多源遥感影像快速获取、处理技术体系，将应急地理信息数据与民政、地震等专业部门数据有机整合，全省地质灾害防治应急测绘数据储备库启动建设。为沧源“3.01”地震、华坪“9.16”特大洪灾等提供了快速可靠的应急测绘保障服务。

【地理信息产业发展】 8月6日，云南省人民政府办公厅印发《云南省人民政府办公厅关于进一步加快地理信息产业发展的实施意见》，该意见从重要意义、发展目标、发展重点、夯实产业发展基础、加强财政金融支持、优化产业发展环境六个方面对加快推动云南地理信息产业发展做出明确的规定。

云南地理信息产业园建设。12月，云南省测绘地理信息局党组及局有关部门到昆明呈贡信息产业园，就云南地理信息产业园落地建设问题进行考察调研，并与昆明市属有关部门开展座谈交流。

召开专题会议，研究拟将云南省地理信息产业园落户省级产业园区——呈贡信息产业园内，并按照“政府搭台、行业主导、企业参与、市场配置”的原则，通过引进战略投资者共同建设云南地理信息产业园。

【科技创新与交流合作】 开展云南省综合卫星定位服务系统（YNCORS）关键技术，低空无人机应用于地理国情监测技术方法等专项研究。深化遥感影像处理等先进科技成果的转化应用，不断提升无人机影像处理技术水平，对应急救灾、弥补边疆地区平台建设和重大工程建设项目数据资源匮乏起了很大作用，形成了云南地理信息生产的一种新模式。对自主研发的云南地理国情普查质检软件——云岭质检软件进行升级完善，进一步推广应用，除在我省普查质检工作中使用外，该软件被国家测绘质检中心选用，应用于西部地区地理国情普查成果验收工作中。

标准化工作 对国家测绘地理信息局在测绘地理信息管理办法、技术标准、普查标准等方面开展了大量的征求意见工作进行及时反馈，提出了相应的修改意见和建议，如《地理国情普查成果管理办法》征求意见等。同时组织有关部门和相关人员配合国家局的标准调研活动。认真贯彻执行国家标准化工作的法律、法规、方针和政策，及时加强标准使用宣传工作，积极统一测绘单位在测绘任务中执行现行标准。监督测绘单位推进标准化建设工作，及时统一测绘生产使用现行测绘技术标准，并结合质量检查工作推进标准的执行。先后5次召开地理国情普查技术咨询和标准协调统一会议。

科技成果奖励 云南省测绘地理信息系统多项科技成果获奖。云南华昆水电水利科学研究有限公司完成的《澜沧江小湾水电站安全监测工程》荣获2015年中国测绘地理信息学会白金奖，中国电建集团昆明勘测设计研究院有限公司完成的《阿海水电站建设征地测量工程》、昆明市规划编制与信息中心与伟景行科技股份有限公司完成的《昆明城市规划数字沙盘》荣获银奖，昆明市测绘研究院《昆明市市域范围内建筑、道路现状调查属性调查（一标段）》荣获铜奖。开展2015年云南省测绘科技进步奖和优秀测绘工程奖评奖工作，评选出科技进步奖3项（一、二、三等奖各1项）和优秀测绘工程奖25项（金奖4项、银奖9项、铜奖12项）。

交流合作 与国家测绘地理信息局卫星测绘应用中心签署《测绘地理信息战略合作协议书》，共同开展数字湄公河地理空间框架建设示范项目研究。与中国测绘科学研究院、昆明市测绘研究院共建测绘地理信息国际联合研究中心昆明中心，加强科技创新合作研究。与云南省水利厅签署地理信息数据资源共享与技术合作协议，促进部门间的数据资源共建共享。与老挝国家测绘局开展合作，签订深化测绘合作备忘录，帮助老挝编制旅游图，搭建老挝天地图，构建北斗卫星CORS站；继续加强与东南亚测量界的国际学术交流活动。

【社团工作】

云南省测绘地理信息学会 3月16日，云南省测绘学会召开第十次会员代表大会，“云南省测绘学会”正式更名为“云南省测绘地理信息学会”，大会选出了云南省测绘地理信息学会第十届理事会理事169名。云南省测绘地理信息局副局长刘继元当选为第十届云南省测绘地理信息学会理事长，段世明当选为秘书长。

召开三次常务理事会，不断完善各专业委员会机构，《云南测绘》期刊编辑出版6期，做好科普宣传工作，开展了测绘科普进藏区、科普进校园等活动，组织举办第二届“天地图·云南”应用开发大赛，搭建平台深入开展学术交流与对外交流合作，组团参加2015国际测量师联合会工作周暨学术大会、第13届东南亚测量大会及东南亚测绘协会第56、57次理事会会议和第九届会员代表大会、第九届国际数字地球会议，借助云南测绘地理信息学会在东南亚测绘协会的影响，先后推荐江西、广西、贵州等省区学会和正元、南方集团昆明公司等单位进入东南亚测绘市场开展业务和交流，承办东南亚测绘协会第58次理事会暨面向灾害风险管理的测绘与地理信息“协同、共建”研讨会。

云南省地理信息协会 制定《云南省地理信息协会会员公约》，自2015年11月1日起施行。召开两次常务理事会议，审议通过协会工作重大事项，增加会员单位8家，从高校、国土、水利、交通、城建等系统发展吸纳个人专家会员11人。组队参加全国地理信息产业大会，并组织会员单位到北京超图软件公司、四维益友公司、南方公司进行实地考察学习。开展质量技术培训，参训会员单位达100多家，参训人员达240多人。编印了《云南省地理信息产业发展企事业单位名录册》，扩大协会成员单位的影响力和知名度。协助行政主管部门，对云南省农村土地承包经营权调查登记发证工作提供咨询、监理等服务；组织发布测绘地理信息新产品、新技术等，向业界进行推广、介绍，促进新产品和新技术的应用。组织云南测绘地理信息企业参与2015年中国地理信息产业最具活力中小企业评选活动，有13家单位入选。

防震减灾工作

【云南地震概况】 2015年1月1日至12月31日，云南省发生3.0级以上地震43次，其中，3.0~3.9级34次，4.0~4.9级7次，5.0~5.9级2次（图1，表1）。省内5级以上地震分别为3月1日沧源5.5级地震和10月30日昌宁5.1级地震。全年地震共造成50人受伤，灾区人口20.76万人，直接经济损失14.05亿元。

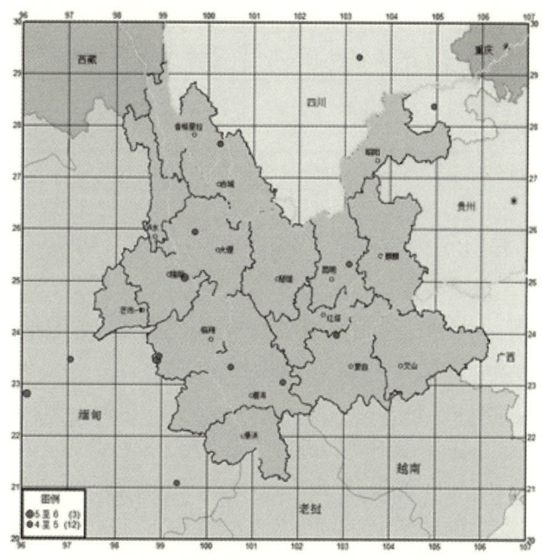

2015年云南及周边地区M ≥ 4.0级地震震中分布图

表1 2015年云南及周边地区M ≥ 4.0级以上地震目录

序号	发震日期	发震时间	纬度（°）	经度（°）	震源深度（千米）	震级值（M）	震中地名
1	2015-01-14	13:21:41	29.34	103.31	10	4.8	四川峨眉山
2	2015-01-19	23:30:47	25.95	99.72	9	4.0	云南洱源
3	2015-02-07	5:01:08	28.39	104.94	6	4.6	四川长宁
4	2015-02-21	6:37:48	23.04	101.67	6	4.4	云南墨江
5	2015-03-01	18:24:40	23.46	98.91	11	5.5	云南沧源
6	2015-03-01	20:36:52	23.46	98.88	6	4.0	中缅交界
7	2015-03-03	17:23:54	23.54	98.95	10	4.5	云南耿马

续表

序号	发震日期	发震时间	纬度（°）	经度（°）	震源深度（千米）	震级值（M）	震中地名
8	2015-03-09	17:59:43	25.33	103.10	12	4.5	云南嵩明
9	2015-04-13	18:28:45	23.96	102.84	6	4.0	云南建水
10	2015-05-24	14:27:43	21.09	99.35	58	4.8	缅甸
11	2015-08-15	19:45:46	23.47	97.04	10	4.3	缅甸
12	2015-10-29	4:12:06	27.65	100.26	8	4.7	云南香格里拉
13	2015-10-30	19:26:39	25.06	99.50	10	5.0	云南昌宁
14	2015-11-14	0:55:07	23.33	100.52	5	4.6	云南景谷
15	2015-11-27	16:34:15	22.81	96.10	10	5.2	缅甸

【云南地震灾害】 根据两次5级以上地震的灾评报告统计：共造成50人受伤，直接经济损失10.796亿元（表2）。

表2 2015年云南省地震灾害一览表

序号	时间	地点	震级	人员伤亡			直接经济损失（万元）
				死亡	失踪	受伤	
1	3月1日18:24	沧源县	5.5	0	0	50	83760
2	10月30日18:26	昌宁县	5.1	0	0	0	24200

沧源5.5级地震 2015年3月1日18时24分，云南省临沧市沧源县（23° 30′ N，98° 54′ E）发生5.5级地震，震源深度11千米。宏观震中位于孟定镇政府所在地一带。云南灾区总面积约2130平方千米，主要涉及临沧市耿马县、沧源县、镇康县，共涉及10个乡镇，61个行政村（居委会）。灾区人口15.08万人，4.51万户。地震造成50人受伤，其中8人重伤，42人轻伤。云南直接经济总损失8.37亿万元。其中，耿马县6.16亿元，沧源县1.18亿元，镇康县1.03亿元。

昌宁5.1级地震 2015年10月30日19时26分，云南省保山市昌宁县（25° 6′ N，99° 30′ E）发生5.1级地震，震源深度10千米。宏观震中位于大田坝镇政府驻地一带。灾区总面积约910平方千米。主要涉及保山市昌宁县、隆阳区、大理州永平县3县（区）的8个乡镇，29个行政村（社区）。灾区人口5.67万人，1.68万户。本次地震未造成人员伤亡。云南直接经济总损失2.42万元。其中，昌宁县1.51万元，隆阳区3320万元，永平县5710万元。

【防震减灾重要事件和活动】

牵头组织完成习近平总书记视察鲁甸地震灾区 2015年1月19日，习近平总书记将2015年首次离京考察的第一站选在鲁甸灾区。习近平总书记直奔峡谷中的震中龙头山镇，来到原镇政府所在地遗址，深入地震现场，询问地震伤亡、抗震救灾情况。查看板房学校。他提出灾后重建工作要统筹考虑，当前安置工作和灾后重建工作交叉在一起，要协调指挥，统筹有序安排，总体考虑设计。今后的产业发展问题不能拍脑瓜，要符合当地实际，把长远发展的基础打好。习近平叮嘱灾区干部："地震是一次考验，你们辛苦了。希望再接再厉，做好越冬工作，保质保量重建家园！"。

云南省防震减灾工作联席会议 2015年2月2日，云南省防震减灾工作联席会议在省地震局地震应急指挥中心召开。副省长张祖林出席会议并作讲话。张祖林副省长要求，要强化震情监视跟踪、突出抓好应急备震、抓好防震减灾宣传和舆论引导等措施，切实做好防大震、救大灾各项应急准备。要常抓不懈，全面加强抗震设防工作，继续狠抓工程性抗震措施落实，加大科技创新力度，进一步夯实震害防御基础。要完善建立预判沟通、震后灾情信息报送等机制，进一步提高地震应急指挥协调能力。要科学重建，强化督促检查，确保高标准完成灾后恢复重建任务。要着眼长远，抓好规划编制和目标责任落实，精心筹备好全省防震减灾工作会和省部合作联席会。

国务院抗震救灾应急准备督查工作会议 2015年3月31日至4月2日，国务院抗震救灾应急准备督查工作会议在昆明召开。国家发展改革委王新怀巡视员率领国务院抗震指挥部督查组一行13人出席会议。云南省人民政府副秘书长普建辉出席并主持会议。会议听取云南地震应急处置和准备工作情况汇报。会议指出，云南省在抗震救灾应急准备工作中成效明显，实践中形成的好的做法和经验，并经受了多次强震的考验，值得总结推广，并对云南继续做好地震应急准备各项工作提出了意见和建议。

云南省大理州政策性农房地震保险试点签单落地并实现首次理赔 2015年8月7日，云南省大理州政策性农房地震保险试点由诚泰保险公司和大理州人民政府完成第一笔签单，正式落地实施。10月30日，云南昌宁县发生5.1级地震，地震波及到大理州政策性农房地震保险承保区域中的永平县，造成该县民房直接经济损失4400余万元。地震发生后，诚泰保险公司、云南省地震局、省民政厅以及地震保险共保办第一时间赶赴灾区现场查勘，完成理赔服务工作。该笔保险赔款是此次地震后第一笔到达的专项救灾资金，为灾后重建工作提供了重要的资金支持。这次理赔成为云南大理政策性农房地震保险试点签单落地后的首次理赔。

中国地震局与云南省人民政府召开局省合作第一次联席会议 2015年8月27日，中国地震局与云南省人民政府在昆明召开局省合作联席会议。中国地震局局长陈建民、省人民政府副省长张祖林出席会议并讲话。陈建民局长指出，云南作为“一带一路”和“长江经济带”两大国家战略实施的连接交汇战略支点，区位优势明显，局省合作前景广阔、潜力巨大，希望云南省人民政府进一步加强领导，加大力度，使共建工作取得更多更好成果。张祖林副省长要求，省级各有关部门和单位要进一步提高认识，认真贯彻落实联席会议精神，主动适应新常态、把握新机遇，进一步加强组织领导，完善工作机制，不断深化合作事项，全面提高我省防震减灾综合水平。

中共云南省委书记李纪恒，省委副书记、省长陈豪会见了中国地震局局长陈建民一行，双方就增强云南抵御和应对地震灾害能力建设做了深入探讨。

【防震减灾工作成就】

地震监测预报 2015年，全省区域测震台网、前兆台网运行率均在98%以上。云南台网速报处理触发地震事件1024次，编目地震16779个，发送地震短信息32.4万余人次。

组织省内外专家召开震情研讨会、会商会、震情跟踪工作会等90余次。采取有效措施，组织做好地震重点危险区震情监视跟踪工作。派出203人次的专业技术人员落实上报各类异常59次。向省委、省政府报告地震趋势分析意见及措施建议15期。在2014度全国地震监测预报质量评比中，共计42项获奖，云南省获得42个前三名，获奖数量连续第12年保持全国第一。

震灾预防工作 2015年，云南省地震局加强地震安全性评价管理，依法审批了344件重大项建设工程的地震安全性评价报告；配合住房城乡建设部门指导做好抗震安居房建设有关工作；继续推进农村危旧房屋改造及抗震安居工程，评选出23个国家级地震安全示范社区；参与起草《云南省大理州政策性农房地震保险试点方案》；在川滇交界开展烈度仪地震预警试验区建设；完成2015年“全省交通重大建设工程地震安全性评价及抗震设防情况”联合执法检查；顺利通过省“六五”普法检查验收组的验收。

地震应急工作 2015年，云南省地震局及时印发局地震应急预案、年度应急工作准备方案、现场工作队出队方案，开展应急准备工作检查。强化培训演练，增强救援队员和现场工作队员的业务素质。开展《地震现场工作指南》《云南省重特大地震抗震救灾工作评估体系和机制研究》课题研究，自主研发了“基于IOS系统的地震应急推送系统”。制定印发《云南省州市县区地震应急指挥技术系统建设指南》。建立防震减灾工作联席会议督查机制，在联席会议分解任务基础上开展年度督查。配合国务院抗震救灾指挥部督查组到保山、大理两地和省公安消防总队开展地震应急准备工作督查。圆满完成沧源5.5级、贵州剑河5.5级、尼泊尔8.1级、昌宁5.1级、嵩明4.5级、香格里拉4.7级等6次地震的应急处置工作，应急期内共组织和参加了6次新闻发布会。安排人员参与尼泊尔8.1级地震应急救援工作。

防震减灾重点项目 2015年，云南省地震局成功申报国家国际科技合作项目、国家自然科学基金项目和地震科技星火计划项目 4 项，设立地震科技专项基金支持 3 个项目、局青年基金资助 12 项，向省减灾委申请获批 6 项 10 项重点工程项目；组织开展《云南省防震减灾"十三五"规划》的编制工作；启动《国家地震烈度速报与预警工程》云南分项目；积极开展减隔震实验室的运维和软硬件改造升级工作；实施行业专项"西南地震应急对策新模式与关键技术研究"等项目；启动云南省政府 10 项重点工程（提升大震监测预报能力）、2015 年测震台网示范工程 20 个观测台站设计规划、台址勘选工作。

防震减灾宣传 2015 年，云南省地震局新媒体共发布各类信息 600 余条（篇），阅读量达数百万人次；鲁甸地震 1 周年座谈会、"11.6"例行新闻发布会首次实现新媒体直播报道；云南数字地震科普馆初步建成，社会公众足不出户，就能参观访问科普馆；与省教育厅联合下发《关于加强防震减灾科普教育工作的意见》，配合教育出版社完成《中小学地震安全教材》的编写，实现全省防震减灾知识进中小学教材的目标；开展重要纪念日科普宣传活动；组织开展《防震减灾 平安云南》"八进"活动 50 余次，受众 6 万余人；云南省地震局被中国地震局评为"2015 年度防震减灾社会宣教工作先进单位"；荣获"2015 年第 4 届防灾宣导系列公益活动优秀组织奖"；云南省地震局新媒体被新华网评为省直机关政务新媒体综合影响力奖。

地震科研及合作交流 2015 年，云南省地震局成功申报李建成院士工作站，召开两次院士工作站工作会议，组织 8 次学术交流会，召开 3 次"大数据 云计算 互联网 +"学术研讨会和报告会，完成《2014 年云南鲁甸 6.5 级地震》和《鲁甸地震图集》的编撰出版工作。

云南省地震局作为商务部援外培训单位，成功承办"2015 年发展中国家地震灾害紧急救援研修班"，来自 17 个国家的 38 名官员参加了研修。接待泰国矿产资源厅环境地质局局长一行，签订"云南省地震局与泰国矿产资源厅合作会谈纪要"。英国驻重庆总领馆洪婷娜总领事一行赴云南省地震局交流座谈。全年共完成 3 人次外事出访和 7 人次来访接待任务。

人力资源和社会保障

社会福利

【儿童福利】 安排中央和省级福彩公益金 2700 万元支持新建 9 个、改建 10 个、配置设施设备 12 个儿童福利机构项目；安排 250 万元支持 7 个项目开展残障儿童康复训练和特殊教育专项工作；抓好基层儿童之家建设推进工作。先后安排 370 万元省级福利彩票公益金支持条件成熟的沾益等 15 个县（市、区）和昆明市儿童福利院先期进行儿童之家试点建设；抓好孤儿等特困儿童基本生活保障工作。中央和省财政按照月人均 875 元的标准为全省 2.42 万名孤儿、感染艾滋病病毒儿童及事实无人抚养儿童配套安排基本生活费 2.54 亿元。加上各州（市）、县（市、区）配套安排的补助费，全省散居孤儿等特困儿童补助标准达到每人每月 1049 元；集中供养儿童补助标准达到每人每月 1749 元。

（李利）

【残疾人福利】 完成《云南省困难残疾人生活补贴和重度残疾人护理补贴制度实施办法》的调研起草工作，并报请省政府常务会议审议。继续扶持福利企业健康发展，开展社会福利企业年检，加强精神卫生社会福利机构管理。争取中央专项彩票公益金 6000 万元，用于丽江市、红河州精神病人福利院建设。积极推广使用康复辅具及无障碍设施。严格开展假肢和矫形器（辅助器具）生产装配企业资格认定，落实"福康工程"和"义肢助残"康复项目工作。

（陈熙）

【老年人福利】 资助城市公办养老机构 1.66 亿元，其中资助新建项目 1.13 亿元，新建改扩建城市公办养老机构 22 个，新增床位 3608 张。截至 2015 年底，全省共有城市公办养老机构 134 个，床位 2.40 万张（含新建在建）。出台《云南省物价局 云南省民政厅关于规范养老机构服务收费管理促进养老服务业健康发展的指导意见》，进一步规范全省养老机构设立许可工作，加强对养老机构的制度化管理，提升服务质量和服务水平。

（李智）

【福彩公益金管理使用】 以民政部建设“阳光福彩”专项行动为指导，深入开展建设“阳光福彩”专项行动，通过建立健全福利彩票发行销售管理制度体系、建立健全公益金使用管理制度体系和健全信息公开制度，不断提升和树立福利彩票公益形象与公信力，彰显福利彩票“扶老、助残、救孤、济困”发行宗旨和公益使命。2015 年省级福利彩票公益金资助老年人福利类项目、残疾人福利类项目、儿童福利类项目、其他社会公益类项目共计 747 个，资金 3.3 亿元。

（陈熙）

社会就业

【概 述】 2015 年，云南省制定出台了《省人民政府关于进一步做好新形势下就业创业工作的实施意见》《省人民政府关于大力推进大众创业万众创新若干政策措施的实施意见》《云南省人民政府办公厅关于支持农民工等人员返乡创业的实施意见》，以及《云南省人力资源社会保障厅关于进一步做好人力资源社会保障工作服务企业发展的通知》《云南省人力资源社会保障厅关于云南省国有企业招聘应届毕业生信息公开的通知》《云南省人力资源和社会保障厅关于进一步加强就业专项资金精准化管理使用有关问题的通知》等一系列政策措施，以促进就业创业。全年新增城镇就业人数 40.92 万人、帮助城镇失业人员再就业 11.28 万人、帮助就业困难人员就业 7.99 万人，城镇登记失业率为 3.96%，控制在 4.5% 以内。继续开展失业动态监测，全省 16 个州市 18 个行业的 607 户企业在岗职工总数为 35.86 万人，监测岗位总数（建档期）呈下降趋势，减幅接近 1%。

【重点人群就业】 2015 年，云南省深入实施“离校未就业高校毕业生就业促进计划”，开展了离校未就业高校毕业生实名制就业服务登记、公共就业服务进校园和“一对一”就业援助等活动，对在公共就业服务机构登记的 1.96 万名离校未就业高校毕业生开展了电话跟踪服务。高校毕业生初次就业率达 89.2%，高于去年同期 0.3 个百分点。同时以提升就业技能为抓手，依托职业院校、技工院校和各类职业培训机构，通过实施“春潮行动”“两后生”培训行动计划和离校未就业高校毕业生技能就业专项行动，开展了以高校毕业生、农民工为重点的定岗、定向、订单式职业技能培训，在人社系统共培训农村劳动力 32.8 万人，新增转移 33.7 万人，举办农村劳动力专场招聘会 492 场次。通过公益性岗位共安置就业困难人员 5.11 万人，帮助 4340 户城镇零就业家庭实现至少一人就业，实现了城镇零就业家庭的动态清零。

【推动创业创新】 2015 年，云南省大力扶持自主创业，通过贷免扶补、创业担保贷款等创业扶持措施，共扶持 10.06 万人创业，发放担保贷款 72.5 亿元，带动 29.34 万人就业。“两个 10 万元”共扶持小微企业 3 万户，发放贷款 3.19 亿元，带动就业 16.62 万人；全省大学生创业扶持项目共 845 户，带动就业 4036 人；农民工创业 6.2 万名，获得创业担保贷款 40.1 亿元。全省共建成创业园 101 个，评选认定省级创业示范园 30 家，众创空间 20 家，校园创业平台 29 家。省人社厅牵头共青团等六家“贷免扶补”承办单位，组织 103 家“贷免扶补”的优秀创业企业，借助第 3 届南博会平台开展了“大众创业创新成果展”，宣传展示了创业扶持的部分优秀成果。为降低创业准入门槛，全省共取消职业资格事项 232 项，其中省内 20 个技术工种就业准入职业资格已全部取消。建立和实施“三证合一”制度，全年新登记注册内资企业达 8.73 万户，同比增长 137.2%。

【就业登记与服务】 2015 年，出台了《云南省人力资源和社会保障厅关于印发云南省就业创业证管理办法的通知》，进一步完善了就业统计制度，放宽了失业登记条件。停止发放《云南省农民工服务手册》，统一免费发放《就业创业证》，保障城乡劳动者平等享有城镇基本公共就业服务。积极推进劳动预备制培训工作，自启动劳动预备制培训以来，累计有 166 个班次共 1.38 万人参加培训，核拨生活补贴和培训补贴资金 2106.9 万元。参加培训并享受补贴的农村和城市居民最低生活保障家庭学员共 8159 人。开展公共就业服务“四进”活动（进园区、进企业、进校园、进社区），在高校和技工院校创建公共就业人才服务工作站37个，在58个产业园区设立了人社服务窗口。建立定点培训机构准入和退出机制，严格定点培训机构日常监督和管理，全省共有定点培训机构470家，其中创业培训定点机构77家，就业再就业定点培训机构393家。继续加大“五位一体”模式的公共就业服务宣传力度，以“互联网+人社”思维打造线上与线下相结合的大众创业创新综合服务平台，使创业者实现足不出户就能享受“从零起步”的一站式服务。

劳动关系

【和谐劳动关系构建】 2015年，根据《中共中央国务院关于构建和谐劳动关系的意见》，研究草拟我省贯彻实施意见。全省16个州市、129个县市区已建立了劳动关系三方协调机制，形成了全省上下三方四家齐抓共管的格局。同时加强劳动人事争议调解仲裁，提升争议调解仲裁效能。截至年底，全省乡镇（街道）调解组织组建率达到86%，基层劳动人事争议调解组织共建立调解室4505个。全省共成立仲裁院152个，建院率100%，在所有省（区、市）内第9个全部完成仲裁院建设。调处劳动人事争议案件2.08万件，涉及劳动者2.69万人，一裁终局率从6%提升到了的13.37%。全省人社系统共办理信访事项1.63万件4.42万人次，省本级共办理信访事项1232件2804人次，网络信访661件次，系统信访总量同比下降13.55%（件次）、上升0.51%（人次）；省本级信访总量同比下降48.26%（件次）、29.88%（人次），信访形势平稳可控。全省12333、96128转接电话总量达到11.65万个。省本级接电4.13万个，比去年同期增长32%，答复率在98%以上，满意率超过了99%。

【劳动合同】 2015年，云南省在小企业尤其是非公企业推进劳动合同制度实施，推广使用农民工简易劳动合同示范文本，提高劳动合同签订率和履行质量，年末，全省企业劳动合同签订率达95%。

【集体合同】 2015年，云南省实施“集体合同制度攻坚计划”，扩大集体合同制度覆盖面，提高集体合同签订率和履约质量，年末，全省集体合同签订率达86.5%。

【农村劳动力转移就业】 截至2014年底，全省农村劳动力转移就业培训96万人，新增转移就业63万人，组织招聘会385场。

【农民工权益保障】 2015年，开展农民工工资支付、清理整顿人力资源市场秩序、劳动用工和社会保险等专项执法检查，进一步落实农民工工资支付保障长效机制，农民工工资保证金账户余额38.5亿元，为17.63万名劳动者追发工资等待遇19.66亿元。省人社厅与省高级人民法院、省人民检察院、省公安厅联合下发《关于加强涉嫌劳动保障犯罪案件查处衔接工作的规定》，全省各级劳动保障监察机构向公安机关移送涉嫌拒不支付劳动报酬罪案件88件，有效维护了劳动者的合法权益。

【企业最低工资标准】 2015年，经政府批准，对云南省一、二、三类地区的月最低工资标准进行了调整。调整后，一、二、三类地区月最低工资标准分别为1570元、1400元和1180元，小时最低工资标准分别为14元、13元和12元。同时调整了最低工资标准适用地区类别，将呈贡区、嵩明县由二类地区调整为一类地区；将德钦县由三类地区调整为二类地区。调整后，一类地区包括昆明市五华区、盘龙区、西山区、官渡区、呈贡区、安宁市和嵩明县；二类地区包括昆明市所辖其他各县及东川区，其他州（市）政府所在地的市（县、区）和玉龙县、德钦县，以及其他设市城市；三类地区为一、二类地区之外的各县。

社会保障

【机关事业单位养老保险改革】 2015年，按照《国务院关于机关事业单位工作人员养老保险制度改革的决定》要求，云南省政府第71次常务会议和省委第125次常委会议审议通过并出台了《云南省机关事业单位工作人员养老保险制度改革实施办法》。至此，云南167万机关事业单位工作人员纳入城镇职工养老保险。

【企业职工基本养老保险】 截至2015年底，云南省参加企业职工基本养老保险402.06万人，其中企业职工参保212.30万人，灵活就业人员参保71.07万人，离退休参保118.68万人，抚养比为2.13。2015年，我省连续11次调整退休人员基本养老金，调整后，企业退休人员养老金月人均达到2182元，接近全国平均水平。全年基金全年收入391.51亿元，支出313.56亿元，累计结余635.49亿元。

【城乡居民养老保险】 2015年，云南省提高了城乡居民基础养老金，中央财政支付的城乡居民基础养老金标准从原来的每人每月55元提高到70元，省财政再人均补贴5元。参加城乡居民基本养老保险2253.3万人，其中领取养老金483.11万人。享受政府代缴养老保险费的重度残疾人23.3万人，55~59周岁享受财政养老补助的重度残疾人2.15万人，其养老补助金标准也得到提高。基金全年收入83.47亿元，支出51.07亿元，累计结余157.12亿元。

【医疗保险】 2015年，云南省深化医疗保险支付制度改革，初步建立了以基金收支预算管理为基础，以总额控制为核心，总额预付、病种付费、服务单元付费、人头付费等复合支付制度。全省17个统筹区均实施了总额控制，16个统筹区采取复合付费方式，8个统筹区开展总额预付，14个统筹区开展病种付费。省属在昆高校大学生实行按人头付费；昆明市门诊统筹首诊定点医疗机构实行按人头定额包干；玉溪市开展DRGs付费试点。全省参加基本医疗保险1140.76万人，其中职工医保参保468.29万人，城镇（城乡）居民参保672.47万人。享受职工医疗保险待遇2571.21万人次；享受城镇（城乡）居民医疗保险待遇601.17万人次；异地就诊享受医疗保险64.87万人，其中职工60.91万人，居民3.96万人。政策范围内住院费用平均报销比例职工为83%，居民为72%，比医改启动之初分别提高了8个百分点。平均最高支付限额（含大病险）14万~33万元。全年城镇职工基本医疗保险基金收入179.25亿元，支出156.84亿元，累计结余204.32亿元，其中统筹基金累计结余90.93亿元。城镇（乡）居民基本医疗保险基金收入34.84亿元，支出31.76亿元，累计结余16.24亿元。

【生育保险】 2015年，全省进一步扩大生育保险覆盖面，全年生育保险参保289.83万人，基金收入9.19亿元，享受生育保险待遇人次12.02万，支出8.72亿元，累计结余12.96亿元。同时按照国家统一部署，省人社厅与省财政厅及时联发《关于适当降低生育保险费率的通知》，生育保险基金累计结余超过9个月待遇支付额度的统筹地区，生育保险费率降低到用人单位职工工资总额的0.5%以内，预计每年减少用人单位缴费2.2亿元。

【失业保险】 2015年，云南省认真贯彻落实国家关于失业保险支持企业稳定就业岗位有关文件精神，出台了《关于失业保险支持企业稳定岗位有关问题的通知》《关于进一步发挥失业保险稳定岗位促进就业作用有关问题的通知》，全省全年有4316户企业享受稳岗补贴，惠及职工88.36万人，兑现补贴资金5.44亿元。同时根据人社部、财政部《关于调整失业保险费率有关问题的通知》要求，从2015年3月1日起失业保险缴费费率统一从3%下调为2%，其中用人单位缴费费率从2%下调为1.4%，个人缴费费率从1%下调为0.6%。费率下调共减少缴纳失业保险费8.31亿元。并调整了失业保险待遇，全省失业保险金平均标准为922元/月，最高1138元/月。全省参保243.34万人，基金收入23.94亿元，支出13.61亿元，累计结余118.58亿元。

【工伤保险】 2015年，云南省工伤保险实现了制度全覆盖，并按照国家四部门“建筑业工伤保险工作视频会议”要求，积极协调住建、安监、工会组织出台了《关于全面推进建筑等高风险企业参加工伤保险的实施意见》和“同舟计划”方案，全年参保368万人，受理认定和视同工伤1.62万人，评定因工伤残等级7681人，享受工伤保险待遇4.32万人。月人均伤残津贴、生活护理费、供养亲属抚恤金待遇领取水平分别提高为2085元、1143元、956元，比10年前人均待遇翻了三番。全年基金收入13.5亿元，支出12.13亿元，累计结余23.02亿元。自10月1日起全省工伤风险行业类别从原来的三类划分为八类，平均费率从0.93%降为0.75%，每年减轻单位缴费负担2.56亿元。出台了《云南省工伤保险调剂金暂行办法》，规定省、市“两级”分别保持当年结余15%储备调剂基金，用于省级层面统筹调剂与州、市级预留储备相结合的基金调节机制。

（陈旭东）

社会管理

人事工作

【人社服务稳增长促跨越大局】 2015年，为推动经济转型升级，云南省人社厅出台了“贯彻省委促跨越发展24条”“人社工作服务稳增长10条”和“人社工作服务企业20条”。召开了全省人社工作服务企业发展座谈会，开展了“人社工作服务百家企业专项行动”，全省人社系统447名厅（局长）共计1483人（次）深入到1204户企业，为企业送政策、送信息、送服务。同时为服务全面建成小康社会和脱贫攻坚大局，按照“一户一人、一人一技、一技促脱贫”的思路，云南人社系统通过“四个一批”（即培训一批适应当地产业发展需要的劳动者、转移一批技能劳动力、培养一批适应我省重点产业发展的技能人才、创业扶持一批劳动者就业）技能扶贫行动，在昭通市镇雄县、曲靖市会泽县开展技能扶贫专项行动试点；整合省、州、县、乡四级资源，在怒江州独龙江乡和迪庆州奔子栏镇开展人力资源综合开发试点工作，从创业帮扶、就业扶持、人才开发、干部培养、服务体系等方面推进人力资源综合开发精准扶贫。

【人社服务基层“五个不出村”】 自2014年9月启动人社服务群众“最后一公里”试点建设以来，在总结18个试点县经验的基础上，云南省推进人力资源和社会保障信息化建设，深入开展打通人社服务群众“最后一公里”工作，把人社惠民政策、利民措施、便民服务送到村一级。截至2015年11月底，全省共有61个县开展了建设工作，覆盖6512个行政村，通过互联网、人社专网、党建综合服务平台、网上办事大厅、惠农支付等手段，初步实现了不出村就能“咨询政策和查询个人信息、找到工作、办理社保、维护劳动者权益、享受金融服务”的人社业务“五个不出村”的目标。

【人才队伍建设】 2015年，完成了《高技能人才中长期发展规划2010~2020》的中期评估和《“十二五”人才工作总结和“十三五”人才工作计划》的编制。引进海内外高层次人才1003人，授予10名外国专家“彩云奖”，评选国家“百千万人才工程”人才6名、“省贴”100名、“云岭首席技师”42名。出台了《关于调整我省专业技术人员计算机应用能力考试有关规定的通知》，调整专技人员晋升中高级职称中的计算机应用能力考试政策，全年晋升高级职称人员共2.7万人，其中基层专技人员1.4万人。印发《关于下放部门州（市）中小学教师高级职称评审权的通知》和《关于进一步下放我省高等学校高级职称评审权的通知》，下放部分高等院校教师和8个州（市）中小学教师高级职称评审权。实施了“万名专家服务基层行动计划”和“中国博士后西部服务团”专家服务活动，先后3次组织40余名省内外高层次专家到丽江市、玉溪市和昭通市的县乡基层开展科技和智力服务活动。实施国家及省级引智项目59个，引进项目专家200人次。出台《专业技术人员继续教育规定》实施细则，新增云南民族大学为国家级专技人员继续教育基地，举办专技人才知识更新高级研修班7期，共培训550余人。赴国（境）外进行短期和中长期培训人员336名，参加中国国际化人才外语考试362人。出台了《云南省人力资源和社会保障厅关于加强职业能力建设工作的意见》，召开全省职业能力建设工作暨技工院校改革创新推进会。下发《关于做好2015年全省技工院校招生工作的通知》和《关于转发人力资源社会保障部办公厅<关于集中开展技工院校招生宣传活动的通知>的通知》，将全省技工院校纳入全省中职学校统一宣传、招生和录取平台，共招生4.2万人，认定公共技能实训基地16个。下达云南籍高级工预备技师学生省级财政补助资金2694.8万元，共补助1.34万人。出台《云南省技能扶贫专项行动方案》和《云南省人力资源和社会保障厅 云南省总工会关于加强企业职工培训工作的意见》，开展“春潮行动”和“云岭企业职工职业技能”提升工程，分别培训28.6万和10万人次。全省组织各类职业培训62.7万人次，其中62万人次参加职业技能鉴定，53万人次获得职业资格证书、5万人取得专项职业能力证书。全省新增高技能人才8.14万人，其中技师和高级技师7282人。

【规范事业单位人事管理】 2015年，深入宣传和贯彻落实《事业单位人事管理条例》，起草了全省事业单位人事制度改革的总体方案和意见。开展机关事业单位“吃空饷”问题集中治理工作，共清理机关事业单位5万个，清理编制总数132.25万名，清理工作人员总数166.51万人（含离退休人员43.23万人），清理覆盖面达100%，清理出单位“吃空饷”16个，涉及人数25人，涉及金额269.28万元；个人“吃空饷”635人，涉及金额854.62万元。截至2016年2月16日，追缴资金691.21万元，清退47人，清理并退回借调人员349人，终止人事关系67人，办理离退休手续50人，核减“吃空饷”编制38名，追究领导党纪和政纪责任13人。下发了《云南省人力资源和社会保障厅关于2015年开展事业单位公开招聘突出问题专项检查的通知》，着力构建“统分结合”的公开招聘模式。全省各级事业单位1000个岗位定向招聘到基层服务四个项目服务期满的高校毕业生，已聘用638人。建立事业单位岗位向基层和重点行业倾斜的动态管理机制，对省级62家事业单位岗位设置方案进行了调整，核准全省专业技术二级岗人员43名。成立了云南省事业单位工作人员申诉公正委员会，负责指导全省事业单位工作人员申诉工作，并按规定受理和审理申诉和再申诉案件。

【公务员管理】 2015年，制定了《云南省党政机关公务用车制度改革司勤人员安置的实施意见》，深入推进党政机关公务用车制度改革。制定了《关于全面深化公安改革的实施意见》，启动公安机关人民警察人事管理制度改革。下发了《关于授权部分州市开展聘任制公务员管理试点工作的通知》，在红河州、西双版纳州、德宏州等地区开展聘任制公务员管理试点。制定出台了《云南省县以下机关建立公务员职务与职级并行制度的实施办法》，在曲靖市麒麟区、红河州建水县试点的基础上，深入推进县以下机关职务与职级并行制度。制定下发了《规范行政机关公务员职位职责试点方案》，并在省、市、区级部分行政机关试点。成立了省级和红河、保山等7个州市及省安全厅、地税局2个垂直部门的公务员申诉公正委员会，公务员权益得以进一步保障。此外，公务员队伍培训教育全面加强，实现了云南人才培训网与云南省干部在线网在公务员培训、考核和管理上的无缝对接，省直和州（市）级以下行政机关注册学习公务员分别达1.18万余名、5.8万余名；实施了基层公务员培训工程，培训基层公务员近6000人次；推进省院、省校人才合作培训，省人社厅与香港大公国际传媒学院签订了合作协议，与上海市人社局签署“2016~2020年沪滇人力资源帮扶合作工作备忘录”。

【公务员考试录用】 2015年，制定了《云南省关于做好艰苦边远地区基层公务员考试录用工作的实施办法》，对全省83个贫困县所属乡镇招录实行倾斜政策，着力破解艰苦边远地区“招人难”问题。全省全年招录公务员6972人。加强考官队伍建设，举办了10期初级面试考官培训班，1637人获得初级面试考官资格。

【工资收入制度改革】 2015年，制定下发了《云南省调整机关工作人员基本工资标准的实施办法》《云南省调整事业单位工作人员基本工资标准的实施办法》和《云南省增加机关事业单位离退休人员离退休费的实施办法》，进一步完善了机关事业单位工资制度。全省机关事业单位167万在职和离退休人员的调标增资审批兑现工作已全部完成，其中在职、离休和退休人员月人均净增资分别为373元、598元和369元。实行乡镇工作岗位补贴，对全省乡镇机关事业单位工作人员执行每人每月500元的乡镇工作岗位补贴，截至6月底全省各地已全面完成实施工作，共涉及45.31万人，发放金额13.36亿元。推行县以下机关建立公务员职务与职级并行制度，制定下发了《云南省县以下机关建立公务员职务与职级并行制度的实施办法》和《县以下机关公务员建立职务与职级并行制度35问》。7月起，在曲靖市麒麟区和红河州建水县开展先行试点工作的基础上，于9月起，在全省全面推进实施工作。截至2015年底，完成全省4.81万名职级晋升人员的增资审批兑现工作，月人均增资382元。积极稳妥推进国有企业负责人薪酬制度改革，出台了《关于深化省属企业负责人薪酬制度改革的实施方案》，省政府于10月9日召开了全省深化国有企业负责人薪酬制度改革工作电视电话会议。

【军队转业干部安置】 2015年，中央下达我省998名军转干部、36名随调家属安置任务。其中计划分配414名（含1名师职），自主择业584名，选择自主择业安置方式的军转干部人数首次超过选择计划分配安置方式的军转干部人数，占安置总数的58.5%。截至10月13日，全省997名团职以下军队转业干部、36名随调家属报到通知书全部发出，第22年在全国率先完成安置任务。5月，“云南省自主择业军转干部服务平台”上线运行，为自主择业军转干部提供了便捷高效的个人退役金查询、教育培训、求职就业、年度确认、政策宣传、在线解答、信息发布等服务。6月29日至7月24日，在昆明市、曲靖市、红河州、大理州设7个培训班，分集中培训、网络在线学习两个步骤，组织409名计划分配转业干部安置前适应性培训，参训率达99%、集中培训合格率达97.8%、网络在线培训合格率达96.3%。7月，启动了计划分配军转干部教育培训基地建设，评审认定了4大类15个教育培训基地。9月，国务院军转办将云南列为“全国自主择业军转干部管理服务平台”建设试点省份。此外，调整提高了企业军转干部解困补助标准，全省企业军转干部达18106人，全省纳入解困范围的在职、失业（内退）、退休企业军转干部月平均收入分别为3984元、3386元、3629元，增幅达8.2%、8.2%、15.4%，解困金总量由上年的1.7亿元增长到2.02亿元，增幅达18.8%；共走访慰问和个案救助5500多人，发放慰问金和救助金120多万元；召开企业军转干部代表座谈会13次共130多人次，接待来访160多批近300人次。

审计工作

2015年，在省委、省政府和审计署的坚强领导下，云南省审计机关积极适应经济新常态，牢固树立“五大发展理念”，认真践行“三严三实”和“忠诚干净担当”，紧扣习近平总书记对云南“三个定位”要求，紧紧围绕协调推进“四个全面”战略布局，围绕党委、政府中心工作，抢抓机遇、精准发力、履职尽责，认真履行审计监督职责，努力实现审计全覆盖。

【审计成果】 全省共审计单位1.2万个，查出违规问题金额247.55亿元、管理不规范金额3743.46亿元、损失浪费87.40亿元，被审计单位损益或收支不实问题金额111.13亿元。通过审计，挽回或避免经济损失33.16亿元；促进增收节支132.70亿元，其中：已上缴财政44.59亿元，已减少财政拨款或补贴10.77亿元，已归还原渠道资金77.35亿元。审计后移送司法、纪检监察及有关部门处理事项411件。被审计单位根据审计建议制定整改措施224项，建立健全规章制度417项。

【政策审计】 全省审计机关把稳增长促改革调结构惠民生防风险政策措施落实情况跟踪审计作为一项政治任务和重点工作来抓，加大对重大政策、重大项目、重点资金、简政放权等关键环节和领域的审计力度，较好地发挥了政策措施落实“督察员”作用。全省共投入审计力量4321人次，抽查项目1838个，上报审计报告9份，揭示了部分项目准备不足、重大工程建设项目推进缓慢、简政放权政策落实中放管结合不到位等各类问题87个，提出审计建议53条，清理盘活了8个州市存量资金60.7亿元，推动了计划投资233.3亿元的774个重大项目加快建设，有力地促进了各项重大政策措施落地生根。我省的经验和做法在审计署组织召开的会议上做了交流发言。

【财政审计】 全省审计机关不断强化财政审计大格局，积极创新预算执行审计工作模式，积极探索财政审计全覆盖。省审计厅对省财政本级预算执行情况、15个省级部门预算执行情况进行了审计，重点关注财政资金统筹使用和绩效、“三公”经费和会议费等管理使用情况，从纠正“四风”入手，促进各部门厉行节约和财政资金高效使用。首次对地税系统稽查部门的业务费管理情况开展审计，省地税局依据审计结果追缴入库税款、滞纳金及罚款7676.9万元。组织全省审计机关580名审计人员对全省林业系统2013年至2014年预算执行及其他财政财务收支情况采取“横向全覆盖，纵向一条线”方式进行全覆盖式审计。审计结果引起了李纪恒书记、陈豪省长等省领导的高度重视，分别做出重要批示要求林业系统认真进行整改。

【固定资产投资审计】 认真落实政府投资项目必审制度和跟踪审计制度，围绕“一带一路”重大项目开展竣工决算和跟踪审计，全省共完成政府投资审计项目8152个，审计投资总额1240.4亿元，核减投资额74.3亿元。省审计厅对24项政府投资重点建设项目进行了审计，查出问题金额26.51亿元，核减政府投资5.88亿元，揭示了工程造价不实、违规出借项目资金、未公开招投标、应缴未缴税金、建设工期滞后等问题。组织对德宏、红河、版纳等8个州（市）口岸及重点通道2013年至2015年10月的项目建设及专项资金使用情况进行审计，反映了口岸建设项目建设进展缓慢、部分专项资金闲置、同一项目重复申报等问题。对12个省级公立医院在建项目开展审计调查，揭示了部分项目未按批准床位数建设、部分项目存在举债建设及损失浪费等问题，引起省领导高度重视并作出重要批示，省卫计委建立了审计整改倒逼机制，出台了《基本建设项目管理暂行办法》规范医院在建项目建设。按照省政府和审计署要求，组织省、市、县三级审计机关对鲁甸地震灾后恢复重建第一阶段建设情况进行了跟踪审计，抽查恢复重建项目374个，审计金额157.8亿元，揭示了恢复重建资金落实不到位、使用绩效低、部分恢复重建项目进展滞后、个别市县职能部门管理缺位等问题，审计结果得到党中央、国务院领导的高度重视。省审计厅被省委、省政府表彰为“云南鲁甸地震抗震救灾先进集体”。

【民生资金（项目）审计】 坚持维护和保障民生，高度关注教育、医疗、住房、社保等群众最关心、最直接、最现实的利益问题，组织全省审计机关对全省保障性安居工程的投资、建设、分配、运营等情况进行审计，审计建设项目3204个，审计金额1652.16亿元，揭示了部分住房存在质量缺陷、部分保障房建成后空置时间较长以及挤占挪用、滞拨拖欠资金等问题，提出审计意见建议616条。采取“上审下”的方式，对全省129个县农村义务教育学校公用经费、寄宿生生活费补助、营养改善计划和免费教科书等四项资金进行了审计，抽查3171所学校和634个教学点，全面揭示了资金管理使用过程中的薄弱环节和风险隐患，重点查处了侵占学生利益、公款私存私设小金库等问题。李纪恒书记、陈豪省长、李江常务副省长、高峰副省长均做出重要批示，要求各级各部门加强监管形成长效机制。省政府召开专题会议研究部署农村义务教育资金审计整改工作。

【农业与资源环保审计】 全省审计机关把“保护自然资源资产、守住云南绿水青山”作为审计目标，实施立体多维的环境保护审计监督。以“摸现状、揭问题、促保护”为重点，组织对九大高原湖泊水污染综合防治情况进行了审计调查，揭示了湖泊开发建设规划与保护条例冲突、水污染防治“十二五”规划项目执行进度滞后等问题。李纪恒书记、陈豪省长均做出重要批示，要求相关州市加大问题整改力度。对楚雄州、玉溪市、滇中产业新区高原特色农业项目进行审计，揭示了项目补助资金小而散、部分项目决策不科学、项目管理不完善和资金使用不合规、部分项目存在环境污染隐患等问题。根据审计署授权，对国际农业发展基金贷款云南农村综合发展项目、世行贷款云南职业教育发展项目等10个国外贷援款项目的财务收支及项目执行情况进行了审计，揭示了配套资金不到位、项目进展缓慢、未严格执行招投标、违规出借项目资金等问题。

【经济责任审计】 全省审计机关全面推广运用经济责任审计6个评价办法，围绕“四权一廉”开展审计监督，关注领导干部经济责任履行情况，关注行政权力运行情况，在加强领导干部监督考核中发挥了重要作用。全省共审计领导干部926名，其中，省审计厅对15名省管领导干部进行了经济责任审计，在迪庆州原州长、怒江州长、保山市隆阳区委书记3个审计项目中，探索开展领导干部自然资源资产审计。陈豪省长对省审计厅报送的《2014年度省管领导干部经济责任审计情况综合报告》做出批示，要求监察、审计、人社等部门联合推出整改措施，责成相关部门主动整改和查处。

【企业审计】 根据省委、省政府要求，省审计厅把企业审计作为一项助力全省经济发展的重大任务来抓，对26家省属国有企业、金融机构2012至2014年度资产负债损益情况进行了全覆盖审计。按照“强化管理、推动改革、反腐倡廉、维护安全、促进发展”的思路和“定性、定损、定责”的要求，揭示了省属国有企业存在的7个方面问题，移送有关部门处理问题线索77个。省委、省政府主要领导多次听取审计汇报，提出了整改要求。省委第127次常委会和省人民政府第71次常务会议分别听取了审计情况汇报，省委、省政府出台10多项深化企业改革的文件。

【自身建设】 全省审计机关切实加强机关党的建设、领导班子建设、思想作风建设、职业能力建设和党风廉政建设，坚持以品德为核心、作风为基础、能力为重点、业绩为导向，着力打造一支政治强、业务精、作风优、纪律严的审计铁军。注重在作风、纪律、能力三个方面下功夫，持之以恒地抓审计队伍的作风建设，营造了良好的干事创业环境；以提升审计队伍专业能力为目标，优化专业结构、学历结构，不断提高专业胜任能力；强化对审计权力运行的监督，严格遵守廉政纪律，健全完善廉政风险防控机制，维护审计机关清正廉洁良好形象。全年全省审计系统（含单位和个人）获得省部级以上的表彰奖励共21项，其中，省审计厅通过“全国文明单位”复核，在全省综合考核中连续3年被评为优秀单位，连续4年被评为惩治和预防腐败体系建设暨党风廉政建设责任制考核优秀单位，连续8年被评为机关党建目标责任制考核优秀单位。

（褚文勋）

民政工作

【民生福祉持续改善】 五年来，全省累计投入民政事业经费965.9亿多元。城乡低保月人均补助水平由162元和70元增加到311元和142元；农村五保集中和分散月供养标准分别由250元和116元增加到361元和171元。省级和所有州市均建立了重特大疾病救助专项基金；“一门受理，协同办理”服务窗口和医疗救助即时结算“一站式”信息平台全面建立。投入救灾资金96.35亿元，救助受灾群众3041.9万人，争取恢复重建资金250多亿元，帮助受灾群众恢复重建倒损民房31.47万户。实现退役士兵城乡一体化安置；重点优抚对象抚恤补助标准年均增幅达15%。全省累计发放高龄补助13.7亿元。孤残儿童、感染艾滋病儿童等特殊困难群众生活保障得到有效保障，民政兜底保障作用更加彰显。

【公共服务扩面提质】 五年来，中央和省级累计投入23亿元，建成了一大批养老服务设施，以居家为基础、社区为依托、机构为补充的社会养老服务体系初步建立，与“十一五”末相比，全省社会养老床位由4.43万张增加到12.7万张，增长189%，每千名老年人拥有社会养老床位由9张增加到23张，增长156%，增长率位居全国前列。累计投入经费近1.8亿元补助建设救灾物资储备库项目93个，形成以省级救灾物资储备库为中心，以滇中、滇东北、滇南、滇西、滇西南省属分库为基础，以州（市）所在地救灾物资储备库为辐射，以县级库为支撑，以乡镇储备库（点）为补充，布局合理、点面结合、辐射全省的救灾物资储备网络基本形成。22个儿童福利机构建成投入使用。蒙自、文山、弥勒、香格里拉、腾冲撤县设市，呈贡、江川撤县设区以及昆明市、盐津县政府驻地迁移获国务院批准，全省县级市数量由11个增加到14个，市辖区由12个增加到14个，行政区划设置更趋科学合理。殡葬改革深入推进，与“十一五”末相比，殡仪馆数量增长56%，农村公益性公墓数量增长53%，经营性公墓数量增长14.5%。全省共办理结婚206.33万对、离婚33.51万对，共救助救治各类人员33.57万人次，年平均救助67158人次。

【社会治理拓能增效】 五年来，村务公开进一步深化，社区工作条件和工作人员待遇稳步改善，村干部激励保障和监督机制进一步健全完善；指导全省12033个村委会和2208个居委会顺利完成换届选举工作；共投入资金近2.7亿元，资助建设了1500个城乡社区服务设施建设项目。社会组织登记体制不断深化，通过降低门槛、扩大直接登记范围、简政放权、加快政府职能转移、建立财税培育扶持机制、加强规范管理等措施，社会组织发展环境不断优化，我省社会组织登记管理工作走在全国前列，社会组织总数达2.17万个，比2010年增长71.7%，全省每万人拥有社会组织达4.6个。争取中央和省级财政支持社会组织参与社会服务项目239个、资金近2.2亿多元。率先建立社会组织参与救灾机制。全省社会工作专业人才3.5万人，其中持证的社会工作师、助理社会工作师人数达1851人。在鲁甸6.5级地震中，社工专业人才在灾害工作中的作用发挥明显，“五队一组一中心”的工作模式，得到了民政部肯定和社会好评。

【综合能力巩固提升】 五年来，先后制定和推动出台了《云南省自然灾害救助规定》《云南省退役士兵安置规定》《云南省行业协会条例》和《云南省社会救助实施办法》等一系列政策法规。省州县三级全面建立居民家庭经济状况核查机构，新增人员编制497名，有专兼职社会救助工作人员2710名。婚姻登记实时在线登记、优抚数据管理四级联网、城乡低保信息系统部省联网等工作取得重大突破，极大地提高了民政工作保障能力和规范管理水平。

社会事务管理

【在滇境外非政府组织备案管理】 截至2015年底，在云南省民政厅备案的境外非政府组织共38个，来自10个国家和地区，在滇开展项目活动领域包括医疗卫生、教育、农村社区发展、扶贫、环保、救灾等方面，范围覆盖全省16个州（市）。对在滇境外非政府组织，云南省民政厅一方面坚持执行约谈、年度报告、重大事项报告等制度，及时宣传政策，引导其依法开展项目活动；另一方面积极协调相关部门帮助已备案的境外非政府组织解决困难和问题。

（邵丽萍）

【社会组织登记】 截至2015年底，在云南省各级民政部门登记的社会组织共21702个（其中：省级1364个，州市级3774个，县级16564个；社会团体14550个，民办非企业单位7052个，基金会100个），较“十二五”初期增长71.75%。各类社会组织活跃在经济、科技、教育、文化、劳动、卫生、体育、生态环境、社会事务等各个领域，成为推动云南省经济、政治、文化、社会建设的一支重要力量。在登记的社会团体中，行业协会（商会）1118个，农村专业经济协会3325个，农村扶贫互助社1178个，慈善会176个。登记的民办非企业单位中，民办教育机构4934个（其中：幼儿园3342个、小学217个、中学129个、中专39个、大专以上19个，培训学校1131个，其他57个），民办卫生医疗机构429个、民办社会服务机构405个(包括城镇民办养老机构228个，社工服务机构157个）、体育类352个、文化类243个、科学研究类（自然科学和社会科学）171个，其他类民非为518个。在100个基金会中，公募基金会45个、非公募基金会55个，主要分布在教育、社会福利（残疾人服务）、社会救助、扶贫、卫生、文化、公益慈善、体育、养老、青少年及妇女儿童发展、见义勇为、法律援助、禁毒防艾、环境保护等领域。

（梁　丹）

【社会组织年检】 不断总结社会组织年检经验，提前部署和启动2014年度年检工作；实行上门联合年检,采取由业务主管单位预约时间、组织安排、提供场地、先行初审，登记管理机关上门年检，现场办结的方法，对近50%的社会组织提供上门年检服务；对未按期参检社会组织采取措施积极催检。截至年检结束时间，省本级应参检社会组织1166个，已检1066个，参检率91.4%。

（岳金锁）

【社会组织信息公开】 在总结2014年社会组织信息公开经验的基础上，2015年对省级社会组织实行全面公开，公开比例达到100%，全面接受社会公众监督。

（岳金锁）

【社会组织内部规范化建设】 先后制定了《云南省社会组织行为规范和活动准则》《云南省社会团体换届指引》《社会团体内部管理制度示范文本》《民办非企业单位换届指引》和《基金会换届指引》等规范性文件，进一步规范社会组织活动和行为，引导社会组织建立完善以章程为核心的法人治理结构，强化社会组织自律和能力建设。

（岳金锁）

【社会组织分类评估】 坚持把评估作为提升社会组织自身能力素质的有效举措，积极推进社会组织分类评估工作，2015年，经宣传动员、申报、资格审核、公告参评资格、自评、评估专家小组实评、评估委员会评审、向社会公告评估等级等程序，对省级符合评估条件的民办非企业单位、行业协会商会二类共88个组织进行了分类评估，最终评定出5A级6个，4A级23个，3A级40个，2A级16个,1A等级3个。

（岳金锁）

【村（居）民自治】 2015年7月30日，云南省十二届人大常委会第十九次会议通过了《关于统一全省村民委员会和城市居民委员会换届选举时间的决定》，全省从第六届村民委员会、第五届城市居民委员会换届选举开始，统一村民委员会和城市居民委员会换届选举时间。全省第六届村民委员会和第五届城市居民委员会换届选举工作将从2016年1月开始，至2016年7月结束。2015年任期届满的城市居民委员会换届选举工作推迟1年，2017年任期届满的城市居民委员会换届选举工作提前1年，全部统一到2016年与任期届满的村民委员会同步换届。再次提高村（社区）干部补助标准，2015年1月1日起，省级补贴在原有基础上每人再增加 100 元，村、社区干部补贴标准分别不低于每人每月 1400 元、2000 元。年内下拨 2015 年度全省社区党组织和居委会专职工作人员生活补贴以及社区工作人员教育培训经费 10358.6 万元。

（陶乃静）

【城乡社区建设】 2015 年 7 月 30 日，省民政厅、省发改委、省工信委、省公安厅、省财政厅联合印发《关于加强社区公共服务综合信息平台建设的指导意见》，推动城乡社区综合服务信息平台建设。积极推进社区治理和服务创新实验区创建工作，麒麟区被确定为第三批“全国社区治理和服务创新实验区”。深入推进“民主法治示范村（社区）”建设，全省 17 个村（社区）被司法部、民政部命名表彰为第六批“全国民主法治示范村（社区）”。推进城乡社区办公用房和服务设施项目建设，省级福彩公益金安排 2600 万元用于补助 131 个城乡社区办公用房和服务设施项目建设。省委组织部、省民政厅联合转发民政部、中组部《关于进一步开展社区减负工作的通知》，要求各地认真落实社区减负各项工作任务，推动动社区减负工作。落实省委、省政府《关于加强法治建设创建平安云南的意见》和深化行业系统平安建设的总体部署，出台《云南省深化创建平安社区工作实施方案》。

（陶乃静）

【第二次全国地名普查】 根据国务院《关于开展第二次全国地名普查的通知》要求，云南省于 2014 年 7 月全面启动第二次全国地名普查工作。2015 年，完成了地名普查技术服务采购工作，落实了年度工作经费，部分州（市）开展了外业调查并形成了普查成果，认真开展形式多样的普查宣传活动，组织了全国及省级普查业务培训。按照国务院要求和省政府的安排部署，16 个州（市）地名普查工作正有序推进。

（杨 艳）

【行政区划调整】 2015 年 8 月 4 日，国务院批准撤销腾冲县，设立县级腾冲市；12 月 3 日，国务院批准撤销江川县，设立江川区；12 月 13 日，国务院批准盐津县人民政府驻地由盐井镇政通路 14 号迁至盐井镇通和路 7 号。2015 年全省共撤销 16 个乡设为镇。截至 2015 年底，全省共有 16 个州市，其中，8 个自治州、8 个地级市；129 个县市区，其中 73 个县、29 个自治县、14 个县级市、14 个市辖区；有 1389 个乡镇，其中，681 个镇、405 个乡、140 个民族乡、163 个街道办事处。

（杨 艳）

【地名法制建设】 制定出台了《云南省行政区划调整社会稳定风险评估制度》和《云南省行政区划调整专家论证制度》，两项制度对加强行政区划工作程序规范化建设，促进我省行政区划工作有序推进具有重要指导作用。两项制度被民政部作为参阅文件引发全国各省（市、自治区）学习借鉴。

（杨 艳）

【界线联检】 2015 年，全省完成了 7 条州（市）间 29 条县级界线和州市辖区内 46 条县级界线联检任务，圆满完成省级和州（市）平安边界考评工作，全省未发生因边界问题引发的纠纷。

（杨 艳）

【殡葬改革】 2015 年，省委、省政府更加重视殡葬改革，省政府组织召开了全省殡葬改革工作推进会，并与 16 个州（市）政府签订“十三五”殡葬改革工作目标责任书。对全省殡仪馆、经营性公墓开展了殡葬服务专项整治，进一步提高了殡葬管理服务水平。认真贯彻落实省委办公厅、省政府办公厅《关于充分发挥党员干部带头作用 大力推进殡葬改革的实施意见》，省监察厅、省民政厅联合发文，对党政机关、企事业单位党员干部及其家属违规建大墓、豪华墓、活人墓、丧事活动大操大办等情况开展了专项检查。

（杨 杰）

【殡葬行业从业人员队伍建设】 积极组织参加民政部殡葬职业技能鉴定，190 名学员参加了全国统一鉴定考试，172 名学员鉴定合格，合格率达 90%。全省殡葬从业人员持证上岗人数达到 851 人，持证上岗率达 85% 以上。

（杨 杰）

【殡葬基础设施建设】 加大殡仪馆、农村公益性公墓等基础设施建设投入力度，稳步推进惠民殡葬和节地生态安葬，我省有殡葬管理执法机构 48 个，有 107 个殡仪馆（其中投入使用 81 个，在建 26 个）、71 个经营性公墓、726 个农村公益性公墓，推行火化的县（市、区）达到91个，全省火化率达到40.8%。

（杨 杰）

【婚姻登记】 2015年，全省办理结婚登记46万余对，离婚登记8.6万余对，补录婚姻历史数据176万余对，向民政部上传云南婚姻登记数据253万余对，部婚姻数据中心回写数据20余万对。根据民政部《关于进一步规范（无）婚姻登记记录证明相关工作的通知》的规定，我省自2015年10月10日起，除办理涉台和9个国家（即哈萨克斯坦、芬兰、奥地利、荷兰、德国、阿根廷、乌拉圭、墨西哥、波兰）的公证事项仍可继续出具证明外，不再向任何部门和个从出具（无）婚姻登记记录证明。

（李小燕）

【流浪乞讨人员救助】 2015年争取中央财政流浪乞讨人员救助补助资金3477万元、民政部本级福利彩票公益金250万元，省财政安排救助管理工作专项补助经费265万元、省本级福利彩票公益金1000万元，资助新建、维修22个救助管理机构建设项目（其中，新建11个，维修、缺口补助11个）。2015年全省共救助各类人员6.55万人次，其中救助成年人5.85万人次、未成年人6946人次；主动救助1.56万人次，接护送8546人次，安置3079人。

（田 骁）

社会救助

【城乡低保】 深入贯彻《云南省人民政府关于进一步加强和改进最低生活保障工作的实施意见》以及省委省政府关于"十二五"期间促进城镇居民增收的精神，落实两个"以奖代补"资金，出台资金管理办法，开展"关系保"、"人情保"专项整治行动，推动城乡低保工作向规范施保、精准救助持续迈进。截至2015年底，全省有城市低保对象98.11万人，占非农业人口数的7.7%，累计发放低保金36.74亿元，平均保障标准400元/月，月人均补助317元；有农村低保对象455.26万人，占农业人口数的13.3%，累计发放低保金77.82亿元，平均保障标准2294元/年，月人均补助142元。2015年中央补助我省城乡低保资金75.05亿元，省级预算安排28.67亿元。制定了《云南省城乡困难群众基本生活救助补助资金管理办法》，简化了城乡低保及临时救助资金拨付流程及时限，将补助资金年终历年滚存结余率从控制在当年支出资金总额的10%调整到5%以内，推动消化结余资金。明确了工作经费使用范围及各级留存使用比例，确保不低于50%的工作经费投入到县级以下基层部门，并从2016年1月起，全面实行城乡低保资金按月社会化发放。

（张玉芸）

【农村五保供养】 截至2015年底，全省实有农村五保供养对象20.7万人，其中集中供养4.1万人，集中供养率20.1%。农村五保集中供养、分散供养平均标准分别达361元/月、171元/月。

（张玉芸）

【农村敬老院】 截至2015年底，全省共有农村敬老院686所，床位5.17万张。2015年，省级下拨农村敬老院建设资金1.6亿元，资助农村敬老院新建、改扩建项目93个，项目全部建成后预计可新增供养床位8000张。

（张玉芸）

【城乡医疗救助】 印发《云南省人民政府办公厅转发民政厅等部门关于进一步完善医疗救助制度全面开展重特大疾病医疗救助工作意见的通知》，全面推进医疗救助"一站式"即时结算信息化建设，重特大疾病医疗救助全省实施。2015年1~12月，累计支出医疗救助资金11.7亿元，救助705.67万人次。其中资助参保参合支出4.5亿元，资助620.03万人；直接救助支出7.14亿元，救助85.64万人；重特大疾病住院救助支出资金1.9亿元，救助8.91万人次，重特大疾病门诊救助支出资金804.5万元，救助1.75万人。2015年中央补助我省医疗救助资金8.2亿元，省级预算安排8780万元，并从城乡低保资金中切块安排8000万元专项用于建立省级及州市级统筹的重特大疾病医疗救助基金；其中600万元留作省本级使用，7400万元用于补助各地重特大疾病医疗救助基金。省民政厅与省财政厅共同制定了基金管理办法，将重特大疾病医疗救助病种从8个增加到22个，有效开展重特大疾病医疗救助工作。

（张玉芸）

【临时救助】 印发《云南省人民政府关于全面建立临时救助制度的实施意见》，进一步发挥托底保线、救急难作用，解决困难群众突发性、紧迫性、临时性生活困难。1~12月，累计支出临时救助资金3.4亿元，救助58.34万人次，人次均救助582元。2015年中央补助我省临时救助资金1.5亿元，省级安排临时救助资金1.5亿元。在省级24个综合试点的基础上，确定了13个全国综合试点（含3个央企定点扶贫县），深入开展“救急难”试点工作，下拨“救急难”试点专项资金1600万元，在统筹社会救助资源、鼓励社会力量参与、探索税费减免方面取得了初步成效。

（张玉芸）

社会福利

【儿童福利】 安排中央和省级福彩公益金2700万元支持新建9个、改建10个、配置设施设备12个儿童福利机构项目；安排250万元支持7个项目开展残障儿童康复训练和特殊教育专项工作；抓好基层儿童之家建设推进工作。先后安排370万元省级福利彩票公益金支持条件成熟的沾益等15个县（市、区）和昆明市儿童福利院先期进行儿童之家试点建设；抓好孤儿等特困儿童基本生活保障工作。中央和省财政按照月人均875元的标准为全省2.42万名孤儿、感染艾滋病病毒儿童及事实无人抚养儿童配套安排基本生活费2.54亿元。加上各州（市）、县（市、区）配套安排的补助费，全省散居孤儿等特困儿童补助标准达到每人每月1049元；集中供养儿童补助标准达到每人每月1749元。

（李　利）

【残疾人福利】 完成《云南省困难残疾人生活补贴和重度残疾人护理补贴制度实施办法》的调研起草工作，并报请省政府常务会议审议。继续扶持福利企业健康发展，开展社会福利企业年检，加强精神卫生社会福利机构管理。争取中央专项彩票公益金6000万元，用于丽江市、红河州精神病人福利院建设。积极推广使用康复辅具及无障碍设施。严格开展假肢和矫形器（辅助器具）生产装配企业资格认定，落实“福康工程”和“义肢助残”康复项目工作。

（陈　熙）

【老年人福利】 资助城市公办养老机构1.66亿元，其中资助新建项目1.13亿元，新建改扩建城市公办养老机构22个，新增床位3608张。截至2015年底，全省共有城市公办养老机构134个，床位2.40万张（含新建在建）。出台《云南省物价局 云南省民政厅关于规范养老机构服务收费管理促进养老服务业健康发展的指导意见》，进一步规范全省养老机构设立许可工作，加强对养老机构的制度化管理，提升服务质量和服务水平。

（李　智）

【福彩公益金管理使用】 以民政部建设“阳光福彩”专项行动为指导，深入开展建设“阳光福彩”专项行动，通过建立健全福利彩票发行销售管理制度体系、建立健全公益金使用管理制度体系和健全信息公开制度，不断提升和树立福利彩票公益形象与公信力，彰显福利彩票“扶老、助残、救孤、济困”发行宗旨和公益使命。2015年省本级福利彩票公益金资助老年人福利类项目、残疾人福利类项目、儿童福利类项目、其他社会公益类项目共计747个，资金3.3亿元。

（陈　熙）

双拥优抚安置

【双拥工作】 省委、省政府、省军区印发《关于进一步加强新形势下双拥工作的意见》，深入开展“双拥在基层”活动，为部队协调解决基础设施建设、随军家属就业、子女入学入托、军地纠纷等一大批困难问题，有力促进了军民融合深度发展。

（王文跃）

【优抚工作】 积极牵头协调相关部门，制定出台了《关于提高出国参战民兵民工生活补助标准的通知》《关于做好城镇部分重点优抚对象生活困难补助发放工作的通知》等一系列政策文件，将出国参战民兵民工生活补助由60元提高到120元，建立了每人每月增加10元的年增长机制，为城镇无工作单位且生活困难的重点优抚对象每人每月发放400元困难补助。认真参与组织开展了纪念抗战胜利70周年系列活动、护送抗战老兵赴京参加阅兵仪式和烈士纪念日公祭活动。通过购买社会组织服务方式，按照每人每月500元标准，向652名原国民党抗战老兵发放生活救助金。争取中央财政支持优抚事业单位建设项目8个、资金1560万元；投入省级福彩公益金1400万元，资助17个烈士陵园建设项目。

（李　黎）

【安置工作】　圆满完成退役士兵年度接收安置任务，加大“订单式”“定岗式”培训力度，多措并举促进退役士兵创业就业，保障了退役士兵各项权益。严格落实军休干部“两个待遇”，军供保障有力有序。

（王文章）

老龄事业

【“十二五”老龄规划终期评估检查】　在各地自查评估的基础上，省老龄办协调省老龄委成员单位组成8个检查组深入各地，利用《云南省老龄事业发展“十二五”规划评估指标体系》，对《规划》贯彻执行情况进行实地评估检查。撰写了“十二五”规划终期评估报告上报省政府和全国老龄办。

（张正永）

【养老服务政策创制】　出台《关于居家养老服务设施建设及运营管理实施意见》，进一步明确了居家养老服务设施建设的目标任务、功能作用、建设标准以及申请该项目补助的程序等。委托云南省经济研究院和云南省财经大学对云南省老龄产业发展进行研究，起草《云南省老龄产业发展五年规划》和《云南省老龄产业发展中长期规划》。

（张正永）

【城乡社区居家养老服务设施建设】　投入资金210万元，用于昆明市老年人活动中心社区养老服务信息平台建设、江川县和腾冲县养老服务信息平台建设。安排303个居家养老服务中心项目，补助资金1.17亿元。由独立第三方机构对全省城乡居家养老服务中心项目进行绩效评价，进一步加强城乡居家养老服务中心项目监督和管理，全面了解掌握财政资金和福彩公益金资助的项目建设及运营情况。

（张正永）

【农村基层养老服务设施建设】　争取中央福彩公益金3396万元，扶助建设1132个农村幸福院；安排省级福彩公益金200万元，扶助100个农村老年协会加强规范化建设，极大地改善了农村基层老年人的养老服务设施和文体活动条件。委托独立第三方机构对全省农村幸福院项目进行绩效评价。统一制作下发了3440块农村幸福院牌匾。

（张正永）

【惠老优待政策】　在医院、旅游景点、公厕、商业网点等主要服务窗口设置老年人优先、优惠和免费的标志，全面落实60周岁以上老年人持老年优待证免费乘坐城市市内公交车、进公园公厕和就医减免挂号费等优待政策，积极组织65周岁以上老年人免费体验。

（张正永）

【高龄补贴政策】　加大经费投入，持续跟踪督促各地提高补贴标准，规范高龄补贴审批发放工作。2015年，全省共有79.36万名80周岁以上老年人，发放高龄补贴4.99亿元，其中，80~99周岁老年人保健补贴标准达月人均55元，百岁老人的长寿补贴标准达月人均404元。

（张正永）

【基层老年协会建设】　加强基层老年协会“乐龄工程”建设，积极开展基层老年协会登记备案，组织实施“百村计划”完善文体活动设施，推进老年协会规范化建设，督促各地强化老年协会班子建设，完善各项规章制度。

（张正永）

【助老工作】　2015年，省老龄事业发展基金会争取政府购买服务资金200万元，帮助100户“五老”解决住房困难。按照每个州（市）15万元的标准，安排120万元资助8个州（市）18个县（市、区）实施“老年希望工程”，共1432名失能、半失能老人受益。

（张正永）

【老年节活动】　紧紧围绕2015年全国“敬老月”活动主题——“培育敬老家风、建设和睦家庭”，组织摄制敬老公益微电影《爷爷的电话》，评选第七届“云岭十大孝星”，举行“云南省2015年敬老月活动暨‘云岭十大孝星’颁奖典礼”，协调273.7万元组织开展了以“六个一”为主要内容的“彩云百岁寿星关爱行动”。

（张正永）

【第四次中国城乡老年人生活状况抽样调查】 根据全国老龄办统一部署，先后举办两期共400人参加的督导员、调查员培训，在全省8州（市）14县（市、区）完成了6720份样本报表数据的调查上报。

（张正永）

【敬老文明号创建活动】 督促各地切实加强第二批“敬老文明号”创建活动的组织领导，定期、不定期深入创建单位检查指导，对照创建标准提出整改意见，指导督查创建单位及时研究解决困难和问题。

（张正永）

【贫困老人意外伤害保险】 争取到由中国老龄事业发展基金会发起、爱心网友承办的“大爱无疆”资助贫困老人大型系列公益活动——“孤老救助（保障）大行动”保险金50万元，为西双版纳州景洪市1万名农村少数民族贫困老人免费办理意外伤害保险。

（张正永）

【老龄事业发展情况统计】 认真组织开展老龄事业发展情况统计工作，对全省各地的老年人口数量、老龄机构编制和落实、老年福利服务设施、经费投入、贫困老年人生活保障和为老服务情况等进行全面调查统计，为有针对性地开展老龄工作提供翔实的依据。

（张正永）

抗灾救灾

【基本灾情】 2015年，云南省先后经历了沧源“3・01”5.5级地震、镇雄“5・10”洪涝、富宁“8・22”滑坡、华坪“9・15”洪涝、昌宁“9・16”泥石流和昌宁“10・30”5.1级地震等严重自然灾害。全省因各种自然灾害造成1279.2万人次不同程度受灾，因灾死亡88人、失踪16人，紧急转移安置人口10.9万，民房倒塌0.8万间、损坏41万间，直接经济损失141.9亿元。

（丁艳琴）

【沧源“3・01”5.5级地震】 3月1日18时24分40秒在临沧市沧源县（北纬23.5度，东经98.9度）发生5.5级地震，震源深度11公里。地震造成临沧市沧源、镇康和耿马3县共11.40万人受灾，因灾伤病50人，紧急转移安置7.88万人，倒塌房屋101户303间、严重损坏房屋3759户11277间、一般损坏房屋18693户56079间，经省地震灾害损失评定委员会评定，地震造成直接经济损失8.38亿元。

（丁艳琴）

【夏旱】 2015年5月以来，严重的夏旱造成大理、丽江、楚雄、怒江、玉溪、保山等州市共488.84万人受灾，因旱需生活救助人口159.52万人（其中饮水困难人口120.62万人），农作物受灾面积520.66千公顷、绝收面积87.90千公顷，饮水困难大牲畜98.03万头（只），直接经济损失23.23亿元。

（丁艳琴）

【富宁“8・22”山体滑坡】 2015年8月22日19时许，文山州富宁至花甲公路K32+800米处左侧发生山体滑坡，造成富宁县13人受灾，因灾死亡12人、伤病1人。

（丁艳琴）

【华坪“9・15”洪涝和昌宁“9・16”泥石流】 9月15日晚到16日凌晨，丽江市华坪县北部出现局地性特大暴雨，造成丽江市华坪县3.73万人受灾，因灾死亡10人、失踪4人，房屋倒损5629间，紧急转移安置3076人，直接经济损失3.01亿元。9月16日2时至13时，保山市昌宁县境内出现特大暴雨，累积降雨量达259.8毫米，7时左右引发泥石流灾害，共造成保山市昌宁县1.54万人受灾，因灾死亡8人，房屋倒损3954间，紧急转移安置3023人，直接经济损失3.28亿元。

（丁艳琴）

【灾害救助】 灾害发生后，及时解决受灾群众实际困难，妥善安排受灾群众基本生活，确保了灾区社会秩序稳定。省减灾委办公室、省民政厅共启动救灾应急响应7次，其中，Ⅲ级响应4次，Ⅳ级响应3次，共安排下拨中央和省级救灾资金19.62亿元，向灾区调拨救灾帐篷7828顶、棉被11.8万床、大衣7.7万余件、衣服9.1万套、彩条布1万件、折叠床7080张等物资，救助受灾群众412万人次，确保了受灾群众“六有”。加强恢复重建督查，扎实民房恢复重建工作。截至12月31日，盈江、景谷地震灾区民房恢复重建已全部完工；鲁甸地震灾区修复加固民房已全部竣工，重建民房已竣工99.4%。

（丁艳琴）

【备灾工作】 为做好2015年防灾备灾工作，省民政厅积极争取民政部支持，加大代储中央储备物资力度。继续充实省级物资储备，采购储备了价值2470万元的省级救灾物资。加强救灾物资储备信息化建设。科学调整救灾物资储备格局，在加强省级库物资储备的基础上，对全省的救灾储备物资进行了调整补充，对多灾、易灾和3个地震重点危险区涉及的县（市、区），按照每县不少于500顶帐篷、1000床棉被、1000件大衣、500套衣服、200件彩条布的标准进行代储，确保灾害一旦发生，受灾群众可在12小时内得到基本生活救助，部分重点危险区可在6小时以内得到救助，这为今年的救灾工作提供了有力保障。

（丁艳琴）

【防灾减灾宣传】 切实履行省减灾委办公室的综合协调职能，以全国“防灾减灾日”“国际减灾日”等为契机，组织开展防灾减灾宣传教育活动；继续实施防灾应急“三小”工程，发放防灾小应急包50万个，组织开展防灾应急小演习3000余次，创建全国综合减灾示范社区20个，有效提高了人民群众防灾减灾意识和临灾条件下的自救互救能力。在应对自然灾害过程中，注重宣传救灾工作政策和救灾感人事迹，根据省委、省政府的安排部署，认真牵头做好云南鲁甸地震抗震救灾先进集体和先进个人表彰奖励工作。

（丁艳琴）

【政策性农房保险】 2015年，省政府安排地震保险保费补贴专项资金1969万元，省民政厅与财政、住建、地震、保监等部门多次召开协调会，赴大理州开展调研，多次修订完善试点方案，经省政府批准，印发了《云南省大理州政策性农房地震保险试点方案》。8月20日，省民政厅牵头在昆明举行了大理州政策性农房地震保险试点启动仪式，标志着云南巨灾保险工作的正式启动，这是我省在全国率先出台的地震巨灾保险试点。10月，保山昌宁发生5.1级地震，波及大理州永平县，省民政厅积极协调赔付工作，保险公司共赔付资金753.8万元，有效地为政府财政分担压力，转移风险，弥补地震恢复重建资金不足，减轻灾区群众负担。

（丁艳琴）

工商行政管理

2015年是全面完成“十二五”规划的收官之年，也是深化工商行政管理改革的关键之年。一年来，全省工商和市场监管部门认真贯彻落实党中央国务院、省委省政府和国家工商总局的重大决策部署，积极应对商事制度和自身管理体制“双重改革”，主动作为，攻坚克难，工商行政管理各项工作在改革创新中稳步全面推进，取得了明显成效。

【深化商事制度改革，市场活力有效激发】

“三证合一、一照一码”改革全面实施 按照省政府部署要求，省局牵头建立“三证合一”工作省级部门联席会议制度，加强与有关部门的协作配合，抓紧完成工商、质监、地税、国税四部门数据交换平台建设、业务系统升级改造、登记业务流程再造等各项准备工作，并按照“点上突破、州市先行、全面跟进”的原则，在滇中产业新区和8个州市、33个县（市、区）开展“一证三号”和“一照一码”试点的基础上，9月29日先于全国在全省全面实施“一照一码”。2015年全省共发放“一照一码”营业执照5.42万份，向质监、税务交换信息34万余条次。

“先照后证”改革深入推进 严格按照法律法规设置的3项和国务院保留的34项工商登记前置审批事项，做好“先照后证”改革后工商登记工作。认真贯彻落实《国务院关于加强“先照后证”改革后加强事中事后监管的意见》，牵头梳理并报经省政府审定同意，于年底公布了《云南省工商登记后置审批事项目录》，成为全国较先公布后置目录的省份之一。初步建立全省统一的工商登记后置审批事项市场主体告知工作制度，“双告知”工作不断规范。

登记注册便利措施深化落实 严格落实注册资本认缴登记制，认真执行《云南省市场主体住所（经营场所）登记管理办法》，制定出台《云南省个体工商户简易注销程序规定（试行）》，启用新版登记监管业务系统，实现了全省登记数据大集中。通过不断推进工商登记注册便利化，进一步改善了营商环境，激发了市场活力和创业热情。截至2015年底，全省实有各类市场主体233.69万户，新登记市场主体继续保持快速增长，达45.82万户，同比增长31.55%。其中，新登记内资企业11.7万户、外资企业361户、个体工商户33.63万户，分别比去年同期增长53.2%、7.76%、11.46 %。我省新登记企业数量同比增速排名全国前列。

扶持小微企业发展成效显著 围绕支持服务大众创业、万众创新，认真落实省委、省政府扶持小微企业发展的优惠政策，着力推进“两个10万元”微型企业培育工程，建成“云南省微型企业培育扶持工作信息平台”，初步实现微型企业培育网上申报、网上办理。2015年共受理微型企业扶持申请1.45万户，会审通过1.20万户，带动扶持企业投资25.58亿元、就业人员6.84万人，圆满完成了省政府下达的目标任务。积极建设小微企业名录系统，初步实现申请扶持导航等功能。认真开展鼓励创业带动就业“贷免扶补”工作，帮助2204户成功获贷，发放贷款1.51亿元，还款率99.2%。扎实推进非公经济组织党建工作，在全省建立16个非公党建工作联系点，非公党建工作机制进一步完善。

【加强事中事后监管，信用监管成效凸显】

云南省企业信用信息公示平台建设进展顺利 按照省政府的部署要求，省工商局牵头负责云南省企业信用信息公示平台建设任务，该平台旨在通过部门间信息共享，构建联合惩戒和协同监管的事中事后监管新机制，目前平台建设工作进展顺利。报请省政府办公厅印发《关于进一步贯彻落实〈企业信息公示暂行条例〉的通知》，进一步明确了各级政府及相关部门的公示义务和职责。

市场信息公示及抽查工作有序开展 2013年度和2014年度全省企业年报公示率分别为89.87%和86.67%，分别排名全国第七位和第八位，均超过了改革前的年检率。2014年全省个体工商户和农民专业合作社公示率分别为80.05%和84.28%。先后3次以随机摇号方式开展企业公示信息抽查工作，对全省1.67万户企业的即时信息、出资信息、年报信息情况进行了抽查；随机抽查了全省6.24万户个体工商户和农民专业合作社的年报信息。在16个州市分别选择1个县（市、区）进行“双随机”抽查试点，为全面开展“双随机”抽查进行了有益探索。

企业信用约束联动机制初步建立 制定《云南省企业经营异常名录管理暂行办法实施细则》，进一步细化了经营异常名录管理措施。截至2015年12月底，全省被列入经营异常名录的企业6.25万户。积极推动建立信息共享和信用约束联动机制，与省级8个部门就建立联合惩戒机制进行多次磋商，初步实现与省高院、省国税局、省公共资源交易管理局等部门的部分信息交换，依法对536名失信被执行人实施信用惩戒。积极开展司法协助信息公示工作，公示司法协助信息1700条。

【强化市场监管执法，市场秩序持续好转】

反垄断和反不正当竞争执法不断加强 报请省政府办公厅出台《关于促进市场公平竞争维护市场正常秩序的工作方案》，进一步明晰了省级39个部门的职责。积极拓展反垄断执法工作领域，严厉打击旅游行业滥用行政权力和滥用市场支配地位排他性竞争的违法行为。扎实开展反不正当竞争执法，查处案件1592件。稳步推进治理商业贿赂工作，查处案件32件。深入开展打击传销工作，查办案件672起，认定1市26县（市、区）为2015年度省级无传销城市。加大案件查办力度，依法查处各类经济违法案件7298件。

网络市场监管迈上新台阶 充分发挥云南省网络交易监管平台作用，采集网络经营主体数据信息2.13万条，推进电子标识管理工作，发放电子标识930个，网络监管基础工作得到夯实。组织开展红盾网剑专项行动、网上合同格式条款专项整治、打击利用互联网销售假冒伪劣农资行为专项行动，取得了初步成效。与省通信管理局建立网络交易网站监管工作协作机制，成为全国较先建立部门协作机制的省份之一。联合省政府研究室、商务厅开展云南省推进网商健康发展课题研究，形成了《云南网商发展情况调研报告》。

商标注册及专用权保护实现新突破 继续深入实施商标战略，全省有效注册商标总量达13.7万件，增幅达29%；新认定中国驰名商标23件，达108件；新注册地理标志商标11件，达131件；认定云南省著名商标487件，总数达1896件；我省企业通过马德里体系注册国际商标总数达107件。深入开展打击侵权假冒工作，查处各类侵权假冒案件539件，案值299.21万元。

指导成立云南省商标协会，帮助企业提高商标运用、保护和管理水平。按照市场化运作模式，积极推动商标广告博览馆建设。

广告市场监管取得新成效 强化新《广告法》学习宣传培训，推动新《广告法》的贯彻落实。建立云南省整治虚假违法广告联席会议工作制度，强化部门协作和齐抓共管。充分运用广告监管大数据平台，加强广告监测和结果运用，强化跨地区执法联动和协作配合，开展整治虚假违法广告专项行动，查处广告违法案件235件。在国家工商总局全年广告监测通报中，我省综合排名居于全国前列。指导和推动广告业发展，圆满完成昆明国家广告产业试点园区评估验收工作。

重点领域市场监管工作稳步开展 围绕社会关注度高、群众反映强烈的重点领域，继续打好市场监管“组合拳”，组织开展了农资市场、车用燃油、手机市场等专项整治行动，进一步净化了市场环境。积极推进市场诚信体系建设，共创建各级平安市场380个、农村文明集市224个、诚信市场999个。加强合同行政监管，成立合同格式条款评审委员会，组织开展旅游、银行、电信业、汽车市场合同格式条款整治。加强旅游市场监管，积极规范旅游市场秩序，查处旅游违法案件427件。深入开展红盾护农行动，查处农资违法经营案件451件，创建农资经营示范店1122个。认真履行查处无证无照经营联席会议办公室工作职责，积极参与社会治安综合治理、安全生产等工作，取得了明显成效。

【提升消费维权效能，消费环境不断改善】

12315消费维权体系建设步伐加快 整合省工商局内部资源，建立消保、12315、消协的“三消”联动工作机制，着力提升消费维权工作效能。全面启用全省统一的12315指挥中心平台、“云南工商”微信微博公众平台和手机APP客户端消费投诉通道。进一步延伸和拓展消费维权触角，联合云南省电信公司和中国移动云南公司在各级营业网点建立430个“12315消费维权服务站”。与云南广播电视台联合推出“天天3·15”广播节目36期，让广大消费者真切地感受到消费维权在身边。2015年，全系统共接到消费者投诉2.52万件、受理举报3006件，查处侵犯消费者权益案件548件。

流通领域商品质量监管力度加大 强化重点领域消费维权，开展流通领域商品质量监管和日常监督检查，加强商品质量抽查检验，突出查办消费侵权案件。全年共检测家用电子电器、服装鞋帽、装饰装修材料、交通工具类商品1294组，查处违法案件142件，案值331.03万元。开展流通领域儿童用品质量和农村商品质量专项整治工作，切实维护消费者合法权益。

消协组织作用有效发挥 圆满完成云南省消费者协会换届工作，省人大常委会王树芬副主任担任会长，组建了省消协建会以来最高规格的理事会领导机构，进一步强化了消协组织的地位和作用。联合省律师协会组建了云南省消费者协会律师团，为消费者提供义务咨询和法律援助服务。加强消费教育引导，组织开展女性羊毛衫10个品种的比较试验，发布消费警示提示18期。

质量技术监督管理

【质量技术监督工作概况】 2015年，在省委、省政府的正确领导下，在国家质检总局的有力指导下，全省质监系统遵循习近平总书记“三个转变”重要指示，深入贯彻中国质量（北京）大会、王勇国务委员调研云南质监工作重要指示和省委九届十次、十一次全会精神，认真落实“抓质量、保安全、促发展、强质检”工作方针，坚持改革创新，围绕中心、服务大局，突出重点、全面履职，主动应对改革带来的机遇和挑战，确保思想不乱、队伍不散、工作不断、监管不软，各项工作取得了较好成效。

【深入推进质量兴省战略】 切实履行省品质办职责，认真贯彻《质量发展纲要》，加强沟通协调，强化督促指导，狠抓工作落实，促进全省质量总体水平稳步提升。加强宏观质量管理。顺利通过了国务院质量工作实地考核，积极推进地方政府质量工作考核。抓好质量信用档案管理，建档企业2336家。健全产品质量信用信息平台，完善质量违法企业“黑名单”制度。认真落实产品质量统计分析制度，定期编制分析报告。首席质量官试点工作在昆明、大理、丽江等地取得阶段性成效。大力推进质量共治。与农业、交通、林业、旅游等部门签署战略合作协议，协同推进行业质量工作。落实企业主体责任，大力推行5S、六西格玛等先进管理方法，积极导入卓越绩效管理模式，质量管理示范企业达到198个，质量提升示范企业达到653个。昆明理工大学质量发展研究院累计培训质量人才3000多人，完成了全国品牌价值测算等研究项目。广大群众通过12365质量热线、96128政务查询专线等渠道，积极投诉、举报质量问题。大力宣传质量奖获奖企业等优秀质量管理典型。“人人关心质量、人人重视质量、人人创造质量、人人监督质量、人人享受质量”的良好社会氛围日益浓厚。持续开展“质量走廊”创建。累计投入资金5000多万元，打造质量示范单位1600多个，“七彩云南，质量走廊”已初步成为质量文化的宣传廊、质量提升的示范区、质量成果的风景线、质量惠民的主阵地、质量工作的大舞台。

【全力服务经济社会发展】 紧紧围绕省委、省政府促进经济平稳健康发展的决策部署，坚持在服务中找准定位、在服务中转变作风、在服务中建立信任、在服务中塑造形象。积极推进简政放权。行政审批事项由原来的21项精简到14项，将工业产品生产许可证的受理工作全部委托州（市）局办理。建成网上审批信息系统，积极推进行政审批标准化工作，试行工业产品生产许可证“先证后核”工作。完成了权力清单和责任清单编制工作。切实加强政务服务中心建设，完善行政审批程序，提供让群众满意的高质量政务服务。坚决执行小微企业收费优惠政策，暂停征收工业产品生产许可证审查费，取消检验检测机构资质认定（计量认证）收费。大力实施品牌战略。云南白药集团股份有限公司获得中国质量奖提名奖，完成省政府质量奖评选工作。20个项目获得“2015年度云南省标准化创新贡献奖”。昆明、曲靖等12个州（市）设立了政府质量奖。昆明、保山、丽江积极创建全国质量强市示范城市，全国知名品牌创建示范区11个，地理标志产品35个，云南名牌产品597个，积极参与云品工程建设。创新服务方式。先后制定并实施了服务工业强省战略36条、服务民营经济20条以及进一步发挥职能作用促进全省经济平稳健康发展的意见，宏观上大力营造积极有利的质量发展环境，微观上抓好具体产品和行业的质量提升。在昆明经济开发区、杨林工业园区等产业聚集区设立检验检测服务站，力争做到产业发展到哪里，质检技术服务就跟进到哪里。扎实推进重点产品和电子商务产品质量提升行动。广泛开展“五走进五联系”（走进企业、走进农村、走进园区、走进学校、走进社区以及联系重点企业、联系科技专家、联系老干部、联系普通干部职工、联系挂钩农户）活动。国家城市能源计量中心（云南）通过国家质检总局验收，完成367家重点用能单位能源计量审查，做好燃煤工业锅炉能效普查。完善便民措施。96128政务专线和12365举报处置指挥系统运转高效，工作质量和效率受到社会各界一致好评。结合质量月、“3.15”、“世界计量日”、“世界标准日”、“世界认可日”，广泛开展服务社会活动，发放质量宣传资料3.6万份，接受咨询服务5000多人次，免费维修、检定家用计量器具近6000台（件）。创建诚信计量自我承诺示范单位500多个，为500多家中小学校和乡镇社区提供免费计量服务，免费为集贸市场、超市（商店）检定衡器4.9万台（件）。

【切实强化质量安全监管】 牢固树立“红线”意识，强化底线思维，落实安全责任，硬化监管措施，狠抓薄弱环节，切实加大整治力度，没有发生区域性、系统性、行业性质量安全事件。严格重要工业产品监管。紧紧围绕食品相关产品、农资、建材、日用消费品、旅游消费品等重点产品加强监督抽查工作，抽查2044家企业2580个批次产品，合格率为84.38%，依法公开抽查结果，约谈不合格企业。加强质量安全风险预警监测，抽检8种331个批次重要消费品，发现12个批次产品存在隐患，及时将监测结果通报相关部门。强化事中事后监管，加大巡查力度，推进分类分级监管。严格特种设备安全监察。全省特种设备已经达到21万多台件，使用单位5万多家。扎实开展油气输送管道隐患整治攻坚战、电梯安全监管大会战和燃煤锅炉节能减排攻坚战，深入排查治理安全隐患，共出动执法人员1.5万多人次，检查使用单位9300多家，发现隐患和问题近8500个，发出《特种设备安全监察指令书》931份。严格执法打假。以“双打”“质检利剑行动”专项整治为重点，全系统出动执法人员2.7万人次，检查企业1.5万多家次，立案查处1142起，捣毁黑窝点29个，涉案货值6亿元，移送公安机关6起。

【着力夯实质量发展基础】 充分发挥技术支撑作用，支持企业质量创新，提高质量管理水平，降低生产成本，延伸产业链，提高产品附加值。强化计量的基础作用。省政府印发了《关于贯彻落实国务院〈计量发展规划（2013~2020

年)〉的实施意见》，建立省级最高计量标准140项，社会公用计量标准542项，量值传递体系基本满足全省经济社会发展的需要。强化标准的规则作用。全省共参与3项国际标准、398项国家标准和281项行业标准的制修订，地方标准达到2081项，1项国际标准提案获得通过，省级标准化专业技术委员会达到22个，初步形成了覆盖一二三产业和社会事业各领域的标准体系。新下达省级农业标准化示范区项目5个、省级服务业标准化示范项目9个，采用国际标准和国外先进标准企业达到143家，通过3A级以上“标准化良好行为”确认企业78户。强化认证认可的桥梁作用。完成《云南省人民政府关于加强认证认可工作的实施意见(代拟稿)》的起草工作。加强与有关部门沟通，建立了认证认可工作联合机制。制定并实施了《云南省实验室能力验证实施办法》，为社会提供公正数据的实验室达到1032家。组织全省206家粮油产品、艾滋病检测实验室开展检验检测能力验证工作，完成了全系统检验检测技能大比武活动。推进低碳产品认证，开展强制性认证产品监督抽查。强化检验检测的服务作用。面向南亚东南亚国家，积极开展检验检测国际合作。省计量院参与研发的“国家大直流电流计量标准研究建立与应用”项目荣获国家科技进步二等奖，省计量院被确定为全国质检系统首批科研成果转化基地和云南省高层次人才创新创业示范基地。对外合作共建老挝国家计量中心，与省建工集团在老挝建立了建筑质量检测中心，加快了“走出去”步伐。

【积极稳妥深化质监改革】 全系统切实把思想统一到党中央、国务院和省委、省政府、国家质检总局的决策部署上来，自觉适应改革，主动参与改革，积极推动改革。稳步推进县级部门整合。按照省委、省政府的要求，县级工商、质监、食药监等部门的整合改革正在实施。到目前为止，已有70个县(区、市)完成了整合。认真实施技术机构改革。省编办和省质监局就检验检测认证机构整合工作进行了专题调研，结合云南实际，积极研究检验检测认证机构整合指导意见和相关配套措施。初步完成全系统珠宝检验检测机构整合工作。积极支持组织机构代码改革。向省政府提交了《云南省组织机构代码配合“三证合一”、“一照一码”实施建议和配套措施》。自2015年9月29日起，不再向企业发放和更换组织机构代码证书；加强统一社会信用代码数据库维护工作。扎实推进标准化工作改革。认真贯彻落实《国务院深化标准化工作改革方案》，开展强制性地方标准清理工作，积极探索培育团体标准，放开搞活企业标准，强化标准的实施和监督。在推进改革的过程中，加大统筹协调力度，强化行业监管责任，加强对基层局的指导、监督和考核，及时研究解决体制调整后出现的新情况、新问题，保持质监工作的连续性、协调性和创新性。建立健全有关工作制度，完善更加科学高效的工作机制，保持质监业务的规范统一，发挥分级管理的体制优势，努力保持线不断、网不破、心不散。

国土资源管理

2015年，在省委、省政府的坚强领导下，省国土资源厅不断强化核心领导作用，围绕中心服务大局，努力适应经济发展新常态，积极应对经济下行压力加大、资源环境约束趋紧等重大挑战，统筹保发展、保资源、保民生，有效化解突出难题，不断规范国土资源管理秩序，强化稳增长要素保障，为全省经济社会健康发展做出了积极贡献。

【“十二五”时期国土资源管理工作情况】“十二五”时期，全省国土资源系统在省委、省政府和国土资源部的坚强领导下，认真履职尽责，完成了各项工作任务。一是国土资源得到有效保护，耕地保护责任进一步落实，实现了耕地占补平衡有余。矿产资源规划管控作用加强，资源整合持续推进。二是发展资源需求得到有力保障，共计审批建设用地209万亩，供应各类建设项目用地175万亩，累计投入地质勘查资金103亿元，探获了一批新增资源量。三是持续转变资源开发利用方式，有序推进低丘缓坡综合开发利用试点，大力盘活存量建设用地，提高节约集约用地水平。强化重点矿山开发利用监管，提升矿产资源综合利用效益。四是努力维护群众资源权益，颁布实施新的征地补偿标准，农村集体土地确权登记发证工作有序开展，地质灾害综合防治体系建设稳步推进。五是国土资源基础工作不断夯实，圆满完成第二次全国土地调查任务，测绘地理信息工作和公益性地质调查成果丰硕，执法效能不断提升，制度建设更加完善，国土资源管理共同责任机制逐步形成。

【2015年国土资源管理工作情况】 2015年是“十二五”规划的收官之年，全省国土资源工作取得了新进展：

一是千方百计服务经济稳增长 及时制定出台稳增长实施意见，召开云南省国土资源系统紧急工作会议传达落实稳增长各项政策措施。针对用地审批中反映集中的问题，进一步研究提出了16条具体化、精准化政策措施，有效提高了审批效率。2015年全省共审批征转用地29.4万亩，同比增长73%，其中，争取国务院批准用地12.3万亩，同比增长3倍多。审批时限压缩了三分之一。“五网”建设、“四个一百”项目、20项重大工程及民生用地得到有力保障。

二是多措并举坚守耕地红线 全面落实耕地保护责任，有序推进永久基本农田划定，扎实开展“兴地睦边”等土地整治工作，全面落实国家下达我省高标准基本农田建设任务337万亩，竣工验收中低产田地改造项目71个，建设规模69.4万亩。全省新增建设项目占用耕地全部实现占补平衡，不能达到质量要求的项目均出具书面承诺。加强信息系统建设，实现了补充耕地项目全程数字化监测监管。

三是全面推进土地节约集约利用 清理盘活存量建设用地，强力推进国家重点督办的闲置土地整改，348宗闲置土地已处置完成292宗，22个闲置典型案例已处置完成18个。深入推进批而未供土地的清理利用，云南省前5年供地率达到74.8%。扎实开展国土资源节约集约模范县创建和城市、开发区集约用地评价工作，完善工业用地供应和使用制度，实施土地使用标准控制，推进建设项目节地评价，土地节约集约利用水平不断提高。

四是坚决强化规划的龙头作用 认真组织开展土地利用总体规划调整完善工作。建立健全规划评估修改、审查等制度，形成了较为系统规范的规划实施管理机制。通过规划引领，促进用地上山，优化了全省用地空间布局。加快推进第三轮矿产资源规划编制。严格执行矿业权规划控制和计划投放制度，办结探矿权、采矿权申请业务4373件，矿产资源规划相关要求进一步融入矿政管理全过程。

五是切实加强矿产资源勘查开发管理 认真清理近年来我厅出台的规范性文件，公告废止了不符合部、省现有政策规定及矿业权管理工作实际的文件14个。修订《云南省探矿权采矿权管理办法》《云南省矿业权交易办法》，出台了7个文件进一步规范矿业权管理业务，不断健全完善矿业权三级联网审批制度，从源头上防止违法违规审批，更好地维护矿业权人合法权益。全力支持煤矿、非煤矿山转型升级工作，对涉及全省煤炭产业转型升级的14个涉煤州市及企事业单位共1140个采矿权进行了转型升级方案会审工作，目前，已会审通过1125个项目，占98.7%。推进矿山储量动态测量，完成动态测量任务296个。扎实推进找矿突破战略行动，投入各类地质勘查资金13亿元，完成钻探62万米，新增了一批资源量。

六是认真开展地质灾害综合防治体系建设 全省落实地质灾害群测群防监测员3.58万人，组织开展培训3484场、参训57万余人，开展现场应急演练2262次、参演人员达20万余人；探索地质灾害防治项目管理新举措，省级立项重大地质灾害治理项目92个，认真组织实施事权范围内的中小型地质灾害工程治理项目与因灾搬迁避让项目；大力推进地质灾害综合防治信息化网络建设；继续开展鲁甸“8.03”等地震灾区恢复重建阶段地质灾害防治工作；全年共发生地质灾害516起，造成26人死亡失踪，直接经济损失3.21亿元。因灾死亡失踪人数同比下降78.3%，直接经济损失下降67.7%。成功预报避让地质灾害41起，避免伤亡2966人，有效保护了人民群众生命财产安全。

七是不断提高维护权益水平 落实了地震灾区恢复重建、行政审批制度改革等“8件重点惠民实事”。切实维护被征地农民合法权益，新修订的全省征地平均补偿标准比上一轮提高23%。认真做好信访工作，省国土资源厅机关接待信访103批421人次，办理“金色热线”咨询和投诉问题25个。成立了扶贫办，统筹协调乌蒙山等4个集中连片特困地区扶贫开发有关工作，认真组织“挂包帮、转走访”，积极推进精准扶贫。严格国土资源执法监察。认真开展年度卫片执法警示约谈和矿产资源“打非治违”专项行动，立案查处土地违法行为1089宗，涉地面积1.4万亩，结案率92%，立案查处矿产资源违法行为538宗，结案率98%，土地和矿产资源开发利用秩序明显好转。

八是认真抓好各类专项整改 对土地审计中发现问题、2014年党风廉政考核不合格、专项巡视移交问题和省国土资源厅主责的“两个严禁”专项整治认真进行整改。2015年土地审计共发现云南省有关问题780个，实际需整改的问题692个，已整改485个，涉及金额659.7亿元，得到了审计署的肯定。积极配合开展专项巡视工作，省委巡视组移交的反映领导干部失职渎职等问题的20件次信访举报件全部办理完毕，巡视组对整改工作予以认可。2014年省国土资源厅被省委评为党风廉政考核不合格单位之一，针对巡视组反馈的四个方面突出问题进行了认真的剖析，专门制定下发了整改工作方案，召开了专题民主生活会，对照“七个一”整改落实的要求，采取一系列有力举措，整改工作全面完成。在开展“六个严禁”专项治理活动中，切实做好省国土资源厅主责的严禁领导干部违规插手土地征用和矿产资源开发利用两项整治工作，建立落实国土资源管理违规插手干预记录报告制度、重大情况报告制度和终身负责制度，查找和解决土地方面194个问题、调查处理相关人员132人，在矿产资源方面查找解决78个问题，调查处理相关人员86人。

九是稳妥推进国土资源领域重点改革 云南省不动产统一登记制度改革稳步推进，已完成各级职责和机构整合，易门县、砚山县率先发出第一批不动产权证书。依法启动大理市农村宅基地制度改革试点，制定了改革方案，开展了洱海流域违章建筑整治和全市“空心村”整治，试点工作有序实施。推进简政放权，清理公布行政权力和责任清单108项。调整下放建设项目压覆矿产资源审批备案、部分项目用地预审等审批权，下放大型以上地质灾害治理工程项目、土地整治项目招投标等事权。

十是全面加强党风廉政和干部队伍建设 认真开展“三严三实”和“忠诚干净担当”专题教育，持续推进作风建设。制定出台关于加强和改进厅机关党的建设的实施意见。积极配合纪检监察和检察机关坚决查处违法违纪行为。积极配合开展专项巡视工作，省委巡视组移交的20件信访举报件全部办理完毕。树立正确用人导向，严格执行干部人事纪律，制定《云南省国土资源系统干部交流轮岗实施办法》，强化干部教育培训和监督管理，云南省国土资源系统干部队伍建设得到加强。

地理信息产业不断发展壮大，数字城市建设深入推进，地理国情普查成果如期汇交，应急测绘服务保障能力快速提升。基础地质调查工作稳步推进，地质找矿成果突出。法制建设得到强化，内部管理制度不断健全，财务管理更加规范，对外合作交流有序开展，老干部工作不断加强，信息化建设深入推进，综治维稳和平安建设取得新成效。

（程　波）

安全生产监督管理

【2015年安全生产工作成效】 2015年，在省委、省政府的高度重视和正确领导下，经过全省各级、各部门和企业的共同努力，全省安全生产工作取得了“十二五”以来的最好成绩，实现了“三下降”“四突破”：

事故总量、重大事故、较大事故实现“三下降”

2015年全省发生各类事故8695起、死亡3379人，同比减少2571起、102人，下降22.82%、2.93%；发生重大事故1起、死亡13人，同比减少3起、35人，下降75%、72.9%；发生较大事故62起、死亡251人，同比减少13起、33人，下降17.33%、11.62%。

安全生产工作实现“四个明显突破”

一是安全生产责任体系的健全和落实取得新突破。全面推动《云南省安全生产党政同责暂行规定》的落实，明确了省政府领导安全生产工作职责分工和省级有关单位安全生产监督管理职责，全省建立了“五级五覆盖”的安全生产责任体系。目前，省级及16个州市、129个县区、1391个乡镇、1.42万个行政村全部建立了安全生产责任制度和工作制度；全省3771户规模以上工业企业初步落实企业主体责任“五落实五到位”。

二是重点行业领域专项整治取得新突破。把强化安全监管与支持服务地方经济发展、推动重点行业领域专项整治和产业转型升级相结合，集中开展对矿山、道路交通、消防、油气管线、工贸行业等重点行业领域突出问题的专项治理。煤炭行业：在强化监管的同时，2014、2015两年累计关闭煤矿405个，较好地完成了整顿关闭任务；非煤矿山行业：全面启动了转型升级工作，筹集2500万元专项资金购买专家服务，对全省所有登记在册的5866座矿山逐一开展专家排查会诊并逐一提出明确的整改建议。目前玉溪、曲靖、怒江、保山、普洱5个州市政府已上报了转型升级方案；工贸行业：集中整治了涉氨制冷、粉尘防爆、有限空间作业等突出问题；油气管线领域：对516项排查出的隐患实施整改，整改率达到51.5%；

道路交通领域：全省“两客一危”车辆全部安装了具有行驶记录功能的卫星定位装置，2212辆液体危货运输罐车全部安装了紧急切断装置，实施公路安全生命防护工程建设，全面开展公路隐患大排查，全年实现了重大道路交通事故零控制；消防领域：制定并实施了古城镇和文物古建筑“一城一策、一镇一案”消防建设标准，提升火灾事故防御能力，集中开展了1411户劳动密集型企业突出问题专项治理行动。

三是在转变监管理念和创新监管方式上取得新突破。着力转变传统落后的头痛医头、脚痛医脚、被动应付的监管理念和突击式、运动式大检查的工作方法，以“互联网＋安全监管规范标准”为支撑，探索建立了以企业自查自报为基础，以部门专项检查、专家明察暗访和政府综合督查为匹配，以实行监管对象目录化管理、一企一标准对标检查、隐患和问题清单化管理、隐患整改责任化落实、企业自查情况月度申报五项制度为重点的“1+3+5”安全生产大检查长效机制，对全省2.69万户重点监管对象实施常态化、规范化、动态化监管。同时，不断强化购买专家服务、举报奖励等措施，着力推动改革创新，提高监管效能。

四是在完善监管机制和推进依法治安上有新突破。以贯彻“党政同责、一岗双责、失职追责”要求和《云南省安全生产党政同责暂行规定》为推动，全省上下初步形成党委领导、政府监管、企业负责、职工参与、行业自律、社会监督、群防群治的齐抓共管格局，各级安委会、安委办得到全面充实，职能作用充分发挥。以隐患排查治理为核心，初步建立企业为主体、专家查隐患、部门强监管、政府促整改的工作格局。以新《安全生产法》的宣传贯彻为推动，严格明晰责任清单和权力清单，规范执法，提升执法效能。全年共下达执法文书5.5万份、实施行政处罚774起、共处罚款3033万元、责令停产整顿企业222户、关闭企业630户。

在实现以上四个突破的同时，认真贯彻落实国务院和省政府关于加强安全监管执法的各项要求，着力强化培训教育，共培训企业负责人、安全管理人员、特种作业人员、安全监管执法人员10万余人次；着力强化安全生产应急能力和救援队伍建设，成功实施了晋红高速公路在建隧道“4·29”塌方、中缅天然气昆明东支线“6·23”天然气泄漏、梁河县光坪锡矿“7·25”坍塌等事故的救援工作；着力加强职业卫生监管，积极开展作业场所职业危害普查与申报，推动企业开展职业健康基础建设；严肃查处官渡区东盟联丰农产品商贸中心“3·04”酒精燃爆重大事故、东川金水矿业落雪铜矿“4·25”较大中毒窒息事故和德宏州梁河县光坪锡矿“7·25”事故，追究刑事责任8人，给予党纪政纪处分40人，对20个责任人和责任单位实施行政处罚，用事故教训推动工作。

【存在的不足和问题】 客观分析全省安全生产面临的形势，一方面是各级党委政府高度重视、社会高度关注，强化公共安全保障、维护人民生命财产安全成为义不容辞的责任和底线要求。另一方面，我省特定的历史发展阶段，加快发展与推进转型升级并重，历史欠账多与新情况新问题日益凸显相交织，影响和制约安全生产形势实现根本性好转的关键问题仍未消除，形势依然严峻、工作任重道远。就当前情况而言，还存在以下3个突出问题：

一是强监管、严执法有差距。打非治违和专项整治工作力度不够，因非法违法行为造成的事故占比较高；以煤矿、非煤矿山和重化工行业为代表的传统行业的转型升级推进困难重重，日常监管和隐患排查整治不到位，执法失之于软、失之于宽，不敢执法、不善执法的问题依然突出；大检查不规范、不严格，存在敷衍塞责、蜻蜓点水的现象。

二是企业主体责任落实有差距。与安全生产行政责任得到强有力的落实相比，企业主体责任落实不到位成为难点和短板，特别是当前经济下行压力不断增大，高危行业企业和“散、小、弱”企业落实安全保障的问题显得更加突出。

三是监管基础工作有差距。在全社会高度关注、各级党委政府高度重视和推进安全监管的大背景下，安全监管的基础性工作还存在诸多不足，对象不清、责任不明，检查无标准，工作缺乏系统性、全面性和规范性，监管能力和水平与监管任务要求仍不相适应。

国家税务

【依法组织税收收入】 2015年，云南国税收入完成1648.33亿元（不含海关代征），同比减收25.78亿元，下降1.5%。其中：中央级收入1368.13亿元，减收18.33亿元，同比下降1.32%；地方级收入280.19亿元，减收7.44亿元，同比下降2.59%，收入总量在全国36个省（区）国税局中排名第13位，增幅排名第28位，在西部12个省（区）国税局中排名第2位，增幅排名第9位。分税种完成情况：增值税完成620.94亿元，同比增收0.53亿元，增长0.1%；消费税完成727.27亿元，同比增收9.96亿元，增长1.4%；企业所得税完成230.7亿元，同比减收29.49亿元，下降11.3%；车辆购置税完成69.4亿元，同比减收6.75亿元，下降8.9%。

【落实税收优惠政策】 2015年，全省共有87.7万户小规模纳税人享受到小微企业免征增值税政策，免征增值税27.24亿元；全省共有25530户盈利小微企业享受到企业所得税优惠政策，减免企业所得税8234.03万元，受惠面达到了100%；全省共有1278户次企业享受固定资产加速折旧企业所得税优惠政策，减征企业所得税5293.24万元。我省享受2015年10月1日起实施的车辆购置税优惠政策车辆为11.7万辆，占征税汽车总数的59.61%，减税4.07亿元，平均每辆车减税3477元。加快出口退税办理进度，全年共为1032户出口企业办理出口退（免）税46亿元，其中，人民币结算退税19.56亿元；对1363户生产企业下放审批权限，为其中332户企业发生出口业务的生产企业办理免抵退税额10.38亿元。全省共有135户资源综合利用企业享受资源综合利用即征即退1.38亿元。

【推进依法治税进程】 在全面推进依法治国战略布局中，积极转变职能，简政放权，推行权力清单、责任清单、负面清单，公布行政处罚权力清单和运行流程图。分期、分批取消全部非许可行政审批事项，仅保留7项行政许可审批事项；对取消和下放的行政审批事项，明确后续监管措施。加强涉税中介监管，严禁违规插手涉税中介经营活动。规范进户执法，杜绝重复、随意检查。认真贯彻省委省政府一系列要求，制发了关于坚持依法治税更好地服务经济增长的意见,服务全省经济平稳健康发展。坚持依法行政工作主要领导负责制。加强税收法治培训。开展以县级国税局为申报创建单位的法治税务示范基地创建及评定工作。规范税务行政处罚自由裁量权，联合省地税局制定了《云南省税务行政处罚裁量权基准（试行）》。落实重大税务案件审理办法，执行新的案审标准。完善决策程序提升制度建设质量，完善流程加强规范性文件合法性审核。认真开展“六五”普法各项工作。积极推进依法行政创新，加强公职律师和法律顾问建设，组织制定税务行政执法证据指引，建立省局规范性文件集体审议制度，推动省级部门以“公告”形式联发涉税规范性文件。依法严厉打击虚开增值税专用发票、骗取出口退（免）税和偷逃税等涉税违法犯罪行为，严厉查处重大税收违法案件，组织开展珠宝、玉石和木材等行业专项检查，开展区域税收专项整治，落实“黑名单”联合惩戒制度，定期公布重大税收违法案件信息，完善惩戒措施，警示、威慑涉税违法犯罪。2015年，全省国税系统共实现查补收入12.95亿元。在《云南日报》曝光18起税收违法案件。

【落实税制改革举措】 按照国务院部署和国家税务总局要求，抓实以“营改增”、消费税改革等为代表的税制改革。认真落实增值税改革举措，全省“营改增”试点纳税人由改革之初的3.79万户增长到2015年的11.68万户，应税服务的改征增值税应纳税额累计为44.73亿元，试点纳税人整体减少税收7.47亿元，零税率应税服务共申报免抵退税2.24亿元，跨境服务申报免税销售额3.12亿元，按行业税负率估算减免税额921万元。全面贯彻落实化肥恢复征收增值税政策。认真落实消费税改革举措，落实电池和涂料开征消费税、卷烟批发环节消费税政策调整。认真贯彻落实新的《车辆购置税征收管理办法》。推进信息化支撑下以税收风险管理为核心的征管改革。按照“两分七统”的税收风险管理运行机制，切实加强专项风险管理和日常风险管理工作。有序推进税务标准化、规范化。于4月1日起实施《全国税务机关出口退（免）税管理工作规范1.0版》，于5月1日起试行《全国税收征管规范（1.0版）》，于7月1日起试行《国家税务局 地方税务局合作工作规范（1.0版）》，联合省地税局起草《云南省税收征管保障办法（草案）》。完成全省国税系统“三证合一、一照一码”登记制度改革。积极推动我省实施境外旅客购物离境退税政策落地。适应税收开放的新要求，优化和强化国际税收管理。编印《云南国税“一带一路”税收管理服务指南》，服务国家“一带一路”发展战略，助力云南“走出去”“引进来”企业；成功完成我省首例转让定价反避税调查案件；启动老挝、柬埔寨等国家国别税收信息研究；扎实开展国际税收情报交换。

【稳步推进互联网 + 税务】 推动互联网、云计算等现代信息技术与税收工作的深度融合。稳步实施金税三期工程，云南省国税局作为全国金税三期优化版推广工程 2015 年第一批试点单位，该项工作自 4 月 15 日正式启动以来，全省国税系统以“上级驱动下级、整体联动推进”和“不折腾基层、不折腾纳税人”为原则，按照“省局统筹调动、部门协调配合、集中骨干攻关、基层有序推进”方式，立足实际，科学统筹，狠抓落实，稳步推进金税三期工程推广应用。充分发挥了“互联网+”技术创新的优势，启用“一表双写”的全新架构网络申报数据整合平台，网络申报数据以每小时 10 万户次的速度回写到金税三期核心征管系统中。7 月 1 日如期在 16 个州市 50 个县 (市、区) 局实现了全岗、全面双轨试运行; 9 月 1 日成功实现全系统、全范围、全岗、全量单轨运行。完成增值税发票系统升级版推行工作，我省共有 12.08 万户增值税纳税人纳入升级版。开通了 12366 技术支持专家坐席。运用国际先进的云计算和大数据处理技术，完成电子税务局第一期建设。

【持续改进纳税服务】 用税务人的辛苦指数换取纳税人的满意指数，持续推进“便民办税春风行动”。以开展省国税局“一把手”到办税服务厅办税和走访纳税人活动，推动全省国税系统牢固树立“以纳税人为中心”的服务理念。围绕便捷提效，继续推出第二批创新服务措施，开展纳税服务“七免”承诺，持续完善网上办税服务，推行“同城通办”“免填单”“三证合一”等服务项目，向社会购买信息技术服务，为纳税人提供现场服务、电话咨询、上门辅导，常态化开展“便民办税春风行动”。于 3 月 1 日起全省国税系统办税服务厅全面施行《全国税务机关纳税服务规范（2.0 版）》。完成 12366 纳税服务热线提升改造。持续推进实体办税服务厅和网上办税服务厅建设，进一步完善纳税服务平台。办税服务厅统一规范了标识，提升了办税设备配置，完善了自助办税区设备和标引。加强办税服务人员人文关怀，设置减压室，开展“纳税服务之星”评选活动。推行“税银助力通”，我省企业以纳税信用为资信赢得金融产品支持。2015 年，中国建设银行云南省分行系统通过“税银助力通”税易贷业务共向 652 户小微企业提供了 2.51 亿元的融资支持。

【开展三严三实专题教育】 按照中央和国家税务总局关于开展“三严三实”专题教育活动的统一部署，全省国税系统紧紧抓住专题教育是党的群众路线教育实践活动延展深化这一主线，严格对照“三严三实”的目标要求，自 2015 年 5 月起开展“三严三实”专题教育，以全系统处级以上领导干部为重点，认真谋划安排，精心组织实施，统一部署，严密推进，完成了省局领导讲党课、三个专题学习研讨、赴联系点调研督导等动作，做到与党的群众路线教育实践活动、“巩固深化拓展”活动紧密结合，把问题意识、问题导向贯穿专题教育的全过程，把发现问题、解决问题作为“三严三实”专题教育的出发点和落脚点，边学边改，在全省国税系统上下形成践行“三严三实”要求的浓厚氛围，取得了作风建设新成效。2015 年以来，全省国税系统严格按照中央和省委省政府、国家税务总局出台的一系列制度规定，对办公用房清理腾退、基本建设、出国（境）、公务用车、公务接待、“三公”经费、会议费、培训费管理以及培训中心等机构场所清理整顿、津贴补贴发放等方面进行了清理检查和自查自纠。

【加强人才培养选拔】 2015 年新招录一批公务员补充到各基层岗位。正式开通运行“云南国税网校”、积极探索“互联网 + 干部教育”的方法和路径。充分发挥省税务干部学校在国税干部教育培训中的阵地作用，建立分层级分类别、职业化能力化的干部培训机制。抓紧实施了加强基层干部职业培训、领导干部能力培训、科级领导干部任职培训和州市局、县（市、区）局领导干部和后备干部、优秀青年干部培训。加强了领军人才和专业人才培养，选拔出第三批全国税务领军人才培养对象。根据省局专业人才库和兼职教师师资库建设需要，分类分专业分步开展了人才库人员培训、兼职师资培训。

【全面实施绩效管理】 在 2014 年初步建立起覆盖省、州（市）、县三级国税机关绩效管理体系的基础上，进一步优化考评指标，实现个人绩效管理覆盖省、州（市）、县（市、区）三级。2015 年，省局共制订省局机关和系统考评指标 430 个，其中省局机关考评指标 352 个，对州市局的系统考评指标 78 个，全省县级局平均制定 228 个组织绩效考评指标。绩效运转体系更加完善，个人绩效全面运行，绩效考评更加“实战”，改进机制逐步健全，“绩督一体化”工作机制初步建立，基层绩效管理理念机制持续改进。通过绩效考核，全省国税系统各单位的工作成果在同一个平台上展示，进一步发挥了绩效管理对重点工作落实的深入推动和监督促进作用，绩效“指挥棒”和“紧箍咒”作用不断显现，各单位把绩效考评作为杠杆，形成了层层负责的责任链条，倒逼税收工作改进。

（张海云）

地方税务

【税费收入】 2015年，全省地税系统累计组织各项税费收入1694.84亿元，同比增长1.55%，增收25.8亿元。其中，组织各项地方税收收入1111.66亿元，同比下降2.35%，减收26.76亿元；组织社会保险费及各项规费收入583.18亿元，同比增长9.91%，增收52.56亿元。

【依法治税】 2015年，全省地税系统以“挖存量、盯增量、开新源、防风险”的组织收入工作思路为统领，坚持依法依规收税、坚决防止收过头税，及时出台加强税收执法管理及改进工作作风的行政问责办法，将执法与问责相结合，制定出台了组织收入16条硬措施。研究制定深入推进依法治税的实施意见，明确了30项具体任务，为依法治税提供了具有指导性、规范性、操作性的工作蓝本。全面开展税源摸底排查，制作分级分类台账，有针对性地加强欠税管理，全年累计清缴欠税约14.5亿元。在全系统开展税收执法督察，发现执法问题2,086个，涉及税款1.7亿元，共补（退）税款6824.4万元，提出责任追究177人次。集中29名业务骨干组成风险管理团队，对9个州市局开展税收风险分析，推送风险事项近3万条，发现疑似少缴税款52.78亿元，已确认少缴税款22.88亿元。

【税费征管】 2015年，全省地税部门深化改革，征管质效获得全面提升。“金税三期”系统在全省成功上线，实现了全系统业务操作统一、执法标准规范、征管数据集中。全面落实国地税合作规范，联合开展税务登记、委托代征、互派人员进驻办税服务厅。全省联合共建办税厅3个，互驻办税厅127个，共驻政府政务大厅35个，联合办理税务登记15.16万件，合作征收地方税费2.68亿元。联合开展税务稽查，做到案件线索共享，入户检查同步，共对457户企业开展稽查，查补税款9792.67万元。分税种分行业精准管理。得到省政府批准，以“孰大”原则据实征收耕地占用税，全年入库水电站耕地占用税10.33亿元。积极推行由政府购买社会服务，引入中介机构参与土地增值税清算审核新模式，共征收土地增值税56.34亿元，同比增长28.47%。坚持重点行业和领域税收专项整治，对旅游、珠宝玉石、木材行业进行专项检查，狠抓涉税违法案件查处，2015年，全省稽查查补入库收入24.44亿元。继续加大房地产行业税收管理力度，搭建房地产税收一体化税源管理平台的做法，得到国家税务总局王军局长的肯定和批示，并向全国税务系统推介。代省政府起草的《云南省税收征管保障办法》于2016年1月1日起正式实施，成为构建云南省税收共治格局的重要里程碑。

【税制改革】 2015年，云南省地方税务局立足地税职能，结合全省实际开展完善地方税收体系研究，做好辅助省政府决策工作。稳步推进煤炭资源税改革，会同财政厅印发了云南省煤炭资源税改革实施办法，全年共征收煤炭资源税4.62亿元，同比增长140.64%。联合省社科院等专业研究单位，开展服务国家“一带一路”发展战略、建成面向南亚东南亚辐射中心税收问题，研究成果得到总局领导的充分肯定和批示。围绕“民航强省”的战略布局，主动开展全省航空运输业专题调研，提出促进航空运输业发展和培植税源的建议，促成“总部经济”税收在云南落地，得到省政府高度认可。加强对继续保留烟叶税必要性等问题的调查研究，主动向省政府和总局报送了问题请示，在促成保留烟叶税启动立法程序上发挥了积极作用。

【征管改革】 2015年，全省地税系统按照中央、省委省政府和总局的安排部署，深化征管改革，落实税收征管规范，明确岗位职责，建立了新的岗责体系。落实“三证合一”登记制度，共办理新增登记户3万余户。积极配合抓好“营改增”试点扩围准备工作，向国税移交“营改增”纳税人登记信息3.38万户。持续推进行政审批制度改革，全面取消非行政许可审批事项，梳理和编制了行政许可6类29项权力清单及责任清单，开展经济责任审计26项，发现问题115个，提出整改意见及措施106条，有效发挥了职能作用。主动请求承担全省机关事业单位工作人员养老保险征收任务，获得省政府批准，受到国家税务总局王军局长充分肯定，并供全国税务系统学习借鉴。

【税收优惠政策落实】 2015年，全省地税部门依法依规落实扩大消费需求、促进产业优化升级、支持区域协调发展、保障和改善民生等结构性减税政策，特别是扩大小型微利企业所得税减半征收优惠范围，并作为“一号督查”事项狠抓落实。全年累计落实各项税收优惠102.7亿元，其中，促进小微企业发展方面减免超过54.24亿元。

【地税纳税服务】 2015年，全省地税部门继续深入开展便民办税春风行动，落实纳税服务规范，大力推广多元化申报，扩建电子税务局及自助办税终端，全系统共推出各项便民措施1609项。前移200余项涉税事项到办税厅，减少审批环节，简化办税手续，广泛推行免填单、一次性告知等服务，着力解决“多头跑”“反复找”“重复报”的问题，切实降低了纳税成本。开展“税银助力通”合作项目，为纳税信用等级较高、无不良纳税记录的大中型、小微企业提供无抵押担保的信用贷款，帮助纳税人获得信用贷款2.8亿元，促进约900人就业，实现税务、银行、纳税人三方共赢，有效破除了发展阻力。

【专题教育】 2015年，全省地税系统把“三严三实”和“忠诚干净担当”专题教育作为一项重大的政治任务，深入扎实开展。抓住领导干部这个关键，发挥以上率下作用。抓住学习研讨这个重点，将专题教育融入党组中心组学习，高标准、高要求、高质量开展专题研讨。抓住问题整改这个核心，深入开展“六个严禁”“三项清查”“为官不为”专项整治活动。专题教育的务实开展，促进了全系统持续改进作风的力度不减、韧劲不断，进一步巩固了风清气正、干事创业的良好氛围。

【党风廉政建设】 2015年，全省地税系统牢固树立“抓好党风廉政建设是本职，抓不好党风廉政建设是渎职，不抓党风廉政建设是失职”的责任意识，制定落实党风廉政建设主体责任和监督责任实施意见，厘清了党组承担的7类30项主体责任、派驻纪检组履行的6类20项监督责任，促进两个责任落实到位。深入学习两个党内法规，坚持把纪律挺在前面，严格执行中央八项规定，抓住春节、中秋等重要节点开展明察暗访，对办公用房、“三公”经费等进行了清理整治，对发现的7类29个问题责成各单位限时整改，共自查问题1247个，立查立纠1235个，完善长效机制412个。全年全系统共问责了118人，党纪处分8人次，政纪处分10人次，对7名处级领导干部进行了函询。修订完善公务接待、公务用车、会议费、差旅费和培训管理等16项制度，扎紧扎密了制度笼子。

【地税队伍建设】 2015年，全省地税系统进一步加强队伍思想建设和理论武装，打造地税干部常态化学习、内涵式提升的良好风气。认真落实新修订的干部选拔任用条例，不断提高选人用人科学性。依托扬州税院、浙江大学、云南财大等省内外优质教育机构，培训税收业务骨干1700多人次，推荐选拔102名青年骨干进行专业培训。全面推行绩效管理系统，实现组织和个人绩效管理全覆盖，“指挥棒”和“紧箍咒”作用逐步显现。加强党团工青妇组织建设，充分发挥先锋队和生力军作用。全省地税系统精神文明创建开花结果，楚雄州局、丽江市局、丘北县局被授予“全国文明单位”称号，曲靖市局连续被认定为“全国文明单位”，128个单位被评为省级文明单位，5名干部、3个集体受到省部级以上表彰。

（李东梅）

地 区 经 济

Regional Economy

8个省辖市

昆明市

【人口】 年末全市常住人口为667.7万人，比上年末增加5.1万人；户籍人口为555.57万人，其中非农业人口339.22万人，农业人口216.34万人，城镇人口比重为60.06%；人口密度为315人/平方千米；人口自然率5.72‰。少数民族户籍人口数为87.36万人，较上年增加1.74万人，占全市户籍人口数的15.72%。人口最多的世居少数民族是彝族，有45.69万人，占少数民族人口的52.30%；人口最少的世居少数民族是布依族，有4802人，占少数民族人口的0.55%。

古滇湿地公园

【经济综述】 2015年，面对错综复杂的国内外经济形势和艰巨繁重的发展改革任务，市委、市政府全面统筹稳增长、调结构、促改革、惠民生、防风险，妥善应对经济下行压力持续加大等风险挑战，认真贯彻落实国家、省稳增长政策措施，及时出台实施19条提振实体经济、24条促进房地产平稳健康发展等政策措施。全市经济运行总体平稳，转型升级加快推进，质量效益不断提高，社会民生持续改善，发展基础不断夯实，全面建成小康社会迈出重要步伐。全市实现地区生产总值3970亿元，按可比价计算，同比增长8.0%。其中，第一产业实现增加值188.10亿元，增长5.8%；第二产业实现增加值1588.38亿元，增长7.4%；第三产业实现增加值2193.52亿元，增长8.7%。三次产业结构调整为4.7：40.0：55.3。全年经济增长总体呈现稳中有升的发展态势，1-4季度全市地区生产总值分别增长6.5%、7.5%、7.6%和8.0%。全市人均GDP为59686元，同比增长7.2%。全市实现社会消费品零售总额2061.66亿元，同比增长8.2%。

【农业】2015年，昆明市粮食生产保持稳定，蔬菜、花卉等特色产业稳步发展。全市实现农林牧渔业总产值328.58亿元，同比增长5.9%。其中，农业产值增长6.5%；林业产值增长21.1%；牧业产值增长4.1 %；渔业产值下降1.6%；农林牧渔业服务业增长6.3%。全年农作物总播种面积45.37万公顷，同比下降0.3%。粮食总产量123.57万吨。蔬菜产量271.60万吨，同比增长3.4%；鲜切花49.67亿枝，同比增长0.6%；肉类总产量51.11万吨，同比下降6.8%。55个农产品获云南名牌农产品称号。启动10个都市农庄建设。新增农民专业合作社300个、省市示范社26个。启动2件中型、7件小型水源工程建设，建成“五小水利”工程5万件，解决17万农村人口饮水安全问题。全面开展“挂包帮”“转走访”工作，减少建档立卡贫困人口6.8万人和边缘贫困人口7.6万人。

【工业】 2015年，昆明市加大帮扶稳工业，投入工业稳增长资金3.7亿元，42个亿元以上工业项目竣工投产，规模以上工业增加值增长6.5%。全市规模以上工业企业实现增加值同比增长5.4%，其中轻工业增长4.0%；重工业增长6.5%。分企业规模看，大型企业增长3.3%；中型企业增长7.9%；小型企业增长7.1%；微型企业增长24.9%。主要工业产品中，水泥1825.54万吨，同比增长19.3%；磷矿石2698.38万吨，同比增长11.7%；卷烟883.79亿支，同比增长1.4%；十种有色金属82.72万吨，同比增长3.2%。全市规模以上工业综合能源消费量1494.97万吨标准煤，同比下降7.5%。规模以上工业增加值能耗同比下降12.3%。规模以上工业企业用电量同比下降3.4%。

【固定资产投资】 2015年，昆明市争取到113.8亿元国家专项建设基金，激活项目增投资，规模以上固定资产投资完成2938亿元，增长10%。全市规模以上固定资产投资完成3497.88亿元，同比增长11.5%。其中：第一产业投资35.39亿元，增长77.3%；第二产业投资645.99亿元，增长6.9%；第三产业投资2816.5亿元，增长12.0%。全年房地产开发投资1451.31亿元，同比下降2.8%。全年房屋施工面积9200.41万平方米，增长4.9%；商品房销售面积1305.03万平方米，增长1.2%。全年建筑业总产值2071.93亿元，同比增长10.0%。

盘龙江穿城而过

【旅游外贸】 全年接待国际旅游者人数114.49万人（次），同比下降4.0%；实现旅游外汇收入4.40亿美元，增长10.8%。接待国内旅游者人数6796.91万人（次），增长10.5%；实现国内旅游收入696.29亿元，增长17.9%。全年实现旅游业总收入723.46亿元，增长17.7%。

全市进出口总额123.64亿美元，同比下降30.4%。其中出口94.54亿美元，下降18.5%；进口29.10亿美元，下降52.9%。实际利用外资21.9亿美元。

【财政金融】 全市一般公共预算收入502.22亿元，同比增长5.1%。其中税收收入399.68亿元，增长0.4%。全市主体税种中，国内增值税增长1.3%；营业税下降9.6%；企业所得税下降2.8%；个人所得税下降10.8%；城市维护建设税下降11.1%。全市一般公共预算支出615.51亿元，同比增长3.6%。其中：教育支出增长8.6%；科学技术支出增长14.1%；文化体育与传媒支出增长16.3%；社会保障和就业支出增长13.6%；医疗卫生和计划生育支出增长13.5%；城乡社区支出增长8.5%；交通运输支出增长4.4%；住房保障支出增长41.9%。

至12月末，全市金融机构人民币存款余额1.19万亿元，比年初新增存款1201.66亿元，同比增长10.8%。其中：住户存款余额增长3.7%；非金融企业存款余额增长13.4%。金融机构人民币贷款余额1.19万亿元，比年初新增贷款1462.57亿元，增长17.1%。其中：住户贷款同比增长7.6%；非金融企业及机关团体贷款增长19.5%。

【城市建设】 编制区域综合交通体系、城市专政空间利用等专项规划，中心城区控详规实现全覆盖。功东高速、武定至倘甸至寻甸高速开工，绕城高速东南段等项目加快推进，呈澄、功待高速公路建成通车。地铁4号线开工，3号线、1号线呈贡支线等工程顺利推进。新火车站建设提速。扎实开展市容环境综合整治，通过国家卫生城市、节水型城市复审复查，滇池路56条城市重点道路环境明显改善。

【民生保障】 2015年，昆明市民生支出占一般公共预算支出的比重达73.7%。城镇、农村常住居民人均可支配收入分别达3.39万元、1.14万元，分别增长8.5%、10.4%。城镇新增就业11.1万人，城镇登记失业率为2.98%。企业退休人员养老金人均增资217元。基本建成保障性住房、棚户区改造住房3.3万套，完成保障性住房分配、租赁住房补贴发放1.18万套（户）。30多万户居民用上天然气。建设、改造便民菜市场222个。557座城市公厕免费向市民开放。加快社区居家养老服务中心建设，新增养老床位3470张。公办幼儿园和普惠性民办幼儿园在园幼儿占比达60%以上。新增优质中小学40所。完成3个乡镇卫生院、166个村卫生室标准化建设。新建及改扩建文化站46个，古滇文化名城一期等文化工程建成使用。成功举办市第五届运动会。深入开展“平安昆明”建设，严防严打暴力恐怖、金融诈骗等各类违法犯罪。

【人民生活】 全市城镇常住居民人居可支配收入3.39万元，同比增长8.5%；农村常住居民人均可支配收入1.14万元，同比增长

10.4%。城乡居民收入倍差缩小为2.97。全市居民消费价格累计上涨2.4%。其中，食品类上涨3.8%；烟酒类上涨3.5%；衣着类上涨3.7%；家庭设备用品及维修服务类上涨2.1%；医疗保健和个人用品类上涨4.1%；交通和通信类下降0.7%；娱乐教育文化用品及服务类上涨1.4%；居住类上涨0.3%。全市工业生产者出厂价格累计下降5.2%，其中轻工业上涨0.6%；重工业下降6.8%。工业生产者购进价格累计下降5.6%。

【中缅天然气昆明东支线建成投产】 6月10日，中缅天然气昆明东支线输气管道（以下简称昆明东支线）建成正式投产试运行。昆明东支线管线起自寻甸县羊街镇中缅天然气管道昆明东分输站，途经寻甸县、嵩明县、空港经济区和经济技术开发区，终点止于经济技术开发区拓磨山输气末站。管道全长约91.5千米，设计输气量9.03亿立方米／年，约247.4万立方米／天，能满足700万户居民用气。

【昆明市41个重点项目开工】 6月13日，昆明市举行重点项目暨浪潮昆明云计算产业园集中开工仪式，41个重点项目集中开工，41个项目涵盖基础设施、商贸物流、农业、文化旅游等多个领域，含内资项目39个，预计总投资约191.42亿元，外资项目2个，预计总投资约2.58亿美元。这41个重点项目是昆明市认真贯彻落实省委、省政府决策部署的具体体现，也是昆明市应对经济增长和投资增速下滑的关键举措。

【西石高速正式通车】 2月16日，陆良西桥至石林高速公路通车。西石高速公路起点为曲靖至陆良高速公路西桥收费站，途经新哨、阿油堡、大莫古、天生关垭口、北大村等地，跨越九石阿公路后止于石林龙潭村附近，并设石林半互通立交与昆石高速公路相接。项目全长39.771千米，为双向六车道。西石高速通车，标志着云南南北大通道东一线实现全程高速。该段高速公路通车后，昆明—曲靖—陆良—石林—昆明，将形成一个“高速圈”。

【昆明至太原直通车首发】 5月8日12时51分，K506/5次旅客列车从昆明站出发开往太原，这是首趟从昆明至太原的直通列车。K506/5次列车途经云南、贵州、重庆、四川、陕西、山西5省1市，单程运行2570千米，停靠车站33个，采取开行2日停运3日的方式运行。

【云南首趟中欧国际班列发车】 7月1日，云南首趟中欧集装箱国际货运班列从昆明王家营西火车站出发。这趟满载2050吨咖啡豆、咖啡速溶粉的班列途经哈萨克斯坦、俄罗斯、德国等“陆上丝绸之路”沿线国家，15天后抵达荷兰第二大城市鹿特丹。中欧国际班列，为中国西南地区物资出口欧洲开辟一条全新的物流通道，也为马来西亚、越南、缅甸等南亚东南亚国家的物资转运到欧洲国家提供新的便利。

【待补至功山高速公路竣工通车】 9月25日，昭通至会泽、待补至功山高速公路竣工通车典礼在待补至功山高速服务区举行。待功高速公路全长67.175千米，主线起于曲靖市会泽县待补镇，由北向南与已建成的国家高速公路网G85渝昆高速功山至嵩明段相连，止于昆明市寻甸县功山镇冯家村，在昆明市寻甸县境内长约21.33千米。待功高速公路是国家高速公路网重庆—昆明（G85）公路的一段，同时也是云南省干线公路网规划中“七出省”通道昆明至水富公路的重要组成部分。

【武定—倘甸—寻甸高速公路开工】 12月23日，武定—倘甸—寻甸高速公路项目（禄劝连接线）正式开工。项目起于武定县杨柳河村，与武昆高速公路交叉，接正在实施的武定至易门高速公路，路线总体为自西南向东北，至终点与嵩待高速公路交叉，设枢纽互通连接。主线全长约107千米，采用双向六车道高速公路标准建设，部分路段设计速度100千米／小时，部分路段80千米／小时，路基宽分别为33.5米和33米。该项目是滇中城市经济圈高速公路环线的重要组成部分，也是国家高速公路网京昆高速、武昆高速和渝昆高速、嵩待高速的横向连接线，公路建成后将实现昆明“县县通高速”目标。

【地铁4号线试验段开建】 12月30日，昆明轨道交通4号线试验段陈家营站、呈贡站正式开工建设。4号线是主城西北和主城与呈贡新区的辅助线路，线路串联高新区、主城中心区、经开区、螺蛳湾商贸城，呈贡新区的斗南、乌龙、吴家营、大学城、火车南站等客流密集区，是目前昆明地铁最长的一条线路，线路长度 43.38 千米，共设车站 27 座，其中地下站 23 座，高架站 4 座。

（方玉红）

曲靖市

【综述】 2015 年，曲靖市完成市内生产总值 1630.26 亿元，按可比价计算比上年增长 7.4%，其中：第一产业实现增加值 317.15 亿元，增长 6.0%；第二产业实现增加值 642.23 亿元，增长 5.9%；第三产业实现增加值 670.88 亿元，增长 9.5%; 三次产业结构为 19.5 : 39.4 : 41.1。非公经济增加值实现 782.43 亿元，占生产总值的比重达 48%，比上年提高 0.1 个百分点。500 万元以上固定资产投资完成 1378.79 亿元，增长 18.4%。财政总收入 342.05 亿元，下降 6.3%；一般公共财政预算收入 118.09 亿元，增长 2.1%；一般公共财政预算支出 363.05 亿元，增长 8.6%。全年用于教育支出 86.83 亿元、社会保障和就业支出 534 亿元、医疗卫生与计划生育支出 40.42 亿元，分别增长 4.6%、23.5%、18.5%。实现社会消费品零售总额 502.40 亿元，增长 13.1%。年末金融机构本外币各项存贷款余额分别为人民币 1833.33 亿元和 1262.57 亿元，比年初分别增加 135.5 亿元和 125.58 亿元。进出口总额 5.60 亿美元，增长 25.3%。单位生产总值能耗下降 3.5%。城镇化率 44.58 %，城镇登记失业率、人口自然增长率、居民消费价格总水平涨幅均控制在年初计划目标内。

2016 年 1 月 4 日，全国农田水利改革现场会，国务院副总理汪洋实地察看

【产业发展】 2015 年，曲靖市实现农林牧渔业增加值 322.23 亿元，按可比价计算比上年增长 6%。粮食播种面积 1014.93 万亩，粮食总产量达 33.45 亿公斤，增长 1.96%。油料 1.99 亿公斤，增长 4.3%；烤烟收购 1.89 亿公斤，减产 3.4%；肉类总产量 194.80 万吨，增长 8.1%；蔬菜及食用菌种植面积 234.90 万亩，产量 25.68 亿公斤。全年全部工业增加值实现 509.67 亿元，按可比价计算比上年增长 4.4%，拉动 GDP 增长 1.6 个百分点，对经济增长贡献率为 21.6%。规模以上工业企业实现增加值 475.53 亿元，增长 4.5%；其中：轻工业实现增加值 203.95 亿元，增长 5%；重工业实现增加值 271.58 亿元，增长 4.1%。主要支柱产业中，煤炭开采和洗选业实现工业增加值 61.1 亿元，增长 25.8%；烟草制品业 176.82 亿元，增长 3.5%；电力热力的生产和供应业 82.2 亿元，下降 4.4%；炼焦业 13.13 亿元，下降 24.1%；黑色金属冶炼及压延加工业 18.83 亿元，下降 24.6%；有色金属冶炼及压延加工业 31.84 亿元，增长 26.4%；化学原料及化学制品制造业 21.13 亿元，下降 2.1%；食品加工及酒类制造业 15.85 亿元，增长 10.2%；非金属矿物制品业 21.53 亿元，下降 1.6%；汽车制造业 2.39 亿元，下降 27.1%。全市 541 户规模以上工业企业实现利税总额 172.16 亿元，实现利润 0.52 亿元。第三产业实现增加值 670.88 亿元，增长 9.5%，拉动 GDP 增长 3.7 个百分点，对经济增长的贡献率为 50.5%。

【改革开放】 2015 年，曲靖市制定了 117 条 341 项具体改革举措的工作要点，并明确了重点推进国家新型城镇化综合试点等 20 项重大改革事项。在县级成立市场监督管理局，实现“一个部门管市场”。建成行政审批网上服务大厅平台和投资项目并联审批平台。市级非行政许可审批事项清理取消 37 项。市“中介超市”新入驻中介机构 24 家。在全省率先实现“三证合一”全覆盖。陆良县中型灌区创新建管机制和农业水价综合改革试点得到国务院领导的充分肯定。农村土地承包经营权确权登记颁证试点工作扎实开展，土地承包经营权、林权、活畜抵押贷款成效明显。机关事业单位养老保险制度改革稳步推进。

积极参加南博会、滇沪和滇浙经贸交流活动，加强与国内外知名企业的沟通对接，实际到位市外国内资金 827.2 亿元、利用外资 1.4 亿美元，同比分别增长 68.9%、32.1%。完成外贸进出口总额5.6亿美元，同比增长25.3%。引进商业银行3户，2户企业在“新三板”挂牌上市。

文体中心

【城乡统筹发展】 2015年，曲靖市成功创建国家卫生城市和国家园林城市，被命名为云南省高原体育训练基地。曲靖市城市总体规划进入公示阶段，“多规合一”迈出实质性步伐。启动国家新型城镇化综合试点，推进珠江源大城市十大工程建设，完成6条、启动13条中心城区城市道路综合改造提升和打通断头路工程。新建和改造港湾式公交站台87个，建成城市污水管网138.6公里。开工建设公租房2893套、改造棚户区27244户。撬动住房公积金沉淀资金38亿元，带动商品房销售271万平方米。制定实施《云南省曲靖城市管理条例》配套管理办法，积极推行“网格化”城市管理模式。扎实开展“挂包帮”“转走访”工作，实施整乡整村推进扶贫开发项目107个，推进美丽家园示范点建设226个，完成农村危房改造6.08万户，20万农村贫困人口摆脱贫困。大力推进“8·03”地震会泽灾区恢复重建，民房拆除重建和修缮加固任务基本完成。

李文荣书记察看灾民住房建设情况

【社会事业】 2015年，曲靖市新建和改扩建标准化公办幼儿园17所、中小学305所，拆除D级校舍42.4万平方米。云南师范大学附属麒麟学校、曲靖一中卓立学校等重点项目扎实推进。教育教学质量稳步提高，高考再创佳绩，包揽全省文理科状元，基础教育质量和水平持续保持全省领先地位。市妇幼保健院新院等项目顺利推进，新建和改扩建乡镇卫生院7所、村（社区）卫生服务机构95所。县级公立医院综合改革和县乡医疗服务一体化管理稳步推进。“单独两孩”政策全面落实。被列为第三批国家公共文化服务体系示范区创建城市。发放“贷免扶补”和失业人员小额担保贷款12.5亿元，新增城镇就业3.57万人，城镇登记失业率为3.2%。发放城乡低保、特困人员供养、临时救助和医疗救助资金11.5亿元，新建居家养老服务中心35个、民办养老机构5个，新建和改扩建农村敬老院14所。民族团结示范“十百千万工程”扎实推进。

沿江旅游中心

【人口、就业与人民生活】 2015年末，曲靖市户籍总人口647.85万人，其中：男性340.34万人，女性307.5万人。总人口中，城镇人口233.56万人，占36.1%。全市常住人口604.72万人，自然增长率为6.61‰，城镇人口269.58万人，乡村人口335.14万人。城镇化率达到44.58%，比上年提高1.69个百分点。全年城镇常住居民人均可支配收入2.71万元，增长8.3%；农村常住居民人均可支配收入9451元，增长11.0%。年末全市城镇单位从业人员44.33万人，从业人员劳动报酬192.66亿元，城镇在岗职工年平均工资4.68万元。年末全市城镇职工基本养老保险参保26.98万人，城镇职工基本医疗保险参保42.92万人，城镇居民基本医疗保险参保47.82万人，失业保险参保23.98万人，工伤保险参保36.69万人，生育保险参保24.89万人，城乡居民养老保险参保300.18万人。参加新型农村合作医疗511.15万人，参合率达98.31%。享受城市最低生活保障居民8.71万人，享受农村最低生活保障居民 42.20 万人。

【能耗、物耗和环境保护】 2015 年，曲靖市率先在全省开展农业面源污染综合治理，推广厚度 0.01mm 以上的农用地膜 1.3 万吨、回收残膜 7382 吨，开展测土配方施肥、推广绿色防控技术、实施统防统治分别达到 729.4 万亩、97.7 万亩、160.1 万亩。全年规模以上工业能源消费 1274.72 万吨标准煤，同比下降 14.3%，主要能源品种消费量中，原煤消费量 3330.94 万吨，同比下降 8.1%；电力消费量 203.92 亿千瓦时，同比下降 6.0%。规模以上工业万元增加值能耗同比下降 17.9%。全年全社会用电量累计 214.81 亿度，同比下降 2.7%。

2015 年，曲靖市 234 个减排项目全部完成，化学需氧量、氨氮、二氧化硫、氮氧化物四项主要污染物减排任务超量完成。12 个国控、省控地表水监测断面达标率为 83.3%，17 个县级以上集中式饮用水源地水质达标率为 100%。中心城区开展环境空气质量监测优良率为 97%。中心城区声环境质量达二级。

一汽通用红塔 24 款新车华丽亮相

【重大政策和措施】 2015 年，曲靖市千方百计确保经济止跌回升。出台促进经济平稳健康发展的 30 条措施，成立稳增长督导组、驻县督查工作组和帮扶组，狠抓稳增长政策落实，逐步扭转了市内生产总值、一般公共预算收入、工业增加值增速下滑的局面。对重点企业实施“一企一策”精准帮扶，兑现失业保险基金稳岗补贴 5315 万元，降低企业用电、物流成本 7.9 亿元，减免小微企业税收 1.1 亿元，促成 241 户企业获得银行贷款 133.2 亿元。探索产业链金融封闭运行办法，推动煤焦化行业上下游联动发展。实施“两个 10 万元”微型企业培育工程，新增小微企业 1.10 万户。实施固定资产投资“四集中两严格”制度。争取上级补助资金 226.5 亿元、专项建设基金 23.2 亿元。

2015 年，曲靖市紧扣市场需求推动产业转型升级。推动煤矿关闭重组，关闭矿井 32 对，复产复建 137 对。昆明冶研四氯化硅综合利用等 26 个项目开工建设，播乐玫瑰精油提取等 15 个项目加快推进，宣威液态金属、瑞丰铝业 10 万吨铝合金棒等项目建成投产。完成规模以上工业增加值 475.5 亿元，同比增长 4.5%。新纳规工业企业 101 户。完成园区基础设施投资 47 亿元，10 个工业园区列入省“10+50”重点支持发展工业园区。建成高标准现代化蓝莓示范和种苗基地 2200 亩。建成“百千万”畜禽养殖示范场 43 个，实现畜牧业产值 300 亿元。新增省级农业龙头企业 9 个、农民专业合作示范社 15 个。培育林下经营企业 160 户、林业生产专业合作社 80 个。现代服务业发展步伐加快，陆良蔬菜冷链物流交易中心等项目建成运营，罗平白龙潭等 10 个物流园区顺利推进。启动“互联网 + 农村电子商务”三年行动计划，建成市级电子商务服务中心 1 个、县级运行服务中心 6 个、乡镇和村级服务站 66 个，淘宝“特色中国 · 曲靖馆”成功上线。

中科院院士周远和市委副书记、市长董保同为中科院理化技术研究所与云南科威液态金属谷研发有限公司联合实验室、云南科威液态金属研发中心、液态金属科技馆、刘静专家工作站揭牌

2015 年，曲靖市加大力度补短板强基础。在加快推进综合交通基础设施建设三年攻坚的基础上，启动五大基础设施网络建设五年会战。西石、普宣、昭会、功待高速公路建成通车，宣曲、沾会、江召、东过境高速公路建设进展顺利，全市公路总里程 2.89 万公里，高速公路里程 503 公里。沪昆高铁曲靖北站、富源北站建设有序推进。阿岗水库可研报告通过水利部

审查，车马碧水库可研报告即将提交水利部审查。新开工骨干水源工程 7 件、小型病险水库除险加固工程 239 件，解决了 42.4 万农村群众饮水安全问题。启动水上飞机机场建设和验证飞行工作。中缅天然气管道昭通支线（曲靖段）一期工程开工建设，建成城市天然气管道 36.1 公里，新增天然气用户 10306 户。新增变电容量 51 万千伏安、输配电线路 345.7 公里。“宽带中国”专项行动和“智慧曲靖”建设扎实推进。

【存在的问题】 2015 年，曲靖市经济社会发展存在以下问题：经济总量小、发展不充分，作为欠发达地区的状况没有根本改变；对传统产业发展路径依赖性强，现代产业体系构建还需做出艰苦努力；户籍人口城镇化水平不高，基础设施欠账较大；贫困人口多，精准扶贫精准脱贫任务艰巨；就业、教育、医疗等公共服务能力不足；安全生产隐患多、本质安全度低；群众利益诉求日益多元化，全社会法治意识不强，统筹协调各方面利益关系的难度较大；少数政府部门工作人员改革创新精神不够，执行能力不强，“庸政、懒政、怠政”现象不同程度存在。

（马 敏）

玉溪市

【综 述】 2015 年，玉溪市深入贯彻习近平总书记系列重要讲话精神，全面落实李纪恒书记对玉溪提出的“站位要高、目标要实、做得要好”和陈豪省长“四个走在前列”的要求，主动适应新常态、研究新情况、解决新问题，确立了生态立市、产业强市、创新活市、开放兴市发展战略，明确了把玉溪建成全省产业转型升级的先行区、新兴产业发展的集聚区、重要的高端休闲旅游度假区和重要内陆港的“三区一港”发展定位，统筹做好稳增长、促改革、调结构、惠民生、防风险等各项工作，经济保持平稳发展。完成现价生产总值 1245.7 亿元、增长 8.5%，其中一产业实现增加值 126.6 亿元、增长 6.5%，二产业 693.0 亿元、增长 7.2%，第三产业 426.1 亿元、增长 11.6%，三次产业结构由 2014 年的 10.2 ∶ 57.9 ∶ 31.9 调整为 2015 的 10.2 ∶ 55.6 ∶ 34.2，对经济增长的贡献率分别为 6%、52.2% 和 41.8%，三次产业分别拉动 GDP 增长 0.5、4.4 和 3.6 个百分点；财政总收入完成 506.3 亿元、增长 3.8%，公共财政预算收入 124.8 亿元、增长 9.9%；规模以上固定资产投资 667.6 亿元，增长 30.4%；社会消费品零售总额 291.4 亿元，增长 12.5%；居民消费价格总水平上涨 2%，城镇登记失业率 3.5%，万元生产总值能耗下降 12.4%。

【农 业】 大力发展高原特色农业，加快现代农业发展，全年种植粮食作物面积 168.9 万亩、增长 1.5%，经济作物面积 246.5 万亩、下降 0.8%，粮经种植比例为 40.7 ∶ 59.3。粮食总产 61557 公斤、增长 36%，实现“十连增”。种植烟叶 65.9 万亩、收购 161.3 万担，烟叶税增长 9.1%。种植蔬菜 124.5 万亩、增长 8.9%，产量 219.7 万吨、增长 11.0%；种植水果 77.9 万亩、增长 39.4%，产量 66.4 万吨、增长 15.1%。种植核桃 22.8 万亩。花卉面积达 7 万亩，实现产值 5.7 亿元。生物药原料种植面积达 7.1 万亩。安排 3000 万元畜牧贴息贷款，积极推进规模化养殖，实现畜牧业增加值 37.6 亿元、增长 6.9%。加快转变农业发展方式，稳步推进精品庄园、农业庄园建设，新增市级以上龙头企业 29 户、农民专业合作社 64 个、家庭农场示范场 100 个。

【工 业】 制定出台了加快工业转型升级实施意见，巩固提升传统产业，着力培育发展新兴产业，促进工业转型升级，实现工业增加值 650.6 亿元、增长 6.5%，其中规上工业实现增加值 607.4 亿元、增长 6.4%。支持红塔集团“两统一、两整合”改革，努力推进卷烟配套产业“二次”创业，卷烟及配套产业实现增加值 434.4 亿元、增长 3.5%。着力推动矿冶产业转型升级，矿冶业实现增加值 106.4 亿元。重点推进装备制造业发展，年产 400 台风力发电机、80 万辆电动车生产线建成投产，奇瑞万达新能源汽车项目落户玉溪，装备制造业实现增加值 14.9 亿元、增长 2%。大力推进沃森现代生物医药产业园建设，生物医药及食品加工业实现增加值 17.5 亿元。新能源新材料及节能环保产业发展步伐加快，云南蓝晶科技与华灿光电并购重组，稀贵金属循环经济产业园区建设步伐加快。加大企业帮扶力度，出资 5200 万元设立“扶持工业园区及中小微企业金融专项资金池”，撬动银行贷款 5.2 亿元。推进高新区和 6 个省级工业园区实体化改革，加快园区基础设施建设，新开工 5000 万元以上项目 53 个、竣工 38 个，园区实现工业增加值 230.2 亿元、增长 15%

【第三产业】 加快旅游文化产业发展，全市接待游客2310.1万人次、增长13.8%，实现旅游总收入126.4亿元、增长16.4%。努力扩大消费需求，增强消费内需动力，5个省级、13个市级乡镇农贸市场项目全部开工建设，启动县城商业城提档升级改造，新增限额以上商贸企业51户。大力推进新兴消费业态，出台推进电子商务发展实施意见和信息产业发展指导意见，举办第二届中国电子商务产业园区峰会，互联网产业园、磷资源交易中心、淘宝“特色中国·玉溪馆”挂牌运营，腾讯、亿赞普、华唐教育、融创天下等知名企业落户玉溪，通海农村电商“千县万村”试点县建成50个村级淘宝服务站，“互联网+教育、卫生、纪检监察、城市服务、扶贫”成效初显。

【固定资产投资】 加快“五网”基础设施建设，建立“五网”建设联席会议制度，全力推进高速公路建设，呈澄、石红高速公路竣工，晋红、江通高速公路建设和昆玉铁路电气化扩能改造进展顺利，呈贡至澄江轨道交通规划研究工作有序推进，开工建设玉磨铁路和国家林业局南方航空护林总站江川直升机场项目，建成农村公路350公里；完成5件水源工程、40件小(2)型病险水库加固、1.2万口“爱心水窖”、277件农村饮水工程建设；220千伏雄关输变电主体工程完工，3个110千伏、150个10千伏输变电工程竣工投产，建成峨山龙门水电站、元江羊岔街风电场和甘庄光伏电站。建成移动通信基站5684座，621个行政村实现4G全覆盖，宽带用户普及率达39%；改造中低产田改造19万亩。强化资金要素保障，争取上级资金242亿元、增长1.1倍。创新投融资方式，上报省级PPP项目57个，争取国家专项建设基金项目27个、资金64.1亿元，3户企业在新三板上市。重点领域投资保持快速增长，房地产、交通运输业、工业、农业投资分别完增长38.6%、41.4%、28%、108.9%。

【招商引资】 创新招商引资方式，紧盯大企业、大集团，组织开展“百名客商进玉溪”等重大招商活动，实施市外国内资金项目905个，引进市外国内资金664亿元，增长9.7%，其中引进省外资金475亿元，增长23%。实际使用外资2603万美元，下降65.0%。全市新批准设立外商投资企业23户，合同外资金额1719.6万美元。积极发展对外贸易，实现外贸自营进出口总额18.96亿美元，增长95.7%，其中出口18.52亿美元、增长102.9%，进口4385万美元、下降21.6%。

【金融保险】 充分发挥金融支持地方经济发展的作用，全市金融业实现增加值61.2亿元、增长31.5%，年末金融机构人民币各项存款余额1322.3亿元、增长10.6%，其中住户存款余额683.5亿元、增长8.9%；金融机构人民币各项贷款余额846.2亿元、增长8.9%，存贷比64.0%。全市共有产险公司15家、寿险公司11家，代理公司1家，实现保费收入30.8亿元、增长22.0%，赔款支出10.8亿元，赔付(给付)率为16.1%。

【城乡建设】 大力推进中心城区和重点县城、特色小镇建设，城乡建设取得新成效，全市城镇化率达47.07%。完成总体规划，启动开展老城区、生态文化区等重点片区控规动态维护工作。完成江川撤县设区工作，红塔区、易门县“四规合一”试点稳步推进。认真开展“六城同创”工作，国家卫生城市通过复检，列入国家智慧城市试点，省级节水型城市通过验收。综合利用拆临拆违地块，搞好城市绿化美化亮化，中心城区整体形象得到提升，建城区绿化覆盖率37.1%，人均公园绿地面积达11.1平方米。着力加快美丽宜居乡村建设，启动实施了18个美丽乡镇和47个示范村、393个整治村建设。大力推进农村危房改造和抗震安居工程建设，开工建设公共租赁房723套，实施农村危房改造3.1万户，21个棚户区改造项目全部开工，建设保障性安居房1.38万套。实施城乡人居环境综合整治三年行动计划，城乡人居环境得到提升，城镇生活污水处理率达85%，城市生活垃圾无害化处理率达95.4%，农村生活污水处理率达37.7%。

【生态环保】 加大以“三湖”为重点的水污染综合防治，抚仙湖北岸生态湿地等项目建设和16条主要入湖河道治理成效明显，大龙潭调水工程试通水成功。中央和省属企事业单位退出抚仙湖一级保护区工作稳步推进，抚仙湖核心区开发项目从25个减少到14个。启动星云湖、杞麓湖生态红线划定工作，澄江、江川、华宁3县纳入国家重点生态功能区转移支付范围。抚仙湖总体水质稳定保持Ⅰ类，星云湖、杞麓湖水质下降趋势得到遏制。加快“森林玉溪”建设，制定出台了玉溪市生态文明体制改革实施方案，深入推进天然林保护、退耕还林和石漠化等治理，建设绿色生态走廊和生态屏障，完成营造林 37.53 万亩，人工造林 22.17 万亩，封山育林 15.36 万亩，退耕还林 3 万亩，全市森林覆盖率达 57%。推行节能减排和清洁生产，加强空气、水、粉尘、噪声等环境监管，关闭非煤矿山 25 座，新增耕地 1.1 万亩，完成污染减排项目 138 个，县城空气质量逐步好转，中心城区环境明显改善，空气一级天数增加 57 天、超标天数减少 5 天。

【社会事业】 优先发展教育事业，建成美丽校园 85 所，玉溪教育云正式上线，玉溪教育步入“云时代”，义务教育阶段民办中小学实现同城教育，学前教育毛入园率和高中阶段毛入学率分别达 75.92% 和 87.76%，职业学校学生就业率达 96.12%。加快推进创新型玉溪建设，14 户企业通过省级高新技术企业评审公示，4 户企业通过省科技厅创新型试点企业评审公示，新认定 5 个市级工程技术研究中心，新增 1 个院士工作站，完成专利申请 975 件、授权 850 件，分别增长 10.29% 和 10.11%。卫计工作卓有成效，引进社会资本建设西南国际医院暨健康产业园项目顺利推进，完成 2 个乡镇卫生院、15 个村卫生室标准化建设，列为全国精神卫生综合管理试点市。实行大病救助二次补偿，新农合人均筹资标准提高到 470 元，参合率达 98.24%。文体事业全面进步，启动峨山、澄江 2 个县级文化馆和 12 个乡镇文化站建设项目规划建设工作，建成农家书屋 714 个、村级文化活动室 432 个，建成覆盖 74 个乡镇、432 个村的“农文网培学校”，成功申报 5 个云南省文化惠民示范村创建点，通海、新平、易门、澄江 4 个县已成功创建中国楹联文化县。

【民生保障】 社保体系不断完善，全年新增城镇就业 2.45 万人，5414 名就业困难人员实现就业，7148 名城镇下岗失业人员实现再就业，开发公益性岗位 4480 个，城镇登记失业率为 3.46%。加大精准扶贫、精准脱贫力度，易地扶贫搬迁 875 人、扶贫安居工程 548 户，完成 34 个整村推进、2 个整乡推进，5 万农村贫困人口实现脱贫。2015 年末，全市常住人口 236 万人、比上年末增加 0.9 万人，户籍人口 216 万人、同比增长 0.01%。城乡居民生活质量稳步提高，全市在岗职工平均工资达 4.95 万元、增长 8.4%，城镇常住居民人均可支配收入 2.96 万元、增长 8.8%；城镇常住居民家庭每 100 户拥有汽车 50 辆，农村常住居民人均可支配收入 1.09 万元、增长 10.1%，农村常住居民家庭每 100 户拥有彩色电视机 111 台、家用电脑 18 台、生活用汽车 31 辆。

（杞兆昌）

保山市

抗战胜利纪念活动

【行政区划】 保山地处云南西部，东与大理白族自治州、临沧市接壤，北与怒江傈僳族自治州、西与德宏傣族景颇族自治州毗邻，西北、正南同缅甸交界，国境线长 167.78 千米。国土面积 1.96 万平方千米，山区、半山区约占 92%。市委、市政府所在地隆阳区距省会昆明 498 千米。辖隆阳、施甸、腾冲、昌宁、龙陵 4 县一区 72 个乡（镇、街道办事处）。

敲响警钟 放飞鸽子

【人 口】 2015 年末，全市常住人口 259.1 万人，户籍人口 257.4 万人，其中农业人口 202.8 万人，占总人口的 78.2%；少数民族人口 28.5 万人，占总人口的 10.9%；人口自然增长率 5.7‰。

【自然资源】 已发现矿产资源56种，探明储量44种，硅储量达2000万吨，品位都在99%以上；铁矿储量2亿多吨，且相对集中；火山石、石灰石、硅藻土储量大；黄龙玉属保山特有玉种。水能理论蕴藏量1024万千瓦，可开发利用822万千瓦。有地热泉田189个，热能储量250万千瓦，为全国第二大热气田。生物资源丰富，高黎贡山国家级自然保护区被誉为“物种基因库”、有“世界生物圈保护区”称号。已知的植物有2200多种，其中高等植物1400多种。有动物兽类51种（属国家保护的21种），有鸟类229种。

旅游景区主要有火山、热海、高黎贡山、和顺古镇、银杏村、北海湿地、云峰山、邦腊掌、潞江坝等精品旅游景区和松山抗战遗址、滇西抗战纪念馆、善洲林场、艾思奇故居、李根源故居、保山名人馆等人文场馆。有国家级风景名胜区1个，国家地质公园1个，国家级森林公园1个，国家4A级景区2个、3A级景区1个、2A级景区10个，腾冲热海5A级景区创建通过国家验收。

名特产品有核桃、小粒咖啡、小绿豆、红花油茶、昌宁红茶、龙陵石斛、腾冲玉器、黄龙玉、南红玛瑙、永昌围棋子、宣纸、中成药、竹藤器。蔗糖、烟草、畜牧、林果、咖啡、茶叶是国家和省的重要生产基地，拥有全国最大的晾晒烟基地，香料烟产量居世界第三位。

【经济综述】 2015年，全市深入学习贯彻习近平总书记系列重要讲话和考察云南指示精神，认真落实党中央国务院和省委省政府的各项决策部署，扎实开展“实现新跨越，争当排头兵”大讨论活动，着力稳增长、促改革、调结构、惠民生，经济社会保持平稳较快发展。2015年保山市生产总值551.96亿元，增长11.5%，其中第一产业增加值141.97亿元，增长6.5%，第二产业增加值192.05亿元，增长14.4%，第三产业增加值217.93亿元，增长11.6%；全市完成固定资产投资501.83亿元，增长30.7%。社会消费品零售总额178.49亿元，增长12.5%；城镇居民人均可支配收入25647元，增长8.5%。农村居民人均可支配收入8572元，增长12.4%；完成财政总收入76.98亿元，增长8.6%。公共财政预算收入52.24亿元，增长10.7%。接待海内外旅游者1240万人次，增12.6%，实现旅游业总收入106亿元，增20.7%。回顾过去，我们清醒地看到，前进的道路上还存在诸多困难。主要是：综合经济实力不强，产业配套能力弱，跨越发展任务繁重；城乡、区域发展不平衡，农民增收渠道单一，脱贫攻坚任务紧迫；社会事业发展不足，财政收支矛盾突出，保障和改善民生任务艰巨；互联互通基础薄弱，对外开放程度低，外向型经济发展滞后；政府职能转变还不到位，服务意识和水平有待提高，作风建设任重道远。

【农 业】 2015年全年实现农业总产值234.52亿元，增长6.4%。全年粮食总产达143.16万吨，增2万吨。新建粮食生产功能区7.8万亩，亩均增产100公斤。粮食产量实现“十二连增”。收购烤烟128.22万担、香料烟25.4万担，质量效益稳定增长。实现畜牧业产值98亿元，增8.7%。茶叶种植面积62万亩；产量4.75万吨，产值12.7亿元。水果种植面积12.5万亩、产量10万吨，产值3亿元，比上年分别增长2.2%、18%、2%。花卉种植45万亩，农业产值11亿元，比上年增长2.3%、9.2%。中药材种植面积28万亩、产量9万吨、产值16.2亿元，分别比上年增长12%、12.5%、12.5%。新增省级重点农业龙头企业6户、市级农业产业化龙头企业32户，累计认定市级示范家庭农场50个，名牌农产品33个，农业产业化水平稳步提高。两烟、畜牧、核桃、石斛、茶叶、蚕桑、咖啡、食用菌、糯橄榄、红花油茶等特色产业稳步发展，完成15个全国农业标准示范区建设，数量为全省第一；高黎贡山（生态茶）、CY（永昌硅）、腾药获得中国驰名商标；认证国家地理标志证明商标20件，为全省第一。

【工 业】 2015年完成规模以上工业总产值361.43亿元，同比增长19.2%，全市5个工业园区完成工业总产值263.25亿元，同比增长23.29%，完成年度目标任务101.25%；完成工业增加值135.93亿元，增长14.1%，规模以上工业增加值116.94亿元，增长15.2%；工业园区配套设施不断完善，龙陵动力锂离子电池生产线、保山国际数据产业园开工，宝佳鞋业、九隆酵母建成投产。新入园企业41户；引进到位资金51.45亿元，增长49.13%；年末就业达3.41万人，增长11.9%；企业上缴税金总额14.55亿元，增长12.09%。托管区生产总值28.42亿元，增长18.7%；托管区公共财政预算收入2.4亿元，增长106.9%。培育小微企业，落实商事制度改革，全市于共发出“一照一码”营业执照991

份。各类市场主体 9.18 万户，较改革前增长 46.11%，其中：企业 1.16 万户，增长 87.23%；农民专业合作社 2244 户、增长 47.53%，个体工商户 7.79 万户，增长 41.42%。全市全社会用电量 54.7 亿千瓦时，同比增长 11.34%，其中：工业用电量 42.2 亿千瓦时，同比增长 13.88%。全市 GDP 单位能耗预计下降 1.71%，超省下达目标 0.1 个百分点。

【商 贸】 全年社会消费品零售总额 178.49 亿元，增长 12.5%。从城乡市场看，城镇消费品零售额 130.75 亿元，增长 12.6%，农村消费品零售额 47.74 亿元，增长 12.1%；居民生活消费价格指数 102.1%，上涨 2.1%；商品零售价格指数 99.9%，下降 0.1%；全年进出口总额 4834 万美元，增长 -10.1%，其中进口总额 509 万美元，增长 -45.4%，出口总额 4325 万美元，增长 42.7%。

【科教文卫】 科技创新体系建设取得突破，腾冲制药厂入选科技部火炬计划重点高新技术企业，腾冲经开区获批省级高新技术园区，建立院士工作站和专家工作站各 1 个，教育事业健康发展，“两基”水平巩固提升，一批薄弱学校改造项目和校安工程全面完成，新增校舍 21.5 万平方米，滇西应用技术大学腾冲珠宝学院批准建设，高考上线率连续 9 年超过全省平均水平，职业教育和高等教育稳步发展。科技进步对国民经济增长的贡献率达 50%，新增国家级高新技术企业达 29 户。疾病控制、妇幼保健、艾滋病防控、精神卫生等公共卫生和计划生育均等化服务全面落实，医疗保障水平稳步提高，新农合补偿人次和补偿金分别比上年增加 61 万人次和 1.8 亿元。成功创建国家公共文化服务体系示范区，我市被评为全国文化体制改革先进地区。积极打造“五大文化品牌”，公共文化设施不断完善，滇西抗战纪念馆、松山抗战遗址公园、杨善洲精神教育基地、保山历史名人堂等一批标志性文化工程建成投入使用，永子棋院建设顺利推进。全民健身运动和竞技体育协调发展，残疾人文化体育示范市创建有力开展，在省运会、民运会、残运会、七彩云南全民健身运动会上取得较好成绩。

【生态建设】 生态建设扎实推进，环境质量持续改善。“森林保山”“生态保山”建设加快推进，绿化荒山行动、石漠化及两江四路生态恢复治理等工程顺利实施，创新开展林业“三清”行动和森林生态资源“守护神”专项整治行动，生物多样性保护得到加强，森林覆盖率达 65%，饮用水源地保护、小流域综合治理成效显著，治理水土流失面积 548 平方公里，为“十一五”末的 2.5 倍。五县市区无害化垃圾处理场、城市污水处理厂及市医疗废弃物处置中心建成运行，城市垃圾无害化处理率达 99%、污水集中处理率达 95%，较“十一五”末分别提高 4 个和 64.4 个百分点。万元生产总值综合能耗控制在省考核指标以内。生态建设及环境治理制度逐步健全，全民环保意识普遍提高，生态环境质量得到改善，可持续发展能力进一步增强。

【扶 贫】 2015 年以来，深入实施精准扶贫，投入市级以上扶贫开发资金 16.78 亿元，实施扶贫整乡推进 5 个，整村推进 94 个，争取农发行易地搬迁专项贷款 39.55 亿元，减少贫困人口 7 万人。五年来，累计投入扶贫资金 48.54 亿元，贫困人口减少 49.6 万人，贫困发生率降至 10% 以内，实施保障性住房 8.6 万套（户）、农村危房改造及抗震安居工程 12 万户，扶贫开发成效明显。建立健全应急救灾体系，妥善处置各种灾害事故，人民群众生命财产安全得到保障。

【大事记】

1 月 11~12 日，省委副书记、代省长陈豪到保山调研。

4 月 2~3 日，国务院侨办主任裘援平一行到保山调研新形势下侨务工作，高树勋副省长陪同。

5 月 17 日，国家烟草专卖局局长凌成兴、中国烟叶公司总经理陈江华一行在副省长丁绍祥的陪同下，到施甸县善洲林场参观学习。

5 月 17~19 日，省委副书记钟勉一行到保山调研经济社会发展、沿边开放、城乡统筹和党建工作情况。

5 月 19~20 日，省政协主席罗正富、省政协秘书长车志敏一行到保山调研经济社会发展情况。

6 月 2~4 日，省委书记、省人大常委会主任李纪恒到保山市调研。

7 月 9 日，中央文明办一局局长吴向东一行到腾冲县调研农村精神文明建设。

7 月 10~11 日，国家卫生计生委副主任、国家中医药管理局局长王国强等一行莅临腾冲县调研中医药工作。

7月13~15日，全省2015年上半年工作汇报暨园区建设会议在保山召开。

8月4日，民政部发文批复云南省撤销腾冲县设立腾冲市，腾冲市由云南省直辖、保山市代管。

8月8日，由中国宋庆龄基金会、云南海外联谊会主办，由腾冲和体坛传媒集团股份有限公司承办的首届RW50腾冲“重走远征路”国际越野挑战赛在腾冲县举行，省委常委、省委统战部部长、云南海外联谊会会长黄毅宣布挑战赛开幕，中国宋庆龄基金会副主席井顿泉出席活动并讲话。

9月4日，云南省纪念中国人民抗日战争暨世界反法西斯战争胜利70周年大会在腾冲县隆重举行。省委书记、省人大常委会主任李纪恒出席大会并讲话。省委副书记、省长陈豪主持。

9月7日，龙陵县抗战文化广场隆重举行纪念中国人民抗日战争暨世界反法西斯战争胜利70周年纪念大会。市委副书记、市长吴松出席并讲话，市委副书记余炳武主持纪念会。

11月11日，副省长张祖林率省直相关部门领导深入昌宁县5.1级地震灾区，检查指导抗震救灾和灾后恢复重建工作，看望慰问受灾群众，听取受灾县（区）工作情况汇报，安排部署下一步工作。市委书记李正阳、市长吴松等领导陪同调研。

11月25日，副省长、省国资委主任董华调研保山市工贸园区建设发展情况。

12月8日，全省易地扶贫搬迁现场会在昌宁县召开，省委副书记钟勉出席会议并作重要讲话。

（韩　斌）

昭通市

【综述】　2015年，面对严峻复杂的经济环境，全市上下深入贯彻落实习总书记系列重要讲话精神和国家、省的宏观调控政策，集中精力抓重点，积极适应新常态，群策群力破难题，全力以赴稳增长，有效克服了宏观经济下行、实体经济困难等不利因素影响，全市经济运行保持平稳，主要经济指标处于合理区间。

经济发展平稳较快　2015年，昭通市生产总值（GDP）达709.18亿元，按可比价格计算，比上年增长8%。其中，第一产业增加值140.65亿元，增长5.8%，第二产业增加值308.93亿元，增长7.8%，其中：工业增加值209.72亿元，增长4.8%，第三产业增加值259.6亿元，增长9.4%；按常住人口计算，人均GDP为1.31万元，增长7.2%。三次产业的比重为19.83 ：43.56：36.61。对经济增长的贡献率为11.9%、46%、42.1%，分别拉动经济增长0.95个、3.68个、3.37个百分点。

非公有制经济　全年非公经济实现增加值309.8亿元，增长7.3%，占全市GDP比重为43.7%。

物价。居民消费价格总指数（CPI）为101.2%，商品零售价格总指数为100.1%，农业生产资料价格指数为102.7。全部工业生产者出厂价格指数（PPI）为96.6%，其中生产资料价格95.1%，生活资料价格指数100.9%。工业生产者购进价格指数（IPI）为99.6%。

2015年居民消费价格指数

类　别	单位	指数（上年同期为100）	
		2014年	2014年
居民消费价格总指数	%	101.6	101.2
食品类	%	102.3	104.6
烟酒及用品	%	102.5	103.3
衣着类	%	99.5	97.1
家庭设备用品及维修服务	%	100.2	99.8
医疗保健及个人用品	%	104.6	99.6
交通及通信	%	100	98.7
娱乐教育文化用品	%	99.8	100.7
居住类	%	101.5	98.6

【农村经济】　全年实现农林牧渔服务业总产值222.08亿元，按可比价计算，比上年增长5.8%。其中，农业产值102.82亿元，增长3.2%，林业产值7.29亿元，增长3.5%，畜牧业产值104.16亿元，增长5.6%，在农林牧渔服务业中的比重达46.9%。渔业产值4.31亿元，增长244.8%，农业服务业产值3.5亿元，增长5.5%。

农产品产量。全年粮食总产量达225.69万吨，比上年增长2.3%，实现了自2006年以来的“十连增”。经济作物中，油料产量4.31万吨，下降11.9%；烤烟产量4.27万吨，下降8.0%；蔬菜产量130.72万吨，增长2.7%；水果产量35.2万吨，增长8.6%。

畜牧业。全年肥猪出栏545.14万头，增长4.7%；牛存栏65.99万头，增长1.1%；羊出栏

49.01 万只，增长 7.3%；家禽出栏 1223.28 万只，增长 3.8%；全年肉类总产量达到 50.59 万吨，下降 0.9%。

农田水利建设和农业生产条件。完成中低产田地改造 31.06 万亩，完成中低改示范样板 10.56 万亩，石漠化综合治理 225 平方公里。推进实施农村饮水安全工程，解决农村饮水安全 28.3 万人。年末农业机械总动力 212.63 万千瓦特，增长 3.7%。全年实现 21.3 万人脱贫。启动实施产业扶贫点 73 个，实施整乡推进项目 9 个、深度贫困自然村整村推进项目 55 个、行政村整村推进项目 63 个。扶贫安居工程、以工代赈、革命老区等项目稳步推进。搬迁安置农村贫困人口 4767 户 2.14 万人。

【工业和建筑业】 全年实现全部工业增加值 209.72 亿元，比上年增长 4.8%。年末规模以上工业企业户数 164 户。全年规模以上工业增加值 181.44 亿元，比上年增长 4.9%。规模以上工业中，轻工业增加值增长 4.7%，重工业增加值增长 5%，轻重工业的比为 38.2 ∶ 61.8。

重点行业。全市七大支柱产业完成增加值 174.47 亿元，占规模以上工业增加值的 96.2%。除化学原料及化学制品制造业同比下降外，其余六大行业均保持增长。烟草制品业完成增加值 63.49 亿元，增长 3.8%；煤炭开采和洗选业完成增加值 8.99 亿元，增长 31%；有色金属矿采选业完成增加值 5.48 亿元，增长 6%；有色金属冶炼及压延加工业完成增加值 2.59 亿元，增长 4.5%；非金属矿物制品业完成增加值 5.52 亿元，增长 1.8%；电力、热力的生产和供应业完成增加值 82.28 亿元，增长 5.1%；化学原料及化学制品制造业完成增加值 6.11 亿元，下降 19.9%。

主要产品产量。全年原煤产量 646.44 万吨，增长 16.2%；卷烟 62.83 万箱，增长 1.6%；水泥产量 598.61 万吨，下降 0.3%；发电量 533.78 亿千瓦小时，增长 2.3%。

2015 年主要工业产品产量

产品名称	单位	绝对数	比上上年增长 (%)
原煤	万吨	646.44	16.2
铁矿石原矿量	吨	140706	259
铅金属含量	吨	42797	26.5
锌金属含量	吨	135155	17.1
十种有色金属	吨	181393	13.6
卷烟	万支	3141340	1.6
合成氨	吨	484086	4.2
农用氮磷钾化肥（折纯N100%）	吨	398989	6.9
碳化钙（电石）	万吨	44.03	-30.9
水泥	万吨	598.61	-0.3
发电量	亿千瓦小时	533.78	2.3
其中：火力发电量	亿千瓦小时	37.37	-42.3
水力发电量	亿千瓦小时	496.41	8.6
自来水生产量	万立方米	4091	7.8

工业经济效益。全年规模以上工业企业累计实现主营业务收入 370.4 亿元，增长 2.3%，实现利税总额 139.49 亿元，增长 17%。规模以上工业产品产销率为 99%，产销衔接状况良好。

建筑业。76 个资质建筑企业完成建筑业总产值 50.12 亿元，增长 15.3%。房屋建筑施工面积 276.12 万平方米，增长 4.3%；签订合同额 56.3 亿元，增长 29.9%。

【固定资产投资】 全年完成规模固定资产投资 612.98 亿元，增长 11.4%。其中，第一产业投资 10.43 亿元，增长 18.5%；第二产业投资 153.16 亿元，下降 7.9%；第三产业投资 436.42 亿元，增长 20.8%。溪洛度电站投资 14.21 亿元，下降 45.3%；向家坝电站投资 11.86 亿元，下降 34.7%；昭麻公路投资 50.64 亿元，增长 5%。房地产。全年房地产开发完成投资 63.34 亿元，下降 16.2%；全年房屋施工面积 1007.18 万平方米，增长 23.8%；商品房销售面积 75.48 万平方米，下降 5.7%。

【国内贸易及旅游】 全市社会消费品零售总额 212.07 亿元，增长 11.6%。其中，限额以上社会消费品零售总额 99.02 亿元，增长 17.1%；限额以下社会消费品零售总额 113.05 亿元，增长 7.2%。批发业销售额 183.4 亿元，增长 10.7%。零售业销售额 230.47 亿元，增长 17.1%。住宿业营业额 7.11 亿元，增长 12.8%。餐饮业营业额 35.74 亿元，增长 18.9%。

全年实现旅游总收入 113.3 亿元，比上年增长 33.3%。接待国内外旅游者 2065.79 万人次，增长 14.8%，其中，接待入境旅游者 1100 人次，下降 15.4%。

【对外经济】 招商引资。全年实施外来投资项目 818 个，共到位市外资金 487.8 亿元，增长 14.8%；省外资金到位 375.86 亿元，增长 15.6%。全市累计新签约项目 166 个，协议投资总额 636.95 亿元，增长 27%。新签约项目已开工 129 个，开工率 78%，合同履约率 96%。

全年进出口总额 746 万美元。其中，出口额 733 万美元，进口额 13 万美元。

【财政、金融和保险】 全年财政总收入完成 137.59 亿元，增长 5.3%。地方公共财政预算收入完成 55.27 亿元，增长 8.3%，其中税收收入快速增长，达到 42.42 亿元，增长 5.3%；非税收入 12.85 亿元，增长 19.8%。地方公共财政预算支出完成 405.29 亿元，增长 22.5%。其中，一般公共服务支出 20.79 亿元，下降 1.7%。

年末全市金融机构人民币存款余额 1209.03 亿元，比年初增长 15.9%。其中：住户存款 558.88 亿元，增长 14.2%；非金融企业存款 170.52 亿元，下降 5.9%。金融机构人民币贷款余额达 616.73 亿元，增长 15.5%。其中：住户贷款 249.31 亿元，增长 16.6%；非金融企业及机关团体贷款 367.41 亿元，增长 14.9%。

全年保险保费收入 14.88 亿元，比上年增长 16.9%。支付各项赔款和给付 6.84 亿元，比上年增长 48.7%。财险赔付率达 61.3%，寿险赔付率达 26%。

【教育、文化、卫生和体育】 全年普通高等教育（昭通学院）招生 0.35 万人，在校生 0.95 万人，毕业生 0.15 万人。各类中等职业教育招生 0.97 万人，在校生 2.31 万人，毕业生 0.6 万人。成人高等教育（昭通学院）招生 0.05 万人，在校生 0.11 万人，毕业生 0.02 万人。全市普通高中招生 4.24 万人，在校生 11.59 万人，毕业生 3.14 万人。全市初中招生 10.43 万人，在校生 29.17 万人，毕业生 8.4 万人。普通小学招生 8.74 万人，在校生 55.35 万人，毕业生 10.67 万人。特殊教育在校生 1044 人。幼儿园（含学前班）在园幼儿 10.99 万人。

全市文化馆 12 个，文化站 144 个，公共图书馆 12 个，博物馆 3 个。2015 年，市文化艺术剧院有限公司开展“百场演出进百乡”惠民演出 143 场，观众 59 万余人次；各县区文化演艺公司开展“千场演出进千村”惠民演出 1199 场，观众 158 万余人次；各乡镇业余文艺演出队开展“万场演出进万组”惠民演出 1.2 万场，观众 521 万余人次。市博物馆、彝良县罗炳辉纪念馆、威信县扎西纪念馆共开放陈列展览 8 个、临时展览 9 个，接待观众 172 万余人次。

全市无线广播电视发射机站 254 座，广播电台 1 座，电视台 11 座，中短波发射台 1 座，转播台 12 座。广播综合覆盖率 93.5%，电视综合覆盖率 95%。

全市有卫生机构 1980 个县以上（含县）综合医院 12 个，中医医院 11 个，专科医院（精神卫生中心）1 个，妇幼保健院 12 个，中心血站 1 个，疾控中心 12 个，卫生监督所 12 个，其他卫生单位 36 个，乡镇卫生院 171 个（含 27 个分院、社区卫生服务中心 4 个），村卫生室 1379（含分点 5 4）个，民营医疗机构 333 个。床位 20609 张，全市卫生人员 22187 人。卫生专业技术人员 19086 人。

2015 年昭通代表队参加了全省射击、中长跑、竞走、拳击、柔道、摔跤、网球、游泳、乒乓球等项目的比赛，共获得金牌 27 枚、银牌 31 枚、铜牌 28 枚。

【环境资源和安全生产】 节能降耗。单位 GDP 能耗下降 8.9%。能源消费总量为 508.78 万吨标准煤（等价热值），比上年下降 1.6%。居民能源消费量为 96.31 万吨标准煤，占总能源消费 18.9%。

环境资源。全年水资源总量 138 亿立方米。全年平均降水量 916.8 毫米。年末市水利工程蓄水总量 5.27 亿立方米。

年末城市污水处理率达到 77.7%，城市建成区绿地率达到 14%。

生态建设。年末全市自然保护区 12 个，其中国家级 3 个，市级 8 个，县级 1 个，面积 10.82 万公顷，占全市土地面积的 4.7%。

全年共完成营造林工程项目 100 万亩，其中人工造林 72 万亩，封山育林 28 万亩，完成全民义务植树 1180 万株，管护森林面积 1691 万亩。全市森林覆盖率达 35%。

安全生产。全年发生各类安全伤亡事故 128 起、死亡 39 人，分别比上年下降 35% 和 64.5%。

【人口】 2015 年年末常住人口 543 万人，比上年末增加 4.3 万人。城镇化率 29.2%，比上年提高 1.7 个百分点。

【人民生活和社会保障】 全年城镇常住居民人均可支配收入 2.18 万元，比上年增长 8.7%。农村常住居民人均可支配收入 7212 元，比上年增长 11%。

全年职工养老保险参保人数 13.21 万人，失业保险参保（职工）人数 11.9 万人，基本医疗保险参保人数 40.19 万人，参加工伤保险职工 18.08 万人，参加生育保险职工 16.22 万人。全市城乡居民养老保险参保人数 285.3 万人。

全年纳入城市低保人员 15.61 万人，农村低保人数 62.07 万人，城市和农村最低生活保障月人均补助水平为 318 元和 141 元。符合条件的五保供养对象 4.35 万人全部纳入供养范围。

（邹　蓉）

丽江市

【综 述】 2015 年，丽江市面对错综复杂的国内外经济形势和艰巨繁重的改革发展稳定任务，主动服务和融入国家发展战略，坚持稳中求进工作总基调，努力适应经济发展新常态，着力“稳增长、调结构、促改革、惠民生”，全市国民经济回升向好，结构调整有效推进，改革开放取得新突破，生态建设卓有成效，民生幸福指持续提高，各项社会事业取得新进步，全市经济社会持续健康发展。全年完成地区生产总值 (GDP)290.01 亿元，按可比价格计算，增长 9.0%。其中，第一产业实现增加值 44.57 亿元，增长 6.1%；第二产业实现增加值 115.60 亿元，增长 11.3%；第三产业实现增加值 129.84 亿元，增长 7.5%。三次产业结构调整为 15.37 ∶ 39.86 ∶ 44.77。公共财政预算收入完成 47.77 亿元，增长 3.7%；公共财政预算支出 144.04 亿元，增长 12.5%。

【农业・农村经济】 2015 年，实施 2 亿元财政资金担保贷款、1 亿元财政资金贴息政策，高原特色农业发展质量和效益得到提高。全年完成农业总产值 81.76 亿元，增长 6.0%。全年农作物总播种面积 19.03 万公顷，增长 0.48%。粮食播种面积 13.37 万公顷，增长 0.58%。粮食总产量 51.15 万吨，增长 0.19%，实现连续十二年增产。全年肉类总产量 14.15 万吨，比上年下降 3.86%，其中：猪肉产量 10.97 万吨，下降 2.59%。禽蛋产量 5425 吨，增长 8.24%；牛奶产量 9799 吨，增长 9.92%；年末大牲畜存栏 62.72 万头，比上年增长 1.68%；生猪出栏 141.75 万头，比上年增长 1.48%。烤烟、核桃、雪桃、螺旋藻、中药材、花卉、芒果、油橄榄等产业不断发展壮大。

2015 年，全市各类扶贫投入达 9.58 亿元，其中，财政扶贫资金 2.48 亿元，信贷扶贫资金 4.59 万元，整合资金 1.34 亿元，群众投劳折资 1.17 亿元。争取省级信贷扶贫项目 12 个，贷款规模 2.48 亿元，贴息资金 452 万元，集中扶持了 12 个农业产业化龙头企业，带动 2.01 万贫困农户增收。实施贫困地区劳动力转移培训计划 2200 人。实施扶贫安居工程 934 户。完成 18 个村委会整村推进和 1 个村委会“红色乡村、幸福家园”400 万元项目建设，自然村整村推进 46 个，易地扶贫开发 1080 人，预计解决 5 万贫困人口温饱。减少建档立卡扶贫对象 2.42 万人。

【工业・建筑业】 2015 年，丽江市加快工业转型升级步伐。全年完成全部工业增加值 68.85 亿元，增长 8.7%，其中：规模以上工业增加值 51.79 亿元，增长 8.9%。丽攀高速公路川滇界至华坪段建成通车，华丽高速公路拉市、荣将试验段开工建设，丽香高速公路、丽宁二级公路、永胜至宁蒗二级公路一期工程、国道 214 改扩建等重点公路项目加快推进。完成通村油路项目 59 个 724 公里，县乡道改造项目 5 个 84 公里。丽江机场旅客吞吐量达 562.7 万人次，买入国内大型机场行列；宁蒗泸沽湖机场通航，白沙直升机场建成。金沙江中游水电开发取得阶段性成效，能源结构由输入为主向输出为主转变。中缅油气管道丽江支线建成。滇中饮水工程勘察实验性工程动工建设，龙开口水电站水资源综合利用、丽江坝区生态水网等重大水利项目有力推进，文海、腊姑河、小米田水库等重点水源工程加快建设。互联网络不断优化，4G 网络覆盖率达 95%。年末全市规模以上工业企业共有 72 户，全年实现主营业务收入 124.09 亿元，增长 5.17%，实现利税 28 亿元，下降 11.15%，其中：利润总额 17.07 亿元，下降 16.58%。

年末全市联网直报资质建筑企业共有 60 家，全年完成建筑业增加值 49.87 亿元，增长

15.6%，对全市经济增长的贡献率为28.18%，拉动经济增长2.5个百分点。

【旅游业】　2015年，丽江市特色旅游发展再上新台阶。丽江古城、玉龙雪山、泸沽湖、老君山等品牌景区建设实现新发展，长江第一湾、三股水、虎跳峡等金沙江沿线优质旅游资源开发步伐加快。全年全市接待国内外游客3055.98万人次，增长14.72%；实现旅游综合收入483.48亿元，增长27.64%。其中：接待国内游客2941.44万人次，增长15.07%；实现国内旅游收入453.95亿元，增长28.29%；接待海外游客114.54万人次，增长6.35%；实现旅游外汇收入4.79亿美元，增长17.93%。年末全市共有星级宾馆229家，其中：五星级宾馆3家，四星级宾馆15家，三星级宾馆48家；旅行社74家；A级旅游景点20家，其中：5 A级景点2家，4 A级景点7家；红色旅游基地6个，旅游配套设施服务水平和接待能力进一步得到提升。

【固定资产投资】　2015年，丽江市规模以上固定资产投资（含房地产开发投资）完成321.90亿元，增长13.7%，其中：500万元以上固定资产投资完成272.89亿元，增长20.0%。分产业看：第一产业完成投资7.89亿元，增长12.81%；第二产业完成投资98.06亿元，增长5.92%；第三产业完成投资166.94亿元，增长30.59%。全年房地产开发投资完成49.01亿元，下降12.05%。全年新开工建设城镇保障性安居工程住房2420套（户），基本建成城镇保障性安居工程住房1500套。

【改革开放】　2015年，丽江市进一步加大简政放权力度，取消非行政审批项目19项，行政审批项目2项，调整5项。向社会公布40个市级单位权力清单和责任清单6273项。“三证合一”“一照一码”等级制度改革取得积极进展，新登记注册企业增长146.8%。投融资、财税、教育、卫生、社保等领域改革稳步推进，政府机构改革全面完成。引进“美高梅”“钓鱼台”“温德姆”“地中海俱乐部”等品牌酒店及奥特莱斯名品卖场投资丽江。与阿里巴巴集团合作，淘宝特色中国丽江馆上线运行。玉龙县、永胜县被列为全国电子商务进农村综合示范县。积极组团参加南博会、昆交会、旅交会等大型会展活动，引进市外到位资金287亿元，增长18.6%。全年共有招商引资项目221个。招商引资国内合作项目到位资金287.5亿元，增长18.6%，其中：省外到位资金268.7亿元，增长24.4%。合同利用外资1365万美元，实际利用外资329万美元。全年进出口贸易完成4328万美元，下降49.7%，其中：出口4327万美元，下降49.5%，进口1万美元，下降97.7%。全年共批准利用外资项目2个，外商投资项目到位资金329万元，下降58.0%。全年丽江机场保障航班4.59万架次，增长7.6%；旅客吞吐量562.7万人次，增长16.0%；货邮吞吐量8292吨，增长17.8%。丽江机场成为云南最大的支线机场。

【国内贸易】　2015年，丽江市实现社会消费品零售总额93.59亿元，增长11.0%。按城乡分：城镇完成消费品零售额72.92亿元，增长11.8%；乡村完成消费品零售额20.68亿元，增长8.4%。按消费形态分：餐费收入完成19.15亿元，增长5.7%；商品零售完成74.45亿元，增长12.4%。

【城市建设】　2015年，丽江市加快推进新型城镇化建设，城镇化发展质量和水平进一步提高。全市城镇化率35.6%，提高1.68个百分点。人居环境明显改善。城市建成区面积46.14平方公里，增长1.8%；城市道路长度242.47公里，增长6.22%；城区绿地面积1481.3公顷，增长5.28%；人均公园绿地面积18.92平方米；建成区绿化覆盖率32.75%，提高0.5个百分点；建成区绿地率32.1%，提高0.67个百分点；自来水综合生产能力11.5万立方米/日；用水普及率98.17%；燃气普及率86.57%。

【教育·科技】　2015年，丽江市全面贯彻落实优先发展教育方针，学前教育、义务教育、高中阶段教育、职业教育、特殊教育均衡发展。全年幼儿园在园幼儿3.35万人，小学在校人数8.61万人，初中在校人数4.58万人，高中在校人数2.32万人。在校残疾儿童532人，残疾儿童入学率89.41%。小学毛入学率114.16%，提高0.78个百分点，小学辍学率0.24%。初中毛入学率117.31%，初中升学率73.45%，下降3.28个百分点，初中巩固率96%，初中辍学率1.71%。普通高考录取率83.4%，下降0.8个百分点。师资力量加强，教师素质进一步提高，全市小学教师学历达标率为99.33%，初中教师学历达标率为99.6%，高中教师学历达标率为97.86%。全面实施农村义务教育“两免一补”政策，全市受益学生13.2万人；教育基础设施进一步加强，中小学危房改造工程开工14.64万平方米，竣工6.64万平方米。

创新型丽江建设扎实推进，科技支撑发展能力进一步增强。全年实施国家和省各类科技计划项目119项，申报专利480件。全市万人专利授权数1.82件。

【文化·卫生·体育】 2015年，丽江市深入实施文化惠民工程。完成市青少年宫建设，市图书馆开馆，市博物院迁建、永胜边屯文化博览园二期等项目启动，乡镇综合文化站建设全面完成。年末全市共有文化馆6个、博物馆3个、公共图书馆6个、文管所3个。广播综合人口覆盖率84.08%；电视综合人口覆盖率92.82%，提高0.01个百分点。全年新建村文化室50个。2015年，丽江市完成市第二人民医院建设和华坪县医院迁建，推进玉龙县医院整体迁建，年末全市共有政府办医疗卫生机构200个，建立了村卫生室431个，有乡村医生和卫生院1174人。新型农村合作医疗深入推进，新农合覆盖农业人口95.55万人，全市参合农民94.95万人，参合率99.37%，共有218.22万人次享受新农合减免补偿。基层医疗卫生基础条件进一步改善，基本药物制度进一步完善，人口计生工作开始转型。

2015年，丽江市共举办市级综合性运动会3次、县（区）级综合性运动会21次、乡镇（办事处）级综合性运动会96次、行业系统综合性运动会42次。全市运动员在各项目比赛中获金牌17枚，银牌2枚，铜牌6枚。

【社会保障】 2015年，丽江市社会保障体系从制度全覆盖向人群全覆盖推进。年末全市城镇参加基本养老保险人数8.11万人，参加基本医疗保险人数19.21万人，参加失业保险人数3.47万人，参加工伤保险人数8.59万人，参加生育保险人数8.01万人。城乡养老保险参保人数60.48万人。城镇居民最低生活保障人数3.66万人，农村居民最低生活保障人数14.59万人。农村居民最低生活保障资金支出2.50亿元，全年发放农村60岁以上老年人补助资金4793.86万元。年末各类社会福利单位35个，社会福利单位床位数2130张，收养各类人员1176人。城镇建立各种社区服务设施510个。

【人口·就业与人民生活】 2015年丽江市人口低速增长，人口自然增长率稳定在目标范围内，人口素质和质量进一步提高。年末全市常住人口128.0万人，人口自然增长率4.86‰。全市就业渠道进一步拓宽，就业人数持续增加，就业形势保持基本稳定。全年新增城镇就业1.05万人，年末城镇登记失业人数6664人，增加508人，城镇登记失业率3.87%，低于6.0%的控制指标。

全市城镇常住居民人均可支配收入2.58万元，增加2501元，增长8.6%。农村常住居民人均可支配收入7924元，增加741元，增长10.3%。全年物价指数低位运行，居民消费价格指数上涨1.8%。

【环境保护】 2015年，丽江市深入实施器材云南丽江保护行动、滇西北生物多样性保护、森林丽江建设，国家重要生态安全屏障建设取得明显成效。全年完成中低产林改造30.5万亩、人工造林29.85万亩、封山育林19.37万亩，管护森林面积2422.82万亩。全市森林覆盖率70%。城镇生活污水集中处理率87%，提高1.85个百分点。城镇垃圾处理率98.74%，提高0.26个百分点。万元GDP能耗0.8062吨标煤，比2014年下降3.1%。

（关晓刚）

普洱市

【概 况】 普洱市位于云南省西南部。东连玉溪市、红河州，南连西双版纳州，西北部沿澜沧江与临沧市分界，北接大理州，东北连楚雄州，东南与越南、老挝接壤，西南与缅甸毗邻。国境线长486.29千米，其中中缅段303.29千米，中老段116千米，中越段67千米。拥有思茅港、江城勐康2个国家一类口岸，孟连国家二类口岸。澜沧江—湄公河在普洱市境内长346.5千米。总面积4.54万平方千米。辖思茅区、宁洱哈尼族彝族自治县、墨江哈尼族自治县、景东彝族自治县、景谷傣族彝族自治县、镇沅彝族哈尼族拉祜族自治县、江城哈尼族彝族自治县、澜沧拉祜族自治县、孟连傣族拉祜族佤族自治县、西盟佤族自治县，共有66个镇、37个乡。市委、市政府驻地思茅区思茅镇，距省会昆明市区高速公路里程410千米。

【人口】 2015年末，普洱市常住总人口260.50万人，其中，城镇常住人口101.22万人，乡村常住人口159.28万人。人口自然增长率6.31‰。少数民族人口158.9万人，占总人口的61.01%。其中，哈尼族人口46.58万人，占总人口的17.88%；彝族人口43.14万人，占总人口的16.56%；拉祜族人口31.13万人，占总人口的11.95%；佤族人口15.40万人，占总人口的5.91%；傣族人口14.77万人，占总人口的5.67%；布朗族人口1.59万人，占总人口的0.61%。

【经济综述】 2015年，全市实现生产总值514.41亿元，比上年增长9.7%。其中，第一产业增加值143.13亿元，增长6.3%；第二产业增加值179.28亿元，增长11%；第三产业增加值192.00亿元，增长10.5%。固定资产投资（不含农户）449.75亿元，增长7.7%。地方一般公共预算收入47.5亿元，增长5.6%。居民消费价格上涨1.3%，其中，城市上涨1.2%，农村上涨1.3%。城镇常住居民人均可支配收入2.28万元，增长8.4%；农村常住居民人均可支配收入7914元，增长11.5%。城镇新增就业人数1.31万人，失业人员再就业人数3140人，就业困难人员就业人数2558人。城镇登记失业率3.74%，下降0.16个百分点。年末金融机构人民币各项存款余额760.5亿元，增长14.0%；人民币各项贷款余额548.3亿元，增长15.3%。

2015年，全市完成农林牧渔业总产值244.6亿元，农林牧渔业增加值146.6亿元，分别比上年增长6.4%和6.5%。粮食播种面积35.15万公顷。粮食总产量120.03万吨，增长2.6%。其中，夏粮产量13.92万吨，增长2.3%；秋粮产量106.11万吨，增长2.6%。茶叶产量10.22万吨，增长6.45%。咖啡产量5.79万吨，增长23.3%。橡胶产量5.8万吨，增长10.5%。猪牛羊禽肉总产量21.61万吨，增长9.9%。拥有农产品加工企业570个，完成农产品加工业产值118.6亿元，增长13.2%；农业产业化龙头企业186个，实现销售收入82.48亿元，增长12.5%。拥有农民专业合作社3072个。农民科技实用技术及技能培训人数55万人次。完成中低产田地改造1.75万公顷，实施粮食高产创建75片4.99万公顷。

2015年，全市完成全部工业增加值101.96亿元，比上年增长6.7%，其中规模以上工业增加值82.9亿元，增长6.0%。规模以上工业增加值中，轻工业实现增加值18.44亿元，增长20.7%；重工业实现增加值64.46亿元，增长2.7%。重点工业项目投资47.3亿元，完成年度计划投资的102.4%。

2015年，全市实现社会消费品零售总额145.6亿元，比上年增长10.9%。外贸进出口总额8.18亿美元，增长7.4%。举办第十四届中国普洱茶节茶产品交易博览会和普洱特色产品交易会、中老越三国（普洱）边境商品交易会、首届普洱GMS六国商品展，组织参加第三届中国南亚博览会暨第23届昆明进出口交易会、东盟博览会、老挝万象博览会等商贸展洽活动，累计实现销售收入1.75亿元，签订招商合作协议21项，协议投资金额63.8亿元。全年货物运输总量4667万吨，增长7.0%；货物运输周转量57.69亿吨千米，增长8.5%。旅客运输总量3507万人次，增长0.9%；旅客运输周转量32.19亿人千米，增长8.9%。邮电业务总量15.42亿元，增长4.8%。其中，邮政业务总量0.61亿元，增长5.2%；电信业务总量14.81亿元，增长4.8%。实现旅游业总收入107.52亿元，增长19.9%。接待海外入境旅客（包括口岸入境一日游）6.01万人次，实现旅游外汇收入0.30亿美元，增长9.6%；接待国内游客1523万人次，增长16.0%；实现国内旅游收入105.68亿元。

【教科文卫】 2015年，全市有各级各类学校875所（含民办98所），其中，幼儿园147所（含民办幼儿园96所）、小学567所（含民办小学1所）、中学128所、中等职业学校26所、高等教育学校2所、特殊教育学校5所。幼儿园在园（班）幼儿5.10万人、小学在校学生17.60万人、初中在校学生8.48万人、高中在校学生2.86万人、特殊教育学校在校学生480人。全年获得科技立项支持156项，其中，国家项目1项，省级项目155项。获得科技项目经费补助3564万元。认定科技型中小企业75户、高新技术企业5户、省级企业技术中心4户、省级工程技术中心1户。38户科技型企业和农村经济合作组织获得省科技厅农业（中药材）四项认定，其中，云南省农业科技示范园10户、优质种业基地13户、农产品加工科技型企业4户、科技型农村经济合作组织11户、认定众创空间1户。申请专利350件，获准授权专利240件。拥有卫生计生服务机构1497个，其中，医疗机构436个，疾病预防控制、妇幼保健、卫生监督等公共卫生机构33个，医学科研和采供血等其他卫生机构4个，计划生育服务机构36个，村卫生室988个。编制床位9115张，卫生技术人员1.02万人，执业医师3558人，注册护士3861人，村医2120人，计划生育宣传员1058名。年内，普洱市被命名为国家卫生城市，镇沅县被评为国家卫生县城，思茅区评为国家慢性病综合防控示范区，市人民医院被云南省卫生计生委确定为全省紧急医疗救援队伍培训基地。组织开展文化展览、演出、讲座、培训等活动3180场（次），参与群众351万人次；专业文艺团队送戏下基层776场；在省内外举行民族文化演出及艺术展览29场，其中，市民族歌舞团应邀赴中国澳门、老挝丰沙里、上海豫园、广西柳州、红河州等地演出10场，赴缅甸仰光、曼德勒为庆祝中缅建交六十五周年演出2场；大型民族歌舞《天赐普洱》在上海金山、黄浦、杨浦、崇明、普陀等5个区（县）及宝钢集团巡回演出，在江苏省太仓市开启商演模式；市博物馆“普洱茶马文化风情展”在上海豫园、南京江宁、江苏镇江、内蒙古鄂尔多斯巡展155天。美术作品《远山的呼唤》《梦回佤山》获云南省“彩云奖”；民族器乐节目《布鲁豪些》获云南省第三届农民工文化节一等奖；《迷然阿朵》《傈僳》分获云南省第九届民族民间歌舞乐展演银奖、铜奖。

【社会保障】 2015年末，全市城镇基本养老保险参保人数16.52万人，城乡居民养老保险参保人数129.65万人，城镇职工基本医疗保险参保人数20.60万人，城镇居民基本医疗保险参保人数13.0万人。新型农村合作医疗参加人数198.09万人，参合率达98.1%，下降0.1个百分点。城镇失业保险参保人数10.2万人，工伤保险参保人数15.26万人，生育保险参保人数13.27万人。拥有各类收养性社会福利单位67个，提供床位5880张，收养1519人。年内，普洱市投入资金14.7亿元，实施整乡推进项目6个、整村推进项目144个。5.9万名干部职工进村入户，开展“挂包帮、转走访”。

（袁明泽）

临沧市

【综 述】 2015年，临沧市委、市政府深入贯彻落实习近平总书记系列重要讲话精神和对云南工作重要指示精神，主动服务和融入国家“一带一路”、孟中印缅经济走廊、辐射中心建设战略，努力适应经济发展新常态，把握经济发展新常态，引领经济发展新常态，坚持稳中求进、积极有为工作总基调，保持定力、攻坚克难，奋力工作、开拓创新，着力抓好30项重要指标和“四个一百”重大项目，全力以赴稳增长、调结构、促改革、惠民生、防风险，全面完成“十二五”各项目标任务，圆满收官“十二五”，全市呈现出经济发展、社会进步、民生改善、文化繁荣、民族团结、边疆稳定的良好局面。完成地区生产总值（GDP）502.12亿元，比上年增长10.0%，其中，第一产业增加值145.34亿元，增长6.1%；第二产业增加值169.80亿元，增长12.5%；第三产业增加值186.98亿元，增长9.9%；人均GDP为20077元，增长9.3%。完成地方财政总收入58.14亿元，比上年下降1.2%，其中，一般公共预算收入38.06亿元，增长2.2%。年末金融机构各项人民币存款余额510.56亿元，比上年增加65.09亿元；各项人民币贷款余额432.1亿元，比上年增加54.79亿元。城镇常住居民人均可支配收入2.12万元，增长8.7%；农村常住居民人均可支配收入8063元，增长12.0%。

【农业农村经济】 巩固提升传统产业，积极培育新兴产业，新增高原特色生物产业基地127.2万亩。加快建设农村发展综合体，新增农民专业合作社52个、农业龙头企业11户。第一产业实现增加值145.34亿元，增长6.1%。实现农林牧渔业总产值235.86亿元，比上年增长4.0%，其中，农业产值144.34亿元，增长2.3%；林业产值13.71亿元，下降5.0%；牧业产值67.99亿元，增长9.0%；渔业产值5.54亿元，增长12.3%；农林牧渔业服务业产值4.28亿元，增长5.9%。

主要农产品产量：粮食产量104.01万吨，增产2.0%；油料产量2.85万吨，增产3.9%；甘蔗产量599.01万吨，减产8.1%；核桃产量20.01万吨，增产16.9%；茶叶产量11.28万吨，增产10.5%；烤烟产量4.56万吨，减产2.3%；澳洲坚果产量5804吨，增产3.3倍；咖啡16925吨，减产46.3%；肉类总产量28.0万吨，增产1.0%；水果产量23.78万吨，减产11.5%；蔬菜产量67.14万吨，增产12.0%。

【工业】 临沧工业园区、云县新材料光伏产业园区列入全省拟培育的百亿元以上园区，凤庆滇红生态产业园被列为全国滇红茶知名品牌创建示范区、全省第一批生物产业示范基地。实施规模以上工业项目445个，完成工业固定资产投资147.82亿元，增长23.1%。推动节能降耗和低碳技术推广应用，单位生产总值能耗下降1.84%。年内新增28户规模以上工业企业，规模以上工业企业达142户。全市完成全部工业增加值107.24亿元，比上年增长10.3%，其中，规模以上工业增加值91.84亿元，增长10.6%。规模以上工业企业实现营业收入232.01亿元，增长8.7%。

主要工业产品产量：成品糖80.8万吨，减产3.3%；精制茶叶7.01万吨，增产7.9%；酒精8.2万千升，增产3.9%；水泥333.42万吨，增产61.2%；松香5.9万吨，增产31.2%；白酒5.65万千升，增产27.1%；啤酒20.41万千升，增产5.9%；锌9.16万吨，增产22.5%；硅4.3万吨，减产10.8%。

【贸易与招商】 对外贸易进出口总额39.16亿元，比上年下降8.2%，其中，进口总额26.93亿元，比上年增长54.6%；出口总额12.23亿元，比上年下降51.5%。完成社会消费品零售总额154.56亿元，比上年增长12.6%。城镇消费品零售额110.15亿元，增长15.6%，乡村消费品零售额44.41亿元，增长5.8%。接待国内外旅游人数817.27万人次，实现旅游业总收入65.61亿元，比上年增长53.8%。孟定清水河、镇康南伞、沧源永和三个口岸出入境人次达267.7万人次，比上年增长6.3%，车流量77.6万辆次，比上年增长9.2%，货运量82.7万吨，比上年下降19.7%。签订和实施国内合作项目1509个，实际到位资金830.37亿元，比上年增长24.3%，其中，省外到位资金620.64亿元，比上年增长21.3%；实际利用外资6911万美元，比上年增长6.3%。

【固定资产投资】 完成规模以上固定资产投资729.19亿元，比上年增长29.1%，其中，第一产业投资55.68亿元，增长18.4%；第二产业投资147.82亿元，增长23.1%；第三产业投资525.69亿元，增长32.2%。全年房地产开发投资完成110.09亿元，比上年下降11.8%；施工面积806.82万平方米，增长13.0%，销售面积81.08万平方米，增长20.7%。

【交通与邮电通讯】 年末通公路里程1.64万公里，比上年增加1198公里。年末机动车保有量70.71万辆（不含拖拉机），比上年增长10.6%，其中，汽车保有量12.95万辆，增长17.6%。完成货运量3278万吨，增长10.6%，货物周转量23.07亿吨公里，增长9.7%，客运量995万人，增长1.1%，旅客周转量9.99亿人公里，下降0.7%。完成航空客运量32.4万人次，增长12.7%，客座率79.5%，比上年提高3个百分点。年内完成邮电业务收入13.02亿元，比上年增长5.9%，有固定电话15.71万部，比上年下降1.9%，固定电话普及率6.34部/百人；移动电话用户178.79万户，比上年下降0.5%，移动电话普及率71.3部/百人；固定宽带用户24.06万户，移动互联网用户113.1万户。

【金融与保险】 年末金融机构各项人民币存款余额510.56亿元，比上年增加65.09亿元，各项人民币贷款余额432.1亿元，比上年增加54.79亿元。年内各类保险公司原保险保费收入11.16亿元，比上年增长20.6%，其中，寿险、健康险公司原保费收入5.21亿元，增长29.3%；财产保险公司原保费收入5.94亿元，增长13.8%。

【物价】 居民消费价格总水平上涨1.0%，其中，食品上涨2.2%，医疗保健和个人用品上涨0.5%，居住上涨0.1%；商品零售价格总水平上涨0.1%；农业生产资料价格总水平上涨0.7%。

【民生建设】 积极促进就业和农村劳动力转移就业，城镇新增就业2.5万人，农村新增转移就业100.3万人次。各类教育均衡发展，全市有各级各类学校1353所，有教职工2.46万人（其中，专任教师2.29万人），有在校生37.95万人。学前三年毛入园（班）率、义务教育巩固率、高中阶段教育、高等教育毛入学率分别达71.63%、93.02%、81.02%、49.84%。社会保障水平不断提高，10.37万城镇职工参加基本养老保险，23.3万人参加城镇基本医疗保险，10.57万人参加生育保险职工，8.73万人参加失业保险职工，12.83万人参加工伤保险职工，127.92万人参加城乡居民基本养老保险。医疗卫生体系不断健全，有卫生机构1380个，有卫生技术人员9251人（其中，有执业医师和执业助理医师2708人），有床位9239张。建成标准化乡镇卫生院建设75个，覆盖率达90.36%；建成标准化村卫生室建设641个，覆盖率达68.92%。新农合参合农民199.21万人，参合率达99.18%；参合农民同步参加新农合大病补充医疗保险，参保率达99.18%。启动以27个贫困乡镇和241个贫困村为重点的“27241”脱贫攻坚大会战，突出抓好农村危旧房改造，认真开展“挂包帮”、“转走访”工作，扎实推进易地扶贫搬迁三年行动计划和俐侎人发展三年行动计划，完成农村危房拆除重建4.26万户、美丽村庄提升113个，减少贫困人口6万人。沧源“3.01”地震恢复重建有序推进。加快创新型临沧建设，公民具备基本科学素质比例达3.36%，科技进步对经济增长的贡献率达46.5%。获得省级以上科技立项支持56项，申请专利172件，获得授权139件，其中，发明专利12件；年末有高新技术企业6户；有省级创新型试点企业13户。文化惠民措施有效落实，群众性体育活动全面开展，拥有综合档案馆9个，文化馆9个，图书馆9个。拥有调频转播发射台39座，电视转播发射台10座；广播综合覆盖率98.26%，比上年提高0.24个百分点；电视综合覆盖率98.3%，比上年提高0.24个百分点。参加省级以上各类竞技体育比赛，获金牌11枚、银牌20枚、铜牌18枚。

【人口与计划生育】 全市常住人口250.9万人，比上年增长0.6%，其中，城镇人口92.48万人，占总人口比重为36.86%。全年出生人口3.31万人，出生率13.2‰；死亡人口1.65万人，死亡率6.58‰；自然增长率6.62‰；计划生育率85.49%；优选节育率81.51%。

【节能与环保】 全市森林覆盖率67.5%，比上年提高1.0个百分点。累计建成农村沼气池22.43万口，比上年增加1.54万口。单位生产总值能耗下降1.84%。化学需氧量5.02万吨，比上年下降0.9%；氨氮2887吨，比上年下现建筑业增加值78.06亿元，现价比上年增长18.7%，可比价增长19.1%。2.7%；二氧化硫排放量2.70万吨，比上年下降2.26%；氮氧化物7269吨，比上年下降22.0%。全年平均气温19.2℃，日照2210.3小时，降雨量1208毫米，相对湿度74.0%。

（左映莲）

8个民族自治州

楚雄彝族自治州

【综述】 2015年，楚雄州面对复杂严峻的经济形势和多重困难叠加的特殊挑战，在州委、州政府的坚强领导下，全力“稳增长、促改革、调结构、惠民生、防风险”，实现了经济平稳增长、民生持续改善、社会全面进步的良好局面。全州生产总值实现763亿元，增长10.1%；规模以上固定资产投资完成770.56亿元，增长28.1%；地方公共财政预算收入完成68.2亿元，增长7%；实现社会消费品零售总额265.68亿元，增长11.5%；外贸进出口总额完成4.3亿美元，增长29.4%；城镇和农村常住居民人均可支配收入分别达2.67万元、8327元，分别增长9.1%和10%；居民消费价格总水平上涨1.9%；城镇登记失业率为3.33%；人口自然增长率控制在5‰以内；城镇化率提高1.7个百分点，达40.44%；单位生产总值能耗下降完成省下达目标。

【农业·农村经济】 农业现代化建设加快推进，农业农村经济实现了稳步发展。全年完成农林牧渔业增加值162.49亿元，增长6.1%。粮食播种面积达385.89万亩，总产量达124.91万吨，增长1.6%，其中：秋粮95.93万吨，夏粮28.98万吨。经济作物种植面积252.27万亩，其中：种植烤烟64.71万亩，收购烟叶181.9万担，实现烟农总收入26.9亿元。种植油料作物38.46万亩，蔬菜种植面积122.36万亩。粮食作物和经济作物面积比为60.5 ：39.5。全州有效灌溉面积141.44万亩，节水灌溉面积112.94万亩。农业机械总动力285.04万千瓦，增长2.8%，其中排灌机械总动力37.2万千瓦，增长1.1%。以蔬菜、优质水果、食用菌、魔芋、辣木等为重点的特色优势产业不断发展壮大。加大畜禽养殖基地建设，积极培育云岭黑山羊、撒坝猪等优良畜种，肉类总产量达41.2万吨，下降2.6%。牛奶产量161吨，下降17.9%；禽蛋产量1.36万吨，增长7.5%；蜂蜜产量1291

吨，增长 8.2%；蚕茧产量 3270 吨，增长 7.5%；水产品产量 2.61 万吨，增长 6.8%。畜牧业产值实现 105 亿元。农业产业化步伐加快，累计有 156 户企业的 298 个农产品通过了国家质量认证。新型农业经营主体不断发展壮大，云南楚雄国家农业科技园区建设步伐加快推进，培育州级以上农业产业化重点龙头企业达 262 户，其中省级重点龙头企业 51 户。农村土地、林地流转工作加快推进。全州农村土地总流转面积 24.22 万亩，占家庭承包经营总面积的 11.86%；林权流转 115.35 万亩，流转金额达 4.72 亿元。新农村建设和扶贫开发成效显著。建设新农村省级重点村 71 个，完成投资 2428 万元；累计投入各类扶贫资金 21.6 亿元，实施扶贫整乡推进 6 个、行政村整村推进 22 个、自然村整村推进 118 个，发放扶贫到户贷款 9.53 亿元，减少贫困人口 5 万人；省下达的 3 万户农村危房改造工程全面开工，竣工 1.7 万户。

【工业·建筑业】 工业经济实现了企稳回升向好发展。实现规模以上工业产值 577.78 亿元，比上年增长 6.3%，实现工业增加值 214.09 亿元，增长 8.9%，其中规模以上工业增加值 205.13 亿元，增长 10%。工业园区建设迈出新步伐，完成园区基础设施投资 27.1 亿元，增长 20%，工业园区实现工业产值 604.9 亿元，增长 12%；入园企业达 534 户，新增 40 户。工业企业培育取得新成效，全州规模以上企业达 281 户，新增 42 户。包括工业在内的“两个 10 万元”微型企业培育工程有序开展，共扶持创办 2500 户微型企业，安排下达补助资金 7500 万元。切实推动银企合作，筛选了重点工业企业、成长型中小企业向各金融机构进行推介。认真落实国家扶持民营经济发展税收优惠政策，着力减轻民营企业负担，民营经济对工业经济发展的支撑力度进一步增强，全州民营经济完成增加值 347.53 亿元，占全州 GDP 比重达 45.6%。

全州 128 个资质内本地建筑业企业，完成总产值 103.76 亿元，比上年下降 7.2%，全年实现建筑业增加值 78.06 亿元，现价比上年增长 18.7%，可比价增长 19.1%。

【国内贸易·对外经济】 认真落实国家和省稳增长的各项政策措施，推动消费扩大和升级，第三产业保持了平稳增长，实现增加值 318.29 亿元，增长 10.9%，占 GDP 比重达 41.7%。流通基础设施建设进一步加强，楚雄国际物流基地、集装箱物流中心、永攀商贸物流园、西南（楚雄）义乌商品交易博览城等商贸物流项目建设全面推进。电子商务快速发展，投入资金 299 万元改造提升了州职教园区电子商务孵化培训中心，扶持 40 户电商入园创业。积极发挥淘宝特色中国“楚雄馆”平台作用，大力支持“南华野生菌信息港”“金鹿旅行网”等一批本土电商平台上线运营，网上商品销售额突破 1 亿元。大力发展城乡商业网点，农村流通体系建设加快推进，养老、健康、家政等新兴服务业加快发展。外贸进出口规模不断扩大，有进出口经营权的企业增至 187 户，外贸进出口总额突破 4 亿美元大关。文化旅游业加快发展，禄丰恐龙谷二期和元谋古人类历史文化旅游项目建设有序推进，禄丰世界恐龙谷实现在新三板挂牌上市，乡村旅游快速发展。全年接待各类游客 2029.82 万人次，实现旅游总收入 105.68 亿元。促进房地产市场健康发展的各项政策全面落实，商品房销售面积达 120 万平方米，实现销售收入 40 亿元。金融业保持较快增长，新增银行贷款 85 亿元，增长 17%。

【重点产业建设】 继续加强对烟草、冶金化工、生物医药、绿色食品、文化旅游业和新能源新材料产业的培植力度，制定发展规划、明确分管领导责任，采取有力措施全力推进了重点产业发展，重点产业成绩喜人。烟草产业进一步巩固。2015 年全州销售卷烟 10.06 万箱，实现销售收入 27.39 亿元，实现销售单箱 2.72 万元，实现卷烟经营税利 7.25 亿元，烟草产业实现增加值达 110.4 亿元，为烟叶增效、烟农增收、财政增长做出了重大贡献。生物医药产业整体实力显著增强。截至 2015 年底，全州共建成生物医药工业企业 42 户，有药品生产线 80 余条，有中药材种植企业 64 户，药品流通批发企业 17 户，药品零售企业 874 户，其中：产值亿元以上的企业有 19 户，主营业务收入过亿元的企业 15 户。总产值达 63.02 亿元，增加值达 20.85 亿元，占 GDP 的 2.73%，中成药产量 1.27 万吨，中药材种植面积 17.01 万亩。文化旅游业持续健康发展。截《至 2015 年底，全州共有国家 A 级旅游景区 13 个，其中：4A 级 5 个，3A 级 7 个。主要旅游景点有禄丰世界恐龙谷、彝人古镇、楚雄紫溪山、永仁方山等，共解决 8 万余人就业。2015 年共接待海外旅游者 3.86 万人次，接待国内旅游者 2030 万人次，实现旅游总收入 105.7 亿元，2015 年文化旅游产业实现增加值36.61亿元，占全州GDP的4.8%，为稳增长、扩内需、调结构、促就业、惠民生做出了贡献。绿色食品业壮大发展。优质粮食、绿色蔬菜、优质水果、食用菌、繁殖种业、辣木种植等产业发展迅速。其中辣木种植通过自2014年以来的规划发展，种植面积占全省的60%，实现初加工产值1.1亿元。现代农业示范园区和绿色食品加工园区建设加快推进，全州农产品加工产值（含个体工商户）199.95亿元。农业产业发展更趋多元化，截至2015年底，全州共有州级以上农业产业化重点龙头企业262户，其中：省级重点龙头企业51户。全州绿色食品产业完成增加值134.1亿元。新能源产业发展基础进一步夯实。2015年续建和新开工新能源项目25项，总装机171.45万千瓦，总投资164.1亿元，完成固定资产投资106.3亿元，占全州规模以上固定资产投资的13.8%。2015年新能源新材料业完成增加值6.7亿元。全州六大重点产业实现增加值356.8亿元，占全州GDP比重46.8%。

【县域经济】 2015年全州10个县（市）实现生产总值762.97亿元，人均GDP达到2.79万元，GDP总量达40亿元以上的县达到了6个（楚雄市、南华县、大姚县、元谋县、武定县、禄丰县），30亿元以下20亿元以上的县仅为2个（双柏县和永仁县），其余2县GDP总量接近40亿元（牟定县、姚安县）。县域投资增长动力继续增强。2015年县域规模以上固定资产投资额位列全省16州市的第4位，增幅列全省16个州市第6位。县域社会消费平零售总额达到265.68亿元，增幅列全省第7位。外贸进出口总额达4.32亿美元。县域地方公共财政预算收入2015年达68.2亿元，县域地方公共财政预算支出达216.2亿元。坚持“强州更要富民”的发展理念，2015年全州县域民生支出达168.1亿元。

【财政·金融·保险】 完成地方财政总收入159.82亿元，比上年增长4.3%；地方公共财政预算收入68.19亿元，增长7.0%，其中：税收收入45.94亿元，增长1.0%；非税收入22.25亿元，增长21.9%。地方公共财政预算支出216.23亿元，增长5.4%。

金融机构年末人民币存款余额914.32亿元，比上年末增长14.1%，其中城乡居民储蓄存款余额494.15亿元，增长10.0%。金融机构年末人民币贷款余额584.84亿元，增长17.1%。

州内保险公司保费收入22.36亿元，增长13.4%。其中：寿险业务保费收入10.69亿元，增长13.3%，赔款及给付3.62亿元；财产保险业务保费收入9.13亿元，增长14.5%，赔付及给付4.2亿元；健康和意外伤害业务保费收费2.54亿元，增长10.3%，赔付及给付1.44亿元。

【交通·邮电通讯】 2015年末，州内公路通车里程1.89万公里（含村道）。其中：高速公路339.4公里，一级公路46.13公里。机动车拥有量63.36万辆，同比（下同）增长8.0%。其中：汽车19.25万辆（个人17.07万辆），增长14.6%；拖拉机5.28万台，增长0.5%，摩托车，38.75万辆（个人38.71万辆），增长6.3%。机动车驾驶员63.69万人。完成客运量3520.63万人次，下降0.4%，其中：公路运输客运量3484万人次，下降0.2%；旅客周转量16.99亿人公里，增长1.5%，其中：公路旅客周转量16.91亿人公里，增长1.6%；运输货运量3024.2万吨，增长4.1%，其中：公路运输货运量3003万吨，增长4.4%；货运周转量49.23亿吨公里，增长7.2%，其中：公里货运周转量49.21亿吨公里，增长7.2%。

完成邮电业务总量19.76亿元，同比（下同）增长3.1%。其中：邮政业务总量0.87亿元，增长14.5%；电信业务总量18.89亿元，增长2.6%。订售报纸2947.63万份，订售杂志110.77万份，收发国内信件417.93万件。共有固定电话用户14.28万户；移动电话用户168.39万户。电话普及率为69.6部/百人（按公安户籍人口计算），比上年增加1.8部/百人。互联网用户达34.77万户。

【社会事业】 教育质量全面提高。2015年末共有普通高校2所，专任教师774人，在校生1.57万人；普通中专学校26所（含成人中专学校10所、中等职业技术学校5所、职业高级中学10所和技工学校1所），专任教师1191人（其中中等专业学校383人），在校生2.94万人（其中中等专业学校9136人）；高中21所，专任教师3076人，在校生4.41万人；初中113所，专任教师6880人，在校生10.08万人；小学816所，专任教师1.18万人，在校生16.63万人；特殊教育学校2所，专任教师66人，在校生397人；幼儿园311所，专任教师2012人，在园幼儿5.68万人。学龄儿童净入学率99.96%，小学生毕业升学率99.38%，初中毕业升学率89.31%，初中学龄人口净入学率99.91%，高中学龄人口毛入学率80.36%，教育部门主管录取的大学生1.30万人，增长3.51%，残疾儿童入学率95.83%。科技创新能力不断增强。列入州级以上科技计划项目127项。其中：国家级9项，省级47项，州级71项。自然科学研究成果获省部级奖1项，获地厅级奖41项。科技对国民经济增长的贡献率53.2%，比2014年提高1.1个百分点。组织科技培训22.5万人次。受理专利申请586件，批准专利352件。文化体育事业繁荣发展。国家公共文化服务体系示范区建设稳步推进，公共文化资源共享、数字图书馆、移动阅读平台等工程全面实施，群众性文体活动广泛开展。全州乡镇以上文化场馆全面免费开放；竞技体育水平不断提高，获得各类金牌18枚；文化艺术精品不断涌现，完成文化惠民演出1000余场，一批重点文物得到维修。广播电视新闻出版事业稳步发展，直播卫星户户通用户覆盖人口占全州农村人口总数的28.9%。基本公共卫生和计生服务质量持续提升。新农合参合人数达212.13万人，参合率99.12%；重大疾病和传染病得到有效控制，突发公共事件应急救治水平进一步提高，艾滋病疫情处于中度流行区以下。孕产妇死亡率18.66/10万，婴幼儿死亡率6.25‰，传染病发病率102.63/10万，均呈现下降趋势。加强物价监测预警和重要商品供应，市场物价运行平稳，居民消费价格总水平上涨2%。

【人民生活·社会保障】 农村常住居民人均可支配收入8327元，同比（下同）增长10%，城镇常住居民人均可支配收入2.67万元，增长9.1%。998个村委会都已通电话、通公路、通电，993个通自来水。认真落实积极的就业政策，加强创业平台建设，实施了“贷免扶补”创业贷款和云岭大学生创业引领计划，新增发放扶持创业贷款2.63亿元，共组织开展职业技能和创业培训4.48万人次，城镇新增就业2.9万人。

参加基本养老保险14.15万，参加基本医疗保险43.41万人，参加工伤保险18.64万人，参加生育保险7.41万人，城乡居民社会养老保险参保142.50万人。参加新型农村合作医疗212.13万人，比2014年减少4.62万人。领取失业保险金人数7914人。城镇居民9.88万人得到政府最低生活保障，农村居民18.88万人得到政府最低生活保障。民政优抚革命伤残军人1201人，在乡复员军人4136人。有敬老院102个，收养4719人，福利院7个，收养283人。

【生态建设·安全生产】 2015年末共有中小型水库1091座，总库容12.77亿立方米。人工造林39.79万亩，退耕还林面积11.05万亩，天保工程管护面积3256万亩。有自然保护区19个，保护区面积284.8万亩，其中国家级保护区面积47.9万亩，林地面积177.83万公顷，活立木蓄积量9236.73万立方米，森林覆盖率62.5%。平均降雨量864毫米，年平均气温17.2℃，年日照2414小时。楚雄市政府驻地空气质量达到一级标准。城市生活污水集中处理率88.4%，城市垃圾无害化处理率100%。各类自然灾害造成直接经济损失8.00亿元。农作物受灾面积97.79千公顷，其中绝收10.15千公顷，发生森林火灾6起，受害森林面积5.1公顷。

2015年，共发生安全事故294起，107人死亡，事故起数下降20.1%，死亡人数下降2.7%，339人受伤，直接损失2380.85万元。亿元生产总值生产安全事故死亡人数0.14人，下降12.5%。其中：工矿商贸企业从业人员生产安全事故13起，16人死亡，直接损失1283.86万元；年内无煤矿生产安全事故发生；发生交通事故164起，91人死亡，338人受伤，直接财产损失262.24万元；发生火灾117起，无人死亡、受伤，直接财产损失834.75万元。

（张云徽）

红河哈尼族彝族自治州

2015年，在省委、省政府和州委的正确领导下，面对国内外环境错综复杂的局面，团结带领和依靠全州各族人民，坚持稳中求进的工作总基调，迎难而上、主动作为，统筹推进稳增长、促改革、调结构、惠民生、防风险等各项工作，保持了全州经济平稳健康发展。全州基础设施建设持续得到加强，“三农”工作迈上新台阶，工业经济转型升级加快，产业建设迈出新步伐，改革红利得到释放，民生保障、精准扶贫工作取得新成效，社会事业取得新进步。全年生产总值完成1222.28亿元，比上年增长10.2%。其中：第一产业201.99亿元、增长6.4%，第二产业553.79亿元、增长

12.0%，第三产业466.50亿元、增长9.2%，人均生产总值已达26371元、增长7.8%。

【农业和农村经济】 农业稳定发展、农村持续向好。抓好“三农”工作，加快转变农业发展方式，深化农村改革。以建设高原特色现代农业示范为统领，以保障粮食安全和促进农民持续增收为核心，推动农业农村经济发展。全年实现农、林、牧、渔总产值343.44亿元，比上年增长6.3%。全州累计完成“三品一标”认证219个、新增11个，其中：无公害农产品152个、绿色食品56个、有机产品2个、地理标志登记保护9个；全州拥有国家级重点龙头企业1户，省级重点龙头企业55户，州级重点龙头企业185户。发展家庭农场573个、种植大户537户、省级现代农业庄园8个，同比分别新增23个、22户。全州发展“两社一会”等新型农村合作经济组织3739个（其中：农民专业合作社1918个、农村综合服务社1644个、农村专业协会177个），入社（会）农户将达到29.4万户，组建农民合作社综合服务中心6个，其中9559名农产品经纪人取得国家职业资格证。以“四大网络、一支队伍”为主的“乡村流通工程”建设步伐加快，全州建设农村日用消费品物流配送中心16个、网络终端（便民超市）1644个。推广农特产品品牌化，全州525个农产品注册商标中有中国驰名4个、云南省著名53个、红河州知名73个，成立“九红”产业发展协会，建水“红玛瑙”石榴、开远蜜桃获殊荣。推进农业智慧化，建成近万亩农业物联网示范基地，建立鲜优农产品直销配送点，蒙自、开远、建水、弥勒农业电商园区投入使用，上千家农村电商热销红河农产品。

粮食生产实现十三年连增。粮食总产量达183.68万吨，比上年增长1.7%；优质稻、水果、冬马铃薯、蔬菜、蚕桑、水果、甘蔗、橡胶、茶叶等特色优势产业加快发展，主要经济作物产量有增有减，其中：蔬菜增长12.0%，油料增长2.0%，甘蔗受市场因素影响产量下降18.3%。烟叶种植52.19万亩，烤烟产量下降3.0%，烟农收入达到23.57亿元，下降1.38%。全年实现农业产值148.15亿元，比上年增长5.4%。

2015年实现牧业产值161.14亿元，比上年增长7.3%，渔业产值9.99亿元，比上年增长5.9%。肉类总产量达89.38万吨，比上年增长6.8%，其中：牛肉增长14.4%，猪肉增长6.3%，羊肉下降12.9%。水产品产量达8万吨，比上年增长5.3%。

林业生态建设持续推进。2015年完成营造林63.5万亩，其中新增人工造林49万亩，封山育林完成新封15万亩，实施低效林改造21.5万亩，义务植树970万株，完成城市面山和通道绿化3.5万亩；活立木蓄积达9000万立方米，全州森林覆盖率为48.1%。实现林业总产值18.89亿元，比上年增长5.9%。

“三农”投入力度加大，农业生产条件继续改善。全州下达财政支农资金25.55亿元，同比增长6.54%，增加1.57亿元。年末全州有效灌溉面积为18.05万公顷，实施“五小水利”工程2.67万件，新增有效灌溉面积6.7万亩，解决了22.41万人的饮水安全问题；治理水土流失面积32.67万亩；省下达中低产田地改造项目39个，改造中低产田地2125公顷，新增耕地面积380公顷；农业机械总动力达33.24亿瓦特，增长4.9%；农业用大、中型拖拉机3.55万台，增长3.4%；农业化肥施用量（折纯）26.63万吨，增长0.5%；农村用电量达10.72亿千瓦小时，增长1.8%。

【工业·建筑业】 工业经济平稳发展。2015年，全州实现全部工业总产值1244.05亿元，比上年增长6.9%，其中，规模以上工业总产值1032.04亿元，比上年增长6.0%。规模以上工业企业实现增加值363.36亿元，增长10.2%。规模以上工业企业实现工业总产值中，国有经济增长5.2%，集体经济增长467.1%，股份合作制经济增长29.4%，股份制经济增长5.2%，三资及外商经济增长5.3%，其他经济增长33.5%。从轻重工业看，重工业产值749.86亿元，比上年增长4.2%，轻工业产值282.17亿元，比上年增长11.1%。规模以上工业企业实现利税总额134.68亿元，比上年下降16.5%。

2015年将稳增长作为首要任务，主动适应经济发展新常态，转方式调结构，优化存量、做大增量，加大产业培植和优化升级力度，培育壮大新兴产业，降低库存，盘活存量，释放产能。加快推进重点工业项目。厦门以晴集团产业园项目实质性开工建设；江苏海润光伏太阳能组件厂及相关配套设施项目顺利投产；云铅公司年产10万吨铅冶炼项目正式生产；云南锡业集团广元实业有限公司白酒迁址技改扩建项目（一期）、泸西兰益酿造有限公司苦荞醋酸发酵新型健康饮料建设项目、红河卷烟厂易地技术改造项目、恒鹏直升机组装项目顺利推进。园区经济带动效应初步显现。蒙自经济技术开发区体制机制进一步理顺，全年引进省外到位资金39亿元，实现规模以上工业增加值98.2亿元，增长10.5%，成功签约蒙自经开区服装产业园项目、云南红河蒙自稀贵金属新材料深加工项目、机器人高新技术生产线项目；红河综合保税区完成投资5.3亿元，保税仓库、重点配套设施实现开工，引进了铝材精细深加工、芯片加工、珠宝饰品、手机、平板电脑、液晶电视加工制造等项目，组建了投资管理有限公司，启动了跨境电商综合服务信息平台建设，新开工5000万元以上项目3项，实现外贸进出口总额3.85亿美元，入区企业已达33户；中越河口—老街跨境经济合作区完成总体规划和招商规划编制，河口城区至坝洒一级公路改建工程竣工通车，跨合区路网（一期）6条道路完成投资1.53亿元。

建筑业稳定发展。全年完成社会建筑业总产值230.73亿元，比上年增长20.3%，房屋建筑施工面积1172.86万平方米，比上年增长12.3%，房屋竣工面积633.64万平方米，比上年增长15.8%。

【固定资产投资】 固定资产投资继续保持高速增长。全年规模以上固定资产投资完成1678.43亿元，比上年增长36.7%，其中，国有经济914.26亿元，增长36.8%；民间投资764.16亿元，增长36.5%。重点行业投资中，工业投资419.87亿元，比上年增长25.5%；公路运输业投资91.22亿元，比上年增长14.4%；水利投资58.78亿元，比上年增长30.3%；教育投资57.98亿元，比上年增长42%；房地产开发投资385.61亿元，比上年增长22.2%，其中，商品房开发207.24亿元，增长19.5%。

2015年全州加大投资力度，优化投资结构，加快重大项目建设进度，继续推动经济增长。全年实施3000万元以上项目576项。启动“五网”规划编制工作。综合交通三年攻坚行动计划圆满收官，石红高速建成通车，蒙文砚、蒙自绕城、弥泸高速公路建设进展顺利，4条境内国道改造全面完成。红河综合保税区（一期）封关运营，完成中石油、中石化两条成品油管道铺设；云桂铁路（红河段）即将完工，滇南中心城市群现代有轨电车示范线、弥蒙铁路和红河蒙自机场相继开工，哈尼梯田机场选址报告获得国家批复；阿扎河、阿白冲两座中型水库基本建成，蒙开个地区河库连通工程、小路南提水工程加快推进；新建、续建小型水电站11座、风电场13座，建成光伏电站2座。完成首个城市生活垃圾焚烧发电BOT招标工作；续建、新建、改建城市基础设施项目170项，实施建制镇“一水两污”项目31项，共完成城镇建设投资30.67亿元；启动了“智慧红河”项目建设。

【交通·邮电】 2015年末，全州通车公路里程达2.26万公里，比上年增长1.1%。围绕实现“骨架路网高速化、干线路网高等级化、农村公路通畅化”的目标，推进高速公路建设，全州高速公路通车里程将达到533.9公里，居全省第二位；完成农村公路路面硬化6701公里，建制村通畅率提高到72%；实施水运基础设施建设项目4个。全年公路运输完成货运量1.08亿吨，货物周转量121.85亿吨公里；完成公路旅客运输量4356万人，旅客周转量26.16亿人公里。

邮电通信事业快速发展。2015年全州完成邮政业务总量（含各类快递业务）2.12亿元，比上年增长27.7%。2015年末全州固定电话用户达30.3万户，比上年下降16.5%；移动电话用户达343.92万户，比上年下降0.7%；国际互联网络用户达45.23万户，比上年增长7.9%。

【贸易】 千方百计扩大消费需求，消费品市场稳步增长，呈现稳中有升的态势。批发零售、商贸餐饮、交通运输等传统服务业稳步发展，信息消费、网络购物、电子商务等新型消费业态更加活跃。

2015年全州社会消费品零售总额完成326.26亿元，比上年增长12.0%。按所在地分，城镇和乡村分别增长12.0%、11.6%。按消费形态分，餐饮收入增长12.9%、商品零售增长11.8%。

2015年外贸进出口扭负为正，全州进出口总额完成12.83亿美元，比上年增长10.2%，其中，出口完成6.29亿美元，下降29.0%，进口完成6.54亿美元，增长135.6%。边贸企业进出口总值完成2.58亿美元，增长1.6%。外经贸企业进出口总值完成10.18亿美元，增长42.9%。外商投资企业进出口总值完成0.07亿元，下降39.8%。

全州内贸流通发展水平不断提升，电子商务发展迅速，流通网络逐步完善，消费促进不断创新，商贸服务业发展加快，市场营商环境改善，开放型经济发展不断取得突破，开放合作领域进一步拓宽，全州社会消费品零售总额增速位居全省前列，流通现代化水平明显提升，消费日渐成为经济增长的重要动力；外贸结构得到进一步优化，全州重点领域改革不断取得新进展，国际大通道、对外开放平台基本形成，口岸基础设施和通关便利化条件逐步改善，与越南等国家和地区的交流合作不断深化；2015 年实际利用外资 2.16 亿美元，对外实际投资 8863 万美元，完成目标任务数的 108%。

【旅 游】 2015 年共接待国内外旅游者 2857 万人次，比上年增长 21.3%。其中：国内游客 2564 万人次，比上年增长 21.4%；海外游客 23.15 万人次，比上年增长 5.0%。旅游总收入为 191.5 亿元，比上年增长 21.5%。其中：实现国内旅游收入 179.03 亿元，增长 21.4%，实现旅游外汇收入 11219.55 万美元，增长 14.5%。紧紧抓住红河哈尼梯田申遗成功和昆玉红文化旅游产业经济带建设契机，围绕打造、包装、宣传、促销“三千四百年”七张靓丽名片，以“梯田魂、古城韵、福地灵、异域情”为主导元素，重点开展了《红河州旅游发展十三五规划》《红河州旅游厕所建设专项规划》《滇越铁路“米轨时光”精品旅游线路专项规划》等 10 余项重要规划编制工作；重点推进哈尼梯田保护、千年临安古城保护恢复、福地弥勒休闲商务、滇越铁路异域风情旅游开发等为主的旅游重点项目建设，全州纳入固定资产投资统计的旅游项目达 85 个，年内竣工项目达 21 个；围绕打造“云上梯田、梦想红河”旅游品牌，扩大旅游宣传营销，不断提升红河旅游知名度和美誉度。

【财政 · 金融 · 保险】 财政收入持续增长，盘活整合资金，各项民生、重点支出保障有力，财政预算执行平稳。2015 年完成财政总收入 275.62 亿元，比上年增长 3.8%。其中，一般公共预算收入完成 123.24 亿元，增长 11.0%。全州一般公共预算支出 369.15 亿元，比上年增长 7.1%。

2015 年末全州金融机构人民币各项存款余额为 1626.25 亿元，比上年末增长 8.6%，其中：住户存款 896.08 亿元，同比增长 8.6%。金融机构人民币各项贷款余额为 1000.44 亿元，比上年末增长 11.7%。

2015 年全州保险公司保费收入达 33.52 亿元，比上年增长 19.7%，其中：财产保险保费收入 17.25 亿元，寿险保费收入 16.26 亿元。全州保险公司赔款支出 12.18 亿元，比上年增长 6.1%，其中：财产保险赔款支出 7.43 亿元，人寿保险赔款支出 4.75 亿元。

【人民生活】 2015 年全州从业人员劳动报酬总额为 171.47 亿元，在岗职工人均年工资为 5.47 万元。城镇常住居民人均可支配收入达 2.60 万元，增长 8.9%；农村常住居民人均可支配收入达 8599 元，增长 11.3%。城镇常住居民人均生活消费支出 1.43 万元，增长 7.9%；农村常住居民人均生活消费支出 5655 元，增长 15.7%。2015 年居民消费价格总指数为 101.9%，商品零售价格总指数为 101.5%。

2015 年各类民生资金支出达 290.7 亿元，占全州地方公共财政预算支出的 78.8%。促进就业创业的各项政策措施进一步落实，城镇登记失业率为 3.58%。全年共实现城镇新增就业 3.65 万人，失业人员再就业人数 8862 人，帮助 6459 名就业困难人员实现就业，开发公益性岗位 5647 个，消除零就业家庭 78 户，帮助零就业家庭成员 127 人实现就业，实现农村劳力转移达 14.59 万人。积极开展“就业创业示范”创建活动，打造了 5 个创业示范园、3 个充分就业示范社区、2 个创业就业示范村，扶持创业 1.01 万人。援企稳岗行动共为 36 户企业发放稳岗补贴 2795 万元。五类基本保险扩面提标力度持续加大。城市低保、农村低保每人每月平均补助水平比上年提高了 15%，为 61.36 万城乡低保对象发放低保资金 12.62 亿元；将符合五保条件的 1.44 万户 1.45 万人全部纳入五保供养范围；加强城乡医疗救助，资助 71.32 万人参合参保；及时拨付各类救灾资金 3479.2 万元，全州救灾物资储备库建设实现县市级基本全覆盖；整合投入“美丽家园”建设资金 32 亿元，完成农村危旧房拆除重建和改造提升 4 万户。建成城镇保障性住房 6000 余套、棚户区改造 1.27 万户。

着力推进精准扶贫和区域开发，重点抓好南部山区财政专项补助项目实施和项目建设目标任务落实，着力加快推进集中连片特殊困难地区区域发展与扶贫攻坚进程。做好扶贫对象建档立卡动态管理，抓好易地扶贫搬迁三年行动计划，行业扶贫、社会扶贫稳步实施，减贫 12.68 万人。全年先后实施整乡推进 12 个、整村推进 229 个、扶贫安居工程 3441 户、易地扶贫搬迁 2600 人、革命老区项目 9 个等扶贫项目，实施劳动力转移培训 1.07 万人。全年投入扶贫资金40.59亿元，其中投入财政专项扶贫资金6.6亿元，投放信贷扶贫资金12.33亿元。

全州城镇建成区面积达160平方公里，完成撤乡改镇12个，常住人口城镇化率达到了42.96%，比上年提高1.7个百分点。完成了《滇南中心城市总体规划》、《云南省红河州域城镇体系规划》修编工作；以构筑城市道路骨架为重点，积极推进城市排水、供水、环卫设施、城市园林绿化等市政基础设施建设，续建、新建、改建城市基础设施170项，其他天然气、城市灯光、园林绿化、文化广场等工程42项；全州拥有城市道路1022公里，人均道路面积达10.2平方米，建成区绿地率达30%，人均公园绿地达8平方米；农村危房改造实现开工率、录入率100%；完成做特民居16.6万余户、做美村庄569个、做优集镇26个；正常推进建制镇“一水两污”项目和南部山区综合开发边境一线“村村亮”工程；启动全州地下综合管廊、海绵城市建设工作。

【改革开放】 在个开蒙地区推进了12项城镇化健康发展综合改革试点工作。完成农村土地经营权确权登记21.2万户、63.3万亩。6家国内银行与越南10家银行签署了跨境贸易人民币结算代理合作协议。预算制度改革持续深化，组建了州级融资担保有限责任公司，9个PPP项目成为财政部示范项目。统筹城乡发展和教育卫生等改革深入推进。确立州级外部行政职权5958项，权力清单、责任清单和负面清单制度逐步推行。完成了新一轮政府机构改革，州级政府工作部门由39个精简为32个。公共资源交易中心管理运行进一步规范，全年共完成公共资源交易6920宗。推行“先照后证”和“三证合一、一照一码”商事制度改革，开展机关事业单位养老保险和工资制度改革，县级公务员职务与职级并行制度改革全面铺开，开展了聘任制公务员省级试点工作，公务用车制度改革稳步推进。制定实施了《推进滇中城市经济圈一体化发展2015年实施方案》。第3届南博会实现项目签约29项，达成协议投资300.26亿元。通过南博会、昆交会、中越边交会等拓展国内外市场，发往上海、越南河内、海防等地的铁路集装箱运输线路开通，面向南亚东南亚的“三大平台”建设加快。与国内四大电信运营商、云南建工集团、厦门以晴集团等签署战略合作协议，与省级15家银行机构签署融资合作协议。全年引进省外到位资金701.8亿元，共有124项投资5000万元以上的招商项目落地开工。

【科技·教育】 加大科技创新平台建设力度，科技创新能力不断增强，科技成果转化运用率不断提高。贯彻落实建设创新型云南行动计划，推动红河创新驱动发展，打造大众创业、万众创新，加强红河州科技孵化器建设工作，组织实施各级科技计划项目，争取国家科技部、省科技厅项目和经费支持，积极开展对外科技合作交流。申报上级科技计划项目56项，补助资金4146.1万元。红河锌联科技发展有限公司、云锡机械有限公司被认定为云南省创新型企业试点。建水紫陶产业技术创新战略联盟被认定为云南省产业技术创新战略试点联盟。弥勒市高原畜牧—果蔬农业科技园区、云南蒙自高原果蔬农业科技园区、红河县特色农业产业科技园区被认定为云南省农业科技园区。红河电商物流“云科万象众创空间”和个旧云新科技企业孵化器“云科个旧云新科技众创空间”通过云南省众创空间认定。2015年，获得云南省科技进步奖7项，其中，二等奖4项，三等奖3项。组织完成了红河州科技进步奖评审工作，共48项，其中，一等奖1项，二等奖4项，三等奖43项。专利申请624件，专利授权471件，其中发明专利有效项272项。

全年完成教育支出65.85亿元，占全州公共财政支出的17.84%。以实施教育事业振兴金秋计划为抓手，推进红河州示范性综合实践基地项目，构建“一网三通两平台”，红河州教育资源网正式开通运行。2015年全州共有各级各类学校2010所，其中普通中学201所，普通小学1104所，幼儿园656所。义务教育巩固提高成效明显，2015年全州小学适龄儿童入学率99.61%，小学毕业生升学率为95.35%，全州初中入学率达90.49%，巩固率95.67%，三年完学率达87.2%，初中毕业生升学率为76.55%；高中教育扩规提质步伐加快，高中阶段毛入学率达70.2%，高考上线率92.23%，一本上线率为10.59%；学前教育普及提升，学前教育毛入学率为82.12%；职业教育提速发展，红河卫生职业学院新校区建成投入使用，州职教园区开工建设，完成投资4.83亿元。民办教育快速发展，全州各类民办教育学校共440所。办学条件不断改善，积极推进“全面改薄”项目，全面消除中小学D级危房。

【文化·卫生】 现代公共文化服务体系初步

形成，文化体育设施建设不断推进。2015 年末，全州共有艺术表演团体 6 个，艺术表演场所数 2 个，艺术演出观众人次 43 万人次，文化（群艺）馆（站）153 个，博物馆 12 个，体育场馆 11 个，公共图书馆（站）14 个、共藏书 180 万册；广播电台 1 座，电视台 1 座，广播人口覆盖率达 97.8%，电视人口覆盖率为 98.3%。围绕民族文化强州目标，启动实施了文化建设“1046”春天工程，文化艺术精品成果丰硕，文化遗产保护成效显著，全民健身活动蓬勃开展。2015 年中央、省州投入“两馆一站”免费开放资金 1269.5 万元，大型民族歌舞剧《诺玛阿美》在红河大剧院和北京天桥剧场成功首演，《哈尼古歌》成功亮相国际米兰世博会，首届红河文化艺术节和云南省第九届民族民间歌舞乐展演成功举办，石屏县古城片区被住建部、国家文物局公布为第一批中国历史文化街区，《红河州建水石屏“一湖两城”历史文化遗产廊道保护规划》编制完成，启动元阳、红河、绿春、金平四个片区的保护规划编制工作，积极开展“雪炭工程”“农民体育健身工程”等全民健身活动，完成北部 7 县市 800 个村的村村响应急广播建设。

卫生事业持续发展，公共卫生服务和保障能力全面提升。2015 年全州共有县及县以上医院 35 个，乡镇卫生院 142 个，共有床位数 2.49 万张。启动实施健康红河行动计划，县乡村三级医疗服务一体化进程加快；实施中央卫生专项建设项目 167 项；建成 25 个标准化卫生院和 129 个标准化卫生室；滇南中心医院完成投资 6.01 亿元；新型农村合作医疗制度覆盖面全州，参合率达 98.75%，受益率达 219.32%；各项基本公共卫生服务项目有序实施，为 397 万名群众建立了健康档案；落实“四免一关怀”和“两免一补”，艾滋病防控力度得到加强；人口计生管理服务工作继续加强，单独两孩政策顺利实施。

【环境保护】 加强生态文明建设，发展循环经济，污染减排目标实现，全州环境质量总体良好、稳是有升。2015 年全州已建有自然保护区 6 个，其中：国家级保护区 3 个，省级保护区 2 个，县级保护区 1 个，总面积 272 万亩；2015 年全州有国家级生态乡镇 1 个，省级生态乡镇 24 个，省级绿色社区 39 个。编制完成了《红河州生态建设规划（2011 — 2020）》等，细化分解环境保护目标任务，责任措施落实到位，推进生态文明建设；积极发展循环经济，个旧市全国工业固废综合利用基地建设试点、开远市云南省发展工业循环经济试点示范县市、云锡公司等十户全省循环经济试点企业顺利推进，全州共有 320 户企业开展清洁生产工作；节能减排工作力度加大，完成了省政府下达的单位 GDP 能耗下降 3.0% 的节能目标任务，全州国控企业污染源监督性监测均达到省政府下达三项指标 98%、90%、85% 的目标要求，推进 13 座城镇污水处理管网建设、运行管理；淘汰落后产能项目 23 个，重点企业环境污染监控得到加强，主要污染物排放得到有效削减；异龙湖水污染综合防治初见成效，扎实推进红河、南盘江流域水污染防治，实施城市面源污染和农村面源污染截流处理工程，对长桥海水库入库河流进行全面整治，水污染综合防治成效明显。实施完成了弥勒市西三镇可邑村、元阳县新街镇箐口村等 20 个农村环境综合整治示范工程；抓好公益林、商品林的管理，2015 年全州共争取实施退耕还林 7 万亩、荒山造林 1.5 万亩、天然林保护工程 4.4 万亩，石漠化综合治理 17.3 万亩、陡坡地治理 3 万亩、造林补贴 7.9 万亩、农村能源建设 3.35 万户。

（李 雁）

文山壮族苗族自治州

2015 年文山州按照党中央、国务院和省委、省政府的决策部署，深入贯彻落实党的十八大和十八届三中、四中、五中全会，以及习近平总书记系列重要讲话和考察云南重要讲话精神，主动适应经济发展新常态，坚持把稳增长作为首要任务，全力推进稳增长、促改革、调结构、惠民生、防风险各项工作，有效促进了全州经济稳中有升、民生持续改善、社会和谐稳定。

【农业·农村经济】 2015 年，全州农作物播种面积 1241 万亩，粮食总产量达到 15.9 亿公斤，增长 1.3%。高位推动三七产业发展，启动促进三七产业做强做大的 10 项基础工作，成功举办文山三七产业发展论坛，三七知名度不断提升，三七产业实现产值 149.6 亿元；烤烟产业稳步发展，烟农收入达到 17.4 亿元；辣椒、甘蔗种植面积分别达到 176.9 万亩和 72.8 万亩，综合产值分别达到 50 亿元和 22 亿元，畜牧业产值达到100亿元，蔬菜、水果等产业加快发展。全年投入各类扶贫资金32.2亿元，实施7个乡（镇）整乡推进建设，完成整村推进建设1238个村，精准扶贫深入实施，兴边富民、易地搬迁三年行动计划全面启动，新解决8万人脱贫问题。

李源潮（中）在李纪恒的陪同下参观特安呐公司展位上的三七产品

纳杰（右一）与困难老党员张帮林（中）亲切交谈

【工业经济实现新发展】 出台政策鼓励企业扩销促产，筹集2亿元信贷引导资金缓解企业贷款难题，加强工业经济运行协调服务，一批停产半停产企业相继复产达产，工业经济在困境中实现平稳增长，2015年完成工业增加值158.9亿元，增长11.9%。组织实施工业项目64个，完成非电工业投资89.7亿元，增长19.6%，文山铝业公司60万吨氧化铝扩能、云南华联锌铟公司年产10万吨锌60吨铟冶炼技改等重点项目建设有序推进。砚山承接产业转移园区、文山三七产业园区等重点园区建设取得新成效，百色—文山跨省经济合作园区管委会正式挂牌成立，园区规划建设及招商引资工作有序推进。

百色—文山跨省经济合作园区揭牌仪式

11月7日，云南金三奇药业有限公司中药现代化产业园项目开工奠基仪式在三七产业园区登高片区举行，揭开了登高片区项目入园建设序幕

【基础设施建设取得新突破】 综合交通建设加快推进，云桂铁路文山段及站后配套设施建设进入冲刺阶段，富那高速公路建成通车，平文、蒙文砚高速公路建设加快推进，续建和新开工建设农村公路项目386个4327公里，师宗至丘北至文山铁路、丘北民用机场等一批重点项目争取工作取得实质性进展。德厚水库正式动工建设，在建5件小（1）型水库和73件小型病险水库除险加固工程建设进展顺利，建成“五小水利”工程4.47万件。城乡规划建设管理进一步加强，市政基础设施建设稳步推进，建成污水管网85公里，14个乡（镇）“一水两污”项目顺利实施。百色至玉溪成品油管道文山段及配套油库建成投入运营，文山、丘北城市燃气管道建成通气，平远阿三龙光伏电站建成并网发电。完成第一轮农村一户一表改造工程，全面实现“村村通电”。

【民生保障取得新成效】 财政资金67.4%投入民生领域，民生事业全面发展。再就业工作进一步加强，城镇新增就业1.68万人。社保制度体系覆盖城乡，各项社会保险参保人数达到277.4万人（次），保障水平逐步提高。基本建立社会救助体系，困难群众生活得到有效保障。启动建设城镇保障性住房 8350 套，完成农村危房改造 2.93 万户。教育惠民政策全面落实，中小学校舍安全工程加快实施，教育普及水平进一步提高，小学学龄儿童入学率、初中阶段毛入学率和高中阶段毛入学率分别达到 99.64%、100.65% 和 58.26%，职业教育和民办教育稳步发展。三甲医院达到 2 个，基层医疗卫生机构标准化和人才队伍建设不断推进，食品药品监管得到加强，计划生育事业健康发展。城乡公共文化服务体系建设稳步推进，全民健身、竞技体育取得新进步。深化重点领域整治和打非治违，安全生产事故持续下降，应急管理体系基本建成。社会矛盾纠纷联动排查化解取得新成效，信访总量逐步下降。立体化治安防控体系不断完善，依法打击违法犯罪，人民群众安全感得到提升。10 件惠民实事全部办结。

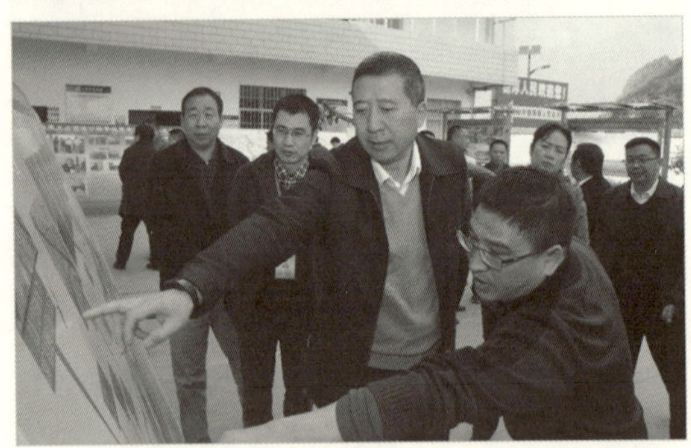

州委书记纳杰深入平文高速公路西交集团项目部、平文高速公路指挥部、监理单位、中铁二十三局项目部、蒙文砚指挥部等建设现场

云桂铁路丘北普者黑火车站站前广场、锦屏大道改扩建建设项目、普者黑火车站物流园区排洪工程等 6 个项目初具雏形

【改革开放释放新活力】 新一轮州、县（市）政府机构改革全面完成，行政管理体制进一步完善。农村产权制度改革扎实推进，土地承包经营权确权率达到 86%，宅基地颁证到户率达到 88.9%，林权确权颁证到户率达到 99.6%，完成 93 个乡（镇）农村产权交易中心的挂牌组建工作。全面实施“三证合一、一照一码”，278 项工商登记前置审批事项改为后置审批。价格改革稳步推进，放开和下放 60 项政府定价项目。统计制度改革有序实施，第三次经济普查工作圆满完成。财税、水利、社会事业、公务用车等各项改革有序推进。扶持企业直接融资取得新突破，3 家企业获批在“新三板”和 Q 板挂牌上市。2015 年实施国内经济合作项目 325 个，引进州外到位资金 310.9 亿元，增长 15.7%。

【政府自身建设得到新加强】 以政府职能转变为核心，不断推进依法行政、简政放权和作风建设，取消和调整行政审批项目 130 个主项、78 个子项，州级 41 个部门全面完成权力清单、责任清单、负面清单清理并向社会公布，州、县（市）政务服务中心和公共资源交易中心建成运行。深入开展党的群众路线教育实践活动、“三严三实”和“忠诚干净担当”专题教育。主动接受州人大及其常委会的法律监督、工作监督和州政协的民主监督。州级财政安排 400 万元用于办理进不了国家和省级项目盘子的人大代表建议和政协提案，2015 年办复人大代表建议 161 件、政协提案 256 件。认真落实党风廉政建设主体责任和“一岗双责”，强化源头治理和审计监督，管好用好财政专项资金。扎实推进“六个严禁”等专项整治，问责不作为、乱作为、慢作为公职人员 274 名，公务员作风明显转变，风清气正的政治生态得到巩固。

2015 年年度发展目标任务的完成，为文山州“十二五”收官画上了圆满的句号。但是，文山仍处于历史欠账大、经济欠发达的“双欠”阶段，全州发展不充分、不平衡、不协调、不可持续的问题依然突出。主要是：经济总量小、结构不合理，产业单一弱小，产业培育和转型升级刻不容缓；贫困面大，贫困程度深，脱贫摘帽任务相当艰巨；公路、水利、互联网等基础设施体系支撑不足，瓶颈制约仍然突出；社会事业发展滞后，保障和改善民生压力比较大；社会矛盾和各种风险交织，社会治理创新还需要加强；政府部分工作人员素质能力与发展需要、群众期待还有差距。

（杨若尘）

西双版纳傣族自治州

【综 述】 2015年，面对经济下行压力持续加大、大宗产品价格低迷、企业盈利水平下降、财税收支矛盾突出等一系列风险和挑战，在省委、省政府的坚强领导下，西双版纳州深入贯彻落实习近平总书记系列重要讲话和考察云南重要讲话精神，主动适应新常态，沉着应对新挑战，着力破解新难题，保持了经济社会持续健康发展。2015年，全州生产总值335.91亿元，同比增长10%；固定资产投资完成360.8亿元，增长29.5%；社会消费品零售总额103.98亿元，增长9.3%；进出口贸易总额21.34亿美元，增长7.9%；一般公共预算收入30.8亿元，增长7%；城镇常住居民人均可支配收入2.33万元，增长8.5%；农村常住居民人均可支配收入1.01万元，增长10.1%，居民消费价格总水平上涨1.4%，城镇登记失业率控制在3%以内，单位GDP能耗下降2.5%，人口自然增长率控制在6.3‰以内。

【生态经济产业发展】 热带水果和工艺美术品制造业迅猛增长，成为新的经济增长点。勐海茶厂技改二期项目加快推进，药业企业新版GMP升级改造等一批工业项目顺利完成。勐海县被列为“中国茶叶十大转型升级示范县”；田野橡胶公司被认定为“国家级高新技术企业”。2015年，全州生物产业总产值191.7亿元，同比增长9.7%；规模以上工业增加值46.25亿元，增长12%。着力促进文化旅游行业加快跨界融合、集团化经营，万达、金孔雀等成为综合性旅行社集团；着力推动度假区和景区提升改造，西双版纳旅游度假区成功创建为“国家级旅游度假区”；着力整治旅游市场秩序，旅游环境明显改善；着力推进文化旅游大项目建设，完成文化旅游项目投资53.4亿元，万达项目开业运营，有力地促进了文化旅游产业转型升级，2015年全州接待国内外游客突破2000万人次、同比增长17.7%，旅游综合收入286.7亿元、增长25.7%。建设“淘宝特色中国西双版纳馆”，互联网经济加快发展，邮政快递日均进出港件7万单，同比增长50%，出港件总量居全省第二位。喜来登、冠超市、长江村镇银行等一批现代服务企业开业运营，现代信息、金融、物流、养老、商贸等服务业加快发展。

【重大项目建设和固定资产投资】 2015年，争取了一大批项目和一批大项目，为固定资产投资保持较长时期、较快增长提供了支撑。

玉磨铁路西双版纳段启动征地工作，“铁路梦”正在变为现实；小磨高速公路改扩建、国道213线普文至磨憨公路改造等项目开工建设，景宽二级公路、国道214线景洪过境公路南环段等项目顺利推进，景洪至打洛高速公路、勐腊至勐满口岸高速公路前期工作加快进度，新改建农村公路765公里，全州行政村道路硬化率为84%，自然村通达率为82%；澜沧江·湄公河航道疏浚进展顺利，完成综合交通投资52.7亿元。认真做好西双版纳机场改扩建、勐腊机场建设前期工作，新开通航线4条，西双版纳机场旅客吞吐量415.1万人次，同比增长23.5%。

勐满水库、曼点水库等重点水源工程建设和移民安置进展顺利，完成病险水库除险加固工程26座，新增防渗干支渠34公里，新增有效灌溉面积1.21万亩，完成水利建设投资7.06亿元。回龙山电站、勐宋电站等建设进展顺利，勐海光伏农业发电项目开始发电；管道天然气工程和城乡电网改造工程加快推进，完成能源建设投资12亿元。光纤宽带和移动4G基础设施建设在全省领先，全面覆盖城镇和行政村。

加快推进新型城镇化建设。启动“四规合一”工作，强化规划引领作用。傣乡水城项目进度加快，景洪澜沧江老大桥拼宽、北环路等一批重要城市基础设施和一批新学校、新医院、新休闲娱乐设施建成投入使用，景洪城“精细化”管理工作取得实效，完成城镇基础设施建设投资15.3亿元，城镇的功能更加完善，综合承载力明显提升，全州城镇化率提高1个百分点、达43.4%。

【改革开放】 全州农地有序流转面积200万亩，林权抵押贷款余额29.89亿元，保持全省领先水平。沿边金融综合改革试验区建设成效明显。加快推进政府职能转变和机构改革，完成29个州级部门168项行政审批项目的审核和入库。实施商事登记制度改革，278项前置审批改为后置。加快创新投融资体制机制，启动PPP项目库建设工作。完成机关事业单位养老保险制度改革，在县以下机关实行职务与职级并行制度。农垦改革继续深化。财税、科技、教育、文化、卫生、供销社和公务用车等改革稳步实施。

抓住国家实施“一带一路”战略等机遇，全力推进对外开放。勐腊（磨憨）获批为国家级重点开发开放试验区，筹备工作紧锣密鼓推进，中老磨憨—磨丁经济合作区建设进入国家层面加速推进轨道。磨憨口岸获批为进境植物种苗、粮食指定口岸，22条政策深入落实；打洛口岸出入境人员突破110万人次。成功举办文化艺术节和边交会。澜沧江·湄公河合作首次外长会议和中国国际旅游交易会"旅游+互联网"高峰论坛在我州举办。"四国八方"合作机制不断深化，务实推进科技、教育、卫生、农业、商务、旅游等方面的合作，促进通关便利化。引进省外到位资金125.24亿元，同比增长15.1%；引进外资到位资金3508万美元，增长6.3%。

【生态建设和环境保护】 全国主体功能区试点示范建设、"4185"自然保护区建设工程、天然林保护、退耕还林工程扎实推进，中老跨边境生物多样性保护项目升格为国家层面实施，易武州级自然保护区筹建工作加快推进。广泛开展城乡植树造林活动，新种植珍贵用材林16.39万亩。加快环境友好型胶园和生态茶园建设，分别新建10万亩和16万亩。打好节能减排攻坚战，全州1万吨以上胶厂基本完成污染治理工作，淘汰勐养水泥厂等一批落后产能，关闭14座矿场。加强环境监测，定期监测并公布景洪城区空气质量状况和三县市城区集中饮用水源的水质状况。完善3座污水处理厂和3个垃圾处理配套建设及运营管理。治理水土流失面积43.65平方公里。大力推广农村清洁能源，实施农村生活垃圾整治行动，开展农村环境连片整治。三县市被命名为"省级生态文明县市"，通过环保部国家生态县市技术评估，勐海被列入首批国家级生态保护与建设示范区、省可持续发展试验区。

【保障和改善民生】 全州一般公共预算支出79.3%用于民生领域。州政府10件实事全部落实到位。大力推进脱贫攻坚，扎实开展建档立卡动态更新管理和"挂包帮、转走访"工作，有效提高脱贫攻坚的精准度，减少贫困人口1.06万人。

新（扩）建公办幼儿园10所，义务教育加快均衡发展，景洪市义务教育基本均衡发展通过国检，高中教育水平有新提高，积极筹建滇西应用技术大学傣医药学院。全民动员防控登革热疫情，确保无死亡病例；医疗资源有所增加，医疗水平有新提高。群众性文化体育活动广泛开展。

全州城镇新增就业8613人，扶持创业1969人。全州各项社会保险参保总人数113.4万人，净增1.51万人，新农合参合率为97.2%。落实援企稳岗政策，降低了失业保险、工伤保险、生育保险费率。城乡低保补助水平有新提高。继续实施保障性安居工程，开工建设城镇保障性住房141套、农村危房改造及抗震安居工程5409户。

（李 星）

大理白族自治州

【行政区划】 大理白族自治州位于云南省西部，东经98° 52′ ~ 101° 03′，北纬24° 41′ ~ 26° 42′之间。东邻楚雄州，南与普洱、临沧两市相连，西北毗邻保山市和怒江州，北靠丽江市。州府驻地大理市下关，距省会昆明338千米。辖区总面积2.94万平方千米。山区面积占总面积的93.4%，坝区面积占6.6%。境内的山脉主要属云岭山脉及怒山山脉，点苍山位于州境中部。北部剑川县雪斑山是州境内群山的最高峰，海拔4295米；最低点是云龙县怒江边丙栗坝，海拔730米。金沙江、澜沧江、怒江流经州境，红河发源于州属巍山县境。主要湖泊有洱海、剑湖、海西海、茈碧湖等，气候属亚热带、暖温带，冬干夏湿的高原季风气候。州域常年平均气温15℃左右，年均降雨量850毫米左右。辖大理市、漾濞彝族自治县、祥云县、宾川县、弥渡县、巍山彝族回族自治县、南涧彝族自治县、永平县、云龙县、洱源县、剑川县、鹤庆县等12县市，110个乡镇，其中乡44个、镇66个。

【自然资源】 大理州境内地质成矿条件好，矿产种类较多。金属矿有锰、钛、铁、锡、锑、铅、锌、铜、金、银、铂、钯等矿床矿点200多个。非金属矿有煤、岩盐、大理石、石墨、石膏、硅藻土等，其中大理石蕴藏量丰富，已探明储量1亿立方米。大理州还是一个天然的植物种质基因库，植物区系成分及植被类型复杂，植被的垂直分布明显。全州有国家级自然保护区

2个（苍山洱海、云龙县天池），苍山为世界地质公园，省级自然保护区2个（宾川县鸡足山、永平县金光寺）、州级自然保护区14个。大理州是云南省主要的药材产区之一，纳入国家经营的中药材达600多种。大理州动物资源丰富，动物类群中从原生动物到脊椎动物11个门类均有分布，有国家级或省级保护动物51种，其中Ⅰ级保护动物8种，Ⅱ级保护动物43种。

【人口】 2015年末，全州户籍总人口358.45万人，其中：少数民族人口185.83万人，占总人口的51.84%。

【经济综述】 2015年是"十二五"收官之年，"十二五"是综合经济实力稳步增强的五年。地区生产总值突破900亿元，年均增长11.9%；人均地区生产总值达2.54万元，年均增长7.62%。一般公共预算收入和支出实现翻番，年均分别增长15.7%和17.4%，2015年民生支出占一般公共预算支出的比重达73%。规模以上固定资产投资年均增长26.1%，社会消费品零售总额297.2亿元，五年年均递增15.9%。非公经济增加值占比达47%，提高3.1个百分点。三次产业结构由23 ∶ 39.7 ∶ 37.3调整为21.5 ∶ 39.6 ∶ 38.9。

年内，大理州坚持稳中求进的总基调，全力以赴稳增长、促改革、调结构、惠民生，保持了经济平稳增长、社会和谐稳定。全州地区生产总值（GDP）实现900.01亿元（当年价），比上年增长9.2%。其中：第一产业增加值193.39亿元，增长9.5%；第二产业增加值355.84亿元，增长3.57%；第三产业276.09亿元，增长0.4%。全州人均GDP达到元。全州非公有制经济实现增加值423.23亿元，比上年增长6.93%，占全州地区生产总值的109.2%。城镇居民人均消费性支出1.79万元，比上年增长0.76%。全州社会消费品零售总额实现297.2亿元，比上年增长11.1%。

全州财政总收入完成152.39亿元，地方公共财政预算收入78.10亿元，增长9.2%，地方公共财政预算支出277.43亿元，增长13.9%，其中：教育支出53.81亿元，社会保障和就业支出33.85亿元，医疗卫生与计划生育支出27.89亿元，农林水事务支出50.55亿元，其中：扶贫支出5.01亿元，增长4.8倍。

年末，金融机构人民币各项存款余额1315.77亿元，增长11.9%；年末金融机构人民币各项贷款余额907.68亿元，增长14.8%。全年新增社会融资180亿元，年内招商引资州外实际到位资金714.6亿元，增长7.5%；新批外商投资企业4户，实际利用外资1.1亿美元，增长16.3%。完成外贸进出口总额2.6亿美元。

【农 业】 年内，新增省级现代农业庄园2个、龙头企业8户，新增土地流转4000公顷、比上年减1333.33公顷，减少25%。确权土地承包面积5611.53公顷；改造中低产田地，全州粮食播种面积达31.68万公顷，比上年增加4913.33公顷；粮食总产量达175.65万吨，比上年增加2.5万吨。新增特色经作0.67万公顷，累计达91.07万公顷，其中生物药业2.77万公顷；花卉园艺总种植面积0.93万公顷；特色花卉面积0.25万公顷，产量1.09亿株，产值39.7亿元，位居全省第一。新增"三品一标"农产品20个、累计达289个；创中国驰名商标4个、云南名牌41个、云南省著名商标69个，云南名牌农产品39个。全州农林牧渔业总产值达366.74亿元，比上年增长6.5%，畜牧业产值134.34亿元、同比增长4.2%；渔业总产值13.74亿元，增长3.39%。全州农林牧渔业总产值达366.74亿元，排名全省第二位，比上年增长6.5%。全面开展扶贫攻坚工作。大理州域内贫困人口比重大、基础设施条件差、经济社会发展滞后，继续实施少数民族聚居的红河源、黑潓江连片特困地区扶贫综合开发。整乡整村推进工程顺利实施，完成14个整乡推进、56个行政村整村推进、50个自然村建设，实施农村危房改造4.5万户、特困户住新房3000户，54个易地扶贫搬迁安置示范点建设启动，实现6.7万贫困人口脱贫。加强传统村落保护，实施美丽乡村建设51个、民族特色村寨7个。完成农村危房拆除重建万户、修缮加固万户。移民搬迁后期扶持稳步实施。培训农村劳动力4.1万人，转移就业4.9万人。

【工 业】 2015年，新增规模以上工业企业28户，全州工业增加值667.54亿元，增长4.35%，其中规模以上工业企业增加值221.45亿元，增长3.34%。在规模以上工业企业中，轻工业增加值96.01亿元，重工业增加值125.28亿元。

全年规模以上工业企业发电量67.89亿千瓦时，增长78.59%；十种有色金属产量17.84万吨，减少14.63%；水泥1085.41万吨，减少9.25%；卷烟46.4万箱，增加4.06%；乳制品万吨，

减小 %；精制茶 2.68 万吨，减少 8.25%。

【教 育】 2015 年，大理州进一步抓好教育事业发展，学龄前教育资源扩大，义务教育不断巩固，高中阶段教育质量稳步提升，职业教育、民办教育、特殊教育健康发展。新建乡镇中心幼儿园 72 所，九年义务教育巩固率达 90% 以上，高中阶段教育毛入学率达 85% 以上，高考综合成绩继续名列全省前茅，中等职业教育创新发展；滇西应用技术大学总部及健康管理学院开工建设；大理护理职业学院获批筹建；大理学院更名为大理大学。年末，全州拥有各类学校 1995 所，其中：高等教育 2 所；中等专业 3 所；普通中学 190 所；职业中学 20 所；小学 1005 所；幼儿园 770 所。在校学生 72.95 万人，其中：高等教育 1.75 万人；中等专业 1.34 万人；普通中学 19.82 万人；职中学 1.58 万人；初中在校学生 14.22 万人；小学 24.46 万人；幼儿园 9.77 万人。小学学龄儿童入学率 99.33%，初中毛入学率达 111.55% 以上。

【文 化】 2015 年，大理州加快发展文化事业。州群艺馆、图书馆、博物馆传媒中心建设改造稳步推进；完成广播电视村村通、户户通建设任务，数字电影院覆盖所有县城；完成万户直播卫星户户通和 个行政村应急广播村村响建设。年末，全州共有各种艺术表演团体 7 个，文化馆 14 个，公共图书馆 13 个，博物馆 6 个。全州广播、电视人口覆盖率分别达到 98%、99.85%。

【卫 生】 2015 年，大理州继续推进医疗卫生基础设施建设，提升医疗卫生服务能力。州医院改扩建、第二人民医院整体搬迁、儿童医院新建加快推进，建成标准化乡镇卫生院 2 个、村卫生室 142 个；公立医院改革稳步推进，基本药物制度全面实施，分级诊疗制度逐步建立，培训乡村医生 900 名；城乡居民医疗保险参保率巩固提高。优生促进工程和单独两孩政策稳步实施，年末户籍总人口 359 万人。年末，全州卫生机构 1888 个；卫生机构拥有床位数 1.64 万张；卫生技术人员 1.61 万人。

【体 育】 2015 年，实施城乡体育基础设施项目 422 个，成功举办三月街民族节赛马大会、云南省体育舞蹈邀请赛、云南省全民健身启动仪式、苍山洱海越野赛、七彩云南格兰芬多国际自行车赛等赛事。

【旅 游】 2015 年，全州旅游行业围绕把旅游业培育成为既富民又强州的主导支柱产业、把大理建设成为世界知名休闲度假旅游目的地的总目标，以转型升级、提质增效为主线，坚持改革创新，提升旅游业的核心竞争力。当年新增 3 个省级民族特色旅游村寨建设名录，大理古城创 5A 级景区通过国家旅游局专家评审。全年共接待海内外旅游者 87.25 万人次，同比增长 20.25%，完成计划数的 109.56%。其中：接待海外旅游者 87.25 万人次，同比增长 7.94%；旅游外汇收入 4.59 万美元，同比增长 22.46%；接待国内旅游者 2841.26 万人次，同比增长 10.68%。

【科 技】 2015 年，大理州稳步推进创新型大理建设，获批成立首个院士工作站，上海交大云南研究院落户大理。质量兴州、标准化战略稳步实施，人才工作得到加强，科普惠民活动深入开展。全州拥有县及县以上独立自然科研机构 6 个，人员 235 人。全州共获自然科学研究成果奖 14 项，其中：省部级 5 项，地厅级 9 项；受理专利申请 486 件，批准专利 336 件。

【人民生活】 2015 年，城镇、农村居民人均可支配收入年均增长 11.4% 和 17.7%，新增城镇就业 11.4 万人、转移农村劳动力 25.5 万人次；社会保障体系基本建立，城乡居民基本医疗、养老保险制度实现全覆盖；最低生活保障水平提升，56.9 万贫困人口脱贫。建设城镇保障性住房 5.7 万套，实施农村危房改造 17.3 万户；义务教育巩固率、高中阶段毛入学率稳步提高，文化体育基础设施建设加快、活动丰富多彩；城乡医疗卫生服务体系不断健全，新增病床 5659 张。

2015 年，大理州进一步健全完善社会保障体系，城镇登记失业率为 3.4%，开发公益性岗位 4201 人。城乡居民养老保险、城镇职工“五险”参保面逐步扩大，住房公积金管理得到加强。企业退休人员养老保险待遇月均提高到 204.19 元，失业保险待遇月均提高 15%，42.32 万人享受城乡低保。年末，全州参加城镇职工基本养老保险人数为 20.44 万人，比上年末减少 0.56 万人；参加城镇基本医疗保险人数为 42.54 万人。全州参加工伤保险的人数达 17.58 万人，参加生育保险人数达 17.87 万人，减少 0.68 万人。参加失业保险13.69万人，全州享受城市最低生活保障居民为7.6万人；新农合参合率98.6%，享受农村最低生活保障农村居民为34.5万人。全州城镇居民人均可支配收入2.71万元，比上年增长8.9%；农村居民人均可支配收入8766元，增长10.5%。

【生态建设】 2015年，大理州的生态环境建设取得成效。一是饮用水源地、生态功能区和生物多样性保护得到加强，天然林保护、退耕还林、陡坡地治理、义务植树、森林防火工作扎实有效，“三清洁”环境卫生综合整治深入开展。实施50个省级重点减排项目，祥云列为全国循环经济试点县，主要污染物排放和单位GDP能耗完成省下达任务；二是洱海保护治理力度加大。扎实推进“四治一网”，重拳出击综合整治，立案查处环境违法案件128件，依法拆除违法违章建筑484户。建设湿地5754亩，新建62座村落污水收集处理系统；大理市污水处理厂二期建成运行，兴盛桥至天生桥段综合管网工程开工。加强流域环境管理信息平台建设，强化入湖河流水质水量监测。抓实“三清一控一堵”，全民参与清除垃圾粪便47.6万吨，封堵排污口1378个。建立五级网格化管理责任体系，实现保护治理精细化。洱海水质稳定在Ⅲ类，有6个月为Ⅱ类。主动对接国家政策，争取专项建设基金15.6亿元，投资34.7亿元的洱海环湖截污PPP项目启动实施。

（刘丹霞）

德宏傣族景颇族自治州

2015年，德宏州委州政府团结带领全州各族干部群众，克服投资下降、外贸下滑、农产品价格下跌等不利因素，全州经济运行情况总体平稳，取得了来之不易的成绩。

【全年经济运行情况】 2015年全州实现生产总值292.32亿元，按可比价格计算，比上年增长7.8%，其中，第一产业实现增加值73.42亿元，增长6.2%；第二产业实现增加值71.77亿元，增长4.6%；第三产业实现增加值147.13亿元，增长10.3%。三次产业结构为25.1 ∶ 24 ∶ 6 ∶ 50.3，分别拉动GDP增长1.3、1.4、5.1个百分点。

2015年，全州继续深化农村社会经济各项改革，稳步推进德宏特色农业发展，进一步优化种植结构，不断巩固提升传统产业，全州农业经济稳定发展，粮食产量实现十二连增。2015年，全州实现农林牧渔业总产值119.02亿元，按可比价计算比上年增长6.1%。全年完成粮食作物播种面积232.37万亩，比上年下降0.7%，实现粮食总产量77.45万吨，增长0.9%。种植甘蔗76.10万亩，实现总产404.02万吨，比上年下降9.7%；茶叶种植面积35.29万亩、产量2.04万吨，增长2.6%；种植蔬菜24.55万亩，产量20.29万吨，增长12.3%。

2015年，受工业品市场价格持续下跌、新增产能缺乏、市场需求不足等因素影响，全州工业经济小幅增长。2015年，全州完成工业总产值180.04亿元，比上年增长0.5%。其中：规模以上工业完成产值128.07亿元，比上年下降3.0%，实现增加值40.88亿元，增长2.0%。从规模以上主要行业看：制糖业完成增加值6.53亿元，比上年增长18.5%；电力生产供应业完成21.56亿元，增长4.5%；水泥制造业完成1.75亿元，增长1.2%；黑色金属冶炼业完成2.76亿元，增长1.2%；有色金属矿采选完成0.56亿元，比上年下降67.1%。

十种主要工业产品产量仅三种增长：发电量126.48亿千瓦小时，增长8.8%；水泥246.67万吨，增长8.7%；软饮料9.28万吨，增长29.2%；成品糖55.92万吨，比上年下降3.2%；工业硅22.89万吨，下降3.9%；电解铝0.77万吨，下降37.0%；精制茶8643吨，下降0.8%；饮料酒617万升，下降27.5%；酒精2136万升，下降10.8%；锡精矿含锡量634吨，下降63.1%。

2015年，全州完成固定资产投资总额251.02亿元，比上年下降2.3%。其中：500万元以上投资完成205.24亿元，增长3.6%；房地产投资45.78亿元，下降22.4%。全州共有投资施工项目980个，比上年增加136个；其中5000万元以上项目172个，比上年增加3个，亿元以上项目102个，比上年增加5个。从三次产业看，第一产业完成投资6.98亿元，比上年增长16.7%；第二产业完成48.88亿元，增长17.5%，第三产业完成195.16亿元，比上年下降6.8%。

2015年，全州实现社会消费品零售总额112.11亿元，比上年增长11.3%。其中：餐饮收入14.57亿元，增长12.1%，商品零售收入97.54亿元，增长11.1%。

2015年，全州完成公共财政预算收入

31.96亿元，比上年增长3.1%。其中：税收收入20.68亿元，下降0.7%，非税收入11.28亿元，增长10.9%。公共财政预算支出124.53亿元，比上年增长2.3%。其中：一般公共服务支出13.92亿元，下降4.3%；农林水事务支出21.86亿元，增长35.5%；教育支出18.77亿元，增长15.2%；医疗卫生和计划生育支出14.07亿元，增长31.8%。

全年金融运行整体稳健，存贷款总量较快增长。12月末，全州金融机构存款余额537.10亿元，较年初增加91.43亿元，增长20.5%，增幅高于全省9.0个百分点，增速列全省第二位。金融机构贷款余额382.86亿元，较年初增加54.32亿元，增长16.5%，增幅高于全省0.6个百分点。

受缅甸政局动荡、人民币升值、境外运输费用上涨、资源性商品境内市场疲软等因素影响，2015年，全州实现进出口总额49.94亿美元，比上年下降6.2%。其中：进口总额24.50亿美元，增长2.9%；出口总额25.44亿美元，下降13.6%。

2015年全州城镇常住居民人均可支配收入2.30万元，比上年增长8.0%；农村常住居民人均可支配收入7917元，增长10.7%。

2015年，全州居民消费价格（CPI）比上年上涨1.5%。其中：食品类价格上涨2.8%，商品零售价格上涨1.2%，农业生产资料价格比上年上涨0.8%。

2015年，全州共接待国内外游客1040.07万人次，比上年增长15.9%。其中：海外游客21.45万人次，增长2.0%；国内游客1018.62万人次，增长16.2%。预计全年实现旅游业总收入157.58亿元，比上年增长23.9%。

（多志强）

怒江傈僳族自治州

【综 述】 2015年，怒江州积极适应新常态，全力以赴稳增长、调结构、促改革、惠民生，全州经济社会实现平稳发展。全州实现生产总值（GDP）113.45亿元，按可比价格计算（下同），同比增长9.6%。其中：第一产业增加值18.79亿元，增长5.9%；第二产业增加值34.67亿元，增长9.9%；第三产业增加值59.99亿元，增长10%。三次产业比重为16.56 ：30.6 ：52.84。

【农业·农村经济】 2015年，农林牧渔业总产值完成30.53亿元，增长6%。其中，农业产值13.65亿元，增长6.6%；林业产值4.07亿元，增长5.5%；牧业产值11.3亿元，增长5%；渔业产值0.07亿元，增长29.5%；农林牧渔服务业1.45亿元，增长8.7%。全年农作物总播种面积10.66万公顷，下降0.1%；粮食播种面积8.03万公顷，增长0.17%；油料面积3399公顷，下降1.5%；甘蔗种植面积1163公顷，下降15.2%。全年粮食总产量20.27万吨，与上年同期基本持平，油料产量2023吨，增长1.1%；甘蔗产量8.2万吨，下降11%。年末大牲畜存栏20.8万头，与上年持平。猪存栏57.85万头，增长0.84%。全年猪牛羊肉类总产量3.42万吨，下降7.06%。全州拥有农业机械总动力28.71亿瓦特，增长8.1%。全年农机化作业机耕面积2.5万公顷，增长8.4%。乡村用电量2463.41万千瓦小时，增长10.7%。

【工业·建筑业】 2015年，全年完成工业总产值52.95亿元，增长0.4%。完成工业增加值21.63亿元，增长5.4%（按可比价计算）；企业主营业务收入累计完成33.96亿元，下降0.67%。主营业务成本累计达到28.47亿元，增长12.99%。企业实现利润总额累计完成3700万元，下降71.67%。亏损企业亏损总额累计达到5000万元，增长7.67倍。完成全社会建筑业增加值13.04亿元，增长19.4%。

【固定资产投资】 2015年，争取到中央预算内投资项目149个、中央和省预算内资金4.9亿元，专项建设基金10.4亿元。层层签订固定资产投资目标责任，强化项目建设督促检查，加快项目建设进度和投资进度。黄木水库引水隧洞和大坝工程加紧实施，瓦姑水库实现大坝封顶，布拉底水库导流隧洞工程贯通并通过导截流阶段验收。怒江干流六库段、贡山茨开段防洪堤建设工程不断推进。四县山洪灾害防治县级非工程措施建设工作继续推进。州民族体育馆、广播影视民族语译制播控中心等文化基础设施建设加快。保泸高速公路开工兴建。全年施工项目288个，增长12.5%。其中，新开工168个，增长5.7%。全州规模以上固定资产投资总额完成97.69亿元，下降2.6%。分产业看，第一产业完成投资6.98亿元，下降29.8%；第二产业完成投资46.47亿元，下降16.7%；第三产业完成投资34.01亿元，增长25.8%。

【国内贸易·对外经济】 2015年，新发展合作社159个，创办了3个农民专业合作社示范社、2个城市消费合作社、3个农村公共管理合作社、2个农民专业合作社联合社、1个农民合作社综合服务中心，全州消费品市场保持繁荣稳定。全年社会消费品零售总额29.27亿元，增长10%。按消费所在地分：城镇完成22.48亿元，增长10.3%；乡村完成6.79亿元，增长9.1%。举办“大美怒江、商机无限；投资怒江、合作共赢”为主题的专场推介会；首次组织7家企业赴台北参加招展活动。片马口岸建设取得突破性进展，昆明海关怒江办事处正式挂牌成立，完成片马口岸联检配套设施建设。全州完成外贸进出口总额1918万美元，下降51.9%。其中，进口698万美元，下降71.5%；出口1220万美元，下降20.4%。引进省外到位资金68.07亿元，增长13.9%。

【邮电·旅游】 2015年，全州邮电通信业平稳发展。全年邮政业务总量为1793万元，下降7%。电信公司业务收入7700万元，增长13.2%；年末拥有固定电话3.8万户，增长15.2%；年末拥有手机用户2.5万户，下降34.2%；互联网用户（包括拨号上网用户）达到1.78万户，下降67.6%。移动公司业务收入2.27亿元，下降0.07%；移动电话用户累计达到30.8万户，增长0.3%。联通公司业务收入2400万元，下降15.6%；联通电话用户累计达到2.1万户，下降27.9%。

2015年，加快独龙江4A级景区创建和旅游服务中心、旅游服务站点、旅游标识牌等旅游公共服务基础建设，大力发展乡村旅游，组织参加乡村旅游“千千万万”品牌推介行动，完成3个民族特色旅游村项目建设。开展了“美丽中国行·聚焦独龙江”中央媒体大型采风活动、2015昆明国际旅游交易会等旅游宣传推介，“去怒江”信息平台启动上线。全年接待国内外游客263.2万人次，增长3.9%。旅游业总收入26.1亿元，增长23.55%。

【财政·金融】 2015年，全州财政总收入13.67亿元，下降0.87%。一般公共预算收入9亿元，下降3.54%。其中，税收收入6.32亿元，下降9.28%；非税收入2.68亿元，增长13.34%。财政一般预算支出71.81亿元，增长13.33%。其中，社会保障和就业支出10.53亿元，增长24.66%；教育支出10.68亿元，增长21.6%；农林水事务支出14.13亿元，增长4.9%；一般公共服务支出6.13亿元，增长2.28%。

年末金融机构人民币各项存款余额达170.45亿元，比年初增长11.22%。其中，储蓄存款余额达到67.76亿元，比年初增长13.31%。金融机构人民币各项贷款余额达107.56亿元，比年初增长19.1%。

【社会事业】 2015年，全州普通中学29所，招生（包括初中高中学生）1.00万人，下降1.4%；在校生（包括初中高中学生）2.74万人，增长2.1%；毕业生7735人，增长5.2%。小学124所，增长0.8%；招生7937人，增长5.4%；在校生4.59万人，下降1.1%；毕业生7883人，下降3.7%。小学学龄儿童净入学率为99.49%，初中学龄儿童净入学率为73.24%。特殊教育机构1个，在校生139人，毕业生29人。

2015年争取到省科技经费1027万元；州级科技计划项目立项34项，安排科技经费120万元。

全州有艺术表演团体5个，艺术研究所1个，文化馆5个，公共图书馆5个，文化站29个。广播电视无线发射台12座（省属3座），广播综合覆盖率92.12%，电视综合覆盖率95.12%。

年末，全州有医疗卫生机构59个，增长1.72%。病床1874张，增长0.81%。卫生技术人员2012人，增长7.14%。其中执业医师及助理医师606人，增长0.5%。全年住院人数4.53万人次，增长25.83%；出院人数4.53万人次，增长25.83%。全年诊疗191.13万人次，增长69.19%。

2015年，参加全国第十届民运会，获金牌2枚、银牌2枚、铜牌3枚。

【生态环境】 2015年，年末实有封山育林面积4.26万公顷。有4个自然保护区，保护区面积达39.96万公顷（其中国家级3个32.37万公顷，省级1个7.59万公顷）。继续实施天然林保护、陡坡地生态治理、城乡绿化、怒江和澜沧江防护林建设等生态建设项目。全年共完成人工造林1.94万公顷。全州森林覆盖率达75.31%。农村能源建设步伐加快，全州共建改节柴灶（炉）7680眼，安装太阳能热水器6021台。生物多样性保护力度进一步加大，启动怒江生物多样性研究基地建设规划前期工作。怒江国家公园申报工作顺利推进。沘江河、通甸河等重点流域水污染防治不断加强，城镇集中式饮用水源地保护力度加大，重点地区泥石流灾害治理和中小型地质灾害防治得到加强。

【社会保障】 全州城镇新增就业 3500 人，实现城镇失业人员再就业 300 人，困难人员就业 200 人，全州城镇登记失业率为 3.99%，农村劳动力转移就业培训 1.03 万人。社保覆盖面稳步扩大，全州五大保险参保总人数达到 45.07 万人。新农合参合率达 97.04%，人均筹资额为 470 元。完成城乡居民基本养老保险基础养老金提标及补发工作，积极推进“重点领域工伤保险”参保扩

【人口·人民生活】 2015 年末，全州常住总人口 54.2 万人。其中：泸水县 18.75 万人，福贡县 10 万人，贡山县 3.84 万人，兰坪县 21.6 万人。城镇化率达 28.27%。

年末，全州城镇常住居民人均可支配收入 1.90 万元，增长 10.1%。农村常住居民人均可支配收入 4791 元，增长 11.5%。

（关建涛）

迪庆藏族自治州

【综 述】 2015 年，迪庆州委、州政府坚持稳中求进工作总基调，围绕“示范区”建设目标，深入实施“四州”战略，着力稳增长、促改革、调结构、惠民生、防风险，全州呈现经济发展，政治清明，文化繁荣，社会和谐，生态良好的局面。2015 年，全州累计完成地区生产总值（GDP）161.11 亿元，按可比价计算，同比增长 9.6%。其中：第一产业完成增加值 10.73 亿元，增长 5.9%；第二产业完成增加值 56.31 亿元，增长 11.1%；第三产业完成增加值 94.08 亿元，增长 9.1%。全年完成非公经济增加值 79.19 亿元，占地区生产总值的 49.1%。按总人口计算的人均生产总值为 3.95 亿元（总人口为年平均人口），比上年增加 3356 元，按可比价计算，增长 9.4%。

第一、二、三产业占 GDP 的比重由上年的 7.1 ∶ 35.1 ∶ 57.8 调整为 6.7:34.9:58.4。第一产业比重较上年下降 0.4 个百分点，第二产业比重较上年下降 0.2 个百分点，第三产业比重较上年提高 0.6 个百分点。

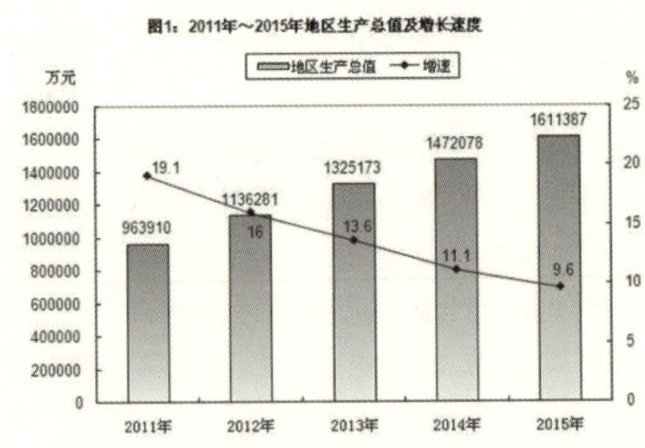

【农 业】 2015 年，迪庆州结合高原农业生产的特点，大力调整农业产业结构，积极发展高原特色农业，农业基础不断巩固，农村经济平稳较快发展。全州完成农林牧渔业总产值 19.18 亿元，按可比价计算，比上年增长 5.9%。其中：农业产值 8.34 亿元，增长 6.1%；林业产值 2.87 亿元，增长 7.8%；牧业产值 6.06 亿元，增长 4.7%；渔业产值 3750 万元，增长 10%；农林牧渔服务业产值 1.52 亿元，增长 5.1%。

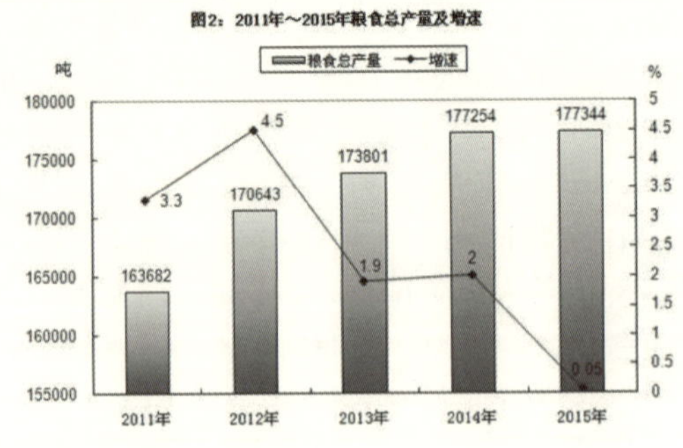

全年粮食播种面积 4.76 万公顷，比上年减少 661 公顷，全年粮食总产量 17.73 万吨，比上年增长 0.05%。其中：夏粮 4.94 万吨，秋粮 12.78 万吨。经济作物种植面积 1.61 万公顷，比上年增加 978 公顷，其中：油料种植面积 2655 公顷，比上年增加 20 公顷；烟叶种植面积 713 公顷，比上年减少 260 公顷；药材种植面积 7271 公顷，比上年增加 1063 公顷；蔬菜种植面积 2068 公顷，比上年增加 151 公顷。

全年肉类总产量 3.02 万吨，增长 1.5%；牛奶产量 1.38 万吨，下降 8.4%；禽蛋产量 1268 吨，增长 0.4%；蜂蜜产量 253 吨，增长 33.9%；蚕茧产量 40 吨，下降 36.5%。年末大牲畜存栏（除猪、牛、羊外）3.9 万头，下降 0.4%，出栏 0.94 万头，下降 2.3%；年末生猪存栏 49.89 万头，与上年持平，出栏 32.71 万头，增长 0.2%；年末牛存栏 24.43 万头，下降 1.4%，出栏 4.11 万头，下降 2.7%；年末羊存栏 22.78 万只，增长

2%，出栏 9.37 万只，增长 11.2%；年末家禽存栏 130 万只，增长 5.5%，出栏 98.47 万只，增长 5.5%。

年末全州农业机械总动力 52.40 万千瓦，增长 8.6%，其中农用排灌机械总动力 7413 千瓦，增长 1.5%。农村累计用电 8471 万千瓦时，增长 0.6%；农用化肥施用量（折纯）1.5 万吨，下降 0.3%；农药施用量 277 吨，下降 32.6%。

【工业及建筑业】 2015 年，全州累计完成全部工业增加值 18.18 亿元，比上年增长 4.0%。年末全州年主营业务收入在 2000 万元以上的工业企业（以下简称规模以上工业企业）共计 26 户，全年累计完成增加值 14.78 亿元，按可比价计算，同比增长 2.1%，其中：轻工业完成 3.98 亿元，增长 9.9%；重工业完成 10.80 亿元，下降 0.1%。

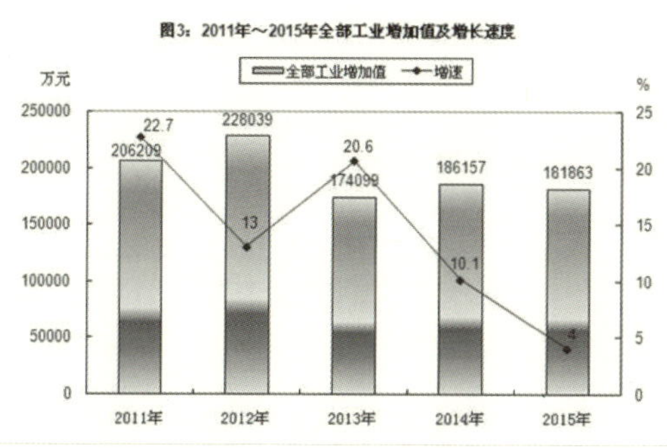

在规模以上工业增加值构成中，黑色金属矿采选业实现增加值 1.94 亿元，下降 3.2%；有色金属矿采选业实现增加值 2.53 亿元，下降 40%；农副食品加工业实现增加值 1.25 亿元，下降 3.3%；食品制造业实现增加值 1937 万元，增长 1.6%；酒、饮料和精制茶制造业实现增加值 2.54 亿元，增长 17.8%；黑色金属冶炼和压延加工业实现增加值 1781 万元，下降 77.2%；有色金属冶炼和压延加工业实现增加值 322 万元，下降 16.8%；电力、热力生产和供应业实现增加值 5.25 亿元，增长 106.7%。

全州规模以上工业企业实现利税总额 -3.59 亿元，同比下降 776.02%。其中：利润总额 -5.91 亿元，同比下降 114.57%。

年末全州资质内本地建筑业企业 23 户，累计完成总产值 12.93 亿元，同比下降 29.5%。

【能源生产与消费】 2015 年，全州累计完成全社会发电量 29.08 亿千瓦时，同比增长 2.15%，全社会用电量 7.46 亿千瓦时，同比下降 19.7%。全州规模以上工业综合能源消费量 17.22 万吨标准煤，同比下降 41.85%。初步核算，全州单位 GDP 综合能耗 0.777 吨标准煤 / 万元，比上年同期下降 5.03%。

【固定资产投资】 2015 年，全州累计完成 500 万元以上固定资产投资总额 285.14 亿元，同比增长 15.42%。分产业投资看，第一产业完成投资总额 23.62 亿元，增长 39.11%；第二产业完成投资总额 77.58 亿元，下降 18.98%。其中：工业投资完成 77.49 亿万元，增长 2.3%；非电工业投资完成 37.28 亿元，增长 12.8%。第三产业完成投资总额 183.94 亿元，增长 36.94%。投资总额中，房地产开发投资完成 3.94 亿元，下降 66.41%。全年新增固定资产 207.32 亿万元，增长 175.68%。年内新开工项目 353 个，同比下降 34.51%。

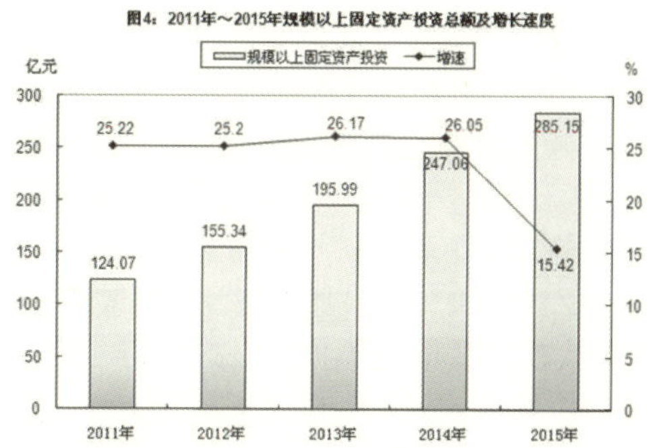

【交通、运输和邮电业】 2015 年末，全州公路通车里程 5740.72 公里，其中：国道 401.66 公里，省道 790.04 公里，县道 853.65 公里，乡道 2204.92 公里。2015 年末，全州拥有民用车辆 10.37 万辆，其中：汽车 5.83 万辆，摩托车 2.65 万辆，拖拉机 1.86 万辆，挂车 210 辆。民用汽车拥有量中，载客汽车 3.84 万辆，载货汽车 1.84 万辆，其他汽车 1499 辆。年末机动车驾驶员 8.24 万人，其中：汽车驾驶员 6.91 万人。2015 年，全州累计完成旅客运输量 790.98 万人，同比增长 7.9%；货物运输量 2216.09 万吨，同比增长 11.1%。完成客运周转量 10.61 亿人公里，同比增长 7.39%；货物周转量 53.69 亿吨公里，同比增长 2.98%。其中：民航旅客运输量完成 55.98 万人，同比增长 23.4%；民航货物运输量完成 933 吨，同比增长 18.3%。民航旅客周转量完成 2.52 亿人公里，同比增长 11.1%；民航货物周转量完成 42 万吨公里，同比增长 6.5%。

2015 年，全州累计完成邮电业务总量 2.87 亿元，比上年下降 18.3%，其中：邮政业务总量 2434.25 万元，比上年下降 6.52%；电信业务总量 2.63 亿元，比上年下降 19.2%。全州年末固定电话用户数 3.82 万户，比上年增长 2.8%。年末移动电话用户总数 36.52 万户，比上年下降 5.1%。电话普及率为 99 部 / 百人。年末互联网用户数 5.48 万户，互联网普及率 13.7%。

【基础设施建设】 加强综合交通体系建设，实施交通基础设施建设 3 年攻坚战，丽香铁路、丽香高速公路开工建设，德维（塔）、香德二级公路基本建成通车，全州 29 个乡镇实现通油路和班车全覆盖，188 个村委会通公路，路网总里程达到 5707 千米，路网总规模扩大 44.2%。水利基础设施不断完善，小中甸水利枢纽工程建成投入运营，康思水库完成大坝主体工程，小型水库及“五小水利”、中小河流治理等工程建设取得长足进展，新增供水能力 2 亿立方米，解决 28 万农村人口的饮水安全问题。统筹推进城乡规划、建设和管理，香格里拉市东城区和维西县新城区基础设施建设加快推进，德钦县城拓展整治前期工作进展顺利，完成小中甸、奔子栏、塔城等 5 个省级特色小镇建设，共计实施 214 个新农村示范村建设，城镇化率由 24.9% 提高到 30.4%。加强城乡电网改造升级，500 千伏建塘变电站等项目投产运行，全州无电人口全部实现通电，电网保障能力进一步提高。

【国内贸易和对外经济】 2015 年，全州累计完成社会消费品零售总额 41.54 亿元，同比增长 8.1%。按销售所在地划分：城镇完成消费品零售总额 26.83 亿元，下降 1.8%；乡村完成消费品零售总额 14.71 亿万元，增长 28.1%。按销售形态划分：餐饮收入完成 1.15 亿元，增长 20.6%；商品零售完成 40.38 亿元，增长 6.7%。

全年完成外贸进出口总额 230 万美元，同比下降 67.2%，其中：出口总额 165 万美元，同比下降 72.9%；进口总额 65 万美元，同比下降 30.9%。

当年无新批准外商投资项目，全年合同利用外资 4714 万美元，实际利用外资项目 2 项，实际利用外商投资 4763 万美元，同比增长 57.4%，年末实有外商投资企业 42 户。全年招商引资实际到位州外资金 139 亿元，同比增长 10.56%。

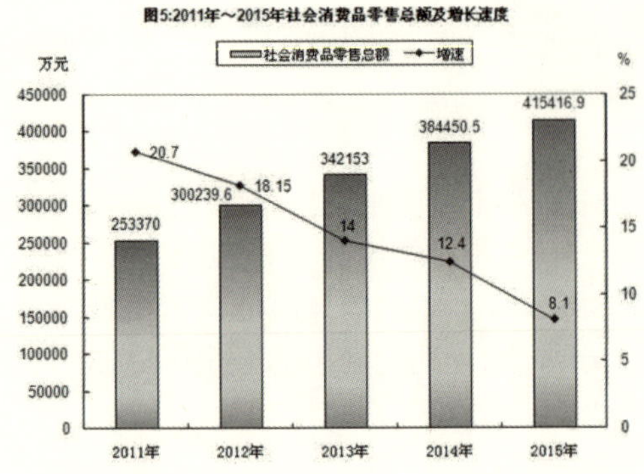

【市场物价】 2015 年，香格里拉城区居民消费价格比上年上涨 2.4%，其中，食品上涨 3.6%。商品零售价格比上年上涨 1.6%，农业生产资料价格上涨 1.9%。工业生产者购进价格累计下降 2.9%，工业生产者出产价格累计下降 7.5%。

【财政、金融、保险】 2015 年，全州累计完成财政总收入 206807 万元，增长 8.7%。累计完成地方公共财政预算收入 155275 万元，增长 7.1%。全年完成地方公共财政预算支出 1104649 万元，增长 9.2%。

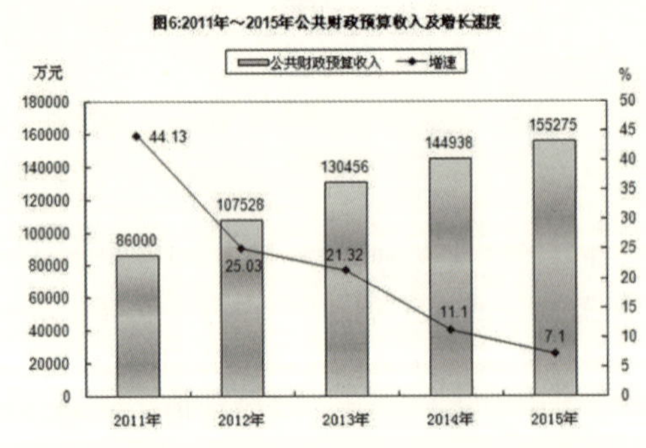

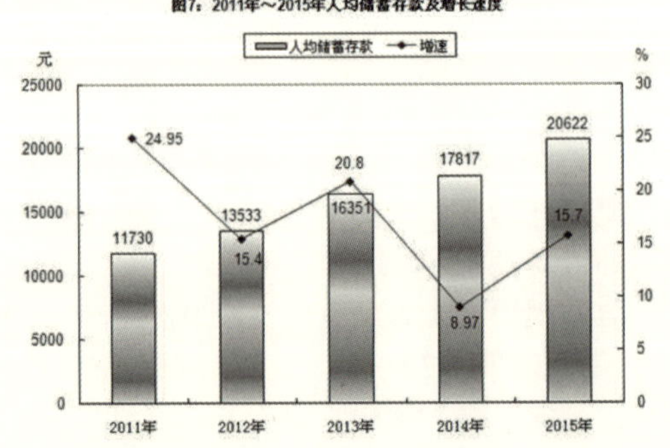

2015 年末，全州金融机构本外币各项存款余额 299.40 亿元，比上年末增长 14.97%。其中，住户存款 84.03 亿元，比上年末增长 15.81%。年末金融机构本外币各项贷款余额 169.76 亿元，比上年末增长 11.85%。其中：住户贷款 40.05 亿元，增长 13.5%；非金融企业及机关团体贷

款129.71亿元，增长11.35%。全年各种保险保费总收入2.31亿元，比上年下降0.86%。

【科教文卫体】 2015年末，全州拥有县及县以上独立自然科研单位9个，科技人员65人。全年共安排、落实科技计划项目71项，投入财政项目资金3108.2万元，增长52.09%。其中：国家级1项，落实到位资金212万元；省级26项，落实到位财政资金2446.2万元；州级44项，安排财政项目资金450万元。全年专利申请量107件，比上年增长94.55%，授权量48件，比上年末增长14.29%，年末发明专利有效量19件。

2015年末，全州拥有幼儿园19所，专任教师273人，在园幼儿7383人；小学74所，专任教师2311人，在校学生2.73万人，小学适龄儿童入学率99.66%，小学辍学率0.69%。中学10所，专任教师1504人，其中：初级中学7所，专任教师902人；完全中学3所，专任教师602人。初高中在校学生2.05万人，其中：高中在校学生6729人，初中在校学生1.37万人，初中毛入学率108.41%，辍学率2.61%。中等专业学校1所，在校学生2013人。职业中学2所，专任教师21人。教师进修学校3所，专任教师31人。

2015年末，全州拥有卫生机构282个，其中：医院10个，基层医疗卫生机构244个，专业公共卫生机构27个。卫生机构床位数1288张，卫生技术人员2473人，其中：执业（助理）医师790人。2015年，全州共有27.86万人参加新型农村合作医疗，参合率达100%。农村卫生厕所普及率57.07%，农村自来水普及率92.3%。

2015年末，全州共有文化、文物事业机构52个，其中：艺术表演团体3个，艺术表演场馆2个，文化馆4个，公共图书馆4个，乡镇文化站29个，文化文物行政主管部门4个，博物馆4个，非物质文化遗产保护中心1个，民族文化艺术研究所1个。全州广播人口覆盖率97.67%，电视人口覆盖率98.62%。《迪庆日报》出版发行341期共763.19万份，其中：藏文版50期共25万份。

2015年末，全州拥有体育场2个，体育馆5个，乡镇灯光球场38个，村级篮球场865个，全民健身路径66个，全民健身活动中心8个，全民健身活动基地2个，体育公园1个，健身广场9个，社区健身设施65个，健身步道25个，全民健身站、点20个。2015年共举办综合性体育运动会28次，参加运动员1.16万人。年内参加省及省以上运动会9次，共派出运动员224人，获得省及省以上运动会奖牌13枚，其中：金牌3枚，银牌4枚，铜牌6枚。

【旅游业】 2015年，接待国内外游客1758.07万人次，比上年增长22%。其中：接待海外旅游者99.89万人次，同比下降2%；接待国内旅游者1658.18万人次，同比增长23.84%。全年完成旅游业总收入160.34亿元，同比增长23.7%，创旅游外汇收入4.65亿美元，同比增长3.6%。

【人口、人民生活和社会保障】 2015年末，全州常住总人口40.8万人，其中：户籍人口36.13万人。在户籍人口中，少数民族人口32.09万人，占总人口的88.82%。其中：藏族人口13.01万人，占总人口的36.01%；傈僳族人口10.88万人，占总人口的30.13%。千人以上的少数民族人口分别为：彝族1.55万人，白族1.48万人，苗族1459人，回族1113人，纳西族4.59万人，普米族2126人。2015年，全州人口出生率9.78‰，人口死亡率5.26‰，人口自然增长率4.52‰，人口城镇化率31.13%。

年末，全州非私营单位全部从业人员3.92万人，较上年下降1.34%。从业人员年平均工资（含劳务派遣）7.19万元，较上年增长21.26%，在岗职工年平均工资7.31万元，较上年增长22.51%。

2015年，全州农村常住居民人均可支配收入6487元，比上年增加622元，增长10.6%。城镇常住居民人均可支配收入2.71万元，比上年增加2077元，增长8.3%。城乡居民人均储蓄存款2.06万元，增长15.7%。

2015年末，全州参加城镇职工基本养老保险人数1.90万人，比上年增长7.6%；参加失业保险人数2.41万人，增长1.9%；参加城乡基本养老保险人数20.56万人；参加城镇职工基本医疗保险人数4.14万人，增长1.7%；参加城镇居民基本医疗保险人数4.51万人，下降2.3%。年末全州城镇最低生活保障对象2.27万人，共发放保障资金7113.27万元，增长19.4%。年末全州农村低保人数11.62万人，共发放保障金1.99亿元，增长17.2%。

【资源、环境与安全生产】 2015年末，全州新增造林面积34.14万亩，森林面积188.38万公顷，森林覆盖率73.95%。全州拥有耕地总资源3.32万公顷，其中：常用耕地面积3.05万公顷。拥有已建水库14座，总库容1.78亿立方米，水利工程供水量2.75亿立方米。全州城市人均公共绿地面积11.32平方米，建成区绿化覆盖率29.59%，城市生活污水集中处理率73.7%，城镇生活垃圾无害化处理率90.01%。

2015年全州化学需氧量排放量5610吨，氨氮排放量328吨，二氧化硫排放量1242吨，氮氧化物排放量7702吨。全年城市空气质量达标率100%，地表水达标率100%。全州年平均气温8.9℃，年总降水量1670.4毫米。

2015年，全州共发生各类安全事故53起，死亡39人，受伤66人，直接经济损失490.77万元。其中：道路交通事故43起，死亡35人，受伤66人，直接经济损失83.06万元；工矿商贸事故2起，死亡3人，直接经济损失275.8万元；消防火灾事故8起，死亡1人，直接经济损失131.91万元。

（和　淇）

市县区经济选介

Introduction of Economy in Selective Cities Districts and Counties

昆明市县区经济选介

五华区

【经济概况】 五华区位于昆明市主城西北部，面积381.6平方千米，下辖10个街道办事处，88个社区居民委员会，214个村（居）民小组。2015年末常住人口87万人，户籍人口62.96万人。

2015年，五华区全年实现地区生产总值928.69亿元，同比增长8.2%；一、二、三产业的结构比例为0.2%、54.2%和45.6%。实现规模以上工业增加值383.07亿元，同比增长3.5%；实现农林牧渔业总产值3.32亿元，同比增长2.7%。引进内资70.49亿元，实际利用外资2.25亿美元。单位GDP能耗下降3.4%。

全年实现财政总收入132.04亿元，同比下降4.1%，其中完成地方公共财政预算收入33.91亿元，同比增长4.45%；完成社会消费品零售总额444.84亿元，同比增长10.5%；完成规模以上固定资产投资309.34亿元，同比增长10.4%。城镇常住居民人均可支配收入实现3.48万元，同比增长8.7%；农村常住居民人均可支配收入实现1.48万元，同比增长10.01%。

昆明老街

【调结构稳增长】 围绕财税体制、生态文明等8个领域，制订出台161项改革方案，重点推进44项改革措施落实。探索一口受理、多证联办审批服务机制，有序推进商事制度改革。全面推行一照一码登记模式，提高行政效能。

深入实施“南强、西进、北拓展”战略，形成“三大建设”空间格局。中央商务区扩容升级，南屏步行街等重点地块开发有序推进，基本形成了主城中央商务区和泛亚、红云片区商贸商务次中心“一主二辅”的发展格局。全力推进104个重点投资项目建设，云南阜外心血管病医院、保利大家等56个在建项目加快推进，东盟国际图书城、红云红河集团打叶复烤易地技改和烟叶仓储物流等7个重大项目启动，有力推动了五华经济发展。

实施“大众创业、万众创新”工程，优化实体经济平衡健康发展环境。加大科技投入力度，设立产业引导基金和第一支子基金“云南广告文化与科技创新产业基金”。投入社会研究与发展（R&D）经费23.29亿元，同比增长8.5%，占地区生产总值比重的2.4%。培育、认定高新技术企业32家，全区有高新技术企业107家，科技型中小微企业150家。继续实施名牌战略，争创“全国知名品牌示范区”，2015年受理专利申请4483件，授权专利2818件，申请授权专利共6508件。

五华区长江村镇银行

【现代服务业】 新增商务楼宇35万平方米，全区商务楼宇达到186幢，总面积331万平方米；楼宇入驻企业超过5000户，税收千万元以上楼宇45幢，其中亿元楼宇9幢。新增总部企业5户，辖区总部企业达42家；入驻企业有世界500强中的33家，全国500强及民营500强中的28家。渣打、马来亚、汇丰、恒生、东亚、泰京等7家外资银行入驻五华。新增私营、内资企业6006户，个体工商户8001户，全区的个体工商户增至3.84万户，私营企业达到

24351家，从业人员29.83万人；民营经济创造增加值381.3亿元，占全区GDP比重的41%。

时代广场

【科技产业园】 按照"实体化管理、封闭式运行"原则，深化管理体制改革，构建"指挥部+管委会+平台公司"开发模式。加快推进联想科技城、中铁云时代广场、普洱茶文化科技中心等26个重点项目建设，打牢发展基础。整合"学府协信创意天地"、"金鼎1919分园"、"同景108智库分园"、"蓝谷创意分园"，"金鼎M60创意园"等资源，形成"一核多分园"空间发展格局。依托中石油昆明LNG应急高峰储备项目，积极布局新能源产业发展。推进金鼎片区产业转型升级，昆明广告产业园引入89户企业入驻，年产值实现6亿元。

2015年，五华科技产业园有规模以上工业企业27家，限额以上商业企业107家，广告文化创意企业228家，实现销售总收入888.14亿元，同比增长11.02%；园区实现税收7.08亿元，同比增长8%；实现地方财政收入2.8亿元，同比增长8%。万元GDP能耗下降12.5%。

【劳动就业与社会保障】 收集提供有效就业岗位3.27万个，帮助1.2万名城镇下岗失业及就业困难人员实现再就业。新增城镇就业2.45万人，城镇登记失业率控制在3.9%以内。开设职业技能及创业培训班26期，培训高中端职业技能人才304人，引导农村劳动力转移就业1777人，新增就业收入2536.84万元。举办各类招聘活动27场，参会807家企业，提供就业岗位20230个，达成就业意向2907人。对1210名失业人员进行就业困难人员认定，申报"零就业家庭"5户，确保全区"零就业家庭"动态清零。认真组织实施"贷免扶补"和"小额担保贷款"政策，扶持300人成功就业。

全区基本社会参保总数127.46万人。其中职工养老保险20.96万人，城乡居民社会养老保险5.3万人，工伤保险14.95万人，生育保险11.86万人，基本医疗保险52.32万人，失业保险22.07万人。为5.10万名离退休人员按时足额发放养老金，为4.79万名企业离退休人员提高养老待遇，人均月增215.22元；城乡居民的医疗保险补助由原来的320元提高到400元。加大社会保险欠费追缴力度，收缴社保欠费1692.18万元。做好社保稽核工作，对辖区5351个单位开展养老、工伤、生育保险稽核，对4.94万名退休人员进行资格认证。加强老年社保服务工作，建设社区居家养老服务中心14个，农村幸福院4个，新增养老床位910张。

【生态文明建设】 新、老运粮河综合整治工程顺利推进，滇池草海及周边水环境治理初见成效，石盆寺等"五采区"石漠化治理基本完成。昆武高速（五华段）下层绿化工程完成50%，盘龙江（五华段）绿色廊道改造提升工程完成70%，五华园博园（三期）设计方案已编制完成。全年新增绿地面积121公顷，乔木1.87万株，全区绿率42%，绿化覆盖率46%，森林覆盖率56.29%，人均公共绿地12.5平方米，荣获"国家森林城市"称号。创建"绿色学校"5所，"绿色社区"3个，"宁静小区"1个。国家卫生城市、节水城市通过复查，滇池治理通过年度国家考核。城市生活污水集中处理、生活垃圾无害化处理率均达100%，环境空气质量优良率保持在90%以上。

圆通公园非遗展

【社会事业协调发展】 投入教育经费5.49亿元，增长12.37%。完成农村标准化校舍建设3.7万平方米，进行城镇校舍除险加固改造11.42万平方米。教育事业均衡发展，学前教育毛入学率为100%；义务教育毛入学率109.88%，巩固率99.98%；初中阶段毛入学率达114.81%，巩固率99.88%；高中阶段毛入学率118.1%，普高优质率达到85.34%。实现教育信息化“三通两平台”全覆盖。深入推进“51336教育人才培养”计划，培训干部教师1038人，推选110名（次）校长、研究人员进修深造，评选学科带头人、骨干教师580余名。

全面完成文化馆、站、室三级文化网络的建设，社区文化活动室、图书室覆盖率达100%。10个街道办事处、83个社区成立了“社区文化沟通协会”。新申报文物保护单位41项，对“沙朗极乐宫”以及潘琰、李鲁连、张华昌三烈士彩绘进行维护修缮。加大“非遗”保护力度，辖区有国家级项目1项，省级6项，市级28项，区级28项；有省级传承人15人，市级传承人7人，区级传承人11人。

新建成3个农村文体广场、22条健身路径，新培训体育指导员50名。组织全区性群众体育活动22次，2600余人次参加。参加国家、省、市各类比赛活动12次，获奖牌124枚，其中金牌47枚，银牌44枚，铜牌33枚。

加大旅游设施建设，与辖区17家星级酒店、70余家旅行社分社网点、50家农家乐及度假山庄签订安全责任书。区实现旅游收入82.5亿元，同比增长15%。

辖区46家基层医疗卫生服务机构执行国家基本药物制度，基本药物采购金额2571.08万元。开展14类公共卫生服务，建立居民健康档案66.66万份，管理服务高血压5.88万人，糖尿病1.87万人，重性精神病患者2416例。完成“免费光明工程”手术1617例，免费进行“尿毒症透析”治疗215例。为辖区7.52万名儿童提供免疫服务，接种脊灰疫苗2.85万人。

健全完善社区服务体系，建成市级和谐示范社区11个，五华区被国家民政部命名为“全国和谐社区建设示范区”。

（杨连国）

盘龙区

【综述】 盘龙区位于昆明市主城区东北部，东、南面与官渡区相连，北接嵩明和富民两县，西临五华区，西南与西山区接壤，辖拓东、鼓楼、东华、联盟、金辰、青云、龙泉、茨坝、松华、双龙、滇源和阿子营12个街道办事处，共67个社区、32个村委会。辖区面积886.93平方千米，主城建成区面积59.96平方千米。盘龙区海拔在1900 ~ 2100米之间，年平均气温14.2℃，年降雨量900 ~ 1000毫米。

2015年，全区户籍人口54.07万人，比上年末增加0.71万人，同比增长1.33%。年末常住人口83万人，比上年末增加0.4万人，同比增长0.48%。户籍人口中，城镇人口46.27万人，占户籍人口总数的85.57%；乡村人员7.8万人，占户籍人口总数的14.43%。男性27.17万人，占户籍人口总数的50.24%；女性26.91万人，占户籍人口总数的49.76%。

初步核算，全年地区生产总值（GDP）526.08亿元，同比增长9.1%。其中，第一产业增加值4.85亿元，同比增长1.6%；第二产业增加值157.32亿元，同比增长12.9%；第三产业增加值363.92亿元，同比增长7.2%。三次产业结构比调整为0.92 ： 29.90 ： 69.18。人均地区生产总值6.35万元，同比增长8.5%，较上年增加5390元。

全年非公经济增加值248.01亿元，同比增长9.8%，占地区生产总值比重47.1%。
全区财政总收入65.26亿元，同比下降4.75%；地方财政总收入65.19亿元，同比下降4.67%。其中，一般公共预算收入35.19亿元，同比增长5.34%。在一般公共预算收入中：税收收入28.97亿元，同比下降6.01%；非税收收入6.22亿元，同比增长140.62%。全区一般公共预算支出39.14亿元，同比增长7.42%。

全年引进市外投资项目70个，实际利用市外资金累计60.11亿元；引进外资投资项目10个，实际到位外资2.13亿美元。

【产业转型升级】 2015年，盘龙区加快现代服务业发展步伐，全面推进中央商务区、北部山水新区等重点片区开发，加快恒隆广场、春之眼、香格里拉酒店、南亚之门、金恒财富广场、阳光琥珀园、华润中央公园等重点产业项目建设，继续推进兴隆泉大厦、盘兴博大广场等项目前期工作，苏家村及东站新村片区、汇都国际三期等旧城改建工作顺利推进。按照世博新区规划及重点产业布局，虹桥汽车财富中心、车行天下二期等项目稳步推进。全年第三产业增加值363.92亿元，同比增长7.2%。占地区生产总值的比重约为69.18%。全年社会消费品零售总额397.10亿元，同比增长6.6%。其中，限额以上社会消费品零售总额252.31亿元，可比增长1.4%。全年批发零售贸易业、住宿餐饮业销售额（营业额）1368.64亿元，同比增长7.28%。文化旅游产业发展迅速，全年接待游客总数1098.94万人次，同比增长6%。旅游总收入112.95亿元，同比增长15%。

2015年末，全区总部集团型企业达46家，商业楼宇达97栋，面积约达300万平方米。稳步推进都市工业，全年工业增加值106.97亿元，同比增长14.5%，其中规模以上工业增加值80.01亿元，同比增长16.8%。在规模以上工业中国有控股企业增加值76.71亿元，同比增长17.8%。地区生产总值（GDP）能耗0.22吨标准煤/万元，万元GDP能耗降低7.64%。

继续推进片区旧城改造、城中村建设，盘龙都市产业园开始实体化运作，“一核一带一片区”的园区产业新布局逐步形成。全年房屋施工面积1591.1万平方米，同比增长9.7%。其中，全年新开工面积105.4万平方米，同比下降48.2%。住宅施工面积959.9万平方米，同比下降12.1%。商品房销售面积287.7万平方米，同比增长32.4%。

稳步发展生态农业，全年农林牧渔业总产值8.11亿元，扣除物价因素同比增长2.5%。农林牧渔服务业产值0.17亿元，同比增长4.3%。农业生产工作稳步推进，农业种植和林下经济稳步发展，全年粮食播种面积1.05万公顷，同比增长1.4%，总产量4.35万吨，减产0.1%。蔬菜播种面积3443.9公顷，同比增长1.6%，总产量8.99万吨，增产7.8%。花卉种植面积457.5公顷，同比下降13.3%，鲜切花产量4302.5万枝，减产39.1%。

全年肉类总产量4620.8吨，同比下降21.2%。禽蛋产量1274.9吨，同比增长1.2%。

【重点项目建设】 全年重点项目完成投资108.59亿元，为年度投资计划的82.34%。年内，盘龙9号路等9条道路建成通车，开工建设盘龙124号路、盘龙125号路等8条道路和松华路、太乙路2座跨盘龙江桥，做好龙江西路、盘龙121号路等10条在建道路的续建工作，完成景泰街和昙小路交叉口节点改造，加快推进两面寺立交连接寺瓦路工程，开展中坝路、金汁河路、盘龙7号路等30条道路的前期工作，金江路等5条支次道路完成整治。稳步推进水电气和排污、通讯等市政基础设施建设，开展松华坝水源保护区水质在线监控系统、110千伏龙泉输变电项目电力通道、110千伏金瓦输变电项目电力通道前期工作。做好环卫设施配置工作，在波罗村城中村片区新建垃圾中转站。

加强农村水利基础设施建设，完成石门坎、胜天水库的除险加固工作，建成天生坝水库—金殿、源清水库调水工程，建成1098余件各类五小水利工程，解决1.2万人饮水困难问题。双龙、松华、滇源、阿子营街道农村公路“村村通”工程已完工或在建。做好破损道路的修缮、维护和保通工作，完成29条通村道路硬化工程项目。全年硬化通村道路87.921千米，投入建设资金5042万元，35个村（组）通村道路实现硬化。

全年共投入改造资金60亿元，完成羊肠小村等3个项目土地收储，推进清水河村等9个城中村改造项目征迁工作，完成拆迁面积45.8万平方米，东庄前村等5个项目40.42万平方米回迁安置房启动建设，桃园村等2个项目安置房完成交付，羊肠小村等3个项目完成土地收储，拆除龙头村等12个村安置房地块地上建（构）筑物22万平方米，地铁3号和6号线盘龙段完成征地；稳步推进郭家凹政府统建公共租赁住房3045套建设工程，一期即将配租，二期已封顶断水正在进行装修及配套工程。

【城乡生态建设】 2015年，推进省市联动“绿化昆明、共建春城”重点区域造林绿化美化工作，开展辖区主城、重点区域面山、城市绿地、主要交通干道沿线绿化工作。完成南磷集团地块绿化建设，开工建设盘龙江景观示范带绿化工程，启动白邑寺公园建设，北京路等5条道路完成景观提升。全区建成区绿地面积2589.98公顷，其中，全年新增绿地面积86.57公顷，种植乔木2.74万株。建成区人均公园绿地面积14.88平方米。完成滇池面山、主要交通道路沿线、入滇河道、“五采区”植被修复等植树造林230.93公顷，森林覆盖率达59%。森林火灾受害率控制在0.8‰以内。

年内，开展入滇河道治理，完成东干渠、马溺河水环境综合整治和入库河道综合整治，绿化入滇河道15.8千米。深入开展新农村建设、扶贫攻坚和美丽乡村建设，完成2个新农村省级重点村、2个省级美丽乡村建设，推进三转弯、果东市级美丽乡村建设试点。

【社会事业】 年内，全区共有各级各类学校203所，其中，普通中学29所，中职教育学校12所，普通小学62所，幼儿园98所，特殊教育学校1所，工读学校1所。各级学校专任教师6489人。全区所有在校、在园学生11.82万人。学前教育毛入园率100.2%，义务教育阶段巩固率达99.98%。波罗村、宝云片区等3所城中村改造项目配建小学已完工，并投入使用。继续实施校舍排危，茨坝中学附小教学楼排危工程、东庄小学教学楼重建等6个项目已完工。42所学校创建为省市平安校园，外来务工子女上学做到全覆盖、零盲点。继续实施“春风化雨”学前教育行动，大力发展公办幼儿园和普惠性民办幼儿园，新建幼儿园2所，创建或升等晋级省一级示范幼儿园3所。

深入实施“4321”科技创新能力提升行动，推动创新驱动发展战略和科技体制改革，健全由区科技创新综合服务平台、现代服务业企业创新示范平台、科技创新人才培育平台构成的区域特色科技创新服务体系，盘龙科技企业孵化器建设不断升级，创新型试点城区建设任务顺利推进。加大科技投入，全社会研究与发展（R&D）经费投入占GDP比重达2.4%。全年新认定高新技术企业19家，省科技型中小企业27家，省级创新团队5个，重点新产品10个，创新型试点企业2家，高原特色“三项认定”1家，市级重点实验室1个，工程技术研究中心3个，创新型试点企业4个，产业技术创新战略联盟1个，科技创新团队3个，知识产权试点企业3家，知识产权教育示范试点学校2所。建成科技众创空间10个，其中3个获省级认定，6个获市级认定。全年专利申请授权量2772件，专利资助252件。专利申请和授权数量达到2094件，科技创新对都市经济核心竞争力的支撑作用不断增强。全年扶持区级科技计划项目10项，安排科技创新资金350万元，扶持引导区域科技创新及成果转化。开展科普宣传活动140场次，直接受益人数6万余人次。

年末全区共有医疗卫生机构564家，其中医院42家，社区卫生服务机构50家，街道（镇）卫生院7家，门诊部35家，诊所316家，村卫生室63家，医务室（卫生所）43家，卫生执法监督机构1个，疾控中心1家，妇幼保健中心1家，计划生育服务机构3家，其他医疗卫生机构2家。医疗机构资产总量30.62亿元，全年诊疗528万人次；辖区共有各级各类医疗卫生机构总床位6327张。卫生技术人员8337人，执业（助理）医师3411人，注册护士3624人。辖区每千人拥有床位7.6张，执业助理医师4.11人，注册护士4.37人。继续推行国家基本药物制度，促进基本公共卫生服务均等化。基层医疗卫生服务网络进一步完善，新增5个社区卫生服务机构，深化农村卫生综合改革，城市全科医生、农村乡村医生签约服务进一步加强。全面提升计划生育优质服务水平，流动人口计生服务均等化工作顺利推进，人口和计划生育信息化建设步伐加快。2015年全区共出生2628人，死亡1596人，人口自然增长率为1.74‰，符合政策生育率为94.86%。

年末共有各类业余艺术表演团体238个。组织、举办各类文体活动1021场（次）。合理配置公共文化资源，加大文化站（室）建设力度。金沙、麦地塘等社区文化中心已建成。昆明少儿图书馆、区文化旅游市场综合执法大队获“第六届全国服务基层、服务农民文化建设先进集体”荣誉称号。年末有各级文物保护单位38项，其中市级以上的文物保护单位10项。少年儿童图书馆开馆以来藏书24.925万册。

开展全民健身系列活动，完成市运会任务及17条健身路径和5个文体小广场建设。全年参加全国、省、市各项比赛中获奖牌134枚，其中，金牌63枚，银牌36枚，铜牌35枚，向省、市运动队输送40名运动员。全年安装健身路径17条，新建农村篮球场5个。举办各类运动会和群众体育活动29次，直接参加体育活动的人数达到3万人次。

【民生保障·人民生活】 年内，不断扩大就业和创业，实现新增城镇就业2.84万人，应届高校毕业生就业率达90%，困难家庭高校毕业生就业率达100%，确保“零就业家庭”动态清零。年末参加基本养老保险19.09万人，同比增长3.75%。其中，参保职工14.42万人，参保离退休4.67万人。参保人数中，灵活就业参保4.13万人。城乡居民社会养老保险参保续保9.37万人。参加生育保险10.76万人，其中，农民工参保1.88万人。参加工伤保险13.56万人，其中，农民工参保3.92万人。参加城镇职工基本医疗保险22.6万人，其中，企业单位参保19.57万人，参保人员中自谋职业、灵活就业1.41万人，城乡居民基本医疗保险参保26.59万人。全年城乡居民最低生活保障对象累计保障23.2万人次，累计保障资金支出1.01亿元。年末，城镇登记失业4761人，城镇登记失业率控制在3.05%。全年“贷免扶补”扶持创业102人，小额担保贷款扶持创业230人，培育“两个十万”微型企业1189户，失业保险参保人数14.72万人。

年内，建成保障性住房1749套，改善低收入人群的住房条件。城市棚户区改造房460套（云波片区－波罗村二期）。落实粮食行政首长责任制，做好粮食保障安全工作。“米袋子”和“菜篮子”建设进一步加强，确保稳价保供。建设5个居家养老服务中心，养老床位360张，建成3个爱心食堂。全力推进扶贫开发，开展“挂包帮、转走访”活动，完成古城村等7个省、市村小组扶贫村建设，全区贫困人口减少至1857人。全年城镇常住居民人均可支配收入3.47万元，同比增长8.3%。农村常住居民人均可支配收入1.49万元，同比增长10.4%。城乡居民收入比由上年的2.37 ：1下降为2.32 ：1（以农村常住居民人均可支配收入为1）。率先在全市各县区建立农民工工资应急周转金500万元，累计缴存建设领域农民工工资保证金7921.1万元，准备金640.5万元。

（吴焰红）

官渡区

【综 述】 官渡区位于昆明主城东南、滇池北岸，东接滇中产业新区，南接呈贡区，西南濒临滇池，西北与盘龙区相接，西与西山区相连。2015年末，全区国土面积有637.63平方公里（其中：滇池水域面积35.18平方公里）。全区辖9个街道办事处，111社区居民委员会。年末户籍人口57.72万人。其中，汉族人口51.12万人，占88.6%；少数民族人口6.6万人，占11.4%。常住人口88.6万人，比上年增长0.9%。城镇化率97.3%。人口出生率为5.79‰，死亡率2.49‰，人口自然增长率3.3‰，计划内生育率91.65%。

2015年，完成地区生产总值903.88亿元，增长9%；规模以上固定资产投资完成389.82亿元（不含经开区、大板桥），增长1.8%；第三产业实现增加值568.52亿元，占地区生产总值比重达62.9%；万元生产总值能耗下降3.7%；地方一般公共预算收入35.39亿元（不含大板桥），下降7.7%；政府性基金预算收入728万元，同比减少97.86%。地方一般公共预算支出36.52亿元，同比减少4.13%；政府性基金预算支出7818万元，同比减少75.73%。社会消费品零售总额完成383.78亿元（含经开区、不含大板桥），增长7.5%；招商引资到位内资51.85亿元，完成市级下达目标任务105.8%；到位外资1.8亿美元，完成市下达目标任务的101%。第三届“南博会”期间成功签约4个项目，其中：内资项目3个，协议投资总额为142亿元；外资项目1个，协议投资总额1000万美元；非公经济占全区地区生产总值比重达50.9%；城镇常住居民人均可支配收入达34759元，增长8.5%；农村常住居民人均可支配收入达15705元，增长10.5%。

【城市建设与管理】 全年完成新建会展中路（官渡375）、大都片区项目官渡337路、官渡2号路进中铁支路、官渡2号路进部队支路、关通路和湖滨路与环湖东路交叉口；开工建设云溪路（官渡213号路）、大都片区（官渡338）、官渡5号路、星耀路至广福路节点、云秀路至昆玉高速、宝象河东侧官渡古镇段河堤道路；18个待启动的建设项目开展前期工作。完成投资约2.5亿元。新建棚户区保障性住房3100套。完成施工许可证初审12项，其中施工意见3项。监督工程质量项目34项，其中，房建项目25项。新建3座垃圾中转站、13座公厕。完成征地5192亩，拆除建（构）筑物162万平方米。加强道路巡查及维护。创新打造“官渡城管”微信、微博服务平台，形成“全民共同参与、社会共建共享”的城市管理格局。通过数字平台受理案件1.36万件，受理投诉有关占道经营、渣土污染路面等86件。强化引摊入市街区管理，打造永安路夜市、昆明国际会展中心、官南立交桥下层、大蓉和餐饮酒楼4个区级引摊入市点。

【水利建设】 2004年，完成广普大沟水环境进行综合整治工程，长6.9公里，流域面积21.1平方公里，总投资1.79亿元。完成对片区内海河、五甲宝象河、小清河、六甲宝象河及姚安河的调整。启动环湖截污配套收集系统完善工程。加强对河道、沟渠及排水管网清淤除障及水毁修复工程建设，清淤除障河道、支次沟渠及管网淤泥2.16万立方米，打捞河道漂浮物垃圾1.15万吨；清除杂草6.16万平方米，投入人力4.05万人次。完成主城区防汛排涝清淤应急工程，清淤7840.37米，清淤量4.79万立方米，缓解官渡区主城片区淹水问题。开展地下水清理整顿工作。

【农 业】 按照“扶优、扶大、扶强”的原则，继续开展农业龙头企业培育工作。鼓励农业龙头企业发展壮大。区各级龙头企业共外建基地10万余亩，带动20余万户农户从事农业产业化经营并带动增收，8家企业在区外、市外和省外拓展市场，开设直营店、专卖店、连锁店、配送中心等，建立农产品网络营销，形成一端连城市，一端系农村的区域辐射性模式。全年共发展各级农业产业化龙头企业27家，实现农业产业化发展总产值39.20亿元，实现销售收入现价总产值52.3亿元，销售收入56.2亿元。全年共计完成蔬菜播种面积5107亩，上市量1440万千克。花卉种植面积3700亩，花卉产量1.702亿枝。

【商贸·旅游】 年内，以昆明螺蛳湾国际商贸城为中心的商贸服务业集聚区建设稳步推进，主城区商品交易市场关闭搬迁工作有序推进。进一步优化商业网点布局，制定出台官渡区商业网点规划，建成区内首个电子商务创业园，引进阿里巴巴（跨境电商）、京东云南馆等电商龙头企业。新增中交建集团、中铁四院2户总部企业，新增建设大厦、东航投资2幢税收千万元楼宇，中铁大厦、融城金阶2幢税收亿元楼宇。完善《官渡区关于加快建设世界知名旅游城市魅力城区的实施意见》。围绕《官渡区文化旅游产业发展规划》，对文化旅游发展目标，按近期、中远期进行规划。推出“官渡区非遗文化主题游”和“官渡区人文风情游”两条旅游精品线路；制作《官渡区旅游动画宣传片》，每周推出两期“古韵官渡.文化心旅”微信专栏，到年末已经微信推送25期，与环球游报联合推出《大美云南》官渡区特色系列旅游宣传。开展旅游市场食品安全专项整治以及高校周边的旅游市场整治。旅行社网点登记备案19家、总社变更12家，分社备案12家。累计检查景区、景点、购物点15家次，宾馆酒店96家次。全力促进文化旅游业发展，全年累计接待游客总数为2250万人次，同比增长12.5%；旅游总收入完成225亿元，同比增长15.38%。

【民生保障】 全年提供有效就业岗位1.81万个，新增城镇就业2.31万人。城镇下岗失业人员再就业4423人。就业困难人员实现就业3288人。公益性岗位开发580个。“贷免扶补”扶持创业104人，发放贷款692万元。农村劳动力技能培训1375人，创业培训40人。农村劳动力转移就业781人，新增转移收入856.5万元。小额担保贷款扶持创业170人，发放贷款1303万元。年末，全区失业保险参保单位5117户，参保人数12.86万人。落实提高失业保险金标准。年内为3.87万人次失业人员按时足额发放失业金4219.3万元，为1.14万人次失业人员办理职工医保297.5万元。保障失业人员失业期间的基本生活。下调失业保险费率，区每4900余户参保企业月为减少473万元失业保险金，其中：职工个人少缴纳189万元。实施援企稳岗补贴政策，兼并重组企业申报稳岗补贴30家，其中8家企业通过审批，补贴金额为147.8万元，涉及人员2867人。18家企业处在公示期，13家不裁员企业以及4其他企业处在审批阶段。城镇职工基本养老保险人数14.45万人。其中企业职工参保人数为10.65万人，实际缴费人数9.76万人。工伤保险参保人数为11.41万人。生育保险参保人数9.04万人。医疗保险参保人数16.44万人，缴费人数27.91万人。城乡居民基本医疗保险大病保险统筹覆盖100%，大病保险最高封顶9.8万。城乡居民社会养老保险新参及续保人数10.29万人，领取个人账户养老金人数3.19万人。被征地人员基本养老参保人数4.09万人，年内收缴参保费6043.97万元，领取基本养老生活费2.08万人。农村社会养老保险参保5.95万人，领取养老金1.17万人。对辖区内3.42万名企业退休人员进行增资调待，月人均增发209.34元；由2014年的月人均1837.62元增加至月人均2046.96元。年内，组慰问城乡低保户、五保户、城市三无孤老、孤儿1.08万人，支出慰问金万111万元；入户走访慰问困难户116户，支出慰问金5.98万元。年内，全区享受城市低保4095户5302人，1-11月支出城镇居民最低生活保障金2800余万元，月人均补差468元。实施医疗救助717人，支出救助金144万余元。出台《官渡区开展“救急难”工作实施方案》，将遇险、生活陷入困境人群（含非户籍人口）纳入救助范围，并将原来年内最高救助3000元提高到最高可达年低保金的6倍。年内，救助急难群众20人，支出救助金近10万元。临时救助困难群众228人，支出救助金28万元。救助流浪乞讨人员134人，发放各类棉被、衣服、鞋等物资81件。加强社区居家养老服务中心建设，新建6个社区居家养老服务中心，并向周边老年人开放。年末全区共有社区居家养老服务中心31家，占全区社区总数的38%，总建筑面积38074平方米，床位600张。创新“医养结合”养老服务模式，新增一个老年康复服务中心，引进亚东医院创建亚东福寿家园，新增养老床位150张。年末全区共有养老床位2560张，每千名老人拥有床位22张。

（加三益）

西山区

【综 述】 西山区位于昆明市主城区西南部。东与五华区、官渡区毗邻，与呈贡区隔水相望；南连晋宁县；西邻昆明市属安宁市、楚雄州禄丰县；北接富民县、五华区。西山区背山面湖，整个地形微向滇池倾斜。南北长53千米，东西宽38千米。国土总面积881.32平方千米，其中山区面积660.49平方千米，占74.94%；坝区面积220.83平方千米，占25.06%。最高海拔2622米，最低海拔1731米。主城建成区面积48平方千米。

2015年，全区辖马街、金碧、永昌、前卫、福海、棕树营、西苑、碧鸡、海口、团结10个街道办事处和西山风景区管委会。下辖社区居委会108个、居民小组393个。年末，西山区常住人口为77.9万人，其中户籍人口为53.49万人。在户籍人口中，男性人口26.61万人，女性人口26.88万人。户籍人口中少数民族人口为8.42万人，占总人口的15.74%。人口出生率11.82‰，死亡率6.08‰，人口自然增长率5.74‰。

2015年，全区经济在新常态下平稳运行，民生保障不断加强，社会事业全面进步。全区实现地区生产总值455.53亿元，增长9%；人均地区生产总值5.86万元。地方公共预算收入35.63亿元，比上年34.59亿元增收1.4亿元，增长3%；一般公共预算实际支出32.95亿元，比上年30.99亿元增支1.96亿元，增长6.32%。规模以上固定资产投资（区属）完成410.11亿元，增长5.6%；社会消费品零售总额完成479.56亿元，增长4.8%。第一产业实现增加值3.54亿元，增长2.7%；第二产业实现增加值123.11亿元，增长9.3 %，规模以上工业增加值46.31亿元，增长15.2%；第三产业实现增加值328.88亿元，增长8.9 %，占地区生产总值的72.2%。第三产业重心从批发零售商贸业转为楼宇总部经济引领、高端商业业态带动的现代商贸服务业；第二产业重心从粗放型工业转为以精细磷化工、高新装备制造、新材料等为主导的新型工业；都市型现代农业实现稳步发展。坚持把产业结构优化转型升级作为产业发展的重点，重点抓好产业培育提升、重大项目攻坚、龙头企业培植、园区转型提升。产业结构进一步优化，三次产业比由上年末的0.7 ∶ 26.2 ∶ 73.1调整为0.8 ∶ 27.0 ∶ 72.2。二、三产业互为支撑、联动发展的产业布局初步形成。非公经济实现增加值238亿元，增长9.5%。万元地区生产总值能耗下降2.5%。

金融机构人民币各项存款余额784亿元，各项贷款余额527亿元。城镇常住居民人均可支配收入达3.47万元，农村常住居民人均可支配收入达1.54万元，分别增长8.4%和10.4%。年内西山区被评为“云南省平安县区”“云南省文明城区”，并连续十年获评“云南省县域经济十强县”。

【商贸·旅游】 西山万达广场、红星爱琴海购物公园建成运营，昆钢科技大厦建成使用，云南省能源投资集团有限公司、中国建筑第三工程局集团有限公司、省（市）设计院等5家总部企业入驻西山。南亚风情第壹城、红星国际爱琴海购物公园等区域商业中心辐射带动作用日益显现，城市商业重心实现南进西移。商务楼宇面积新增120万平方米，楼宇总部经济实现税收4.6亿元。全区文化产业增加值达23.2亿元。

2015年，全区共完成新增总部企业4户，即：昆明诺仕达企业（集团）有限公司（2015年中国房企500强）、昆明仟真和餐饮有限公司（2014年云南餐饮500强）、云南强林石化集团有限公司（省属总部企业）、昆明大观酒店有限公司；新增税收千万元楼宇2幢，即：云南东骏药业物流配送中心、云南省设计院大厦；新增税收亿元楼宇2幢，即：南亚风情第壹城、云南省公路投资有限公司。楼宇经济税收实现3.51%的增速。

全年引进外商投资项目7个，实际利用外资2.17亿美元；引进市外内资项目45个，完成市外内资73.92亿元；引进省外内资项目15个，完成省外内资79.48亿元。在6月12日的第三届中国—南亚博览会暨第23届中国昆明进出口商品交易会上，西山区共签订招商引资项目7个，其中内资项目6个，投资总额72.5亿元；外资项目1个，投资总额1.4亿美元。投资项目涵盖工业、商贸物流、新能源开发、棚户区改造等行业和领域。积极与绿地集团（昆明）

置业有限公司开展合作，7月18日“绿地企业服务平台—昆明站招商招租中心”成立，该平台系绿地集团作为世界500强企业在云南设立的第一家服务企业平台。同时，云南首家全球进口商品直销中心与铂涛菲诺酒店成功签约入驻“绿地大城天地”。

年内，10家企业的13个产品被授予“2014年度‘昆明名牌产品’”称号；11个产品被授予“2014年度‘云南省名牌产品’”称号；1个商标获“中国驰名商标”认定，全区“中国驰名商标”总数达5件。3月7日，位于高峣片区的昆明市重点项目西山国家级风景名胜区“碧鸡山邑商业中心—茶马花街”项目正式开工建设。8月，西山区团结民族风情小镇项目完成商业街建设。12月23日，位于前兴路的昆明西山万达广场项目正式竣工交付，双塔为云南省第一高楼。

2015年，全区社会消费品零售总额完成479.6亿元，增速为4.8%；完成商贸投资38.2亿元；外贸进出口总额完成4.656亿美元。对外贸易经营者登记备案新增52户，全区共146户。民营经济增加值完成266.415亿元，同比增长11.59%；民营经济从业人员26.37万人，同比增长10.08%。

全区监测范围内的旅游企业共接待游客1104.12万人次，同比增长10.01%；实现旅游收入116.79亿元，同比增长15.84%。全区共有旅游景区点12个（其中市属2个），A级景区4个，旅行社12家（含服务网点备案），星级宾馆酒店11家，乡村旅游经营户及度假山庄172家，其中星级乡村旅游经营户80家。

【园区建设】 海口工业园区按照“一园两片”规划部署，不断加快园区建设，完成基础设施投资5亿元，7号路、9号路、中桃公路、海口闸环湖路4条道路建成通车；光学片区建设加速，云南光谷光机电科技孵化器新增孵化企业10家，注册完成10家。长坡国际物流园区完成土地征收2135.22亩；成功签约泛亚港鑫国际汽车城、云南家居家具文化商业中心等4个项目；“四退三环一护”及“迁村并点”A地块一期15栋安置房全部封顶断水。西山风景区抢抓昆明市建设世界知名旅游城市契机，争创国家“5A”级景区，软硬件环境和管理服务水平得到有效提升，茶马花街、云隐西山等项目推进顺利，智慧景区建设步伐加快，全年实现旅游收入4200万元。金融产业园区完成征地1991亩，成功吸引了西山万达广场、蓝光昆仑中心、兴港名城、水岸青城等10个项目落户园区。

【工业·乡镇企业】 大力实施“工业入园”战略，初步形成了以磷化工、机械装备制造、光学、生物制药等产业为主导的产业体系。2015年，西山区重点骨干企业生产基本稳定，工业经济呈现增长态势。全区完成规模以上工业总产值167.853亿元。规模以上工业增加值46.312亿元，同比增长15.2%。规模以上工业企业主营业务收入175.686亿元，同比增长13.09%。规模以上工业利税总额10.547亿元，同比增长–3.62%，其中利润4.88亿元，同比增长–9.86%。工业固定资产投资43.31亿元。新能源客车、中烟异地技改、玻璃深加工3个亿元以上重点项目落地建设，完成投资8亿元。全区规模以上工业企业户数新增6户，共64户。三环中化等4家企业主营业务收入达10亿元以上；亿元以上工业项目竣工3个。2015年，西山区规模以上工业万元增加值能耗下降12.9%。

2015年西山区共有乡镇企业2.63万个，同比增长0.36%；从业人员25.72万人，同比增长–2.5%；完成总产值590.574亿元，同比增长8.04%；实交税金26.853亿元，同比增长6.62%；完成营业收入726.003亿元，同比增长5.99%；完成农产品加工业总产值63.037亿元，同比增长12.11%。

【农业农村农民工作】 2015年西山区农林牧渔业增加值为3.7亿元，增长2.8%。其中农业增加值2.015亿元、林业增加值0.286亿元、牧业增加值1.074亿元、渔业增加值0.16亿元、农林牧渔服务业增加值0.165亿元。农林牧渔业总产值5.973亿元，增长2.6%。其中农业总产值3.078亿元、林业总产值0.392亿元、牧业总产值1.943亿元、渔业总产值0.262亿元、农林牧渔服务业总产值0.298亿元。

通过落实各项农业措施，2015年全区农作物播种面积5409.83公顷，实现粮食总产量1314.01万千克、蔬菜总产6707.9万千克。围绕打造高原特色农业目标，以万亩加工型花卉和万亩绿色蔬菜园区建设为重点，积极调整农业种植结构。万亩绿色蔬菜园区、四季特色瓜果园区和小村生态休闲观光农业园区3个园区的建设项目正常推进。

2015年，全区都市农庄建设项目累计到位资金4.376亿元，完成投资4.363亿元，其中2015年完成年度投资5043.1万元。

2015年出栏肉猪10.05万头、肉牛1470头、肉羊1.36万只、肉禽42万羽，肉类总产1160万千克、蛋类总产100万千克、奶类总产108万千克。

截至年底，西山区有农业龙头企业55户，其中省级龙头企业5户、市级龙头企业9户、区级龙头企业41户，全年农业龙头企业总产值73.64亿元，比上年66.16亿元增长11.3%；完成销售收入72.26亿元，比上年64.46亿元增长12.1%，带动农户29.56万户（含区内外）。全区发展农民专业合作社33个，带动农户增收1500万元。完成农村劳动力转移技能培训400人、农村实用技术培训7800人次、“绿色证书”培训600人、新型职业农民培育130人。在团结、碧鸡、海口3个街道办事处及西山风景区管委会推广安装太阳能热水器406套；完成节柴灶示范推广2170眼；完成养殖小区沼气工程建设2个。

投入资金6528万元，完成里母高、茨沟花山坡2座水库除险加固工程，建成“五小”水利工程500件，完成12个新农村、美丽乡村建设。

【生态保护治理】 2015年共创成市级“绿色学校”3所、“绿色社区”2家、“宁静小区”1家；创成省级“绿色学校”2所、“绿色社区”1个。建设项目“三同时”合格执行率、环境保护设施竣工验收执行率、工业固废处置利用率、污水集中处理率均为100%。

2015年环境保护监察企业共977家次。全区分片区、分重点开展环境专项执法系列行动10次。投入资金3.6亿元完成海口河水环境综合整治二期工程，老运粮河、西坝河等6条河道断面水质达标；加强滇池及河道水体保洁，打捞清运垃圾2200吨；投入资金5亿元完成王家堆生态湿地项目拆迁工作。完成金家河、采莲河等3条水系12条支流12.83千米河道整治。滇池湖滨生态建设“四退三还一护”工作，完成退房43.1万平方米，退1851户7404人，建成生态湿地2.18万亩。团结集镇污水收集处理工程启动建设。

新增城市绿地121.36公顷，建成区绿化覆盖率达38.2%。新增造林1万亩，森林覆盖率达58.6%。实施重点减排项目4个。完成2014年石漠化综合治理工程封山育林2145.53公顷、人工造林289.6公顷。

2015年投入滇池流域水环境整治、“四退三还”、西山区滇池草海保护治理和污水处理厂运行技改等项目资金和社会环保投资共14.595亿元。

【科技】 2015年培育推荐认定各级各类创新型企业共57家。其中国家高新技术企业11家，云南省科技孵化器1个，云南省重点新产品11个，云南省科技型中小企业3个，云南省重点实验室3个，云南省工程技术研究中心2个，昆明市企业技术中心认定5个，昆明市工程技术中心1个，昆明市科技创新型试点企业3个，区级创新型企业13个，西山区专家工作室4个。

2015年科技计划项目立项33个。科技计划项目投入区级科技研发经费322万元，带动企业投入科技研发经费4889.13万元。8月31日 云南光谷光机电科技孵化器被认定为2015年云南省生产力促进中心及全省唯一一家专业型科技企业孵化器。自2013年底成立以来，累计孵化企业41家，其中在孵企业31家、毕业企业10家，实现产值1.63亿元、税收661.59亿元，累计申请知识产权25项。

西山区参与研究和应用的26项成果获得云南省科学技术奖励，其中“心血管和肺癌生物材料抗细菌感染研究及其应用”和“脊柱转移瘤的微创新技术研究临床应用”2项成果获省科学进步一等奖；“云南极端天气气候演变规律及其在气候变化预测中的应用”等5项成果获省科技进步二等奖；“发动机胀断连杆总成产业化开发”等19项成果获省科技进步三等奖。

2015年新增昆明市中青年学术和技术带头人3人、后备人选4人，西山区科技人才参与研究和应用的26项成果获得云南省科学技术奖励，其中科学进步一等奖2项、科技进步二等奖5项、科技进步三等奖19项。

2015年末，全区共拥有高新技术企业57家、创新型（试点）企业67家、科技型中小企业21家。共有专业技术人员3.35万人，共培养市级中青年科学技术带头人及后备人才89人次、科技创新团队9个、科技特派员48人、院士（专家）工作站19个。西山区共拥有工程技术研究中心14个（国家级1个）、企业技术中心32个、重点实验室7个（国家级1个）、省级科技合作基地2个、省级产业技术创新战略联盟3个、省级科技孵化器1个、市级科技孵化器1个和市级青少年创新实验室 14 个。

（刀培凤）

东川区

【区划人口】 东川区国土面积 1858.79 平方千米，地处东经 102° 47 ′ ~ 103° 18 ′，北纬 25° 57 ′ ~ 26° 32 ′之间，东邻会泽县，南倚寻甸县，西与禄劝县毗邻，北连巧家县并和四川省会东县隔金沙江相望，是昆明市最北端，区政府所在地铜都街道办事处，海拔 1254 米，距昆明市区公路距离 150 千米。2015 年末，全区辖铜都办事处、汤丹镇、拖布卡镇、因民镇、阿旺镇、乌龙镇、红土地镇和舍块乡，下设 130 个村民委员会、35 个社区居民委员会。其中红土地镇和舍块乡于 2010 年成建制委托倘甸产业园区管理委员会和轿子山旅游开发区管理委员会管理。2015 年年平均气温 20.6℃，年平均地温 23.9℃，年平均相对湿度为 57%，年总日照数为 2127.1 小时，年总降水量为 806.0 毫米。

东川人口居住显现为坝区稠密，山区稀疏。2015 年末全区户籍总人口 31.87 万人，比上年增加 4379 人，增长 1.33%，其中少数民族 2.49 万人。

【经济综述】 2015 年是举步维艰、困难重重的一年。极应对有色金属价格下跌、安全环保压力、土地要素制约等不利因素，聚力“三重两保”不放松，深化改革开放，加快转型发展，各项事业取得了新的进步。全区地区生产总值完成 75.7 亿元，同比增长 7%；一般公共预算收入完成 5.5 亿元，同比下降 22%；固定资产投资完成 103 亿元，同比增长 22%；城镇常住居民人均可支配收入同比增长 9%，农村常住居民人均可支配收入增长 11%；社会消费品零售总额完成 19.9 亿元，同比增长 14.5%。

全年存款余额 111 亿元，同比增长 1.56%；贷款余额 65.26 亿元，同比增长 6.03%。

【农 业】 2015 年，东川农业以“农业发展、农村繁荣、农民增收”为核心，以科技人才为支撑，紧紧围绕东川干热河谷特色农业产业开发，加大农业生产投入，加强农业基础设施建设，加速推进农业产业化经营，加快转变农业发展方式。全年农作物种植面积 37.69 万亩，其中，完成粮食作物播种面积 25.08 万亩，完成全年目标任务的 100.3%；蔬菜及其他经济作物完成 12.61 万亩。全年粮食作物总产量 7.04 万吨，完成全年目标任务的 103.5%。2015 年，全区农林牧渔业总产值完成 12.83 亿元，完成全年目标任务的 103.5%。其中，农业总产值完成 4.51 亿元，渔业总产值 1111 万元（未完成目标任务）。农村经济总收入完成 16.10 亿元，同比增长 13%；农民人均纯收入 6730 元，同比增长 12%。

东川区一直把发展龙头企业作为提高农业产业化经营水平的关键环节来抓，通过培育扶持，省、市两级认定为农业产业化重点龙头企业共 20 家，分别从事种植、养殖、加工和生物制药等行业。2015 年，20 家龙头企业总产值 3.97 亿元，营业收入 3.42 亿元，利润总额 8198 万元，上缴税金 250 万元，带动农户 8.14 万户。

辣木种植基地

【工业园区建设】 2015 年，入驻园区企业 116 户，其中规模以上企业 25 户。完成工业总产值 118.54 亿元，同比增长 10.8%；规模以上工业增加值完成 28.03 亿元，同比增长 39.11%；主营业务收入完成 160.08 亿元，同比增长 24.33%；规模以上工业主营业务收入完成 96.62 亿元，同比下降 13.86%；规模以上工业利税总额完成 1.26 亿元，同比下降 64.8%。完成工业固定资产投资 17.33 亿元，同比增长 27.61%；基础设施投资完成 3.42 亿元，同比增长 60.56%。全年完成收储土地面积 632.77 亩，同比增长 52.65%；土地供应比率 92.4%，同比增长 0.43%。完成亿元竣工项目 1 个，完成亿元开工项目 2 个，新增规模以上企业 4 户，超额完成 1 户。

【扶贫工作】 2015 年，区扶贫办积极向上争取项目资金，投入各类扶贫资金 1.51亿元（其中：省市财政扶贫资金 1.07 亿元，到户贷款 2500

万元，社会扶贫资金 1809.4 万元），减少贫困人口 2.26 万人，超额完成指标任务 7 人。年内，完成了 4 个项目包装，即：2015 年度扶贫开发行政村整村推进项目，总投资 1820.03 万元，涉及全区 3 镇 6 个贫困行政村 2651 户 1.08 万人，项目主要以基础设施建设、增收产业培育、环境与生态建设、社会事业建设为重点；铜都街道扶贫开发整乡推进项目，总投资 1.48 亿元，项目主要以产业发展、基础设施、人居环境、能力提升、社会事业、生态环保为重点；2015 年度扶贫开发市级自村村整村推进项目，总投资 568 万元，涉及全区 5 镇 1 街道、20 个行政村 23 个自然村 1396 户 5583 人，项目主要以基础设施建设、增收产业培育、环境与生态建设为重点；2015 年度扶贫开发省级自然村整村推进项目，项目总投资 585.7 万元，涉及全区 3 镇 1 街道、8 个自然村 989 户 3851 人，项目主要以基础设施建设、增收产业培育、环境与生态建设为重点。

专项扶贫工作。整乡推进：阿旺镇整乡推进项目完成总任务数的 80%；铜都街道整乡推进扶贫开发项目下达资金文件 1000 万元，进入项目实施阶段；乌龙镇整乡推进扶贫开发项目实施方案通过市级审核，并作为全市范本推广，待省办评审后组织实施。宜居农房建设：2014 年度宜居农房建设 3484 户通过区级验收；2015 年度宜居农房建设项目因上级资金未到位，至年末完成 2863 户建设任务的 30%。整村推进：完成 2014 年自然村整村推进项目省级 6 个、市级 25 个，省级行政村整村推进项目 7 个，2015 年市级自然村整村推进项目 23 个、省级行政村整村推进项目 6 个；组织实施省级自然村整村推进项目 8 个。易地开发扶贫：2014 年度实施 75 户 242 人的易地扶贫搬迁项目，至年末完成总任务数的 50%；组织实施 2015 年易地搬迁项目 517 人。劳动力转移培训：年内完成劳动力转移培训 1508 人。产业扶贫：2014 年完成 3 个产业扶贫项目。2015 年实施 5 个产业扶贫项目。扶贫安居工程：2014 年任务完成，组织实施 2015 年 781 户。到户贷款：全年发放到户贷款 2500 万元。项目贴息贷款：实施项目贴息贷款 2000 万元。贫困村互助资金试点：2015 年实施贫困村互助资金试点项目资金 50 万元。雨露计划：东川作为新增的全省雨露计划实施方式改革试点县，是昆明唯一纳入雨露计划实施方式改革试点县。自 2014 年 9 月启动以来，共有 300 余名建档立卡贫困学生得到帮扶。革命老区项目：实施革命老区项目 2 个。

年内共投入社会扶贫资金 1809.4 万元。6 月东川扶贫教育基金正式上线，开始筹建乡贤数据库。

【城乡建设】 市政道路项目建设：实施东起路南延线道路项目、环城南路、尼拉姑防洪沟南规划路 3 条城市道路建设。

重点工程建设：2015 年区政府下达住建局 20 项重点工程建设任务，其中 3 项工程提前完成目标任务，分别是阳光丽景、铜都瑞源、建筑弃土场。新建项目 5 项：分别是阳光丽景、铜都游乐城、春晓路端头、城市排水管网建设、保障性住房（2015 年未下达任务）。续建项目 12 项：分别是瑞丰国际、玉泰尚城四期、东起路商业步行街、铜都瑞源、查子树片区城中村改造、凯通汇都中心、昆明市东川区 2014 年公共租赁住房建设项目、金江路北延线、东起路南延线、环城南路、昆明市东川区 2014 年金沙片区城市棚户区改造项目、昆明市东川区 2013 年城市棚户区改造项目。前期项目 3 项：分别是再生资源利用、建筑弃土场、南片区农贸市场。全区城镇化率达 49.6%，建成区面积扩大到 12.5 平方千米。

【生态建设】 2015 年，完成造林 4 万亩，实施退耕还林 4.5 万亩、林下经济开发 0.5 万亩，新增绿化面积 8.7 公顷，其中附属绿地面积 6.7 公顷，公园绿地 2 公顷，森林覆盖率达 33%。全面实施环境保护“攻坚战”。一是以实施“五个行动计划”为抓手，大力深化污染减排，全面推进水、大气、重金属、固体废物、农村环境等污染整治，《昆明市东川区重金属污染综合防治实施方案》通过国家有关部委的竞争性评审，获得 2.6 亿元资金支持。二是加快尾矿库建设步伐，扎实推进紫牛、乌龙河、干塘子尾矿库前期工作；投入使用红卫山尾矿库、龙头山干堆场。三是推动生态乡镇、市级生态村创建活动，超额完成全区 80% 生态村创建任务，启动乌龙镇申报国家级生态乡镇工作。四是加强企业排污监督管理，对辖区范围内 59 家矿山企业进行环保专项监察，依法查处各类环境违法行为 33 件，基本理清了数十年来东川区矿山企业遗留的环境问题。组织编制了《东川区 2015 年度地质灾害防治方案》《东川区 2015 年度突发性地质灾害应急预案》，排查确定了 2015 年东川区直接威胁群众生命财产安全的地质灾害隐患点 321 个，积极推进乌龙镇地质灾害治理工程建设，争取铜都街道、阿旺镇、因民老矿区地质灾害治理工程项目立项。

逐步恢复的生态

【招商引资】 2015 年，东川区完成省级下达招商引资任务 33.6 亿元，完成全年目标任务 32 亿元的 105%，市级考核认定内资 30.5 亿元，完成全年目标任务 30 亿元的 101.7%；市级考核认定外资 886 万美元，完成全年目标任务 800 万美元的 110.8%。区外新引进项目 49 个。全区共争取国家和省、市项目资金 17 亿元（其中国家 6 亿元、省级 8.5 亿元、市级 2.5 亿元）。

【文化旅游】 2015 年，切实推进乡村旅游建设项目。一是新申报两个村为国家级旅游扶贫试点村。二是选派了大寨村、李子沟村两个村的村干部代表参加了全国旅游扶贫示范村开发建设培训。三是加快李子沟省级民族特色旅游示范村建设项目，特色旅游接待设施，文化广场建成并投入使用。四是区级重点建设项目玉龙潭温泉山庄一期工程顺利完成投入运营；东吉温泉度假山庄项目进展顺利，露天泡池开始试营业；三江口特色旅游度假山庄初具雏形。

牯牛山景区旅游开发项目和索道建设项目进展顺利。其中，与索道建设相配套的 2.9 千米游客步道建设项目接近尾声，使牯牛山旅游开发建设迈出了实质性步伐。

全年，东川区旅游业发展稳定，共接待游客 45.31 万人次，同比 39.88 万人次增长 13.6%；旅游收入 1.44 亿元，同比 1.22 亿元增长 18.34 %，突破历史新高。

【社会事业】 2015 年，全区小学入学率 99.4%，初中入学率 99.1%，高中阶段毛入学率 69%，区教育局获 2015 年昆明市高中教育质量考核一等奖。不断扩大社会保险覆盖面，城镇基本医疗保险参保总人数达 26.29 万人；保障城乡低保居民 5.63 万人，发放最低生活保障金 1.42 亿元；实施医疗救助 2.50 万人 / 次，发放救助 1502.85 万元。就业工作稳步推进。完成农村劳动力转移培训 1.81 万人，完成农村劳动力转移就业 1.31 万人；提供有效就业岗位 3409 个，完成城镇新增就业 3209 人，城镇登记失业率下降至 9% 以内。保障性住房建设进展顺利。保障性住房续建项目完成投资 8270 万元，基本建成 210 套保障性住房。

【社会治安综合治理】 围绕“平安东川”建设，完善社会安全基础设施建设，推进社会治安综合治理、“质量强区”战略、安全生产监管、食品药品监管、防灾减灾救灾等工作，进一步提升公共安全保障能力。通过连续 4 年长效运行“严打整治”，东川刑事案件进入“低发期”，视频监控建设做到主城区“全覆盖”，社会身份实名制建设初具规模，“东川 110”微信号成功吸引了 6 万余人关注，重点人员管控等基础工作更加夯实，打击违法犯罪核心战斗力进一步提升。全年共立刑事案件 677 起破 484 起，破案率 71.5%，同比立案数下降 8.9%、破案率上升 8.2%，特别是在交通执法上有重大突破：查获酒后驾驶 1272 起，是前三年平均数的 27 倍，交通事故受伤人数减少 439 人，极大保障了“降事故，保安全，保畅通”工作目标的完成。

【精神文明建设】 广泛开展社会主义核心价值观主题实践活动。策划 制作刊播公益广告，提升市民文明素质；开设道德讲堂，传承传统美德；举办主题演讲，传扬东川精神；开展“我们的节日”主 题活动，弘扬中国传统文化；举办“童心向党”歌咏比赛活动，扎实推进青少年思想道德教育。

深入挖掘选树推广先进典型。深入开展“昆明好人评选”活动，向市文明办推荐昆明好人候选人 10 人，共有 5 人进入投票阶段。开展评选表彰“东川区道德模范”暨推荐第四届“昆明市道德模范”工作，评选出“东川区道德模范”10 人，推荐了 5 人参加第四届“昆明市道德模范”评选。开展评选“最美家庭”活动，评选出 10 户最美家庭。通过挖掘树立推广先进典型，在全区营造崇德向善良好的氛围。

大力开展文明创建活动。印发《东川区群众性精神文明创建活动奖励办法（试行）》，深入推进文明村镇、文明单位、文明社区创建工作。

成功申报创建省级文明单位8个、文明小城镇1个、文明村4个，省级文明交通示范社区、村、企业各1个。

广泛开展志愿服务活动。开展“红十字应急救护”志愿服务进社区活动、“学习雷锋 奉献社会 东川区城乡清洁工程志愿者在行动”“创三优·迎南博”“国际志愿者日”等主题志愿服务活动，志愿服务精神得到有效传承和弘扬。

唱响铜都文艺演出

（聂东丽）

安宁市

【综 述】 安宁市位于昆明市西南32公里处，是通往滇西8个地州，并经畹町直接与缅甸相连的交通重镇。东北与西山区相连，东南接晋宁县，西邻易门、禄丰县，总面积1301.81平方公里，平均海拔1800米。2015年年平均气温16.4℃；年降雨量998.3毫米；日照时间2239小时。

2015年末，安宁市辖9个街道办事处，有64个村民委员会，347个村民小组，33个社区居民委员会，152个居民小组。全市常住人口36.7万人，比上年末增长1.38%。全市户籍人口27.17万人，比上年末增加了0.6%，其中：农业人口9.53万人，非农业人口17.64万人。全市人口出生率为12.04‰；死亡率为5.50‰，自然增长率为6.54‰。

2015年，安宁实现经济社会平稳发展。全年实现地区生产总值(GDP) 260.15亿元，比上年增长3.6%。人均生产总值(按常住人口计算)71.37万元，增长2.2%。在地区生产总值中，第一产业实现增加值12.56亿元，增长5.9%，拉动经济增长0.3个百分点；第二产业实现增加值119.60亿元，增长0.03%，拉动经济增长0.02个百分点，其中工业实现增加值102.89亿元，下降1.4%，拉动经济下降0.6个百分点，第三产业实现增加值127.99亿元，增长7.5%，拉动经济增长3.3个百分点；一、二、三产业增加值比重分别为4.8%、46.0%和49.2%。非公经济实现增加值103.25亿元，占全部生产总值的39.7%，增长3.5%。全市工农业总产值458.1亿元，下降15.0%。

【农 业】 2015年，全市实现农林牧渔业总产值22.56亿元，比上年增长6.4%；实现农林牧渔业增加值12.83亿元，比上年增长6.0%；粮食产量达4.45万吨，增长0.9%；平均亩产量达447千克，增长4.6%。烤烟产量达1705吨，下降11.7%。蔬菜总产量29.21万吨，增长4.0%，水果总产量为3.12万吨，增长4.0%；油料总产量1856吨，增长16.7%。

畜牧业生产稳步发展。全市畜牧业产值达11.96亿元，占农林牧渔业总产值的53%，比重比上年上升了1.6个百分点;主要畜产品产量:肉类总产量达6.64万吨，增长11.0%，其中猪肉产量4.21万吨，增长16.8%；全年出栏生猪48.70万头，增长16.7%；家禽出栏1110.42万只，减少5.6%；禽蛋产量1.97万吨，增长44.7%；牛奶产量334吨，减少19.7%。年末大牲畜存栏1.19万头，增长0.1%；生猪存栏27.85万头，增长18.8%；羊存栏4.61万只，增长20.5%。

植树造林和护林防火成效显著，全年完成造林面积6704亩，比上年下降64.8%；护林防火工作不断加强和完善。全市森林覆盖率达51.21%。

【工 业】 2015年，全市完成工业总产值435.56亿元，比上年下降15.9%，实现工业增加值为102.89亿元，下降1.4%，其中：规模以上工业企业实现增加值为82.72亿元，下降1.4%。全市主要工业产品产量：钢462.42万吨，下降13.4%；钢材448.45万吨，下降21.0%；生铁453.17万吨，下降14.7%；化肥(折纯量)73.66万吨，下降16.1%；精制盐89.19万吨，下降17.1%；煤气89.04亿立方米．下降7.5%；磷矿石679万吨，增长13.4%：水泥260万吨，增长11.1%；自来水供应1851万吨，增长9.5%，销售电量 9.21 亿千瓦时，下降 3.9%。

【交通·邮电】 2015 年，龙山立交、县八一级公路（少沙段）等重点交通建设项目竣工投入使用。全市公路通车里程 1351 公里，交通运输邮政业增加值达 16.17 亿元，比上年增长 4.0%，全市货货运周转量 8.86 亿吨公里，增长 9.2%；客运量周转量为 3513 万人公里，增长 12.6%。

全市实现邮电业务总量 2.82 亿元，比上年增长 9.1%。2015 年末，全市拥有固定电话 6.89 万部，增长 0.4%；在网移动电话用户 36.97 万户；增长 0.1%，宽带互联网在网用户 7.14 万户，增长 1.6%。

【财政·金融】 2015 年，全市地方财政总收入达 37.91 亿元．比上年增长 7.9%。其中公共财政预算收入 26.45 亿元，增长 8.1%；上划中央“四税”收入 11.46 亿元，增长 7.5%；全年地方财政支出 45.58 亿元，下降 4.5%，其中：公共财政预算支出 29.06 亿元，增长 8.1%。

年末，全市金融机构年末存款余额为 315.15 亿元，比年初增长 18.9%；其中单位存款余额 152.08 亿元，比年初增 28.1%，储蓄存款余额为 163.02 亿元，比年初增长 11.84%。金融机构年末各项贷款余额为 258.50 亿元，比年初增长 4.3%，其中：短期贷款余额 170.50 亿元，比年初增长 0.8%，中长期贷款余额 79.17 亿元，比年初增长 11.6%。

【消费品市场】 2015 年，全市批发零售贸易业商品销售总额达 726.38 亿元，比上年增长 12.6%；其中：批发业实现销售额 616.97 亿元，增长 12.1%；零售业实现销售额 93.44 亿元，增长 15.1%；住宿业实现营业额 2.61 亿元，增长 16.2%；餐饮业实现营业额 13.36 亿元，增长 19.6%。社会消费品零售总额达 83.55 亿元，增长 9.5%。商品零售价格指数为 100.8%，下降 0.8 个百分点；居民消费价格指数为 101.9%，下降 0.5 个百分点。

【招商引资·固定资产投资·旅游】 2015 年，安宁市全年共引进内资项目 112 个，协议引进内资 529.04 亿元，实际到位内资 196.71 亿元，全年争取中央、省项资金 3.97 亿元。全市完成规模以上固定资产投资 273.89 亿元，增长 10.2%，其中：工业性固定资产投资 112.76 亿元，增长 18.0%，房地产投资 60.41 亿元，下降 7.9%。全市工商企业完成出口总额 87089 万美元，比上年增长 44.4%。全年共接待游客 410.49 万人次，增长 11.5%，旅游综合收入达 20.64 亿元，增长 19.6%。

【科技·教育·卫生】 2015 年，全市用于科学技术支出的财政资金达 3746 万元，全社会研究与发展经费投入达 2.96 亿元，完成专利申请和授权 392 项，认定高新技术企业 3 户。继续推进教育优先发展，新增公办幼儿园 2 所、民办幼儿园 6 所，引进山东师范大学合办安宁华清中学；彻底消除公办学校 D 级危房，成为全国首个中小学生安全保障工程试验区。学前教育、民办教育、职业教育、成人教育蓬勃发展，教育教学质量稳步提高。全市学龄前儿童毛入学率 106.91%，初中毛入学率 115.50%，普通高中录取率 51.06%，高考综合上线率 96.2%，高考录取率 95.4%。2015 年末，全市幼儿在园人数 9937 人，小学在校学生 2.39 万人，初中在校学生 1.23 万人，高中在校学生 4728 人，职教基地入驻职业教育院校 8 所，专任教师 4041 人，在校学生 7.32 万人。坚持把完善城乡医疗卫生服务体系作为社会建设的重点，县级公立医院改革深入推进，一批民营医院蓬勃兴起，基层医疗卫生服务体系不断健全。2015 年，常驻儿童疫苗接种覆盖率达 100%，食品卫生监督覆盖率 100%。全市共有卫生机构 169 个，卫生机构床位达 3465 张，专业卫生技术人员 3860 人，5 岁以下儿童死亡率 5.51‰，新生儿死亡率 3.51‰，农村卫生厕所普及率 97.4%。全市共创建国家级卫生镇 4 个，省级卫生镇 1 个，卫生村 30 个。

【文化·广播·电视】 2015 年，全市，报纸出版 68.56 万份、公共图书馆藏书 19.1 万册，文物保护 46 处。有线电视入户 6.6 万余户，入户率达 82%。全市广播人口覆盖率达 100%，电视人口覆盖率 100%。

【人民生活】 2015 年，全市在岗职工年末人数为 6.50 万人，比上年下降 9.8%；工资总额为 33.91 亿元，下降 5.5%；在岗职工年平均工资为 5.25 万元，增长 5.5%；城镇居民人均可支配收入 3.41 万元，增长 8.0%。农民人均纯收入达 1.38 万元，增长 10.5%。

社会保障和福利事业进一步发展，社会保

障覆盖面不断扩大，城乡低保标准不断提高。2015年，社会保障和就业财政资金支出2.59亿元，全市享受城镇居民最低生活保障的人数达4.25万人次，全年共发放保障金1702.71万元；享受农村居民最低生活保障的人数达4.12万人次，全年共发放保障金905.65万元；全市办社会福利院4个，床位460张。

【环境保护】 2015年，安宁市扎实推进重点环保设施建设，以生态建设促和谐，圆满完成25个国家和省级重点减排项目，温泉空气监测站、职教空气监测站、第二污水处理厂等一批环保设施顺利投入运行。完成林业生态建设69870亩，治理水土流失面积30平方公里，环境质量不断改善，城市生活污水处理率达94.5%。城镇生活垃圾无害化处理率达100%，城市绿化覆盖率达41.68%，人均绿地面积达15.95平方米。

（俞学云）

呈贡区

【概 况】 呈贡区位于滇东高原滇池盆地东部，昆明市主城区东南面的滇池东岸，东西最宽25千米，南北最长32. 5千米，辖区面积为510.2平方千米。2015年，全区辖龙城、斗南、吴家营、洛龙、乌龙、雨花、洛羊、大渔、马金铺、七甸10个街道65个社区。其中，呈贡区委、区政府实际管理龙城、斗南、吴家营、洛龙、乌龙、雨花6个街道29个社区，实管面积200.89平方千米；洛羊、大渔、马金铺、七甸4个街道36个社区分别委托昆明经济技术开发区管委会、昆明滇池旅游度假区管委会、昆明高新技术开发区管委会和阳宗海管委会管理，托管面积309. 31平方千米。全区土地总面积（不含4个托管街道，下同）153.71平方千米，林业用地面积为24628.7公顷，其中林地面积15 316公顷、有林地面积10 778公顷，森林覆盖率48.5%，林木绿化率达89.2%。户籍人口66 513户19.26万人（含托管3.09万户8.63万人），其中男9.49万人，女9.76万人，分别占户籍总人口的49.32%、50.68%；乡村人口5.67万人，占户籍总人口的29.45%；城镇人口13.58万人，占户籍总人口的70.55%；少数民族人口1.25万人，占户籍总人口的6.54%；全年出生人口2 207人，死亡人口872人，人口自然增长率为5.85‰。全区常住人口约33.2万人，常住人口密度为每平方千米651人，其中户籍人口密度为每平方千米378人。

2015年昆明“斗南”

【经济综述】 2015年，是全面推进依法治国的开局之年，也是全面完成“十二五”规划和实施“昆明呈贡新区突破崛起三年行动计划”的收官之年。面对经济下行压力持续加大的巨大挑战和艰巨繁重的改革发展稳定任务，在市委、市政府的坚强领导下，区委、区政府认真贯彻落实中央、省、市关于保持经济平稳较快发展的一系列政策措施，团结带领全区广大干部群众，抢抓机遇、改革创新，砥砺奋进、攻坚克难，全力以赴稳增长、促改革、调结构、惠民生、保稳定，圆满完成了“十二五”规划和“昆明呈贡新区突破崛起三年行动计划”各项目标任务。年内，全区地区生产总值完成180.42亿元，比上一年增长10%，与2010年相比增长2.5倍；地方一般公共预算收入完成17.49亿元，比上一年增长22.38%，与2010年相比增长2.54倍；规模以上固定资产投资完成210.94亿元，比上一年增长31.1%；实现社会消费品零售总额38.3亿元，比上一年增长12.6%；引进市外内资49.91亿元、省外内资42.27亿元、外资2.34亿美元；三次产业结构由上一年的3.67 ： 49.49 ： 46.84调整为2.7 ： 54.82 ： 42.48；城镇居民人均可支配收入为3.43万元，比上一年增长8.3%；农村常住居民人均可支配收入1.51万元，比上一年增长10.2%。年末，全区金融机构各项存款余额351.33亿元，比上一年末增加41.99亿元，增长13.57%，其中个人储蓄存款余额170.19亿元，比上一年末增加14.38亿元，增长9.23%；各项贷款余额202.45亿元，比上一年末减少3.1亿元，增长-1.51%。

【城市建设】 园区建设取得新突破。昆明呈贡信息产业园区获批为省级工业园区，园区各项规划已编制完成，一期规划建设方案获省政府批准，并争取到国家、省、市资金8亿元；成功引进浪潮昆明云计算产业园、云南移动信息技术中心、云上云·云南省信息化中心（首期）、呈贡科技信息产业创新孵化中心4个产业项目落户园区并已启动建设；一批道路、电力专线等基础设施项目开工建设。斗南国际花卉产业园区一期建成投入运营，并成功举办了第十一届中国昆明泛亚国际农业博览会斗南花卉分会场展会，二期建设按期推进，实现产值42.92亿元。三台山文化旅游产业园区建设有序推进，兴冶国际及周边配套道路、西口景观视廊一期加快建设，完成投资6.93亿元。金融产业园区建设积极推进，年内完成投资19.24亿元；云投基金公司、中信银行呈贡支行等40余户企业入驻园区。昆明医疗医药康体产业园区基础设施建设积极推进，与启迪控股有限公司签订了《全面战略合作框架协议》，实现产值55亿元。

重点项目稳步推进。火车昆明南站站房主体封顶，东西广场及周边6条市政道路等配套设施建设快速推进；七彩云南·第壹城、实力心城、惠景园、蓝光天骄城等项目建成交付使用；滇池明珠广场一期、昆明置信银河广场、新都昌广场、中国移动呈贡通信楼、花香满径、雨花国际商务中心等项目正加紧建设；全年完成征地1 005.92亩，拆除建（构）筑物6.56万平方米，搬迁苗木521.6亩，迁改管线37条，圆满完成白龙潭社区755户1 568人整村搬迁工作，有力地保障了火车昆明南站等国家、省、市重大项目建设用地需求。

市政配套更加完善。地铁1号线呈贡支线盾构全线贯通，其他工作正常推进；完成43号道路6.88千米建设工作；联大立交、花都路、龙兴路及国道213线改扩建等基础设施建设加紧实施；王家营收费站、呈贡立交改造、石竹路等一批建设和改造项目已启动前期工作；10千伏斗南变电站电力通道和米兰园片区自来水供水管网建设完成；百大新都会、七彩云南·第壹城、实力心城等一批商业配套项目招商进展顺利；昆医附一院呈贡医院、市中医院呈贡医院正式营业；惠兰园标准化生鲜市场建成投入使用。

成投入使用的昆医附一院呈贡医院

建成投入使用地铁一号线驼峰街站A出口

建设中的火车昆明南站

【生态建设】 坚持生态立区，紧紧围绕“绿色新区”“生态呈贡”的建设目标，加快宜居宜业宜商的高原湖滨生态城市建设力度。园林绿化成效明显。进一步巩固和提升园林绿化品质，大力开展增绿补绿工作，生态园林城市创建成果显著。继续开展“十万人种百万棵树”活动，在梁王路、致远路、博大路的人行道外围种植杨树6 500株，在雨花社区种植杨树1 200多株，在大方居种植杨树1万株，在雨季种植香樟、栾树、枫香、云南樱花、杨树等乔木1.21万株。完成了环湖路（呈贡段）绿化景观提升改造，种植各类乔木2 423株、地被2.8万平方米。完成了彩云路、春融街、呈黄路、兴呈路、环湖路、雨花路、驼峰街进行景观提升改造。深入开展“十万人种百万棵树”活动，强势推进“省市联动·绿化昆明·共建春城”义务植树活动，扎实开展“五采区”、石漠化、荒山荒坡生态修复治理。年内，全区新增绿地面积128.27公顷，其中公园绿地37.24公顷、附属绿地37.73公顷、防护绿地20.83公顷，生产绿地32.47公顷，新增植树198.6万株，其中直径8厘米以上乔木3.56万株，全区绿化覆盖率为48%，城市绿地率为42.99%，人均绿地面积为22.51平方米。

持续开展滇池流域水环境综合治理工作，4条入滇河道水质全部达到考核目标，顺利通过滇池治理国家考核；斗南生态湿地公园建成并向市民开放，共种植乔木5 000余株，灌木、地被536.75万株，投资760万元，完成了9个美丽乡村项目建设。严格环境管理，环境质量持续改善。水环境质量稳中向好，饮用水水质达标率为100%，大气环境质量达标率为98%，声环境质量优于上年，生活垃圾、工业固体废弃物无害化处理率达100%，城镇生活污水收集处理率达85%，4项主要污染物排放量均控制在总量指标以内。倡导绿色发展理念，巩固低碳城市建设成果，节能减排成效明显，万元GDP能耗下降4.2%，首批600辆新能源“微公交”汽车落户上牌，完成10.05万户天然气置换工作。加强市政设施维护管养，大力实施园林绿化景观整治工作，完成主要道路沿线和重点区域绿化景观改造，市容市貌和城市品质显著提升。

【社会事业】 加强社会救助体系建设，民生保障水平进一步提升。加快社区居家养老服务中心建设，对运营的乌龙、上可乐、小古城、七步场等8个社区居家养老服务中心给予政府购买服务补助41.49万元及运营补助42.52万元。严格落实《农村五保供养条例》，切实做到“按标施保”，从4月1日起，将全区13名农村五保供养对象标准由每人每月530元提高到610元；分散供养标准由每人每月430元提高到495元。积极开展冬春灾民救助工作，先后购置救灾粮80吨、衣被600套（件）分发到灾民手中，解决了3 539户6 460人的缺粮困难和1 527户2 676人的缺衣少被问题。城市居民最低生活保障实现了全覆盖。年内，从4月1日起，城市低保标准由每人每月475元提高到530元，全年向1 824户2 363人发放城市低保金共94.42万元。严格落实优抚政策，切实为优抚对象排忧解难。年内，按照每户7 068元/年的标准，向全区127户（外籍大学生11名）现役义务兵家庭发放优待金89.76万元；向全区1 184名各类优抚对象发放抚恤和生活补助金共计716.59万元、自然增长补助金40.07万元。积极做好退役士兵接收安置工作。年内，接收退役士兵53名，根据国家有关安置政策，向其中50名自主就业的退役士兵发放一次性经济补助金共计56.47万元，对符合城镇安置条件的3名退役士兵根据“双考”成绩择优选岗进行了安置。积极为重点优抚对象解决“三难”（看病难、生活难、住房难）问题，向20人发放临时救助经费共8.08万元，向522名重点优抚对象发放生活困难补助金额共250.56万元，向14名企业下岗参战人员发放生活困难补助金共14.04万元。切实解决优抚对象医疗待遇问题。年内，向196人次优抚对象发放住院医疗补助金共27.59万元，投入资金38.57万元组织1 102名优抚对象进行了体检。

大力开展“大众创业，万众创新”工作，新增企业1157户、个体工商户1499户，分别比上一年增长228%、53.9%。大力实施“两个10万元”工程，扶持小微企业260户。积极开展就业帮扶工作。年内，全区提供有效就业岗位2213个，新增城镇就业1565人，城镇登记失业率为3.6%；实现农村劳动力转移就业3 812人。在全省成立首个“昆明妇女创业创新示范中心”，鼓励支持妇女就业创业。大力支持失地农民外出租地创业就业，兑付失地农民外出租地扶持资金1157万元、村庄搬迁过渡期租房补助资金1.03亿元，购置20套商品房充实保障性住房房源。年内，全区用于各类民生类支出共计12.08亿元，占区级一般公共预算支出的66.68%。

（唐荣华）

曲靖市县区经济选介

麒麟区

【概 述】 麒麟区位于云南省东部，滇东高原中部，南盘江上游，地处东经103° 10′ ~ 104° 13′ 、北纬25° 08′ ~ 25° 36′ 之间，东邻富源、罗平县，南接陆良县，西与马龙县相连，北与沾益县接壤，总面积1552.83平方千米，距省会昆明135千米，320、326国道和昆曲、曲陆、曲胜3条高速公路、贵昆铁路交织于此，是曲靖市政治、经济、文化中心。曲靖市委、市政府驻城区寥廓街道办事处，麒麟区委、区政府驻城区南宁街道办事处。城区海拔1820米，森林面积91.6万亩，森林覆盖率42.6%。2015年，全区共辖东山、越州、茨营3个镇，三宝、沿江、珠街、南宁、益宁、寥廓、潇湘、白石江、文华、建宁、太和11个街道办事处，共有56个村民委员会，78个社区。

2015年平均气温16.2℃，年降雨量1231毫米。年末户籍人口73.2万人，比上年末增加0.5万人，同比增长0.7%。其中男性37.2万人，女性36万人，男女人口比为103 ∶ 100。少数民族人口3.6万人，同比增长4.7%。常住人口76.73万人，人口自然增长率6.04‰。城镇人口52.14万人，乡村人口24.59万人。年平均常住人口76.49万人，同比增长0.31%。按常住人口计算，人口出生率11.29 ‰，死亡率5.25 ‰。

2015年，辖区内实现地区生产总值（GDP）531.5亿元，同比增长6.1%。其中第一产业完成增加值22.7亿元，同比增长6%；第二产业完成增加值267.7亿元，同比增长3%；第三产业完成增加值241.1亿元，同比增长10.2%。三次产业结构比为4.3 ∶ 50.3 ∶ 45.4。按常住人口计算，人均地区生产总值6.95万元，同比增长1.3%。

区域内生产总值完成“十二五”规划的84.4%，年均增11%，与“十一五”末相比，翻0.8番。三次产业结构比由4.4 ∶ 60.8 ∶ 34.8调整到4.3 ∶ 50.3 ∶ 45.4。

【第一产业】 2015年，全区农林牧渔业总产值40.5亿元，同比增长3.7%。其中农业产值15.7亿元，同比增长3.4%；林业产值0.2亿元，同比增长0.7%；畜牧业产值23亿元，同比增长3.9%；渔业产值1.6亿元，同比增长4%；农林牧渔服务业产值325万元，同比增长2.9%。

2015年全区农村经济总收入106.7亿元，比上年增11.42亿元，增长11.98%，比“十一五”末增长76.51%；粮食播种完成55.03万亩，比上年增2.5万亩，增4.76%；实现粮食产量2.29亿千克，比上年增0.085亿千克，增长3.9%，比“十一五”末增长13.93%。完成经济作物种植34.75万亩（含复套种面积），比“十一五”末增8.28万亩；完成产量4.44亿千克，比“十一五”末增1.43亿千克；实现产值11.8亿元，比“十一五”末增6.58亿元。烤烟移栽13.6万亩，收购烟叶33.93万担，实现产值4.77亿元，同比增0.4%。主要农产品产量：粮食2.24亿千克，同比增1.6%，其中水稻6006万千克，同比减1.9%；玉米7908万千克，同比减1.7%；其他8486万千克，同比增7.6%。烤烟1667万千克，同比减1.8%；蚕茧88万千克，同比增15.7%；水果4577万千克，同比增5.2%；蔬菜1.91亿千克，同比增8.5%；油菜籽102万千克，同比增6.5%。新建合作社14个，申报家庭农场207个，认定区级示范性家庭农场6个。认定省级现代农业庄园1个，市级现代农业庄园5个，区级现代农业庄园5个。

打响“蓝莓名片”，投资1.3亿元，在越州、东山建成1500亩蓝莓标准示范园，计划在今后5年内，带动全区发展3万亩，启动实施原乡10万亩稻荷项目，完成1000亩荷花移植，初步形成以太空荷花为主题的湿地景观带。

2015年新增转移农村劳动力5426人，有序转移输出4569人。全区累计输出农村劳动力18.16万人，劳务产业经济总收入50亿元。完成人工造林1.73万亩，义务植树203.5万株，低效林改造1万亩。农村太阳能安装1134套，投资226.8万元。发放节柴节煤炉灶600台，投资10.8万元；发放电磁炉和电饭煲486套，投资30万元。完成陡坡地治理3500亩，森林管护83.13万亩。建立区级核桃样板3块，市级核桃提质增效样板5块，共1500亩。主要林产品产量：棕片0.4万千克，同比减11%；核桃86.9万千克，同比增8.3%；板栗19.1万千克，同比增5.1%；花椒413.9万千克，同比增204%。肉类总产14.95万吨，同比减3.1%，其中猪肉12.83万吨，同比减3.1%；牛羊肉0.79万吨，同比减3%。禽类1.33万吨，同比减3.3%。牛奶0.39万吨，同比减4.9%。蛋类2.69万吨，同比增13.6%。年末生猪存栏76.5万头，同比增13.3%；羊存栏12.1万只，同比增8.2%。水产养殖3.01万亩，商品鱼产量1.68万吨。农田水利基本建设完成投资1.09亿元，建成水利工程384件，新增蓄水能力0.98万立方米，新增灌溉面积0.3万亩，改善除涝面积0.4万亩，新增节水灌溉面积2.44万亩，新增年节水能力7.33万立方米，治理水土流失面积30平方千米，新增供水受益人口0.8万人。投资5458.06万元，改造中低产田4.23万亩。

现代农业体系加快构建。“十二五”时期，农业总产值从2010年的25亿元，增加到2015年的40.5亿元，年均增10.1%。粮经结构比从37 ∶ 63调整到32 ∶ 68。累计流转土地3.89万亩，建成优质农产品生产基地14.6万亩、畜禽专业养殖小区261个、现代精品农业庄园7个，培育农业龙头企业76户、农民专业合作组织163个，认定“三品”农产品79个，名牌农产品13个。建成各类水利工程2711件、水厂5个，完成43件小（1）型和小（2）型水库除险加固，改造中低产田地19.37万亩，农田有效灌溉率达61%、自来水普及率达92%、水资源开发利用率达39.6%。被授予“全国农村饮水安全示范县”“全国小型水利管理体制改革示范县”“全国综合水价改革示范县”。

【第二产业】 2015年，全区工业企业完成工业总产值576.4亿元，同比下降11.8%。规模以上工业企业完成工业总产值545亿元、增加值218.6亿元，同比分别下降12.8%、0.2%。其中麒麟区完成规模以上工业总产值303.2亿元、增加值156.6亿元，同比分别下降18%、1.8%；经开区规模以上工业完成工业总产值241.8亿元，同比下降5.2%；完成工业增加值62亿元，同比增长4.5%。规模以下工业企业完成工业总产值31.4亿元，同比增长10%。在规模以上工业企业中，轻工业总产值172.5亿元，同比增长7.1%；重工业总产值372.5亿元，同比下降19.7%。按经济类型分：国有工业企业总产值314.5亿元，同比增长1%；集体工业企业总产值1.8亿元，同比下降13.2%；股份制工业企业总产值213.5亿元，同比下降28.2%；外商及港澳台商投资工业企业总产值13.7亿元，同比增长15.7%；其他工业企业总产值1.5亿元，同比下降38%。

全区规模以上工业企业94个，实现主营业务收入522.4亿元，同比下降13.3%；实现利税124.1亿元，同比下降1.4%。利润总额16.5亿元，同比下降8.9%。亏损企业37户，亏损面39.3%，亏损金额13.5亿元，同比增长31.9%。在利润总额中，麒麟区规模以上工业企业实现利润16.3亿元，同比下降9.8%，亏损企业29户，亏损面41.4%，亏损金额8.7亿元，同比增长1.5倍。经开区规模以上工业企业实现利润0.2亿元，同比增长92.9%，亏损企业8户，亏损面33.3%，亏损金额4.8亿元，同比增长10%。

全区规模以上工业企业能源消费188.07万吨标准煤，同比减少141.89万吨标准煤，同比下降43%；万元产值能耗0.34吨标准煤，同比下降34.62%。单位万元GDP能耗同比下降7.29%。

规模以上工业企业中，八大支柱行业总产值、增加值完成情况：烟草制品行业累计完成工业总产值150.8亿元、增加值124.2亿元，同比分别增长4.1%、3.5%；电力生产和供应业累计完成工业总产值163.6亿元，同比下降0.8%，完成工业增加值43.3亿元，同比增长2.6%；煤炭开采及洗选业累计完成工业总产值50.1亿元、增加值14亿元，同比分别下降16.4%、4.6%；有色金属冶炼及压延加工业累计完成工业总产值22.7亿元、增加值4.1亿元，同比分别增长11.3%、14.7%；黑色金属冶炼及压延加工业累计完成工业总产值0.3亿元、增加值0.03亿元，同比均下降99.3%；炼焦业累计完成工业总产值39.3亿元、增加值5.6亿元，同比分别下降43.9%、33.7%；汽车制造业累计完成工业总产值13亿元、增加值2.4亿元，同比分别下降27.4%、27%；化学原料和化学制品制造业累计完成工业总产值24.9亿元、增加值3.7亿元，同比分别增长18.8%、29.7%。

主要工业产品产量：原煤187.7万吨，同比下降25.7%；焦炭319万吨，同比下降31.8%；水泥266.6万吨，同比下降8%；发电2.13亿千瓦小时，同比下降58%；化肥3742吨，同比下降31.1%；汽车1.68万辆，同比下降43.3%；铅1.9万吨，同比下降64.1%；锌11.4万吨，同比增长14.2%；生铁1.4万吨，同比下降 99.3%。

全区资质内建筑企业 92 家，有工作量的企业 87 家，占全区建筑企业个数的 94.6%，实现建筑业总产值 107.4 亿元，同比下降 7.2%。其中麒麟区完成建筑业总产值 86.6 亿元，同比下降 6.4%；经开区完成建筑业总产值 20.8 亿元，同比下降 10.2%。全区实现建筑业增加值 62.2 亿元，占全区地区生产总值比重达 11.7%，成为全区国民经济社会发展的支柱产业。按构成分：建筑工程产值完成 93.7 亿元，同比下降 5.3%；安装工程产值完成 3.4 亿元，同比下降 39.7%；其他产值完成 10.3 亿元，同比下降 7.5%。房屋建筑施工面积 314.6 万平方米，同比下降 46.2%；房屋竣工面积 319.3 万平方米，同比下降 16.5%。

工业总产值从 2010 年的 450.2 亿元，增加到 2015 年的 576.4 亿元，年均增 7.6%；规模以上工业增加值从 134.9 亿元增加到 218.6 亿元，年均增 10%。2015 年 10 月 21 日，省政府办公厅下发《关于认定越州工业园区等 5 个园区为云南省高新技术产业开发区的通知》，认定越州工业园区等 5 个园区为云南省高新技术产业开发区。

【第三产业】 2015 年，第三产业完成增加值 241.1 亿元，同比增长 10.2%。沃尔玛、家乐福、万宇国际、万丰商城、车立方等一批大型购物中心、专业市场开业运营，黄家庄旅游小镇、金麟湾生态休闲运动中心、盛世国际广场、东方购物广场等一批休闲旅游、城市综合体项目快速推进。完成 26 个蔬菜网点的升级改造和 6 个商务肉菜便民店建设。全年接待国内游客 273.22 万人次，实现旅游收入 20.32 亿元，同比分别增长 8.5% 和 13%；接待海外旅游者 3010 人次，旅游外汇收入 61.13 万美元，同比分别增长 9% 和 13%；完成旅游项目投资 2.26 亿元，旅游项目稳步推进。云南省第十一届 AA 百公里千人徒步公益运动在麒麟区举办，2000 余人参加。《麒麟区旅游发展规划》通过评审。投资 300 万元编制旅游产业发展规划及重点片区项目修建性规划，完成《麒麟区“十三五”旅游业发展规划》《金麟湾温泉旅游小镇控制性详细规划》《麒麟温泉主体乐园筹划及概念性规划》编制工作，全面启动麒麟区旅游产业规划及麒麟水乡和朗目山片区、珠街中所片区、茨营和红土墙片区、越州潦浒片区等 4 个重点片区规划编制工作。围绕培养发展城市周边文化休闲旅游带，进一步加大旅游项目招商引资力度，先后引进敏大、飞龙、省旅投、上海信之赖置地公司、联想佳沃集团、重庆大足雅美佳水生花卉公司、幸福航空控股有限公司等大业主、大财团参与麒麟旅游项目开发建设。突出重点，加快建设一批省级旅游特色村（镇）和乡村旅游示范点。西海生态湿地项目、越州潦浒陶瓷文化创意园、珠街凤凰山生态旅游休闲示范园项目完成项目概念性规划方案。三宝长坡、朗目山自驾露营基地完成项目前期调研工作。全区完成住宿业营业额 6.1 亿元，同比增长 5.9%。其中麒麟区完成住宿业营业额 3.7 亿元，同比下降 1.5%；经开区完成住宿业营业额 2.4 亿元，同比增长 20.1%。全区完成餐饮业营业额 21.9 亿元，同比增长 17.7%。其中麒麟区完成餐饮业营业额 10.7 亿元，同比增长 18.4%；经开区完成餐饮业营业额 11.2 亿元，同比增长 17.1%。非公经济实现增加值 227.9 亿元，同比增长 4.7%，占全区经济总量的比重为 42.9%，同比下降 0.6 个百分点。新增个体工商户（不含经开区）8043 个，私营企业 3059 个，分别达到 5.38 万个、9160 个。非公经济实现增加值 227.9 亿元，同比增长 4.7%，占全区经济总量的比重为 42.9%，同比下降 0.6 个百分点。

三产拉动作用显著提升。第三产业增加值从 2010 年的 107.4 亿元，增加到 2015 年的 241.1 亿元，年均增 10.2%。

【交通·运输·邮电】 2015 年，全区拥有公路 247 条，辖区内公路总里程 1154.3 千米，公路密度 98.01 千米 / 百平方千米。交通建设完成固定资产投资 1.5 亿元。交通建设项目 3 个共 55.6 千米，其中续建项目 1 个，计划新开工项目 2 个。全区公路通车里程 1935 千米，其中高速公路 63.2 千米。公路运输总周转量 44.6 亿吨千米，增长 18.2%。麒麟辖区内公路运输完成客运量 775 万人次，旅客周转量 45251 万人千米，同比增长 30% 和 10%；完成公路货运量 4027 万吨，货运周转量 341726 万吨千米，同比减少 11% 和 7%。辖区客运班线共计 84 条，客运车辆 582 辆，客运车辆行政村通达率 88%。新增机动车二类维修经营业户 4 家，三类维修企业 39 家，新增机动车驾培校站 1 家。

全区有移动电话用户 102.4 万户，同比增长 27.2%；固定电话用户 12.4 万户，同比下降 6.1%；互联网用户 18.1 万户，同比增长

65.7%。电信业务收入7.2亿元，增长15.4%。

【商贸流通】 2015年完成社会消费品零售总额151.6亿元，同比增长13%。其中麒麟区完成108.1亿元，同比增长13%；经开区完成43.5亿元，同比增长13.1%。按地域分，城镇市场完成119.1亿元，同比增长12.8%；乡村市场完成32.5亿元，同比增长13.6%。按形态分，餐饮零售完成129.5亿元，同比增长12.8%；餐饮收入完成22.1亿元，同比增长13.8%。

社会消费品零售总额完成“十二五”规划的92.3%，年均增16.1%，与“十一五”末相比，翻1.1番。

2015年四大行业发展情况：全区完成批发业销售额492.2亿元，同比增长8.1%。其中麒麟区完成365.7亿元，同比增长4%；经开区完成126.5亿元，同比增长22.1%。完成零售业销售额155.6亿元，同比增长17.5%。其中麒麟区完成93亿元，同比增长18.1%；经开区完成62.6亿元，同比增长16.5%。完成住宿业营业额6.1亿元，同比增长5.9%。其中麒麟区完成3.7亿元，同比下降1.5%；经开区完成2.4亿元，同比增长20.1%。完成餐饮业营业额21.9亿元，同比增长17.7%。其中麒麟区完成10.7亿元，同比增长18.4%；经开区完成11.2亿元，同比增长17.1%。

全区完成外贸进出口总额5161万美元，同比下降27.3%。其中出口总额完成5126万美元，同比增长27.2%。南博会暨昆交会签约项目11个，协议引进市外国内资金69.4亿元。实施“两个10万元”微型企业培育工程，新增私营企业1207户、个体工商户2698户，注册资金22.9亿元。

实施招商引资项目61个，引进市外国内资金100.4亿元，同比增长84.9%。实际利用外资1400万美元，同比增长59%。引进全球500强企业2家——沃尔玛、联想集团；国内500强企业2家——苏宁云商集团股份有限公司、碧桂园控股有限公司。

“十二五”期间共引进项目174个，实际引进市内国外资金256.8亿元，同比增长422.5%；实际利用外资3940万美元，同比增长500%。分别是“十一五”期间的5.2倍、6倍。新建改扩建蔬菜便民网点34个、农贸市场12个。累计销售商品房620万平方米。

【财政·税务·金融】 2015年全区地方财政总收入（不含经开区）23.40亿元，同比增长1.8%；地方公共财政预算收入19.52亿元，同比增长4.35%；地方公共财政预算支出完成40.99亿元，同比增长31.1%；政府性基金预算收入完成3.88亿元，同比下降9.1%；政府性基金预算支出完成6.99亿元，同比增长32.65%。麒麟区地方税务局累计入库各项税费收入20.61亿元，完成各项税收收入13.62亿元，比上年同期下降22.94%。

地方公共财政预算收入完成“十二五”规划的139.3%，年均增16.2%，与“十一五”末相比，翻1.1番。

年末全区金融机构人民币存款余额774.3亿元，同比增长1%。其中城乡居民储蓄存款余额313.2亿元，同比增长2.1%。金融机构人民币贷款余额575.4亿元，同比增长5.5%。

【固定资产投资】 2015年全区固定资产投资项目677个，其中新开工项目520个。全年完成固定资产投资406.7亿元，同比增长22.6%。其中麒麟区完成291.2亿元，同比增长23.1%；经开区完成115.5亿元，同比增长21.4%。第一产业投资16亿元，同比增长113.3%；第二产业投资74.9亿元，同比下降3.4%；第三产业投资315.8亿元，同比增长78.3%。房地产开发投资完成53.3亿元，同比下降17%；其他投资完成353.4亿元，同比增长31.4%。商品房销售面积82.7万平方米，同比下降63.9%；商品房销售额39.1亿元，同比下降46.6%。

全社会固定资产投资完成“十二五”规划的104.9%，按可比口径计算，年均增22%，与“十一五”末相比，翻1.1番。

【科技·教育·卫生】 实施好“云南省科普惠农新村计划”项目，麒麟区茨营镇蔡家村委会获省级“科普惠农兴村”先进集体荣誉，三宝街道何旗社区、益宁街道金江社区获“省级科普示范社区”称号。组织申报曲靖市科普惠民计划项目6个。在“十二五”实施“基层科普行动计划”中，荣获全国和云南省“科普惠农兴村”奖项分别为3个和6个；荣获全国和省、市“科普示范社区”奖项分别为1个、5个和5个。南宁街道瑞东社区成为麒麟区首个“全国科普示范社区”。麒麟区东关小学张八宝老师被评为“中国科技优秀辅导员”。开展科普大篷车“乡村行、校园行、社区行”巡展活动16场次。2015年7月2日，麒麟区反邪教协会暨第一届理事会成立。开展农村劳动力转移培训，为全区新增转移输出农村劳动力5420余人次，培训农村劳动力16240余人次，农民工在岗培训130人，农村实用技术培训3220余人次。评定农民初级职称81人，其中技术员职称76人，助理技师职称5人，为农民创业、就业提供技能“身份证”，不断壮大乡土人才队伍。12月2日，麒麟区被国家知识产权局正式确定为2015年国家知识产权强县工程试点县（区），全区拥有国家级知识产权示范企业1家、试点企业2家，省级知识产权优势企业3家、试点企业3家，市级知识产权试点企业12家，区级知识产权试点企业20家。全区越来越多的企业把技术创新和知识产权保护列入重要日程，不断增加新技术、新产品的研发和专利申请的投入，全年申请专利400件，授权专利387件。

2015年，全区共有各类学校337所，其中高等教育院校3所，在校学生2.59万人；中等职业教育学校12所，在校学生5.38万人；普通中学30所，在校学生5.24万人；小学103所，在校学生6.6万人；幼儿园156所，在园儿童3.38万人；特殊学校3所，在校学生448人。经开区有各类学校30所。有区属公办学校（幼儿园）127所，其中职业技术学校1所、教师进修学校1所、直属中学10所、直属小学9所、直属幼儿园3所、镇（街道）中学13所、镇（街道）小学90所。在校（园）学生（幼儿）12.39万人，教职工6277人。学校占地268.85万平方米，校舍总面积125.84万平方米。

继续推进中心城区中小学新建改扩建工程、云南师大曲靖麒麟学校建设、中小学校舍安全工程，推进珠街示范小学教学综合楼等10个项目建设。实施概算总投资1.65亿元的第一批、第二批“全面改薄”项目。启动实施第二轮学前教育三年行动计划，争取到位资金1529万元，规划新建区三幼分园、珠街街道中心幼儿园、建宁街道中心幼儿园、越州镇中心幼儿园等4所幼儿园，进一步拓展农村公办学前教育资源，提高学前教育普及程度，幼儿入园率93.2%。全面落实“两免一补”惠民政策，进一步健全义务教育经费保障机制，向义务教育阶段中小学生提供免费教科书，落实10.2052万名城乡义务教育阶段中小学生免杂费补助资金4679.77万元，补助20793名农村义务教育阶段家庭贫困寄宿生生活费2489.19万元，补助2477名普通高中贫困学生生活费326万元。进一步加强学校食堂建设，逐步转变供餐模式，由企业供餐为主转变为食堂供餐为主，让61051名中小学生享受到可口、营养的营养餐。依托3个省级“名师工作室”、6个市级“三名工作室”开展教学研修活动，举办学科专业培训，开展“传、帮、带”工作，充分发挥名校长、名班主任、名教师的示范辐射作用。高考成绩稳步提升，2015年区域内600分以上考生549人，其中麒麟区籍生源253人，占比46.08%；区域内一本人数2143人，其中麒麟区籍考生1114人，占比51.98%。区属高中一本上线人数301人，同比增加98人，一本上线率同比提高2.93个百分点；本科上线率69.18%，同比提高1.41个百分点。高中阶段毛入学率92.85%。

全区共有卫生机构236个，床位6751张。其中综合医院20个，专科医院9个，中医医院1个，疗养院1个，社区卫生服务中心（站）5个，卫生院6个，村卫生室99个，诊所、卫生所、医务室88个，急救中心（站）1个，疾病预防控制中心2个，妇幼保健院1个，采供血机构1个，卫生监督所（中心）2个。有卫生技术人员5119人，其中医院卫生技术人员4397人，基层医疗卫生机构卫生技术人员653人，专业公共卫生机构卫生技术人员52人，其他卫生机构卫生技术人员17人。珠街街道社区卫生服务中心被国家卫生计生委命名为“群众满意的乡镇卫生院”；区人民医院在国家卫生计生委医政医管局委托《健康报》社主办的2015年度改善医疗服务创新大会上被表彰为“改善服务创新医院”。

2015年全区参合农民355092人，参合率99.08%。共为参合农民减免、补偿医药费用1.35亿元，减免、补偿人次143.55万人次。全区6个镇卫生院、4个街道社区卫生服务中心均设立了中医馆（中医科），116个村卫生所（社区卫生服务站）中有102个能开展中医药服务工作。麒麟区被省卫计委命名为“全省基层中医药工作先进单位”。全区3个镇卫生院和7个街道社区卫生中心均按照“三室二房”（中医门诊室、综合治疗室、煎药室、中药房、中医病房）的创建标准建设中医馆。麒麟区中医卫生人员由2011年的11人增加到2015年的66人。2015年中医药门诊人次107.93万人，较上年增长67.62%；门诊收入1912万元，较上年增长68.52%；住院人次3.88万人次，中医药住院收入492.16万元，较上年增长124.16%。

“十二五”时期，全区社会事业全面发展。新建中小学3所、幼儿园2所，改扩建学校115所，排除D级危房5.18万平方米，维修改造校舍36.5万平方米，办学条件明显改善，教育事业协调发展，被表彰为“全省教育工作先进区”。麒麟职教集团“产教融合”模式成为“走向全国的一张名片”。组建医疗联合体，推行分级诊疗模式，城乡公共卫生设施和医疗条件明显改善，公共卫生服务能力不断增强。基本药物制度实现全覆盖。被表彰为“全省基层中医药工作先进单位”。科技创新步伐加快，被认定国家和省级高新技术企业16户、众创空间1个、“科技小巨人”1户，拥有省级企业技术创新中心5家、市级9家。自主研发新产品被认定为国家级重点新产品10个、省级36个。申请专利1192件，授权专利779件。被表彰命名为“全国科技进步先进区”“全国科普示范区”“国家知识产权强县工程试点区”。

【社会保障·人民生活】 2015年，城镇居民人均可支配收入29574元，与上年同期相比增长8.7%。农村住户人均可支配收入12523元，与上年同期相比增长10.5%。城乡居民由单一的工资性收入向多元化方向发展，城镇居民人均工资性收入19982元，占可支配收入的67.6%；城镇居民人均经营净收入5212元，占可支配收入的17.6%；城镇居民人均财产性收入1802元，占可支配收入的6%；城镇居民人均转移性收入2578元，占可支配收入的8.7%；农村住户人均工资性收入4765元，占可支配收入的38%；农村住户人均家庭经营性收入7486元，占可支配收入的60%；农村住户人均财产性收入110元，占可支配收入的0.9%；农民住户人均转移性收入161元，占可支配收入的1.3%。城乡居民收入有所增加，城镇居民消费水平略有下降。城镇居民人均现金消费性支出16504元，与上年同期相比下降8.3%；农民住户人均生活消费现金支出8330元，与上年同期相比增长30%。城镇居民人均食品消费支出4952元，与上年同期相比下降5.1%，恩格尔系数（食品支出占消费支出的比重）为30%，与上年同期相比上升4.8个百分点。在构成食品消费支出的分类中：人均粮油类消费657元、肉禽蛋水产品类消费1274元、蔬菜类支出476元、干鲜瓜果类支出371元、糖果糕点及奶类消费支出209元，与上年同期相比除粮油类消费增长1.5%外，其他消费分别下降10%、7.7%、7.9%、27.4%；农村居民人均食品消费支出2302元，与上年同期相比增长27.6%，恩格尔系数为27.6%，与上年同期相比上升4.9个百分点。城镇居民人均衣着消费1226元，同比下降16.5%；农村住户人均衣着消费425元，同比下降10.9%。

城镇居民家庭平均每百户拥有彩色电视机35台、洗衣机33台、电冰箱（柜）31台、摩托车8辆、家用电脑23台、家用汽车17辆、移动电话78部；农村住户家庭每百户拥有电视机26台、电冰箱（柜）13台、洗衣机24台、家用汽车6辆、摩托车19辆。

城镇居民居住类支出3192元，与上年同期相比增长2.6%，人均现住房建筑面积65平方米，与上年同期相比增长6.5%；农村住户居住类消费2236元，与上年同期相比增长17.3%，农村住户人均现住房建筑面积40平方米，同比增长5.2%。

新开发就业岗位7872个，城镇新增就业6330人，城镇登记失业率2.72%。4个居家养老服务中心开工建设，6个社区、40个村（居）民小组办公用房启动建设。18个卫生所改扩建主体工程竣工。

“十二五”时期，社会保障日趋完善。累计开发就业岗位47415个，城镇新增就业34824人。城乡社会保险参保累计达60万人，城镇居民基本医疗保险、养老保险、新农合参保率分别达95%、99.2%、99%。城乡低保、高龄补助标准逐步提高，管理更加规范。新建居家养老服务中心18个，惠及老年人4000余人。民办养老取得突破，“老年幸福餐桌”养老模式全省推广，全国养老服务试点改革扎实推进。改造农村危房7950套、棚户区2305户，新建公租房廉租房7607套，解决了1.79万户中低收入家庭的住房困难。深入实施精准扶贫，帮扶农村贫困户2429户7798人。社区建设成效显著，被命名为“全国和谐社区建设示范城区”“全国社区治理和服务创新实验区”。殡仪馆迁建主体工程完工。

（李　筠）

宣威市

【概　述】 宣威市位于云南省东北部，总面积6 069.88平方千米。辖28个乡（镇、街道）356个村（居）委会，市区距曲靖市政府驻地102千米，距省会昆明235千米。境内最高点为东山主峰滑石板，海拔2 868米，最低点是清水河与木冬河交汇处的腊龙岔河，海拔920米，相对高差1948米。2015年平均气温 14.9℃，比历年平均值偏高 1.2℃，比去年偏高 0.4℃，是 1958 年以来的最高值。年末总人口 152.95 万人。其中：城镇人口 75.48 万人，乡村人口 77.47 万人。男性 80.79 万人，女性 72.16 万人，性别比为 111.96（以女性为 100）。全市少数民族人口 11.18 万人，占总人口 7.31%。其中彝族 7.55 万人，壮族 0.23 万人，苗族 0.62 万人，回族 2.23 万人。年末全市常住人口达 135.21 万人，人口城镇化率 46.6%。人口出生率 13.99‰；死亡率 6.96‰；人口自然增长率 6.96‰。

全年实现生产总值 227 亿元，同比增 9%。其中一产业增加值 52.97 亿元，同比增 6%，二产业增加值 118.9 亿元，同比增 11%，三产业增加值 111.43 亿元，同比增 8.8%；三次产业比值由上年的 22.5 ∶ 42.4 ∶ 35.1 调整为 23.6∶ 26.6 ∶ 49.8。全市财政总收入 73.18 亿元，其中公共财政预算收入完成 11.28 亿元，同比减 24.78%。其中税收收入完成 8.5 亿元，占一般公共预算收入 75%，同比减 33.31%；非税收入完成 2.79 亿元，同比增 23.35%；返还性收入 4916 万元，一般性转移支付补助收入 25.89 亿元，专项补助 16.72 亿元，省直管县所得市级补助收入 4.04 亿元，政府债券转贷收入 12.4 亿元，上年结余 1004 万元，调入资金 2.24 亿元。一般公共预算支出 61.91 亿元，上解上及支出 1.27 亿元，政府债券还本支出 10 亿元，支出总计 73.18 亿元。收入相抵，实现全年地方一般公共预算收支平衡。全市银行业机构各项存款余额 261.68 亿元，同比增 8.05%。全市银行业机构各项贷款余额 164.47 亿元，同比增 9.75%。城镇、农村常住居民人均可支配收入分别为 27709 元、11513 元，分别增 8.5%、12.1%。全年累计完成固定资产投资 242.7 亿元。

【资源特产】

宣威火腿 全市年末生猪存栏 223.64 万头，肉猪出栏 400.56 万头；肉类总产 53170 万千克。实现畜牧业产值 56.18 亿元、收入 33.20 亿元。

宣黄单玉米良种 玉米是宣威市的主要粮食及饲料作物，1992 年选育出了“宣黄单 2 号”、“桥单 2 号”，后相继培育出“宣黄单 3、4、5、7、8 号”优质、高产宣黄单系列玉米杂交种。“宣黄单 2 号”1997 年通过曲靖农作物品种委员会审定和专家组鉴定，2000 年经省农科院测试中心测定，达到国家优质饲用玉米标准，2005 年在云贵两省大力推广。2005 年 8 月宣威市向国家商标总局申请注册了“宣黄单”品牌商标，并外销多个省市。

宣威土豆 宣威市是一个土豆生产大市，土豆种植面积和产量占云南省的 1/8 和曲靖市的 1/3，土豆产业是宣威农业的主导产业。2004 年注册“宣威土豆”商标，属国家无公害农产品。宣威土豆远销 20 多个省市和老挝、越南、缅甸等东南亚国家。宣威文东马铃薯批发配送中心是西南最大的马铃薯批发配送中心。

矿产资源 宣威矿产资源丰富，已探明有铁、锰、铜、铅锌、钴、锑等金属矿 13 种，煤、油页岩、伊利石、建筑砂等非金属矿 22 种。煤炭储量 21800 亿千克，铁矿储量 2000 亿千克，油页岩储量 576 亿千克、焦油 11.5 亿千克，锰矿储量 44.19 亿千克，普立乡格学有中型锰矿床。

【农 业】 2015 年，宣威市农业总产值 90.32 亿元，同比增 5.9%。全市粮播面积 19 万公顷，其中：玉米 86666.67 公顷、马铃薯 6 万公顷、水稻 7333.33 公顷，杂粮杂豆 3.6 万公顷。粮食总产量达 8.21 亿千克，较 2014 年增 2.6%，总量、增量位居全省第一。实现玉米最高亩产达 1102 千克、马铃薯最高亩产 4595 千克，均创云南历史新高。强化新型经营主体培育，推进土地有序流转，新建（改扩建）50 个特色产业园区，转身带动全市 70 万亩特色经作发展，实现产值 16 亿元，同比增 6.1%。引进培育德康希望、云淀淀粉、坤太辣椒、龙津药业等一批农产品加工企业，有宣威市级以上农业产业化重点龙头企业 52 个，新型农业经营主体 384 个、种养大户 846 户，打造著名商标 16 个、名牌农产品 7 个，实现农业产业化组织销售收入 35.43 亿元，同比增 10.3%。农民人均可支配收入 9168 元，同比增 19.7%。

【工 业】 全市实现工业产值 171.79 亿元，同比增 7.35%；规模以上实现工业产值 123.3 亿元，同比增 5.8%，规上工业增加值实现 29.92 亿元，同比增 12.5%。2015 年，宣威工业经济全年呈现“低开稳走”之势。通过全力稳存量、大力促增量，重点培育轻工业和新兴产业，围绕工业发展中的保住传统产业这一重点，煤炭发展这一难点和培育发展液态金属产业链这一突破点，全市工业经济从开局的 -33.9%，增速一步一步回升到收官的 12.5%，并取得规上工业增加值速度在曲靖范围内排名第三的成绩。从行业看，轻工业的发展好于重工业的发展，全市规模以上轻工业实现产值14.98亿元，同比增24.63%。实现增加值3.35亿元，同比增27.2%。重工业实现产值108.32亿元，同比增3.64%。实现增加值26.57亿元，同比增11.3%。从成分看，非公经济实现增加值148.8亿元，同比增13%，上缴税金同比增10%，从业人员12.36万人，同比增10%。在规模以上工业中，国有企业完成产值3.96亿元，同比降2.46%，集体企业完成产值5.26亿元，同比增155.34%，股份制企业完成产值99.08亿元，同比降3.86%，其他经济类企业完成产值15亿元，同比增103.53%。其中加工制造业完成25.08亿元，完成目标任务的104.5%。规模以上电力企业实现工业产值16.34亿元，同比降20.64%，实现工业增加值7.12亿元，同比降19.5%。其中：国电实现产值9.13亿元，同比下降30.2%；供电公司实现5.28亿元，同比降5.7%；革香河公司实现产值1.94亿元，同比增1.04%。规模以上化工企业实现工业产值32.85亿元，同比降6.49%，实现工业增加值5.83亿元，同比降6.3%。其中云峰实现产值20.5亿元，同比增2.0%；磷电实现10.55亿元，同比降22.0%；恒邦实现产值1.83亿元，同比增24.5%。规模以上冶金企业实现产值16.49亿元，比降25.45%，实现工业增加值2.02亿元，同比降11.7%；其中：凤凰钢铁实现15.11亿元，同比降21%，天峰部分炉子停产，实现产值1.37亿元，同比降55.7%，天浩公司实现产值2.54亿元，同比增614%，鼎盛、凤翔等锌厂实现产值1.56亿元，同比增160%。规模以上建材工业实现产值8.13亿元，同比降0.97%，实现工业增加值2.41亿元，同比增4.5%；其中：宇恒公司实现3.93亿元，同比增0.5%，宣峰公司实现1.68亿元，同比降5.6%；亚鑫水泥实现1.14亿元，同比降22.4%；龙头同比增1.1%；绿洲、陶虹、炬能、东达实现产值1.4亿元，同比增4.4%。煤炭开采及洗选业企业基本处于恢复生产状态，原煤生产690.7万吨，同比增116.03%，洗精煤64.79万吨，同比降10.26%，规模以上煤炭开采及洗选业企业实现工业产值26.94亿元，同比增74.48%。实现工业增加值7.52亿元，同比增101.2%。规模以上食品工业实现产值13.85亿元，同比增20.5%。

【固定资产投资】 全年统筹推进各级项目444个，完成全社会规模以上固定资产投资242.7亿元，同比增20.3%。水利基础设施建设快速推进。红石岩中型水库工程完工，石城河中型和沈家河、明德2件小（一）型水库工程有序推进。18件病险水库除险加固工程进展顺利，总投资6686.5万元的农村饮水安全项目正在扫尾，15件抗旱应急备用井工程基本完工，其他抗旱应急水源工程开工建设，6000口爱心水窖建成使用，完成中小河流和山洪沟治理工程5件。城乡基础设施建设稳步实施。双龙路、城双路南段开工建设，西山森林公园一期建设进入扫尾，14公里的110千伏双圩城中变电缆隧道土建工程启动建设，实现城乡居民生活用电同网同价，“五化”项目完工25个，保障性住房建设进展顺利，建成特色小集镇24个。农村危房拆除重建竣工1.6万户，竣工率100%，建成美丽乡村24个。综合交通基础建设扎实推进。宣威4C级支线机场完成选址报告，正在积极推进前期工作。普宣高速公路建成通车，宣曲高速、沾会高速（宣威段）建设扎实推进，宣威到威宁、盘县、富源高速公路前期工作有序开展，启动建设41个农村公路建设项目，实施路面大修工程6个，所有乡镇均通柏油路，93%的行政村通硬化路，75%的自然村通公路，全年累计完成投资31.21亿元。

【第三产业·商贸流通·旅游】 全市完成第三产业产值111.42万元，同比增8.8%。完成城市商业网点规划编制，大力发展电子商务，引进阿里巴巴，8户规模以上食品企业开通线上销售。完成旅游业发展总规编制，来宾龙洞、杨柳古镇等景点开发加快推进。文化创意、金融保险等产业健康发展。

全年实现社会消费品零售总额132亿元，同比增13%。批发业销售额12.76亿元，同比增8%，零售业销售额166亿元，同比增17.5%，住宿业营业额8.56亿元，同比增17%，餐饮业营业额21.47亿元，同比增23%。

全市共接待海内外游客130.7万人（次），实现旅游业综合收入13.05亿元。

【交通·邮电】 年末，全市共有通车公路3408条9780千米，其中：国网高速1条90.17千米，国道1条106.6千米，省道3条240.3千米，县道27条516.4千米，乡道338条2527.86千米，村道3012条6226.8千米，专用道26条72千米。有高速公路90.17千米，一级公路36.16千米，二级公路124.3千米，三级公路62.4千米，四级公路3183.7千米，等外公路6283.4千米。全年完成货运量 247.4 亿千克，货物周转量 2228.95 亿千克千米。

邮政电信业务总收入完成 9734 万元。其中邮政收入 2217 万元，储蓄存款余额 6.7 亿元。电信收入 7517 万元。年末拥有固定电话 3.2 万户，宽带用户 5.4 万户，移动用户 5.6 万户，4K、高清电视用户 0.7 万户。

【财政・税务】 2015 年全市完成财政总收入 73.18 亿元，其中公共财政预算收入完成 11.28 亿元，同比减 24.78%。其中税收收入完成 8.5 亿元，占一般公共预算收入 75%，同比减 33.31%；非税收入完成 2.79 亿元，同比增 23.35%；返还性收入 4916 万元，一般性转移支付补助收入 25.89 亿元，专项补助 16.72 亿元，省直管县所得市级补助收入 4.04 亿元，政府债券转贷收入 12.4 亿元，上年结余 1004 万元，调入资金 2.24 亿元。一般公共预算支出 61.91 亿元，政府债券还本支出 10 亿元，支出总计 73.18 亿元。收入相抵，实现全年地方一般公共预算收支平衡。

【金融・保险】 2015 年末，全市共有银行类金融机构 85 个，从业人员 901 人。全市银行业机构各项存款余额 261.68 亿元，同比增 8.05%。全市银行业机构各项贷款余额 164.47 亿元，同比增 9.75%。全市 10 家财产类保险公司完成保费收入 2.60 亿元，各项赔款支出 1.50 亿元，赔付率 57.74%。全市 7 家人寿类保险公司完成保费收入 2.58 亿元，给付（赔款）支出 8812 万元，赔付率 34.12%。

【固定资产投资】 全年统筹推进各级项目 444 个，完成全社会规模以上固定资产投资 242.7 亿元，同比增 20.3%。水利基础设施建设快速推进。红石岩中型水库工程完工，石城河中型和沈家河、明德 2 件小（一）型水库工程有序推进。18 件病险水库除险加固工程进展顺利，总投资 6686.5 万元的农村饮水安全项目正在扫尾，15 件抗旱应急备用井工程基本完工，其他抗旱应急水源工程开工建设，6000 口爱心水窖建成使用，完成中小河流和山洪沟治理工程 5 件。城乡基础设施建设稳步实施。双龙路、城双路南段开工建设，西山森林公园一期建设进入扫尾，14 公里的 110 千伏双圩城中变电缆隧道土建工程启动建设，实现城乡居民生活用电同网同价，“五化”项目完工 25 个，保障性住房建设进展顺利，建成特色小集镇 24 个。农村危房拆除重建竣工 1.60 亿户，竣工率 100%，建成美丽乡村 24 个。综合交通基础建设扎实推进。宣威 4C 级支线机场完成选址报告，正在积极推进前期工作。普宣高速公路建成通车，宣曲高速、沾会高速（宣威段）建设扎实推进，宣威到威宁、盘县、富源高速公路前期工作有序开展，启动建设 41 个农村公路建设项目，实施路面大修工程 6 个，所有乡镇均通柏油路，93% 的行政村通硬化路，75% 的自然村通公路，全年累计完成投资 31.21 亿元。

【教科文卫体】 全市有各级各类学校 787 所，其中中等职业技术学校 4 所（含民办 1 所）、普通高中 12 所（含体育中学）、初级中学 37 所（含九年一贯制学校 1 所）、小学 551 所（含教学点 191 个、民办 2 所）、幼儿园 182 所（含民办 167 所）、特殊教育学校 1 所；有在校学生 27.06 万人，其中学前 4.04 万人、小学 12.62 万人、初中 6.81 万人、高中 3.23 万人、中职 3391 人、特教 65 人；有公办教职工 1.37 万人，其中学前 162 人、小学 7018 人、初中 3615 人、高中 2568 人、中职 428 人、特教 7 人；有校舍建筑面积 214 万平方米、藏书 326.9 万册。争取投入改善办学条件资金 3.05 亿元（其中：高中改造项目 1690 万元、校安工程 5950 万元、“全面改薄”项目 1.38 亿元、幼儿园建设 4857 万元、教师周转房项目 590 万元、曲靖市市县两级主城区新建中小学市级奖补资金 2500 万元、基础教育等其他专项补助资金 1032 万元），新建校舍 18.4 万平方米、运动场地 15.5 万平方米，排除 D 级危房 5.5 万平方米。列入今年全市重点项目建设的丰华一小、祯祥初级中学教学楼、综合楼、学生食堂等建设项目已于 8 月 26 日、8 月 28 日相继竣工验收、投入使用。丰华一小、西宁三小均于秋季学期顺利招生。全市共发放义务教育保障经费 2.87 亿元，其中：义务教育阶段寄宿生生活补助资金 1.12 亿元，公用经费补助 1.54 亿元，义务教育阶段免费教科书资金 2100 万元。发放普通高中国家助学金 955.9 万元、学前教育助学金 121.53 万元、中等职业教育免学费及国家助学金 599 万元，惠及中小学生 1.44 万人。发放农村义务教育学生营养改善计划资金 1.53 亿元，惠及中小学生 19.50 万人。为 7956 名贫困大学生成功办理生源地信用助学贷款业务，预计发放贷款金额 4745 万元。认真落实优秀贫困学子奖励计划，资助应届大学生

200 名，资助资金 100 万元；对仍符合条件的 2014 届在校大学生 185 人继续进行资助，资助资金 92.5 万元。认真落实普通高校家庭经济困难新生入学资助项目，资助贫困大学新生 232 人，资助资金 15 万元。协同市红十字会、市残联为 8950 名家庭贫困低视力中小学生免费配镜。积极协调争取省敬老爱民促进会、省残联、爱心企业及“希望工程爱心圆梦大学”项目等资助资金，资助贫困优秀高中生、残疾高中生、残疾人子女、特教学校学生、贫困优秀高中毕业生等 230 余人，资助资金 66 万元。本科上线 9883 人，600 分以上 242 人，进入全省理科前 2400 名 139 人、文科前 600 名 16 人。有 7 人被清华、北大录取。

年内共争取国家科技部、省科技厅、曲靖市科技局项目 14 项，获得科技项目经费支持 600 万元，立项率位居曲靖市前列。向省科技厅获得 44 个认定，其中经合组织 5 个，科技示范园 5 个，农产品深加工 4 个，优质种业基地 2 个、科技型中小企业 14 家，创新型试点企业认定 2 家，高新技术企业认定 2 家，科技特派员 3 个，科技辅导员 7 个。申报曲靖科技成果奖 2 项（宣威中医院、宣威农业局经作站）。本级立项 2 项，科技扶持资金共 20 万元。2015 年专利申请 153 件（其中发明 31 件、实用新型 95 件、外观设计 27 件）。

2015 年启动了文化艺术中心博物馆装修布展工程，该项目完成投资 1200 万元，文化馆、图书馆、博物馆数字化建设启动，其中以图书馆为主的宣威市文化艺术中心网站已建成投用；乡（镇、街道）文化站新增业务用房 2500 ㎡，23 个乡（镇、街道）文化站业务用房面积达到国家起步标准，11 个乡（镇、街道）文化站达到国家三级站以上标准，宣威市文化馆、图书馆达到国家县级一级馆标准，宣威市文化馆评为云南省“示范性文化馆”，新建行政村（自然村）、居委会综合文化室 35 个 8400 ㎡，新建乡（镇、街道）村（居）文化活动广场 28 个 16000 平方米，现全市共有农村电影放映队 24 支，农家书屋 356 个，文化信息共享工程支中心 1 个，乡（镇、街道）服务点 28 个，村级服务点 249 个，农村业余文艺演出队 460 支。2015 年争取上级补助文化项目资金 1019.4 万元，其中云南省农村文化以奖代补项目 1 个 25 万元，云南省农村文化体育小广场 4 个 48 万元，云南省公共文化服务体系建设奖励资金 510 万元，云南省农村优秀业余演出队 21 个 8.4 万元，曲靖市公共文化服务建设补助资金 57 万元，云南省农村文化建设专项资金 356 万元，农村文化站专项补助省级资金 1 个 15 万元；“三馆一院一站”免费开放补助资金 260 万元，这些项目的实施巨大的促进和推动了全市公共文化服务体系建设；二是公共文化服务供给取得了实效。举办书美影大型展览 6 次，观众达到 9.8 万余人，举办大型公益性文化活动 6 次，观众达到 4.8 万人，举办文化大讲堂 1 次，听众 450 人次，演讲比赛 1 次，听众达到 600 人次，送戏下乡 106 场，观众达到 20 万人次，电影放映 3972 场，公共图书馆年接待 11.6 万人次。

全年播出电视新闻 2022 条、电视栏目《小说城事》、《一周看城乡》、《健康》等 183 期、专题 5 部。广播电台播出新闻 2470 条，栏目 123 期。在曲靖电视台播出新闻 304 条，7465 分；省电视台各频道播出 44 条，729 分；在曲靖广播电台播出曲靖台 325 条，1784 分，省广播电台播出 3 条。

2015 年，宣威市参加曲靖市第三届少数民族运动会，项目涉及射弩、摔跤、武术等。8 月 20–23 日成功举办了由省体育局社体中心主办、曲靖市文体局和宣威市文体广旅局承办、宣威市跆拳道协会协办的中国西部地区跆拳道邀请赛，来自河南、湖南、四川、重庆、贵州、云南 6 省市 76 支代表队 1231 名运动员参加比赛。10 月 14–23 日成功举办了宣威市第六届体育运动会，比赛项目有篮球、乒乓球、羽毛球、中国象棋、老年人气排球，85 个代表团 1600 名运动员参加比赛。本届运动会取得了比赛成绩和精神文明双丰收。

2015 年，宣威市旅游工作以规划为重点，加快旅游项目及基础设施建设步伐，加大旅游宣传促销力度，规范旅游市场秩序，全市旅游业健康持续发展。出台《关于加快发展文化旅游业的实施意见》，确定把旅游业作为重要产业来培育。成立宣威市文化旅游产业发展领导小组，整合各部门力量全民发展文化旅游产业。全市共接待海内外游客 130.7 万人（次），实现旅游业综合收入 13.05 亿元。

2015 年全市有医疗卫生机构 108 个，其中，局机关、妇幼保健院、卫生监督局、疾病预防控制中心、中医院各 1 个，综合医院 3 个，乡（镇）卫生院 20 个，街道社区卫生服务中心 8 个，厂矿医院、股份制医院、民营医院、学校医务室 17 个，个体诊所 51 个。卫生行政事业人员 1505 人，其中卫生专业技术人员 1364 人，工人112人、公务员18人、参照公务员管理11人。卫生专业技术人员中，主任医师16人，副主任医师（药师、护师）166人，主治医师、主管护师、主管技师437人，其它初级职称的781人。厂矿医院、股份制医院、民营医院共有医护人员849人，个体诊所158人，村卫生所356个，医务人员1081人。有床位3436张，标准床位2580张，其中，政府举办的市直医疗卫生单位、乡（镇）卫生院、社区卫生服务中心有床位2998张，标准床位2580张，其他厂矿医院、民营医院股份制医院有床位1228张。年内完成门诊489.29万人次，年住院15.16万人次，全年完成业务收入8.43亿元。2015年全市参合人数为12.50万人，参合率为99.69%，个人缴费为人均90元，财政人均补助380元，人均筹资达470元，筹资5.87亿元。个人住院补偿封顶线由12万元提高到15万元。省、地（州、市）、县（市、区）、乡级住院补偿比例分别为50%、55%、70%、80%。全年全市门诊减免309.63万人次，减免金额5197.74万元，住院补偿13.83万人次，补偿金额为4.02亿元，为参合农民按人均30元购买大病商业保险支出3750万元。

【扶 贫】 2015年宣威市扶贫开发工作以实施精准扶贫为目标、以“挂包帮、转走访”活动为载体，“整乡、整村推进”为重点、以面上专项扶贫为基础，努力瞄准贫困对象，加强和巩固“大扶贫”格局。全市扶贫开发完成投资4.20亿元，其中中央财政资金4124.51万元，省级财政资金3100万元，宣威市级财政资金1 000万元，项目整合资金1.48亿元，社会帮扶扶贫资金200万元，群众自筹1.87亿元，解决了3.01万贫困人口脱贫问题。扶贫投资同比上年增加了37.47%。

【人民生活】 2015年全市城镇常住居民人均可支配收入为27709元，同比增8.5%。农村常住居民人均可支配收入为11513元，同比增12.1%。城乡居民人均消费支出分别为15395元、6983元，同比分别增12.2%和12.6%。城乡居民人均住房面积分别达34.09平方米、32.71平方米。

（余俊柏）

玉溪市县区经济选介

红塔区

【概 述】 红塔区位于云南省中部、玉溪市西北部，处于东经102° 17′ 32″ ~ 102° 41′ 37″，北纬24° 08′ 30″ ~ 24° 32′ 18″区间。东与江川县相连，东南与通海县毗邻，西南与峨山县交界，北与晋宁县接壤，距离省会昆明88千米。区内交通便利，213国道、昆磨高公路和昆玉铁路、玉蒙铁路纵贯南北，形成云南省南北交通枢纽，是通往滇南和东南亚邻国的重要通道。区政府驻地州城海拔1630米，境内最高点（高鲁山）海拔2614米，最低点（玉溪与通海交界处的曲江河滩）海拔1502米。幅员周边长161千米，土地面积1004平方千米，森林覆盖率62.6%。区境内河流的主干和支干流总长350余千米，河网密度0.35。水资源年均总量4.3亿立方米。2015年，平均气温17.0℃，全年日照时数为1965.9小时，日照率45 %，降雨125天，降雨量941.1毫米。

红塔区辖玉兴、玉带、凤凰、北城、大营街、研和、李棋、春和、高仓9个街道及洛河、小石桥2个彝族乡，104个村委会（社区居委会），1106个村（居）民小组，其中社区居民小组1035个，自然村437个。2015年末，红塔区总户数17.69万户，总户籍人口43.81万人。其中，农业人口14.66万人，非农业人口29.14万人；少数民族人口为6.93万人，占总人口的15.8%。有30个民族，其中世居民族有汉、彝、回、白、哈尼5个民族。人口密度436人/平方千米。年内出生人口3374人，出生率7.74‰，死亡人口2603人，死亡率5.97‰；净增人口1020人，人口自然增长率1.76‰。

【经济概况】 2015年，红塔区实现地区生产总值615.77亿元，按可比价计算（下同）比上年增长4.1%。人均生产总值121 598元，同比增长3.8%。在生产总值中：第一产业（农业）

增加值14.17亿元，同比增长6.1%；第二产业（工业、建筑业）增加值448.45亿元，同比增长0.1%；第三产业（除一、二产业外，下同）增加值153.15亿元，同比增长20.9%。三次产业在生产总值中的比重分别为：2.3%、72.8%、24.9%。区属（不含红塔集团）生产总值231.62亿元，同比增8.1%。其中：第一产业增加值14.17亿元，同比增6.1%；第二产业增加值72.29亿元，同比下降9.5%；第三产业增加值145.16亿元，同比增21.1%。不含红塔集团的三次产业在生产总值中的比重分别为：6.1%、31.2%、62.7%。

红塔区民营经济实现增加值121.86亿元，同比增长3.5%，占区属总产值的52.6%.从行业构成比重看，第一产业民营经济增加值5.08亿元，同比5.9增%；第二产业民营经济增加值63.9亿元，同比减少0.1%；第三产业民营经济增加值52.88亿元，同比增8.6%。

【工 业】 2015年，红塔区工业发展依然面临着外部市场有效需求低迷、企业经营环境趋紧，盈利空间有限，特别是受钢铁产业持续不振的影响，导致全区非烟工业经济总体呈现产销及效益下滑的运行态势。在烟草制造业持续稳增长的拉动下，全区工业经济保持了相对平缓的增长势头，遏制工业经济快速下滑。

2015年，红塔区实现工业总产值806.47亿元，同比减9.3%。其中，规模以上工业总产值766.26亿元，同比减9.7%。区属（不含红塔集团）工业总产值297.25亿元，同比减25.9%。其中规模以上工业总产值257.03亿元，同比减28.6%。

主要工业产品产量：水泥226.10万吨，同比增44.5%。钢铁行业的生铁380.74万吨，同比减11.6%；粗钢381.96万吨，同比减12.0%；钢材385.89万吨，同比减20.4%。塑料制品6.06万吨，同比增长6.5%。金属切削机床7069台，同比减30.7%。

【农 业】 2015年，红塔区实现农业总产值27.96亿元，同比（可比价，下同）增长6.1%。其中：种植业产值11.60亿元，占农业总产值的41.5%，同比增长11.6%；畜牧业产值15.81亿元，占56.5%，同比增长2.5%；其他产值0.55亿元，同比减5.9%。红塔区常用耕地9558公顷，比上年减少32公顷；农作物播种面积2.23万公顷，全年粮食总产量5740.75万千克，比上年减2.9%。烤烟总产量473.83万千克，比上年减11.7%，上等烟比例72.45%，比上年提高2.6个百分点。油料总产量1040.73万千克，比上年增14.9%。蔬菜总产量1.22亿千克，比上年增长20.7%。花卉种植面积782.6公顷，比上年减2.3%。粮经作物种植比例由上年的35.0 ：65.0调整为33.4 ：66.6。全区乡村从业人员18.01万人，其中男劳动力9.18万人，女劳动力8.84万人。年末，生猪存栏22.93万头，同比减3.0%；生猪出栏54.14万头，增0.4%；出栏肉牛0.93万头，增7.5%；出栏家禽813.53万只，减1.7%。肉蛋奶总产量9493.8万千克，同比增0.96%；猪、牛、羊肉总产量5160.2万千克，同比增1.5%，其中猪肉产量4920.5万千克，同比增1.6%；禽蛋产量2579.9万千克，同比增4.5%。绿化造林693.33公顷、封山育林3733公顷；村庄种植绿化树1万株；义务植树70.3万株。实施改造中低产田地1440公顷，完成投资4114.07万元。实施“一事一议”财政奖补项目20个，项目总投资2791万元，覆盖全区6个乡（街道）的17个自然村。

【财政·金融】 2015年，红塔区完成财政收入27.14亿元，同比减少2.1%。公共财政预算收入实现20.01亿元，同比增加0.39亿元，增长2.0%。其中：税收收入10.58亿元，同比减少17.4%；非税收入9.44亿元，同比增长38.2%。公共财政预算支出31.06亿元，同比增加3.59亿元，增长13%。其中，一般公共服务支出3.49亿元，同比增0.9%；教育支出5.22亿元，同比增5.3%；社会保障和就业支出3.35亿元，同比增14.6%；医疗卫生与计划生育支出2.9亿元，同比增12.9%；住房保障支出1.16亿元，同比减9.6%。

全区金融机构人民币各项存款余额669.63亿元，比年初增加41.38亿元，同比增长6.6%；贷款余额（境内）433.35亿元，比年初增加30.04亿元，同比增长7.5%。

保险公司驻红塔区27家，全年实现保费收入16.26亿元，同比增长25.13%。其中：财产险公司实现保费收入7.52亿元，同比增长8.19%；人身险公司实现保费收入8.74亿元，同比增长44.59%。

【固定资产投资】 2015年，红塔区固定资产投资完成226.38亿元，比上年增加45.29亿元，增25.0%。其中，民间投资145.04亿元，同比增长 75.5%，民间投资占全区投资的 64.1%。在固定资产投资完成总额中，非房地产投资完成 196.79 亿元，同比增加 71.6%；房地产投资完成 29.59 亿元，同比增减少 55.4%。全区投资总额占全市总投资 667.59 亿元的 33.9%。从三次产业投资情况看：第一产业投资为 1.16 亿元，同比减少 26.1%；第二产业投资为 50.73 亿元，同比增加 71.8%，其中工业投资完成 50.73 亿元，同比增加 71.8%；第三产业投资为 174.49 亿元，同比增加 16.3%。

【房地产业】 2015 年，红塔区房地产开发企业完成投资 29.59 亿元，同比下降 55.4%。其中：住宅投资 14.75 亿元，同比下降 70.0%；办公楼投资 1.51 亿元，同比下降 1.4%；商业用房投资 10.83 亿元，同比下降 9.3%；其他投资 2.51 亿元，同比下降 34.3%。住宅投资占房地产开发投资总额的 49.8%。年末，红塔区有联网直报的房地产开发企业 57 家，同比减少 26.0%。其中：具有一级资质等级 1 家，二级资质等级 8 家，三级资质等级 4 家，四级资质等级 23 家，五级资质等级 21 家。有项目开发的房地产公司 32 家，共 39 个在建楼盘。

【商贸物流】 2015 年，红塔区健全城市综合服务功能和城市商业体系，世纪乐地商业街竣工营业，淘宝特色中国・玉溪馆和百信商贸物流配送中心建成运营，通力物流和玉山城、东西部旅游环线等项目加快推进。年内，红塔区完成社会消费品零售总额 138.87 亿元，同比增长 11.4%。其中，城镇消费品零售额 131.28 亿元，同比增长 21.8%。

年末，全区货运周转量 109.59 亿吨千米，同比增 9.0%。其中：公路 103.19 亿吨千米，同比增 7.4%；铁路 6.40 亿吨千米，同比增 43.7%。公路客运周转量 16.34 亿人千米，同比减 2.8%。货运量 2904 万吨，同比增 16.0%。其中：公路 1903 万吨，同比增 5.3%；铁路 1001 万吨，同比增 43.8%。客运量 2051 万人，同比增 0.59%。其中：公路 1770 万人，同比减 3.4%；铁路 281 万人，同比增 36.4%。

【人民生活】 2015 年，红塔区城镇居民人均可支配收入 3.05 万元，比上年增加 2483 元，增长 8.8%，扣除价格因素，实际增长 7.1%；其中，工资性收入 1.83 万元，比上年增加 1402 元，增长 8.3%。城镇居民人均消费性支出 2.39 万元，比上年增加 1632 元，增长 7.3%。农村居民人均可支配收入 1.30 万元，比上年增加 1173，增长 9.9%，扣除价格因素，实际增长 8.2%。其中，工资性收入 6913 元，比上年增加 172 元，增长 2.6%。农村居民人均生活消费支出 1.01 万元，比上年增加 508 元，增 5.2%。城乡居民收入比为 2.35 ︰ 1（以农村居民可支配收入为 1）。城镇居民人均拥有生活住房面积 60 平方米。汽车、家庭电脑、钢琴等高档消费品进入城市居民家庭，每百户拥有家用汽车 85 辆、家用电脑 86 台、健身器材 7 套、移动电话 278 部。农村居民人均拥有生活住房面积 61 平方米，每百户农民家庭拥有彩色电视机 106 台、电冰箱 91 台、家用电脑 36 台、家用汽车 61 辆、摩托车 92 辆。

【旅 游】 2015 年，红塔区有国际旅行社 1 家、国内旅行社 15 家；区内高、中、低档宾馆、饭店、招待所等 450 家，总床位 1.44 万张；7 家星级饭店（四星级酒店 2 家，三星级酒店 3 家，二星级酒店 2 家）平均床位出租率 53.9%，同比提高了 1.5 个百分点。接待中外旅游者 733.88 万人次，同比增 15.7%；实现国内旅游收入 41.65 亿元，同比增 16.09%。其中，接待海外旅游者（含港澳台同胞）1181 人次，同比增 6.3%，实现外汇收入 91 万美元，同比增 68.8%。

【城市建设】 2015 年末，红塔区中心城区建成区面积 30.17 平方千米，公共绿地总面积 306.73 万平方米，人均公共绿地面积 10.3 平方米，绿化覆盖率 42.2%。中心城区清运生活垃圾 5 万余吨，生活垃圾无害化处理 92.0%，日处置量为 360 吨的玉溪市垃圾焚烧发电项目开工建设。玉蒙铁路、易峨高公路建成通车，昆玉铁路电气化扩能改造接近尾声，晋红高速、国道 213 线改造进展顺利；通行政村道路硬化率 100%，全区公路通车里程达 1380.8 千米，被评为全国平安畅通县区。天然气管道建设项目顺利推进，电网改造工程深入实施，城乡 3G、4G 网络实现全覆盖。规模以上工业能源消费量为 274.29 万吨标准煤（等价热值），同比下降 17.5%，规模以上单位工业增加值能耗比上年下降 15.3%。

【教育・科技】 2015 年，红塔区有学校（幼儿园）165 所。其中：高等院校 2 所，中等专业学校 3 所，普通中学 24 所，中等职业学校 2 所，特殊教育学校 1 所，小学 75 所，幼儿园 58 所。

全区有在校学生104075人，专任教师5841人。全区组织申报国家、省、市科技计划项目40项。其中：国家级4项、省级32项、市级4项。申请专利518件，授权478件，专利资助、奖励71项。

【文 化】 2015年，红塔区有文艺表演团体5个，群众艺术馆2个，博物馆1个，文物管理所2个，公共图书馆2个，藏书64.8万册，其中：市图书馆藏书44万册；区图书馆藏书20.8万册。全年博物馆、纪念馆活动参观人数76.1万人次。红塔区筹备楹联文化区创建。举办"壮歌华国·红塔耀天"全国征联活动，征集作品1936副。选出对联340副、书法作品20副，参加评比。春节，开展楹联文化走基层活动，为当地群众写春联1800余副。文艺创作有声有色，与聂耳竹乐团合作创作《秘境云南》剧目正在排练，创作舞蹈《山花浪漫》准备参加全国第十一届舞蹈大赛。在第四届中国聂耳音乐（合唱）周"聂耳杯"合唱大赛中，红塔区代表队歌曲《回家》获一等奖。编辑《红塔艺苑》，刊载诗词271首、楹联298副、文章67篇；《红塔楹联文化教育读本》收录文章19篇、楹联作品42副，收录刊载诗词、楹联和文章697首（幅、篇）。季刊《九龙池》获首届"全国文化杯文化（群艺）群文期刊评奖优秀装帧设计"奖。完成中篇传奇小说《曲陀关传奇》和中篇纪实文学《1969，一个中学教师下放农村劳动锻炼的蹉跎岁月》修改。农家书屋采购新书4536册，对200多名农家书屋管理员及文化站业务人员培训，小石桥乡获赠图书2100册。图书馆、电子阅览室免费对外开放。红塔区在11个乡（街道）放映农村公益性数字电影774场次，放映故事片151部、科教片49部。完成辖区内第七批云南省级重点文物保护单位玉溪红塔、北城李家大院保护标志碑设置。

【卫 生】 2015年，红塔区有卫生机构316个。其中医院、卫生院38个，急救中心1个，采供血站1个，社区卫生服务中心（站）4个，妇幼保健院（所）2个，卫生疾病预防控制中心2个，卫生监督局2个，乡村卫生室74个，诊所、医务室182个，计生技术服务机构10个。卫生技术人员6492人，医院和卫生院床位5093张。有敬老院9所(含市级1所)，集中供养89人；民间投资兴办1所，收养老人49人。建成投入使用的居家养老服务中心建设项目8个，建筑面积7698平方米，设计床位154张。

【社会保障】 2015年，红塔区参加医疗保险单位（含市级）2425个，参保人数10.94万人，收缴基本医疗保险金5.54亿元。参加城镇居民基本医疗保险参保登记12.17万人。

红塔区开展春荒粮救助灾民8487人，采购大米25万千克。发放冬寒衣被3561件（套），救助3447人。向农村五保对象370人发放救助金168.35万元。发放城乡低保对象7897户9015人补助金2654.22万元。发放医疗救助金2.27万人次，188.19万元；代缴新型农村合作医疗保险个人承担费用3404人，30.64万元；推进养老服务项目建设，建成投入使用的居家养老服务中心建设项目8个，建筑面积7698平方米，设计床位154张。

（王德莉）

昭通市县区经济选介

昭阳区

【概 述】 昭阳区位于云南省东北部，为昭通市政府所在地，东与贵州省威宁接界，南与鲁甸县接界，西与四川省金阳县隔金沙江相望，北与大关县和彝良县接界。南北最大距离61千米，东西最大距离43千米。全区总面积2167平方千米。地势呈西高东低。区境最低点大寨乡茅坡海拔494米，最高点为大山包乡独石包海拔3364米。昭阳城区为市政府所在地，海拔1950米，距省会昆明市城区330千米。年平均气温12.9℃，年降水量839毫米，年日照时数1649小时。2015年末，辖龙泉、太平、凤凰3个城区办事处和永丰、北闸、旧圃、盘河、靖安、洒渔、乐居、苏家院、大山包、炎山10个镇，布嘎、守望、小龙洞、青岗岭、苏甲、大寨子、田坝7个乡（其中民族乡4个），184个村2822个村（居）民小组。2015年末，全区总人口89.13万人，比上年末增加1.94万人。其中女性42.91万人，非农业人口41.12万人，少数民族人口15.57万人。少数民族人口中，回族1.95万人、彝族2.54万人、苗族8355人。年内出生2.52万人，人口出生率16.19‰；死亡5021人，人口死亡率4.61‰。人口自然增长率6.96‰。

2015年，昭阳区生产总值（GDP）216.14亿元，比上年增长8.5%。其中第一产业增加值25.72亿元，增长5.8%；第二产业增加值109.93亿元，增长8.1%；第三产业增加值80.49亿元，增长10%。第一、二、三产业对经济增长的贡献率分别为7.5%、56.8%和35.7%。三次产业结构由2014年的12.32 ∶ 51.80 ∶ 35.87调整为2015年的11.90 ∶ 50.86 ∶ 37.24。全年完成农林牧渔总产值39.77亿元（按可比价格计算），比上年增长5.8%。其中农业产值21.67亿元，林业产值0.25亿元，牧业产值16.79亿元，渔业产值0.68亿元，农林牧渔服务业产值0.38亿元。全区耕地总面积5.76万公顷。全年农作物种植面积8.86万公顷，其中粮食作物种植面积5.8万公顷、产量33.79万吨。主要粮食作物有水稻、小麦、玉米、马铃薯等；主要经济作物有苹果、莲藕、葡萄、樱桃等。烤烟播种5578公顷，收购烤烟1.15亿吨。主要农副产品产量：油料161.9吨、甘蔗5183.2吨、烤烟1.15亿吨、水果27.93万吨、猪牛羊肉6.11万吨。年末有各式水利工程3394座，年内新增灌溉面积2593公顷，旱涝保收面积467公顷，农机总动力38.9万千瓦；全年农村用电量6178万千瓦时，农用化肥施用量（折纯）3.04万吨，农用塑料薄膜使用量1462吨。年末大牲畜存栏8.72万头；生猪存栏41.38万头，肥猪出栏65.06万头；羊存栏10.96万只，出栏6.78万只；家禽存栏76.58万只，出栏111.23万只。猪肉5.62万吨、牛肉3729.8吨、羊肉1189.6吨、禽肉1798.3吨。全年造林2333公顷，全区森林总面积8.90万公顷，森林覆盖率38%。全年工业总产值148.4亿元（按可比价格计算），比上年增长2.7%；其中规模以上工业产值110.6亿元，增长2.6%。实现规模以上工业增加值77.8亿元，增长2.6%。主要工业品产量：自来水1355万吨、原煤10.07万吨、发电量16.97亿千瓦时、水泥225万吨、中成药712.33吨、砖6.04亿块。全年完成固定资产投资150.4亿元，比上年增长25.21%。其中房地产开发投资31亿元。年内新签约项目19个，协议总投资145.28亿元，到位83.21亿元。全年实现社会消费品零售总额85.96亿元，比上年增长12.03%。按行业分：批发业销售额133.55亿元，增长10.77%；零售业销售额82.70亿元，增长17.74%；住宿业销售额2.61亿元，增长12.85%，餐饮业销售额9.98亿元，增长23.04%。按经济成分分：公有经济41.53亿元，下降0.40%；非公有经济34.48亿元，增长27.60%。全区公路通车里程1499.6千米，其中国道59.5千米、省道162.4千米，县道441.8千米，乡道859.9千米，村道28.7千米，专用公路6.765千米。年末全区拥有各类机动车8469辆，其中客运车辆30辆、货运车辆8439辆。全年客运量276万人次，客运周转量2.16亿人千米；货运量1400万吨，货运周转量18.10亿吨千米。全年完成邮政业务总量2111万元，增长1%。电信业务总量3.2亿元，增长7%。年末拥有固定电话用户20万户，移动电话用户20万户，互联网用户20万户。全年完成财政总收入18.90亿元，比上年增长5.7%。其中：地方公共财政收入11.46亿元，增长8%；一般预算支出51.12亿元，增长17.6%。国税收入7.06亿元，增长4.52%；地税收入10.48亿元，增长8.09%。金融机构年末人民币存款余额421.01亿元，增长14.92%，其中住户储蓄存款余额153.79亿元，增长15.57%。金融机构年末人民币各项贷款余额230.78亿元，比年初增长15.42%。全年接待海内外旅游者274.99万人次，比上年增长8.68%，其中海外旅游者534人次，比上年减少2.73%。旅游业综合收入13.49亿元，比上年增长19.91%。

2015年末，全区有各级各类学校271所。其中幼儿园44所，小学200（其中完小175所），中学25所（其中完中2所），教师进修学校1所，职业学校1所。在校学生15.85万人，其中幼儿园及学前班2.45万人、小学8.27万人、初中3.98万人、高中1.15万人。专任教师7303人，其中幼儿园63人、小学4468人、初中2016人、高中594人、进修学校43人、职业学校119人。中、小学适龄儿童入学率分别为99.52%、98.62%，高中阶段毛入学率59.3%。专任教师学历达标率分别为幼儿园98.3%、小学98.4%、初中98.1%、高中97.5%、进修学校76%、职业学校95.4%。高考上线率90.5%。青壮年文盲率降至0%。全年投入教育经费8.99亿元，比上年增长0.7%。全年列入各级科技计划项目12项，投入科技资金320万元。年末有专业技术职称9181人，其中高职903人、中职3719人。有农民专业合作社331个，协会35个，会员29657人。全年组织科技培训6期2000人次。2015年末有文化事业机构24个，其中艺术表演团体1个（已改制为企业）、文化馆1个、图书馆1个、博物馆1个、乡镇文化站20个。广播、电视覆盖率分别为97.03%和97.36%。全年投入医疗卫生事业资金1.45亿元。年末有各类卫生机构203个，其中县区级管理机构5个、县乡医院42（含县城私立医院22个）、村卫生所156个。有卫生技术人员971人，其中执业医师361人、执业助理医师118人、注册护士436人。有病床1885张，其中公立卫生机构床位1285张。

2015年，投入扶贫资金5866万元，比上年降低%。实施整乡推进项目2个，投入资金2000万元；整村项目7个乡镇10个行政村，投入资金1080万元；1个市级整村推进，投资60万。实施消除茅草建设项目551户，投入资金551万元；实施易地搬迁扶贫500人，投入资金300万元；投入扶贫贴息资金405万元。全年转移输出农村劳动力18.4万人，实现务工收入33亿元。2.9万人解决温饱问题，预计贫困人口降至12.98万人。2015年，全区参加基本养老保险人数40.87万人，征收养老保险金1.76亿元，发放养老金2.54亿元。城镇职工基本医疗保险参保单位392个，参保人员2.92万人，其中在职1.98万人、退休9434人；参加大病医疗2.92万人。收缴医保基金7534.95万元，支出6886.89万元。参加城镇居民基本医疗保险7.76万人，个人缴费和各级配套基金1360万元，住院报销费用2388万元；参加新型农村合作医疗保险66.8万人，参合率98.52%，年内筹集基金3.13亿元、支出3.21亿元。有2.72万名城镇居民和6.67万名农村居民得到最低生活保障救济，分别发放低保金9091.83万元和1.12亿元。城镇登记失业率3.68%。全年民政优抚革命伤残军人362人、在乡复员军人133人。全区有敬老院3个，收养262人；有儿童福利院1所，收养53人。

全区在职在编职工1.33万人，其中：行政2781人，年平均工资6.16万元；参公233人，年平均工资5.56万元；事业单位1.03万人，年平均工资6.30万元。农村常驻人口人均可支配收入7969元，比上年增长10%；城镇常住居民人均可支配收入2.48万元，比上年增长7.4%。

（蒋 睿）

普洱市县区经济选介

思茅区

【概 述】 思茅区位于云南省南部，澜沧江中下游，是普洱市的政治、经济、文化中心，辖区总面积3928平方千米，其中山区面积3582平方千米，占总面积的91.19%，坝区面积346平方千米，占总面积的8.81%。海拔在587～2154.8米之间，区政府所在地思茅镇海拔1302米。2015年年均气温19.5℃，最高气温33.5℃（5月11日），最低气温3.5℃（1月13日）；日照合计数2180.6小时，降雨量1521.2毫米，距省会昆明公路里程410千米，班机航线305千米。2015年末全区辖思茅镇、南屏镇、倚象镇、思茅港镇、六顺镇和云仙彝族乡、龙潭彝族傣族乡，下设56个村民委员会和15个社区居民委员会，自然村709个。年末全区常住人口为31.3万人，自然增长率6.75‰。

2015年，全区地区生产总值120.03亿元，按可比价格计算，比2014年增长10.7%。其中：第一产业增加值12.90亿元，增长5.0%；第二产业增加值46.81亿元，增长12.3%；第三产业增加值60.31亿元，增长10.3%。全区三次产业结构为10.8 ∶ 39.0 ∶ 50.2。按常住人口计算，人均地区生产总值3.85万元，增长9.9%。

2015年思茅区三次产业构成（GDP=100）

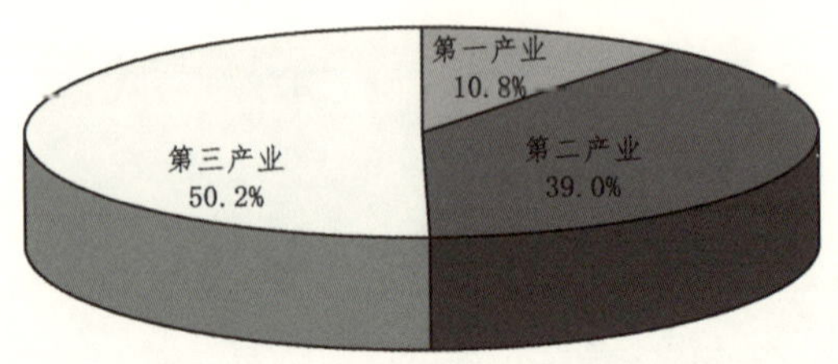

2015年末全部从业人员20.35万人，比2014年增加0.22万人。第一产业从业人员7.66万人，第二产业从业人员3.61万人，第三产业从业人员9.08万人。城镇登记失业率为3.78%。

2015年，全年一般公共预算收入7.53亿元，比2014年增长5.1%。一般公共预算支出18.21亿元，增长4.3%。年末全区金融机构各项存款余额264.19亿元，比2014年末增加29.28亿元，增长12.5%。年末金融机构各项贷款余额265.87亿元，比2014年末增加14.86亿元，增长5.9%。

【农林牧渔业】 2015年，全年农林牧渔业增加值13.26亿元，按可比价格计算，比2014年增长5.4%。全年粮食播种面积26.39万亩，比2014年减少1695亩，下降0.6%。全年粮食总产量5.78万吨，比2014年减少2吨。全年肉类总产量1.68万吨，比2014年下降1.9%。全年水产品产量2.07万吨，比2014年增长8.95%。2015年，年末有茶叶面积15.05万亩，增加3210亩，产量1.36万吨。有咖啡面积18.42万亩，增加5670亩，产量1.73万吨，增长12.5%。烤烟播种面积1.72万亩，增加120亩，产量2018吨。蔬菜播种面积3.31万亩，增加165亩，产量3.34万吨，增长0.5%。水果产量1.11万吨，增长24.0%。

2015年，年末农业机械总动力16.34万千瓦，比2014年末增长2.9%。全年农用化肥施用量（折纯）8744吨，与2014年持平。农村用电量1609万千瓦小时，增长9.3%。有效灌溉面积7400公顷，比2014年增长5.7%。

大荒地新农村

【工业和建筑业】 2015年，全部工业实现增加值22.26亿元，比2014年增长10.3%。年末拥有规模以上工业企业33户，比2014年末增加5户。在规模以上工业中：饮料制造业增加值2.80亿元，增长28.7%；木材加工业增加值3443万元，增长29.2%；医药制造业增加值6593万元，增长2.1倍；非金属矿物制品业增加值1.99亿元，增长3.3%；电力的生产和供应业增加值8.64亿元，下降0.6%；水的生产和供应业增加值3310万元，增长1.8%；有色金属矿采选业增加值2.67亿元，增长39.2%；农副食品加工业增加值2462万元，增长16.7%；非金属矿采选业增加值3442万元，增长10.5%；化学原料及化学制品制造业增加值1309万元，下降17.0%；橡胶和塑料制品业增加值1170万元，增长7.2%；有色金属冶炼和压延加工业增加值7448万元，增长8.1%。

高家寨村民小组发展第三产业——商业巴塞城

规模以上工业主营业务收入44.11亿元，比2014年增长3.3%；产品销售率88.0%。全年实现利润1.82亿元，下降55.8%；亏损企业亏损额5524万元。

2015年，全年建筑业总产值45.93亿元，比2014年增长5.3%。年末资质等级以上建筑企业55个，与2014年持平。全年具有资质等级的总承包和专业承包建筑企业实现工程结算收入32.48亿元，实现利润1.31亿元。建筑单位房屋建筑施工面积228万平方米，其中招投标承包面积31万平方米，招投标面为13.6%。

【固定资产投资】 2015年，全年完成固定资产投资（不含农户）143.02亿元，比2014年增长0.3%。按三次产业分：第一产业投资8.69亿元，增长8.6%；第二产业投资25.85亿元，下降57.7%；第三产业投资108.48亿元，增长47.8%。

2015年，全年完成项目投资（不含农户）95.54亿元，下降12.4%。按三次产业分：第一产业投资8.69亿元，增长8.6%；第二产业投资25.85亿元，下降57.7%；第三产业投资60.70亿元，增长52.9%。

2015年，全年房地产开发投资47.48亿元，比2014年增长41.7%。在房地产开发投资中：商品房建设投资45.94亿元，增长42.0%，其中住宅投资24.17亿元，增长30.3%。全年房屋施工面积280.64万平方米，增长7.0%，其中住宅施工面积157.73万平方米，下降6.0%；房屋新开工面积125.82万平方米，增长11.4%，其中住宅新开工面积54.82万平方米，下降28.3%；商品房销售面积34.82万平方米，增长83.0%，其中住宅销售面积29.13万平方米，增长69.9%。全年实现商品房销售额20.15亿元，增长1.04倍，其中住宅销售额13.47亿元，增长83.9%。

【贸易】 2015年，全年社会消费品零售总额48.36亿元，比2014年增长10.5%。分城乡看：城镇市场零售额46.90亿元，比2014年增长11.4%；乡村市场零售额1.45亿元，下降12.3%。

2015年末限额以上批发和零售业、住宿和餐饮业企业单位数66家，实现零售额36.21亿元，增长12.1%，占零售总额的74.9%，比2014年提高1.1个百分点。在限额以上批发和零售企业中汽车类销售额9.48亿元，下降6.4%；石油及制品类销售额29.24亿元，下降4.4%；家用电器和音像器材类销售额9114万元，增长8.7%；化妆品类销售额1588万元，增长11.2%；书报杂志类销售额1.5亿元，增长14.1%；食品、饮料、烟酒销售额2.29亿元，增长8.7%。

2015年，全年进出口总额2.37亿美元，比2014年增长7.4%。其中：出口2.18亿美元，增长7.3%；进口1843万美元，增长9.1%。实现贸易顺差2.00亿美元。

【交通运输】 2015年，年末民用汽车拥有量5.98万辆，比2014年增长11.2%。全年各种运输方式完成货物周转量5.58亿吨公里，完成旅客周转量5.88亿人公里。机场旅客吞吐量33.22万人次。

【邮电通讯】 2015年末固定电话用户7万户；移动电话在网用户46.83万户；固定互联网宽带接入用户9.34万户。全年完成邮电业务总量4.32亿元，比2014年增长7.9%。其中：邮政业务总量6500万元，增长43.0%；电信业务总量3.67亿元，增长3.5%。

【旅游】 2015年，全年实现旅游总收入33.15亿元，增长14.9%。共接待海内外游客451.9万人次。其中：接待国内旅游人数450.5万人次，比2014年增长15.3%；接待海外旅游人数1.4万人次，比2014年增长3.7%。

【教育】 2015年末全区共有普通高等学校2所，专任教师574人，在校学生1.06万人，毕业生2164人；中等专业学校4所，专任教师356人，在校学生1.03万人，毕业生2527人；职业高中专任教师115人，在校学生0.15万人，毕业生706人；普通中学13所，专任教师1351人，在校学生2.0万人，毕业生6137人；小学38所，专任教师1228人，在校学生2.55万人，毕业生3935人，小学学龄儿童入学率99.7%；全区各类幼儿园33所，专任教师555人，在园幼儿1.13万人。

【科技】 2015年末有县及县以上独立自然科研单位6个。各项科技研究活动有序开展，全年科研经费支出2013万元。全年完成各种实用技术培训0.63万人次，推广实用技术51项。

【文化】 2015年末有艺术表演团体2个，演出场次207场；艺术表演场所1个，文化馆2个，文化馆组织文艺活动33次；文化站7个，组织文艺活动99次；建成村级文体活动场所42个，农家书屋71个；公共图书馆2个，总藏量27.61万册（件）；广播电视台2个，广播发射台及转播台6座，公共广播节目2套，广播和电视覆盖率分别为100%和99.0%。

【卫 生】 2015年末，全区共有卫生机构194个（包括诊所、医务室等）。医院10所，其中综合医院6所、中医医院1所、专科医院3所；基层医疗卫生机构174个，其中乡（镇）卫生院7个、社区卫生服务站2个、村卫生室50个、诊所医务室113个、门诊部2个；专业公共卫生机构8个，其中疾病预防控制中心2个、妇幼保健院2所、卫生监督所2个、急救中心1个、采供血机构1个；拥有医学科学研究机构2个。年末拥有卫生技术人员3448人，其中执业（助理）医师1166人、药师（士）164人、注册护士1586人、技师（士）155人。年末实有床位3010张，其中医院床位2738张、卫生院床位212张、妇幼保健院床位60张。

【人民生活】 全年城镇常住居民人均可支配收入2.41万元，比2014年增长8.7%；全年农村常住居民人均可支配收入8573元，比2014年增长12.1%。城镇居民人均消费支出1.68万元，比2014年增长15.1%；农村居民人均消费支出6562元，比2014年增长9.6%。

【社会保障】 2015年末参加城镇职工基本养老保险5.72万人，比2014年末增加1.28万人；城乡居民社会养老保险参保6.58万人，比2014年末增加0.05万人。提高企业离退休人员养老金发放标准，养老金社会化发放率100%。年末失业保险参保3.55万人，比2014年末增加0.44万人。年末享受城镇最低生活保障4560人，全年发放最低生活保障金2040万元；享受农村最低生活保障9803人，发放最低生活保障金1668万元。

2015年末参加城镇职工基本医疗保险6.71万人，比2014年末增加0.14万人；参加城镇居民基本医疗保险3.45万人，增加0.25万人；参加农村新型合作医疗13.44万人，增加0.12万人。年末工伤保险参保5.09万人，比2014年末增加0.58万人；生育保险参保4.29万人，增加0.22万人。

【环境保护】 2015年末人均拥有绿地面积10.8平方米，比2014年增加0.04平方米，城市建成区绿化覆盖率达到38.8%。辖区内建有太阳河、糯扎渡两个森林自然保护区，环思茅城坝区生态林得到有效保护。年末有污水处理厂2家，日处理污水能力5万吨。全年优良以上空气质量达标率99.45%，集中式饮用水源地水质达标率100%，城市生活拉圾无害化处理率94.2%。

景谷6.6级地震思茅区六顺镇南邦河村灾后民房重建全景照

（奎中凌）

临沧市县区经济选介

临翔区

【概 况】 临翔区位于云南省西南部，地处北纬23°29′～24°16′，东经99°49′～100°26′之间。东西最大横距55千米，南北最大纵距83千米，东与普洱市的景东、镇沅、景谷三县相连，南与双江县接壤，西邻耿马县，北接云县。2015年，辖区总面积2 557.30平方千米，境内最高海拔3 429米，最低海拔730米，年均气温是18.0摄氏度，年均降雨量是1 217.0毫米。临翔区人民政府下辖凤翔街道办事处是临沧市政府驻地。全区辖凤翔街道、忙畔街道、博尚镇、蚂蚁堆乡、章驮乡、南美拉祜族乡、圈内乡、马台乡、邦东乡、平村彝族傣族乡，全区共2个街道1个镇7个乡，90个村民委员会，12个社区。2015年全区年末总人口33.45 万人，少数民族共有6.9万人，少数民族人口占总人口比例的20.6%，人口自然增长率控制在6.64‰。

【经济综述】 2015年，临翔区全年实现生产总值92.1亿元，同比增长11.3%，总量、增速均排名全市第一；完成规模以上固定资产投资143.6亿元，同比增长31.6%，总量排名全市第一、增速排名全市第二；地方财政总收入11.5亿元，同比增长3.5%，总量、增速均排名全市第一；地方公共财政预算收入6.63亿元，同比增长3.4%，总量排名全市第一、增速排名全市第二；地方公共财政预算支出26.65亿元，同比增长3.3%，总量排名全市第二、增速排名全市第四；规模以上工业增加值19.7亿元，同比增长22%，总量排名全市第二、增速排名全市第一；社会消费品零售总额45.7亿元，同比增长10.9%，总量排名全市第一、增速排名全市第五；招商引资到位资金145亿元，同比增长19.9%，总量排名全市第一；城镇居民人均可支配收入21683元，同比增长8.5%；农村居民人均可支配收入8132元，同比增长12%。

【高原特色农业】 2015年改造中低产田地4.62万亩，粮食产量达9.74万吨。毛茶产量1.3万吨、油菜产量1.6万吨、甘蔗产量13.87万吨、收购烟叶20.75万担。发展竹木18万亩，生物药业8.3万亩，坚果8万亩。启动建设了一批茶叶、生物药业、农牧观光等绿色产业庄园，培育建成省市农业龙头企业21个、农民专业合作社187个、家庭农场161个、畜禽养殖场（小区）231个、优质肉猪规模养殖场20个。实现第一产业增加值14.7亿元，同比增长6.1%。

【工业经济】 加强与临沧工业园区合作共建，建立“一对一”挂钩服务机制，完成工业固定资产投资32亿元，新培育规上工业企业6户。全面推行清洁生产，有序淘汰落后产能。扶持“两个10万元”微型企业230户。实现第二产业增加值31.77亿元，同比增长22.1%。

【现代服务业】 四条旅游环线初步形成，南美拉祜风情园等11个旅游景点基本建成，金海棠精品酒店、和成法拉帝国际度假庄园等一批星级接待设施投入运营，全年接待国内外游客127.6万人次，实现旅游总收入7.79亿元。民营经济不断壮大，实现增加值44.5亿元，增长14.3%。农村电子商务平台加快发展，扶持4户商贸企业升限。实现第三产业增加值45.63亿元，同比增长6.4%。

【主城区建设】 稳步推进临沧城东片区、北片区城市综合开发，启动头塘街棚户区改造，完成东西环线路灯工程，新建雨污管网27千米。加强违法建设、违法占地整治，立案调查183起4.5万平方米，依法拆除27户3 507平方米，自行拆除3户980平方米。巩固省级卫生城市、园林化城市创建成果，实施城区主干道泊位停车收费，认真落实街长、河段长责任制，城市环卫全天候保洁，实现垃圾日产日清、即清即运。扎路营、华旭等农贸市场综合整治取得明显成效。开通城管热线，利用城市数字视频监控系统24小时值班，形成多部门快速联动的城市管理工作新格局。城市建成区面积达18.4平方千米，城镇化率达51.08%。

【美丽乡村建设】 突出房、村、镇、城同步提升，水、电、路、通讯、绿化等同步改造，完成旧村改造50个，建设美丽村庄17个，实施民居房改造7500户，南美乡民居房整乡推进全面完成，全乡1022户各族群众住进新房，“10.7”地震受灾民房恢复重建有序推进，7 839户受灾群众全部搬入新居。

【生态文明建设】 扎实推进洁净临翔行动，建成6个乡（镇）农村生活垃圾无害化处理场。禁止秸秆、蔗稍焚烧，推行秸秆养畜、碳化和沤肥还田、塝沟埋草等处理方式。着力实施南汀河流域过境段生态治理，整治南汀河、西河上游及临沧城方圆20千米内的采石、采砂，炸封取缔私挖滥采非法小煤窑680井次。城乡绿化新植树木87万株，荒山荒地绿化造林348万株，改造低效林2万亩，森林覆盖率达76.2%，城市建成区绿化覆盖率达45%，公路绿化率达35%，临沧城空气质量优良率达95.89%。

【基础建设】 机场高速、玉临高速、大临铁路相继开工建设，省道319线临翔过境段、25条（段）346千米，2014年建制村通畅工程全面完工，临沧机场改扩建一期工程基本完工。白沙田、大沙坝水库建设完工，鸭子塘水库加快扫尾，拦门山水库顺利推进，农田有效灌溉率达52%。已建成水电站14座，在建2座，开发利用水能6.79万千瓦。2015年农村电网改造升级项目顺利推进，500千伏博尚变主变工程顺利投产，220千伏接入系统工程通过市级核准。实现了全区互联网服务全覆盖，城区光纤网全覆盖，无线互联网覆盖乡（镇）所在地及部分行政村，4G网络覆盖率达80%以上，广播电视覆盖率达99%。

【扶贫工作】 2015年完成3个贫困乡，28个贫困村，8 397户、31 634人建档立卡回头看。抽调349名队员，组建89个工作队驻村帮扶。实现干部职工与建档立卡贫困户结对帮扶全覆盖，共为群众解决困难问题800余个，投入帮扶资金3 100万元，6 600人脱贫出列。

【社会保险】 社会保障体系不断健全，2015年基本社会保险覆盖率达81.7%，城乡居民养老保险参保缴费率达94.98%。及时足额发放城乡低保金、五保供养金1.17亿元。扶持362人创业贷款1 810万元。老年优待政策和临时救助措施全面落实，重点优抚对象解困帮扶力度不断加大。

【教育事业】 全区农村义务教育学生和学前幼儿享受营养改善补助全覆盖。建成农村薄弱学校改造计划食堂建设项目34所、15 195平方米，改造薄弱学校14所，完成“10.7”地震灾后恢复重建加固改造4所，拆除重建8所。建立覆盖学前教育到大学在校生家庭经济困难资助体系，义务教育均衡发展通过省级评估验收。全力推进区一中达标晋级一级三等完中，高中毛入学率达87.8%，本科上线率达60.56%。

【医疗卫生事业】 新农合参合率达98.85%。公立医院改革稳步推进，3个乡镇卫生院、31个村卫生室标准化建设全面启动。中医药服务体系初步建立。重大疾病防控能力不断提升，禁毒防艾全面加强。

【文化体育事业】 积极开展新农村文艺汇演和七彩云南全民健身运动会。扎实推进农村文体活动场所和农家书屋建设。新编出版《恒春之都，首爽临翔——临翔区原创歌曲集》。微电影《爱在南美》《昔归情深》分别荣获第三届亚微节“金海棠”一等奖和二等奖。原创舞蹈《荟仿》获省市舞蹈金奖。

（胡荣莉）

红河州市县区经济选介

蒙自市

【概 述】 蒙自市位于云南省东南部，红河哈尼族彝族自治州东部。地跨北纬23°01′～23°34′，东经103°13′～103°49′。东西最大横距61.3公里，南北最大纵距62公里。东邻文山县，南接屏边苗族自治县，西连个旧市，北与开远市接壤。北回归线从境内鸣鹫镇小坝心、西北勒乡苏租、文澜镇大台子、雨过铺镇新光、长桥海东坝穿过。全市总面积2228平方公里，其中山区面积1683.8平方公里，占总面积的75.6%；坝区面积544.2平方公里，占总面积的24.4%。辖7个镇（文澜镇、草坝镇、新安所镇、雨过铺镇、芷村镇、冷泉镇、鸣鹫镇），4个乡（期路白乡、老寨乡、水田乡、西北勒乡），86个村民委员会，693个自然村，992个村民小组。滇南中心城市核心区初具规模，是红河州州府驻地，距省会昆明289公里。

年末总人口39.69万人。其中，乡村人口18.03万人，城镇人口21.65万人。年内出生7363人，出生率18.65‰；死亡2515人，死亡率6.37‰。人口自然增长率12.28‰，人口密度每平方公里178人。全市有汉、彝、苗、壮、回、傣、哈尼等七个千人以上民族。其中，汉族15.76万人，占全市总人口的39.71%；彝族11.87万人，占全市总人口的29.92%；苗族6.49万人，占全市总人口的16.35%；壮族4.35万人，占全市总人口的10.96%；回族3701人，占全市总人口的0.93%；傣族1450人，占全市总人口的0.36%；哈尼族4338人，占全市总人口的1.09%；其他少数民族2666人，占全市总人口的0.68%。

2015年，蒙自市气温比常年和上年偏高，平均气温20.5℃，年内各月平均气温除4月、7月、8月、10月略低外，均比上年略高至偏高。

年降雨量1018.7毫米，比常年平均偏多19%，比上年偏多37%。总日照时数2099.4小时，较常年偏少39.3小时，比上年偏少48.7小时。全年降水时空分布均匀，雨季开始期偏早，结束期偏晚，冬季出现阶段性低温和轻度旱情，夏秋季大雨暴雨突出。综合年内各气象因子相互作用对作物生长的影响，虽出现阶段性不利条件影响并造成一定经济损失，总体上全年气候条件对农业生产和作物生长仍算风调雨顺的上等年景。

矿产资源丰富，有银、锡、铅、锌、锑、锰、磷、煤等8个矿种，已查明矿点15个，已开发矿点为老寨乡白牛厂多金属矿。

旅游资源类型众多。自然景观:绿翠潭景区、万亩石榴园景区；人文景观：南湖景区、缘狮洞景区、碧色寨景区、查尼皮中共云南“一大”会址。年内，依托蒙自“三个百年”，积极融入昆明—玉溪—红河旅游文化产业经济带规划建设，加快推进碧色寨滇越铁路历史文化公园，石榴庄园、过桥米线小镇，法式风情旅游小镇，小东山森林度假公园，查尼皮3A级旅游景区等项目建设，开工建设鸣鹭缘狮洞旅游景区，做好长桥海旅游度假区，南湖5A级旅游景区项目规划编制等前期工作；推进智慧旅游公共服务体系建设；提升景区品质，完成尼苏小镇3A级景区创建工作。

地方特产主要有过桥米线、年糕、刀烟、甜石榴，其中，过桥米线、年糕、刀烟为传统名膳、特产，甜石榴自1987年开始，在政府引导、扶持下逐步发展并形成规模。

【经济建设】 2015年，全市完成地区生产总值144.03亿元，比上年增长13.1%。其中，第一产业21.99亿元，第二产业65.99亿元，第三产业56.04亿元。公共财政预算总收入24.7亿元，增长3.1%；地方公共财政预算收入16.82亿元，增长11.9%；地方公共财政预算支出31.69亿元，增长3.8%；固定资产投资214.74亿元，增长36.86%；金融机构存贷款余额分别为411.08亿元、279.74亿元，增长11.73%、13.5%；农村常住居民人均可支配收入10417元，增长11%；城镇居民人均可支配收入26922元，增长8.8%。

年内，蒙自市完成规模以上固定资产投资214.74亿元，较上年增长36.86%。其中，城镇固定资产投资192.77亿元，增长39.17%。按构成分：建筑安装工程投资177.96亿元，设备工器具购置12.52亿元。按行业分：六大重点行业完成投资132.7亿元，占总投资的61.8%。其中，房地产投资68.01亿元，增长49.0%；非电工业投资28.76亿元，增长36.1%；综合交通投资11.7亿元，增长179%；教育投资12.7亿元，增长321.9%；水利投资5.4亿元，增长19.3%；旅游投资6.13亿元，增长51%。其中，市级重点项目94项，完成投资112亿元，占全市总投资的51%。

2015年，蒙自市农业组织化、规模化程度进一步提升，农业机械化水平达47%，果蔬两大主导产业效益初显，现代高原特色农业示范区建设取得重大进展。全市农业总产值34.58亿元，增长6.3%；农业增加值23.13亿元，增长8.6%；粮食播种面积68.14万亩，总产量17.09万吨，增长1.7%；肉类总产量8.65万吨，增长12.12%；蔬菜累计种植15.72万亩，产量29.97万吨，产值6.15亿元；水果累计种植面积38.15万亩，产量41.16万吨，产值15.9亿元。水产品产量4579吨，农机总动力42.02万千瓦，农民人均纯收入1.04万元，农产品加工业总产值9.84亿元，畜牧业总产值16.45亿元，增长9.59%。

2015年，蒙自市新型工业化进程加快，推进了一批技改项目和重大工业项目，逐步形成以冶金、建材、进出口加工、新能源等为重点的支柱产业。全年工业总产值201.35亿元。有工业企业704户，其中工业总产值2000万元以上的规模企业28户，实现工业总产值184.06亿，占全市工业总产值的91.41%。其中，轻工业总产值4.55亿元，重工业总产值179.51亿元；国有企业工业总产值86.11亿元，股份制企业工业总产值97.51亿元，外商及港澳台商投资企业总产值0.44亿元。形成了红河钢铁有限公司等9户产值上亿元的工业企业。蒙自工业园区被纳入全省重点工业园区，园区产值占工业总产值的15.9%。

全市有民营经济2.52万户，增长17.23%；从业人员7.56万人，增长12.9%；增加值58.87亿元，增长17.5%，占全市GDP的40.8%；上缴税金6.73亿元（不含股份公司），增长24.8%，占全市税收的47%。规模以上工业企业28户（民营企业16户）。其中，蒙自矿冶有限责任公司、蒙自市龙源矿业经营有限责任公司、蒙自市正元矿业有限责任公司、云南天佑熊业制药有限公司等4户产值上亿元。规模以上16户民营企业完成民营经济增加值14.24

亿元。民营经济开始由过去的加工业、商贸服务业向医疗卫生、城市公用事业、物流等更多领域拓展。

【社会建设】 多渠道增加投入，不断提升公共服务能力与水平，推进民生工程建设。优先发展教育事业，推进教育“五化”建设，即学前教育普及化、义务教育均衡化、高中教育优质化、职业教育服务化、教育布局超前化，高中阶段毛入学率提高到78%，普通中学招生7360人，中等职业教育招生1880人，九年义务教育巩固率76.7%。加快北部学校、一小新校区、云师大蒙自附中二期扩建项目、薄弱学校改造等项目建设。完善医疗卫生服务体系，推进乡镇卫生院、村卫生室、社区卫生服务机构标准化建设，力争市人民医院扩建、市妇幼院迁建项目开工建设。确保实现每千人拥有病床3.5张，增长2%。继续实施积极的就业政策，鼓励多渠道多形式就业，进一步提高就业质量。重点抓好高校毕业生、城镇就业困难人员、退役军人就业创业工作，确保城镇新增就业人员0.5万人，城镇登记失业率控制在4.3%以内。逐步完善社会保障体系，重点做好城乡低保、养老保险、医疗保险、失业保险、失地农民基本生活补助、新型农村合作医疗补助等工作。继续做好公租房、棚户区改造、农村危房拆除重建和地震安居加固改造、“美丽家园”建设等工作。努力保持物价稳定，抓好“菜篮子”、“米袋子”工程建设，提高粮、油、肉、菜等农副产品产量和本地供应量；加强农副产品流通环节监管，降低农副产品流通费用；争取上级价格调节基金，推进平价商店建设；加强市场价格监督检查，维护市场价格秩序，确保居民消费价格总水平涨幅控制在3%以内。

【文化建设】 夯实文化建设基础。完善基层公共文化服务设施，推进文化信息资源共享、农家书屋、公共电子阅览室、广播电视“户户通”等工程建设。抓好非物质文化遗产传承保护，完成可移动文物普查工作。发展公共体育事业和体育产业，加强基层体育场地和公共设施建设，广泛开展全民健身活动。

【生态建设】 以节能减排为重点，强化节能减排目标责任考核，抓好重点行业、重点企业节能降耗、清洁生产和资源循环利用，确保完成全年节能减排目标任务。开展污染防治，强化重金属污染专项防治，开展农村面源污染治理和农村环境综合整治，加强对水污染综合防治，推进城镇污水、垃圾处理设施建设，城市污水集中处理率达87%，城市生活垃圾无害化处理率100%。继续实施植树造林、封山育林、面山绿化，巩固天然林保护、退耕还林等生态工程。全面落实建设项目环境影响评价和“三同时”制度，强化环境监督管理。

（王 熹）

个旧市

【概 况】 个旧市位于云南南部、红河北岸。全市总面积1587平方公里，市区所在地锡城镇海拔1684平方米，距省会昆明280公里。全市辖6镇2乡2区，共79个村民委员会和32个城镇社区。2015年末，全市户籍总人口38.78万人。其中，城镇人口25.75万人，占总人口的66.4%；少数民族人口16.09万人，占总人口的41.5%。全市常住人口47.05万人，人口出生率、死亡率、人口自然增长率分别为11.60‰、6.66‰、4.94‰。城镇化率73.8%。

2015年，全市实现地区生产总值206.19亿元，增长11.3%。其中第一产业增加值12.7亿元，增长6.5%；第二产业增加值111.53亿元，增长13.9%；第三产业增加值81.96亿元，增长8.1%。三次产业之比为6.2 ∶ 54.1 ∶ 39.7。规模以上固定资产投资212.51亿元，增长35.8%。其中：房地产开发投资29.31亿元，增长9.5%。完成工业总产值296.75亿元，增长9%。全市完成地方财政总收入18.81亿元，下降8.0。其中：一般公共预算收入11.11亿元，增长3.6%，一般公共预算支出33.07亿元，下降5.8%。年末，金融机构各项存款余额232.14亿元，比年初增长1.4%，其中住户存款余额148.95亿元，比年初增长0.9%；各项贷款余额190.89亿元，比年初增长11.0%。

【农村经济】 2015年，个旧市加快推进现代农业发展进程，以调整产业结构、转变生产方式为抓手，突破性发展农业特色产业，促进农业农村经济健康协调发展。全年实现农林牧渔业总产值22.67亿元，比上年增长6.4%；粮食总产量7.65万吨，比上年增长1.8%。农村经济总收入82.0亿元，增长13.5%。大力发展畜牧产业，畜牧业产值达11.76亿元，占农林牧渔业总产值的51.9%。肉类总产量6.25万吨，比上年增长8.3%；家禽出栏341.19万只，增长19.1%；禽蛋产量1.24万吨、牛奶产量2.65万吨，分别增长24.8%和23.1%。高原特色现代农业加快发展，北部倘甸万亩现代农业示范区列入全州百万亩现代农业示范区；南部以个旧市红河谷绿色生态产业园发展为引领，与云南农大合作对农业和生物产业项目进行开发，积极发展辣木、早熟葡萄、柠檬产业，红河谷生物产业发展初见成效。

【工业经济】 2015年，个旧市主动适应经济发展新常态，全力以赴稳增长、调结构，工业经济保持平稳发展。全市规模以上工业实现总产值260.14亿元，同比增长8.9%。主要工业产品产量：有色矿产金属总量10.42万吨，下降3.3%；十种有色金属67.07万吨，增长10.3%。其中：锡8.46万吨，下降3.9%；铅14.4万吨，增长30.1%；锌5.07万吨，下降2.1%；铝30.22万吨，增长6.3%；硫酸（折100%）81.96万吨，下降1.2%；中成药371吨，下降36.7%；液体乳（牛奶)7.48万吨，增长31.5%。规模以上工业经济效益持续下行，规模以上工业企业主营业务收入397.31亿元，增长24.3%；利税亏损29.08亿元，增亏29.9亿元，其中：利润亏损36.25亿元。

积极推进政府与社会资本合作，多渠道筹措建设资金，先后争取中央、省、州各级财政资金22.72亿元，政府债券资金2.42亿元，争取到中央专项建设基金项目16项6.025亿元，申请到大屯海堤坝治理项目贷款2亿元、易地扶贫搬迁项目贷款7.9亿元，大屯新城整体城镇化项目贷款20亿元待农发行国家总行批准，为经济社会建设提供财力保障。

深入实施产业转型“211工程”，拆除落后产能粗铅冶炼鼓风炉10座，淘汰69户小选矿企业。加快培育规模以上工业企业和“四上”非工业企业，新增规模以上工业企业5户，规模以上工业企业达57户，“四上”非工业企业达70户。加快实施传统工业企业技改工作，为企业申请技改补助及贷款资金5000万元，支持云南沙铅等7户企业加快技术设备创新改造。扶持振兴、乘风、锌联等有色金属企业拓展有色金属深加工、稀贵金属回收利用、固体废物资源化综合利用等项目。启动轻工产业园区项目建设。云锡10万吨铅、沙甸铅业10万吨铅等13个工业重点项目竣工投产。完成中电新能源卡房光伏项目工商注册等前期工作。南翔公司年处理90万吨氧化锰矿石选矿厂、年产20万吨硅锰合金，云南沙铅10万吨粗铅冶炼等重大项目建设顺利推进。

【商贸·旅游·招商引资】 2015年，个旧市社会消费品零售总额64.67亿元，比上年增长12.2%。乡村消费增长快于城镇，实现城镇消费品零售总额45.24亿元，增长11.7%；实现乡村消费品零售总额19.43亿元，增长13.1%。按经济成分来看，公有制经济实现零售额29.5亿元，增长10.6%；非公有制经济实现零售额35.17亿元，增长13.5%。全年实现外贸进出口总额1.82亿美元，下降34.6%，其中：进口0.99亿美元，下降28.6%；出口0.83亿美元，下降40.9%。稳步推进旅游项目建设，积极推动旅游产业发展。全年接待国内外游客206.28万人次，实现旅游总收入16.98亿元。“中国•沙甸回族文化旅游小镇”、阴山综合旅游开发、个旧锡文化创意产业园等旅游项目稳步推进。中国沙甸•泓回文化艺术庄、金彩陶瓷文化实业有限责任公司于9月正式对外运营。积极组织、参加各类旅游推介活动，先后参加2015中国国际（浙江）旅游产业博览会暨中国国际（自驾）旅游产业博览会、北京第三届金秋银杏节、2015年中国国际旅游交易会等，共发放《世界锡都—个旧旅游宣传册》1.62万份。借助红河州旅游发展委员会和中国工商银行红河分行依托工商银行“融e购”电子商务平台，先后有沙甸好牛食府、沙甸品质馆等22家商户入驻“融e购”电子商务平台。

深入挖掘个旧区位、产业、人文优势，积极打造以技术、品牌、质量、服务为核心竞争力的招商引资环境。全市在建招商引资项目102个，其中上年结转37个，新开工项目65个，新签项目协议总投资149.78亿元。全年引进省外到位资金75.85亿元，其中工业项目省外到位资金30.49亿元，引进外资1048万美元。

【城乡建设】 2015年，个旧市坚持双城联动，全力推进新城建设，提升老城品质，不断凝聚城市的综合承载能力和发展潜力。大屯新城建设完成控规编制，大屯海环湖观光西路路基已贯通、星河变电力线路工程建设已完工。星河路拓宽工程、环中海路、个屯路延长线、奥体路启动前期设计工作。个旧城区与大屯新城连接有轨电车、第三自来水厂及配套管网工程、大屯海水生态系统保护与修复工程、综合体育设施建设、地下综合管廊、水乡小镇等项目前期工作有序推进。个旧主城区城市功能不断优化。排污隧洞工程主隧洞全面贯通，吉安变主体已完工，上河变开始实施出线工程。人防公共人员掩蔽工程进入规划审批阶段。大通天然气中转站开工建设。雨水管网改扩建等项目积极推进。启动了新景路、民权路等市政道路建设。完成了建设路、环金湖照明及红炮台、抗洪广场夜景灯光改造工程。继续实施市区人行道提升改造和市区公厕拆除重建和改造工程。加快行政区划改革，推进贾沙乡撤乡设镇、锡城镇撤镇设街道工作，配套推进锡城镇6个村委会撤村设居工作，加快推进人口市民化进程。

建筑及房地产业健康有序发展，全市资质建筑业企业完成总产值41.62亿元，增长20.4%，完成房地产开发投资29.31亿元，增长9.5%。稳步推进“美丽家园”行动计划，整合各类资金4.8亿元，打造特色民居3900户（其中拆除重建2400户，改造提升1500户），州、市级做美村庄示范村19个，做优集镇1个，新建和改造标准化卫生院（室）2所，建设标准化小学、乡村幼儿园2所，消除BC、D级校舍16958平方米。基础设施建设不断完善，全年完成水利投资2.31亿元，完成2014年、2015年续建配套和节水改造项目共计12条渠道工程，8座小（2）型病险水库除险加固工程通过竣工验收，石洞坝水库实现开工建设，火把冲水库、坡背中型水库工程前期工作有序推进。全市库区坝塘蓄水6356.5万立方米。名悦休闲旅游酒店湖滨广场一期房屋征收已进行补偿安置。全年垃圾、粪便清运率始终保持100%，城市生活垃圾无害化处理率为100%，城市生活污水处理率86%。建成区面积13.2平方公里，建成区内实有各类绿地571.71万平方米，其中，公园绿地（原公共绿地）面积136.75万平方米，建成区绿化覆盖率48.9%，城市绿地率45.74%，人均公共绿地面积7.85平方米。

【环境保护】 2015年，个旧市紧紧围绕“生态环保”发展战略，积极创新环境管理、强化环境治理、持续推进污染减排、严格环境监管，实现了全市生态环保建设工作的新进展。严格建设项目环保审批，共审批43个建设项目，竣工环保验收项目7个。稳步推进重金属污染综合整治“五大工程”。强化污染源监督性监测和自动监测数据有效性审核、提高国控企业污染源自动数据监控有效传输率、全力推进企业自行监测及信息公开工作、按“一企一档”原则对全市86个国控企业建立了档案，建立了减排监测、考核体系。不断规范环境空气、水质、噪声等监测工作，全年共出具监测报告282份，提供监测数据2.06万个。积极开展绿色单位创建指导工作，组织个旧市供电局社区、个旧市云锡机关社区、个旧市金湖东社区、个旧市明珠社区和个旧一中、个旧三中、人民小学、绿水河旅游公司参加云南省绿色学校、绿色社区和环境教育基地复审工作；指导宝华社区成功创建省级绿色社区，个旧市十八中、个旧市甲介山小学成功创建省级绿色学校。进一步强化排污申报登记审核工作，对重点企业排污费实行阳光征缴和企业动态核定管理，对辖区内109家企业征收排污费974.41万元。继续加大对辖区内重点片区涉重企业监管力度，全年共出动执法人员1.19万人次，做现场监察记录3997份。推行环境监察“网格化”管理，初步构建了覆盖全市、责任到人、监管到位的环境监管网络体系，网格化工作经验得到省环保厅的肯定。扎实推进生态文明建设，锡城镇、蔓耗镇共有14个村委会创建为“红河州州级文明生态村”。全市已有69个村委会创建为“红河州州级文明生态村”，占全市79个村委会的87.3%。强化危险废物监管，组织举办工业危险废物规范化管理培训班，共有115家工业企业参加培训。年内办理危废转移手续46批次，实际完成危废转移45批次。推进节能降耗，积极开展可再生能源发展专项资金补助申报工作，红河锌联综合节能提升改造工程、润鑫铝业铝电解高效节能环保惰性阴极示范生产线建设项目、云南沙铅铅冶炼余热发电节能项目已列入2015年度云南省重点节能示范项目，获得省级节能降耗专项资金192万元。完成退耕还林、荒山造林9500亩，义务植树85万株。完成石漠化、岩溶面积综合治理55平方公里。

【社会保障】 2015年，个旧市进一步健全完善社保体系，年末参加基本养老保险人数7.15万人，参加城镇职工基本医疗保险人数11.61万人，参加城镇居民基本医疗保险人数9.27万人，参加失业保险人数5.51万人，参加工伤保险人数5.48万人，城乡居民基本养老保险参保人数10.86万人，发放基础养老金待遇2.51万人，发放金额2597.39万元。2014年启动新老农保并轨工作，2015年末，享受待遇符合条件并入城乡居民基本养老保险发放待遇人数512人，累计发放金额45.91万元。城镇新增就业人员

7215人，城镇登记失业率为3.85%。新增转移农村富余劳动力2616人，农民人均工资性收入达5710元，增长20.8%。全年发放农资综合直补、农作物良种补贴、退耕还林项目资金等惠农补贴3351万元，受益人数45.45万人次。整合村级一事一议财政奖补资金840万元、美丽乡村资金900万元、彩票公益金170万元，共实施项目33个，覆盖全市33个自然村，惠及农户5741户。全年投入各种扶贫资金1.22亿元，实施整村推进项目5个，其他扶贫项目8个，全市8个乡（镇）12个贫困自然村的866户3209人直接受益；投放农村到户扶贫贷款4000万元，扶持农户1602户7209人；完成减贫任务1900人。实施公共租赁住房建设400套、棚户区改造项目22个、3201户，建成公共租赁住房1个项目75套。实施农危房改造和安居工程1375户。稳步推行城乡医疗救助制度，全年发放城乡医疗救助资金945.32万元，救助困难群众6.78万人次。全市共有4.75万低保对象享受到低保补助，发放资金1.38亿元。2015年7月1日起，80周岁至99周岁老年人保健长寿补助标准从每人每月45元提高到50元，100岁以上长寿补助继续执行600元/人月标准。全年发放高龄津贴505.24万元，惠及9200余名高龄老人。切实抓好老龄工作，建成3个村级敬老院，2013～2014年中央及省批11个居家养老服务中心完工并投入使用，8个农村幸福院项目竣工投入使用。出台《关于建立个旧市城区社区义务服务工作体系的实施意见》，积极推进公共服务覆盖到社区。努力满足残疾人康复需求，荣获“全国白内障无障碍市”称号。完成各项水利工程项目1158件，0.78万农村人口安全饮水问题得到解决，改善灌溉面积1.15万亩，治理水土流失面积20.1平方公里。

2015年，城镇常住居民人均可支配收入2.69万元，增长9.0%；农村常住居民人均可支配收入1.17万元，增长11.1%；城镇居民人均住房建筑面积31平方米，农村人口平均住房建筑面积38平方米。

【社会事业】 2015年，个旧市共组织申报各类科技计划项目获立项48项，其中省级35项，州级13项，共争取项目资金1620.1万元。评审立项市级科技计划项目39项，落实项目资金115万元。鼓励和支持企业自主创新，个旧市旧益机电厂“新型液压粉磨机研发及推广应用”项目获省民营经济暨中小企业发展专项扶持资金35万元；红河州巨丰生物科技股份有限公司承担的“铁皮石斛细弱苗复壮技术及产业化”项目获技术创新暨产业发展专项扶持资金80万元；个旧市大红屯粮食购销有限公司等13家企业被认定为科技型中小企业；云南乍甸乳业有限责任公司被认定为高新技术企业；鑫联环保科技股份有限公司和红河州巨丰生物科技股份有限公司被列入省高新技术企业上市培育名单；鑫联环保科技股份有限公司先后被认定为省级创新型试点企业和云南省科技小巨人企业；个旧市获批省级可持续发展试验区；个旧市特色工业园区被认定为云南省高新技术产业开发区。强化知识产权强县试点工作，全年专利申请量178件，专利授权量91件。继续加大科技奖励力度，组织科技项目参加2014年度红河州科学技术奖17项，获奖12项，奖金23万元。组织评选出2014年度个旧市科学技术奖16项，拨付奖金25万元。着力推进科技服务平台建设，云新孵化器被认定为2015云南省众创空间。

全面实施素质教育，努力提升教育整体发展质量和水平。年内撤并5个校点，顺利通过省、州义务教育基本均衡发展督导评估验收，和平小学被评为首批红河名校。2015年高考600分以上考生33人，位列全州第二；全年投入资金4700万元，新建（维修改造）校安、薄弱学校改造、全面改薄、学前教育等共16个教育专项工程，新建（维修改造）校舍面积3.05万平方米。完成鸡街小学标准化建设，新建老厂对门山幼儿园。幼儿入园（班）率达99.42%，小学适龄儿童入学率为99.62%，初中毛入学率为103.26%，初中三年完学率93.45%，高中阶段毛入学率82.16%。积极推进教育信息化建设。

积极推进新型农村合作医疗实施，全市新农合参合率达99.6%。新农合基本险支付6761.46万元，进入大病报销金额160.71万元，两项保险患者实际报销比例达67.47%。医药卫生体制改革稳步推进，市人民医院、市中医医院、市第二人民医院取消所有药品（中药饮片除外）加成，按进价销售。积极推进医疗服务价格调整，对三所医院医疗服务价格进行合理调整，新的收费价格于2016年1月1日起执行。鼓励和引导社会资本举办医疗机构，2015年，共审批设置4所民营医院。规范医院护工管理，提高护工队伍素质，目前全市已有89名护工取得培训合格证。成立个旧民营医疗机构行业工会联合会，促进民营医疗机构规范化、精细化管理。加快推进妇幼健康机构标准化、规范化建设，

2015年被国家卫生计生委授予“国家级妇幼健康优质服务示范县”称号。继续实施国家基本公共卫生服务项目，截至2015年，全市免费建立统一、规范的居民电子健康档案38.9827万份，建档率83.60%。全年未发生突发公共卫生事件。

文化、体育事业繁荣发展。加强广播电视基础设施建设，在全市8个乡镇79个村委会进行农村应急广播“村村响”设备安装工作，覆盖农村人口1.73万户、5.69万人。不断完善“村村通”维护管理制度，确保广播电视“村村通”工程长期有效运行。全市广播、电视综合覆盖率分别达到99.47%和98.02%。建成锡城跃进村、贾沙阿邦村、卡房苟街村3个村文化活动室，建成鸡街新寨村、蔓耗小蔓提村、贾沙枯枝柏村3个村级文化体育活动广场。全年免费组织各类综合大型文体活动12次，大型展览15个（其中常年展览的3个），单项文体活动100余次，举办各类培训班、讲座46期。继续推进信息资源共享工程建设，目前，全市已建成1个县级公共电子阅览室、10个乡镇区公共电子阅览室、74个村级服务点、26个社区服务点，覆盖率达95%。图书馆分馆建设有序推进，完成沙甸鱼峰书院、沙甸阿语学校、鸡街文化站3个图书馆分管建设。积极组织和参与各种体育赛事，体育健身活动覆盖面不断扩大，登记注册的市级体育协会23个，各级各类体育健身活动站点200余个。体育场地总数269个，场地总面积16.2万平方米。

（何少华）

文山州市县区经济选介

文山市

【概 况】 2015年文山市地区生产总值（GDP）达190.1亿元，按可比价格计算，比上年增长10.1%。分产业看，第一产业增加值16.9亿元，比上年增长5.8%，拉动GDP增长0.4个百分点，对GDP增长的贡献率为4.1%；第二产业增加值92.9亿元，增长10.4%，拉动GDP增长5.4个百分点，对GDP增长的贡献率为53.5%；第三产业增加值80.3亿元，增长10.5%，拉动GDP增长4.3个百分点，对GDP增长的贡献率为42.4%。三次产业结构由上年的10 ∶ 48.1 ∶ 41.9调整为8.9 ∶ 48.9 ∶ 42.2。人均GDP达38309元，比上年增长9.9%，按2015年末人民币汇率（1美元=6.4936元人民币）折算达人均5900美元。2015年文山市非公有制经济实现增加值96亿元，按可比价计算，比上年增长10.1%，非公有制经济占全市GDP的比重达50.5%。

2015年末全市常住人口为49.7万人，其中城镇常住人口为28.5万人，城镇化率达到57.4%。

【农 业】 全年实现农业总产值28.7亿元，按可比价格计算，比上年增长5.8%。其中：种植业产值18.36亿元，增长5.8%；林业产值0.36亿元，增长12%；畜牧业产值8.8亿元，增长5.2%；渔业产值0.33亿元，增长8.4%；农业服务业产值0.88亿元，增长9.1%。

全年农作物播种面积达150.8万亩，同比增长4.6%。其中：粮食播种72万亩，同比减少0.4%，经济作物种植面积67.6万亩，其他作物种植面积11.2万亩。粮食总产量达19.36万吨，同比增长2.2%。其中，夏粮产量达3.09万吨，同比增长3.9%；秋粮产量16.27万吨，增长1.9%。粮食综合平均亩产268.9公斤，比上年增加7.1公斤。油料产量1.25万吨，比上年增加263.7吨，增2.1%；蔬菜产量13.83万吨，增产1.15万吨，增9.1%；烤烟产量7265.7吨，增产26.6吨，增0.4%；三七产量4352.1吨，增产668.2吨，增18.1%；甘蔗产量8.69万吨，减产3.07万吨，减少26.1%。

生猪出栏60.15万头，比上年增长3%，年末生猪存栏40.84万头，减少3%；大牲畜出栏3.87万头，增长6.8%；家禽出栏169.7万只，增长4.3%。肉类总产量6.08万吨，比上年减少0.6%。其中：猪肉产量5.21万吨，减少2.5%；禽肉产量3072吨，增长11.8%；牛肉产量4711吨，增长11.1%；羊肉产量922吨，增长21.5%。禽蛋产量5500.8吨，比上年增长11.3%。水产品产量5064吨，比上增长

57.5%。

年末全市农业机械总动力 2.64 亿瓦特，比上年增长 2.38%，其中：排灌机械动力 4636 万瓦特，比上年增长 2.7%；沼气池 1.67 万口，比上年减少 2516 口；农村用电量 6642 万千瓦时。

全市共完成粮食作物、烤烟生产、三七、畜牧养殖等各类农村实用科学技术培训 1117 期 9.12 万人次，其中农村实用人才骨干培训 333 人。

2015 年末共有水库工程 54 件，其中：中型水库 2 件，小（1）型水库 10 件，小（2）型水库 42 件，各型水库总库容达 1.08 亿立方米，总供水量达 1.41 亿立方米；灌区工程 40 件，供水量 4149 万立方米；水窖及水池工程 4.15 万件，供水量 2929 万立方米。

【工业·建筑业】 马塘工业园区、三七产业园区控制性详细规划及各专项规划加快编制，规划体系不断完善。登高片区开发建设初显成效，首期 4 平方公里基础设施“六通一平”竣工验收投入使用，鲜三七交易市场一期主体工程已经完工，12 万平方米标准厂房启动建设，中国三七中药材检测与研究中心前期工作扎实推进，“全国三七产业知名品牌创建示范区”通过省级初步验收，三七花茎叶“药食同源”申报通过国家级专家论证，签订入园投资协议企业 28 户，落实项目用地 17 个，天士力、金三奇等公司已做好进场施工准备。氧化铝年产突破 100 万吨，成功提取三七总皂苷 56 吨，氯碱项目一期成功进行试生产，年产 180 万立方米混凝土搅拌站实现投产，60 万吨氧化铝扩能进入主体施工，烟叶复烤厂易地技改、七花公司搬迁扩建等项目前期工作进展顺利，整治烧结砖厂促进转型升级取得阶段性成效。扶持中小企业发展壮大，兑现“两个 10 万元”微型企业培育资金 840 万元。2015 年全部工业增加值增长 10.6%。规模以上工业增加值增长 11.9%。在规模以上工业中，分经济类型看，国有企业增加值比上年增长 23.4%，股份制企业增长 0.3%。分轻重工业看，重工业增加值比上年增长 6.3%，轻工业增长 13.6%。轻重工业结构由上年的 53.9 ∶ 46.1 调整为 66.2 ∶ 33.8。

规模以上工业企业实现主营业务收入 141.7 亿元，比上年下降 5.7%；实现利润总额 18.5 亿元，比上年下降 7%。其中：国有企业实现利润总额 15.2 亿元，比上年下降 2.7%；股份制企业实现利润总额 3.3 亿元，比上年下降 23%。

2015 年全市建筑业完成增加值 23.2 亿元，比上年增长 9.6%，拉动经济增长 1.2 个百分点，贡献率达 11.7%，占地区生产总值（GDP）的 12.2%。

【节能降耗】 2015 年全市单位 GDP 能耗 0.6967 吨标准煤 / 万元，单位 GDP 能耗下降 5.83%。

【固定资产投资】 规模以上固定资产投资完成 166.2 亿元，同比增长 18.1%。分行业看，工业投资完成 40.4 亿元，同比增长 130.3%；交通运输业投资完成 33.9 亿元，同比增长 323.2%；农田水利投资完成 8.6 亿元，同比下降 11.7%；房地产开发投资完成 51.1 亿元，同比下降 19.7%；其他投资完成 32.2 亿元，同比下降 23.0%。分产业看，第一产业完成投资 5.0 亿元，同比下降 29.8%；第二产业完成投资 40.4 亿元，同比增长 130.3%，第三产业完成投资 120.8 亿元，同比增长 4.1%。

【国内贸易·市场物价】 社会消费品零售总额完成 86.89 亿元，增长 9%。按城乡区分，城镇消费品零售额完成 74.95 亿元，增长 9.5%；乡村消费品零售额完成 11.94 亿元，增长 5.5%。按消费形态分，餐饮收入 16.35 亿元，增长 49.9%；商品零售 70.53 亿元，增长 2.4%。

全年居民消费价格同比上涨 2.7%。分类别看，食品价格同比上涨 5.4%，烟酒及用品上涨 3.6%，衣着上涨 1.2%，家庭设备用品及维修服务上涨 2.1%，医疗保健和个人用品上涨 1.1%，交通和通信下降 4.1%，娱乐教育文化用品及服务上涨 0.3%，居住上涨 2.7%。在食品价格中，粮食价格下降 0.5%，油脂价格上涨 0.9%，肉类价格上涨 6.1%，蛋类价格上涨 3.3%，水产品价格上涨 3.1%，鲜菜价格上涨 5.2%。商品零售价格指数为 101.1%，比上年上涨 1.1%。农业生产资料价格指数为 101.6%，比上年上涨 1.6%。工业生产者出厂价格指数（PPI）为 94.88%，比上年下降 5.12%。

【对外经济】 2015 年全市完成外贸进出口总额 798 万美元，比上年下降 81.2%。其中出口完成 783 万美元，下降 80.5%；进口完成 15 万美元，同比增长 17.6%。参加第 3 届南博会暨第 23 届昆交会等会展活动，创新招商引资方式，共实施国内新签及结转经济合作项目 56 个，实际到位资金 68.36 亿元，比上年增长 12%。实际利用外资 350 万美元。

【交通运输・邮政・旅游】 全年公路运输总周转量 16.18 亿吨公里，同比增长 11.75%。境内公路里程 3026.7 公里，比上年增加 50.7 公里，增长 1.68%，公路网密度达 101.66 公里 / 百平方公里；年末公交营运车辆达 113 辆，营运线路 14 条，线路总长 157.5 公里，年末营运出租汽车 695 辆。2015 年末全市机动车拥有量达到 15.62 万辆，其中小型汽车 6.37 万辆，摩托车 8.23 万辆。

全市邮政业务总量 1866 万元，比上年增长 8.05%。

全市拥有星级饭店 4 个，星级饭店客房总数 422 间，名胜风景区和文物保护区 15 个，全年接待游客 221.26 万人次，比上年增长 7.14%。全市实现旅游业总收入 23.65 亿元，比上年增长 3.46%。

【财政・金融】 全市完成财政总收入 32.1 亿元，增长 10.4%，其中：地方公共财政预算收入 17.2 亿元，增长 10.3%；财政支出结构优化，民生改善支出不断增加。全市公共财政预算支出 38.1 亿元，比上年增长 16.4%。全年教育支出 8.3 亿元，增长 32.6%；社会保障和就业支出 4.5 亿元，增长 39.7%；医疗卫生支出 4 亿元，增长 29%。

金融机构年末各项存、贷款余额分别达 344.9 亿元、267.7 亿元，分别增长 18.67%、17.58%。

【教育・科技】 2015 年，全市幼儿园数 78 所，幼儿毛入园率 88.01%，在园幼儿 2.12 万人，比上年增长 5.1%，教职工 1883 人，比上年增长 20.94%。小学校数 81 所，在校学生 4.84 万人，比上年增长 3.68%，小学专任教师 2653 人，学龄儿童净入学率 99.6%，学龄儿童毛入学率 112.98%，小学在校学生年辍学率 0.1%，小学毕业生升学率达 102.81%。普通中学校数 22 所，普通中学在校学生 3.27 万人，比上年增长 1.65%，其中：初中学生 2.22 万人；普通中学专任教师 2189 人，比上年增长 5.14%。中职学校数 13 所，在校学生 2.08 万人，比上年增长 14.4%，中职学校专任教师 794 人。初中学龄人口净入学率 84.58%，初中阶段学龄人口毛入学率 105.55%，初中在校学生年辍学率 2.91%，初中阶段学生升学率 90.16%。普通高中（含完全中学）3 所，在校学生 1.04 万人，比上年增长 0.7%，高考上线率为 91.75%。全市人口人均受教育年限为 8.93 年。2015 年共扫除青壮年文盲 0.0028 万人，全面落实“两免一补”政策，2015 年全市获得免学杂费补助 453.39 万元；共有 13.78 万人次中小学生享受国家免费教科书，2.73 万名中小学生得到寄宿制生活补助。

2015 年全市实施国家科技计划项目 1 项，省级科技计划项目 24 项，州级科技计划项目 1 项。全年投入科技项目资金 878 万元。2015 年申请专利 135 项，专利授权数 90 件，有效专利 221 件，有效发明专利 42 件。

【文化・卫生・体育】 2015 年全市有专业艺术表演团体 2 个，文化馆 2 个，公共图书馆 2 个，博物馆 1 个，文化站 15 个，体育场馆数 2 个，公共图书馆藏书量 6.3 万册。广播电视台 2 座。2015 年全市广播、电视人口覆盖率分别达到 99.19%、99.29%。有线电视用户 5.3 万户，有线电视入户率 58%。

2015 年，全市公立卫生机构 155 个，其中医院 1 所、卫生院 14 个，社区卫生服务中心（站）5 个，妇幼保健院（所、站）1 个，专科疾病防治院（所、部）1 个，疾病预防控制中心（防疫站）1 个，卫生监督所（中心）1 个。医疗卫生机构实际开放床位数 1761 张，平均每千人拥有病床 3.57 张；专业卫生技术人员 1412 人；村卫生室 130 个，乡村医生 354 人；5 岁以下儿童死亡率 10.89‰，婴儿死亡率 7.26‰，孕产妇住院分娩率 98.81‰；全年报告甲、乙类传染病发病人数 2827 例；农村卫生厕所普及率 76%。新型农村合作医疗参合农民达 34.87 万人，参合率为 99.73%。全市 86.83 万人次享受到新农合医疗费用补偿 1.44 亿元。

2015 年，成功承办第三届 CCTV 贺岁杯世界职业拳王争霸赛、“中国文山三七杯”2015 洲际四国女篮巅峰争霸赛、“中国文山三七杯”2015 年全国男子篮球俱乐部青年锦标赛三个高规格、高水平的国际、国内赛事。文山市运动员参加国内、省、州各类体育比赛共获得 21 金 16 银 11 铜好成绩。“全民健身 健康文山”系列活动丰富多彩。

【生态环境・自然资源・节能降耗】 文山市 2015 年日照时长为 2210 小时，年降水量为 1173.5 毫米，年平均气温 18.8℃，比上年偏高 0.3℃；全年降水天数为 124 天，最长连续降水天数为 10 天；最长连续降水量为 127.3 毫米，日最大降雨量为51.9毫米；年极端最高气温34.4℃，年极端最低气温0.1℃。全年无霜期总天数为337天，终霜日期1月14日，初霜日期12月18日。

全市环境保护系统人员66人，有市级环境监测站1个。城区空气质量优良以上天数353天，城市环境空气质量达到国家Ⅱ级标准，盘龙河城区段水质达国家Ⅲ类标准。

2015年全市共有森林面积10.47万公顷，新增封山育林面积3.33万亩，年末实有封山育林面积达15.24万亩；全年共完成人工造林3万亩；2015年全市森林覆盖率达到35.36%。

2015年末全市共有自然保护区1个，自然保护区面积2.29万公顷。区内动植物资源丰富，现已查明的蕨类植物有45科100属262种，种子植物187科946属3085种，列入国家重点保护植物有43种，其中：国家级保护珍稀濒危植物有长蕊木兰、云南拟单性木兰、水青树、马尾树、伯乐树等；省级保护的有毛尖数、滇琼楠、红脉梭罗等；在自然保护区内生活的野生动物有31目103科459种，其中：国家重点保护的有44种，蜂猴、岩羊等属国家一级保护动物，生物多样性十分丰富。

【安全生产·社会治安】 2015年全市安全生产事故发生8起，比上年减少1起，事故起数下降11.11%；安全生产事故死亡15人，比上年增加6人，上升66.67%；安全生产事故受伤10人，比上年增加4人，上升66.67%；安全生产事故造成直接经济损失840.25万元。亿元地区生产总值生产安全事故死亡人数为0.079人，比上年上升54.9%。

2015年全市共有人民警察639人；发生交通事故59起，造成65人死亡，55人受伤，财产损失84.74万元；发生火灾事故113起，造成1人死亡，火灾损失额226.5万元；立刑事案件6326起，破获2472起，抓获犯罪嫌疑人542人；受理治安案件数3276起，查处2464起，逮捕464人。

全市辖区内共有律师125人，比上年增加12人。

【人口·劳动就业】 2015年全市人口出生率为13.03‰，死亡率为6.23‰，自然增长率为6.8‰。年末全市总人口为48.9万人(户籍人口)，比上年末增加0.6万人。其中：农业人口27.9万人，非农业人口21万人。

全年城镇新增就业人数2602人，比上年增加95人，增长4.8%。年末全市城镇实有登记失业人数1179人，城镇登记失业率3.46%。

【社会保障·人民生活】 年末全市参加基本养老保险人数2.65万人，参加城镇基本医疗保险的人数9.99万人，参加城乡居民养老保险的人数为20.64万人，参加失业保险人数为5900人，参加生育保险的人数2.21万人，参加工伤保险的人数2.38万人。

2015年末全市享受城市最低生活保障的居民为6185人，享受农村最低生活保障的农民2.94万人。年末全市各类供养性社会福利单位数有3个，供养床位750张，供养各类人员125人；农村五保供养人数1618人。城镇建立各种社区服务设施3个，社区服务中心27个。全年接收社会捐赠款43.4万元。

城镇常住居民人均可支配收入2.60万元，比上年增长9%。全市在职职工年平均工资5.63万元，比上年增长22.8%。农村常住居民人均可支配收入8484元，比上年增长9.9%。

（李学慧）

大理州市县区经济选介

大理市

【财政运行平稳】 2015年，大理市财政总收入完成42.28亿元，比上年增收2.32亿元，增长5.72%。全市一般公共预算收入完成29.19亿元，为年初预算数29.19亿元的100.01%，比上年增收1.65亿元，增长6.02%。其中：税收收入23.10亿元，占79.15%，非税收入6.08亿元，占20.85%。上划收入完成13.70亿元，比上年增收6682万元，增长5.12%。在财政总收入中，税收收入38.29亿元，占89.26%，非税收入4.60

亿元，占 10.74%。全年一般公共预算支出完成 46.59 亿元，为预算的 101.62%，比上年增支 4.67 亿元，增长 11.15%。

【经济社会协调发展】 2015 年，全市经济社会稳步发展。但由于宏观经济持续下行，市场需求不足，实体经济经营困难等严峻形势，第二产业乏力，龙头企业支撑作用不明显，多数企业保本或微利经营，水泥行业受产能过剩影响，产值持续负增长，力帆骏马产值增速比去年同期下降明显；固定资产投资增速放缓，房地产投资大幅下降，大项目少，部分项目出现缓建、停建、半停建状态；石油制品销售持续负增长，家电、百货等商品零售额受电子商务分流，带动作用减弱；导致生产总值、工业增加值、规模以上固定资产投资、社会消费品零售总额四个指标不能完成人代会目标，其余经济社会发展主要指标均圆满完成市八届人大三次会议批准的目标。生产总值完成 334.21 亿元，同比增长 8.5%，完成计划数的 98%，欠计划进度 2 个百分点，其中：第一产业增加值 22.2 亿元，同比增长 6%；第二产业增加值 153.39 亿元，同比增长 6%；第三产业增加值 158.62 亿元，同比增长 11.7%。

【农业经济稳步发展】 保障粮食生产安全，切实加大新品种农作物引进试验示范力度。认真落实惠农政策，及时足额兑付惠农资金，全年共发放良种补贴 274.13 万元、农资综合直补 2197.95 万元。农业农村基础设施不断完善，农田水利、林业惠民、中心集镇、美丽乡村等建设稳步推进。完成三哨水库扩建，启动风尾箐水库建设；巩固退耕还林成果发展后续产业 6500 亩，完成中低产田地改造 3013.33 公顷；加强动物防疫体系建设，实施 5 个乡（镇）畜牧兽医站标准化改造。农业总产值完成 45.7 亿元，同比增长 8.8%，完成年计划数的 100%，与计划进度持平。粮食总产量 18.23 万吨，肉类总产量 8.48 万吨，奶类总产量 15.76 万吨。

【旅游产业提质增效】 2015 年共接待国内外旅游者 1027.56 万人次，同比增加 11.91%，其中海外旅游者 62.57 万人次，同比增加 10.00%；旅游社会总收入 163.03 亿元，同比增加 20.75%。旅游产业发展势头强劲，对全市经济社会发展起到重要的促进作用。旅客消费结构发生了变化，门票消费的比例降低，平均停留天数增加。以双廊、喜洲、大理古城及海西各镇为首选的乡村旅游备受市场青睐，环洱海旅游圈的影响力和吸引力日益增强。旅游业发展内涵不断丰富，逐步由观光型向休闲、度假、康体、会展等多元型转变。基础设施不断改善，累计开通 15 条省内外航线；旅游规划体系不断完善，推进行业自律。启动市域旅游基础设施及公共服务设施建设项目；A 级景区创建工作稳步推进；成功打造“来大理网”综合服务平台；星级宾馆饭店、经济型酒店、特色客栈发展迅速，接待能力不断提升，环洱海乡村度假游、休闲游、自助游蓬勃发展，游客接待量和旅游社会总收入保持快速增长。2015 年，全市旅游景区（点）有 138 处，其中国家 A 级旅游景区（点）11 个〔5A 级旅游景区（点）1 个，4A 级旅游景区（点）2 个，3A 级旅游景区（点）3 个，2A 级旅游景区（点）5 个〕；有旅游车公司 10 家，旅游客车 702 辆，出租车 800 辆、游船 41 艘（其中 5 艘豪华旅游船，小船 36 艘）；有旅游餐馆 1000 多家，旅游星级饭店 37 家：其中五星级饭店 3 家，四星级 5 家，三星级 12 家，二星级 17 家，旅馆、客栈、招待所 1634 家，总接待床位 62008 张；旅行社 39 家；旅游定点购物单位 21 家。

【消费及市场物价稳定】 粮油食品、汽车、金银珠宝等消费稳定增长。社会消费品零售总额完成 124.54 亿元，同比增长 10.6%，完成计划数的 99%，欠计划进度 1 个百分点。市场物价总体稳定，全年居民消费价格比上年上涨 1.6%，所调查的八大类商品价格呈现四类上涨、三类下降、一类持平的态势，其中：食品类价格上涨 3.6%，医疗保健和个人用品类上涨 1.5%，居住类上涨 3%，烟酒及用品类上涨 3.7%；娱乐教育文化用品及服务类持平；交通和通讯类下降 1.7%，家庭设备用品及维修服务类下降 1.4%，衣着类下降 1%。

【固定资产投资增速放缓】 全力推进项目建设，洱海保护、城区改建、文化旅游、海东开发、社会事业等一批重大项目稳步推进。全年施工项目 694 个，其中新开工项目 488 个，规模以上固定资产投资完成 282.77 亿元，同比增长 5.68%，完成计划数的 91.2%，欠计划进度 8.8 个百分点。城镇固定资产投资完成 172.4 亿元，同比增长 21.46%；房地产开发投资完成 110.37 亿元，同比下降 12.15%。从分区完成情况看：

市本级完成97.13亿元，同比增长14.87%；经开区完成80.58亿元，同比增长0.47%；度假区完成45.54亿元，同比下降19.54%；海开委完成59.52亿元，同比增长28.8%。全年共向国家和省、州争取到环保、水利、教育等项目补助资金15.4亿元，洱海环湖截污工程、北干渠等8个项目争取到专项建设基金5.2亿元，有力促进了项目建设。

【生态建设卓有成效】 加快推进洱海保护“2333”行动计划和“四治一网”综合治理工程，全面推行覆盖大理市洱海全流域的网格化管理责任制度。共实施三大类重点工程项目18个，其中：完工7个，在建10个，开展前期工作1个。全力推进生物多样性保护，苍山成功申报为世界地质公园。划定基本农田19.72万亩，其中海西基本农田划定12.26万亩。继续实施海西村庄及农田生态林建设，启动银桥镇阳波村委会2个自然村村庄规划预留建设用地调整试点工作。继续推进洱海流域综合整治工作，加快实施百村村落污水收集处理系统等项目。深入开展“三清洁”活动，进一步加大洱海湖滨滩地管理力度，建立依法依规监督的良好秩序，促进了洱海水质和生态环境的持续改善，全年洱海水质稳定保持Ⅲ类，其中6个月达到Ⅱ类。

【招商引资成效明显】 加强招商引资项目跟踪服务力度，2015年，全市实施国内合作项目169项，累计到位资金232.19亿元，同比增长8.2%，其中，市本级46项，累计到位资金52.47亿元；经开区53项，累计到位资金64.06亿元；度假区29项，累计到位资金50.44亿元；海开委41项，累计到位资金65.22亿元。大理王宫、奥尼克斯酒店、密湾旅游等项目顺利推进。新签约明阳集团西南研发中心、无量药谷产业园、华人文化大理、昆仑燃气滇西总部等29个项目，协议总投资达450.19亿元。

【民生福祉持续改善】 2015年，全市民生支出完成33.03亿元，占一般公共预算支出的70.90%。优先保障教育投入。教育支出8.38亿元，增长31.10%，完善义务教育经费保障机制建设，对全市义务教育阶段所有学生免除学杂费并免费提供教科书，对5210名家庭经济困难寄宿学生给予生活费补助，稳步提高农村中小学公用经费生均补助标准，全面改善义务教育薄弱学校基本办学条件。继续推进大理三中改扩建、喜洲镇二中迁建、大理二中改扩建、下关四中北校区改扩建、下关四小、下关八小扩建等项目。医疗服务质量逐步提升，建立了医学工程专业教学（实训）基地。医疗卫生服务支出3.57亿元，深化医药卫生体制改革，公立医院改革深入推进，取消药品加成，改革以药养医机制，新型农村合作医疗参合率达98.98%。全面落实就业再就业各项政策，深入开展“创业贷免扶补小额担保贷款”、公益性岗位等工作，全市新增就业7233人，城镇失业人员再就业2462人，困难人员就业1586人，城镇登记失业率控制在4.3%。社会保障和就业支出4.89亿元，稳步推进养老、工伤生育、失业、医疗等各项保险工作，全市城乡居民基本养老保险参保人数达13.75万人，城镇职工基本医疗保险参保人数达21.94万人，城镇居民基本医疗保险参保人数达20.17万人。兑现老年人高龄补助和百岁老人长寿补助，社会保障能力进一步增强。城乡住房困难户居住条件不断改善，大力推进保障性住房建设和配套政策实施。安排2.71亿元推进廉租房、公租房建设和棚户区改造，发放行政事业单位离退休人员住房补贴和低收入家庭住房租赁补贴169万元，安排农村危房改造、地震安居工程资金2380万元。实施城镇保障性住房建设6177套，农村危房改造拆除重建1800户、修缮加固600户。人民生活水平不断提高，城镇常住居民人均可支配收入2.88万元，同比增长9%，完成计划数的102%，超计划进度2个百分点；农村常住居民人均可支配收入预计12205元，同比增长10%，完成计划数的107%，超计划进度7个百分点。

（杨　艳）

德宏州市县区经济选介

芒 市

【概 况】 2015年，芒市在州委、州政府和市委的坚强领导下，在市人大、市政协的监督支持下，市人民政府团结带领全市各族人民，积极应对各种不利因素带来的影响，紧紧围绕年初既定目标任务，以打好“基础设施、招商引资、项目落地”三大攻坚战为突破口，主动作为，攻坚克难，确保了全市经济社会持续稳定健康发展。全市预计完成生产总值84.2亿元，增长8.3%；固定资产投资84.3亿元，增长10.1%；公共财政预算收入5.8亿元，增长5.3%；城镇常住居民人均可支配收入2.20亿元，增长8%；农村常住居民人均可支配收入8498元，增长11%；社会消费品零售总额39.2亿元，增长12.5%。人口、就业、社会保障和节能减排等主要指标全面完成。

【农业农村经济】 2015年，芒市计实现农林牧渔业总产值31.5亿元，增长6.8%，农民人均可支配收入8498元，增长11%；完成粮食播种面积71.4万亩，计粮食总产量23.68万吨，实现全市粮食生产十三连增。以“两烟”、甜玉米为主的冬农订单产业已成为农民增收致富的重要渠道，完成冬农开发33.58万亩，预计产量16.44万吨、产值7.08亿元；实现橡胶保有面积11.4万亩，橡胶投产3.7万亩，实现产量3271吨、产值3925万元；实现茶叶保有面积15.16万亩，收获面积达14.6万亩，实现产量8556吨、产值1.5亿元；实现甘蔗保有面积达19万亩，全市入榨甘蔗121.88万吨（含外县市、境外调入糖厂入榨甘蔗），实现工农业总产值10.6亿元，实现税收1000多万元；咖啡种植面积达9.3万亩、投产面积达5.77万亩；坚果种植面积达11.4万亩，投产面积达1.1万亩；核桃种植面积达9.38万亩，投产面积达0.3万亩；全市预计完成肉蛋奶总产3.71万吨，实现产值7.6亿元。推广水稻机插秧面积3.62万亩，农业机械化水平不断提高，坝区机械化实现全覆盖，农业综合机械化水平达52%。

【工业经济】 2015年，芒市实现地区生产总值84.2亿元，同比增长8.3%，工业增加值11.8亿元；2015年全市500万元以上固定资产投资项目共计269个，完成投资84.3亿元，同比增长10.1%。肉牛产业加工、冷链仓储物流、再生瓦楞纸生产、2万吨速溶咖啡加工、饲料加工生产线等18个重大项目集中落地动工，中石油天然气生产指挥中心、高达化工芒市帕底CNG加气母站等项目建成投产，天然气产业园、国际物流园项目建设取得实质性进展，全市经济指标持续保持快速增长趋势。

【扶贫攻坚】 2015年，芒市共争取各类扶贫资金4.24亿元，实施整乡推进项目1个、阿昌族整族帮扶项目1个、规划行政村项目2个、省级自然村整村推进项目2个、州市级整村推进项目18个、安居工程100户。抢抓云南省实施易地扶贫搬迁三年行动计划机遇，启动实施47个搬迁点，涉及5676户2.02万人的搬迁工作。完成产业扶持种桑养蚕7566亩，种植烤烟5123亩、核桃50亩、坚果1400亩，养殖猪、牛、羊等大牲畜1532头，鸡2534羽；完成村内道路硬化51条；完成科技培训3期120人次，进一步改善了贫困地区农业农村发展条件，消除贫困人口674户、2700人。

【城乡建设】 2015年，芒市实施了环东路、环南路以及金孔雀大街等市政基础设施项目建设；城区343家州、市行政企事业单位完成了雨污分流改造工程；城市建成区面积达18.1平方公里，绿化覆盖率39.34%；成功创建了国家级园林城市，国家卫生城市顺利通过省级复核验收。投入资金4036万元，修建田间道路16.92公里、渠系建筑物50座，支砌渠道19.78公里，改造中低产田6000亩，建设高标准农田800亩。预计完成水利投资7951万元，加快推进清塘河水库建设，完成农村饮水安全工程、病险水库除险加固、山洪灾害项目建设、小农水建设等项目建设工作。有效解决全市67个村民小组2.82万人的饮水安全问题。累计投入资金915万元，实施美丽乡村建设项目23个，农村生产生活面貌明显改观。3月份，芒市启动实施了城市环境综合治理专项行动。城市南北入城口改造提升、河东路改造等一批重点市政项目有序推进；金孔雀大街绿化美化工程初见成效；对机场大道、芒罕路、勐焕路等城区主要路段“占道经营”等行为开展了综合整治；完成了《芒市户外广告和招牌设置管理办法》等7个城市环境治理方面的规范性文件，城市管理工作进一步规范，城市环境和城市形象得到明显改善和提升。

【社会事业】 2015年，芒市投资1.37亿元，新建中央、省、州专项工程49个，续建29个，完工37个，完成芒市幼儿园主园、芒市第六小学、南蚌小区幼儿园东西园建设；芒市第二中学三期、芒市第一中学改扩建二期工程有序推进，与中央民大附中签约合作办芒市第二中学；芒市幼儿园分园教学综合楼项目开工建设。全市中考700分以上154人，占全州的48.73%。高考芒市籍考生600分以上51人，占全州的44.74%，芒市第一中学一本上线27人，较去年增加17人。职业教育毕业生就业率达98.5%。全市参合人数达29.84万人，参合率达98.5%。筹资水平提高到470元。2015年2月原市人口和计划生育局被中央精神文明建设指导委员会评为“全国文明单位”。年内，全市实现接待中外游客330.35万人次，实现旅游社会总收入50.88亿元。芒市第一次可移动文物普查工作，共普查文物藏品479件。芒市广播电视台节目正式入网IPTV网络，对全州3万多IPTV用户形成覆盖。

【民生保障】 2015，发放救灾救济、大病救助、城乡低保等各种补助资金8686.52万元，累计补助对象5.51万人次；下拨救灾资金305.41万元；发放各类优抚资金813.22万元。接收2014年退役士兵112人，其中自主就业82人，安置就业30人。开发公益性岗位275个，新增城镇就业1235人，转移农村富余劳动力4000人，扶持创业80人，发放贷款634万元。城镇登记失业率控制在3.9%以内。

【引资融资】 2015年，芒市围绕“一个中心、一条经济走廊、四个产业园和五大产业集群”的“1145”发展思路，包装储备旅游产业、能源产业、汽车加工配套产业、生物产业、商贸物流业以及基础设施建设招商项目103个，新增签约肉牛产业园项目、韩国江陵咖啡博物馆项目、芒市工业园区针纺织品项目、天然气工业园项目、芒市金孔雀湖畔圣水庄园等项目59个，投资总额168亿元，实际到位资金55亿元。年内，组建芒市金宏城乡投资有限公司，民间资本运作力度不断加大，社会资本逐步进入公共产品和公共服务领域。争取中央专项建设基金和银行信贷支持，获批项目资本金和信贷资金9.9亿元，争取省级债券发行，成功置换存量债务资金14.49亿元。实现公共财政预算支出突破25亿元大关，增长10%，其中财政八项重点支出完成15.18亿元，增长22.3%。

【改革开放】 2015年，芒市机场已实现通航重庆、杭州等9个中部、沿海城市，年航空旅客突破100万人次，货运吞吐量达5200吨，已成为全省第三大支线机场，国际口岸机场申报工作和联检设施建设项目稳步推进，机场跑道延长线征地工作已近尾声。年内，配合上级有关部门完成了大瑞铁路芒市段地勘、环评等前期工作，启动实施大瑞铁路芒市段征地拆迁工作。

（赵　明）

怒江州市县区经济选介

泸水县

【概　述】 泸水县位于怒江傈僳族自治州南部，东靠碧罗雪山与兰坪县、云龙县接壤，西依高黎贡山同缅甸毗邻，南连保山市，北与福贡县交界。国境线长136.24千米。总面积3203.04平方千米。县城驻地六库，海拔885米。距省会昆明569千米。2015年，六库年平均气温21.1摄氏度，年降水量785.3毫米。全县辖六库、鲁掌、片马、老窝、上江、大兴地6个镇和称杆、古登、洛本卓3个乡，71个村民委员会，5个社区居民委员会，833个自然村。年末，全县总人口17.77万（户籍人口），其中非农业人口3.51万人，占总人口的19.78 %。境内居住着傈僳、白、彝、景颇、怒、傣等12个主要民族。少数民族人口15.78万人，占总人口的88.78%。傈僳族人口10.96万人，占总人口的

61.7%。人口自然增长率 7.31‰。

全县生产总值 41.87 亿元，同比增长 10.3%，其中，第一产业增加值 6.63 亿元，第二产业增加值 14.61 亿元，第三产业增加值 20.63 亿元，第一、第二、第三次产业结构比例为 16 ：35 ：49。地方财政总收入 19.36 亿元，地方财政总支出 19.16 亿元；地方公共财政预算收入 2.46 亿元，同比增长 3.21%；地方公共财政预算支出 18.29 亿元，比上年增加支出 2.43 亿元，同比增长 15.33%。规模以上固定资产投资 42.54 亿元，同比增长 19.14%。社会消费品零售总额 13.58 亿元，同比增长 10%。城镇常住居民人均可支配收入 1.91 万元，同比增长 10.4%。农村常住居民人均可支配收入 4877 元，同比增长 10.6%。对外贸易进出口总额 1799 万美元。工业总产值 29.73 亿元，同比增长 2%。农业总产值 10.5 亿元，同比增长 11.29%。全年接待国内外游客 112.31 万人次，旅游综合收入 8.34 亿元。年末，全县金融机构存款余额 75.14 亿元，同比增长 9.72%；贷款余额 52.77 亿元，增长同比 14.59%。

【农村经济】 全县农村经济总收入 7.9 亿元，农作物播种面积 51.95 万亩，粮食总产量 6.76 万吨，农民人均有粮 472 千克。全县农业总产值 10.5 亿元，年末，甘蔗、香料烟等经济作物种植面积 14.06 万亩；核桃、漆树等特色经济林果种植面积 89.6 万亩；草果、重楼、云黄连、云木香等中药材种植面积 26.42 万亩；“菜篮子”工程成效显著，六库周边蔬菜种植面积 3.01 万亩。山地牧业加快发展，高黎贡山猪、生态土鸡、黑山羊等特色畜禽养殖和千头牛、万头猪生产基地建设加快推进，全县大小牲畜存栏 49.95 万头（只），肉类总产量 1.56 万吨，畜牧业收入 2.57 亿元。年内，安排“一事一议”财政奖补项目 46 个 1115 万元。解决农村公益事业建设及维护管理最急需、群众最急盼、受益最直接的突出问题；新（改）建村道公路 18 条 144 千米；投入农村人畜安全饮水工程 751 万元；投入农业综合开发资金 1345 万元，提高农业综合生产能力和综合效益；开展精准扶贫，投入财政扶贫（含以工代赈）资金 10063 万元，着力改善农村基础设施，扶持产业发展，帮助贫困群众脱贫致富；重视生态文明建设，发放退耕还林补贴 1437 万元、森林生态效益补偿 990 万元，投入生态功能区转移支付资金 5001 万元，促进人与自然协调发展。年内，瓦姑水库建成即将蓄水，板瓦水库改扩建工程顺利推进。

【工业经济】 全县工业总产值 29.73 亿元，同比增长 2%，其中，规模以上工业总产值 17.2 亿元。民营企业户数 6149 户，实现增加值 12.73 亿元。锦盟三期、金志二期、江钨浩源矿业公司日产 1000 吨矿选场及尾矿库等重点工业项目建成投产，工业硅产量达 10.63 万吨。昆钢年产 150 吨干法水泥生产线技改项目建成投产，石材加工、免烧砖等建筑建材加工业逐步发展。木蜡、老窝火腿、灵芝、瓦姑茶、草果、核桃、木香、魔芋等生物加工和农特产品加工产业不断壮大。年末，全县电站装机总量达 29.71 万千瓦，年发电量达 9.3 亿千瓦时。初步形成了以硅电、生物加工、农特产品精深加工、建筑建材为主的工业体系。

【扶贫工作】 2013 年怒江扶贫攻坚整州推进启动以来，泸水县按照《怒江州扶贫攻坚总体方案（2013 ~ 2017 年）》，重点实施民生改善、基础设施、产业发展、社会事业、生态建设五大工程 36 个项目的建设，2015 年末，全县累计到位资金 7.37 亿元；完成投资 6.56 亿元，整州扶贫泸水攻坚行动取得了阶段性成效。

2015 年，全县落实各类扶贫资金 6625.6 万元，其中，财政专项扶贫资金 6268.1 万元；项目管理费 62 万元；信贷扶贫资金 192.5 万元，项目贴息贷款 165 万元。完成 4 个行政村整村推进项目实施方案的编制、上报、审核、评估工作，资金 400 万元；自然村整村推进 5 个 300 万元。拨付 2015 年古登乡整乡推进补助资金 1000 万元；完成劳动力转移培训计划 600 人（其中：引导性培训 300 人，技能培训 300 人），资金 39 万元。完成安居工程 400 户，400 万元；易地搬迁 550 人 330 万元；产业发展资金 150 万元；完成 2015 年第一批扶贫到户贷款规模 3500 万元，贴息资金 175 万元；第二批扶贫到户贷款规模 350 万元，贴息资金 17.5 万元；贫困村互助资金 50 万元；下达竞争性分配资金 219 万元；完成 2015 年度怒江州扶贫攻坚财政专项资金 2289.6 万元；拨付项目管理费 62 万元。

为确保 2020 年与全国同步全面建成小康社会，推进精准扶贫，精准脱贫，制定下发《泸水县扶贫攻坚挂联方案》明确单位挂包的乡镇和行政村，并对全县建档立卡贫困户进行 “一对几”具体挂包联系，确保每一个行政村都有领导、部门和单位挂包，每一户贫困户都有领导干部、干部职工结对帮扶。全县共挂包单位139家、挂包干部4691人，挂联1.53万户贫困户、帮扶4.99万人贫困人口，平均每名干部挂包3.1户贫困户，结构合理，确保了工作平衡推进。

【社会事业】 落实社会保障。全年支出各类社保基金1.28亿元、再就业资金405万元、城乡居民最低生活保障资金1.26亿元；投入121万元，致力于残疾人职业技能培训、残疾特困学生和重度残疾人护理补助；全县13.2万农民参加新型农村合作医疗（新农合），新农合筹资标准提高到每人每年500元，进一步扩展国家基本药物制度覆盖面，全县8所中心乡镇卫生院，2所社区卫生服务中心、71所村卫生室全部实施国家基本药物制度，县一院和县保健院取消药品加成。

落实住房保障。投入保障房建设资金2165万元，助推保障性住房建设；投入5403万元，实施农村危房改造；发放公租房租赁补贴250万元，帮助解决城镇858户低收入群众的租房问题。

重视教育发展，全面实施农村义务教育阶段学生营养改善计划，义务教育阶段学生实现“两免一补”全覆盖。年内，促进学前教育发展，改（扩）建幼儿园3所；落实农村义务教育阶段学校公用经费专项资金1982万元、义务教育阶段贫困寄宿生困难生活补助金1732万元、普通高中国家助学金120万元、职业教育国家助学金32万元；“营养改善计划”投入1799万元；“中心校、学前教育校舍建设”投入2794万元；“农村薄弱学校改造计划”投入2151万元；免除义务教育阶段在校学生教科书费228万元。开展群众体育健身设施改造、青少年体育运动、农民体育运动等工作，全县“三馆”免费开放。实施广播电视“户户通”工程，全县广播、电视覆盖率达86.5%、90.2%。年内，认真开展文明县城创建活动，荣获“第三批云南省文明县城”称号。保泸高速公路开工建设，年末全县公路里程达1487千米，行政村公路通达率100%。为扶贫对象建立扶贫档案，全县脱贫人口7000人。

（何春城）

迪庆州市县区经济选介

香格里拉市

【概 述】 香格里拉市，原名中甸县，2001年11月更名为香格里拉县，2014年12月，经中华人民共和国国务院批准，撤销香格里拉县，设立香格里拉市，以原香格里拉县行政区域为香格里拉市行政区域。

香格里拉市位于云南省西北部、青藏高原东南缘横断山脉腹地，迪庆藏族自治州东部，总面积1.16万平方公里，其中山地占全境面积的93.5%，为全省市区级之最。辖4镇7乡，63个村民（社区）委员会，688个村民小组，818个自然村。年末，全市常住总人口17.66万人，其中户籍人口14.73万人。在户籍人口中，农业人口11.39万人，非农业人口3.33万人；少数民族人口12.70万人，占户籍人口的86.3%，千人以上人口较少民族分别为：白族4829人，苗族1388人。人口出生率8.78‰，人口死亡率4.74‰人口自然增长率4.04‰，人口城镇化率45.75%。

2015年，全市累计完成地区生产总值99.27亿元，按可比价计算，比上年增长9.4%。其中第一产业完成增加值4.04亿元，增长6.0%，对GDP增量的贡献率为2.99%，对经济增长的拉动力为0.28个百分点；第二产业完成增加值34.28亿元，增长11.7%，对GDP增量的贡献率为44.82%，对经济增长的拉动力为4.21个百分点；第三产业完成增加值60.94亿元，增长8.2%，对GDP增量的贡献率为52.19%，对经济增长的拉动力为4.91个百分点。三次产业结构由上年的5.15 ：43.12 ：51.73调整为4.1 ：34.5 ：61.4，第一产业比重较上年下降1.05个百分点，第二产业比重较上年下降8.62个百分点，第三产业比重较上年上升9.67个百分点。非公经济实现增加值53.07亿元，占地区生产总值的53.5%。按总人口计算的人均生产总值为56311元（总人口为年平均人口），同比增长10.6%。全市累计完成500万元以上固定资产投资总额147.91亿元，同比增长18.6%。不含开发区投资完成140.72亿元，同比增长 18.9%。全年完成房地产投资 3.38 亿元，同比下降 53.5%。

2015 年 4 月，香格里拉撤县设市暨香格里拉旅游精品北京推介会现场

【农 业】 2015 年，全市实现农业总产值 72617 万元，按可比价计算，同比增长 3.7%。其中农业产值 3.07 亿元，增长 4.0%；林业产值 6816 万元，同比增长 2.6%；畜牧业产值 2.41 亿元，增长 3.7%；渔业产值 454 万元，增长 47.0%；农林牧渔服务业产值为 1.04 亿元，同比增长 2.0%。

农作物播种面积 2.18 万公顷，其中粮食播种 1.68 万公顷，粮食产量有增有减，现粮食总产量 7.37 万吨，增长 0.04%；其中谷物产量 6.13 万吨，增长 1.2%；豆类产量 3152 吨，同比下降 0.03%；薯类产量 9327 吨，同比下降 7.0%。全市主要作物中青稞产量为 1.08 万吨，下降 3.6%；油料产量为 2758 吨，下降 7.2%；烤烟产量为 1442 吨，同比下降 19.1%。利用资源和区位优势，重点发展青稞、烟叶、无公害蔬菜、马铃薯、高原油菜等产业，全力推进高原特色农业产业发展。推广种植青稞 3068 公顷；推广烟叶 667 公顷；推广马铃薯 2398 公顷，推广油菜面积 1366 公顷。

畜牧业生产存栏减少出栏增加，大牲畜、猪、牛、羊和家禽存栏数分别为：1.69 万头、22.94 万头、12.02 万头、6.93 万只和 6.59 万只，分别下降 2.5%、0.9%、2.7%、2.1% 和 0.3%。大牲畜、猪、羊、家禽和牛出栏数分别为：4127 头、14.59 万头、3.01 万只、40.77 万只和 1.79 万头分别增长 4.5%、0.8%、14.9%、6.6% 和下降 0.9%。肉类总产量为 1.53 万吨，增长 3.3%；牛奶产量为 8534 吨，增长 2.7%。

年末，全市农业机械总动力 28.94 万千瓦，农村累计用电量为 4027 万千瓦时，农业化肥施用量（折纯）4964 吨。以“一折通”形式发放良种补贴资金 248.52 万元，补贴水稻、玉米、小麦、油菜、青稞 5 种农作物；完成购机补贴资金 247.52 万元，其中国补资金完成机具补贴 1640 台，受益农户 1517 户，带动农民投入 862.27 万元。

【工业·建筑业】 2015 年，依托园区建设不断推进新型工业化，完成《香格里拉县格咱河河道治理工程一、二期》审查工作，按照建设程序完成招投标工作，年内格咱河一期工程已全部完成，二期已开工建设，完成投资 3000 万元。箐口特色产业片区签订入园协议企业 16 家，其中建成投产 4 家，在建 5 家，正在开展前期工作 7 家；园区引进产业项目 6 个，开工 3 个，投产和续建 4 家企业，完成总投资额 2.00 亿元。全市市域工业总产值完成 37.03 亿元，同比下降 13.6%，其中：规模以上工业总产值 31.6 亿元，同比下降 16.1%。全年全部工业增加值 12.78 亿元，按可比价计算，增长 5.9%，其中：规模以上工业企业增加值完成 11.28 亿元，按可比价计算，同比增长 4.9%，其中：轻工业完成 3.95 亿元，同比增长 8.9%；重工业 7.32 亿元，同比增长 3.1%。

2015 年，全市资质内本地建筑业企业 18 家，完成总产值 10.55 亿元，同比下降 24%。

在建中的宗思隧道

【交通运输·邮电·旅游】 2015 年，道路交通建设成效显著，按照“一干三环六通道”交通蓝图，以全州交通“三年攻坚战”为契机，实施了香德二级公路、香木公路、滇川通道等项目，丽香铁路、香丽高速公路、香稻公路全面开工建设。境内公路总里程 2316.28 公里，农村通路率达到 85%，初步形成以国道 214、215 线为骨架、省道 224 线为支撑、县乡公路及村社公路为辅助支线的公路交通网络。年末，

营运车辆有8172辆，其中货车7362辆，营运客车676辆，租赁车134辆，客运班线车线路省际6条、市际8条、市内19条。年末全市共有桥梁67座，1915.7米；拥有渡口32道，码头10个，营运船舶51艘。

2015年，累计完成邮电业务总量1304.74万元，同比下降0.23%。

2015年，接待游客1268.34万人次，同比增长17.4%，其中国内旅游总人数达到1193.32万人次，增长18.8%；实现旅游总收入151.62亿元，增长19%，其中国内旅游总收入为94.51亿元，增长23.8%；完成旅游门票收入5.8亿元，同比增长10.3%。

【能源生产·消费】 2015年，全市累计完成全社会发电量21.46亿千瓦时，同比增长3.83%。全社会用电量5.48亿千瓦时，同比下降24.99。全市规模以上工业综合能源消费量1.07亿吨标准煤，同比下降32.74。初步核算，全市万元GDP综合能耗0.72吨标准煤/万元，比上年同期下降1.29%。

【对外经济·国内贸易】 2015年，全市完成社会消费品零售总额30.16亿元，同比增长8.1；批发业销售额为85.01亿元，增长18.8%；零售业销售额为26.56亿元，增长9.2%；住宿业营业额为2.88亿元，增长14.1%；餐饮业营业额为3.91亿元，增长18.7%。全市招商引资项目共有65个，投资总额为394.25亿元，同比增长43.3%；其中迪庆投资方投资24.75亿元；外来投资方投资369.50亿元，同比增长47.5%；其中省内投资方投资79.5亿元，省外投资方投资289.9亿元。截至2015年12月实际到位资金为68.68亿元，其中，省外到位资金为56.52亿元，同比增长12.1%。

2015年，完成国际贸易进出口总额195万美元，其中出口额完成165万美元，进口额完成30万美元，实际利用外商直接投资4763万美元。

【财政·金融】 2015年，全市市域地方财政总收入为16.34亿元，同比增长14.6%；其中市级地方财政总收入为9.38亿元，增长11.5%。地方公共财政预算收入为11.01亿元，增长10.3%；其中市级地方公共财政预算收入为5.50亿元，增长9.1%。公共财政预算支出64.62亿元，增8.8%；其中市级地方公共财政预算支出38.96亿元，增长17.7%。

金融机构年末各项存款余额为215.74亿元，增长11.5%；金融机构各项贷款余额为126.05亿元，增长7.5%。

【人民生活·社会保障】 2015年，全市实现农村常住居民人均可支配收入6557元，同比增长10.7%；城镇常住居民人民可支配收入2.75万元，同比增长8.4%。

2015年，全市城镇职工参加基本养老保险人数6216人，参加基本医疗保险人数1.21万人，参加失业保险职工人数为6745人；参加城乡居民养老保险人数7.45万人，城镇居民参加基本医疗保险人数1.96万人。2015年，城镇登记失业人数790人，城镇登记失业率为3.72%。解决贫困人口6876人。年末城市居民最低生活保障人数为1.07万人，农村最低生活保障人数为4.24万人。农村五保集中供养人数为496人。

2015年4月30日，香格里拉市委大院举行香格里拉撤县设市授牌授印仪式

【资源·环境】 2015年末，全市全年人工造林面积5997公顷，森林覆盖率74.99%。全市拥有耕地总资源1.48万公顷，其中：常用耕地面积1.23万公顷。拥有水库5个，水库库容量1530.06万立方米，水利工程供水量1.46亿立方米。

年末，城市人均公共绿地面积12平方米，建成区绿化覆盖率30%，城镇生活垃圾无害化处理率100%，城市生活污水集中处理率98%。

（和丽莉）

专 题 报 告

Special Report

2015 年度云南省科技成果统计分析报告

2015 年，云南省科技成果管理工作深入贯彻落实党的十八大和十八届三中、四中、五中全会和省委九届十次、十一次、十二次全会精神，紧紧围绕中央和云南省委、省政府对科技创新的决策部署及云南经济社会发展的重大需求，深入实施创新驱动发展战略和建设创新型云南行动计划，深化科技体制改革，促进科技成果转移转化。

2015 年 1 月，印发了《云南省科技成果登记和信息发布实施办法》（云科奖发〔2015〕2 号），该办法的出台实施，为加强和规范全省科技成果登记和信息发布工作，及时、准确、完整地获取全省科技成果信息，促进科技成果转移转化及产业化提供了重要的基础性制度保障。2015 年 11 月，印发了《云南省科技厅关于印发云南省科技成果登记机构名单的通知》（云科奖发〔2015〕12 号），共明确科技成果登记机构 71 家，要求各科技成果登记机构按照《云南省科技成果登记和信息发布实施办法》认真履行职责，做好科技成果登记、统计和上报工作。通过加强管理和业务指导，着力推进全省科技成果登记队伍建设工作。通过以上有力措施，2015 年成果登记数量为 1171 项，同比上年增幅达到 8.7%，登记成果拥有知识产权数为 1831 件，增幅达 22.3%，实现了科技成果登记数量和质量的稳步增长。

一、成果概况

（一）成果总量

2015 年度，云南省共登记科技成果 1171 项，科技成果产生的直接效益达 493.84 亿元。

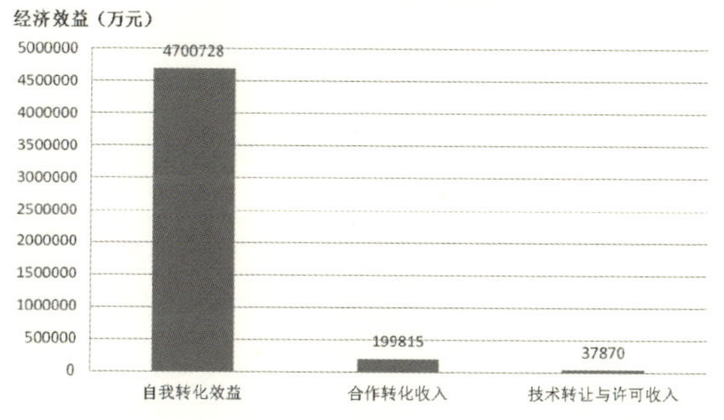

图 1　2015 年度云南省登记科技成果经济效益构成情况

（二）企业技术创新主体地位突出

在登记的 1171 项科技成果中，按第一完成单位统计，企业 520 项（其中科研机构转制企业完成的 8 项）；独立科研机构 156 项；大专院校 44 项；医疗卫生机构 315 项；其他 136 项。企业登记科技成果数占科技成果登记总数的 44%，表明企业已成为科技成果创造的重要力量。

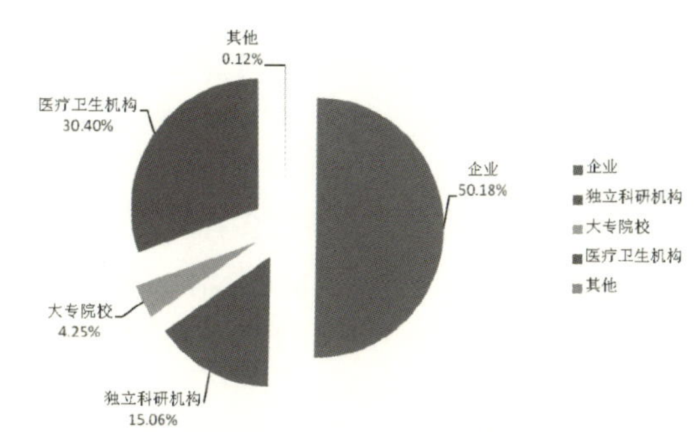

图 2　2014 年度云南省登记成果评价方式分布图

（三）成果类别

2015 年度登记的应用技术成果 1033 项，占成果登记总数的 88.22%；基础理论成果 72 项，占成果总数的 3.9%；软科学成果 66 项，占成果总数的 4.1%。数据表明，应用技术成果占主体，各类机构在创造科技成果的同时，更加重视科技成果的转化和应用。

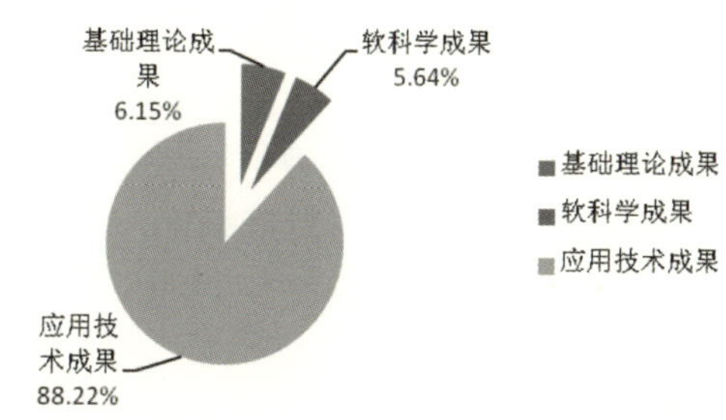

图 3　2015 年度云南省登记科技成果类别分布图

（四）政府科技计划占主导

2015 年度登记的 1171 项科技成果中，各级政府计划和基金项目产生的成果 618 项，占登记成果总数的 52.78%。其中国家科技计划 126 项，部门计划 120 项，地方计划 306 项，部门基金 21 项，地方基金 45 项；国际合作 4 项，自选项目 462 项，横向委托项目 9 项，其他来源 76 项。通过政府引导，全省科技成果来源呈现多样化，各类机构科技创新积极性逐年提高。

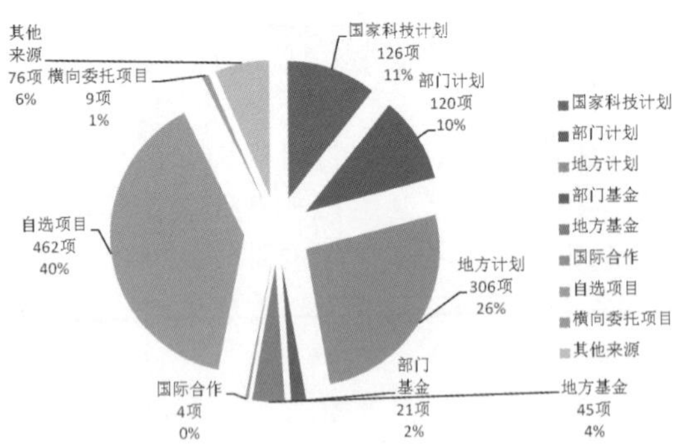

图 4　2015 年度云南省登记科技成果课题来源分布图

（五）科技成果评价方式多样化

在登记的 1171 项科技成果中，鉴定方式 423 项，验收方式 503 项，评审方式 51 项，行业准入 29 项，评估（定）方式 27 项，机构评价 130 项，结题方式 8 项。评价方式以验收和鉴定为主，其他评价方式并存。

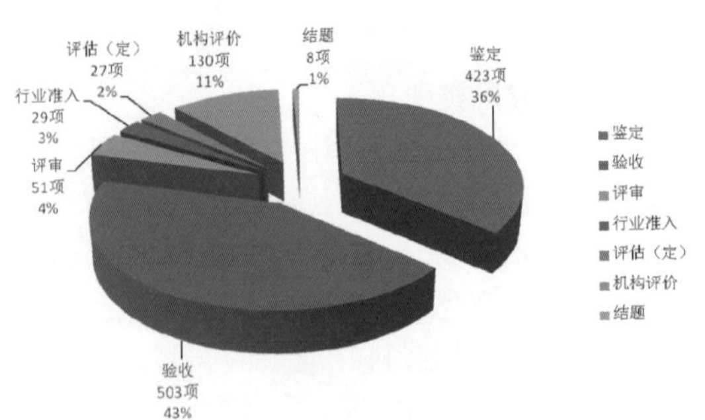

图 5　2015 年度云南省登记科技成果评价方式分布图

（六）科技成果水平评价

2015 年度登记的科技成果中，有 62.25% 的成果进行了成果水平评价。其中，国际领先 19 项，国际先进 58 项，国内领先 276 项，国内先进 277 项，国内一般 99 项，科技成果总体评价水平以国内领先和国内先进为主。

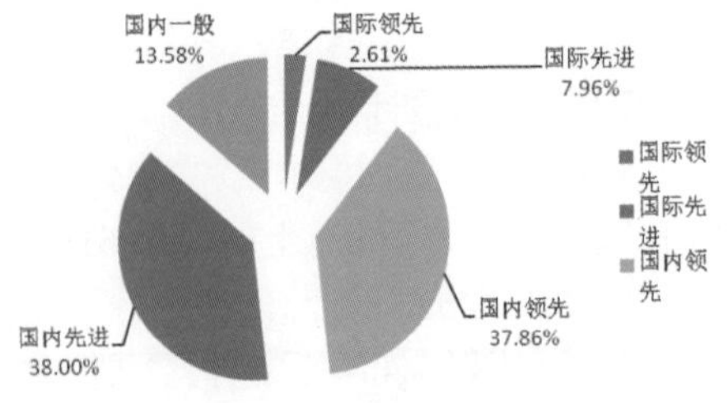

图 6　2015 年度云南省登记科技成果水平评价

（七）中青年科技人员是科技成果创造的骨干力量

2015 年度登记的 1171 项科技成果中，按科技成果完成人员年龄统计：35 岁以下 3180 人，36—45 岁 4087 人，46—55 岁 3228 人，56—65 岁 490 人，65 岁以上 80 人。数据表明，35 岁以下和 35—45 岁的中青年科技人员占 65.68%，中青年科技人员已成为科技创新的骨干力量。

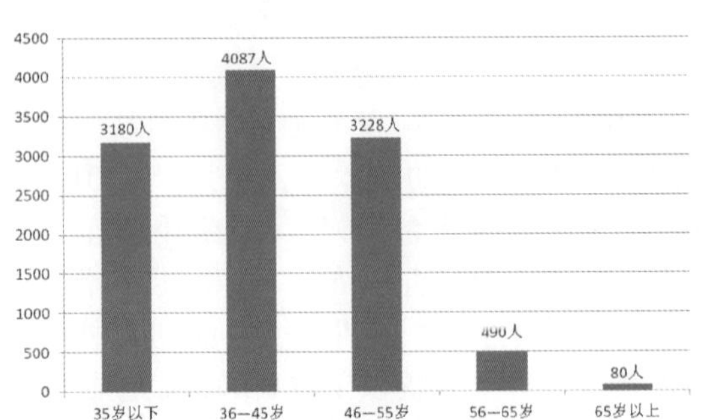

图 7　2015 年度云南省登记科技成果完成人员年龄分布图

（八）2015 年度云南省登记科技成果完成人员技术职称分布

按科技成果完成人员职称统计：院士 7 人，占 0.06%；正高 1581 人，占 14.29%；副高 2777 人，占 25.10%；中级 3938 人，占 35.59%；初级 1701 人，占 15.37%；其他 1061，占 9.59%。具备正高、副高、中职的研究人员保持较高比例。

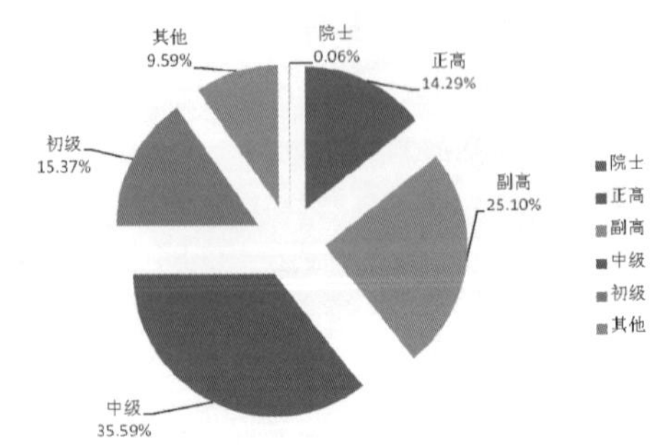

图 8　2015 年度云南省登记科技成果完成人员技术职称分布图

（九）2015 年度云南省登记科技成果完成人员学历分布

按科技成果完成人员文化程度统计：博士研究生 936 人，硕士研究生 2482 人，大学本科 5765 人，大专 1446 人，中专 311 人，其他学历 125 人。科技成果完成人员中博士研究生和硕士研究生以上学历人员占完成人员总数的 31%。

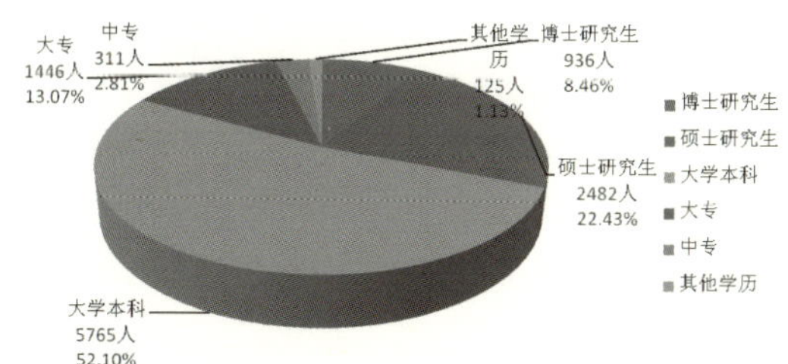

图 9　2015 年度云南省登记科技成果完成人员学历分布图

以上数据表明，云南省高层次科技人才、创新团队培育工作及吸引科技人才入滇政策取得明显成效。

二、应用技术类成果分析

（一）成果属性

在 1033 项应用技术成果中，原始性创新成果 574 项，占 55.62%，国外引进消化吸收创新 99 项，占 9.59%，国内技术二次开发 359 项，占 34.79%。

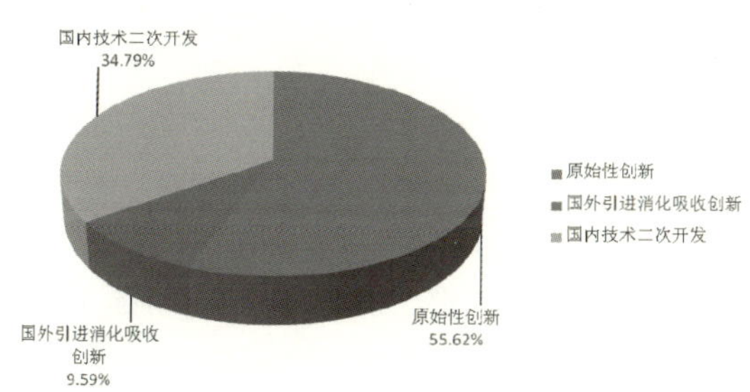

图 10　2015 年度云南省登记的应用技术成果属性分布图

（二）成果所属阶段

在 2015 年登记的应用技术成果中，处于成熟应用阶段的成果 756 项，占 73.18%；处于中试或设备的样机、试样等中期阶段的成果 150 项，占 14.52%；处于实验室、小试等初期阶段的成果 127 项，占 12.29%。

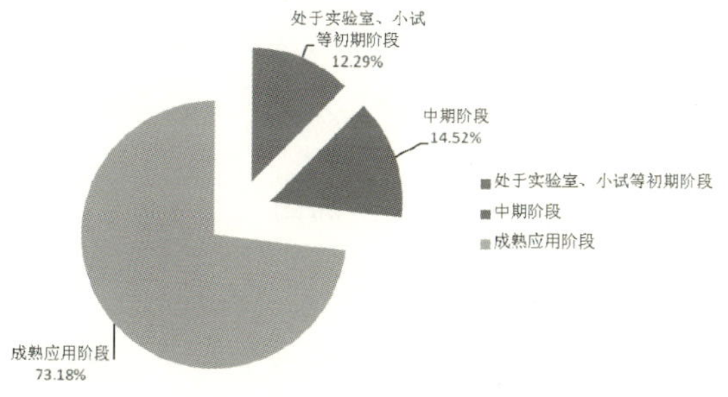

图 11　2015 年度云南省登记的应用技术成果所属阶段分布图

2015 年度登记的应用技术成果中原创性和成熟性科技成果占主导，表明全省科技自主创新能力得到提升，成果转化应用水平有效提高，为技术转移和科技成果转化及产业化提供了良好支撑。

（三）知识产权增幅明显

2015 年度登记成果的知识产权数为 1831 件，比 2014 年的 1497 件增长了 334 件，增幅达 22.3%。其中发明专利数为 638 件，比上年 564 件增长了 13.1%；实用新型专利数为 737 件，同比上年的 467 件，增幅达 57.8%；外观设计专利数为 57 件；软件著作权数为 82 件，同比上年的 55 件，增幅达 49.1%。已授权专利数为 1033 件，同比上年的 783 件，增幅达到 31.9%。制定标准数为 105 项，比上年度的 73 项增长 43.8%，其中国际标准 3 项，国家标准 12 项，行业标准 33 项，地方标准 17 项，企业标准 40 项。数据表明，2015 年云南省登记科技成果的自主知识产权数大幅度增长，自主创新能力显著提高；标准制定工作得到充分重视，企业更加重视技术的规范化、标准化。

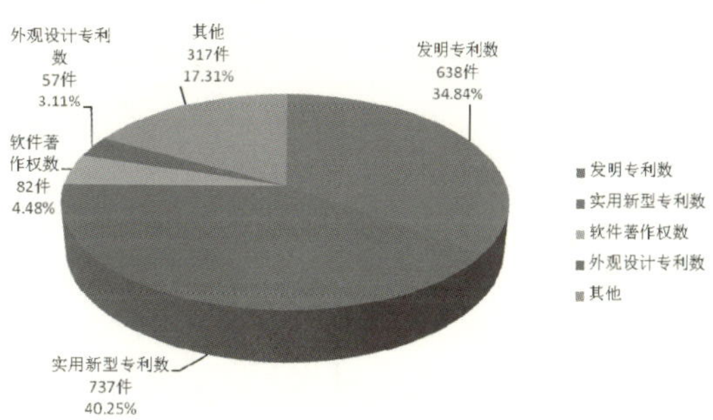

图 12　2015 年度云南省登记的应用技术成果知识产权状况

（四）成果所属高新技术领域分布

2015 年度云南省登记应用技术类科技成果中高新技术领域成果数量及占比提升。2015 年登记的 1033 项应用技术成果中，属于高新技术领域的 651 项，占应用技术成果的 63.0%，比上年增长 3.8%。其中电子信息 70 项，占 6.78%；先进制造 57 项，占 5.52%；航空航天 1 项，占 0.10%；现代交通 13 项，占 1.26%；生物医药与医疗器械 209 项，占 20.23%；新材料 34 项，占 3.29%；新能源与节能 67 项，占 6.49%；环境保护 32 项，占 3.10%；地球、空间和海洋 11 项，占 1.06%；核应用技术 1 项，占 0.10%；现代农业 156 项，占 15.10%。与上年相比，高新技术领域成果数量及占比提升，生物医药与医疗器械类及现代农业类高新技术成果占主体地位，反映出云南省 2015 年登记的科技成果在数量增加的同时质量进一步提升，且科技成果惠及民生成效突出。

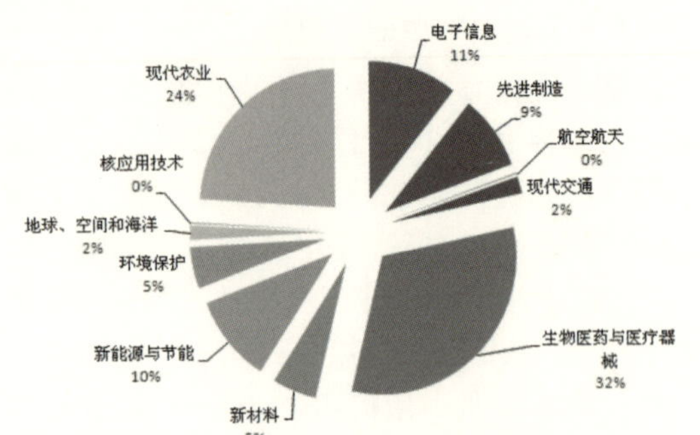

图 13　2015 年度高新技术领域登记成果数占比

三、2015 年云南省科技成果应用情况分析

（一）成果应用行业分布

2015 年度已应用的技术成果为 1005 项，按技术成果实际推广应用的行业分类进行统计，农林牧渔业有 291 项，采矿业 18 项，制造业 105 项，电力、燃气及水的生产和供应业 116 项，建筑业 23 项，批发和零售业 1 项，交通运输、仓储和邮政业 59 项，住宿和餐饮业 3 项，信息传输、计算机服务和软件业 40 项，金融业 1 项，房地产业 4 项，商务服务业 2 项，科学研究、技术服务业 24 项，水利、环境和公共设施管理业 20 项，居民服务业 4 项，教育 9 项，卫生和社会工作 97 项，文化、体育和娱乐业 2 项，公共管理和社会组织 14 项。

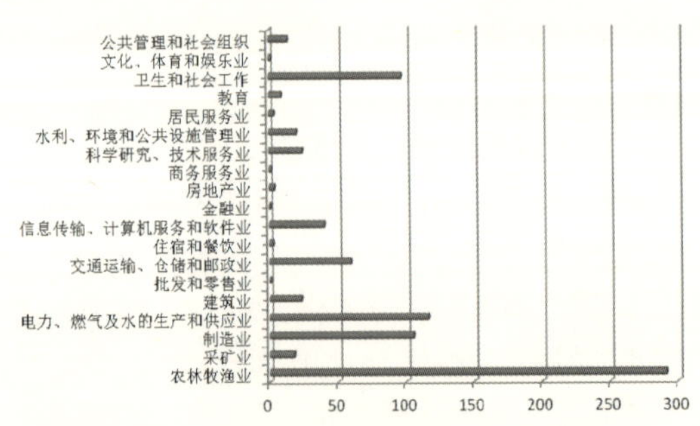

图 14　2015 年度云南省登记的应用技术成果应用行业分布

（二）科技成果研发和转化自有资金投入实现倍增

2015 年度登记的科技成果中，自有资金投入量从 2014 年的 33.95 亿元提高到 2015 年的 62.53 亿元，占经费总投入的 45.79%；国家投入 3.15 亿元，占 2.31%；部门投入 2.375 亿元，占 1.74%；地方投入 14.77 亿元，占 10.82%；基金投入 2468 亿元，占 0.18%；银行贷款 39.86 亿元，占 29.19%；国外资金 1833 万元，占 0.13%；其他资金 13.43 亿元，占 9.84%。

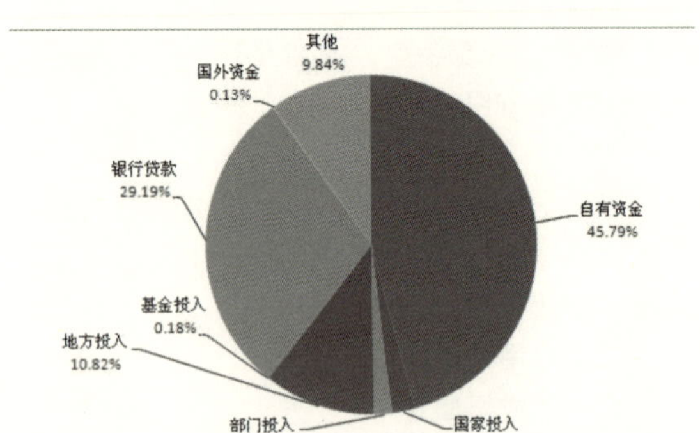

图 15　2015 年度云南省登记科技成果经费投入情况

与上年相比，云南省各类机构的科技创新积极性提高，科技创新意识和创新能力增强，政府科技计划、基金引导了全社会科技创新，民间投入科技研发的经费不断增加，反映出国家对科技成果转化合理安排财政资金投入，引导社会资金投入，推动了科技成果研发和转化资金投入的多元化。

（三）科技成果获得经济效益增幅显著

2015 年云南省登记的应用技术成果产生的经济效益与上年相比显著增加。已进行产业化应用并获得经济效益的应用成果为 315 项，占产业化应用成果数的 57.8%，同比上年 190 项，数量增幅为 65.8% ，占比增幅为 24.5%。在自我转化方面，节约资金 147.94 亿元，比去年多节约资金 105.29 亿元，增幅达 246.87%，其中医疗卫生机构节约资金 128.11 亿元，反映出 2015 年科技成果应用惠及民生成效突出；创造净利润 134.92 亿元，实缴税金 24.78 亿，出口创汇 10.49 亿元。在合作转化方面，收入为 19.98 亿元，其中技术入股股权折价 0.99 亿元。在技术转让与许可方面，收入为 3.79 亿元，同比上年增幅为 103.02%，其中知识产权技术转让收入 0.66 亿元。

（四）成果未应用的原因

2015 年度云南省登记的应用技术类成果中未应用的成果 28 项，比去年减少 10 项，占 2.7%。成果未应用因素属于资金问题的 4 项，属于技术问题的 10 项，属于市场问题的 3 项，属于管理问题的 3 项，属于政策因素的 3 项。成果未应用的原因以技术问题为主。

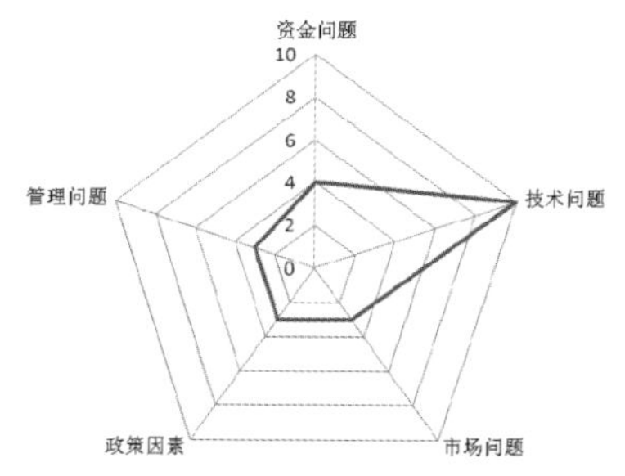

图 16　2015 年度云南省应用技术类成果未应用影响因素

科技成果登记与统计工作是了解掌握云南省各界科学研究与科技成果产出情况的一项重要基础性工作。2015 年是“十二五”的收官之年，是全面贯彻落实党的十八大、十八届三中、四中、五中全会精神的重要一年，是全面深化科技体制改革的关键之年，本年度云南省科技成果的统计分析表明，云南省科技成果登记数量实现了增长，登记的科技成果在自主创新能力、成果转化应用、成果应用实现的经济效益等方面，都取得了新的突破，反映出云南省科技创新能力明显提高，科技对经济社会发展的支撑和引领作用进一步增强，科技创新已成为驱动云南省新常态下经济增长的重要引擎和动力。

经 济 研 究

Economic Research

重要学术活动

云南省社会科学联合会

云南省深入学习贯彻习近平总书记考察云南重要讲话精神理论研讨

2015年3月9日，云南省深入学习贯彻习近平总书记考察云南重要讲话精神理论研讨会在昆明举行。会议的主题是：深入学习贯彻习近平总书记考察云南重要讲话精神，全力推进云南跨越式发展，谱写好中国梦云南篇章。会议从理论与实践的结合上，对习近平总书记考察云南重要讲话提出的重大问题进行深入学习研讨，引导全省干部群众全面、准确、深刻领会讲话的重大意义、科学内涵、精神实质和实践要求，坚定自觉地把思想和行动统一到讲话精神上来，凝心聚力推动云南跨越式发展。省委常委、省委宣传部部长赵金主持会议。

社科专家元阳行

2015年4月7日至11日，云南省社科联联合元阳县委、县政府共同主办社科专家元阳行活动。来自旅游学、生态学、管理学、民族学、文化景观、文化遗产保护等相关领域的11位专家围绕“红河哈尼梯田世界文化遗产保护、管理与利用”的调研主题进行了专项调研。

社科专家镇沅行

2015年5月4日至7日，6月6日至8日，云南省社科联与镇沅县委、县政府分别以“提高人居环境，打造旅游文化休闲产业”和“大交通与镇沅经济社会发展”为主题，两次共同主办云南社科专家镇沅行调研咨询活动。专家们结合调研情况，对未来镇沅经济社会发展方向从自身专业的角度提出了意见建议。

2015年6月7日，社科专家在镇沅县开展“大交通与镇沅经济社会发展”专题调研

云南省深入学习贯彻习近平总书记考察云南重要讲话精神系列理论研讨会第二次会议

5月7日，省委常委、省委宣传部部长赵金在昆明主持召开云南省深入学习贯彻习近平总书记考察云南重要讲话精神系列理论研讨会第二次会议。会议以用“四个全面”战略布局引领云南各项工作，闯出一条跨越式发展路子为主题进行深入研讨。与会的省内外专家学者和省内有关部门负责同志紧紧围绕用“四个全面”战略布局引领云南各项工作，从理论与实践的结合上，就如何主动服务和融入国家发展战略，闯出一条跨越式发展的路子来，努力成为民族团结进步示范区、生态文明建设排头兵、面向南亚东南亚辐射中心等方面进行广泛交流，对破解深化改革、依法治省、从严治党等实践中的问题提出了建议。

社科专家怒江行

2015年6月14日至18日，中共云南省委宣传部、省社会科学界联合会、中共怒江州委、怒江州人民政府联合主办“云南社科专家怒江行”活动。活动中，11名社科专家分为四个调研组，分别对“突出优势，探索怒江跨越发展新路子”“独龙江帮扶模式的创新性及实践意义”“高德荣精神的深刻内涵及时代意义”“怒江绿色生态价值体系的地位、作用、前景及政策建议”等4个议题进行为期一周的专项调研。

社科专家会泽行

2015年7月13日至16日，中共曲靖市委宣传部、中共会泽县委、县人民政府主办，曲靖市社科联、中共会泽县委宣传部承办了“2015年社科专家会泽行”活动。在为期4天的活动中，由云南省社科联党组书记张瑞才领衔的14位省市社科专家，分成5组深入会泽县经济社会建设一线考察调研，探索在新形势下实现经济社会跨越式发展的新思路、新方法、新举措、新途径，为会泽经济社会发展会诊把脉，开展决策咨询，实现了理论与实践的有效结合。

社科专家保山行

2015年8月21至26日，中共云南省委宣传部、云南省社科联、中共保山市委、保山市人民政府共同主办云南社科专家保山行调研咨询活动，来自中国社会科学院、云南社科院、云南大学、云南财经大学、西南林业大学、云南林科院等科研院所和大学的15位知名学者和专家参与活动。专家组对保山全市五县区、三个园区的28个调研点进行实地考察调研，在26日举行的专家咨询会暨保山发展高端论坛上，集中就保山"一带一路"建设、生态文明建设、旅游文化建设三个专题进行研讨。

2015年8月21日，省社科联主席范建华（左三）与专家组在保山数据服务产业园调研

社科界学习十八届五中全会精神座谈会

2015年11月3日上午，省社科联召开了社科专家学习十八届五中全会精神座谈会，座谈会由省社科联主席范建华主持。省社科联党组书记张瑞才、云南大学人口研究所所长罗淳教授，云南大学马克思主义学院书记张巨成教授，云南师范大学校长助理、云南研究院院长周文教授，昆明理工大学马克思主义学院王海云教授、云南财经大学社会与经济行为研究中心主任陈刚教授，云南财经大学统计与数学学院赵果庆教授，省委党校公共管理教研部主任欧黎明教授，省社科院南亚研究所所长陈利君研究员，省社科院经济研究所副所长马勇研究员等专家学者结合云南实际和自己的研究方向，就学习十八届五中全会精神谈了自己的学习体会，为我省社科界下一步深入学习、宣传、研究、阐释十八届五中全会精神开了一个好头。

2015年11月3日，云南社科专家学习十八届五中全会精神座谈会在省社科联召开

第47届国际汉藏语言暨语言学会议召开

10月28日，第47届国际汉藏语言暨语言学会议（The 47th International Conference on Sino-Tibetan Language and Linguistics）在中国云南师范大学召开。会议发起者、著名汉藏语言学家、美国加利福尼亚大学伯克利分校的马提索夫教授，云南省人民政府教育督导团总督学廖晓珊，云南师范大学校长、大会组委会主席杨林教授，云南师范大学汉藏语研究院院长、大会主席戴庆厦教授等出席大会开幕式并致辞。开幕式由副校长陈勇教授主持。本次会议共举行39场学术报告，约有370人宣读了论文，马提索夫教授、戴庆厦教授等17位著名专家学者做了大会报告。

社科专家临沧行

2015年12月1日至4日，中共云南省委宣传部、云南省社会科学界联合会、中共临沧市委、临沧市人民政府联合举办"云南省社科专家临沧行"调研活动。活动以"云南辐射中心建设与临沧沿边开放对策研究"为主题，12名社科专家围绕主题深入到镇康县南伞口岸、临沧边境经济合作区南伞园区、耿马傣族佤族自治县孟定镇、清水河口岸、临沧边境经济合作区孟定园区、滇缅铁路遗址博物馆等地进行实地考察，就临沧在辐射中心建设中的地位和作用、临沧与缅甸陆路联通问题、临沧与缅甸投资贸易便利化问题、临沧与缅甸跨境旅游问题、人民币跨境结算问题、民族团结与边疆稳定问题、临沧加快发展外向型特色产业问题、临沧边境经济合作区建设问题、临沧实施走出去战略问题、临沧与缅甸不定期开展文化交流问题、临沧边疆治理体系和治理能力现代化问题、临沧推进信息化建设问题等选题进行调研。

2015年12月2日，省社科联党组书记张瑞才（前排右二）与专家组在临沧南伞口岸调研

云南省第九届社会科学学术年会

第九届云南省社会科学学术年会于2015年

9月至12月举行，本次社会科学学术年会的主题是“推动跨越发展，谱写好中国梦的云南篇章”。12月16日，省委宣传部与省社科联主办的云南省社科理论界学习党的十八届五中全会精神理论研讨会暨省第九届社会科学学术年会在昆明举行。省委常委、省委宣传部部长赵金出席会议并做了重要讲话。会议邀请省社科联党组书记张瑞才研究员、云南大学校长林文勋教授、云南省社科院杨福泉研究员、云南省林科院杨宇明教授、大理大学校长张桥贵教授、云南大学公共管理学院院长崔运武教授、省委党校党建教研部主任吴家驥教授等7名专家学者分别围绕“以五大发展理念引领云南跨越发展”主题作了主旨发言。除主场学术大会活动外，分别在部分高校、社科类社会组织举办10个专场活动。

社科学术沙龙

2015年省社科联先后组织“社会科学如何走出去”“聚焦依法治国、建设法治云南”“高原特色农业与多样性农业”“从环境保护到生态文明”“社科研究如何为实践服务”“云南民族刺绣艺术的传承发展及市场潜力开发”“大数据时代社科研究的走向”“当代人类学的趋势和问题”“建设面向南亚东南亚的辐射中心”“关于十三五规划”等10期小规模高层次的社科学术沙龙交流活动，参与交流活动专家260余人次。

第十九次云南哲学社会科学优秀成果评奖

2015年共收到620余项申报成果，经过资格审核、学科组评审推选和总评委集中评审，最终评选出172项拟授奖成果，其中荣誉奖1项、一等奖17项、二等奖35项，三等奖119项。

云岭大讲堂

通过进校园、进机关、进社区活动，深化基层干部群众对重大理论问题的学习理解。设立举办点28个，以制度形式确立讲堂管理结构框架，统一规范管理，共举办280场讲座，覆盖10个州市。依托媒体力量，录制、剪辑80场讲座，择优在云视网播出，实现讲座内容的二次传播，视频点击达到160万人次。

社科创新团队

2015年，经资格审核、初评、答辩评审，最终评选出6个立项资助创新团队。对完成三年建设周期的10个创新团队进行验收。已考核团队普遍超额完成各项指标，在学科建设、人才队伍培养以及研究成果等方面成效突出，达到团队建设预期目标。

社科普及规划项目

2015年云南省社科普及规划项目共计评审出25项，分别是走近噶丹·松赞林寺、如何进行法医司法鉴定、东盟国家礼仪简明读本、曲靖陶瓷史、白族传统手工技艺、云南历史文化名村文化遗产概览、云南少数民族史诗文化之旅；读图百科：云南藏族服饰的文化多样性、中小学校园危机管理知识普及读本、踵事增华——云南省爱国主义教育基地参观指南、云南少数民族饮食文化养生遗产研究、我的母语部落：城乡一体化语境中的中国佤族村落志、临沧市土司文化研究；拉祜族古歌文化读本、云南少数民族森林文化、大数据的前世今生、环境健康与法律、普洱趣味小历史、他留人科普读本、云南国家公园读本、缅甸民风民俗掠影、家庭体育健康指导、民族团结一家亲、云南少数民族民间童话故事选读和云南土司制度史话。

研究机构选介

云南省社会科学院经济研究所

一、主要研究成果

1. 综合研究

完成了国家社科基金课题《发达地区对口帮扶西部民族地区的效益评价与政策建议》，已结项；《发展智慧金融，构建云南现代服务产业的新高地》，发表于“云南智库要报”；出版了云南省社会科学院蓝皮书系列丛书“2014-2015年云南经济发展报告”，云南大学出版社；完成《经济所重点学科建设研究报告》《云南省高原特色农业重大产业选择及发展研究》《云南跨越式发展研究》《关于着力解决我省8个少数民族30个支系极度贫困问题的对策建议》，完成《加快完善云南扶贫开发机制研究》，省发改委横向课题；完成《昆明市“跨越中等收入陷阱”的路径研究》，国家统计局昆明调查队横向合作课题；完成怒江州经济社会“十三五”规划前期研究、富宁县“十三五”能源发展规划、砚山县“十三五”总体规划、沾益县“十三五”总体规划、沾益县“十三五”能源发展规划、沾益县“十三五”重点项目规划、沾益县“十三五”服务业规划。

参与完成《云南省精准扶贫精准脱贫研究》《云南省利用法国开发署贷款开展生物固碳造林和沼气建设项目社会影响和环境影响评估》项目，完成六个项目县的社会影响评估报告；参与完成《加快兰坪县工业产业结构调整，促进转型升级》《怒江州“十三五”深化经济结构调整的主攻方向和策略研究》以及《云南高原特色农业招商引资对策研究》

2. 在研项目

《云南省高原特色农业现代化建设规划（2016-2020）》《云南省一二三产融合发展研究》，《昆明市农村电子商务发展研究》《文山州兴边富民“十三五”规划》《文山州参与辐射中心建设“十三五”规划》《文山州高原特色农业现代化建设规划（2016-2020）》《文山州“十三五”残疾人事业发展规划（2016-2020）》等，《跨越式发展—云南新常态下的战略选择》一书正在出版前期修订中。《文山州落实云南省主体功能区实施方案》《文山州十三五低碳发展规划》《文山州“十三五”指标测算研究》《砚山县精准扶贫实施方案》《砚山县“十三五”战略新兴产业发展规划》《砚山县“十三五”辐射中心支点规划》《砚山县“十三五”公共服务事业规划》、《文山州“十三五”五大基础网络规划》《文山州“十三五”产业发展规划》《砚山县“十三五”脱贫攻坚规划》。

3. 学术活动

我所研究人员参加第7届世界水资源大会 Attended the 7th World Water Forum 2015, April 12-17, 2015, Daegu & Gyeongbuk, in Republic of Korea. 参加中国—欧盟研究与合作研讨会 Attended “China-EU Research and Innovation Cooperation Forum” in Brussels, April 28-29, 2015.

一、主要工作和社会活动

1. 继续认真落实对外开放战略部署，凭借本所的特点和优势，根据与文山州发展改革委员会签订的政研合作战略框架协议。结合国家实施“新一轮西部大开发”“桥头堡建设”“石漠化综合治理”“滇黔桂革命老区规划”的机遇和“十三五”规划的开展，围绕“县域经济、产业发展、三农问题、和谐发展、全面小康”发展目标，依托科研机构智力资源，实现“理论与实践相结合”，形成一种“部门以科研机构为实现发展的智力支持，科研机构以基层部门为研究的实践载体”的格局，不断推动我所科研工作。

2. 按照宏观经济学、资源经济学、产业经济学、财政金融学四个研究室进行学科建设，培养研究力量。积极开展“云南全面建成小康社会监测评价中心”工作，举办“新常态下云南经济社会热点难点问题研究”研讨会，形成的会议纪要和主要观点供相关部门和领导参考。

3. 经济研究所按照云南省社会科学院的战略部署，积极走出去进行合作交流，与云南省农业厅、云南省扶贫办、云南省农科院及云南省发改委等单位继续建立长期的合作关系，落实了多项合作研究工作。

4. 经济所多位研究员分别被聘请为云南财经大学、云南民族大学、云南师范大学和西南林业大学的硕士生导师，进行教育培养工作。

同时三位研究人员分别到上海社科院、中国社科院和上海财经大学进行交流访学。

5、具体指导并参与云南省扶贫办在7县14个行政村的“社区主导型发展与参与式扶贫机制创新试点项目”项目实施监测工作；对7县14行政村的干部群众进行集中和现场培训数十次；主持修订新的社区项目操作手册和7县CDD项目的总结评估工作；参与云南省扶贫办的考察交流活动；积极协助省社科院挂钩扶贫点争取外资项目，并提供相应的技术支持。

云南省第十九次哲学社会科学优秀成果获奖项目名单

荣誉奖

1. 中国彝族大百科全书
   云南省社会科学院
   何耀华

一等奖 （按学科分类排序）

1. 施特劳斯的现代性批判理论研究
   云南大学
   蒋小杰
2. 晚清民国时期滇藏川毗连地区的治理开发
   云南师范大学
   周智生
3. 宋代朝贡体系研究
   云南大学
   黄纯艳
4. 近400年来中国西部社会变迁与生态环境
   昆明学院
   徐 波
5. 外资进入速度与节奏对我国内资企业绩效影响的实证研究
   云南财经大学
   钟昌标 黄远浙
6. 制造业产业链的循环经济发展模式和评价体系研究
   昆明理工大学
   郑季良
7. 中国区域文化产业研究
   云南大学
   李 炎 胡洪斌
8. 多维视野下的现代教育工程
   云南大学
   姚绍文
9. 宗教诉求与跨境流动——以中缅跨境地区信仰基督教跨境民族为个案
   云南大学
   高志英 沙丽娜
10. 抗战时期西南边疆的国族建构研究
    云南大学
    朱映占
11. 资源错配的经济影响效应研究
    云南财经大学
    叶文辉 等
12. 行政信访处理纠纷的预设模式检讨
    云南大学
    刘国乾
13. 中缅德昂族历史叙述差异比较分析
    云南大学
    李晓斌 段丽波
    德宏高等师范专科学校
    周 灿
14. 基于空间生产理论的古镇旅游景观空间重构
    云南财经大学
    明庆忠
    云南省旅游产业研究基地
    段 超
15. Psychometric Structure of the Chinese Multiethnic Adolescent Cultural Identity Questionnaire（中国多民族青少年文化认同问卷的心理测量结构）
    红河学院
    胡发稳 李丽菊 等
16. 关于推进云南跨境人民币结算的难点与对策
    云南师范大学
    丁文丽 刘 方
    中国人民银行昆明中心支行 雷一忠
17. 云南省建立国家生态文明试验示范区战略研究报告云南省林业调查规划院
    《云南省建立国家生态文明试验示范区战略研究》课题组

二等奖 （按学科分类排序）

1. 马克思主义民族理论中国化研究
   中共云南省委宣传部
   字振华
2. 马克思主义科学体系整体性研究
   云南师范大学
   童贤成
3. 佤汉大词典
   云南民族大学
   王敬骝
4. 末昂语研究
   云南民族大学
   周德才
5. 后现代与民族文学
   曲靖师范学院
   张永刚
6. 云南矿业开发史
   云南大学

杨寿川
7. 中国西部地区优势产业发展与促进政策
云南财经大学
赵果庆
8. 金融市场价格波动的跳跃效应与传染效应研究
云南财经大学
周 伟
9. 土地资源对城市经济增长的影响效应研究
昆明学院
曾 伟
10. 当代中国女性发展重大问题研究
云南大学
王燕飞
11. 食品安全法治热点问题探究
昆明理工大学
国峰
12. 中国近代西南边疆的政治关系——以民族国家认同为基点
云南师范大学
张媚玲
13. 义务教育均衡发展监测、评价与预警
云南师范大学
潘玉君 张谦舵
楚雄师范学院
罗明东 施红星 等
14. 东南亚社会主义的历史、现状及发展趋势
云南省社会科学界联合会
靳昆萍 等
15. 中国地域文化通览·云南卷
云南省文史研究馆
《中国地域文化通览·云南卷》编委会
16. 云南文化读本
云南大学
张昌山 主编
17. 以新安全观促进亚洲持久和平与共同发展—— 学习习近平主席在亚信峰会上的重要讲话
云南省社会科学院
谢青松
18. 论胡塞尔先验现象学作为独立的“第一哲学”范式
云南大学
杨宝富 张瑞臣
19. 先验辩护和自然主义认识论是兼容的吗?
云南大学
喻郭飞
20. 拉祜语的话题句
云南师范大学
李 洁
云南师范大学附属小学
李景红
21. 训诂的方法与程序
云南大学
蔡英杰
22. 零符号在《李尔王》中的意义及作用
曲靖师范学院
李 兵
23. 人生戏梦忆游园，世事无端恨经年——白先勇《游园惊梦》与李商隐《锦瑟》的互文性分析
云南民族大学
龙 珊 柯 轲
24. 风险投资对区域创新系统的作用机理研究——基于复杂网络理论视角
云南财经大学
寸晓宏 卢启程
25. 地方政府债务权责时空分离：理论与现实——兼论防范我国地方政府债务风险的瓶颈与出路
云南财经大学
伏润民 缪小林
26. 当前中国社会问题的政策生成及其反思
云南大学
赵春盛 崔运武
27. 中国族际政治整合的价值取向析论
云南师范大学
朱碧波
昆明医科大学
王砚蒙
28. 中国传统宗族福利体系初探
云南师范大学
毕天云 刘梦阳
29.Intangible Cultural Heritage and New Communities of Knowledge Production——An Analysis Based on Village Studies（非物质文化遗产与知识生产的新型共同体——基于村落研究经验的分析）
云南师范大学
李 立
30.“局外”与“局内”：多元文化学校情境中教师的跨文化适应及其课程实施取向探究
云南师范大学
王艳玲
31. 中越南海争端解决模式探索——基于区域外大国因素与国际法作用的分析

红河学院
赵卫华
32. 传统文化旅游资源产权界定的困境研究
云南民族大学
马 鑫
33. 云南省深化文化体制改革研究
云南财经大学
赵晓红 等
34. 云南人力资源产业发展研究报告
云南省人力资源和社会保障厅
崔茂虎 杨 琦 孙 毅 等
35. 创新云南省信贷扶贫开发机制研究
云南财经大学
龙 超 等

三等奖 （按学科分类排序）

1. 我国边疆少数民族的“中国认同”及其影响因素研究
云南财经大学
何 博
2. 世界历史语境中的文化认同研究
西南林业大学
余晓慧
3. 对现代规范伦理学的“颠破” 伯纳德·威廉姆斯伦理思想研究
云南师范大学
方 熹
4. 散漫的严格——一种私人现象学的形成
西南林业大学
庄 威
5. 怒江傈僳族内地会研究
曲靖师范学院
申晓虎
6. 云南规范彝文彝汉词典
红河州非物质文化遗产保护中心
普梅丽 张 辉 普梅笑
7. 仁智气象 ---- 周善甫评传
云南省社会主义学院
陈友康
8. 现代性与中国浪漫主义文学思潮
云南师范大学
徐晋莉
9. 中国电影中的云南形象研究
昆明学院
郭鹏群
10. 曼声弦歌——柴科夫斯基钢琴套曲《四季》研究
曲靖师范学院
任红军
11. 鼓语通神 云南少数民族鼓乐文化研究
云南艺术学院
申 波
12. 蔡锷论稿
云南民族大学
谢本书
13. 云南历代文选·传记、碑刻、游记、文论、散文、诗词、辞赋（七卷本）
云南师范大学
余嘉华
云南教育出版社
易 山 等
14. 晚清法部研究
云南大学
谢 蔚
15. 民国时期滇越铁路沿线乡村社会变迁研究
云南民族大学
王明东
16. 史通（上、下）
云南师范大学
白 云 译注
17. 本土市场规模与我国产业升级——理论、案例与政策
云南大学
张国胜
18. 云南省高原特色农业发展路径研究
中共云南省委党校
谭 鑫
19. 云南边境口岸物流体系研究
昆明学院
张必清
20. 制度演化视角下的中国对外直接投资：主体结构分析与母国反哺效应检验
昆明理工大学
姜亚鹏
21. 城乡公共服务均等化研究：县域经济发展统筹与地方财政体制激励
云南财经大学
缪小林
云南大学
王 婷
22.The Impact of Ecological Environmental Constraction to Poverty Alleviation and Development in “Three Rivers Parallel Flow Area” in Yunnan Provinve（云南省三江并流地区生态环境建设对扶贫开发的影响）
云南农业大学
李永前

23. 中国能源强度与经济结构关系的数量研究
昆明理工大学
李 洁 王 波 彭定洪

24. 企业员工知识资本与组织知识资本实证研究
红河学院
孙立新

25. 基于 CAS 理论视角的企业组织能力系统演化机制研究
昆明理工大学
可 星 刘 杨
云南省科学技术情报研究院
彭靖里

26. 稳健会计信息的信号传递作用研究
云南财经大学
顾鸣润

27. 组织行为学
云南农业大学
李永勤 郭颖梅

28. 民族地区公共服务供给理论与实践
云南民族大学
赵云合 杨志雄 等

29. 边疆苗族自发移民问题治理研究——以云南 K 县为个案
云南民族大学
陆海发

30. 法治与正义：农民集中居住的良性推进
昆明理工大学
杨 成

31. 地役权研究：在法定与意定之间
昆明理工大学
张 鹤

32. 公司机会规则研究
云南中医学院
谢晓如

33.The Pedagogy and Practice of Western-trained Chinese English Language Teachers：Foreign Education, Chinese Meanings（留学西方的中国英语教师的教学与实践：海外教育，本土意义）
曲靖师范学院
浦 虹

34. 贫困孤岛的参与式反贫困研究——来自云南边远山区的回音
云南民族大学
伍琼华 闫永军

35. 云南跨境民族地区社会组织现状研究
云南财经大学
马国芳 等

36. “圈子”的建构与实践——旅游规划的民族志
西南林业大学
成 海

37. 象征人类学理论
云南大学
瞿明安 等

38. 彝族文化论
楚雄师范学院
杨甫旺

39. 西南少数民族地区村寨生态文明建设研究
云南师范大学
肖 青 等

40. 从“调查报告”到“民族志”的范式转变：以云南民族研究文本的书写为例
昆明理工大学
娥 满

41. 三江源生态移民研究
云南农业大学
杜发春

42. 非物质文化遗产旅游开发系统的动态仿真研究
云南民族大学
张 魏

43. 台湾新闻传播教育初探 从社会变迁与学科发展角度的观察
云南民族大学
黄东英

44. 中国少数民族大辞典·佤族卷
云南师范大学
周本贞 主编

45. 元朝文书档案工作研究
云南大学
陈子丹

46. 民族数学文化与数学教育
德宏师范高等专科学校
周长军 申玉红 郭采莲

47. 高等教育学的学科建设研究
云南师范大学
方泽强

48. 云南省学前教育发展研究
曲靖师范学院
丁晓东 高 芹

49. 民族健身操教程
云南民族大学
寸亚玲

50. 中非低碳发展合作的战略背景研究
云南大学

张永宏 梁益坚 王 涛 杨广生

51. 昆曼公路国际物流信息化与电商化应用研究
昆明理工大学
黄 洁 陈建明
云南速威电子商务有限公司
陈虹锦 李朝权

52. 云南省乌蒙山系散杂居少数民族非物质文化遗产保护与传承研究报告
曲靖师范学院
张宏伟 等

53. 区域差异与调控——西南边疆人口发展论
云南财经大学
丁世青

54. 中国白族村落影像文化志丛书
大理州委宣传部 云南省社会科学界联合会
《中国白族村落影像文化志丛书》编委会

55. 云南多元宗教共处的类型与基本模式
云南民族大学
韩军学
云南省社会科学院
刘 军

56. 新中国成立后的党的民族文化政策在云南的实施效果评价
云南省社会科学院
吴 莹

57. 马克思生态思想与美丽中国建设
云南民族大学
廖乐焕

58. 当前边疆稳定中的民族虚无主义思潮防治
云南艺术学院
赵彦飞

59. 接地气 强底气 养文气
云南大学
张巨成

60. 为民：中国共产党执政伦理的最高价值原则
公安消防部队昆明指挥学校训练部
朱 勇

61. 仪式传承之文本媒介：广西上林县壮族师公戒度法事中的唱本分析
云南大学
覃延佳

62. 民族宗教文化视域下的傣族剪纸艺术及其传承
云南民族大学
索昕煜

63. 论语言的客观世界、主观世界和虚拟世界
云南师范大学
李德鹏

64. “志士不忘在沟壑，勇士不忘丧其元”——异端思想家李贽的诗心与诗艺
云南民族大学
周雪根

65. 戏剧与国家意志的历史书写
云南艺术学院
方冠男

66. 云上风景——谈云南少数民族风俗雕塑创作
云南艺术学院
张仲夏

67. 少数民族农民的银幕想象——以 21 世纪以来少数民族电影为例
云南师范大学
谢晓霞

68. 汉初九原地区置郡问题再探讨
云南民族大学
尤 佳 等

69. 民国时期云南官方民族人口统计的产生与发展——从《云南全省边民分布册》说起
云南师范大学
张黎波 周智生

70. 农业合作社发展演进中的“踏轮”效应——一个新理论假说及基于 VAR 模型的实证检验
云南大学
娄 锋

71. 新型城镇化进程中的云南县域经济“蝶变”模式
中国日报社云南记者站
郭安菲

72. 边疆民族地区农村劳动力转移的新机遇与突出问题研究
云南师范大学
王俊程 胡红霞
云南中医学院
赵秋苑

73. 县域经济保障机制研究——以云南为例
云南大学 王 旭 蒙昱竹

74.Current Status of Internet Commerce and Taxation Problem in China （中国电子商务市场现状及税收问题）
云南财经大学
沈娅莉 等

75. 西部退耕农户林种选择意愿及影响因素动态分析——以云南省鹤庆县、贵州省织金县为例
西南林业大学
支 玲 郭小年 谷 鹏

云南财经大学
阮 萍
76.Automated learning of factor analysis with complete and incomplete data（完全和不完全数据下因子分析模型的自动化学习）
云南财经大学 赵建华 石 磊
77. 基于 CVaR 的供应链联合促销的回购契约协调研究
昆明理工大学
代建生 等
78. 混合所有制背景下依托信息技术重构行政决策流程策略研究——以银行业在东南亚地区推进国际业务为例
昆明市社会科学院
尹 峻
昆明市社会科学界联合会
张学琼
致公党云南省委
谢 冰
79. 论"中国梦"与国家认同、文化认同、价值观认同
云南大学
王超品
80. 美国农村公共服务供给特点、经验与启示
楚雄师范学院
刘会柏
81. 推进生态文明建设的环境司法保障
云南省高级人民法院
况继明
82. 检察委员会组织体系之完善
玉溪市人民检察院
柏利民
83. 西部生态旅游发展的法律困境与对策——以丝绸之路经济带的构建为背景和切入点
昆明理工大学
李婉琳
84. 论人民代表大会制度国家权力配置功能
云南大学
沈寿文
85. 少数民族地区中学生创伤后成长与家庭复原力的关系
大理大学
董泽松 褚远辉
86. 论家庭继替——兼论中国农村家庭区域类型
云南民族大学
陶自祥 等
87. 边疆多民族聚居区基层治理创新——以西双版纳城乡社区建设实践为例
中共西双版纳州委党校
张志远
88. 西南边境地区艾滋孤儿基线调查分析
云南大学
晏月平 廖炼忠
89. 民族人口现代化进程的族际比较研究——基于人口普查资料的分析
云南大学
吕昭河 晏月平 徐晓勇
90. 论"民族村"对散居民族理论体系创新发展的意义
云南省社会科学院
王 俊
91. 老挝北部阿卡人移居坝区的历程与文化调适——勐新县帕雅洛村的民族志个案研究
云南大学
张雨龙
92. 年者家的庆典——一个纳西族摩梭人家的春节民族志
丽江师范高等专科学校
赵沛曦 张 波 杨丽芬
云南艺术学院
张 涌
93. 泰北山地民族的社会组织与社会运行
玉溪师范学院
赵永胜
94. 民族文化产业集群形成条件的多维度分析——以云南丽江为例
云南财经大学
晏 雄
95. 如何理解"媒介事件"和"传播的仪式观"——兼评《媒介事件》和《作为文化的传播》
云南大学
郭建斌
96. 权力的"微观实践"与话语想象——对某少数民族自治县电视台的考察
云南大学
杨星星 孙信茹 等
97. 赋权，还是去权？——一个藏族村庄中的传播、权力与社会身份
云南大学
陈静静 曹云雯 张云宵
98. 学术期刊编辑应具有敏锐的学术眼光
云南省社会科学界联合会
杨荣华
99."一带一路"与云南高等教育发展的战略选择
云南师范大学

段从宇
大理大学
李兴华

100. 略论大学的自由学术与学术自由
云南大学
刘徐湘 陈 健

101. 我国新型教育政策执行模式构建的路径选择
云南大学
邓 凡

102. 论“有效教学”——兼与方关军商榷
云南师范大学
孙亚玲

103. 我国优秀男子撑竿跳高运动员腾空技术的运动学分析
曲靖师范学院
王 鹏

104. 族群记忆与文化认同：花腰彝“女子舞龙”文化生态变迁的人类学考察——基于滇南石屏县慕善村的田野调查
玉溪师范学院
汪 雄 聂锐新
云南师范大学
丁先琼
红河学院
万 宇 等

105. 近年来印度对外关系的发展及其对中印关系的影响
云南省社会科学院
李 丽 等

106. 艺术人类学视野下的艺术制度问题研究
云南大学
向 丽

107. 零符号理论：少数民族研究中的新维度
云南民族大学
聂丽君
曲靖师范学院
李 兵

108. 沿边开放税收政策及优化服务研究
云南省国家税务局

109. 加快转型升级 实现弯道超车——云南产业园区建设发展的思考
曲靖经济技术开发区管委会
寇 杰

110. 云南彝族山苏支系人口教育素质评价与教育可持续发展研究
西南林业大学
罗明灿 等

111. 桥头堡战略下云南省旅游交通网络布局及运营组织优化对策研究
昆明理工大学
戢晓峰 等

112. 西部少数民族地区土地流转制度下的农民养老保障机制改革研究
云南农业大学
崔 瑛 张怡帆
云南师范大学
王昆来 等

113. 建设大理孟中印缅经济走廊旅游合作示范规划思路研究
云南省政协办公厅
云南省特色产业促进会

114. 昆明面向南亚开放研究
昆明市社会科学院

115. 云南省生态足迹与生态承载力评价报告
云南省林业调查规划院
杨 东 华朝朗
云南省林业厅
张一群 郭辉军 等

116. 中缅边民通婚现状分析及建议——以保山为例
保山市社会科学界联合会
鲁国超 杨明巧

117. 加快云南高原特色农业发展研究
云南省农业科学院 《加快云南高原特色农业发展研究》课题组

118. 晋宁县培育思想道德领域先进模范人物的做法
云南日报社
云南省中国特色社会主义理论体系宣传调研组

119. 沪滇对口帮扶与区域合作研究
云南省社会科学院
张体伟 等

法规 · 文件

Document Laws and Regulations

法规

2015 年云南经济立法概况

2015 年，云南省的政府立法工作围绕贯彻落实党的十八大和十八届三中、四中全会精神，用全面建成小康社会、全面深化改革、全面依法治国、全面从严治党引领各项工作，主动服务和融入国家发展战略，努力为云南省建设成为全国民族团结进步示范区、生态文明建设排头兵、面向南亚东南亚辐射中心目标提供有力的法制保障，为全省经济发展和社会和谐稳定做出了贡献。经过省政府法制办公室组织起草、审查、协调、修改和提请省政府常务会议讨论或审议通过等立法程序后，在年内公布的地方性法规和省政府规章涉及经济立法的共 2 件。主要经济立法的概况为：

《关于废止和修改部分地方性法规的决定（草案）》立法概况：为了推进法治云南建设，适应云南省全面深化改革的需要，实现立法和改革决策协调统一，优化经济社会发展的法治环境。按照省人大常委会的安排部署，省政府法制办组织省直有关部门和有关州（市）人民政府对 1979 年 1 月 1 日（省人大设立常委会以来）至 2014 年 6 月 30 日期间，以省政府议案提请省人大常委会审议通过的现行有效的 175 件地方性法规进行了全面清理。对 16 件地方性法规进行废止或者修改，其中拟废止 6 件，拟打包修改 10 件。该决定由省法制办起草、审查、论证、协调、修改，提请 2015 年 7 月 24 日省人民政府第 68 次常务会议讨论通过，并由陈豪省长签署省政府议案提请省人大常委会审议。该地方性法规案经 2015 年 9 月 25 日云南省第十二届人民代表大会常务委员会第二十次会议通过。已通过的决定经 2015 年 9 月 25 日云南省第十二届人民代表大会常务委员会公告第 34 号予以公布，自公布之日起施行。

《云南省报废机动车回收拆解管理办法》立法概况：为了规范报废机动车回收拆解行为，保障道路交通和生命财产安全，防治环境污染，促进资源综合利用，根据《中华人民共和国道路交通安全法》和国务院《报废汽车回收管理办法》等有关法律法规，结合本省实际，制定本办法。该办法对政府及其有关部门关于报废机动车回收拆解职责、规范回收拆解活动、增强社会服务以及加强监督管理等事项作了明确规定。该办法由省工业和信息化委起草，经省法制办审查、论证、协调、修改，提请 2015 年 12 月 23 日省人民政府第 77 次常务会议讨论通过，已通过的该办法共 23 条，由陈豪省长于 2016 年 1 月 14 日签署省政府令第 199 号予以公布，自 2016 年 4 月 1 日起施行。

（胡江天）

文件

2015 年云南经济立法目录

关于废止和修改部分地方性法规的决定

（2015 年 9 月 25 日云南省第十二届人民代表大会常务委员会第二十次会议通过。2015 年 9 月 25 日云南省第十二届人民代表大会常务委员会公告第 34 号公布）

云南省报废机动车回收拆解管理办法

（2015 年 12 月 23 日省人民政府第 77 次常务会议讨论通过， 2016 年 1 月 14 日省政府令第 199 号公布）

公　　报

Bulletin

云南省 2015 年国民经济和社会发展统计公报

云南省统计局 国家统计局云南调查总队

2016 年 3 月

2015 年，面对世界经济深度调整，国内经济下行压力加大，改革发展任务艰巨繁重的形势，云南省委、省政府积极谋划部署，牢牢把握经济工作的主动权，不断适应引领经济发展新常态，出台了一系列稳增长、调结构、促改革、惠民生、防风险的政策措施，保持了经济稳中有进、进中有好的良好态势，经济结构转型升级步伐加快，全面深化改革有力推进，社会事业全面进步，各族群众生活水平不断提高，促进了科学发展、和谐发展、跨越发展，实现了“十二五”规划的圆满收官。

一、经济增长

国民经济稳中有进。初步核算，2015 年云南省生产总值 [2](GDP) 达 1.37 万亿元，比上年增长 8.7%，高于全国 1.8 个百分点。其中，第一产业完成增加值 2055.71 亿元，增长 5.9%；第二产业完成增加值 5492.76 亿元，增长 8.6%，第三产业完成增加值 6169.41 亿元，增长 9.6%。三次产业结构由上年的 15.5 ∶ 41.2 ∶ 43.3 调整为 15.0 ∶ 40.0 ∶ 45.0。全省人均生产总值 (GDP) 达 29015 元，比上年增长 8.1%。非公经济增加值实现 6389.69 亿元，占全省生产总值的比重达 46.6%，比上年提高 0.1 个百分点。

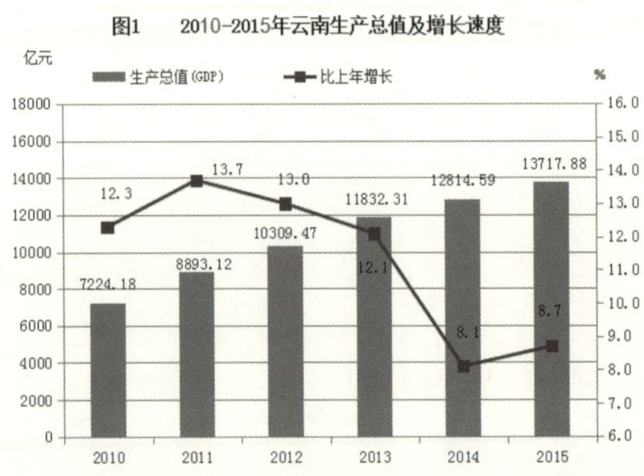

全省公共财政实力进一步增强，全年财政总收入达 3250.02 亿元，比上年增长 3.0%。全省地方公共一般预算收入 1808.14 亿元，比上年增长 6.5 %；其中增值税完成 190.25 亿元，增长 2.2%；营业税 367.68 亿元，下降 7.2%；企业所得税完成 147.44 亿元，下降 7.6%。全省地方公共一般预算支出完成 4712.9 亿元，比上年增长 6.2%，其中，社会保障与就业支出、医疗卫生与计划生育支出、农林水支出、住房保障支出和教育支出分别增长 11.0%、20.0%、8.0%、29.4% 和 13.7%。

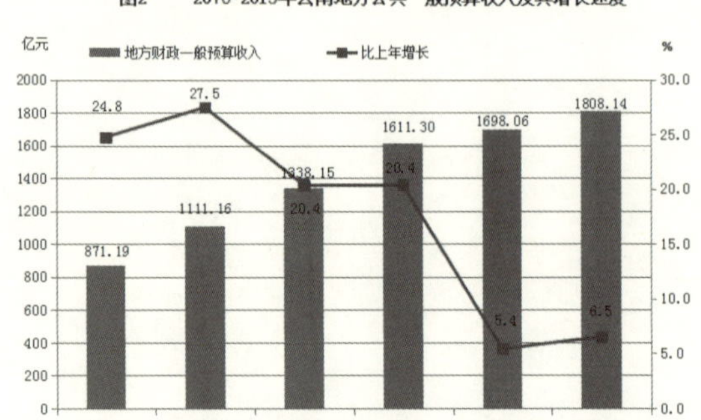

全年稳定物价成效明显。全省居民消费价格指数（CPI）为 101.9，比上年上涨 1.9%，其中食品价格上涨 3.4%；工业生产者出厂价格下降 5.1%，工业生产者购进价格下降 3.1%；固定资产投资价格下降 0.9%；农业生产资料价格上涨 1.1%，农产品生产者价格上涨 1.3%。

表 1 2015 年云南省居民消费价格比上年涨跌幅度

单位：%

指　标	全 省	城 市	农 村
居民消费价格	1.9	2.2	1.3
食　品	3.4	3.8	2.7
其中：粮食	1.4	1.2	1.6
油脂	-3.2	-2.8	-3.6
肉禽及其制品	5.2	5.0	5.7
烟酒及用品	3.9	3.8	3.9
衣　着	2.0	2.0	1.9
家庭设备用品及维修服务	1.0	1.3	0.5
医疗保健及个人用品	2.5	3.1	1.6
交通和通信	-1.7	-1.3	-2.5
娱乐教育文化用品及服务	1.1	1.1	1.0
居　住	0.6	0.9	0.1

注：居民消费价格及相关价格指数由国家统计局云南调查总队提供。

全省就业形势保持稳定。全年城镇新增就业人数 40.92 万人，年末全省城镇登记失业率为 3.96%。2015 年全省农民工总量为 719.5 万人。其中，本地农民工 266.1 万人，比上年增加 11.7 万人，增长 4.6%；外出农民工 453.4 万人，比上年减少 28.1 万人，下降 5.8%。

全年全员劳动生产率为 4.11 万元 / 人 [3]，比上年提高 7.2%。

二、农 业

2015 年，云南省农业总产值达 3383.09 亿元，比上年增长 6.0%。其中，农业产值 1840.61 亿元，增长 6.1%；林业产值 317.52 亿元，增长 9.7%；牧业产值 1031.48 亿元，增长 4.0%；渔业产值 81.67 亿元，增长 8.8%；农林牧渔服务业产值 111.80 亿元，增长 10.1%。

全年粮食总产量 [4] 达 1876.4 万吨，比上年增长 0.8%。油料产量 65.87 万吨，增长 1.8%；烤烟产量 89.53 万吨，下降 5.3%；蔬菜产量 1873.9 万吨，增长 8.0%；园林水果产量 656.32 万吨，增长 8.4%；茶叶产量 37.19 万吨，增长 10.8%；鲜切花产量 86.85 亿枝，增长 1.7%。

全年猪、牛、羊、禽肉总产量 [5] 达 375.5 万吨，与上年持平；牛奶产量 55.0 万吨，下降 5.5%；禽蛋产量 26.0 万吨，增长 7.1%。

表 2 2015 年云南省主要农产品产量及其增长速度

产品名称	产量（万吨）	比上年增长（%）
粮 食	1876.40	0.8
油 料	65.87	1.8
甘 蔗	1930.05	-8.5
烤 烟	89.53	-5.3
蔬 菜	1873.90	8.0
花卉（亿枝）	86.85	1.7
园林水果	656.32	8.4
茶 叶	37.19	10.8
橡 胶	43.93	1.4
核 桃	74.54	15.6
咖 啡	13.91	1.4
水产品	93.74	7.7

三、工业和建筑业

2015 年，云南省工业生产平稳增长。全年全部工业增加值 3925.18 亿元，比上年增长 6.7%。规模以上工业 [6] 增加值 3623.08 亿元，增长 6.7%。在规模以上工业中，分经济类型看，国有及国有控股企业增长 6.4%，集体企业增长 7.6%，股份制企业增长 6.3%，私营企业增长 9.2%。分门类看，采矿业增加值 326.69 亿元，增长 10.6%；制造业增加值 2731.98 亿元，增长 6.0%；电力、热力、燃气及水生产和供应业增加值 564.41 亿元，增长 7.5%。

图3 2010-2015年云南全部工业增加值及增长速度

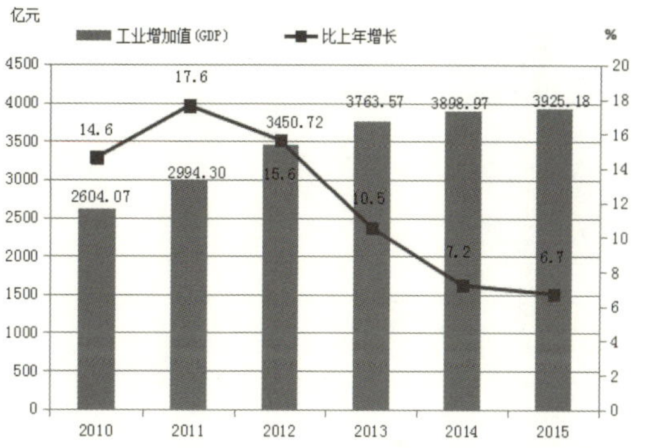

全年规模以上工业中，烟草制品业增加值 1300.17 亿元，比上年增长 4.4%；电力热力生产和供应业增加值 535.76 亿元，增长 7.9%。六大高耗能行业增加值 1255.4 亿元，比上年增长 5.6%。其中，化学原料及化学制品制造业增长 6.8%，非金属矿物制品业增长 3.4%，电力热力生产和供应业增长 7.9%，黑色金属冶炼及压延加工业下降 19.2%，有色金属冶炼及压延加工业增长 14.2%，石油加工炼焦及核燃料加工业下降 16.6%。

全年规模以上工业粗钢产量 1418.08 万吨，下降 16.0%；钢材产量 1695.37 万吨，下降 12.4%；十种有色金属产量 332.83 万吨，增长 3.9%；水泥产量 9305.31 万吨，下降 2.0%；卷烟产量 780.73 万箱，增长 1.4%；成品糖产量 249.58 万吨，与上年持平。

全年规模以上工业企业累计实现利税 1750.31 亿元，比上年下降 1.9%，其中，实现利润 461.99 亿元，下降 9.5%。

全年全社会建筑业增加值 1574.48 亿元，比上年增长 14.8%。全年全省具有资质等级的总承包和专业承包建筑业企业完成总产值3268.93亿元，比上年增长7.0%；实现利润120亿元，下降0.8 %；上缴税金115亿元，下降2.3%。

表3 2015年云南规模以上工业主要工业产品产量及其增长速度

产品名称	单 位	产 量	比上年增长（%）
发电量	亿千瓦小时	2352.40	0.22
其中：水电	亿千瓦小时	1978.93	4.94
火电	亿千瓦小时	264.84	-32.18
铁矿石原矿量	万吨	2650.37	-7.6
粗 钢	万吨	1418.08	-16.0
钢 材	万吨	1695.37	-12.4
十种有色金属	万吨	332.83	3.9
其中：铜	万吨	54.52	7.0
原铝	万吨	120.03	20.0
铅	万吨	34.58	-23.5
锌	万吨	113.88	2.4
锡	万吨	8.46	-13.4
硫酸（折100%）	万吨	1416.95	3.3
烧碱（折100%）	万吨	21.16	-11.9
化肥（折100%）	万吨	334.41	6.2
卷烟	万箱	780.73	1.4
成品糖	万吨	249.58	0.0
精制茶叶	万吨	14.23	7.9
中成药	万吨	4.98	9.3
自来水生产量	亿立方米	5.97	2.1
机制纸及纸板	万吨	58.89	26.4
水泥	万吨	9305.31	-2.0
平板玻璃	万重量箱	605.57	-44.1
人造板	万立方米	341.95	6.8
发电设备	万千瓦	93.99	-0.1
变压器	万千伏安	1837.20	-8.0
汽车	万 辆	13.40	-4.3

四、固定资产投资和房地产业

2015年，云南省全年固定资产投资（不含农户）[7]达1.31万亿元，增长18.0%。分三次产业看，第一产业投资499.92亿元，增长61.9%；第二产业投资3145.92亿元，增长12.8%，其中工业投资完成3145.19亿元，增长12.8%；第三产业投资完成9423.55亿元，增长18.1%。民间固定资产投资5612.73亿元，增长8.4%，占全省固定资产投资的比重为42.9%。基础设施投资完成4314.54亿元，增长21.6%，增速较上年提高1.6个百分点，占全省固定资产投资的比重达到33.0%。

图4 2011-2015年云南固定资产投资（不含农户）及其增长速度

年份	固定资产投资（不含农户）（亿元）	比上年增长（%）
2011	5927.01	27.6
2012	7553.51	27.3
2013	9621.83	27.4
2014	11073.86	15.1
2015	13069.39	18.0

表4 2015年云南分行业固定资产投资及其增长速度

行业	投资额（亿元）	比上年增长（%）
全省	13069.39	18.0
农林牧渔业	718.88	63.0
采矿业	437.16	11.5
制造业	1669.85	9.2
烟草制品业	33.66	24.6
化学原料及化学制品制造业	76.04	-19.2
医药制造业	57.65	-9.4
非金属矿物制品业	201.86	2.9
黑色金属冶炼及压延加工业	41.09	-24.1
有色金属冶炼及压延加工业	88.64	8.1
电力、热力、燃气及水的生产和供应	1038.19	19.8
建筑业	0.73	-34.3

交通运输、仓储及邮政业	1806.55	19.0
信息传输、软件和信息技术服务业	56.56	-25.4
批发和零售业	277.79	6.8
住宿和餐饮业	247.70	9.2
金融业	9.00	60.3
房地产开发	2669.01	-6.2
租赁和商务服务业	117.79	50.0
科学研究和技术服务业	22.11	-31.2
水利、环境和公共设施管理业	1463.86	29.3
居民服务和其他服务业	52.99	-5.0
教育	297.19	25.8
卫生和社会工作	139.30	37.2
文化、体育和娱乐业	176.60	-9.2
公共管理和社会组织	297.77	131.4

全年房地产开发投资达2669.01亿元，比上年下降6.2%，其中，商品住宅投资1670.27亿元，下降8.7%；办公楼投资162.04亿元，增长21.1%；商业营业用房投资508.91亿元，下降4.5%。

全年商品房施工面积2.07亿平方米，比上年增长3.4%；商品房屋竣工面积2546.74万平方米，增长42.4%；商品房销售面积3145.13万平方米，下降1.5%；商品房销售额1666.85亿元，增长4.4%。

表5 2015年云南房地产业发展主要指标情况

指　标	单 位	绝对数	比上年增长（%）
房地产开发投资额	亿元	2669.01	-6.2
其中：住宅	亿元	1670.27	-8.7
其中：90平方米以下住宅	亿元	514.68	7.9
房屋施工面积	万平方米	20722.2	3.4
其中：住宅	万平方米	13867.01	1.9
房屋新开工面积	万平方米	3841.29	-29.6
其中：住宅	万平方米	2517.28	-31.1
房屋竣工面积	万平方米	2546.74	42.4
其中：住宅	万平方米	1896.56	51.1
商品房销售面积	万平方米	3145.13	-1.5
其中：住宅	万平方米	2576.8	-1.6
本年资金来源	亿元	2850.09	-2.3
其中：国内贷款	亿元	528.4	27.4
其中：个人按揭贷款	亿元	292.62	17.1
本年购置土地面积	万平方米	826.89	-32.1
本年土地成交价款	亿元	146.38	-31.8

五、国内贸易和对外经济

2015年，云南省全年社会消费品零售总额5103.15亿元，比上年增长10.2%。按经营地统计，城镇消费品零售额4405.81亿元，增长9.9%；乡村消费品零售额697.34亿元，增长11.8%。按消费形态统计，商品零售额4359.06亿元，增长10.0%；餐饮收入额744.10亿元，增长10.9%。

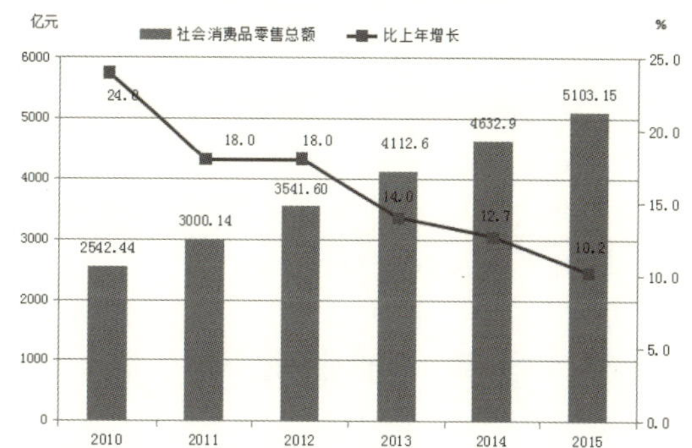

图5 2010-2015云南消费品零售总额及其增长速度

在限额以上批发和零售业[8]零售额中，粮油、食品类零售额比上年增长22.0%，饮料增长17.3%，烟酒类零售额增长9.4%，服装、鞋帽、针纺织品类增长4.6%，化妆品类增长1.0%，金银珠宝类增长40.0%，日用品类增长5.6%，家用电器和音像器材类增长9.4%，中西药品类增长15.6%，文化办公用品类增长8.7%，家具类增长 7.6%，通信器材类增长 4.7%，石油及制品类增长 2.5%，建筑及装潢材料类增长 15.2%，汽车类增长 2.9%。

全年限额以上单位通过互联网实现的零售额 10.24 亿元，比上年增长 1.45 倍。

全年外贸进出口总额达 245.27 亿美元，比上年下降 17.2%。其中出口总额 166.26 亿美元，下降 11.5%；进口总额 79.01 亿美元，下降 27%。全年对欧盟进出口 15.01 亿美元，下降 15.7%；对东盟进出口 131.66 亿美元，下降 8%；对南亚进出口 11.04 亿美元，增长 40.4%。

图6 2010-2015年云南进出口总额及其增长速度

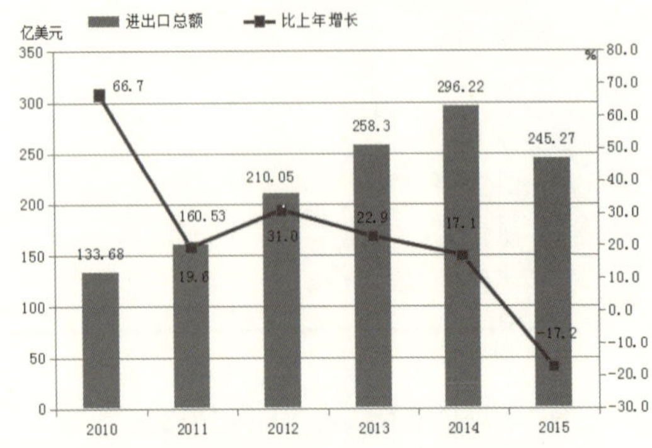

全年机电产品出口 44.3 亿美元，比上年下降 28.3%；农产品出口 40.6 亿美元，增长 40.2%；纺织品及服装出口 13 亿美元，下降 19.9%；电力出口 1.3 亿美元，下降 15.1%；有色金属出口 2.5 亿美元，增长 57.9%。在进口产品中，机电产品进口 9.6 亿美元，下降 42.9%；金属矿砂进口 17.6 亿美元，下降 19.1%；农产品进口 8 亿美元，下降 44.6%。

全年共批准利用外资项目 142 个，比上年增长 7.6%。合同利用外资 22.6 亿美元，增长 108.7%。实际使用外商直接投资 29.9 亿美元，增长 10.6%。

全年非金融领域对外直接投资额 13.44 亿美元，比上年增长 30.4%。

六、交通、邮电和旅游业

2015 年，云南省全年交通运输、仓储和邮政业增加值为 304.49 亿元，比上年增长 5.1%。

全年货物运输总量 11.96 亿吨，比上年增长 3.3%。货物运输周转量 1482.45 亿吨公里，增长 5.3%。

表 6 2015 年云南各种运输方式货物运输量及其增长速度

指　标	单　位	绝对数	比上年增长（%）
货物运输总量	亿吨	11.96	3.3
铁　路	亿吨	1.17	-3.3
公　路	亿吨	10.73	4
水　运	亿吨	0.06	7.5
民　航	万吨	9.18	-1.9
货物运输周转量	亿吨公里	1482.45	5.3
铁　路	亿吨公里	371.91	-4.8
公　路	亿吨公里	1094.95	9.2
水　运	亿吨公里	14.08	7.5
民　航	亿吨公里	1.51	-5.1
民　航	亿吨公里	1.60	11.6
管　道	亿吨公里	352.39	1.0

全年旅客运输总量 5.01 亿人次，比上年减少 0.1%。旅客运输周转量 597.96 亿人公里，增长 4.5%。

表 7 2015 年云南各种运输方式旅客运输量及其增长速度

指　标	单　位	绝对数	比上年增长（%）
旅客运输总量	亿人	5.01	-0.1
铁　路	亿人	0.38	10.9
公　路	亿人	4.39	-1.4
水　运	亿人	0.12	5.3
民　航	亿人	0.12	9.6
旅客运输周转量	亿人公里	597.96	4.5
铁　路	亿人公里	111.53	9.7
公　路	亿人公里	328.52	2.3
水　运	亿人公里	2.5	5.3
民　航	亿人公里	155.41	5.7

年末全省民用汽车保有量达到485.79万辆（包括三轮汽车和低速货车1.56万辆），比上年末增长12.5 %，其中私人汽车保有量431.35万辆，增长14.7%。民用轿车保有量217.37万辆，增长13.6%，其中私人轿车201.27万辆，增长14.7%。

全年邮电业务总量[9]791.44亿元，比上年增长39.5%。其中，邮政业务总量35.3亿元，增长26.3%；电信业务总量756.14亿元，增长40.2%。邮政业全年完成邮政函件业务6664.72万件，包裹业务135.87万件，快递业务量1.11亿件；快递业务收入20.12亿元。年末固定电话用户377.5万户。其中，城市电话用户294.1万户，农村电话用户83.4万户。新增移动电话用户41.3万户，年末达到3789.8万户，其中3G移动电话用户823万户，4G移动电话用户1325.6万户。年末全省固定及移动电话用户总数达到4167.3万户，比上年末减少11.06万户。固定电话普及率下降至8.06部/百人，移动电话普及率上升至80.86部/百人。固定互联网宽带接入用户455万户，比上年增加30.1万户；移动互联网用户2777.7万户(含无线上网用户和手机上网用户），增加318.5万户。

全年接待海外入境旅客(包括口岸入境一日游)1075.32万人次，比上年增长7.8%；实现旅游外汇收入28.76亿美元，增长18.8%。全年国内游客3.23亿人次，增长15.0%；国内旅游收入3104.37亿元，增长23.3%；全年实现旅游业总收入3281.79亿元，增长23.1%。

七、金融、保险和证券业

2015年，云南省金融市场运行总体平稳。全年金融业实现增加值981.86亿元，比上年增长13.5%。年末金融机构人民币存款余额达2.5万亿元，增长11.5%,其中住户存款余额1.07万亿元，增长8.2%；年末全省金融机构人民币各项贷款余额达2.08万亿元，增长15.9%，其中，住户短期消费贷款余额515.66亿元，增长15.1%；住户中长期消费贷款余额2670.30亿元，增长15.0%。

全年保险公司原保险保费收入434.60亿元，比上年增长15.6%。其中，财产险业务原保险保费收入201.19亿元，增长13.5%；寿险业务原保险保费收入170.46亿元，增长15.4%；健康险业务原保险保费收入45.89亿元，增长24.5%；意外伤害险业务原保险保费收入17.06亿元，增长20.1%。全年支付各类赔款及给付173.23亿元，比上年增长14.8%。其中，财产险业务赔款99.27亿元，增长9.1%；寿险业务给付43.32亿元，增长22.3%；健康险赔款及给付26.31亿元，增长25.9%；意外伤害险赔款及给付4.3亿元，增长21.1%。

全年云南企业通过证券市场累计融资554.07亿元，比上年增加453.78亿元。其中，A股再融资(包括配股、公开增发、非公开增发、认股权证融资）106.96亿元，增加44.39亿元；云南企业通过发行公司债、次级债、中小企业私募债、并购重组私募债、资产证券化产品融资429.6亿元，增加410.2亿元。年末全省有上市公司30家，总股本263.36亿股；总市值3881.62亿元，比上年增加790.79亿元。

八、教育、科学技术

2015年，云南省全年高等教育招生26.97万人，比上年增长5.14%，在校生85.74万人，增长5.68%，毕业生21.38万人，增长1.88%。其中：研究生招生1.08万人，增长2.98%。在校研究生3.2万人，增长3.31%。毕业研究生0.97万人，增长7.57%。其中普通本、专科共招生18.98万人，增长7.9%；在校生61.46万人，增长6.5%；毕业生14.6万人，增长2.86%。成人高等教育本、专科共招生6.91万人，下降0.01%；在校生21.08万人，增长3.69%；毕业生5.81万人，减少1.36%。各类中等职业教育（含技工学校）招生22.03万人，在校生59.79万人，毕业生17.76万人。普通高中招生27.45万人，在校生78.28万人，毕业生24.07万人。初中招生65.34万人，在校生189.49万人，毕业生57.72万人。普通小学招生63.41万人，在校生377.78万人，毕业生67.22万人。幼儿园在园幼儿129.39万人。小学学龄儿童入学率达99.68%，小学毕业生升学率达97.2%。高等教育毛入学率达30.2%，高中阶段教育毛入学率达80.1%。

年末共有国家批准组建的工程技术研究中心4个、省级工程技术研究中心110个，新认定省级重点实验室13个、创新型企业31家、创新型（试点）企业54家。全年共登记科技成果1171项，其中基础理论成果72项，应用技术成果1033项，软科学成果66项，有6个项目获得2015年度国家科学技术奖。已建立国家级高新技术产业开发区2个，省级高新技术产业开发区 16 个。全年专利申请 1.76 万件，获专利授权 1.16 万件；认定登记技术合同 2680 项，成交金额达 52.82 亿元。

九、文化、卫生和体育

年末全省共有各种艺术表演团体 97 个，文化馆 148 个，公共图书馆 151 个，博物馆 86 个。全省广播、电视人口覆盖率分别达到 96.69% 和 97.67%。中、短波转播发射台 65 座，广播电台 8 座，电视台 8 座，广播电视台 123 座，有线电视实际用户 427.2 万户。

年末全省共有医疗卫生机构 2.42 万个，医院 1101 个；医疗卫生机构拥有床位数 23.76 万张，卫生技术人员 22.80 万人，其中医生 7.96 万人。疾病预防控制机构 150 个，卫生技术人员 6664 人；专科防治机构 29 个，卫生技术人员 656 人；妇幼保健院（所、站）145 个，卫生技术人员 7818 人。乡镇卫生院 1372 个，床位 4.44 万张，卫生技术人员 3.12 万人。全年无甲类传染病病例报告，乙类传染病报告发病人数 9.79 万例，报告死亡 1978 人；报告传染病发病率 207.7197/10 万，死亡率 4.1961/10 万。

全年云南运动员在国际比赛中获金、银、铜牌 8 枚；在全国比赛中获金、银、铜牌 45 枚。

十、资源、环境和安全生产

2015 年，云南省全年在规模以上工业主要能源消费量中，原煤消费量 7512.95 万吨，下降 9.13%；洗精煤消费量 1267.71 万吨，下降 24.32%；焦炭消费量 853.48 万吨，下降 27.34%；天然气消费量 6.27 亿立方米，增长 26.67%；电力消费量 950.13 亿千瓦时，下降 4.46%。规模以上单位工业增加值能耗比上年下降 12.8%。

全年水资源总量 1868 亿立方米。全年平均降水量 1241.4 毫米。年末全省水利工程蓄水总量 85.4 亿立方米，比上年增长 4%。

全年完成造林面积 38.71 万公顷，其中人工造林 35.05 万公顷。林业重点工程完成造林面积 16.73 万公顷，占全部造林面积的 43.22 %。全年新增水土流失治理面积为 3488 平方公里。

全年生产安全事故死亡人数为 3379 人，比上年下降 2.9%。亿元 GDP 生产安全事故死亡人数为 0.246 人，下降 7.52%；工矿商贸企业（不含煤矿）生产安全事故死亡人数为 215 人，下降 15.35%；煤矿百万吨死亡人数为 0.309 人，下降 78.35%。全年共发生道路交通事故 5375 起，造成 3036 人死亡、5914 人受伤，直接财产损失 3414.04 万元。

十一、人口、人民生活与社会保障

年末全省常住人口为 4741.8 万人，比上年末增加 27.9 万人。全年出生人口 60.9 万人，出生率为 12.88‰；死亡人口 30.6 万人，死亡率为 6.48‰；自然增长率为 6.4‰，比上年提高 0.2 个千分点。年末全省城镇人口 2054.6 万人，乡村人口 2687.2 万人，全省城镇化率达 43.33%，比上年提高 1.6 个百分点。

表 8 2015 年云南人口数及其构成

指　标	年末数(万人)	比　重(%)
全省年末总人口	4741.80	100.0
其中：城镇	2054.60	43.33
乡村	2687.20	56.67
其中：男性	2461.00	51.90
女性	2280.80	48.10
其中：0-14 岁	829.80	17.50
15-64 岁	3490.00	73.60
65 岁及以上	422.00	8.90

全年全体居民人均可支配收入 [10]1.52 万元，比上年增长 10.5%，城镇常住居民人均可支配收入 2.64 万元，增长 8.5%。农村常住居民人均可支配收入 8242 元，增长 10.5%。城镇常住居民人均消费性支出 1.77 万元 [11]，增长 8.6%。农村常住居民人均生活消费支出 6830 元，增长 13.3%。

图8 2011-2015年云南居民人均可支配收入及增长速度

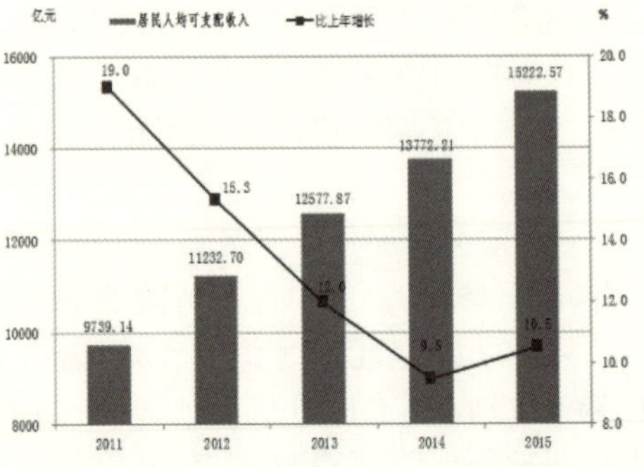

年末全省参加城镇职工基本养老保险人数

为 412.94 万人，比上年末增加 15.05 万人。其中，参保职工 291.15 万人，参保离退休人员 121.79 万人。参加城乡基本养老保险人数 2253.3 万人，增加 92.83 万人。参加城镇基本医疗保险人数为 1140.76 万人，增加 4.82 万人。全省参加失业保险人数为 243.34 万人，增加 6.47 万人。全省参加工伤保险的人数达 368.07 万人，增加 26.36 万人。参加生育保险人数达 289.83 万人，增加 10.57 万人。

按照 2015 年农村常住居民人均可支配收入 2855 元（2010 年不变价 2300 元）的全国农村贫困标准，云南省农村贫困人口从 2014 年的 574 万人下降至 2015 年的 471 万人。

年末全省各类提供住宿的社会服务机构 533 个，其中养老服务机构 399 个。社会服务床位 14.0 万张，其中养老床位 12.5 万张。各类社区服务设施 2984 个，其中，社区服务中心 131 个，社区服务站 1430 个。全年销售社会福利彩票 64.87 亿元。

注释：

[1] 本公报中数据均为初步统计数。

[2] 生产总值、三次产业增加值的绝对值按现价计算，增长速度按可比价计算。

[3] 全员劳动生产率为 GDP（以 2010 年价格计算）与全部就业人员的比率。

[4] 粮食总产量由国家统计局云南调查总队提供。

[5] 肉类总产量、牛奶产量、禽蛋产量由国家统计局云南调查总队提供。

[6] 规模以上工业企业是指年主营业务收入 2000 万元及以上工业法人企业。

[7] 固定资产投资（不含农户）是指城镇和农村非农户计划总投资 500 万元以上的固定资产项目投资及房地产开发投资。

[8] 限额以上批发企业是指年主营业务收入 2000 万元及以上的企业，限额以上零售企业是指年主营业务收入 500 万元及以上的企业。

[9] 邮电业务总量按 2010 年不变价格计算。

[10] 居民人均可支配收入数据由国家统计局云南调查总队提供。居民人均可支配收入指通过住户收支与生活状况调查取得的，调查户在调查期内获得的、可用于最终消费支出和储蓄的总和，即调查户可以用来自由支配的收入，除以家庭常住人口得到的人均收入。可支配收入既包括现金，也包括实物收入。按照收入的来源，可支配收入包含四项，分别为：工资性收入、经营净收入、财产净收入、转移净收入。按常住地分，得到城镇和农村居民可支配收入。计算公式为：

可支配收入 = 工资性收入 + 经营净收入 + 财产净收入 + 转移净收入

其中：经营净收入 = 经营收入 − 经营费用 − 生产性固定资产折旧生产税

财产净收入 = 财产性收入 − 财产性支出

转移净收入 = 转移性收入 − 转移性支出

[11] 居民人均消费支出数据由国家统计局云南调查总队提供。居民人均消费支出指住户在调查期间内用于满足家庭日常生活消费需要的全部支出，包括用于消费品的支出和用于服务性消费的支出，除以家庭常住人口得到的人均支出。根据用途不同，消费支出可划分为食品烟酒、衣着、居住、生活用品及服务、交通通信、教育文化娱乐、医疗保健、其他用品及服务八大类。根据来源不同，消费支出可划分为现金消费支出、实物消费支出（含自产自用、来自单位、来自政府和其他社会组织）。按常住地分，得到城镇和农村居民消费支出。

2015年云南省科技统计公报

云南省科学技术厅 云南省统计局 云南省财政厅

2015年，云南省科技活动稳步发展，科技创新能力进一步提升，创新驱动发展全面推进。全社会研究与试验发展（以下简称“R&D”）经费支出109.36亿元，R&D经费投入强度（与地区生产总值之比）为0.80%；全省财政科学技术支出48.56亿元，占财政支出的比重为1.03%。

一、机构和人员情况

2015年，全省科技活动调查单位共5531家，其中规模以上工业企业3873家，科研机构110家，高等学校71家，其他1477家。规模以上工业企业中有R&D活动的企业有744家，较上年增加244家，增长48.80%；有研发机构479个，增加91个，增长23.45%。

2015年，全省R&D人员6.75万人，较上年增长27.57%。其中规模以上工业企业2.84万人，增长31.19%；科研机构8295人，增长9.84%；高等学校1.80万人，增长18.18%；其他1.28万人，增长51.03%。全省R&D人员折合全时当量3.95万人年，比上年增长29.53%。其中规模以上工业企业1.64万人年，增长26.20%；科研机构7210人年，增长15.30%；高等学校7094人年，增长20.16%；其他8850人年，增长64.31%。

截至2015年，全省共有国家重点实验室6个，省重点实验室51个；国家工程技术研究中心4个，省工程技术研究中心112个；国家科技企业孵化器11个（包括2个国家大学科技园），省科技企业孵化器15个；国家创新型（试点）企业13家，省创新型（试点）企业369家；科技型中小企业3228家；高新技术企业918家；遴选115家高新技术企业进行上市培育；培育认定科技小巨人企业51家；国家高新技术产业化基地10个，省高新技术特色产业基地18个；院士工作站96个，专家工作站52个。

二、科技经费投入情况

（一）R&D经费投入

2015年，云南省R&D经费支出109.36亿元，较上年增加23.43亿元，增长27.26%；R&D经费投入强度为0.80%，提高0.13个百分点。其中规模以上工业企业R&D经费支出61.96亿元，增长19.94%，规模以上工业企业R&D经费投入强度（与主营业务收入之比）为0.63%，提高了0.13个百分点。

1. 按资金来源分，政府资金37.83亿元，较上年增长51.83%；企业资金67.81亿元，较上年增长21.56%；境外资金0.36亿元，较上年下降11.32%；其他资金3.36亿元，较上年下降30.38%。

2. 按执行部门分，企业经费70.82亿元，较上年增长24.31%；科研机构经费22.57亿元，较上年增长29.81%；高等学校经费10.55亿元，较上年增长21.96%；其他经费5.41亿元，较上年增长85.45%。

3. 按活动类型分，基础研究经费13.17亿元，较上年增长55.04%；应用研究经费12.43亿元，较上年下降7.53%；试验发展经费83.75亿元，较上年增长30.88%。

4. 按州（市）投入情况划分，州（市）R&D经费投入超过1亿元的有昆明、曲靖、红河、玉溪、西双版纳、大理、楚雄、文山、普洱和保山10个州（市），共投入经费105.99亿元，占全省R&D经费投入总量的96.92%。R&D经费投入强度超过全省平均水平的有昆明和西双版纳2个州（市）。

2015年云南分地区R&D经费投入情况

地区	R&D经费（万元）	R&D经费投入强度（%）
全省	1093569.6	0.80
昆明市	737266.6	1.86
曲靖市	79521.0	0.49
玉溪市	46707.6	0.37
保山市	10207.3	0.18
昭通市	8603.7	0.12

地区	R&D经费(万元)	R&D经费投入强度(%)
丽江市	6966.5	0.24
普洱市	13454.0	0.26
临沧市	7209.1	0.14
楚雄州	21753.0	0.29
红河州	78685.1	0.64
文山州	21601.8	0.32
西双版纳州	28802.6	0.86
大理州	21892.0	0.24
德宏州	7637.2	0.26
怒江州	640.2	0.06
迪庆州	2621.9	0.16

注：数据来源于省统计局。

（二）财政科学技术支出

1. 全省财政科学技术支出

2015 年，云南省财政科学技术支出 48.56 亿元，较上年增加 5.41 亿元，增长 12.54%，占财政支出的比重为 1.03%，较上年提高 0.06 个百分点。省本级财政科学技术支出（不含直拨州市的财政科学技术拨款）17.34 亿元，较上年增加 2.39 亿元，增长 15.98%，占省本级财政支出的比重为 2.09%，较上年提高 0.38 个百分点。

2015 年全省财政科学技术支出情况

	财政科学技术支出额（万元）	较上年增长（%）
财政科学技术支出	485566	12.54
其中：科学技术管理事务	25722	18.64
基础研究	12131	-20.22
应用研究	43514	7.73
技术研究与开发	172342	-6.94
科技条件与服务	36102	13.35
社会科学	9495	-9.89
科学技术普及	32020	4.26
科技交流与合作	6097	174.64
科技重大专项	7759	40.05
其他科学技术支出	140384	59.28

注：数据来源于省财政厅。

2. 州（市）财政科学技术支出

2015 年，州（市）财政科学技术支出 1 亿元以上的有昆明、玉溪、曲靖、大理、普洱、楚雄、文山、红河 8 个州（市）；财政科学技术支出占财政支出比重高于全省平均水平的有昆明、玉溪两个市，分别为 2.35% 和 1.31%。

2015 年云南分地区财政科学技术支出情况

地区	财政科学技术支出	较上年增长（%）
昆明市	144691	2.35
曲靖市	23858	0.66
玉溪市	29328	1.31
保山市	9515	0.50
昭通市	7542	0.19
丽江市	9035	0.63
普洱市	13067	0.60
临沧市	6560	0.32
楚雄州	11594	0.54
红河州	10924	0.30
文山州	10946	0.45
西双版纳州	3139	0.30
大理州	21688	0.78
德宏州	5041	0.40
怒江州	2164	0.30
迪庆州	3035	0.27

注：数据来源于省财政厅。

三、科技活动产出情况

2015年全省专利申请1.76万件，其中发明专利6301件，分别较上年增长31.93%、33.16%；专利授权11658件，其中发明专利2079件，分别增长43.50%和46.10%；全省有效发明专利拥有量7608件，增长24.68%。

2015年全省高新技术企业高新技术产品销售收入达1768.05亿元，较上年增长28.51%；新产品产值达506.50亿元，新产品销售收入达520.67亿元，分别增长7.67%和5.60%。拥有有效专利1.04万件，其中发明专利2847件，分别增长29.66%、37.01%；申请专利3009件，其中发明专利1273件，分别增长30.37%、21.59%；获专利授权2150件，其中发明专利650件，分别增长24.49%、35.70%。

2015年全省共登记科技成果1171项。有6项成果获国家科技奖。在全省奖励180项（人）科学技术奖励中，杰出贡献奖1人；自然科学奖特等奖1项、一等奖4项、二等奖10项、三等奖17项；技术发明奖一等奖2项、三等奖3项；科技进步奖特等奖3项、一等奖14项、二等奖28项、三等奖96项；科学技术合作奖1项。

2015年全省技术市场交易共认定登记各类技术合同2680项，较上年下降4.08%，合同成交额52.82亿元，较上年增长8.42%。其中卖方类别为企业法人的1606项，合同成交额43.12亿元，分别占总项目数的59.93%和总成交额的81.64%；买方类别为企业法人的1141项，合同成交额12.47亿元，分别占总项目数的42.57%和总成交额的23.61%。全省输出技术合同2666项，较上年下降4.27%，合同成交额51.84亿元，较上年增长8.18%；吸纳技术合同4278项，较上年下降6.27%，合同成交额173.58亿元，较上年增长77.52%。

名词解释：

R&D人员折合全时当量 指R&D人员折算全年从事R&D活动的工作量，即R&D全时人员折合全时工作量与所有R&D非全时人员工作量之和。

R&D经费支出 指统计年度内全社会实际用于基础研究、应用研究和试验发展的经费支出。包括实际用于研究与试验发展活动的人员劳务费、原材料费、固定资产购建费、管理费及其他费用支出。

财政科学技术支出 指地方财政用于科学技术方面的支出，与政府收支分类科目“科学技术类”相同。

财政支出 指地方各级财政将归其所支配的财力有计划地分配和使用而安排的支出，包括公共财政支出、政府性基金和国有资本经营预算支出。本公报中财政支出仅指公共财政支出。

2015年度云南省环境状况公报

综　述

2015年，在省委、省政府的正确领导下，全省上下全面学习贯彻习近平总书记系列重要讲话和考察云南重要讲话精神，以改善环境质量为核心，坚持“保护优先、发展优良、治理有力、治污有效”的工作思路，着力强化环境监管，努力推动全省绿色发展。

2015年，云南省生态环境状况保持稳定向好。城市空气质量总体良好，主要河流总体水质由轻度污染转为良好，六大水系主要河流干流出境跨界断面水质全部达到水环境功能要求。九大高原湖泊水质总体保持稳定，部分湖泊主要污染指标呈稳中有降的态势。集中式饮用水水源保护进一步加强。

环 境 质 量

水环境

【主要河流水环境质量】

全省河流总体水质为良好。六大水系主要河流受污染程度由重到轻排序依次为：长江水系、珠江水系、澜沧江水系、怒江水系、伊洛瓦底江水系、红河水系。

在99条主要河流（河段）的184个监测断面中，91个断面水质优，符合Ⅰ～Ⅱ类标准，占49.5%；53个断面水质良好，符合Ⅲ类标准，占28.8%；25个断面水质轻度污染，符合Ⅳ类标准，占13.6%；5个断面水质中度污染，符合Ⅴ类标准，占2.7%；10个断面水质重度污染，劣于Ⅴ类标准，占5.4%。

按断面水质达到水环境功能类别衡量（简称达标），158个断面水质达标，占85.9%，与2014年相比提高6.7%，与“十一五”末相比提高15.5%。

全省主要河流（河段）的主要污染指标为化学需氧量、五日生化需氧量、总磷、氨氮。

云南省主要河流（河段）断面水质类别表

单位：个

水系名称	Ⅰ类	Ⅱ类	Ⅲ类	Ⅳ类	Ⅴ类	劣于Ⅴ类标准	合计
长江	3	22	15	12	2	7	29
珠江	1	12	8	6	1	1	29
红河	0	18	12	2	1	0	33
澜沧江	0	20	12	3	1	2	38
怒江	0	9	5	1	0	0	15
伊洛瓦底江	0	8	1	1	0	0	0
小计	4	87	53	25	5	10	184

【出境、跨界河流水质状况】

25个出境、跨界河流监测断面中，18个断面水质优，符合Ⅱ类标准，占72.0%；6个断面水质良好，符合Ⅲ类标准，占24.0%；1个断面水质轻度污染，符合Ⅳ类标准，占4.0%。25个断面水质均达标，与2014年相比提高8.0%，与“十一五”末相比提高15.8%。

六大水系干流出境、跨界断面水质状况为：金沙江干流三块石断面水质Ⅱ类；南盘江干流设里桥断面水质Ⅱ类；红河干流河口县医院断面水质Ⅱ类；澜沧江干流关累断面水质Ⅱ类；怒江干流红旗桥断面水质Ⅱ类；伊洛瓦底江水系主要出境河流大盈江汇流电站断面、瑞丽江姐告大桥断面水质均为Ⅱ类，均达到水环境功能要求。

【城市水域水质状况】

城市水域总体水质为轻度污染。全省19个主要城市（昆明主城、曲靖市麒麟区、宣威市、玉溪市红塔区、保山市隆阳区、昭通市昭阳区、丽江市古城区、普洱市思茅区、楚雄市、蒙自市、个旧市、开远市、弥勒市、文山市、景洪市、大理市、芒市、瑞丽市、安宁市）68个水域的104个监测断面（点位）中，47个断面（点位）水质优，符合Ⅰ～Ⅱ类标准，占45.2%；19个断面（点位）水质良好，符合Ⅲ类标准，占 18.3%；18 个断面（点位）水质轻度污染，符合Ⅳ类标准，占 17.3%；2 个断面（点位）水质中度污染，符合Ⅴ类标准，占 1.9%；18 个断面（点位）水质重度污染，劣于Ⅴ类标准，占 17.3%。

77 个断面（点位）水质达标，占 74.0%，与 2014 年相比提高 10.3%，与“十一五”末相比提高 25.2%。

城市水域的主要污染指标为氨氮、总磷、总氮、化学需氧量、五日生化需氧量。

【湖泊、水库水质状况】

全省湖泊、水库水质总体良好。60 个开展水质监测的湖库中，40 个水质优，符合Ⅰ～Ⅱ类标准，占 66.7%；11 个水质良好，符合Ⅲ类标准，占 18.3%；2 个水质轻度污染，符合Ⅳ类标准，占 3.3%；7 个水质重度污染，劣于Ⅴ类标准，占 11.7%。46 个水质达标，达标率 76.7%，与 2014 年相比提高 2.9%，与“十一五”末相比提高 32.4%。

2015 年主要湖泊、水库类别统计

名称	个数	Ⅰ类	Ⅱ类	Ⅲ类	Ⅳ类	劣Ⅴ类	水环境功能达标
湖库	60	3	37	11	2	7	16
比例（%）		5.0	61.7	18.3	3.3	11.7	76.7

九大高原湖泊中泸沽湖、抚仙湖、洱海水质优，符合Ⅰ～Ⅱ类标准；阳宗海、程海水质轻度污染，符合Ⅳ类标准；滇池草海、滇池外海、异龙湖、星云湖、杞麓湖水质重度污染，劣于Ⅴ类标准。与 2014 年相比，湖泊水质总体保持稳定。与“十一五”末相比，洱海水质类别由Ⅲ类好转为Ⅱ类、阳宗海水质类别由Ⅲ类降为Ⅳ类。

泸沽湖、抚仙湖、洱海水质达标。

湖体主要超标指标为化学需氧量、高锰酸盐指数、总磷、五日生化需氧量、氨氮、pH（星云湖）、砷（阳宗海）。

50 个湖库（水体）开展湖库营养状况监测，9 个湖库处于贫营养状态、35 个处于中营养状态、6 个处于中度富营养状态。

抚仙湖、泸沽湖为贫营养状态；阳宗海、洱海、程海为中营养状态；滇池外海、滇池草海、异龙湖、杞麓湖、星云湖为中度富营养。与 2014 年相比，滇池草海由重度富营养好转为中度富营养；与“十一五”末相比，滇池草海由重度富营养好转为中度富营养，程海由轻度富营养好转为中营养，异龙湖由重度富营养好转为中度富营养。

滇池草海 水质类别为劣Ⅴ类，水质重度污染，未达到水环境功能要求（Ⅳ类）。主要超标指标为化学需氧量(劣Ⅴ类，超标 0.41 倍)、总磷（Ⅴ类，超标 0.82 倍）、五日生化需氧量（Ⅴ类，超标 0.12 倍）。湖库单独评价指标总氮为劣Ⅴ类。全湖平均营养状态指数为 69.3，处于中度富营养状态。与 2014 年相比，五日生化需氧量、总磷由劣Ⅴ类好转为Ⅴ类；氨氮由Ⅴ类好转为Ⅳ类；化学需氧量年均浓度值下降 27.3%；营养状态指数由 72.6 下降为 69.3。与“十一五”末相比，高锰酸盐指数、五日生化需氧量、氨氮、总氮、总磷年均浓度值分别下降 19%、39%、81%、54%、70%。化学需氧量年均浓度值升高 23%。

滇池外海 水质类别为劣Ⅴ类，水质重度污染，未达到水环境功能要求（Ⅲ类）。主要超标指标为化学需氧量(劣Ⅴ类，超标 1.41 倍)、总磷(Ⅴ类，超标 1.12 倍)、高锰酸盐指数(Ⅳ类，超标 0.31 倍)。湖库单独评价指标总氮为Ⅴ类。全湖平均营养状态指数为 62.4，处于中度富营养状态。与 2014 年相比，高锰酸盐指数、化学需氧量、总磷年均浓度值分别下降 18.9%、30.7%、22.1%。与“十一五”末相比，高锰酸盐指数、氨氮、总氮、总磷、化学需氧量年均浓度值分别下降 24%、22%、39%、47%、26%。

阳宗海 水质类别为Ⅳ类，水质轻度污染，未达到水环境功能要求（Ⅱ类）。主要超标指标为砷(Ⅳ类，超标 0.05 倍)、总磷(Ⅲ类，超标 0.36 倍)、化学需氧量(Ⅲ类，超标 0.17 倍)。湖库单独评价指标总氮为Ⅲ类。全湖平均营养状态指数为 41.2，处于中营养状态。与 2014 年相比，湖体砷年均浓度值有所下降。与“十一五”末相比，水质类别由Ⅲ类降为Ⅳ类，主要是由于砷浓度由Ⅲ类降为Ⅳ类，此外化学需氧量由Ⅱ类降为Ⅲ类，高锰酸盐指数、五日生化需氧量、总氮、营养状态指数、综合污染指数等指标的

年均值有所增加。

洱海 水质类别为Ⅱ类，水质良好，达到水环境功能要求（Ⅱ类）。全湖平均营养状态指数为39.6，处于中营养状态。与2014年相比，水质与营养状态均保持稳定。与“十一五”末相比，水质类别由Ⅲ类好转为Ⅱ类，化学需氧量年均浓度值降低24%。

抚仙湖 水质类别保持Ⅰ类，水质优，达到水环境功能要求（Ⅰ类）。全湖平均营养状态指数为20.8，处于贫营养状态。与2014年、“十一五”末相比，水质与营养状态均保持稳定。

星云湖 水质类别为劣Ⅴ类，水质重度污染，未达到水环境功能要求（Ⅲ类）。主要超标指标总磷(劣Ⅴ类，超标4.46倍)、pH(劣Ⅴ类)、化学需氧量（Ⅴ类，超标0.93倍）、五日生化需氧量（Ⅴ类，超标0.63倍）、高锰酸盐指数(Ⅳ类，超标0.54倍)。湖库单独评价指标总氮为劣Ⅴ类。全湖平均营养状态指数为66.4，处于中度富营养状态。与2014年相比，高锰酸盐指数由Ⅴ类好转为Ⅳ类，化学需氧量由劣Ⅴ类好转为Ⅴ类。与“十一五”末相比，总磷年均浓度值下降56.8%，污染综合指数略有降低。

杞麓湖 水质类别为劣Ⅴ类，水质重度污染，未达到水环境功能要求（Ⅲ类）。主要超标指标为化学需氧量(劣Ⅴ类，超标1.60倍)、高锰酸盐指数(Ⅴ类，超标0.89倍)、五日生化需氧量(Ⅳ类，超标0.50倍)。湖库单独评价指标总氮为劣Ⅴ类。全湖平均营养状态指数为62.8，处于中度富营养状态。与2014年相比，高锰酸盐指数由劣Ⅴ类好转为Ⅴ类，年均浓度值下降29.4%；五日生化需氧量由Ⅴ类好转为Ⅳ类，年均浓度值下降18.7%；氨氮、总氮年均浓度值分别下降26.7%、40.2%。与“十一五”末相比，总磷、总氮年均浓度值分别下降24.6%、15.9%，污染综合指数略有下降。化学需氧量年均浓度值上升25.6%。

程海水质类别为Ⅳ类（pH、氟化物未参与评价），水质轻度污染，未达到水环境功能要求（Ⅲ类）。主要超标指标为化学需氧量(Ⅳ类，超标0.23倍)。湖库单独评价指标总氮为Ⅲ类。全湖平均营养状态指数为42.4，处于中营养状态。与2014年相比，化学需氧量年均浓度值下降8.2%。与“十一五”末相比，营养状态由轻度富营养好转为中营养，综合污染指数和营养状态指数略有降低。总磷年均浓度值上升55.6%，但未发生类别变化。

泸沽湖 水质类别为Ⅰ类，水质优，达到水环境功能要求（Ⅰ类）。全湖平均营养状态指数为11.1，处于贫营养状态。与2014年、“十一五”末相比，水质与营养状态均保持稳定。

异龙湖 水质类别为劣Ⅴ类，水质重度污染，未达到水环境功能要求（Ⅲ类）。主要超标指标为化学需氧量(劣Ⅴ类，超标3.15倍)、高锰酸盐指数(劣Ⅴ类，超标2.08倍)。湖库单独评价指标总氮为劣Ⅴ类。全湖平均营养状态指数为65.1，处于中度富营养状态。与2014年相比，总磷Ⅳ类好转为Ⅲ类，年均浓度值下降30.4%；高锰酸盐指数、化学需氧量和五日生化需氧量年均浓度分别上升9.9%，7.8%和10.1%。与“十一五”末相比，化学需氧量、高锰酸盐指数、五日生化需氧量、总磷、总氮年均浓度值分别下降41.2%、32.9%、74.3%、67.6%、57.5%；营养状态由重度富营养好转为中度富营养；营养状态指数和综合污染指数显著降低。

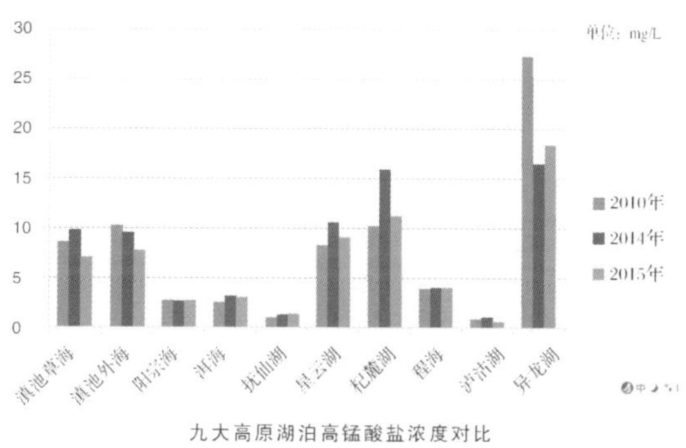

九大高原湖泊高锰酸盐浓度对比

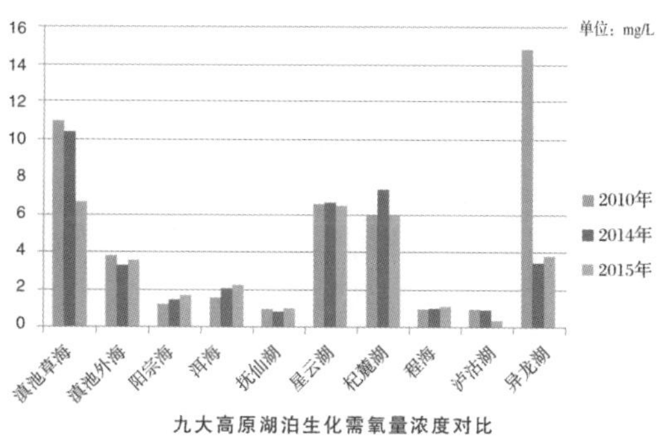

九大高原湖泊生化需氧量浓度对比

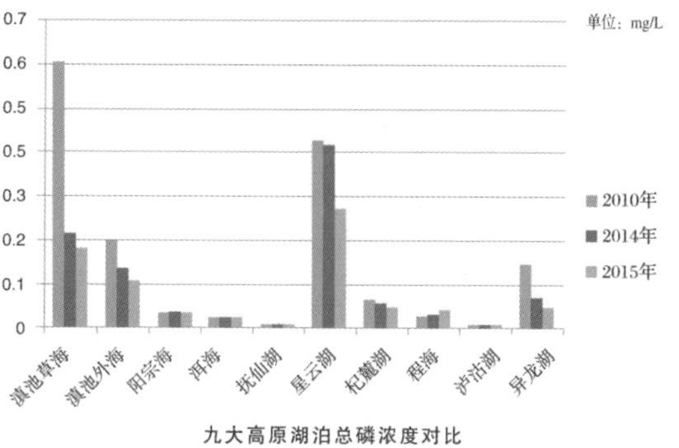

九大高原湖泊总磷浓度对比

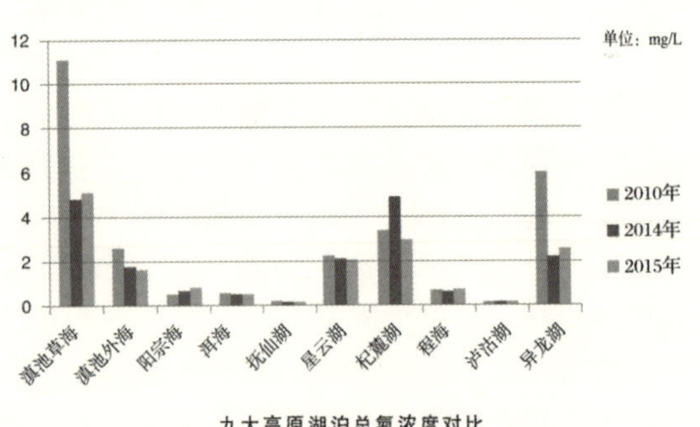

九大高原湖泊总氮浓度对比

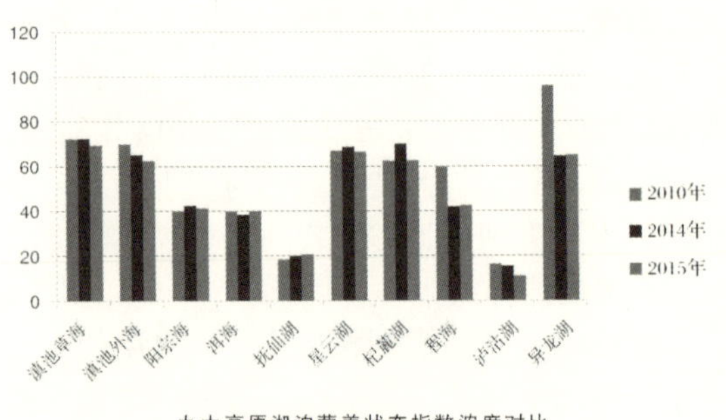

九大高原湖泊营养状态指数浓度对比

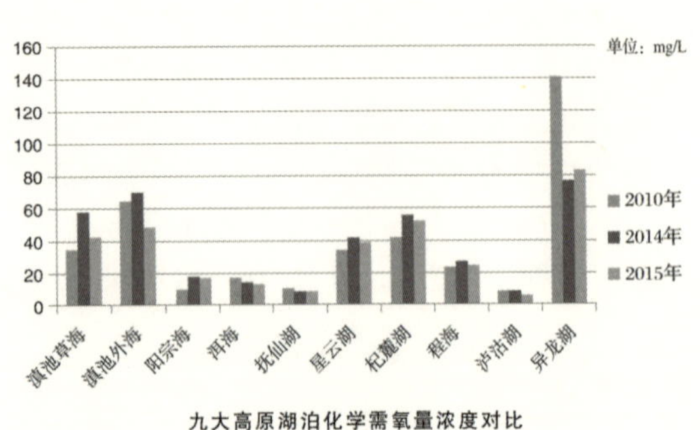

九大高原湖泊化学需氧量浓度对比

【集中式饮用水水源地水质状况】

【重点城市集中式饮用水水源地】

按《地表水环境质量标准》（GB 3838-2002）评价（总氮、粪大肠菌群不纳入评价）：21个重点城市（16个州市政府所在地和个旧市、开远市、安宁市、瑞丽市、宣威市）的46个集中式饮用水水源地（取水点）水质达到或优于Ⅲ类水质标准，达标率为100%。与“十一五”末相比提高5.3%。

重点城市集中式饮用水源地水质状况统计

水质类别	Ⅰ	Ⅱ	Ⅲ	Ⅳ	Ⅴ
河流型饮用水源（个）	2	6	1	–	–
湖库型饮用水源（个）	0	33	4	–	–
合计（个）	2	39	5	–	–
比例（%）	4.3	84.8	10.9	–	–

【县级城镇集中式饮用水水源地】

164个县级城镇集中式饮用水源地开展了水质监测，其中，地表水源155个，地下水源9个。按《地表水环境质量标准》（GB 3838-2002）评价（总氮、粪大肠菌群不纳入评价）和《地下水质量标准》（GB/T 14848-93）中常规23项评价：160个水源水质达到或优于Ⅲ类水质标准，达标率97.6%，与2014年相比提高2.4%。

4个水源不能满足水质要求，其中巍山县巍宝山水库水质超标，超标指标为五日生化需氧量；弥渡县3个地下水源水质超标，超标指标为铁、氨氮、锰和总硬度。

县级城镇集中式饮用水源地水质状况统计

水质类别	Ⅰ	Ⅱ	Ⅲ	Ⅳ	Ⅴ
地表水饮用水源（个）	18	112	21	1	–
地下水饮用水源（个）	–	–	6	–	3
合计水源地（个）	18	112	30	1	3
比例（%）	11.0	68.3	18.3	0.6	1.8

【地下水】

云南省地下水动态监测网包括7个监测地区，分别是昆明、玉溪、曲靖、楚雄、大理、开远和景洪，控制面积2872平方公里。

地下水动态监测点204个（水位水质共用18个，流量水质共用13个），开展了水位、流量、水质监测，其中国家级监测点80个（水位监测点50个，水质监测点30个）。

【区域地下水水位】

孔隙水：孔隙水水位保持基本稳定的态势。

基岩水：监测控制区内基岩水总体呈基本平衡，少部分为弱上升趋势。

【区域地下水水质与污染】

按照《地下水质量标准》（GB/T14848-93），对监测点进行水质综合评价，评价项目包括常规项目、金属离子、汞、酚氰、洗涤剂等48项。

孔隙水：优良级占15.79%、良好级占28.95%、较好级占7.89%、较差级占44.74%、极差级占2.63%。主要超标指标为：pH、锰、氨氮、硝酸盐、亚硝酸盐、化学需氧量、氯化物、总硬度、细菌总数、大肠菌群等。

基岩水：优良级占41.82%、良好级占35.45%、较好级占0.91%、较差级占21.82%。主要超标指标为：锰、亚硝酸盐、氨氮、pH、氟、化学需氧量、细菌总数、大肠菌群等。

大气环境

【环境空气质量】

全省主要城市环境空气质量总体保持良好。16个州市政府所在地城市（以下简称16个城市）按照《环境空气质量标准》（GB 3095-2012）开展监测和评价。

按空气质量指数（AQI）评价，16个城市优良天数比例在93.1%~100%之间，其中丽江市古城区和香格里拉市为100%，景洪市为93.1%，全省平均为97.3%。16个城市累计超标共158天，其中，重度污染1天，中度污染7天，轻度污染150天，首要污染物以细颗粒物（PM2.5）为主，占63.9%；其次是臭氧，占32.9%。昆明市主城、曲靖市麒麟区、玉溪市红塔区优良天数比例分别为97.8%、97.0%和99.5%，与2014年相比，昆明市主城和玉溪市红塔区分别提高了0.8%和1.4%，曲靖市麒麟区下降了0.3%。

按年均值评价，昆明市主城、玉溪市红塔区、曲靖市麒麟区等14个城市环境空气质量年均值达到二级标准。文山市、保山市隆阳区的细颗粒物（PM2.5）年均值超过二级标准，超标倍数分别为0.09倍和0.06倍。

16个城市二氧化硫年均值在每立方米6~34微克之间，最大值出现在昭通市昭阳区，全省平均值为每立方米15微克；二氧化氮年均值在每立方米8~30微克之间，最大值出现在昆明市主城，全省平均值为每立方米17微克；可吸入颗粒物（PM10）年均值在每立方米27~61微克之间，昭通市昭阳区、芒市和景洪市均为每立方米61微克，全省平均值为每立方米45微克；细颗粒物（PM2.5）年均值在每立方米16~38微克之间，最大值出现在文山市，全省平均值为每立方米28微克；一氧化碳日均值在每立方米0.1~4.9毫克之间，最大值出现在临沧市临翔区；臭氧日最大8小时值滑动平均值在每立方米5~197微克之间，最大值出现在芒市。

16个城市环境空气质量年度排名中，空气质量相对较好的前3位城市分别为丽江市古城区、怒江州六库镇和香格里拉市，空气质量相对较差的后3个城市依次为昭通市昭阳区、芒市和保山市隆阳区。

城市名称	综合指数	最大单项指数	首要污染物	排名
丽江市古城区	2.27	0.67	O3	1
怒江州六库镇	2.34	0.60	O3	2
迪庆州香格里拉市	2.48	0.49	PM2.5	3
大理州大理市	2.65	0.80	PM2.5	4
普洱市思茅区	2.76	0.78	O3	5
楚雄州楚雄市	2.81	0.63	PM2.5	6
临沧市临翔区	3.12	0.83	PM2.5	7

续表

玉溪市红塔区	3.13	0.69	PM2.5	8
文山州文山市	3.38	1.09	PM2.5	9
红河州蒙自市	3.51	1.00	PM2.5	10
曲靖市麒麟区	3.54	0.86	PM2.5	11
西双版纳州景洪市	3.55	0.87	PM2.5	12
昆明市主城	3.73	0.86	PM2.5	13
保山市隆阳区	3.76	1.06	PM2.5	14
德宏州芒市	3.77	0.87	PM2.5	15
昭通市昭阳区	4.01	0.97	PM2.5	16

【降水和酸雨】

20个城市（16个州市政府所在地城市和安宁市、宣威市、开远市、个旧市），降水pH年平均值范围在4.39～7.32之间。有4个城市监测到酸雨，其中个旧市、楚雄市降水pH年均值低于5.6，为酸雨区；昭通市昭阳区、芒市虽然出现过酸雨，但降水pH年均值尚在5.6以上，仍为非酸雨区。

20个城市的酸雨频率在0～54.8%之间，平均为4.1%。未出现过酸雨的城市有16个；昭通市昭阳区、芒市出现过酸雨但频率小于20%；楚雄市酸雨频率30.4%；个旧市酸雨频率54.8%。

与2014年相比，全省降水pH总平均值由5.86降为5.61，酸雨频率由4.9%下降为4.1%，出现酸雨的城市由6个降为4个，总体上酸雨污染有所减轻。

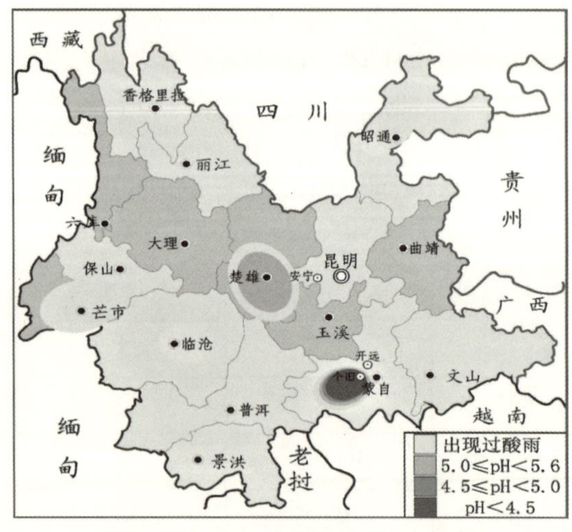

2015年云南省酸雨分布示意图

城市声环境

【城市道路交通声环境状况】

21个城市（16个州市政府所在地城市及宣威市、个旧市、开远市、瑞丽市、弥勒市）设置了702个监测点，对约894公里的城市道路声环境进行了监测。

21个城市平均声级值在63.2～69.5分贝之间；曲靖市麒麟区、宣威市等17个城市平均声级值未超过68分贝，道路交通声环境质量为好；昆明市、个旧市、芒市、六库镇4个城市声级值在68～70分贝，城市道路声环境为较好；全省路长加权平均声级值66.8分贝，总体上声环境质量为好。

894公里的监测路段中：声级值在70分贝以下，声环境质量为好或较好的路段占90.2%；声级值在70～72分贝，声环境质量一般的路段占4.1%；声级值在72分贝以上，声环境质量差或较差的路段占5.7%。

【城市区域声环境状况】

21个城市（16个州市政府所在地城市及宣威市、个旧市、开远市、瑞丽市、弥勒市）共设置2528个监测点，对面积为720平方公里的城区声环境质量进行了监测。

21个城市中，楚雄市平均声级值在50分贝以下，声环境质量好；昆明市主城等16个城市平均声级值在50～55分贝之间，声环境质量较好；香格里拉市、蒙自市、保山市隆阳区、文山市4个城市平均声级值在55～60分贝之间，声环境质量一般。

720平方公里的城区面积中：声环境质量为好或较好，声级值在55分贝以下的区域占66.0%；声环境质量为一般，声级值在55～60分贝的区域占27.4%；声环境质量为差或较差，声级值在60分贝以上区域占6.6%。

【城市功能区声环境状况】

20个城市（昆明主城、曲靖市麒麟区、宣威市、玉溪市红塔区、保山市隆阳区、昭通市昭阳区、丽江市古城区、普洱市思茅区、楚雄市、蒙自市、个旧市、开远市、弥勒市、文山市、景洪市、大理市、芒市、瑞丽市、六库镇、香格里拉市），共设置114个监测点。昼间各类功能区达标率平均为91.0%，范围在25.0% ~ 98.0%之间，达标率最高的是4类区（交通干线两侧），最低的是0类区（疗养区）；夜间各类功能区的达标率平均为81.9%，范围在25.0% ~ 96.4%之间，达标率最高的是3类区（工业区），最低的是0类区（疗养区）；总体上，夜间达标率低于昼间，0类区（疗养区）的达标率低于其他区域。

自然生态环境

【森林资源现状及变化趋势】

森林资源质量和结构进一步改善，森林面积、森林覆盖率增长，全省森林面积1992.4万公顷，较“十一五”末增加174.67万公顷；森林覆盖率55.7%，增加2.8%；林地面积2501万公顷，增加24.9万公顷。

【湿地】

全省有国际重要湿地4处，省级重要湿地7处。建立各种级别的湿地类型自然保护区17处，保护范围达到20.75万公顷。申报建设国家湿地公园12个，保护范围达5.27万公顷。

【自然保护区】

全省已建各种类型、不同级别的自然保护区161个（其中国家级21个、省级38个、州市级56个、区县级46个），总面积约286万公顷，占全省面积的7.3%，基本形成了布局合理、类型较为齐全的自然保护区网络体系。

【物种】

全省共记录有2.54万个物种。其中，大型真菌2729种，占全国的56.9%；地衣1067种，占全国的60.4%；高等植物1.94万种，占全国的50.2%，包括苔藓1906种，蕨类1363种，裸子植物127种，被子植物1.59万种；脊椎动物2273种，占全国的52.1%，包括鱼类617种，两栖类189种，爬行类209种，鸟类945种，哺乳类313种。

有国家重点保护野生植物153种，约占全国的41.6%。其中大型真菌2种，蕨类25种，裸子植物40种，被子植物86种；其中国家一级重点保护野生植物45种，包括蕨类3种、裸子植物28种、被子植物14种；国家二级重点保护野生植物108种，包括大型真菌2种、蕨类22种、裸子植物12种、被子植物72种。有国家重点保护野生脊椎动物242种，约占全国的57.1%。其中，国家Ⅰ级重点保护野生动物60种，包括鱼类2种、爬行类3种、鸟类26种、哺乳类29种；国家Ⅱ级重点保护野生动物182种，包括鱼类4种、两栖类4种、爬行类5种、鸟类145种、哺乳类24种。

辐射环境

全省辐射环境质量监测涵盖空气、土壤、水体、电磁辐射四大类，监测点位覆盖16个州市，其中国控监测点位61个，省控监测点位54个，监测项目27项。建在昆明市、保山市、临沧市等地的4个辐射环境自动监测站连续伽马辐射空气吸收剂量率（含宇宙射线响应值）全年测值范围为73.7 ~ 137.4纳戈瑞/小时，全年测值均值为95.1纳戈瑞/小时，处于辐射环境背景正常波动范围。2015年全省辐射环境质量保持稳定，辐射环境处于正常波动水平范围，重点辐射源周围辐射环境水平正常。

废水、废气及固体废弃物排放

【废水】

全省废水总排放量17.33亿吨，与2014年相比增长10.0%。其中：工业源排放量4.59亿吨，城镇生活源排放量12.71亿吨，生活垃圾集中式治理设施排放量318.10万吨。

化学需氧量排放总量51.02万吨。其中：工业源排放量14.66万吨，农业源排放量6.82万吨，城镇生活源排放量28.15万吨，生活垃圾集中式治理设施排放量1.39万吨。

氨氮排放总量5.49万吨。其中：工业源排放量3650吨，农业源排放量1.09万吨，城镇生活源排放量3.86万吨，生活垃圾集中式治理设施排放量1655吨。

【废气】

全省工业废气排放量1.55万亿立方米，与2014年相比减少6.7%。

二氧化硫排放总量58.37万吨。其中：电力行业排放量10.78万吨，钢铁行业排放量5.54万吨，平板玻璃制造行业排放量3312吨，其他行业排放量41.72万吨。

氮氧化物排放总量44.93万吨。其中：电力行业排放量5.58万吨，水泥行业排放量9.58万吨，平板玻璃制造行业排放量2472吨，机动车排放量18.75万吨，其他行业排放量10.76万吨。

烟（粉）尘排放总量31.25万吨，与2014年相比减少14.8%。

【固体废弃物】

一般工业固体废物产生量1.41亿吨，与2014年相比减少2.6%；综合利用量7197.51万吨，减少0.3%；处置量4163.37万吨，减少10.1%；贮存量2894.02万吨，增加2.4%；倾倒丢弃量6.86万吨，增加1.9%。

危险废物产生量223.00万吨，与2014年相比减少7.1%；综合利用量110.13万吨，减少19.7%；处置量49.44万吨，增加73.0%；贮存量71.18万吨，减少10.9%；无倾倒丢弃量。

措 施 与 行 动

【生态文明体制改革】

出台《云南省贯彻党政领导干部生态环境损害责任追究办法（试行）的实施细则》、贯彻落实开展领导干部自然资源资产离任审计试点方案的工作方案和《推行环境污染第三方治理的实施意见》，制定云南省自然资源资产负债表试点方案。在玉溪市新平县围绕森林、湿地、水和土地资源开展了负债表试编工作。组织对迪庆州、怒江州以及保山市隆阳区主要领导开展了自然资源资产审计。

出台《支持普洱市建设国家绿色经济试验示范区的若干政策》，制定《云南省国家公园管理条例》和《自然保护区规范化建设管理标准》、《云南省县域生态环境质量监测评价与考核办法（试行）》《加强环境监管执法的实施意见》，切实推进全省生态文明保护的法制化、制度化进程。

污染防治

【大气污染防治】

明确了地方人民政府的主体责任和各地大气污染防治总体目标要求和分年度任务。省人民政府建立了大气污染防治联席会议制度，认真贯彻落实《云南省大气污染防治行动实施方案》。2014年度大气污染防治行动计划实施情况顺利通过国家考核；完成了全省2015年度大气污染防治行动计划实施情况自查，接受国家现场考核。

16个州市政府所在地城市（以下简称16个城市）可吸入颗粒物（PM10）平均浓度为每立方米45微克，较2013年下降12.3%；16个城市细颗粒物（PM2.5）平均浓度为每立方米27.8微克，其中昆明市为每立方米29.8微克。

【水污染防治行动计划】

结合国务院印发的《水污染防治行动计划》，制定云南省《水污染防治工作方案》。按照国家与云南省签订的《云南省水污染防治目标责任书》中明确的内容和任务，拟定了省人民政府与各州市人民政府的《水污染防治目标责任书》，明确地方人民政府对本行政区水环境质量负总责。

【主要污染物总量减排】

2015年全省化学需氧量排放量为51.03万吨，氨氮排放量为5.49万吨，二氧化硫排放量为58.37万吨，氮氧化物排放量为44.94万吨，与2014年相比，分别下降4.41%、2.80%、8.32%、9.93%。与“十一五”末相比，分别下降9.47%，8.45%，17.06%，13.54%，均超额完成目标任务。

“十二五”期间全省共完成3066个重点工程减排项目建设，其中国家级重点项目203个。2015年云南省主要污染物总量减排监测体系顺利通过国家考核，成绩综合评价为优。其中，国控企业自行监测信息发布率为88.5%，国控企业监督性监测信息发布率为97.5%，污染源自动监控数据有效上传率为95.5%。

【九大高原湖泊及重点流域水污染防治】

九大高原湖泊水污染综合防治“十二五”规划项目共292项，截至2015年底，完工209项、在建70项、12项处于前期阶段，1项未启动，到位资金381.21亿元，资金到位率69.44%。监测结果表明：九湖水质总体保持稳定，重污染湖泊水质恶化趋势得到遏制，主要污染指标呈稳中有降的态势，特别是滇池、异龙湖主要污染指标浓度大幅度下降。

积极推进《重点流域水污染防治规划

（2011~2015年）》实施，规划项目进展整体顺利。流域水质整体稳中有升，江边、三块石、横江桥、普渡河桥、江底桥5个控制断面水质满足规划年度考核要求。

【工业污染防治】

全省新增危险废物处理处置能力50.64万吨/年。共发放危险废物综合经营许可证67份，注销4份。

继续实施《重金属污染综合防治“十二五”规划》，完成规划重点项目87个。全省重金属污染物实际排放总量进一步下降，重金属污染防治重点区域环境质量总体稳中趋好，部分区域环境质量逐渐好转，未发生涉重金属突发环境事件，环境风险得到有效防范。

【清洁生产】

根据《关于加快推进生态文明建设的意见》、《中华人民共和国环境保护法》的要求，公布了第十二批强制性清洁生产审核名单134户，并组织对名单内的重点企业进行强制性清洁生产审核，有125户重点企业通过审核。

生态环境保护

【生物多样性保护】

完成全省生物多样性保护专题调研，云南省生物多样性保护条例（草案）通过立项论证。积极推进全省生态保护红线划定。

“十二五”期间，发布了《云南省生物多样性保护西双版纳约定》，成立了云南生物多样性研究院，印发了《云南省生物多样性保护战略与行动计划（2012-2030年）》，设立了省级生物多样性保护专项资金。完成了云南省生态环境十年变化遥感调查与评估。组织西双版纳州和玉龙县开展国家主体功能区建设试点示范工作。

【自然保护区建设】

贯彻落实《国务院办公厅关于做好自然保护区管理有关工作的通知》，严格建设项目生态准入，组织开展对全省国家级自然保护区内的人类活动情况进行核实、整改，联合开展涉及自然保护区开发建设活动监督管理。按照国家林业局“绿剑行动”的统一部署，组织开展了违法违规占用国家级和省级自然保护区林地监督检查专项行动。2015年自然保护区建设资金投入9045万元。

“十二五”期间，完成全省国家级自然保护区管理评估及全省自然保护区基础调查。严格执行《国家级自然保护区调整管理规定》，对自然保护区的范围调整严格把关，强化对自然保护区范围调整的管理。先后有轿子山、云龙天池、元江、乌蒙山四个保护区晋升为国家级自然保护区，寻甸黑颈鹤保护区晋升为省级自然保护区。新建勐腊易武州级自然保护区以及关累勐捧、勐海、会泽牯牛寨杜鹃、待补鸡鸣山、大井元江楞等5个县级自然保护区。

【天然林保护和退耕还林】

有效管护森林1.98亿亩，其中，天保工程区完成森林管护面积1.52亿亩；非天保工程区完成公益林管护面积4640万亩。建设公益林113.87万亩，其中，人工造林完成23.87万亩；封山育林完成90.00万亩。完成森林抚育135万亩，兑现森林生态效益补偿资金16.71亿元，其中国家级森林生态效益补偿资金兑现10.26亿元，省级森林生态效益补偿资金兑现6.45亿元。

2015年全面完成国家下达云南省2014年度退耕还林工程建设任务85万亩。完成2014年度省级陡坡地生态治理工程建设任务20万亩。完成2014年度巩固成果建设林业项目后续产业种植业166.7万亩，补植补造24.2万亩，技术培训10.24万人次；农村能源建设沼气池1880口、节柴灶1.5万眼、太阳能7.53万户、小水电50台、薪炭林1.6万亩。

【水土保持】

全省共完成水土流失综合治理面积3488平方公里，其中水土保持部门完成治理面积194.29平方公里，完成投资2.22亿元，包括：坡耕地水土流失综合治理工程14项，总投资1.5亿元，完成坡改梯水土流失综合治理面积4.29万亩；国家农业综合开发水土保持项目10项，总投资5670万元，完成水土流失综合治理面积102平方公里；水土流失重点治理工程项目15条小流域，总投资1500万元，完成水土流失综合治理面积37平方公里。

审批生产建设项目水土保持方案119件，组织水土保持设施竣工验收93件，省级征收水土保持补偿费1.6亿元。组织检查组重点检查了220个项目，及时纠正水土保持“三同时”制度不落实、监测不及时等问题。

编制完成《云南省水土保持监测站网建设

实施方案（2015~2017）》，新建5个监测点和迁建1个监测点，使现有监测站点数量达到41个。

【农村环境保护】

深化“以奖促治”，以“整县推进”为主要方式,持续推进农村环境综合整治试点示范。全年投入专项资金4.92亿元，共支持411个建制村(其中传统村落206个)开展环境综合整治。在山区、半山区偏远农村地区鼓励开展垃圾就地“减量化、资源化、无害化”处理，示范推广垃圾热解气化技术。

“十二五”期间，共投入专项资金8.40亿元,共开展746个建制村(其中传统村落259个)的农村环境综合整治。全省农村环境整治实现了从单一村庄整治向连片整治转变，从重点村整治向特色村庄和辐射带动效应明显的连片村庄整治转变。

在全省所有县市区推广测土配方施肥4000万亩;全省农村户用沼气累计保有量319.7万户;全省共有无公害农产品、绿色食品和有机食品有效获证企业850家1950个产品，产值270亿元。

【生态文明建设示范区创建】

完成了景洪市、勐海县、勐腊县和石林县申报国家生态县市的国家技术评估；60个国家级生态乡镇上报环境保护部待复核命名；203个省级生态文明乡镇、16个省级生态文明村以及盘龙区、腾冲市、剑川县等13个县市区申报省级生态文明县市区的省级技术评估。积极参加首届“中国生态文明奖”的评选工作。

环境影响评价

全省共审批建设项目环评文件1.86万项，审批建设项目竣工环保验收5990项，组织审查规划环评38项。“十二五”期间全省共审批建设项目环评文件8.41万项，审批建设项目竣工环保验收文件2.42万项，组织审查规划环评255项。

环境执法

【法规制度】

启动《云南省环境保护条例》修订工作。制定《云南省人民政府办公厅关于加强环境监管执法的实施意见》《云南省人民政府办公厅关于开展环境污染责任保险试点工作的通知》《云南省环境保护厅云南省高级人民法院云南省人民检察院云南省公安厅关于加强协作配合依法打击环境违法犯罪行为的实施意见》《云南省环境保护厅云南省公安厅部门联动执法联勤制度》《云南省环境保护厅云南省公安厅关于成立环境联动执法衔接配合领导小组的通知》等文件，进一步加强环境执法。

【环境安全隐患排查整治】

按照新《环境保护法》执行年的统一部署，开展环境安全隐患大检查。全省共排查工业园区129个，排查建设项目1.22万个，以及化工、冶金、有色等工业重点行业3760家企业，受过处罚、发生过污染事件、反映强烈的企业1438家，饮用水水源地238个，清理废除阻碍环境监管执法“土政策”13件。通过大检查工作，发现并整改一批环境安全隐患，查处一批典型环境违法案件。

【排污费征收】

全省排污费共征收2.55亿元，其中，各州市征收2.31亿元，省级征收2344.15万元，全省排污费共上缴中央国库2475.53万元，上缴省级国库6098.76万元。

【环境行政处罚】

全省环境行政处罚970件，共处罚款3500余万元。其中，省级直接行政处罚44件，共处罚款499万元。

【环境突发事件及处理】

发生了4起一般（IV级）突发环境事件，没有发生特大（I级）、重大（II级）、较大（III级）突发环境事件。事故均及时妥善处置，最大限度的减轻了事件所造成的危害。

城市环境保护

【城市环境基础设施建设】

全省已建成城镇污水处理厂155座，进入住房城乡建设部信息系统和环境保护部在线监测系统的污水处理厂144座，投入运行142座，设备调试2座，投入运行率98%，形成处理能力326.77万吨/日，比2014年提升1.8万吨/日。实现了129个县市区污水处理设施全覆盖的目标。累计建成配套管网8299.35公里，其中“十二五”期间污水配套管网共建成5210.35公里。全省城镇污水处理率达到85%，再生水利用率达到26%，污泥无害化处置率达到50%。2015年城镇生活污水处理总量101009万立方米（县城以上）。

建成生活垃圾处理场128座（卫生填埋场113座、焚烧厂10座、低温碳化处理厂1座、综合利用处理厂4座），建成渗滤液处理设施48座。形成生活垃圾清运能力16956吨/日，生活垃圾无害化处理能力19436吨/日。

全省燃气普及率66%；城市建成区绿地率30.4%。

【城市机动车污染防治】

全省累计淘汰2005年底前注册营运的黄标车5.41万辆。昆明市22个环检机构共建设77条环保检测线，实现了机动车安检与环检的全覆盖；玉溪市、文山州机动车环检站已建成投运。昆明市开展环卫车、渣土运输车排气污染物环保抽测。

辐射环境管理

在全省范围内组织开展了4次辐射安全专项检查，排查核技术利用单位2398家。组织完成了全省核安全文化宣传贯彻推进专项行动。通过辐射安全专项检查和日常监督检查，消除了辐射安全隐患，2015年未发生辐射安全事故。

省环境保护厅联合德宏州人民政府在芒市开展了2015年辐射事故应急演习。通过演习检验了应急预案、联动机制和应急装备，提高了应急意识，锻炼了应急队伍，提升了应急能力，为应对边境地区突发辐射事故积累了宝贵经验。

全省共办理辐射类行政许可审批993项，其中辐射类建设项目环境影响评价313项；辐射安全许可证513项；放射性同位素转让55项；建设项目竣工环保验收112项。共收贮99枚废旧（闲置）放射源。

环境监管能力建设

“十二五”期间，共投入4.74亿元资金用于环境监管能力建设。已初步构建了一支以省环境监测中心站为核心、16个州市环境监测站为骨架、115个县级环境监测站为支撑的监测队伍。现有环境监测人员2228人，监测业务用房10万余平方米。较2010年，新建并形成监测能力的县级环境监测站增加了23个，增幅30%；监测人员数增加了481人，增幅30%；业务用房面积增加了4万余平方米，增幅67%。66个环境监测站通过环境监测站标准化建设验收。

成立了146个环境监察机构，其中，省级1个，州市级16个，县区级129个。现有环境监察人员1300余人。昭通、曲靖、保山、文山等4个州市相继成立了环境应急中心。

宣传教育

2015年共命名105所省级绿色学校（第九批）、32个省级绿色社区（第七批）、6个省级环境教育基地（第五批）。“十二五”期间，全省共有各级各类绿色学校3182所，其中受国家表彰的绿色学校19所，省级绿色学校825所。绿色社区530家，其中受国家表彰的绿色社区7家、省级绿色社区261家。环境教育基地70个，其中省级环境教育基地54个。

与省广播电台FM99频道合作，向广大听众朋友发送环保公益广告；发布“环保小贴士”。拍摄制作《共享绿色—碧水蓝天的守护人》纪录片，并通过中央十台科教频道播出。在《中国环境报》发表稿件236篇。

建立了云南环保宣教网（http://www.ynepbxj.com/）、《云南环保宣教》公众微信平台（YNXJ12369）。

环境信访

省环境保护厅直接受理群众来信(含传真、邮件、网上投诉）139件，接待群众来访35批86人次，来信来访按期办结率98%；办理省人大代表建议和省政协委员提案82件，办结率100%；全省受理“12369”环保投诉案件9684件，办结9674件，按期办结率99%；按时答复“96128”政务查询热线2个查询、咨询问题。受理依申请公开政务信息43件，回复43件，办结率100%。

环境科技

国家水体污染控制与治理科技重大专项成果“富磷区面源污染仿肾型收集与再削减技术”“严重受损湖区创建生态系统修复条件的关键技术”等被列入《水污染防治先进实用技术汇编(水专项第一批)》。

交流合作

进一步加快世行贷款云南城市环境建设一、二期项目的实施。积极推进环境保护国际公约在全省的履约工作，全球环境基金赠款“中国生活垃圾综合环境管理项目”生效实施，推动昆明示范项目的实施。组织开展大湄公河次区域合作环境项目。

积极推动建立中老、中缅环境合作交流。与老挝南塔和琅勃拉邦两省自然资源和环境厅签署了《合作备忘录》，与缅甸环境保护与林业部签署《会议纪要》。积极推动开展中国（云南省）老挝（南塔省）环境保护交流合作技术援助项目的前期工作。

积极推进泛珠三角以及沪滇、滇川环保合作。重点开展了环境监察、环境监测、环境科研、人员培训和机构能力建设等方面合作，组织参加“2015 澳门国际环保合作发展论坛及展览”和“2015 香港国际环保博览”。

国民经济统计资料

National Economy Statistics

全省人口与自然资源

指　　标	单位	2015 年	指　　标	单位	2015 年
年末总人口数	万人	4741.80	星云湖	平方千米	39.00
人口密度	人/平方千米	120.32	阳宗海	平方千米	31.00
土地面积	万平方千米	39.41	**主要河流境内河长**		
民族自治地方土地面积	万平方千米	27.67	大盈江	千米	196
年末耕地总资源	万公顷	620.98	瑞丽江	千米	370
#常用耕地面积	万公顷	423.01	怒　江	千米	618
荒山草坡地面积	万公顷	565.11	澜沧江	千米	1227
水面面积	万公顷	28.00	金沙江	千米	1560
森林面积	万公顷	1992.40	元　江	千米	680
森林蓄积量	亿立方米	19.50	南盘江	千米	677
森林覆盖率	%	55.7	**主要山峰高程**		
水资源总量	亿立方米	1872.00	梅里雪山(卡瓦格博峰)	标高(米)	6740
水能资源理论蕴藏量	亿千瓦	1.04	玉龙雪山(扇子陡峰)	标高(米)	5596
铁矿保有资源储量	亿吨	35.50	碧罗雪山	标高(米)	4141
煤矿保有资源储量	亿吨	289.84	点苍山(马龙峰)	标高(米)	4122
磷矿保有资源储量	亿吨	42.40	拱王山	标高(米)	3677
主要湖泊湖面面积			大雪山	标高(米)	3504
滇池	平方千米	306.30	高黎贡山	标高(米)	3374
洱海	平方千米	250.00	无量山	标高(米)	3291
抚仙湖	平方千米	212.00	哀牢山	标高(米)	2940
程海	平方千米	78.80	梁王山	标高(米)	2833
泸沽湖	平方千米	51.80	五莲峰	标高(米)	2561

全省主要年份国民经济主要比例关系

指　标	1978 年	2000 年	2005 年	2010 年	2014 年	2015 年
一、人口中的城乡比例						
城镇		23.4	29.5	34.8	41.7	43.3
乡村		76.6	70.5	65.2	58.3	56.7
二、生产总值中三次产业比例						
第一产业	42.7	22.3	18.9	15.4	15.5	15.1
第二产业	39.9	43.1	41.8	44.6	41.2	39.8
第三产业	17.4	34.6	39.3	40.0	43.3	45.1
三、固定资产投资中三次产业比例						
第一产业			3.0	4.1	2.8	3.8
第二产业			37.2	32.1	25.2	24.1
第三产业			59.8	63.8	72.0	72.1
四、工业总产值中轻重工业比例						
轻工业	43.0	50.5	34.5	29.0	31.3	35.0
重工业	57.0	49.5	65.5	71.0	68.7	65.0
五、农业总产值中农林牧渔比例						
农　业	71.4	61.1	52.3	51.1	55.3	54.4
林　业	6.2	7.3	9.9	10.2	9.3	9.4
牧　业	17.7	29.6	31.8	32.5	29.9	30.5
渔　业	0.2	2.0	2.1	2.7	2.4	2.4
农林牧渔服务业			3.9	3.5	3.1	3.3

注：本表按当年价计算。

按经济成分分全省主要社会经济指标

指　　标	绝对数		比重（%）	
	2014年	2015年	2014年	2015年
一、生产总值（GDP）（亿元）	12814.59	13619.17	100.0	100.0
国有经济	5318.06	5603.54	41.5	41.2
集体经济	1537.75	1675.69	12.0	12.3
非公有制经济	5958.78	6339.94	46.5	46.6
二、就业人员数（万人）	2962.25	2942.49		
城镇单位就业人员	224.05	334.72	5.7	11.4
#国有单位职工人数	168.36	165.18	0.3	5.6
城镇个体私营就业人员	370.69	416.02	5.7	14.1
乡村就业人员	2188.81	2191.75	73.9	74.5
三、固定资产投资（不含农户）（亿元）	11073.86	13069.39		
#国有经济	4578.68	6045.9	41.3	46.3
民间投资	5176.11	5612.73	46.7	42.9
外商、港澳台投资	203.38	117.96	1.8	0.9
四、社会消费品零售总额（亿元）	4632.87	5103.15	100.0	100.0
公有制经济	880.50	963.10	19.0	18.9
#国有经济	712.73	776.08	80.9	15.2
非公有制经济	3752.37	4140.05	81.0	81.1
#私有经济	3333.57	3673.47	88.8	72.0

注：1. 农业总产值、工业增加值按当年价格计算。

2. 规模以上工业增加值为年主营业务收入2000万元及以上独立核算工业企业的增加值。

全省社会经济主要指标每人年平均水平

指　　标	单位	2013年	2014年
一、工农业总产值（当年价格）	元	34258	32896
农业总产值	元	6939	7156
工业总产值	元	27319	25740
二、生产总值（当年价格）	元	27264	28806
三、地方公共财政预算收入	元	3613	3824
四、粮食产量	千克	413	417
五、猪牛羊肉产量	千克	133	133
六、森林面积	公顷	0.41	0.46
七、社会消费品零售总额	元	9857	10794
八、城乡居民储蓄存款余额（本外币）	元	20635	22709
九、交通（每万人拥有）			
铁路营业里程	千米	0.55	0.57
公路通车里程	千米	49.02	49.92
民用航空航线里程	千米	70.53	67.03

全省主要年份国民经济主要指标

指　　标	单位	1952 年	1978 年	1990 年	2000 年	2010 年	2011 年	2012 年	2013 年	2014 年	2015 年
一、年末总人口数	万人	1695	3091	3731	4240.8	4601.6	4631.0	4659.0	4686.60	4713.90	4741.80
二、年末就业人员数	万人	761.00	1313.00	1923.00	2268.50	2765.85	2857.20	2881.90	2943.12	2962.25	2942.49
#城镇单位在岗职工人数	万人	26.00	216.00	292.00	273.40	303.68	317.18	344.65	352.27	347.06	343.25
三、工农业总产值	亿元	13.41	95.45	556.98	2270.22	9691.23	11901.64	14321.68	15813.02	16101.94	15 552.76
四、生产总值（当年价）	亿元	11.78	69.05	451.67	1955.09	7224.18	8893.12	10309.47	11720.91	12814.59	13619.17
五、农业生产											
1. 农林牧渔业总产值（当年价）	亿元	9.6	40.02	211.72	680.86	1810.53	2306.49	2680.22	3056.04	3261.30	3383.09
2. 主要农产品产量											
粮　食	万吨	451.0	864.0	1057.2	1467.8	1650.0	1755.4	1827.8	1897.61	1940.82	1969.79
油　料	万吨	3.37	5.51	13.31	26.98	34.23	60.75	62.84	60.68	64.68	65.92
甘　蔗	万吨	30.13	160.01	661.88	1420.29	1750.92	1898.78	2043.78	2146.25	2110.45	1930.05
烤　烟	万吨	0.57	12.26	43.6	64.61	95.40	101.82	111.05	103.85	94.50	90.34
水　果	万吨		11.62	31.97	76.95	397.91	476.43	581.12	634.52	669.02	726.54
茶　叶	万吨	0.36	1.78	4.48	7.94	20.73	23.83	27.17	30.17	33.55	36.58
猪、牛、羊肉	万吨	8.36	29.23	74.74	191.51	474.83	517.44	309.49	321.70	627.46	627.03
水产品	万吨	0.14	1.12	4.6	16.62	48.17	54.88	68.01	78.16	87.01	93.74
六、工业生产											
1. 工业总产值（当年价）	亿元	3.81	55.43	345.26	1589.36	7880.7	9595.1535	11641.46	12756.58	12840.64	12169.67
轻工业产值	亿元	2.3	23.84	181.14	802.7	2317.95	2779.4965	3555.22	3911.54	4017.84	4257.50
重工业产值	亿元	1.51	31.6	164.12	786.66	5562.75	6815.66	8086.25	8845.44	8822.80	7912.16
2. 主要工业产品产量											
布	万米	3641	10507	17974	5855	412.76	449.58	419.00	298.00	156.00	3900.00
机制纸及纸板	万吨	0.08	5.12	15.43	22.32	44.87	49.12	51.46	41.43	46.58	58.89
成品糖	万吨	2	14	51	152.25	179.78	173.51	205.93	236.52	249.68	249.58
卷烟	万箱	2	63	448	612.77	714.76	729.98	768.23	757.55	769.61	780.73

指　　标	单位	1952 年	1978 年	1990 年	2000 年	2010 年	2011 年	2012 年	2013 年	2014 年	2015 年
粗钢	万吨	0.25	35.12	80.15	189.41	1293.77	1323.23	1526.69	1884.80	1689.07	1418.08
钢材	万吨	0.13	25.59	68.97	183.71	1214.99	1351.85	1600.04	2053.92	1935.05	1695.37
原煤	万吨	28	1483	2227	2216	9763.38	9957.41	7610.37	8185.53	4013.66	4590.14
发电量	亿千瓦小时	0.52	52.51	125.78	317.46	1364.85	1555.13	1533.94	1954.62	2347.21	2352.40
水泥	万吨	1	131	471	1643	5786.16	6788.88	7793.66	9009.16	9492.64	9305.31
七、运输邮电											
1. 货运周转量	亿吨千米	1.54	62.34	260.67	479.52	990.5	1070.11	1164.80	1673.26	1759.60	1463.67
# 铁　路	亿吨千米	0.64	43.52	93.91	180.76	358.31	369.70	379.75	389.80	390.18	371.83
公　路	亿吨千米	0.87	18.57	166.1	296.65	548.53	617.27	702.51	921.98	1002.35	1077.89
水　运	亿吨千米	0.03	0.24	0.59	0.98	6.91	8.19	8.71	11.65	13.09	12.44
航　空	亿吨千米				1.13	1.29	1.04	1.12	1.43	1.60	1.51
2. 旅客周转量	亿人千米	1.32	24.25	87.67	237.94	523.64	610.78	669.96	550.43	572.13	599.51
# 铁　路	亿人千米	0.73	9.92	17.22	31.35	80.73	91.91	91.74	99.34	101.71	111.4
公　路	亿人千米	0.59	13.89	65.77	171.24	352.1	424.57	470.20	323.10	321.06	330.21
水　运	亿人千米		0.12	0.46	0.78	1.78	1.96	2.02	2.23	2.37	2.50
航　空	亿人千米				34.57	89.03	92.34	106.01	125.40	146.98	155.40
3. 邮电业务总量	万元	264	3016	12737	990739	2689400	3162200	3625900	4026100	5672300	7914400
八、固定资产投资											
固定资产投资（不含农户）	亿元	0.59	15.04	75.74	697.94	5528.71	5927.01	7553.51	9621.83	11073.86	13069.39
# 国有经济固定资产投资	亿元	0.59	13.44	51.22	466.20	2623.07	2463.63	2865.02	3807.92	4578.68	6045.90
九、国内商业											
社会消费品零售总额	亿元	4.87	28.38	145.59	583.17	2542.44	3000.14	3541.60	4112.56	4632.87	5103.15
十、对外贸易											
进出口总额	万美元	32	10420	75114	181283	1336795	1605271	2101300	2582900	2962200	2452700
出口额	万美元	5	6948	56241	117516	760568	947277	1001800	1595900	1880200	1662600
进口额	万美元	27	3472	18873	63767	576227	657994	1099500	987000	1082000	790100
十一、财　政											
地方一般公共预算总收入	亿元	1.87	11.76	77.43	432.95	1809.30	2258.20	2624.20	2975.68	3156.19	3250.02
地方一般公共预算支出	亿元	0.99	18.28	90.76	414.11	2285.72	2929.60	3573.40	4096.51	4437.98	4712.83
十二、物价指数（以 1978 年价格为 100）											

指标	单位	1952 年	1978 年	1990 年	2000 年	2010 年	2011 年	2012 年	2013 年	2014 年	2015 年
居民消费价格指数	%		100.0	201.4	446.3	573.0	601.1	616.4	635.5	650.8	663.2
商品零售价格指数	%		100.0	200.6	378.1	442.5	465.1	476.3	488.7	496.5	500.5
十三、职工工资											
城镇非私营单位在岗职工工资总额	亿元		12.68	60.66	254.46	903.72	1111.38	1340.24	1630.67	1727.71	1 958.70
国有经济单位职工工资总额	亿元	0.73	11.42	53.56	209.50	619.53	709.16	794.46	797.61	916.98	1 065.57
城镇非私营单位在岗职工平均工资	元		608	2130	9231	30177.00	35387	38908	44000	47802	55025
#国有经济单位职工平均工资	元	371	629	2200	9422	34330.00	40379	45081	49000	54368	64463
十四、教育文化											
普通高等学校在校学生数	万人	0.33	1.59	4.35	9.04	43.69	48.76	51.22	54.86	57.70	61.46
普通中等专业学校在校学生数	万人	0.67	2.66	7.38	11.92	29.00	30.15	31.56	30.13	30.84	30.97
普通中学在校学生数	万人	4.73	128.93	123.95	185.97	270.63	271.29	265.95	261.07	266.55	267.60
普通小学在校学生数	万人	114.85	436.03	446.86	472.06	435.21	424.08	406.70	392.08	382.69	377.78
十五、卫　生											
卫生机构床位数	万张	0.43	5.97	8.45	9.75	15.71	17.34	19.47	21.01	22.49	23.76
#医院病床数	万张	0.36	5.41	7.61	6.61	11.25	12.63	14.35	15.61	16.97	18.13
专业卫生技术人员	万人	0.38	6.55	10.16	12.41	14.17	14.93	16.48	19.33	20.89	22.80

注：1. 工业总产值及轻重工业产值从 1996 年开始按新规定的计算方法统计。

2. 进出口总额包括边境贸易，1998 年以前为外贸业务数，1999 开始为海关进出口统计数。

3. 地方公共财政总收入包括上划中央的“两税”收入。

4. 3. 2012 年以前卫生机构数包括主要卫生机构、诊所、卫生保健所、医务室等，从 2013 年开始还包括村卫生室。

云南省国民经济主要统计指标占全国的比重

指　　标	全　国		云　南		云南占全国的比重（%）	
	2014 年	2015 年	2014 年	2015 年	2014 年	2015 年
年末总人口（万人）	136782	137462	4713.9	4741.8	3.4	3.45
生产总值（亿元）	636462.7	676707.8	12814.59	13619.17	2.0	2.01
第一产业	58331.6	60863.0	1990.07	2055.78	3.4	3.38
第二产业	271392.4	274277.8	5280.82	5416.12	1.9	1.97
第三产业	306738.7	341566.9	5542.7	6147.27	1.8	1.80
全社会固定资产投资（亿元）	512760.7	561999.8	11498.58	13500.62	2.2	2.40
社会消费品零售总额（亿元）	271896	300930.8	4632.87	5103.15	1.7	1.70
对外贸易进出口总额（亿美元）	43030.38	39569.01	296.22	245.27	0.7	0.62
#出口总额	23427.48	22749.50	188.02	166.26	0.8	0.73
实际利用外商直接投资（亿美元）	1195.6	1262.67	27.06	29.92	2.3	2.37
普通高等学校在校学生数（万人）	2547.7	2625.3	57.70	61.46	2.3	2.34
医院床位数（万张）	496.1	533.1	16.97	18.13	3.4	3.40
城镇单位在岗职工平均工资（元）	56360	62029	47800	55025	84.8	88.71
农民人均纯收入（元）	10489	11421.7	7456	7525.88	71.1	65.89
城镇常住居民人均平均可支配收入（元）	28844	31194.8	24299	26373.23	84.2	84.54
城乡居民储蓄存款余额（亿元）	485261.3	1357021.61	20635.1	10736.6	4.3	0.79
工农业主要产品产量						
粮食（万吨）	60702.6	62143.9	1940.82	1969.79	3.2	3.17
烤烟（万吨）	280.3	260.6	94.50	90.34	33.7	34.66
油料（万吨）	3507.4	3537.0	64.68	65.92	1.8	1.86
茶叶（万吨）	209.6	560.3	33.55	36.58	16.0	6.53
猪牛羊肉（万吨）	6788.8	6627.5	627.46	627.03	9.2	9.46
粗钢（万吨）	82269.8	80382.5	1689.07	1418.08	2.1	1.76
成品钢材（万吨）	112557.2	112349.6	1935.05	1695.37	1.7	1.51
原煤（亿吨）	38.7	37.5	0.40	0.46	1.0	1.23
发电量（亿千瓦小时）	56495.8	58105.8	2347.21	2352.4	4.2	4.05
水泥（亿吨）	24761.4	235939.6	0.95	9305.31	0.0	3.94
农用化肥（折 100%）（万吨）	6887.2	7432.0	314.94	334.41	4.6	4.50
十种有色金属	4380.1	5155.8	320.43	332.83	7.3	6.46
成品糖（万吨）	1642.7	1474.1	249.68	249.58	15.2	16.93
卷烟（亿支）	26098.5	25890.7	3848.06	3903.63	14.7	15.08

全省历年生产总值、三次产业增加值和人均生产总值

年份	生产总值（亿元）						人均生产总值（元）
		第一产业	第二产业	工业	建筑业	第三产业	
1978	69.05	29.46	27.58	12.01	20.91	6.67	226
1979	76.83	32.38	30.50	13.95	23.56	6.94	247
1980	84.27	35.89	33.98	14.40	25.86	8.12	267
1981	94.13	41.23	35.80	17.10	28.62	7.18	294
1982	110.12	47.04	42.39	20.69	34.21	8.18	339
1983	120.07	49.33	47.28	23.46	39.08	8.20	363
1984	139.58	57.33	54.38	27.87	44.14	10.24	417
1985	164.96	66.07	65.41	33.48	52.51	12.90	486
1986	182.28	71.32	70.83	40.13	61.09	9.74	529
1987	229.03	84.06	84.30	60.67	73.30	11.00	653
1988	301.09	103.47	112.40	85.22	99.19	13.21	845

续表

年份	生产总值（亿元）	第一产业	第二产业			第三产业	人均生产总值（元）
				工业	建筑业		
1989	363.05	119.01	138.06	105.98	124.73	13.33	1003
1990	451.67	168.13	157.80	125.74	142.77	15.03	1224
1991	517.41	169.48	179.56	168.37	162.32	17.24	1377
1992	618.69	186.8	219.03	212.86	193.90	25.13	1625
1993	783.27	191.45	325.57	266.25	284.65	40.92	2030
1994	983.78	236.25	428.68	318.85	383.91	44.77	2515
1995	1222.15	302.69	534.78	384.68	480.95	53.83	3083
1996	1517.69	360.48	669.06	488.15	599.82	69.24	3779
1997	1676.17	387.02	743.82	545.33	657.05	86.77	4121
1998	1831.33	403.43	818.26	609.64	705.55	112.71	4446
1999	1899.82	406.87	811.90	681.05	686.09	125.81	4558
2000	2011.19	431.8	833.25	746.14	704.00	129.25	4770
2001	2138.31	444.42	868.06	825.83	730.81	137.25	5015
2002	2312.82	463.44	934.88	914.5	788.44	146.44	5366
2003	2556.02	494.6	1047.66	1013.76	882.08	165.58	5870
2004	3081.91	593.59	1281.63	1206.69	1066.41	215.22	7012
2005	3462.73	661.69	1426.42	1374.62	1168.68	257.74	7809
2006	3988.14	724.4	1705.83	1557.91	1401.57	304.26	8929
2007	4772.52	837.35	2038.39	1896.78	1696.29	342.10	10609
2008	5692.12	1020.56	2452.75	2218.81	2051.73	401.02	12570
2009	6169.75	1067.6	2582.53	2519.62	2088.17	494.36	13539
2010	7224.18	1108.38	3223.49	2892.31	2604.07	619.42	15752
2011	8893.12	1411.01	3780.32	3701.79	2994.30	786.02	19265
2012	10309.47	1654.55	4419.20	4235.72	3450.72	968.48	22195
2013	11832.31	1860.8	4939.21	5032.3	3763.57	1182.14	25322
2014	12814.59	1990.07	5281.82	5542.7	3898.97	1389.66	27264
2015	13619.17	2055.78	5416.12	6147.27	3848.26	1574.77	28806

注：本表数据按当年价格计算，2013年以后为云南省第三次全国经济普查调整数。

全省历年生产总值、三次产业增加值和人均生产总值指数

（上年=100）

年份	生产总值指数（%）	第一产业	第二产业	工业	建筑业	第三产业	人均生产总值指数（%）
1978	121.7	113.7	129.0	119.2	128.3	132.6	119.0
1979	103.1	93.0	105.8	114.8	106.3	103.2	101.3
1980	108.5	109.8	110.1	102.5	109.4	113.9	107.1
1981	107.8	109.3	103.3	117.2	105.7	91.5	106.3
1982	115.5	112.8	115.1	120.4	115.7	111.6	113.6
1983	108.4	104.2	108.9	113.3	110.3	100.2	106.6
1984	114.5	113.7	112.9	118.9	111.8	120.0	113.0
1985	113.0	106.8	113.6	119.6	112.6	119.3	111.5
1986	104.3	97.7	106.6	107.1	106.6	106.7	102.7
1987	112.3	107.7	110.4	120.7	110.3	111.0	110.4
1988	116.0	107.8	118.5	119.0	118.1	120.8	114.2
1989	105.8	103.2	103.9	111.3	104.5	100.4	104.1
1990	108.7	108.5	109.8	107.1	110.1	107.9	106.7
1991	106.6	101.1	108.9	111.0	109.3	105.5	104.7
1992	110.9	103.0	116.8	113.4	115.2	133.5	109.5
1993	111.1	102.5	113.7	117.0	113.2	117.8	109.6

续表

年份	生产总值指数（%）	第一产业	第二产业			第三产业	人均生产总值指数（%）
				工业	建筑业		
1994	112.2	103.0	117.3	114.7	117.7	114.0	110.7
1995	111.7	105.0	113.5	115.2	114.2	107.1	110.3
1996	111.1	105.2	111.5	115.1	112.0	106.6	109.7
1997	109.7	104.6	110.6	112.3	109.6	120.4	108.3
1998	108.1	103.0	109.2	110.3	107.2	126.6	106.7
1999	107.3	104.5	107.0	109.3	106.5	110.9	106.0
2000	107.5	105.6	105.8	110.4	107.0	97.2	106.2
2001	106.8	103.9	103.9	111.7	103.9	104.2	105.6
2002	109.0	103.8	109.3	111.4	110.0	105.8	107.8
2003	108.8	105.5	110.1	109.1	110.2	109.7	107.7
2004	111.3	105.3	112.7	112.8	111.8	117.8	110.3
2005	108.9	104.8	107.5	111.7	106.4	113.6	107.9
2006	111.6	105.5	116.8	109.0	116.5	118.2	110.7
2007	112.2	104.2	115.2	112.5	117.0	107.2	111.4
2008	110.6	106.3	112.1	110.7	113.4	105.5	109.8
2009	112.1	105.2	113.6	113.1	111.2	126.3	111.4
2010	112.3	104.2	115.8	111.5	114.6	121.1	111.6
2011	113.7	106.0	117.9	112.0	117.6	119.4	113.0
2012	113.0	106.7	116.7	110.9	115.6	121.2	112.3
2013	112.1	106.8	112.5	113.5	110.5	120.6	111.5
2014	108.1	106.2	109.1	107.4	107.2	116.2	107.5
2015	108.7	105.9	108.6	109.6	106.7	114.8	108.0

注：本表指数均按可比价格计算，2013 年以后为云南省第三次全国经济普查调整数。

全省历年工农业总产值

（按当年价格计算） 单位：万元

年　　份	工农业总产值	农业总产值	工业总产值		
				轻工业总产值	重工业总产值
1949	102 500	83 000	19 500	12 480	7 020
1952	134 127	96 000	38 127	22 991	15 136
1957	277 533	165 600	111 933	63 578	48 355
1960	411 006	133 274	277 732	95 818	181 914
1962	332 928	188 280	144 648	63 934	80 714
1965	431 402	228 306	203 096	89 768	113 328
1970	557 125	248 918	308 207	102 325	205 882
1971	615 612	288 135	327 477	127 716	199 761
1972	697 536	328 105	369 431	146 295	223 136
1973	768 814	355 521	413 293	166 144	247 149
1974	745 037	329 113	415 924	182 591	233 333
1975	777 341	354 034	423 307	186 255	237 052
1976	665 206	339 163	326 043	165 630	160 413
1977	796 903	334 745	462 158	216 752	245 406
1978	954 547	400 225	554 322	238 358	315 964
1979	1 070 921	447 083	623 838	262 636	361 202
1980	1 135 544	482 029	653 515	295 389	358 126
1981	1 277 445	552 010	725 435	351 836	373 599
1982	1 454 407	618 381	836 026	412 997	423 029
1983	1 607 918	656 790	951 128	473 662	477 466
1984	1 896 300	773 552	1 122 748	551 269	571 479
1985	2 251 410	888 826	1 362 584	659 277	703 307

续表

年 份	工农业总产值	农业总产值	工业总产值		
				轻工业总产值	重工业总产值
1986	2 430 325	960 149	1 470 176	677 101	793 075
1987	2 930 947	1 112 497	1 818 450	855 253	963 197
1988	3 800 173	1 353 906	2 446 267	1 216 368	1 229 899
1989	4 575 929	1 526 820	3 049 109	1 546 107	1 503 002
1990	5 569 820	2 117 233	3 452 587	1 811 436	1 641 151
1991	6 165 571	2 229 305	3 936 266	2 038 510	1 897 756
1992	7 274 242	2 503 535	4 770 707	2 408 461	2 362 246
1993	9 712 867	2 812 100	6 900 767	3 332 846	3 567 921
1994	13 054 849	3 567 761	9 487 088	5 146 859	4 340 229
1995	17 044 717	4 744 641	12 300 076	6 565 984	5 734 092
1996	18 588 947	5 675 149	12 913 798	6 955 577	5 958 221
1997	20 521 244	6 120 148	14 401 096	7 511 543	6 889 553
1998	21 232 596	6 200 248	15 032 348	7 747 162	7 285 186
1999	22 035 572	6 424 748	15 610 824	7 938 783	7 672 041
2000	22 702 182	6 808 567	15 893 615	8 027 044	7 866 571
2001	23 786 392	7 035 331	16 751 061	8 637 582	8 113 479
2002	25 880 114	7 375 491	18 504 623	9 542 729	8 961 894
2003	29 757 250	7 993 267	21 763 983	10 147 043	11 616 940
2004	34 442 963	9 652 238	24 790 725	9 172 079	15 618 646
2005	43 184 173	10 685 800	32 498 373	11 204 660	21 293 713
2006	53 200 062	12 097 600	41 102 462	12 696 331	28 406 131
2007	65 521 000	14 148 000	51 373 000	18 301 600	33 071 400
2008	73 802 700	16 414 600	57 388 100	14 478 000	42 910 100
2009	79 679 353	17 061 880	62 617 473	19 308 801	43 308 671
2010	96 912 300	18 105 300	78 807 036	23 179 490	55 627 546
2011	119 016 435	23 064 945	95 951 535	27 794 965	68 156 570
2012	143 216 862	26 802 240	116 414 622	35 552 162	80 862 461
2013	158 130 200	30 560 400	127 569 800	39 115 400	88 454 400
2014	161 019 404	32 613 004	128 406 400	40 178 400	8 822 800
2015	155 527 552	33 830 852	121 696 700	42 575 000	79 121 600

注：村及村以下办工业产值包括在工业总产值中。

全省历年工农业总产值及轻重工业产值构成

单位：%

年 份	工农业总产值	农业总产值	工业总产值	工业总产值	轻工业总产值	重工业总产值
1949	100.0	81.0	19.0	100.0	64.0	36.0
1952	100.0	71.6	28.4	100.0	60.3	39.7
1960	100.0	32.4	67.6	100.0	34.5	65.5
1962	100.0	56.6	43.4	100.0	44.2	55.8
1965	100.0	52.9	47.1	100.0	44.2	55.8
1970	100.0	44.7	55.3	100.0	33.2	66.8
1971	100.0	46.8	53.2	100.0	39.0	61.0
1972	100.0	47.0	53.0	100.0	39.6	60.4
1973	100.0	46.2	53.8	100.0	40.2	59.8
1974	100.0	44.2	55.8	100.0	43.9	56.1
1975	100.0	45.5	54.5	100.0	44.0	56.0
1976	100.0	51.0	49.0	100.0	50.8	49.2
1977	100.0	42.0	58.0	100.0	46.9	53.1
1978	100.0	41.9	58.1	100.0	43.0	57.0

续表

年份	工农业总产值	农业总产值	工业总产值	工业总产值	轻工业总产值	重工业总产值
1979	100.0	41.7	58.3	100.0	42.1	57.9
1980	100.0	42.4	57.6	100.0	45.2	54.8
1981	100.0	43.2	56.8	100.0	48.5	51.5
1982	100.0	42.5	57.5	100.0	49.4	50.6
1983	100.0	40.8	59.2	100.0	49.8	50.2
1984	100.0	40.8	59.2	100.0	49.1	50.9
1985	100.0	39.5	60.5	100.0	48.4	51.6
1986	100.0	39.5	60.5	100.0	46.1	53.9
1987	100.0	38.0	62.0	100.0	47.0	53.0
1988	100.0	35.6	64.4	100.0	49.7	50.3
1989	100.0	33.4	66.6	100.0	50.7	49.3
1990	100.0	38.0	62.0	100.0	52.5	47.5
1991	100.0	36.2	63.8	100.0	51.8	48.2
1992	100.0	34.4	65.6	100.0	50.5	49.5
1993	100.0	29.0	71.0	100.0	48.3	51.7
1994	100.0	27.3	72.7	100.0	54.3	45.7
1995	100.0	27.8	72.2	100.0	53.4	46.6
1996	100.0	30.5	69.5	100.0	53.9	46.1
1997	100.0	29.8	70.2	100.0	52.2	47.8
1998	100.0	29.2	70.8	100.0	51.5	48.5
1999	100.0	29.2	70.8	100.0	50.9	49.1
2000	100.0	30.0	70.0	100.0	50.5	49.5
2001	100.0	29.6	70.4	100.0	51.6	48.4
2002	100.0	28.5	71.5	100.0	51.6	48.4
2003	100.0	26.9	73.1	100.0	46.6	53.4
2004	100.0	28.0	72.0	100.0	37.0	63.0
2005	100.0	24.7	75.3	100.0	34.5	65.5
2006	100.0	22.7	77.3	100.0	30.9	69.1
2007	100.0	21.6	78.4	100.0	35.6	64.4
2008	100.0	22.2	77.8	100.0	25.2	74.8
2009	100.0	21.4	78.6	100.0	30.8	69.2
2010	100.0	18.7	81.3	100.0	29.4	70.6
2011	100.0	19.4	80.6	100.0	29.0	71.0
2012	100.0	18.7	81.3	100.0	30.5	69.5
2013	100.0	28.0	72.0	100.0	37.0	63.0
2014	100.0	28.0	72.0	100.0	37.0	63.0
2015	100.0	21.8	78.2	100.0	35.0	65.0

注：村及村以下办工业产值包括在工业总产值中。工业总产值及轻重工业产值从1995年开始按新规定的计算方法统计。

全省全社会固定资产投资总额

单位：亿元

年份	固定资产					
	投资额	国有经济	集体经济	其他经济	个体经济	农 村
1978	15.04	13.43	1.15		0.46	0.46
1990	75.74	51.22	12.57		11.96	11.05
2000	697.94	466.20	47.44	74.28	110.03	49.75
2010	5 528.71	2 623.07	107.41	2 549.41	24.44	224.39
2011	6 185.30	2 463.63	99.35	3 328.78	35.25	258.29
2012	7 831.10	3 007.87	184.01	4 280.27	81.36	277.59
2013	9 968.30	3 950.12	228.59	5 350.48	92.64	346.47
2014	11 498.58	4 765.09	306.20	5 944.45	58.12	424.72
2015	13 500.62	6 295.66	480.16	6 214.59	78.98	431.23

注：1.2006 年国家对全社会固定资产投资口径和计算方法作了调整。

2.2010 年国家对全社会固定资产投资口径范围、统计起点和计算方法作了调整，投资项目统计起点由 50 万元提高到 500 万以上。

全省主要年份城镇常住居民家庭生活基本情况

年份	平均每户家庭人口（人）	平均每户就业人口（人）	平均每户就业面（%）	平均每一就业者负担人数（人）	人均年可支配收入（元）	人均年消费性支出（元）	食品
1978	4.45	2.15	48.30	2.07	327.70	303.12	190.94
1979	4.39	2.16	19.30	2.03	362.40	342.60	214.56
1980	4.34	2.14	19.40	2.03	420.45	380.64	236.66
1981	4.28	2.20	51.40	1.95	446.41	411.57	247.19
1982	4.24	2.27	53.50	1.87	492.51	455.92	273.26
1983	4.21	2.29	54.40	1.83	532.54	480.13	285.94
1984	4.13	2.27	55.00	1.82	608.23	527.27	311.02
1985	3.85	2.03	52.70	1.89	752.29	703.56	360.39
1986	3.80	2.03	53.40	1.88	871.75	813.92	423.93
1987	3.77	2.01	53.30	1.88	989.37	883.52	481.85
1988	3.69	1.92	52.00	1.93	1156.49	1143.29	553.70
1989	3.67	1.92	52.30	1.91	1305.15	1140.71	621.33
1990	3.57	1.93	54.10	1.85	1514.81	1272.09	679.18
1991	3.48	1.91	54.90	1.82	1703.16	1428.28	763.42
1992	3.37	1.91	56.70	1.76	2061.74	1704.15	861.60
1993	3.30	1.87	56.70	1.76	2639.07	2186.29	1066.99
1994	3.20	1.83	57.10	1.75	3433.93	2843.69	1441.93
1995	3.17	1.84	57.80	1.73	4064.93	3448.27	1808.71
1996	3.13	1.86	59.40	1.68	4977.95	4007.48	1971.54
1997	3.12	1.88	60.30	1.66	5558.29	4537.08	2109.53
1998	3.05	1.83	60.00	1.67	6042.78	5023.67	2222.58
1999	3.05	1.80	59.00	1.69	6178.68	4941.26	2194.25
2000	3.12	1.77	56.70	1.76	6324.64	5185.31	2091.70

续表

年份	平均每户家庭人口（人）	平均每户就业人口（人）	平均每户就业面（%）	平均每一就业者负担人数（人）	人均年可支配收入（元）	人均年消费性支出（元）	食品
2001	3.04	1.60	52.60	1.90	6797.71	5252.60	2105.66
2002	3.00	1.56	52.00	1.92	7628.30（老口径） 7240.65（新口径）	5828.06	2423.43
2003	2.99	1.55	51.80	1.93	7643.57	6023.56	2506.62
2004	2.96	1.41	47.64	2.10	8870.88	6837.01	2895.60
2005	2.96	1.33	44.93	2.22	9265.90	6996.90	2997.06
2006	2.95	1.37	46.44	2.15	10069.87	7379.81	3102.46
2007	2.88	1.39	48.26	2.07	11496.11	7921.83	3562.33
2008	2.87	1.4	48.78	2.05	13250.22	9076.61	4272.29
2009	2.85	1.4	49.12	2.04	14423.93	10201.81	4460.58
2010	2.86	1.42	49.65	2.01	16064.54	11074.08	4593.49
2011	2.88	1.47	51.04	1.96	18575.62	12248.03	4802.26
2012	2.86	1.53	53.50	1.87	21074.50	13883.93	5468.17
2013	3.00	1.61	53.83	1.86	22460.02	15156.15	5741.01
2014	3.00	1.71	56.94	1.76	24299.01	16595.98	6142.44
2015	3.03	1.68	55.58	1.80	26373.23	18023.23	6452.02

注：2013 年及以后，城镇常住居民人均可支配收入按新口径计算。

全省主要年份农村常住居民家庭生活基本情况

年份	平均每户常住人口（人）	平均每户整半劳动力（人）	平均每个劳动力负担人口（人）	平均每人全年纯收入（元）	平均每人全年生活消费支出（元）	食品	平均每人年末住房面积（平方米/人）
1978	6.28	3.03	2.10	130.60	113.40	84.00	
1979	6.01	2.83	2.12	125.21	111.50	81.00	
1980	5.98	2.90	2.06	147.70	122.63	86.21	
1981	5.93	2.92	2.03	178.08	137.75	91.83	
1982	5.95	2.99	1.99	231.83	185.80	124.30	
1983	6.04	3.37	1.79	266.66	223.81	144.63	
1984	5.93	3.38	1.75	310.43	260.62	160.25	
1985	5.83	3.31	1.76	325.74	267.01	177.91	
1986	5.76	3.22	1.79	338.14	304.99	205.19	
1987	5.68	3.20	1.77	364.57	325.65	217.26	
1988	5.58	3.19	1.75	427.72	389.20	240.49	
1989	5.50	3.20	1.72	477.89	436.18	269.18	
1990	5.42	3.16	1.72	489.75	453.03	274.73	
1991	5.20	3.02	1.72	572.58	501.36	315.10	
1992	5.18	3.05	1.70	617.98	536.06	324.96	
1993	5.10	3.11	1.64	674.79	625.19	382.60	
1994	5.01	3.07	1.62	802.95	764.91	458.43	

年份	平均每户常住人口（人）	平均每户整半劳动力（人）	平均每个劳动力负担人口（人）	平均每人全年纯收入（元）	平均每人全年生活消费支出（元）	食品	平均每人年末住房面积（平方米/人）
1995	4.94	3.12	1.59	1010.97	981.10	602.92	
1996	4.90	3.15	1.56	1229.28	1209.16	743.33	
1997	4.82	3.10	1.55	1375.50	1318.07	818.51	
1998	4.68	3.05	1.53	1387.25	1312.31	801.99	
1999	4.59	2.96	1.55	1437.63	1269.33	815.67	
2000	4.56	2.85	1.60	1478.60	1270.83	749.22	
2001	4.49	2.83	1.59	1533.76	1422.85	811.71	
2002	4.48	2.87	1.57	1608.77	1381.54	772.61	
2003	4.45	2.86	1.56	1697.12	1405.70	744.58	
2004	4.41	2.88	1.53	1864.19	1569.98	847.24	
2005	4.33	2.79	1.56	2041.79	1789.00	975.72	
2006	4.35	2.85	1.53	2250.46	2195.64	1071.13	
2007	4.32	2.85	1.52	2634.09	2637.18	1226.09	
2008	4.32	2.86	1.51	3102.60	2990.61	1483.16	
2009	4.30	2.87	1.50	3369.34	2924.85	1410.00	
2010	4.28	2.87	1.49	3952.03	3398.33	1604.50	
2011	4.17	2.80	1.49	4721.99	3999.87	1883.95	
2012	4.20	2.77	1.52	5416.54	4561.33	2080.61	
2013	3.82	2.48	1.54	6141.31	4743.61	2097.64	6723.64
2014	3.79	2.41	1.57	6810.71	5450.41	2214.51	7456.13
2015	3.77	2.46	1.54	7525.88	6175.31	2564.28	8242.08

注：2013 年以后，实行城乡一体化，农民人均纯收入按新口径计算，并设立农村常住居民人均可支配收入新指标。

全省固定资产投资（不含农户）及增长速度

单位：亿元

指　标	2014 年	2015 年	2015 年比 2014 年增长（±）（%）
固定资产投资（不含农户）	11073.86	13069.39	18.02
按三次产业分			
第一产业	308.84	499.92	61.9
第二产业	2788.85	3145.92	12.8
第三产业	7976.17	9423.55	18.1
按经济类型分			
国有经济	4578.68	6045.9	32.0
民间投资	5176.11	5612.73	8.4
外商、港澳台投资	203.38	117.96	-42.0

全省主要年份农村基本情况

指　　标	单位	2000 年	2005 年	2008 年	2009 年	2010 年	2011 年	2012 年	2013 年	2014 年	2015 年
一、农村基层组织情况											
乡镇个数	个	1564.00	1296.00	1206.00	1188.00	1188.00	1181.00	1174.00	1246	1230	1230
#镇个数	个	462.00	459.00	476.00	492.00	497.00	506.00	539.00	663	667	668
村委会个数	个	13433.00	12940.00	13099.00	13034.00	12927.00	12911.00	12828.00	12220	12065	12023
二、乡村户数、人口、从业人员											
乡村户数	万户	830.00	877.00	915.00	928.00	947.00	961.00	969.27	975.00	970.56	970.56
乡村人口数	万人	3450.00	3568.00	3640.00	3671.00	3711.00	3741.00	3725.07	3704.89	3713.45	3713.45
#乡村从业人员	万人	1949.00	2051.00	2113.00	2137.00	2167.00	2191.00	2187.34	2180.76	2188.81	2188.81
#农业从业人员	万人			1659.00	1658.00	1650.00	1646.28	1619.18	1598.00	1568.84	1568.84
三、耕地总资源	万公顷	419.88	609.44	607.78			607.78		621.98	620.98	620.85
#常用耕地	万公顷		419.18	418.55			423.01		423.00	420.98	423.01
四、水库总数	座	5179	5368	5474	5514	5555	5590	5631	5964	6000	6126
水库库容量	亿立方米	87.00	98.87	106.98	108.30	111.04	114.19	122.00	123.97	125.00	127.57
五、农业现代化											
农业机械总动力	万千瓦	1301.00	1666.00	2014.00	2159.00	2411.00	2628.39	2874.45	3070.33	3215.03	3333.00
有效灌溉面积	千公顷	1403.0	1485.4	1536.873	1562.1	1588.4	1634.24	1677.90	1660.03	1709.10	175.77
化肥施用量（含量100%）	万吨	112.0	142.7	167.6708	171.39	184.58	200.47	210.2095	219.02	227.01	231.33
乡、村水电站装机容量	万千瓦	26.6	23.3	28.99	33.36	41.26	44.29	30.08	29.88		
农村用电量	亿千瓦小时	31.7	41.7	50.44	54.41	61.67	66.78	73.78	82.37	87.12	91.45
农村用电量	亿千瓦小时	31.7	37.1	40.3	41.7	50.44	54.41	61.67	66.78	73.78	82.37

注：1. 乡村总人口是按1984年老口径统计，故本表数据大于总人口中乡村总人口。

2. 从2001年起，乡镇个数中不包括城关镇。

3. 从2003年开始，按新国民经济行业分类标准，“交通运输和邮电通讯业从业人员”改为“交通运输、仓储和邮电业从业人员”；“批发、零售、餐饮、金融、保险业从业人员”改为“批发与零售业从业人员”。2003年以前为老口径。

全省农林牧渔业总产值和指数

年份	农林牧渔业总产值（亿元）	农业	林业	牧业	渔业	农林牧渔业总产值指数(1952=100)	农业	林业	牧业	渔业
1949	8.30	7.13	0.00	1.17	0.00	86.4	86.2	0.0	88.4	0.0
1950	8.52	7.28	0.01	1.23	0.00	88.8	88.1	91.4	93.2	0.0
1951	8.95	7.65	0.01	1.29	0.00	93.2	92.6	94.2	96.6	0.0
1952	9.60	8.27	0.01	1.32	0.00	100.0	100.0	100.0	100.0	100.0
1953	11.71	9.83	0.01	1.87	0.00	114.5	111.7	95.0	132.7	64.1
1954	13.09	10.69	0.03	2.37	0.00	129.6	123.0	225.9	170.8	53.8
1955	13.80	11.35	0.03	2.42	0.00	140.0	133.9	163.3	178.3	66.7
1956	15.33	12.74	0.06	2.53	0.00	154.9	149.4	494.2	186.5	97.4
1957	16.56	13.58	0.35	2.63	0.00	151.9	144.5	2428.8	176.3	225.6
1958	13.67	10.89	0.63	2.11	0.04	132.9	122.9	4707.8	149.6	1223.5
1959	13.25	10.97	0.50	1.73	0.05	124.9	119.9	3643.9	118.9	1253.6
1960	13.33	11.23	0.47	1.60	0.03	119.9	117.5	3215.8	104.9	621.8
1961	15.21	13.29	0.23	1.66	0.03	124.6	126.6	1469.4	98.2	702.0
1962	18.83	15.63	0.30	2.86	0.04	137.8	132.8	1642.5	153.6	819.8
1963	20.03	15.96	0.46	3.57	0.04	145.1	134.2	2570.1	189.0	915.1
1964	22.52	17.63	0.67	4.17	0.05	164.0	149.0	3823.3	221.7	897.5
1965	22.83	17.43	0.73	4.62	0.05	166.1	147.2	4105.9	245.1	920.1
1966	24.04	18.69	0.75	4.55	0.05	174.9	157.7	4238.7	241.1	1163.3
1967	24.25	18.92	0.75	4.53	0.05	176.5	159.7	4238.7	240.4	930.1
1968	23.17	17.80	0.76	4.56	0.05	168.6	150.3	4238.7	241.7	930.1
1969	24.64	19.26	0.76	4.57	0.05	179.3	162.4	4309.3	243.0	1045.5
1970	24.89	18.39	0.77	4.69	0.05	178.1	160.8	4263.4	245.0	1002.8
1971	28.81	23.93	0.92	3.93	0.03	189.5	175.2	5097.0	231.0	749.6
1972	32.81	25.26	1.31	6.21	0.03	211.1	180.8	7168.2	358.5	806.7
1973	35.55	27.26	1.46	6.79	0.04	228.2	194.6	8026.2	391.6	720.1
1974	32.91	24.91	1.45	6.48	0.07	217.1	182.9	8156.2	383.2	1377.3
1975	35.40	27.41	1.73	6.19	0.07	235.5	202.5	9917.4	369.4	1627.1
1976	33.92	26.32	1.36	6.17	0.07	225.5	194.8	7708.3	367.6	1099.9
1977	33.47	25.27	1.84	6.29	0.07	221.7	186.4	10327.5	374.8	1139.2
1978	40.02	30.35	2.48	7.11	0.08	249.2	210.4	13119.8	397.1	1296.6
1979	44.71	33.15	3.17	8.30	0.09	235.2	193.9	14288.8	391.7	1619.3
1980	48.20	34.82	2.94	10.25	0.19	251.2	209.1	14938.3	404.9	1759.0
1981	55.20	40.48	3.77	10.75	0.20	273.6	229.9	16118.2	425.4	1886.9
1982	61.84	44.96	3.86	12.81	0.21	302.9	250.8	16885.3	507.6	1946.7
1983	65.68	46.85	4.73	13.86	0.24	319.7	259.7	19622.1	549.3	2225.7
1984	77.36	55.31	5.97	15.81	0.27	368.3	295.8	25504.0	624.0	2500.9
1985	88.88	60.23	7.90	20.35	0.40	391.8	309.2	29241.5	676.4	3058.1
1986	96.01	61.73	7.40	26.16	0.72	382.6	301.8	25449.1	693.5	3599.1
1987	111.25	72.02	8.85	29.44	0.94	406.0	327.3	24428.5	714.2	4402.0
1988	135.39	86.75	10.05	37.03	1.56	432.8	349.9	25935.5	755.5	4771.3
1989	152.68	96.08	12.97	41.70	1.93	445.3	356.3	27366.2	794.0	5091.1
1990	211.72	138.03	18.27	54.03	1.39	474.5	377.3	29995.2	853.2	5318.0
1991	222.93	147.17	18.69	55.70	1.37	501.1	400.5	30756.4	898.2	5702.4
1992	250.35	163.93	22.84	61.56	2.02	523.0	415.2	33893.6	935.7	6181.4

续表

年份	农林牧渔业总产值(亿元)	农业	林业	牧业	渔业	农林牧渔业总产值指数(1952=100)	农业	林业	牧业	渔业
1993	281.21	179.39	25.39	72.89	3.54	538.8	422.1	40280.4	991.9	7462.5
1994	356.78	228.99	30.41	92.13	5.25	555.4	426.3	42959.2	1050.2	9256.1
1995	474.46	299.48	40.53	127.19	7.26	591.2	457.0	43946.1	1112.7	11177.8
1996	567.51	369.36	43.21	146.03	8.91	634.9	490.8	46714.7	1195.0	13223.3
1997	612.01	397.09	40.40	163.93	10.59	686.9	530.1	49941.7	1303.4	14728.1
1998	620.02	381.26	41.77	184.83	12.16	718.1	533.2	52506.4	1467.9	18282.1
1999	642.48	394.96	45.60	188.82	13.10	753.7	555.6	53943.5	1571.6	20274.7
2000	680.86	416.36	49.75	201.49	13.26	802.7	589.3	56155.9	1705.5	20850.3
2001	703.53	431.31	47.21	210.63	14.38	831.5	611.7	54154.9	1800.6	22289.4
2002	737.55	445.35	53.52	223.49	15.19	870.0	633.3	59030.7	1892.0	24368.0
2002(新口径)	743.75	414.89	59.27	223.49	15.19					
2003	799.33	433.91	73.17	242.53	16.56	927.8	663.1	67532.6	2027.4	27693.8
2004	965.22	516.92	86.40	305.42	19.14	990.9	703.6	70036.2	2203.8	30316.1
2005	1068.58	559.32	105.53	339.68	22.97	1059.3	733.9	76199.4	2430.8	33772.1
2006	1209.76	630.19	142.59	362.90	26.30	1148.3	791.1	86257.7	2846.5	36946.7
2007	1414.80	707.20	156.30	459.60	35.70	1241.3	848.7	94797.2	3057.1	44927.2
2008	1641.46	790.87	183.60	570.01	38.12	1329.7	899.8	105521.9	3016.3	47278.1
2009	1706.19	850.65	196.13	557.76	41.96	1407.2	938.0	112529.3	3255.4	52293.3
2010	1810.53	925.58	184.23	588.81	48.06	1472.9	972.1	119348.5	3440.4	57204.7
2011	2306.49	1124.72	245.67	808.20	55.93	1562.2	1038.5	133935.2	3527.5	62460.7
2012	2680.22	1398.18	225.83	912.97	63.10	1672.1	1094.5	147321.8	3803.6	71248.7
2013	3056.04	293.25	962.55	70.41	90.43	1789.2	1171.1	163821.8	4020.5	81009.8
2014	3261.30	1805.06	303.25	974.98	78.35	1897.8	1235.2	179829.3	4235.6	88814.9
2015	3383.09	1840.61	317.52	1031.48	81.67	2011.7	1310.5	197272.8	4405.0	96630.6

注：本表绝对数按当年价格计算，指数按可比价格计算。

全省主要年份主要农产品产量

单位：万吨

年份	粮食	油料	烤烟	甘蔗	茶叶	水果	猪牛羊肉	禽蛋	水产品
1952	450.70	3.37	0.57	30.13	0.36				
1957	583.20	8.01	2.82	66.60	0.84	6.07			0.50
1962	534.50	3.53	2.55	42.25	0.63				0.75
1965	586.95	8.75	4.65	107.35	0.89		24.58		0.80
1970	698.45	4.77	3.25	88.32	1.05	8.78			0.92
1975	798.90	6.97	9.72	133.31	1.64	12.93	28.56		1.40
1978	864.05	5.51	12.26	160.01	1.78	11.62	29.23		1.12
1980	865.55	6.48	10.32	184.45	1.78	11.63	30.91		1.52
1985	935.00	11.81	41.00	479.77	3.11	21.18	56.82	3.90	2.65
1990	1061.21	13.31	43.60	661.88	4.48	31.97	74.74	4.90	4.60
1995	1188.91	19.58	76.07	1055.92	6.40	55.71	120.45	6.85	8.44
1996	1246.30	18.81	88.39	1143.08	6.82	59.01	133.37	7.41	10.20
1997	1271.90	17.43	109.28	1434.92	7.08	66.02	148.95	8.51	11.89

续表

年份	粮食	油料	烤烟	甘蔗	茶叶	水果	猪牛羊肉	禽蛋	水产品
1998	1319.50	17.46	56.37	1597.71	7.75	68.07	166.21	8.70	13.84
1999	1399.25	20.62	60.95	1526.53	7.51	73.83	180.35	9.83	15.53
2000	1467.80	26.98	64.61	1420.29	7.94	76.95	191.51	10.63	16.62
2001	1486.30	27.66	60.08	1481.10	8.07	79.29	203.84	11.80	18.02
2002	1424.74	27.52	66.15	1733.36	8.36	85.63	218.74	13.16	19.26
2003	1471.01	29.70	63.68	1694.96	8.59	96.53	234.53	14.39	20.43
2004	1509.50	33.41	69.24	1688.49	9.51	115.52	257.10	16.49	22.05
2005	1514.93	36.22	77.22	1415.50	11.59	136.63	277.32	19.00	23.85
2006	1542.21	39.01	75.78	1678.73	13.82	162.56	296.13	16.90	29.24
2007	1546.68	36.70	76.70	1938.70	17.00	202.40	306.80	18.00	33.40
2008	1518.59	40.38	83.97	1898.75	17.15	266.18	257.18	19.41	39.37
2009	1576.92	50.16	88.03	1761.31	18.29	342.74	270.88	20.75	43.06
2010	1650.00	34.23	95.40	1750.92	20.73	397.91	474.83	37.78	48.17
2011	1755.38	60.75	101.82	1898.78	23.83	476.43	517.44	40.98	54.88
2012	1749.10	62.84	111.05	2043.78	27.17	510.72	578.18	47.4	68.01
2013	1824.00	60.68	103.85	2146.25	30.17	571.46	597.48	23.2	78.16
2014	1940.82	64.68	94.50	2110.40	33.55	669.02	627.46	60.59	87.01
2015	1969.79	65.92	90.34	1930.05	36.58	726.54	627.03	72.23	93.74

主要年份运输线路长度

（年底数）　单位：千米

年　份	铁路营运里程	公路通车里程	内河航道里程	民用航空航线里程
1978	1705	41816	2809	1009
1980	1682	44149	1006	1009
1985	1679	49541	1042	22720
1987	1638	49879	1042	22089
1988	1626	52534	1072	23682
1989	1694	54732	1072	22682
1990	1695	56536	1130	26639
1991	1684	58123	1130	30773
1992	1651	60045	1130	47322
1993	1644	63086	1130	45132
1994	1642	65578	1324	64220
1995	1644	68236	1324	51638
1996	1644	70279	1324	70610
1997	2023	73821	1324	89781
1998	1991	76957	1324	128685
1999	2015	102405	1530	133105
2000	2015	163604	1580	119702
2001	2015	163953	1824	135114
2002	2016	164852	1824	148114
2003	1984	166133	1810	145498
2004	1925	167050	2549	137800
2005	1925	194495	2764	135448
2006	1925	198496	2764	136785
2007	1925	200333	2764	129879
2008	1924	203753	2764	112120
2009	1924	206028	2764	152041

续表

2010	1924	209231	2893	182841
2011	2142	214524	3174	185643
2012	2350	219052	3400	228500
2013	2350	222900	3600	294400
2014	2600	230400	3600	331500
2015	2700	236000	4100	316900

全省主要年份客运量

单位：万人

年份	客运量	铁路	公路	水运	民用航空
1978	3941	1267	2534	31	9
1980	5250	1528	3612	93	17
1985	9393	1509	7735	126	23
1990	10702	1016	9475	177	34
1995	21697	1257	20095	134	211
2000	33704	1532	31586	241	345
2007	46290	2106	42913	599	672
2008	34827	2432	31157	639	599
2009	36590	2436	32775	658	721
2010	40423	2708	36230	731	754
2011	45964	2969	41394	842	759
2012	49549	3006	44839	855	849
2013	51851	3335	46610	906	1000
2013（新口径）	48700	3300	43400	1000	1000
2014	50104	3400	44500	1100	1104
2015	49900	3800	43700	1200	1210

注：2014年起交通部门调整了公路、水路客运量计算口径。

全省主要年份旅客周转量

单位：亿人千米

年份	客运周转量	铁路	公路	水运	民用航空
1978	24.25	9.92	13.89	0.12	0.32
1980	33.74	12.86	20.30	0.26	0.32
1985	72.84	19.56	52.53	0.32	0.43
1990	87.67	17.22	65.77	0.46	4.22
1995	137.93	23.03	93.10	0.35	21.45
2000	237.94	31.35	171.20	0.78	34.57
2007	393.40	52.63	265.80	1.21	73.76
2008	411.89	66.61	272.98	1.54	70.76
2009	448.45	63.37	302.22	1.55	81.31
2010	523.64	80.73	352.10	1.78	89.03
2011	610.78	91.91	424.57	1.96	92.34
2012	669.96	91.74	470.2	2.02	106.01
2013	719.97	99.34	493	2.23	125.4
2013（新口径）	550.43	99.34	323.1	2.23	125.4
2014	572.13	101.71	321.06	2.37	146.98
2015	599.51	111.4	330.21	2.50	155.40

注：2014年起交通部门调整了公路、水路客运周转量计算口径。

全省主要年份货运量

单位：万吨

年份	货运量	铁路	公路	水运	民用航空
1978	4994	1929	2972	93	0.16
1980	4758	2106	2587	65	0.22
1985	20044	2022	17970	52	0.40
1990	38327	2567	35656	104	0.43
1995	38400	2829	35446	123	2.40
2000	52452	3521	48789	134	7.82
2007	71829	6021	65537	262	8.74
2008	45570	6104	39119	339	7.56
2009	47455	5945	40765	345	7.74
2010	52775	6268	45665	402	8.74
2011	66800	11700	54186	439	6.79
2012	75900	11800	63200	465	6.96
2013	84205	11935	71468	484	8.80
2013（新口径）	111500	11900	98700	508	8.8
2014	116200	12100	103200	560	9.35
2015	114216	11700	102000	5070000	91700

注：2014 年起交通部门调整了公路、水路货运量计算口径。

全省主要年份货运周转量

单位：亿吨千米

年份	货运周转量	铁路	公路	水运	民用航空
1978	62.34	43.52	18.57	0.24	0.01
1980	68.76	50.59	17.84	0.32	0.01
1985	154.11	64.83	88.73	0.50	0.05
1990	260.67	93.91	166.10	0.59	0.07
1995	307.71	114.24	192.10	1.06	0.31
2000	479.52	180.76	296.65	0.98	1.13
2007	770.96	314.23	450.83	4.59	1.31
2008	811.15	336.20	468.63	5.16	1.16
2009	904.27	340.95	496.14	5.42	1.16
2010	990.50	358.31	548.53	6.91	1.29
2011	1070.11	369.70	617.27	8.19	1.04
2012	1164.80	379.75	702.51	8.71	1.12
2013	1271.49	389.80	801.04	9.52	1.43
2013（新口径）	1673.26	389.80	921.98	11.65	1.43
2014	1759.60	390.18	1002.35	13.09	1.60
2015	1463.67	371.83	1077.89	12.44	1.51

注：2014 年起交通部门调整了公路、水路货运周转量计算口径。

全省历年主要工业产品产量

年份	纱（万吨）	布（亿米）	机制纸及纸板（万吨）	原盐（万吨）	成品糖（万吨）	卷烟（万箱）	合成洗涤剂（万吨）	原煤（万吨）	发电量（亿千瓦小时）
1978	2.20	1.05	5.12	27.30	13.49	63.30	0.62	1483.00	52.51
1980	2.92	1.32	6.46	23.90	16.87	89.00	0.80	1174.00	56.20
1985	3.57	1.52	10.16	29.15	32.83	206.30	1.92	1638.00	75.45
1988	4.22	1.78	14.49	34.90	55.52	354.90	4.55	2054.00	102.26
1989	4.05	1.79	15.22	38.32	46.39	407.40	4.53	2181.00	114.12
1990	4.03	1.80	15.43	32.45	51.01	448.25	4.96	2227.00	125.78
1991	4.17	1.73	17.46	28.01	60.02	437.49	4.88	2194.00	140.85
1992	4.33	1.79	19.43	29.82	83.66	466.17	5.41	2379.00	155.75
1993	3.89	1.72	21.82	41.40	89.98	532.02	6.25	2402.00	172.07
1994	3.54	1.33	32.03	40.71	80.85	611.09	8.22	2597.00	203.43
1995	3.57	1.40	30.41	42.98	94.21	680.45	7.10	2803.00	228.42
1996	3.16	1.28	39.42	44.03	83.65	656.38	8.37	3072.00	253.65
1997	2.67	1.12	38.51	46.59	112.12	624.80	9.06	3296.67	253.14
1998	1.99	0.73	28.51	47.44	125.59	632.99	7.54	3090.67	264.62
1999	2.13	0.61	23.90	42.13	162.52	603.97	3.97	2663.63	298.20
2000	2.27	0.59	22.32	49.43	152.25	612.77	3.30	2215.61	317.46
2001	1.95	0.49	22.81	49.83	125.49	599.49	4.93	2394.12	359.53
2002	1.93	0.42	22.86	51.78	146.98	610.31	6.40	3066.25	426.99
2003	1.37	0.26	26.30	47.79	191.12	614.70	3.58	4059.78	474.80
2004	1.42	0.21	30.08	60.80	195.26	621.38	1.09	5316.61	543.78
2005	1.44	0.14	28.88	67.78	153.57	631.47	1.86	6462.14	624.20
2006	1.22	0.10	33.26	79.55	140.31	648.10	2.02	7339.08	753.64
2007	0.99	0.06	37.72	82.87	188.04	670.26	2.14	7755.19	904.51
2008	1.04	0.04	42.79	93.33	211.02	679.55	1.40	8657.43	743.44
2009	0.67	0.04	46.02	89.19	223.91	691.58	1.12	8921.02	1173.82
2010	0.54	0.04	44.87	123.76	179.78	714.76	1.90	9763.38	1364.85
2011	0.47	0.04	49.12	100.76	173.51	729.98	1.58	9957.41	1555.13
2012	0.61	0.04	51.46	118.06	205.93	768.23	1.52	7610.37	1038.11
2013	0.56	0.03	41.43	129.88	236.52	757.55	0.81	8185.53	1954.62
2014	0.41	0.02	46.58	125.28	249.68	769.61	0.77	4013.66	2347.21
2015	4.99	0.39	58.89	101.58	249.58	780.73	2.36	4590.14	2352.40

续表

年份	生铁（万吨）	粗钢（万吨）	成品钢材（万吨）	十种有色金属（万吨）	水泥（万吨）	平板玻璃（万重量箱）	化肥（折纯100%）（万吨）	小型拖拉机（万台）	汽车（万辆）
1978	48.94	35.12	25.59	7.48	131.23	46.08	42.05	0.79	0.11
1980	50.03	46.33	29.46	9.92	163.00	26.29	46.40	0.27	0.13
1985	69.28	56.16	45.96	14.98	307.76	87.42	60.20	1.16	0.55
1988	99.53	68.26	57.33	18.21	443.05	106.29	72.61	1.85	1.36
1989	106.91	72.22	61.85	20.00	452.42	138.44	81.12	1.73	0.99
1990	119.81	80.15	68.97	21.73	470.73	120.17	90.32	1.85	0.61
1991	123.98	93.62	83.77	24.69	565.19	128.32	95.72	2.23	0.96
1992	126.82	103.02	97.18	27.78	663.87	157.00	96.79	2.34	1.64
1993	166.89	116.63	113.07	29.13	732.25	131.57	94.06	2.28	2.51
1994	172.41	134.89	139.35	34.20	865.26	166.85	105.09	1.83	2.59
1995	180.75	140.50	144.34	40.67	996.93	165.88	121.46	2.47	1.90
1996	181.17	161.83	171.71	44.45	1152.28	155.65	133.93	3.05	1.19

1997	213.57	184.00	185.78	47.48	1341.26	110.50	144.31	3.35	1.14
1998	205.33	176.22	184.12	51.36	1558.66	259.97	163.39	1.81	1.09
1999	234.90	178.72	182.01	64.51	1622.77	302.56	177.78	1.51	1.09
2000	309.42	189.41	183.71	74.85	1642.80	289.84	197.22	1.48	2.21
2001	337.95	222.02	186.20	83.58	1640.86	293.48	208.66	1.14	2.69
2002	414.20	274.74	210.34	89.57	1841.04	311.74	240.03	1.26	3.86
2003	512.38	294.75	286.54	96.96	2052.79	336.43	260.58	1.72	4.42
2004	689.17	349.31	350.55	129.42	2312.63	313.34	262.67	1.61	5.12
2005	845.92	513.41	486.93	147.44	2832.62	270.15	265.84	2.10	6.29
2006	935.10	635.38	588.06	207.33	3305.97	302.50	305.04	2.65	3.75
2007	1202.77	883.85	789.99	233.77	3568.53	329.79	317.64	3.20	4.71
2008	1180.52	901.31	836.62	216.75	4011.98	335.38	338.27	3.16	4.31
2009	1294.30	1049.05	973.30	215.80	5046.45	501.49	356.73	3.20	7.27
2010	1337.31	1293.77	1214.99	240.34	5786.16	736.08	363.97	3.27	10.19
2011	1350.01	1323.23	1351.85	270.79	6788.88	850.03	326.96	3.54	9.72
2012	1582.78	1526.69	1600.04	286.46	7793.66	848.44	345.48	3.82	10.90
2013	1936.49	1884.80	2053.92	300.42	9009.16	997.03	337.87	3.83	13.50
2014	1704.90	1689.07	1935.05	320.43	9492.64	1082.35	314.94	4.66	14.00
2015	1235.40	1418.08	1695.37	332.83	9305.31	605.57	334.41	3.90	13.40

全省财政、金融、证券和保险业主要指标

单位：亿元

指　　标	2014年	2015年	指　　标	2014年	2015年
一、地方一般公共预算收入	1698.06	1808.15	七、保费收入	375.99	434.60
二、地方一般公共预算支出	4437.98	4712.83	#财产险	8.10	8.43
三、金融机构存款年末余额	22338.00	25035.09	机动车辆保险	144.05	163.87
#非金融企业存款	11507.45	6863.46	人寿险	147.66	43.32
四、金融机构贷款年末余额	17978.74	20842.86	意外伤害险	14.21	2.09
#短期贷款	5659.76	6149.52	健康险	36.86	45.90
中长期贷款	11818.68	13353.98	八、各项赔款及给付	150.88	173.23
五、居民储蓄存款余额	9923.95	10736.62	#财产险	3.39	3.69
六、上市公司数(家)	29	30	机动车辆保险	74.54	81.52
上市公司当年募集资金总额	79.51	242.01	人寿险	35.44	43.32
证券投资资金者开户数(万户)	124.84	161.79	健康险	20.89	26.3
市价总值	3097.55	3881.62	意外伤害险	3.57	2.09

全省主要年份各种价格总指数

（以上年=100）

年份	居民消费价格指数	城镇	农村	商品零售价格指数	城镇	农村	服务项目价格指数	农业生产资料价格指数	工业生产者出厂价格指数	工业生产者购进价格指数	固定资产投资价格指数
1978	100.2	100.0	100.3	100.1	100.0	100.2	100.0	100.0			
1979	101.1	100.8	101.2	100.7	100.8	100.6	99.9	98.3			
1980	104.7	108.1	103.7	105.7	108.6	103.3	100.0	99.0			
1981	101.2	100.8	101.3	101.2	100.8	101.4	100.4	102.0			
1982	101.8	101.7	101.8	101.9	101.8	101.9	100.1	102.4			
1983	101.0	100.6	101.1	101.0	100.5	101.5	100.6	102.8			
1984	101.9	102.6	101.4	102.7	102.4	103.0	102.9	106.0			
1985	108.2	111.9	105.7	108.0	112.7	104.9	106.5	103.8			
1986	106.1	104.8	106.4	105.0	104.6	105.3	108.5	102.4			
1987	107.0	107.4	106.6	106.6	107.3	106.1	109.1	105.5			
1988	119.8	121.1	118.8	119.6	122.5	118.0	108.6	113.9			
1989	118.6	117.9	119.0	119.3	118.5	119.6	112.1	120.4			
1990	102.8	101.6	103.4	102.1	100.2	102.9	111.6	103.5			
1991	103.1	103.8	102.7	103.7	103.1	103.9	105.6	109.4	106.3	108.2	112.1
1992	108.9	110.4	108.8	107.7	109.0	107.4	115.3	105.2	103.8	111.9	117.6
1993	121.3	118.8	123.3	118.9	116.3	120.2	148.0	121.4	125.0	138.1	138.4
1994	119.2	117.3	119.9	115.8	113.8	117.4	119.9	114.6	116.7	110.3	107.8
1995	121.3	120.3	121.8	118.1	116.3	120.1	120.3	125.5	110.2	113.2	104.0
1996	108.7	108.2	108.8	106.6	105.0	108.4	111.2	113.3	101.3	111.3	104.3
1997	104.3	104.6	103.9	102.3	101.6	103.2	114.9	102.4	100.7	103.1	105.4
1998	101.7	102.4	101.1	99.2	98.8	99.6	118.4	96.5	97.2	100.7	101.8
1999	99.7	98.8	100.7	98.3	97.4	99.3	108.4	98.7	98.2	98.8	100.7
2000	97.9	97.6	98.4	97.6	97.0	98.4	103.8	98.9	101.2	101.5	101.6
2001	99.1	98.1	100.6	98.4	98.0	98.7	105.4	96.6	99.9	99.4	101.0
2002	99.8	99.3	100.5	98.1	97.5	98.9	102.3	100.4	98.2	97.6	100.0
2003	101.2	101.3	101.0	99.9	100.5	99.3	105.5	101.9	101.4	102.7	102.2
2004	106.0	106.1	105.9	104.7	104.5	105.0	104.3	106.3	108.8	109.6	108.0
2005	101.4	101.7	101.0	100.1	100.4	99.8	106.3	105.9	104.5	106.5	104.6
2006	101.9	101.9	101.8	100.8	100.0	101.7	104.9	102.8	104.6	107.6	101.8
2007	105.9	105.9	105.9	104.6	103.8	105.1	103.8	107.0	105.7	108.2	104.2
2008	105.7	105.4	106.0	106.1	105.3	107.0	101.7	116.6	105.8	111.6	107.4
2009	100.40	100.5	100.2	100.1	99.9	100.43	99.5	99.3	91.5	95.0	98.1
2010	103.7	103.8	103.6	103.6	103.5	103.72	102.0	101.4	108.8	109.0	102.7
2011	104.9	104.8	104.9	105.1	104.9	105.3	103.0	108.3	104.7	108.0	104.6
2012	102.7	103.0	102.3	102.4	102.3	102.5	102.7	104.6	97.9	99.3	101.4
2013	103.1	103.4	102.7	102.6	102.3	103.0	102.7	100.1	97.5	98.8	101.1

续表

年份	居民消费价格指数	城镇	农村	商品零售价格指数	城镇	农村	服务项目价格指数	农业生产资料价格指数	工业生产者出厂价格指数	工业生产者购进价格指数	固定资产投资价格指数
2014	102.4	102.6	101.9	101.6	101.6	101.7	102.1	98.4	97.8	99.0	101.0
2015	101.9	102.2	101.3	100.8	100.9	100.6	101.4	101.1	94.9	96.9	99.1

全省就业人员人数与职工工资收入情况

指标	2014 年	2015 年	指标	工资总额（亿元）		平均工资（万元）	
				2014 年	2015 年	2014 年	2015 年
就业人员总数 （万人）	2962.25	2 942.50	城镇单位在岗职工工资	1 630.67	1 727.71	4.40	4.78
第一产业	1591.07	1576.53	按国有经济单位划分				
第二产业	390.43	382.09	企 业	1047.36	1101.93	46700	50620
第三产业	980.75	983.88	事 业	464.40	584.08	50800	63614
城镇单位在岗职工人数	347.06	343.25	机 关	212.09	270.79	47500	59613
国有单位	168.36	165.18	按单位所有制划分				
# 企业	33.79	30.04	1. 国有经济单位	916.93	1065.57	54400	64463
事 业	90.05	89.86	2. 城镇集体经济单位	52.51	58.98	50000	56245
机 关	44.47	45.26	3. 其他各种经济单位	758.27	834.15	41800	46545
城镇集体单位	10.00	10.62	城镇集体经济单位	129.9	96.7	117.8	111.1
其他单位	168.7	167.45	其他经济单位	154.5	97.4	124.3	104.5

全省流通业基本情况

指　　标	2000 年	2005 年	2008 年	2009 年	2010 年	2011 年	2012 年	2013 年	2014 年	2015 年
全省限额以上法人企业（个）	931	1699	2004	2017	2445	2798	3424	3916	4075	3989
批发零售贸易业	893	1121	1518	1512	1842	2098	2616	2990	3161	3077
住宿业	38	77	359	373	423	479	512	566	553	537
餐饮业		501	127	132	180	221	296	360	361	375
全省限额以上企业从业人员（万人）	11.41	16.10	20.12	21.64	26.21	31.49	38.47	40.37	36.31	35.70
批发零售贸易业	10.83	10.41	14.04	14.72	17.39	21.60	25.86	27.89	247.13	24.10
住宿业	0.58	1.05	4.67	5.22	5.97	6.20	7.65	7.44	6.82	7.02
餐饮业		4.64	1.42	1.71	2.85	3.69	4.96	5.04	4.78	4.58
全省批发零售贸易业（亿元）										
商品购进总额	988	1894.18	2727.88	2662.38	3677.09	4715.39	6819.51	7342.24	7470.19	6597.49
商品销售总额	1646	2867.46	4699.22	4847.27	6229.16	5240.31	10381.17	11548.00	12869.09	14417.16
商品库存总额	214	265.34	469.74	562.87	700.06	618.28	818.70	820.32	860.08	781.15
全省社会消费品零售总额（亿元）	583.17	1034.40	1718.54	2051.06	2555.80	3105.89	3597.85	4112.56	4632.87	5103.15
按销售单位所在地分										

续表

指　　标	2000 年	2005 年	2008 年	2009 年	2010 年	2011 年	2012 年	2013 年	2014 年	2015 年
#城区	309.28	568.30	985.53	1255.02	1644.16	2131.24	2458.74	2585.87	2911.87	3181.51
乡村	134.81	232.10	377.73	428.32	399.34	411.55	479.82	552.80	623.84	697.34
按消费形态分										
商品零售	493.53	829.62	1351.77	1728.77	2167.21	2656.81	3084.94	3502.26	3962.20	4359.06
餐饮收入	74.87	156.54	306.76	324.06	388.59	449.08	512.91	610.30	670.67	744.10

注：1. 批发零售贸易业购进总额和库存总额仅为限额以上批发零售贸易业数。

2. 从 2003 年开始批零贸易业零售额与往年口径不一致。

3. 2010 ~ 2013 社会消费品零售总额及相关数据，根据第三次经济普查有所调整。

全省进出口贸易总额

单位：亿美元

年　份	总　额	出 口 额	进 口 额	差　额（出超+、入超-）
1980	1.10	0.96	0.14	0.82
1981	1.35	1.03	0.31	0.72
1982	1.36	1.09	0.27	0.82
1983	1.47	1.19	0.29	0.90
1984	1.51	1.11	0.39	0.72
1985	2.10	1.29	0.81	0.48
1986	2.65	1.69	0.96	0.72
1987	3.42	2.62	0.80	1.82
1988	4.44	3.42	1.02	2.40
1989	5.48	3.74	1.73	2.01
1990	5.48	4.34	1.14	3.21
1991	5.51	4.01	1.50	2.51
1992	6.71	4.67	2.04	2.63
1993	8.40	5.23	3.17	2.06
1994	13.44	9.10	4.34	4.76
1995	18.96	12.15	6.81	5.35
1996	19.22	10.96	8.26	2.70
1997	19.37	11.72	7.65	4.08
1998	19.03	11.74	7.30	4.44
1999	16.60	10.34	6.25	4.09
2000	18.13	11.75	6.38	5.37
2001	19.89	12.44	7.45	4.99
2002	22.26	14.30	7.97	6.33
2003	26.77	16.77	9.91	6.85
2004	37.48	22.39	15.09	7.30
2005	47.38	26.42	20.97	5.45
2006	62.32	33.91	28.40	5.51
2007	87.80	47.36	40.44	6.92
2008	95.99	49.87	46.12	3.75
2009	80.19	45.14	35.05	10.09
2010	133.68	76.06	57.62	18.43
2011	160.53	94.73	65.80	28.93
2012	210.13	100.18	109.95	-9.77
2013	258.29	159.59	98.70	60.89
2014	296.22	188.02	108.20	79.82
2015	245.27	166.26	79.01	87.25

注：本表数据1998年以前为外贸业务数，且不含边境贸易统计数据。1999年后为海关进出口统计数。

全省主要年份边境贸易进出口总额

单位：亿美元

年　份	总　额	出口额	进口额
1996	1.36	0.45	0.91
1997	0.74	0.42	0.32
1998	1.31	0.89	0.42
1999	2.88	2.32	0.56
2000	3.56	2.78	0.78
2001	3.46	2.30	1.16
2002	3.68	2.31	1.37
2003	4.19	2.53	1.66
2004	5.24	3.09	2.15
2005	6.55	3.86	2.69
2006	7.76	4.65	3.11
2007	10.11	5.68	4.43
2008	12.01	5.72	6.29
2009	12.61	7.07	5.54
2010	17.36	9.88	7.47
2011	20.05	12.16	7.88
2012	21.49	13.95	7.54
2013	33.34	18.47	14.87
2014	35.79	21.79	14.00
2015	24.91	16.75	8.16

注：本表根据昆明海关数折算。

全省利用外商投资和旅游事业发展情况

指标	2000年	2005年	2008年	2009年	2010年	2011年	2012年	2013年	2014年	2015年
一、利用外商投资情况										
签订协议项目（个）	110	152	228	190	163	163	121	116	132	142
合同外资（亿美元）	7.31	4.36	16.86	16.82	15.18	21.54	10.95	12.14	10.82	22.58
实际利用外商直接投资（亿美元）	1.28	1.74	7.77	9.10	13.29	17.38	21.89	25.15	27.06	29.92
二、对外经济技术合作										
对外承包工程及设计咨询合同金额（亿美元）	2.96	5.34	7.80	9.24	9.71	11.21	12.77	12.81	13.44	12.86
对外承包工程及设计咨询完成营业额（亿美元）	1.53	3.87	6.17	7.38	9.85	11.45	15.48	18.17	20.07	23.42
三、旅游事业发展情况										
游客总量（万人次）	3941.10	7011.30	10500.00	12307.49	14166.15	16727.38	20087.84	24505.85	28647.55	32914.03
国内游客	3841.00	6861.00	10250.00	12023.00	13837.00	16332.00	19630.00	23972.35	28116.49	32343.95
海外和港澳台过夜游客	100.10	150.30	250.00	284.49	329.15	395.38	457.84	533.50	531.06	570.08
旅游业总收入（亿元）	211.40	430.10	663.30	810.73	1816.83	1300.29	1702.54	2111.24	2665.74	3281.79
国际旅游外汇收入（亿美元）	3.39	5.28	10.08	11.72	13.24	16.09	19.47	24.19	24.21	28.76
国内旅游收入（亿元）	183.20	386.20	594.70	730.66	916.82	1195.73	1579.49	1961.55	2516.87	3104.37

2015 年全省各州、市、县（市、区）主要经济指标

续表

州、市、县	总人口（万人）	生产总值（亿元）	人均生产总值（元/人）	农业总产值（亿元）	规模以上工业总产值（亿元）	固定资产投资（不含农户）（亿元）	地方公共财政预算收入（亿元）	地方公共财政预算支出（亿元）	社会消费品零售总额（亿元）	城镇常住居民人均可支配收入（元/人）	农民人均纯收入（元/人）	粮食总产量（万吨）
昆明市	667.70	3 968.01	59656	328.58	3 011.92	3497.88	502.22	615.49	2 061.66	33955	11 444	123.57
五华区	87.00	928.69	106992	3.32	740.70	359.07	33.91	32.10	444.84	34731	14 824	1.01
盘龙区	83.00	526.08	63537	8.11	181.27	420.41	35.19	39.14	397.10	34716	14 951	4.35
官渡区	88.20	904.47	103015	14.27	501.45	606.65	41.78	43.00	398.54	34695	15 677	2.53
西山区	77.90	455.53	58627	5.97	170.71	505.26	35.63	38.07	479.56	34713	15 372	1.31
东川区	28.10	77.69	27649	12.83	122.21	103.06	5.53	24.85	19.76	25662	6 405	7.96
呈贡区	33.20	180.42	54507	7.79	331.41	398.74	17.49	24.92	38.30	34352	15 164	0.27
晋宁县	30.00	112.92	37828	33.73	130.67	149.75	15.82	23.27	31.75	31341	12 081	4.18
富民县	15.40	58.72	38256	15.82	44.98	57.73	4.80	10.49	14.73	30952	11 244	7.17
宜良县	43.40	150.54	34768	68.81	111.64	130.41	6.83	17.26	37.17	31629	11 453	17.80
石林县	25.80	70.68	27501	34.23	34.17	130.08	5.60	15.30	34.44	32080	11 343	15.13
嵩明县	31.10	98.82	32295	24.90	136.27	128.62	10.48	21.21	26.34	31450	11 124	9.93
禄劝县	41.10	75.00	18316	38.76	22.87	126.18	5.87	24.35	27.95	25885	6 595	23.02
寻甸县	46.80	76.08	16273	37.47	60.79	108.03	6.18	26.26	27.61	27099	6 803	24.45
安宁市	36.70	260.15	71372	22.56	422.78	273.89	26.45	29.19	83.55	34135	13 882	4.45
曲靖市	604.70	1 630.26	27045	542.78	1 528.75	1378.79	118.09	363.05	502.40	27100	9 451	334.47
麒麟区	76.73	531.52	69489	40.49	554.90	406.72	19.52	40.99	151.65	29574	12 523	22.40
马龙县	19.27	43.97	22891	16.34	89.43	64.38	4.51	16.60	10.69	26141	8 639	11.22
陆良县	63.88	135.77	21300	87.22	76.11	84.20	6.61	29.07	42.93	24265	11 140	37.01
师宗县	40.51	103.12	25525	53.67	122.98	95.42	5.39	21.54	16.00	24751	9 059	22.36
罗平县	56.60	138.39	24506	74.52	79.42	80.30	7.03	30.06	40.92	25437	11 090	37.39
富源县	74.17	122.11	16482	53.83	126.92	141.60	8.58	30.56	42.91	27237	9 457	38.71
会泽县	93.48	162.79	17437	71.37	107.26	112.81	10.78	58.67	34.48	24562	7 828	49.15
沾益县	44.85	164.67	36806	55.02	245.89	150.14	6.31	20.61	26.58	27052	10 612	34.15
宣威市	135.21	223.84	16665	90.32	125.79	243.22	11.28	61.91	136.23	27709	9 193	82.10
玉溪市	236.20	1 244.52	52812	219.31	1 261.57	667.59	124.82	223.30	291.37	29631	10 977	61.52

续表

州、市、县	总人口（万人）	生产总值（亿元）	人均生产总值（元／人）	农业总产值（亿元）	规模以上工业总产值（亿元）	固定资产投资（不含农户）（亿元）	地方公共财政预算收入（亿元）	地方公共财政预算支出（亿元）	社会消费品零售总额（亿元）	城镇常住居民人均可支配收入（元／人）	农民人均纯收入（元／人）	粮食总产量（万吨）
红塔区	50.77	615.77	121622	27.96	785.17	226.38	20.01	31.06	138.87	30592	13 009	5.71
江川县	28.60	72.49	25371	25.20	44.91	40.07	5.40	15.98	19.73	28509	10 214	4.30
澄江县	17.85	71.32	40454	17.07	31.67	79.03	5.87	12.69	17.55	29944	11 606	3.64
通海县	30.88	93.15	30087	25.66	78.78	39.09	4.79	15.84	27.46	29443	12 635	3.73
华宁县	21.95	70.20	32033	27.63	26.94	38.72	3.73	13.83	16.17	28881	10 651	5.96
易门县	17.96	74.51	41488	18.77	79.82	60.78	5.30	15.89	16.39	29170	10 437	5.83
峨山县	16.86	62.28	37271	15.72	44.01	54.40	4.42	12.92	14.02	29594	9 984	7.06
新平县	29.03	113.05	38943	31.64	146.17	80.59	11.22	23.60	19.25	29471	10 281	15.64
元江县	22.30	63.83	28689	29.67	24.10	48.53	3.68	16.00	21.94	28756	9 754	9.65
保山市	258.10	551.96	21444	234.52	363.38	501.83	52.24	192.13	178.47	25647	8 572	143.16
隆阳区	96.38	210.19	21865	77.02	126.15	172.32	15.35	48.18	101.95	28415	9 289	48.40
施甸县	31.41	50.18	16015	29.78	24.01	64.09	4.45	23.93	12.88	21794	7 807	16.05
龙陵县	28.63	61.96	21709	52.22	57.47	63.01	4.86	22.63	34.96	22056	8 484	14.80
昌宁县	35.33	83.73	23768	26.59	53.07	50.05	4.70	26.92	13.20	23564	7 947	20.80
腾冲县	66.35	145.90	22049	48.91	94.13	152.37	15.94	45.37	15.49	24629	8 323	43.11
昭通市	543.00	708.38	13097	222.08	378.88	612.98	55.27	405.29	212.07	21773	7 212	225.69
昭阳区	82.36	216.14	26346	39.77	109.78	150.42	11.46	51.12	85.96	24863	7 969	33.79
鲁甸县	40.92	47.65	11690	16.72	26.96	74.51	2.63	60.11	9.25	20743	7 303	18.07
巧家县	53.46	50.21	9428	34.06	6.99	62.57	3.08	61.17	13.37	20361	7 188	25.54
盐津县	38.50	38.29	9983	13.32	7.47	40.94	1.52	19.30	9.11	21248	7 351	17.29
大关县	27.39	29.37	10766	9.51	7.57	45.85	1.24	15.52	6.98	19761	6 912	11.51
永善县	41.02	71.22	17429	19.27	81.98	21.73	4.44	36.57	11.57	20162	7 121	19.95
绥江县	15.89	18.29	11554	6.31	3.11	11.72	2.49	12.10	6.53	20622	7 181	3.81
镇雄县	138.39	91.43	6634	39.71	33.05	101.78	5.51	59.07	35.13	20052	7 183	50.05
彝良县	54.40	47.59	8782	28.54	20.40	25.05	2.84	27.00	15.04	19748	6 777	22.05
威信县	40.13	29.88	7476	11.50	10.33	15.63	1.78	22.37	10.64	20191	7 063	20.78
水富县	10.54	49.04	46707	3.37	71.23	7.98	2.60	8.76	8.50	26159	8 373	2.84
丽江市	128.00	289.61	22670	81.76	129.47	321.90	47.77	144.04	93.60	25803	7 924	51.15
古城区	21.75	109.09	50341	9.02	31.86	91.26	13.33	24.44	44.95	29381	13 316	4.73

续表

州、市、县	总人口（万人）	生产总值（亿元）	人均生产总值（元/人）	农业总产值（亿元）	规模以上工业总产值（亿元）	固定资产投资（不含农户）（亿元）	地方公共财政预算收入（亿元）	地方公共财政预算支出（亿元）	社会消费品零售总额（亿元）	城镇常住居民人均可支配收入（元/人）	农民人均纯收入（元/人）	粮食总产量（万吨）
玉龙县	22.10	49.95	22633	21.04	25.01	50.73	7.27	23.57	10.10	21642	8 359	11.97
永胜县	40.15	67.42	16814	26.98	41.05	51.73	3.81	27.36	16.25	21557	8 133	18.83
华坪县	17.32	31.29	18108	11.97	27.44	44.55	3.63	16.09	13.16	26337	9 208	7.45
宁蒗县	26.68	30.81	11570	12.76	4.11	32.13	1.79	22.40	9.14	17922	5 498	8.17
普洱市	260.50	514.01	19773	244.59	220.63	449.75	47.49	219.10	145.64	22830	7 914	120.03
思茅区	31.30	119.95	38469	22.04	48.00	143.02	7.53	18.21	48.36	24114	8 573	5.77
宁洱县	19.23	42.62	22219	17.29	18.07	45.43	3.20	13.89	10.99	23852	8 125	9.41
墨江县	36.72	50.10	13666	24.77	18.73	44.00	3.85	22.82	10.40	21997	7 780	15.65
景东县	36.58	57.85	15845	38.48	17.44	38.42	4.21	22.36	14.18	22347	8 120	18.50
景谷县	29.70	86.99	29339	48.54	42.75	56.93	5.01	22.91	18.68	23946	8 348	18.49
镇沅县	21.14	41.26	19537	29.71	16.34	32.62	3.36	19.81	10.16	22294	8 177	12.12
江城县	12.64	24.43	19385	14.47	12.66	23.33	1.60	12.87	5.74	22161	7 530	4.51
孟连县	13.94	23.54	16923	17.04	7.03	16.84	1.43	13.16	8.50	19637	7 482	6.09
澜沧县	49.82	56.45	11340	27.54	37.26	36.91	4.87	33.99	16.19	20729	7 335	25.12
西盟县	9.43	10.83	11535	4.71	2.35	12.25	0.67	12.07	2.44	19367	7 341	4.36
临沧市	250.90	502.12	20077	235.86	261.23	729.19	38.06	202.50	154.56	21225	8 063	104.01
临翔区	33.40	92.11	27627	24.48	47.17	143.57	6.63	26.65	45.72	21683	8 132	9.74
凤庆县	47.20	90.87	19309	50.04	35.26	103.71	4.45	27.86	20.78	21414	8 265	18.35
云　县	46.30	90.67	19643	42.23	67.67	110.06	4.18	24.28	27.25	21624	8 552	21.70
永德县	38.00	51.19	13503	25.22	21.22	96.48	3.39	23.43	18.98	21444	8 237	18.85
镇康县	18.30	35.14	19286	16.75	18.62	73.11	3.01	18.98	8.57	20909	8 023	8.72
双江县	18.30	35.42	19427	16.61	20.66	50.11	3.23	17.53	7.70	20979	8 051	7.12
耿马县	30.70	73.77	24060	43.68	27.35	84.76	3.61	23.82	16.80	21505	8 373	11.80
沧源县	18.70	34.05	18288	16.84	23.26	67.39	2.23	18.42	8.75	20627	7 899	7.73
楚雄州	273.30	762.97	27 942	273.17	586.83	770.56	68.19	216.23	265.68	26763	8 327	124.91
楚雄市	59.75	299.09	50 100	41.58	273.31	260.22	20.00	36.22	111.27	28285	8 956	20.70
双柏县	16.05	29.34	18 291	17.78	21.34	39.09	2.51	16.03	8.46	26423	7 580	8.30
牟定县	21.18	38.10	17 996	18.26	21.63	54.33	2.88	13.90	12.09	26302	7 680	10.50
南华县	24.11	48.18	20 002	25.48	43.50	55.46	4.10	17.10	16.12	26657	7 961	12.20

续表

州、市、县	总人口（万人）	生产总值（亿元）	人均生产总值（元/人）	农业总产值（亿元）	规模以上工业总产值（亿元）	固定资产投资（不含农户）（亿元）	地方公共财政预算收入（亿元）	地方公共财政预算支出（亿元）	社会消费品零售总额（亿元）	城镇常住居民人均可支配收入（元/人）	农民人均纯收入（元/人）	粮食总产量（万吨）
姚安县	20.32	36.24	17 861	24.21	13.15	44.00	2.41	14.59	11.73	26228	8 175	10.00
大姚县	27.89	57.59	20 671	32.74	49.29	66.41	4.22	19.19	21.28	26813	7 960	14.50
永仁县	11.10	28.70	25 860	14.32	11.93	34.28	2.62	12.05	5.21	26373	7 575	6.10
元谋县	21.96	46.75	21 318	24.57	28.47	41.09	2.52	16.03	15.02	27667	9 625	9.10
武定县	27.88	55.57	19 957	28.30	27.05	67.27	5.00	20.52	19.96	26841	7 592	12.60
禄丰县	43.06	115.73	26 890	45.92	97.17	104.58	8.05	24.17	44.54	27914	9 158	20.90
红河州	465.00	1 221.08	26 345	343.44	1030.91	1678.43	123.24	369.15	326.26	26002	8 599	183.68
个旧市	47.05	205.16	43 707	22.67	261.17	212.51	11.11	33.07	44.37	26916	11 707	7.65
开远市	33.26	154.09	46 418	26.81	93.83	212.30	12.45	25.50	64.67	26415	11 451	12.80
蒙自市	43.14	143.93	33 479	34.58	191.59	214.74	16.82	31.69	41.31	26922	10 417	17.10
弥勒县	55.75	265.77	47 879	9.99	247.57	214.32	15.01	35.76	35.59	27101	6 424	24.66
屏边县	15.58	25.34	16 267	47.82	13.23	51.45	1.33	14.15	9.97	23856	10 374	8.01
建水县	54.75	124.59	22 818	42.06	96.14	213.32	11.20	31.53	34.42	25520	9 392	22.25
石屏县	30.87	56.06	18 227	47.18	24.25	93.64	4.41	23.94	22.78	24570	10 091	13.34
泸西县	41.53	76.00	18 372	31.16	57.29	134.23	8.18	26.17	30.00	24763	9 196	20.40
元阳县	41.23	40.52	9 862	19.27	5.20	69.54	2.41	24.07	11.47	23885	6 426	17.71
红河县	30.82	31.00	10 091	16.87	5.54	71.13	1.50	21.58	8.56	23921	6 438	11.71
金平县	37.13	42.24	11 414	17.40	24.13	67.14	2.50	24.49	9.22	23908	6 444	14.48
绿春县	23.11	26.31	11 428	14.43	7.78	69.38	1.86	19.06	7.84	23625	6 385	10.61
河口县	10.78	37.12	34 530	13.20	3.19	54.74	2.55	14.57	6.07	25707	9 473	2.96
文山州	360.70	670.04	18 612	249.73	377.54	541.01	52.04	242.76	290.46	23753	7 699	158.69
文山市	49.70	189.49	38 188	28.74	128.24	166.19	17.20	38.08	86.89	26078	8 484	19.37
砚山县	47.48	100.03	21 108	37.79	53.60	89.37	6.61	29.44	35.35	25102	8 126	26.45
西畴县	26.09	30.25	11 622	15.10	4.60	17.93	1.61	18.79	12.23	21341	7 210	10.98
麻栗坡县	28.48	49.92	17 558	17.97	31.90	40.18	2.80	20.37	17.76	21388	7 608	12.05
马关县	37.65	71.30	18 972	28.50	54.45	36.91	5.00	23.83	29.86	23527	7 644	17.45
丘北县	48.95	64.37	13 174	36.80	24.54	61.00	4.00	25.95	25.21	21950	7 874	23.37
广南县	80.50	90.81	11 303	52.89	43.19	59.37	4.00	35.88	48.80	21448	7 295	33.52
富宁县	41.85	72.78	17 424	31.94	37.02	70.07	3.80	27.96	34.35	23460	8 008	15.50

续表

州、市、县	总人口（万人）	生产总值（亿元）	人均生产总值（元/人）	农业总产值（亿元）	规模以上工业总产值（亿元）	固定资产投资（不含农户）（亿元）	地方公共财政预算收入（亿元）	地方公共财政预算支出（亿元）	社会消费品零售总额（亿元）	城镇常住居民人均可支配收入（元/人）	农民人均纯收入（元/人）	粮食总产量（万吨）
西双版纳州	116.40	335.91	28 945	152.45	130.96	360.81	30.80	105.67	103.98	23304	10 080	47.80
景洪市	53.33	176.82	33 255	62.00	72.19	237.06	12.10	33.94	65.50	25104	11 409	10.22
勐海县	34.10	86.58	25 465	34.85	46.64	42.61	4.64	25.48	18.19	22926	9 095	29.13
勐腊县	28.97	72.51	25 108	55.60	12.13	81.13	3.71	24.34	20.28	19587	8 209	8.45
大理州	354.40	900.10	25 459	366.74	670.38	649.37	78.10	277.43	297.18	27081	8 766	175.65
大理市	66.65	333.98	50 200	42.87	332.95	282.77	29.19	46.59	124.72	28693	12 150	18.20
漾濞县	10.49	18.84	18 014	9.89	6.80	12.95	0.86	11.10	5.85	24482	8 295	6.82
祥云县	46.71	114.57	24 585	48.37	84.81	62.96	7.63	27.66	38.54	27281	8 906	20.72
宾川县	35.73	87.02	24 403	73.23	33.29	36.03	3.77	20.45	21.05	26802	11 615	14.71
弥渡县	32.04	44.08	13 789	29.41	18.39	32.73	3.38	18.74	20.75	25539	7 668	18.58
南涧县	21.74	44.34	20 450	21.82	44.52	18.83	2.65	15.51	13.32	25700	7 098	12.17
巍山县	31.17	48.03	15 442	27.84	27.38	24.64	3.07	20.74	16.06	25500	7 634	16.21
永平县	18.04	34.80	19 343	20.87	4.25	15.10	2.14	14.32	9.71	25547	7 739	10.50
云龙县	20.57	44.72	21 805	21.67	5.18	54.94	3.12	16.20	10.56	24342	7 563	13.43
洱源县	27.55	54.08	19 680	35.46	61.80	42.81	3.09	20.39	15.37	25582	8 157	20.02
剑川县	17.50	25.61	14 674	12.02	14.68	28.51	2.49	15.01	8.61	23964	6 835	9.20
鹤庆县	26.21	55.42	21 202	23.27	36.31	37.08	5.09	23.95	12.63	26761	7 943	15.09
德宏州	127.90	292.32	22 990	119.02	129.53	251.02	31.96	124.53	112.11	23010	7 917	77.45
瑞丽市	20.19	77.14	38 628	13.68	16.43	74.18	7.30	17.95	32.18	26355	8 706	8.98
芒　市	41.04	84.27	20 654	31.88	43.63	84.31	5.80	25.96	39.20	22084	8 497	23.54
梁河县	15.86	18.67	11 791	11.74	5.75	6.79	1.22	12.51	5.66	20193	6 652	7.50
盈江县	31.70	75.33	23 877	37.28	42.72	65.73	4.39	29.81	27.06	22063	8 151	22.15
陇川县	19.11	36.79	19 355	24.44	21.00	20.00	1.73	16.17	8.02	20903	7 284	15.29
迪庆州	40.70	147.21	36187	18.49	50.57	247.06	14.49	101.13	38.45	25020	5865	17.73
香格里拉县	17.60	90.94	51672	7.00	37.74	124.71	5.05	33.12	27.86	25405	5923	7.38
德钦县	6.80	22.47	33246	2.58	7.84	52.57	1.80	18.32	4.62	26511	5899	2.66
维西县	16.30	33.76	20672	8.90	4.99	69.77	2.71	23.43	5.96	22233	5806	7.69

续表

州、市、县	总人口（万人）	生产总值（亿元）	人均生产总值（元/人）	农业总产值（亿元）	规模以上工业总产值（亿元）	固定资产投资（不含农户）（亿元）	地方公共财政预算收入（亿元）	地方公共财政预算支出（亿元）	社会消费品零售总额（亿元）	城镇常住居民人均可支配收入（元/人）	农民人均纯收入（元/人）	粮食总产量（万吨）
怒江州	54.20	113.15	20 895	30.53	36.71	97.69	9.00	71.81	29.27	19010	4 791	20.27
泸水县	18.75	41.87	22 354	10.50	18.81	42.54	2.46	18.29	13.58	19195	4 877	6.76
福贡县	10.00	11.53	11 540	4.75	0.68	8.03	0.76	14.34	3.27	18140	4 494	3.53
贡山县	3.84	9.68	25 211	3.48	0.75	7.10	0.68	9.29	2.46	18135	4 519	1.13
兰坪县	21.60	46.35	21 480	11.80	16.46	40.03	3.24	20.83	9.97	19162	4 874	8.85
迪庆州	40.80	161.14	39 543	19.19	36.98	285.15	15.53	110.47	41.54	27097	6 487	17.73
香格里拉市	17.66	99.28	56 311	7.26	27.38	147.91	5.50	38.97	30.12	27544	6 557	7.38
德钦县	6.78	24.57	36 285	2.67	4.05	56.55	1.59	19.42	4.99	28710	6 516	2.66
维西县	16.36	37.13	22 709	9.25	5.56	80.69	2.93	26.42	6.44	24115	6 418	7.69

注：1. 本部分资料来自省及各州、市、县统计部门，因此，县级数相加不一定等于州、市级数，各州、市级数相加也不一定等于全省总计

2. 省、州（市）、县（区、市）年末总人口为常住人口，人均指标均按常住人口计算。

3. 工、农业总产值按当年价格计算。

4. 各州、市、县城镇常住居民人均可支配收入、农民人均纯收入和粮食总产量由国家统计局云南调查总队提供。

2015年西部12个省、市、区主要经济指标

项　　目	单位	内蒙古	广西	重庆	四川	贵州	云南	西藏	陕西	甘肃	青海	宁夏	新疆
年末人口	万人	2511.04	4796.00	3016.55	8204.00	3529.50	4741.80	323.97	3793.00	2599.55	588.43	667.88	2359.73
生产总值（当年价）	亿元	18032.79	18032.79	15719.72	30103.10	10502.56	13717.88	1026.39	18171.86	6790.32	2417.05	2911.77	9324.80
第一产业	亿元	1618.70	2565.97	1150.15	3677.30	1640.62	2055.71	96.89	1597.63	954.54	208.93	238.47	1559.09
第二产业	亿元	9200.58	7694.74	7071.82	14293.24	4146.94	5492.76	376.19	9360.30	2494.77	1207.31	1379.04	3564.99
第三产业	亿元	7213.51	6542.41	7497.75	12132.56	4715.00	6169.41	553.31	7213.93	3341.01	1000.81	1294.26	4200.72
地方一般公共预算收入	亿元	1963.50	1515.10	2155.10	3349.20	1503.30	1808.10	137.10	2059.90	743.90	267.1	373.7	1331.0
地方一般公共预算支出	亿元	4293.40	4069.40	3793.80	7506.70	3930.20	4712.90	1383.90	4375.50	2964.60	1505.4	1138.2	3804.3
农林牧渔业总产值	亿元	2751.55	4197.12	1738.15	6377.84	2738.67	3383.09	149.46	2813.50	1722.09	319.27	483.02	2804.42
主要农业产品产量													
粮食	万吨	2827.01	1524.75	1154.89	3442.80	1180.00	1876.36	100.63	1226.79	1171.13	102.7	372.6	1521.3
油料	万吨	193.58	64.68	59.87	307.55	101.34	65.92	6.40	62.66	71.57	30.5	15.3	62.9
蔬菜	万吨	1445.33	2786.37	1780.47	4240.79	1731.88	1873.90	69.63	1822.53	1823.14	166.4	575.8	1933.9
水果	万吨	296.74	1720.02	375.95	934.19	224.90	726.54	1.49	1930.90	678.99	3.6	298.9	1635.0
肉类	万吨	245.71	417.27	213.82	706.80	201.94	378.31	28.02	116.23	96.35	34.7	29.2	153.2
奶类	万吨	812.24	10.06	5.45	67.49	6.21	62.53	35.01	189.92	39.93	32.7	136.5	163.8
主要工业产品产量													
生铁	万吨	1461.40	1220.30	366.60	1747.40	407.60	1235.40	0.00	800.90	690.50	112.6	175.3	759.5
粗钢	万吨	1735.10	2146.00	689.50	1947.70	466.40	1418.10	0.00	1027.30	852.10	120.6	181.8	739.6
成品钢材	万吨	1897.20	3545.40	1411.40	2702.50	463.00	1695.40	2.50	1655.60	847.80	113.60	201.60	1070.50
汽车产量	万辆	2.60	229.40	260.93	42.30	0.00	11.70	0.00	34.10	2.40			1.60
发电量	亿千瓦小时	3928.77	1299.93		3129.59	1814.87	2553.37	44.77		1242.22	565.60	1154.75	2478.51
水　　泥	万吨	5830.76	11144.46	6840.20	14091.00	9940.93	9436.21	467.90	8578.70	4764.30	1767.89	1749.79	4278.49
农用化学肥料	万吨	293.00	114.31	222.35	507.23	603.62	354.51	0.00	187.13	47.95	520.20	82.49	321.51
运输邮电													
货运周转量	亿吨千米	4190.30	4061.82	2709.53	2387.44	1379.00	1500.27	119.64	3263.52	2225.81	445.58	816.93	1772.94
客运周转量	亿人千米	371.14	731.75	533.55	987.76	658.23	456.58	38.28	758.30	619.65	119.18	115.52	477.29
全社会固定资产投资	亿元	13702.25	16227.75	14353.25	25525.86	10945.50	13500.59	1295.68	18582.23	8754.20	3210.67	3505.42	10813.02
房地产开发投资	亿元	1081.05	1909.09	3751.28	4813.03	2205.09	2669.01	50.02	2494.29	768.06	336.00	633.64	998.88
社会消费品零售总额	亿元	6107.70	6348.10	6424.00	13877.70	3283.00	5103.20	408.50	6578.10	2907.20	691.00	789.60	2606.00

续表

项　　目	单位	内蒙古	广西	重庆	四川	贵州	云南	西藏	陕西	甘肃	青海	宁夏	新疆
进出口贸易总额	亿美元	127.50	512.62	744.77	514.71	122.20	245.20	9.15	305.04	79.97	19.34	37.90	196.78
出口	亿美元	56.54	280.26	551.90	332.29	99.49	166.19	5.87	147.88	58.13	16.42	29.76	175.06
进口	亿美元	70.96	232.36	192.87	182.42	22.72	79.01	3.28	157.15	21.84	2.93	8.14	21.72
居民消费价格指数	%	101.1	101.5	101.3	101.5	101.8	101.9	102.0	101.0	101.6	102.6	101.1	100.6
全体居民人均可支配收入	元	22310	16873	20110	17221	13697	15223	12254	17395	13467	15813	17329	16859
农村居民人均可支配收入	元	10776	9467	10505	10247	7387	8242	8244	8689	6936	7933	9119	9425
城镇居民人均可支配收入	元	30594	26416	27239	26205	24580	26373	25457	26420	23767	24542	25186	26275

表彰 · 奖励

Honor & Rewards

2015 年度国家科学技术奖项目云南省获奖人员及单位

主持完成项目

复杂锡合金真空蒸馏新技术及产业化应用
国家科技进步二等奖
获奖人员：杨 斌 兰 旭 戴永年 戴卫平 张小宁 刘大春 陈 平 徐宝强 罗祥海 陶东平
获奖单位：昆明理工大学 云南锡业集团（控股）有限责任公司 昆明鼎邦科技有限公司

山区高速公路运营保障关键技术及装备
国家科技进步二等奖
获奖人员：孙乔宝 周应新 黄宏伟 王珏 李志清 魏 亚 杨建喜 马亮 吴礼舟 谢雄耀
获奖单位：云南省公路开发投资有限责任公司

参与完成项目

高速并联机器人关键技术及工程应用
国家技术发明二等奖
获奖人员：段满贵
获奖单位：云南安化有限责任公司

基于酶作用的制革污染物源头控制技术及关键酶制剂创制
国家技术发明二等奖
获奖人员：黄遵锡 许波
获奖单位：云南师范大学

CIMMYT 小麦引进、研究与创新利用
国家科技进步二等奖
获奖人员：于亚雄
获奖单位：云南省农业科学院粮食作物研究所

我国艾滋病新流行形势下的综合防控策略及应用研究
国家科技进步二等奖
获奖人员：陆林
获奖单位：云南省疾病预防控制中心

2015 年科技部及相关部门表彰的集体和个人

获表彰的集体

1. 科技部 2015 年全国科技活动周优秀组织单位
获奖单位：云南省科技厅

2.2014 年度火炬统计工作先进单位
云南省科技厅

3. 第四届中国创新创业大赛获奖团队和企业
（1）生物医药行业总决赛团队组第二名
微灵纳智能骨科材料团队
（2）生物医药行业总决赛优秀企业
楚雄德尔思紫胶公司
（3）新能源暨节能环保行业总决赛优秀企业
云南顺丰洱海环保科技公司
（4）文化创意行业总决赛优秀企业
保山市永子文化产业公司

获表彰的个人

1. 全国文化科技卫生“三下乡”先进个人
郑红梅 云南省农村科技服务中心

2.2015 年科技基础条件资源调查受表扬联络员
段江涛 云南省科学技术情报研究院

3.2015 年全国科普讲解大赛
一等奖 全国“十佳科普使者”称号
彭野 云南省博物馆
三等奖
张蕊 玉溪市博物馆

2015 年度社会力量设立科学技术奖云南省获奖集体和个人

2015 年度香港何梁何利奖技术创新奖

朱兆云 云南省药物研究所

2015 年度中国有色金属工业科学技术奖

1. 铁氧化物铜金型矿床构造岩相学填图新技术研发、示范应用与找矿预测
科学技术一等奖
获奖单位：云南金沙矿业股份有限公司
昆明理工大学

2. 细粒尾矿模袋法堆坝安全技术及工程示范
科学技术一等奖
获奖单位：云南思茅山水铜业有限公司
3. 有色金属熔池熔炼过程强化与搅拌效果评价关键技术及应用（发明）
科学技术一等奖
获奖单位：昆明理工大学
云南铜业股份有限公司
4. 锌清洁冶炼与综合利用关键技术和装备
科学技术一等奖
获奖单位：云南驰宏锌锗股份有限公司
5. 微电子工业用贵金属封装材料产业化
科学技术一等奖
获奖单位：贵研铂业股份有限公司
昆明贵金属研究所
6. 复杂多金属物料清洁生产关键技术及其产业化
科学技术一等奖
获奖单位：昆明理工大学
7. 云南省鹤庆县北衙外围矿区芹河矿段金铅多金属矿勘探
科学技术二等奖
获奖单位：云南省有色地质局地质地球物理化学勘查院
云南东鑫矿产勘查有限公司
8. 云锡大屯锡矿采空区条件下二次开采集成技术
科学技术二等奖
获奖单位：云南锡业股份有限公司
昆明理工大学
云南亚融矿业科技有限公司
9. 大涌水厚大破碎矿体下向进路膏体充填采矿技术研究与应用
科学技术二等奖
获奖单位：云南驰宏锌锗股份有限公司
彝良驰宏矿业有限公司
10. 直流电炉处理含砷锡烟尘关键技术及产业化
科学技术二等奖
获奖单位：云南锡业集团有限责任公司研究设计院
11. 复杂铜精矿中稀贵金属综合清洁回收技术研究与产业化
科学技术二等奖
获奖单位：云南铜业股份有限公司
昆明理工大学
12. 高性能、高稳定性与长寿命 Sm2Co17 型稀土永磁材料的研究及应用
科学技术二等奖
获奖单位：昆明理工大学
13. 湿法冶炼锌电解 3.2m2 阴、阳极板加工工艺技术及装备开发应用
科学技术二等奖
获奖单位：云南驰宏锌锗股份有限公司
14. 中华人民共和国有色金属行业标准《冰铜》
科学技术二等奖
获奖单位：云南铜业股份有限公司
15. 有色金属采矿设计规范 GB50771-2012
科学技术二等奖
获奖单位：昆明有色冶金设计研究院股份公司
16. 国家标准《铸造锡铅焊料》
科学技术三等奖
获奖单位：云南锡业集团有限责任公司
云南锡业锡材有限公司
17. 汽车尾气净化催化剂中 Pt、Pd、Rh 含量准确测定技术
科学技术三等奖
获奖单位：贵研铂业股份有限公司
昆明贵研催化剂有限责任公司
贵研检测科技（云南）有限公司
18. 锡冶炼烟气低浓度非稳态 SO2 治理技术开发与运用
科学技术三等奖
获奖单位：云南锡业股份有限公司冶炼分公司

大北农科技奖（第九届）

1. 抗灰斑病玉米新品种“云瑞 88”的选育及推广应用
成果奖二等奖
获奖单位：云南省农业科学院粮食作物研究所云南田瑞种业
获奖人员：番兴明 陈洪梅 张培高等
2. 西南特色花卉资源创新与开发利用
成果创意奖
获奖单位：云南省农业科学院花卉研究所
玉溪明珠花卉股份有限公司
获奖人员：王继华 崔光芬等

中国茶叶学会科学技术奖（第四届）

1. 普洱茶功能成分与保健功效研究
二等奖
获奖人员：邵宛芳
获奖单位：云南农业大学
2. 青年科技奖
获奖人员：赵明（云南农业大学）

神农中华农业科技奖

1. 我国低纬高原甘蔗产业化关键技术应用
   科学研究成果二等奖
   获奖人员：张跃彬 范源洪 吴才文 黄应昆等
   获奖单位：云南省农业科学院甘蔗研究所
2. 我国高原粳稻新品种选育及推广应用
   科学研究成果三等奖
   获奖人员：赵国珍 袁平荣 戴陆园 苏振喜等
   获奖单位：云南省农业科学院粮食作物研究所
   大理白族自治州农业科学推广研究院等
3. 热带亚热带玉米遗传育种创新团队
   优秀创新团队成果奖
   获奖人员：番兴明 陈洪梅 刘 丽 黄云霄 汪燕芬 张玉东 张培高 徐春霞 罗黎明 姚文华
   获奖单位：云南省农业科学院粮食作物研究所

梁希科学技术奖

1. 八角专用型良种选育及山地高效栽培关键技术研究与示范
   三等奖
   获奖人员：宁德鲁 张雨 李勇杰等
   获奖单位：云南林业科学研究院
   富宁县八角研究所
2. 热区主要造林树种无土育苗技术引进
   三等奖
   获奖人员：李娅 庞静 赵永红 景跃波等
   获奖单位：云南省林业科学院

获第十七届中国专利奖“优秀奖”的集体

1. 昆明钢铁控股有限公司
   获奖专利：一种焦化废水处理回用的方法
   （专利号：ZL97111840.X）
2. 云南大红山管道有限公司
   获奖专利：一种高落差跌落式矿浆运输管道
   （专利号：ZL201110056162.3）
3. 昆明理工大学
   获奖专利：一种粗锡火法精炼的方法
   （专利号：ZL201110449796.5）

2015年云南省共青团系统受全国表彰奖励的集体名单

1. 全国先进社会组织
   云南省青少年发展基金会
2. 第二届中国青年志愿服务项目大赛银奖
   临沧市临翔区人民法院团支部
3. 2015年度全国十大团委系统微博奖
   共青团云南省委
4. 云南省共青团系统政务新媒体应用奖
   共青团云南省委
5. 云南省直机关政务新媒体综合影响力奖
   共青团云南省委
6. 2014-2015年度大学生志愿服务西部计划绩效考核优秀等次服务县
   共青团宁洱县委
7. 少先队基本知识学习实践好活动
   保山市隆阳区永昌下村小学少先队大队
8. 西部计划优秀项目办
   楚雄州武定县大学生志愿服务西部计划项目管理办公室
9. 全国优秀少先队集体
   楚雄州师范学院附属小学三（2）中队
10. 全国青年文明号
    大理旅游集团崇圣寺三塔文化旅游区分公司
11. 全国优秀少先队集体
    大理州弥渡县弥城镇第三完小二（二）中队
12. 全国优秀少先队集体
    大理州南涧县示范小学少先队大队
13. 全国优秀红领巾国学小社团
    大理州大理市下关一小德馨社
14. 全国优秀少先队集体
    红河州绿春县大兴小学六（1）中队
15. 全国优秀中学生国学社团
    红河州建水第一中学长安古风社
16. 全国优秀国学教育文艺作品
    红河州建水县第一小学《国学印象》

17. 全国优秀红领巾国学小社团
红河州个旧市绿春小学风雅社团
18. 全国青年文明号
红河州元阳县哈尼梯田文化传习馆
19.2015 年度全国农村基层团建示范县
怒江州贡山县独龙江乡团委
20. 全国优秀少先队集体
怒江州福贡县省定民族完小少先队大队
21. 西部计划优秀项目办
怒江州泸水团县委西部计划项目办
22. 全国优秀少先队集体
丽江市古城区福慧学校少先队大队
23. 全国五四红旗团委（团支部）
昭通市威信县第一中学团委
24. 全国优秀少先队集体
曲靖市第二小学少先队大队
25. 全国优秀少先队集体
昆明市金康园小学少先队大队
26. 全国优秀红领巾国学小社团
昆明市联盟小学“善孝礼仪”国学社团
27. 全国优秀少先队集体
昆明市呈贡新区第一小学（城内小学）四（5）中队
28. 全国志愿助残阳光基地
共青团曲靖市委

2015 年云南省共青团系统受全国表彰奖励的个人名单

1. 全国优秀少先队辅导员
黄健云 宁洱县直属小学
2. 全国优秀少先队员
王艺晓 昌宁县第一示范小学六（三）中队
3. 全国优秀少先队辅导员
董有忠 腾冲市少先队工作委员会少先队总辅导员
4. 全国优秀共青团员
杨健翔 保山市第八中学高三（1）班学生
5. 全国最美中学生
奎丽媛 隆阳区第一中学
6. 全国优秀少先队员
强钰婷 武定县近城小学学生
7. 全国优秀少先队辅导员
王红力 楚雄一中少先队大队辅导员
8. 第九届“全国农村青年致富带头人”
熊 鹏 大理州弥渡县创惠农场负责人
9. 第九届“全国农村青年致富带头人”
钱丽茹 大理州宏茂牧业有限公司总经理
10. 全国优秀少先队员
石 杰 大理州巍山县为民小学学生
11. 希望工程 2015 杰出贡献奖
赵体光 大理惠丰地产集团董事长
12. 全国优秀少先队员
王恬旖 红河州开远市灵泉小学
13. 全国优秀少先队辅导员
赵 静 红河州弥勒市西三镇中心学校
14. 第一届中华学子青春国学荟「国学达人」挑战赛全国总决赛（高中组）三等奖
李梓奇 红河州建水县建水六中
15. 全国“最美中学生”
邓梅 红河州屏边县高级中学
16. 第九届“全国农村青年致富带头人”
刘一平 红河州个旧市有机食品发展协会会长兼秘书长
17. 第九届“全国农村青年致富带头人”
余锦鸿 红河州元阳县现代农业开发有限责任公司董事长
红河州中元建筑工程有限公司董事长
18. 全国优秀少先队员
尹金堂
19.2015 年度全国“最美中学生”
张渝 丽江市古城区福慧学校学生
20.2015 年度全国“最美中学生”
和耶芬 丽江市玉龙县第一中学学生
21.2015 年度全国“最美中职生”
郭玉荣 丽江市民族中等专业学校学生
22. 全国优秀少先队辅导员
肖煜光 丽江市古城博物院（木府）副院长
23. 全国优秀共青团干部
赵 毅 昭通市镇雄县团委副书记
24. 全国优秀少先队辅导员
杨正艳 昭通市昭阳区三小大队辅导员
25. 全国优秀少先队员

胡方译 昭通市巧家县第三中学学生

26. 全国优秀少先队辅导员

张金萍 曲靖市麒麟区北关小学少先队大队辅导员

27. 全国优秀少先队员

杨傅心清 昆明市南站小学学生

28. 全国优秀少先队辅导员

苏滔滔 昆明市匡山小学少先队大队辅导员

29. 全国优秀少先队辅导员

徐建英 迪庆州建塘小学大队辅导员
迪庆州总大队辅导员

30. 全国优秀少先队员

夏 涛 迪庆州维西县傈僳族自治县民族小学五年级123班学生

2015年云南省荣获全国三八红旗手标兵名单

柳清菊 云南大学工程技术研究院院长、教授

2015年云南省荣获全国三八红旗手名单

杨文惠 云南省昆明市妇联主席

樊志勇 云南省楚雄州大姚纳苏民族手工艺品发展有限公司执行董事、
楚雄州妇女彝绣协会常务副会长

陆永艾 云南省文山州文山市开化街道永通社区党委书记

赵声跃 云南省昭通市昭阳区凤凰街道办事处文渊社区党支部书记

常加凤 云南省大理州南涧县凤祥汽车服务有限责任公司董事长

蒋成芹 云南省德宏州芒市妇幼保健院副院长

李 红 云南省地方税务局规费处处长

刘丽芬 云南磷化集团有限公司研发总控部高级工程师

任秀婷 云南省公安消防总队昆明支队政治处副主任

2015年云南省荣获全国三八红旗集体名单

云南省保山市公安局交警支队直属一大队正阳女子岗

云南省西双版纳州社会福利院

云南省丽江古城保护管理局妇委会

云南省临沧市人民医院

云南昆钢重型装备制造集团有限公司机修厂行车组

中国人民解放军77208部队67分队女子地震救援队

2015年云南省荣获全国“最美家庭”名单

王兰兰家庭 昆明市五华区红云社区幸福家园

杨金山家庭 昆明市宜良县九乡乡大兑冲

李永洪家庭 昆明市富民县永定街道办事处大营村

2015年荣获全国巾帼文明岗名单

云南省公安高速公路交巡警支队西片区执法便民服务站
云南省昆明市公安局车辆管理所装备财务科收费岗
云南省昆明市五华区残联残疾人便民服务暨援助中心
云南省昭通市第一人民医院护理部
云南省昭通市昭阳区国家税务局货物和劳务税科
云南省鲁甸县供电有限公司
云南省曲靖市中级人民法院少年案件审判庭
云南省沾益县农村信用合作联社营业部
云南省曲靖市妇幼保健院妇二科
云南电网公司玉溪供电局朱槿路营业厅
云南省峨山彝族自治县工商行政管理局企业注册监督管理股
云南省玉溪市人才服务中心
云南省保山市中级人民法院政治部
云南省保山市医疗保险基金管理中心
云南省楚雄州精神病医院一病区
云南省楚雄州元谋县国家税务局办税服务厅
云南边防总队河口边防检查站执勤业务一科
云南省红河州建水县建水朱家花园景区游览部
云南省文山州国家税务局机关工会
云南省文山州公安局交警支队车辆管理所
云南省景谷傣族彝族自治县农村信用合作联社营业部
云南省江城县工商管理局办公室
中国电信西双版纳分公司政企客户部
云南省大理州大理市大理镇五华社区居委会
云南省大理州祥云县地方税务局第一分局
云南省大理州南涧县红云核桃加工销售有限责任公司
云南省德宏移动盈江分公司永胜路沟通100服务厅
云南省玉龙县人民法院办公室
云南省怒江州兰坪县石登乡中心完小
云南省迪庆州香格里拉县客运站
云南省临沧市临翔区人民法院立案庭
云南省临沧市地方税务局计财科
云南日报广告部
云南省红河州开远市农村信用合作联社营业部
云南省公安厅警令部办公室秘书科
云南省公路开发投资有限公司昭通管理处云南(水富)收费站
云南省农业技术推广总站马铃薯技术中心
云南省昌宁县幼儿园
云南省昆明医科大学第一附属医院皮肤科
云南省昆明市呈贡区地方税务局一分局
云南省第三女子监狱四监区
云南省文山市农村信用合作联社攀枝花信用社
云南省邮政公司昆明市分公司大客中心
云南省宁洱哈尼族彝族自治县国税局收入核算股
中国人民银行昆明中心支行营业部
云南省公安边防总队昆明边防检查站执勤业务二科
云南省玉溪市公安消防支队后勤处财务科
云南省昆明市女子中学德育处
云南省大理州大理市工商局紫云分局
云南省红河州泸西县人民检察院控告申诉检察科

2015年荣获全国巾帼建功标兵名单

赵　宏　云南省昆明市测绘管理中心党组书记、主任
　　　　昆明市国土资源局党委委员、副局长
段才凤　云南省盐津县公安局豆沙女子派出所所长
冯月芬　云南省马龙县通泉镇马金田园艺缘苗木基地负责人、通泉镇团委副书记
仲燕波　云南省华宁县小燕子艺术幼儿园园长
花艳芳　云南省保山市残联副理事长
张红艳　云南省烟草公司楚雄州公司烟叶经营部质检员
何凤权　云南省红河州妇幼保健院副院长兼妇产科主任
黄云英　云南省文山州广南县南秀社区党委书记、居委会主任
师林凤　云南省镇沅县第一中学教师
玉旺叫　云南省西双版纳州景洪市景洪尚义牧业有限公司董事长

杨红英　云南省大理州弥渡县人民法院院长

杜红菊　云南省德宏州陇川县教育局督导室主任

胡明萍　云南省华坪县第一中学校长

段学英　云南省怒江州福贡县公安局政委

彭　晖　云南省迪庆州民族中学高三年级副组长

唐兴花　云南省临沧市临翔区农业局经济作物技术推广站站长

孙香元　云南省公安厅机关党委专职副书记

周锦霞　云南省地方税务局税政一处处长

席吉新　云南省大理州永平县邮政局杉阳邮政所所长

罗　琼　云南省昆明铁路局昆明生活段读书铺公寓主任

段　蕊　云南省昆明海关所属河口海关通关业务科科长

李　艳　云南省出入境检验检疫局通关处科长

邹卫莉　云南省嵩明县国家税务局收入核算科副科长

李学英　云南中山包装装潢材料有限责任公司董事长、总经理

李坤瑞　云南瑞林集团总经理

2015年荣获全国巾帼建功先进集体名单

云南省昆明市中级人民法院

中国移动云南公司昭通分公司

云南省马龙县龙腾科技开发有限公司

云南省玉溪市农业局

云南省保山市隆阳区农村信用合作联社永昌信用社

云南省楚雄州农业局妇委会

云南省红河州开远市供销合作社联合社

云南省文山州革命老区促进会妇工委

云南省普洱市妇幼保健院

云南省大理州中级人民法院维护妇女、儿童、老年人权益合议庭

云南省华坪县华坪心联欣农业科技服务有限公司

云南省临沧市人力资源和社会保障局

云南省昆明市盲哑学校

云南省第二人民医院内分泌科

云南省昆明市盘龙区农村信用合作联社

人　物

Figures

2015年主要人物

孙汉董，男，76岁，中国科学院昆明植物所工作，院士/研究员。孙汉董带领团队，“十二五”对29种药用植物的化学和生物活性成分进行了研究，共发现了包括17种新骨架类型的新化合物442个，发表SCI论文94篇。与上海交大陈国强教授合作，发现并阐明了腺花素作为小分子探针诱导白血病细胞分化的抗癌作用机制，2012年发表于《自然——化学生物学》上，同年被评为“中国科学十大进展之一”（揭示两种天然产物靶向特异蛋白治疗白血病的机制）。毛萼乙素作为抗癌药物的研究取得了积极的进展。系列结构复杂、多样的五味子降三萜类化合物是我国科技工作者在天然产物化学研究领域所取得的原创性发现之一。美国化学家安德森（Edward A. Anderson）的评价为：“五味子降三萜漂亮而复杂的骨架，成为引人注目的靶标化合物，给合成化学家带来了严峻的挑战，促进了有机化学研究的发展”（2014，《有机通讯》）。五年共培养博士11人，硕士2人。“香茶菜属植物二萜及其抗癌活性研究”和“五味子化学研究”分别获2013和2014年度云南省自然科学奖一等奖和特等奖。

马洪琪，男，73岁，中国工程院院士，正高级工程师。44年来始终在水利水电工程建设第一线从事工程技术及项目管理工作，是我国水利水电地下工程施工技术的带头人，参加了鲁布革、广蓄、长江三峡、黄河小浪底、澜沧江小湾、景洪、糯扎渡等20余座大型水电站工程的建设，获全国五一劳动奖章等荣誉称号，2001年当选为中国工程院院士。马洪琪院士首次提出了加快地下厂房洞室群施工的"平面多工序、立体多层次"的施工方法等5项创新技术已形成国家级规范并被工程界广泛应用。主编的《中国水利水电地下工程施工》对大型地下引水发电系统快速施工技术、无钢衬高压钢筋混凝土岔管施工等技术及相应的施工机械成龙配套等方面进行了全面总结。专著《大型水电工程建设技术》对各类坝型建设技术的发展及主要创新点进行了论述。马洪琪院士组织各参建单位开展了澜沧江小湾、景洪、糯扎渡、功果桥、金沙江龙开口、缅甸瑞丽江一级等水电站的重大技术问题研究，以及澜沧江上游各梯级电站的关键技术的研究。

杨斌，男，50岁，昆明理工大学教授，为真空冶金国家工程实验室的学术技术带头人，云南省科技领军人才。系云南省、教育部、科技部重点领域创新团队带头人，全国专业技术人才先进集体负责人，云南省有色金属真空冶金重点实验室主任。多年来致力于有色金属真空冶金的科学研究、技术开发、工程实践和人才培养，获国家发明二等奖2项（排名1和3），国家科技进步二等奖1项（排名1），省部级科技一等奖5项（排名均为一），获授权发明专利16件，发表论文被SCI、EI收录68篇。其科研成果得到了国内外冶金界的高度认可，整体技术达国际领先水平，在金属矿产资源的综合利用、二次资源高效回收、稀贵金属清洁生产等领域得到广泛应用，为矿产资源产业的绿色发展树立了榜样。

郭涛，男，57岁，教授、博导，云南省学术技术带头人，曾留学美国，现任昆明医科大学第一附属医院心脏内科主任、省心研所长、省心血管诊疗质控中心负责人、省心脑血管创新团队带头人、省起搏电生理分会和心律学分会主任委员。承担心脏病学医疗会诊、查房、手术、抢救、教学、科研、保健任务35年，积累了解决疑难问题的知识、技能和经验，大胆创新、精益求精，应用先进技术挽救了数千名患者生命，改善患者的生存质量。主持国家基金课题2项、云南省攻关课题3项、其他立项课题15项。作为第一完成人获省科技进步特等奖1项、二等奖2项、三等奖16项。主编《心律失常电治疗》等专著20部；发表论文120篇（含SCI收录20篇）。培养博士15名、硕士40名。

张克勤，男，57岁，云南大学工作，教授。张克勤长期专注于作物病原线虫生防研究，闯出了一条以丰富的微生物资源为基础，通过解决线虫生物防治中的系列基础理论和关键技术，带动线虫生物防治的新路，在国际上有重要影响，在系统性和创新性方面十分突出，主要贡献有：1、系统发掘了我国线虫生防微生物资源，建立了全球最大的线虫生防微生物资源库。是国际上发现线虫生防微生物新物种和杀线虫新化合物最多的科学家。2、从极端环境嗜热真菌中分离、筛选到6个新骨架大环内酯化合物，对病原线虫的致死率与目前国际上最好的杀线虫生物农药阿维菌素相当。文章在JACS发表后，受到国际生物农药著名公司高度关注。3、揭示了微生物侵染线虫和线虫抵抗微生物侵染的一些新机制，为微生物从腐生到致病的生活史转换理论和线虫对微生物的免疫理论做出了原创性贡献。文章在 PNAS、PLoS Pathogens 上发表后，被选为研究热点文章进行了评述；4、开发出国内首个拥有自主知识产权的线虫生物农药—“线虫必克”，并以资源为基础，利用所解决微生物侵染线虫与线虫对微生物防御的基础理论开发出第二代新型线虫生防制剂，为我国线虫生物防治做出了重要贡献。围绕线虫生防，以通讯作者在 Nat Commun， PNAS，PLoS Pathog，JACS 等刊物发表 SCI 论文 161 篇，引用达 2806 次，他引 1970 次。以第一获奖人分别获国家科技进步二等奖 1 项、省部级自然科学和科技进步一等奖 6 项、中国专利局中国专利金奖 1 项。获国家发明专利授权 49 项，获何梁何利奖、全国优秀教师奖。

赖仞，男，43 岁，中国科学院昆明动物研究所研究员，主要从事天然药物活性多肽与蛋白的结构及功能研究。受邀担任 J Venom Res 副主编，以第一或通讯作者身份共发表 SCI 论文 120 余篇，申请发明专利 70 余项，获得发明专利授权 32 项。逐步形成了天然活性多肽资源保护和储备、功能评价等技术体系。2004 年入选中国科学院“百人计划”。获 2008 年度云南省自然科学一等奖（排名第一），2010 年中科院十大杰出青年称号，2010 年谈家桢生命科学奖、王宽诚西部突出贡献奖、2011 年中国青年科技奖、2013 年度国家技术发明二等奖（排名第一）。2015 年，受邀在 Chemical Review 发表综述论文（影响因子 46.568）。

季维智，男，65 岁，昆明理工大学 / 云南中科灵长类生物医学重点实验室工作，教授 / 研究员。长期从事灵长类生殖与发育生物学研究，在灵长类动物模型和干细胞的研究做出了突出的成绩，使我国在灵长类靶向基因修饰和胚胎干细胞研究居于国际领先水平。先后担任多个国家重大科学研究计划首席科学家以及国家级专家组成员。在 Cell，Cell Stem Cell，PNAS，Stem Cells, JBC, Biology of Reproduction, Human Reproduction 等领域内重要杂志发表论文 100 余篇。 2014 年，季维智带领的研究团队率先实现了猕猴、食蟹猴靶向基因修饰的突破，使我国在灵长类转基因领域处于国际领先水平。该研究成果将引领人类疾病动物模型研究领域向更高水平发展，并对理解生命的发育和人类疾病的发生与防治产生重大影响，有力促进相关生物医药产业的发展。据统计数据显示，文章目前已成为全球前 5% 被高度关注的学术文章。美国麻省理工学院认为：这是该领域研究的重要一步。《自然》杂志将这一研究成果称为：人类疾病模型研究向前发展的里程碑。同时，《自然》将该成果列为 2014 年最成功的 8 件重要事件之一，《细胞》将其列为最重要的 10 篇论文之一。2015 年，其团队又率先利用食蟹猴多能干细胞产生了世界首个嵌合猴，为将来实现器官组织的再生，细胞治疗奠定了可靠基础，为研究人类疾病和治疗的策略上有重要意义。

李华春，男，57 岁，研究员，云南省畜牧兽医科学院工作，研究员。任云南省畜牧兽医科学院院长，云南省畜牧兽医学会理事长，云南省热带亚热带动物病毒病重点实验室和国家外来动物疫病诊断实验室主任，国家公益性行业（农业）科研专项首席专家，澳大利亚默多克大学兼职教授和博士生导师。主要从事动物虫媒病毒病、口蹄疫等跨境动物疫病研究。主持国家、省部级科研项目和国际合作项目 30 多项，建立中国家畜虫媒病毒病监测与研究协作网，推动上湄公河、云南边境跨境动物流动管理和口蹄疫区域化控制工作。先后获国家科技进步二等奖 1 项、云南省科技进步一等奖 2 项、二等奖 3 项，获发明和新型实用专利 3 项，在 SCI 收录期刊和中文核心期刊发表论文 50 多篇。获全国先进工作者、全国“五一劳动奖章”、全国杰出专业技术人才、全国优秀科技工作者、“兴滇人才奖”和云南省有突出贡献专家等称号和奖励。享受国务院津贴和省政府津贴，入选新世纪“百千万人才工程”国家级人选，为中央和云南省委联系专家。

孙明波，男，46 岁，博士，研究员，中国医学科学院医学生物学研究所所长助理、北京协和医学院病原生物学硕士生导师。一直从事病毒性疫苗的生产、研发及工艺开发工作，先后承担国家科技重大专项、国家 863 等课题 10 余项，发表研究论文 80 余篇，获得发明专利授权 5 项，获得云南省科技进步特等奖、二等奖及三等奖各 1 项。孙明波带领研究团队，建立了以动物细胞大规模培养技术为核心进行生物制品生产的产业化技术平台及生产基地，培养规模达到 550 升，为目前我国最大的微载体生物反应器培养规模。作为 sIPV 研发组核心成员，带领研究团队，建立了 Vero 细胞大规模培养技术制备 Sabin 株脊髓灰质炎灭活疫苗的生产和质检工艺，研制出全球首个 Sabin 株脊髓灰质炎灭活疫苗（单苗）。成功实现了我国疫苗从“中国制造”向“中国创造”的迈进，获得了 2015

年度云南省科技进步奖特等奖。

刘建良，男，44岁，云南冶金新立钛业有限公司董事长，正高工。长期从事材料生产试制、研发及生产管理等工作，主持国家及省、市各类科技计划项目20余项。十二五期间，主要负责云南冶金集团钛产业的建设工作，先后完成了8万吨/年高钛渣项目、1万吨/年海绵钛项目和6万吨/年氯化法钛白粉项目的建设，建成了我国规模最大、产业链最完善、技术水平最高的钛冶金及化工生产线。其中6万吨/年氯化法钛白粉项目建成国内第一条单线产能最大、技术最完备、装备最先进的生产线，项目被评为2013年“云南省十大科技进展”；8万吨/年钛渣生产项目建成亚洲第一条30MW大功率全密闭式直流电弧炉冶炼高钛渣生产线；1万吨/年海绵钛项目建成云南省首条全流程高品质海绵钛生产线，填补了国内不能批量生产航天航空级海绵钛的空白，项目被评为2012年“云南省十大科技进展”。在科研成果产业化过程中，研发出氯化法钛白粉等3项“云南省重点新产品”，申请专利61项，获得发明专利授权7项。

2015年度云南省杰出贡献奖获得者

朱兆云，1954年生，云南巍山人，正高级工程师，现任云南白药集团股份有限公司研发总监、云南省药物研究所所长、西南民族药新产品开发国家地方联合工程研究中心主任、国家认定企业技术中心常务副主任，是国务院政府特殊津贴专家，全国优秀科技工作者和全国劳动模范。朱兆云坚守在云药工程科技领域30余载，提出并带领团队实施基础研究与应用开发密切结合的研究模式，探索出一条切实可行的民族药创新发展路子。

作为领军人才，带领团队为云药发展做了大量基础性、创造性工作；为民族药的传承、创新及可持续发展做出了重要贡献：1. 对低纬高原地区25个少数民族传统用药经验进行调查抢救和发掘整理，准确鉴定各民族主要传统药物基原1040种，翻译民族语言文字药名5567个，系统整理附方5816首，注释确证附方中使用药物基原1679种，主编出版《云南民族药志》专著共5卷。2. 对低纬高原民族地区天然药物资源进行系统调查研究，采集标本11082种80378份，拍摄原生态彩色照片近16万张，应用生物分类学方法准确鉴定出354科1534属4012种天然药物，发现新分布药用植物93种，新药用植物资源451种；主编出版《云南天然药物图鉴》专著共8卷。3. 对民族地区道地、特有的70种重要药物资源进行详尽调研和合理规划，促进民族地区药材规模种植；主编出版《云南重要天然药物》2卷。4. 建立起“云南天然药物资源信息库”、“云南重要中药资源信息系统”、“云南特色天然药物共享信息系统”3个共享信息数据库，提升了成果信息共用共享的实用性和公益性。5. 对民族民间地方性《滇南本草》进行现代科学研究，主编出版《滇南本草》增补本4卷，提出“资源开发”新见解。6. 开展彝族药新药创制研究，取得6个已实施的国家发明专利，发明5个彝族药新药，其中2个进入国家基本医疗保险药品目录，成功实现产业化，带动了民族地区经济发展。现正领军开展两个民族药国际化注册研究，建立民族药研发体系及技术平台，被认定为西南民族药新产品开发国家地方联合工程研究中心、国家技术创新示范企业、国家级企业技术中心。其中，药物安全性评价（GLP）中心填补了云南新药研究安全性评价规范的空白。培育与平台建设、发展相适应的民族药、天然药物创新团队，为持续发展提供了有力支撑。

朱兆云先后主持国家、省部级科技计划项目10余项。作为第一完成人，曾荣获2011年度云南省科学技术进步特等奖、2012年度国家科学技术进步一等奖；2014年中华中医药学会授予个人中医药学术发展特别贡献奖，获得何梁何利基金2015年度科学与技术创新奖。2015年获得云南省科学技术奖杰出贡献奖。

大中型企业选介

Brief Introduction of Selective Large and Medium-sized Enterprises

云南铜业（集团）有限公司

云南铜业（集团）有限公司（以下简称“云铜集团”）是经云南省政府和原中国有色金属工业总公司批准，于1996年由原云南冶炼厂、东川矿务局、易门矿务局、大姚铜矿和牟定铜矿组建而成。经过十多年的努力，现已发展成为集铜金属探、采、选、冶、加为主，涉及锌、钛、钼、磷等资源开发以及金、银和多种稀贵稀散金属综合回收的多金属矿业公司

2015年，云铜集团以“改革创新、加快发展、转型升级、全面扭亏”为主题，明确措施，落实责任，克难攻坚，顽强拼搏，取得了整体实现盈利的经营业绩。与此同时，扎实开展“三严三实”专题教育，接受中央巡视组延伸巡视和国家审计署延伸专项审计，并立行立改、深入整改，着力解决存在的问题，着力提高管理水平，着力营造良好政治生态，整改取得了阶段性成效。

【经营业绩好于预期】 全年实现整体盈利，经营活动现金实现净流入，完成考核目标的127.79%；资产负债率控制在考核目标值63.3%的范围内；两金占用较基准日下降10.92%。

【降本增效成效明显】 精矿含铜完成年计划的108.7%；电解铜完成年计划的103.33%；黄金完成年计划的171%；白银完成年计划的102%；锌锭完成年计划的111%；硫酸完成年计划的109%。铜精矿含铜不含税单位成本同比下降13.70%；电铜不含税单位加工成本同比下降1.33%；扣除汇兑净损失影响，三项费用同比下降25.97%。

【降本增效成效明显】 精矿含铜完成年计划的108.7%；电解铜完成年计划的103.33%；黄金完成年计划的171%；白银完成年计划的102%；锌锭完成年计划的111%；硫酸完成年计划的109%。铜精矿含铜不含税单位成本同比下降13.70%；电铜不含税单位加工成本同比下降1.33%；扣除汇兑净损失影响，三项费用同比下降25.97%。

【转型升级卓有成效】

一是深入实施脱困方案。6项处置项目已完成相关工作，7户企业破产清算已获得法院受理。

二是全力推进结构调整。调整优化冶炼布局，形成“着力打造南方冶炼基地、北方冶炼基地和海外非洲基地”的冶炼布局思路；延伸优化产业链，形成了“着力打造全国铜冶炼综合回收示范基地、铜深加工基地和铜文化产业基地”的思路；按照“以铜为主、相关多元”的思路，稳妥发展相关产业。

三是加快推进项目建设。普朗铜矿建设全面提速，超额完成计划；铜厂沟铜钼矿和牛苦头采选工程全面开工建设；赤峰云铜退城入园项目和非洲湿法铜冶炼项目已经立项；大红山西部矿段采矿工程、牟定郝家河铜矿深部采矿技改工程、拉拉铜矿落凼矿区深部矿段采矿工程、老挝琅勃拉邦国际度假酒店等项目建设进展顺利；王家桥铜锌产业园搬迁项目正在深入论证。

四是深入实施资源战略。加快推进金沙新老区整合、镇康芦子园资源收购项目，开展中铝资源、思茅山水等资源整合前期工作；深入实施矿山周边和深部资源接替工程；拉拉铜矿外围勘探进程加快，铜厂沟钼矿勘查成果明显。全年新增当量铜完成考核目标的130.4%。

集团转型升级的思路和所开展的工作，得到了云南省的充分肯定，陈豪省长、刘慧晏副省长分别进行专题调研。2015年4月27日，省政府在集团召开省属企业转型升级现场办公会，对集团转型升级的经验和做法进行了总结推广。

【深化改革释放活力】

一是深化体制机制改革。开展集团机关和所属单位定岗定编定员，严控干部员工职数，集团中层干部职数同比减少24.7%。稳妥推进人员分流安置工作，进一步提升了劳动生产率。

二是调整优化管控模式。3家单位实行内部托管，提升了2家单位的管理层级。授权股份公司管理集团内的营销和产供销业务。在集团成立审计部，加强了审计力量。

三是着力推动科技创新。加快建设具有云铜特色的科技创新体系，着力提高科技贡献率。

【发展基础得到夯实】

一是狠抓整改落实工作。根据延伸巡视和审计所揭示的问题，在健全完善制度、落实八项规定、转变工作作风、加强审计机构建设以及开展财务、营销、选人用人专项工作等方面立行立改，深入整改，并举一反三，深入查找专业管理存在的问题以及制约发展的重大问题。

二是狠抓遗留问题解决。通过与金沙新区

三家冶金公司协商，首次实现股权分红；通过积极清收，应收账款较年初大幅压缩。

三是狠抓安全环保工作。坚持安全第一、预防为主、综合治理的方针，努力扭掉习惯性动作、习惯性麻痹、习惯性侥幸、习惯性无所谓和习惯性凭经验干事。

四是狠抓人才队伍建设。16 人被选聘为云铜集团第一届首席工程师；以云铜高级技工学校为基础申报建立省级公共技能实训基地；举办全脱产英语、西班牙语培训班，培养适应海外资源开发需要的专业人才。

五是狠抓队伍作风建设。以巡视整改为契机，切实加强作风建设，唤醒党章党纪党规意识，引导干部员工讲忠诚、讲尽责、讲拼搏、讲实效，筑牢小节、规矩、纪律和法制“四道防线”，自觉把纪律和规矩挺起来。

【党建工作有声有色】 2015 年，云铜集团党委坚持把全面落实从严治党要求贯穿于全年党建工作之中，坚决扛起“两个责任”，将“三严三实”专题教育和中央巡视整改作为管党治党的两个重要抓手，为集团全面打响控亏增盈攻坚战提供了坚强的政治保证。一是强化学习教育，切实提升领导干部政治素养；二是强化管党治党，扎实开展巡视整改工作；三是强化基础管理，提升党建工作科学化水平；四是强化正风肃纪，深入推进党风和反腐倡廉建设；五是强化正面引导，凝聚建设幸福云铜的正能量。

【其他工作成效明显】 云铜集团成为全国有色行业、云南省和中铝公司首家通过国家两化融合管理体系评定并获得评定证书的企业，建成中铝公司首批全景视频会议系统；社会责任工作荣获多项中铝公司表彰，成为中铝公司实体企业的一面旗帜；深入开展“五型班组”创建达标活动，有 181 个班组通过验收；质量管理深入推进，集团荣获云南省诚信 100 强企业和诚信品牌 100 强企业授牌，云铜股份公司、玉溪矿业、云铜锌业荣获云南省质量效益型先进企业称号，冶炼加工总厂被授予 2015 年省级质量标杆单位；企业文化建设纵深推进，内宣刊发稿件近 3000 篇，外宣报道稿件 100 多篇。

（云南铜业集团有限公司供稿）

云南物流产业集团

【概 述】 2015年，云南物流产业集团（以下简称“集团”），面对严峻的内外部环境，集团领导班子团结带领广大干部员工，着力化解各种突发事件带来的不利影响，务求实效抓改革，全力以赴稳增长，为集团深化改革和转型发展奠定了坚实的基础。截至2015年12月31日，集团实现营业收入81.42亿元，实现物流总额249亿元。集团资产总额104.43亿元，所有者权益20.79亿元。

【刮骨疗毒，确保整改工作落实到位】 一是扎实开展2014年度党风廉政建设责任制考核不合格整改。按省纪委、省委组织部对2014年度党风廉政建设责任制检查考核基本合格和不合格单位集体诫勉谈话会议精神和整改要求，集团党委坚持立查立改，以解决检查考核反馈意见中指出集团存在的主要问题为突破口，切实抓好抓实整改落实，全面加强和改进集团党风廉政建设和反腐倡廉工作；二是扎实开展省委第三巡视组反馈意见整改工作。3月16日至4月30日，省委第三巡视组对集团进行了专项巡视，9月1日反馈了专项巡视意见，指出集团存在三大方面共九个问题和五个方面的意见建议。集团党委结合“三严三实”和“忠诚干净担当”专题教育的开展，坚持问题导向，直面问题，认真部署、上下联动、狠抓落实，扎实整改。在11月13日的整改落实情况评价会上，省委第三巡视组对集团的整改工作给予了肯定，民主测评获得较高满意度，整改工作取得了阶段性成果。

【系统分析论证，科学谋划集团“十三五”战略规划】 根据中共中央、国务院《关于深化国有企业改革的指导意见》《中共云南省委、云南省人民政府关于全面深化国有企业改革的意见》《云南省人民政府关于做好我省“十三五”规划编制工作的通知》，集团成立了以党委书记、董事长为组长的全面深化改革领导小组和“十三五”规划编制工作领导小组，在深入集团各成员企业和产业园区调研的基础上，集团积极加强对省属企业的对标和学习，针对集团存在的历史问题、现实问题和发展问题，多次召开专题会议进行研究和论证，向资深专家进行咨询，并聘请北京正略均策管理顾问有限公司帮助开展集团“十三五”发展战略研究，基本形成了集团全面深化改革方案和“十三五”发展规划。

——集团产业定位：现代商贸、现代物流产业投资运营。

——集团发展方向：建设云南具有国际竞争力的现代商贸、现代物流产业龙头企业。

——集团发展战略：紧紧围绕国家两个“一百年”奋斗目标和“四个全面”战略部署，以全面提升集团发展质量、效益为核心，搭建资本运营和“互联网+现代服务”两个平台，做强做优现代物流、现代商贸、产业投资运营、资产经营四大产业板块。

【保规模促增长，为转型发展赢得时间】 面对十分复杂和困难的局面，集团积极应对市场下行带来的不利影响，千方百计稳定传统业务，加快谋划战略性新兴产业和现代服务业，经营业务在基本稳定的基础上，局部呈现亮点。投资开发公司在整体经济下行，有色金属市场价格下跌的情况下，积极应对、稳步推进，2015全年实现贸易板块业务收入22.2亿元。其中，国内贸易达11.87亿元，转口贸易9.98亿元，出口高导线贸易3600万元；和谐汽车租赁业务稳步扩大，除推出至越南和老挝的跨境自驾游外，还抓住公车改革契机，积极投标公务车租赁服务，已中标254辆车，对今后参与公车改革服务打下良好基础；东盟信息公司研发的物流与车辆集成服务平台“东盟运宝”，得到业界广泛认可与好评，2015年完成1000余台北斗导航终端的安装，迈出了“第四方物流”服务的第一步；新储公司甸尾仓库完成一期改造，并成为郑交所指定交割库，在食糖经营上不断延伸服务链和产业链，实现销售52.43万吨，收入24.72亿元；机电公司与东联盟公司合作中标南方电网4.5亿的电缆供应合同，已完成1.54亿元材料供应；危险品公司以工业产成品贸易为主线，以贸易支撑企业发展，2015年实现工业磷酸、金属除锈剂、食品磷酸等业务销售收入8.08亿元；进出口公司积极巩固主营贸易业务品种，围绕白银、电解铜、黄磷贸易业务，2015年实现销售业务收入7.84亿元；建材公司狠抓标准砂经营业务，有效进行业务拓展和市场维护，业务量稳中有升，继续领跑全国同行业水平，2015全年销售ISO标准砂1300吨，完成国家工信部原材料司年初下达任务的120%；化建公司在2014年新增煤炭经营业务基础上，通过构建上下游网络，寻找优质客户，加快资金周转速度，有效降低资金和经营风险。2015年实现销售煤炭2.35万吨，收入1700万元。

2015年集团实现商品贸易收入78.10亿元，实现物流服务收入0.73亿元，实现资产经营收入0.75亿元。集团销售汽车6,403辆，实现收入3.44亿元；销售钢材13.06万吨，实现收入3.12亿元；销售锌和铜等有色金属3.53万吨，实现收入7.61亿元；销售黄磷、聚乙烯等化工产品8.83万吨，实现收入8.56亿元；拓展转口贸易业务，实现贸易额9.98亿元。

【多措并举加强融资工作，全力保障集团资金链的安全】 2015年宏观经济持续低迷，银行不良贷款率攀升，授信投放审慎；加之集团经营质量未得到有效改善，进一步增加了融资难度。面对严苛的融资形势，集团以“扩渠道、增规模、调结构、控成本”为引领，由主要领导牵头，积极沟通协调银行等金融机构，创新融资模式，确保融资规模，除传统银行授信外，积极拓展贸易融资、信托租赁融资等渠道。截至2015年12月31日，集团及所属成员企业共取得融资授信总额44.39亿元，实际使用融资授信额度43.66亿元。同时集团强化资本运作，提高直接融资能力，加强与金融机构的沟通协调，稳步推进短期融资券注册发行和维持信贷规模等工作，并就合作建立物流产业发展基金和危险品安全运营基金达成了初步意向。通过积极对接省发改委，引入中国农发重点建设基金有限公司作为投资方对新钢公司采用增资的方式投入项目建设资金1亿元，目前资金已经落实到位。

【充分研究调研，统筹推进物流园区项目建设】 一是全面梳理集团在建物流项目，按照“高规格招商、高起点规划、高标准建设、高水平运营”的理念，全力指导、推进物流园区项目建设工作。二是鉴于大理、版纳项目的建设用地已摘牌3年以上，面临被政府按规定无偿收回的风险。经多方协调，大理采取召开听证会的方式，版纳项目采取限期整改的方式化解风险。三是对大理项目的功能定位、产业布局、规划设计理念、建设运营模式等，邀请专家进行重新研究论证；对新钢综合物流园的危险品监管运营平台的建设，积极与政府部门和专家进行可行性研究。

【健全规章制度，夯实管理基础】 集团以内控体系建设为抓手，完成了内控手册及内控制度的编写和试运行发布工作，对51项内部控制缺陷提出了整改建议。完成集团财务信息化项目一期建设并成功实现上线运行，强化了集团对全资（控股、参股）企业的管控，为资金管理平台及全面预算管理系统建设打下了良好的基础。全面梳理集团现行制度规范，健全规章制度，夯实管理基础。集团现行制度规范共计128项，其中计划修订57项，计划废止9项。目前已修订完善制度规范17项，其余修订完善工作正有序推进中。

【主动承担社会责任，切实推进扶贫工作】 集团认真贯彻落实习近平总书记“十三五”时期扶贫开发战略思想和中央、省委省政府扶贫开发工作会议精神及工作部署，以铁的肩膀把脱贫职责扛在肩上，把脱贫任务抓在手上。一是扎实开展“挂包帮、转走访”各阶段工作。集团高度重视，及时成立领导小组，全面负责指导督促集团总部、全资及控股企业开展扶贫攻坚“挂包帮、转走访”工作；由领导班子带头，先后5次组织集团中层管理人员和党员职工赴马洪村开展“转走访”活动，扎实推进相关工作；制定《集团扶贫攻坚“挂包帮、转走访”工作方案》和《集团扶贫攻坚“挂包帮、转走访”帮扶计划》，确定对“村”和对“户”帮扶措施；采取主要领导“一帮三”、副职领导“一帮二”、中层干部“一帮一”、党员干部员工“二帮一”或“三帮一”的方式，确保对贫困户的精准对接和全覆盖；五是按相关要求进行全面回访，对前期工作开展了“回头看”，及时调整建档，确保精准扶贫。二是扎实开展独龙江乡产业帮扶工作。集团提前谋划，针对帮扶具体工作任务，成立领导机构，制定工作方案；精心组织，由集团分管领导带领相关部门负责人深入独龙江乡走访调研，详细了解相关情况，系统分析困难问题，提出帮助独龙江乡草果、重楼种植从技术支持、品牌推广、物流运输和产品营销等环节打造一条产业链的帮扶思路。

（刘 松）

云南冶金集团股份有限公司

【概 述】 2015年，面对内外部严峻形势，集团在省委、省政府和省国资委的正确领导下，围绕战略方向和目标任务，着力深化改革和转型升级，产能、资产、资源等规模实力又跨上了一个新台阶，确保了总体安全和稳定。2015年末，集团资产总额862亿元，实现营业收入401亿元，工业增加值57亿元，上缴税费19亿元。利润同比减亏16.5%，全年可比产品总成本下降约6%达11.28亿元，可比管理费用下降约18%达3.34亿元，能源成本降低近13亿元，物流成本降低8000万元，年度“抓成本、求生存、保安全”主题和举措成效明显。

【产业格局】 经过多年建设发展，集团形成“一体两翼”产业新格局、新定位。“一体”，即原有的铝、铅锌、锰、钛、硅重化产业；“两翼”，即生产配套服务业和生活消费服务业。在重化产业升级方面，泽鑫公司30万吨电解铝二期、永昌硅业公司硅铁电炉生产工业硅改造、合建建水南庄300兆瓦光伏电站等一批重点项目建成投产；文铝公司80万吨氧化铝技术升级提产增效项目、老挝铝土矿合作项目、驰宏公司国内国外资源项目、新材料公司冷氢化技改项目等重点建设项目有序推进；积极推进浩鑫公司3.6万吨高精及超薄铝箔、泽鑫公司5万吨铝合金轮毂、民用铝空气电池开发、驰宏公司小稀贵金属综合回收和再生铅、斗南公司2万吨矿渣棉系列产品深加工等一批产品结构优化项目。在生产配套服务业方面，成立云南冶金集团慧能能源有限公司和云南慧能售电股份有限公司，通过市场化运作和争取政策，2015年集团平均综合电价同比下降近14%；组建云南冶金集团慧景环保科技有限公司和云南冶金慧测检测技术有限公司，整合环保业务，加强环保管控；财务公司发挥资金池作用，资金整体使用效率提高；控股珺安保险经纪公司和云创招标公司，两家公司盈利近2230万元。此外，以有色设计院为基础培育集团工程平台，以驰宏资勘公司为基础组建集团资源平台，昆重公司推进特种装备、生产维保等业务，组建汇鑫公司并推进物资集约采购、物流配送业务。在生活消费服务业方面，成立集团机关事务管理服务中心，并以金水公司为抓手，统筹开展集团“衣食住行”业务；合作组建云南冶金云菇生物科技股份有限公司，着力开发辣木系列、菇类等生态产品；推进昆明重工公司“871文化创意工场”项目等。

【资本运作】 以资源、资产、资本“三资”运作为重点，加大深化改革力度。全年股权融资12亿元。云铝公司在成功融资近24亿元基础上，启动再融资37亿元工作；驰宏公司46亿元再融资项目获证监会批准；推进企业上市工作，其中科力公司新三板申报材料获得受理。按照完整性、相关性和协同性原则整合产业，以上市公司为主体加大产业整合力度，提高了产业链完整性，规范了关联交易；以有色设计院为主体，整合咨询、设计、造价、施工、监理等工程要素；以投资公司为主体，对地产、招标、物业、医疗等股权、资产进行整合或托管。积极主动承担责任，根据省委、省政府和省国资委安排部署，顺利托管云南金鼎锌业有限公司、云南东源曲靖铝业有限公司。此外，与优势互补的央企、省内外高校、省属企业和民营企业签订了一系列战略合作框架协议，加大开放合作力度。

【科技创新】 坚持通过科技创新推动产业转型升级。2015年，集团与省科技厅联合举办“云南省重大科技成果首场发布会”，专场推介电子级多晶硅、氯化法钛白粉、特种铝箔、铝－空气电池、绿色光伏等创新成果。钛白粉主工艺联动时间超过156小时，电子级多晶硅实现批量生产，铝－空气电池性能指标达到世界先进、国内领先水平，“全煤全焦”生产研发取得重大突破，实现“无木炭”生产。信息化建设步伐加快，建成云南省工业企业第一个“私有云”平台和国家级专项“数字化生产集成管理系统”，主体企业陆续上线。2015年，立项各类科技计划项目14项，认定国家科技部国家企业重点实验室1个、国家发改委地方联合工程研究中心1个、省重点新产品2项，新认定国家高新技术企业7家、通过高新技术企业复审3家，认定省级企业技术中心1个、技术创新团队3个，认定院士专家工作站1家。驰宏公司获得国家知识产权优势示范企业，新材料公司“芯克”牌商标获中国驰名商标。

【管控转型】 加大机构调整和职能优化力度，先后成立能源管控、环保管控、法律服务、自动化和信息化管控、机关事务管理服务、生产维保管控等中心，持续调整优化集团本部职能，行政职能推手、市场功能抓手协同和专业化管控、市场化运作并举的局面初步形成，互联互通意识有所增强。加大内部控制体系及“三会”建设，制定完善企业法人治理结构基本规范、董监事派出管理办法等制度，加强规范运作。强化法务、审计、财务、纪检监察等职能协同的风险防控机制，加大营销采购管控，主体企业配置营销副总和总监，风险管控和经营效果有所改进。

【党的建设】 集团党委按照“党要管党、从严治党”要求，坚持党的领导，加强党的建设，切实发挥政治核心作用，统筹推进改革发展工作。深入学习贯彻党的重要会议和习近平总书记系列重要讲话精神，深入开展 “三严三实”和“忠诚干净担当”专题教育。加强党风廉政建设，切实落实党委主体责任和纪委监督责任，营造了风清气正的良好氛围。坚持党管干部、党管人才原则，淡化行政级别、强化岗位职责，不断完善激励约束机制，积极调动干事创业的积极性，激活人才队伍。围绕“美丽冶金·我的家”开展系列品牌活动“家”文化氛围更加浓厚。2015年，集团慰问帮扶困难职工457万元；被评为“全国企业文化标杆单位”，集团歌曲《美丽冶金我的家》获“全国最美企业之声”银奖；集团两人获得“云南省巾帼建功标兵”称号。

（范瑶瑶）

富滇银行

2015年，富滇银行在云南省委、省政府的领导下，积极适应经济金融发展新常态，深化转型发展、实施创新驱动、提升服务水平、强化风险防控，较好地完成了各项主要目标任务，为全省经济社会发展做出了积极贡献。

【主要经营目标情况】 截至2015年末，全行本外币资产总额1523亿元，负债总额1385亿元，所有者权益138亿元；本外币全口径存款余额1174亿元，各项贷款余额783亿元，实现净利润15.2亿元。

【贯彻执行决策部署，发挥金融支撑、保障和服务作用】

一是努力适应经济金融发展新常态，为全省稳增长促发展做出贡献。累计投放信贷资金889亿元；积极支持五大基础网络建设，着力推进18个重点项目建设；坚持服务州市及园区经济发展，同大理、普洱、昭通、西双版纳等州市政府签订战略合作协议；着力支持省属重点企业发展，不盲目抽贷、断贷、压贷，帮助煤化工、冶金、云锡等企业渡过难关；积极支持高原特色农业发展，涉农贷款余额达144.13亿元。**二是积极助力小微企业，支持实体经济发展。**积极运用富滇微贷、园资贷、置业贷、银保融、助保融、以诚相贷等创新产品支持实体经济和广大小微企业发展。截至年末，全行小企业贷款余额达244.11亿元，同比增长14.96%，实现“三个不低于”目标，荣获中国银监会“全国银行业金融机构小微企业金融服务先进单位”称号。**三是以大局为重，积极参与政府债券投资。**配合完成政府债定向置换工作，共投资55.86亿元云南省地方政府债券，投资额居一般承销商和地方法人金融机构之首。

【主动服务和融入国家战略，积极推动人民币国际化进程】

一是持续提升网点覆盖密度，切实加强深度参与能力。设立玉溪分行和富民、勐腊、磨憨等支行，省内分支机构达116家，对瑞丽、河口、磨憨三大国家级陆路口岸实现金融服务覆盖；设立重庆投行业务中心和重庆涪陵、渝中支行，发挥总分行协同效应，撬动战略客户潜在价值；筹建老中银行磨丁分行，提升老中银行网点覆盖密度，争取成为当地主流金融机构。**二是以口岸支行边贸结算业务为支点，持续推进人民币跨境结算业务发展。**积极参与沿边金融综合改革试验区建设，加强出口退税账户质押贷款管理，支持省属大型进出口龙头企业发展，全年跨境人民币结算量达20.73亿元，在全省跨境人民币业务考核中名列前茅。**三是加强毗邻国家货币特色金融服务，推动人民币国际化进程。**实现人民币兑越南盾汇率挂牌，可提供中老、中泰、中越三国本币跨境结算服务；丰富外币现钞服务内容，可提供9个币种的外币现钞服务，其中泰铢现钞业务连续两年占据云南一半以上市场份额，累计完成兑换4.19亿铢，荣获《银行家》杂志“2015年十佳金融产品创新奖”。**四是不断提升对外开放合作的层次和水平。**积极参与泛亚金融合作发展研究，加强对外交流合作，先后与泰京银行、南洋商业银行、越南农村和农业发展银行、缅甸全球财富银行、老挝联合发展银行、合资银行和开发银行建立业务合作关系，首次向境外法人银行提供同业授信。

【提升互联网金融服务能力，拓展普惠金融服务广度深度】

一是积极运用新兴信息技术，打造互联网金融服务平台。成立网络金融部，启用新版网银系统，荣获第十一届中国电子银行年会“2015年区域性商业银行最佳网上银行业务创新奖”；积极整合交易平台、拓展支付渠道、增强服务功能、降低交易成本。**二是频推创新理财产品，多样化满足客户需求。**共发售理财产品650.2亿元，收益率处于同业领先水平，进入普益财富全国区域性银行理财产品丰富性及综合理财能力排名前十、产品“富聚财富”被评为昆滇2015年度最受欢迎银行理财产品。**三是完善小企业金融服务体系，提升小微金融服务能力。**积极探索建立小微授信业务信贷工厂业务模式，组建小企业专营行和教育、公路金融服务特色行；完成70亿元小微债发行工作，运用小微债募集资金投放小企业贷款53.84亿元，惠及小微企业4,617户。**四是积极推进网点转型，全面提升服务品质。**在14个网点开展转型工作，推进零售业务发展，个人日均存款增幅排名全省第2位；成立消保与服务管理部，全面加强文明规范服务，1个网点荣获“2015年度中国银行业文明规范服务百佳示范网点”称号，8个网点获“中国银行业文明规范服务星级营业网点”命名，3名员工荣获“2015年度中国银行业文明规范服务明星大堂经理”称号。此外，荣获“2015 年度中国银行业消费者权益保护知识网络竞赛先进集体奖”，全国仅两家城市商业银行获此殊荣；荣获云南省银行业金融暨消费者权益保护知识竞赛“团队三等奖”；荣获“昆滇 2015 年度银行服务观察暨职业技能大赛”的“团体第一名”和“优质服务银行”称号；荣获第八届“云南金融百姓口碑网榜”评选中的“昆滇 2015 年度最佳零售服务银行”“2015 年度昆滇最受中小企业欢迎银行”和“昆滇 2015 年度延边金改活力银行”等多个奖项；被云南省银行业协会授予“云南省银行业 2015 年文明规范服务工作先进单位”称号。

【实施创新驱动，推进体制机制改革，提高精细化管理水平】

一是积极推进产品和业务创新，拓展更多资金来源。在“金果贷”成功经验基础上，推出“金蔬贷”“金旅贷”等创新型金融产品，荣获中国社科院金融研究所和《银行家》杂志“2015 中国十佳金融产品创新奖”；推出信贷资产支持证券产品，发行金额 22.14 亿元；推出单位和个人大额存单业务，发行金额 27.98 亿元；扩大同业存单规模，发行金额 140 亿元；扩大同业交易规模，承销各类债券 134.64 亿元。**二是获批多项重要业务资质，为综合化经营奠定基础。**获批设立消费金融公司，获批 2015 年度定向债务融资工具专项机构投资人资格、开办证券公司本金保障型收益凭证投资业务资格、开办对外担保业务资格、银监会理财直接融资工具试点资格、2015 年至 2017 年储蓄国债承销资格、信用卡业务资格、助农取款服务收单业务资格。**三是深化体制机制改革，提升精细化管理水平。**启动“二五”战略规划中期调整，出台 IT 和人才战略发展规划，深化战略引领；加强定价管理、财务管理、成本管理，搭建了利率定价制度框架；加强 IT 管理、数据管理、流程管理，提高数据报送质量；完成个人账户真实性核查工作，共核实账户 411 万户；强调考核评价、员工培训工作，更加注重效益、规模和风险的平衡，加大财务维度考核权重，加强培训力度。

【应对经济下行压力，多举措防范化解金融风险】

一是着重加强信用风险管理，切实防范系统性风险。认真贯彻省委、省政府的部署和要求，积极帮助部分企业应对暂时性、阶段性还款困难，采取多种手段防范新增不良；认真研判经济形势和市场情况，坚持区别对待、分类施策原则，合理配置信贷资源；加强监测预警和风险排查，按“一户一策”原则确定风险化解对策，累计清收不良贷款 2.71 亿元。**二是多措并举加强全面风险管理，保障各项业务健康、持续发展。**加强公司治理的有效性建设，健全公司治理机制；加强市场风险管理，强化限额监测；积极构建业务连续性管理体系，初步形成业务连续性管理的运行和报告机制；提升流动性风险管理水平，强化资金运营计划缺口管理、流动性储备管理，制订《富滇银行附属银行流动性支持管理办法》；积极防范操作风险，加大信息科技风险的防控力度，加强舆情监测，为各项业务健康、持续发展提供了保障。**三是切实加强案件防控，积极消除各类风险隐患。**制订案件防控实施意见，从 22 个方面对案防工作做出安排部署；强化风险排查，完善监控中心功能，开发案防监管系统，提升技防、物防、消防水平；加强审计监督工作。

【强化以人为本、科学管理，打造过硬人才队伍】

一是不断完善以价值为导向的薪酬体系。在进一步规范绩效考核工作的基础上，重点强调效益、规模和风险的平衡，突出了客户类指标、战略类指标的考核，针对零售和小企业专营支行设计单行考核方案。**二是坚持正确的选人用人导向。**严格选人用人标准、程序、纪律，认真做好“一报告两评议”工作，组织开展了干部选拔任用和监督管理自查工作。**三是坚持从严教育、从严管理、从严监督。**结合现代金融企业实际，认真落实干部轮岗、交流、回避、考核等管理要求，制订了中层管理人员改任非领导岗位管理办法和能上能下有关规定，推动形成能者上、庸者下、劣者汰的用人导向。**四是进一步加大人才引进力度，吸收储备各类专业和关键人才。**采用校园招聘、社会招聘、劳务派遣招聘和转正等方式广开人才引进渠道，全年引进人员共计 455 人。五是积极培养后备干部。完成人才管理成熟度报告和人才发展规划的编制工作，提出后备管理人才培养计划，启动了旨在培养选拔年轻干部的“锐计划”，为优秀年轻人才的成长打造快车道。

【积极履行社会责任，加强精神文明建设和企业文化建设】

一是深入开展群众性精神文明创建活动。在全行开展以“优质服务”为主题的文明单位创建活动，结合服务型党组织建设，引导员工立足岗位，服务发展，5 家分支机构被评为省级文明单位，多家基层单位荣获市区级文明单位荣誉称号；**二是积极推进企业文化建设**。编制完成品牌规划，启用新的企业形象宣传片，围绕银行经营管理中心工作，把企业文化建设融入企业管理、思想政治工作和精神文明建设的全过程，开设“文化富滇”“青春富滇”微信公众平台，用员工喜闻乐见的形式，传递“好声音”，传播正能量。**三是勇于承担社会责任，积极开展扶贫济困“挂包帮、转走访”工作**。组织77名干部赴大理市太邑村走访207户贫困户，组建4人驻村扶贫工作队，积极探索金融扶贫新模式新方法；积极支持“爱心水窖”建设、沧源地震灾区重建等项目，捐赠各类资金700万元，荣获云南省“2015年度最具社会责任金融机构”称号。**四是充分发挥工会、共青团的作用**。坚持“党群共建”，切实发挥政治引领作用，积极支持工会、共青团依照法律和各自章程开展工作，企业文化活动为载体促进群团工作的活跃，满足干部职工的精神文化需求，充分发挥好群团组织作为党联系群众的桥梁纽带作用，动员、引导广大干部职工凝聚合力，服务企业改革发展，6家分支机构荣获云南省巾帼文明岗、三八红旗集体、红旗团委等荣誉称号，3名员工荣获云南省巾帼建功标兵、三八红旗手、全国优秀共青团干部等荣誉称号。

（富滇银行供稿）

工商银行云南省分行

2015年末，工商银行云南省分行共有各类分支机构361个，对外营业网点347个。分支机构中：一级分行和一级分行营业部各1个，二级分行15个，县支行35个，城区支行37个，二级支行272个。从业人员8770人；中级专业技术职务1987人，高级专业技术职务215人；大专学历人员3485人，大学本科以上4236人；全行员工平均年龄42.92岁。至2015年12月末，工商银行云南分行人民币全部存款余额2,527.59亿元，各项贷款余额2,129.41亿元。

2015年，在中共云南省委、省人民政府和工商银行总行的正确领导下，工商银行云南省分行紧紧围绕全省经济发展大局，认真落实云南省和工商银行签署的《“一带一路”金融服务战略合作协议》，坚持以贷款业务为主导，以金融创新为依托，积极服务全省实体经济建设，全力支持地方经济发展。

【资金投放情况】 工商银行云南省分行坚持以服务全省经济社会发展为己任，以贷款业务为主导，以金融创新为依托，积极服务全省“五网”和“四个一百”建设。2015年向全省重点项目、重点工程、重点客户累计投放贷款823.51亿元，新增各类融资450.92亿元。其中，“五网”建设投放贷款152.57亿元，工业企业投放贷款266.06亿元，旅游文化产业投放贷款41.31亿元。同时，努力扩大消费升级，全年牡丹信用卡消费交易额660.93亿元，同比增长42.90%；信用卡贷款余额99.87亿元，同比增长41.24%。

【改革创新情况】 加大融资创新力度，拓宽融资渠道，工商银行云南省分行通过投行融资、系统内银团贷款、私人银行、区域理财等方式，积极引入省外资金，为重点项目、重点企业筹集表外资金316.87亿元。成功投产“融e购大理旅游商城”项目，2015年已上线185家旅游商户，上架商品超过1600多件，项目总交易额突破2.65亿元。投产了云大医院银医一卡通项目、安宁、版纳、文山公交一卡通系统、国库集中支付电子化管理系统、昆明CBD万达广场MIS收单等项目。

【风险化解情况】 工商银行云南省分行认真落实省委、省政府和总行工作部署，对符合产业政策和信贷政策、具有核心竞争力和长远发展前景、而经营暂时遇到困难的企业，采取多种有效措施，积极帮助企业解决经营困难，共减免企业利息4.05亿元，核销清收处置不良贷款34.02亿元，采取合同要素调整、再融资、展期、重组等方式，解决了548户企业134.8亿元的贷款需求。

【服务工作情况】 在全行深入开展“服务体验建设年”活动，南屏支行营业室蝉联中国银行业文明规范服务“百佳示范单位”，是西南地区工行系统唯一获评百佳的单位。全行还有4个网点荣获中国银行业“千佳示范单位”，工商银行云南省分行机关获得了“全国文明单位”的荣誉称号。在2015年第五届春城金融博览会和第八届云南金融百姓口碑榜颁奖典礼上，荣获“云南省最佳商业银行品牌大奖、云南省银行业支持地方经济发展贡献奖、云南省银行业社会责任突出贡献奖”等11个奖项。同时，积极落实省委扶贫工作要求，实施精准扶贫，制定了《中国工商银行云南省分行“挂包帮、转走访”工作方案》，开展了对115户困难户的扶贫工作。2015年资助了50名少数民族贫困学生上大学。全行有2个网点被评为中国银行业“最佳社会责任特殊贡献单位”。

【党建工作情况】 以学习宣传贯彻党的十八届五中全会和省委系列会议精神为契机，强化党委中心组学习制度，深入开展“三严三实”专题教育，积极推进“管理效率提升年”活动，大力加强各级行领导班子组织建设、思想建设、作风建设和廉政建设，切实提高各级管理者“抓班子、带队伍、促发展、强管理”的能力。

2015年工商银行云南省分行的经营管理工作得到了省委、省政府的充分肯定，省委书记李纪恒、省长陈豪分别于2016年1月10日和1月5日对工商银行云南省分行工作作出重要批示，充分肯定了该行为促进全省经济社会持续健康发展做出的积极贡献。

（中国工商银行云南省分行供稿）

附　　录

Attachment

2016年云南省10件惠民实事

一、实施脱贫攻坚工程。全省完成减少贫困人口120万人、1253个贫困村和125个贫困乡脱贫出列、12个贫困县脱贫摘帽目标。完成50万户农村危房改造和抗震安居工程。推进1000个省级重点建设村建设。

二、实施农村公路建设。完成1.6万公里建制村通硬化路建设任务。

三、实施农村饮水安全巩固提升工程。从水源保护、水量保证、水质合格、管理保障等方面，完成100万农村人口饮水安全巩固提升任务。

四、实施乡村两级医疗卫生服务机构能力提升工程。提升100个中心乡镇卫生院服务能力；为3000个村卫生室配置健康一体机。

五、实施"关爱妇女儿童健康行动"计划。全省孕产妇死亡率控制在27/10万以下；婴儿死亡率控制在12‰以下；农村孕产妇住院分娩率达到98%；完成农村妇女宫颈癌检查41万人，乳腺癌检查3.8万人；为8万名6～24月龄幼儿免费发放营养包；为22万对农村计划怀孕夫妇提供免费孕前优生健康检查服务；结婚登记人群婚检率达到70%；新生儿疾病苯丙酮尿症和先天性甲状腺功能减低症筛查率达到75%、听力筛查率达到70%。

六、实施"七彩云南全民健身工程"。建设8个县级体育场（馆）、100个村级公共体育基础设施，为200个城市社区和农村乡镇配建全民健身路径器材。

七、开展残疾人关爱行动。为全省2万名智力、精神和重度肢体残疾人提供托养服务补助；为1万名贫困残疾人免费提供辅助器具；按照每户补助6000元的标准，为1000户贫困残疾人家庭提供家庭无障碍改造服务。对低保家庭中的残疾人发送生活补贴，对被评定为一、二级残疾人且需长期照护的重度残疾人发送护理补贴。

八、实施养老服务体系建设。新建、改扩建20个城市公办养老机构、80个农村敬老院、300个城乡社区日间照料中心，新增养老床位1.6万个。向全省80周岁以上老年人发送高龄津贴。

九、推进全省旅游厕所建设。在主要旅游城市（镇）及风景名胜区、旅游景区景点、旅游交通沿线、加油站、铁路沿线客运站、旅游扶贫乡镇、主要乡村旅游点、部分贫困地区旅游景区，建设、改造旅游厕所771座，并全部对游客和公众免费开放。

十、开展证件办理惠民服务。简化居民身份证办理程序，确保办理时限由现在法律规定最长60天（边远地区可延长30天）缩短到30天内；开辟特殊绿色通道，确保15天内完成居民身份证紧急业务办理。在保留群众自愿选择到出入境窗口领取证件方式的基础上，在全省范围内推行《因私普通护照》《往来港澳通行证》《大陆居民往来台湾通行证》免费快递服务。

2016年全省重点督查20项重大建设项目

一、重点高速公路建设项目。完成投资600亿元。推进玉溪—临沧、保山—泸水、华坪—丽江等21个续建项目建设；力争弥勒—峨山、楚大扩容改造等项目年内开工建设。

二、重点铁路建设项目。完成投资300亿元。推进云桂、沪昆客运专线、大瑞、玉磨等12个续建项目建设；力争渝昆铁路先期开工段、南昆铁路扩能2个项目年内开工建设；确保云桂、沪昆客运专线等项目年内开通运营。

三、城市棚户区改造项目。完成投资200亿元。开工建设18万套（户）棚户区改造工程，基本建成6.8万套（户）。

四、信息基础设施建设项目。完成投资130亿元。1. 国际通信枢纽项目。开展昆明区域性国际通信业务出入口提升工程；新建跨境段光缆13千米，中老、中缅跨境段传输系统能力提升到10G。2. 宽带云南项目。新建宽带端口75万个，改造原有端口25万个，宽带覆盖家庭新增410万户。3. 4G移动通信网络建设项目。新建3.6万个基站、1.1万座铁塔和配套设施。

五、重点水电站建设项目。完成投资80亿元。继续推进乌东德水电站、黄登水电站、大华侨水电站、里底水电站、乌弄龙水电站建设。

六、“森林云南”建设项目。完成投资70亿元。管护森林1.98亿亩，完成营造林600万亩、低效林改造300万亩、木本油料基地建设100万亩、木本油料提质增效100万亩，继续在全省实施森林火灾保险和野生动物公众责任保险，加强林业基础保障能力建设。

七、昆明滇池国际会展中心建设项目。完成投资50亿元。2016年5月底前旅游小镇建成并投入运营，7月底前，主题乐园开工建设。

八、九大高原湖泊保护治理项目。完成投资41亿元。滇池保护治理项目完成投资20.2亿元，洱海保护治理项目完成投资15.08亿元，抚仙湖保护治理项目完成投资2.3亿元，其他湖泊保护治理项目完成投资3.42亿元。

九、全面改善贫困地区义务教育薄弱学校基本办学条件计划项目。完成投资40亿元。校舍及设施建设类项目开工建设，设备及图书购置类项目年底前完成采购并配置到学校。

十、农村电网改造升级工程项目。完成投资32亿元。完成2016年全省农村电网改造升级任务。

十一、异地扶贫搬迁项目。完成投资31亿元。完成异地扶贫搬迁10.2万户36.6万人，其中建档立卡6.7万户23.7万人。

十二、重点机场建设项目。完成投资30亿元。推进沧源机场、澜沧机场、红河蒙自机场、昆明长水国际机场配套建设、腾冲机场二期改扩建、通用机场等项目建设，确保沧源机场建成。

十三、城市地下综合管廊建设项目。力争完成投资30亿元。力争开工建设城市地下综合管廊151公里、竣工69公里。

十四、沿边三年行动计划项目。完成投资26亿元。完成《云南省深入实施兴边富民工程改善沿边群众生产生活条件三年行动计划（2015～2017年）》2016年度工程建设任务。

十五、云南电网与南方主网鲁西直流换流站建设项目。完成投资20亿元。2016年底前完工。

十六、重大水利工程项目。完成投资10亿元。加快文山德厚水库工程、大型灌区续建配套工程和田间高效节水工程建设；力争完成罗平阿岗水库、曲靖车马碧水库、昆明柴石滩灌区3个项目前期工作并于年内开工；加快陇川麻栗坝灌区、跨界河流二期工程前期工作。

十七、滇中引水工程项目。力争完成投资10亿元。力争滇中引水工程可研报告获国家批复，争取滇中引水工程全面开工建设。

十八、云南科技创新园建设项目。完成投资10亿元。完成园区综合服务大楼、国际科技交流中心、省科学技术院科研业务用房等一期工程建设。

十九、昆明呈贡信息产业园区建设项目。完成投资6亿元。启动浪潮昆明云计算产业园、昆明呈贡科技信息产业创新孵化中心和部分市政道路建设，完成二期土地收储。

二十、滇南中心城市群现代有轨电车示范线项目。完成投资5亿元。完成4.4公里试验线工程建设。

主题索引

说 明

1. 索引采用主题索引法，是按照书籍的内容依次分类，通过它直接查找到书籍的有关内容及论点，由标引词主题词、标题、页码参照项所组成。索引范围包括全书的篇目、类目、分目、条目。

2. 索引按主题词首字汉语拼音字母顺序排列，同音字按声调顺序排列，首字相同者按第二字音序排列，以此类推。主题词后面的数字表示内容所在的页码，数字后面的字母 a、b 表示栏别即版面的 1、2 栏。

3. 篇目、类目、分目名称直接做主题词时以黑体字标明，其余用宋体字排印。

4. 同一主题的内容在文中多处出现的，在其款目后用不同的页码标明。

汉语拼音主题索引

非音序排序

A

B

C

D

E

F

H

J

K

L

M

N

P

Q

R

S

T

W

Z